U0906650

北京西城年鉴

BEIJING XICHENG NIANJIAN

2019

北京市西城区地方志编纂委员会办公室　编

中華書局

图书在版编目(CIP)数据

北京西城年鉴. 2019/ 北京市西城区地方志编纂委员会办公室编.—北京：中华书局，2019.9
ISBN 978-7-101-14119-1

Ⅰ. ①北… Ⅱ. ①北… Ⅲ. ①西城区-2019-年鉴
Ⅳ. ①Z521.3

中国版本图书馆 CIP 数据核字(2019)第 203316 号

责任编辑 李晓燕
版式设计 贺舒萱
封面设计 郇延珍

北京西城年鉴2019

北京市西城区地方志编纂委员会办公室 编

*

中 华 书 局 出 版

（北京市丰台区太平桥西里38号 100073）

http://www.zhbc.com.cn

E-mail: zhbc@zhbc.com.cn

北京朝阳印刷厂有限责任公司印刷

*

889×1194毫米 1/16 28.75印张 36插页 1092千字

2019年12月第1版 2019年12月第1次印刷

印数：1000册 定价：180.00元

ISBN 978-7-101-14119-1

《北京西城年鉴》编辑部

顾　　　问　卢映川

主　　　编　王少峰　孙　硕

常务副主编　程昌宏　李　异

执行副主编　朱静伟　张　瑾　师　帅

编　　　辑　华大友　郝慧芳　陈　艳

　　　　　　叶　婷　齐　田　孙凤霞

　　　　　　贾国平　姜　光　张　立

编 辑 说 明

一、《北京西城年鉴》是一部综合性资料性工具书，在中共北京市西城区委和西城区人民政府的领导下，由区地方志编纂委员会办公室主持编纂。

二、《北京西城年鉴》以马克思列宁主义、毛泽东思想、邓小平理论、“三个代表”重要思想、科学发展观、习近平新时代中国特色社会主义思想为指导，坚持辩证唯物主义和历史唯物主义的立场、观点、方法，遵循实事求是的原则，科学、客观地反映实际情况，为领导决策提供可资参考的依据，为各行各业提供有价值的资料，为各方面人士了解西城、研究西城提供最新信息。

三、《北京西城年鉴》从2000年开始，逐年编纂出版。当年出版的年鉴，全面记述上一年度西城区在各条战线、各个方面所发生的重大事件和新的情况，系统汇集重要的文献。以记述西城区属各系统、各单位情况为主，对境域内中央、市属有关单位适当记述。

四、《北京西城年鉴》以条目体为主，用语体文记叙，直陈其事，文字力求言简意赅。文内一般直书月、日，不再书写上一年度年份。

五、《北京西城年鉴（2019）》记述2018年1月1日至12月31日期间情况，设有区情概况、特载、专文、大事记、中国共产党西城区委员会、西城区人民代表大会常务委员会、西城区人民政府、中国人民政治协商会议西城区委员会、民主党派、人民团体、法治·军事、功能区建设、综合经济管理、工商、金融、城市建设、交通·邮电、城市管理、科技·教育、文化·旅游、体育·卫生、社会生活、街道、人物、统计资料、附录共26个一级栏目。一级栏目下设二级栏目，二级栏目下设分目，分目下设条目。

六、《北京西城年鉴(2019)》收有西城区党、政、军、各民主党派、各人民团体、街道、部分企业负责人名录，驻区部分单位负责人名录，以及获国家、中央部委、北京市奖励与荣誉称号的单位和个人名单。所列均以2018年内为限。

七、《北京西城年鉴（2019）》所选文章和条目，均由各部门、各单位确定专人撰写，并经主管负责人审核。统计资料由区统计局提供。照片由各单位及区新闻中心提供。

八、《北京西城年鉴（2019）》由《北京西城年鉴》编辑部负责编辑，进行文字加工和版式设计。编辑部设在西城区地方志编纂委员会办公室。

九、《北京西城年鉴（2019）》在编辑出版工作中，得到了全区各单位和社会各界的大力支持和帮助，在此一并表示感谢。由于编辑水平所限，疏漏与不足在所难免，恳请广大读者批评指正。

中国共产党北京市西城区第十二届委员会第九次全体会议

北京市西城区第十六届人民代表大会第五次会议

中国人民政治协商会议北京市西城区第十四届委员会第三次会议

中共北京市西城区第十二届纪律检查委员会第四次全体会议

西城区举办纪念改革开放40周年专场音乐会

西交民巷社区居民收看庆祝改革开放40周年大会

庆祝改革开放40周年西城胡同文化摄影展

2018北京西单时尚节开幕式上展示西城商业40年发展历程

西城区举办庆祝中国共产党成立97周年暨“党课的力量”主题党日活动

区委组织部机关党委举办“学习讲堂”暨深入学习习近平新时代中国特色社会主义思想系列讲座

区委书记卢映川（右二）一行调研椿树街道党建工作

七一前夕，全区党员干部参加在职党员社区统一行动日活动

展览路街道举办“争创红色名片，助力区域发展”区域化党建工作协调委员会成立大会暨项目发布会

广安门内街道党群服务中心与养老驿站一体落地

天桥街道“两新”组织党委成立

月坛街道联合高密市流动党支部开展为老服务

什刹海阜景街指挥部在疏整促工作中注重发挥临时党支部的作用

4月2日，西城区“红墙意识”党性教育基地免费向社会公众开放

9月26日，西城区首个市民廉洁文化广场——红莲广场建成开放

新街口街道党风廉政主题文化宣传墙亮相

区政府向公众报告工作

“政府开放日” 居民体验政府决策

区委改革办召开“微改革”事项申报工作调度会

4月2日，北京市规划和国土资源管理委员会西城分局挂牌成立

7月5日，国家税务总局北京市西城区税务局挂牌成立

德胜街道实现居住小区垃圾分类全覆盖

什刹海地区60辆“黑摩的”被销毁

金融街街道开展2018年辖区整治提升工作

陶然亭街道的河湖志愿者徒步巡河

10月1日，什刹海西海湿地公园建成开放

7月1日，蔺圃园城市森林公园建成开放

8月29日，大红罗口袋公园建成开放

达智桥胡同被评为北京最美街巷

5月28日，马连道南街半幅路拓宽工程竣工通车

6月15日，手帕口“平改立”工程建成通行

金融街街道引入第三方机构破解老城停车难题

西城交通支队约谈安全隐患运输企业

西城区组织重点企业赴天津交流协作

西城区举办“携手小康·年货大集”——对口帮扶贫困地区农产品展销活动

太平洋产险北京分公司与西城区人民政府举行扶贫协作交流会

区人力社保局到内蒙古自治区喀喇沁旗举办2018年喀喇沁旗—西城区“春风行动”就业扶贫大型人才现场招聘会

区卫计委对口青海玉树囊谦县健康扶贫帮扶签约仪式

西城区在百姓生活服务中心设立对口帮扶地区农产品专柜

西城区与塞尔维亚贝尔格莱德弗拉察区签署友好交流意向书

西城区与白俄罗斯明斯克市列宁区签署友好交流意向书

西城区与阿根廷皮拉尔市签署友好关系意向书

西城区政协接待越南祖国阵线代表团到访

5月27日，西城区与北京市人民对外友好协会等单位共同主办“2018北京国际民间友好论坛”

4月8日，联合国秘书长安东尼奥·古特雷斯先生访问老舍茶馆

4月12日，荷兰首相马克·吕特先生做客老舍茶馆

5月21日，中国—加拿大劳动调解员和仲裁员能力建设合作项目组一行调研大栅栏街道

3月25日，2018北京金融街与伦敦金融城对话交流活动在北京坊举行

5月29日，北京金融街服务局在2018金融街论坛年会上揭牌

9月6日，北京金融街服务局与阿布扎比国际金融中心金融服务监管局签约暨推进中阿金融合作座谈会在金融街召开

2月1日，首届西城区企业上市工作交流活动在北京民族饭店举行

8月21日，金融街论坛系列活动“金融服务‘一带一路’助力中非合作转型升级”研讨会在金融街中心举行

3月1日，产业升级示范空间马连道工作站正式投入使用

京交会上，西城区设计服务展台吸引了众多观众

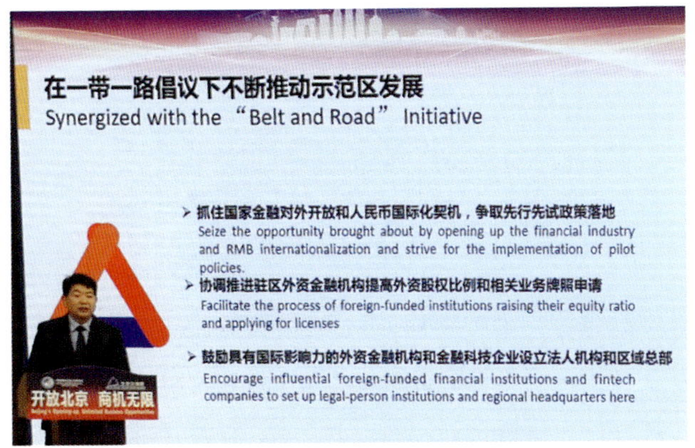

西城区在首届中国国际进口博览会“北京日”活动中作北京金融科技创新示范区发展主题推介

6月22日，西城区人民政府与中国茶叶流通协会联合发布首期“中国茶叶（马连道）市场景气指数”

11月12日，2018北京西城电子商务促进大会开幕

11月26日，《西城区便利生活与服务提升三年行动计划（2018—2020年）》发布

7月18日，2018北京西单时尚节开幕

12月29日，地安门马凯餐厅试营业

9月16日，晋阳饭庄（白广路店）重装开业

6月26日，美味斋重装开业周年庆典

金瀛百姓生活服务中心内开设“小物超市”

复兴商业城加速向邻里型购物中心转型

北京同兴成智慧社区服务有限公司西直门店和白云路店

经疏解提升后的月坛三里河一区碧水海天百姓生活服务中心开业

西单商城冬奥会北京2022官方特许商品零售店开业

瑞蚨祥西单旗舰店在西单商场开业

内联升开发热播剧衍生品牌独家推出“娘娘们”的千层底

6月26日，中国工商银行北京长安支行在西单大悦城上线刷脸支付业务

12月16日，北京新动力优质企业发展基金启动仪式在北京金融街举行

8月8日，庆丰公司混合所有制改革完成

华远集团布局科技研发领域

10月16日，庆丰无人智慧餐厅落户雄安

4月19日，“感动西城”2017年度人物评选活动颁奖盛典举行

3月7日，西城区举办巾帼建功表彰大会

11月27日，2018年西城区寻找“最美家庭”活动揭晓

5月15日，区妇联启动百年家史口述与传承人扶持计划

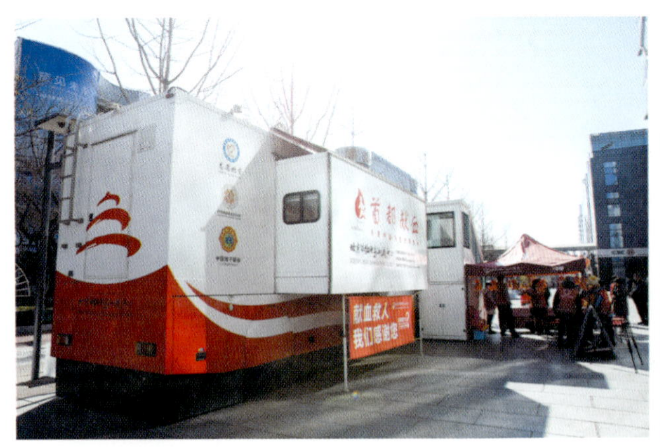

西单献血点志愿服务常态化

7月19日，德胜街道道德讲堂活动启动仪式举行

4月23日，红楼公共藏书楼启动入藏模式

PageOne北京坊24小时书店打造“无时差阅读空间”

5月18日，区第一图书馆启动盲人数字阅读推广活动

11月13日，金融街书局开业

第24个世界读书日前夕，区青少年儿童图书馆启动原创图画书领读汇系列活动

3月27日，丝绸之路国际剧院联盟总部落户西城仪式在天桥艺术大厦举行

11月29日，第二轮区志通过终审

6月27日，2018北京文化创意大赛初赛西城赛区在天宁1号文化创新园区开幕

2月1日，西城区文化创意产业新的社会阶层人士联谊会成立

1月9日，中国近代著名法学家、清末修律的代表人物沈家本故居正式开放

5月18日，天桥印象博物馆开馆

厂甸庙会回归其历史发源地——琉璃厂文市区

11月20日，郭守敬纪念馆展陈提升改造完工，重新对外开放

4月20日，第17届什刹海旅游节在原地安门商场开幕

9月1日，西城2018京剧发祥地艺术季活动开幕

10月22日，第八届天桥民俗文化节开幕

4月15日，2018首届海棠诗会在宋庆龄故居举办

3月27日，西城区“百姓戏剧展演”活动启动

6月，西城区举办“携手共续文脉情”京津冀非遗交流专场演出活动

10月7日，2018年西城区庆“十一”京剧专场惠民演出在梅兰芳大剧院举办

10至12月，第三届北京天桥音乐剧演出季在天桥艺术中心举办

4月12日，西城区不动产登记事务中心颁发西城区第一本综合服务窗口不动产权证

3月31日，首届西城区残疾人公益创投大赛开赛

5月18日，西城区举行0–6岁困境儿童家庭医生服务启动仪式

新街口街道举办以“春风送温暖 精准促就业”为主题的春风行动专场招聘会

11月8日，北京牛街城市民族工作交流会召开

1月4日，天桥街道8条“巾帼建功示范街巷”正式挂牌

月坛街道发布城市体检总体评估报告

广内街区体验馆向市民开放

6月8日，广外街道社区科普大学成立

7月30日，西城区表彰12名优秀军转干部

7月17日，西城区首个驻区部队公共法律服务站揭牌

2月27日，区人武部组织民兵应急分队拉动演练

8月28日，广内街道“老兵之家”“老兵文体协会”揭牌

“五一”期间，西城公安分局民警在北京动物园门前维护秩序

5月25日，西城区“春之声 科普汇”科普品牌发布暨项目启动仪式在中国地质博物馆举行

区第一图书馆举办“信息技术训练营”

育翔小学“飞天”主题实践活动现场展示

11月14日，北京四中承办北京市政治、历史、地理学科高中教学研讨活动

奋斗小学举办校园心理健康周活动

西城运管局水上交通安全进校园

西城区在国家医改典型经验发布会上做典型发言

西城区人大常委会教科文卫体委员会视察医药分开综合改革工作情况座谈会

世界卫生组织总干事谭德塞考察德胜社区卫生服务中心

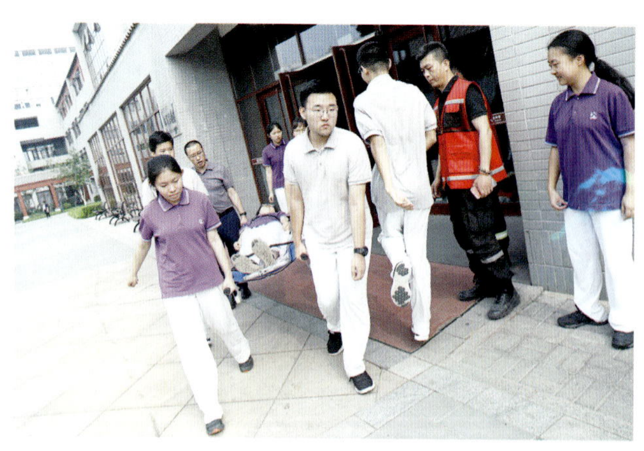

全区中学应急救护培训全覆盖

70余名志愿者加入红十字会员之家

12月1日，西城区创建“全国武术之乡”2018系列活动成果展演在广安体育馆举行

1月19日，第二届西城区残疾人冰雪活动体验周在后海举行

10月20日，2018北京西城全民健身徒步大会举行

7月31日，西城区青少年参加庆祝申冬奥成功三周年冰雪运动项目体验活动

10月12日，白纸坊街道坊间杯足球赛开幕

1月15日，区长王少峰（左二）调研月坛街道人民调解室

5月26日，西城区律师行业新的社会阶层人士联谊会成立

3月，西城区司法局启动法律援助专项维权月活动

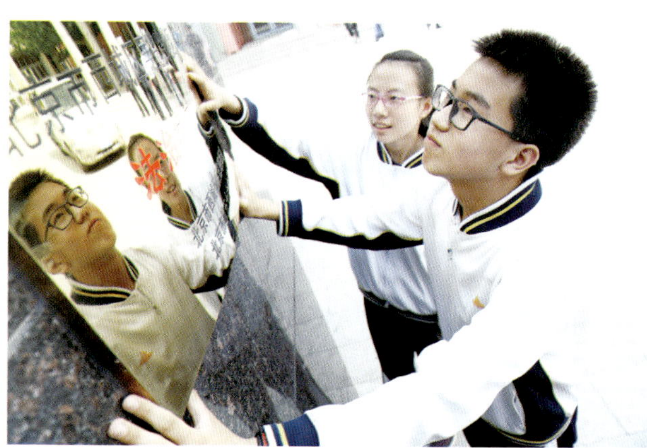

5月24日，西城区首个法治学校落户北京市第五十六中学

12月3日，西城区启动“宪法宣传周”活动

11月27日，北京市西城区人民检察院被授予“全国模范检察院”称号

目 录

区情概况

特 载

专 文

大 事 记

中国共产党西城区委员会

西城区人民代表大会常务委员会

西城区人民政府

中国人民政治协商会议西城区委员会

民主党派

人民团体

法治·军事

功能区建设

综合经济管理

工　商

金 融

城市建设

交通·邮电

城市管理

科技·教育

体育·卫生

社会生活

街　道

人　物

统计资料

附　录

索　引

CONTENTS

区情概况

西城区是中国首都北京的中心城区之一，位于市中心的西部，东以鼓楼外大街、人定湖北巷、旧鼓楼大街、地安门外大街、地安门内大街、景山东街、南长街、北长街、天安门广场西侧为界与东城区相连；北以南长河、西直门北大街、德胜门西大街、新街口外大街、北三环中路、裕民路为界与海淀区、朝阳区毗邻；西以三里河路、莲花池东路、马连道北路为界，与海淀区、丰台区接壤；南以永定门西滨河路、右安门东城根、右安门西城根为界，与丰台区相连。地理坐标东经116°18′55.00″~116°23′36.00″，北纬39°52′03.00″~39°58′18.00″。全区东西宽7.1公里，南北长11.2公里，总面积50.70平方千米。

西城区处于平原区中的“北京缓倾斜冲积平原区”内，地貌单元由古永定河、清水河、温榆河联合冲积而成，全区处于该地貌单元的中部。地面高程30至50米之间，由西北向东南缓倾，平均坡度为1.2‰至1.3‰。景山为原北京城区的制高点。

西城区气候属于典型的大陆性暖温带季风气候，四季分明，春季干旱多风，夏季炎热多雨，秋季凉爽湿润，冬季寒冷干燥。年平均气温为12℃左右，最高气温38℃，最低气温-15.4℃，年平均降水量626毫米。

西城区历史悠久，元、明、清三代均为都城西半部。元大都五十坊，今西城境内有十九坊。清八旗中有四旗驻防今西城境内。清光绪末年废除内八旗、外五城旧制以后，五十多年间行政区划多次变动。

1949年，治安区改行政区。1950年5月，内城并为5区，外城并为4区，辖区属第二、第四、第八3区全部，第五、第六、第九3区西半部。1952年7月，撤第五区，西部分别划归二区和四区；9月，第二区改名西单区，第四区改名西四区，第八区改名宣武区，第六区改名前门区，撤第九区，西部划归宣武区。1958年5月16日，西单、西四2区合并为西城区，辖二龙路、厂桥、月坛、丰盛、西长安街、展览路、福绥境、新街口、德胜门外9街道；6月，撤前门区，前门大街以西部分并入宣武区，宣武区辖白纸坊、牛街、广安门外、广安门内、椿树、天桥、陶然亭、大栅栏8街道。1980年6月，西城区增设阜外街道。1987年9月北京市将朝阳区马甸0.6平方千米划给西城。2002年9月，将丰台区菜户营桥东北角处的三角绿地划归宣武区。2004年9月，西城区街道调整为西长安街、什刹海、新街口、金融街、月坛、展览路、德胜7个。2010年6月，经国务院批准，撤销宣武区、西城区，设立新的北京市西城区。辖德胜、什刹海、西长安街、大栅栏、天桥、新街口、金融街、椿树、陶然亭、展览路、月坛、广内、牛街、白纸坊、广外15个街道。

西城区是党和国家首脑机关所在地，党中央、全国人大常委会、国务院、中央军委、中纪委、全国政协等党政军最高领导机关都设在西城区。境内还有丰富的历史文化遗产和人文景观，全区有各级文物保护单位181处，著名名胜古迹和旅游景点有什刹海、北京动物园、北海公园、恭王府及花园、首都博物馆、妙应寺白塔、宋庆龄故居、先农坛、郭沫若故居、历代帝王庙、湖广会馆等。西城区有昆曲、北京评书等国家级非物质文化遗产项目35项，北京仿古瓷、北京鬃人等市级非物质文化遗产项目67项，天桥拉洋片、泥塑等区级非物质文化遗产项目204项。

截至2018年底，西城区共有户籍人口146.1万人，常住人口117.9万人。以汉族为主，少数民族主要有回族、满族、蒙古族等。全年户籍出生人口14630人，死亡人口10013人，人口自然增长率3.2‰。

2018年经济与社会发展情况

2018年，西城区学习贯彻习近平新时代中国特色社会主义思想和党的十九大精神，在市委市政府和区委的领导下，在区人大、区政协的支持和监督下，牢固树立新发展理念，深入践行“红墙意识”，认真落实北京新总规，全力抓好“三件大事”，打好“三大攻坚战”，统筹推进疏功能、提品质、稳增长、促改革、调结构、惠民生、防风险、保安全等各项工作，扎实开展“十三五”规划中期评估，圆满完成中非合作论坛北京峰会等重大活动服务保障任务。

2018年，实现地区生产总值4243.9亿元，比上年增长6.5%。其中，第二产业实现增加值372.9亿元，比上年增长10.0%；第三产业实现增加值3871.0亿元，比上年增长6.1%，占地区生产总值的比重达91.2%。全年完成公共财政预算收入430.8亿元，比上年增长2.1%。全社会固定资产投资额比上年减少20.4%。社会消费品零售总额1043.2亿元，比上年增长3%。居民人均可支配收入8.17万元，比上年增长6.8%。恩格尔系数18.0%，比上年下降1.9个百分点。

以街区为单元，以“疏整促”为抓手，统筹推进区域功能优化、品质提升。区域性批发市场疏解任务全部完成。百路通鑫等9个市场完成升级改造。执行产业禁止和限制目录，累计办理禁限事项288件。拆除违法建设16.3万平方米，治理“开墙打洞”566处，区属直管公房违规转租转借、住人地下空间整治实现动态“清零”。119处占道经营得到全面整治，

11个街道保持动态“清零”。继续压缩职业教育办学规模。加强疏解整治与配套提升衔接，利用地下空间、腾退空间补充公益设施、生活性服务业设施。

协同发展和对口帮扶不断深入。与门头沟区签订合作协议，设立8亿元产业发展扶持专项资金。支持北京城市副中心和雄安新区建设，促进医疗、教育等公共服务资源共享，区属企业在津冀地区投资项目22个、投资额734.06亿元，中国茶文化小镇列入京冀合作重点推进项目。制定并实施《西城区对口扶贫协作三年行动计划（2018-2020年）》，支持河北张北县、阜平县，内蒙古喀喇沁旗、鄂伦春旗和青海囊谦县脱贫攻坚，围绕教育、医疗、产业和基础设施等7个重点领域，实施52个帮扶项目。15个街道、10家区属国企、29家非公企业与136个贫困村（镇）建立帮扶关系。“京侨帮扶·双百行动”三年计划落户河北阜平。实现2.6万户、5.5万建档立卡贫困人口精准脱贫，助力喀喇沁旗提前退出贫困县行列。不断加强与河南邓州对口协作。举办“2018中外友好组织京津冀国际交流周”。

明确“一主导两重点三培育”产业布局，完善“1+5+N”高质量发展产业政策体系，组建工作专班，创新“一办九组”运行模式。成立北京金融街服务局，设立北京金融街服务中心有限公司，筹建北京金融街合作发展理事会。出台“金服十条”，新引进金融机构54家、注册资本1710.7亿元，国家融资担保基金等重要机构相继落户，全区金融机构资产规模突破百万亿元。制定《鼓励和支持企业上市发展办法》，A股市场西城板块增至36家。助推瑞银证券成为国内首家持股比例达到51%的外资证券公司。成功举办金融街论坛年会及系列活动，编制发布《金融街发展报告（2018）》，与卡萨布兰卡、阿布扎比等地区型国际金融中心签订合作协议。

推进北京金融科技与专业服务创新示范区建设，推进金融科技基金筹备，发布“金科十条”，中移动金融科技、光大云缴费、云粒智慧等15家机构落户。设计之都大厦投入运营，联合国教科文组织首个国际创意与可持续发展中心揭牌落户，海尔优家等知名企业入驻。支持出版创意产业园区争创“全国知名品牌创建示范区”。引导孵化加速基地和孵育平台服务升级。深化与中国北方工业公司合作共建，中关村广安军民融合特色示范基地正式运营。鼓励个转企367户，企个比达3.92∶1。全区国家高新技术企业近800家，专利授权量10184件，万人发明专利拥有量226件。

组织参与文化创意大赛、北京设计周、文博会、京港洽谈会等活动。加强老旧厂房和存量空间优化利用，建立产业升级示范空间马连道工作站。推动“一园一品”建设，8家成为北京市首批认定的文化创意产业园区。完善旅游产业引导资金政策，促进“文化搭台、旅游唱戏、商业升级”，开展“感知西城——百名国际旅行商西城体验行”“两展一节”等活动，推动老字号创新经营，建立“北京人家”旅游合作体平台，56家高端文化品牌企业进驻北京坊，创建“新中式”生活体验区。制定马连道产业升级三年行动计划，打造茶文化国际交流品牌，北京茶叶交易中心开始运行。组团参加首届中国国际进口博览会、第五届京交会等活动，开展出口信用保险服务等培训。

深化“放管服”改革，取消行政职权事项4项、清理规范中介服务事项10项。落实“一号一窗一网一次”改革，实现政务服务“一号”响应、822个事项“一窗”受理，推进“互联网+政务服务”，区级政务服务事项均可网上办理。新开企业实现“一日取照”，开展章照票快递送达、免费刻章服务。变更登记“只跑一次”。办税服务实现三级联合。推出“服务卡、示范牌、晴雨表、光荣榜、亲清会”，深化走访回访机制，为企业送“服务包”。强化“大数据+市场监管”，创新联席机制、联动平台、联合监管的工作模式，获“首批国家守信激励创新试点地区”暨全国“守信激励创新奖”，企业监管信息共享平台入选全国守信激励创新典型案例。

落实党建引领“街道吹哨、部门报到”机制，制定8类37项问题清单，破解长年未决难题11项。实施“微改革”行动计划，5类29项改革措施落地见效。街道管理体制机制改革试点工作全面展开，梳理形成街道工委、办事处职责清单，建立“一委七办三中心”大部制工作体制，建成15个街道实体化综合执法平台。启动社区“两委”换届工作。推进社区“减负增效”，建立社区工作准入制度，确定社区居委会51项、社区服务站47项工作事项，探索“一站多居”社区服务站设置。深化社区、社会组织、社会工作“三社联动”机制，促进“参与型”社区分层协商全面落地，提高社区工作者待遇，完成全国社区治理和服务创新实验区验收。加快“多网融合”，区级大数据中心平台初步建成，街道分中心建设有序推进，西长安街街道“数字红墙”模式成为国务院“放管服”领导小组全国调研典型案例。牛街街道成功举办民族团结进步创建工作30周年暨城市民族工作交流会。

发挥资本运营中心平台作用，促进国有资本和社会资本有效互动。设立北京新动力母基金，初步构建符合核心区特点的产业生态链和资本生态圈。设立新动力优质企业发展基金，纾解民营企业流动性资金困难。支持金融街集团打造金融板块，完成华融综合公司改制，增资金融街物业公司。完成庆丰公司混合所有制改革，实现员工持股。加快老字号创新协同发展，庆丰无人智慧餐厅落户雄安。完善激励约束机制，企业领导人员薪酬改革全面完成。加快剥离国有企业办社会职能，推进央企职工家属区“三供一业”分离移交工作。华远等公司开始布局科技研发等领域。区属国企获得市级以上创新成果奖21项。

制定《进一步深化街区整理提升核心区品质实施计划》《街区整理公共空间管理办法》。创新“叠图作业、挂图作战、挂旗拔旗、手册管理”工作模式，建立责任规划师制度，全区划分101个街区，编制街道城市设计导则，形成20套重点地区深化设计方案，实现阜内大街、南新华街等17个街区初步亮相。主次干路架空线入地基本完成。做实街巷长、准物业管理、小巷管家等机制，1167条街巷实现“十有”、394条街巷实现“十无”。杨梅竹斜街和达智桥胡同入选北京“最美街巷”。

加强各类污染源整治，全区细颗粒物（PM2.5）年均浓度为52微克/立方米，同比下降13.3%。完成锅炉低氮改造。更新电采暖设备5960台，向3.8万户居民发放“煤改电”补助。淘汰老旧机动车辆2.2万辆，检查重型柴油车4万余辆，查处环保不达标车辆8000余辆。出台《西城区海绵城市建设规划》，全面推进“河长制”和“水岸共治”，发布西城区总河长令，制定“一河一策”方案，开展“清河行动”“清四乱”专项行动，完成全区水环境承载能力现状评价和埋地油罐防渗漏改造工程，广安门北滨河路地表水国控站点竣工并通过验收，4个考核水质监测断面全部达标。推进再生水管线建设，建成一座规模以上蓄水池，完成20个雨洪利用项目。全面推行垃圾分类，示范片区达30%。

新建常乐坊、逸清园“城市森林”。营造慢享生活“生态客厅”，推进前三门大街绿道建设，贯通什刹海环湖步道，建成西海湿地公园。全年新增城市绿地8.37公顷。新增屋顶绿化1.13万平方米、垂直绿化1184延长米，全年开展园艺文化推广活动559场。全区公园绿地500米服务半径覆盖率达96.36%。

重点推进报国寺西街、受壁街等40条市政道路建设，总里程19.5公里。实现马连道南街等7条道路通车。完成17条道路大中修和5项疏堵工程。治理自行车道40公里。推进地铁19号线积水潭站、长椿街站和牛街站建设。建设立体停车楼3处，新增机械停车泊位341个、居住区停车泊位2133个，推广使用停车资源错时共享APP，70条道路、5509个路侧停车位实现电子收费。

举办全国科技工作者日纪念活动，组织首届“春之声 科普汇”、第二十届科普之夏、科普日等活动，参加全国第三十三届青少年科技创新大赛、第十八届中国青少年机器人大赛和北京第三十八届青少年科技创新大赛等赛事，连创佳绩。

规范民办幼儿园，新增4所公办幼儿园，新增学前教育学位3600个。小学新生接受三年制学前教育率达90%以上。义务教育阶段新增在校学生11435人。建立15所示范高中组成的联合体。推进贯通培养，优化整合中小学2所。“城宫计划”“高参小”“课后服务”全面推广，2所中学的德育工作案例被教育部评为2018年全国中小学德育工作典型经验。实施教育家工程，开设学部讲堂。

“十三五”规划确定的47处直管公房文物腾退项目全部启动，完成京报馆、绍兴会馆、康有为故居等25个项目腾退和北海、景山公房住户腾退。新增认定西板桥、山左会馆等8处区级文物。出台关于促进文物建筑合理利用和开放管理的若干意见。启动先农坛一亩三分地景观恢复工程，完成德胜门对景项目建设，地安门百货降层改造装修进入收尾阶段，南北长街保护腾退、阜内大街整治改造、鼓楼西大街片区保护复兴等项目取得阶段性成果。马凯餐厅实现“回家”。郭守敬纪念馆升级改造重新开放。实施“四名”汇智计划，组织活动150场次。成立遗产活化城市联盟。新增10名国家级和135名区级非遗项目代表性传承人。

设立西城区文化艺术创作扶持专项资金，给予29个项目补贴奖励。全堂八角鼓《天命》获北京市国家艺术基金支持，创演话剧《北京人家之武学宗师》，打造武术之乡“中国武文化”品牌，《北京城：中国历代都城的最后结晶》入选2018年度北京市文化精品工程重点项目。改扩建4个街道文化中心，启动图书馆、文化馆总分馆制改革试点，建成7家街区博物馆。举办中国国际合唱节、百姓戏剧展演、中国童书博览会等活动，组织天桥音乐剧演出季，启动“京剧发祥地”建设，推出“京韵剧源——西城2018京剧发祥地艺术季”。组织开展庆祝改革开放40周年主题系列活动。全区举办各类文化活动1.78万场次，惠及群众195万人次。

实施《健康西城品质提升行动计划》，通过第三批全国健康促进区国家级终期评估及国家慢性病综合防控示范区复审。完善基层公共卫生一体化管理体制，“三纵两横一平台”紧密型医联体建设受到国务院督查通报表扬。落实家庭医生签约“四个一”服务，以家庭医生为核心的双向转诊模式不断完善。预约挂号、分时段就诊等创新服务全面推开。公立医院综合改革工作获国务院办公厅督查激励通报，被评为2017年度全国公立医院综合改革真抓实干成效明显地区。

什刹海、展览路和广外街道被命名为全市首批“全民健身示范街道”。深化“全国武术之乡”创建工作，成立西城区武术和棋类运动管理中心，创新举办武术赛事，习武群体超过20万人。举办全民健身冰雪季系列活动60场，推广“什刹三冰”运动，建设可拆卸仿真冰场8片1454平方米。

棚改任务惠及2131户居民。发放保障性住房租金补贴7095万元，建成保障性住房3300套，2.9万户家庭住房条件得到改善。百万庄项目B地块已入住202户，丰台高立庄项目一二三期基本建成。完成简易楼腾退53户，翻建维修平房8841间12.4万平方米，楼房综合修缮和抗震加固改造32栋10.8万平方米。推进盆儿胡同62号院等4个老旧小区综合整治。全区完成电梯审批加装19部。推进“厕所革命”，整体提升改造三类公厕500座。

发布《西城区便利生活与服务提升三年行动计划（2018年—2020年）》，深化“一刻钟社区服务圈”建设，丰富“互联网+实体服务”形式，提升“精·智”服务圈和“家·佳”网点全覆盖水平。推出“西城e生活”微信公众号，新建和提升改造百姓生活服务中心11个，累计建成40个。新建和规范提升各类便民商业网点88个。

24家养老照料中心投入使用，全区共有养老机构44家，床位4118张，社区养老驿站53家。推进“医养结合”多元发展，复兴医院、展览路医院、肛肠医院成为北京市首批老年友善医院。继续推进适老化改造工程和为老便民服务终端安装项目。关注失独老人养老问题，形成失能老人照护服务“需求评估—上门服务—标准指导—市场运行—资金监管”闭环运行模式。办理老年优待卡6万余张，发放老龄津贴900余万元，表彰西城区孝星300位。推动企业年金等补充养老保险发展，形成多支柱的养老保障体系。

实现9457名困难人员就业，消除“零就业家庭”22户。在公共服务类岗位安置本市农村劳动力1500人转移就业。举办第一届创业创新大赛，城镇登记失业率0.87%，连续四年实现充分就业。落实个人所得税专项附加扣除政策，为个人所得税改革配置绿色通道、咨询岗及专办窗口。五项社会保险实现政策和人群全覆盖，基金运行总量804.82亿元，增长9.28%。构建“3+X”社会救助组织体系，9003户14416名低保、低收入和特困群众基本生活得到保障。创建全国残疾预防综合试验区，为2000余名残疾人提供社区康复服务。

开展“西城好人”等品牌活动，312个单位获“全国文明单位”“首都文明单位”等称号，32条背街小巷被评为首都文明街巷，40户商家被评为首都文明商户，10家景区被评为首都文明风景旅游区。

全年办理人大议案2件、代表建议145件，政协委员提案242件。完成“七五”普法中期检查和评估，深化行政机关负责人出庭应诉和考核评价工作，全年60人次出庭应诉。推进政务公开，完善向公众报告工作制度，创新实施区政府常务会视频直播。持续用好“访听解”、民生工作民意立项、政民互动直播间、政府热线、政府开放日等群众参与机制，开展“进千门走万户”行动。

区法院全年收案总量80487件（含旧存7574件），同比上升24.52%；审（执）结73202件，同比上升28.28%。持续抓好“长安计划”70项具体任务全面落地，实施“雪亮工程”，增强区域风险防控能力。开展扫黑除恶专项行动，发挥“西城大妈”等群防群治力量作用。全年接报刑事案件、治安警情、秩序警情分别下降21.92%、16.44%、41.79%。保持了全区和谐稳定的良好局面。

特　载

在区委十二届九次全会上的报告

中共北京市西城区委书记　卢映川

（2018年12月30日）

各位委员、同志们：

现在，我受区委常委会委托，向全会报告工作。

一、2018年主要工作回顾

我们即将走过2018年。一年来，区委常委会坚持以习近平新时代中国特色社会主义思想为指导，深入学习贯彻党的十九大精神，把“切实展现新气象新作为”作为统领全区工作的行动准则，努力在忠诚使命担当、扎实干、见实效上展现新作为，在践行“红墙意识”、改作风、见行动上展现新气象，推动区域科学发展和精细治理不断取得新成效。坚持改进和加强自身建设，严格落实党的地方委员会工作条例，制定区委委员履行职责规定，完善工作职责手册，开展定期分析反思，运行机制科学化、规范化、精细化水平不断提升。坚持把党的全面领导落到实处，切实发挥总揽全局、协调各方作用，全力支持区人大、区政府、区政协和“一委两院”依法依章履职，积极加强多党合作与民主协商，巩固发展爱国统一战线，充分发挥各人民团体作用，广泛凝聚了工作合力。坚持把方向、谋大局、定政策、促改革，紧扣加强“四个中心”功能建设、提升“四个服务”水平和抓好“三件大事”、打好“三大攻坚战”要求，聚焦“两转型一提升三更好”工作重心和主线，先后召开3次区委全会和38次区委常委会会议，切实加强重大工作、重要任务的研究谋划、统筹协调和推进指导，圆满完成全国两会、中非合作论坛北京峰会等重大活动服务保障任务，全区各项事业发展取得了新的进展和成效。

我们坚持弘扬践行“红墙意识”，强化担当自觉，奋力推动习近平新时代中国特色社会主义思想在西城落地生根、形成生动实践。开展区委理论学习中心组专题学习35次，组织浦东党建专题班、延安和井冈山党性教育班，举办处级干部专题研讨班9期、读书班8期，学习宣传贯彻习近平新时代中国特色社会主义思想不断走深、走实，广大党员干部争做忠诚信奉者、自觉坚守者、躬身实践者的自觉性进一步增强。认真落实中宣部“新时代新气象新作为”主题宣传部署要求，建成“红墙意识”党性教育基地，组织“不忘初心、牢记使命”“红墙意识”主题研讨会和系列宣传活动，“红墙意识”思想理念更加深入人心、社会影响更加广泛。扎实开展弘扬践行“红墙意识”行动，引导广大党员干部群众把“绝对忠诚、责任担当、首善标准”作为思想行为准则，全区上下不懈奋斗、共同创造城市美好家园的价值追求进一步凝聚形成。

我们坚持紧抓疏解非首都功能“牛鼻子”，扎实推进新总规实施布局落子，推动城市切实减重减负、持续优化提升功能。全力推进非首都功能疏解攻坚，圆满完成官园小商品批发市场疏解闭市，实现了区域性批发市场疏解在全区的全面收官。积极实施各项疏解整治措施，深入落实好疏解腾退空间资源再利用指导意见，建立腾退空间资源台账，城市在疏解腾退中进一步实现了隐患消除、环境改善、功能提升。认真组织控制性详细规划和专项规划编制工作，积极研究“双控”“四降”目标落地措施，修订2018版产业禁止和限制目录，严把功能和产业准入关，减量发展机制初步建立形成，全年人口调控目标可望如期实现。主动融入京津冀协同发展，全力支持北京城市副中心和雄安新区建设，积极对接做好2022年北京冬奥会、冬残奥会筹办相关服务工作。认真落实全市协作发展部署要求，与门头沟区签订结对协作框架协议，投入4亿元助力涵养区生态保护和绿色发展。坚决落实扶贫攻坚重大部署，对口帮扶长效机制进一步完善，全区15个街道、10家区属国企和29家非公企业与5个贫困旗县、136个贫困乡镇、村，实现结对帮扶全覆盖，全年实现了2.6万户5.5万建档立卡贫困人口精准脱贫。

我们坚持以实施街区整理更新为抓手，推动城市精细化治理向纵深发展，城市品质提升效果不断展现。全面展开街区整理更新，积极探索实践以“块”和“面”为主的城市治理模式，完成了101个街区单元的划分，诊断分析扎实展开，责任规划师制度普遍推行，街区设计方案库和整理项目库初步建立，多项任务分步骤集成实施的叠图作业、挂图作战模式初步形成，15个街道的街区设计和率先亮相片区整理工作全部启动，阜内大街、南新华街等一批街区的整理更新效果开始显现。坚定有序、积极稳妥推动疏解整治促提升专项行动深入展开，注重做好治理措施和工程施工现场信息公开，拆除违法建设16.3万平方米，治理“开墙打洞”566处，保持了住人地下空间、区属直管公房违规转租转借动态清零，各专项任务年度目标圆满完成，在城六区排名中均名列前茅。我们的工作得到了群众广泛认同，居民满意度进一步提升，达到97.4%。严把标准推进背街小巷整治提升，加大综合治理和执法力度，做实街巷长、准物业管理、小巷管家等各项机制，与网格管理的衔接协同进一步加强，积极推广“门前三包”、居规民约、临街公约，全区街巷品质持续提升，“十有五好”街巷达到84条，达智桥胡同、杨梅竹斜街入选北京“最美街巷”。全力推进40条市政道路建设，实现手帕口北街等7条道路完工通车，新增2133个居住区停车位，交通环境持续改善。探索建立城市部件应急维护更新机制和城市体检评估机制，加强城市地下空间和管网诊断及城市安全风险评估，保障了城市安全高效运行。文明城区创建常态长效机制进一步完善，在2018年全市测评中总得分位列十六区第一。

我们坚持推进业态转型升级，不断优化“高精尖”经济结构，高质量发展基础更加坚实。认真落实减量发展、创新发展要求，出台“金科十条”“金服十条”促进政策，激发增强金融、科技、文化等创新发展活力，保持了区域经济平稳健康发展。预计全年实现地区生产总值4260亿元，同比增长6.3%；区级一般公共预算收入430.6亿元，同比增长2%；居民人均可支配收入81102元，同比增长6%左右。实施金融街服务体制改革，成立了北京金融街服务局，金融街合作发展理事会、金融街服务中心有限公司筹建工作有序推进，国家融资担保基金等一批重要机构相继落户，全区金融机构资产规模突破百万亿元。启动北京金融科技与专业服务创新示范区建设，制定发布了建设方案，动批地区等疏解腾退空间“腾笼换鸟”扎实推进，北矿金融大厦、首建金融中心等初步实现转型。制定实施老旧厂房利用专项规划和实施细则，进一步拓展了文化创意产业发展空间。国资国企改革扎实推进，完成庆丰公司混合所有制改革。发起设立北京新动力优质企业发展基金，积极支持实体民营经济创新发展和应对暂时经营困难。坚持以企业和社会感受为评价标准，创新推出“服务卡、示范牌、晴雨表、光荣榜、亲清会”服务模式，落实走访企业机制，区领导走访各类企业130余次，量身定制了7类政策优化集成“服务包”。在全市率先推行“一窗式”改革，实现38个部门822项服务事项“一窗受理”、新开企业“一日取照”、变更登记“只跑一次”，营商环境优化取得重大进展成效。

我们坚持强化精准配套衔接，真心办好群众家门口的实事，民生服务和人居环境改善取得新实效。切实加强疏解整治与配套提升衔接实施，制定实施便利生活与服务提升三年行动计划，新建和改造提升百姓生活服务中心11个、各类便民网点88个，配套发布分街道、分业态便民服务地图，实现了社区基本便民服务功能全覆盖、百姓生活服务中心“居住区每平方公里至少一个”的目标。深化教育综合改革和学区制管理，多措并举推进学前教育普及普惠，新增公办幼儿园4所、学前教育学位3600个，义务教育新增在校学生11435个，教育教学质量继续保持全市领先。扎实实施“健康西城”品质提升行动计划，家庭医生签约服务稳步拓展深化，“三纵两横一平台”紧密型医联体建设受到国务院督查通报表扬，公立医院综合改革获国务院办公厅督查激励通报。坚持稳就业、促创业，连续4年被认定为北京市充分就业区。5项社会保险参保实现政策全覆盖、对象全覆盖。建成保障房3300套，完成棚改腾退2131户、老旧小区综合整治项目4个，老旧小区增设电梯工作年度计划超额完成。加快实施养老机构公办民营改革，新增投入运营社区养老驿站14家，养老服务保障能力不断加强。认真抓好环保督察反馈意见整改落实，一批环境突出问题得到切实解决。展开新一轮大气污染防治行动，PM2.5年均浓度每立方米53微克，同比下降14.5%。全面落实河长制和“水岸共治”，全区152个排河口均无排污现象，4个考核水质监测断面全部达标。完成什刹海环湖绿道及西海湿地建设，切实做到了亮出岸线、还湖于民。新建常乐坊、逸清园2处城市森林和20处口袋公园、39处小微绿地，新增城市绿地8.37公顷，公园绿地500米服务半径覆盖率达到96.36%，城市环境更加绿意盎然、生态宜居。

我们坚持统筹抓好全面深化改革，大力推进体制机制创新，改革和服务提质创新取得新成效。研究制定了新一轮改革实施规划，推出引领未来五年全区改革方向的重要改革举措139项，健全改革分级落实机制，推动改革工作不断深化。扎实开展党建引领“街道吹哨、部门报到”机制改革，建立8类37项问题清单，构建了“三级吹哨、多方报到”协同处理机制，11项长年未决难题得到有效破解。街道管理体制改革全面展开，“一委七办三中心”大部制格局初步形成，建立了15个实体化街道综合执法中心，创立了街道统筹、各执法力量有机整合的综合执法机制，建成区级大数据中心基础平台和11个街道大数据分中心，街道运行、服务效能切实提升。落实市委关于机构改革要求，在深入研究基础上形成了区级机构改革方案。创新实施“微改革”行动计划，推行办事便利、惠民福利、城市宜居、和谐共治、依法治理等5类29项改革举措，从堵点痛点“小切口”改革入手，实现了一批基层治理服务事项“大变化”。

我们坚持落实好“老城不能再拆了”要求，着力加强整体保护和创新传承，推动历史文化金名片不断展现新风采。紧紧围绕中轴线申遗和大运河文化带建设，完成康有为故居等3个文物腾退任务，20个年度计划腾退项目全部启动并实现14个“清零”，纳入“十三五”规划的名人故居和会馆类腾退项目全部启动，文物腾退攻坚取得重大突破。深入挖掘历史遗存文化价值，完成春节庙会回归文市，成功举办“京韵剧源——西城2018京剧发祥地艺术季”活动，推动郭守敬纪念馆社会化运营改革并对外开放、林白水故居转型椿树书苑、马凯餐厅回归重张，赋予了老城更浓京味、更足文化味。精心组织开展了庆祝改革开放40周年主题系列活动，进一步凝聚了讴歌时代、团结奋进的浓厚氛围。认真落实全国文化中心建设任务，完成红楼公共藏书楼改造和试运营，“书香金融”“阅读春天”等特色阅读空间主题读书活动有声有色，“书香西城”运行模式入围国家公共文化服务体系示范项目，文化演出和文艺创作展演推陈出新，冰雪文化运动多层次、多领域开展，为群众丰富文化生活提供了多样化的精神食粮。

我们坚持深化立体防控，精心实施“长安计划”，坚决为党中央站好岗、放好哨。持续抓好“长安计划”18项行动、

70项具体任务扎实落地，增强中央政务办公区等重点区域风险防控能力，发挥模块化、分布式、战区管理机制作用，成功应对处置了一批突发风险，有效维护了重点区域安全。强化源头治理，拓展领导包案制度和多元化解机制，坚持化解一件、巩固一件，完成信访积案等重点化解任务20件。扎实开展扫黑除恶专项斗争，发挥“西城大妈”等群防群治力量作用，社会治安综合治理不断深化，群众安全感调查指数实现稳步提升。全面压实安全生产主体责任，排查清理各类安全隐患14万余处，责令企业单位停业停产停建1296家，安全生产形势保持稳定向好。巩固“食品安全示范区”创建成果，全区药品、重点食品安全合格率稳定在99%、98.5%以上，群众“舌尖上的安全”有了更可靠保障。

我们坚持把抓好党建作为最大政绩，认真落实新时代党的建设总要求，坚定不移推动全面从严治党向纵深发展。始终把政治建设摆在首位，扎实推动“两学一做”学习教育常态化制度化，开展城市精细化治理常委会专题组织生活，严肃抓好党内政治生活，坚决做到“两个维护”。全面加强意识形态工作，组建网信办和融媒体中心，建立健全媒体反映问题处置、突发事件信息报送及舆情反馈机制，有效处置半步桥13号院私挖地下室等各类舆情511件，意识形态管控和舆情应对能力稳步提升。坚持好干部标准，制定实施培育忠诚干净担当高素质干部队伍意见，开展了好队伍好班子好班长创建活动，持续加强优秀干部动态发现和到治理一线、吃劲岗位锻炼，广大干部担当作为的积极性进一步增强。坚持推动党的建设向基层深化、在群众中扎根，建立实行区委对街道工委、街道工委对社区党委工作点评机制，积极发挥区、街、社区三级党建工作协调委员会作用，建立街道工委、社区党委定期向群众报告工作通报情况机制，开展报告通报3907次，全面落实基层党组织和在职党员“双报到”，广泛开展城市清洁日等主题活动，基层党组织政治功能、服务功能和组织力有效提升。推进作风建设落实落细，推出“减会、压文、少说、多走、深谈、严管”系列措施，全区性大会减少27%、以区委名义发文下降31%。组织开展“进千门走万户”行动，全区近5000名党员干部一年走访居民和驻区单位约10.6万次，收集各类问题建议5.2万余条，有效解决3.9万件，极大密切了与群众的联系。深入开展“四风”问题新表现治理，查处违反中央八项规定精神案件24起、“为官不为”和“为官乱为”案件25起、侵害群众利益不正之风13起，作风建设成果进一步巩固。始终保持惩治腐败高压态势，查处违纪违法案件144起，召开领导干部警示教育大会，做到警钟长鸣，推动了全区政治生态更加风清气正。

回望即将走过的一年，我们大家一道忠诚职责使命、携手开拓奋进，积极担当有为、埋头苦干实干，保持了经济的平稳运行和质量效益的稳步提升，实现了城市面貌和治理效果的可喜变化，收获了市民群众更多的满意和好评，推动首都核心区在新时代征程上迈出了坚实一步。成绩得来不易，奋斗值得铭记。在此，我代表常委会，向大家一年来的辛劳付出致以崇高敬意和感谢！

与此同时我们也清醒认识到，全区发展和治理中还有不少问题亟待解决，我们的工作中也有不少问题需要改进。对照“为中央政务营造更好环境”要求，在加强“四个中心”功能建设、提升“四个服务”能力上还有很多不足，区域人口、功能过度聚集状况尚未得到根本改变，落实“双控”“四降”、实现减量发展创新发展仍有许多难题需要破解。对照习近平总书记“像‘绣花’一样精细管理城市”要求，城市精细化治理水平和建设管理服务品质还有很大差距，尤其是动态精细化管理极不适应，环境脏乱死角依然存在，反弹反复情况时有发生，街区整理更新中还存在着诊断分析不透彻、部分设计方案水平不高、工程实施管理粗放等问题。对照“让市民百姓有更多获得感”要求，适应群众需求和社会发展变化，精准分析把握居民生活服务需要还不够充分，早餐、维修、小物件购买等生活不便情况仍然存在，教育学位缺口较大，老旧小区、平房院落居民改善居住条件和环境的愿望强烈，及时发现和有效解决群众身边问题还存在渠道不通畅、响应不及时、解决不彻底、机制不健全情况。对照高质量发展要求，在推进业态调整和产业优化升级、提升区域经济质量效益上还有很大空间，空间资源的全面掌握与精细利用还不充分，精细精准服务企业需求、优化营商环境还有很大潜力，大数据管理应用和智慧城市建设与先进城市地区相比存在不小差距。对照新时代党的建设总要求，基层党建工作中还存在一些薄弱环节，健全党领导下的城市基层治理机制、不断提升基层党组织组织力还存在不完善、不适应、不扎实情况，一些党员干部担当作为的干劲和能力还有欠缺。我们要认真深入研究这些问题，在今后的工作中切实改进。

二、2019年工作总体安排

2019年是新中国成立70周年，是全面建成小康社会关键之年，全区工作面临着一系列新的形势任务要求。未来三年都将是重大历史节点年份。我们在安排工作上要牢牢把握大局，更加注重贯通谋划、系统考虑。要服务好大事喜事的举办，把握好新总规推进的层次和节奏，切实展现国家重大战略实施的新成效。要在非首都功能疏解、城市精细化治理以及重大活动服务保障等方面取得新进展，推动核心区城市运行和服务效能呈现更高水准。要适应市、区、街道机构改革变化以及社区“两委”换届要求，积极探索构建更加精细科学的超大型城市治理体系和机制，在提升治理能力和效果上展现新气象。与此同时，面对宏观经济下行压力增大、外部挑战复杂、不确定性因素增多等情况，我们要切实增强忧患意识、更加奋发有为，在大力推进减量发展、创新发展和高质量发展，保持经济平稳健康运行、增强经济活力上努力展现新的作为。我们要始终牢记“首都核心区”五个字赋予的重大职责和特殊要求，始终把践行“红墙意识”、做好核心区工作作为光荣使命，切实认清发展大势、坚定奋进信心，坚持稳字当头、增强定力、该进则进，自觉当好施工队长，以钉钉子精神把该办的事情办实办好办出水平，扎实推动核心区发展治理水平不断提升。

明年全区工作的总体考虑是：坚持以习近平新时代中国特色社会主义思想为指导，深入学习贯彻党的十九大精神和习近平总书记对北京重要讲话精神，按照中央经济工作会议和市委部署，紧紧围绕庆祝中华人民共和国成立70周年，坚持稳中求进总基调，牢牢把握首都城市战略定位和高质量发展根本要求，聚焦“两转型一提升三更好”工作重心和主线，奋发有为、担当实干，努力为中央政务营造更好环境、让市民群众有更多获得感，切实展现首都核心区科学治理、品质提升新成效、新面貌，以优异成绩庆祝新中国成立70周年。

重点抓好八个方面工作：

（一）统筹推进新总规实施深入展开，在持续优化功能布局、实现调控任务目标上取得新进展

新版城市总体规划，是经党中央、国务院批准，指导首都建设发展的法定蓝图，必须不折不扣抓好落实。要深入对标新总规要求，把区域发展治理一切工作更好寓于加强“四个中心”功能建设、提升“四个服务”水平之中，实现功能调控、总量调控、风貌调控三者统一，切实把城市建设管理各方面管住管好。有序实施建设规模、人口规模双控，从严落实好各项管控措施，抓紧完成建设总量分区域差别化调控方案，加强各类项目分类有序处置，推动建设规模减量有效落地。积极探索城市资产管理实施路径和政策，加强对房屋等城市资产的精细管理，促使功能调控更好落实。建立和完善自愿登记式居住条件改善、老旧小区整治提升、文物腾退等政策体系，推动城市维护更新机制逐步健全。积极配合驻区单位，开展非区属产权直管公房违规转租转借清理。切实发挥好规划的刚性约束作用和政策措施的规范引导作用，加快推动职业教育、医疗等疏解项目实施，积极推进历史遗留项目问题化解。加强西单、大栅栏、什刹海等重点商业、旅游区秩序管控，逐步减少依附旅游业的一般性商业，促进业态提升和“四个密度”有序下降，为首都职能履行提供更好保障。继续大力支持城市副中心和雄安新区建设，全方位深化公共服务等领域合作。加强产业扶贫、就业扶贫等各项精准帮扶措施落实，统筹安排实施好后两年资金、项目，助力对口地区和建档立卡人口如期脱贫、有效脱贫，切实在国家重大战略任务实施中展现核心区应有担当。

（二）纵深精细推进街区更新，在拓展城市品质提升效果上努力形成更多新亮点

街区更新是落实习近平总书记对北京重要讲话精神、推进新总规实施、加强精细化治理、提升城市品质的重要路径和举措。今年我们进行了系统探索和积极实践，打下了扎实基础，明年要向纵深展开，并更加注重把握重点、集中用力。全区要紧紧围绕中轴线、长安街沿线等重点区域，继续抓好鼓楼西大街等首批片区推进实施，同时集中力量推动地安门内外大街、旧鼓楼大街、天桥南大街、小六部口、太仆寺街等片区整理提升。各街道和指挥部也要集中力量、稳扎稳打，重巩固、慎开新，不赶进度、重在质量，一条街区一条街区地扎实干，确保整理一片、巩固一片。要坚持分街区加强措施集成，细致做好前期计划安排和工作措施衔接，逐片区组织实施好叠图作业、挂图作战，尽可能做到疏解整治促提升、背街小巷整治、架空线入地、广告牌匾规范、违法建设拆除、开墙打洞整治、道路维修养护、城市家具优化等各项措施统筹实施，坚决避免反复开挖、“马路拉链”等粗放无序管理问题。要把全面精细理念贯穿到街区更新全过程，从治理措施谋划、工程项目施工管理、材料选取到局部细节处理等各环节都要精细，做好现场信息公开，切实提高实施质量、执行效率和效果管理水平，打造经得起历史检验和群众检验的精品。要扎实做好诊断分析和街区设计，落实好设计导则要求，发挥好责任规划师作用，用心体察居民生活，积极听取群众意见，用实践效果赢得群众的支持和认同。

（三）精心实施便利生活与服务提升行动，让群众对城市美好生活有更多直接的新感受

群众满意是评价我们工作成效的根本尺度。我们要紧扣“七有”“五性”要求，把民生工作更直接更精准地落实在群众生活改善和便利上。加紧实施便利生活与服务提升三年行动计划，进一步织密服务网点、优化空间布局、丰富业态种类、完善功能配置、提升服务质量。切实做好中央政务办公区和集中生活区周边及各类居住区生活配套，推进小物超市、早餐便利、菜店规范化建设，大力支持“e生活”“+服务”理念和智能应用推广，加大生活服务网点地图发放和动态更新，更好地方便群众生活。制订实施学区提升计划，持续推进教育综合改革创新，完善教育公共政策，扩大优质教育资源供给，努力把每一所学校都办成高质量、有特色、深受群众和孩子们喜爱的学校。完善家庭医生签约服务考核激励机制，提高家庭医生主动签约率和服务水平，更好满足群众健康需求。实现全部养老驿站投入运营，发挥好服务群众作用，为老年人提供更加专业便利的养老基础服务。加强就业培训服务和政策落实，落实好社会政策托底要求，周密做好失业人员帮扶、生活困难救济工作，切实把党的政策温暖送到群众身边。积极推进老旧小区综合整治提升，统筹推动抗震加固、节能改造、加装电梯、空间优化、设施改善等一体化实施，不断改善生活居住环境。建立老旧小区应急维护机制，为有条件的老旧小区引入物业管理，逐步消除失修失管现象。积极推进保障性住房项目建设，努力让更多群众实现安居梦。扎实落实好蓝天保卫战、碧水攻坚战、净土持久战各项举措，多途径挖掘留白增绿潜力，注重大尺度绿色空间拓展，积极推广立体绿化，倡导绿色生活方式，让垃圾分类、绿色出行成为一种习惯，让群众从身边环境持续向好的变化中增强获得感、幸福感。

（四）大力推行城市动态精细管理，在提升城市运行和服务效能上实现新突破

发展阶段和需求变化及新技术革命对加强城市动态精细管理提出了更高要求，日益考校着我们的城市运行管理能力和水平，不适应就被动。明年在这个方面要切实下功夫、求突破。要加紧重塑城市全面感知系统，推进“城市大脑”构建，依托物联网等信息化技术手段和街巷长、网格员、社区工作者、协管员、准物业管理人员及“西城大妈”等各方力量，增强对末端城市运行、社会运行动态的感知能力。落实好城市体检制度，建立城市运行定期诊断评估机制，组织实施好中央政务办公区和集中生活区等重点区域定期分析评估，更加及时地发现和解决问题。加强大数据管理应用与智慧城市建设，推进数据开放共享，深化政务领域服务方式、内容及流程再造，促进治理能力和水平提升。整合资源力量，建立健全全响应服务机制。探索实行频度目标管理，针对消防救援、交通事故、公共安全突发事件处置等，优化网络设计、力量布防，细化操作流程、行动规范，提升快速反应和处置能力，努力实现以分钟为单位的反应时间管理目标。进一步完善预案管理机制，做好非常态条件下的模块化和工作手册管理，加强应急人力储备和突发事件处置的协同协调，因循不同层级应急预警状态开展分类分级处置演练，确保应急预案可行可靠。建立城市部件应急维护更新机制，对城市道路、家具、部件、设施等破损缺失情况，以快速响应处置为原则，

发现问题无论权属一律先解决问题、后追偿“买单”，减少群众不便，促进城市安全、高效运行。

（五）深入挖掘创新动能、激发经济活力，在推进高质量发展上展现新作为

坚持减量发展、创新发展是推进核心区高质量发展的必由之路，要充分发挥金融街和中关村西城园两大功能平台作用，继续深化金融街服务改革，以高效优质服务促进国家金融管理中心建设和发展水平持续提升。加紧推进动批地区疏解后转型提升，实施好街区更新，力争年内实现部分腾退楼宇崭新亮相，打造创新高地、产业高地、人才高地，促使北京金融科技和专业服务创新示范区发展成效尽早释放出来。抓好“金服十条”“金科十条”政策落实，加大资源投向精细调控力度，以更大力度实施好低效空间“腾笼换鸟”，切实释放金融、科技、文化和传统业态转型升级的高质量发展活力。

持续推动营商环境优化。同步推进线上流程再造和线下网点布局优化，巩固“一窗办理”和网上全流程办理成果，推行分区多点、就近就便的线下网点化服务，深化“最多跑一次”“不见面审批”改革成效。更加注重场景搭建和客户体验，以企业、群众第一视角查找问题及隐性环节，推动办事流程进一步优化，推动便利化措施创新从关注企业开办转向覆盖融资办税审批等日常经营活动，整体提升政务服务效率效能。进一步落实企业走访制度，加强主动对接和精准服务，切实量身定制好政策优化集成“服务包”。积极因应经济形势变化，及时加强应对措施和政策储备，用好北京新动力优质企业发展基金，为企业健康发展、渡过难关提供必要支持，更好激发民营经济创新创造活力。

（六）扎实推动老城复兴与文化建设，在提升城市文化品质和风采上展现新气象

丰富的精神文化是浸润心灵、滋养生活的“必需品”，是城市品质的重要体现。要坚持守正创新，围绕庆祝新中国成立70周年等重大活动，抓好选题策划和内容谋划，提高正面宣传水平，加强舆情问题应对和社会心态调节、情绪疏导，用昂扬向上的主流思想舆论凝聚人心、鼓舞干劲。着力拓展公共文化服务，提高文化活动有效参与率，支持各类博物馆、图书馆、公共阅读空间建设和实体书店发展，抓好冰雪运动推广，让更多群众享受到公共文化产品。建立公共文化服务监管和跟踪评估机制，积极创新服务内容、模式，推动公共文化服务更普惠、更好走进群众生活。继续大力推进文物腾退和保护利用，紧扣中轴线申遗、大运河文化带保护等重要节点，着眼于成片成线集中展示，精心实施好重点文物腾退、修缮和景观复原工程，加快推进中轴线沿线重点区域品质提升、空间节点营造和人居环境改善，推动老城复兴每年都有新风貌。落实好与故宫博物院全面合作，积极在文化传播、展示交流、文创产品开发等方面创新，促进文化保护传承弘扬更加生动鲜活。统筹用好文化艺术扶持专项资金，引导文艺工作者深入挖掘区域历史文化资源，推出更多有思想、有温度、耐品味的精品力作，全面生动形象地讲好“西城故事”。坚持把文化建设与街区更新结合实施，抓好砖塔胡同、天宁一号等重点项目实施，在城市导引系统、家具、标牌等中融入更多文化设计元素，努力把文化品味体现在城市的各个方面、各个角落。

（七）实施好升级版“长安计划”，在加强安全稳定整体维护能力上实现新提升

为国家大事喜事举办营造安全稳定和谐环境，是核心区必须履行好的政治责任、首要责任。要以更大力度做好安全稳定维护工作，切实守护好区域政治安全、社会公共安全，坚决为党中央站好岗、放好哨。深入加强信访工作秩序和重点区域安全管理，完成好全国两会、“一带一路”国际合作高峰论坛、世园会、亚洲文明对话大会、庆祝新中国成立70周年等重大活动安保和服务保障任务。要织密安全稳定维护体系，因循发展需要和技术更新要求，深入落实好大数据、模块化、分布式管理理念，精心制定实施好“长安计划”2.0版，使安全防控能力和实践效果得到新的提升。抓好矛盾纠纷源头治理，深化领导包案和信访事项首办处理责任制，进一步化解积案、消减增量。持续做好防风险特别是金融风险预警防控工作，继续深入做好风险点摸排、专班核查和新金融企业情况梳理，完善风险预警体系和防范管控措施。积极构筑协调有效的城市常态运行保障机制和风险应对免疫系统，加强地下管网安全运行实时监测，增强实时感知、预警预测和在线修复能力。积极创建国家安全发展示范区，加强各领域执法检查和隐患治理，坚决守住安全生产、食品药品安全红线。深入推进扫黑除恶专项斗争，加强社会治安措施落实，不断提升居民群众安全感和满意度。

（八）完善党建引领城市基层治理机制，在推进治理体系和能力现代化上取得新成果

推进城市基层治理机制创新是构建超大城市治理体系的内在要求。要以深化党建引领“街道吹哨、部门报到”机制改革为牵引，着力完善基层党建体系，增强对基层治理的组织领导能力；着力完善群众身边问题及时发现、快速响应和有效处置机制，促使群众身边的各种烦心事得到有效解决；着力巩固好街道大部制改革成果，加快运行机制磨合和外部机制衔接，实现运转效率、协同效能、治理效果新提升，让群众切身感受到改革带来的便利；着力健全社区治理体系和运行机制，进一步为社区减负，加强工作激励，把进门入户、紧密联系和服务居民群众工作做得更好，使社区党委有底气、能办事，在群众心中有威望、有凝聚力。坚持把党建引领贯穿基层治理体系和各项工作之中，落实好街道工委、社区党委定期向群众报告工作通报情况机制，强化区、街、社区三级党建工作协调委员会统筹职能，推动党委统一领导、各类力量共同参与的基层治理格局更好发挥作用。全面实施一线工作手册管理，修订完善街巷长、河湖长、社区工作者、网格员、协管员等工作手册，细化职责事项，加强绩效考核与激励机制规范。实施街区问题底册管理，依据街区诊断分析建立问题清单，把问题解决情况作为评价考核班子和干部的重要依据，促进“一张蓝图”绘实干实，推动历史遗留难题的逐步有效解决，让群众切实看到治理效果、感受到身边变化。

三、以永远在路上的坚韧和执着把全面从严治党引向深入

坚持和加强党的领导，落实好全面从严治党，是做好各项工作的根本保证。我们要切实提高政治站位，以更加坚决的态度、更加有力的举措推进全面从严治党向纵深发展，把党的组织体系锻造得更加坚强有力，建设好高素质党员干部

队伍，为完成好各项重大任务、履行好职责使命提供坚强政治保证。

强化政治建设统领，切实激发践行“红墙意识”的思想行动自觉。坚持把讲政治作为第一位要求，把对党忠诚作为第一位标准，强化区委班子领导职责和区委常委、委员、各级党组织主要负责同志及广大党员领导干部示范带头作用，切实把“看北京首先从政治上看”要求融入工作各方面各环节，引领全区上下自觉做到“两个维护”“三个一”“四个决不允许”。坚持以严肃认真的党内政治生活为重要抓手，推动政治建设不断深化，组织开展经常性政治体检，不断增强各级班子的政治能力。坚持把学习习近平新时代中国特色社会主义思想和习近平总书记对北京重要讲话精神继续推向深入，持续推进“两学一做”学习教育常态化制度化，精心组织开展“不忘初心、牢记使命”主题教育，深化学习理解、教育培训和实践运用，推动理论武装不断往深里走、往实里抓，教育引导党员干部牢固树立“四个意识”、坚定“四个自信”。切实抓好区级机构改革实施，确保机构改革顺利开展、干部队伍思想稳定、各项工作平稳推进。扎实落实意识形态工作责任制，强化各级党委（党组）主体责任、党委（党组）书记第一责任人职责，加强社会舆情动态监测、会商研判、风险防控、预案准备和应对处置工作，毫不放松地加强阵地管理，进一步提高意识形态和宣传思想工作水平。

聚焦全面提升组织力，切实加强党的基层组织体系建设。紧扣发展变化要求和城市治理需要，积极探索党的基层组织体系、设置方式、运行机制创新，扎实推进组织力评价体系构建和应用，努力建设严密有力、上下贯通的组织体系，切实把党的全面领导落到实处。紧紧围绕引领服务保障中心工作和重大任务需要，切实发挥好区委对街道工委、街道工委对社区党委工作点评机制作用，进一步完善党组汇报工作制度、健全党组工作规则和运行机制，推动区委各项决策部署落实到位。切实加大各领域党建分类指导、统筹力度，大力推进新阶层、新职业群体组织化，切实消除党建盲点、空白点、薄弱点，基本实现基层党的组织、工作全覆盖。切实落实好党支部工作条例，确保全区党支部全面达到“五有”目标要求。深入细致做好社区“两委”换届，选好带头人、选优配强班子，提升社区党委的组织力、领导力，切实把党的领导落实到社区基层一线、把党的执政根基扎牢在广大群众中。

紧扣激励新担当新作为，切实深化高素质干部队伍建设。结合建立健全素质培养、知事识人、选拔任用、从严管理、正向激励“五大体系”，进一步完善领导班子综合诊断和动态分析评价机制、立体化干部考察体系、优秀干部定期调研和动态发现机制、班子和干部履职业绩档案管理，构建科学的“伯乐”机制，提高干部队伍建设规范化、制度化、长效化水平。统筹好机构改革和事业发展需要，突出政治标准，精细做好干部培育选拔管理使用工作，注重在关键岗位、艰苦环境、重大任务和基层一线的实践中发现、锻炼、培养、使用干部，切实配强班子、选好干部。坚持以提高政治素质为引领，精准做好教育培训和能力适应性实践锻炼，以重要部门、关键岗位干部，特别是“一把手”这个“关键少数”为重点，严格落实好对干部思想工作作风纪律的全方位管理。深入抓好干部关爱激励机制和措施、领导干部能上能下工作细则落实，开展好队伍好班子好班长创建活动，推动形成以担当作为为荣、以庸懒无为为耻的鲜明导向。按照把握标准、跟踪培养、实践锻炼、大胆使用、从严教育、动态管理原则，统筹做好年轻干部工作，加强优秀年轻干部选拔储备，着力把各方面优秀人才汇聚到施政骨干队伍中来。坚持党管人才，围绕重大任务需求，精准引进人才、培养人才，建好北京金融街世界优秀杰出金融人才集聚区，切实提高海外人才精细化服务水平，精心做好政治引领和政治吸纳工作，努力把各方面人才汇聚到全区事业发展中来。

持之以恒强作风、严纪律，切实推动良好政治生态不断巩固发展。持续深入抓好“减会、压文、少说、多走、深谈、严管”，开展好“进千门走万户”行动，进一步改进组织方式、考核方法，引导全区党员干部自觉扎根群众、多接地气，坚决防止和纠正“四风”特别是表态多行动少、调门高落实差、重“痕”不重“绩”等官僚主义、形式主义作风问题，以服务群众需求、解决群众难题的实在成效，推动新时代党群血肉联系更加紧密。强化政治纪律、政治规矩意识，深入抓好全面从严治党主体责任落实和考核评价方式优化，坚决纠正“主角”意识薄弱、压力层层递减等现象，推动管党治党工作延伸到基层、责任落实到基层。坚持围绕全区工作大局提高监督有效性，深入推进执纪、监察、巡察、派驻等各种监督力量整合和方式优化，重点抓好落实不到位、不作为引发严重后果、错失工作时机、耽误工作进程等问题查处问责。提高精准运用监督执纪“四种形态”的能力水平，抓早抓小，防微杜渐，做到问题早发现、早提醒、早处置，有效防止干部出问题。坚持不敢腐、不能腐、不想腐同步推进，加大违纪违法典型案例通报曝光力度，用好新媒体平台拓展警示教育广度和深度，引导党员干部牢固树立纪律意识和规矩意识。坚持以鲜明态度保持惩治腐败高压态势，以查处违反中央八项规定精神问题、群众身边腐败和作风问题为重点，建立健全专项检查及审计发现问题线索的统一掌握和移送机制，完善纪委监委与公安检察机关纪法衔接、追逃追赃协调机制，坚持查处一起、严肃处理一起，坚持既追究当事人责任，又追究主体责任、监督责任和领导责任，切实减少存量、遏制增量，推动全区纪律作风更加严明过硬、政治生态更加风清气正。

政府工作报告

——2019年1月8日在北京市西城区第十六届人民代表大会第五次会议上

北京市西城区人民政府区长 王少峰

各位代表：

现在，我代表西城区人民政府向大会报告工作，请予审议，并请各位政协委员提出意见。

一、2018年工作回顾

过去一年，我们深入学习贯彻习近平新时代中国特色社会主义思想和党的十九大精神，在市委市政府和区委的坚强领导下，在区人大、区政协的支持和监督下，牢固树立新发展理念，深入践行“红墙意识”，认真落实北京新总规，全力抓好“三件大事”，打好“三大攻坚战”，统筹推进疏功能、提品质、稳增长、促改革、调结构、惠民生、防风险、保安全等各项工作，扎实开展“十三五”规划中期评估，圆满完成中非合作论坛北京峰会等重大活动服务保障任务。地区生产总值预计达到4260亿元、增长6.3%，区级一般公共预算收入完成430.85亿元、增长2.07%，居民人均可支配收入预计达到8.13万元、增长6.3%。主要目标任务全面完成，经济社会实现平稳健康发展。

（一）坚持首善标准，推动北京新总规落地

街区整理更新与“疏整促”统筹推进取得重大成果。我们认真落实区人大《关于扎实推进街区整理不断提升核心区品质的决议》，制定《进一步深化街区整理提升核心区品质实施计划》《街区整理公共空间管理办法》，以街区为单元，以“疏整促”为抓手，统筹推进区域功能优化、品质提升。创新“叠图作业、挂图作战、挂旗拔旗、手册管理”工作模式，建立责任规划师制度，全区划分101个街区，编制街道城市设计导则，形成20套重点地区深化设计方案，实现阜内大街、南新华街等17个街区初步亮相。组织控制性详细规划和专项规划编制工作，落实“双控”“四降”要求。实施“疏整促”新三年行动计划，持续推动非首都功能疏解攻坚，百路通鑫等9个市场实现疏解提升，随着“官批”市场闭市，区域性批发市场疏解全面收官。拆除违法建设16.3万平方米，治理“开墙打洞”566处，区属直管公房违规转租转借、住人地下空间整治实现动态“清零”。119处占道经营得到全面整治，11个街道保持动态“清零”。主次干路架空线入地基本完成。做实街巷长、准物业管理、小巷管家等机制，1167条街巷实现“十有”、394条街巷实现“十无”。杨梅竹斜街和达智桥胡同入选北京“最美街巷”。居民对城市环境秩序满意度达到92.18%，位居中心城区前列。

污染防治攻坚战再创佳绩。我们认真落实整改环保督察组反馈意见，强化监管、溯本清源，打好组合拳，重点领域治理持续发力。淘汰老旧机动车2.2万辆，检查重型柴油车4万余辆，查处环保不达标车辆8000余辆。严查严治餐饮油烟、扬尘等各类污染源。更新电采暖设备5960台，向3.8万户居民发放“煤改电”补助，巩固“无煤化”成果。每个街道建成2个粗颗粒物监测站点，全区细颗粒物（$PM_{2.5}$）年均浓度降至52微克/立方米、下降13.3%。空气质量得到极大改善，蓝天白云越来越多。全面推进河长制和“水岸共治”，制定“一河一策”方案，开展“清河行动”“清四乱”专项行动，完成全区水环境承载能力现状评价和埋地油罐防渗漏改造工程，广安门北滨河路地表水国控站点竣工并通过验收，4个考核水质监测断面全部达标。完成节水型城区创建。全面推行垃圾分类，示范片区达到30%。

城市交通和空间环境持续改善。我们加快推进40条市政道路建设，马连道南街、手帕口北街等7条道路完工通车。完成17条道路大中修和5项疏堵工程。治理自行车道40公里。44条道路公共服务设施实现二维码管理。无障碍设施建设继续保持全市领先。建成立体停车楼3处，新增机械停车泊位341个、居住区停车泊位2133个，推广使用停车资源错时共享APP，70条道路、5509个路侧停车位实现电子收费，交通环境不断改善。我们大力开展“留白增绿”，新建常乐坊、逸清园2处城市森林，东福寿里、蜡烛园等20处口袋公园，39处微绿地和3处附属绿地。新增城市绿地8.37公顷、屋顶绿化1.13万平方米、垂直绿化1184延长米，公园绿地500米服务半径覆盖率达到96.36%。打通6公里什刹海环湖绿道，建成10.9公顷西海湿地公园，为群众创造亲水、赏水休闲空间。持续开展“百万鲜花进家庭、进社区、进街巷”，推广园艺文化，群众绿色获得感进一步增强。

协同发展和对口帮扶不断深入。我区与门头沟区签订合作协议，设立8亿元产业发展扶持专项资金，发挥各自优势，推动联动发展。支持北京城市副中心和雄安新区建设，促进医疗、教育等公共服务资源共享，区属企业在津冀地区投资项目22个、投资额达到734.06亿元，中国茶文化小镇列入京冀合作重点推进项目。制定并实施《西城区对口扶贫协作三年行动计划（2018-2020年）》，支持河北张北县、阜平县，内蒙古喀喇沁旗、鄂伦春旗和青海囊谦县脱贫攻坚，围绕教育、医疗、产业和基础设施等7个重点领域，实施52个帮扶项目。15个街道、10家区属国企、29家非公企业与136个贫困村（镇）建立帮扶关系，实现对贫困乡（镇）、深度贫困村帮扶全覆盖。“京侨帮扶·双百行动”三年计划落户河北阜平。实现2.6万户、5.5万建档立卡贫困人口精准脱贫，助力喀喇沁旗实现提前退出贫困县行列。不断加强与河南邓州对口协作。举办“2018中外友好组织京津冀国际交流周”和“2018北京国际民间友好论坛”等活动，新增4个国际交流城市，国外友城达到23个，更好地服务国家国际交往中心功能建设。

（二）不断优化高精尖经济结构，经济发展稳中有进

金融业主导地位更加巩固。我们开展第四次全国经济普查，深入分析区域资源优势和发展潜力，明确“一主导两重点三培育”产业布局，完善“1+5+N”高质量发展产业政策体系，组建工作专班，创新“一办九组”运行模式。实施金融街服务体制改革，成立北京金融街服务局，设立北京金融街服务中心有限公司，筹建北京金融街合作发展理事会。出台“金服十条”促进政策，新引进金融机构54家、注册资本1710.7亿元，国家融资担保基金等重要机构相继落户，全区金融机构资产规模突破百万亿元。制定《鼓励和支持企业上市发展办法》，加大精准服务力度，A股市场西城板块增至36家。促进金融对外开放，助推支持瑞银证券成为国内首家持股比例达到51%的外资证券公司。推动国际高端金融对话和交流合作，成功举办金融街论坛年会及系列活动，编制发布《金融街发展报告（2018）》，与卡萨布兰卡、阿布扎比等地区型国际金融中心签订合作协议，金融街国际影响力不断提升。积极防控金融风险，有效维护金融安全稳定。

创新步伐不断加快。推进北京金融科技与专业服务创新示范区（简称“金科新区”）建设，制定建设方案，推进金融科技基金筹备，发布“金科十条”，中移动金融科技、光大云缴费、云粒智慧等15家机构落户。设计之都大厦投入运营，联合国教科文组织首个国际创意与可持续发展中心揭牌落户，海尔优家等知名企业入驻。支持出版创意产业园区争创“全国知名品牌创建示范区”。引导孵化加速基地和孵育平台服务升级。深化与中国北方工业公司合作共建，中关村广安军民融合特色示范基地正式运营。鼓励个转企367户，企个比达到3.92:1。全区国家高新技术企业近800家，专利授权量10184件，万人发明专利拥有量226件。预计中关村科技园区西城园高新技术企业实现总收入3070亿元、增长6.7%。金融科技等重点产业已成为区域经济新的增长点。

融合发展和转型升级取得新成效。组织参与文化创意大赛、北京设计周、文博会、京港洽谈会等活动，打造西城文创特色品牌。加强老旧厂房和存量空间优化利用，建立产业升级示范空间马连道工作站。推动“一园一品”建设，我区有8家成为北京市首批认定的文化创意产业园区。完善旅游产业引导资金政策，促进“文化搭台、旅游唱戏、商业升级”，开展“感知西城-百名国际旅行商西城体验行”“两展一节”等活动，推动老字号创新经营，建立“北京人家”旅游合作体平台，56家高端文化品牌企业进驻北京坊，创建“新中式”生活体验区。制定马连道产业升级三年行动计划，打造茶文化国际交流品牌，北京茶叶交易中心开始运行。组团参加首届中国国际进口博览会、第五届京交会等活动，开展出口信用保险服务等培训。预计全区总消费达到2560亿元、增长6.3%，规模以上文化及相关产业实现收入950亿元、增长4%。新批外商投资企业47家、增长17.5%，吸收合同外资和实际利用外资均超过5亿美元。预计全年实现进出口总额978.74亿美元、增长35.94%，其中出口总额186.09亿美元、增长79.97%，为全市进出口增长做出了贡献。

（三）深化重点领域改革，发展活力持续释放

营商环境得到全面优化。我们不断深化“放管服”改革，取消行政职权事项4项、清理规范中介服务事项10项。落实“一号一窗一网一次”改革，实现政务服务“一号”响应、822个事项“一窗”受理，平均等待时长减少30%，推进“互联网+政务服务”，区级政务服务事项均可网上办理。新开企业实现“一日取照”，开展章照票快递送达、免费刻章服务。变更登记“只跑一次”。办税服务实现三级联合。推出“服务卡、示范牌、晴雨表、光荣榜、亲清会”，深化走访回访机制，为企业送“服务包”。强化“大数据+市场监管”，创新联席机制、联动平台、联合监管的工作模式，荣获“首批国家守信激励创新试点地区”暨全国“守信激励创新奖”，企业监管信息共享平台入选全国守信激励创新典型案例。我区优化营商环境取得重大进展，为北京赢得全国营商环境第一和中国营商环境在全球排名提升32位做出积极贡献。

基层社会治理体制改革实现新突破。按照市委、区委的工作部署，落实党建引领“街道吹哨、部门报到”机制，制定8类37项问题清单，11项长年未决难题得到有效破解。我们从增强群众获得感、体察和解决社会痛点出发，实施“微改革”行动计划，5类29项改革措施落地见效。街道管理体制机制改革试点工作全面展开，梳理形成街道工委、办事处职责清单，建立“一委七办三中心”大部制工作体制，建成15个街道实体化综合执法平台。启动社区“两委”换届工作。深入推进社区“减负增效”，建立社区工作准入制度，确定社区居委会51项、社区服务站47项工作事项，探索“一站多居”社区服务站设置。深化社区、社会组织、社会工作“三社联动”机制，促进“参与型”社区分层协商全面落地，提高社区工作者待遇，完成全国社区治理和服务创新实验区验收。加快“多网融合”，区级大数据中心平台初步建成，街道分中心建设有序推进，西长安街街道“数字红墙”模式成为国务院“放管服”领导小组全国调研典型案例。牛街街道成功举办民族团结进步创建工作30周年暨城市民族工作交流会，创新民族工作机制，民族团结进步事业取得新发展。

国资国企改革扎实推进。国有资本布局更加优化，围绕金融、文化、教育、都市服务、高科技等领域，培育新的利润增长点。发挥资本运营中心平台作用，促进国有资本和社会资本有效互动。设立北京新动力母基金，初步构建符合核心区特点的产业生态链和资本生态圈。设立新动力优质企业发展基金，纾解民营企业流动性资金困难。支持金融街集团打造金融板块，完成华融综合公司改制，增资金融街物业公司。完成庆丰公司混合所有制改革，实现员工持股。加快老字号创新协同发展，庆丰无人智慧餐厅落户雄安。完善激励约束机制，企业领导人员薪酬改革全面完成。加快剥离国有企业办社会职能，稳步推进央企职工家属区“三供一业”分离移交工作。华远等公司开始布局科技研发等领域。区属国企获得市级以上创新成果奖21项，市场竞争力明显增强。

（四）大力发展文化事业，文化建设成果丰硕

文化育人成效显著。以文明城区建设为抓手，强化教育引导、实践养成、制度保障。开展“西城好人”等品牌活动，营造崇德向善、见贤思齐的文明风尚，312个单位荣获“全国

文明单位”“首都文明单位”等荣誉称号，32条背街小巷被评为首都文明街巷、40户商家被评为首都文明商户，10家景区被评为首都文明风景旅游区。我们利用林白水故居建成椿树书苑，红楼公共藏书楼正式运营，金融街书局落成并开展服务，复合型阅读空间广受群众喜爱，正阳书局、字里行间被评为年度“最北京”书店，“书香西城”社会化运营模式入围国家公共文化服务体系示范项目。文明城区创建测评得分全市第一。

文化传承持续发力。我们认真落实区人大《关于加强历史文化名城保护提升城市发展品质的决议》，紧紧围绕中轴线申遗保护和大运河文化带建设，全面打响文物腾退攻坚战。“十三五”规划确定的47处直管公房文物腾退项目全部启动，完成京报馆、绍兴会馆、康有为故居等25个项目腾退和北海、景山公房住户腾退。新增认定西板桥、山左会馆等8处区级文物。出台关于促进文物建筑合理利用和开放管理的若干意见，推进文物建筑合理利用。持续加大历史文化街区保护力度，启动先农坛一亩三分地景观恢复工程，完成德胜门对景项目建设，地安门百货降层改造装修进入收尾阶段，南北长街保护腾退、阜内大街整治改造、鼓楼西大街片区保护复兴等项目取得阶段性成果。马凯餐厅实现“回家”。郭守敬纪念馆升级改造重新开放，展示大运河文化和老城历史水系。支持引导社会力量参与历史文化名城保护工作，实施“四名”汇智计划，组织活动150场次。成立遗产活化城市联盟。新增10名国家级和135名区级非遗项目代表性传承人，推动非物质文化遗产更好地保护传承。

文化惠民亮点纷呈。设立西城区文化艺术创作扶持专项资金，鼓励原创精品创作，给予29个项目补贴奖励。全堂八角鼓《天命》获北京市国家艺术基金支持，成功创演原创话剧《北京人家之武学宗师》，打造武术之乡“中国武文化”品牌，《北京城：中国历代都城的最后结晶》入选2018年度北京市文化精品工程重点项目。4个街道文化中心实施改扩建，启动图书馆、文化馆总分馆制改革试点，建成7家街区博物馆。举办中国国际合唱节、百姓戏剧展演、中国童书博览会等活动，组织天桥音乐剧演出季，启动“京剧发祥地”建设，推出“京韵剧源-西城2018京剧发祥地艺术季”，为群众送上国粹盛宴。组织开展庆祝改革开放40周年主题系列活动，营造国家富强、人民幸福，团结奋进、开创未来的浓厚氛围。全区举办各类文化活动1.78万场次、惠及群众195万人次。群众精神文化生活更加丰富多彩。

（五）坚持需求导向，民生福祉不断增强

民生保障更加有力。完成民生实事172件，2件受政策和客观条件影响仍在推进中。做好就业创业工作，举办第一届创业创新大赛，城镇登记失业率0.87%，连续四年实现充分就业。推进全民参保计划，五项社会保险实现政策和人群全覆盖，基金运行总量达到804.82亿元，增长9.28%。构建“3+X”社会救助组织体系，9003户、14416名低保、低收入和特困群众基本生活得到保障。积极创建全国残疾预防综合试验区，整合社区康复服务项目实现广覆盖，为2000余名残疾人提供社区康复服务。深化全国居家和社区养老服务改革试点工作，33项任务全面展开，医养结合深入推进，探索建立“预防、医疗、康复、护理、临终关怀”五位一体的健康养老服务模式。推进养老设施建设，24家养老照料中心投入使用，社区养老驿站达53家，建立孝亲敬老示范基地，敬老孝老爱老助老的氛围更加浓厚。新建和规范提升蔬菜零售、便利店、早餐等便民服务网点88个，新建改造百姓生活服务中心11个、累计建成40个。实现7栋简易楼腾退清空，翻建维修平房8841间、12.4万平方米，楼房综合修缮和抗震加固改造32栋、10.8万平方米，推进4个老旧小区综合整治，完成电梯审批加装19部。改造提升三类公厕500座。发放保障性住房租金补贴7095万元，建成保障性住房3300套，2.9万户家庭住房条件得到改善。我们深化双拥共建，支持推动妇女儿童、档案史志、公益慈善、残疾人事业发展，民族宗教、外事侨务工作进一步加强。

教育品质稳步提升。积极推动学前教育普及普惠，着力缓解入园难问题，规范民办幼儿园，新增4所公办幼儿园，新增学前教育学位3600个。小学新生接受三年制学前教育率达到90%以上。统筹资源应对义务教育入学高峰，义务教育阶段新增在校学生11435人。深化学区制改革和集团办学。建立15所示范高中组成的联合体。深入推进贯通培养，2所中小学完成优化整合。“城宫计划”“高参小”“课后服务”全面推广，2所中学的德育工作案例被教育部评为2018年全国中小学德育工作典型经验。我区学校和学生在北京青少年科技创新大赛中连创佳绩。实施教育家工程，开设学部讲堂，教师队伍素质不断提升。

健康西城有力推进。我们实施《健康西城品质提升行动计划》，通过第三批全国健康促进区国家级终期评估及国家慢性病综合防控示范区复审。完善基层公共卫生一体化管理体制，“三纵两横一平台”紧密型医联体建设受到国务院督查通报表扬。复兴医院、展览路医院、肛肠医院成为北京市首批老年友善医院。落实家庭医生签约“四个一”服务，以家庭医生为核心的双向转诊模式不断完善。预约挂号、分时段就诊等创新服务全面推开，进一步方便群众就医，卫生发展综合评价连续四年保持全市第一。我区公立医院综合改革工作获国务院办公厅督查激励通报，被评为2017年度全国公立医院综合改革真抓实干成效明显地区。广泛开展全民健身运动，什刹海、展览路和广外街道被命名为全市首批“全民健身示范街道”。深化“全国武术之乡”创建工作，成立西城区武术和棋类运动管理中心，创新举办武术赛事，习武群体超过20万人。举办全民健身冰雪季系列活动60场，推广“什刹三冰”运动，建设可拆卸仿真冰场8片、1454平方米，促进冰雪运动发展，营造了冬奥会筹备的良好氛围。

社会保持和谐稳定。我们持续抓好“长安计划”70项具体任务全面落地，实施“雪亮工程”，增强区域风险防控能力。开展扫黑除恶专项行动，依法严厉打击各类违法犯罪行为，发挥“西城大妈”等群防群治力量作用，反恐防恐能力不断提升。全年接报刑事案件、治安警情、秩序警情分别下降21.92%、16.44%和41.79%。建立信访工作“双告知”机制，成立信访诉求人民调解委员会，有效化解矛盾纠纷。加大安全生产工作力度，实施城市安全隐患治理三年行动计划。初步建成风险隐患双预防安全生产大数据平台，强化企业安全生产主体责任，完成万人企业安全生产大培训，企业安全生产责任险参保企业数量、投保金额、投保覆盖率全市第一。安装9.4万个独立式、6.5万个联网式烟感报警装置，8个街道小型消防站建成并投入使用，微型消防站实现社区全覆盖。

精心做好水电气暖保障。防汛减灾工作扎实有效，城市排涝能力明显增强。探索建立城市部件应急维护更新和城市体检评估机制，加强城市地下空间和管网诊断，做好城市安全风险评估。强化食品药品安全监管，餐饮单位、网络订餐店铺“阳光餐饮”覆盖率分别达到80.13%、96.28%。开展餐饮业品质提升，减少不规范餐饮单位460家，评选品质餐厅452家，升级改造C1星餐饮单位979家。全区药品、重点食品安全合格率稳定在99%和98.5%以上，群众“舌尖上的安全”有了更加可靠的保障。

过去一年，政府自身建设全面加强。我们不断提高政治站位，牢固树立“四个意识”、坚定“四个自信”，践行“红墙意识”，坚决维护以习近平同志为核心的党中央权威和集中统一领导。严格落实中央八项规定精神和实施细则要求，防止“四风”反弹回潮。精简会议设立“无会周”，政府系统全区性大会减少8.3%。严格控制发文数量，以区政府名义发文下降40%。坚持党对政府工作的全面领导，坚决贯彻党中央、国务院和市委市政府、区委的决策部署，强化政府系统党组领导核心作用，落实意识形态工作责任制，大力宣传党的路线方针政策。落实全面从严治党主体责任，推动“两学一做”学习教育常态化制度化。强化审计监督和行政问责，着力解决发生在群众身边的不正之风和腐败问题。坚决执行区人大及其常委会的决议，认真落实重大事项向人大报告和向政协通报协商制度，自觉接受监督，共办理人大议案2件、代表建议145件，办理政协委员提案242件。全面推进依法行政，完成“七五”普法中期检查和评估，深化行政机关负责人出庭应诉和考核评价工作，全年60人次出庭应诉。积极推进政务公开，完善向公众报告工作制度，创新实施区政府常务会视频直播。持续用好“访听解”、民生工作民意立项、政民互动直播间、政府热线、政府开放日等群众参与机制，开展“进千门走万户”行动，广泛听取社会各界和群众意见。强化绩效管理，始终以群众满意为最高标准，建立区政府系统工作点评机制，不断改进政府工作。

各位代表，过去一年取得的成绩，是市委市政府和区委坚强领导的结果，是全区广大干部群众齐心协力、攻坚克难、辛勤付出的结果。在此，我谨代表西城区人民政府，向全区人民，向全体人大代表、政协委员，向各民主党派、工商联、无党派人士、各人民团体和社会各界，向中央、市属单位和驻区部队，向所有关心支持西城建设的同志们、朋友们，表示衷心的感谢！

在看到成绩的同时，我们也清醒地认识到，区域经济社会发展仍然面临不少难题，政府工作还存在一些差距和不足。主要是：落实北京新总规、疏解非首都功能、污染防治、缓解交通拥堵任务艰巨，生态文明建设还要下很大功夫。区域人口、功能过度聚集状况尚未得到根本改变，落实“双控”“四降”、实现减量发展创新发展仍有许多难题需要破解。城市动态精细治理机制尚不健全，环境脏乱死角依然存在，反弹反复情况时有发生，街区整理更新中还存在诊断分析不透彻、部分设计方案水平不高、工程实施管理粗放等问题。推动业态调整和产业优化升级还有很大空间，新旧动能转换存在空档期，发展空间不足与部分空间利用率不高同时存在，稳增长压力依然较大。适应群众生活和社会发展变化，精准分析把握居民生活服务需求还不够充分，早餐、维修、小物件购买等生活不便情况仍然存在，教育学位缺口较大，老旧小区、平房院落改造提升工作与群众需求还有差距。我们要深入研究这些问题，制定更加有力的措施，在今后的工作中切实加以改进。

二、2019年重点任务

今年是新中国成立70周年，是决胜全面建成小康社会实现第一个百年奋斗目标的关键之年，大事多、喜事多，做好各项工作至关重要。

今年政府工作总的要求是：坚持以习近平新时代中国特色社会主义思想为指导，深入学习贯彻党的十九大精神和习近平总书记对北京重要讲话精神，按照中央经济工作会议和市委市政府、区委的决策部署，紧紧围绕庆祝中华人民共和国成立70周年这一主线，牢牢把握首都城市战略定位和高质量发展的根本要求，坚持稳中求进工作总基调，聚焦“两转型一提升三更好”，践行新发展理念，深入推进创新开放、绿色集约、均衡协调、质量首善、安全有序、普惠共享发展。坚决打好“三大攻坚战”，着力抓好疏功能、提品质、稳增长、促改革、调结构、惠民生、防风险、保安全等各项工作，高标准做好重大活动服务保障，努力在群众生活改善、城市品质提升、文化繁荣发展、社会和谐稳定等方面取得新进展，在首都工作中走在前列，让群众有更多、更直接、更实在的获得感、幸福感、安全感，以优异成绩庆祝新中国成立70周年。

综合考虑各方面因素，今年全区经济社会发展的主要预期目标是：地区生产总值增长6%左右；区级一般公共预算收入增长3%左右；居民人均可支配收入增长与经济增长基本同步；城镇登记失业率控制在1.5%以内；万元GDP综合能耗、水耗降低率和细颗粒物（$PM_{2.5}$）年均浓度完成市下达指标。

为实现上述目标，重点做好以下六个方面工作。

（一）强化首都功能，高标准做好服务保障

聚焦“四个中心”功能建设，严格落实核心区控制性详细规划，制定建设总量分区域差别化调控方案，探索实施城市资产运营方式，有效推进“双控”“四降”，更好地优化首都功能。

以服务保障重大活动为契机深化“平安西城”建设。健全重大活动安全保障体系，提升整体安全稳定维护能力，高标准做好全国“两会”“一带一路”国际合作高峰论坛、世园会、亚洲文明对话大会、庆祝新中国成立70周年等重大活动服务保障，确保万无一失。深入实施“长安计划”，运用科技手段推进“雪亮工程”。动员“西城大妈”等各种力量强化群防群治。加强社会矛盾排查化解，深化“五级式”信访工作模式，依法解决群众合理诉求。积极创建国家安全发展示范城区。深入开展城市隐患治理三年行动，全面排查消除各类安全隐患。加强应急管理工作，完善预案管理机制，做好非常态条件下的模块化和工作手册管理，强化应急值守和监督检查，切实提高预防和处置突发事件快速响应能力。统筹做好水电气热保障工作，完善城市部件应急维护机制。推进企业安全生产标准化建设，加大安责险推广力度。巩固“北京市食品安全示范区”创建成果，继续整治不规范餐饮单位，完成C1星单位全部升级改造，“阳光餐饮”实现全覆盖。规模以上商超达到“放心肉菜示范超市”标准，切实筑牢食品安全防线。

以街区更新为抓手加快提升城市品质。深入贯彻区人大决议，深化“叠图作业、挂图作战、挂旗拔旗、手册管理”工作模式，围绕中轴线和长安街沿线等重点区域，科学组织，精细施工，持续推进鼓楼西大街、阜成门内大街等首批片区更新，推动旧鼓楼大街、地安门内外大街、太仆寺街、小六部口、天桥南大街等片区提升。编制实施“两广大街”西城段品质提升方案。坚持高质高效，弘扬工匠精神，精心打理每一个街区，亮相一片，巩固一片。把握工作节奏和力度，深入推进“疏整促”新三年行动计划。拆除违法建设10万平方米以上，确保新生违法建设零增长。实现“开墙打洞”动态“清零”、建筑物屋顶牌匾标识规范，完成支路胡同通信架空线入地及规范梳理。继续开展占道经营、无证无照等整治工作。加强重点商业、旅游区秩序管控，促进业态提升和“四个密度”有序下降。建立健全直管公房申请式退租、老旧小区整治提升等政策体系。腾退空间优先用于公共服务配套，增加便民服务设施。深化什刹海“共生院”试点。深入推进背街小巷治理，完成整治提升目标，实现1251条背街小巷物业管理全覆盖，努力让我们的城市面貌和人居环境得到全面提升。

（二）抢抓新的机遇，加快创新协同发展

把握好消费升级和科技革命带来的机遇，积极应对复杂的发展环境，围绕“六稳”要求，落实“1+5+N”高质量发展产业政策，支持企业发展，激发市场活力，努力实现创新动力更强、发展后劲更足、质量效益更高，为全面建成小康社会打下坚实基础。

全力服务金融街国家金融管理中心建设。深化金融街服务体制改革，强化北京金融街服务局6R服务，加快构建北京金融街合作发展理事会、北京金融街服务局、北京金融街服务中心有限公司和金融街论坛四位一体的服务体系。支持创新型总部发展，抓好大型金融机构衍生板块落地，促进战略新兴金融产业发展。服务金融业对外开放，鼓励外资金融机构在金融街设立法人机构和区域总部，巩固金融街“一带一路”建设先行区地位。推动金融街与白塔寺、西单、什刹海等周边区域联动发展，不断完善金融街商务、生活、文化等服务配套。增强金融服务实体经济能力。落实金融地方监管职责，全力做好金融风险防范工作，维护区域金融安全稳定。

加快推动“金科新区”建设。启动示范区办公室实体化运营，做好四达大厦等核心区楼宇升级改造，实现重点楼宇和区域公共环境的亮相。推动金融科技技术创新和应用，在金融监管、数据融合、金融应用民生、信息技术安全运用、风险防控等方面申请试点建设，加快引入国际高端资源，抓好重点项目落地。与海淀区通力合作，筹建北京金融科技研究院。

积极培育经济新动能。支持科技企业孵化加速平台建设，增强自主创新能力。引导消费升级，鼓励科技零售、跨境电商等消费新业态发展，提升住宿业品质，促进文商旅深度融合。推动西单商业街、大栅栏步行街优化升级。实施25栋低效楼宇提质增效。扎实推进事转企改革。深化区属国企改革，开展一级国企股权多元化试点，依托国有资本投资公司，培育优势产业，提升核心竞争力。

大力优化营商环境。深化“放管服”改革，聚焦“互联网+政务服务”，不断推进政务服务事项标准化建设和“一网一门一窗一表一次”服务。强化失信联合惩戒、守信联合激励。发挥工作专班统筹协调作用，加大企业走访回访力度，全面实施“服务卡、示范牌、晴雨表、光荣榜、亲清会”服务模式，做好人才服务，完善企业服务包。支持国有、民营、外资、小微等企业发展，用好北京新动力优质企业发展基金，帮助企业解决发展难题。

不断深化协同发展和对口帮扶。全力配合市级机关的搬迁和北京城市副中心建设。用好产业发展扶持专项资金，支持门头沟区发展。加强与津冀地区合作，深化产业对接和各领域协作，抓好首钢集团产业基金落地。实施精准脱贫、精准脱低，开展组织化、社会化、市场化、企业化的帮扶工作，助力河北张北县和阜平县、内蒙古鄂伦春旗、青海囊谦县实现如期脱贫。深化与河南邓州对口协作。加强友城联系，促进合作交流。

（三）树立全面精细思想，进一步提升城市治理水平

探索建立特大型城市核心区治理模式，加快全面感知体系建设，及时处置群众反映的突出问题，加强社会组织动员，深化城市网格化管理，像绣花一样精细管理城市，让城市更加宜居宜业。

推动污染防治取得更大成效。深入实施蓝天保卫战三年行动计划，开展大气污染精细化管理，建立大数据空气质量预警分析系统，认真落实空气重污染应急预案，加强大气污染联防联控。完成全区污染源普查。严厉查处尾气排放超标车辆，基本淘汰全区行政事业单位和国有企业国Ⅲ排放标准柴油货车。持续加大餐饮油烟整治力度。加强宣传引导和执法检查，杜绝露天焚烧。继续实施热源整合。做好“煤改电”设备更新。落实街道属地责任，强化工地扬尘监管。提高道路保洁水平，实现主辅路和人行步道清扫保洁全覆盖。分类施策、动态整治裸露地面。严格执法，溯源联惩，促进渣土运输车辆规范化管理。落实河长制，持续开展“清河行动”、河湖“清四乱”工作，严守水资源三条红线，推进海绵城市建设，推动西城区智慧水务-水资源承载系统运行，实现按行业监测水量。扎实开展垃圾分类示范区创建工作，促进垃圾分类与再生资源“两网融合”，让垃圾分类融入群众生活、变为自觉行动。

下大气力治理交通拥堵。全力推进33条市政道路建设，确保3条道路完工通车。实施36条道路大中修、5条道路疏堵和26条道路慢行系统、30条排水管线改造工程。实现35条道路公共服务设施二维码管理。落实地面停车规划，新建立体停车设施2处，新增机械车位200个，全面实行路侧停车电子收费。推进社区停车自治。加大违规停放车辆和共享单车规范管理力度。科学施划道路标线，优化信号灯时长设置，提高道路通行率。倡导文明出行、绿色出行，自觉维护交通秩序。配合做好北京北站京张高铁开通准备工作，协调推动西直门综合交通枢纽地区交通优化组织。

锲而不舍抓好绿色生态建设。用好拆违腾退空间，高效推进“留白增绿”，新增城市森林、口袋公园及微绿地2公顷。完成后海绿道建设。大力推广空中花园、紫藤廊架、生态植物墙等立体绿化，新增屋顶绿化1.3万平方米、垂直绿化3000延长米。持续推广园艺文化，推进花园式单位和社区创建工作。围绕重点区域和道路打造靓丽景观，为庆祝新中国成立70周年营造喜庆祥和氛围。

持续增强城市治理合力。重塑城市全面感知系统，推进建设“城市大脑”，发挥街巷长、小巷管家等力量作用，增强对末端城市运行、社会运行动态的感知能力。运用信息化、智能化手段加强城市管理，整合各类数据信息，促进资源集成共享和跨部门业务协同，建设可视化平台，建成城市治理大数据中心。加强中央政务办公区、集中生活区、地下空间等城市运行定期诊断评估，及时发现和解决问题。深入落实“门前三包”责任制和居民公约，进一步激发社会单位、广大群众参与城市治理的主动性和积极性。

（四）促进文化繁荣发展，彰显老城文化魅力

落实区人大决议，着力抓好中轴线申遗保护和大运河文化带建设，传承古都文脉，擦亮历史文化名城金名片，以文化发展促进老城复兴，更好地服务国家文化中心功能建设。

推进文明城区创建常态化。坚持以培育和践行社会主义核心价值观为统领，积极创建文明单位、文明校园、文明家庭、文明街巷、文明商户，巩固和拓展“我们的节日”“西城好人”等品牌活动，弘扬优秀传统文化。倡导文明新风尚，推广“礼让斑马线”“空调调高一度”“V蓝北京”等活动，广泛开展环境、秩序、旅游、禁烟等公共文明引导行动，增强市民道德意识、文明意识、责任意识，提高区域文明水平。

全面推动老城保护与复兴。深入实施“四名”汇智计划，激发社会力量参与名城保护，开展历史文化名城保护与复兴课题研究。启动贤良祠、先农坛庆成宫、会贤堂腾退，做好已启动的直管公房类文物腾退结转收尾。实施文物建筑保护利用计划，促进文物活化利用。启动历代帝王庙、绍兴会馆、京报馆、福州新馆等文物修缮工程，推进钱市胡同传统银钱业博物馆、谭鑫培京剧艺术展览馆保护利用项目。加强西板桥遗址保护，恢复西板桥到景山西门历史水系风貌。利用文物腾退空间建设历史文化展馆、教育展馆。与故宫博物院开展战略合作，积极在文化传播、展示交流、文创产品开发等方面创新，促进文化保护传承弘扬更加生动鲜活。

提升文化生活品质。实施好文化惠民工程，坚持守正创新，广泛开展庆祝新中国成立70周年系列活动。制定区域特色公共文化服务指标体系，加快公共文化服务设施标准化建设，推进文化馆、图书馆总分馆制改革，支持实体书店、特色阅读空间建设，筹建阅读推广中心，开展全民阅读活动，营造“书香西城”的浓厚氛围。加快非遗剧院建设。研究出台小微博物馆评价标准和管理支持办法，促进馆际交流和资源共享。鼓励社会力量参与，提供优质公共文化产品和服务，更好地满足群众多样化、多层次的文化需求。

繁荣区域文艺创作。落实《北京市优秀群众文化项目扶持办法》，统筹用好西城区文化艺术创作扶持专项资金，鼓励艺术家创作文化精品，培育扶持优秀群众原创作品、文艺团队和品牌文化活动。系统梳理区域历史文化内涵，挖掘优秀传统文化，编辑出版《元代科学家—郭守敬》《北京士大夫》《坊间珍闻—西长安街访谈录》。丰富发展京剧艺术，形成京剧发祥地文化品牌。加强文化对外交流合作，积极参与各类活动，推动中国文化走出去，提升文化影响力。

（五）深化社会治理创新，打造共建共治共享格局

坚持党建引领，深化“街道吹哨、部门报到”机制，民有所呼、我有所应。调动各方力量，参与基层“微改革”，不断提升社会治理水平。

深化街道管理体制机制改革。健全完善街道职责清单，强化街道对政府职能部门及其派出机构统筹协调、监督考核的权力，健全街道、社区考核评价机制，扩大群众的参与权、评价权。以全响应社会治理大数据中心为基础，加强社会治理大数据应用，实现区、街、社区三级在信息系统、基础数据等方面的深度融合、一体化运行。

提升社区治理能力和水平。认真做好社区居委会换届选举工作，切实选优配强社区班子。优化社区运行机制，构建精细化的社区服务体系，持续深化社区减负工作和“一站多居”试点，打造社区邻里公共空间，提升社区服务品质。研究制定社区工作者管理办法实施细则，探索建立岗位管理和正向激励机制，努力建设高素质专业化的社区工作者队伍。

增强社会协同动员能力。持续深化“三社联动”，完善社区发现居民需求、统筹设计服务项目、支持社会组织承接、引导专业社会工作团队参与的工作体系。加强街道枢纽型社会组织体系建设，引导志愿服务力量参与社会治理。全面推广“参与型”社区分层协商，深入推进民生工作民意立项，提高社区群众组织化程度，搭建更广泛的参与协商议事平台。

（六）持续保障和改善民生，让发展成果惠及群众

顺应人民群众对美好生活的新期待，围绕群众“七有”“五性”需求，把握优质、均衡、适度的原则，切实做好公共服务和城市服务，办好群众身边实事，让群众有更多更强的获得感、生活品质进一步提升。

扎实做好社会保障工作。落实促进就业、稳定就业的各项政策，发挥“就业工作室”示范作用，搭建“互联网+就业创业”服务平台，促进充分就业和高质量就业。推动和谐劳动关系三方委员会机制向街道延伸。实施社会保险征缴改革。推进医保支付方式改革，开展特困职工医疗救助，扩大医保用药报销和医保协议管理机构范围。健全社会救助联动机制，切实保障困难群众基本生活。持续推进全国居家和社区养老服务改革试点，围绕老年人需求，做好基础养老服务供给，利用社会力量和市场资金，提供“全老年周期”社会化服务。深入推进医养结合，加强专业人才队伍建设，满足多元化养老需求。探索实施老残一体化服务，推进设施共用、资源共享。

支持工会、共青团、妇联等群团工作，发挥好桥梁纽带作用，维护合法权益，提升服务水平。建立区、街、社区三级儿童福利和保护工作体系，确保困境儿童健康快乐成长。落实民族政策，全面深入持久开展民族团结进步创建工作。做好退役军人服务保障工作。争创全国双拥模范城“十连冠”。

努力办好人民满意的教育。认真贯彻全国和北京市教育大会精神，制定《西城区教育现代化2035》《加快推进西城区教育现代化实施方案（2018-2022年）》，推动教育内涵发展，实施“百年树人”工程，落实立德树人根本任务，大力发展素质教育，全面提升教育品质。集中力量解决入园难问题，新增普惠性学前教育学位1500个。深化教育综合改革，完善考试招生办法，健全教育评价机制和学生全面发展长效机制，促进义务教育学位供求平衡和学区间、校际间平衡发展。继续实施教育家工程，深入开展学部讲堂活动。培育良好师德师风，构建开放灵活的培养体系，打造高素质专业化教育人才队伍。深化校园安全管理，加大安全隐患排查和安全教育

力度，完善突发事件应急预案，确保学生和校园安全。

深入推进健康西城建设。落实“健康西城2030”规划纲要，巩固国家健康城区、健康促进区、慢性病综合防控示范区建设成果。深化医药卫生体制改革，完善现代医院管理制度。实施“改善医疗服务行动计划”，推动区属医院特色发展，提升中医药服务能力。完善“三纵两横一平台”紧密型医联体，推进基层医疗卫生服务体系和全科医生队伍建设。发挥居委会下属公共卫生委员会作用，健全“区-街-社区”一体化公共卫生管理体制。建立家庭医生签约服务考核激励机制，完善家庭医生签约服务包，推行“智慧家医”。围绕肿瘤、心脑血管疾病等突出健康问题，加强健康教育，强化慢病防治体系建设。加快区域远程医疗服务系统和健康西城APP建设，搭建区级全民健康信息平台。实施全民健身计划，启动创建全民运动健身模范区。开展医武结合研究，助力健康西城建设，打造“武道论”“武艺天下”等武术文化品牌。深化京津冀、海峡两岸武术交流活动。加快月坛体育场滑冰馆建设。建成5-8片可拆卸仿真冰场，促进市民冰雪运动。

着力提升居民生活品质。按照优质均衡、规模适度的原则，统筹配置便民服务资源，实施《便利生活与服务提升三年行动计划》，新建和规范提升蔬菜零售、早餐、便利店等便民服务网点44个（其中新建提升改造百姓生活服务中心5个），建设第三空间。创新社区服务搭载方式，结合需求适度增加小物超市，让更多品牌连锁网点和老字号开到群众身边，打造“e生活”智慧服务。启动79栋直管公房简易楼改造。推进在施项目收尾，加快白纸坊棚改项目实施。推进保障性住房项目建设，加大房源筹集力度，建成定向安置房2900套以上。推进抗震加固、节能改造、加装电梯、设施改善、空间优化一体化建设，开展4个老旧小区综合整治提升。采取配租保障性住房、发放公共租赁住房补贴和市场租房补贴等措施，着力解决群众住房困难。持续开展“厕所革命”，适度增加公厕数量，全部完成三类公厕改造，实现冬暖夏凉无异味。切实改善群众居住条件，进一步提高生活便利性、宜居性。

三、全面加强政府自身建设

始终把政治建设摆在首位，认真落实“四个服务”职责，担当起改革发展稳定的重任，以永远在路上的执着和韧劲，持续推动法治政府、廉洁政府、服务型政府建设。

严格落实全面从严治党各项要求，不断加强政府系统党的建设。牢固树立“四个意识”，坚定“四个自信”，坚决做到“两个维护”“三个一”“四个决不允许”。深入落实中央八项规定精神和实施细则要求，坚决整治“四风”特别是形式主义、官僚主义的新倾向、新苗头。严格落实全面从严治党主体责任，开展警示教育，加强重点领域和关键环节风险防控，推进审计监督全覆盖，强化行政问责，严肃查处发生在群众身边的不正之风和腐败问题。持续推进“两学一做”学习教育常态化制度化，精心组织开展“不忘初心、牢记使命”主题教育。落实意识形态工作责任制，围绕庆祝新中国成立70周年，营造良好的舆论氛围。强化政府系统党组的领导核心作用，提高党组工作的制度化、规范化水平。

稳步推进政府机构改革，进一步提升政府效能。按照市委和区委统一部署，改革机构设置，优化职能配置，创新体制机制，打造系统完备、科学规范、运行高效的机构职能体系，构建简约高效的基层治理体制。严格落实机构改革方案各项要求，尽快实现新组建机构常态运行。改革区政府直属事业单位设置，对职能相同或相近的事业单位进行优化整合。制定深化综合行政执法改革的实施意见，整合组建区级综合执法队伍，推进跨领域、跨部门综合执法，将综合行政执法向基层延伸，推动执法重心下移、力量下沉。坚持以党建引领促进机构改革，切实做好思想动员，精心抓好组织实施，细致把握好关键环节，加强干部队伍建设，不断增进思想融合、感情融合、队伍融合、工作融合，确保改革平稳、工作有序。

牢固树立法治意识，持续推进依法行政。依法接受区人大及其常委会的法律监督和工作监督，坚决落实各项决议、决定，定期报告工作。认真做好向区人大常委会报告国有资产管理情况工作，接受人大对预算的审查，对重点支出和重大项目的监督，政府举债、审计问题整改情况主动向人大报告。自觉接受区政协民主监督，认真听取各民主党派、工商联、无党派人士和人民团体的意见，主动接受民主党派专项监督和社会舆论监督，不断改进政府工作。认真办理人大代表议案建议和政协提案，提高办理质量。大力推进政务公开，落实向公众报告工作、政府开放日等制度。继续推进行政机关负责人出庭应诉。加大行政执法督促力度，提高职权履行率，促进严格规范公正文明执法。加强法治教育宣传，进一步增强全社会法治观念。

肩负起发展为民的使命担当，不断深化服务型政府建设。更加注重居民、企业和服务对象的感受体验，把群众感到方便贴心温暖作为改进工作的方向，把群众认可满意作为评价工作的标准。进一步完善居民服务卡机制，持续做好热线诉求办理工作，闻声而动、接诉即办，切实提高响应率、解决率、满意度。创新推动政民互动，做好网络时代背景下群众动员组织工作，脚步为亲，深入群众，持续开展“进千门走万户”行动，千方百计为群众排忧解难。狠抓督查绩效管理，加大群众评议和第三方评估力度，不断提升服务群众效能。

各位代表！首都功能核心区发展已进入新阶段，做好“四个服务”责任更大、任务更重、标准更高。让我们更加紧密团结在以习近平同志为核心的党中央周围，在市委市政府和区委的坚强领导下，深入践行“红墙意识”，振奋精神、开拓进取、真抓实干，为率先全面建成小康社会、创造更加美好的城市生活不懈奋斗，以优异的成绩庆祝新中国成立70周年！

名词解释：

1.“疏整促”是指疏解整治促提升专项行动。

2.“一主导两重点三培育”是指金融业为主导产业，以文化科技、大数据产业为重点产业，以高品质生活性服务业、健康医疗、高端智库为培育产业。

3.“1+5+N”高质量发展产业政策体系：“1”是指《西城区服务国家金融管理中心建设推进区域经济高质量发展实施意见》；“5”是指从市场环境、财政、土地、产业开放、人才等方面构筑政策保障网；“N”是指从各领域支撑高质量发展产业政策。

4.“金服十条”是指对《北京市西城区加快现代金融产业发展若干意见》的简称，这个文件从培育金融机构、引导天使创业股权投资、降低金融机构运营成本、优秀杰出金融人才集聚、企业上市辅导培育、构建国际一流的营商环境等十个方面提供支持。

5.“金科十条”是指对《关于支持北京金融科技与专业服务创新示范区（西城区域）建设的若干措施》的简称，这个文件突出了在金融监管科技、降低运营成本、提升创新能力、促进交流合作、搭建应用场景、服务优秀人才、拓宽融资渠道、汇聚高端要素、提升楼宇品质、优化营商环境等十个方面提供支持。

6.“一委七办三中心”是指街道纪工委（监察组），综合办公室、党群工作办公室、平安建设办公室、城市管理办公室、社区建设办公室、民生保障办公室和地区协调服务办公室，党群服务中心、市民服务中心和全响应街区治理中心。

7.“3+X”社会救助组织体系是指加强区、街、社区三级组织领导，发挥各类社会救助服务队伍作用。

8.家庭医生签约“四个一”服务是指为签约居民提供一份健康档案、一份协议书、一张联系卡（证）、一条短信（微信）。

9.“五级式”信访工作模式是指办理机关首办处理、区信访办督导协调、区委区政府主管领导牵头处理、区信访工作联席会议综合协调、区委区政府主要领导督办。

10.北京金融街服务局6R服务是指建立集监管支持服务（Regulatory support）、机构运营服务（enterprise Running）、环境优化服务(locality Refinement)、关系促进服务（Relationship promotion）、专业研究服务（professional Research）、人才发展服务（human Resource）为一体的6R服务体系，全面提升服务能级。

（责任编辑　华大友）

专　文

城市复兴视角下的西城街巷治理与街区更新问题研究

中共北京市西城区委书记　卢映川

为深入贯彻习近平总书记对北京工作重要讲话精神，全面落实《北京城市总体规划（2016-2035年）》，推进首都超大城市治理体系建立，我们以城市复兴为视角，深入分析西城作为首都功能核心区老城街巷胡同中的问题，提出街巷治理与街区更新的对策建议，探索西城特色治理模式。

第一章　城市复兴的内涵与标尺

一、城市复兴的内涵

城市复兴，也可称为城市更新、城市再生，是上世纪60年代以来发达国家城市建设发展中形成的一种理论与实践。主要是针对一些老工业城市尤其是城市的老城区出现的问题和困境，通过制定实施一揽子计划和措施，使城市风貌活力得到持续改善的过程。从理论研究和一些实践看，主要有如下特点：修复历史建筑与环境，活化历史文化资源；优化公共空间组织与设计，重现城市传统风貌；发展具有创新能力和社会价值的产业，增强城市街区活力，提供便利化生活服务；采用可持续理念和技术，建设生态型基础设施；建立专项资金运营体系，确保有效实施与运营；构建多方合作关系，强化文化认同、参与协商的价值基础等。

二、首都功能核心区城市复兴的标尺

西城区作为首都功能核心区，作为老城区，由于多种原因仍存在着很多问题，尤其是大量的平房院落、老旧小区和胡同街巷功能不协调、风貌不佳、活力不强，需要通过治理和更新推动问题解决。立足首都发展要求，从城市复兴视角看，我们认为，推进核心区治理与城市复兴在目标要求上应注重从以下方面进行审视、衡量：

（一）功能是否合理。即严格落实“双控”“四降”要求，突出“四个中心”功能定位与“四个服务”要求，实现功能配置和空间布局与首都城市战略定位相协调。

（二）风貌是否协调。即空间格局规整、城市环境整洁、自然景观秀丽、人文氛围浓厚，传统风貌与现代气息相融合、相协调。

（三）秩序是否良好。即注重对公共空间、城市秩序的有效引导与管理，实现空间合理、市场公平、交通有序、治安稳定以及社会公民行为规范守法的良好状态。

（四）生活是否便利。即通过完善多层级服务设施，增强基本公共服务供给能力，实现教育优质、医疗完善、服务完备、出行方便、生活舒适。

（五）人居是否和谐。即以可持续发展理念为引领，加强生态建设，促进宜居宜业，实现政民沟通顺畅、邻里和谐友善、社会协同共治、城市包容亲和。

（六）韵味是否独特。即通过保护发展优秀传统文化，适度发展现代创意产业，使历史文化名城焕发生机与活力。

第二章　街巷胡同治理在首都城市复兴尤其是老城复兴中的地位和作用

一、街巷胡同是城市的细胞单元

辖区内以“街道—胡同—四合院”为特征的平房区域尚存约26平方公里，构成老城基本骨架和背景基调。街巷胡同承载了生活居住、邻里交往、社会服务、文化旅游等功能，也是城市运行构架和社会基本单元。

二、街巷胡同是首都功能的重要承载地

西城区是党政军首脑机关办公所在地和国家对外交往活动主要发生地，履行“四个服务”职能要求高，首都核心功能在街巷胡同中也有着集中体现。

三、街巷胡同是老城的文化符号

街巷胡同体现了城市肌理的演化脉络和城市设计的基本理念，融入了历代文学艺术的精华，是古都风貌的标志性区域和优秀传统文化的重要宝库。

四、街巷胡同是城市复兴的缩影与代表

从所处位置看，西城区各项工作显示度和关注度高。从发展规律看，城市复兴一般由中心城区逐步向外延展，西城区在城市复兴进程中理应发挥示范引领作用。

五、街巷胡同是治理实践的难点

街巷胡同年代较长，各方面矛盾问题历经沉淀、复杂交织，治理起来难度较大，涉及到各方面各领域。

六、街巷胡同是检验治理成效和人民群众满意与否的集中体现

老城居民长期受到住房紧张、设施落后等问题困扰，改善环境愿望迫切。我们认为，治理最终目的就是改善群众身边的环境，因而群众是否满意才是检验治理成效的标准。

第三章　西城街巷治理与街区更新的基本情况和成效

一、以非首都功能疏解和背街小巷整治提升为重点，加大痼疾顽症治理力度

近年来，西城区重点大街治理成效总体比较好，但背街小巷仍存在诸多问题。为此，西城实施了疏解整治促提升行动，完成“动批”12家市场等疏解工作，腾退空间42万余平方米。开展专项整治，拆除违法建设76万余平方米，对“开墙打洞”、违章广告牌匾、直管公房违规转租转借等进行集中治理。制定背街小巷整治提升三年行动计划，在全区1331条背街小巷中开展整治，街巷面貌有了较大改观。

二、以实施街区整理为抓手，探索西城街区更新模式

针对规划不能有效落地的问题，探索形成了街区整理的思路和方法，坚持把解决规划落地问题、城市精细治理问题、群众反映强烈问题作为核心考虑，并将这种以片区为单元的街区更新模式作为提升发展品质的重要路径。近两年，制定了街区整理实施方案、街区整理城市设计导则、街区公共空间管理办法，完成101个街区单元的划分，制定年度街区整理实施设计库，引进专业设计团队，围绕功能配置、业态提升、风貌塑造、文化培育等开展街区诊断分析和方案设计，同步推进老城保护，首批实施了阜内大街、南新华街等17个单元街区的整理试点项目。

三、以营造便利生活为目标，精准配置生活服务网点

在治理与更新过程中，充分考虑居民群众生活需求，从注重半径覆盖向注重人群覆盖转变，加强整治与配套衔接，制定了便利生活与服务提升计划，分街区开展居民生活需求调查，发布生活服务设施地图，精细配置好生活服务网点，建成40个百姓生活服务中心、88个生活服务网点，居民生活更加便利。

四、以街道综合管理体制改革试点为契机，完善基层治理机制

街道在城市治理中有着极其重要的作用。2018年启动了街道管理体制改革全面试点，构建“一委七办三中心”大部制格局，建立实体化综合执法平台，全面梳理街道职责。完善“街道吹哨、部门报到”机制，围绕8类37个项目清单，着力破解服务群众“最后一公里”难题。

五、以街巷长工作机制为创新点，初步构建多元协同共治体系

任命街巷长1392名，组建自治共建理事会1423个，选聘理事长即小巷管家2896名，成立志愿服务团队1403个。完善街巷长制和小巷管家工作流程，规范、细化准物业管理，制定2600余份居民公约，形成了街巷治理的生动实践。

第四章　街巷治理面临的问题与深层次原因

一、面临的主要问题

目前，西城街巷治理面临的问题和矛盾，主要集中在老城的平房区域和老旧小区，集中在背街小巷，与已实现功能、建筑更新的区域，与干道大街形成了鲜明对比。问题主要表现：

（一）建筑风貌失序。一方面，各类违法建设量大、点多、面广，不仅广泛存在于文保区的平房院落，而且在一些老旧小区也有很多。据目前台账统计，西城列入违法建设台账的约147万平方米，近四年来，已拆除76万余平方米，尚有约71万平方米。这些违建既有挤占院落空间搭建，也有房上房，其中属于居民用于厨房、洗浴、居住等生活性功能的约44万平方米。另一方面，还有大量不同时期建设的简易楼存在，据统计，全区3层以下（含）1980年以前建设的有389栋，建筑面积30.08万平方米，许多建筑年久失修，已超过设计使用寿命，条件十分简陋，不仅影响城市风貌，而且存在突出安全隐患。

（二）空间秩序混乱。从街巷胡同公共空间看，最突出的是三类问题：架空线凌乱，线杆林立，各类线路如蛛网一般攀伏在上空；停车秩序乱，大量私家车停在胡同中，使原本逼仄的胡同难以畅行；公共空间侵占挤占现象多，各类电动车、自行车及一些生活杂物由于院内缺乏空间而被堆放在街面。同时，变配电箱等一些公共设施设置不合理、广告牌匾不规范、乱开墙打洞、空调安放与线由布设缺乏统筹考虑等等，也是影响公共空间秩序与视觉效果的重要因素

（三）人居环境不佳。由于历史及多方面原因，老城尤其是文保区平房院落基础设施缺乏，公共服务不足，居住条件差。没有户厕和污水系统，缺乏燃气和集中供暖，生活很是不便。同时大多数平房居民家庭居住面积不足20平方米。一家多口、两代甚至三代人挤在一起十分普遍。空间紧张使生活服务配套也受到很大限制。

（四）文化特色丧失。街巷胡同、四合院既是古都的历史文化的符号，同时承载着老北京的生活记忆和独特韵味，由于私搭乱建、功能混杂、开发无度、业态无序、管理失范等一些胡同已经失去了昔日景象，变的衰败而杂乱。

（五）安全隐患突出。很多街巷胡同、平房院落和老旧小区，存在着各类安全隐患问题。居民私搭乱建现象普遍，通行过道狭窄，用电、用火安全隐患尤为严重，消防安全设施和紧急疏散条件极其缺乏。简易楼超期服役，设施陈旧，管道老化。一些低洼院院落积水，房屋漏雨，每逢雨季房屋存在倒塌危险，危及群众生命财产安全。

二、深层次原因分析

（一）人口密度过大与空间承载能力不足。2017年西城区人口密度仍为每平方公里2.4万人，平房院落集中的区域如大栅栏、天桥、什刹海等，超过3万甚至达4万以上。新中国成立后，在经济发展与生育政策推动下，城区人口曾经历了一个比较长的高增长期。近40年来伴随改革开放和城市化加速进行，大量外来流动人口涌入，进一步加剧了空间承载压力。

（二）功能与业态过度密集。长期以来，城市发展总体上走的是一条向心发展、资源密集、增量扩张的路子，大量产业聚集在中心城区特别是老城，大量公共服务设施就地扩张，商业、旅游开发过度，与首都“四个中心”功能定位不相适应。一些老的工业生产企业缺乏有效转型，大型居住区和商业开发进一步加剧了拥挤效应，给城市交通、环境、服务供给、基础设施运行带来巨大压力，增大了城市治理难度。

（三）老城先天不足。老城的历史特点是房屋建筑密集、街巷胡同狭窄，对现代生活离不开的水、电、气、热、通讯等基础设施导入和更新形成了很大制约。特别是随着前些年私家车快速进入家庭、汽车保有量爆发式增长，空间不足、秩序乱的矛盾变得更为突出，各类电动车、老年代步车以及共享单车的涌入又带来了新的挑战。

（四）产权关系复杂与自我维护更新机制缺乏。大量的老旧平房和简易楼多系直管公房，未实行房改，产权关系复杂多样，随着体制变化，很多原来的产权单位管理部门发生了巨大变化，多年缺乏有效更新投入，呈失管弃管状态，原来的居住人群也发生了很大变化。一些老旧小区虽然实行了房改，也缺乏维护基金和物业管理。包括大量的文物建筑，当年因住房不足被分配职工用于居住，也缺乏有效修缮维护。

（五）政策调整变动大与利益期望高。对老城的功能定位和发展取向，多年来在实践中，曾经历了一个认识不断变化和调整的过程，相应地是建设和发展路径上也几经变动调整。相当长的一段时间偏重经济规模扩张、追求产业繁华作为主导思想，忽视了功能协调。在城市更新路径上也经历了从旧城改造、商业开发、危改到棚改到疏解腾退，不断探索的过程，政策几经变动，安置补偿成本日益高涨，居民的利益期望值也越来越高。

（六）规划管理失控与有效治理缺失。以往的城市规划注重宏观层面，比较原则，注重单个项目规划条件审批，缺乏街区形态风貌上的细致设计与有效控制，缺乏功能业态上的深入分析与有效调控，导致规划失灵、约束软化。同时，城市更新路径总体上采取的是以项目为单元，以短期资金投入成本平衡为目标，依靠建设总量增加进而实现平衡的路子，导致整体风貌保护被肢解，成本补偿也水涨船高。这种路径已难以为继，同时也有悖于历史文化风貌保护。

另外，需要特别引起重视的是老城的社会结构变化。由于缺乏有效更新路径，问题多年累积，老城一些区片实际上已形成弱势群体与低端业态共生相伴的社会形态与生活状态，心理弱势普遍存在，社会结构固化。对此尤应引起重视。

三、需要突破的难点

深入推进街巷治理与街区更新，实现老城复兴，有几个难点必须突破：

（一）平房院落中的违法建设拆除问题。这些违法建设多数是在特定发展阶段和历史背景下形成的，已存在多年，绝大部分属于生活性功能，与居民生活直接相关。对这类违法实施拆除必须与解决居民安居、生活条件改善统筹起来进行考虑，研究系统措施细致做好工作。一些老旧小区的违建也存在类似情况。

（二）胡同停车问题。街巷胡同空间秩序乱，停车乱是主要矛盾。解决起来之所以难，是因为停车位供求极不平衡，可以利用的空间十分有限，需要分区域综合施策，探寻解决之道。

（三）拆迁停滞项目和边角地问题。老城中目前尚有不少拆迁停滞项目，是在不同历史时期形成的，基本处于停滞状态，初步统计这样的遗留项目，西城全区有96片，有的已经停了20多年，还有一些开发甩尾、市政工程建设形成的边角地。它们象城市疮疤一样散布在各处，涉及的遗留问题很多，利益关系复杂，解决难度很大。

（四）老旧小区有效维护更新问题。特别是中央市属单位自管产老旧小区必须建立起有效的更新机制。有些单位自管产老旧小区和平房院落，存在失管或弃管现象，缺乏维护更新机制，小区内房屋失修、管道老化，环境破败、配套不足，公房转租转借问题突出，整治提升的呼声非常强烈，必须推动解决。

（五）公共空间城市家具优化问题。城市空间秩序乱、视觉效果差，也与各类街道家具缺乏统筹协调、空间利用不合理、管理机制不顺畅等密切相关。尤其是权属单位和管理层次多，协调难度大。各单位仅从本系统角度考虑，强调功能指向，忽视风貌协调，管理理念简单、方式粗放，加剧了公共空间的紧张与无序。

此外，难点还在于公共责任意识普遍缺失，极大增加了城市治理成本；新技术革命带来多种变化，使街区治理和城市运行不断遭遇新的挑战等。

四、需要把握处理好的重要关系

（一）人口疏解与留住原住民的关系。推进街巷治理、街区更新，实现老城复兴和人居环境改善，需要通过持续的功能优化与业态调整带动人口疏解，把人口密度逐步降到一个合理水平。在这个过程中也要注重留住老北京居民。留住原住居民实际上是保留城市的文化传统与特色，同时通过城市文化的熔炉作用，不断塑造培育新北京人。对外迁安置者和留下者都要增强获得感，努力使外迁者心情舒畅、走的满意，留下者幸福感增强。

（二）功能优化与生活环境改善的关系。尤其是要适应居住人口结构变化、生活品质提升和服务便利化的需要，加强公共服务与生活服务设施完善。

（三）短期平衡与长期平衡的关系。街区更新不可回避的一个问题是成本投入问题，必然面临大量投入，尤其是平房区和老旧小区的更新改造，单个项目短期平衡难以做到，必须要着眼长期考虑。

（四）政策措施协同与预期稳定。需要产业发展、房屋管理、公共服务、交通、环境等多方面政策与治理措施协同衔接、指向一致。保持政策措施的稳定性与连续性，给企业、居民、社会单位等城市各方以稳定预期。

第五章　推进街巷胡同治理、实施街区更新的思路与对策

伴随习近平总书记视察北京发表重要讲话，明确首都城市战略定位和新版北京总规发布实施，首都治理已经进入了一个历史新阶段，相应地对深化街巷胡同治理、推进街区更新提出了新的要求，需要在治理理念、路径、工具、方式、手段和体制机制等方面进行一系列创新，把街巷胡同、街区单元作为重要基础，构建起超大城市治理体系，实现老城复兴和超大城市精细化治理、高效运行，更好地保障首都“四个服务”职能履行，提升城市品质与和谐宜居水平。

一、总体思路

总结首都城市治理的历史经验，借鉴国内外超大城市发展与治理实践，抓好街巷胡同治理与更新，要注重把握以下几个方面：

（一）在目标取向上，把落实首都城市战略定位、推动老

城复兴、增强发展活力、展现大国首都气象作为目标，把街巷胡同治理与更新作为落实首都城市战略定位的灵魂主线，不断优化功能与空间布局，再现历史街区风貌，塑造良好秩序与和谐人居环境，构筑起大国首都格局。

（二）在战略选择上，坚持远近结合、内外兼修、辩证施治。街巷胡同存在的诸多乱象，其根源在于人口多、功能多等内在因素失调，解决这些问题不是一朝一夕之事，必须长远着想、由表及里、标本兼治，注重系统性、持续性，统筹推进、全面提升。

（三）在实施路径上，把实施街区整理与更新作为基本方式和重要工具，形成解决问题的一揽子方案，以街区为单元，分区域逐次推进。制定好设计导则，划分好街区单元，做好街区诊断分析，通过街区空间优化、设施合理配置、风貌特色塑造、秩序长效管控，推动街区更新。

（四）在治理方式上，注重治理主体多元化，坚持政府主导、多元参与、社会协同。注重运用大数据管理、新技术手段，精准施策、精细治理。

（五）在政策机制上，围绕核心区功能定位和治理需要，坚持问题导向，聚焦体制机制障碍，注重创新政策、完善机制、破解难题。

二、重大策略

（一）持续实施功能、总量、风貌三大调控，重整老城大格局

街巷胡同等城市微观单元存在的问题，有宏观上和内在的动因。从宏观上看与功能配置失当、总量失控、风貌失管直接相关，必须强化宏观上的控制引导，持续从功能调控、总量调控、风貌调控上着力。

实施功能调控。围绕核心区功能定位和老城历史文化保护需要，持续推进非首都功能疏解，强化中央政务办公功能与国际交往功能，强化文化功能和生态功能，合理减少旅游功能，适度压缩居住功能，合理调控产业功能，不断改善人居环境。优化功能的空间配置，逐步实现合理布局，以长安街、中轴线为骨架，有步骤推进沿线重点区域功能重组，增强政治、文化功能。对两广路、平安大街等干道大街两侧，结合遗留项目处置，加强临街功能管控。

实施总量调控。落实新版北京总规要求，持续加强人口总量调控和推进人口疏解。加强建筑规模总量控制，按不同区域细化分解总量调控方案，合理调配建筑规模。适度调控经济规模，使经济总量和发展品质与核心区定位相适应。

实施风貌调控。强化城市整体风貌设计和建筑形态管理，扩大历史街区保护范围，注重历史街区、已建区域风貌织补和特定区域管控基础上的风貌恢复，力争通过街区整理与更新，使形态风貌走向成熟稳定，定型城市风貌，充分彰显古都风范与风韵。

（二）深入推进街区整理，有步骤实现街区更新

改变以往以条为主实施整治做法，转向以块为主进行统筹，推行以城市设计为引领、以问题为导向、分片区实施的街区整理。科学划分街区单元，精确进行诊断分析，统筹建立设计方案库、项目库，分步骤、有顺次推进街区修补和有机更新，使治理效果逐片展现出来。

（三）探索实行城市资产管理，为功能优化提供有力支撑

核心区功能的有效调控，需要对城市房屋资产进行有效管理，尤其是在一些重点区域。深化直管公房管理方式改革，利用掌握的直管公房资源，通过资产划拨方式，由国有企业实施疏解腾退、重置更新和资产长期持有，进而实现城市更新的持续投入和成本平衡，对一些历史遗留项目，也可通过这种方式逐步解决，提高对城市房屋资产的持有运营和掌控能力。

（四）推行统规自建，建立有效的城市更新机制

城市的房屋维护与有效更新，需要从根本上建立起以产权人为主体的房屋修缮更新责任机制，规范约束并引导产权单位、业主、居民按照统一的规划和设计导则维护房屋质量和外观、风貌和临街风格。要分类研究和完善不同类型房屋更新机制，细化房屋更新与修建标准，制定房屋修缮更新奖励政策，设立房屋修缮更新基金，推进动态更新，激发社会力量与居民自主更新，探索建立多方参与、统规自建、产权明晰、流水不腐的城市自我更新机制，形成和而不同的城市景观与空间秩序。

（五）重塑城市感知系统，提升城市智慧运行水平

随着发展水平提升和技术进步，人们对城市治理和服务的精细度要求越来越高，需要更加灵敏地感知城市运行动态，增强预见性，提高服务效能和风险防控能力。要推进城市大脑构建，强化城市末端治理中的感知能力建设，包括对城市部件、事件的有效感知，运用大数据手段和分布式管理理念，汇聚多方数据，推动状态监测与可视化，强化对城市问题及时发现和处置，实现全面感知，打造智慧城市。

（六）加强治理机制创新，完善城市治理体系

建构起超大城市治理体系需要不断适应变化，加强治理机制创新，走精治、法治、共治和体制机制创新之路。从实践看，推进街巷胡同治理和街区更新，要注重几项重要治理机制的建立和完善：诊断评估机制，定期进行体检，保障运行状态良好。标准化管理机制，细化标准规范，推行分区域分类精细化管理。分布式管理机制，及时发现和处置问题。公共沟通互动机制，及时发现需求、回应关切。公共责任机制，规范引导社会行为，强化各参与方主体责任。吹哨报到机制，协调解决复杂问题。完善街巷长制，全面推行准物业管理，发挥党建协调委员会作用，夯实基层治理基础。

三、具体工作措施建议

1.制定生活性违法建设拆除办法。把依法拆违与解决安居和实际生活困难结合起来，根据不同情况分类推进平房院落违建整治。

2.制订直管公房置换办法，鼓励引导租住居民通过公房置换方式改善居住条件。

3.推动登记式自愿腾退疏解，统筹文物腾退、公共项目征收、棚改等不同类型安置政策，加强政策设计与衔接，打好政策“补钉”，建立形成分类管理、统一协调、相互衔接的疏解安置政策体系。

4.制订房屋平移安置办法，对不愿外迁安置的居民实施就近平移安置，促进院落整治更新与人居环境改善。

5.推进简易楼综合排险、安置腾退，促进建设减量。

6.调整老旧小区抗震加固方式，探索等量重置提升品质方式，建立居民合理分担成本机制。

7.有步骤推进中央、市属单位自管产老旧公房维护更新，建立以产权单位为主体的更新维护投入机制，保证房屋良好

状态。

8.制订文保区私房修缮补贴政策，鼓励支持产权人按照统一规划设计及时进行房屋修缮维护。

9.制订平房院落修缮更新技术导则，促进有机更新。对非文物建筑修缮，可以考虑在形态、风貌、外观协调条件下，采用适当的现代建筑构筑方式和材料，以降低成本。

10.建立健全街区责任规划师机制，加强城市公共空间设计与节点营造，推动街区更新。

11.加强城市建筑和公共空间设计艺术审查，对重大公共建筑、临街建筑、重大基础设施及城市家具建设，强化景观艺术审查。

12.开展城市家具优化，对灯杆、护栏、路沿石、广告栏、电话亭、果皮箱等进行优化配置，推广综合杆等技术，促进城市空间视觉清朗。

13.建立城市部件应急维护更新机制，强化属地管理和及时维护，形成市、区合理分担成本、快速维护更新格局。

14.推进胡同、老旧小区停车自治，立足分区域解决居住停车，合理调节供求，促进胡同减少停车，并努力做到不停车，实现胡同畅行。

15.制订城市公共空间管理条例，强化公共空间治理的法治支撑。

16.对新增违法建设强制拆除成本，建立追诉追索机制。

17.开展城市地下空间定期扫描诊断，增强安全运行防控能力。

18.加强老城保护立法，修订北京历史文化名城保护条例。

19.推进拆迁停滞项目分类处置，落实新总规要求，逐步解决历史遗留问题，促进规划实现。

20.推进边角地整治，有步骤推进征收或腾退疏解，加强留白增绿，扩大城市永久性开放空间。

21.建立街区更新设计方案库，把总规要求细化落地。制订街区更新计划，有步骤、分阶段推进街区更新逐项进行。

22.建立广告牌匾维护更新机制，推行统规自建。加强门脸和橱窗设计，改善重点街区临街视觉效果。

23.推行临街公约、居规民约，强化门前三包管理，加强公共责任体系建设，推进共建共治。

24.建立街道面向社区、社区面向居民的情况通报机制，加强双向沟通互动，增进社会理解和认同。

25.完善街巷长制、小巷管家和准物业管理制度，细化职责规范，畅通群众身边问题及时发现和有效解决渠道。

26.加强社区公共议事，积极动员和引导居民参与，深化自治、共治。

27.推进物联网建设，增强城市部件、事件感知能力，更加高效地维护城市安全运行。

28.实施便利生活与服务提升计划，优化生活服务网点配套，分街区发布生活服务地图，提升城市生活便利度。

29.完善城市标牌和路面导引系统，有效运用二维码、标识牌；打造不需解说能轻松自由漫步的街巷胡同，使公共空间成为开放的科普、文化课堂。

30.加强城市公共雕塑设计建造，增强历史文化气息，让城市自我讲述故事。

31.完善党建引领、吹哨报到机制，规范处置流程，加强复杂问题的协调解决。

32.建立重要节日和重大活动城市景观布置装点设计方案库，形成稳定成熟的规制，开展设计方案创意征集，引导社会参与。

33.扩大优秀近现代建筑认定范围，对不同历史时期建设的有特色的建筑进行保护，增强城市作为开放的建筑博物馆作用。

34.制定未登记房屋建筑认定办法，对特定历史时期形成的未登记房屋建筑，根据功能、质量状况，实事求是地进行认定，妥善解决历史遗留问题。

35.构建老城居民外迁安置常态化通道。改变以项目为单元的做法，开辟通过申请登记方式自愿外迁安置渠道。

36.建立安置政策定期评估和动态调整机制，保持政策连续性、稳定性和不同年度间公平一致，避免纵向不公平。

人口大数据在城市治理中的应用研究

中共西城区委副书记、西城区人民政府区长　王少峰

“民乃城之本。”人是城市的核心，是城市治理的参与主体，是公共服务科学配置的核心因素。从国内外城市治理与人口发展理论看，动态准确掌握城市的人口数量、结构、分布及需求等情况，是管理好城市、服务好市民的重要基础。近年来，西城区立足特殊的区位要求，积极探索运用大数据构建人口管理和服务平台，推动城市精细化治理、精准化服务能力和水平提升，取得了一定实践成效，但也面临一些瓶颈问题。课题组通过实地走访、深度访谈和问卷调查等形式，分层分类开展调研了解现状、收集需求，并结合理论研究与国内外多个城市的实践，提出了西城区深化人口大数据在城市治理中应用的总体思路和实施路径。

一、西城区人口大数据应用实践

（一）工作现状

1.人口数据采集的主要途径

一是街道采集。这是当前实有人口数据采集的主要方式。社区信息采集员上门采集信息，上传至区统计局的实有人口信息核查系统。各街道的数据采集人员、采集内容、采集方式、采集频率、存储部门、共享情况均不相同，户籍非户籍

人口数量、户数、年龄结构等情况统计的数据颗粒度与划分标准也不一样，数据采集质量不高，抽查结果显示误差率高达30%，甚至存在漏掉整个楼栋的现象。(表1)

二是基于手机信令的采集。区科信委通过购买三大运营商的手机信令数据，实现包括30个重点区域在内的常住、职住、实时等人口监测区域全覆盖，并提供人口测算服务和支撑保障服务。

三是业务部门采集。主要是通过在办理业务时收集，但受限于数据管理权限，80%以上的数据上传至市直部门后，未能在区里留存。另外，有专业队伍的部门通过基层队伍采集，如区人社局通过劳动协管员采集就业困难人员。

2.人口数据汇聚情况

以区人口库为例，现已提供人口数据共享服务，为区城管监督指挥中心、区社会办、区规土委等委办局和15个街道的人口基础数据建设提供了支撑。数据主要来自市民政社区服务中心、区残联、区人口计生委、区流管办等部门。数据项包括老年人、优抚对象、残疾人、低保家庭等约40个字段项，大部分数据通过共享交换平台实时更新。(表2)

3.人口数据应用实践

目前，人口数据的应用范围多为数据采集汇聚。部分街道开展了一些人口数据应用实践，如西长安街大数据中心被列入国务院“放管服”领导小组全国调研典型案例，“数字红墙”模式被全市推广；月坛街道开展城市体检、人口结构和扶养比分析；陶然亭街道通过对老年人服务商业配套数据与各社区实际老年人口分布情况进行对比，引导产业建设等等。区科信委正在开发的人口新平台，拟将人口情况与地理图层、可视化展现等结合，开展应用场景展示。

但整体看，人口大数据应用还不充分，多个职能部门有利用大数据开发应用场景的强烈需求，但是普遍反映数据量少、质量不高、缺乏多源数据融合、应用场景挖掘不足，人口大数据应用范围有限。

4.相关业务数据系统统计

全区与人口数据相关的业务系统共计117个，大部分是市级部门开发。不同街道的系统数量存在较大差异，多的40个，少的只有1个。除业务类型不同导致部署的系统差异外，各街道对与人口相关的业务系统的认识存在差异，也对系统数量统计造成一定影响。

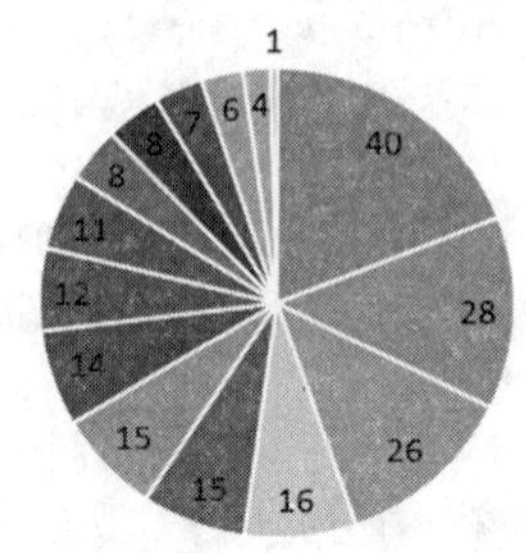

图1 各街道使用人口相关系统数量

（二）需求调查

1.区级领导层面需求

区级领导层面需求主要集中在如何汇聚更多数据，让数据能够在实际工作中发挥重要作用，实现数据辅助科学决策。主要包括：提高数据共享水平，形成常态化的共享机制；提升数据质量，让数据能精准刻画城市人口结构和特征，做到对公共服务的提前精准预判；业务部门对数据做进一步的细分，梳理出业务和人口关系，形成新的业务逻辑，更细致地运用到不同的业务场景中。

表1 街道人口数据采集情况表

采集人员	采集内容	采集方式	采集频率	存储部门	共享情况
网格社工、社区工作者、流管员、统计调查员、户籍民警	姓名、证件类别、身份证号码、民族、性别、户籍省、户籍市、户籍区县、所属街道、出生日期、户口性质、婚姻状况、政治面貌、国家、户籍地址、居住情况、身高、文化程度、从业情况、职业（每个街道采集的内容均不一样，以最全内容展示）	上门入户采集，采集形式包括填写纸质表格后再回办公室录入系统/手机录入	街道采集频率不完全相同，包括以下几种：不定时/1周1次/1月1次/1季1次	区发改委（统计局）/街道数据中心	部分街道将数据共享给社区

表2 人口库数据字段项

人口基本信息项	个人基本信息、个人其他信息、党员信息、西城区户籍信息数据、西城区流动人口、人口信息、外来人口信息、外来育龄妇女信息
关爱对象信息项	老年人信息、优抚对象信息、低保家庭成员信息、低保家庭数据
残疾人信息项	残疾人信息、残疾视力信息、残疾听力信息、残疾语言信息、残疾肢体信息、残疾智力信息、残疾精神信息、残疾诊断信息、残疾人联系人信息、残疾人受教育信息、残疾人就业服务记录、残疾人职业技能表、残疾人特长表、残疾人就业信息、残疾人收入信息、残疾人社会救济、残疾人社会救济（助）(临时)、残疾人社会保险
社区相关信息	西城区社区基本信息、居委会资产登记、社区民主评议、社区民间组织、居务公开、民意诉求渠道、民主监督小组、监督小组成员
其它	西城区出租房屋

2.职能部门需求

相关职能部门的需求主要集中在统筹建设和业务应用方面：希望出台全区大数据建设顶层设计指导意见，解决多条线牵头下的多头统筹与分散建设问题；强化建设与应用部门职责，业务部门要在推动数据关联、业务需求与场景融合等方面发挥更大作用，技术部门切实做好技术支持；建立常态化共享机制和考核机制，打破数据壁垒，提升数据质量，保障数据真实准确、系统运行畅通。

3.街道、社区需求

街道、社区层面需求主要集中在具体应用方面：区级职能部门及时发布全区大数据建设动态状况，加强对数据采集和运用的指导；建立统一的数据采集标准，解决多头采集、重复采集问题；协调上级部门数据系统为基层保留读取和应用数据权限，切实将真实有效的人口数据应用于日常服务和管理工作中。

二、问题及原因分析

（一）对人口数据在城市治理中的作用认识不足，新理念新思维未融入到实际工作中

西城区领导对大数据建设高度重视，各级业务部门也越来越对认识到大数据应用的重要性，但对人口大数据在城市治理中的重要作用尚未形成共识，在业务构建、策划、组织与实施过程中，未能很好地将这些理念融入具体工作中。如在百姓生活服务中心的设立过程中，区域人口数量、工作特点、年龄结构、学历特征等与人相关的实际因素未完全纳入决策参考，“以人为中心”的理念未得到充分体现。

（二）多头统筹与分散建设，人口数据存在系统割裂、数据孤岛和重复建设等问题

目前，区级层面成立了大数据工作领导机构，下设17个专项工作组，但整体统筹、业务聚焦不足。各部门、各街道根据各自需要自行探索人口数据的采集与应用，导致已建成或正在建设的系统、平台繁多，但不同的系统与平台之间未能形成有效的互动机制，数据也未能实时融合共享。人口数据对口的部门几乎都有自己的平台或系统，其中有区发改委（协同办）牵头的西城区实有人口信息核查系统、区社工委牵头的全响应大数据建设、区科信委牵头的西城区人口大数据应用监测平台以及部分街道自建的人口数据平台等。另外，各部门垂直下到社区的与人口相关的系统多达几十个，不同系统密钥不同，同样的数据内容甚至需要更换电脑才能录入数据。由于横向、纵向系统平台之间缺乏常态化的沟通、协调、合作机制，人口数据彼此孤立、共享困难，数据储存碎片化、点状化，缺乏有效融合，最终难以形成权威的、准确的数据结果。

（三）数据规范和标准不统一，成为数据应用障碍

目前，全区各层级业务系统共计2259个，具体见图2。

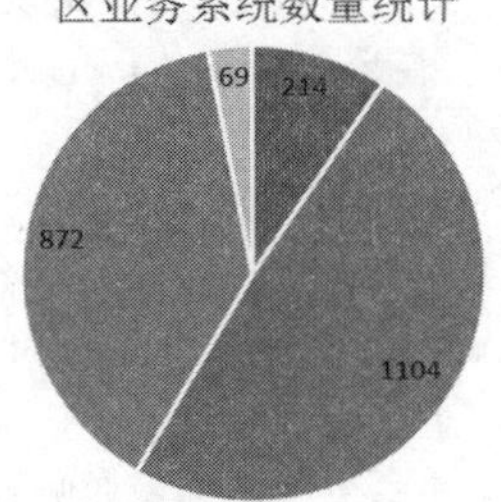

图2 西城区业务系统数量统计

大部分系统由不同的技术公司建设，拥有不同的数据标准、接口标准，导致数据难以实现共享。以数据标准为例，虽遵循了业务规范，但设立门槛太低，各公司都可以为其建设的系统设立一套数据标准，造成了数据规范的不一致和数据规则的严重冲突，给后续的数据分析应用工作增加了数据治理成本。

（四）数据采集方式单一，实有人口数据以人工上门采集为主，局限性较大

现阶段，实有人口数据的主要汇聚方式是以工作人员上门采集为主，对职能部门在管理和服务工作中沉淀积累的数据利用不足，利用科技手段与发动社会力量采集数据探索不够。这严重制约了数据质量的提升。一方面，缺乏与其它渠道数据资源的互相校验，采集到的数据未能及时多方校验形成精准数据，数据直接使用时质量不高；另一方面，除了采集人员个人业务水平与敬业程度会影响数据质量外，上门采集这种方式本身也存在诸多局限，包括工作人员上门采集信息身份的合法性、居民配合与否等，此外，对于居民不在家或隐报、误报的情况也缺乏有效的应对办法。

（五）缺乏统一的制度和考核约束，数据质量难以保证

主管部门制定了以采集居住人员的基本信息与房屋信息为主的数据采集表格，但对采集人员、采集方式、采集频率等并没有做进一步细化的要求，由各街道自行安排部署，造成各街道实有人口数据采集质量参差不齐。对数据采集质量未设立倒查追责制度，数据质量的好坏只能依靠人的主观能动性，出现工作失误时只能书面通报数据结果，惩罚性弱，数据质量难以有效改善。

（六）业务聚焦不足，人口数据缺乏与业务场景融合，大数据价值没有得到有效挖掘

在调研过程中，多个部门反映有利用大数据开发应用场景的强烈需求，但是找不到合适的应用场景。究其原因，一是人口库缺乏权威部门人口数据核心字段的共享，如公安、人社、卫计等部门大量人口数据未汇聚到人口库，或汇聚了但并非同步更新，现有人口库的数据更新有一部分为拷盘汇聚更新，难以有效支撑全区数据应用。二是缺乏多源数据的汇聚与交叉互验，如政府内部各部门、政府数据与社会数据的交叉互验等。当前基于手机信令建设的人口大数据应用监测平台数据未能与业务部门数据融合交叉互验，未能形成精准的人口数据资源。三是数据资源有限，大部分数据上传到市职能部门后，难以再返回区内，影响了数据的深度开发应用。四是牵头部门没有具体业务需求，指导性、关联性、针对性不强。业务部门虽然纳入了人口数据建设小组，但是在实际建设过程中，参与不够深入，而人口数据的技术部门不懂业务场景，数据未能有效开发与应用。五是现阶段缺乏既懂业务又懂技术的人才，业务部门的需求和技术设计存在转换障碍，不能顺畅地把工作中的需求转化为技术语言，最终技术呈现难以满足业务需求。

三、西城区深化人口大数据应用的总体思路及实施路径

城市治理最核心的因素是人，城市运转也是围绕人在展开。从国内外城市治理与人口发展实践看，做好城市治理工作，就必须了解城市的人口、企业、空间地理信息等相关信息，用数据客观刻画出城市真实情况，为管理这座城市、服务这座城市的组织与人员提供更多的数据支撑。

（一）总体思路

在推进首都核心区科学发展、精细治理过程中，进一步强化工作的出发点与落脚点，主动将理念引领和工作方式创新相结合；加强人口管理工作的总体规划，做好人口大数据工作的顶层设计，全方位梳理业务工作与人口的关系，研究好不同层级领导与部门决策时对不同人口数据的差异化需求；深入开展基于业务需求与场景融合的人口大数据建设，制订新的规范和规则，统筹全区的标准和应用，更好服务于全区工作。

（二）工作目标

1.全面把握辖区人口概况

掌握全区人口概况是做好人口数据分析与不同场景应用的必要条件。人口概况一般包括实有人口数量、户籍人口数量、非户籍人口数量、人口年龄结构、性别结构、学历结构、籍贯、行业构成、党派等属性，以及在西城居住或工作的年限等信息。通过开展业务需求调研，梳理出全区各项业务的核心字段要求，将不同口径来源的人口数据融合形成全区统一的精准的人口大数据。

2.精准刻画出城市人口数量、结构及特征

城市治理面临的首要问题是城市到底有多少人。对人口的来源识别、增长因素的识别，是进行有效管理的前提。通过人口数据汇聚、融合、裂变，获知区域人口的结构以及各类特征，了解组成城市的个体情况，全面了解人口的分布特点、人口的来源、不同人群的需求，为城市安全运行、城市精细化管理与精准、主动服务奠定基础。

3.利用人口大数据辅助支撑业务工作

建设一个既能满足区级领导管理要求和业务部门工作需求的人口大数据平台，利用精准的人口大数据以辅助业务工作的高效开展，提高对外服务水平。同时，通过人口大数据平台建设促进业务部门理清其目前和未来需要的人口数据的具体内容和发展方向，进一步丰富人口大数据应用。

（三）应用领域

1.人口规模调控

人口规模调控的基础是对全区实有人口数量及人口构成结构特点的精准、动态掌握，只有掌握了全区人口的真实情况，才能更有针对性的进行人口调控。可以说，有效规模调控是建立在对人口特征的掌握与实时准确人口感知的基础上。但仅掌握人口数据，仍无法实现上述目标的。人口规模调控能否真正实现的关键，在于人口调控后原有的需求能否被满足，如各类服务的需要能否被满足，新安置的就业岗位、居住环境和预期匹配程度等，才能切实降低调控后返流的概率。具体包括：

准确掌握辖区内管理与服务要素，了解区域内人口的分布、区域生态构成、公共服务的提供情况等，根据人口密度及结构测算需要的公共服务类型及人员数量；

将调控工作与区域内再就业工作结合起来，为区域内待就业人口和退休人口提供相应的服务工作岗位，作为调控人口后服务需求缺口的补充。还可以设立部分公益性岗位，在保障低保人士、残疾人士等低保补助不变的前提下，为其提供带公益性服务性质的兼职工作机会；

将人口管理与房屋租赁备案结合起来，设立相应的制度并严格执行，鼓励房主主动备案房屋租赁情况。对于群租房等现象，可利用门禁、视频识别、水电气使用分析等手段，及时发现、及时处理；

探索利用共享经济提供社区服务，多个区域可以共享水电、修理、早餐等服务人员，也可通过政府准入的方式，统一提供相应的服务，减少对实体门店的依赖。

2.服务数字经济发展

数字经济除依赖互联网、云计算、大数据、物联网等技术外，对高科技人才的需求也非常大。对辖区内人才结构进行精准刻画与分析，了解不同领域不同层次的人才构成，有针对性的补充相应领域人才，对西城区数字经济的发展将起到事半功倍的效果。

构建人口大数据中的人才数据库。整合不同部门人才与产业相关数据，按照领域、学历、毕业院校、专业、年龄、收入、已引进、待引进等维度进行划分，结合区域内科技项目、奖励政策等，建立区人才综合数据库，包括人才库、科技项目库、科技奖励库等，支撑人才引进、人才政策匹配等工作展开。

进行人才挖掘分析。以数据清洗融合为基础，通过人才综合数据库的建设，结合人工智能技术构建人才知识图谱，从而提供靶向引才、便捷申报、智能评审、主动服务、科学评价、定向分析的人才服务全周期业务支撑，保障全区人才工作科学高效有序开展。同时，可对人才、企业、政策进行关联关系分析，提供关系搜索、动态轨迹等服务。

开展产业政策精准、主动匹配。用自然语义识别技术理解所有政府文件，判断并选择出不同文件的相关条件和优惠内容。在人口数据库中自动识别符合政策优惠的对象，将匹配后的信息主动推送给条件匹配人才，并对人才数据进行挖掘分析，可在地图上展示其分布区域、行业、数量和符合的具体政策内容等。

3.科学配置教育资源

教育资源分布展示。在地图上直观展示西城区各类教育资源分布情况，包括幼儿园、小学、中学、大学以及社会教育机构等。分类展示各学校资源，包括学校名称、教师数量、学生数量、学位数量、班级数量、学位压力等情况。

教育资源配置分析。根据学区学生人数、学位数量、教室数量等指标，计算学位压力、师生比率等，将计算结果划分为不同的压力等级，以可视化的方式展现。如对未来4–5年的学位趋势的预测；通过电子地图查看各学区幼儿园、小学、初中、高中学校未来三年新增需求的学位压力，为选址规划提供技术支持。

4.开展医疗资源分析诊断

医院分布分析。以GIS的方式展现西城区医院的分布情况，例如通过电子地图查看各街道、社区的医院（含专科医院、专科疾病防治院、妇幼保健院、中医院、综合医院、一甲、二甲、三甲）级别分布图、综合医院床位分布情况等。

社区卫生服务中心分布展示。在GIS地图中展示西城区社区卫生服务中心分布情况，将各片区的社区卫生服务中心密度直观的在图上展示。

以人口结构为特征的个性化科室配置。根据年龄、性别等结构特征，精准配置医疗资源。如年轻人居多的社区增加产科、外科等医疗资源，老年人居多的社区则投入更多慢性病、康复医疗等医疗资源。

统计分析对全市乃至全国的辐射影响。统计在西城区所有医院就诊的患者情况，从来源地、病种、就诊时长、治愈率等维度分析，掌握西城区医疗资源对全市、全国的辐射作用。

5.城区规划

城市实有人口数量与统计人口数量之间因为种种原因往往存在较大差距，而真正决定公共服务需求规模的是实有人口数量。但仅按照统计人口数量进行城区规划，常常产生因对人口数量的过低估算、不掌握口结构特征而造成资源规划投入不足，或资源配置不能发挥最大功用等问题。鉴于此，在承认并尊重统计部门发布的常住人口数据的同时，在内部明确一个权威的、非统计口径的服务管理实有人口基数，作为城区规划、社会服务管理等工作的基本依据。

6.城市精细化管理

过去，城市管理通常被认为只是对城市市容市貌的管理，与人口关系不大。但事实上，城市管理的精细与否，与人口有重大关系。可按照事件处理数量，把各片区划分与标记为不同等级，并对城管工作人员数量进行弹性动态调整。根据辖区内居民数量与结构特征，分析是否存在服务配套不足，应进行哪些方面的补充。

7.提升民生服务精准度和覆盖水平

在养老领域，通过互联网+智能化养老服务管理平台的植入，建立健全老人档案，细化服务需求，提升“无围墙养老院”的服务品质。建立老年人才信息库，有效挖掘开发老年人力资源。

在帮扶领域，通过掌握辖区内人群技能、专业、职业等特征，定向发布求助信息，吸引居民参与帮扶。将志愿者的学历、职业、特长等录入数据库，发挥个人专长开展多样化的志愿活动。

8.满足个性化文化需求

通过对不同区域的人口数量分布及年龄、性别、工作生活状态等结构特征情况进行分析，弹性调配文化馆、体育休闲健身场所等文化资源配置，个性化、差异化配置文化资源。同时，还可通过手机信令、视频探头、住店信息等多种采集手段，准确了解外来游客数量及特征，定制和投放旅游服务“光标签”，在线预约引导游客错峰游览等，提升外来游客的旅游体验。

9.智慧社区建设

智慧社区建设的核心是构建多元化社会治理智慧体系，其基础是社区各类要素。在全区统一大数据平台的基础上，构建社区主题数据库，叠加各类社区数据标签，形成丰富多样的社区数据资源，如社区内人口、法人、社会组织、楼栋房屋、城市部件等基础信息；社区服务资源分布、事件分布、消防隐患分布、巡查情况展示等。在此基础上，开展社区服务网点分布合理性评价，为居民提供精准精细服务；引入共享经济的概念，整合社区公共资源，提高资源使用率。

（四）实施计划

可分三个阶段，需要2年左右时间建设、完善，最终实现数据的常态化运营与应用，如图3所示：

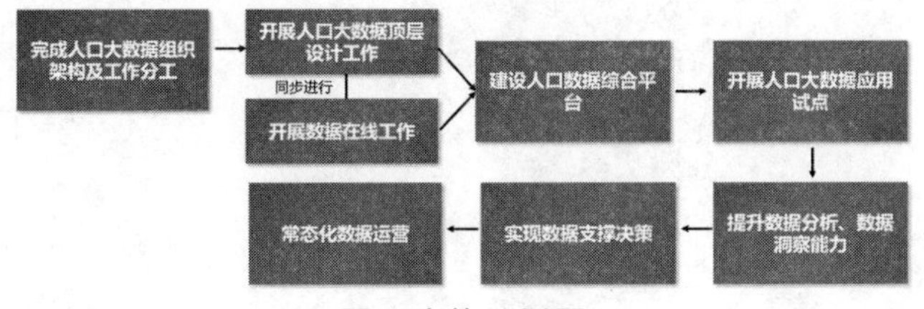

图3 实施计划图

1.第一阶段：落实组织牵头部门，开展人口数据顶层设计。需要5-6个月时间。

2.第二阶段：实现数据在线，建设人口大数据平台，推动数据分析。1年左右时间。

3.第三阶段：进一步扩大数据应用范围，实现数据运营常态化。需要6-8个月。

（五）实施路径

1.开展人口数据顶层设计

在区大数据工作总体统筹下，成立人口大数据专项推进小组，将与人口大数据相关的业务部门全部纳入专项小组，选择一个具有综合性的、权威的、协调能力强的部门作为常设小组办公室，负责统筹、协调、落实人口大数据建设的各项工作，定期召集会议，通报建设进程，协调解决推进过程中遇到的各类问题。

明确组织牵头部门及相关部门分工后，聘请第三方专业机构进行人口大数据顶层设计，从人口及相关数据采集、数据汇聚、数据处理、数据更新、数据融合、数据应用、数据开放等多个方面，更体系化、更完整地设计西城区人口大数据建设总体规划，既包括数据仓库、平台、应用等总体框架设计、技术框架设计，也包括体制机制、规章制度等制度设计，确保人口数据建设有序推进。

2.健全完善数据采集汇聚机制

数据的数量、质量与丰富的维度是数据应用的核心前提。提高数据获取效率与质量，丰富数据内容，是实现数据融通共享的基础。

一是建立统一的数据标准。建立并强制执行统一的数据标准规范，为大数据建设与发展打下基础。对原有的数据标准及已建系统，应尽量吸纳融合，对新建系统或项目，则按新标准规范建设。

二是完善数据采集机制。整合现有信息采集队伍，建立由区统一管理的采集队伍；建立统一的采集系统，梳理出全区需要进行信息采集的业务数据，形成数据采集内容最大公约数，由信息采集员使用统一的信息采集终端上门采集人口、法人及房屋城市部件等各类信息，并统一、同步上传到区信息采集库，与业务部门数据关联对比后，进入区人口数据库；充分利用科技手段，与物业公司合作等社会单位合作等形式，丰富信息采集方式，如对西城区重点区域摄像头采集的视频进行智能分析，利用人脸识别技术，建立西城区人像库，将人脸识别结果与身份进行关联，补充进入人口数据库等。

三是健全数据汇聚机制。全面梳理各部门数据清单，明确无条件共享、有条件共享的数据类型，没有明确法律依据规定不得共享的一律无条件共享。从数据共享程度、数据更新频率等方面对业务部门、街道进行考核，奖惩分明，提高部门重视程度。

四是健全考核奖惩机制。明确考核内容和标准，包括对信息采集员信息采集质量，对部门/街道数据共享程度、更新频率、汇聚情况、数据清洗比对情况、数据管理情况等进行考核。建立数据质量倒查与奖惩机制，对于数据漏报、错报等问题严格追查，对于采集的数据信息相对丰富、准确的人员或单位要给予奖励，提高准确率、降低误差率，为后续应用打下良好基础。

3. 加强人口数据治理，提高现有人口库水平

一是将散落在各部门的人口相关数据汇聚，将实有人口数据与业务部门人口数据充分融合，以身份证为标识，对人口数据进行关联对比。

二是建立完善与社会数据的比对机制，如手机信令数据、Wifi探针数据等进行数量比对，形成动态准确的人口数据库，为全区相关应用提供高质量的数据支撑。

三是提升人口数据和精准的标准地址体系融合。人口数据和标准地址准确、高度统一，是精准治理和精准服务的前提，也是形成集各种管理和服务要素块数据的必要条件。在建立统一地址库的基础上，为每栋楼、每间房进行编码，并将楼栋、房屋的编码统一制作成二维码贴于楼栋或房屋门口，形成统一的房屋编码，提升人楼房关联质量。

四是完善人口动态管理体制机制。将人口的调控管理作为重要内容纳入西城区重点工作，进一步明确和细化人口管理的机构和职责，既研究长期的人口政策，也要及时应对人口动态问题，推动城市管理更加以人为本、更加协同高效。

4. 搭建人口大数据应用平台工具

现阶段，由于缺乏统一的平台和统一的标准，各部门新的应用建设实际上是在树立新的数据烟囱，应用开发得越多，烟囱也就越多，日后整合的难度就越大。因此，要在避免树立新烟囱的前提下，做好应用开发工作。

一是打通底层数据。底层数据的互联互通互融是应用开发的关键前提。建立多维的数字触点，通过不同的方式和渠道收集数据和存储数据，并对数据进行简单的清洗和加工，使之形成相对统一的格式，并将其储存起来，并保持“视图” 在线，以方便对数据进行取用和展现。

二是搭建全区统一的应用开发平台。各部门按照统一数据标准、数据接口，在统一的平台、统一的工具进行应用，避免不同部门的应用需求过来后，因为标准不统一形成新的业务孤岛。

三是注重收集领导层的应用需求。目前的信息化建设，建设单位因为种种原因对领导层的需求收集不够，以至于信息化建设高度不够，建成的系统难以满足高层需求。要建立与高层之间有效的沟通渠道与需求确认渠道，确保建成的系统能够满足领导的管理与决策需求。

四是做好不同部门或参建企业之间的分工。对制定规划、建立标准、平台建设与应用开发的单位，要划清职责界限，合理分工，既要避免因为一家独大造成的信息垄断，也要避免界限不清造成的不必要的重复建设。

5. 推动业务场景与数据资源深入结合

人口数据必须和各种业务数据碰撞耦合，才能发现数据背后的不为人知的相关性，辅助科学决策，支撑推动业务工作创新，更好地服务城市治理和经济社会发展。

一是开展数据分析。成立专业的数据分析小组，引入数据分析工具、可视化展示工具等，开展数据不同维度的拆分以及分析，尤其是业务层面的分析，并通过平台面提供给全区所有涉及人口大数据的部门，用以支撑业务部门工作开展与分析需要。

二是开展业务领域应用试点。可以选取1–2个业务领域，进行人口大数据具体应用实践探索。领域1：基于统一地址的业务数据应用叠加。建立全区统一的标准地址库，围绕人口、法人与房屋数据，进一步做好人楼房精准、实时关联分析，从管理与服务的角度，进一步做好精细化管理与主动服务工作。领域2：以人为中心的智慧社区建设试点。选取1–2个社区，建立社区数据集，将社区公共服务资源配置、人口疏解、居民共建共治共享等工作结合起来，在社区进行实践。可以根据每个社区的不同特点，定制化智慧社区建设内容。

三是建立《数观西城》大数据品牌。研究、捕捉、呈现大数据的脉动规律，是有效应用大数据资源的必要路径。将汇聚融合的政府内部及社会来源数据，根据主题进行划分，如人口、法人、经济运行、城市运行等，形成《数观西城》人口大数据报告，其中政府内部版着重为区领导提供决策参考，定期为区领导推送大数据视角下的西城情况，以直观、可视化的形式了解西城区各个方面的运行情况；社会对外版则通过数据开放，让人们更直观地了解西城，从而使区域各类社会主体能够在西城区大数据生态系统的参与建设中各得其所，将大数据的功效最大化。

四是逐步扩大数据应用范围。聘请专业数据分析机构，对现有的数据进行随机抓取分析，发现隐藏的现象与规律。结合不同领域的人口大数据应用内容，推进人口大数据应用工作百花齐放，实现数据运营常态化。

大　事　记

2018年西城区大事记

1月

8至11日　政协北京市西城区第十四届委员会第二次会议召开。

9至12日　北京市西城区第十六届人民代表大会第四次会议召开。

12日　《2017中国房地产市场总结2018趋势展望》发布2017主要城市房地产市场地位领先企业榜单，天恒集团首次获北京市房地产市场地位领先企业第九名，是上榜名单中唯一一家区级国企。

17日　加蓬参议长米勒布一行参观访问北京复兴医院月坛社区卫生服务中心。

19日　中关村西城园管委会与唐山市曹妃甸区人民政府签署京津冀协同发展合作框架协议。

23日　《北京西城街区整理城市设计导则》正式出炉。

25日　2017北京国际金融博览会暨北京国际金融投资理财博览会在北京展览馆举办。

26日　西城区与青海省玉树州囊谦县签约推进精准扶贫项目。

30日　市委副书记、市长陈吉宁到西城区调研推进“放管服”工作。

☆　北京金融街新的社会阶层人士联谊会成立大会召开。同时，金融集挂牌“西城区新的社会阶层人士统战工作实践创新基地”和“西城区新的社会阶层人士同心之家”。

☆　中国侨联党组书记、主席万立骏到西城区新侨企业北京诺亦腾科技有限公司调研。

2月

1日　西城区举办首届企业上市工作交流活动。

2至3日　西城区54家职能部门的“一把手”和15个街道办事处主任集中进行2017年年终绩效考评现场述职述廉并接受公众打分考评。

3日　市委书记蔡奇，市委副书记、市长陈吉宁率16区和相关部门主要负责人先后到西城区、东城区、朝阳区、海淀区，围绕深入学习贯彻党的十九大精神，研究推动疏解非首都功能后的腾笼换鸟工作进行拉练式调研并召开现场推进会。

7日　西城区2018年春节军政座谈会在天桥艺术中心召开。

8日　北京市政协主席吉林到西城区走访慰问优抚对象和低保家庭，看望因战伤残军人曹轩。

☆　西城区举行“携手小康•年货大集”暨“对口帮扶地区特色农副产品展销”启动仪式。

12日　西城区召开服务驻区中央和国家机关座谈会。

26日　区政协与区政府召开2018年“两政”联席会议。

27日　区纪委召开十二届三次全会。

28日　西城区召开2018年组织、宣传、统战工作会。

☆　西城区召开深入推进疏解整治促提升全面促进精神文明和生态文明建设部署大会。

3月

1日　产业升级示范空间马连道工作站正式投入使用，引入旅游服务导览、电子阅读系统、商标品牌指导等资源，汇集首都代表性文化元素，搭建国际交往、文化交流平台。

4日　2018年西城区庆祝“三八”国际妇女节“家•欢乐”主题家庭日活动在天桥艺术中心启动。

5日　西城区组织召开《志愿至美——北京市西城区志愿服务发展模式研究》发布会暨西城区志愿服务发展论坛。

6日　西城区文化创意产业新的社会阶层人士联谊会成立大会在天桥艺术大厦举行。

7日　西城区召开2018年区政府第一次全体会议，深入学习贯彻习近平新时代中国特色社会主义思想和党的十九大精神，加快推动新总规落地。

9日　公安部副部长、北京市副市长、市公安局局长王小洪，副市长王宁到西城区林则徐故居，就建设全市禁毒教育

注：☆表示与上一条同日。

基地、开展禁毒宣传教育并使古建筑发挥出新功能进行调研。

10日　西城区召开2018年经济工作调度会。

14日　西城区召开2018年老干部工作会议。

17日　2018年平昌冬残奥会上，中国轮椅冰壶队取得中国冬残奥会历史上首枚金牌，西城籍注册运动员王蒙是首金冠军阵容里唯一的女运动员。

21日　市委书记蔡奇到西城区调研“街乡吹哨、部门报到”开展情况。

☆　西城区小学精品学校联盟“校长引领骨干教师成长”工作坊活动在回民小学正式启动。

22日　2018西城社工宣传周主题系列宣传活动暨“西城萤火计划”启动仪式举办。

26日　“西城机关党建”微信公众号正式上线。

27日　“丝绸之路国际剧院联盟”总部落户天桥。

28日　西城区召开“街道吹哨、部门报到”工作部署会暨“进千门走万户”工作推进会。

☆　西城区以“京津冀协同发展背景下的区域交流合作”为主题，组织重点企业赴天津交流协作。

31日　区四套班子领导与区绿化委员会部分委员、武警战士、医务人员、少先队员、“园艺达人”、“西城大妈”等100余人，到广外街道“常乐坊”城市森林公园集体植树。

4月

2日　北京市规划和国土资源管理委员会西城分局挂牌成立。

☆　西城区最大党性教育基地——“红墙意识”党性教育基地免费向社会公众开放。

3日　西城区举办“动批”市场疏解和业态转型阶段性成果展示活动。区政府与北京建筑大学现场签署战略合作协议。

8日　市委书记蔡奇带队围绕“深入学习贯彻习近平新时代中国特色社会主义思想，加强历史文化名城保护，推进中轴线沿线重点地区综合整治，恢复传统空间秩序和优美景观”主题，到景山公园实地调研。

9日　西城区启动基层党建创新项目“十优百佳”培养计划。

10日　西城区召开2018年“疏解整治促提升”专项行动工作调度会。

☆　第十七届法源寺丁香诗会暨第十四届丁香笔会举办。

11日　西城区召开对口扶贫协作推进会。

13日　市委书记蔡奇到西城区调研背街小巷环境整治提升工作。

15日　2018首届海棠诗会在宋庆龄故居举办。

18日　区领导卢映川、王飞、孙仕柱带队到陶然亭街道、天桥街道调研基层党建工作。

19日　“感动西城”2017年度人物颁奖典礼在区文化中心举行。

20日　第十七届什刹海文化旅游节在原地安门百货商场开幕。

23日　具有七十多年历史的红楼影院开启入藏模式，开放体验参观，变为全国首创的互联网+新型公共文化服务设施——红楼公共藏书楼。

26日　北京市促进外资金融发展工作会在金融街举办。

27日　西城区召开2018年庆祝“五一”国际劳动节暨先进个人、先进集体座谈会。

☆　西城区教委在北京市第13中学召开示范高中联合体成立启动大会，同时为首批学科建设示范基地校与拔尖创新人才培养示范基地校颁牌。

28日　国务院办公厅发文对2017年落实有关重大政策措施真抓实干成效明显的地区予以督查激励。在公立医院综合改革成效明显市区的通报中，西城区成为北京市唯一获得全国公立医院综合改革成效较为明显的区，且位列全国第一。

5月

3日　北京金融街与卡萨布兰卡金融城在卡萨布兰卡签署友好意向书。

☆　区委书记卢映川以在职党员身份，到西长安街街道西交民巷社区“进千门走万户”。

12日　市长陈吉宁带队到金融街街道调研胡同停车工作。

☆　西城区在北京展览馆路南广场开展全国防灾减灾日主题宣传活动。

16日　西城区青年企业家联合会成立。

18日　西城区召开2018年区政府廉政工作会议。

☆　天桥印象博物馆正式开馆。

23日　西城区召开金融科技创新示范区暨金融科技创新和金融街发展专家座谈会。

24日　西城区首家法治学校在北京市第56中学揭牌。

☆　以老年人维权为特色的“肖玲人民调解工作室”揭牌成立。

25日　西城区“春之声 科普汇”科普品牌发布暨项目启动仪式在中国地质博物馆举行。

26日至6月1日　西城区政府与北京市、天津市、河北省三地友协共同举办“2018中外友好组织京津冀国际交流周”，来自30个国家的109名外宾参会。

27日　由西城区人民政府和北京市人民对外友好协会、北京市科学技术协会、共青团北京市委员会共同主办的“2018北京国际民间友好论坛”开幕。

27日　马连道南街道路改造工程完工通车。

28至29日　2018金融街论坛年会在北京金融街举办，并举行金融街服务局揭牌、北京金融科技示范区授牌和金融街发展报告视频发布仪式。

29日　白俄罗斯明斯克市列宁区区长肖斯塔克•彼得•尼古拉耶维奇一行到西城区访问，签署《发展友好交流城市关系意向书》。

30日　西城区与门头沟区签订《低收入农户帮扶及合作协议》。

31日　北京市第一环境保护督察组向西城区反馈督察情况。

6月

1日　西城区与中国科学院控股有限公司签订战略合作框

架协议。

5日 市委书记蔡奇采取“四不两直”方式，到百万庄、展览路街道调研。

8日 西城区第一届大数据专家咨询委员会成立。

11日 区委副书记、区长、区总河长王少峰率河长办成员单位负责人到北海公园开展巡河工作。

15日 手帕口“平改立”工程竣工通行。

16日 西城区穆斯林群众分别在牛街礼拜寺等6座清真寺举行开斋节会礼等宗教活动。

21日 西城区政府常务会议首次网络视频直播。

☆ 区委书记卢映川，区委副书记、区长王少峰率15个街道和相关部门主要负责人，到德胜街道、白纸坊街道、天桥街道的疏解整治现场，以拉练式检查、现场观摩交流、召开现场调度会的方式，调研疏解整治促提升工作。

22日 “2018北京国际茶业展、2018北京马连道国际茶文化展、2018梧州六堡茶文化节”（2018“两展一节”）在北京展览馆和马连道中国茶叶第一街开幕。西城区与广西壮族自治区梧州市签署缔结友好城市合作协议。

☆ 西城区庆祝中国共产党成立97周年暨“党课的力量”主题党日活动在宣武少年宫举办。

23日 市委书记蔡奇带领16区和相关部门主要负责人，聚焦优化营商环境，到西城区开展拉练式调研。

28日 西城区代表团出访塞尔维亚，与贝尔格莱德弗拉察区签署友好交流意向书，举办图片展，设立西城区图书奖。

29日 北京首个文保片区街区理事会——西城白塔寺街区理事会成立。

7月

1日 蔺圃园城市森林公园和常乐坊城市森林公园正式建成开放。

5日 国家税务总局北京市西城区税务局正式成立，原北京市西城区国家税务局、北京市西城区地方税务局正式合并。

6日 中国最大缴费平台“光大云缴费平台”落户北京金融科技与专业服务创新示范区。

7日 西城区开展在职党员“双提升”社区统一行动日活动。

16日 西城区融媒体中心挂牌成立。

☆ 全区首个街道级“一窗式”政务服务中心在金融街街道启用。

18日 北京市金融政策宣传推介暨驻京中外知名企业投资西城行活动举办。

☆ 2018北京西单时尚节开幕，至9月17日，围绕“时尚轮回，共创永恒经典”的主题，首次设计了“一核两翼”的全域促消费系列活动。

19日 全国人大常委会副委员长、全国妇联主席沈跃跃到西城区调研家庭工作。

26日 西城区召开第三届“百名英才”表彰大会，对104名优秀人才进行集体表彰。

27日 中国共产党北京市西城区第十二届委员会第七次全体（扩大）会议召开。

30日 西城区在解放军歌剧院举办以“践行‘红墙意识’，传承红色基因”为主题的庆祝建军91周年活动。

8月

1日 区委副书记、区长王少峰率6个指挥部和相关部门主要负责人，到阜内大街片区、德宝新园片区及红莲南路片区，拉练式调研指挥部重点项目及街区整理情况。

3日 云粒智慧科技有限公司落户北京金融科技与专业服务创新示范区。

6日 市人大常委会主任李伟带队到西城区就“提高城市精治共治法治水平，持续改善人居环境”议案开展督办调研。

8日 以“双奥之城”为主题的2018北京奥林匹克博览会在北京展览馆开幕。

☆ 北京华天饮食集团公司、金融街资本运营中心、上海复星高科技（集团）有限公司、员工持股平台四方股东代表在北京产权交易所签订北京庆丰餐饮管理有限公司股东协议，庆丰公司增资近亿元，标志着庆丰公司混合所有制改革基本完成。

9日 市委书记蔡奇带队围绕“加强城市精细化管理，推进街区整治提升”主题到西城区开展调研。

13日 西城区举办“古韵北京，魅力西城”第七届国际青少年文化艺术交流周西城行交流参观活动。

19至23日 区委书记卢映川率西城区代表团到内蒙古呼伦贝尔市、鄂伦春旗调研精准扶贫协作工作。

20日 西城区与内蒙古自治区呼伦贝尔市正式缔结为友好城市。

29日 西城区与北京语言大学签署战略合作框架协议。

9月

1日 “京韵剧源——西城2018京剧发祥地艺术季”活动在“京剧发祥地”地标石广场开幕。

5日 民进中央常务副主席刘新成围绕“民主党派基层组织参与基层社会治理”主题到西城区调研座谈。

6日 北京金融街服务局与阿布扎比国际金融中心金融服务监管局签约暨推进中阿金融合作座谈会在金融街召开。

10日 西城区召开2018年教师节大会。

11日 市政协党组书记、主席吉林带队到西城区非物质文化遗产保护中心（西城非遗传习基地）就推动非遗条例立法进行调研。

19日 西城区发布《北京市西城区加快现代金融产业发展若干意见》，简称“金服十条”。

☆ 2018北京政府统计开放日暨第五届西城区政府统计开放日在“天宁1号”文化科技创新园举办。

20日 2018北京国际设计周西城分会场在北京设计之都开幕。

22至24日 西城区举办“月圆京城·情系中华”北京市中秋赏月嘉年华暨2018年西城区中秋群众游园赏月活动。

26日 西城区首个市民廉洁文化广场——“红莲广场”建成并开放。

27日　市委副书记、市长陈吉宁到西城区调研税收工作。

28日　西城区区域内最后一家区域性批发市场——官园商品批发市场闭市。

30日至10月4日　在金融街购物中心广场举办金融街国庆灯光秀活动。市民群众14600余人参加活动，线上阅读和参与220万人次。

10月

1日　什刹海西海湿地公园正式对外开放。

10日　《西城区鼓励和支持企业上市发展办法》出台。

☆　国家档案局中央档案馆、工业和信息化部共同主办，中共北京市西城区委、西城区人民政府、工业和信息化部工业文化发展中心承办的“不忘初心 奋发图强——新中国工业档案文献展”在民族文化宫展览馆开幕。

11日　位于大栅栏街道珠市口西大街南侧的京韵园二期街心花园正式亮相。

12日　由北京大栅栏琉璃厂商会主办的“2018北京大栅栏琉璃厂精品交易文化季”在北京老舍茶馆开幕。

13日　市委书记蔡奇带队围绕“加强历史文化名城保护，推进中轴线申遗综合整治”主题，调研中轴线有关工作。

☆　“学部讲坛”在清学部旧址启动。“学部讲坛”为非官方性质的论坛，因论坛在清学部旧址举办而得名。

15日　西城区第一期党外处级干部研修班在北京大学政府管理学院开班。

16日　由西城法院与北京金融街服务局共同主办的“北京金融法治环境建设研讨会”在金融街召开。研讨会上，举行区法学会金融法治研究会的揭牌仪式。

17日　市台办、市教委和西城区共同主办2018•第四届京台基础教育校长峰会。

19日　西城区召开首次街道工委书记工作点评会。

20日　“第三届北京天桥音乐剧演出季”在天桥艺术中心开幕。

23日　蒙古国“乌兰巴托日”系列活动在天桥艺术中心举办。

25日　西城区发起成立“遗产活化城市联盟”。来自北京、厦门、杭州、成都4个别具历史文化特色城市的成员，一同切磋、交流经验做法。

☆　哈萨克斯坦代表团到西城区政务服务中心调研。

30日　中共西城区委十二届八次全会召开。

31日　西城区召开统一战线工作领导小组会。

31日至11月8日　西城区代表团访问阿根廷、智利，与阿根廷皮拉尔市、智利圣地亚哥市拉斯孔德斯区分别签署《发展友好交流城市关系意向书》。

11月

1日　全国人大常委会副委员长、民革中央主席万鄂湘到西城区调研优化营商环境工作。

5至10日　西城区交易分团在上海参加首届中国国际进口博览会。

8日　西城区召开首次政府工作点评会。

☆　北京牛街城市民族工作交流大会在牛街召开。

☆　全国健康促进区试点工作终期评估专家组对西城区第三批全国健康促进区试点工作进行终期评估。

8至9日　第六届“爱在西城”公益文化节暨社会力量服务展洽会在天桥艺术中心举办。

12日　2018北京西城电子商务促进大会暨系列活动开幕。

☆　西城区召开社区“两委”换届选举工作动员部署会，全面启动社区“两委”换届选举工作。

16日　中国人保正式登陆上交所。至此，西城区有境内上市企业35家。

17日　市委书记蔡奇，市委副书记、市长陈吉宁到西城区调研2019年总体思路和推进新总规落地工作。

20日　作为北京大运河文化带建设的重点项目，郭守敬纪念馆展陈提升改造完工，正式向公众开放。

22日　由德胜街道组织发起的全市首个跨多区街就业合作组织——“四区五街”就业联合体成立。

23日　天桥街道永安服务站举行开站揭牌仪式，实现“多居一站”全覆盖。

26日　西城区召开全区领导干部警示教育大会。

☆　西城区发布便利生活与服务提升三年行动计划。

27日　2018年“西城最美家庭”揭晓，全区涌现出3户全国“五好家庭”、3户全国“最美家庭”、4户“首都最美家庭标兵”、19户“首都最美家庭”、153户“西城最美家庭”。

12月

2日　“金融改革40年——金融街论坛年度特别活动”在天桥艺术中心举办。

5至8日　第八届书香中国•北京阅读季阅读盛典在天桥艺术中心举办。

8日　2018第二届中国互联网金融论坛召开。西城区发布《北京金融科技与专业服务创新示范区（西城区域）建设方案》和《关于支持北京金融科技与专业服务创新示范区（西城区域）建设若干措施》（简称“金科十条”）。

☆　马连道东三号路完成施工建设，实现完全通车。

9日　2018年中国设计红星奖颁奖典礼在天桥艺术中心举行。

15日　西城名城委2018年会在红楼藏书楼举行。

17日　西城区与三沙市正式缔结为友好城市。

18日　庆祝改革开放40周年大会在人民大会堂隆重举行，中共中央总书记、国家主席、中央军委主席习近平出席大会并发表重要讲话。全区各级党组织认真收听收看大会实况。

20日　西城区召开政党协商会。

22日　西城区与故宫博物院签署全面战略合作协议。

25日　中国共产党北京市西城区第十二届委员会第九次全体会议召开。

28日　中国残联党组书记、理事长周长奎到西城区展览路街道温馨家园调研。

中国共产党西城区委员会

概　述

年内，在市委的领导下，中共北京市西城区委员会坚持以习近平新时代中国特色社会主义思想为指导，深入学习贯彻党的十九大精神，把“切实展现新气象新作为”作为统领全区工作的行动准则，努力在忠诚使命担当、扎实干、见实效上展现新作为，在践行“红墙意识”、改作风、见行动上展现新气象，推动区域科学发展和精细治理不断取得新成效。坚持改进和加强自身建设，严格落实党的地方委员会工作条例，制定区委委员履行职责规定，完善工作职责手册，开展定期分析反思，运行机制科学化、规范化、精细化水平不断提升。坚持把党的全面领导落到实处，切实发挥总揽全局、协调各方作用，全力支持区人大、区政府、区政协和“一委两院”依法依章履职，积极加强多党合作与民主协商，巩固发展爱国统一战线，充分发挥各人民团体作用，广泛凝聚了工作合力。坚持把方向、谋大局、定政策、促改革，紧扣加强“四个中心”功能建设、提升“四个服务”水平和抓好“三件大事”、打好“三大攻坚战”要求，聚焦“两转型一提升三更好”工作重心和主线，先后召开3次区委全会和38次区委常委会会议，切实加强重大工作、重要任务的研究谋划、统筹协调和推进指导，圆满完成全国两会、中非合作论坛北京峰会等重大活动服务保障任务，全区各项事业发展取得了新的进展和成效。

全区地区生产总值4243.9亿元，同比增长6.5%；区级一般公共预算收入430.8亿元，同比增长2.1%；居民人均可支配收入8.17万元，同比增长6.8%。

坚持弘扬践行“红墙意识”，强化担当自觉，奋力推动习近平新时代中国特色社会主义思想在西城落地生根、形成生动实践。开展区委理论学习中心组专题学习35次，组织浦东党建专题班、延安和井冈山党性教育班，举办处级干部专题研讨班9期、读书班8期，学习宣传贯彻习近平新时代中国特色社会主义思想不断走深、走实，广大党员干部争做忠诚信奉者、自觉坚守者、躬身实践者的自觉性进一步增强。认真落实中宣部“新时代新气象新作为”主题宣传部署要求，建成“红墙意识”党性教育基地，组织“不忘初心、牢记使命”“红墙意识”主题研讨会和系列宣传活动，“红墙意识”思想理念更加深入人心、社会影响更加广泛。扎实开展弘扬践行“红墙意识”行动，引导广大党员干部群众把“绝对忠诚、责任担当、首善标准”作为思想行为准则，全区上下不懈奋斗、共同创造城市美好家园的价值追求进一步凝聚形成。

坚持紧抓疏解非首都功能“牛鼻子”，扎实推进新总规实施布局落子，推动城市切实减重减负、持续优化提升功能。全力推进非首都功能疏解攻坚，圆满完成官园小商品批发市场疏解闭市，实现区域性批发市场疏解在全区的全面收官。积极实施各项疏解整治措施，深入落实好疏解腾退空间资源再利用指导意见，建立腾退空间资源台账，城市在疏解腾退中进一步实现了隐患消除、环境改善、功能提升。认真组织控制性详细规划和专项规划编制工作，积极研究“双控”“四降”目标落地措施，修订2018版产业禁止和限制目录，严把功能和产业准入关，减量发展机制初步建立形成，全年人口调控目标可望如期实现。主动融入京津冀协同发展，全力支持北京城市副中心和雄安新区建设，积极对接做好2022年北京冬奥会、冬残奥会筹办相关服务工作。认真落实全市协作发展部署要求，与门头沟区签订结对协作框架协议，投入4亿元助力涵养区生态保护和绿色发展。坚决落实扶贫攻坚重大部署，对口帮扶长效机制进一步完善，全区15个街道、10家区属国企和29家非公企业与5个贫困旗县、136个贫困乡镇、村，实现结对帮扶全覆盖，全年实现2.6万户、5.5万建档立卡贫困人口精准脱贫。

坚持以实施街区整理更新为抓手，推动城市精细化治理向纵深发展，城市品质提升效果不断展现。全面展开街区整理更新，积极探索实践以“块”和“面”为主的城市治理模式，完成101个街区单元的划分，诊断分析扎实展开，责任规划师制度普遍推行，街区设计方案库和整理项目库初步建立，多项任务分步骤集成实施的叠图作业、挂图作战模式初步形成，15个街道的街区设计和率先亮相片区整理工作全部启动，阜内大街、南新华街等一批街区的整理更新效果开始显现。坚定有序、积极稳妥推动疏解整治促提升专项行动深入展开，注重做好治理措施和工程施工现场信息公开，拆除违法建设16.3万平方米，治理“开墙打洞”566处，保持住人地下空间、区属直管公房违规转租转借动态清零，各专项任务年度目标圆满完成，在城六区排名中均名列前茅。全区工作得到群众广泛认同，居民满意度进一步提升，达到97.4%。严把标准推进背街小巷整治提升，加大综合治理和执法力度，做实街巷长、准物业管理、小巷管家等各项机制，与网格管理的衔接协同进一步加强，积极推广“门前三包”、居规民约、临街公约，全区街巷品质持续提升，“十有五好”街巷达到84条，达智桥胡同、杨梅竹斜街入选北京“最美街巷”。全力推进40条市政道路建设，实现手帕口北街等7条道路完工通车，新增2133个居住区停车位，交通环境持续改善。探索建立城市部件应急维护更新机制和城市体检评估机制，加强城市地下空间和管网诊断及城市安全风险评估，保障城市安全高效运行。文明城区创建常态长效机制进一步完善，在2018年全市测评中总得分位列十六区第一。

坚持推进业态转型升级，不断优化“高精尖”经济结构，高质量发展基础更加坚实。认真落实减量发展、创新发展要求，出台“金科十条”“金服十条”促进政策，激发增强金融、科技、文化等创新发展活力，保持区域经济平稳健康发展。实施金融街服务体制改革，成立北京金融街服务局，有序推进金融街合作发展理事会、金融街服务中心有限公司筹建工作，国家融资担保基金等一批重要机构相继落户，全区金融机构资产规模突破百万亿元。扎实推进北京金融科技与专业服务创新示范区建设，制定发布建设方案，动批地区等疏解腾退空间“腾笼换鸟”扎实推进，北矿金融大厦、首建金融中心等初步实现转型。制定实施老旧厂房利用专项规划和实施细则，进一步拓展文化创意产业发展空间。国资国企改革扎实推进，完成庆丰公司混合所有制改革。发起设立北京新动力优质企业发展基金，积极支持实体民营经济创新发展和应对暂时经营困难。坚持以企业和社会感受为评价标准，创新推出“服务卡、示范牌、晴雨表、光荣榜、亲清会”服务模式，落实走访企业机制，区领导走访各类企业130余次，量身定制了7类政策优化集成“服务包”。在全市率先推行“一窗式”改革，实现38个部门822项服务事项“一窗受理”、新开企业“一日取照”、变更登记“只跑一次”，营商环境优化取得重大进展成效。

坚持强化精准配套衔接，真心办好群众家门口的实事，民生服务和人居环境改善取得新实效。切实加强疏解整治与配套提升衔接实施，制定实施便利生活与服务提升三年行动计划，新建和改造提升百姓生活服务中心11个、各类便民网点88个，配套发布分街道、分业态便民服务地图，实现社区基本便民服务功能全覆盖、百姓生活服务中心“居住区每平方公里至少一个”的目标。深化教育综合改革和学区制管理，多措并举推进学前教育普及普惠，新增公办幼儿园4所、学前教育学位3600个，义务教育新增在校学生11435名，教育教学质量继续保持全市领先。扎实实施“健康西城”品质提升行动计划，家庭医生签约服务稳步拓展深化，“三纵两横一平台”紧密型医联体建设受到国务院督查通报表扬，公立医院综合改革获国务院办公厅督查激励通报。坚持稳就业、促创业，连续4年被认定为北京市充分就业区。5项社会保险参保实现政策全覆盖、对象全覆盖。建成保障房3300套，完成棚改腾退2131户、老旧小区综合整治项目4个，老旧小区增设电梯工作年度计划超额完成。加快实施养老机构公办民营改革，新增投入运营社区养老驿站14家，养老服务保障能力不断加强。认真抓好环保督察反馈意见整改落实，一批环境突出问题得到切实解决。展开新一轮大气污染防治行动，PM2.5年均浓度每立方米53微克，同比下降14.5%。全面落实河长制和“水岸共治”，全区152个排河口均无排污现象，4个考核水质监测断面全部达标。完成什刹海环湖绿道及西海湿地建设，切实做到亮出岸线、还湖于民。新建常乐坊、逸清园2处城市森林和20处口袋公园、39处小微绿地，新增城市绿地8.37公顷，公园绿地500米服务半径覆盖率达到96.36%，城市环境更加绿意盎然、生态宜居。

坚持统筹抓好全面深化改革，大力推进体制机制创新，改革和服务提质创新取得新成效。研究制定新一轮改革实施规划，推出引领未来五年全区改革方向的重要改革举措139项，健全改革分级落实机制，推动改革工作不断深化。扎实开展党建引领“街道吹哨、部门报到”机制改革，建立8类37项问题清单，构建“三级吹哨、多方报到”协同处理机制，11项长年未决难题得到有效破解。街道管理体制改革全面展开，“一委七办三中心”大部制格局初步形成，建立15个实体化街道综合执法中心，创立街道统筹、各执法力量有机整合的综合执法机制，建成区级大数据中心基础平台和11个街道大数据分中心，街道运行、服务效能切实提升。落实市委关于机构改革要求，在深入研究基础上形成区级机构改革方案。创新实施“微改革”行动计划，推行办事便利、惠民福利、城市宜居、和谐共治、依法治理等5类29项改革举措，从堵点痛点“小切口”改革入手，实现了一批基层治理服务事项“大变化”。

坚持落实好“老城不能再拆了”要求，着力加强整体保护和创新传承，推动历史文化金名片不断展现新风采。紧紧围绕中轴线申遗和大运河文化带建设，完成康有为故居等3个文物腾退任务，20个年度计划腾退项目全部启动并实现14个“清零”，纳入“十三五”规划的名人故居和会馆类腾退项目全部启动，文物腾退攻坚取得重大突破。深入挖掘历史遗存文化价值，完成春节庙会回归文市，成功举办“京韵剧源——西城2018京剧发祥地艺术季”活动，推动郭守敬纪念馆社会化运营改革并对外开放、林白水故居转型椿树书苑、马凯餐厅回归重张，赋予了老城更浓京味、更足文化味。精心组织开展了庆祝改革开放40周年主题系列活动，进一步凝聚了讴歌时代、团结奋进的浓厚氛围。认真落实全国文化中心建设任务，完成红楼公共藏书楼改造和试运营，“书香金融”“阅读春天”等特色阅读空间主题读书活动有声有色，“书香西城”运行模式入围国家公共文化服务体系示范项目，文化演出和文艺创作展演推陈出新，冰雪文化运动多层次、多领域开展，为群众丰富文化生活提供多样化的精神食粮。

坚持深化立体防控，精心实施“长安计划”，坚决为党中央站好岗、放好哨。持续抓好“长安计划”18项行动、70项具体任务扎实落地，增强中央政务办公区等重点区域风险防控能力，发挥模块化、分布式、战区管理机制作用，成功应对处置一批突发风险，有效维护重点区域安全。强化源头治理，拓展领导包案制度和多元化解机制，坚持化解一件、巩固一件，完成信访积案等重点化解任务20件。扎实开展扫黑除恶专项斗争，发挥“西城大妈”等群防群治力量作用，社会治安综合治理不断深化，群众安全感调查指数实现稳步提升。全面压实安全生产主体责任，排查清理各类安全隐患14万余处，责令企业单位停业停产停建1296家，安全生产形势保持稳定向好。巩固“食品安全示范区”创建成果，全区药品、重点食品安全合格率稳定在99%、98.5%以上，群众“舌尖上的安全”有了更可靠保障。

坚持把抓好党建作为最大政绩，认

真落实新时代党的建设总要求，坚定不移推动全面从严治党向纵深发展。始终把政治建设摆在首位，扎实推动“两学一做”学习教育常态化制度化，开展城市精细化治理常委会专题组织生活，严肃抓好党内政治生活，坚决做到“两个维护”。全面加强意识形态工作，组建网信办和融媒体中心，建立健全媒体反映问题处置、突发事件信息报送及舆情反馈机制，有效处置各类舆情511件，意识形态管控和舆情应对能力稳步提升。坚持好干部标准，制定实施培育忠诚干净担当高素质干部队伍意见，开展好队伍好班子好班长创建活动，持续加强优秀干部动态发现和到治理一线、吃劲岗位锻炼，广大干部担当作为的积极性进一步增强。坚持推动党的建设向基层深化、在群众中扎根，建立实行区委对街道工委、街道工委对社区党委工作点评机制，积极发挥区、街、社区三级党建工作协调委员会作用，建立街道工委、社区党委定期向群众报告工作通报情况机制，开展报告通报3907次，全面落实基层党组织和在职党员“双报到”，广泛开展城市清洁日等主题活动，基层党组织政治功能、服务功能和组织力有效提升。推进作风建设落实落细，推出“减会、压文、少说、多走、深谈、严管”系列措施，全区性大会减少27%、以区委名义发文下降31%。组织开展“进千门走万户”行动，全区近5000名党员干部一年走访居民和驻区单位约10.6万次，收集各类问题建议5.2万余条，有效解决3.9万件，极大密切了与群众的联系。深入开展“四风”问题新表现治理，作风建设成果进一步巩固。始终保持惩治腐败高压态势，召开领导干部警示教育大会，做到警钟长鸣，推动了全区政治生态更加风清气正。

（路　博）

区委主要工作和重大活动

【国家领导人及部委领导到西城调研】 1月17日，全国人大常委会委员、财经委主任委员李盛霖率调研组到北京市牛街民族敬老院，调研统筹推进社会保障体系建设工作情况，了解老人养老金待遇情况及居民医疗保险制度，收集养老政策中存在的不足及意见建议。市人大常委会副主任柳纪纲、市民政局副局长李红兵、区领导郁治等陪同调研。1月30日，中国侨联党组书记、主席万立骏到西城区新侨企业北京诺亦腾科技有限公司调研。参观办公区与动作捕捉实验室，了解公司发展，并对运用动作捕捉技术开展科普提出建议。中国侨联副秘书长、经济科技部长赵红英，市委统战部副部长、市侨联党组书记赵宏生，市侨联副主席苏泳参加调研。2月11日，国家发改委高技术产业司司长伍浩、法规司处长赵成峰带队，到西城区西长安街街道进行“打破信息孤岛”相关工作调研，听取街道将大数据理念植入政务支持、城市管理、民生服务和安全防卫工作、“打破信息孤岛”后节约资源的情况汇报。副区长翟冀陪同调研。2月28日，国家工商总局企业监督局副局长庹登夫带队，调研北京市工商局及西城工商分局“风洞系统”应用情况。听取北京市工商局“风洞系统”整体情况、各分局典型应用案例的汇报，以及西城工商分局关于“风洞系统”应用情况、“风洞系统”与“西城区企业监管信息共享平台”对接情况及成效等情况的汇报。4月12日，国家市场监督管理总局马纯良司长带队到西城区调研放心肉菜创建工作，实地查看马连道家乐福“放心肉菜示范超市”运行情况。市食药监局副局长王福义陪同调研。4月23日，全国人大常委会、全国人大监察和司法委员会副主任委员张苏军带队，调研西城区法治文化示范社区建设。到广外街道红居街远见名苑社区，实地查看法治文化园建设情况，了解社区建设、法治文化活动开展和法治宣传效果。市人大常委会副主任侯君舒、市司法局副局长孙超美陪同调研。5月10日，中央全面依法治国委员会办公室筹备工作小组成员司法部法制司副司长王磊带队到西城区调研法治建设评估工作。听取西城区开展法治建设评估的经验做法、政法工作社会评估有关情况汇报，就如何做好法治建设督察工作进行交流，并征询意见建议。区委政法委书记王旭陪同调研。7月5日，全国政协常委、民盟中央副主席、市政协副主席、民盟北京市委主委程红带队，按照中共北京市委的统一部署，民盟北京市委调研工作组到西城区围绕疏解整治促提升专项行动工作开展专项民主监督。到宝蓝金融创新中心，察看原天皓成市场腾退后的空间再利用和产业转型升级情况；到四达大厦，察看大厦疏解腾退情况；召开座谈会，介绍对口西城开展疏解整治促提升专项民主监督工作的具体安排，听取西城区疏解整治促提升专项行动工作的进展情况汇报。区领导卢映川、王少峰、王旭、姜立光、陈冲、沈俊宇陪同调研。7月19日，全国人大常委会副委员长、全国妇联主席沈跃跃到西城区调研家庭工作。到幸福泉幼儿园，了解3岁以下托幼工作情况；到新街口街道育德党群活动中心，了解家庭文明建设情况；到区少年宫，了解联手妇联组织开展家庭文化活动情况，对西城区妇联组织发挥独特优势、在家庭建设中开展的各项工作给予充分肯定。市人大常委会副主任刘伟，市妇联党组书记、主席蔡淑敏，区委书记卢映川，市妇联党组副书记、副主席常红岩，区委副书记王飞等陪同调研。7月30日，中共中央办公厅调研室围绕重点课题到西城区座谈调研。中共中央办公厅调研室巡视员孙毅、中共中央办公厅调研室处长王立刚参加。市领导崔述强、区领导卢映川接待调研。9月5日，民进中央常务副主席刘新成带领调研组成员，围绕“民主党派基层组织参与基层社会治理”主题到西城区进行调研。民进中央副主席朱永新，民进中央副主席、北京市委会主委庞丽娟，市委社工委书记宋贵伦，区领导卢映川、王旭、郁治出席座谈会。10月12日，商务部副部长王炳南带队到西城区调研高品位步行街建设情况。实地调研大栅栏街的发展现状，召开座谈会，了解步行街规划建设方案和问题需求。副市长殷勇，市商务委主任闫立刚、副主任孙尧，区委常委、区委办主任徐利陪同调研。10月16日，中央统战部新的社会阶层人士工作局到西城区进行新的社会阶层人士统战工作调研。参观北京德恒律师事务所、聚力•金融街和金融集，召开座谈会，了解西城区律师行业新的社会阶层人士统战工作情况。区委常委、统战部部长王旭陪同调研。11月1日，全国人大常委会副委员长、民革中央主席万鄂湘率队到西城区调研优化营商环境工作。参观区政务服务大厅，到一窗综合服务、企业开办服务、工程建设项目审批服务、办税服务以及政府热线一号咨询等窗口，与窗口工作人员、办事企业和个人交流，深入了解西城区对接企业和群众需求，改进优化政务服务成果；召开座谈会，听取北京市、西城区关于优化营商环境工作的汇报。民革中央副主席张伯军、民革中央副秘书长兼调研部部长付悦余、民革中央调研部副巡视员周丽萍参加调研。北京市副市长、民革市委主委王红，市政府副秘书长王军，市委统战部常务副部长周开让一同调研。区委书记卢映川，区长王少峰，民建市委主委、副区长司马红，区委常委、区委办主任徐利陪同调研。11月8日，司法部党组成员甘藏春带队到什刹海街道松树街社区实地调研街道执法和证明清理相关工作。召开座谈会，听取关于街道基本情况以及社区基本职能和证明清理相关工作的汇报，就进一步完善基层行政执法、规范证明行为、提高治理水平和治理能力等问题展开研讨。司法部行政执法协调监督局局长赵振华、副局长徐志群等，市司法局党委副书记李富莹、副局长徐明江，市编办有关领导参加调研。11月8日，国家文化和旅游部到西城区调研文化旅游市场综合执法工作。国家文化和旅游部综合执法监督局副局长李晓勇带队，到什刹海景区实地调研，了解什刹海作为开放式景区在管理方面的经验和做法；到恭王府博物馆，听取大客流管理、预警机制、信息化建设方面的情况汇报。11月22日，全国“扫黄打非”办到西城区调研“扫黄打非”进基层工作。先后到西单商业区、六部口社区、西城区“红墙意识”党性教育基地、西长安街街道、椿树街道、椿树书苑等地，实地调研指导基层“扫黄打非”工作，了解街道、社区、特色阅读空间等“扫黄打非”工作站的工作情况，听取相关工作汇报。12月28日，中国残联党组书记、理事长周长奎到西城区展览路街道温馨家园调研，参观慧馨园温馨家园服务设施，了解日常运行服务状况，听取西城区有关基层组织建设、就业培训、康复服务、辅助器具服务和信息化建设等工作开展情况的汇报。市残联理事长吴文彦陪同调研。

（邓　悦）

【市领导及委办局领导到西城调研】 1月5日，市委常委、组织部部长魏小冬到西城区广内街道核桃园党群活动中心调研指导基层党建工作。参观核桃园党群活动中心一层的公交文化建设及党建共建特色情况，了解社区如何做好基层支部学习十九大工作的相关情况，以及社区讲习所、党建服务群众经费使用等情况。1月30日，市委副书记、市长陈吉宁到西城区调研推进“放管服”工作。实地查看社保服务大厅、机关事业单位养老保险管理办公室、医保大厅和行政调解室等，听取西城区促进就业和保障农民工工资支付工作的汇报。副市长王宁、市人力社保局局长徐熙、副区长孙硕陪同调研。2月3日，市委书记蔡奇，市委副书记、市长陈吉宁带队，率十六区和相关部门主要负责人先后到西城区、东城区、朝阳区、海淀区，围绕“深入学习贯彻党的十九大精神，研究推动疏解非首都功能后的腾笼换鸟工作”进行拉练式调研并召开现场推进会。其中，到西城区原属“动批”的天皓成批发市场查看转型升级工作进展情况。市人大常委会主任李伟、市政协主席吉林参加。3月9日，市领导王小洪、王宁、尹培彦到沈家本故居调研，实地查看文物建筑保护利用情况。区领导王旭、刘国周、徐利陪同调研。3月13日，市政协副主席李伟到西城区展览路街道调研疏解整治促提升进展情况。参观宝蓝金融创新中心，听取街道相关工作情况汇报，对街道近年来在“动批”等地区的疏解整治促提升工作中取得的成绩给予肯定。区领导陈冲、王奇陪同调研。3月13日，北京市工商局局长冀岩到西城工商分局调研。实地查看西城区综合行政服务中心“一窗式”服务平台，参观新设企业开办窗口，详细了解窗口职能设置、工作流程、业务办理量、全程电子化及全城通办落实情况。副区长李异陪同调研。3月21日，市委书记蔡奇围绕“深入学习贯彻习近平新时代中国特色社会主义思想，推进党建引领街乡管理体制机制创新，实现街乡吹哨、部门报到”主题到西城区广内街道调研。到达智桥胡同、沈家本故居，了解落实“街乡吹哨、部门报到”，开展胡同治理和文物保护利用情况；召开座谈会，就“街乡吹哨、部门报到”工作提出具体要求。市领导魏小东、崔述强，区领导卢映川、王少峰、王飞、王旭等陪同调研。3月23日，市人大常委会副主任李颖津带队到西城区调研。到金树街东口，查看城市道路清扫保洁扬尘防控情况；到马连道供热厂，了解锅炉低氮改造工作并听取企业锅炉低氮改造情况介绍；并就调研中的相关问题进行座谈交流。区领导翟冀、李会增陪同调研。3月28日，市委书记蔡奇到西城区金融大街、阜成门内大街、宫门口、安平巷、鲁迅博物馆等处调研背街小巷整治提升情况。4月3日，市政协副主席程红到西城区开展大气污染防治调研。到北京地铁19号线03标段，听取中国建筑第八工程局有限公司负责人对施工工地扬尘控制情况的汇报；到北京市第十三中学高中部，听取有关锅炉低氮改造及运行情况的汇报。区政协主席章冬梅、区政协副主席王奇陪同调研。4月3日，市委统战部副部长、市民委主任钟百利到牛街调研，参观牛街礼拜寺、牛街民族敬老院和春风社区民生一条街及街道全响应网格化社会服务管理指挥分中心。区委统战部部长王旭陪同调研。4月8日，市委书记蔡奇带队围绕“深入学习贯彻习近平新时代中国特色社会主义思想，加强历史文化名城保护，推进中轴线沿线重点地区综合整治，恢复传统空间秩序和优美景观”主题，到景山公园调研。市领导杜飞进、崔述强、隋振江、王宁一同调研。区领导卢映川陪同调研。4月9日，市文联党组书记沈强、党组副书记刚杰、研究部主任赖洪波、组联部主任陈卫东等组成调研小组，到西城区开展调研工作。参观天桥印象博物馆和丝路文明艺术品民间收藏展；召开调研座谈会，围绕“新时期首都文艺创作情况研究”“当下北京基层文联文艺创作的现状及发展路径”“新时代首都文艺创作现状、问题及对策研究”三个主题展开研讨，结合全国文化中心建设提出推动文艺精品创作的对策建议。区委常委、宣传部部长陈宁，副区长徐利，天桥盛世投资集团有限责任公司、北方昆曲剧院、国家京剧院、风雷京剧团、开心麻花娱乐文化传媒有限公司等驻区院团代表参加调研。4月11日，市政协副主席李伟带队到陶然亭街道调研。查看黑窑厂西里老旧小区综合改造工程开展情况，入户走访居民，了解居民对老旧小区综合整治的反馈意见。区领导姜立光参加调研。4月12日，市委书记蔡奇到东城区、西城区调研检查核心区背街小巷环境整治提升工作，并主持召开座谈会。其中，查看西城区的陟山门街、大石作胡同、佘家胡同、延寿街、善果胡同，走进居民家中、养老驿站、消防站、垃圾站、公共厕所等，沿途与居民拉家常、问情况。市领导崔述强、隋振江一同调研，区领导卢映川、王少峰、姜立光陪同调研。4月13日，市侨联党组书记赵宏生带队到西城区调研侨联工作。到展览路街道侨联，参观展览路“侨之家”图书角和活动室，听取“侨之家”建设情况；到百万庄东社区活动站，与参加社区“侨之家”活动日的侨界人士进行交流；召开座谈会，听取区侨联组织建设与整体工作情况汇报。区委统战部部长王旭陪同调研。4月16日，市人大常委会副主任李颖津到牛街调研，参观牛街礼拜寺、牛街商业街、街道党建讲习所和街道养老驿站，并与街道、社区有关人员进行座谈。区人大常委会主任杜灵欣、副主任田巨德陪同调研。4月17日，市人大常委会副主任张清到西城区德胜街道调研非机动车整治工作。实地查看积水潭地铁站、北滨河路和新外大街周边的机动车停放管理情况，召开座谈会，听取街道非机动车整治工作总体情况汇报。区人大常委会主任杜灵欣陪同调研。4月25日，市委常委、副市长阴和俊带队到西城区调研高精尖产业发展情况。到国网优能（北京）科技有限公司，了解电力大数据云平台——“中国电力云”项目情况；到网联清算有限公司，调研通过非银行支付机构网络支付清算平台实现网络支付资金清算的集中化、规范化、透明化运作等情况；召开座谈会，听取西城区关于高精尖产业发展情况的汇报，以及北京耐威科技股份有限公司、北京梅泰诺通信技术股份有限公司、航天科工智慧产业发展有限公司、联动优势科技有限公司、ABC创新研究院等企业代表的意见建议。区委副书记、区长王少峰陪同调研。4月26日，副市长杨斌带队到西城区调研核心区静态交通治理工作。实地查看太平桥大街、辟才胡同路侧停车泊位的复划和电子收费改革工作；到二龙路社区调研老旧小区停车自治管理情况，听取西城区静态交通治理工作情况汇报。副区长姜立光陪同调研。5月12日，市长陈吉宁带队到西城区金融街街道调研胡同停车工作。实地查看下岗胡同内停车状况，就二龙路社区停车管理工作情况进行调研，听取街道推动居民自治、整合辖区资源、综合施策的工作情况汇报，了解设立“车友会”、建立规范停车制度等具体举措，对街道静态交通综合治理所取得的成效给予肯定。区委书记卢映川陪同调研。5月28日，市委常委、宣传部部长杜飞进率北京市扫黑除恶专项斗争第二督察组到西城区调研。实地查看荷花市场沿线及什刹海街道行政综合执法办公室、德胜门345公交场站，召开座谈会，督查扫黑除恶斗争工作情况。王旭、陈宁、刘国周陪同调研。6月5日，市委书记蔡奇采取“四不两直”方式到百万庄地区、展览路街道调研。区领导卢映川、王少峰等陪同。6月23日，市委书记蔡奇带领16区和相关部门主要负责人，聚焦优化营商环境开展拉练式调研。其中，到中关村西城园普天德胜科技孵化器，听取关于西城区优化营商环境和政务服务的情况汇报，了解普天德胜科技孵化器和孵化器优秀企业——北京诺亦腾科技有限公司的发展经营情况，并召开现场推进会。市领导陈吉宁、李伟、阴和俊、崔述强、齐静、侯君舒、隋振江、殷勇一同调研。区领导卢映川、王少峰、王旭、司马红陪同调研。6月26日，市委书记蔡奇带队围绕“加强历史文化名城保护，推进中轴线申遗综合整治，逐步恢复历史景观的空间秩序”主题，到大高玄殿实地调研。市领导杜飞进、崔述强、王宁一同调研。区领导王少峰、陈宁陪同调研。7月3日，副市长殷勇带队到西城区调研金融科技与专业服务示范区建设情况。到首建金融中心、四达大厦、北矿金融大厦等，实地查看原“动批”地区的楼宇情况及周边环境，就示范区核心区的选址进行沟通，并对示范区下一步建设进行现场指导。常务副区长孙硕、副区长司马红、区长助理沈俊宇陪同调研。7月10日，市政协副主席李伟带领市相关部门负责人到西城区调研，针对如何有效加强街道在城市治理中的基础地位、构建具有首都特点的超大城市治理体系进行座谈。区领导卢映川、章冬梅、王飞、郁治参加座谈。7月16日，副市长隋振江带队到西城区调研防汛工作。深入平房院，到敬胜胡同1号、3号院、砖塔胡同33号院、砖塔胡同东口正阳书局，实地查看汛期组织防控情况及危房修缮进度，听取关于防汛部署情况汇报，了解居民房屋结构、院内排水情况。区委常委、副区长姜立光陪同调研。7月17日，北京市文化体制改革专项小组副组长、副市长王宁带队到西城区调研总分馆制建设工作。到广内街道甲骨文阅读空间，就推进文化馆、图书馆总分馆制建设工作实地调研，听取西城区落实市文化局推进文化馆图书馆总分馆制实施方案工作相关情况的汇报，了解街道图书分馆与阅读空间相结合的发展模式。市文化局副局长庞微，副区长徐利陪同调研。7月25日，北京市全民阅读立法调研组到西城区调研。调研组由市新闻出版广电局法规处和公共服务处领导带队，在新华书店总店（城市书房）召开座谈会，对西城区全民阅读工作及立法需求进行调研指导，了解西城区全民阅读工作开展情况，结合全民阅读“一区一品”建设、创新阅读活动方式和资源供给、经费投入、数字资源建设等问题提出立法需求。7月31日，市政务服务办主任赵金花带队到西城区政务服务办调研“一窗式”公共服务工作，实地了解公共服务窗口“一窗式”改革进展情况，对迎接国务院大督查的相关工作进行督导检查。8月2日，市委常委、宣传部部长杜飞进带队就中轴线申遗保护有关工作到天桥演艺区调研。参观天桥历史文化景观地下通道壁画项目，查看天桥遗址和珠市口至天桥段中轴路偏移情况，听取庆成宫等中轴线周边文物腾退工作情况及进展的汇报。市委宣传部秘书长张爱军，市规划国土委副巡视员陶志红，市文物局党组书记、局长舒小峰参加调研。区委常委、宣传部部长陈宁，副区长徐利陪同调研。8月6日，市人大常委会主任李伟带队到西城区就“提高城市精治共治法治水平，持续改善人居环境”议案开展督办调研。到宝蓝金融创新中心，察看批发市场腾退后的空间再利用和产业转型升级情况；到百万庄中里环岛，察看集百姓生活服务中心、居民活动中心、智能停车场、老年餐桌等多项民生服务于一体的“便民岛”；到什刹海街道陟山门街和大石作胡同，了解该地区“开墙打洞”治理及背街小巷环境整治情况；召开座谈会，听取西城区“疏解整治促提升”专项行动和背街小巷整治工作进展汇报。市人大常委会副主任刘伟、秘书长刘云广参加，区领导卢映川、王少峰、杜灵欣、孙硕陪同调研。8月9日，市委书记蔡奇带队围绕“加强城市精细化管理，推进街区整治提升”主题到西城区开展调研。实地查看什刹海景区整治提升、历史文化传承与保护、城市设计等进展情况；在什刹海街道召开调研座谈会，听取核心区有关情况汇报。市领导崔述强、隋振江一同调研。区领导卢映川、王少峰、王旭、姜立光、朱国栋、徐利陪同调研。8月15日，北京市阅读季领导小组到西城区开展全民阅读“一区一品”专题调研。走访北京坊PAGE ONE书店、三十五中图书馆、新华书店总店城市书房、红楼公共藏书楼等西城特色阅读场所，感受西城区“一区一品”建设成果；在红楼藏公共藏书楼召开专题座谈会，了解书香西城建设整体情况，与专家探讨未来发展方向和思路。8月17日，市委常委、政法委书记张延昆带队采取“四不两直”方式，到西城区实地检查“中非论坛”维稳安保工作落实情况。市委政法委副书记、首都综治办主任、市流管办主任张玉鲲，秘书长李中水，市国安办副主任李宁及市有关部门负责人陪同检查。8月17日，市委常委、市委组织部部长魏小东以“四不两直”方式，调研西长安街街道和平门小区整治提升情况。查看新壁街6号楼路面铺设、停车划线情况，以及新壁街5号楼、7号楼、西绒线10号楼违法建设拆除、绿化改造进展，向社区党委书记、社区服务站站长了解小区综合整治提升总体情况、居民反映情况和困难问题。区委常委、区委组织部部长程昌宏陪同调研。8月27日，市委书记蔡奇带队到钓鱼台国宾馆，检查中非合作论坛北京峰会服务保障工作。市领导陈吉宁、张工、崔述强、隋振江、王宁、殷勇、卢彦、靳伟一同检查。区领导卢映川、王少峰、王旭、朱国栋陪同检查。8月31日，市民政局局长李万钧到西城区调研社区减负工作。到广外街道手帕口南街社区，就推进社区减负工作进行专题调研，召开座谈会，听取相关工作汇报，并与参会人员就社区出具证明、社区评比等事项进行深入交流。9月2日，副市长王宁到北京小学广外分校调研，查看学校开学准备及安全工作情况。到学校食堂、学生教室、教师办公室等，详细了解学校各方面工作，浏览学生暑期实践成果展示，并同教师代表交谈。区领导卢映川、司马红陪同调研。9月11日，市政协党组书记、主席吉林带队到西城区非物质文化遗产保护中心（西城非遗传习基地），就推动非遗条例立法进行调研。观看国家级非遗项目《天桥中幡》及区级非遗项目《天桥穆派戏法》演出，听取西城区非遗资源概况、非遗保护思路及特色工作汇报，参观《北京评书》《京作核雕》《京派内画鼻烟壶》等非遗项目活态传习室，与代表性传承人进行互动交流。市文化局副局长庞微，区人大常委会主任杜灵欣、副区长徐利、区政协副主席姜兆春等陪同调研。9月13日，副市长卢彦带队到中铁十八局集团位于西城区的十九号线05标段项目部，就农民工工资支付工作进行调研。听取中铁十八局集团关于本单位工伤保险、劳务用工管理、劳动合同签订等情况的汇报，查阅农民工工资发放台账、月考勤统计表和劳动合同等资料。副区长郁治陪同调研。9月19日，市司法局副局长马燕带队到西长安街街道，就“社区公共法律服务室”建设选址和大部制改革工作进行调研。到西长安街街道黄南社区了解社区基本情况，察看黄城根南街和灵境胡同，对建设“社区公共法律服务室”、打造特色法治社区的选址工作进行实地勘察；到西长安街街道司法所，对大部制改革和司法所规范化建设情况进行调研，听取相关工作汇报。9月22日，市委书记蔡奇带队，围绕“大力开展造林绿化，大幅度扩大绿色生态空间”主题开展现场调研，其中，到西城区广阳谷城市森林实地查看绿化建设情况。市领导陈吉宁、李伟、吉林、张工、林克庆、崔述强、侯君舒、隋振江、卢彦一同调研。区领导卢映川、王少峰、王旭、朱国栋陪同调研。9月28日，市扶贫协作专项督查第二督查组组长郅海杰带队到西城区开展扶贫协作专项督查调研，听取西城区扶贫工作开展情况的汇报，到月坛社区卫生服务中心进行实地调研督查。区领导卢映川、王旭、虞宝才、程昌宏以及区扶贫协作领导小组成员单位负责人参加座谈。9月29日，市委书记蔡奇带队检查“十一”市场供应、群众文化生活及公共安全日程安排。其中，到民族宫中压A站、月坛街道服务中心，查看环境清洁和秩序，听取相关情况汇报，了解菜价稳定、菜品供应的情况。市领导陈吉宁、崔述强、王宁、靳伟一同调研。区领导卢映川陪同调研。10月9日，市商务委党组书记、主任闫立刚带队调研西城区步行街建设，实地查看大栅栏步行街及北京坊地区相关情况。区委常委、区委办主任徐利陪同调研。10月11日，市委书记蔡奇带队围绕“提高生活性服务业品质，促进便利店行业发展”主题调研。到西城区展览路街道，实地查看展览馆路31-10号好邻居便利店，并在街道召开座谈会。市领导崔述强、殷勇一同调研。区领导卢映川、王少峰等陪同调研。10月13日，市委书记蔡奇带队围绕“加强历史文化名城保护，推进中轴线申遗综合整治”主题，调研中轴线有关工作。市委副书记、市长陈吉宁一同调研。了解110路公交天桥总站腾退进度，察看南中轴线步行道规划建设；了解贤良祠文物占用等情况；召开座谈会，听取相关工作汇报。市领导崔述强、隋振江、王宁，市政府秘书长靳伟一同调研。区领导卢映川、王少峰、徐利陪同调研。10月22日，市委书记蔡奇到牛街街道调研。实地查看回民小学、牛街街道行政服务大厅等，召开座谈会，听取街道全面工作汇报。区领导王飞、徐利陪同调研。11月12日，市委书记蔡奇带队到马连道供热厂检查2018—2019年采暖季供暖保障工作。市领导陈吉宁、崔述强、隋振江一同参加。区领导卢映川、徐利、朱国栋陪同检查。11月15日，市委书记蔡奇“四不两直”方式到杨梅竹斜街调研。区领导卢映川、徐利陪同调研。11月16日，市委书记蔡奇带队调研核心区相关发展工作。实地查看德胜桥、真武庙、西海湿地等处情况，在西城区召开座谈会，听取东城、西城相关工作汇报。市领导陈吉宁、林克庆、崔述强、隋振江一同调研。区领导卢映川、孙硕、徐利、缪剑虹陪同调研。11月17日，市委书记蔡奇到西城区调研生活性服务业品质提升工作。市委副书记、市长陈吉宁一同调研。到新街口西四北大街101号金瀛百姓生活服务中心查看经营情况，了解居民需求的各类服务布点情况，了解居民的满意程度；召开座谈会，听取相关工作汇报。市领导崔述强、殷勇，市政府秘书长靳伟一同调研。区领导卢映川、王少峰、徐利、缪剑虹陪同调研。11月21日，市委书记蔡奇“四不两直”方式到白纸坊街道调研。区领导卢映川、徐利陪同调研。11月22日，市委书记蔡奇带领市有关部门负责人及16个区委党建工作领导小组组长，到西城区广内街道核桃园社区党群活动中心调研。查看养老驿站、党群活动阵地运行情况，了解街道工委、社区党委发挥党组织领导核心作用，深化党建引领“街道吹哨、部门报到”，坚持“民有所呼、我有所应”，加强区域化党建，与驻区单位北京公交保修三厂等共建共享共治，推行为老服务等惠民举措的有关情况。市领导陈雍、魏小东、崔述强、侯君舒，区领导卢映川、孙硕、程昌宏、徐利、缪剑虹陪同调研。11月23日，副市长隋振江带队到展览路街道百万庄地区调研街区整理情况。查看百万庄巳区现场拆违情况、辰区平房整治情况、展一小附近筒子楼楼道、葡萄园小区整治情况；召开座谈会，对街道在百万庄地区的工作表示肯定。11月27日，市司法局党委书记苗林带队到西城区西长安街司法所调研，听取西长安街司法所关于“街乡吹哨、部门报到”、基层党建工作的汇报。副区长李异陪同调研。11月28日，市退役军人事务局党组书记、局长苗立峰带队到西城区，专题调研退役老兵服务、军转干部安置、军人优抚优待、退役军人管理服务等工作情况。到广外街道老兵之家，听取街道关于复退军人服务工作开展情况的汇报，了解老兵合唱团宣讲团、棋牌社、书画摄影社、空竹社运行等情况；到区军休办，观看军休书画展览，查看棋牌室、娱乐室、健身室等场所，听取军休办工作汇报。副区长郁治陪同调研。12月20日，副市长殷勇到金融街服务局、新三板市场调研金融相关工作。区领导卢映川、孙硕、徐利陪同调研。12月28日，市委书记蔡奇围绕“深化服务业对外开放，打好金融风险防范攻坚战，服务国家金融管理中心建设”主题到西城区、海淀区调研，实地查看北京环境交易所、金融街中心大厦，并召开座谈会。市委副书记、市长陈吉宁一同调研。区领导卢映川、孙硕、徐利陪同调研。

（邓　悦）

【安全生产督察组对西城督察情况反馈会】1月10日，中共北京市委、北京市人民政府安全生产第十一督察组对西城区督察情况反馈会召开。督察组组长唐淑荣反馈对西城区督察情况，区委书记卢映川作表态发言。市委市政府安全生产第十一督察组成员，区人大常委会主任、区政协主席，区委常委、区政府副区长，区安委会成员单位主要负责人，各街道党政主要负责人，区属国有企业主要负责人参加会议。区委副书记、区政府区长王少峰主持会议。

（于　淼）

【西城区领导干部会议】1月24日，西城区领导干部会议召开，区委常委、区纪委书记虞宝才传达市委十二届七次全会精神，区委书记卢映川讲话。区四套班子领导（含不驻会领导）、区长助理；区法院院长、区检察院检察长；区纪委区监委领导班子成员；区委区政府各部、委、办、局，双管单位，各街道，人民团体，企事业单位(含学校、医院)领导班子成员；区人大常委会、区政协各委室主要负责人参加会议。会议由卢映川主持。

（于　淼）

【区委常委会班子民主生活会】2月4日，区委常委会召开区委常委班子2017年度民主生活会。区委书记卢映川通报区委常委会班子2016年度民主生活会整改方案落实情况和2017年度民主生活会征求意见情况，代表区委常委会班子作对照检查发言，班子成员逐一作个人对照检查发言，开展相互批评。卢映川作表态发言。

（于　淼）

【区委常委会（扩大）会议】2月22日，区委常委会召开扩大会议，区委书记卢映川与区四套班子领导（含不驻会领导）、法检两长集体谈心谈话。9月8日，区委常委会召开扩大会议，区委副书记、区政府区长王少峰传达市委十二届六次会议精神，卢映川讲话；区四套班子领导（含不驻会领导）、区长助理、区法院院长，区检察院检察长参加；会议由卢映川主持。11月20日，区委常委会召开扩大会议，区委常委、区政府常务副区长孙硕传达蔡奇、陈吉宁调研核心区工作时的讲话精神，卢映川讲话；区四套班子领导（含不驻会领导），区法院院长、区检察院检察长，区相关委办局主要负责人、各街道主要负责人参加；会议由卢映川主持。12月3日，区委常委会召开扩大会议，区委常委会委员围绕观看内部警示教育片做表态发言，卢映川讲话；区四套班子领导（含不驻会领导）、区法院院长、区检察院检察长、区长助理参加；会议由卢映川主持。12月19日，区委常委会召开扩大会议，区四套班子主要领导、区委常委会委员围绕学习贯彻习近平总书记在庆祝改革开放40周年大会重要讲话精神进行专题研讨，卢映川讲话；区四套班子领导（含不驻会领导）、区法院院长、区检察院检察长、区长助理参加；会议由卢映川主持。

（于　淼）

【组织、宣传、统战工作会】2月28日，西城区2018年组织、宣传、统战工作会召开。会议由区委副书记王飞主持。区委组织部部长孙仕柱、区委宣传部部长陈宁，区委统战部部长王旭分别传达全国、全市组织部长、宣传部长和全国统战部长会议精神，部署2018年组织、宣传、统战工作重点任务，总结2017年相关工作，区委书记卢映川讲话。会议采用视频形式，设立二龙路办公区主会场和57个视频分会场。区四套班子主要领导和相关领导；区人大办公室主任、区政协秘书长；区委区政府各部、委、办、局，双管单位，人民团体，各街道，区属企、事业单位（含学校、医院）党政主要领导、分管领导、相关科室负责人和工作人员；区委办公室、区委组织部、区委宣传部、区委统战部全体人员；区委统战系统各部门（区台办、区民族宗教办、区政府外事侨务办、区侨联、区工商联）全体人员参加会议。

（于　淼）

【精神文明和生态文明建设大会】2月28日，西城区2018年深入推进疏解整治促提升全面促进精神文明和生态文明建设动员大会召开。区委常委、区政府常务副区长孙硕做疏解整治促提升工作报告；区委常委、区委宣传部部长陈宁做精神文明建设工作报告；区委常委、区政府副区长姜立光做城市环境、环保、绿化工作报告；区政府副区长徐利做历史文化名城保护暨街区整理工作报告。区委副书记、区政府区长王少峰与区住房城市建设委、广外街道办事处签订《2018年疏解整治促提升工作目标任务责任书》，与指挥部签订街区整理责任书，与区城管执法监察局、什刹海街道办事处签订《全面落实环境保护责任建设美丽西城责任书》，与军委联合参谋部政治工作局、北京市城区供电公司签订《共驻共建和谐宜居美丽西城协议书》。中直机关、首都文明办、市发展改革委、首都环境办、市环保局、首都绿化办领导讲话。区委书记卢映川讲话。会议由王少峰主持。

（于　淼）

【集体谈心谈话暨讲党课】3月16日，区委书记卢映川就网络舆情下城市治理工作进行集体谈心谈话暨讲党课。区委常委、区政府副区长、区长助理，区法院院长、区检察院检察长，区相关委办局主要负责人，各街道工委书记、办事处主任参加。会议由区委副书记、区政府区长王少峰主持。

（于　淼）

【“街道吹哨、部门报到”工作部署会】3月28日，西城区“街道吹哨、部门报到”工作部署会暨“进千门走万户”工作推进会召开。会议采用视频形式，全区设立1个主会场和63个视频分会场。区委副书记王飞部署“街道吹哨、部门报到”和“进千门走万户”相关工作，区委书记卢映川讲话。区四套班子领导（含不驻会领导），区法院院长，区检察院检察长，区长助理；区委区政府各部、委、办、局，双管单位，各街道，人民团体，事业单位（含学校、医院）、区委授权国资委党委管理的企业处级领导班子成员；区人大、区政协各处室主要负责人；区法院、区检察院正处职领导干部；各社区党委书记、居委会主任、服务站站长参加会议。区委副书记、区政府区长王少峰主持会议。

（于　淼）

【环保督查西城区情况反馈会】5月31日，北京市第一环境保护督察组督察西城区情况反馈会召开。会议采用视频形式，全区设立1个主会场和全区65个视频分会场。督察组组长宣读督察反馈意见。区委书记卢映川作表态发言。市第一环境保护督察组、市环境保护督察办公室有关人员；区四套班子主要领导、区委常委、区政府副区长、区法院院长、区检察院检察长；区委区政府各部、委、办、局，双管单位，人民团体，企、事业单位（含医院、学校）党政主要领导人；各街道工委书记、办事处主任；各单位领导班子成员和相关科室负责人；各街道班子领导成员、相关科室负责人及社区书记、主任参加会议。区委副书记、区政府区长王少峰主持会议。

（于　淼）

【区委常委会班子专题组织生活会】7月6日至7日，区委常委会班子专题组织生活会召开。区委常委会委员围绕新形势下如何进一步深化城市精细化治理，以及存在的问题和下一步工作思路发言。区四套班子领导（含不驻会领导），区法院院长、区检察院检察长，区相关委办局主要负责人1名，各街道工委书记、办事处主任参加。会议由区委书记卢映川主持。

（于　淼）

【区委十二届七次全会】7月27日，中共北京市西城区第十二届委员会第七次全体会议召开。区委副书记、区长王少峰传达市委十二届五次全会和北京市生态环境保护大会精神，区委书记卢映川作2018年上半年区委常委会工作报告。书面报告区委2018年上半年党建工作、2018年上半年经济社会发展工作、2018年上半年党风廉政建设和反腐败工作、2018年上半年干部选拔任用工作。会议审议通过《中国共产党北京市西城区第十二届委员会第七次全体会议决议(草案)》。会议由区委副书记王飞主持。

（于　淼）

【街道工委书记工作点评会】10月19日，区委常委（扩大）会暨西城区街道工委书记工作点评会召开。会议采用加密视频形式，设立1个主会场并在各街道设立分会场。什刹海街道、西长安街街道、展览路街道工委书记发言。区委书记卢映川点评讲话。区委常委，区人大常委会主任，区政协主席，区政府副区长、区长助理；各街道工委书记、办事处主任；区有关部门主要负责人1名；各街道工委、办事处领导班子成员参加会议。会议由卢映川主持。12月20日，区委常委（扩大）会暨西城区街道工委书记工作点评会，通过加密视频会议系统召开，设立1个主会场并在各街道设立分会场。大栅栏街道、天桥街道、陶然亭街道工委书记发言。区委书记卢映川点评讲话。区委常委，区人大常委会主任，区政协主席，区政府副区长、区长助理；各街道工委书记、办事处主任；区有关部门主要负责人1名；各街道工委、办事处领导班子成员参加会议。会议由卢映川主持。

（于　淼）

【区委十二届八次全会】10月30日，中共北京市西城区第十二届委员会第八次全体会议召开。区委副书记王飞传达全国、北京市组织工作会议和宣传思想工作会议精神。区委常委、组织部部长程昌宏作西城区党的建设和组织工作报告。区委常委、宣传部部长陈宁作西城区宣传思想工作报告。会议书面审议《关于着力培养忠诚干净担当的高素质干部队伍的实施意见》《关于加强新时代基层党组织建设提升组织力的意见》。会议审议通过《中国共产党北京市西城区第十二届委员会第八次全体会议决议(草案)》。

（于　淼）

【领导干部专题警示教育大会】11月26日，西城区党员领导干部专题警示教育大会召开。区委常委、区纪委书记虞宝才通报2018年西城区执纪审查（调查）情况，区委书记卢映川讲话。区四套班子领导（含不驻会领导）、区长助理；区法院院长、区检察院检察长；区委区政府各部、委、办、局，双管单位，各街道，人民团体，企事业单位（含学校、医院）领导班子成员；区委委员、候补委员；各民主党派、工商联主要负责人；区人大常委会、区政协各委室主要负责人；区纪委区监委领导班子成员、区纪委委员、区委巡察办主任、区委巡察组组长、派驻纪检监察组组长、街道纪（工）委书记参加会议。会议由卢映川主持。

（于　淼）

【西城区工作务虚会】12月1日，西城区工作务虚会召开，区四套班子主要领导、区委常委、区政府副区长围绕学习贯彻习近平新时代中国特色社会主义思想和党的十九大精神，习近平总书记对北京重要讲话精神，党中央、国务院决策部署，市委十二届五次、六次全会精神，结合首都核心区功能定位及西城区经济和社会发展面临的新形势和新要求，对西城区2019年重点工作进行务虚发言。会议由区委书记卢映川主持，区四套班子领导、区法院院长、区检察院检察长出席，有关区委区政府各部、委、办、局，各街道，人民团体，区属企事业单位主要负责人参加。

（于　淼）

【区委十二届九次全会】12月25日，中共北京市西城区第十二届委员会第九次全体会议召开。区委书记卢映川作区委常委会工作报告；区委常委、组织部长程昌宏作关于《北京市西城区机构改革方案（送审稿）》的说明。书面审议《2018年区委常委会抓党建工作报告（审议稿）》和全区经济社会发展工作。书面报告2018年全区党风廉政建设和反腐败工作。全会审议通过《北京市西城区机构改革方案（送审稿）》、《2018年区委常委会抓党建工作报告（审议稿）》。会议审议通过《中国共产党北京市西城区第十二届委员会第九次全体会议决议（草案）》。会议由卢映川主持。

（于 淼）

【区委常委会会议】年内，共召开区委常委会议40次，完成议题232个。其中学习传达类议题38个，占16.4%；党的建设方面议题51个，占21.9%；重大经济发展事项及全区重点工作方面议题47个，占20.2%；区经济社会发展战略、重大改革方面议题30个，占12.9%；组织工作及人事任免方面议题28个，占12.1%；宣传思想文化工作方面议题12个，占5.2%；纪律检查工作方面议题14个，占6.0%；统一战线工作方面议题9个，占3.9%；政法工作方面议题6个，占2.6%；群众及人民团体方面议题4个，占1.72%；议军及双拥工作方面议题2个，占0.8%。

（于 淼）

区委办公室工作

【概况】中共北京市西城区委办公室（简称区委办公室）是区委的综合办事部门。内设综合科、会议科、信息科、秘书科、文书科、财务科、区委主体责任办公室、离退休干部科、机关党委、区委督查室、区委机要局（区密码管理局），在职人员38人。年内，区委办公室贯彻落实党的十九大精神，学习习近平总书记系列重要讲话精神，牢记习近平总书记提出的“五个坚持”工作标准，转作风、提能效、促发展，着力提升服务发展、服务决策、服务落实工作水平，打造区委敏锐“前哨”和坚强“后院”。以“同心、同向、同力、同步”的工作理念不断完善“大办公室”工作体系；以“上级指示清楚、部门交流广泛、基层联系密切、内部沟通顺畅”的协调网络凝聚推动全区落实中央、市委精神的强大合力，发挥办公室参谋助手、统筹协调、出谋划策、督促检查、服务保障作用，确保各项工作高效运转。

地址：西城区二龙路27号

邮编：100032

电话：88064211

（邓梓瑶）

【综合工作】发挥“总枢纽”职能，建立完善“四办”每周会商工作机制，加强同各层级沟通联系，形成“上级指示清楚、部门交流广泛、基层联系密切、内部沟通顺畅”的协调网络。全面落实党风廉政建设主体责任，召开办公室党风廉政建设工作会议，制定领导班子“两个责任”任务分解表，召开专题组织生活会，开展作风专项治理，持续改作风转作风。积极落实“进千门走万户”行动，深入基层、脚步为亲，共走访居民396户、社区单位174家，收集问题469条，推动办公室作风建设持续向好。修订完善办公室工作制度汇编，深化“六个一”工作体系，完善落实“三重一大”议事决策制度，不断提升办公室运转效能。适应新形势新要求，推进“六能”干部队伍建设，着力培养干部能看、能想、能写、能讲、能干、能控。调整完善班子责任分工和内设机构，健全完善干部平时考核制度，认真落实日考勤、月纪实、季上报。

（邓梓瑶）

【会议服务与管理】承办区委全会3次，区委常委会会议40次，区委书记专题会议42次，书记议事协调会议30次，区委班子民主生活会1次，区委常委会班子专题组织生活会1次；区委常委会（扩大）会议1次，区委常委（扩大）会暨西城区街道工委书记工作点评会2次，全区性会议29次；组织保障市委主要领导调研9次，区委书记月度工作点评会3次，市委市政府理论中心组（扩大）学习9次，全市领导干部会议2次。组织服务保障的会议共计130余次。修改完善《2018年区委常委会工作手册》，研究制定《北京市西城区党政机关视频会议管理规定》。

（于 淼）

【区委主体责任办公室】组织召开2018年落实全面从严治党主体责任推进会，传达北京市全面从严治党检查考核工作要求，总结2017年工作亮点和存在的问题，部署2018年西城区全面从严治党检查考核安排。开展2018年西城区全面从严治党主体责任阶段督查工作，从区属86家单位中抽调人员，组成43个检查组，由各单位分管全面从严治党主体责任落实工作的领导带队，采取循环推磨式的办法，对全区15个街道、72个区直单位进行阶段检查，并将督查情况在全区进行通报。组织区领导和全区各部门签订2018年党风廉政建设责任书和个性化责任清单，部署年度党风廉政建设主体责任全程纪实工作，让区领导履行“一岗双责”责任留有痕迹。持续推行领导岗位职责工作手册管理，牵头编制、更新区委常委会2018年度工作手册、区委书记工作手册、各区委常委委员工作手册，细化常态工作安排和要求，保障常委会协调高速运行。开展全区各级领导干部岗位工作手册编制工作，明确细化岗位职责和工作事项，梳理年度重大会议、活动及调研等，使工作手册更具有可操作性，成为全区领导干部落实主体责任和履职的重要抓手。

（杨 京）

【信息工作】年内，立足首都核心区的重点区位实际，紧密结合“一带一路”高峰论坛等重大活动举办，及时向中办、市委报送西城区各项服务保障工作开展情况。配合中央、市属以及全国媒体的宣传工作，全面总结提炼西城区践行“红墙意识”工作措施和经验做法，形成《西城区深入学习贯彻党的“十九大”精神 大力践行“红墙意识”》并向中办专题报送；及时将西城工作的好方式、好效果在更广阔的范围内进行反馈，策划编写《西城区“十个新作为”“五个新气象”以实际行动展现新风貌》等专题信息。发挥信息工作“前哨”作用，编报《西城信息》普刊246期、特刊10余期；上报市委工作信息1000余件、紧急信息近百件，专题刊登《学习先进经验 实践创新理念 把西城区城市精细化治理全面推向深入》《西城区开展街区整理 推进老城保护提升》等调研材料；全面强化信息队伍建设，全年开展基层单位集中授课、交流培训20余次，较好地为领导决策提供信息参考。聚焦“疏解整治促提升”专项行动、“背街小巷”整治提升、街区更新、大气污染防治、历史文化风貌保护、民生服务和保障等中心任务，开展大量采编工作，与发改、财政、税务、城管、公安、工商等部门以及属地街道完善信息对接联系机制，编发相关信息千余篇，获得区领导批示40余条，保障党委信息主渠道作用的发挥。

（邓 悦）

【文书工作】年内，严格落实区委“减会、压文、少说、多走、深谈、严管”各项措施和行动，在“压文”上，严格执行公文“十个不发”规定，季度统计分析办文情况，严控发文数量，提高发文质量。深入实施《关于进一步完善传达、报告、通报机制的意见》，修订实施《关于加强和完善领导干部离京外出请假报备工作的通知》，严格执行请示报告制度。完善公文管理制度，建立领导批示件内部传阅机制，规范公文办理程序，提高公文办理效率，做到案无积卷、事不过夜。共审核制发京西发24件、京西办发39件，京西文50件，京西办文8件，京西字14件、京西办字5件，西办通报19期、情况通报7期、区领导批示摘编10期。共处理各类文件2000余件，处理给区委主要领导、区委办公室主要领导来信300余件，确保公文流转及时、准确、有效。向区机关文档中心移交上一年度归档文件共计1475件。

（胡怿瀛）

【财务工作】年内，严格执行财经纪律，完善财务制度，强化财务内控管理，规范审批程序，完善审批环节；严格控制行政成本，加大对办公、会议、培训、差旅等行政消耗性支出管控。严格落实公务用车集中管理改革工作，“三公经费”等一般性支出逐年下降。严格预算执行，年度预算执行按月（季）度考核，项目支出进度加快。加强绩效评价，组织12家代管单位参加财政绩效考评，部门责任意识、绩效意识增强。落实工资制度改革，重新核定约700人的基本工资，调整单位“五险二金”的收缴、支付工作及个人住房补贴、个税征缴等改革性工作。全面推进区委账务公开，2018年部门决算信息公开工作及区委系统2019年部门预算编报工作，公开透明，接受社会监督。在市、区两级多轮巡视、巡查中，未发现重大问题，党风廉政督促落实到位，财政资金高效运转，政府财务报告信息准确。

（廖长兵）

【督查与建议提案办理】年内，区委督查工作围绕市委、区委的重要决策，按照市委、区委主要领导批示精神，分阶段对全区重点工作任务和专项工作进行督查，完成4项市委重点督查事项和重点督查任务、55项区委重点工作、385项市委和区委领导重点批示事项的承办工作；编辑各类督查刊物29期（普刊6期，专报23期）。办理建议提案37件，其中，政协党派团体提案18件，至6月初，提案办理工作已全部完成，办结率为100%。

（徐士喆）

组织工作

【概况】中共西城区委组织部（简称区委组织部）是区委主管党的组织工作、干部工作和人才工作的职能部门，内设办公室、干部任免科、干部管理科、干部监督科、组织科、组织指导科、党员教育科、党建办秘书科、干部教育科、人才工作科、调研宣传科、机关人事科。区委组织部行政编制51名，有在职人员50名。年内，区委组织部落实全国、全市组织部长会议精神，抓住“两学一做”学习教育工作常态化制度化重要契机，以坚定党员干部理想信念为核心，以改革创新精神为统领，以培养选拔党和人民需要的好干部为重点，以加强基层服务型党组织建设为基础，以坚持党管人才为保证，完善科学有效的选人用人机制，增强基层党组织的生机活力，凝聚各方面优秀人才，不断提升组织工作科学化水平，努力为深入推进西城区转型发展提供坚强的组织保证。

地址：西城区二龙路27号

邮编：100032

电话：88064079

（冯永志）

【“两学一做”学习教育常态化制度化】年内，总结梳理2017年度“两学一做”学习教育常态化制度化工作成果，制定并下发《西城区2018年开展“两学一做”学习教育常态化制度化工作要点》，指导全区各级党组织认真落实“三会一课”、主题党日等要求，打造西城区“红墙意识”党性教育基地，组织召开“不忘初心，牢记使命”“红墙意识”主题研讨会，督促指导区属处级领导班子和党支部组织生活会，开好2017年度民主生活会，编制下发《西城区民主生活会工作手册》，依托区委党建督导组，压实工作责任，实现督导全过程、全覆盖。

（冯永志）

【党员干部思想理论教育】年内，共举办党的十九大精神专题研讨、区委党校处级干部培训、执政本领提升北京大学专题研讨、浦东干部学院专题研讨、井冈山和延安干部学院处级领导干部党性教育专题培训等20余个班次，举办7期学习习近平新时代中国特色社会主义思想专题读书班，培训处级干部3000余人次。

（冯永志）

【处级干部队伍综合分析】年内，2017年度民主测评和干部选拔任用“一报告两评议”结果，平时掌握情况，以及重点单位的专项调研，对全区领导班子和干部队伍建设进行综合分析，先后两次把各班子运行情况和干部现实表现提交区委常委会研究。结合全区优秀年轻干部调研工作，对全区处级干部队伍状况进行了全面梳理、综合分析，形成了《西城区优秀年轻干部状况分析报告》，先后提请书记专题会、常委会研究，为区委加强干部队伍建设提供参考。

（冯永志）

【处级干部队伍建设】年内，坚持以事择人，重点选配好“一把手”，对每一位“一把手”人选，均严格做到差额比选、反复沟通酝酿，重点考虑人选的专业能力和专业精神，论证岗位的匹配度，全年提拔3名正处职领导干部，轮岗交流14名“一把手”。持续关注用好一线干部，在2017年集中调研基础上，根据干部现实表现和事业需要，先后选拔任用29名基层一线干部。坚持服务改革大局需要，选优配强干部，特别是针对区监察体制改革、城管体制改革、事业单位改革和新组建北京金融街服务局等，积极稳妥做好干部调配工作。做好干部多岗位历练培养，接收市委组织部选派、中央市属单位、对口帮扶地区和友好城区的挂职干部共24批130余人次，先后向青海、内蒙、河北等对口帮扶地区选派82名干部。会同区人力社保局、区编办高质量做好军转安置工作，制定《关于西城区2017年度军转安置情况及2018年度军转安置工作思路的汇报》。

（冯永志）

【干部人事制度改革】年内，研究起草《关于着力培养忠诚干净担当的高素质干部队伍的意见》，围绕建立素质培养体系、知事识人体系、选拔任用体系、从严管理体系和正向激励体系提出了具体措施，围绕加强优秀年轻干部队伍建设提出了目标任务和七条措施。贯彻落实中央《关于进一步激励广大干部新时代新担当新作为的意见》精神，研究制定《关于开展2018年度好队伍好班子好班长创建活动的工作方案》《西城区领导班子调研分析工作手册》，修订完善《西城区关于进一步关心关爱干部的办法》。

（冯永志）

【干部管理监督】年内，抓好《领导干部报告个人有关事项规定》和《领导干部个人有关事项报告查核结果处理办法》学习贯彻，组织召开全区视频会议，共设立55个分会场，邀请市委组织部干部监督处领导通过视频会议的形式对全体填报对象进行专题辅导。全年随机抽查核实合格率（含查核结果与本人填报一致及填报不规范）为85.29%，比上年提升5.85%。抓好“一报告两评议”工作，全区共273家单位参与，评议新选拔任用科级（中层）领导干部694名，收到意见建议72条，其中区管班子90个，3457人参加评议，参评率为97.16%，评议新选拔任用科级领导干部445名，收到意见建议34条。干部选拔任用工作总体评价评议平均分为96.01分，群众满意度较高。

（冯永志）

【干部兼职的清理整顿】年内，根据中央、市委文件精神，按照干部管理权限和有关规定，对不符合条件的兼职请求一律不予批准，对确因工作需要符合兼职条件的坚持从严审批，并对照领导干部兼职台账，开展“回头看”工作，形成“回头看”自查报告，巩固清理规范成果。上报在职局级干部兼职4人次，审批退休局级干部兼职2人次，审批在职处级干部兼职53人次，备案退休处级干部兼职8人次，对区管处级干部34人兼任的88个企业职务进行再查核，已有32人兼任的76个企业职务得到妥善处理。

（冯永志）

【完善基层党建工作制度体系】年内，研究制定《西城区关于加强和改进城市基层党建工作的实施方案》《关于加强新时代基层党组织建设提升组织力的意见》，并修订完善卫生、“两新”组织加强基层党建工作的意见，构建起城市基层党建“四梁八柱”的制度体系。健全基层党建“督述评考”工作机制，2月24日，完成2017年度19个党工委（党组）书记现场述职评议考核会，3月底前组织全区基层党组织完成了“三评一考”和评星定级工作。建立基层党建工作经常性督查调研制度，对全区各系统各领域基层党组织的日常巡视督查和过程指导。7月底至9月中旬，对22个区委直属党（工）委及其所属基层党组织进行集中督查调研，召开党建工作督导情况讲评会，压实基层党建主体责任。以市委组织部提出的“五有”建设为标准，以展览路街道阜外东社区党组织规范化建设现场会为抓手，健全完善党支部规范化“2+10+x”制度体系，印发《西城区基层党组织“五有”规范化建设参考标准（社区党组织类）》，确定了规范化标准。

（冯永志）

【统筹推进各领域基层党建工作】年内，召开全区基层党建工作重点任务推进会，对4个方面37项重点任务进行了部署。各党工委以“挂图作战”方式，对标对表，扎实推进。加强各系统各领域党建工作指导，开展了国企党建工作调研，督促落实国资国企各项改革任务；会同区委社会工委研究制定2018年“两新”组织党建工作要点，召开工作联席会；开展园区党建工作调研，指导梳理园区规模以上高新技术企业党建工作台账，推动园区党建工作开展。着力做好社区“两委”换届工作，修订完善《关于做好全区社区“两委”换届选举工作的实施意见》，成立区社区“两委”换届专班，严格把握候选人“五好”标准和“十不能”底线，落实候选人资格联审机制，全面统筹抓好换届各项任务落实。

（冯永志）

【党建引领“街道吹哨、部门报到”】年内，坚持党建引领街道管理体制机制创新，推动“街道吹哨、部门报到”，召开全区落实“街道吹哨、部门报到”发挥党建引领作用解决居民区停车难问题工作部署大会，制发工作方案，加强工作督导，编印《党建引领下的基层治理创新案例》，指导街道社区党组织进一步聚焦抓党建、抓治理、抓服务，不断提高党建引领基层治理水平。推进基层党组织和在职党员“双报到”工作，开展“进千门走万户”活动，探索实施区域化党建“三项清单”，做实区、街、社区党组织三级联动机制。

（冯永志）

【夯实基层党建工作保障】年内，继续推进“366”基层党组织负责人阶梯培养体系建设，组织全区基层党支部书记示范培训班，各直属党工委组织所属基层党支部书记开展全员轮训，加大党建经费向基层倾斜的力度，将社区党组织年度服务群众经费提高到每个社区平均30万元；充分利用区级“1000万元基层党组织解决重点难点问题专项经费”，支持基层党组织加强阵地建设、创新工作载体、解决困难问题。加大对社区经费使用的统筹安排和指导，帮助社区将服务群众经费用足、用活、用到实处。强化集党建、治理与服务为一体的阵地建设，在原有的20个党群活动服务中心基础上，结合金融街25万金融从业人员特点，创新打造“聚力·金融街”党建中心，构建“一街一品”党建阵地格局。利用党员E先锋、“西城组工”公众号，以及各党群活动服务中心微信公共号等平台，打造党建互联网阵地。

（冯永志）

【进千门走万户】年内，制定《关于开展“进千门走万户”行动的通知》，在全区各基层党组织中统一推动开展党员干部“进千门走万户”行动。结合推进党建引领“街道吹哨、部门报到”工作，牵头社工委，按季度对行动开展情况进行跟踪统计，并召开3次阶段性工作调度会，研究推动工作开展。市委组织部会同市委宣传部、北京电视台联合制作的“新时代新担当新作为”电视访谈专题节目，以“俯下身子密切联系群众”为主题，对区基层党员开展“进千门走万户”行动进行了专题报道。全区参加活动的党组织约800余个，在职党员约1.5万余名。

（冯永志）

【党员教育管理】年内，举办庆祝中国共产党成立97周年暨“党课的力量”主题党日活动，结合“街道吹哨、部门报到”“进千门走万户”等深入开展在职党员“双提升”社区统一行动日活动。制发《关于2018年西城区做好党课教育质量提升工作的通知》，基层党组织“三会一课”制度落实情况纳入基层党建工作重点任务督查清单，加强督导力度。制发《关于健全党费工作制度的通知》，开展社区“两委”委员入党过程核查和十八大以来发展党员工作全面排查，举办西城区党员发展对象示范培训班，培训党员发展对象218名；举办新党员示范培训班，培训新发展党员80名。做好组织生活会和民主评议党员工作，全区3304个基层党支部完成组织生活会和民主评议党员工作，27名区级领导和192名街道领导落实了双重组织生活制度。参照《北京市流动党员管理办法（试行）》，拟定本区实施细则。对驻在西城区的47家流动党员党组织进行沟通联系，核实相关情况。

（冯永志）

【优化人才工作环境】年内，落实《新时代推动首都高质量发展人才支撑行动计划（2018年—2022年）》，以"十三五"时期人才发展规划中期评估为契机，组织对全区11家人才主管部门人才需求、人才政策等情况进行调研，撰写《西城区人才工作格局研究报告》，制定《西城区人才工作目标责任制考核实施办法》，对全区人才工作目标定位、政策支撑体系、组织体系等情况进行了梳理研究。举办"人才大讲堂"，制定《西城区高层次人才需求调查工作办法》，建立高层次人才需求调查常态化工作机制。建立党委联系服务专家工作常态落实机制，制定专家服务手册，对119名专家人才进行日常走访和"两节"慰问。开展第三届西城"百名英才"遴选活动，召开西城区"百名英才"表彰大会，表彰宣传优秀人才先进事迹；开展"弘扬爱国奋斗精神、建功立业新时代"活动，举办"百名英才"专题研修班，组织人才政策宣传解读和典型人物宣传活动。

（冯永志）

【优秀人才集聚区建设】年内，出台《北京市西城区加快现代金融产业发展若干意见》等政策措施，对重点金融机构高级管理人员和核心业务骨干给予资金奖励和综合服务支持，推动人才集聚与产业发展同频共振。举办首届"金融街论坛年会——金融人才发展分论坛"，发布《金融街金融人才发展报告》，成立金融街服务局。承担金融街人力资源服务、领军人才培训、高端人才沙龙等相关工作。继续打造金融街金融行业创新业务团队集结地"金融集"，形成为金融新兴业务机构服务、人才吸纳、链接全国范围的全行业跨层次金融机构对接平台。

（冯永志）

【组工干部队伍建设】年内，召开全区组织部长座谈会，听取各党（工）委组工干部队伍建设情况，总结交流经验，征求意见建议。制定《西城区组工干部能力提升工程2018年工作计划》，举办"西城区2018年度组工干部学习培训班"，邀请中组部领导到西城区围绕城市基层党建工作、干部工作、人才工作等为组工干部授课，全区200名组工干部参加培训。严格落实《西城区委各工委调整配备委员和组织部部长实施办法（试行）》，加强工委委员、组织部长的调整配备，指导各党（工）委做好人选的确定、考察、备案等工作，全年办理党（工）委委员和组织部长提交部务会研究共13人次。

（冯永志）

宣传工作

【概况】中共北京市西城区委宣传部（简称区委宣传部）是区委主管意识形态工作的职能部门。负责全区党的思想理论建设；负责全区党员、干部的理论学习；负责规划、部署、协调全区性的思想政治教育工作。负责指导、协调全区综合宣传工作；负责全区文艺创作和文化活动等文化建设的指导工作，协调文化市场管理工作。负责组织协调全区对外宣传报道、新闻发布和对外文化交流工作；负责全区新闻宣传队伍管理和培训工作。负责组织协调和引导全区宣传系统舆情信息工作。负责联系、团结社会科学工作者、文艺工作者及部分专家学者工作。负责全区宣传文化发展专项资金的使用管理及监督检查工作。承担区委和上级业务指导部门交办的其他事项。负责组织制定全区对外宣传工作总体规划；指导、协调全区新闻宣传报道工作；全区新闻发言人队伍建设；负责指导、协调全区新闻发布工作；研究制定全区对外文化交流工作规划并组织实施，指导、协调全区对外文化交流工作。内设办公室、理论教育科、宣传文化科、新闻科。编制19人，实有人员23人。年内宣传思想战线坚决贯彻落实党中央、市委和区委决策部署，紧紧围绕中心、服务大局，正本清源、开拓创新，宣传思想工作取得突出成效。深入学习宣传贯彻习近平新时代中国特色社会主义思想和党的十九大精神，理论武装全面深化。筑牢意识形态安全防线，守土尽责局面基本形成。积极营造良好的舆论氛围，新闻舆论主题主线突出。扎实推进全国文化中心建设，文化发展内生活力不断提升。

地址：西城区二龙路27号

邮编：100032

电话：88064648

（谭凌子）

【推动意识形态责任制落实】严格落实意识形态工作责任制。区委常委会坚持定期听取意识形态专题汇报，纳入工作手册管理，研究涉及意识形态的议题45个。强化工作指导，2月24日，在2017年西城区党工委（党组）书记抓基层党建工作述职评议考核会上，区委常委、宣传部部长陈宁对现场述职书记落实意识形态主体责任情况进行了点评，对落实好意识形态工作责任制提出要求。加强意识形态阵地管控，对区域内39家演出场所、531家出版物经营单位、3家图书馆进行梳理形成台账，确保文化市场安全有序发展。加大市场监管，落实行政审批改革，整合工作流程。加大文化行政执法检查的覆盖范围和管控力度，强化与公安、工商、城管、街道等联动机制，推进"扫黄打非"进基层工作。着力提升党员干部意识形态工作能力，邀请中央党校黄相怀为全区300余名党员干部做辅导报告。开展意识形态书面督查，指导和推动全区各单位各部门增强对意识形态工作的履职自觉性。编发《意识形态动态参考》12期。出台《西城区党委（党组）意识形态工作责任制考评办法及指标体系（试行）》，从督查考核的内容、方式方法、结果应用等方面对全区党委（党组）意识形态工作责任制考核工作进行了细化规定，压紧压实各级党委（党组）意识形态工作的主体责任。

（谭凌子）

【抓好党委（党组）理论中心组学习】根据《北京市贯彻<中国共产党党委（党组）理论学习中心组学习规则>的实施办法》和市委宣传部下发的《2018年全市党委（党组）理论学习中心组专题学习重点内容安排》，制定《2018年西城区委理论学习中心组学习安排》。通过辅导报告、个人自学、交流研讨等形式开展学习31次，其中辅导报告14次，交流研讨3次，传达学习2次，专题调研5次，个人自学7次，区委理论中心组成员还参观了“红墙意识”党性教育基地，观看电影《青年马克思》。为区、处两级中心组成员配发涵盖政治、经济、社会、文化等各领域新出版的优秀书籍。完成4期配书工作，共配发图书7800余册。编发《西城宣传——中心组学习专刊》6期，共印发3000余册，供区、处两级中心组成员学习参考。制定《2018年西城区处级党委（党组）理论学习中心组巡听旁听工作安排》，联合区委组织部成立巡听旁听工作组，在全区组织处级党委（党组）理论学习中心组开展6次巡听旁听工作。同专业新媒体运营公司合作，对“西城理论学习”微信公众号的内容进行扩充，栏目样式进行改版升级，为区委理论学习中心组成员及全区广大干部群众提供最前沿的时政知识和最有深度的理论阐释，展示全区各单位理论学习工作成果。改版后编辑推送“西城理论学习”微信公众号12期，推送文章55篇，累计阅读次数8250次。

（谭凌子）

【开展理论宣讲】优化讲师团师资队伍，把懂理论、会宣讲的领导、专职教师吸纳到讲师团队伍中来。召开“西城讲坛工作会”，明确全年宣讲重点，部署工作，提出要求。围绕学习贯彻习近平新时代中国特色社会主义思想和党的十九大精神、践行“红墙意识”等主题，结合区域经济社会发展实际开展理论宣讲活动500余场，受众5.8万余人。持续开展“品读经典”学习活动。面向全区招募了第三批学员，邀请中央党校、人民大学的专家学者围绕《共产党宣言》《黑格尔法哲学批判》及《中共党章的修订》等内容开展专题学习6次。组织学员参观了国家博物馆“真理的力量——纪念马克思诞辰200周年主题展览”及中央编译局“思想的力量——马克思主义在中国百年传播”主题展览，结合纪念马克思诞辰200周年，组织召开“马克思主义青年说”座谈会。深化践行“红墙意识”的学习宣传。配合“三新”宣传，编发西城区深化践行“红墙意识”学习宣传材料三期，围绕“不忘初心、牢记使命”“红墙意识”主题研讨会以及中央、市属主流媒体对西城区践行“红墙意识”的主要报道内容总结提练观点，编辑设计版面，共印发57200余册下发全区各级党组织，供党员干部学习交流。

（谭凌子）

【强化全区思想政治工作】做好北京市思想政治工作优秀单位和优秀思想政治工作者的评选推荐工作。成立评选工作领导小组，明确推荐工作的方法、步骤。制定推荐评选工作实施方案、评选工作原则，结合西城区实际细化评选条件。突出西城特点，增强评选工作的针对性。经区委常委会研究推荐西长安街街道西交民巷社区党委等4个单位、广内街道工委书记彭秀颖等4人作为北京市“双优”评选表彰对象。认真做好《西城宣传》编辑工作。配合全区中心工作，先后开设学习宣传贯彻习近平新时代中国特色社会主义思想、学习宣传贯彻党的十九大精神、深化践行“红墙意识”、纪念改革开放40周年等专栏，着重加强对习近平新时代中国特色社会主义思想、全区深化践行“红墙意识”、提升城市精细化治理水平、抓好北京新总规落地等重点工作的理论阐释，形成一批贴近一线、新颖实用的经验做法和研究成果。编辑《西城宣传》5期，编辑刊发文章221篇。做好北京市政研会重点课题立项申报工作。根据北京市政研会开展2018年重点课题立项工作的通知要求，开展北京市重点课题立项申报工作。在思想政治工作和文化建设方面选题申报，共向上报立项课题7项。经专家评审，2个课题被市政研会列为重点课题给予立项。做好北京市“丹柯杯”优秀理论研究成果评选推荐工作。推荐涵盖党风廉政建设、干部队伍建设、人才工程、“两新”组织建设、经济社会建设、城市管理等内容的优秀理论研究成果60篇上报到市政研会。开展区政研会年检工作。利用北京市社会组织公共服务平台系统，在网上填报了2017年度年检工作相关材料，完善了2017年度政研会工作报告书。聘请会计师事务所对政研会2017年度财务状况进行审计，完成审计工作报告，向区社团办提交2017年度工作报告书。

（谭凌子）

【“十三五”文化发展规划中期评估】年内，按照《西城区“十三五”规划中期评估工作方案》的要求，聘请北京市社会科学院传媒研究所共同开展西城区“十三五”时期文化发展规划中期评估的各项工作，完成西城区“十三五”时期文化发展规划中期评估报告撰写工作。

（谭凌子）

【开展庆祝改革开放40周年活动】制定《西城区庆祝改革开放40周年活动实施方案》，组织安排理论学习研讨、专题展览、精品创作、新媒体产品、成就报道、参观体验和征文活动等“六大系列重点工作”，展示改革开放取得成果，坚定改革开放信心。

（谭凌子）

【举办新中国工业档案文献展】10月10日，国家档案局中央档案馆、工业和信息化部共同主办，中共北京市西城区委、西城区人民政府、工业和信息化部工业文化发展中心承办的“不忘初心 奋发图强——新中国工业档案文献展”在民族文化宫展览馆正式开幕。工业和信息化部部长苗圩、国家档案局中央档案馆局馆长李明华、西城区委书记卢映川出席开幕式并致辞。国家档案局中央档案馆副局馆长付华主持开幕式。本次展览面向团体观众，展期从10月9日至10月23日，展览面积近3000平方米，共分为9个篇章，通过1300余件展品，包括部分首次公开的历史档案、重要文献、珍贵图片和实物模型，围绕重要事件、重要产品、重要人物和重要精神等四个方面，回顾了从1931年官田兵工厂创办开始80余年来的风雨历程，展示了中国工业发展的伟大实践、伟大成就和伟大精神。

（谭凌子）

【举办胡同文化摄影展】11月1至15日，西城区“古都映巷——西城胡同文化摄影展”在北京坊劝业场一层大厅开展，摄影家代表、嘉宾等150余人参加开幕式。展览是西城区庆祝改革开放40周年系列活动之一，以“西城胡同文化”为主题，共分为“曲径通幽 胡同之韵”“群贤毕至 人文渊薮”“衣食住行 市井风情”“和谐宜居 美好生活”4个部分，100余张胡同摄影作品从胡同肌理、景观、建筑到百姓衣、食、住、行，生活情趣等角度，全方位呈现西城胡同的变迁轨迹，凸显西城区改革开放四十年来的巨大变化，显现疏解非首都功能取得的阶段性成果，彰显西城区域文化魅力。

（谭凌子）

【“我与改革开放”百姓宣讲活动】年内，西城区围绕“纪念改革开放40周年”“践行‘红墙意识’”等主题，深入推进西城百姓宣讲工作。组建各级各类百姓宣讲团260余支，重点打造了西城区“改革开放 筑梦西城”百姓宣讲区级宣讲团，建立街道（系统）级宣讲团24支、社区（基层单位）宣讲团230余支。全年共组织开展各级各类百姓宣讲活动近千场，累计受众10万余人。各级各类宣讲主体在新媒体上共发布百姓宣讲专题500余条，点击量破5万次。

（谭凌子）

【“月圆京城 情系中华”中秋节活动】 中秋节，西城区以“月圆京城　情系中华”为主题，按照“五统一”标准，精心设计载体、创新活动形式，通过“赏、吟、伴、品、展”等方式，开展游中秋、诵中秋、舞中秋、绘中秋、秀中秋5大品类活动，办好月坛公园、大观园和北京坊3大市级主场活动，19项区级重点活动，百余项街道社区活动，线下约5万名市民和游客参与，线上约850万人次参与，通过传统文化聚人心。

（谭凌子）

【北京坊和金融街灯光秀活动】 根据市委宣传部《北京市2018—2019年传统节日文化活动工作方案》和国庆期间统一部署，西城区在中秋节和国庆节期间分别在北京坊和金融街打造两场璀璨的主题灯光秀活动。市民群众1.5万余人参与，中央、市属媒体和新媒体平台多形式报道，线上阅读和参与240万人次。

（谭凌子）

【“孝满京城德润人心”重阳节活动】 重阳节前后，西城区围绕“孝满京城德润人心”主题，组织开展敬老孝亲、暖心助老、文化孝老、夕阳风采、游园赏菊、重阳诗诵、重阳记忆、登山祈福等多类别多形式的文化活动，弘扬敬老尊老传统美德。据不完全统计，共组织开展各级各类文化活动340余场次，参与人数3.7万余人次。

（谭凌子）

【推进文化内涵挖掘和利用工作】 年内，建立全国文化中心建设文化内涵挖掘专项组工作机制，围绕古都文化、红色文化、京味文化、创新文化的研究阐释和挖掘利用，实施项目动态管理、分类管理和全过程时间节点把控。

（谭凌子）

【启动京剧发祥地项目】 9月1日，“京韵剧缘”——京剧发祥地2018系列活动在“京剧发祥地”地标石广场拉开帷幕，标志着京剧发祥地项目启动。同时推进“京剧数字传承和创意体验”项目落地实施。

（谭凌子）

【注重权威发布】 年内，通过市、区“两会”，就社会各界关心的热点敏感话题进行权威发布5场次。1月9至11日，召开2018年西城区“两会”新闻发布会，全区17家单位“一把手”及新闻发言人出席并进行了现场发布，围绕城市精细化管理、历史文化名城保护、保障和改善民生等3个方面，19个热点、难点问题，权威解读政策，积极回应关切，引导舆论效果明显。配合做好2018年市“两会”新闻发布，副区长徐利围绕“老城提升”主题，就街区整理、市政基础设施升级改造、深度挖掘街区的历史文化、加强文物的腾退与活化利用等内容进行了发布，重点介绍了西城区在老城保护方面的新举措。

（谭凌子）

【“红墙意识”大型主题宣传】 4月，按照中央领导指示精神，西城区围绕“新时代新气象新作为”开展“红墙意识”主题宣传报道活动，邀请中央、北京、地方共33家媒体、159名媒体人走进西城区，集中采访、连续报道了西城区践行“红墙意识”的情况，共推出原创报道262篇，多篇报道阅读量超过千万人次。其中人民日报、新华社、中央电视台新闻联播等中央主要媒体推出50余篇（期）系列深度报道，配发多篇评论，《求是》杂志刊发署名“秋石”文章，进行了理论提升；科技日报、解放军报等专业媒体，拓展了“红墙意识”的新视角；北京日报、北京电视台等市属媒体，在转发央媒报道后，续发原创制作，调整宣传角度，拉伸报道立体感；浙江日报、湖南卫视等地方媒体，将“红墙意识”引向全国；北京时间、现代快报等新媒体推出的短视频、互动H5、神舞短片、沙画歌曲等融媒体产品吸引众多受众，扩大传播覆盖面。欧洲时报、西班牙联合时报、意大利华人时报等海外媒体也转发了相关报道。“红墙意识”成为京内外的热频词。“红墙意识”的宣传受到中央和市委充分肯定。中共中央办公厅《中办信息》全文刊登了“红墙意识”宣传工作总结。中宣部部长黄坤明在《中共北京市西城区委员会关于“红墙意识”宣传报道情况的报告》上作了批示：此项活动见思想、接地气、有成效。

（谭凌子）

【加强新闻发言人队伍建设】 年内，推动区、处两级新闻发言工作体系建设，完善由局、处两级实职领导担任新闻发言人的工作制度，在信息发布和舆论引导工作中发挥重要作用。7月9至11日，组织全区新闻发言人赴人民大学开展专题培训，通过理论讲解、案例分析、实战演练等形式，增强各单位新闻发言人在全媒体时代的新闻素养和舆论引导水平。

（谭凌子）

【重大主题宣传】 年内，做好学习贯彻习近平新时代中国特色社会主义思想、党的十九大精神、改革开放40周年、全国“两会”等重大主题新闻宣传，深化对习近平总书记两次视察北京重要讲话精神的宣传阐释。围绕落实城市总体规划、疏解整治促提升、“动批”疏解、老城保护与街区整理、构建“高精尖”经济结构、推进京津冀协同发展等等全区重点任务和中心工作，全面展示西城人民推进改革发展取得的进展和成效。联合北京电视台制作庆祝改革开放40周年网络视频短片《蜕变——“动批”变身记》，讲述动物园服装批发市场改革开放40年来的变化，先后在爱奇艺、优酷、酷六等网站同步推出，获北京市“我与改革开放”故事征集活动视频作品一等奖、北京广播电视台重大主题创新奖。

（谭凌子）

【抓好西城新闻宣传报道】 年内，围绕区域中心工作、重点工作，以及西城区重点工作，通过新闻通气会、集体采访等形式，主动开展专题发布60余场次，接待中央及市属媒体采访、拍摄活动1400多人次。在中央市属主流媒体通过电视、报纸、网络等多种形式共发布新闻5000余条（不包括转载），推出了一批有分量的重点报道，被市委宣传部授予“北京市新闻发布工作特色单位”。

（谭凌子）

【配合《向前一步》栏目推动疏整促】 年内，市委宣传部、市发展改革委联合北京电视台共同策划制作全国首档市民与公共领域对话节目《向前一步》。区委宣传部积极配合《向前一步》栏目，挖掘西城区疏整促工作中的痛点、难点、堵点问题，强化公共政策解读和公众意见交流。节目自2018年开播以来，截至11月份播出23期，其中，有11期节目来自西城，分别是《华康里文物腾退遇难题》、《老旧小区物业管理》、《治理“开墙打洞” 走进25年老品牌徐记烧饼》、《安徽会馆腾退》上下集、《杨椒山祠》上下集、《99%与1%——白纸坊棚改》上下集、《动批变迁》上下集。节目播出后，在社会各界特别是北京市民中引起了强烈反响，市委市政府领导高度认可。《向前一步》已经成为西城区基层工作的“教科书”。《向前一步》栏目展现了西城区基层干部迎难而上、不忘初心的精神风貌，树立了西城区政府的形象和公信力。

（谭凌子）

精神文明建设

【概况】西城区精神文明建设委员会办公室（简称区文明办）是西城区精神文明建设委员会的办事机构，负责协调组织开展全区精神文明建设的日常工作。内设综合科、创建协调科、宣传教育及未成年人工作科，在职人员17人。年内，聚焦推进“全国文化中心建设、落实新版北京城市总体规划”，持续提升市民文明素质和社会文明水平，为建设风尚良好和风韵美丽的首都核心功能区提供坚强思想保证、强大精神动力、丰润道德滋养和良好文化条件。

地址：西城区广安门南街68号

邮编：100054

电话：83976220

（刘　克）

【全国文明城区创建工作】年内，健全完善“西城区2018—2020年北京市和全国文明城区创建与迎检工作领导小组及办公室”，制定《西城区2018年北京市和全国文明城区创建与迎检工作方案》和《西城区2018年北京市文明城区测评体系操作手册打分表》；召开西城区2018年北京市和全国文明城区创建工作动员暨北京市文明城区测评培训会和2018年北京市文明城区创建迎检推进会，区四套领导班子对包片负责的街道专题开展文明城区创建工作督查。西城区北京市文明城区测评总得分为412.57分（满分465分），在16个区中排第一位，圆满完成全市统一测评工作。

（刘　克）

【“核心价值观”公益宣传活动】年内，在西城区爱国主义教育网、北京西城官方微博、西城百姓宣讲官方微博上广泛传播社会主义核心价值观，制作西城特色公益广告1万平方米；自主设计37幅具有浓郁西城地域文化特色的公益广告作品，实现广覆盖。

（刘　克）

【评选和学习宣传道德模范】年内，共推荐北京榜样候选人81人，有17人被评为周榜样，有8人被评为月榜样，中国登山家夏伯渝入选“2018北京榜样”年榜人物。全区8人获得2017—2018年度“首都精神文明建设奖”，依托“西城好人e家”微信公众号，传播好人正能量，让学习雷锋、争做好人成为社区流动的风景，用身边人身边事教育激励人。

（刘　克）

【道德讲堂建设】年内，全区道德讲堂总堂开展各类活动30余场，2000余人参与，全区共建各种形式文明单位道德讲堂和区级总堂315所，遍布全区313个首都级以上文明单位。

（刘　克）

【群众性精神文明创建】年内，制订《西城区精神文明建设委员会关于深化群众性精神文明创建活动的实施方案》，开展“与文明同行——西城区文明创建活动摄影比赛”“首都文明单位礼让斑马线志愿服务主题实践活动”，全区有单位、街道、社区、学校、景区和家庭计322个获“全国文明单位”或“首都文明单位”，总数位列全市第一。1个家庭获得“全国文明家庭”、8个家庭获得“首都文明家庭”称号，北京八中代表西城区参加全市“文明校园巡礼”集中宣传活动，同创共建共享工作格局形成，群众性创建成果斐然。

（刘　克）

【“学雷锋”志愿服务活动】年内，深化志愿服务制度化、常态化，弘扬志愿服务精神，积极推动学雷锋志愿服务活动。区领导作为助盲志愿者，在中国盲文图书馆内，陪伴视障儿童做触摸体验、为他们读故事书。举办2018年西城区首都文明单位建设暨志愿服务队工作培训会。北京市西城区地方税务局获第四批全国学雷锋活动示范点。西城区第一文化馆“温馨影院”志愿服务项目、大栅栏街道石头社区、北京市红丹丹视障文化服务中心分别获得最佳志愿服务项目、最美志愿服务社区和最佳志愿服务组织称号。推进西城区“三关爱”志愿服务活动。2018年共优选帮扶“三关爱”志愿服务项目17个，提供帮扶资金90万元。

（刘　克）

【诚信建设】年内，落实中央和北京市关于加强诚信建设的总体要求和部署，在各街道重要街区继续开展诚信安全做食品主题实践活动，组织社会第三方开展《西城区十三五时期诚信体系建设规划》中期评估，广泛开展文明商业街区和文明商户创建，制发《关于深入开展文明商户创建活动的实施方案》，建立市级、区级文明商户创建体系，逐步实现文明商户创建全覆盖。在西单商业街、大栅栏商业街、马连道茶叶街、什刹海（烟袋斜街、护国寺街）等主要商业街区评选出40家“首都文明商户”、76家“区级文明商户”。召开“首都文明示范街”暨争当“文明商户”推进会，率先推出原创《文明营商之歌》，聘任全国文明单位菜百董事长赵志良为“文明营商诚信大使”，发布西城区“我承诺我诚信”行动和《倡议》，原创情景剧《服务——实体与网购的“巅峰对决”》。在全区开展“不剩饭、不剩菜”为主题的光盘行动，制发《西城区全面深入开展“光盘行动”工作方案》，开展西城美食节等宣传引导勤俭节约主题活动。

（刘　克）

【“我们的节日”主题活动】年内，广泛开展“我们的节日”主题活动，制作发放书签、春联等特色宣传品共计13.5万套，大力倡导文明、环保、勤俭、和谐的社会新风，提升节日文化内涵。清明节开展网上祭祀英烈、缅怀先人、经典诵读等系列活动，弘扬时代文明新风。西城文明网和文明西城发布网上文明祭祀专题，参加活动达10万余人次。

（刘　克）

【公共文明引导】年内，开展学雷锋，做文明有礼的北京人系列公共文明引导行动，坚持公共文明引导日宣传，开展“礼在北京 让出文明——市民爱心斑马线专项行动”交通路口文明引导服务，进驻市属公园开展文明游园引导，坚持公共场所禁烟宣传，以“西城文明引导”微信公众号为载体，培育社会文明风尚，营造良好的公共环境与服务氛围。

（刘　克）

【背街小巷环境整治】年内，与区城管委联合梳理背街小巷整治提升的工作思路、工作内容、工作方法，全区32条背街小巷被评为首都文明街巷，开展“美丽街巷我的家”摄影作品征集活动，起草《西城区培育街区文化指导意见》，指导街区培育西城特色的街区文化。

（刘　克）

【礼让斑马线专项活动】年内，全区共有105个文明单位和机关单位主动认领了36个示范路口。将每月22日设定“西城区礼让守序主题宣传日”。在全区开展以“礼让守序 干净整洁 文明西城 迎冬奥”为主题的创建文明城区主题推动日活动，制作临时停车号码牌等宣传品5万份，礼让守序文明交通宣传折页10万份。有5000人次志愿者走上路口开展文明引导志愿服务活动。西城区文明办获“市民礼让斑马线广场舞比赛”优秀组织奖。

（刘　克）

【未成年人思想道德实践活动】年内，“新时代好少年”推荐活动，李东蔓、郜舒笛、王浩诺同学获得首都“新时代好少年”，北京市第十五中学李东蔓同学被评为全国“新时代好少年”。区文明办联合区关工委在重要时间节点组织开展“传承红色基因”系列活动，区教委开展“开学一课”活动，区文化委开展“非遗传承进校园、进社区”活动，强化德育平台。西长安街街道“小小街巷长”主题教育活动、区关工委“访红色基地、育爱国情怀”活动分别获得首都未成年人思想道德建设优秀创新案例奖及提名奖。

（刘　克）

【网络文明引导】年内，创新做好西城文明网、“文明西城”官方微博以及微信公众号的文明传播工作。北京西城文明网发布信息2495条。自主策划制作专题13个，《网上祭英烈》《致敬先烈 展望未来》《向国旗敬礼》等专题吸引17万余人参加。“文明西城”公众号粉丝数为15035人，发布文章620篇，阅读数249667次，“文明西城”在“清博大数据”发布的全国文明微博传播力周榜排行中多次连续进入排名前20。

（刘　克）

【文明市民学校建设】年内，围绕文明城区建设，在市民教育教学活动、市民终身学习成果认证制度和为文明城区建设提供智力支持等三个方面持续深化群众性精神文明创建活动，持续提升区域市民文明素质和社会文明水平。开展市民讲外语风采大赛、市民艺术节、市民书画精品展等各项特色专题活动，举办市民大课堂、培训讲座、学习成果展示、评比展演等多种形式的学习活动，为居民开设社区居民大专课程班、市民短期培训班、教师进社区的社区课堂等。营造“人人皆学、处处能学、时时可学”的终身学习氛围，不断提升区域精神文明建设水平。

（刘　克）

统一战线工作

【概况】中共西城区委统一战线工作部（简称区委统战部）是中共西城区委主管统一战线工作的职能部门。内设办公室、党派科、联络科，党外知识分子工作科、新的社会阶层人士工作科，西城区社会主义学院是区委统战部的直属事业单位。区委统战部在职公务员19人，社会主义学院4人，工勤1人。年内，区委统战部贯彻中央、市委、区委要求部署，全面落实《西城区关于贯彻落实中央、市委统一战线工作有关精神的实施意见》，坚持稳中求进、创新驱动和问题导向，全面推进“凝心”“聚力”“增效”“强基”四项工程，不断开创西城统一战线各领域工作新局面，最大限度为区域改革发展稳定凝心聚力。

地址：西城区二龙路27号

邮编：100032

电话：88064280

（陈昌杰）

【统战工作会】2月28日，区2018年统战工作会召开，传达全国统战部长会精神、北京市委统战工作领导小组全体（扩大）会及北京市统战部长会精神，部署2018年统战工作。会议由区委副书记王飞主持，区四套班子主要领导、区法院院长出席会议，全区各单位主管统战工作的领导及干部近200人参加会议。

（陈昌杰）

【统一战线工作领导小组会】10月31日，西城区召开统一战线工作领导小组会，出台相关文件贯彻落实中央、市委统一战线工作精神，支持民主党派区委、无党派人士在全区范围内开展专项民主监督工作，同时进一步加强新时代党外代表人士队伍建设。区领导卢映川、徐利、张宗禹、缪剑虹、程军，以及区相关部门负责人出席会议，王旭主持会议。

（陈昌杰）

【民主协商会】1月3日、5日，9月26日分别召开区2018年民主协商会，围绕重要人事安排和区政府工作报告进行协商，区委书记卢映川，区委副书记、区长王少峰分别主持会议，王飞、孙仕柱、王旭、程昌宏、吴向阳参加会议，各民主党派区委、总工会、青联、妇联、科协、侨联、工商联、无党派代表等20余人参会。

（陈昌杰）

【政党协商工作】年内，围绕区委工作报告、区政府工作报告以及区人大代表、区政协委员调整组织政党协商4次，召开区监察委2018年工作情况通报会，与区政协联合组织“十三五”规划中期评估议政会。继续做好双月专题协商座谈会品牌，围绕“推进公共文化服务示范区创建”“落实创新驱动发展战略，构建高精尖经济结构”“优化腾退空间功能，提升管理使用品质”主题组织协商座谈3次。全年各民主党派、无党派人士完成调研71篇。

（陈昌杰）

【政党协商会】12月20日，西城区召开政党协商会，对《在区委十二届九次全会上的常委会工作报告》《全区经济社会发展工作报告》征求民主党派、工商联、无党派人士的意见和建议。卢映川参加并主持会议，王旭、缪剑虹参会。

（陈昌杰）

【民主党派工作会议】3月27日，西城区民主党派工作会议召开，王旭出席会议并讲话，各民主党派区委领导班子成员50余人出席会议。区委统战部及各民主党派区委总结2017年的工作情况，交流2018年的工作思路与安排，表彰2017年各民主党派调研、信息工作。

（陈昌杰）

【民族宗教工作】年内，以落实《西城区关于加强和改进新形势下民族宗教工作的意见》和新修订的《宗教事务条例》为契机，完善“一个组织、两支队伍、三级网络”民族工作格局，强化少数民族流动人口服务管理，加强宗教界人士政治培训，做好宗教活动场所服务保障工作。

（陈昌杰）

【专项民主监督】年内，起草《中共北京市西城区委关于支持民主党派区委、无党派人士开展专项民主监督工作的实施意见》，建立健全多方联系、统筹协调工作机制，形成工作报告报送区委。配合民盟北京市委对西城区开展疏解整治促提升专项民主监督工作，支持民盟市委专项民主监督小组围绕文物腾退项目、建筑垃圾处理等开展实地调研6次，召开协调部署会2次，邀请民盟市委领导列席区委常委会相关议题。

（陈昌杰）

【民进中央赴西城区调研】9月5日，民进中央常务副主席刘新成带领调研组成员，围绕“民主党派基层组织参与基层社会治理”主题到西城区进行调研座谈。民进中央副主席朱永新出席座谈并介绍调研背景。民进中央副主席、北京市委会主委庞丽娟，市社工委书记宋贵伦，区领导卢映川、王旭、郁治出席座谈会。

（陈昌杰）

【中央统战部赴西城区调研】10月16日，中央统战部董熠晶、市委统战部刘智、市社院宋菊芳等调研组一行，赴西城区调研民主党派基层组织建设情况；中央统战部郭焕龙及山西省委统战部李永进一行5人，赴西城区调研新的社会阶层人士统战工作。王旭及其他相关领导分别陪同调研。

（陈昌杰）

【农工党中央领导赴西城区调研】10月19日，农工党中央专职副主席龚建明、组织部副部长李新及市委相关领导一行，走访调研西城区委基层组织建设情况。区委常委、统战部部长王旭，农工党西城区委主委张培彤等陪同调研。

（陈昌杰）

【市领导及全国政协委员赴西城区考察】9月13日，市政协、市委统战部领导及30余名全国政协委员赴西城参加北京市全国政协委员视察考察活动，围绕历史文化街区改造和疏解整治促提升专项行动进展等视察并座谈。市政协主席吉林，市委常委、统战部部长齐静，市政协副主席杨艺文、秘书长严力强，区领导卢映川、章冬梅、朱国栋参加。

（陈昌杰）

【市委统战部赴西城区调研】3月29日，市委统战部副部长张洋带队赴西城调研新的社会阶层人士统战工作情况。张洋一行实地考察了西城区金融街金融集并举行座谈，王旭主持会议并汇报相关工作情况，民主党派区委、知联会相关领导参会。

（陈昌杰）

【老城复兴西城行】11月19日，市委统战部、新浪微博党委、区委统战部共同组织36名北京网络知名人士联谊会理事赴西城区开展“老城复兴西城行”专题调研活动，考察了解西城区“疏整促”和“背街小巷”工作。中央统战部六局副局长梁智卫、市委统战部副部长严卫群、新浪微博CEO王高飞、新浪微博党委书记王祥参加调研。

（陈昌杰）

【区监委2018年工作情况通报会】9月20日，区委统战部召开西城区监察委2018年工作情况通报会。王旭主持，区纪委书记虞宝才向西城区各民主党派区委、无党派人士，统战系统口内单位主要领导通报了西城区监委2018年工作情况。

（陈昌杰）

【新的社会阶层人士工作】年内，成立西城园、金融街、文创产业、律师、青年等5家新联会组织，建设天桥演艺区等5个区级实践创新基地示范点。推进“一个重点，三个领域，多点支撑”新阶层人士统战工作布局，实现“线上有平台、线下有组织、服务有载体、活动多样化”的工作目标。“聚力•金融街”申报全国新的社会阶层人士统战工作实践创新重点项目，完成区新联会换届工作。

（陈昌杰）

【成立新联会组织】1月30日，召开北京金融街新的社会阶层人士联谊会成立大会，摩根士丹利国际银行（中国）有限公司北京分行行长郑芳当选会长。2月1日，召开西城区文化创意产业新的社会阶层人士联谊会成立大会，中盟文化产业投资有限公司董事长戴晓岚当选会长。5月26日，西城区在全市率先成立律师行业新的社会阶层人士联谊会，北京道淳律师事务所主任李庆保当选会长。12月6日，召开西城区新的社会阶层青年联谊会成立大会，尚巴新升（北京）文化有限公司创始人、董事余博当选会长。

（陈昌杰）

【新的社会阶层人士联谊会换届大会】7月28日，区新的社会阶层人士联谊会换届大会暨第二届理事会第一次会议召开，选举产生以中逸会计师事务所有限公司总经理李季名为会长的区新的社会阶层人士联谊会第二届理事会领导班子。市委统战部副部长严卫群，区领导王飞、王旭到会祝贺。

（陈昌杰）

【统战工作交流考察】4月20日，广州市越秀区委常委、统战部部长谢伟光一行6人赴西城学习考察，交流民族宗教工作。6月13日，杭州市上城区委常委、统战部长来剑波一行19人赴西城学习考察。11月21日，汉中市委统战部领导及有关部门负责人一行6人分别赴西城学习考察，交流新的社会阶层人士统战工作情况。

（陈昌杰）

【举办统战人士书画展】10月15日，北京西城海外联谊会、西城党外知识分子联谊会、西城区新的社会阶层人士联谊会联合举办“庆祝改革开放40周年书画展览”活动，区领导卢映川、王旭、徐利等参观。

（陈昌杰）

【“十三五”规划中期评估议政会】11月1日，区委统战部召开“十三五”规划中期评估议政会。徐利主持会议，孙硕出席会议并讲话，区政协部分常委、委员，区各民主党派、无党派、工商联、侨联的负责人及成员共计150余人参加会议。

（陈昌杰）

【党政领导干部统战工作培训班】10月29日，西城区党政领导干部统战工作培训班在中央社会主义学院开班。中央社会主义学院培训部主任姚路丹为开班式致辞。王旭讲话，区40余名党政处级干部参加。

（陈昌杰）

【民主党派基层组织负责人培训班】8月24至25日，区委统战部举办西城区民主党派第五期基层组织负责人培训班，各民主党派区委的50余名基层支部负责人参加培训。

（陈昌杰）

【社院培训】年内，发挥区社会主义学院人才培养和方针政策宣传基地作用，举办西城统战大讲堂，组织各类培训班18期、专题报告会6场，培训人员2000余人次。在区内建立历代帝王庙、金融集等8个区社会主义学院现场教学点。

（陈昌杰）

【党外代表人士队伍建设】年内，起草《中共北京市西城区委关于加强新时代党外代表人士队伍建设的实施意见》，系统提出党外代表人士队伍建设目标和具体工作措施，召开区委组织部、统战部部长联席会议，研究党外代表人士队伍建设和党外干部工作。建立全区党外代表人士数据库，推进代表人士安排使用，结合“进千门走万户”工作加强联系。

（陈昌杰）

【基层统战工作】年内，发挥57名街道规划顾问作用，形成“党委统一领导、统战部门推动、相关单位配合、社会共同参与”的楼宇统战工作新模式，重点打造五栋大楼市级示范点和金融街特色区域的统战工作品牌。全区已基本实现楼宇统战全覆盖，建立76个楼宇统战工作站，覆盖楼宇172座、非公企业5966家、社会组织72个，在全市基层党组织统战工作示范建设点工作推进会上作典型经验交流发言。

（陈昌杰）

【楼宇统战暨京台基层社区交流工作会】10月10日，区委统战部召开西城区楼宇统战暨京台基层社区交流工作会议。会议由王旭主持，全区15个街道办事处统战工作主管领导、统战部长参会。

（陈昌杰）

【对口扶贫工作】年内，组织医疗专家9批百余人次赴帮扶地区坐诊培训，开展文化下乡演出2场，助力少年宫软硬件建设，指导非物质文化遗产保护等。组织25家非公企业开展“万企帮万村”结对帮扶，捐赠各类物资价值500余万元，支持台商在张北、喀喇沁设立“两岸一家亲”贫困生奖学基金，签订藜麦种植承包协议。协调北京四中网校为喀喇沁中小学提供教学服务，发起对口扶贫囊谦教育协作3年项目“新苗计划”。4月20至22日，王旭带领全区统一战线各界人士130余人赴河北省保定市阜平县开展纪念中共中央发布“五一口号”70周年、携手助力对口扶贫协作系列活动，以医疗义诊、文艺演出、捐赠帮扶等形式精准帮扶。5月30至31日，王旭带领区统一战线各界代表人士30余人赴鄂伦春自治旗考察对口帮扶工作并签署街道办事处、企业结对帮扶贫困乡镇、村协议书。6月27至29日，王旭带领统战系统、各民主党派区委及区工商联等部门负责人20余人前往赤峰市喀喇沁旗、通辽市考察调研扶贫协作工作。7月4日，王旭、李异带队赴门头沟区与低收入村签署帮扶协议，3个街道、12家区属国有企业及非公企业的负责人与门头沟区低收入村镇签署帮扶协议，门头沟区区委书记张力兵出席签约仪式。12月13日，区委统战部召开非公企业“万企帮万村”工作座谈会，邀请全区参与“万企帮万村”精准扶贫行动的26家非公企业代表和8个民主党派区委驻会负责人参会，共同梳理总结2018年相关工作开展情况，全面谋划下年工作思路。王旭主持会议，李异出席会议并讲话。

（陈昌杰）

对台工作

【概况】中共北京市西城区委台湾工作办公室、北京市西城区人民政府台湾事务办公室（简称区台办）是西城区委、区政府负责辖区涉台事务的工作机构，在职人员5人。主要职能是“组织、指导、管理、协调、服务”辖区的对台工作，处理日常涉台事务，动员社会各界人士积极做促进祖国统一工作。年内，区台办贯彻落实中央及北京市对台工作精神，以巩固深化两岸关系和平发展为主要任务，承办“2018•第四届京台基础教育校长峰会”活动、组织话剧《绑丝剑衣》入岛交流演出等重点交流活动，加强对台交流交往工作的实效性，做好对台宣传，努力为台商创造公平公正的经营环境；及时、妥善处理涉台突发事件，确保辖区涉台发展环境的稳定。区台办被国台办评为《两岸关系》《台湾工作通讯》刊物宣传工作先进单位。

地址：西城区二龙路27号

邮编：100032

电话：88064282

（刘　杰）

【涉台教育】年内，下发《2018年西城区深入开展涉台宣传教育工作的通知》，指导全区各单位开展涉台宣传教育活动，组织“区涉台教育宣讲团”进党校、进学校、进社区巡回宣讲活动。7月24日，北京联合大学台湾研究院两岸关系研究所所长朱松岭到大栅栏街道进行专题讲座，从台湾问题的由来和发展、大国格局变动中的交锋、两岸和平发展形势下的博弈等3个方面，较为系统介绍了台湾问题的历史形成以及各方在寻求两岸统一进程中所做的各种工作，街道机关干部、社区工作人员100余人参加。9月27日，举办处级干部大讲堂暨台湾形势报告会，邀请中国教育科学研究院高级研究员、博士生导师陈云英作“用跨文化视角理解台湾同胞”主题报告。11月29日，朱松岭到广安门外街道作“九合一”选举后台湾地区政局和两岸关系形势报告，区台办为作为“西城区对台交流基地”的湖广会馆、历代帝王庙和传承紫砂艺术博物馆颁牌。年内，完成2期《西城对台工作》的编发工作，向北京市台办报送工作信息24件。

（刘　杰）

【组团赴台交流】5月9至15日，区人大常委会团组赴台参访台北市卫生环保宣导协会、台北慈济内湖环保教育站、高雄慈济静思堂环保教育站等机构，就城市生活垃圾与园林绿化垃圾的分类和处理、强化市民环保意识的先进经验和做法与受访单位深入交流。5月30日至6月5日，区各界妇女代表团组赴台参加“京台姐妹心连心、情真意切话母亲”主题论坛，走访台湾女企业家协会、台湾陆配联合总会、圣功医院附设护理之家等组织机构进行考察交流。12月23至29日，区政协“文化环境建设”课题组赴台进行专题调研活动，参观考察台北故宫博物院、台中美术馆、屏东戏曲故事馆等文化历史场所。12月24至30日，区医疗卫生系统考察团赴台参访台湾童综合医院、安泰医院、承康护理之家等医疗机构，就医疗机构精细化管理、医养结合、社区卫生服务等方面座谈交流。年内，组织全区共计43个团组赴台交流，全年办理公职人员522人、在校师生84人、非公职人员58人赴台手续。

（刘　杰）

【接待来访交流】1月29日，“台湾青年国情考察团”一行12人，到新街口街道西四北六条社区以及西四北三条社区参观“老街坊”公益中心、“小木屋”儿童馆等社区服务项目，就社区基层党组织、社区党员和社工建设社区、服务居民等情况进行座谈交流。3月22日，高雄市寝具公会理事、中国国民党党代表宁光宗带领的高雄市燕巢区社区参访团到新街口街道社区服务中心、白纸坊街道清芷园社区等进行参观座谈，就社区养老、志愿服务等内容与社区干部交流。5月21日，台湾忠信学校参访团到北京八中，与八中艺术团进行学生艺术交流，忠信学校管乐团、女子枪队和天声合唱团进行表演，八中金帆交响乐团与童声合唱团也分别演出。7月6日，中国国民党前大陆事务部主任黄清贤一行20人到西城区什刹海街道柳荫街社区参访，双方就社区养老、志愿服务等方面的内容进行交流。7月25日，台湾桃园文山小学优秀教师代表到北京育才学校参观。9月19日，第七届“白云杯”全国太极邀请赛在月坛体育公园举办，邀请台湾高雄市太极拳协会左营孔庙教练场、高雄市太极拳推广协会2支代表队的32位太极拳爱好者参加。9月22日，由广内街道主办，广内空竹协会承办，北京非物质文化遗产保护中心、北京海峡两岸民间交流促进会、区台办、区委社工委、区社会办、区文化委、区体育局、区非遗中心作为支持单位的第九届中国广内杯空竹邀请赛暨2018年广内街道空竹文化节举行。来自高雄市活力健康扯铃发展协会的空竹达人们为现场观众献上“两岸同心——高雄心北京情”的精彩表演，参访团参观了北京市空竹博物馆、“甲骨文•悦读空间”和广内街区体验馆，了解北京城市街区治理和发展情况。

（刘　杰）

【2018·第四届京台基础教育校长峰会】 10月17至20日，由北京市台办、市教委和西城区政府共同主办，区台办、区教委共同承办的2018•第四届京台基础教育校长峰会在西城区召开。中共中央台办、国务院台办主任刘结一，国务院台办交流局局长黄文涛、副局长王振宇，教育部港澳台办副主任王志伟，市政府副秘书长尹培彦，市台办副主任黄塞溪，市教委副主任黄侃，区领导王飞、王旭、李异出席，区政协主席章冬梅致辞，副区长司马红主持开幕式。京台两地400余位知名、资深校长参加，其中台湾校长152名。峰会以“面向未来的基础教育”为主题，着眼于两岸发展、京台基础教育交流实际，依托主论坛和中小学教育等多个专题的分论坛、开展“同课异构”教学体验等活动。发挥京台基础教育发展联盟作用，组织两地资深专家和校长举办合作论坛，就共性教育问题开展交流研讨、课题开发、学者互访等；开展京台中小学校长专题研修班，进一步深化交流合作；安排文化考察和人文交流活动，组织校园实地参访，了解北京市、西城区基础教育发展情况；走进孔庙、故宫等文化地标参与中华传统文化和礼仪等体验活动。

（刘　杰）

【话剧《缂丝箭衣》赴台交流演出】 由天桥盛世投资集团下属北京风雷京剧团风入松剧社出品的京话剧《缂丝箭衣》于12月27至28日入岛交流，在高雄演出2场，容纳1200人的演艺厅上座率均超过80%。台湾高雄市两岸工作小组副召集人杨秋兴、财政局局长李梁坚、“市政府”秘书长刘秀梅等人到场祝贺并观看演出。李梁坚致辞表示，希望高雄和北京未来的交流合作就从此次话剧《缂丝箭衣》在高雄的演出开始，释放了高雄希望与北京开展交流合作的愿望。副区长郁治、区台办主任分别率团出席演出及相关交流活动。郁治向台湾朋友介绍了北京市及西城区各方面发展情况，邀请高雄的同胞及家人、朋友到西城区参观、游览、投资、就业，希望两岸同胞共同携手，为促进两岸经济、文化等各领域的合作及两岸关系和平稳定发展做出努力。

（刘　杰）

【台商助力扶贫攻坚项目落地】 年内，区台办先后2次组织辖区台商代表到张家口市张北县、内蒙古赤峰市喀喇沁旗考察扶贫攻坚工作。鼓励台资企业结合实际情况，与贫困地区进行产业对接。北京台资企业协会会长、北京君太太平洋百货有限公司董事长章启正先生分别在张北县、喀喇沁旗设立“两岸一家亲”贫困生奖学基金。台商出资认养了张北白庙滩乡盘常营村藜麦田100亩并着手积极推进藜麦小镇的建设。

（刘　杰）

【对台商联谊和服务工作】 3月7日，区台办组织西城区女性台商观看话剧《北京法源寺》。9月19日，举办2018年台资企业迎中秋联谊活动，市台办副主任黄塞溪，北京台资企业协会会长、北京君太太平洋百货有限公司董事长章启正，区领导王旭、田巨德、李异、程军以及相关委办局领导出席，与50余名在京台商代表畅叙友情、共谋发展。区台办领导主持活动，区台协会长、北京育青食品开发有限公司董事长黄梅郁致辞。会上增补汇通投资有限公司董事长于冬笑、君太太平洋百货有限公司行政部副总经理张美丽为区台协副会长。年内，副区长李异到君太百货视察企业经营环境，关心台商的在京生活和工作情况。区政协副主席姜兆春在走访台属，叮嘱将西城区政府的美好祝福带给台湾亲属。11月1日，组织台胞台属30余人参观台资企业。年内，走访台资企业10家，协调台资企业投资咨询、环保审批等事项7件。

（刘　杰）

【台胞台属工作】 组织在京就读的台湾籍学生及多所学校学生共计150余名，参加“2018年京台青少年迎新春文化庙会”活动，以体验非遗等中华优秀文化为内容，促进两岸青少年共同传承中华文化优秀传统。3月26日，组织来自台湾的40余位女学员走进新街口街道育德社区书香驿站，以“两岸一家亲”为主题举办联谊活动。年内，接待台胞关于入学工作的咨询与政策宣讲、来访及电话咨询200余件；做好台籍学生统计工作，年内辖区就读的台籍学生共计19名；为7名台胞子女办理《台胞子女入学身份证明》。

（刘　杰）

【处理涉台突发事件】 区台办与公安等有关部门协调配合，全年共处理涉台突发事件2件，确保区域涉台环境安全稳定。

（刘　杰）

决策服务与调查研究工作

【概况】 中共北京市西城区委北京市西城区人民政府研究室（简称区委区政府研究室）是负责全区综合性调查研究工作、为区委区政府决策服务的工作部门。区委区政府研究室（区委改革办）行政编制31名，内设综合科、政治科、文化科、社会科、经济科、秘书科、协调科。年内，区委区政府研究室（区委改革办）坚持以习近平新时代中国特色社会主义思想为指导，深入学习贯彻党的十九大精神和习近平总书记系列重要讲话精神，紧扣首都城市战略定位和高质量发展要求，聚焦“两转型—提升三更好”重心和主线，紧紧围绕区委区政府研究室（区委改革办）“调研、文稿、改革”三项主业，进一步加强和改进调查研究工作，切实当好区委区政府参谋助手，更好地服务科学决策和推动改革发展。

地址：西城区二龙路27号

邮编：100032

电话：88064594

（戎庚申）

【调查研究】年内，坚持“年度要点指导、联席会议统筹、专家顾问辅助、调研刊物展示、队伍培训支撑、激励机制保障”的大调研工作格局，统筹推进调研工作开展。制定《西城区2018年调查研究工作要点》，引导全区围绕6个领域、73个重点方向开展调研。聚焦“两转型—提升三更好”重心和主线，组织开展事关区域发展的重大问题课题研究，完成区级重点课题28篇、部门关注课题126篇，牵头承担区委、区政府主要领导主持的《社会主要矛盾变化在西城区的体现和解决对策研究》《人口大数据在城市治理中的应用研究》和《城市复兴视角下街巷治理问题研究》3个重点课题研究。组织召开全区调研工作联席会，通报全区调研工作开展情况和区领导调研工作情况，研究审议2017年度优秀调研课题评选结果，评选确定了2017年度优秀调研成果57篇，其中一等奖5篇、二等奖15篇、三等奖15篇、优秀奖22篇。向市级刊物推荐优秀调研成果4篇，分别刊登在《北京调研》《工作研究特刊》等刊物上。区委区政府研究室被评为2016—2017年度全市调查研究工作先进单位，《关于西城区深入推进发展管理转型，全面提升城市品质的若干思考》《西城区开展民生工作民意立项工作的实践与思考》分获全市一等奖和优秀奖。

（戎庚申）

【调研工作实践】年内，围绕牵头承担的重点课题，结合“进千门走万户”行动，组织机关干部深入基层一线，调研走访全区40个社区，通过召开社区座谈会、进行居民访谈、社区实地勘察等形式，深入社情民意和区情实际，完成课题相关的前期调研工作，形成5个专题调研报告。围绕推进街道管理体制改革试点工作开展专题调研，形成《关于街道管理体制机制改革工作的调研报告》。

（戎庚申）

【文稿起草】年内，围绕区委、区政府中心工作，发挥以文辅政、参谋助手作用，共起草3次全会文件，完成工作报告、领导讲话、情况汇报等各类文稿共计180余篇。注重文稿与理论文章的转化，以西城区委、区委主要领导署名在《前线》《北京工作》等刊物发表理论文章3篇；在《北京日报》发表理论文章1篇，在《北京西城报》发表评论文章2篇。

（戎庚申）

【决策咨询服务】年内，坚持高端引领、以用为本、精准服务，“用高、用好、用准”专家资源。落实好“四个一”工作要求，9个顾问单位、13个专委会、127名专家积极为区域发展建言献策。编撰《专家建言》3期，组织专家30余人次列席区委区政府重要会议，其中20余名专家列席区政府常务会议，提出决策建议40余条，10名专家参加区政府向公众报告工作活动和区政府绩效考评现场述职会议，参与课题论证、重大项目咨询和评估20余项。

（戎庚申）

【调研信息交流】年内，编辑《西城调研与决策》12期，撰写《西研荐文》《决策小建议》各4期，编印《北京市西城区二〇一七年度调查研究重点课题汇编》《北京市西城区二〇一七年度优秀调研成果选编》，并发放至全区各单位、各部门。

（戎庚申）

【调研队伍建设】年内，召开全区调研工作培训会，全区120余名干部参加培训，3家单位作典型发言，邀请有关专家围绕城市复兴和北京重点工作进行了专题培训，安排培训人员分组讨论并就全区调研工作提出意见建议。推进中国政法大学合作产学研基地建设，先后接收23名研究生到全区各单位、各部门实习锻炼，参与法治政府建设第三方评估工作。持续开展“以干代训”工作，区各部门10余名干部到研究室工作锻炼。

（戎庚申）

【研究制定改革实施规划】年内，区委改革办制定出台西城区未来五年改革实施规划，提出139项改革举措、393项改革创新成果，建立指导今后五年改革工作的总施工图和总台账。

（齐　勇）

【研究制定年度工作要点】年内，结合西城实际，从解决影响和制约区域科学发展的深层次矛盾和问题入手，制定出台年度全面深化改革工作要点。涵盖9个领域的改革任务99项、区重点改革任务12项。年内完成96项。制定出台改革文件40余份。

（齐　勇）

【实施微改革行动计划】年内，以群众需求为导向，从基层反映强烈的突出问题入手，谋划部署“2018年微改革行动计划”，推出办事便利、惠民福利、城市宜居、和谐共治、依法治理等五个方面29项微改革事项，探索形成“六五五”微改革模式，取得一批可复制可推广的制度成果，实现以堵点痛点“小切口”推动基层治理服务“大变化”。

（齐　勇）

【健全评估机制】年内，进一步完善改革成效第三方评估机制，将“嵌入式”评估贯穿改革全过程，与北京国际城市发展研究院开展合作，对区2017年全面深化改革执行情况、城市管理与运行情况及西城区2014—2020年重要改革举措实施规划执行情况进行专业化评估并形成评估报告，确保改革举措落到实处。

（齐　勇）

【加强调查研究】年内，围绕党建引领“街道吹哨、部门报到”、街区整理及街道管理体制改革等，组织调研近30次，挖掘一批改革特色亮点，发现一些改革推进中的难点问题，为进一步深化改革提供借鉴。结合实地调研，在“街道吹哨、部门报到”、背街小巷准物业管理、试行“养狗计分制”、街道综合执法平台及社区办公和服务用房等方面形成调研报告，探索在首都核心区构建简约高效的基层管理体制的方法路径。

（齐　勇）

【加强改革工作督察督办】年内，区委改革办健全完善改革任务分级督察机制，制定年度改革督察方案，确定11项重点督察任务，其中区委区政府主要领导牵头督察“街道吹哨、部门报到”、深化街区整理工作和优化营商环境、金融街服务体制改革等4项任务，采取日常督察、专项督察、重点督察、联合督察、整改复查“回头看”方式，开展各类督察20余次。

（齐 勇）

【加深与智库合作】年内，区委改革办坚持与社会智库合作，组织北京国际城市发展研究院参与改革决策咨询和重大课题研究，合作出台《2018—2022年西城区全面深化改革总体思路和举措研究》和《西城区机构改革前瞻》2篇研究成果，加强政策解读、工作借鉴和情况反馈，合作编发《全面深化改革研究动态》《专报》等各类期刊400余期。

（齐 勇）

【重点改革成果】年内，落实“街道吹哨、部门报到”工作，统筹构建“三级吹哨、多方报到”协同处理机制，健全完善街巷长、准物业管理、小巷管家等机制，强化网格管理协同衔接，打造西长安街“数字红墙”等一批特色亮点，聚焦老旧小区整治、背街小巷停车难、拆迁区域环境治理等，建立8类37项问题清单，解决11项长年未决难题。推进街道管理体制改革试点，构建“一委七办三中心”大部制格局，建立15个实体化街道综合执法中心，创立街道统筹、各下沉执法力量有机整合的综合执法机制，建成区级大数据中心基础平台，推进11个街道大数据分中心建设。科学调整社区规模，创新“12124三社联动”，完成全国社区治理和服务创新实验区结项验收实施街区整理计划，探索“块”与“面”为主的城市治理模式，推动疏解整治促提升、背街小巷整治、社会治理等任务在街区单元内落地。制定街区整理细化方案，完成101个街区单元划分，建立街区设计方案库和整理项目库，推行责任规划师制度，启动15个街道街区整理城市设计工作，初步形成多项任务分步骤集成实施的叠图作业、挂图作战模式，探索形成白塔寺“联合连片”更新模式、达智桥片区居民自治管理等特色经验，鼓西大街等重点街区亮相，达智桥胡同和杨梅竹斜街入选北京“最美街巷”。在全市率先制定出台优化营商环境行动方案，以企业和社会感受为评价标准，创新推出“服务卡、示范牌、晴雨表、亲清会、光荣榜”服务模式，实施区领导和部门走访企业机制，为企业定制政策优化“服务包”。创新“一号一窗一网一次”政务服务模式，落实行政审批“三集中三到位”，在全市率先实行“一窗式”改革，38个部门822项服务事项实现“一窗受理”。多措并举简化优化企业开办流程，实现新开企业“一日取照”、变更登记“只跑一次”。创新推进“大数据+市场监管”，深化“三联”机制，探索构建具有西城特色的区域市场主体“双积分”评价机制。深化金融街管理体制改革。构建“跨界共治+政府授权+市场机制+专业运作”架构模式，成立北京金融街服务局，制定实施“金服十条”促进政策，筹建金融街合作发展理事会、金融街服务中心有限公司。将共建、共治理念融入服务中完善服务机制，举办2018金融街论坛年会。集聚顶尖智库和专业机构，谋划金融科技与专业服务创新示范区建设实施方案和设计规划，出台“金科十条”政策措施，探索合理使用疏解腾退空间资源，引入中移动金融科技、光大云缴费等金融科技企业和专业服务机构14家。加强金融风险防范，梳理新金融企业掌握情况，建立风险预警体系，推动金融健康发展。

（齐 勇）

【推进各领域改革】年内，绘制疏解整治促提升、街区整理示范街区及固定投资项目示例图，形成专项行动“一张图”管理。汇总、分析区内疏解腾退空间资源，出台地下空间再利用指导意见。出台发展高精尖产业服务重点企业若干措施。推进宏观经济社会发展监测平台建设，开展考核指标预警预测工作，梳理西城对应全市经济发展的分解指标30余项。建立西城区经济高质量发展统计联席会，制定西城区高质量发展相关统计标准。制定“动批”地区规划与设计方案，推动天皓城、北矿金融大厦、首建金融中心3个楼宇入驻。出台西城区便利生活与服务提升3年行动计划（2018—2020），建立“西城e生活”便民服务云平台。鼓励跨境电商新模式，协助市商务委做好跨境电商专项扶持资金申报和初审工作。制定出台鼓励和支持企业上市发展办法、关于建立区政府向区人大常委会报告国有资产管理情况制度的意见。推进区属企业实施公司制改革，庆丰公司混合所有制改革基本完成。出台西城区政府部门权力清单管理制度，修订完善权力清单动态管理办法。制定转企单位改制方案，按照市级要求推进承担行政职能事业单位改革工作。出台加强指挥部建设的指导意见，完成各有关单位以及街道办事处机构编制调整工作。制定关于落实北京城市总体规划工作考评实施细则、《首都功能核心区控制性详细规划》编制工作方案。建立市区规划分级管理体制，完成机构整合组建改革。推动月坛街道率先开展城市体检工作，建立城市体检总体评估、专项评估和城市体检智能评估系统。出台关于落实街巷长制实施意见，实施街巷长工作手册管理，实行“日巡、周查、月评、季点名”机制。制定西城区历史文化名城保护3年行动计划，启动纳入“十三五”规划的名人故居和会馆类腾退项目。出台西城区老旧小区综合整治工作方案（2018—2020年），推动金融街街道等老旧小区引入物业化管理。发挥市住建委联合验收网络工作平台作用，实现联合验收全程网上办理模式。出台关于进一步加强垃圾分类处理工作实施意见，健全分类投放、收集、运输、处理全过程监督，加快垃圾中转站建设。通过拆除违法建设、整治环境，推进有条件可建设的地带建立停车场。启动40公里慢行系统建设，探索形成“居民自治+准物业管理”“居民自治+市场化运行”“共享平台+单位共建”等经验模式，推动“德胜共享停车（APP）”管理模式，区新增居民停车泊位1486个。深化监察体制改革试点工作，出台关于全面推行社区纪检专员工作的实施意见，制定谈话函询工作实施细则等6项规章制度，建立健全各监督力量相互协同、相互贯通的工作运行、线索集中统一管理机制。制定西城区纪委区监委监督工作暂行办法，建立城区监督问责系统平台。发挥“探头”作用，明确各派驻纪检监察组、街道纪工委、社区纪检专员、区属国有企业纪检监察机构监督任务，细化方法步骤。制定关于加强和改进区属国有企业纪检监察组织建设的实施意见，区属国有企业全部配备专职纪委书记。建立区委网信办，构建与公众互动沟通机制，通过北京西城政务微博全程直播区政府年终绩效考评现场述职会。制定网络同盟军队伍建设方案，建立西城区新媒体小编联盟、新媒体悬谈机制。统筹各部门、各街道微信公众号，形成西城新媒体矩阵。完善定期向公众报告信息机制，探索建立区政府常务会定期网络视频直播工作机制，出台西城区行政机关政策性文件公开发布、解读、预公开和政民互动直播办法。构建“M+”舆情应对处置机制，编制西城区舆情工作处置实施办法及实施细则。推进区新闻中心融媒体改革，制定融媒体改革“1+N方案”，成立区级融媒体中心。制定西城区文化创意产业发展3年行动计划、促进文化科技金融融合发展指导意见及系列配套政策。制定西城区总分馆制建设工作方案，启动图书馆总分馆制试点，建立以2个中心馆辐射15个街道图书分馆的西城区图书馆总分馆运行模式。在特色阅读空间建立公益理事会制度，推进24小时书店建设。完成非遗剧院工程前期检测、规划设计和项目招标等前期准备，建立非遗传承示范校评估认定标准。推进北京第二热电厂老厂区腾退改造项目，打造“天宁一号”文创园区。完成西城区范围内老旧厂房资源摸底调查，建立资源信息台账，制定西城区保护利用老旧厂房拓展文化空间专项规划和指导意见实施细则。制定关于加强和改进城市基层党建工作的实施方案，提出城市基层党建54条举措。制发关于在“双报到”工作中组织引导已报到的党组织和在职党员发挥作用的实施方案，各社区共接收报到党员48293名。修订完善机关、国企、中小学校、民办学校、卫生、园区、“两新”组织加强基层党建工作意见。出台区委常委、区政府党员副区长指导督促分管联系部门单位党委（党组）抓党建工作制度。制定关于建设新时代高素质专业化干部队伍实施意见。编制西城区优秀年轻干部状况分析报告，提出并实施加强年轻干部培养7条举措。修订完成西城区属企业领导人员选拔管理办法。修改完善西城区处级领导班子和领导干部考核评价办法，印发西城区处级干部多维度立体化考察办法。建立领导班子和领导干部业绩档案，研究制定西城区干部能上能下实施细则。制定实施关于进一步关心关爱干部的办法。制作党委联系服务专家手册，制定西城区党委联系服务专家工作细则。制定关于促进金融人才发展奖励办法，设立金融人才服务支持计划，启动金融街城市更新提升规划研究。制定政务信息资源管理办法，建立大数据建设专家咨询委员会，创办大数据工作专报，形成总体统筹专项推进的工作架构和运行机制。完成西城区大数据可视化平台建设、西城区人口大数据应用监测平台二期项目建设。形成区政务数据资源目录，支撑城市治理、民生服务、政务服务大数据工作。健全西城园管理运行机制，建立重点企业“一企一员”服务制。推动出版创意产业园创建全国知名品牌示范区。制定并实施西城区第三期学前教育行动计划，推进6所公办幼儿园建设，区15个街道均有教委办园。继续试点半日制幼儿园，探索学区学前教育中心建设，创办小学附属幼儿园。统筹推动社会力量办园，新增学位2000余个。实施幼儿园责任督学挂牌督导，幼儿园挂牌督导100%全覆盖。出台西城区推进学区制工作实施方案，学区办公室正式运行。制定西城区学区制工作督导评价指标体系。成立示范高中联合体、小学精品学校联盟，以育才学校和亚太实验学校为实验基地，加强贯通培养的体制机制探索。制定落实西城区校外培训机构专项治理行动实施方案，成立民办教育管理中心，加强对民办教育机构的分类管理。以转型发展为核心，继续强化职业教育社会服务功能。出台西城区教育系统关于开展2018年“做新时代‘四有’好老师和‘四个引路人’”学习实践活动实施办法，完善骨干教师、“名师工作室”、“导师团”管理机制。制定出台《西城区蓝天保卫战2018行动计划》。建立区、街两级河长体系，完善监督管理长效机制，完成“一河一策”（2018-2020年）治理计划和“一湖一策”编制工作。制发《西城区海绵城市建设规划》。完善城市绿色生态体系，推进微公园及微绿地建设，留白增绿3.3万公顷，完成什刹海西海湿地公园建设。继续推进城市环境分类分级管理工作，功能街区划分基本完成。制定关于贯彻落实中央、市委统一战线工作有关精神的实施意见、重点任务职责分工方案。出台并实施西城区委关于支持民主党派区委、无党派人士开展专项民主监督工作的实施意见。推进西城区新的社会阶层人士统战工作布局，建立5个实践创新基地、5个联谊会分会，7个“同心之家”。制定关于推进“枢纽型”社会组织规范建设指导意见，建设分级、分类、功能互补的社会组织服务网络。梳理规范社区减负“三个清单”，制定社区工作者工资待遇调整方案。制定民生工作民意立项指导手册及绩效考核办法，梳理民生工作清单。推广“参与型”社区分层协商模式，完成全国社区治理和服务创新实验区建设结项验收工作。持续推进以居民自治公约为载体的社会公共责任氛围营造。建立街道层面老年人精神关怀服务，发现并协助处理心理危机事件。成立西城区居家和社养老服务改革试点领导小组，出台西城区居家和社区养老服务改革试点实施方案，建立政府为老服务责任清单和服务清单。推进机关事业单位养老保险制度和残联管理机制改革。出台《西城区全民健康信息化建设三年行动计划（2018—2020年）》。开发建设健康大数据平台（一期）系统和健康西城综合服务门户，建立西城区居民健康档案中心和西城区分级诊疗信息平台。落实药品采购“两票制”工作，完成绩效考核（定量指标）信息系统建设，深化“三纵两横一平台”紧密型医联体建设，制定西城区卫生计生委紧密型医联体考核评价指标。完善并推行家庭医生基本签约服务包及失能老人等10种个性化签约服务包。完善社区卫生机构绩效管理，修订完善社区卫生绩效考核指标体系，启动西城区社区卫生综合管理平台建设。开展“长安计划”，推进政治安全、社会稳定、公共安全、基层基础、科技装备建设五大体系建设，探索推行大数据、模块化、分布式管理模式，健全立体化、信息化社会治安防控体系。制定出台《西城区城市安全隐患治理三年行动方案（2018—2020年）》《西城区关于加强疏解非首都功能重大决策社会稳定风险评估工作的意见》。健全重点领域监测预警和工作协调机制、社会矛盾排查预警机制、重大决策社会稳定风险评估机制，拓展完善领导包案制度、矛盾纠纷多元化解机制。加强基层综治中心规范化建设，区15个街道259个社区完成综治中心建设。强化司法责任制，修改完善区法院、区检察院内设机构改革方案。深化多元化纠纷解决机制，建立诉前调解机制和引入公证调解机制。深化检察机关“两主”作用，建立证据审查把关工作制度，完善介入引导侦查工作制度、认罪认罚从宽制度和量刑建议工作制度，探索刑事附带民事诉讼工作制度。深入推进“三位一体”检察专业化建设，形成共商共治平台，建立涉众金融犯罪案件追赃挽损工作机制。开展强制措施试点改革，建立公益诉讼常态化沟通机制，建立健全重大疑难案件侦查机关听取检察机关意见建议制度。逐步落实公安民警职务序列、招录培养、职业保障制度改革相关任务，推进警务辅助人员管理相关改革工作。打造覆盖全区的区—街—社区三级公共法律服务平台。出台西城区委区政府法律顾问团工作规则。健全公、检、法多部门联动的律师执业权益保障机制，建立了投诉案件会商机制和案件评议机制。推动刑事案件律师辩护全覆盖试点工作，成立西城区刑事案件律师辩护全覆盖专家团。

（齐 勇）

老干部工作

【概况】 中共北京市西城区委老干部局（简称区委老干部局）是西城区委管理全区离退休干部工作的职能部门。在职人员60人。管理服务离休干部1013人（含易地安置），处级及以上退休干部2448人，离退休干部党支部164个。年内，西城区老干部工作围绕中心工作，着力整合资源，融合发展，加强离退休干部思想政治建设和党支部建设，全面落实政治待遇、生活待遇；突出老干部工作的政治属性，积极融入党的建设大局，充分发挥老干部优势作用，坚持精准服务工作理念，不断丰富老干部精神文化生活，各方面工作取得积极成效。

地址：西城区双槐里小区23号楼

邮编：100054

电话：83510302

（许薇冰）

【老干部领导小组（扩大）会】 2月12日，西城区召开老干部工作领导小组会。区委常委、组织部部长孙仕柱主持会议并讲话，区领导陈宁及老干部工作领导小组28家成员单位领导出席会议。孙仕柱对全区老干部工作提出要求，坚持把政治建设摆在首位，准确把握新时代老干部工作的新任务新要求；切实提高政治站位，要把中央、市委、区委对老干部工作新要求落实到位；增强精准服务意识，为老干部办实事做好事；着力加强工作领导，科学构建离退休干部工作机制。涉老工作部门及各单位要持续通力配合，准确把握新定位，创造性地开展工作，各单位、各部门要真心真情、齐抓共管、大力支持老干部工作。

（许薇冰）

【老干部工作会】 3月14日，西城区召开2018年老干部工作会议。区委书记卢映川出席会议作区情通报并讲话，区领导杜灵欣、章冬梅、王飞出席会议。会议由区委副书记、区长王少峰主持。离退休干部、离退休干部党支部书记等近200人参加会议。王飞传达了北京市老干部工作会议精神，汇报了2017年老干部工作情况，并对全年老干部工作进行了部署。离退休干部赵进兴、陈静分别就如何做好离退休干部党支部工作和发挥老干部独特优势作了交流发言。卢映川通报了2017年西城区发展情况及2018年全区工作的主要思路、重点任务。他强调，党的十九大为老干部工作注入了新的时代内涵，进一步明确了离退休干部工作的政治属性，为做好新时代的离退休干部工作指明了方向。针对做实、做深、做细新时代老干部工作，他提出四点意见：一要坚持把政治建设摆在首位，团结凝聚广大离退休干部坚决维护以习近平为核心的党中央权威和集中统一领导，始终绷紧讲政治这根弦，坚定正确的政治方向，牢牢站稳政治立场，在思想上政治上行动上同以习近平为核心的党中央保持高度一致，始终站在党和人民的立场上，做到爱党、忧党、兴党、护党。二要更好发挥离退休干部作用，要紧扣学习贯彻习近平新时代中国特色社会主义思想和党的十九大精神，结合改革开放40周年，围绕“增添正能量，共筑中国梦”主题，引导老同志为区域发展建设凝聚共识、加油鼓劲，充分发挥老同志在推动落实新发展理念、促进改革发展稳定和关心下一代等方面的独特优势。三是要增强精准服务意识，满怀深情为老同志办实事做好事。要针对离退休干部的共性、差异化和特殊性需求，努力提升精细化、优质化、便利化、个性化服务水平，千方百计为老干部办实事、解难题、谋福祉。四要着力加强工作领导，科学构建工作机制，切实把老干部工作摆在重要位置，准确把握新时代老干部工作的特点和规律，严格落实《西城区老干部工作领导责任制》，加强工作领导、监督和检查，进一步推进全区老干部工作规范化、制度化、专业化。

（许薇冰）

【老干部管理服务】 年内，区委老干部局贯彻市、区老干部政策，提高离休干部护理费标准，由每人每年1000元提高到2500元；为152位抗日战争时期参加革命工作的离休干部配送牛奶到家；做好离退休干部困难帮扶工作，全年对79位生活上有实际困难的老干部给予困难帮扶129.69万元。创新并完善健康体检、走访慰问等相关工作。灵活设置体检方式满足老干部的不同需求，建立老干部活动的应急医疗保障机制，保障西城区离退休干部参加集体活动期间的安全。继续将节日走访与日常走访有机结合，及时关怀和慰问老同志。

（许薇冰）

【老干部思想政治引领和党组织建设】 年内，落实离退休干部阅读文件、参加重要会议和重大活动、通报情况、参观学习等各项制度，落实老干部政治待遇。区委书记卢映川先后2次为老同志通报区情，区委常委、组织部部长程昌宏通报组织工作情况，区纪委领导通报西城区纪检工作情况并就《监察法》做专题讲座；组织部分局职老同志参观月坛雅集传艺荟、非遗科学城等“工农业项目”。举办读书班、理论骨干发挥作用研讨班共计15期，培训近1500人次；倡导支部采取送学上门、建立学习教育微信群等方式，满足老干部学习需求；用好《西城老干部》报、“西城老干部”微信公众号，围绕学习贯彻十九大、建党97周年、改革开放40周年等重要时间节点和重大事件，设置专题专栏，开展主题征文，报纸印发12期，微信推送50余期。宣传西城区离退休干部老有所为、老有所乐、忠诚奉献的故事，传递正能量。积极探索党建“微+”支部活动方式，编印《党建“微+”使用手册》，进一步规范利用微信平台开展党组织活动。梳理明确兴趣团队成立临时党组织的组织功能、组织隶属和组织设置，进一步加强离退休干部临时党组织规范性建设，强化兴趣团队党的引领。结合建党97周年开展“不忘初心、牢记使命”主题教育活动；结合改革开40周年，开展主题征文、书画笔会、参观体验、座谈交流；“向党说句心里话”活动，共收到老同志手写、音视频资料300余份。

（许薇冰）

【利用社区资源做好老干部工作】 年内，继续以项目制落实利用社区资源做好老干部服务工作，全年各街道共申报项目16个，其中一类项目4个、二类项目12个，给予经费支持11.2万元。通过项目，搭建平台，对离休干部精准服务。

（许薇冰）

【老党员先锋队活动】年内，打造融合区域发展特色的老党员先锋队品牌。176支老党员先锋队覆盖全区15个街道，社区老党员先锋队覆盖率近70%，3000余名老同志参加志愿服务。以助力首都“三件大事”为主线，全区开展“我在红墙边”老党员先锋队志愿服务月活动，志愿服务活动264次，累计600余小时。围绕学习宣传贯彻党的十九大精神，宣讲首都“三件大事”，“不忘初心、牢记使命”，离退休干部增添正能量的先进事迹，全年集中或分散宣讲近200场次。宣讲团还被区委宣传部授予“品牌特色宣讲团”称号。170名离退休干部担任非公党建指导员。在社区“两委”换届工作中，离退休干部积极参与其中；与区档案局携手开展“西城老干部口述史”项目，全年有10位老干部接受采访，留存影像、录音资料80小时，整理文稿14万字；在全区离退休干部中开展第四届“五星”老干部评选活动，引领老同志投身正能量活动。

（许薇冰）

【老干部活动阵地建设】年内，继续为老干部办理“西城区市民终身学习成果认证制度”学习卡，将离退休干部党校的学习培训班次纳入全区教育课程体系；加大区域内优势教育资源的横向联系和整合，拓宽老干部（老年）大学创新发展思路，促进了资源的共享与开放。不断完善“区—街—社区”三级老干部（老年）大学阵地建设，区级老干部（老年）大学共开设163个班，在校学员987人，全年上课达2.2万人次；继续投入资金支持金融街、月坛、白纸坊、陶然亭等4个街道老干部（老年）大学示范校精品课堂建设，开设茶艺、红酒鉴赏、西餐制作、中餐制作、咖啡制作等75门特色课、43门精品课、6门技能体验课，课程教学活动达3528课时。开展“纪念改革开放40周年”系列主题活动，举办新春联欢会、歌唱比赛、摄影、手工作品展、棋牌赛、趣味运动会等系列活动。22个老干部兴趣团队近1.5万人次定期在老干部活动中心开展各种活动。中心全年为基层老干部工作部门提供视听室、会议室以及多功能厅，输送兴趣团队骨干“小教员”到基层单位进行指导教学，支持基层单位和老同志开展学习活动。

（许薇冰）

【老干部工作队伍建设】年内，加强全区老干部工作队伍建设，关注机构改革和街道大部制改革中离退休干部工作部门调整和工作人员的思想稳定。举办“新时代、新气象、新作为”老干部工作培训会，开展寻找“最美老干部工作者”活动；邀请中组部老干部局陈刚为大家作了一场题为“深入学习贯彻习近平总书记关于老干部工作重要论述 认真做好新时代老干部工作”的专题讲座。老干部局领导提出三点意见：找准定位，着眼于党的建设特色聚焦发力。老干部工作是党的建设特色，老干部是党的宝贵财富、执政兴国的重要资源、事业的重要力量，要把政治建设摆在首位，为党的事业增添正能量。主动对接，围绕首都核心区重点工作发挥优势作用。老干部工作与党和国家的使命紧密地联系在一起，我们必须始终站在国家战略和首都大局上审视、定位和谋划、推动老干部工作，为老干部事业做贡献。精准服务，认真做好老干部工作。老干部服务管理工作是个有温度的工作，特别考验我们工作人员政策的把握能力和统筹协调能力以及沟通的互动能力，因此要在精准掌握各项老干部政策和老同志情况上下功夫，要在精准聚力党建要求上下功夫，做到有呼有应，注重倾听，注重沟通，为老同志们多搭建平台，对老同志们多些关心照顾，同时不断地自我总结和反思，更好地服务老干部，更加精准地做好新时代老干部工作。

（许薇冰）

保密工作

【概况】中共北京市西城区委保密委员会办公室（简称区委保密办）、北京市西城区国家保密局（简称区保密局），既是区委保密委员会的办事机构，也是区政府负责本区保守国家秘密工作的行政机构，由区委办公室管理。在职人员12人。年内，区保密局以习近平新时代中国特色社会主义思想为统领，发挥党管保密优势，全面提升综合素质，落实主体责任，创新工作模式，夯实工作基础，深化宣传教育，提升依法治密水平，加强保密技术支撑，推进保密队伍建设，较好完成年度工作任务。

地址：西城区二龙路27号

邮编：100032

电话：88064287

（石继鹏）

【评选表彰先进集体和个人】3月7日，中共北京市西城区委统一战线工作部办公室被北京市国家保密局、北京市人力资源和社会保障局评为2014至2017年度北京市保密工作系统先进集体，马清营、孟文被评为先进个人。

（石继鹏）

【保密检查】3月底和5月初，先后向区属单位下发《关于完善2018年综治、绩效考评中保密考评指标及考评方法的实施方案的通知》《关于开展2018年度全区机关、单位自查自评工作的通知》。对考核指标内容、常态化检查及指标落实提出要求，要求各单位进行自查。4月至9月，区保密局编制保密法律法规、检查管理和技术防护知识系统培训课件，对区属51家重点单位逐一开展保密知识培训和监督检查指导。经统计：1849人参加培训，抽查部分涉密计算机和非涉密计算机，甄别信息798135条，建立一单位一档案，形成常态化、精细化的保密服务指导模式。对驻区涉密印刷、集成资质企业和军工单位开展“双随机”执法检查。在高考、中考前夕，分别对区考试中心试卷保密室、16所高考考点校和14所中考考点校的考场、试卷保密室的监控、安全防护设施等进行现场检查，对成人自考开展考务专项检查。现场指导相关单位新办公点保密要害部位选址工作。

（石继鹏）

【区委保密委第一次会议】4月19日，召开区委保密委第一次会议，区委常委、区委政法委书记、区委统战部部长王旭主持会议。与会委员收看了中共北京市委保密委员会办公室视频会议精神，学习区委书记卢映川，区委副书记、区长王少峰对西城区保密工作的重要批示，回顾2017年全区保密工作，部署2018年工作任务。会后，将区领导批示下发全区各单位。

（石继鹏）

【机构设置中的保密工作】7月13日，下发《中共北京市西城区委保密委员会办公室北京市西城区国家保密局关于做好西城区街道各类机构综合设置中保密工作的通知》，对做好保密工作提出要求，要深化宣传教育，严格执行保密管理制度，落实保密监督检查职责，做好各环节保密管理，确保国家秘密安全。

（石继鹏）

【市保密局领导督导调研】8月10日，市保密局副局长许新文率领保密督导调研工作检查组一行6人来到西城区，就保密自查自评工作现场督查，对“十三五”时期保密事业发展规划贯彻实施中期情况和“七五”保密普法等工作进行督导调研。副区长郁治陪同督查。

（石继鹏）

【区委保密委第二次会议】10月25日，召开区委保密委员会第二次（扩大）会议。区委保密委员会主任徐利作《传承红色基因，筑牢保密防线》为主题的党课。区委保密委委员、各单位保密和密码工作主管领导、机要保密干部、辖区内涉密企业保密干部共计300余人参会。

（石继鹏）

【保密法制宣传教育和培训】年内，在全区范围内开展“传承红色基因，筑牢保密防线”为主题的“五个一”系列宣传教育活动：区委保密委主任讲一次党的保密史专题党课；开展一次主题征文活动；区保密局与有关单位共同创作保密文化评书《红色电波》在社区巡演；在《北京西城报》开辟“传承红色基因，筑牢保密防线”主题大讨论专刊；开展一次保密法制宣传月活动。将保密知识宣传纳入“4·15”全民国家安全教育日、“12·4”国家宪法日活动中。经统计：全年收集征文101篇，评选优秀征文35篇汇编成册，印制300册供区属各单位学习交流。为区属单位配发《北京保密》113份、《胜利之盾》宣传教育片6套、制作宣传展板7块、保密宣传笔袋2000个、宣传折页7500个、宣传袋2000个、保密法律法规宣传材料5000册。在处级领导干部培训班、科级干部初任培训班、民主党派、辖区内单位、佛教协会、涉密企业、社区等进行保密知识辅导授课达71场次。举办有168人参加的全区保密和机要密码工作培训班。邀请专家及市保密局领导为区属单位专题授课3次。区保密局干部参加市保密局举办的保密行政执法培训。区属单位组织保密常识答题活动，参加人员1.82万人次、观看保密宣传教育片1.96万人次、参加教育培训1.1万人次。张贴宣传挂图400张，播放保密宣传语7000条。

（石继鹏）

【依法行政】年内，规范行政执法，维护行政执法信息平台相关信息，调整岗位执法人员目录，及时更换执法证。完成2017年度西城区法治政府评估材料整理上报。梳理2018年公共服务事项。组织指导区属104家单位开展《定密事项一览表》梳理制定工作。指导相关单位做好架空线入地涉密服务申请和工程保密协议签订工作。完成全区涉密人员管理情况统计报告工作。

（石继鹏）

【保密技术监管】年内，加强保密技术支撑。及时检测网络邮件和门户网站信息，甄别疑似违规文件。配合市保密科技测评中心电子政务内网进行现场测评。落实涉密网络分级保护制度，组织涉密网络安全保密管理人员培训。开展计算机及网络保密技术检查监管基础信息统计工作。组织干部参加2018年保密技术交流大会。推进国产化替代工程实施。加大对区党建网、人大网等网站、政务微博、微信公众号、区办公OA系统和区政务邮件系统的动态监管。做好对区属单位定密、涉密人员、涉密信息系统和门户网站等登记备案工作。

（石继鹏）

区直机关工委工作

【概况】中共北京市西城区委区直属机关工作委员会（简称区直机关工委）是区委的派出机构，主要负责区直属机关党的建设和思想政治工作。内设工委办公室、工委组织部、工委宣传部、机关纪工委（内设监察科）、机关工会、机关团工委，在职人员16人。年内，区直机关工委牢固树立“四个意识”，坚定“四个自信”，坚决做到“两个维护”“三个一”“四个决不允许”，积极践行“红墙意识”，围绕服务中心、建设队伍两大任务，遵循新时代党的建设总要求，扎实推进机关党建重点工作落实落地。

地址：西城区二龙路27号
邮编：100032
电话：88064356

（李博洋）

【区直机关政治建设】年内，加强机关系统党的全面领导，深入学习习近平新时代中国特色社会主义思想和习近平对北京重要讲话精神。结合推进“两学一做”学习教育常态化制度化，3月26日，开通“西城机关党建”微信公众号，覆盖系统725个基层党组织、13073名党员，作为机关党建展示窗口、组织交流业务平台和党员教育管理阵地。4月11日至5月23日，利用微信公众号举办区直机关“十九大报告关键词”党建知识系列问答活动5期，累计阅读1.5万人次，参与答题6400人次。4月12日，举办“习近平新时代中国特色社会主义思想”专题辅导讲座，6月8日，组织机关党员到门头沟平西党性教育基地开展党性锻炼活动，9月26日，举办社会主义核心价值观进机关专题辅导报告会，11月21日，举办北京冬奥宣讲团区直机关专场宣讲会，通过专题组织生活、过政治生日、重温入党誓词、缅怀革命先烈等多种形式，教育引导广大机关党员自觉强化首都核心区工作站位，学思践悟、知行合一。

（李博洋）

【“红墙意识”教育】以“红墙意识”主题宣传为主线，5月14日，部署实施“践行‘红墙意识’——区直机关走在前、作表率”主题实践活动，围绕区委提出的投身“十个方面新作为”“五个方面新气象”具体实践，开展“举办一次大讨论、组织一次大宣讲、开展一次专题组织生活、落实一件惠民实事”的“四个一”活动。6月中旬举办“我身边的红墙故事”演讲选拔赛，6月26日，举办区直机关系统庆祝中国共产党成立97周年暨“我身边的红墙故事”主题演讲会，7月18日，组建区直机关系统“我身边的红墙故事”百姓宣讲团，首次专场报告会开讲，7至9月，宣讲团深入系统各单位开展巡回宣讲活动，近千名党员干部现场聆听，进一步强化政治担当、历史担当、责任担当。

（李博洋）

【机关思想文化建设】为进一步强化党对意识形态工作的领导，1月19日、8月30日召开两次区直机关系统宣传思想文化工作暨意识形态工作研讨会，集体会商研究新时代机关思想建设新路径。8月21日，举办“做一个思想清醒的人——提升党员干部意识形态能力”辅导报告会，200人参会。大力推动机关文化建设，2月8日，举办“新时代的春天”2018区直机关新春联欢会，区四套班子领导与220名机关干部一同参加联欢活动。3月29日，组织180名机关干部参加“走进中央音乐学院，高雅艺术进机关”活动，亲身感受音乐魅力。4月19日，举办“四月书香韵西城”第五届区直机关读书分享会，设置阅读分享、专家述说、诵读美文等环节，让文化的力量滋养精神、引领风尚。

（李博洋）

【基层党组织规范化建设】 年内，坚持问题导向，突出“一规一表一册一网”工作载体的运用，强化机关党建制度建设。2月9日，推行区直机关主题党日活动月报制度；3月12日，下发区直机关基层党组织换届预提醒制度；6月1日，进一步加强规范区直机关党费收缴、使用和管理工作。建立台账，对71个直属党组织基础党务工作情况实行动态管理，采取挂图督战的方式，促进机关党建工作逐步规范。围绕党的十九大以来组织工作新形势新要求，年内启动区直机关党组织换届选举程序和文件模板修订工作，组织编撰新版《区直机关系统组织工作实用手册》，推进机关基层党组织标准化建设。

（李博洋）

【落实机关党建工作责任】 年内，探索落实《党章》关于“党组领导机关党建工作”要求。建立机关党建“双通报”制度，定期向部门党组通报区直机关系统党建工作和本部门党组织重点任务完成情况，强化“第一责任”意识。健全区直机关系统党建督导工作机制，3月19日，制发区直机关党建工作年度任务清单，7月19日，结合市委、区委有关要求部署进行修订完善，强化日常评价、集中督查、年度述职，搭建“目标管理、过程管控、综合评价、情况反馈、整改落实”五位一体的机关党建工作闭环管理体系。4月13日，实行《区直机关工委直属党组织书记分组联席会议制度》，将71个直属党组织按照职能职责划分为城市管理、民生服务、综治政法、党委群团等五个群组，每季度召开会议，集体研究、推动、整改、落实机关党建工作任务，对工作薄弱、堡垒先锋作用发挥不到位的机关党组织重点跟踪指导。

（李博洋）

【服务中心工作】 4月11日，全面推进机关基层党组织和在职党员“双报到”工作。4月19日，下发《致全体机关在职党员的一封信》，倡导动员机关在职党员积极回社区报到，响应“街道吹哨、部门报到”要求和“进千门走万户”行动，全面投身区委中心任务。4月，启动区直机关庆祝改革开放40周年系列活动，先后举办“美丽西城”书画摄影比赛、“我与改革开放”故事征集、“追忆青春岁月，我与改革开放共成长”朗诵分享会，组织机关党员干部参观“伟大的变革——庆祝改革开放40周年大型展览”等活动，感受辉煌巨变，坚定改革信心。10月，组织开展“新时代新担当新作为”主题宣传教育，制作8期线上推广节目，宣传展示机关一线党员干部服务中心、服务改革、服务群众的典型事例。

（李博洋）

【启动“十优百佳”培养计划】 4月9日，实施基层党建创新项目“十优百佳”培养计划，采取会议共商、个别指导、重点示范等方式，71个直属党组织共申报立项基层党建创新项目73个。其中“开放式党建”“细胞工程”“青年论坛”等项目，对如何抓好新时期机关党建工作，破解机关党建“灯下黑”问题做出了积极回答；“党建引领商户自治工程”“蒲公英餐饮业品质提升计划”等项目，对党建引领基层治理，破解机关党建与中心工作“两张皮”问题进行了有益探索。

（李博洋）

【党员教育管理】 年内，落实《西城区2017-2019年党员教育培训工作计划》，推进机关系统“1+2+N”党员教育培训体系建设，全年围绕换届选举、发展党员、基层党建项目设计、党员E先锋使用等内容开展结构化课程培训7期，1180人次参训。10月17至19日，举办西城区基层党组织书记培训示范班，近400名基层党组织书记参加了3天的集中轮训。切实抓好党员发展工作，强化发展工作日常跟踪管理，3月20至22日，举办2018年党员发展对象培训班，3月27至29日，举办新党员培训班，注重提升党性修养，确保队伍忠诚干净担当。

（李博洋）

【机关工会工作】 年内，落实关爱劳模政策，开展劳模的休养体检、慰问、帮扶工作。夯实工会组织基础，指导12个直属基层工会完成换届改选工作。提升工会干部能力素质，3月30日、10月10日分别举办区直机关工会干部培训班两期。11月23日，举办区直机关工会“中国工会十七大精神宣讲报告会”，全年共组织工会主席现场调研学习5次、工作交流研讨6次。丰富机关干部职工精神文化生活，举办“魅力女性、美丽西城”女性专题讲座、太极文化培训体验活动、工会职工羽毛球联赛、乒乓球赛、龙舟赛、健步行等文体活动。加大关爱帮扶工作力度，年内下发《西城区直机关系统党员帮扶慰问办法（试行）》《西城区直机关职工帮扶助困暂行办法》。6至8月，举办中、高考毕业生志愿填报专题辅导讲座，向2400名机关会员发放“盛夏送清凉、工会一片情”防暑降温代茶饮。在春节、五一、端午、十一等节日前开展“送服务进机关”活动，努力在强化服务中切实增强干部职工的获得感、幸福感。

（李博洋）

【机关青年工作】 3月15日，30余名青年干部到希联圆梦残疾人双创基地开展学雷锋公益志愿活动，营造关爱特殊群体的良好氛围。4月26日，开展“重走红色之路、传承革命精神”主题团日活动。7月10日，举办“奋斗新时代、开启新征程”团课培训。8月14日，开展“青春倡廉”行动，组织团干部到金融街街道受水河社区廉政教育基地参观学习。支持机关团工委做实做优团建工作品牌，全年共举办四期“志愿北京之白衣天使行动”主题讲座、“握住青春脉搏 热情连接你我”青年交友联谊、“大手拉小手 一起来加油”亲子趣味游艺等活动。

（李博洋）

【落实全面从严治党主体责任】 3月23日，工委召开2018年党风廉政建设工作会，分层次签订《工委党员领导干部党风廉政建设责任书》《机关工作人员廉洁从政承诺书》，形成了一级抓一级，层层抓落实的党风廉政建设工作格局。全面落实《中国共产党工作机关条例(试行)》，3至4月，修订工委制度汇编，完善“三重一大”、经费使用审批等一批工作制度，严格落实“一把手”不直接分管人、财、物工作规定，全年共召开工委会6次、书记办公会19次。7至8月，工委各科室建立绘制经费使用、公章管理等重点部位的风险防控工作流程图。坚持把纪律规矩挺在前面，定期向全体干部通报中央、市、区违纪案例，组织全员开展《身边的警示——违纪案例汇编》学习、参加“廉洁西城”《监察法》在线测试活动。在元旦、春节、五一、端午等重要节日开展针对“四风”问题的廉政教育及监督提醒、发送廉洁提示短信微信，警醒干部廉洁从政，强化纪律约束。年内工委未发生违反中央八项规定的情况。

（李博洋）

党校工作

【概况】中共北京市西城区委员会党校（简称区委党校）、西城区行政学院是中共西城区委领导下的培养党员领导干部和理论干部的学校，是党委的重要部门，是培训轮训党员领导干部的主渠道，是党的哲学社会科学研究机构。主要负责全区处级党政干部、中青年后备干部、企事业单位领导干部及公务员的教育培训工作。大专体制。内设校务办公室、党群工作办公室、教务一科、教务二科、科研室、政治理论教研室、管理学教研室、社会学教研室、对外培训一科、对外培训二科、教学保障科、财务科、总务科、离退休干部科等14个科室。在职教职工72人，包括专职教师15人，其中教授3人、副教授11人。年内，区委党校按照中央和市委两级党校工作会议精神，围绕落实区委各项部署和全区干部教育培训工作要求，牢牢把握党的理论教育和党性教育这一党校工作重心，进一步加大培训力度，全年举办各类班次44期，培训学员总计3384人，完成西城区干部培训计划中确定的各项任务。

地址：西城区南菜园49号

邮编：100054

电话：83975808

（郭宗业）

【处级干部研修班】年内在区委党校开展一年制处级干部研修班党性教育和区情调研阶段的培训，参训学员20人。区情调研阶段，先后到北京普天德胜科技孵化器有限公司、宣南文化博物馆、中国消防博物馆、北京副中心规划馆参观。通过听辅导讲座、进行现场教学、举办座谈会等方式，深入街道社区，走访问询居民群众，进一步了解区情区貌，了解社情民意，拓展学习成果。3月7日，区委书记卢映川，区委副书记、区委党校校长王飞，区委常委、区委组织部部长孙仕柱一行到区委党校调研并指导工作，看望了西城区第八期一年制处级干部研修班全体学员，了解学员在理论学习、党性锻炼和区情调研各个阶段的情况，鼓励学员们要珍惜机遇、刻苦学习，努力提高自身素质和工作本领。

（郭宗业）

【领导干部理论进修班】年内，举办处级领导干部理论进修班2期，来自区属各委、办、局、街道的137名处级领导干部参加了集中脱产培训。培训中切实强化主业主课地位，安排了党的经典理论研读、习近平总书记视察北京重要讲话、党性锻炼和素质能力提升等单元模块。党的理论教育和党性教育内容设置达整个教学的83%。综合采用课堂授课、现场教学、异地教学、影视教学、全班活动、小组学习、单元考核、学员论坛等多种教学模式。按照西城经济社会发展需要及首都功能核心区发展的新要求，邀请中央党校、清华、北大等著名学府的专家学者以及市、区相关领导，结合全市区域政治、文化等发展状况和西城区文化、经济社会发展等内容，开展国情、市情、区情教育。将“区领导带头进党校课堂”和“谈话式教学”安排进来，增加了舆情应对、新媒体应用等体现新形势、新能力、新要求的课程，将理论学习、能力培养和学员个人需求相结合，全面提升领导干部的综合素质。

（郭宗业）

【优秀年轻干部培训班】年内举办优秀年轻干部培训班1期，共培训学员46人。培训班安排了课堂授课、影视教学、现场教学、异地教学、小组调研、微党课、小组学习、党日活动等培训内容，分别邀请中央党校、人民大学、南开大学、北京市委党校等高校学者和西城区领导进行授课，以马克思主义理论、习近平新时代中国特色社会主义思想和党性教育作为主要培训内容，安排了新华社历史陈列馆、李大钊故居、西城区“红墙意识”党性教育基地、中国人民抗日战争纪念馆等现场教学。此外，还组织学员赴延安开展了以“传承延安精神，追寻习总书记的足迹”为主题的异地教学活动。

（郭宗业）

【公务员科级任职培训班】年内，西城区行政学院举办3期公务员科级任职培训班，共培训学员176人。培训采取全脱产形式，针对科级公务员的职位特点和要求，以提高公务员素质和行政能力为核心，把公仆意识、职业道德、政府管理、依法行政作为教学重点，严格按照市人力社保局下发的必修课程进行教学设计。采取小组讨论、谈话式教学、现场教学、影视教学、班级讨论等多种教学形式，着重加强对公务员的区情教育以及岗位履职所需的基本素质、基本技能和依法行政能力的培训。组织学员赴延吉开展了以“学习红色抗联精神和爱国主义教育”为主题的异地教学活动，把异地教学作为公务员加强党性锻炼的重要教学内容。

（郭宗业）

【科研工作】年内，区委党校结合教学工作需要，加强对区情及经济和社会发展实际的研究，共立项各级课题8项。其中北京市党校系统科研协作课题2项，区党建研究会课题1项，校内课题1项，校内重点课题1项。全年发表论文成果17项，其中《移动互联背景下的网络舆论引导》专著，由知识产权出版社（2018年5月第一版）出版，作者牛艳艳。国家级刊物发表2篇，省级刊物发表2篇，区（市）级刊物发表12篇。获得各类科研奖项14个，信息工作被北京市党校、北京行政学院评为2018年度信息宣传工作二等奖。组织教师参加围绕习近平新时代中国特色社会主义思想为主题征文活动，全年共编辑出版《西城论坛》4期，选编各类文章80多篇、30余万字，发放全区各单位，并与全国400余家地市党校进行交流。编辑印刷《党校工作通讯》14期，约9万字，向区委区政府各委办局等相关单位、党校各科室发送1600多份。向市委党校、区委区政府办公室、区新闻中心报送信息90余篇，其中被《北京干部教育报》采用4篇，北京市委党校网站采用3篇，北京市委党校公众号采用8篇。

（郭宗业）

【**决策咨询管理**】年内，经区领导批准，区委党校创建《中共北京市西城区委党校送阅件》，建立了直接向党委政府报送决策咨询成果的渠道。分别发挥党校学员和专职教师的主体作用，围绕区域发展中的重点难点问题开展调查研究，形成调研报告，并转化为决策咨询成果。整合党校（行政学院）系统智库建设力量，邀请各领域专家进行实地指导，加强智库建设协作。年内共报送成果5篇，其中2篇获得区领导的批示。

（郭宗业）

【**党校大讲堂**】年内，区委党校主动将党校阵地与基层党建对接，创办“西城党校大讲堂”。每月为驻区党员开展一次授课，把社区党员请到党校来，分别由党校教师、各级领导、优秀学员等走上讲台进行宣讲，同时安排党性教育影视进行观摩。

（郭宗业）

【**区县精品课交流**】年内，区委党校探索建立区县精品课交流新型教学模式，将全市各区县党校的教育精品课、特色现场教学引入主体班教学中，丰富教学内容，共享教学资源，提升教学效果。年内主体班相继赴大兴区委党校、通州区委党校、海淀区委党校和朝阳区委党校、石景山区委党校、怀柔区委党校开展交流学习。开拓学员视野，了解市情。

（郭宗业）

党史工作

【**概况**】中共北京市西城区委党史工作办公室（北京市西城区地方志编纂委员会办公室）是区委、区政府主管党史、地方志工作的职能部门（简称区史志办）。内设办公室、党史科、志鉴科、宣传科，在职人员17人。党史工作的主要职责是组织、指导全区党史工作开展，征集、整理、编纂全区党史资料，承担市委和区委部署的党史资料征研任务，开展地域党史资料编研；配合相关部门对党员、群众进行党史和革命史教育，面向社会开展党史宣传。年内，西城区党史工作推进《中国共产党北京市西城区历史》的编写，完成征求意见稿。开展改革开放时期党史专题研究，编纂《牢记使命勇于担当努力践行“红墙意识”——西城区改革开放纪实》专题文集。推进党史资料征集工作，加强党史资料室建设，编辑出版《西城区党的群众路线教育实践活动、“三严三实”专题教育、“两学一做”学习教育重要文件汇编》。

地址：西城区南菜园街51号
邮编：100054
电话：83975321

（董盼盼）

【**《中共北京市西城区历史》编写工作**】年内，坚持把握“党史姓党”的政治方向，创新机制，重点突破，继续推进《中共北京市西城区历史》的编写工作。坚持开门写史，广泛征求党史专家和各方面意见，与市委党史研究室和区委、区政府重点单位就区委决策机制、基层党组织建设、深化改革等方面进行座谈交流。坚持发扬“工匠精神”，开展调整分期、理清脉络、均衡篇幅、补充史料等方面工作，对难点重点开展集体攻关。全年组织召开编写研讨会和专题座谈会十余次，形成征求意见稿50余万字，年底完成第七轮修改。

（董盼盼）

【**改革开放时期党史专题研究**】年内，为庆祝改革开放40周年，落实中央对党史工作“一突出、两跟进”要求，与区委改革办共同组织编写专题文集《牢记使命勇于担当努力践行“红墙意识”——西城区改革开放纪实》，被纳入区委庆祝改革开放40周年系列活动之一，成为党史工作自觉践行“红墙意识”，服务西城区域发展和全国文化中心建设的一项重要举措。全书主要反映党的十八大以来，西城区委团结带领全区各族人民，落实中央和市委关于首都城市战略定位、建设国际一流和谐之都等方面要求做出的努力，在全面深化改革、京津冀协同发展、推进核心区品质提升、保障和改善民生等各领域取得的成就。3月正式启动，围绕全面深化改革工作确定选题，向全区各单位征集稿件；召开部署培训会和推进会，对撰稿人员进行2次业务培训；组织撰稿单位对文稿进行反复修改完善；年底形成征求意见稿。共收录稿件90余篇，约45万字，图片80余张。其中《西城区“红墙意识”的提出和生动实践》等4篇文章收录到《北京市改革开放实录》一书中。

（董盼盼）

【**党史资料征集整理工作**】年内，出版《西城区党的群众路线教育实践活动、“三严三实”专题教育、“两学一做”学习教育重要文件汇编》，共50余万字。全年收集区域政治、经济、文化、社会、生态和党的建设等方面资料350余条，约220余万字。根据编研任务和学习教育需要，征集购买资料图书70余册，充实党史资料库和数据库。向区文联、区新闻中心等单位征集抗战老战士口述史料，共18篇8万余字。

（董盼盼）

【**区委组织部领导到史志办调研**】5月23日，区委常委、组织部长孙仕柱到区史志办调研。孙仕柱对近年来史志工作取得的成绩给予充分肯定，并强调了修史编志的重要性，围绕区内中心工作，对进一步做好全区史志工作提出五点要求：一要深入学习贯彻习近平新时代中国特色社会主义思想。在新思想的指导下，史志工作要有新作为，展现新形象。要牢牢把握庆祝改革开放40周年、新中国成立70周年、建党100周年等重大机遇，开拓创新，进一步推动史志工作的新发展。二要坚持正确的政治方向。牢牢把握“党史姓党”的原则，旗帜鲜明讲政治，站稳政治立场，严守政治标准，反对历史虚无主义。坚持实事求是，理论联系实际，以严肃认真的态度，还原历史真实面貌。三要深刻理解“以史为鉴、资政育人”职责。深入挖掘史料，科学总结经验教训，围绕中心，服务现实，不仅提供理论上的支持，还要教育后人，在弘扬主旋律、凝聚正能量等方面发挥更大作用。四要深入挖掘具有西城特色的文化内涵。深入挖掘古都文化、京味文化、红色文化的丰富内涵，充分展示西城深厚的历史文化积淀，让广大党员干部群众深刻理解西城文化的底蕴和魅力，进一步增强责任意识，激发担当精神。五要打造过硬干部队伍。加强机关党建工作，持续加强作风建设，履行好职责使命，努力建设团结和谐、风清气正的领导班子和干部队伍。要深入基层，密切联系群众，开展好“走千门进万户”活动，走好新时期的群众路线。

（董盼盼）

【**传承红色基因主题活动**】年内，联合北京李大钊故居开展“不忘初心，牢记使命，传承红色基因”主题活动。2至11月走进北京七中、北京金融街、西城区城管监察大队、北京师范大学等25个单位，开展“李大钊在京津冀的光辉足迹”巡展，2万余人次参观。

（阮珍珍）

【**庆祝改革开放40周年主题活动**】6月8日，联合区档案馆举办“以档为证，以史为鉴——西城区纪念改革开放40周年档案史料展”，通过“解放思想，起步前行”“抓住机遇，搞活经济”“大胆突破，加快步伐”“科学谋划，提升品质”“全面深化，砥砺奋进”“不忘初心，牢记使命”等6部分，用近百份档案文件、百余幅历史照片，展示全区改革开放的历史进程和发展脉络，反映不同历史时期改革发展的重点特点，展现全面深化改革所取得的各项成绩。展览启动后，陆续在区综合行政服务中心、二龙路办公区等7个单位展出，近5000人次参观。7至12月，采访区老领导、区属单位负责人、驻区企业家、社区居民、中小学生，拍摄编制《“以档为证，以史为鉴”——西城区庆祝改革开放40周年》专题片，在千龙网、北京时间、腾讯、爱奇艺、“北京西城”等网站、微信公众号平台推广宣传，点击量近10万。

（阮珍珍）

【**党史宣传月工作**】按照市委党史研究室统一部署，在11月上旬至12月下旬开展以“讴歌新北京 唱响新时代——庆祝改革开放40周年”为主题的党史宣传月工作。在天宁1号文化科技创新园正式发布《“以档为证，以史为鉴”——西城区庆祝改革开放40周年》专题片，中国新华新闻电视网有限公司、区属有关部门的党员干部群众百余人参加，并通过网络、媒体向社会推广；组织史志文艺宣传队走进朝阳北苑家园等社区、公益组织巡演7场；组织史志宣讲员为德胜街道、北京天宁华韵文化科技有限公司等单位党员干部讲党课4次；组织区史志办党员干部参观“伟大的变革”——庆祝改革开放40周年大型展览。

（阮珍珍）

【**党史主题宣讲活动**】年内，组织史志宣讲员走进北京市监狱系统、武警部队、街道社区、非公企业等单位，举办“站在时代前沿的青年”“信仰与忠诚”等15场宣讲，5000多名武警官兵、党员群众、监狱服刑人员参加。宣讲员李建生、曹楠分别被聘为“红色教员”“文化帮教大使”。

（阮珍珍）

【**史志文艺宣传队伍建设**】年内，发挥史志文艺宣传队伍优势，开展“繁花硕果话改革 砥砺奋进奔小康”主题巡演活动，组织创作《激清满怀唱改革》《红色天桥是我家》《智送情报》等节目，开展史志文艺“六进”活动，参加“汇新时代精神，展红墙人风采”迎七一主题活动、“传承红色基因 向国旗敬礼”等24场巡演。整理选取21个史志文艺原创节目编制《西城史志文艺节目集锦》，向全区推广宣传。

（阮珍珍）

【**拓展史志宣传阵地**】在《北京西城报》《西城追忆》上发表“区史志办践行‘红墙意识’树立工作标准”“西城党史红故事”等6篇文章。在中国共产党历史网、北京地方志京网、西城史志网和“北京党史”“方志北京”等公众号上发表、转载近百篇文章，上报51条活动信息。邀请北京电视台、北京时间、今日头条、千龙网、人民网、北青网、搜狐网、新浪网、腾讯新闻、《北京日报》等近20家媒体报道史志宣传活动30余次。

（阮珍珍）

纪检　监察

【**概况**】中共北京市西城区纪律检查委员会、北京市西城区监察委员会，实行一套工作机构、两个机关名称，履行党的纪律检查和国家监察两项职责。设办公室、组织部、宣传部、研究室、案件监督管理室、党风政风监督室、信访室、案件审理室、第一至第九纪检监察室、机关党委、反腐倡廉宣传教育信息中心（事业单位）和纪律审查保障中心（事业单位）。区委巡察组共6个，区委巡察办设在区纪委。派驻区级党和国家机关纪检监察机构20个（不含法、检），派出区直机关工委和各街道工委纪检监察机构16个。机关编制（含巡察）143名，派驻编制101名，事业编制13名。区纪委区监委的主要职责是：负责本区党的纪律检查工作。贯彻落实党中央、市委、区委关于纪律检查工作的决定、部署，维护党的章程和其他党内法规，检查党的路线方针政策和决议的执行情况，协助区委推进全面从严治党、加强党风建设和组织协调反腐败工作。依照党的章程和其他党内法规履行监督、执纪、问责职责。负责经常对党员进行遵守纪律的教育，作出关于维护党纪的决定；对区委工作机关、区委批准设立的党组（党委）等党的组织和区委管理的党员领导干部履行职责、行使权力进行监督，受理处置党员群众检举举报，开展谈话提醒、约谈函询；检查和处理上述党的组织和党员违反党的章程和其他党内法规的比较重要或者复杂的案件，决定或者取消对这些案件中的党员的处分；进行问责或者提出责任追究的建议；受理党员的控告和申诉；保障党员的权利。负责本区监察工作。贯彻落实党中央、市委、区委关于监察工作的决定、部署，维护宪法法律，依法对区委管理的行使公权力的公职人员进行监察，调查职务违法和职务犯罪，开展廉政建设和反腐败工作。依照法律规定履行监督、调查、处置职责。推动开展廉政教育，对区委管理的行使公权力的公职人员依法履职、秉公用权、廉洁从政从业以及道德操守情况进行监督检查；对涉嫌贪污贿赂、滥用职权、玩忽职守、权力寻租、利益输送、徇私舞弊以及浪费国家资财等职务违法和职务犯罪进行调查；对违法的公职人员依法作出政务处分决定；对履行职责不力、失职失责的领导人员进行问责；对涉嫌职务犯罪的，将调查结果移送人民检察院依法审查、提起公诉；向监察对象所在单位提出监察建议。负责组织协调本区全面从严治党、党风廉政建设和反腐败宣传教育工作。负责综合分析本区全面从严治党、党风廉政建设和反腐败工作情况，对纪检监察工作重大问题进行调查研究；参与起草制定本区相关规范性文件。负责统筹协调本区反腐败国际追逃追赃和防逃工作，督促有关单位做好相关工作。根据干部管理权限，负责本区纪检监察系统领导班子建设、干部队伍建设和组织建设的综合规划、政策研究、制度建设和业务指导；会同有关方面做好区纪委区监委派驻（派出）机构、区管国有企业纪检监察机构领导班子建设有关工作；组织和指导本区纪检监察系统干部教育培训工作等。完成市纪委市监委和区委交办的其他任务。年内，全区纪检监察组织增强“四个意识”，坚定“四个自信”，践行“两个维护”，忠诚履行党章和宪法赋予的双重职责，狠抓正风肃纪、反腐惩恶，勇于担当、锐意进取，强化监督执纪问责和监督调查处置，纪检监察工作取得明显成效。

地址：西城区西直门南大街6号国二招宾馆北楼
邮编：100035
电话：83926110

（李天恩）

【纪检监察体制改革工作】年内，健全派驻机构领导体制和工作机制，形成巡察、派驻、监察全覆盖工作格局。优化纪检监察机关内部工作机制和工作流程，畅通覆盖纪检监察系统的检举举报渠道，强化纪检监察机关自我监督。推动监察机关与执法、司法机关顺畅衔接，加强纪法衔接配套制度建设，健全留置措施相关机制。推行社区纪检专员工作模式，在全区15个街道的259个社区设置78名社区纪检专员、259名社区纪检委员，强化对社区工作的监督。配齐11家区属国有企业专职纪委书记，实现国企纪检监察组织全覆盖。

（李天恩）

【推动管党治党责任落实】年内，充分发挥专责机关作用，督促全区各单位高度警惕“七个有之”问题，把“两个维护”落实到强化监督、政治巡察、问责追责工作之中。细化全面从严治党考核内容，完善考核机制，把检查全面从严治党主体责任落实情况作为巡察监督和执纪监督的重点，督促全区各级党组织把主体责任落在实处。对落实不到位、不作为引发严重后果、错失工作时机、耽误工作进程的，坚持首先查处问责。全年实施问责53起，同比上升165%。

（李天恩）

【正风肃纪工作】年内，运用信息化手段开展监督，利用大数据精准筛查违规公款吃喝、公车私用、公卡私用等问题。全年共查处违反中央八项规定精神问题38起，给予党纪政务处分38人，通报曝光17起24人。

（李天恩）

【监督检查工作】年内，根据中央、市委的重大决策部署，梳理出5个方面的13项具体任务，制定全年监督工作要点，推动监督工作与执纪问责、调查处置有效衔接。强化日常监督，制定完善监督工作清单，以党的组织和党员领导干部履职用权、党员履行义务为重点，严格依据“六项纪律”衡量党员干部行为，创新监督方式，实施精准监督。深化运用监督执纪“四种形态”，全年处理340人次，同比增长39.9%。其中，第一种形态188人次，第二种形态114人次，第三种形态11人次，第四种形态27人次。

（李天恩）

【党风廉政宣传教育】年内，在“廉洁西城”微信公众号等媒体实名通报典型案件，整理汇总并向全区印发77个典型案例，用身边案例教育身边人。依托北京展览馆南广场建设的全市首家市民廉洁文化广场——红莲广场，以及依托天桥印象博物馆打造的廉洁教育基地正式投入使用。组建宣讲团，深入全区开展党纪处分条例和监察法宣传教育活动65场次，7000余名干部群众参加。推出“红莲课堂”监察法专题测试活动，全区120余家单位的3万余名党员干部和公职人员参加测试。

（李天恩）

【信访监督和审查调查】年内，全区纪检监察组织共接受信访举报1342件次，同比上升82.6%，立案146件，同比上升108.6%，结案139件，给予党纪政务处分136人。追逃追赃方面取得重大突破，潜逃26年的京城贪腐大案嫌犯余东、涉嫌贪污570余万元的在逃人员张海龙、“百名红通”人员蒋雷等6人相继落网。把严惩与警示教育同步推进，坚持以案治本，制发纪律检查建议书15件、监察建议书15件、一般性工作建议书106件，督促全区各单位修订、完善制度项目735条。全年查处“为官不为、为官乱为”案件57起，查处群众身边的腐败和作风问题19起。持续加大对精准救助、对口援建、涉黑涉恶腐败等违法违纪问题的查处力度。

（李天恩）

【巡察工作】年内，区委从全区抽调优秀干部充实到巡察组工作，巡察组数量增加到6个。把贯彻落实北京城市总体规划、疏解整治促提升、扶贫协作、扫黑除恶等重点工作纳入巡察内容，全年完成4轮对46家单位（其中含社区12家）的巡察任务，共发现问题201个。建立健全督查督办机制，把巡察整改作为日常监督的重要内容，对巡察中反映出的突出问题，采取“一项目一指定”的方式开展专项监督，派驻力量同步开展监督检查，持续跟踪督办，对敷衍应付、整改不力的，严肃追责问责。通过专项巡察、巡街道带社区等方式，延伸巡察触角，推动全面从严治党在基层见到实效。

（李天恩）

【纪检监察干部队伍建设】年内，制定区纪委常委日常行为规范，班子带头从点滴小事做起。调入人员23人，年度选拔任用科级干部52名，其中选拔任用正科实职领导岗位26名，选拔任用科级非领导岗位26名；同时，配合区委组织部做好区纪委区监委处级干部选拔任用工作，年度选拔任用7名，转正考察3名。建立系统化干部培训体系，对全区纪检监察干部累计培训35批次，参训人数3100人次，实现培训范围全覆盖、业务流程全覆盖。把凝练“红莲品格”作为推动干部队伍融合的重要抓手，搭建“红莲书屋”，推出“爱莲说”主题文化墙、“红莲标志”主题标语墙、“红莲会议室”，在办公区和办公用品上标印“红莲标志”。建立健全日常考勤、平时考核、提名考察、请销假审批、出入境证件管理等一系列干部管理规定。全年共收到反映纪检监察干部的问题线索18件，立案1件，给予1人党内警告处分，批评教育1人，诫勉谈话1人，发放纪律检查建议书1件。

（李天恩）

（责任编辑　贾国平）

西城区人民代表大会常务委员会

概　述

北京市西城区人民代表大会是西城区地方国家权力机关，区人大常委会是本级人民代表大会的常设机关，下设办公室、研究室、代表联络室、法制办公室、财政经济办公室、预算审查办公室、教科文卫体办公室、城建环保办公室等8个办事机构。区人大常委会在区委的坚强领导下，坚持以习近平新时代中国特色社会主义思想为指导，认真学习研究宣传贯彻习近平总书记关于坚持和完善人民代表大会制度的重要思想，深入学习贯彻党的十九大精神，进一步增强“四个意识”，大力践行“红墙意识”，坚持党的领导、人民当家作主、依法治国有机统一，结合新时代首都核心区发展的新任务新要求，围绕全区工作大局，认真履行宪法法律赋予的职权，各项工作取得新成效。全年共召开常委会会议9次、主任会议16次，常委会听取和审议议题49项，作出决议、决定9项，形成审议意见书9份，任免国家工作人员75人次，接受1名区级国家机关领导人员辞去职务。

地址：西城区广安门南街68号

邮编：100054

电话：83976304

（李　锟）

重要会议

【十六届人大四次会议】1月9至12日，北京市西城区第十六届人民代表大会第四次会议在中国职工之家饭店召开，351名代表出席会议。会议选举产生西城区监察委员会主任虞宝才；听取和审议西城区区长王少锋所作的西城区人民政府工作报告；审议西城区2017年国民经济和社会发展计划执行情况与2018年国民经济和社会发展计划草案的书面报告；审议西城区2017年财政预算执行情况和2018年财政预算草案的书面报告；听取和审议西城区人大常委会主任杜灵欣所作的西城区人民代表大会常务委员会工作报告；听取和审议西城区人民法院院长蔡慧永所作的西城区人民法院工作报告；听取和审议西城区人民检察院检察长李卫国所作的西城区人民检察院工作报告；会议表决通过关于西城区人民政府工作报告的决议；表决通过关于西城区2017年国民经济和社会发展计划执行情况与2018年国民经济和社会发展计划的决议；表决通过关于西城区2017年财政预算执行情况和2018年财政预算的决议；表决通过关于西城区人民代表大会常务委员会工作报告的决议；表决通过关于西城区人民法院工作报告的决议；表决通过关于西城区人民检察院工作报告的决议。

（李　锟）

【十六届人大常委会第十二次会议】西城区十六届人大常委会第十二次会议于1月18日召开。区人大常委会主任杜灵欣主持。审议并表决通过关于接受王东辞去北京市第十五届人民代表大会代表职务请求的决定，会后报北京市人民代表大会常务委员会备案；补选李颖津为西城区出席北京市第十五届人民代表大会代表。

（李　锟）

【十六届人大常委会第十三次会议】西城区十六届人大常委会第十三次会议于3月15日召开。杜灵欣主持。会议传达学习了北京市十五届人大一次会议精神；审议通过了西城区人大常委会2018年工作要点和会议议题预安排，决定印发实施并向社会公布；听取了关于区十六届人大四次会议代表议案、建议情况分析的报告；审议并表决通过了区人民政府、区人民法院提请的有关人事任免事项；被任命的区人民政府人员进行了宪法宣誓。

（李　锟）

【十六届人大常委会第十四次会议】西城区十六届人大常委会第十四次会议于4月26日召开。杜灵欣主持。会议听取和审议区政府关于加强历史文化名城保护、提升城市发展品质的决议落实情况的报告，听取了区人大城建环保委员会预先审议情况汇报；审议通过西城区“十三五”规划中期评估监督工作实施方案，决定印发实施；审议通过区人大常委会关于大气污染防治法律法规贯彻实施情况执法检查的实施方案，决定印发实施；审议通过区人大常委会关于安全生产法律法规贯彻实施情况执法检查的实施方案，决定印发实施；审议通过《北京市西城区预算审查监督办法》，决定印发实施并向社会公布；审议并表决通过区人民政府、区监察委员会、区人民检察院提请的有关人事任免及撤职事项；被任命的区人民政府职能部门负责人进行了宪法宣誓。按照区人大常委会2018年学习计划，本次会议前，区人大常委会组成人员集中学习了《中华人民共和国安全生产法》《中华人民共和国预算法》和《北京市预算审查监督条例》。

（李　锟）

【十六届人大常委会第十五次会议】西城区十六届人大常委会第十五次会议于6月21日召开。杜灵欣主持。会议听取和审议了区政府关于园林绿化工作情况的报告，听取了区人大城建环保委员会预先审议情况汇报，决定由区人大常委会城建环保办公室整理起草审议意见书，经主任会议研究通过后，交区政府研究处理；听取和审议了区政府关于医药分开综合改革情况的报告，听取了区人大教科文卫体委员会预先审议情况汇报，决定由区人大常委会教科文卫体办公室整理起草审议意见书，经主任会议研究通过后，交区政府研究处理；审议并表决通过了区监察委员会提请的有关人事任职事项；被任命的区监察委员会委员进行了宪法宣誓。按照区人大常委会2018年学习计划，本次会议前，区人大常委会组成人员集中学习了《北京市绿化条例》。

（李　锟）

【十六届人大常委会第十六次会议】西城区十六届人大常委会第十六次会议于7月26日召开。杜灵欣主持。会议听取和审议了区政府关于西城区2017年财政决算草案的报告、关于西城区2017年度预算执行和其他财政收支情况的审计工作报告、关于西城区2018年上半年国民经济和社会发展计划执行情况的报告、关于西城区2018年上半年财政预算执行情况的报告，听取了区人大财政经济委员会关于西城区2017年财政决算报告、审计报告和2018年上半年国民经济和社会发展计划执行情况、财政收支预算执行情况的预先审议情况报告；表决通过了北京市西城区人民代表大会常务委员会关于批准西城区2017年财政决算及其报告的决议和关于批准西城区2017年度预算执行和其他财政收支情况审计工作报告的决议。决定由区人大常委会预算审查办公室牵头起草审议意见书，经主任会议研究通过后，交区政府研究处理。按照区人大常委会2018年学习计划，本次会议前，区人大常委会组成人员集中学习了《北京市审计条例》。

（李　锟）

【十六届人大常委会第十七次会议】西城区十六届人大常委会第十七次会议于8月23日召开。杜灵欣主持。会议听取和审议了区人大常委会执法检查组关于贯彻实施安全生产法律法规执法检查情况的报告，决定由区人大常委会财政经济办公室牵头起草审议意见书，经主任会议研究通过后，交区政府研究处理；听取和审议了区人大常委会执法检查组关于贯彻实施大气污染防治法律法规执法检查情况的报告，决定由区人大常委会城建环保办公室牵头起草审议意见书，经主任会议研究通过后，交区政府研究处理；审议并表决通过了关于接受孟繁斌、马新明、孙仕柱、王鹏、董常青、王奇、王效农、王志忠、徐斌、张丁、田静、孙晓临、曹学义辞去北京市西城区第十六届人民代表大会代表职务的请求的决定；听取和审议了区十六届人大常委会代表资格审查委员会关于代表资格审查情况的报告，同意此项报告；审议通过了区人大常委会关于补选西城区第十六届人民代表大会代表的决定；审议通过了区人大常委会关于补选区第十六届人民代表大会代表工作实施方案；审查了区政府落实区人大常委会关于园林绿化工作审议意见的书面报告；审议并表决通过了区政府和区检察院提请的有关人事任职事项；被任命的区政府和区检察院人员进行了宪法宣誓。

（李　锟）

【十六届人大常委会第十八次会议】西城区十六届人大常委会第十八次会议于10月25日召开。区人大常委会副主任杜黎彬主持。会议听取和审议了区政府关于西城区2018年1至9月国民经济、社会发展计划执行和调整情况的报告、关于西城区2018年1至9月财政预算执行情况和预算调整的报告、关于西城区2017年财政预算执行情况和其他财政收支情况审计查出问题整改情况的报告。听取了区人大财政经济委员会关于2018年1至9月国民经济、社会发展计划执行和调整情况、关于2018年1至9月财政预算执行和预算调整情况、2017年财政预算执行情况和其他财政收支情况审计查出问题整改情况的预先审议情况汇报；听取和审议了区政府关于西城区“十三五”规划纲要中期评估工作情况的报告、区人大常委会关于西城区“十三五”规划纲要中期评估监督工作情况的报告。听取了区人大财政经济委员会关于西城区“十三五”规划纲要中期评估工作情况的预先审议情况汇报，表决通过了西城区人大常委会关于批准西城区“十三五”规划纲要部分指标调整方案的决议；听取和审议了区人大常委会代表资格审查委员会关于补选区十六届人大代表的代表资格审查报告；审查了区政府落实区人大常委会关于医药分开综合改革工作审议意见的书面报告；审议并表决通过了区人大常委会主任会议、区政府和区法院提请的有关人事任职事项；审议并表决通过了关于接受徐利辞去北京市西城区人民政府副区长职务；投票选举缪剑虹为北京市西城区人民政府副区长；组织被任命的区政府副区长、区人大法制委员会委员进行了宪法宣誓。按照区十六届人大常委会第三十六次主任会议的建议，会前学习了栗战书委员长在深入学习贯彻习近平总书记关于坚持和完善人民代表大会制度思想交流会上的讲话（摘要），将年初安排的监督法导读学习改为书面学习。

（李　锟）

【十六届人大常委会第十九次会议】西城区十六届人大常委会第十九次会议于11月22日召开。杜灵欣主持。会议听取和审议了区政府关于区十六届人大四次会议代表议案、建议办理情况的报告；听取和审议了区法院关于加强金融案件审判、服务区域金融健康发展工作情况的报告；听取了区人大法制委员会预先审议情况汇报，决定由区人大常委会法制办公室根据会议的审议意见整理起草审议意见书，经主任会议研究后交区法院研究处理；听取和审议了区政府办理区人大关于全面推动街道大部制改革的议案情况的报告；听取了区人大法制委员会预先审议情况汇报，决定由区人大常委会法制办公室根据会议的审议意见整理起草审议意见书，经主任会议研究后交区政府研究处理；听取和审议了区政府落实区人大关于扎实推进街区整理、不断提升核心区品质的决议和办理区人大关于加强街区整理、打造精品街区、提升城市品质的议案情况的报告；听取了区人大城建环保委员会预先审议情况汇报，决定由区人大常委会城建环保办公室根据会议的审议意见整理起草审议意见书，经主任会议研究后交区政府研究处理；审议通过了关于举行区十六届人大五次会议的决定。会议决定2019年1月8日召开区十六届人大五次会议，由区人大常委会机关按规定向社会予以公布，并抓紧进行大会筹备工作；审查了区政府落实区人大常委会关于西城区2017年财政决算报告审议意见的书面报告、区政府落实区人大常委会关于西城区2017年审计报告审议意见的书面报告和区政府落实区人大常委会关于贯彻实施安全生产法律法规执法检查报告审议意见的书面报告；审议并表决通过了区政府、区法院和区检察院提请的有关人事任免事项；审议并表决通过了区法院提请的确定人民陪审员名额的议案。批准北京市西城区人民法院人民陪审员名额不低于561人，本次增选人民陪审员250人。按照年度学习计划，会前学习了《北京西城街区整理城市设计导则》。

（李　锟）

【十六届人大常委会第二十次会议】西城区十六届人大常委会第二十次会议于12月21日召开。杜灵欣主持。会议初步审议了区政府、区法院、区检察院的工作报告，讨论了区人大常委会工作报告，决定将这四项报告作适当修改后交各代表联组讨论；听取和审议了区人大常委会关于区十六届人大四次会议代表议案及建议办理情况的报告；听取和审议了区人大常委会代表资格审查委员会关于代表资格审查情况的报告，依法确认417名区十六届人民代表大会代表的代表资格有效；审议通过了关于举行区十六届人大五次会议的有关事项；审查了区政府落实区人大常委会关于贯彻实施大气污染防治法律法规执法检查报告审议意见的书面报告；审议并表决通过了关于接受殷向宇辞去北京市西城区第十六届人民代表大会代表职务请求的决定。

（李　锟）

【第二十六次、二十七次主任会议】西城区十六届人大常委会第二十六次主任会议于1月18日召开。杜灵欣主持。会议听取了关于补选市人大代表相关情况的汇报。西城区十六届人大常委会第二十七次主任会议于3月2日召开。杜灵欣主持。会议听取了《北京市西城区预算审查监督办法》（修订草案）的说明；研究确定了区十六届人大常委会预算监督顾问名单；研究了区人大常委会2018年工作要点和会议议题预安排（讨论稿）；研究通过了区人大常委会2018年学习计划；听取了关于区十六届人大常委会第十三次会议有关议题准备情况的汇报。

（李　锟）

【第二十八次主任会议】西城区十六届人大常委会第二十八次主任会议于4月19日召开。杜灵欣主持。会议研究了人事任免议案；听取了区政府关于城管执法监察工作情况的报告；研究了西城区“十三五”规划中期评估监督工作实施方案（草案）；研究了区人大常委会关于安全生产法律法规贯彻实施情况执法检查的实施方案（草案）；研究了区人大常委会关于大气污染防治法律法规贯彻实施情况执法检查的实施方案（草案）；研究了关于市人大代表联系区人大代表和街道联组的工作机制（征求意见稿）；听取了关于区十六届人大常委会第十四次会议有关议题准备情况的汇报。

（李　锟）

【第二十九次主任会议】西城区十六届人大常委会第二十九次主任会议于5月10日召开。杜灵欣主持。会议听取了政府关于构建高精尖经济结构实施情况的报告；听取了关于区法院部分审判员、区检察院部分检察员向常委会书面述职情况的报告；研究通过了《北京市西城区人大常委会预算监督代表小组工作规则》。

（李　锟）

【第三十次主任会议】西城区十六届人大常委会第三十次主任会议于6月7日召开。区人大常委会副主任杜黎彬主持。会议听取了区政府关于民族宗教工作情况的报告；研究确定了区人大常委会预算代表监督小组人员名单；听取了区十六届人大常委会第十五次会议有关议题准备情况的汇报，决定于6月21日召开区十六届人大常委会第十五次会议。

（李　锟）

【第三十一次、三十二次主任会议】西城区十六届人大常委会第三十一次主任会议于6月20日召开。杜灵欣主持。会议研究了人事任免议案。西城区十六届人大常委会第三十二次主任会议于7月5日召开。杜黎彬主持。会议听取了区政府关于地下空间清理整治管理情况的报告；听取了区检察院关于开展公益诉讼工作情况的报告；研究确定了区人大常委会关于园林绿化工作报告的审议意见书，同意交区政府研究处理；研究确定了区人大常委会关于医药分开综合改革工作报告的审议意见书，同意交区政府研究处理；研究确定了北京市西城区人民代表大会常务委员会组成人员联系代表制度；听取了关于区十六届人大常委会第十六次会议有关议题准备情况的汇报，决定于7月26日召开区十六届人大常委会第十六次会议。

（李　锟）

【第三十三次主任会议】西城区十六届人大常委会第三十三次主任会议于8月9日召开。杜灵欣主持。会议听取了区政府关于2018年政府投资计划执行情况的报告和区人大常委会财政经济办公室就此项议题开展调研情况的汇报；听取了区政府关于非物质文化遗产保护与传承工作情况的报告和区人大教科文卫体委员会就此项议题开展视察调研情况的汇报；研究了区人大常委会执法检查组关于贯彻实施安全生产法律法规执法检查情况的报告，决定提请区十六届人大常委会第十七次会议审议；研究了区人大常委会执法检查组关于贯彻实施大气污染防治法律法规执法检查情况的报告，决定提请区十六届人大常委会第十七次会议审议；研究确定了区人大常委会关于西城区2017年财政决算的审议意见书，决定将审议意见书交区政府研究处理；研究确定了区人大常委会关于西城区2017年财政预算执行情况和其他财政收支审计工作报告的审议意见书，决定将审议意见书交区政府研究处理；听取了关于西城区人大代表联系选民月活动征集意见建议情况的综合分析报告；听取了关于区十六届人大常委会第十七次会议有关议题准备情况的汇报。

（李　锟）

【第三十四次主任会议】西城区十六届人大常委会第三十四次主任会议于8月23日召开。杜灵欣主持。会议研究了人事任免议案；研究了区人大常委会关于接受孟繁斌等辞去代表职务的请求的决定（草案）；研究了区人大常委会关于补选区第十六届人民代表大会代表的决定（草案）；研究了区人大常委会关于补选区第十六届人民代表大会代表的工作方案（草案）。

（李　锟）

【第三十五次主任会议】西城区十六届人大常委会第三十五次主任会议于9月6日召开。杜灵欣主持。会议听取了区政府2017年以来对口扶贫协作工作情况的报告；听取了区政府关于贯彻实施《中华人民共和国档案法》情况的报告；研究了区人大常委会关于贯彻实施安全生产法律法规执法检查情况报告的审议意见书、决定将审议意见交区政府研究处理；研究了区人大常委会关于贯彻实施大气污染防治法律法规执法检查情况报告的审议意见书，决定将审议意见交区政府研究处理。

（李　锟）

【第三十六次主任会议】西城区十六届

人大常委会第三十六次主任会议于10月11日召开。杜灵欣主持。会议研究了人事任免议案；听取了区政府关于完善生活性服务业布局提升品质情况的报告；听取了关于西城区“十三五”规划中期评估监督工作的报告（初稿）；研究了关于各专门委员会开展2019年部门预算初步审查的工作方案；听取了关于区十六届人大常委会第十八次会议有关议题准备情况的汇报。

（李　锟）

【第三十七次主任会议】西城区十六届人大常委会第三十七次主任会议于11月8日召开。杜灵欣主持。会议研究了人事任免议案；听取了区政府关于区十六届人大四次会议代表审议意见研究处理情况的报告；听取了区政府关于加强学前教育工作情况的报告；听取了区人大各专委会关于2019年部门预算初步审查情况的报告；研究了关于召开区十六届人大五次会议的决定（草案）；研究了陈振海履职活动工作机构调整事项；听取了关于区十六届人大常委会第十九次会议有关议题准备情况的汇报。

（李　锟）

【第三十八次、三十九次主任会议】西城区十六届人大常委会第三十八次主任会议于11月22日召开。杜灵欣主持。会议研究了人事任免议案。西城区十六届人大常委会第三十九次主任会议于12月3日召开。杜灵欣主持。会议听取了区政府关于国有资产管理总体情况的报告；研究确定了区人大常委会关于区法院加强金融案件审判、服务区域金融健康发展报告的审议意见书，决定交区政府研究处理；研究确定了区人大常委会关于全面推动街道大部制改革议案办理工作的审议意见书，决定交区政府研究处理；确定区人大常委会关于扎实推进街区整理、不断提升核心区品质的决议落实工作和关于加强街区整理、打造精品街区、提升城市品质的议案办理工作的审议意见书，决定交区政府研究处理；研究了关于举行区十六届人大五次会议的有关事项；会议研究了区人大常委会工作报告；听取了关于区十六届人大常委会第二十次会议有关议题准备情况的汇报。

（李　锟）

【第四十次、四十一次主任会议】西城区十六届人大常委会第四十次主任会议于12月17日召开。杜灵欣主持。会议研究了关于接受殷向宇代表辞职请求的决定。西城区第十六届人大常委会第四十一次主任会议于12月28日召开。杜灵欣主持。会议听取了各街道代表联组会前活动情况介绍。

（李　锟）

监督工作

【助力打好三大攻坚战】年内，常委会听取和审议了区人民法院关于加强金融案件审判服务区域金融健康发展工作情况的报告，从推进金融审判机制创新、深化实务和理论研究、加强金融审判队伍建设等方面提出审议意见，支持区人民法院依法履行金融案件审判职能，为促进经济和金融良性循环、健康发展提供司法保障。围绕打好精准脱贫攻坚战，主任会议听取了区政府关于2017年以来对口扶贫协作工作开展情况的报告。市、区人大代表积极参与对口扶贫工作，共捐款82.3万余元，用于资助张北县二台镇地局子村自来水加压过滤项目和阜平县医疗卫生项目。2018年11月底，张北县二台镇地局子村自来水加压过滤项目建成并投入使用，实现了整村脱贫出列。围绕打好污染防治攻坚战，在连续四年开展监督的基础上，常委会再次就大气污染防治法律法规开展执法检查，督促区政府进一步完善管理机制、加大执法力度、提升共治水平，推动中央文件精神和北京市新标准全面落实，确保大气质量持续改善。

（李　锟）

【推进重点领域改革】年内，常委会根据新修订的预算法和北京市预算审查监督条例，修订实施了《北京市西城区预算审查监督办法》，进一步明确了预算审查监督的范围、重点和程序，为全面加强预算监督奠定了基础。落实中央和市委关于加强人大国有资产监督职能的重大决策，协助区委起草了《关于建立区政府向区人大常委会报告国有资产管理情况制度的意见》，为人大开展全口径国有资产监督提供了制度保障。落实北京市关于街道各类机构综合设置全面试点工作的改革部署，听取和审议了区政府关于街道大部制改革议案办理情况的报告，为构建简约高效的基层治理体制提供了有力支持。

（李　锟）

【推动历史文化名城保护决议的落实】连续两年对加强历史文化名城保护提升城市发展品质决议落实情况进行监督，组织代表视察了泰安里腾退项目、新地百建设项目，听取和审议了区政府落实决议情况的报告，提出了要切实落实新版北京城市总体规划，积极争取社会各界支持，集中力量推动重点文物腾退，加强对腾退文物利用的研究等审议意见。区政府认真落实决议，持续推进历史文化名城保护工作，区“十三五”规划确定的47处直管公房文物腾退项目全部启动，完成京报馆、绍兴会馆、康有为故居等25个项目腾退和北海、景山公房住户腾退，历史文化街区彰显新风韵，基础设施和城市环境展现新风貌。

（李　锟）

【推动街区整理决议的落实】年内，常委会将督办议案与推动决议落实相结合，组织代表对德宝新园街区开展视察调研，听取和审议了区政府落实决议情况和办理关于加强街区整理打造精品街区提升城市品质议案的报告，提出加强统筹协调、优化设计方案、完善生活设施、创新管理模式、总结推广经验等审议意见。区政府认真落实决议，扎实推进街区更新，完成全区101个街区划分，形成20余套重点地区深化设计方案，实现阜内大街等17个街区初步亮相。围绕环境综合整治和品质提升，组织代表视察了常乐坊城市森林、南新华街公共休闲空间建设情况，听取和审议了区政府关于园林绿化工作情况的报告，提出了扩展绿化面积、建设绿化精品、加大执法力度、提升管理水平等审议意见，推动核心区环境品质持续提升。此外，主任会议还听取了地下空间清理整治管理情况、城管执法监察工作情况的报告。

（李　锟）

【开展对“十三五”实施情况的监督】年内，常委会依法组织开展了对区“十三五”规划实施中期评估工作的监督。常委会组成人员、专委会委员、部分区人大代表组成四个专题组，对区“十三五”规划纲要及36个综合和专项规划中期评估情况进行监督，围绕落实新版北京城市总体规划、推进京津冀协同发展、推动新时代首都核心区建设提出意见，针对其中4项指标提出了不作调整的建议，区政府认真采纳了这些意见建议。常委会听取和审议了区“十三五”规划纲要实施情况中期评估工作的报告和规划纲要中期评估监督工作情况的报告，依法批准了部分指标调整的方案，为圆满完成区“十三五”规划各项任务奠定了良好基础。

（李 锟）

【强化对经济工作的监督】年内，常委会听取和审议了区政府关于2018年上半年和1至9月计划执行及调整情况的报告，专委会对2018年计划执行情况和2019年计划草案主要内容进行了初步审查。关注政府投资和经济结构调整，主任会议听取了2018年政府投资计划执行情况和高精尖经济结构调整实施情况的报告，推动西城区进一步优化产业布局，加快构建高精尖经济结构。关注国有资产管理，主任会议听取了国有资产管理情况的综合报告，推动国有资产更好地服务发展、服务社会。

（李 锟）

【创新预算审查监督工作】年内，常委会听取和审议了2017年决算报告、审计工作报告及审计查出问题整改情况的报告、2018年上半年和1至9月财政预算执行情况的报告，并依法作出相关决议。着力推进监督实践创新。在听取和审议审计查出问题整改情况报告时，首次要求区审计局提交审计项目整改落实情况清单。在初步审查2019年预算草案工作中，首次由区人大四个专委会分别开展部门预算初审工作，对区园林绿化局、区残联、区统计局、区体育局等4个单位2019年部门预算进行初审，推动预算审查向部门预算延伸、预算监督向纵深发展。在区级计划预算草案初审会议上，除安排区发改委、区财政局外，首次安排区商务委、区国资委、区统计局、区金融办、区税务局就相关工作进行专题解读。首次将区级预算草案初审意见交区政府研究处理，并要求区政府在代表大会召开前反馈研究处理情况。通过丰富监督内容、细化监督程序、扩大参与范围等多项新举措，预算审查监督工作更加规范、成效更加显著。

（李 锟）

【聚焦医药分开综合改革】年内，常委会组织代表到复兴医院、二龙路医院、大栅栏社区卫生服务中心等7家医疗机构进行视察调研，听取和审议了区政府关于医药分开综合改革情况的报告，从准确把握工作方向、强化完善政策保障、推动信息化建设、加强医疗队伍建设、加大政策宣传力度等方面提出了审议意见，推动医疗行为进一步规范，分级诊疗制度不断完善，医疗服务质量持续提升。

（李 锟）

【聚焦学前教育和文化事业发展】年内，常委会在配合市人大常委会督办调研学前教育议案暨专项工作的基础上，组织代表视察了槐柏幼儿园、美仁幼儿园，主任会议听取了全区学前教育工作情况的报告，支持区政府全面落实北京市和西城区第三期学前教育行动计划，采取多种方式增加学前教育学位，不断提升整体保教质量和办园水平，努力办好让人民满意的学前教育。关注西城区文化事业发展，组织代表视察了区非遗保护中心、月坛雅集传艺荟，主任会议听取了西城区非物质文化遗产保护与传承工作情况的报告，推动了相关工作的开展。

（李 锟）

【聚焦服务市民便利生活】年内，常委会组织代表视察后半壁街46号金质生活百姓生活服务中心、碧海生鲜月坛北街百姓生活服务中心，主任会议听取了相关工作情况的报告，支持区政府科学合理布局生活服务网络，进一步提升商品和服务质量，更加精准满足群众生活需求。关注养老服务工作，组织代表视察了福州馆社区养老服务驿站、万寿公园孝亲敬老示范基地，推动西城区养老服务水平持续提升。

（李 锟）

【加强对法律法规实施情况的监督】年内，常委会就安全生产法律法规实施情况开展执法检查，组织了分组集中检查、随机抽查和暗访，听取和审议了执法检查报告，提出了加强统筹协调、落实主体责任、加大执法力度、创新监管方式、深化宣传教育等审议意见，推动西城区安全生产防控能力和监管水平持续提高。围绕国家监察法的贯彻实施，视察调研了区监委组建以来深化监察体制改革试点工作和依法履职情况。组织代表视察了档案法实施情况，主任会议听取了相关工作的报告。认真执行规范性文件备案审查有关规定，依法对区政府关于加快现代金融产业发展若干意见等6份规范性文件进行了备案审查。

（李 锟）

【加强对司法工作的监督】年内，常委会在加强对区人民法院金融案件审判工作监督的同时，还组织28名审判员、16名检察员进行书面述职。关注维护国家和社会公共利益，组织代表视察莲花河环境整治现场，主任会议听取了区人民检察院关于公益诉讼工作情况的报告，推动公益诉讼更好地发挥保障国家利益和社会公共利益的作用。关注民族团结进步事业发展和宗教事务管理的依法推进，听取了区政府民族宗教工作情况的报告，促进了区域民族宗教工作的开展。

（李 锟）

【加强对立法工作的参与】年内，充分发挥区人大代表倾听民声、反映民意、集中民智的优势，积极参与市人大立法征求意见工作，对北京市非机动车管理条例、北京市非物质文化遗产保护条例、北京市小规模食品生产经营管理规定等提出了建设性意见。协助市人大常委会对现行24部涉农地方性法规实施情况开展评估。

（李 锟）

代表工作

【发挥代表主体作用】常委会坚持抓好制度建设，不断完善工作机制，提高服务质量，切实为代表依法履职提供支持和保障。代表们充分发挥主体作用，认真执行代表职务。全年参加各类会议、活动的代表共4352人次。连续第二年开展区人大代表联系选民月活动，381名代表参加，参与率91.1%，组织接待选民活动301次，15个街道544名处级、科级干部与代表一起参与了接待活动，共接待选民和群众4353人次，累计征集意见建议1530件。继续深化选民意见处理工作，坚持向区委进行专题报告，并探索形成了解释说明、街道协调处理、部门办理、市代表平类建议的分级分类处理机制，937件当场或事后向选民作出说明和解释，555件由街道协调处理，27件梳理后作为代表建议交区政府部门办理，11件由市代表以平类建议提交市人大常委会。

（李 锟）

【加强建议督办工作】年内，区十六届人大四次会议期间收到的代表建议118件（含议案转建议1件）全部办复，其中已经或部分解决、采纳的80件，列入计划的19件，作为工作参考的19件。坚持常委会主任、副主任牵头重点督办，专委会分类督办，代表联络部门协调督办的全体系督办机制，推动解决了一批群众关注的热点问题。首次向社会公开代表建议及办理情况。推进代表履职服务平台建设，实现了与区政府代表建议办理系统的实时信息共享。组织区情通报会，向代表通报了全区上半年经济社会发展情况和代表建议办理情况。持续推动代表大会期间代表审议意见的处理，主任会议专题听取了区政府研究处理情况的报告，督促代表审议意见得到更好落实。

（李　锟）

【推进代表工作制度化规范化】年内，制定实施《北京市西城区人民代表大会常务委员会组成人员联系代表制度》《关于市人大代表联系区人大代表和街道联组的工作制度》。坚持代表自主选择列席常委会会议、参加执法检查和视察调研的工作机制，更好地调动了代表参与监督工作的积极性和主动性。按照市人大常委会要求，认真组织市人大西城团代表报告履职情况。建立市区人大代表联系组，积极开展市区代表联动活动。受市人大常委会委托，圆满完成市人大西城团代表联络服务工作。

（李　锟）

【加强对街道人大工作的指导】年内，召开街道人大工作座谈会，征求做好基层人大工作的意见建议。继续组织各街道人大工作机构工作人员业务培训，不断提高服务保障能力。各街道人大工作机构结合本地区实际，积极开展视察调研、代表联系选民、代表进两院等活动，还依法组织区人大代表向选民报告年度履职情况。根据代表出缺情况，经区委同意，常委会依法补选了13名区十六届人民代表大会代表。

（李　锟）

理论学习与研究

【加强思想理论武装】年内，常委会坚持把深入学习领会习近平新时代中国特色社会主义思想、学习研究宣传贯彻习近平总书记关于坚持和完善人民代表大会制度的重要思想摆在突出位置，切实在学懂弄通做实上下功夫。常委会党组成员认真参加区委理论学习中心组专题学习研讨和自主安排的理论学习，深入学习领会习近平总书记重要讲话精神、党中央重要会议和文件精神。常委会召开专题研讨会，就推动新时代地方人大工作创新发展进行了深入研讨。组织全体区人大代表进行为期三天的集中培训，深入学习了习近平新时代中国特色社会主义思想、党的十九大精神、宪法修正案和国家监察法。全国人大常委会召开学习贯彻习近平总书记关于坚持和完善人民代表大会制度的重要思想交流会之后，党组、常委会、机关第一时间集中学习会议精神，切实加强理论武装，全面增强了推动人民代表大会制度和人大工作与时俱进、创新发展的思想自觉、理论自觉和行动自觉。

（李　锟）

【坚持正确政治方向】年内，常委会坚决落实中央、市委和区委的决策部署，主动把人大工作放到全区工作大局去思考、谋划和推进，保证区人大及其常委会工作始终与区委同心、与大局同步。坚持重大问题、重大事项向区委请示报告制度，党组先后就整体工作情况、重点专项工作、重要制度建设等向区委常委会进行了专题报告。坚持党组先行研究原则，全年共召开党组会议32次，研究常委会重点工作、党组自身建设、党风廉政建设等重大事项，切实把好政治关、方向关和责任关。坚持党管干部与人大依法选举任免有机统一，确保区委推荐的人选经过法定程序成为国家机关领导人员。

（李　锟）

【强化党建引领作用】常委会党组认真履行全面从严治党主体责任，切实发挥党组领导核心作用。修订党组领导机关党建和机关党组织工作办法，定期听取、研究机关党的建设。持续强化作风建设，党组召开了高质量专题民主生活会和作风建设专题组织生活会，党组成员带头参加“进千门走万户”等活动，深入基层开展调查研究。持续强化纪律建设，广泛深入开展党风廉政警示教育活动，党组副书记为机关党员群众讲专题党课，机关领导干部层层签订党风廉政建设责任书，制定个性化责任清单并认真落实。机关党组织深入推进“两学一做”学习教育常态化制度化，严格落实“三会一课”制度，充分发挥战斗堡垒作用，推动常委会机关工作水平实现新提升。

（李　锟）

【加强常委会能力建设】结合常委会议题安排和履职需要，认真组织会前学法、专题学习。改进常委会会议服务，完善“一府两院”报告工作和常委会组成人员审议发言机制。根据全国人大常委会宪法宣誓制度的规定，改进宣誓程序，组织区人大及其常委会选举、任命的国家工作人员进行宪法宣誓。首次聘请法律顾问、预算监督顾问，首次建立预算监督代表小组，充实了专业力量，进一步提升了常委会依法履职的能力。年内，区人大四个专委会充分履行职责，重点围绕全年监督议题，深入开展视察调研，共组织各类会议、活动83次。

（李　锟）

【推进人大宣传工作】继续办好《西城人大》刊物、常委会网站、常委会公报，开通“西城人大”微信公众号，深入宣传贯彻习近平新时代中国特色社会主义思想和习近平总书记关于坚持和完善人民代表大会制度的重要思想，及时公开了重大事项决定、监督、任免、代表工作、自身建设等方面的进展和成效，促进国家根本政治制度深入人心。

（李　锟）

（责任编辑　陈　艳）

西城区人民政府

概 述

2018年，区政府牢固树立新发展理念，深入践行“红墙意识”，认真落实北京新总规，全力抓好“三件大事”，打好“三大攻坚战”，统筹推进疏功能、提品质、稳增长、促改革、调结构、惠民生、防风险、保安全等各项工作，扎实开展“十三五”规划中期评估，圆满完成中非合作论坛北京峰会等重大活动服务保障任务。地区生产总值达到4243.9亿元、增长6.5%，区级一般公共预算收入完成430.8亿元、增长2.1%，居民人均可支配收入达到8.17万元、增长6.8%。主要目标任务全面完成，经济社会实现平稳健康发展。

一、坚持首善标准，推动北京新总规落地

街区整理更新与“疏整促”统筹推进取得重大成果。认真落实区人大《关于扎实推进街区整理不断提升核心区品质的决议》，制定《进一步深化街区整理提升核心区品质实施计划》《街区整理公共空间管理办法》，以街区为单元，以“疏整促”为抓手，统筹推进区域功能优化、品质提升。创新“叠图作业、挂图作战、挂旗拔旗、手册管理”工作模式，建立责任规划师制度，全区划分101个街区，编制街道城市设计导则，形成20套重点地区深化设计方案，实现阜内大街、南新华街等17个街区初步亮相。组织控制性详细规划和专项规划编制工作，落实“双控”“四降”要求。实施“疏整促”新三年行动计划，持续推动非首都功能疏解攻坚，百路通鑫等9个市场实现疏解提升，随着“官批”市场闭市，区域性批发市场疏解全面收官。拆除违法建设16.3万平方米，治理“开墙打洞”566处，区属直管公房违规转租转借、住人地下空间整治实现动态“清零”。119处占道经营得到全面整治，11个街道保持动态“清零”。主次干路架空线入地基本完成。做实街巷长、准物业管理、小巷管家等机制，1167条街巷实现“十有”、394条街巷实现“十无”。杨梅竹斜街和达智桥胡同入选北京“最美街巷”。居民对城市环境秩序满意度达到92.18%，位居中心城区前列。

污染防治攻坚战再创佳绩。认真落实整改北京市环保督察组反馈意见，强化监管、溯本清源，打好组合拳，重点领域治理持续发力。淘汰老旧机动车2.2万辆，检查重型柴油车4万余辆，查处环保不达标车辆8000余辆。严查严治餐饮油烟、扬尘等各类污染源。更新电采暖设备5960台，向3.8万户居民发放“煤改电”补助，巩固“无煤化”成果。每个街道建成2个粗颗粒物监测站点，全区细颗粒物（PM2.5）年均浓度降至52微克/立方米、下降13.3%。全面推进河长制和“水岸共治”，制定“一河一策”方案，开展“清河行动”“清四乱”专项行动，完成全区水环境承载能力现状评价和埋地油罐防渗漏改造工程，广安门北滨河路地表水国控站点竣工并通过验收，4个考核水质监测断面全部达标。完成节水型城区创建。全面推行垃圾分类，示范片区达到30%。

城市交通和空间环境持续改善。加快推进40条市政道路建设，马连道南街、手帕口北街等7条道路完工通车。完成17条道路大中修和5项疏堵工程。治理自行车道40公里。44条道路公共服务设施实现二维码管理。无障碍设施建设继续保持全市领先。建成立体停车楼3处，新增机械停车泊位341个、居住区停车泊位2133个，推广使用停车资源错时共享APP，70条道路、5509个路侧停车位实现电子收费，交通环境不断改善。大力开展“留白增绿”，新建2处城市森林、20处口袋公园、39处微绿地和3处附属绿地。新增城市绿地8.37公顷、屋顶绿化1.13万平方米、垂直绿化1184延长米，公园绿地500米服务半径覆盖率达到96.36%。打通6公里什刹海环湖绿道，建成10.9公顷西海湿地公园。持续开展“百万鲜花进家庭、进社区、进街巷”，推广园艺文化，群众绿色获得感进一步增强。

协同发展和对口帮扶不断深入。与门头沟区签订合作协议，设立8亿元产业发展扶持专项资金，发挥各自优势，推动联动发展。支持北京城市副中心和雄安新区建设，促进医疗、教育等公共服务资源共享，区属企业在津冀地区投资项目22个、投资额734.06亿元，中国茶文化小镇列入京冀合作重点推进项目。制定并实施《西城区对口扶贫协作三年行动计划（2018—2020年）》，支持河北张北县、阜平县，内蒙古喀喇沁旗、鄂伦春旗和青海囊谦县脱贫攻坚，围绕教育、医疗、产业和基础设施等7个重点领域，实施52个帮扶项目。15个街道、10家区属国企、29家非公企业与136个贫困村（镇）建立帮扶关系，实现对贫困乡（镇）、深度贫困村帮扶全覆盖。“京侨帮扶·双百行动”三年计划落户河北阜平。实现2.6万户、5.5万建档立卡贫困人口精准脱贫，助力喀喇沁旗实现提前退出贫困县行列。不断加强与河南邓州对口协作。举办“2018中外友好组织京津冀国际交流周”和“2018北京国际民间友好论坛”等活动，新增4个国际交流城市，国外友城达到23个，更好地服务国家国际交往中心功能建设。

二、不断优化高精尖经济结构，经济发展稳中有进

金融业主导地位更加巩固。开展第

四次全国经济普查，深入分析区域资源优势和发展潜力，明确“一主导两重点三培育”产业布局，完善“1+5+N”高质量发展产业政策体系，组建工作专班，创新“一办九组”运行模式。实施金融街服务体制改革，成立北京金融街服务局，设立北京金融街服务中心有限公司，筹建北京金融街合作发展理事会。出台“金服十条”促进政策，新引进金融机构54家、注册资本1710.7亿元，国家融资担保基金等重要机构相继落户，全区金融机构资产规模突破百万亿元。制定《鼓励和支持企业上市发展办法》，加大精准服务力度，A股市场西城板块增至36家。促进金融对外开放，助推支持瑞银证券成为国内首家持股比例达到51%的外资证券公司。推动国际高端金融对话和交流合作，成功举办金融街论坛年会及系列活动，编制发布《金融街发展报告（2018）》，与卡萨布兰卡、阿布扎比等地区型国际金融中心签订合作协议，金融街国际影响力不断提升。积极防控金融风险，有效维护了金融安全稳定。

创新步伐不断加快。推进北京金融科技与专业服务创新示范区（简称“金科新区”）建设，制定建设方案，推进金融科技基金筹备，发布“金科十条”，中移动金融科技、光大云缴费、云粒智慧等15家机构落户。设计之都大厦投入运营，联合国教科文组织首个国际创意与可持续发展中心揭牌落户，海尔优家等知名企业入驻。支持出版创意产业园区争创“全国知名品牌创建示范区”。引导孵化加速基地和孵育平台服务升级。深化与中国北方工业公司合作共建，中关村广安军民融合特色示范基地正式运营。鼓励个转企367户，企个比达到3.92:1。全区国家高新技术企业近800家，专利授权量10184件，万人发明专利拥有量226件。中关村科技园区西城园高新技术企业实现总收入3070亿元、增长6.7%。金融科技等重点产业已成为区域经济新的增长点。

融合发展和转型升级取得新成效。组织参与文化创意大赛、北京设计周、文博会、京港洽谈会等活动，打造西城文创特色品牌。加强老旧厂房和存量空间优化利用，建立产业升级示范空间马连道工作站。推动“一园一品”建设，8家成为北京市首批认定的文化创意产业园区。完善旅游产业引导资金政策，促进“文化搭台、旅游唱戏、商业升级”，开展“感知西城——百名国际旅行商西城体验行”“两展一节”等活动，推动老字号创新经营，建立“北京人家”旅游合作体平台，56家高端文化品牌企业进驻北京坊，创建“新中式”生活体验区。制定马连道产业升级三年行动计划，打造茶文化国际交流品牌，北京茶叶交易中心开始运行。组团参加首届中国国际进口博览会、第五届京交会等活动，开展出口信用保险服务等培训。全区总消费达到2560亿元、增长6.3%，规模以上文化及相关产业实现收入950亿元、增长4%。新批外商投资企业47家、增长17.5%，吸收合同外资和实际利用外资均超过5亿美元。全年实现进出口总额978.74亿美元、增长35.94%，其中出口总额186.09亿美元、增长79.97%，为全市进出口增长做出了贡献。

三、深化重点领域改革，发展活力持续释放

营商环境得到全面优化。不断深化“放管服”改革，取消行政职权事项4项、清理规范中介服务事项10项。落实“一号一窗一网一次”改革，实现政务服务“一号”响应、822个事项“一窗”受理，平均等待时长减少30%，推进“互联网+政务服务”，区级政务服务事项均可网上办理。新开企业实现“一日取照”，开展章照票快递送达、免费刻章服务。变更登记“只跑一次”。办税服务实现三级联合。推出“服务卡、示范牌、晴雨表、光荣榜、亲清会”，深化走访回访机制，为企业送服务包。强化“大数据+市场监管”，创新联席机制、联动平台、联合监管的工作模式，获得“首批国家守信激励创新试点地区”暨全国“守信激励创新奖”，企业监管信息共享平台入选全国守信激励创新典型案例。全区优化营商环境取得重大进展，为北京赢得全国营商环境第一和中国营商环境在全球排名提升32位做出了积极贡献。

基层社会治理体制改革实现新突破。按照市委、区委的工作部署，落实党建引领“街道吹哨、部门报到”机制，制定8类37项问题清单，11项长年未决难题得到破解。区政府从增强群众获得感、体察和解决社会痛点出发，实施“微改革”行动计划，5类29项改革措施落地见效。街道管理体制机制改革试点工作全面展开，梳理形成街道工委、办事处职责清单，建立“一委七办三中心”大部制工作体制，建成15个街道实体化综合执法平台。启动社区“两委”换届工作。深入推进社区“减负增效”，建立社区工作准入制度，确定社区居委会51项、社区服务站47项工作事项，探索“一站多居”社区服务站设置。深化社区、社会组织、社会工作“三社联动”机制，促进“参与型”社区分层协商全面落地，提高社区工作者待遇，完成全国社区治理和服务创新实验区验收。加快“多网融合”，区级大数据中心平台初步建成，街道分中心建设有序推进，西长安街街道“数字红墙”模式成为国务院“放管服”领导小组全国调研典型案例。牛街街道成功举办民族团结进步创建工作30周年暨城市民族工作交流会，创新民族工作机制，民族团结进步事业取得新发展。

国资国企改革扎实推进。国有资本布局更加优化，围绕金融、文化、教育、都市服务、高科技等领域，培育新的利润增长点。发挥资本运营中心平台作用，促进国有资本和社会资本有效互动。设立北京新动力母基金，初步构建符合核心区特点的产业生态链和资本生态圈。设立新动力优质企业发展基金，纾解民营企业流动性资金困难。支持金融街集团打造金融板块，完成华融综合公司改制，增资金融街物业公司。完成庆丰公司混合所有制改革，实现员工持股。加快老字号创新协同发展，庆丰无人智慧餐厅落户雄安。完善激励约束机制，企业领导人员薪酬改革全面完成。加快剥离国有企业办社会职能，稳步推进央企职工家属区“三供一业”分离移交工作。华远等公司开始布局科技研发等领域。区属国企获得市级以上创新成果奖21项，市场竞争力明显增强。

四、大力发展文化事业，文化建设成果丰硕

文化育人成效显著。以文明城区建设为抓手，强化教育引导、实践养成、制度保障。开展“西城好人”等品牌活动，营造崇德向善、见贤思齐的文明风尚，312个单位获“全国文明单位”“首都文明单位”等荣誉称号，32条背街小巷被评为首都文明街巷、40户商家被评为首都文明商户，10家景区被评为首都文明风景旅游区。利用林白水故居建成椿树书苑，红楼公共藏书楼正式运营，金融街书局落成并开展服务，复合型阅读空间广受群众喜爱，正阳书局、字里行间被评为年度“最北京”书店，“书香西城”社会化运营模式入围国家公共文化服务体系示范项目。文明城区创建测评得分全市第一。

文化传承持续发力。落实区人大《关于加强历史文化名城保护提升城市发展品质的决议》，围绕中轴线申遗保护和大运河文化带建设，全面打响文物腾退攻坚战。“十三五”规划确定的47处直管公房文物腾退项目全部启动，完成京报馆、绍兴会馆、康有为故居等25个项目腾退和北海、景山公房住户腾退。新增认定西板桥、山左会馆等8处区级文物。出台关于促进文物建筑合理利用和开放管理的若干意见，推进文物建筑合理利用。持续加大历史文化街区保护力度，启动先农坛一亩三分地景观恢复工程，完成德胜门对景项目建设，地安门百货降层改造装修进入收尾阶段，南北长街保护腾退、阜内大街整治改造、鼓楼西大街片区保护复兴等项目取得阶段性成果。马凯餐厅实现“回家”。郭守敬纪念馆升级改造重新开放，展示大运河文化和老城历史水系。支持引导社会力量参与历史文化名城保护工作，实施“四名”汇智计划，组织活动150场次。成立遗产活化城市联盟。新增10名国家级和135名区级非遗项目代表性传承人，推动非物质文化遗产更好地保护传承。

文化惠民亮点纷呈。设立西城区文化艺术创作扶持专项资金，鼓励原创精品创作，给予29个项目补贴奖励。全堂八角鼓《天命》获北京市国家艺术基金支持，成功创演话剧《北京人家之武学宗师》，打造武术之乡“中国武文化”品牌，《北京城：中国历代都城的最后结晶》入选2018年度北京市文化精品工程重点项目。4个街道文化中心实施改扩建，启动图书馆、文化馆总分馆制改革试点，建成7家街区博物馆。举办中国国际合唱节、百姓戏剧展演、中国童书博览会等活动，组织天桥音乐剧演出季，启动“京剧发祥地”建设，推出“京韵剧源——西城2018京剧发祥地艺术季”。组织开展庆祝改革开放40周年主题系列活动，营造国家富强、人民幸福，团结奋进、开创未来的浓厚氛围。全区举办各类文化活动1.78万场次、惠及群众195万人次。

五、坚持需求导向，民生福祉不断增强

民生保障更加有力。完成民生实事172件，2件受政策和客观条件影响正在推进中。做好就业创业工作，举办第一届创业创新大赛，城镇登记失业率0.87%，连续四年实现充分就业。推进全民参保计划，五项社会保险实现政策和人群全覆盖，基金运行总量达到804.82亿元，增长9.28%。构建“3+X”社会救助组织体系，9003户14416名低保、低收入和特困群众基本生活得到保障。积极创建全国残疾预防综合试验区，整合社区康复服务项目实现广覆盖，为2000余名残疾人提供社区康复服务。深化全国居家和社区养老服务改革试点工作，33项任务全面展开，医养结合深入推进，探索建立“预防、医疗、康复、护理、临终关怀”五位一体的健康养老服务模式。推进养老设施建设，24家养老照料中心投入使用，社区养老驿站达53家，建立孝亲敬老示范基地，敬老孝老爱老助老的氛围更加浓厚。新建和规范提升蔬菜零售、便利店、早餐等便民服务网点88个，新建改造百姓生活服务中心11个、累计建成40个。实现7栋简易楼腾退清空，翻建维修平房8841间12.4万平方米，楼房综合修缮和抗震加固改造32栋10.8万平方米，推进4个老旧小区综合整治，完成电梯审批加装19部。改造提升三类公厕500座。发放保障性住房租金补贴7095万元，建成保障性住房3300套，2.9万户家庭住房条件得到改善。深化双拥共建，支持推动妇女儿童、档案史志、公益慈善、残疾人事业发展，民族宗教、外事侨务工作进一步加强。

教育品质稳步提升。积极推动学前教育普及普惠，着力缓解入园难问题，规范民办幼儿园，新增4所公办幼儿园，新增学前教育学位3600个。小学新生接受三年制学前教育率达到90%以上。统筹资源应对义务教育入学高峰，义务教育阶段新增在校学生11435人。深化学区制改革和集团办学。建立15所示范高中组成的联合体。深入推进贯通培养，2所中小学完成优化整合。“城宫计划”“高参小”“课后服务”全面推广，2所中学的德育工作案例被教育部评为2018年全国中小学德育工作典型经验。西城学校和学生在北京青少年科技创新大赛中连创佳绩。实施教育家工程，开设学部讲堂，教师队伍素质不断提升。

健康西城有力推进。实施《健康西城品质提升行动计划》，通过第三批全国健康促进区国家级终期评估及国家慢性病综合防控示范区复审。完善基层公共卫生一体化管理体制，“三纵两横一平台”紧密型医联体建设受到国务院督查通报表扬。复兴医院、展览路医院、肛肠医院成为北京市首批老年友善医院。落实家庭医生签约“四个一”服务，以家庭医生为核心的双向转诊模式不断完善。预约挂号、分时段就诊等创新服务全面推开，进一步方便群众就医，卫生发展综合评价连续四年保持全市第一。区属公立医院综合改革工作获国务院办公厅督查激励通报，被评为2017年度全国公立医院综合改革真抓实干成效明显地区。广泛开展全民健身运动，什刹海、展览路和广外街道被命名为全市首批“全民健身示范街道”。深化“全国武术之乡”创建工作，成立西城区武术和棋类运动管理中心，创新举办武术赛事，习武群体超过20万人。举办全民健身冰雪季系列活动60场，推广“什刹三冰”运动，建设可拆卸仿真冰场8片1454平方米，促进冰雪运动发展，营造了冬奥会筹备的良好氛围。

社会保持和谐稳定。持续抓好“长安计划”70项具体任务全面落地，实施“雪亮工程”，增强区域风险防控能力。开展扫黑除恶专项行动，依法严厉打击各类违法犯罪行为，发挥“西城大妈”等群防群治力量作用，反恐防恐能力不断提升。全年接报刑事案件、治安警情、秩序警情分别下降21.92%、16.44%和41.79%。建立信访工作“双告知”机制，成立信访诉求人民调解委员会，有效化解矛盾纠纷。加大安全生产工作力度，实施城市安全隐患治理三年行动计划。初步建成风险隐患双预防安全生产大数据平台，强化企业安全生产主体责任，完成万人企业安全生产大培训，企业安全生产责任险参保企业数量、投保金额、投保覆盖率全市第一。安装9.4万个独立式、6.5万个联网式烟感报警装置，8个街道小型消防站建成并投入使用，微型消防站实现社区全覆盖。做好水电气暖保障。防汛减灾工作扎实有效，城市排涝能力明显增强。探索建立城市部件应急维护更新和城市体检评估机制，加强城市地下空间和管网诊断，做好城市安全风险评估。强化食品药品安全监管，餐饮单位、网络订餐店铺

“阳光餐饮”覆盖率分别达到80.13%、96.28%。开展餐饮业品质提升，减少不规范餐饮单位460家，评选品质餐厅452家，升级改造C1星餐饮单位979家。全区药品、重点食品安全合格率稳定在99%和98.5%以上。

政府自身建设全面加强。不断提高政治站位，牢固树立“四个意识”、坚定“四个自信”，践行“红墙意识”，坚决维护以习近平为核心的党中央权威和集中统一领导。严格落实中央八项规定精神和实施细则要求，防止“四风”反弹回潮。精简会议设立“无会周”，政府系统全区性大会减少8.3%。严格控制发文数量，以区政府名义发文下降40%。坚持党对政府工作的全面领导，坚决贯彻党中央、国务院和市委市政府、区委的决策部署，强化政府系统党组领导核心作用，落实意识形态工作责任制，大力宣传党的路线方针政策。落实全面从严治党主体责任，推动“两学一做”学习教育常态化制度化。强化审计监督和行政问责，着力解决发生在群众身边的不正之风和腐败问题。坚决执行区人大及其常委会的决议，认真落实重大事项向人大报告和向政协通报协商制度，自觉接受监督，共办理人大议案2件、代表建议145件，办理政协委员提案242件。全面推进依法行政，完成“七五”普法中期检查和评估，深化行政机关负责人出庭应诉和考核评价工作，全年60人次出庭应诉。积极推进政务公开，完善向公众报告工作制度，创新实施区政府常务会视频直播。持续用好“访听解”、民生工作民意立项、政民互动直播间、政府热线、政府开放日等群众参与机制，开展“进千门走万户”行动，广泛听取社会各界和群众意见。强化绩效管理，始终以群众满意为最高标准，建立区政府系统工作点评机制，不断改进政府工作。

（周圆圆）

区政府重要会议及主要工作

【政府决策会议】年内，区政府召开政府常务会议31次、政府专题会议33次，共讨论议题256个。1月22日，第37次会议听取关于西城区2017年安全生产工作情况及2018年工作思路、西城区2017年第四季度12341政府热线工作情况、落实《北京市城乡居民基本医疗保险办法》情况的汇报。1月30日，第38次会议听取关于《西城区贯彻落实市委市政府安全生产第十一督察组反馈意见整改方案》、人事任免有关情况的汇报。3月7日，第39次会议听取关于西城区2018年为群众拟办重要实事有关情况、《西城区人民政府工作规则》修订情况、2018年市、区两级人大代表议案、建议和政协委员提案承办情况、西城区政府重点工作2017年落实情况及2018年目标分解情况、西城区2017年政务公开工作情况及2018年工作思路的汇报。3月14日，第40次会议听取关于《西城区“十三五”规划中期评估工作方案》有关情况、《西城区关于进一步优化营商环境的意见》起草情况、人事任免的汇报。3月21日，第41次会议听取关于区政府重要会议议题计划2017年执行情况及2018年编制情况、西城区蓝天保卫战2018年行动计划、《西城区文化艺术创作扶持专项资金项目管理办法（试行）》有关情况的汇报。4月4日，第42次会议听取关于人事任免有关情况的汇报。4月18日，第43次会议听取关于西城区2018年园林绿化工作、《落实加强历史文化名城保护 提升城市发展品质决议的工作报告》、西城区2018年义务教育阶段入学工作、人事任免有关请客的汇报。4月28日，第44次会议听取关于人事任免有关情况的汇报。5月2日，第45次会议听取关于西城区2018年一季度城市管理工作、西城区2018年一季度安全生产工作情况和二季度工作重点、西城区2018年一季度政府热线工作、西城区2018年一季度“蓝天保卫战”落实情况的汇报。5月30日，第46次会议听取关于西城区开展第四次全国经济普查工作、西城区2018年老旧小区综合整治工作、西城区2018年既有多层住宅增设电梯工作、陶然亭路道路工程等9个项目房屋征收社会稳定风险评估报告及征收补偿方案修改情况、《中共北京市西城区委西城区人民政府关于进一步推进安全生产领域改革发展的实施方案》起草情况的汇报。6月21日，第47次会议听取关于西城区街区划分情况、西城区政府服务热线近期工作情况、《西城区推广政府与社会资本合作（PPP）模式的实施意见》有关情况的汇报。6月27日，第48次会议听取关于《西城区海绵城市建设规划》、《北京市西城区关于开展国家慢性非传染性疾病综合防控示范区复审工作方案》、《西城区贯彻落实北京市环境保护督察反馈意见整改方案》、西城区“七五”普法工作进展有关情况的汇报。7月11日，第49次会议听取关于《北京市西城区居家和社区养老服务改革试点实施方案》、对相关社区进行规模调整工作、西城区2018年第一批区级不可移动文物认定工作、西城区2018年上半年“疏解整治促提升”专项行动工作、茶马北街西口道路工程房屋征收项目社会稳定风险评估报告及征收补偿方案修改情况、人事任免有关情况的汇报。7月18日，第50次会议听取关于西城区2018年上半年国民经济和社会发展计划执行情况、西城区2018年上半年经济社会形势分析、西城区2017年财政决算草案、西城区2018年上半年财政预算执行情况、西城区2018年上半年对口扶贫协作工作、西城区2017年财政预算执行情况和其他财政收支情况审计有关情况、人事任免有关情况的汇报。7月25日，第51次会议听取关于西城区上半年安全生产工作情况、西城区上半年城市管理工作情况、西城区垃圾分类示范片区创建工作、西城区上半年大气污染防治工作、西城区推进落实“放管服”改革工作有关情况的汇报。8月1日，第52次会议听取关于《北京市西城区政务信息资源管理办法（试行）》编制情况、《北京市西城区关于对计划生育特殊家庭成员开展帮扶工作的意见》、西城区缓解交通拥堵第十五阶段重点工作有关情况的汇报。8月22日，第53次会议听取关于传达中央关于长春长生疫苗事件相关精神、迎接国务院大督查工作、人事任免有关情况的汇报。8月29日，第54次会议听取关于《西城区鼓励和支持企业上市发展办法》制定情况、《西城区关于加快现代金融产业发展的若干意见》制定情况、对全面推动街道大部制改革人大议案办理情况、2018年1—8月份信访工作情况及第四季度信访形势分析、人事任免有关情况的汇报。9月5日，第55次会议听取《关于北京金融科技与专业服务创新示范区建设方案》、《关于支持北京金融科技与专业服务创新示范区建设的若干措施》、人事任免有关情况的汇报。9月12日，第56次会议听取关于对相关社区进行规模调整工作、西城区2019年部门预算编制工作、南北长街历史文化名城保护腾退工程及环境整治提升项目、广济寺周边环境整治工程、钱市胡同传统银钱业博物馆保护利用工程房屋征收项目社会稳定风险评估报告及征收补偿方案修改情况、人事任免有关情况的汇报。9月19日，第57次会议听取关于《北京市西城区城市安全隐患治理三年行动方案（2018—2020年）》有关情况的汇报。9月26日，第58次会议听取关于《“健康西城2030”规划纲要》、西城区体育工作有关情况的汇报。10月12日，第59次会议听取关于人事任免有关情况的汇报。10月20日，第60次会议听取关于西城区“十三五”规划中期评估工作、西城区2018年1—9月国民经济和社会发展计划执行和调整情况、西城区2018年前三季度西城区经济社会发展形势分析情况、西城区2018年1—9月“疏解整治促提升”专项行动进展情况、西城区2018年1—9月财政预算执行情况和调整预算、西城区2017年度预算执行和其他财政收支审计查出问题整改情况、《西城区便利生活与服务提升三年行动计划（2018—2020年）》有关情况的汇报。10月24日，第61次会议听取关于2018年市、区政府绩效管理中期工作、西城区2018年1—9月“蓝天保卫战”落实情况、西城区2018年第三季度政府热线工作、西城区2018年第三季度城市管理工作、西城区2018年前三季度安全生产工作情况和第四季度工作重点有关情况的汇报。10月31日，第62次会议听取关于西城区2018年前三季度安全生产工作情况和第四季度工作重点、西城区2018年第三季度政府热线工作、西城区“一窗”改革工作进展情况、《西城区推进政务服务“一网、一门、一次、一窗、一表”改革任务清单》、西城区2018—2019年冬季供暖和扫雪铲冰工作情况、《关于做好社区“两委”换届选举工作的实施意见》、人事任免有关情况的汇报。11月14日，第63次会议听取关于区十六届人大四次会议代表议案、建议办理情况、《落实区人大关于扎实推进街区整理、不断提升核心区品质的决议和办理区人大关于加强街区整理、打造精品街区、提升城市品质的议案情况的报告》有关情况的汇报。11月21日，第64次会议听取关于西城区“疏解整治促提升”专项行动2018年工作进展情况和2019年工作任务安排有关情况的汇报。12月12日，第65次会议听取关于《政府工作报告》、西城区2018年大数据工作、西城区2018年民政工作、2018年西城区依法行政工作、西城区法治政府评估指标及评估结果、《西城区打赢蓝天保卫战三年行动计划》有关情况的汇报。12月19日，第66次会议听取关于西城区2018年国民经济和社会发展计划执行情况与2019年国民经济和社会发展计划草案报告、西城区2018年政府投资计划完成情况及2019年政府投资计划安排、西城区2018年财政预算执行情况和2019年财政预算草案、西城区人力社保工作情况、人事任免有关情况的汇报。12月26日，第67次会议听取关于区政协议政会协商会议题和建议案落实情况、2018年大气环境质量目标和大气污染防治规划完成情况、《落实加强历史文化名城保护 提升城市发展品质决议的工作报告》和《落实区人大关于扎实推进街区整理、不断提升核心区品质的决议和办理区人大关于加强街区整理、打造精品街区、提升城市品质的议案情况的报告》有关情况、《北京市西城区关于促进文物建筑合理利用和开放管理的若干意见（试行）》编制情况、西城区2018年食品药品安全工作、马连道东二号路道路工程房屋征收项目社会稳定风险评估报告及征收补偿方案修改情况、人事任免有关情况的汇报。

（张凯奇）

【24件实事完成情况】 1.棚改任务全年完成2131户，超额完成6%。2.加快推进保障性住房建设，实现竣工3300套目标。3.启动25栋简易楼腾退工程。4.翻建、修缮8841间平房，超额完成145%；综合维修楼房152栋，超额完成162%；改造平房院落雨污水管线281处，超额完成11%。5.完成19部老旧居民住宅电梯加装审批工作，超额完成46%。6.完成500座三类公厕提升改造任务和151个平房院落户厕改造任务。7.启动“放心肉菜示范超市”评审工作，3家参创单位通过现场验收，全区累计有7家超市达到北京市“放心肉菜示范超市”管理水平。8.完成在重点高发案的30个社区开展高清视频监控建设工作。9.完成在老旧高层住宅和大屋脊筒子楼公共区域安装无线联网式火灾自动报警系统任务。10.实施街区整理计划，完成街区划分和设计方案审定，实现15个街道至少1个街区精彩亮相。11.推进背街小巷整治提升，315条背街小巷实现“十有十无五好”目标。12.新建蔺蒲园、逸清园2处城市森林，新增东福寿里、北大医院西侧、建工大学北门、教子胡同北口等20处公共休闲空间，屋顶绿化完成11299平方米，超额完成12%；垂直绿化完成1184延米，超额完成18%；园艺文化推广活动完成690场，超额完成130%。13.实施学前教育三年行动计划（2018—2020年），通过改扩建等方式，实现15个街道公办园全覆盖，新增5所教委直属园。14.通过新建、扩建、改造与集中配送等方式，让22所学校学生能够食用安全、放心、营养的午餐，超额完成46%。15.培养家庭保健员1006人，超额完成任务。16.完成为参保人员提供社会保险个人权益记录24小时查询自助打印服务任务。17.开展“精准帮扶”需求调查，全面筛查困难对象，为实施精准救助提供重要支撑。18.开展困境儿童福利康复项目，通过签约家庭医生为其提供上门服务。19.按生活街区发布生活性服务业网点地图；新建或规范提升百姓生活服务中心11家，新建或规范提升88个便民商业网点，均超额完成任务。20.开展群众文化活动17782场，参与人数195万人次。21.推广“百岁老人口述史”项目，招募走访10位95岁以上老人，采访次数50余次，留存稿件10篇，出版个人专辑10本，留存文字资料10余万字，珍贵照片近300张，拍摄《光荣与梦想》5分钟视频片；加强老年人精神关怀，举办七夕、重阳节等主题活动5次。22.培训社会体育指导员963人，超额完成60%。23.推进40条道路建设，实现手帕口北街等7条道路完工。24.完成5项交通疏堵工程，新增833个停车位，在全区推广“共享停车”APP运行模式。

（韩　娟）

区政府办公室工作

【概况】 北京市西城区人民政府办公室（简称区政府办公室）是负责协助区政

府领导处理区政府日常工作的区政府工作部门。主要职责是：协助区政府领导组织起草、审核以区政府和区政府办公室名义发布的公文。负责区政府会议的会务组织工作。研究区政府各部门、各街道以及其他机构请示（商洽）区政府的事项，提出审核意见，报请区政府领导审批；承办市政府、市政府办公厅文件。负责推进、指导、协调、监督、考核本区政府信息公开工作，承办区政府行政机关的政府信息公开事宜。负责区委、区政府总值班工作；协助区政府领导组织处理需由区政府直接处理的突发事件和重大事故，承担西城区突发事件应急委员会的具体工作，负责区政府领导交办的本区各类突发公共事件应急处置、日常管理、宣传教育和培训工作；负责组织修订本区突发事件总体应急预案；负责统筹、规划、指导、监督和检查区级专项应急预案编制修订工作和应急演练工作。负责国务院、市政府领导批转、批示事项及区政府主要领导的批示、指示和交办事项的督促检查、反馈和协调工作；负责市、区政府重大决策、重要工作部署在西城区贯彻落实情况；负责督促检查区政府阶段性重点工作落实情况；区政府重点工作任务分解的编制、重要文件确定事项、重要会议议定事项以及区长与有关部门签订责任书的督促检查、反馈和协调工作；负责区政府系统各部门、各街道督查工作的业务指导与培训工作；参与对区政府各部门、各街道年度工作目标的督查考核；负责相关的督查管理系统的建设、运行、管理和维护；负责编写有关西城政务督查的相关刊物；负责各位区长的联络服务工作；负责各街道办事处工作的综合考核。负责区政府绩效办日常工作，组织实施区政府绩效管理年度考核工作，对考核对象进行日常检查和监督，撰写全区年度绩效分析报告，对绩效考核实施过程中存在的问题进行研究，提出相关意见和建议。负责联系区人大、区政协的相关工作；组织区政府有关部门办理各级人大代表建议和政协委员提案；协助安排人大代表、政协委员的视察工作；为人大代表、政协委员知情知政提供服务和保障。负责各街道办事处工作的综合考核。负责以区政府、区政府办公室名义发布的非公文类文件的起草、审核、制发工作；负责撰写区政府领导讲话及区政府日常各类文稿工作。负责全区机要通讯文件的交换工作；负责本机关以及区政府部分部门的财务、人事、固定资产管理等工作。负责区政府系统综合事务的协调工作，协助安排区政府领导参加重要政务活动。负责落实查抄政策界定善后工作及查抄办档案管理工作。负责对区政府系统行政办公室的业务指导。承办区政府领导和上级机关交办的其他事项。

地址：西城区二龙路27号
邮编：100032
电话：88064311

（于明艳）

【文书和档案工作】全年处理各级各类文件5581件。其中办理收文5035件，以区政府、区政府办公室名义制发文件482件，与区委办联合会签文件64件。组织举办区政府系统公文处理工作培训会，全区共90家单位106人参加。完成2017年度文书档案归档3205件。区政府用印共6207次，区政府办公室用印共2554次；开具区政府办公室介绍信共56件。

（于明艳）

【信息工作】编发《西城信息》（特刊）58期，卢映川、王少峰等区领导批示5条。上报市政府信息530条、11篇，被市政府刊物采用136条、8期，得到中央领导批示2条，市领导批示8条，信息排名在全市保持领先。上报国务院的《西长安街街道运用“大数据”思维打通为民服务“最后一米”》的专题信息，得到总理李克强批示给予充分肯定。

（潘　江）

【政府信息公开工作】主动公开区政府公文28件，预公开征求意见9个，政策解读15个。受理依申请公开369件，产生复议19件、诉讼31件，全年实现零败诉。建立政府会议开放新模式，在全市首创“区政府常务会网络视频直播和微直播”。

（吴旭红）

【人大建议政协提案办理工作】年内，西城区政府承办全国、市、区三级人大代表建议和政协委员提案共432件，其中承办全国人大建议1件，全国政协委员提案2件，北京市人大代表建议16件，北京市政协委员提案22件，西城区人大代表议案2件，西城区人大代表建议118件，区政协委员提案242件，区级会下平类建议、提案29件。所有建议提案全部按期办理完毕。

（刘　惟）

应急管理

【突发事件处置和应急机制建设】全年处置一般以上突发事件106起。其中，社会安全类16起、事故灾难类89起、公共卫生类1起，未发生自然灾害类突发事件。区领导赴现场指挥处置突发事件35人次。制定《西城区应急委关于进一步加强突发事件现场指挥部设置与运行机制建设的意见》，进一步明确突发事件应对的决策指挥层、执行落实层、社会响应层的职责界定、工作流程和行动规范，强化区专项应急指挥部在突发事件处置全过程中的指挥与协调作用。对涉及全区应急系统值班值守的32个部门和15个街道进行深入走访，规范电话接听、值守记录、问题处置等流程，“局、处、科”三级带班体系和“上下联动、统一规范”的值班机制，构建形成、高效运转。

（张文静）

【应急宣教工作】开办处级领导干部应急管理培训班，并将应急管理内容纳入全区公务员培训必修课程。依托255个社区组建社区应急志愿者队伍并定期开展培训。制定《西城区突发事件应急预案管理办法（2018年修订）》。完成地震、危化、高温、大风、应急救助、防汛6个专项应急预案的修订，启动金融、涉外、高致病性禽流感、突发重大疫情、道路、桥梁应急预案等6个专项应急预案修订。开展大型综合性演练2次，督促指导区应急委各成员单位开展安全生产事故、食品安全事件、景区设备故障、社区消防安全等演练百余次。

（张文静）

【应急保障体系建设】抓好区预警信息发布管理平台建设，通过联通数据专线，实现气象数据互联互通，特别为汛期防汛工作的开展提供数据保障。抓好非加密视频会议系统的统筹建设与管理，基本构建完成“区、街道部门、社区及部门下属单位”的三级会议体系。抓好什刹海荷花市场、鼓楼西大街等重点区域全景视频监控系统建设。完成11

个宗教场所安防系统建设，404路视频线路接入区应急视频平台。

（张文静）

政务服务管理

【概况】北京市西城区政务服务管理办公室（简称区政务服务办）是负责为企业法人、社会组织办理行政许可事项、非行政许可事项以及公共服务事项的区政府派出机构。主要职责是：负责组织实施本区政务服务工作，并指导街道办事处政务服务相关工作；负责指导推进政务服务体系建设和服务方式创新；负责区级政务服务中心建设、运行和监督管理；指导、协调、监督区级专业大厅、街道政务服务中心、社区政务服务站的建设、运行和管理；协调推进“互联网+政务服务”建设；负责西城区政府热线（非紧急救助中心）的建设、运行、监督、考核和评价；负责政务服务体系标准化建设；承办区政府交办的其他事项。根据西编发〔2018〕35号《北京市西城区机构编制委员会关于调整区政务服务办编制及内设机构的批复》，区政务服务办公室机关行政编制由21名减至20名。其中：中心主任1名，调研员1名，副主任3名，副调研员1名；设置综合科、体系管理科，监督考评科、区政府热线管理办公室、信息化科5个科室，科级领导职数5正1副。区政务服务中心编制15名，科级领导职数1正2副。区政府热线管理中心编制7名，科级领导职数1正1副。年内，区政务服务办完成政务服务“一窗、一网”改革、政务服务标准化管理、12341政府热线建设、窗口服务规范化管理、信息化建设、绩效考评等工作，下发了《北京市西城区人民政府办公室关于印发〈西城区推进政务服务“一网、一门、一次、一窗、一表”改革任务清单〉的通知》，全面启动了“五个一”政务服务改革工作。

地址：西城区西直门内大街275号

邮编：100035

电话：82141596

（赵　娜）

【窗口标准化、规范化管理】年内，区政务服务办不断深化窗口标准化、规范化管理工作。一是统一规范体系窗口单位名称、标识。落实政务服务体系窗口单位户外牌匾以及单位标识的规范管理，统一规范各政务服务中心、街道政务服务中心名称、标识和政务服务分中心牌匾。二是开展政务服务大厅规范化管理。继续推进全区政务服务环境布置和服务设施标准化建设，对大厅标准化建设中的标识标志类标准进行重新整理和修改完善，加强形象标识标志标准的执行。做好“一本两册”记录和对照使用工作。开展对全区各级政务服务中心现场管理规范的指导、督促和检查，根据北京市关于优化营商环境的部署要求，相继制作了导视标识、宣传材料，对大厅的导向牌等标志标识进行规范。三是组织开展政务服务规范和标准化业务培训。结合“放管服”改革和优化营商环境，分层、分批、多次对全区政务服务体系窗口单位工作人员进行服务规范、服务标准、服务礼仪培训，严格窗口工作纪律，规范服务形象、服务行为。组织各级各类政务服务中心负责人进行政务服务专项考评与服务监测深入培训，组织全区窗口单位和办事大厅工作人员学习《国务院办公厅关于十省百家办事大厅暗访督查和改进提升窗口服务水平专题调研情况的通报》，对照市政务服务办梳理的8个方面44个问题，逐一进行自查整改。四是做好标准化理论研究工作。完成《政务服务大厅标准体系和标准立项研究报告》。完成《西城区政务服务标准实践》课题研究，组织进行《政务文化与政务服务标准化语言》修改完善和出版工作。组织开展《跨部门、跨区域政务服务标准化协同问题研究》课题，做好《政务服务事项分类与编码规则》国家标准立项的答辩工作，使西城区标准化实践创新和探索研究经验得到完整的展示。五是标准化示范项目总结。根据北京市质监局下发《北京市质监局关于转发国家标准委办公室关于国家级服务业标准化示范项目实施情况开展核查的通知》，西城区政务办作为政务服务标准化示范单位，总结3年来标准化示范建设推进情况。

（赵　娜）

【政务服务绩效考评】年内，区政务服务办一是加强政务服务体系建设绩效考评工作。针对全年政务服务工作重点，进一步完善政务服务体系建设考评指标体系、研究制定指标要点、细化实施细则、调整工作机制，全面开展政务服务绩效考评工作。二是部署特邀监督员工作。召开特邀监督员会，对年内特邀监督员工作进行了部署安排。主要针对各级政务服务中心在依法行政、工作作风、首问责任、限时办结、办事效率、服务态度、政务公开、廉洁自律等方面开展经常性的明察暗访，通过监测发现亮点、提出建议，以“首善标准”履行好特邀监督员职责。三是稳步推进第三方服务监测工作。根据年内“四个一”政务服务模式改革，扩大了监测范围，除区各级政务服务中心外，还涵盖了各部门所辖对外服务点。针对区政务服务中心推行“一窗”服务模式，根据“一窗”综合窗口、后台进驻单位、非“一窗”窗口单位的不同窗口特点，设计不同的内容进行差异化监测。全年通过明察检查、现场暗访监测、现场情景回溯调查。监测得分与上年同期相比进一步提升，在主动服务，业务接待规范性方面明显改善。同时，为了做好迎接国务院大督察工作，根据《国务院办公厅关于十省百家办事大厅暗访督查和改进提升窗口服务水平专题调研情况的通报》中指出的44个问题，组织第三方进行专项暗访工作，通过暗访督促各单位对具体问题进行整改，提高了整体政务服务水平。

（赵　娜）

【信访工作】年内，区政务服务办收到12341转派的投诉件后，及时给被投诉窗口、区政务服务中心派发调查（整改）通知，并与投诉人进行电话沟通相关问题，直至投诉人对处理结果满意。被投诉窗口制定出整改措施，改进工作作风，增强为百姓的服务意识。区政务服务办选派负责信访的干部参加区信访业务培训学习，强化信访干部责任担当，切实做到“控增量、减存量”，不断提升信访工作专业化、法治化、信息化水平。区政务服务办积极办理2018年区“两会”期间代表委员对西城区工作的意见和建议相关工作。根据区政府办《关于办理2018年区“两会”期间代表委员对西城区工作的意见和建议的通知》，对其中涉及的第157、第158项建议内容进行讨论研究，一一给予答复。

（赵　娜）

【12341政府热线建设】年内，区政府热线构建全新政府热线系统平台，提高

诉求案件办理效率，实现热线各项工作全流程线上留痕。配合全区优化营商环境工作的持续开展，及时扩充更新政府热线业务知识库。坚持每季度在区政府常务会汇报热线季度工作情况，并固化为常态议题，为领导、部门推进工作提供决策参考和数据支撑。建立《政府热线要情》报批制度。及时汇总热线来电中的重点疑难问题，推进难点问题快速解决。根据市中心统一部署，组织完成区长接听市12345热线活动，实现与群众零距离互动。组织全区各部门一把手接听政府热线活动，推进快速响应及问题解决；建立快速高效的应急联合处置机制，对热点问题及不稳定因素高度关注，确保问题化解在萌芽状态。借助“街道吹哨、部门报到”工作，建立重点问题专项研究解决机制。将舆情信息与媒体反映问题纳入统一管理，建立舆情信息与媒体反映问题工作机制及工作流程。落实全面回访及补证机制，加强诉求办理的回访核查工作，并对回访补证工作情况进行全区通报，提高诉求办理“三率两度”（按期办结率、反馈率、解决率、群众满意度、案件契合度）指标。结合部门问题解决实际及“三率两度”完成情况，下发《政府热线工作建议书》，督促部门研究解决措施与落实方案，推动提升全区整体热线工作水平。进一步完善西城区《政府热线专项考评实施细则》，加大监督考评力度，强化责任落实，督促承办单位加强热线工作办理。加强热线队伍建设，加强对全区热线承办部门指导，定期开展业务培训与总结会，规范坐席员的业务标准，提高热线整体工作水平。

（赵　娜）

【政务服务改革】年内，区政务服务办为进一步深化“互联网+政务服务”建设，落实中央、国务院和北京市关于全面深化改革、推进“放管服”改革和推进审批服务便民化等系列文件精神，制定《西城区推进政务服务“一网、一门、一次、一窗、一表”改革任务清单》，开展专题督查，确保改革任务落地。代表北京市迎接世行营商环境调研组和国务院大督查调研组实地检查，为北京赢得全国优化营商环境第一和中国优化营商环境在全球排名提升32位做出积极贡献。区政务服务办持续推进“一窗式”改革试点工作，统一标准化服务。按照最小颗粒度确定48个事项要素，制定全区统一的审批服务事项标准模板，制定前后台流转标准、数据对接标准，形成“一窗式”综合受理办事指南。建成全区统一的政务服务综合管理平台，形成统一规范、一体化的区街居三级业务办理系统，推进业务协同和信息共享，沉淀政务服务数据。以政府购买服务方式聘请“一窗”辅助人员，统一服务管理，加强业务办理标准化培训，一次受理、全程帮办，办事人平均等待时长减少30%。深入推进审批服务便民化，全力推动线上应上尽上，线下应进必进。区政务服务办与各体系成员单位积极推进区级政务服务事项“一网通办”及进驻综合服务大厅。年内，区级政务服务事项网上可办率已达到100%，区级政务服务事项进驻综合性实体政务大厅比例达到90%，区级50%以上政务服务事项实现“一窗”分类受理的改革目标，实现线上“一网通办”，线下“只进一扇门”，力争为办事人提供最大便利。贯彻落实北京市优化营商环境“9+N”新政要求，开展优化营商环境试点工作。成立工作专班，推进新设立企业办理业务“最多跑一次”。在区政务服务中心设立新设企业“一窗受理”专区，推行新设企业“全程电子化”和“即时领照”，实行“一日领票”，实现税控设备全流程服务；为企业提供“照、章、票”寄递服务。全力保障税务进驻区政务服务中心，实现税收全业务的“一厅通办”。加强优化营商环境新政宣传，采取推送政务短信、微信公众号等形式，传递西城“利企便民”信号。代表北京市迎接国务院大督查、世界银行营商环境评估、哈萨特斯坦代表团参观等工作。

（赵　娜）

【进驻部门完成工作】1至12月底，区政务服务大厅接待总量为715368人次，同比上升1.3%。其中窗口业务受理518601件，占总接待量的72%；业务咨询166784人次，占总接待量的23%；发放证照29983件，占总接待量的5%。日均接待量为2640人次，日均业务受理为2024人次，日均咨询为615人次。

（赵　娜）

机构编制

【概况】北京市西城区机构编制委员会办公室（简称区编办）是区机构编制委员会的常设办事机构，负责本区行政管理体制改革、机构改革及机构编制日常管理工作，既是区委工作机构，也是区政府工作机构，列入区委序列，与区人力社保局合署办公。年内，区编办不断优化机构编制资源配置，着力推动各项改革工作向纵深推进，切实服务地区发展转型、提升核心区发展品质。

地址：西城区西直门南小街20号

邮编：100035

电话：66205928

（付晓东　乔泽蕾）

【规范区劳动保障监察机构名称】3月21日，根据《北京市西城区机构编制委员会关于规范区劳动保障监察机构名称的通知》（西编发〔2018〕2号），将区人力社保局所属相当科级财政补助公益一类事业单位西城区劳动监察大队一队与西城区劳动监察大队二队更名为北京市西城区劳动保障监察队一队与北京市西城区劳动保障监察队二队。

（付晓东　乔泽蕾）

【北京小学走读部更名】3月21日，根据《北京市西城区机构编制委员会关于同意区教委所属北京小学走读部更名的批复》（西编发〔2018〕53号），将区教委所属北京小学走读部更名为北京小学广内分校。

（付晓东　乔泽蕾）

【成立4所幼儿园】3月21日，根据《北京市西城区机构编制委员会关于同意区教委成立四所幼儿园的批复》（西编发〔2018〕54号），成立北京市第十五中学附属陶然亭幼儿园、北京市西城区育民五一幼儿园、北京市西城区教育研修学院附属幼儿园、北京市西城区大栅栏幼儿园，为区教委所属相当正科级财政补助公益一类事业单位。

（付晓东　乔泽蕾）

【调整各街道卫生计生职责】3月21日，根据《北京市西城区机构编制委员会关于调整各街道卫生计生职责及内设机构的通知》（西编发〔2018〕56号），将街道办事处内设机构社会建设办公室承担的公共卫生职能和城市管理科承担的爱国卫生职能划转至人口和计划生育办公室；将人口和计划生育办公室更名为卫生健康办公室，将原人口和计划生育办公室承担的辖区人口问题研究，提出辖区人口发展建议等职责划转至街道统计所。

（付晓东　乔泽蕾）

【设立区委网信办】4月24日，根据《北京市机构编制委员会办公室关于同意设立中共北京市西城区委网络安全和信息化领导小组办公室的函》（京编办行〔2018〕7号），设立中共北京市西城区委网络安全和信息化领导小组办公室（简称区委网信办），为区委工作机构，挂靠区委宣传部，机构规格正处级，加挂北京市西城区互联网信息办公室（简称区互联网信息办公室）牌子。

（付晓东　乔泽蕾）

【设立北京金融街服务局】5月18日，根据《北京市机构编制委员会关于设立北京金融街服务局的批复》（京编委〔2018〕11号），设立北京金融街服务局，为市政府派出机构，委托区政府代管。区金融服务办与北京金融街服务局合署办公。

（付晓东　乔泽蕾）

【北京市实美职业学校更名】6月11日，根据《北京市西城区机构编制委员会关于同意北京市实美职业学校更名的批复》（西编发〔2018〕64号），将区教委所属北京市实美职业学校更名为北京市西城职业学校。

（付晓东　乔泽蕾）

【撤销北京市第四十一中学建制】6月11日，根据《北京市西城区机构编制委员会关于同意撤销北京市第四十一中学建制将其并入北京市第十三中学分校的批复》（西编发〔2018〕65号），撤销北京市第四十一中学建制，将其编制、实有人员并入北京市第十三中学分校。

（付晓东　乔泽蕾）

【北京广安体育馆更名】7月5日，根据《北京市西城区机构编制委员会关于同意区体育局所属北京广安体育馆更名的批复》（西编发〔2018〕66号），将北京广安体育馆更名为北京西城广安体育馆。

（付晓东　乔泽蕾）

【调整城市管理行政处罚职能】7月5日，根据《北京市西城区机构编制委员会关于调整部分城市管理行政处罚职能的通知》（西编发〔2018〕67号），将原由区城市管理委承担的石油和天然气管道保护、电力管理、煤炭管理、可再生能源管理、再生资源回收管理、市容环境卫生管理等方面的有关行政处罚及相应行政强制职能，以及原由区园林绿化局承担的公园管理、古树名木保护等方面的行政处罚职能划入区城管执法监察局。

（付晓东　乔泽蕾）

【区中学生国防教育中心更名】7月5日，根据《北京市西城区机构编制委员会关于同意北京市西城区中学生国防教育中心 北京市西城区职业与成人教育中心更名的批复》（西编发〔2018〕68号），将北京市西城区中学生国防教育中心更名为北京市西城区学生活动管理中心，为区教委所属财政补助公益一类事业单位。

（付晓东　乔泽蕾）

【区职业与成人教育中心更名】7月5日，根据《北京市西城区机构编制委员会关于同意北京市西城区中学生国防教育中心 北京市西城区职业与成人教育中心更名的批复》（西编发〔2018〕68号），将北京市西城区职业与成人教育中心全部职责划入北京市西城区教育研修学院，将北京市西城区职业与成人教育中心更名为北京市西城区教育科学研究院，为区教委所属财政补助公益一类事业单位。

（付晓东　乔泽蕾）

【成立五家区教委所属事业单位】7月5日，根据《北京市西城区机构编制委员会关于同意成立北京市西城区教育督导研修中心等五个事业单位的批复》（西编发〔2018〕69号），成立北京市西城区教育督导研修中心、北京市西城区教育史馆、北京市西城区教育国际交流中心、北京市西城区教育新闻传播中心、北京市西城区民办教育管理中心，为区教委所属相当科级财政补助公益一类事业单位。

（付晓东　乔泽蕾）

【推进街道管理体制改革】7月30日，印发《西城区街道各类机构综合设置全面试点工作实施方案》（西编发〔2018〕71号），将街道内设机构综合设置为“一委七办三中心”，推进派出机构属地化管理，理顺条块关系，推动重心下移，形成简约高效的城市基层管理体制。

（付晓东　乔泽蕾）

【区新闻中心加挂融媒体中心牌子】8月23日，根据《北京市西城区机构编制委员会关于西城区新闻中心加挂西城区融媒体中心牌子的批复》（西编发〔2018〕72号），将北京市西城区新闻中心加挂北京市西城区融媒体中心牌子。

（付晓东　乔泽蕾）

【北京教育学院宣武分院更名】8月23日，根据《中共北京市西城区委机构编制委员会关于同意区教委所属北京教育学院宣武分院更名及调整职责的批复》（西编发〔2018〕91号），将北京教育学院宣武分院更名为北京市西城区教育学院。

（付晓东　乔泽蕾）

对外事务·港澳事务·侨务工作

【概况】北京市西城区人民政府外事侨务办公室（简称区政府外事侨务办）是负责本区外事工作、港澳事务及侨务工作的区政府工作部门。在外事领域，主要负责外事统筹协调归口管理，具体承担因公出入境管理、以友城为重点的国际交流、国际语言环境建设及外国媒体、外籍人员、非政府组织等涉外管理职责。在侨务领域，具体承担宣传和贯彻执行国家侨务政策，开展涉侨宣传、文化交流和华文教育工作，办理归侨、侨眷、外籍华人亲属身份确认等事项。内设因公出入境管理科、国际交流和侨务科、涉外管理科，行政编制16名。全年接待团组30批次450人次。西城区共有国际友好（交流）城市（区）23个，分布在4个大洲19个国家，其中亚洲8个、美洲6个、欧洲8个、大洋洲1个。

地址：西城区二龙路27号
邮编：100032
电话：88064597

（刘　然）

【统筹全区外事资源和渠道】年内，强化区委外事工作领导小组职能，及时调整外事工作领导小组成员名单，4月26日召开区委外事工作领导小组全体会议，审议通过领导小组工作规则、因公出国相关管理制度及流程。统筹全区外事资源和渠道，探索全区对外工作跨部门协调机制，努力形成全区相互配合、协同推进的外事工作格局。

（刘　然）

【推进国际交往中心建设】年内，区政府外事侨务办制定《西城区重大国际活动服务保障工作联席会议制度》，建立健全重大国际活动服务保障机制。完成“十三五”专项规划《国际交往中心主要承载地建设规划》中期评估。创新开展《西城区服务首都国际交往中心功能空间规划》调研，以空间规划为抓手，推进国际交往中心建设。7月18日至21日，举办“推进国际交往中心建设与提高干部国际化素质”专题培训班，加强国际交往中心建设人才培训与储备。深入推进国际语言环境建设，10月19日启动金融街地区核心区外语标识核查纠错工作；宣传推广国家标准《公共服务领域英文译写规范》，强化对新增重要设施外语标识的源头性管理。举办旅游行业一线人员培训、“西城区第十一届市民讲外语风采大赛”、“2018金融街英语风采汇演”和“马连道茶文化外事服务培训”等活动。

（刘　然）

【服务国家总体外交和首都外事】年内，区政府外事侨务办全力做好“中非合作论坛北京峰会”属地保障工作。配合外交部、市外办圆满完成1月12日2018年外国驻华记者新年招待会、8月13日“欢动北京国际青少年文化交流周西城行”和10月23日“乌兰巴托日”等重大国际活动的服务保障工作，5月26日成功举办“中外友好组织京津冀国际交流周”和“2018北京国际民间友好论坛”。积极响应国家“一带一路”倡议、周边外交及党际交往战略部署，配合中央、市级相关单位接待1月16日来访的加蓬议长代表团参观月坛街道卫生服务中心、1月25日来访的越共中央组织部部长代表团参观义达里社区等来访团组15批次296人次。发挥地方外事的桥梁纽带作用，全面推介西城区优质资源，提升国际影响力。

（刘　然）

【友城交往】年内，区政府外事侨务办积极推动与“一带一路”沿线国家相关城市(区)开展友好交往和务实合作，拓展4个新的友好（交流）城市，分别是塞尔维亚贝尔格莱德弗拉察区、白俄罗斯明斯克市列宁区、阿根廷皮拉尔市和智利圣地亚哥市拉斯孔德斯区，进一步优化友城布局。围绕金融科技创新、历史文化名城保护、城市治理等区域中心工作，促进各领域交流合作项目。5月3日推进金融街与卡萨布兰卡金融城签署合作备忘录，9月6日推进与阿布扎比国际金融中心金融服务监管局签署合作谅解备忘录，5月11日在首尔举办北京金融街推介会，承办“2018金融街论坛年会”，推动北京—巴黎创新中心建设，开展专业领域深度合作。6月23日举办“2018北京马连道国际茶文化展”活动。推动1月22日与韩国首尔中区第七届学生民宿交流活动、7月24日与瑞士蒙特勒市第四届学生民宿交流活动、8月22日与日本东京都中野区第22届少年棒球友谊赛等品牌交流项目。召开西城区教育系统国际交往中心建设大会，成立教育系统外事工作领导小组，成立国际教育交流中心和国际比较教育研究所，推进教育外事。

（刘　然）

【因公出入（境）管理】经国务院批准，西城区成为北京市唯一具有一定出访外事审批权的区级政府。同时，被列为具有邀请外国相关人员来华事项审批权的两个区级单位之一。不断优化因公出国（境）管理体系，规范管理、强化服务、提升质量。严格按照计划审核全区因公出国赴港澳任务184批次489人次。编发《西城区2017年度因公出访报告选编》，加大出访成果共享力度。持续优化北京市首个区级因公出国（境）管理系统，推进系统升级改造。提升APEC卡管理与服务，修订完善《西城区企业人员申办APEC商务旅行卡实施细则》，全年共为17家企业申办APEC商务旅行卡25批次43人次。

（刘　然）

【涉外管理】年初，区政府外事侨务办对全区涉外活动拟开展情况进行摸底，加强申报和管理工作。梳理区内走出去情况，尤其是赴“一带一路”高风险国家情况。做好全国“两会”“开斋节”等时期的涉外维稳工作。强化外事归口管理，做好金融街论坛等国际会议申报工作。加大涉外应急宣传教育力度。举办领事保护进机关、进社区活动，强化外事安全意识。修订涉外突发事件应急工作预案，提升全区涉外应急工作能力。

（刘　然）

【港澳工作】12月18日，接待香港特别行政区政府驻北京办事处主任助理黄敏一行4人访问西城区政府，协调区房管局等4家单位召开座谈会，围绕香港驻京办希望了解的“西城区政府在进行城市规划和发展时，关于拆迁和安置居民方面的政策及安排”问题展开交流，介绍西城实践经验，强调西城“减量提质”发展理念，通过具体问题的深入交流进一步增进了双方的了解和友谊。9月26日，为支持香港青年企业家在西城区创业，协调全区相关单位，促成港资企业CBD“迷你仓”公司在广外街道西提红山小区开展运营。为更好利用区内腾退空间，进一步便利居民生活，充分利用港澳资源服务西城区经济社会发展，年内再次协调区商务委等6家区内单位召开“迷你仓”服务模式总结汇报会，搭建平台让港资企业向西城区展示全新服务模式给居民生活带来的便捷化体验，为企业扩大发展奠定基础，也为西城区优化便民设施布局、再利用腾退空间提供了选择。配合中央及北京市港澳工作总体安排，以务实举措支持港澳融入国家开放发展大局，通过“澳门国际贸易投资展览会”“京港洽谈会”等具体项目，发挥区政府外事侨务办搭建涉港、涉澳合作平台的作用，推介西城优质企业，助推西城区进一步开放发展。

（刘　然）

【侨务工作】区政府外事侨务办全年接待侨务咨询事项212件，办理涉侨学生来京上中小学身份证明21件、“三侨生”中考加分8件；积极做好困侨走访慰问，完成困难归侨侨眷统计工作，及时足额下拨困侨帮扶经费27.93万元；开展文化惠侨活动，组织涉侨人士200余人参观京彩瓷博物馆等区内文化场所。通过与白俄罗斯、阿根廷和智利等侨界人士的联络，洽谈合作项目，11月7日参加“2018海外北京人联谊大会”，宣传推介西城区非遗文化，推动西城区对外交流。组织参加第三届华侨华人“京华奖”评选工作，推选2名西城园侨界科技企业带头人参加评选；设计开发侨情调研系统，积极推进全区侨情调研工作和侨务宣传工作。

（刘　然）

对外联络

【概况】北京市西城区对外联络服务办

公室（简称区外联办）是负责本区对外联络服务工作的部门。主要职责是：贯彻执行北京市关于对外联络服务工作的方针、政策，落实区委、区政府关于对外联络服务工作的部署和要求，研究制定具体工作措施并组织落实；负责指导、协调本区有关部门做好为驻区中央国家机关、驻区部队、中央企事业单位和外省市驻京机构的综合服务工作；负责协调相关部门完成市政府下达的服务驻区中央国家机关、企事业单位、外省市驻京机构折子工程，并督促检查落实情况；负责本区与外省市开展合作交流工作，负责外省市来访的接待和区级领导出访的组织协调工作；负责友好市区间的友好交流工作，为本区经济建设和社会发展服务；负责重要会议、大型活动接待服务工作；负责组织协调区域合作工作，负责对口支援和帮扶工作。设综合科、联络服务科、接待服务科等3个科室，编制15人，年末在岗人数13人。年内，按区委区政府要求和部署，围绕全区中心工作，在服务驻区中央单位、推动区域协同发展、加强合作交流方面取得成效。

地址：西城区二龙路27号
邮编：100032
电话：88064715

（韩　颖）

【**走访驻区中央单位**】年内，区外联办安排区四套班子领导走访中共中央纪律检查委员会、中共中央办公厅、国务院办公厅、全国人大办公厅、全国政协办公厅、中共中央组织部、中共中央宣传部、中央军民融合发展委员会办公室、国家发改委、应急管理部、中国地质调查局、经济日报社等12家中央单位，汇报工作情况，听取意见建议，征询服务需求24项。在走访中，中央单位表示将履行好驻区单位职责，以实际行动回报西城区的优质服务保障，支持帮助西城区更好发展。

（苗林林）

【**落实中央单位服务需求**】区外联办全年通过走访征询、市政务服务办《交办通知单》和中央单位来函等渠道，共收到32项服务需求事项，其中市政务服务办交办事项1项、中央单位来函7项、区领导集中走访征询24项。服务事项类型主要集中在重大项目建设8项、民生服务7项、环境秩序保障7项、交通秩序保障6项、行政审批3项、治安秩序保障1项。截至年底，办结32项，办结率100%。

（苗林林）

【**召开中央单位座谈会**】区外联办分别于1月19日、8月31日分两次邀请中央财办、中宣部、国务院国资委等30家中央部委参加西城区中央单位座谈会，就“疏解整治促提升”专项行动、老旧小区综合整治等西城区重点工作中遇到的困难，借助中央单位力量助力西城区精准扶贫任务，以及挖掘引导中央单位资源参与共驻共建和美丽西城建设等重点工作展开座谈交流。

（苗林林）

【**地区间合作交流**】年内，继续拓展西城区友好城市范围，与广西市梧州区、内蒙古自治区呼伦贝尔市、海南省三沙市等4市（区）缔结友好协议。截至年底，西城区与全国29个省（市、自治区）的87个市（区）缔结友好关系。严格落实中央八项规定精神，安排区领导赴杭州市、厦门市等地学习考察，接待重庆市渝中区、广州市越秀区、西安市雁塔区等地考察团27批次。深入推进京邓产业、教育、卫生等领域务实协作。

（苗林林）

【**区党政代表团赴三沙市调研**】12月17日，西城区区委书记卢映川率党政代表团一行9人赴三沙市调研，西城区副区长刘国周和三沙市副市长冯文海分别代表两地政府签订《友好区市协议书》，区领导陈冲、徐利、刘国周参加调研。

（苗林林）

【**与广西梧州市缔结友好区市**】6月22日，梧州市委副书记、市长李杰云率队到西城区访问，西城区区长王少峰和梧州市市长李杰云分别代表两地政府签订《友好区市协议书》，区领导杜灵欣、李异、徐利参加接待。

（苗林林）

【**区党政代表团赴呼伦贝尔市调研**】8月19日，西城区区委书记卢映川率党政代表团一行15人赴呼伦贝尔市调研鄂伦春自治旗扶贫工作，对接对口帮扶工作。西城区副区长朱国栋和呼伦贝尔市委常委、常务副市长陈智分别代表两地政府签订《友好区市协议书》。区领导陈宁、虞宝才、朱国栋陪同调研。

（苗林林）

【**对口帮扶工作**】年内，西城区对口帮扶的5个旗县分别是内蒙古自治区喀喇沁旗、鄂伦春旗，河北省张北县、阜平县，青海省囊谦县。全年共向五地投入资金9721.23万元，其中：区级财政直接投入5341.42万元，区属国企604.81万元，群团组织及社会各界捐资3775万元，实施帮扶项目总计60项，助力五地2.6万户5.5万人脱贫，占全部建档立卡贫困人口的60%，喀喇沁旗完成脱贫摘帽攻坚任务。主要工作有：一是做实体制机制，成立领导小组加强对帮扶工作的组织领导，建立领导小组工作机制、季度调度会制度及项目资金管理办法等相关制度和机制，构建政府主导、部门主责、企业参与、社会支持的大帮扶格局。二是加强调研对接，区四套班子主要领导赴受帮扶地区调研对接9次，会议专题研究3次，统筹协调主管区领导、各委办局及街道到受援地调研对接83次。三是推进结对帮扶，28所学校与受帮扶地区25所学校开展“手拉手”帮扶。15个街道、10家区属国企和29家非公企业与136个贫困村（镇）建立了帮扶关系，11家区属医院、15家社区卫生服务中心与受帮扶地区20家县级医疗机构、70家乡镇卫生院结了对子，实现与贫困乡镇、深度贫困村和医疗机构结对帮扶全覆盖。四是实施产业、人才帮扶，实施产业帮扶项目21项，设立产业引导基金，引导中国供销、首农、首钢等企业到受帮扶地区投资兴业。互派挂职干部24人，举办各类专题培训班20余次，培训干部教师、贫困人口及致富带头人约2000人次。支持建档立卡贫困人口就业4160人。五是广泛动员社会力量参与扶贫，全年群团组织及社会各界捐助3775万元。自然资源部地质调查局投入资金2250万元在受帮扶地区开展资源调查，特别是在张北县调查成果丰硕，探明富硒土地2万余亩，为张北县特色农业发展奠定了基础，同时开采水源，有效解决当地9个乡镇8800余名群众安全饮水问题。

（王　霈）

【**与鄂伦春旗签署《携手奔小康行动协议》**】4月2至3日，西城区区长王少峰率党政代表团一行7人赴内蒙古自治区呼伦贝尔市鄂伦春自治旗进行调研对接，并签署《北京市西城区、呼伦贝尔市鄂伦春自治旗携手奔小康行动协议书》。区领导李异、缪剑虹参加调研。

（王　霈）

【**区党政代表团赴喀喇沁旗调研**】4月20至21日，西城区区委书记卢映川率党政代表团一行17人到内蒙古自治区喀喇沁旗调研精准扶贫协作工作，西城区街道、企业与当地乡镇、贫困村签署了结对帮扶协议，并与赤峰市委常委、副市长石银峰，喀喇沁旗旗委书记高希华座谈。区领导王旭、虞宝才、李异参加调研。

（王　霈）

【区党政代表团赴河北省调研】 4月23至25日，西城区区委书记卢映川率党政代表团一行19人前往河北省张家口市、张北县、阜平县开展调研对接，走访深度贫困村并与市、县、乡村驻村工作组分别召开座谈会。区领导王旭、虞宝才、李异参加调研。

（王　霈）

档案管理

【概况】 北京市西城区档案局（简称区档案局）是西城区人民政府负责档案事业行政管理的主管部门。内设办公室、党群工作办公室、业务指导科、法制科、档案管理科、档案利用科、机关文档科、档案编研科、展陈征集科、信息化科、档案鉴定科共11个科室。西城区档案馆（简称区档案馆）为地级国家综合档案馆，是集中管理全区档案的文化事业机构，与区档案局合署办公，一个机构、两块牌子。主要职责是：收集、保管对国家和社会具有保存价值的档案资料；开发档案信息资源，为社会提供服务；是区政府信息公开查阅场所，是市、区爱国主义教育基地。区档案局（馆）大部分科室集中在南馆办公，北馆有档案利用科、机关文档科2个科室，负责档案管理和查档利用。区档案馆档案全宗230个，馆藏档案资料74.88万卷（件、册、张），其中照片5.33万张，底图3402张，资料1.89万余册，开放档案53266件，机读目录464.09万条，数字化馆藏档案2043.1万余页，15114.63GB。年内，西城区档案局（馆）通过了北京市档案局对西城区的档案行政执法检查暨档案安全检查。接受了北京市档案局局长程勇率北京市委市政府督查室对区档案馆新馆建设督查，中共西城区委书记卢映川、西城区政府区长王少峰与督查组座谈。

南馆地址：西城区广安门南街68号
邮编：100054
电话：83976506
北馆地址：西城区二龙路27号
邮编：100032
电话：88064666

（王振威）

【档案法制建设与宣传】 8月8日，区人大常委会副主任张礼斌带领教科文委员14人到西城区档案局（馆），调研《档案法》实施情况。9月6日，区十六届人大常委会第三十五次主任会议听取西城区档案局（馆）长李茂福代表区政府做的西城区档案法贯彻执行情况的汇报，区人大常委会主任杜灵欣出席，副区长郁治参加，会议对全区档案法贯彻执行情况给予高度评价。完成2018年“双公示”情况的评估上报，维护行政审批与公共服务网站，变更修订6项服务事项相关内容；聘请惠诚律师事务所律师为单位法律顾问，法律咨询37次，修改合同23件；完成23名执法人员的信息核对和执法证件换发工作。通过西城区档案局网站向社会发布《关于举报档案违法违纪行为事项的公告》，为市局编印违法案例汇编提供电子版依据及案情介绍。加强行政执法检查力度，下发档案行政执法检查通知，双随机公示抽查37家单位，其中合格单位25家、不合格单位3家、限期整改单位9家，形成186张检查单。建立约谈制度，对执法检查中发现的问题单位经过执法复查发现仍未全面整改的2个单位进行重点约谈。年内执法检查已经做到从街道延伸到社区、委办局延伸到所属部门、企业延伸到二级单位、以及政府临时机构。年内区档案局第一次将每年6月份作为全区“档案宣传月”，要求各立档单位进行档案工作和档案法的宣传。共有19家单位参与，累计举办40次宣传活动。先后印发《2018年国际档案日征文活动的通知》和《西城区档案局关于举办2018年“讲述档案背后的故事”征文启事》，收集稿件197篇，获国家档案局和《北京档案》优秀组织奖。以点带面组织档案普法咨询，发放《2015—2017优秀征文汇编》、《小红的兰台奇遇记》漫画宣传册、《西城追忆》、《西城报》等宣传材料4280余册。展览路街道举办“档案见证改革开放”集邮和照片档案资料展览，展出照片和邮票共计400余件，记录和展示了改革开放40年来中国航天和中国海军的成长以及方寸邮票档案和展览路街道照片档案的发展。开展微视频征集活动，区城管执法监察局、区统计局、区总工会、牛街街道、天恒所属正和公司5个单位提供了6个微视频。制发档案宣传品共2300余件。

（王振威）

【档案行政管理与服务】 年内，制发《关于进一步加强档案安全工作中涉及档案购买服务有关事项的通知》《关于加强街道各类机构综合设置工作中档案管理的通知》、转发《国家档案局关于进一步筑牢安全防线确保档案安全的通知》。继续加大对重大项目监督、执法力度，确保建设项目档案的齐全完整。把列入北京市重点建设项目工程的相关责任单位列入重点指导单位。年内北京市档案局启用网上填报系统，区档案局对重点项目涉及单位进行了系统培训，对填报流程方法进行指导。针对区地税局与国税局、区国土局与规划局机构合并、区综治办合并到政法委后档案流向进行监督。参与北京市档案局修订的《中小学教育档案管理办法》调研工作，联合区教委对教委系统各学校档案员培训。年内，到50个立档单位进行归档指导，检查91个单位归档数据近万条。对区法院等5个单位开展测评复查工作。举办社区档案管理专题培训班，50余人参加。对广外街道荣丰社区、什刹海街道簸箩仓社区、大栅栏街道石头社区、百顺社区、金融街街道丰融园社区、民康社区等15个街道的29个社区进行了社区示范档案室的检查验收。

（王振威）

【档案利用服务】 年内，加强档案利用规范化管理，参照国家和北京市有关规定及相关法律、法规及规范性文件，制订《北京市西城区档案馆档案利用工作实施细则》《西城区档案局（馆）档案利用情况报告表》《西城区档案局（馆）查档利用协调沟通会制度》。设置党员先锋岗，窗口工作人员严格履行岗位职责，热情服务，认真做好档案利用服务工作。全年共接待查档利用者12858人次，提供利用档案10543卷（件），打印扫描件31799页，开具证明10707份，电话咨询7852次。政府信息公开利用19人次。为西城文化中心装修改造工程查阅复制竣工图纸档案150余张，为区委统战部查阅改革开放40周年档案205卷1386件。机关文档科充分发挥代管职责，全年接待利用81人次，利用档案427卷985件，复印2219页。机关文档科配合区委统战部查阅档案，为其举办《红墙下的统战工作》展览提供详实的档案资源；为区委宣传部提供2015至2018年的会议记录及发文；为区政务办举办《改革开放下的西城区政务公开》展览提供多张照片档案；配合区纪委接受北京市纪委巡查，提供240卷业务档案查阅；为区民宗办提供2014至2017年主任办公会会议档案接受区委巡查。机关文档科对牛街办公区的各民主党派安排集中指导。根据区纪委需要，对其40余名部门兼职档案工作人员进行归档工作培训，完成区纪委修订档案保管期限表的审核。全面启动馆藏婚姻档案跨馆利用工作，推进全市民生档案信息资源联网。根据北京市档案局民生档案信息跨馆利用工作部署会精神，对西城区档案馆婚姻档案数据进行整理，经过21天（5月14日至6月3日）24小时不间断工作，按时完成对数据的处理工作，共整理档案658055件。6月4日将数据向北京市档案局进行了移交。按北京市档案局关于北京市民国档案文件级目录著录细则的要求，对照档案原文清理民国档案目录1564件。完成原西城区目录校对审核（1986—1989）165277件，修改2022件，完成1984年开放档案和延期开放档案的复审工作，共鉴定96920条，拟延期65576件，开放31344件。完成1985年开放档案鉴定工作，鉴定95173件，拟延期开放61351件，开放33822件。开展1986年开放鉴定初审工作，鉴定57705件。年内清点南馆库房66299卷，33164件。

（王振威）

【基础业务】年内，接收区文联、区委组织部、原宣武区国税局等5个单位移交的书画、印章、死亡干部档案等共307卷（件）。整理北京文史专家王彬捐赠图书170册。整理舒了先生捐赠照片556册、4154张，图书368册。购置反映西城文史资料38册。机关文档科全年接收归档文件8197件，业务档案410件，实物档案12件，数码照片备份467张，完成2018年归档数据的整合与备份。完成14家单位实物档案梳理，18家单位完成数码照片备份。

（王振威）

【档案信息化工作】年内，继续推进数字化工作，数字化扫描档案共计5854卷，17800件。组织研究南北两馆电子数据整合，初步制订《西城区档案馆档案管理系统合库方案》。根据北京市使用软件正版化检查工作要求，完成局馆电脑的自查工作，保证局馆电脑软件正版化；修订西城区档案局（馆）计算机设备管理制度、西城区档案局（馆）网站、公众号管理制度、西城区设备及系统操作登记表等10余个信息安全制度。对后台数据库文件及证件扫描PDJ文件夹定期异质备份12次；参与北京市局跨馆利用系统的部署工作，按要求完成北馆相关网络部署、专机及VPN调试工作。进行馆藏档案数据的异地备份工作，共计1.9T，89万余个文件，用2块移动硬盘向北京市档案局移交进行异地备份工作。根据国家及北京市、西城区要求，11月西城区档案局完成档案局门户网站永久关停工作，网站内容整合到西城区人民政府门户网站和西城区档案局政府信息公开专栏中。接收79家立档单位文书备份数据，约3.8万余条，74家立档单位数码照片备份数据光盘76张。全年为区食药监局等4家单位提供数据回拷服务。“西城档案”微信公众号发布原创图文92篇，总关注人数882人，公众号图文阅读总数达56521次25609人。

（王振威）

【档案编研利用】改版《西城追忆》，开设纪念改革开放40周年专栏，刊发系列纪念文章，以经济体制改革、机构改革、地下空间综合整治为内容，刊发四期《西城追忆》，共计21万余字，编辑合订本《北京西城往事》（第11部）。5月17日，收到全国人大常委会办公厅何鲁丽处的表扬来信，信中对长期赠阅《西城追忆》表示感谢，并评价本刊“图书内容丰富，收录了与西城地区历史、文化、档案有关的许多文章，题材新颖”。因为档案资料为恢复历史建筑旧貌提供依据，7月16日收到中国农业银行机关服务管理局感谢信。改变《档案传真》编辑方式，抓住主题，扩展利用档案范围；以时间为主线，完整捋清事件脉络；“编”“研”并重，使得时间跨度大、信息量多、可读性高，切实为领导决策提供服务。刊发10期《档案传真》，共6.43万字。内容有反映二十一世纪初原宣武区、原西城区在机构改革方面的脉络延续、机构创新、改革评估等情况，二十一世纪初原宣武区、原西城区在地下空间综合整治方面的工作情况，社区党建，街道改革，历史文化名城保护工作的开展等。

（王振威）

【档案宣传与基地教育】6月9日，区档案局与区委党史办共同举办“以史为鉴以档为证——西城区纪念改革开放40周年档案史料展”。展览选用80份档案、115张照片。展览一式两份，一份在区档案馆长期展出，一份在区内巡展。展览先后在区政务服务中心、区第一图书馆、金融集、北京四中等地展出。国家海关总署、中国社会艺术协会、市审计局、区司法局等区内外单位专门组织干部参观。区机关干部和社会群众约1万余人参观。人民网、北京电视台“缤纷西城”等媒体报道展览内容。2018年“西单时尚节”，区档案局与西单管委会、区商务委合办展览“记录成长 展示芳华——西单商业区改革开放40年史料展”，成为时尚节的主要活动之一。该展览在西单博物馆、区委区政府办公大厅、南区办公大楼、区第一图书馆先后展出。区档案局派出2名干部参与西城区委“红墙意识”主题展览策划，为该展览提供档案资源支撑。年内，为展览路街道、广外街道的改革开放40年展览提供档案资料10件。举办“档案记忆西城”文化公益讲座4期，邀请原西城区政协主席张世俊主讲“西城区改革开放40年历程”；中国铁路摄影师和铁路文化研究者王嵬讲述“铁路建设、分布及演变过程”；历史影像研究者徐家宁到北京四中的高二人文班，给学生们上了一堂90分钟的“寻踪北京城：从阜成门到朝阳门的风景和历史”影像课；中国圆明园学会学术专业委员会委员、北京史地民俗学会理事刘阳到北京十五中的高中校会课，向学生讲述题为“1945年北京上空的鹰”。公益讲座分别在区档案馆、街道、学校举办，直接听众450余人。

（王振威）

【档案安全】西城区档案馆新馆建设接受了北京市档案局、市委市政府督察室的检查，年内重新确定建设用地。加强库房管理，坚持各项管理制度不放松，做到档案实体安全、信息安全、信息系统安全。举办全员参加的消防安全培训，南北馆同时开展消防演习。在重大节日前开展安全检查，不断排查和消除各种隐患。北馆的2个库房更换为防火门。为南馆6层库房更换了LED灯管。更换雨水管2根。新安装高清监控探头15个，16个监控探头连入区级平台。

（王振威）

【档案科教】年内开展不同层次的档案培训工作。4月23至24日，举办全区档案业务培训会，邀请国家档案局和市档案局专家授课，各立档单位主管领导、档案员200余人参加。举办档案人员上岗取证培训班，共有93个单位、145人参加，其中139人通过考核，取得上岗证书。此次培训新增加了机房实际操作课程环节，实现文书档案管理和声像档案管理培训现场的实际演练。现场考试也新实行了AB卷分开考试，增加了考试难度，考题更丰富、知识更全面。联合区教委开办档案行政执法培训班，这种联合培训班也是新的尝试，共有60所学校、76人参加。第一次举办“征文研讨培训班”，共57人参与，提高了西城区档案人的档案征文写作水平。继续举办档案人员继续教育网络培训。举办归档培训8次，共190余人参加。举办第二届档案学术论坛，局内11名干部就档案业务工作开展深度交流研讨，分别评出一、二等奖。在北京市档案局举办的首届全市档案人才选拔推荐工作中，西城区档案局积极组织推荐工作，金梅、周海南被评为高级专家，王振威、王军华被评为业务骨干。此次全市档案人才选拔推荐中，西城区名列各区前茅。

（王振威）

【“档案馆日”活动】6月9日的“国际档案日”暨北京市第十届“档案馆日”活动，围绕“档案见证改革开放”主题，用历史档案见证改革开放40周年的辉煌成果，用民生档案见证人民群众与档案密不可分的联系。适时公布1984—1985年原西城区开放档案涉及76个全宗，10656件。联合区委党史办举办“档案见证改革开放40周年”档案史料陈列展；邀请原西城区政协主席张世俊主讲“西城区改革开放40年历程”；联合展览路街道举办“档案见证改革开放”集邮和照片档案资料展览。开展《档案见证改革开放》有奖征文活动；举办文联书画档案移交进馆仪式；邀请1978年前后登记结婚的8对夫妻，参加“婚姻档案见证改革开放40周年”纪念活动；在金中都公园设立分会场，举办档案法制、家庭建档宣传咨询活动，增强公众档案意识、宣传档案工作价值。编辑了《北京西城报》档案馆日专版。

（王振威）

【“西城记忆”工程】建立“西城记忆”文化资源数据库是全区“十三五”时期全区文化建设的重要内容。编辑出版“西城记忆”系列丛书什刹海卷《什刹海记忆》画册，近2万字、200张图片。画册以什刹海街道行政区域为准，以详实的档案资料从历史变迁、区域沿革、水域文化、街巷胡同、景点古迹、商贸文化、科教文卫、特色民俗等八个方面，展示什刹海历史文化的概况。与区委老干部局合作，全年采集金松龄、赵重清等10位老干部口述档案，包括近90小时的视频、37万余字素材文稿、14万余字的整理文稿、工作照片和翻拍的老照片350张。年内启动“留存西城记忆”项目，总金额98100元，拍摄照片1万张、视频1200分钟、洗印照片1000张、视频简介20分钟。拍摄的地区有南菜园片、白塔寺片、天桥片、南北长街片、西四片、平安里片、白纸坊棚户区等数百条胡同。

（王振威）

信访工作

【概况】中共北京市西城区委北京市西城区人民政府信访办公室（简称区信访办）是区委、区政府受理人民群众来信来访的工作部门。区信访办内设5个科室：综合科、办信科、接访科、排查调处科、法制宣传科（年内调整三定方案，原接访一科改为接访科，原接访二科改为法制宣传科）。区信访办机关行政编制23名。其中主任1名，副主任4名；科级领导干部5正3副。年内，区信访办全面落实党中央和市委市政府、区委区政府关于信访工作的决策部署，继续深化信访工作制度改革和信访法治化建设，切实维护群众合法权益，促进区域社会和谐稳定。

地址：西城区南菜园街51号

邮编：100054

电话：83975008

（侯璐璐）

【信访工作基本情况】年内，区信访办受理承办信访总量同比上升13.3%。其中：办理来信同比件次上升37.6%、人次上升93.8%；接待来访同比批次下降16.8%、人次下降2.6%；网上信访同比件次上升17.6%。

（侯璐璐）

【建立完善信访工作机制】年内，建立和完善“双告知”工作机制，向全区印发《信访事项“双告知”实施办法》，即：在对信访事项转交办的同时，对信访人告知“信访事项流转去向”、对承办单位告知“信访事项办理要求”，旨在以“阳光信访”为抓手，使信访事项的办理流程更加公开、透明。进一步加强手机信访、市长信箱和网上信访办理工作，充分发挥网上信访的主渠道作用，方便群众反映诉求。

（侯璐璐）

【区领导包案解决信访问题】年内，区委、区人大、区政府、区政协四套班子22位领导参与对重点矛盾纠纷的包案化解工作，建立“区领导包案督导、责任单位牵头负责、协办单位辅助配合、属地街道积极稳控、区联席办协调保障、律师团队法律支持”的工作专班体系。包案区领导主持召开各类协调会，8个责任单位和10个属地街道积极主动推进工作。

（侯璐璐）

【区信访工作联席会议】全年按季度召开4次信访工作联席会议暨矛盾纠纷形势分析例会，对全区矛盾纠纷及信访形势进行分析、研判，主动了解责任单位工作进展，对复杂疑难信访问题加大统筹化解力度。

（侯璐璐）

【区领导接访和阅批群众来信】年内，坚持领导接待群众来访和阅批群众来信制度。全年区领导64人次接待来访群众99批264人次，阅批群众来信205件。区信访办下发《关于进一步做好领导批示信访件办理工作的通知》，指导全区各相关责任单位做好领导批示信访问题的办理工作。

（侯璐璐）

【区领导调研信访工作】9月4日，西城区委常委、副区长姜立光，区长助理刘蓬到区信访办调研，察看了区信访接待大厅，看望了接访一线信访干部、律师和心理咨询师，并开展座谈。区信访办科长以上干部参加座谈，区信访办党组成员、主任邢印良汇报了信访办人员编制、科室构成及职能、信访干部队伍现状、年内主要工作及存在的问题等情况，两位区领导与区信访办干部就信访工作考核问责、科学配置工作力量、理顺工作关系和加强科学决策等问题进行了座谈交流。

（侯璐璐）

【建立多元化解机制】年内，区信访办开展访调对接，打造“枫桥经验”北京升级版，成立“西城区信访诉求人民调解委员会”。继续发挥律师和心理咨询师的作用，律师参与信访接待835人次，心理咨询师接待来访群众114人次。在市信访办的指导下，与北京市法学会合作，引进“第三方”专业社会力量参与矛盾纠纷化解工作，为信访群众提供法律咨询、政策解读等服务，并提出评判意见建议，促进信访问题高效解决。

（侯璐璐）

【信访矛盾化解“四大攻坚战”】7月，结合区情实际，区委区政府成立信访矛盾化解“四大攻坚战”工作专班，在全区第二次信访矛盾纠纷排查调处工作会暨第三次信访联席会议上做动员部署，逐案落实包案领导和责任单位、协办单位，逐案制定工作方案，组织召开相关责任单位及重点人员属地街道参加的工作部署会议，会上现场对接工作任务，会后及时到相关单位及属地街道督办案件，全程跟踪案件办理及工作落实情况。对于中央和市两级交办的重点领域矛盾纠纷和重点人员，涉及西城区的6个问题全部办结。

（侯璐璐）

【信访复查复核工作】区信访办坚持复查接待，疏解、引导复查申请人依法维权，增强复查工作的公信力。充分发挥复查工作的作用，促进部分信访诉求的化解。对合情理却无明确政策规定的“政策遗漏”导致的信访问题，组织相关单位专题研究，努力化解部分信访诉求，做好“三到位一处理”（诉求合理的解决到位、诉求无理的思想教育到位、生活困难的帮扶救助到位，行为违法的依法处理）。充分发挥督查督办作用，制定下发工作意见书6件，要求相关单位落实责任，推动矛盾纠纷有效化解。

（侯璐璐）

【“互联网+信访”工作】年内，区信访办为进一步适应网络信息化形势，在“北京西城”门户网站继续运营“网上信访”专栏，扩大网上信访覆盖面。先后建成与北京市信访办公室、国家信访局互联互通的信访视频会议系统，参加全市信访工作视频会议1次、全国信访工作视频会议1次。

（侯璐璐）

【建立信访工作双月例会制度】为进一步提升全区信访工作业务水平，加强工作交流，分享工作经验，及时解决工作中存在的问题特别是共性问题，共同探讨和创新思路和做法，区信访办设立信访工作双月例会制度。年内，共举办双月例会2次。会上对信访工作情况进行通报，分析查找存在的不足并明确下一步工作重点。相关科室负责人和业务骨干，各街道和相关委办局信访工作主管领导、信访工作负责人参加会议。

（侯璐璐）

【人民建议征集工作】年内，区信访办继续拓宽人民建议征集渠道，开展网上人民建议征集工作。配合区政府落实重大事项征集群众意见建议制度，围绕建设和谐宜居之都、汇集疏解非首都功能、棚户区改造等方面的有关群众建言献策，及时报送和反馈社情民意。办理上级转交办人民建议114人次。广外街道手帕口铁路道口平改立工程成功落实，《北京日报》等媒体进行了深度报道。

（侯璐璐）

【法治信访宣传活动】5月，全区统一开展以“坚持以人民为中心，推动法治信访建设”为主题的信访宣传月活动。印制宣传横幅、折页、海报3.3万套12.6万张，宣传品3万份，开辟《北京西城报》信访宣传专版。拓宽宣传媒介和平台，多渠道、多视角、全方位展示新时代信访工作的新举措新成效、新时代信访干部的新形象新作为。北京电视台《特别关注》栏目对西城区信访工作进行了报导；《北京日报》发文1篇，《法制日报》发文1篇，《北京西城报》发文5篇，“今日头条”政务号刊发信息233条。

（侯璐璐）

【信访干部能力建设】年内，区信访办主动了解全区各部门、各街道信访工作机构的需求，有针对性地做好业务指导和服务工作。坚持“需求导向、贴近业务、分级分类”的原则，重点加强对干部进行政策、业务、法规和心理咨询培训，鼓励干部具备心理咨询师技能。关心关爱干部，聘请心理咨询师对全区信访干部进行心理疏导，增强自我调节工作压力、心理压力的能力。进一步规范信访基础业务，分2次组织全区280余名信访干部进行培训，提升信访干部队伍业务能力。

（侯璐璐）

（责任编辑　陈　艳）

中国人民政治协商会议西城区委员会

概　述

中国人民政治协商会议北京市西城区委员会（简称区政协）是中国人民政治协商会议的地方组织，主要职责是政治协商、民主监督、参政议政。区政协第十四届二次全会共有委员413人，常务委员75人。设学习指导和文史资料委员会、提案委员会、教文卫体委员会、社会和法制委员会、经济科技委员会、城建环保委员会、民族和宗教委员会、港澳台侨委员会8个专门委员会。机关设办公室、研究室、专委会工作一室、专委会工作二室、专委会工作三室、专委会工作四室、专委会工作五室、专委会工作六室8个办事机构，行政编制37人（不含局级）。年内，在中共西城区委领导下，政协北京市西城区第十四届委员会及常务委员会深入学习贯彻习近平新时代中国特色社会主义思想、中共十九大精神和习近平总书记关于加强和改进人民政协工作的重要思想，贯彻落实全国政协系统党的建设工作座谈会和习近平总书记关于加强和改进人民政协工作的重要思想理论研讨会精神，紧紧团结和依靠各界委员，充分发挥人民政协作为协商民主重要渠道和专门协商机构作用，认真履行政治协商、民主监督、参政议政三大职能，为西城区经济社会各项事业发展做出了积极贡献。全年共召开常委会会议、主席会议、秘书长会议17次，经审查立案提案279件，开展重要协商活动27次，组织调研、视察、会议、座谈等各项履职活动341次，参加的委员达5100余人次。

地址：西城区广安门南街68号

邮编：100054

电话：83976102

（朱　珊）

常务委员会会议

【第七次会议】 1月8日，区政协召开十四届七次常委会议。区委常委、政法委书记、统战部部长王旭应邀出席会议，主席章冬梅主持会议。会议听取了王旭关于调整政协委员的说明。会议审议通过《政协北京市西城区第十四届委员会常务委员会关于刘振华等4名同志不再担任委员的决定（草案）》和《政协北京市西城区第十四届委员会常务委员会关于增补委员的决定（草案）》。会议审议了《中国人民政治协商会议北京市西城区第十四届委员会第二次会议议程（草案）》和《中国人民政治协商会议北京市西城区第十四届委员会第二次会议日程（草案）》，决定提交政协北京市西城区第十四届委员会第二次会议预备会审议通过。区政协副主席程军、姜兆春、李建国、荣洋、刘学增、张培彤，秘书长王申恒出席会议。

（朱　珊）

【第八次会议】 1月8日，区政协召开十四届八次常委会议，区委常委、区委政法委书记、统战部部长王旭应邀出席会议，区政协副主席张培彤主持会议。会议听取了王旭关于政协北京市西城区第十四届委员会选举政协副主席、常委候选人建议名单的说明，会议原则通过建议名单，决定1月9日提交全体委员小组讨论。会议听取了秘书长王申恒关于会议选举工作安排；审议了《政协北京市西城区第十四届委员会第二次会议选举办法》（草案），决定1月9日提交全体委员小组讨论。会议讨论了《政协北京市西城区第十四届委员会第二次会议总监票人、监票人建议名单》（草案），决定1月9日提交全体委员小组讨论。区政协主席章冬梅，副主席程军、姜兆春、李建国、荣洋、刘学增，秘书长王申恒出席会议。

（朱　珊）

【第九次会议】 1月9日，区政协召开十四届九次常委会议。副主席李建国主持会议。会议听取了各小组讨论《中国人民政治协商会议北京市西城区第十四届委员会常务委员会工作报告》和《中国人民政治协商会议北京市西城区第十四届委员会常务委员会提案工作报告》的情况汇报。会议听取了各小组讨论《中国人民政治协商会议北京市西城区第十四届委员会第二次会议选举办法（草案）》、酝酿副主席、常委候选人及讨论《中国人民政治协商会议北京市西城区第十四届委员会第二次会议总监票人、监票人建议名单（草案）》的情况汇报，决定提交1月10日第十次常委会审议。区政协主席章冬梅，副主席程军、姜兆春、荣洋、刘学增、张培彤，秘书长王申恒出席会议。

（朱　珊）

【第十次会议】 1月10日，区政协召开十四届十次常委会议，区政协副主席刘学增主持会议。会议审议了《中国人民政治协商会议北京市西城区第十四届委员会第二次会议选举办法（草案）》《中国人民政治协商会议北京市西城区第十四届委员会第二次会议总监票人、监票人建议名单（草案）》，审议了《政协北京市西城区第十四届委员会补选副主席、常务委员候选人名单（草案）》，决定提交政协北京市西城区第十四届委员会第二次会议选举大会审议通过。区政协主席章冬梅，副主席程军、姜兆春、李建国、荣洋、张培彤，秘书长王申恒出席会议。

（朱 珊）

【第十一次会议】1月10日，区政协召开十四届十一次常委会议，区委副书记、区长王少峰，区委常委陈冲，副区长翟冀，区长助理沈俊宇应邀出席。区政府办、区发改委、区财政局、区法院、区检察院等部门的负责人参加会议。区政协副主席荣洋主持会议。会议听取并讨论了《中国人民政治协商会议北京市西城区第十四届委员会第二次会议期间提案审查情况的报告（草案）》，审议了《中国人民政治协商会议北京市西城区第十四届委员会第二次会议决议（草案）》，决定提交1月11日闭幕会，向全体委员报告。会议听取了政协北京市西城区第十四届委员会第二次会议期间各小组讨论《政府工作报告》《关于北京市西城区2017年国民经济和社会发展计划执行情况与2018年国民经济和社会发展计划草案的报告》《北京市西城区2017年预算执行情况和2018年预算（草案）》《关于北京市西城区2017年财政预算执行情况和2018年财政预算草案的报告》《北京市西城区人民法院工作报告》和《北京市西城区人民检察院工作报告》，各小组在汇报中对区政府工作给予充分肯定，并对西城区未来发展提出意见建议。会后将把委员们的意见建议进行集中归纳、整理，报送区委、区政府研究参考。会议听取了选举计票结果，根据总监票人报告的选举结果，本次选举成功而圆满，选举结果将在1月11日闭幕会上宣布。区政协主席章冬梅，副主席程军、姜兆春、李建国、刘学增、张培彤，秘书长王申恒出席会议。

（朱 珊）

【第十二次（扩大）会议】3月29日，区政协召开十四届十二次常委（扩大）会议。主席章冬梅主持并讲话。会上，全国政协委员、区政协副主席荣洋传达了全国“两会”精神；王明明、吴丽光、刘井坤、关振鹏4名常委分别述职。会议审议通过《政协北京市西城区第十四届委员会常务委员会2018年工作要点》《政协北京市西城区第十四届委员会常务委员会关于调整副秘书长的决定》；通报了《中共北京市西城区委办公室关于印发〈西城区政协2018年协商工作计划〉的通知》《政协北京市西城区第十四届委员会主席、副主席、秘书长工作分工》。副主席程军、王奇、李建国、刘学增，秘书长王申恒出席会议，副秘书长，各专委会主任、副主任列席会议。

（朱 珊）

【第十三次（扩大）会议】5月17日，区政协召开十四届十三次常委（扩大）会议，主席章冬梅主持并讲话。会上，王景兰、柳林、杜凤英、赵玲、曾昭日5位常委分别述职；会议审议通过《政协北京市西城区委员会关于加强委员队伍建设的意见》。会议还组织参会人员学习参观了“大道同行——从‘五一口号’到政商建国重要史事回顾展”。区政协副主席姜兆春、王奇、李建国、荣洋、刘学增，秘书长王申恒出席会议，副秘书长及各专委会主任、副主任列席会议。

（朱 珊）

【第十四次（扩大）会议】7月19至20日，区政协召开十四届十四次常委（扩大）会议，围绕“学习贯彻习近平总书记关于加强和改进人民政协工作的重要思想，深入推进新时代人民政协工作”进行专题研讨。7月19日，副主席程军主持会议。魏建新、杨敬、刘利明、佀明亮、李新、郭爱军、孙雅娟、邹晶、史亦丽、刘洪国等10位委员作了大会交流发言。主席章冬梅作传达学习习近平总书记关于加强和改进人民政协工作的重要思想专题报告，串讲领读谈体会。7月20日，区政协常委、部分委员分四组进行研讨交流。副主席姜兆春、王奇、刘学增，秘书长王申恒出席会议，副秘书长、部分政协委员、各街道政协办及政协机关干部参加会议。

（朱 珊）

【第十五次（扩大）会议】11月8日，区政协召开十四届十五次常委（扩大）会议，副主席程军主持并讲话。会上，区委常委、区委办主任徐利通报了2018年党派团体提案办理情况；刘冰、李文义、魏建新、曾小丹4位常委进行了述职；会议审议通过《政协北京市西城区第十四届委员会常务委员会关于运用大数据技术推进西城区智慧社区建设的建议案》和《政协北京市西城区第十四届委员会常务委员会关于发展科技服务业助力西城区高精尖产业发展的建议案》。副主席姜兆春、王奇、荣洋、刘学增，秘书长王申恒出席会议，副秘书长，专委会主任、副主任，部分政协委员及政协机关干部参加会议。

（朱 珊）

【第十六次（扩大）会议】12月18日，区政协召开十四届十六次常委（扩大）会议，主席章冬梅主持并讲话。会议听取了区纪委副书记、区监委副主任田迪关于2018年西城区党风廉政建设和反腐败工作情况的通报，听取了区政府办副主任苏继洋关于区政协十四届二次会议委员提案办理工作有关情况的报告；审议通过《关于召开中国人民政治协商会议北京市西城区第十四届委员会第三次会议的决定》《政协北京市西城区第十四届委员会常务委员会关于表彰2018年度优秀提案的决定》《政协北京市西城区第十四届委员会常务委员会关于表彰2018年度社情民意信息先进单位、优秀信息员的决定》；审议了《中国人民政治协商会议北京市西城区第十四届委员会常务委员会工作报告（讨论稿）》《中国人民政治协商会议北京市西城区第十四届委员会常务委员会提案工作报告（讨论稿）》，决定提交区政协十四届三次会议审议；审议了《政协北京市西城区第十四届委员会第三次会议议程（草案）》《政协北京市西城区第十四届委员会第三次会议日程（草案）》《政协北京市西城区第十四届委员会第三次会议决议起草委员会建议名单（草案）》《政协北京市西城区第十四届委员会第三次会议小组召集人建议名单（草案）》，决定提交区政协十四届三次会议预备会议审议通过；陈光宪、李新、刘爱中3位常委进行了述职。副主席程军、姜兆春、王奇、荣洋，秘书长王申恒出席。各专委会主任、副主任列席会议。

（朱 珊）

专门委员会工作

【提案委员会】全年共提出提案311件

（包括平时提案1件），经提案委员会审查立案279件。其中，党派团体提案18件，界别提案10件，街道联组提案6件，委员提案245件。共有298名委员提交提案，占委员总数（413名）的72.15%。所有立案提案按照归口交办的原则分别送交全区90个部门办理，截至年底，279件提案全部办结。根据《关于评选优秀提案的办法》，经区政协第十四届委员会常务委员会第十六次会议审议通过，评选出“关于利用大数据和云计算促进非首都功能疏解的提案”等57件2018年度优秀提案，在全会期间予以表彰。区政府办公室2018年首次评选表彰了区城管委等23家优秀提案办理单位，涉及“关于充分利用大数据技术提升社区停车位利用率的提案”等40件提案。

（朱　珊）

【学习指导和文史资料委员会】全年专委会组织委员培训会、主题研讨会、辅导报告会、区情通报会、委员座谈会、参观视察等各项活动20次，参加委员达700余人次。开展习近平总书记关于加强和改进人民政协工作的重要思想“大学习大讨论”活动，分层开展“六个一”学习教育。组织主题研讨活动，历时5个月，收集稿件60余篇，推进人民政协工作创新实践。与区委统战部联合召开区情通报会。组织“西城区‘十三五’规划中期评估”议政会，各民主党派、无党派、工商联和侨联代表从不同视角提出针对性、实践性较强的意见建议。承担《西城区街巷胡同文化丛书》的编写工作，15个街道有代表性的街巷胡同调研全面铺开，展览路、月坛、新街口等街道的书籍编写工作已基本完成。

（朱　珊）

【教文卫体委员会】全年共组织开展各类活动21项，委员参加活动近300人次。组织委员围绕全区公共文化服务示范区创建工作及“健康西城”品质提升行动计划专题开展协商，7位委员从不同角度入手，形成专题协商报告报中共西城区委。围绕“新时代下‘互联网+’现状”展开专题调研。联合广外街道联组一同组织近30名委员走进新京畿道幼儿园、长安街幼儿园参观考察。组织40余名政协委员赴雄安新区开展“情系雄安”爱心共建主题活动。组织委员开展体质健康测试、湛庐文化十公里慢跑等活动，参观了杏坛美术馆、北京紫砂博物馆、北京天文馆等。

（朱　珊）

【社会和法制委员会】组织开展“完善养老服务体制机制建设”和“运用大数据技术，推动社会治理创新”两个专题协商，参与委员积极提出意见建议，两份协商报告经政协党组审议后，报送中共西城区委。以“开展运用大数据技术，推进西城区智慧社区建设”为主题进行专题调研，20多名委员和西城民进成员联合组成课题组，调研报告形成区政协常委会建议案，报送中共西城区委、区政府研究参考。利用市政协调研的契机，专委会还加强了与东城区社会和法制专委会的联系，共同调研什刹海街道景区综合执法平台和陟山门疏解整治促提升工作效果；组织区政协委员和西城民进会员共赴东城区竹杆社区参观成熟的大数据社区治理的先进经验。与多单位共同完善西城法制建设，为委员发挥民主监督打造平台。

（朱　珊）

【经济科技委员会】经济科技委员会共举办参观视察、座谈研讨、专题调研及讲座活动16次，参加活动173人次。有90名委员参加了专委会活动。围绕“落实创新驱动发展战略，构建高精尖经济结构”，组织开展双月协商。围绕“加强科技与金融融合，提升西城金融发展品质”，组织开展专题协商。多位民主党派代表及政协委员围绕议题积极发言、献计献策，两份协商报告经政协党组审议后，报送中共西城区委。以“发展科技服务业助力西城区高精尖产业发展”为主题进行专题调研，调研报告形成区政协常委会建议案，报送中共西城区委、区政府研究参考。发挥财政预算民主监督小组作用，履行监督职能，组织委员就西城区2017年财政决算草案和2018年上半年预算执行情况做出评价并提出建议。

（朱　珊）

【城建环保委员会】组织开展“优化腾退空间功能，提升管理使用品质”双月协商，“全面落实总规要求，推动老城整体保护和复兴”专题协商，两份协商报告经政协党组审议后，报送中共西城区委。开展街区整理专项民主监督工作，向区委报送专项监督报告，推动相关政府部门落实区委区政府的决策部署。完成《什刹海地区生态修复及城市治理》调研报告，其间组织委员前往什刹海地区实地勘察、前往湖南省长沙市就“湿地生态修复及城市治理”进行考察。陪同市政协副主席李伟、城建环保委员会主任周正宇及十余位市政协委员视察西城区“疏解整治促提升”工作，接待通州区政协考察西城“智能交通”和“疏解整治促提升”工作。组织委员视察老旧小区综合整治工作情况、视察西城区环境保护工作、参加区城市管理监督指挥中心开放日活动等。

（朱　珊）

【民族和宗教委员会】组织民族和宗教委员会宗教界别委员参加关于学习贯彻新修订的《宗教事务条例》的专题培训。就“学习贯彻新修订的《宗教事务条例》”议题组织开展专题协商，整理汇总委员的意见建议，形成专题协商报告并报区政协党组研究后上报区委。就“新形势下进一步加强和改进宗教活动场所自身建设”专题组织开展调研，组织部分委员赴宣武门天主教堂参观，调研课题组赴兰州、西宁学习考察，并最后形成调研报告。召开宗教工作情况通报会。组织视察区内清真食品生产供应情况。春节及重大宗教节日期间，坚持走访宗教界人士。

（朱　珊）

【港澳台侨委员会】年内举办台湾形势报告会。与区台办联合组织庆“三八”文化活动——观看话剧《北京法源寺》，视察西城区侨资企业北京汉光百货有限公司、台资企业北京泛太平洋酒店。举办2018年港澳台侨界别委员庆“双节”茶话会，召开宗教工作情况通报会。

（朱　珊）

【街道联组工作】15个街道政协委员联组围绕街道工委办事处的重大工作部署广泛开展协商议政。把提案作为街道联组工作的重要抓手，围绕街区中心工作建言献策，发挥政协委员优势开展民主监督，围绕背街小巷整治工作深入调研，积极参与《西城区街巷胡同文化丛书》编写工作。

（朱　珊）

重要活动

【区政协、区政府年度联席会议】2月26

日，区政协与区政府召开2018年“两政”联席会议。区长王少峰出席会议并讲话，区政协主席章冬梅主持会议。副区长姜立光、李昇、郁治、翟冀，区政协副主席程军、姜兆春、王奇、张培彤，秘书长王申恒，区政府办主任和区政协各室主任参加会议。会上，程军通报了2018年政协工作要点、全年重点工作。姜兆春通报了政协西城区第十四届委员会第二次会议提案有关情况。区长及各位副区长通报了政府相关工作并对政协工作安排进行了进一步协商和沟通。

（朱　珊）

【委员学习培训】4月18至20日，西城区政协举办深入学习贯彻中共十九大精神培训班，区政协副主席程军在开班式上作动员讲话，强调培训目的是深入学习习近平总书记关于政协工作的新要求、新部署，加深对中共十九大精神的学习理解和贯彻落实。专家学者为委员讲授了关于中共十九大精神、全国“两会”精神以及北京城市总体规划等方面的知识，委员们分组讨论并分享了学习体会。区政协主席章冬梅作结业讲话，就如何当好政协委员，从讲政治、讲学习、重调研、增强履职成效四个方面提出了要求。区政协副主席姜兆春，秘书长王申恒参加培训。

（朱　珊）

【双月协商座谈会】4月24日，区政协与区委统战部联合召开西城区“推进公共文化服务体系示范区创建”双月协商座谈会。区政协主席章冬梅出席并讲话。区委副书记王飞主持。区政府副区长徐利，区政协副主席程军、姜兆春，秘书长王申恒出席会议。区政协机关各室主任、区委统战部领导班子成员，区发改委、区社工委、区编办、规划国土分局的负责人，部分政协委员，各民主党派、工商联、无党派人士、侨联、新的社会阶层人士、海联会等统一战线各界代表人士参加会议。徐利就加强公共文化服务示范区建设工作情况进行通报。民革西城区委蔺音、民盟西城区委郑昕、民建西城区委付广军、九三学社西城区委李金嗣以及区政协委员古波、梁军、张一、刘利明等在会上发言，提出意见建议。6月26日，区政协、区委统战部举办西城区“落实创新驱动发展战略，构建高精尖经济结构”双月协商座谈。区委常委、区委统战部长王旭主持。章冬梅作总结讲话。副区长司马红、区发改委主任王志忠通报了议题相关情况。民盟西城区委徐娜、民建西城区委刘博闻、民进西城区委施建、农工党西城区委刘东、台盟西城区委付建新代表各党派发言，区政协委员曲宏、李岱松、刘昊扬、白泉涌、古波等在座谈发言中对西城区构建高精尖经济结构提出意见建议。区政协副主席王奇、秘书长王申恒出席。区委统战部、区发改委、中关村科技园西城园、区金融办、区科信委、区财政局、区产业发展局等委办局负责人，各民主党派、工商联、无党派人士、侨联、新的社会阶层人士，海联会等统一战线各界代表人士及部分区政协委员70余人参加会议。8月21日，区政协、区委统战部举办“优化腾退空间功能，提升管理使用品质”双月协商座谈会。王飞主持，章冬梅作总结讲话。徐利围绕议题进行情况通报。区政协委员曹海、古波、田申申、孙妍及有关民主党派人士围绕区情和协商主题，提出意见建议。副主席程军、姜兆春、王奇，秘书长王申恒出席会议。区发改委等相关委办局负责人到会听取意见建议。

（朱　珊）

【理论研讨座谈会】7月12日，区政协举办学习贯彻习近平总书记关于加强和改进人民政协工作的重要思想理论研讨座谈会，市政协副主席李伟出席并讲话。区政协主席章冬梅，副主席程军、姜兆春、王奇、李建国、张培彤，机关各室主任、副主任，部分政协委员参加会议。会上，章冬梅通报了西城区政协学习贯彻习近平总书记关于加强和改进人民政协工作的重要思想“大学习大讨论”活动情况。区政协分层开展“六个一”学习活动，即：党组开展一次学习交流，主席会、常委会（扩大）会议举办一次专题辅导，专委会组织一次查摆问题学习，街道联组组织一次实地调研学习，政协委员撰写一篇学习心得，政协机关干部开展一次演讲。区政协部分干部和部分委员就会议主题进行了研讨发言。李伟充分肯定了西城区政协开展的“大学习大讨论”活动，提出进一步深入学习贯彻的具体要求，为西城区政协下一步更好推动“大学习大讨论”活动提供了更加明确的方向。

（朱　珊）

【主题研讨会】7月19至20日，区政协举办“学习贯彻习近平总书记关于加强和改进人民政协工作的重要思想，深入推进新时代人民政协工作”主题研讨会。副主席程军主持会议。主席章冬梅作传达学习习近平总书记关于加强和改进人民政协工作的重要思想专题报告。政协委员分四组进行研讨交流，并就进一步推进政协工作提出意见建议。10位委员进行了大会交流发言。区政协副主席姜兆春、王奇、刘学增，秘书长王申恒出席会议。区政协常委、部分政协委员，政协机关及街道政协办工作人员等参加专题研讨会。

（朱　珊）

【组织扶贫工作考察调研】8月7至10日，区政协主席章冬梅、副主席程军、秘书长王申恒带领政协委员一行16人赴河北省张家口市张北县、内蒙古自治区赤峰市喀喇沁旗开展扶贫工作考察调研。8月7日，调研组一行到达张北县，与县领导进行座谈交流，了解扶贫工作开展情况，区政协向张北县教育局捐赠100套学习用品。当天还考察调研了白庙滩乡藜麦种植项目，了解盘常营村的贫困建档立卡情况，深入贫困户家中走访慰问，了解生产和生活情况。8月8至10日，调研组一行与喀喇沁旗领导座谈交流，章冬梅代表西城区向喀喇沁旗捐赠建档立卡贫困人口危房改造项目款474.7万元，区政协向喀喇沁旗建档立卡贫困学生捐赠100套学习用品。调研组看望慰问了两户贫困家庭以及两户“小黑屋”改造家庭，了解扶贫工作及危房改造工作的具体落实情况。9月9至12日，章冬梅、程军带领政协委员一行17人赴河北省阜平县、雄安新区调研扶贫及京津冀协同发展工作。9至10日，调研组一行深入阜平县贫困村考察旧房、危房改造项目，前往香菇种植基地考察产业脱贫项目，以及医疗康复托老中心、职教中心、工业用地整治区域等考察合作发展项目。区政协组织委员共捐资70万元，用于支持阜平县3个贫困乡镇基层卫生院购买设施设备，帮助改善提升基础医疗服务水平。11至12日，调研组前往雄安新区考察调研。雄安新区党工委委员、管委会副主任傅首清陪同考察了雄安市民服务中心、雄安展示中心。调研组还到“千年秀林”9号地块植树造林点、安新县王家寨民俗村、赵庄子村等地深入了解雄安新区生态建设和新农村建设等方面工作情况。

（朱　珊）

【区情通报会】8月23日，区政协与区委统战部联合召开区情通报会。主席章冬梅主持会议。区委常委、区政府常务副区长孙硕为政协委员及党派团体成员作区情通报。副主席程军、姜兆春、张培彤，秘书长王申恒出席。区委统战部相关负责人、政协委员及党派团体成员300余人参加会议。孙硕通报了全区上半年工作开展情况和区政协委员提案办理情况和区街两级为群众办实事情况，以及下一步重点工作安排。章冬梅在讲话中对下一步工作提出了要求。

（朱　珊）

【专题协商座谈会】9月13日，区政协围绕“健康西城”品质提升行动计划议题召开专题协商座谈会。区政协主席章冬梅，区政府副区长郁治，区政协副主席姜兆春、王奇，秘书长王申恒出席会议。区政协副主席程军主持会议。区卫计委、区发改委、区财政局、区体育局、区旅游委等相关部门领导参加会议。会上，区卫计委相关负责人汇报了“健康西城”品质提升行动计划工作情况。区政协委员徐斌、路瑾、王广发、宋坪、谢起文5位委员进行了交流发言。郁治介绍相关工作情况，并对下一步的工作做出部署。章冬梅表示，要深刻认识推动“健康西城”的重要意义，要持续推动“健康西城”高质高效发展；持续推动政协协商民主广泛深入开展。9月18日，区政协召开“完善养老服务体制机制建设”专题协商会。章冬梅出席并讲话。姜兆春主持会议。区民政局局长张丁、区卫计委副主任宋青分别通报了西城区老龄工作和老年医疗服务体系建设情况。聂娅、徐斌、苏娟、李冬、甘泉、陆杰华等6位委员和十三届区政协委员王志强作了交流发言。程军、王奇、王申恒参加会议。9月29日，区政协召开“运用大数据技术推动社会治理创新”专题协商会。章冬梅出席并讲话，郁治到会听取意见，姜兆春主持。区委社工委书记、社会办主任李薇就西城区运用大数据推动社会治理创新工作情况、区科信委主任杨秋就区大数据工作情况进行了通报。白泉涌、李卫东、孟素洁、张弘弛、李新、程皓宇等6位委员和民盟西城区委调研工作委员会委员曾献亮发言。程军、王奇、王申恒参加会议。11月6日，区政协组织召开“加强科技与金融融合，提升西城金融发展品质”专题协商会议。程军主持并讲话，副区长司马红出席并讲话，姜兆春、王申恒出席会议。会上，中关村科技园西城园管委会常务副主任岳立通报了西城区金融科技相关工作情况，付广军、王素娟、李岱松、张丹、王景兰、王明亮、巩泰利等7位民主党派代表及政协委员围绕议题发言。11月13日，区政协民族和宗教委员会组织召开“学习贯彻新修订《宗教事务条例》情况”专题协商会，程军主持，区长助理杨青到会听取意见建议。姜兆春、王奇、王申恒出席会议。会议听取了区民宗办党组书记周兴运关于西城区学习贯彻新修订的《宗教事务条例》的情况通报，马震、赵军、妙林、孟至岭、张锋、甄雪斌6位委员围绕区情和协商主题，从宗教活动场所、宗教团体、政府主管部门等角度和层面提出了意见建议。

（朱　珊）

【与攀枝花市签订交流合作协议】9月17日，攀枝花市委书记贾瑞云、政协主席李群林率队一行到西城区开展为期3天的交流座谈和实地考察调研，并签订两地政协工作交流合作协议。区委书记卢映川，区政协主席章冬梅，副主席程军、姜兆春、王奇，秘书长王申恒出席会议。

（朱　珊）

【议政性常委会】10月25日，区政协组织召开“全面落实总规要求，推动老城整体保护和复兴”议政性常委会。副主席程军主持，主席章冬梅出席并讲话，副区长缪剑虹，区政协副主席程军、张培彤，秘书长王申恒出席会议。市规划国土委西城分局局长倪锋首先通报了“全面落实总规要求，推动老城整体保护和复兴”工作开展情况。区政协常委、委员柳林、魏建新、古波、焦力、崔勇，分别从不同角度就落实新总规、推动老城整体保护与复兴问题提出意见建议。

（朱　珊）

【“十三五”规划中期评估议政会】11月1日，区政协和区委统战部联合召开议政会，围绕西城区“十三五”规划中期评估，听取各民主党派、无党派、工商联和侨联的意见建议。区委常委、区委办主任徐利主持会议，区委常委、常务副区长孙硕出席会议并讲话。区发改委副主任陈雅芹从西城区“十三五规划”评估工作如何组织实施、《北京市西城区国民经济和社会发展第十三个五年规划纲要》（以下简称《纲要》）评估、《纲要》实施中主要存在的问题和进一步推动《纲要》落实的对策措施四个方面通报了西城区“十三五”规划中期评估工作情况。各民主党派、无党派、工商联和侨联代表提出了意见建议。区政协副主席程军，民建西城区委主委、区政协副主席李建国，民进西城区委主委、区人大常委会副主任张礼斌，区政协秘书长王申恒，区委统战部副部长刘琪出席会议。

（朱　珊）

【界别协商座谈会】12月27日，区政协召开界别协商座谈会，听取区政协各界别委员对《区政府工作报告（征求意见稿）》的意见建议。区委常委、副区长姜立光出席并讲话，区政协副主席程军主持。区政协副主席姜兆春、王奇，秘书长王申恒出席会议。会上，区政府办公室副主任朱长合通报了《政府工作报告（征求意见稿）》起草情况及主要内容。欧阳述嘉、孟令良、王洪涛、巩泰利、吴刚、李岱松、余渡元、陈维平、程皓宇、桑海燕、张丹、龚国伟、王旭、丁金梅、薛亚明、张新华等来自各民主党派、工商联及其他界别的16名委员对《区政府工作报告（征求意见稿）》发表意见建议。

（朱　珊）

（责任编辑　陈　艳）

民主党派

民革西城区委员会

【概况】中国国民党革命委员会北京市西城区委员会（简称民革西城区委）下设6个专门委员会（祖国统一和平促进委员会、社会和法制委员会、经济委员会、老年妇女和青年委员会、教科文卫体委员会、人口资源环境委员会）。有区委委员24人，其中主任委员1人，副主任委员4人，秘书长1人。截至年底，有党员1052人，支部32个。党员中有全国政协委员2人；市人大代表2人，市政协委员7人；区人大代表1人，区政协委员21人；民革中央委员3人，民革市委委员13人（其中主委1人、常委3人、委员9人）。国家特约工作人员1人，市特约工作人员4人，区特约工作人员10人，民革中央和民革市委专委会委员70人。

地址：西城区牛街20号楼301、302室

邮编：100054

电话：83490897

（魏　威）

【参政议政】年内，民革西城区委围绕中共西城区委、区政府的中心工作和区域发展的全局性、战略性问题，组织广大党员参加多种形式的参政议政会议。民革西城区委参加区政协召开的议政会1次，中共西城区委统战部召开的双月政党协商会6次。各专委会撰写调研报告9篇：《“陆配”在台生存现状与大陆对其社会支持体系的建立调研报告》《创新政务管理体制机制，着力提升公共服务能力》《关于非遗精准保护的调研报告》《关于湘西精准扶贫的调研——借鉴十八洞村成功经验助力西城区精准扶贫工作》《关于中小学减负问题的调研报告》《坚持以人民群众需求为导向 加快互联网法院建设》《深化依法治国实践，促进基层普法进程——关于西城区基层普法情况的调研报告》《首都新城市规划背景下应高度关注传统四合院的保护工作》和《关于推动金融街与西单联动发展打造国际化精品街区的建议》。全年向西城区政府、中共西城区委统战部及民革市委等相关部门报送意见和建议类信息共计211篇，其中19篇被民革北京市委采用，1篇被民革中央采用，2篇被市政协采用，1篇被全国政协和中央统战部采用。编写《西城民革》刊物4期。年底，民革西城区委按照《民革西城区委信息、调研表彰办法》，评选出信息工作优秀支部10个，信息工作先进个人10名，参政议政先进个人14名。年内，在政协西城区第十四届二次全会上提交《关于推动金融街与西单联动发展打造国际化精品街区的建议》和《深化依法治国实践，促进基层普法进程——关于西城区基层普法情况的调研报告》2篇党派提案。

（魏　威）

【思想建设】1月，区委组织区委委员、支部主委参加中共西城区委统战部十九大精神学习动员会和民革市委十九大精神学习会。2月，组织祖统专委会委员参加民革市委台胞台属迎新春联谊会。3月，组织党员参加西城区社会主义学院举办的西城统战大讲堂。组织区委委员、支部主委参加中共西城区委统战部全国两会精神传达会。7月，组织党员参加民革市委“党外人士大家谈”讲座。年内，5支部举办学习会传达民革市委工作会议精神；9支部、19支部和29支部联合参观中国兵器集团研究所武器陈列馆；13支部党员参观辛亥革命纪念馆；16支部开展全国助残日活动、青年党员参政议政培训和党史培训；17支部连续第21年参加京津冀基层组织交流会；26支部参观农业休闲养老社区；30支部举办春季“一企一季一沙龙”活动。

（魏　威）

【组织建设】3月，组织17名党员参加中共西城区委统战部举办的2018年第一期民主党派新成员培训班。5月，13名党员参加了西城区民主党派中青年骨干培训班。5月，召开民革西城区委二届7次全委会，增补魏威为区委委员。7月，任命魏威为民革西城区委秘书长。8月，组织1支部、13支部、14支部、21支部、28支部和32支部主委参加中共西城区委统战部举办的基层组织负责人培训班，13支部代表民革做经验交流。10月，组织全体支部负责人参加民革市委举办的组织工作会议暨基层组织负责人培训班。10月，16名区委委员参加了西城区民主党派骨干成员赴江苏异地培训班。12月，4名党员参加了北京市社会主义学院举办的民主党派新成员培训班。年内，民革西城区委新发展党员35名，转入党员10人，转出9人，去世党员8人。

（魏　威）

【社会服务】4月，民革区委与中共西城区委统战部和西城区各民主党派联合举办“西城区统一战线各界人士纪念‘五一口号’发布70周年赴阜平文化下乡演出”。7月，与民盟西城区委、西城区侨联组成对口扶贫协作联合工作组，赴河北保定市阜平县开展扶贫、义诊、讲座等活动。8月，区委委员欧阳述嘉代表民革区委前往鄂伦春旗向乌鲁布铁镇等2个乡镇捐赠电脑10台，价值3万元。12月，区委向全体党员发出捐赠号召，共向对口帮扶地区捐款97324.63元，捐赠图书740本，捐赠棉衣、羽绒服等冬季衣物345件。年内，班子成员参加中共西城区委统战部精准扶贫对口扶贫相

关工作会15次(联席会11次、帮扶对接会3次、调度会1次、总结会1次)，赴对口帮扶地区考察对接8次。多次召开主委会、全委会梳理现有全区党员资源，分类提供了非区属、非公经济企业资源45家，企业医疗卫生人才20人，乡村建设与农村问题专家2人，城建、规划、设计产业资源1家，文化信息产业资源5家。

（魏　威）

【纪念活动】 1月，组织党员现场观看民革中央“不忘合作初心 继续携手前进——纪念民革成立70周年”知识竞赛。4月，组织党员参加中共西城区委统战部举办的纪念中共中央“五一口号”发布70周年报告会等系列纪念活动。参加民革北京市委举办的纪念中共中央“五一口号”发布70周年演讲比赛、书画笔会和征文等系列活动。5月，组织党员参观全国政协文史馆“大道同行——从‘五一口号’到协商建国重要史事回顾展”。区委召开纪念中共中央“五一口号”发布70周年读书会，7名区委委员分享读书体会。6月，组织党员参加民革中央和中共北京市委宣传部等举办的“改革开放与统一战线”“我与改革开放”“纪念五一口号发布70周年”等主题征文活动，提交征文作品31篇、视频作品1份，4名党员获奖，其中一等奖1名，二等奖1名，三等奖2名。8月，组织党员参观国家博物馆“真理的力量——纪念马克思诞辰200周年主题展览”。11月，两次组织党员参观国家博物馆“伟大的变革——改革开放40年成就展”。

（魏　威）

民盟西城区委员会

【概况】 中国民主同盟北京市西城区委员会（简称民盟西城区委）下设组织部、宣传部、调研部、社会服务部、统战理论研究室、教育委员会、文化艺术委员会、科技委员会、金融经济委员会、医疗卫生委员会、妇女委员会、青年委员会、老龄委员会。截至年底，有盟员2360人，基层委员会1个，支部70个。区盟员中有第十二届全国政协委员3人，其中常委2人。第十五届市人大代表2人，其中常委1人；第十三届市政协委员3人，其中常委1人。第十六届区人大代表7人，其中常委1人；第十四届区政协委员23人，其中常委6人。第十二届民盟中央委员7人，其中常委2人。第十二届民盟北京市委委员10人，其中副主委1人，常委1人。在西城区政协十四届二次全会上提交党派团体提案2件；提交委员个人提案39件，其中主提24件，附议15件；大会发言1篇；完成2个党派提案的答复办理工作。在西城区政协十四届二次全会上提交的《关于北京中轴线保护与修复的提案》获2018年度党派团体优秀提案。民盟西城区委获2018年度反映社情民意信息工作先进单位。

地址：西城区牛街20号楼3层

邮编：100053

电话：83495372

（宋小华）

【参政议政】 年内，民盟西城区委参加中共区委和区政府召开的重大问题协商会、通报会7次、议政会1次、双月协商座谈会4次，政协界别协商会1次、专题协商会1次。在西城区“十三五”规划纲要实施情况的中期评估议政会上，民盟西城区委做题为《关于厚植国家金融管理中心优势的对策研究》的发言。完成《北京中轴线保护与利用调研报告》《基础教育阶段家校合作的问题及对策研究》《西城区新时代下互联网+教育调研报告》《关于西城区拆违垃圾资源化处置的调研报告》《关于在西城区开展“厕所革命”相关工作的调研报告》《关于促进西城区文化金融融合的调研报告》《大数据在市场监管中的应用初探》《西城区家庭医生签约模式下的养老服务现状调研》《以文化创造力激发文化园区创新发展的调研》《城市更新背景下的空间创新应用》《北京市垃圾分类存在的问题和对策建议》《北京金融业一体化发展研究与策略建议》《亟需建立我国农民工尘肺病防治与救助保障机制的政策建议》《金融参与养老服务研究》《关于开展水泥行业结构调整新旧动能转换的政策建议》《长三角地区一体化发展调研报告》《为什么不愿生孩子？——关于当代青年生育意愿的网络调研报告》《关于厚植国家金融管理中心优势的对策研究》18篇调研报告。截至11月，区盟员提供社情民意信息115篇。《北京中轴线保护与利用调研报告》《关于在西城区开展“厕所革命”相关工作的调研报告》获2018年度西城区民主党派优秀调研成果一等奖。

（宋小华）

【组织建设】 年内，民盟西城区委发展新盟员101名，其中男63人，女38人，平均年龄38.4岁；研究生以上学历57人，占56.4%，其中博士11人，占10.9%；中高级以上职称47人，占46.5%。调入盟员7名，调出盟员4名，死亡4名。对3个基层支部进行换届调整，选举一批年轻盟员担负主委、副主委职责。

（宋小华）

【思想建设】 4月，举办学习新型政党制度暨纪念“五一口号”发布70周年座谈会。4至6月，参加首都统一战线纪念“五一口号”发布70周年征文活动，6名盟员获奖，其中一等奖1名、二等奖1名、三等奖2名、优秀奖2名，王思洪撰写的《以史为鉴，不忘初心，展望新时期多党合作的美好未来——谈“五一口号”的历史意义及现实启示》获一等奖。9月8日，举办二届七次全委（扩大）会暨秋季培训班，向区委委员、基层支部负责人传达和学习中央、北京市、西城区的最新精神和动态；9日，组织30余名盟员赴保定易县就京津冀协同发展建设美丽乡村开展调研。10月，举办民主党派骨干成员异地培训班，组织骨干盟员赴江苏进行异地学习培训。12月，举办庆祝改革开放40周年座谈会；全年出版《西城盟讯》4期，开设“学习十九大”“我与改革开放”“培训心得”等栏目，共刊登盟员稿件10余篇。各基层支部、基层委员会20余篇纪念“五一口号”征文、10余篇纪念改革开放40周年征文在盟市委网站刊登。组织区盟员参加民盟市委与中共西城区委统战部组织的专题报告会、讲座以及座谈会等学习活动。

（宋小华）

【自身建设】 全年组织召开主委会议4次，全委（扩大）会议6次，四部一室八委分别召开工作会或组织活动1至6次，组织盟员100余人参加党派新成员培训班4次，70人参加基层组织负责人培训班1次，40余人参加骨干盟员培训班1次。制定《民盟西城区委三年工作规划（2018.06－2021.06年）》《西城盟史编撰工作方案》，编撰新的《西城盟史》。开展“主委走基层”活动，由主委带队，走访基层支部5个。

（宋小华）

【民主监督】年内，制定《民盟西城区2018年专项民主监督工作实施方案》，成立专项民主监督领导小组及工作小组；协调民盟北京市委专项民主监督调研组到沈家本故居、杨椒山祠实地调研；安排专项民主监督拆违废弃物处置调研组到西城区环境办调研，到北京市市政路桥集团下属北京市绿源环保科技有限公司大兴建筑垃圾资源化处置厂、首钢资源综合利用科技开发有限公司，通州小营消纳厂调研拆违废弃物资源化处置情况；组织盟员对区内背街小巷明察暗访；完成《北京西城区近现代现存名人故居总体情况调查表》和《关于西城建筑垃圾资源化处置的调查报告》。

（宋小华）

【社会服务】2月，盟区委与区文明办共同开展“书香送福进社区”活动；2月、9月，走访慰问金融街宏汇园社区2户贫困残疾家庭，为他们送上生活必需品和节日的祝福；4月，赴河北省保定市阜平县开展携手助力对口扶贫系列活动，部分盟员参加文艺汇演；6月，盟区委与新街口街道联合举办“关爱阳光•温暖心灵”爱心志愿帮扶活动，此项活动已连续开展15年，区委委员司春林每年出资1.3万元，累计捐款20万余元，捐助贫困学生550余名；7月，为阜平县工商干部、村干部、部分企业负责人做题为《打造商标品牌，助力脱贫致富》的专题讲座；7月底，北京四中网校继续开展民盟远程教育“烛光行动”——千校计划，向内蒙古喀喇沁旗乃林镇乃林小学和乃林蒙古族中学两所学校捐赠《北京四中网校在线教学平台》，总价值人民币84万元，并为两所学校开通了教学平台，对两所学校的教师进行远程培训；8月，依托盟员舒子原发起的“大手拉小手”公益平台组织，走进喀喇沁旗王爷府蒙古族学校开展系列帮扶活动，捐赠了名家书法作品、科普图书、音像制品、天文望远镜和学习用具等，并做《神奇的宇宙》科普讲座；8月，部分教师盟员在黔西南州兴义三中和兴义中学进行授课评课，开展教学指导；8月，西城医务支部盟员栗鹏程作为第四批“组团式”援藏医疗队队员，赴藏进行医疗帮扶，并成功实施拉萨首例断指再植手术。

（宋小华）

民建西城区委员会

【概况】中国民主建国会北京市西城区委员会（简称民建西城区委）下设组织部、宣传部、参政议政部、信息部、社会服务部、会员服务部、会员培训部、经济委员会、企业委员会、金融委员会、联络委员会、法制委员会、妇女委员会、文艺委员会、书画委员会、卫生委员会、环保委员会、文化委员会、科技委员会、物流与现代服务委员会、社会工作委员会、青年委员会、城建委员会、投资委员会、女企业家委员会、餐饮委员会、国企委员会、教育委员会、慈善工作委员会、老年工作委员会、摄影学会。民建西城区委共有委员25人。其中，主任委员1人、副主任委员7人、秘书长1人。截至年底，民建西城区委有基层支部19个。其中，综合性支部16个，单位支部3个，会员2435人。会员中有全国政协委员1人；市人大代表2人；市政协委员9人，其中常委3人；区第十六届人大代表6人，其中常委1人；区第十四届政协委员38人，其中副主席1人、常委6人。

地址：西城区牛街20号303、304室

邮编：100053

电话：83490530

（李　鹏）

【参政议政】年内，民建西城区委围绕中共西城区委、西城区政府中心工作开展调研活动，完成《关于利用西城工业遗存打造文化创意产业园的提案》《发挥金融服务作用，促进首都高端产业发展》《强化国家金融管理中心建设，实现金融街高质量持续发展》《金融视角下的北京老城保护与改造问题研究》《提升西城区文化创意产业发展的思考与建议》《新时代非公经济发展的法治保障优化营商环境发挥区域资源优势》《促进文化科技产业高端发展——以文化科技孵化器产业优惠政策研究为例》等调研报告7篇。经政协北京市西城区第十四届委员会常务委员会第十六次会议通过，《关于利用西城工业遗存打造文化创意产业园的提案》获得2018年度优秀党派团体提案，民建西城区委获得2018年度社情民意信息工作先进单位一等奖。年内，民建西城区委共收集社情民意信息153篇，向民建北京市委和中共西城区委统战部报送143篇信息，有19篇信息被民建中央、北京市政协、中共北京市委统战部、民建北京市委等单位采纳。

（李　鹏）

【思想建设】年内，民建西城区委组织各支部学习习近平看望参加政协会议的民盟致公党无党派人士侨联界委员时的讲话精神、习近平在第十三届全国人大一次会议闭幕会上的讲话精神、汪洋在全国政协十三届一次会议闭幕会上的讲话精神。民建西城区委组织区委委员、支部主委赴重庆开展“不忘初心”专题教育活动。以纪念中共中央发布“五一口号”70周年和改革开放40周年为主题，民建西城区委开展多党合作历史传统记录工作，向原工商业者、老会员征集“亲历、亲见、亲闻”的历史记忆，征集文章21篇近4万字。全年有1000余人次参加中共北京市委统战部、民建北京市委、中共西城区委统战部、民建西城区委组织的民主党派基层骨干培训班、新会员培训班、信息员培训班。

（李　鹏）

【组织建设】年内，民建西城区委发展会员112人，平均年龄38岁，经济界别会员占72%。年内，从其他地区转入西城13人，从西城转出10人，去世4人。年内，会员李庆保、张丹、张磊、孟庆欣、耿拥军获得北京市西城区第三届“百名英才”荣誉称号。年内，民建西城区委不再保留理论委员会，成立教育委员会；不再保留社会管理委员会，成立社会工作委员会。

（李　鹏）

【自身建设】年内，民建西城区委召开2次主委会、4次全委会，研究议定工作方案、专委会设置及人员调整等重要事项，完善《基层支部、专委会财务报销制度》，出台《会内监督办法》。年内，民建西城区委组织新会员参加民建北京市委新成员学习班2次，参加中共西城区委统战部举办的西城区民主党派新成员培训班1次。

（李　鹏）

【社会服务】年内，民建西城区委携手大栅栏街道举办“公益行——捐资助学”活动，为大栅栏辖区内12名困难学生提供助学金1.7万元；民建西城区委与西城区文化委员会联合举办“致敬改革——纪念改革开放40周年，红楼书画笔会活动”，致力于提高公共文化服务品质。民建西城区委响应精准扶贫的号召，在河北省保定市阜平县举办文化下乡、义诊活动，为困难群众捐赠现金10万元。民建西城区委带领会员企业北京亿世界商业经营管理有限公司、惠佳丰健康产业集团有限公司、北京中铁富红保洁服务有限公司与内蒙古自治区鄂伦春自治旗乌鲁布铁镇新丰村、向阳村、诺敏镇兰巴库村签订精准帮扶项目合作协议，提供帮扶资金50万元，用于购置食用菌10万袋，建设4个食用菌棚，种植20亩金莲花，3个项目可以为107户、223人增收。民建西城区委帮助河北省承德市丰宁满族自治县农户销售白菜20吨，为丰宁满族自治县的特色民宿业提供规划设计服务，提供文化旅游周的策划宣传支持，组织12位医生在丰宁满族自治县人民医院开展义诊活动。民建西城区委组织会员企业麻辣诱惑餐饮有限公司、十二年教育集团前往北京市门头沟区雁翅镇芹峪村开展扶贫调研。

（李　鹏）

民进西城区委员会

【概况】中国民主促进会北京市西城区委员会（简称民进西城区委）下设组织部、宣传部、社会服务部、议政调研部、初高等教育专委会、幼小教育专委会、社会法制专委会、医药卫生专委会、统战理论专委会、经济金融专委会、文化传媒专委会、企业联合会、青年委员会、老龄工作专委会、政府协会特约专委会。有主任委员1名、副主任委员7名，秘书长1名，委员23名。截至年底，有基层支部58个，会员1623人。区会员中有全国人大代表1人，全国政协委员1人；市人大代表1人，市政协委员2人；区人大代表4人，区政协委员21人；区法院人民陪审员10人。年内，民进西城区委围绕首都和区域发展重点，扎实推进并完成全年各项工作。民进西城区委被民进中央评为“民进全国宣传思想工作先进集体”。

地址：西城区牛街20号305、306室
邮编：100053
电话：83495331

（刘笑岩）

【参政议政】年内，民进市委副主委李昕带队赴西城区调研“推进全国文化中心建设”工作。民进中央副主席、民进北京市主委庞丽娟带队赴西城开展“发挥党派优势，践行新型政党制度”主题调研。民进中央常务副主席刘新成带队赴西城调研“民进基层组织参与基层社会治理”工作。民进区委积极参与区专题政党、政协协商会，3名会员围绕“优化腾退空间功能，提升管理使用品质”“加大服务企业，建设高标准金融科技创新示范区”“运用大数据技术，推进智慧社区建设”作主题发言。民进西城区委在政协北京市西城区第十四届委员会第二次会议上提交《关于建立社区养老服务志愿者驿站，推进健康西城品质提升的提案》《改善营商环境 构建和谐劳动关系》2件党派集体提案。其中《建立社区养老服务志愿者队伍》被评为优秀提案。年内，5位政协委员参与的团体、联组提案获得优秀奖，3位政协委员提案获得个人优秀提案奖。专委会组织课题组有针对性开展调研活动，共提交11篇调研报告。其中向民进北京市委提交6篇，《关于北京市长租公寓发展的几点思考》被转化为市委党派提案，《“两翼”协同发展格局下进一步疏解北京非首都功能对策研究报告》《北京市区块链金融风险状况及对策研究》《关于我市农村义务教育寄宿制学校发展现状的调查》《下好我市农村教育这步棋，盘活城乡一体化发展大局》4篇获市委调研成果奖。2017年向西城区委统战部提交的《以工匠精神打造和谐宜居之都——关于街道背街小巷整治提升工作的调研报告》《中小学生阅读和书香校园建设情况调研》《北京市面向老年人群的社区健康促进服务模式探讨调研报告》《关于京津冀职业教育协同发展现状的调查》《校外托管机构现状调研》《门诊患者对北京市新医改认识和态度的调查》等分获一、二、三等奖。民进西城区委向民进北京市委和中共西城区委统战部报送信息230余条。其中《银行业要高度重视经营风险防范工作》《扩大含铬皮革废碎料豁免范围，疏通其合法利用渠道》被民进中央采用，《防范金融风险应规范发展金融科技》被市政协采用。18篇社情民意信息被民进市委采用。年内，民进西城区委被西城区政协评为信息工作一等奖。

（刘笑岩）

【组织建设】年内，民进市委实施市属支部属地化，区委统筹协调高等教育出版社支部、北方昆曲剧院支部、中国轻工联合支部、国际图书贸易总公司支部、政法支部、新闻出版联合支部、北京大学人民医院支部、文艺联合支部、政府事业联合支部、科技联合支部共10个支部成立。全年召开3次全委（扩大）会。发展新会员52人，其中硕士研究生18人，博士5人，占44.23%；中高级职称职务29人，占55.77%；教育、文化、出版界22人，占42.31%，医卫界4人，占7.69%，科技、经济、政府机关15人，占28.85%，新阶层及其他人士11人，占21.15%；平均年龄39岁。调入240人，调出5人，去世8人。

（刘笑岩）

【思想建设】3月，参与中共西城区委统战部召开的党派工作会。7月，举办“坚定文化自信，共促发展繁荣”2018年暑期培训班。9月，举办“民进西城区委庆祝教师节、国庆节、中秋节”联谊活动。年内，参加中共北京市委统战部、市社院举办的区级组织负责人培训班；组织区委委员参加中共西城区委统战部举办的民主党派区委委员培训班；组织委员、支部主任、骨干会员参加民进中央、民进北京市委、中共西城区委统战部等组织的“两会”精神座谈会、台湾形势讲座、统战大讲堂、学习实践活动经验交流会、“党外人士大家谈”座谈会、纪念中共中央发布“五一口号”70周年座谈会、“大道同行——从‘五一口号’到协商建国重要史实回顾展”、“纪念马克思诞辰200周年展览”、“伟大的变革—庆祝改革开放40周年大型展览”活动等。年内，民进西城区委开展多项凝心聚力活动。1月，区委组织召开“新春电影招待会”。2月，举办老年会员新春团拜会。3月，举办庆“三八国际妇女节”茶艺品鉴活动。4月，举办“纪念五一口号发布70周年”踏青健步行活动。6月，举办“庆六一”儿童节烘焙活动；组织会员观看话剧

《天命》。8月，开展文化专项活动，组织会员观看话剧《嗨，老爸》；组织老龄会员赴河北固安新区进行新型养老模式考察。10月，组织老龄委重阳节参观活动。11月，组织老龄会员秋游活动。截至12月底，参加培训活动共1000余人次。全年出版《西城民进》6期。

（刘笑岩）

【社会服务】年内，区委围绕国家精准脱贫战略，积极探索新机制、新方法，社会服务工作稳步推进。1月，开办少儿书法绘画班；组织5名医生赴河北承德进行义诊。2月，与民进呼和浩特市委社会服务部交流。5月，向河北阜平捐赠药物10万元；赴内蒙古鄂伦春旗开展扶贫对接工作；继续开展传统文化进校园活动，京剧大讲堂已进入北京市第十五中、第三十五中、教院附中等中学。6月，赴白纸坊街道右北社区进行端午节慰问。7月，赴河北张北县进行慰问演出及文化生态实验区申报推进工作。8月，赴河北张北县义诊、捐赠图书及医疗器械。9月，赴内蒙古喀喇沁旗对口帮扶。11月，赴北京市门头沟参加“万企帮万村”对口帮扶活动。12月，启动“呼吸天使”计划，捐赠电动过滤型口罩。

（刘笑岩）

【总结表彰】12月26日，民进西城区委召开总结暨表彰大会，180余人参加大会。民进北京市委、中共西城区委统战部领导出席大会并致贺词。会议表彰先进支部15个、年度人物7名、议政调研先进个人12名、信息宣传先进个人13名、社会服务先进个人9名、先进个人61名。

（刘笑岩）

农工党西城区委员会

【概况】中国农工民主党北京市西城区委员会（简称农工党西城区委），下设参政议政工作委员会、老龄工作委员会、妇女工作委员会、社会服务工作委员会、青年工作委员会、理论研究小组。有区委委员23人，其中主任委员1人，副主任委员6人，秘书长1人（专职副主委兼），副秘书长1人。截至年底，有基层支部32个，党员1229人。党员中有市人大代表1人，市政协委员4人（常委2人）；区人大代表1人，区政协委员20人（其中副主席1人，常委3人，副秘书长1人）；市特约监察员1人，西城区特约监察员9人。

地址：西城区牛街20号307、308室

邮编：100035

电话：83490517

（穆瑞华）

【参政议政】年内，在区政协召开的十四届二次全会上，农工党西城区委提交党派提案2件，《关于统一协调西城区为老服务机构管理的建议》被区政协评为2017年度优秀党派团体提案。年内，结合区政协、区委统战部议政会主题开展调研，在议政会上作《关于加强健康西城建设的几点建议》主题发言。《关于西城区高新技术企业“高精尖”升级发展的调研报告》《西城区清真食品监管情况的调研与建议》《以疏解北京非首都功能为主线 促进西城区人口、产业协调发展的对策建议》《关于西城区背街小巷治理的调研和建议》《对西城区医药分开综合改革后基层医疗机构现状的调研》分别获区委统战部2017年调研一、二、三等奖。农工党西城区委获区委统战部2017年度西城区民主党派调研工作优秀单位，年内，张晓林执笔《拓宽监督内涵 补齐监督短板》获农工党中央2018年理论研究一等奖。《开启一个新型政党制度的口号》获农工党北京市委纪念中共中央发布“五一口号”70周年征文评选一等奖，范松年执笔《五一口号之历史意义》获农工党北京市委征文评选二等奖，刘兴潮执笔《铭记“五一口号”初心 共筑多党合作未来》获首都统一战线征文优秀奖和农工党北京市委征文评选三等奖，王秀玲、宋丹云珠获农工党北京市委征文优秀奖。年内，农工党西城区委向农工党北京市委、中共区委统战部报送各类信息126条。

（穆瑞华）

【组织建设】年内，农工党中央专职副主席龚建明等领导一行，走访调研农工党西城区委基层组织建设情况，就医疗卫生、社会服务、参政议政、基层支部建设等方面情况进行交流座谈。年内，农工党西城区委与农工党攀枝花市委签署友好合作协议。年内，农工党西城区委班子成员坚持集体走访基层支部和所在单位中共党组织，以促进各基层支部按照区委的工作要求开展活动。做好新党员教育工作，履行新党员见面会制度，驻会副主委向新党员们介绍农工党西城区委基本情况，主要工作。做好后备干部的培养教育，建立区委后备干部人才库。年内，农工党西城区委完成43名入党申请人审核工作，其中完成30人的外调工作，并上报农工党市委。农工党市委审批新党员57人，组织关系转入7人、转出2人，去世2人。

（穆瑞华）

【自身建设】年内，农工党西城区委先后开展了“纪念‘五一口号’发布70周年”“不忘合作初心 继续携手前进”“三学一讲”等主题活动，教育引导农工党员拥护中国共产党领导和多党合作制度，履行好民主党派的责任和使命。年内，农工党西城区委获农工党中央2018年《前进论坛》征订发行工作先进集体和农工党北京市委2017年度先进集体。年内，华扬科研项目“为缺血性脑卒中防治的新策略与新技术及推广应用”获国家科学技术进步奖，王宜获全国三八红旗手标兵，110名党员获农工党北京市委2017年度优秀党员，10名党员获农工党北京市委2017年度参政议政先进个人，5名党员获农工党北京市委2017年度思想理论研究先进个人，11名党员获农工党北京市委2017年度社会服务先进个人，2名党员获农工党北京市委2017年度组织工作先进个人。全年编辑出版《西城农工》4期。

（穆瑞华）

【主要活动】年内，按照农工党北京市委和中共西城区委统战部的部署安排，农工党西城区委先后举办党员骨干培训暨纪念“五一口号”发布70周年学习交流会、“大道同行——从‘五一口号’到协商建国重要史事回顾展”参观学习、理论研究小组换届及理论研究培训、中央编译局“思想的历程”马克思主义传播史展览参观学习、“三学一讲”主委讲党课专题培训，“伟大的变革——庆祝改革开放40周年大型展览”参观学习。召开年度信息工作暨基层支部主任工作会议，对信息工作进行总结部署，对2017年度信息工作先进支部（文化一支部、经济一支部、宣武医院支部）、信息工作先进个人、理论研究工作先进个人、调研工作先进个人进行表彰。

（穆瑞华）

【社会服务】年内，参加西城区对口扶贫工作，农工党西城区委组织医学专家前往阜平县中医医院、张北县中医院开展义诊和医学讲座，对医院的整体情况进行调研，着力提升医院的医疗卫生管理质量和服务能力。组织企业为阜平、张北捐赠中成康华CKH2000机器，折合336万元，与当地共建"康华云健康中心"，并与门头沟雁翅镇付家台村签署帮扶合作协议。年内，落实农工党北京市委《关于推进区级组织开展京津冀结对帮扶工作的通知》要求和"健康京郊行"活动，组织医学专家，前往结对帮扶点——河北衡水市冀州区医院和怀柔区琉璃庙镇西湾子村举办大型义诊活动，累计接待各类义诊咨询者357人次。年内，落实农工党中央"星火计划"，做好精准扶贫工作，在农工党建党88周年之际，农工党西城区委组织医学专家赴吉林东丰县开展医疗帮扶活动，在东丰县妇幼保健院开展义诊和医学讲座，累计接待义诊咨询者近300人次。农工党西城区委所属展览路医院支部与怀柔渤海镇政府达成"居家养老与医养结合"合作，宣武医院支部组织党员到河北易县杏林医院开展义诊和带教服务。年内，农工党员们履行民主党派的使命和责任，白亦冰医疗支援青海玉树，张彩虹医疗支援内蒙古鄂伦春，陈霞医疗支援内蒙古喀喇沁，叶枫参加"中国志愿医生"江西赣州医疗帮扶，沈忠诚、刘军岗教育支援新疆和田。

（穆瑞华）

致公党西城区委

【概况】中国致公党北京市西城区委员会（简称致公党西城区委）下设参政议政专委会、社会服务专委会、文化工作专委会、老龄工作专委会、青年党员工作专委会和16个综合党支部、4个单位支部。截至年底，有党员666人。致公党西城区委由20人组成，有主任委员1人、副主任委员6人（其中专职副主任委员1人）、秘书长1人。党员中有全国人大代表2人；市人大代表3人，市政协委员2人；区人大代表3人（其中常委1人），区政协委员21人（其中副主席1人、常委3人、副秘书长1人）；致公党中央委员3人（其中常委2人），致公党市委委员8人（其中主委1人、专职副主委1人、常委2人）。

地址：西城区牛街20号520、522室

邮编：100053

电话：83194292

（梁训新）

【参政议政】年内，提交2件党派提案、24件政协委员个人提案。向致公党北京市委、区委统战部、区政协报送社情民意信息97篇。被中央统战部、全国政协、致公党中央、北京市政府、北京市政协、中共北京市委统战部、致公党北京市委等单位采用56篇。年内，致公党西城区委获得致公党中央"致公党参政议政工作先进集体"荣誉称号。在致公党北京市委2018年参政议政优秀成果表彰大会上，《北京城市副中心与雄安新区比翼齐飞发展研究》等6篇调研被评为2017年度参政议政优秀调研成果，此外区委还有10篇社情民意信息被评为2017年度优秀社情民意信息。在西城区委统战部2018参政议政工作评比工作中，区委提交的《关于发展科技服务业，助力西城区构建高精尖经济结构的调研》《区属公园建设科研科普型生态岛拓展绿色空间效能的调研》2篇调研报告获得"2017年度西城区民主党派优秀调研成果二等奖"，另有3篇调研报告获三等奖。

（梁训新）

【组织建设】全年新增党员67人，转出1人，去世2人，全区共有党员666人。年内，举办2018年全区干部和骨干党员暑期学习班，与区社院联合举办2次专题培训班。年内，致公党西城区委组织新党员参加致公党北京市委新成员学习班2次，参加中共西城区委统战部举办的西城区民主党派新成员培训班1次。

（梁训新）

【自身建设】年内，致公党区委召开3次主委会、3次全委会。举办了2018年党员迎新春茶话会、2018年老党员祝寿会等活动，各专委会和支部也分别组织党员进行了调研察访、扶贫捐助、义诊服务、座谈交流、观看演出、郊游考察等活动。

（梁训新）

【社会服务】年内，致公党西城区委医卫总支组织党员专家到河北阜平县中医院和雄县中医院开展义诊和临床教学活动。第十五支部组成医疗、教育和金融领域专家团到张北县开展精准扶贫活动。第七、八、九、十、十四支部联合到安新小学开展图书捐赠活动。十三支部到房山区良乡镇特困残疾家庭进行走访慰问。

（梁训新）

九三学社西城区委员会

【概况】九三学社北京市西城区委员会（简称九三学社西城区委）下设组织部、宣传部、参政议政工作委员会、社会服务工作委员会、青年工作委员会、妇女与老龄工作委员会。截至年底，共有29个支社，社员1369人。区社员中有九三学社中央常委1人、委员2人，九三学社市委常委1人、委员8人；全国政协委员2人；市人大代表2人，市政协委员3人，市青联副主席1人、委员1人；区人大常委2人、代表1人；区政协委员17人；区法院人民陪审员15人；区青联委员6人。

地址：西城区牛街20号510、512室

邮编：100053

电话：83490296

（安　宇）

【参政议政】年内，九三学社西城区委向中共西城区委统战部报送调研报告6篇，其中《分级保护宣南地名文化遗产助力创建全国文化示范区》获调研报告评比一等奖；《西城区创建国家健康促进区的优势和建议》《发掘科技对金融的支撑作用，推动西城金融科技发展模式创新》《加强数字版权管理推动西城数字文化经济发展》获调研报告评比三等奖；《规范中医国际医疗服务体制，发挥西城区中医涉外医疗优势》《采用养老专业医疗结合模式在社区养老服务中开展脑健康体检与干预的推广建议》获调研报告评比纪念奖。区委全年向九三学社北京市委员会、中共西城区委统战部报送信息121篇。向区政协提交调研报告《关于西城区中小学校安全设计的建议》《西城区危旧街区改造中历史文化的传承保护浅析》，其中《关于西城区中小学校安全设计的建议》获区政协优秀提案奖。

（安 宇）

【民主监督】年内，区委受邀参与德胜街道、天桥街道背街小巷整治提升专项工作，通过实地调研和座谈的方式，了解了街道“疏非解控”和“治理背街小巷”的工作进展，就背街小巷整治提升从规划论证、疏解人口、政策保障、环境治理、居民生活、地下空间、架空线入地等方面提出了具体的意见建议。

（安 宇）

【组织建设】年内，九三学社西城区委新发展社员74人，研究生以上学历59人，高级职称30人。结合支社换届对社员进行详细考察分析，注意发现年富力强、有责任心和奉献精神的骨干力量。加强实践锻炼，让后备干部在各种社务工作中，逐步提高政治把握、组织领导、参政议政和合作共事四种能力。对于有发展潜力的后备干部，及早放到基层组织班子、专委会等岗位上培养，实践中增长才干。组织建设与思想建设互动结合，组织中青年骨干社员赴井冈山进行实地教学培训。区委根据社市委、区委统战部的要求，按照基层推荐、主委会研究确定的程序，建立近100人的后备干部库，制定培训计划，后备干部分期分批进行培训。

（安 宇）

【制度建设】年内，九三学社西城区委根据实际工作情况，结合新时期对民主党派工作的新要求，对区委会议、工作等制度进行逐条修订，细化《优秀支社评比表彰办法》《社情民意信息工作表彰办法》《关于区委委员履行职责的若干规定》等制度，为评优工作树立标准，规范流程。坚持主委会学习制度，学习贯彻落实中共十九大精神和习近平总书记系列重要讲话精神。健全档案管理制度，完善全区社员资料库、文书档案和照片档案。

（安 宇）

【思想建设】年内，结合社中央、市委和西城区工作重点和重大时事，主委会成员坚持参加各种研讨会、报告会和培训会，及时传达通报全国两会情况，学习中共十九大精神、北京城市总规、习近平总书记视察北京讲话精神，做到学习有主题、有中心发言。区委举办骨干社员培训班，提升骨干社员的统战理论水平和整体素质，并多次召开委员议政会活动，发挥全体委员的集体智慧，为北京市和西城区的发展献计出力，组织各种培训，强化团队合作意识，增强区委委员凝聚力；出版4期内部刊物《西城九三》，电子版也同时发布，除了图片和文字外，还配了背景音乐。用好博客、微博两大新媒体宣传平台，刊登社内外新闻动态、建言献策，开展舆论宣传，组织广大社员加强学习。

（安 宇）

【自身建设】区委多部门联合组织丰富多彩的社员活动。依托工作委员会和支社开展一系列活动。组织成员参加九三学社四个区委及京津冀羽毛球友谊赛，举办合唱团、太极班、书法班、绘画班等，吸引社员参与活动，区委每年都在9月3日前，组织全区社员及家属观看影片，给九三人自己庆生。

（安 宇）

【社会服务】年内，区委根据自身特点和优势，按照突出重点、量力而行、注重实效、持之以恒的原则，开展扶贫帮困、医疗服务、社会公益等社会服务活动。组织城四区羽毛球友谊赛，联络感情；妇老委与市政路桥支社、石油石化支社联合组织社员参观城市森林；发改委支社的“发枝荟”沙龙以西城为中心，辐射北京乃至全国；市政路桥支社与北建院支社联合调研建筑垃圾，助力环保；医卫支社组织参观街区整理体验馆，关注疏解整治促提升；体育专家与糖尿病专家“体医结合”开讲座，促骨骼肌肉健康。

（安 宇）

【精准扶贫】年内，区委针对西城区对口帮扶的五个贫困地区，确定“聚焦精准，关注民生”“积极作为，量力而行”的精准扶贫原则，本着增强受帮扶地区内生动力和“造血功能”的精神，助力精准脱贫。成立扶贫专项工作领导小组，社会服务工作委员会专门负责此项工作，办公室负责具体实施。参加精准扶贫对口帮扶相关工作会8次，赴河北省阜平县、内蒙古喀喇沁旗和鄂伦春旗、青海省玉树考察对接。先后两次组织区委委员和18位主任医师到喀喇沁旗义诊、捐赠，捐建九三爱心书屋一座（书桌、书架、图书2000余册、台式电脑1台、笔记本电脑1台）；走访贫困户8户，发放慰问金3150元，社员捐赠寒衣1500余件，认购爱心土豆近千斤。

（安 宇）

【举办专题系列活动】 2018年是“五一口号”发布70周年和改革开放40周年，区委组织开展系列纪念活动，参加了区委统战部组织的赴“五一口号”发布地——河北阜平县城南庄参观座谈，主委代表区委做主题发言《重温“五一口号”薪火相传共进》；区委举办了《共和的集结号，民主的大合唱》主题报告，组织社员参加了由区委统战部举办的《民主党派与中华民族伟大复兴》报告会；组织纪念征文活动，召开座谈会，老主委、现任主委、骨干社员、新社员谈感受；参观宋庆龄故居“大道同行——从‘五一口号’到协商建国重要史事回顾展”活动，温历史深化政治共识，不忘多党合作之“根”和九三学社爱国、民主科学之“魂”。组织社员参观改革开放40周年大型成就展、《我与改革开放四十年》纪念征文、观看“我与改革开放同行——彭康亮登台40周年独唱音乐会”等活动。

（安 宇）

台盟西城区委员会

【概况】台湾民主自治同盟北京市西城区委员会（简称台盟西城区委）有参政议政、社会服务、妇女工作3个专项工作委员会。有区委委员9人，其中主任委员1人、副主任委员3人、秘书长1人。截至年底，有2个支部，盟员111人。盟员中有全国人大代表1人（任常委）；市人大代表1人，市政协委员2人（其中常委1人）；区人大代表1人（任常委），区政协委员6人（其中常委2人）；台盟中央委员2人（其中主席1人）；台盟市委委员9人（其中副主委1人、常委3人）；区特约工作人员9人。

地址：西城区牛街20号514室

邮编：100053

电话：83495426

（胡 悦）

【参政议政】完成《关于西城区普惠幼

儿园建设的调研》《关于促进中关村西城园升级发展的调研》报告，《关于促进中关村西城园升级发展的调研》获台盟北京市委2018年度优秀调研报告一等奖。在区政协十四届二次会议上，台盟西城区委作《加强社会治理机制建设，助力和谐宜居之都目标实现》大会发言，提交《关于西城区社会治理创新模式的建议》党派提案，被评为2018年度优秀党派团体提案；参加区“两会”提交代表建议案1件；提交提案9件，其中2件被评为2018年度优秀委员提案。在台盟中央“探索推动新时代我国经济高质量发展的途径”协商议政论坛演讲中获最具魅力奖。在北京市政协“推进超大型居住区公共服务配套设施建设，增强人民群众的获得感、幸福感、安全感”议政会上作大会发言。在区政协和中共西城区委统战部联合召开的“‘十三五’规划中期评估议政会”议政会上，作《以国际化金融体系为建设目标，推进金融与科技深层融合发展》发言。在“落实创新驱动发展战略，构建高精尖经济结构”专题协商会上，作“高效利用优势资源，践行高精尖经济发展”会议发言。参加西城区双月专题协商会3次，西城区民主协商会6次，围绕西城区监察委员会主任人选、区政协委员人选调整、西城区委区政府工作报告等，提出意见建议。区委负责人列席中共西城区委十二届全体会议3次，参加了北京市和西城区领导干部警示教育大会。听取区情通报会和区监察委工作通报会。赴广安门内街道开展民主监督“背街小巷环境整治提升”工作调研活动，反馈监督中发现的问题。对区委专项工作委员会进行调整，将原有的参政议政工作委员会更名为参政议政和民主监督工作委员会，明确由该专委会在参政议政的同时，履行民主监督工作职能。全年报送社情民意信息50条。其中《关于开通北京“12345热线”手机APP受理平台的建议》《加强对疫苗事件引发的舆论引导力度》受到北京市委、市政府领导的重视。9人分别获得台盟北京市委2018年度信息先进一等奖、二等奖、优秀奖，台盟西城区委获2018年度西城区政协反映社情民意信息工作三等奖，2位区政协委员被评为西城区政协2018年度优秀信息员。台盟西城区委获台盟中央2018年市级组织参政议政突出进步奖。2位盟员被评为台盟市委2018年度参政议政先进个人。

（胡　悦）

【组织建设】年内，台盟西城区委召开6次主委会议、1次全委（扩大）会议。2018年10月12日是台盟区级组织成立20周年纪念日，组织盟员撰写了11篇纪念文章，在西城党派楼进行了纪念展板巡展。在纪念台盟成立71周年暨台盟北京市区级组织成立20周年座谈会上，11位盟员获得“区级组织建设贡献奖”表彰，区委代表作“继往开来，扬帆起航”的交流发言。区委主委参加西城区四套班子主要领导与各民主党派、工商联负责人和无党派代表人士座谈会。配合中央统战部、台盟中央宣传部和组织部先后开展的基层组织建设、宣传思想工作和骨干队伍建设情况调研。新发展盟员1名。在台盟中央十届二中全会上，2人被评为“台盟中央纪念改革开放40年优秀盟员”。1人获“北京市三八红旗奖章”。举办暑期读书班等，推荐中青年骨干盟员参加北京市民主党派区级组织负责人培训班和北京市民主党派中青年骨干培训班。组织新盟员参加西城区民主党派新成员培训班，中青年支部负责人参加西城区民主党派中青年骨干培训班和基层组织负责人培训班等。全年100余人次参加统战系统举办的学习活动20余项。参加台盟市委第十届“同心杯”比赛活动中，获得团体三等奖。召开老盟员新春团拜会、举办“金秋逢佳节，重阳皂飘香”活动等。

（胡　悦）

【思想建设】年内，组织盟员参加台盟中央、台盟市委和西城区委统战部召开的纪念“五一口号”发布70周年专场座谈会、报告会，主委陈子云参加西城区统一战线各界人士纪念“五一口号”发布70周年，到河北省阜平县城南庄镇晋察冀边区革命纪念馆参观，并在座谈会上发言。参加首都统一战线纪念中共中央发布“五一口号”70周年征文活动中，《与“七十”相遇》获得一等奖。采用“西城台盟邀您答题”微信小程序，以“微信答题，传承记忆”为主题，举办“五一口号”知识答题活动。参观“大道同行——从‘五一口号’到协商建国重要史事回顾展”和“真理的力量——纪念马克思诞辰200周年主题展览”。参加台盟中央庆祝改革开放40周年座谈会。组织盟员参加“我与改革开放的故事”征集活动，《生命拐点——恢复高考四十年记》被“北京统战”微信公众号登载。组织参观“伟大的变革——庆祝改革开放40周年大型展览”。以微信小程序为平台，开展改革开放40周年知识答题活动。参加学习全国“两会”精神报告会，组织盟史培训讲座等，落实“学盟章、读盟史，做合格盟员”专题学习实践活动。将台盟第十次代表大会通过的新盟章制作为电子学习文件，在微信群中推送给盟员学习。参加台盟中央纪念台湾人民“二·二八”起义71周年专题学术讲座。组织青年盟员及待入盟台胞参加第八届“走近台盟、认知台盟”主题活动。编印刊发4期《西城台盟简报》，盟员投送稿件120余篇，制作了全彩色在线电子杂志版，以微信链接形式向盟员及其他区级组织和统战群体进行推送。制作在线电子版专项学习文件，不定期推送给盟员，引导盟员及时聚焦最新的国家发展方略。通过《西城统战》微信公众号，展示区委各项工作。

（胡　悦）

【涉台工作】年内，继续秉持“两岸一家亲”重要理念，依托结对共建街道，持续开展涉台主题宣教活动。区委与共建的广内街道举办广内地区统战人士音乐治疗体验活动，邀请中央音乐学院音乐治疗中心台湾专家团队精心策划和引导实施。组织统战人士观看纪录片《看见台湾》，赠送台湾作者夏珑恩撰写的书籍《发现这么美的台湾》。引导盟员聚焦十九大对台工作方针，多角度关注台湾形势。组织盟员参加台盟市委、西城区政协等部门举办的台情报告会，了解2018年台湾地方选举选情等。积极参与台盟市委第十一届“交流与共享”研讨会、“京台社区手拉手”、第六届京台文化研习营等两岸交流活动。组织中央音乐学院就读的台湾学生，观看中国评剧院创作演出的评剧《母亲》。

（胡　悦）

【社会服务】年内，积极参与对口扶贫协作活动。4月，台盟区委与各民主党派区委、区工商联等单位共同赴河北省阜平县城南庄，开展文艺演出、医疗义诊等活动。7月，区委主委参加西城区对口帮扶调研组，赴高海拔的青海省玉树州囊谦县开展对口帮扶调研活动。8月，赴河北省张北县进行帮扶活动，开展医疗义诊和教学讲座，捐赠图书900余册，捐款2000元。9月，赴内蒙古自治区喀喇沁旗开展对口扶贫活动，进行义诊，捐赠衣物320余件。组织盟员前往通州区北京宏远启智儿童康复中心慰问智障与自闭症儿童，捐赠足球等活动用品。参加台盟市委开展的“助梦启航”活动，捐款3400元。协助台盟市委举办“助梦启航”六一活动，邀请付家台中心小学的师生走进义达里社区和西单商业文化博物馆。在2017至2018年度“台盟之星”奖学金、奖教金颁奖活动中，将捐款送到门头沟区付家台中心小学优秀师生的手中。持续第十五年开展环保公益活动，联合台盟市委机关、台盟东城区委、台盟朝阳区工委共同开展植树活动。

（胡　悦）

（责任编辑　贾国平）

人民团体

西城区总工会

【**概况**】北京市西城区总工会（简称区总工会）是中国共产党领导下的职工群众自愿结合的群众组织。区总工会受中共北京市西城区委和北京市总工会双重领导，负责指导全区各行各业的基层工会工作。区总工会机关设8部室：办公室、组织人事部、财务部、经济生活部、权益保障部、基层建设部、宣教部、经审办（内设机构）。年内，全区各级工会以迎接中国工会十七大召开、学习宣传贯彻中国工会十七大精神为主线，全面贯彻落实市总工会和区委的决策部署。围绕中心，服务大局。团结引领广大职工在深化西城科学治理、促进区域发展转型与管理转型、全面提升城市发展品质的进程中充分彰显主力军作用。

地址：西城区北营房东里12号楼（北区）
邮编：100037
电话：68300043

（刘　鹏）

【**工会改革**】年内，区总工会以保持和增强工会组织和工会工作的政治性、先进性、群众性为主线，按照“强基层、转方式、调机构、优服务，努力建设有为工会、平安工会、暖心工会和智慧工会”的改革总体思路形成自上而下、自下而上的全面改革态势。提高工会领导机构职工代表比例，区总工会代表大会代表、委员、常委中，劳模先进和基层一线职工比例分别提高到60%、40%、20%以上，经费审查委员会中财务、审计专业人员占比超过三分之二。以购买社会组织服务的方式，为基层工会解决文体活动阵地等问题15项。推进“互联网+工会”，完成职工动态实名制服务需求数据库建设，率先建设了“身边的榜样”推荐提名库，实现工会工作线上线下互动。从堵点痛点“小切口”改革入手，推进区微改革项目落实，为工会法人资格办理工作“一次办结”创造了条件。全区工会已落地完成并取得阶段性成效的重点改革任务32项，有效解决了制约基层工会发展活力的短板问题，在全市工会创造了可复制、可推广的改革经验。

（刘　鹏）

【**二届五次委员（扩大）会议**】1月17日，区总工会第二届委员会第五次全体（扩大）会议召开。会议由区总工会党组书记、常务副主席王奇主持。第二届委员会委员、经费审查委员会委员、街道主管书记、部分职工代表、直属基层工会主席、工会干部等200余人参加会议。会上，审议并通过了区人大常委会副主任、区总工会主席李会增《西城区总工会2017年工作报告》和《西城区总工会第二届经费审查委员会2017年工作报告》。表彰了42家2017年度直属基层工会目标考核优秀单位、25家良好单位。

（刘　鹏）

【**迎新春劳模茶话会**】2月6日，组织开展以“新时代·新作为·新梦想”为主题的新春劳模专场慰问演出。区领导卢映川、杜灵欣、章冬梅、王飞、李会增、司马红、王奇等及工作在西城区的各级在职劳动模范、先进集体代表、职工代表等150人参会。区委书记卢映川代表区四套班子向与会的劳模和先进工作者表示慰问，并向全区各条战线上的广大职工致以新春的祝福。

（臧　璐）

【**庆“五一”系列活动**】4月27日，召开庆祝“五一”国际劳动节暨先进个人、先进集体座谈会。区委书记卢映川，区委副书记王飞，区人大常委会副主任、区总工会主席李会增，副区长司马红，区政协副主席姜兆春出席，23位先进个人和先进集体代表参加活动。表彰大会由王飞主持。会上，司马红启动了西城区工会身边的榜样推荐提名库。李会增宣读了全国、市级先进集体和先进个人名单。北京梅泰诺通信技术股份有限公司首席技术官田丰和北京市公安局西城分局出入境管理大队副中队长胡辛分别代表全国五一劳动奖章和首都劳动奖章获得者在会上发言，表达了各行业职工为全区经济社会发展再立新功的决心。卢映川代表区委、区人大、区政府和区政协向受到表彰的先进集体和个人表示敬意和祝贺。

（臧　璐）

【**职工文体活动**】年内，举办西城区第一届职工羽毛球联赛，15个街道32支队伍的300余人参赛，比赛采用小组循环赛和淘汰赛的方式进行。月坛街道2队夺得第一名，德胜街道2队获第二名，白纸坊街道1队获第三名。区工人文化宫组织职工舞蹈队参加全国国标舞比赛，获个人全国冠军1次；组织舞蹈队参加“锦鲲杯”中国舞蹈公开赛不同组别比赛，获全国冠军7次、全国亚军2次，区工人文化宫获全国舞蹈比赛精神文明奖。组织参加第九届市职工围棋团体赛并获第二名。组织参加市总工会第35届“五月的鲜花”合唱比赛，西城区环卫中心、金融街集团分别获得第一名、第二名。举办全区街道系统健身交谊舞培训班，金融街街道、椿树街道、大栅栏街道、德胜街道等30余名职工报名参加。为区工会会员组织瑜伽公益培训班，共培训300人次。

（张燕峰　王怀起）

【**经费审查委员会工作**】1月5日，召开第二届经费审查委员会第七次会议。会议审查了2017年预算执行情况及财务收支管理情况，审议了2018年预算（草案）编制情况和第二届经费审查委员会2017年度工作报告。4月24日，召开经费审查工作培训会，经审会委员、全区各直属基层工会经审会主任、区总工会特邀审计员100余人参加培训。会上，区总工会经审会主任马燕红总结了2017年区经审工作。培训把经费审查审计工作所运用的方式方法作为重点内容，对2017年全区工会经费审计情况进行了通报和解析。8月15日，召开第二届经费审查委员会第八次会议，审查区总工会2018年1月至6月预算执行情况及财务收支管理情况，委员们根据预算执行情况提出3条可行性建议。11月8日，召开第二届经费审查委员会第九次会议。会议审议了区总工会2018年度本级工会经费收支预算调整情况，听取了区总工会2018年度对直属基层工会经费的审查审计情况，并围绕审查审计中发现的问题研究相关措施。年内，研究制定并下发了《工会经费收支管理使用制度汇编》。

（韩悦彤）

【工会组织建设与会员发展】年内，完成百人以上单位组建工会76家，建成“示范职工之家”10家，指导新建“职工之家”73家、公共区域职工之家2家。加强工会干部协管，指导建立中关村科技园西城园工会联合会等3家，完成金融街集团工会等23家直属基层工会换届及增补选工作，发展会员18427人。

（赵彦芳）

【厂务公开民主管理】年内，全区国有企事业单位厂务公开、职代会制度建设、非公企业职代会建制率均实现全覆盖。推进厂务公开民主管理建制扩面、提质增效，全区事业单位、国有控股企业和百人以上非公企业职代会建制率均达到100%，接受了全国民主管理工作专项检查并受到好评。

（刘世鹏）

【工资集体协商】年内，区总工会参与研究制定《西城区创建和谐劳动关系单位（园区）工作方案》。落实市总工会集体协商福利费、教育经费使用，劳动保护，高技能人才待遇，带薪休假的“四必谈”要求，编写“四必谈”指导手册，开展模拟协商培训，切实将职工最关心的议题列为协商必谈项。全区集体合同、工资专项协议签订率达96%，在广外街道天福缘茶叶市场新增茶叶行业协商，西城区金融行业、新街口物业行业、西长安街婚庆行业、翔达餐饮服务行业等均续签了相关集体合同。

（刘世鹏）

【维权机制建设】年内，受理京津冀协同发展、背街小巷整治提升、治欠保支等重点任务中劳动争议案件调解申请、劳动法律法规咨询1401人次，成功调解劳动争议案件106件。通过模拟庭审、辩论比赛等形式，在大栅栏、月坛等地区及西城区街巷物业、区环卫中心等劳动密集型行业中，开展工会“尊法守法·携手筑梦”法治宣传行动，组织编写并印发《工会法律服务伴你行》等系列普法宣传材料。组织参加市总工会法治文艺大赛，大栅栏街道、区纪委选送的作品分别获三等奖和优秀奖，区总工会获优秀组织奖。

（刘世鹏）

【劳模管理】年内，推荐评选出全国工人先锋号1个、全国五一劳动奖章获得者1名、首都劳动奖状2个，北京市工人先锋号5个、首都劳动奖章获得者14名。举办新春劳模专场慰问演出、纪念改革开放40周年劳模微访谈沙龙、首都书画家慰问劳模、特邀文联作家采写劳模事迹、组织320名在职劳模和先进职工疗休养等系列活动，推动形成尊重劳动、崇尚技能、鼓励创造的社会风尚。

（臧　璐）

【开展普惠服务】年内，投入447.8万元开展送温暖活动，慰问劳模、先进人物和困难职工共计2796人次。提高金秋助学标准，扩大帮扶救助范围，发放助学金22万余元，资助职工子女35名。组织全区各级工会投入610万元，开展“送清凉”活动，惠及职工10万余人。在全市率先建立职工单身房、探亲房和夫妻房。建立暖心驿站400家，其中54家已开通“e站通”，架起了党政联系职工群众的“连心桥”。采取深入田间地头、进村入户问真需的方式，完成河北省张北县、阜平县、内蒙古喀喇沁旗、青海省囊谦县4个贫困地区精准立项和精准扶贫工作。以职工需求为导向，全区累计开发普惠服务项目210项，服务会员171083人次。

（臧　璐　朱　莉）

【群众性经济技术创新工程】年内，开展以“践行新理念、建功‘十三五’”“当好主人翁、建功新时代”为主题的劳动和技能竞赛。与区饮食行业协会组织开展全区餐饮业烹饪技能比赛。与区环卫中心、区园林市政管理中心、区教委、区文委联手，开展行业技能大赛。研究制定《关于开展2018年“大都工匠”选树工作的实施方案》，启动西城区“大都工匠”评选活动。搭建职工技术成才平台，在聚德华天职业技能培训学校、北京市外事学校、北京金属工艺品厂等5处挂牌设立职工技能培训基地。组织开展安全生产月活动，保障了全年区域安全生产。

（臧　璐）

【女职工工作】3月5日，开展“西城区总工会庆‘三八’女职工花卉专享系列活动”。活动面向西城区持京卡女职工，依托三级服务体系平台上线23416张电影兑换券及2000份花卉兑换凭证，供会员根据自身的需要任意选择预订电影兑换券或花卉兑换凭证。3月8日，开展“魅力职场，独具匠心”西城区庆“三八”国际妇女节主题活动，地区各直属基层工会女工委员、女工干部和成员单位女职工代表140人参与活动，亲手制作珍珠饰品，体验手工带来的乐趣。

（臧　璐）

【职工互助保险】年内，推进工会意外伤害、住院医疗、重大疾病“三位一体”补充医疗互助保障，全年投保87048人，理赔1514人次。投保金额542万元，理赔金额352万元。2018年度“暖·互助”在职职工医疗互助保障计划受益53446人，理赔金额1603万元。

（蔡红燕）

【职业介绍】年内，区总工会举行2018年“春风行动”促就业专项活动，开展专场招聘会3场，为困难职工提供就业岗位200余个。涉及人事、财务、销售、维修技师等50多个工种。

（臧　璐）

共青团西城区委员会

【概况】共青团西城区委员会（简称团区委）是西城区先进青年的群众组织。团区委下设办公室、组织部（社会部）、宣传部、统战部、权益部5个部室和西城区志愿服务指导中心（直属事业单位）。西城区未成年人保护委员会（简称未保委）办公室、西城区综治委预防青少年违法犯罪专项组办公室设在团区委，在职人员29人。主要职责：积极发挥党联系青年的桥梁和纽带作用，组织青年、引导青年、服务青年、维护青少年权益，指导全区各级团组织开展工作。年内，西城团区委围绕中心、服务大局，积极投身推动区域社会经济发展的各项工作，结合实际需求，竭诚服务青少年成长发展，全面推进区域化团建工作和社区青年汇建设，推动西城共青团事业全面发展。截至年底，全区共有团组织1492个，其中基层团委81个，基层团工委19个，基层团总支26个，基层团支部1366个；共有团员17138名，团干部2286名，其中专职团干部36人，兼职团干部2250人。团区委下辖46个直属团组织，其中机关事业单位团组织24个，国有企业团组织14个，非公企业团组织7个，民办高校团组织1个。

地址：西城区南菜园街51号

邮编：100054

电话：83975420

（朱嘉瑜）

【青少年思想政治工作】年内，深入学习贯彻党的十九大精神、共青团十八大精神、区委十二届七次全会精神。采取机关全体干部带头学习；团区委委员、候补委员、直属团组织负责人集中学习；全区各级团组织、团员、青联委员、志愿者广泛学习的形式，收到良好的学习效果。举办各类专题学习班、交流分享会、主题团日活动390余场次，参与团员11700余人次。结合青年大学习，围绕“青年服务国家 奋斗就是幸福”“马克思和马克思主义”“共青团十八大精神”等主题宣讲40余场，举办青年先锋讲堂和论坛50余场，开展“青春伴读——送百日学习音频进社区”活动。线上线下相结合，组织“书香满西城”等读书活动50余场，覆盖青年4000余人。开展“我与改革开放共成长”征文活动，收集到征文1152篇。

（肖　珊）

【《志愿至美》发布】3月5日，西城区召开《志愿至美——北京市西城区志愿服务发展模式研究》发布会暨西城区志愿服务发展论坛。《志愿至美——北京市西城区志愿服务发展模式研究》一书根据志愿服务制度化的总体要求，梳理了改革开放以来，特别是自1983年各级团组织开展“综合包户”以来，志愿服务事业的发展现状，在理念引领、政策支持、实践创新和文化培育等方面取得的成就和经验。创新性地对全区志愿服务的发展现状、运行机制、经验模式、典型事迹进行了总结分析和理论探索，总结提炼出西城区志愿服务发展过程中的创新和亮点，推动了西城区志愿服务的理论转化，为推动各地各领域志愿服务工作实践提供参考借鉴。

（李彬彬）

【团员注册志愿者回社区报到】为贯彻落实全市共青团员100%成为注册志愿者，每年回社区参与志愿服务时长不少于20小时的要求，8月10日，西城区召开推动全体团员成为注册志愿者暨深入开展通过志愿服务走进社区，推动“五大青年行动”工作动员部署会，正式启动团员回社区报到工作。全区各社区共接待回社区报到团员青年5734人，团员报到率达到90%。作为全市第一批试点区，实现回社区报到团员志愿者12164名。截至年底，全区共有实名注册志愿者293648人，占全区常住人口的24%，注册志愿团体4925个。年内，开展志愿服务项目4986个，记录时长5916893.7小时。

（李彬彬）

【深化“青春西城”全媒体平台】年内，在原有平台基础上加强大鱼号、抖音、快手的平台建设，增强青少年思想引领工作的适用性和普遍性。制作“百日学习”第二季《习近平谈治国理政（第二卷）》线上音频，引领青年深刻领会习近平新时代中国特色社会主义思想内涵。策划“青年大学习”“手写寄语”“向团的十八大报到”等栏目。集中策划“薪火青传”“青年星榜样”等线上原创栏目，实地探访内联升、瑞蚨祥、北方昆曲剧院等地，传承优秀文化，挖掘青年典范，讲好青年故事。开展宪法小常识、冬奥你来答、激情世界杯、校园欺凌怎么办等线上竞答活动。做好党史国情政策法规解读。年内，微信公众号粉丝数达到1.8万人，比上年增加3000人，累计阅读量突破55万，原创作品占比65%。

（肖　珊）

【未成年人保护和预防犯罪】年内，组织全区聘任的法治副校长和中小学的德育工作者开展如何对青少年进行法治教育的培训。全年法治副校长入校开展法治教育250余次；组织全区合适成年人工作培训，全年派出合适成年人54次。寒暑假期间，团区委组织全区15个街道，针对青少年开展星光自护培训77场，2600余人次参加。连续19年坚持开展“西检杯”中学生思想道德法律知识竞赛，34支代表队，近130名中学生参与。策划制作《预防校园欺凌》青少年法治教育与自护教育flash短片，反映青少年利益诉求。《西城区青年婚恋的家庭教育问题研究项目》调研报告在2018年团中央面对面调研活动中获地市级一类调研报告。并协助1名政协委员在区“两会”期间就“关于加强西城区青年婚恋家庭教育指导”提交委员提案。年底，邀请15位区人大代表、政协委员召开面对面座谈，推动代表、委员“两会”期间为保护未成年的合法权益发声。

（高　鑫）

【“阳光地带”维权阵地建设】年内，团区委扎实推进“阳光地带”社区青年汇建设，打造为青少年服务和维权的工作阵地。与白纸坊街道合作，选址白纸坊商务楼宇工作站作为个案帮扶场所，配备3名专职社工，解决基层青少年权益工作力量不足的问题。启动“阳光进校园”自护课程项目，深入全区中小学开展以自护教育为主题的公益巡讲。全年共开展青少年权益维护讲座和禁毒、防艾法治宣传等大型活动10场，覆盖全区3748名中小学生，获北京新闻、千龙网、今日头条等多家主流媒体报道和转载。

（高　鑫）

【精准帮扶困境青少年】全年共实施区级精准帮扶项目6个，涉及经济资助、教育辅导、个案帮扶、情绪管理、才艺培养、艺术体验等服务内容。积极协调区预防青少年违法犯罪专项组、未成年人保护委员会成员单位，向区民政局、红十字会申报“七彩梦”“寒窗助学”帮扶项目，为帮扶对象提供经济资助和才艺陪伴资金5.3万元。发动属地区域化团建单位资助生活困难家庭青少年，全年筹集资金4.4万元。持续三年实施“青春助跑·学习伙伴”项目，招募大学生志愿者牵手30名精准帮扶对象，提供生活陪伴和学业辅导。组织全区300名困境青少年及家长参观海洋馆、观看儿童剧。针对青少年的情绪问题，策划实施“我的情绪我做主”服务项目。“两节”期间慰问135名困难家庭青少年，发放慰问金8.7万元，物资595份。为10名困难家庭青少年，发放“希望之星1+1”助学金1.13万元。

（高　鑫）

【志愿服务成绩斐然】截至12月底，全区共有实名注册志愿者293648人，占全区常住人口的24%。年内，共开展志愿服务项目4000余个，记录时长500余万小时，注册志愿团体4925个。区志愿服务工作取得了多项全国、市级、区级荣誉。志愿至美——区级志愿服务模式研究项目、“爱满夕阳 青春助老”北京市西城区金融法律知识进社区志愿服务项目、新时代小先生志愿讲解项目，获得第四届中国青年志愿服务项目大赛金奖；书香驿站社区“志愿岛”——北京社区志愿服务孵化平台示范项目获得银奖。在2018年北京市宣传推选学雷锋志愿服务“五个100”先进典型活动中李东蔓等7人获评最美志愿者；宋庆龄故居志愿者联合会等7个团队获最佳志愿服务组织称号；“你来西城 我来导游”志愿服务等8个项目获最佳志愿服务项目；展览路街道黄瓜园社区等9个社区获最美志愿服务社区；教场口街“谷树珍家庭”等4个家庭获最美志愿家庭。在2018年北京市优秀巾帼志愿先进评选中，石油大院志愿家庭服务队获优秀巾帼志愿服务队称号；区第一图书馆图书交换、天桥街道永安路社区先锋助老服务、志愿家庭用爱奉献公益演出获得优秀巾帼志愿服务项目。林芳芳、张玉枝、郑春玲获评优秀巾帼志愿者。邢明华、王兆全夫妇，王静、田力、田雨竹家庭，郑春玲家庭获得优秀志愿家庭称号。郑春玲、张娜家庭获评“首都最美家庭”。微众汇志愿服务团队获评“优秀环保公益组织”，常志复、郭志慧获得“绿色公益好市民”称号，杨子议浚获得“志愿服务好市民”称号。

（李彬彬）

【完成“第三届百名英才遴选”】年内，团区委研究制定《西城区第三届“百名英才优秀青年人才”遴选活动工作方案》，成立“西城优秀青年人才”遴选工作领导小组，通过网站、“青春西城”公众号进行广泛宣传、大力动员，积极与青联委员驻区单位联系，挖掘和积极推荐优秀青年参与本次评选，最终报名人数76人。经过资格初审，最后确定45名入选。最终形成33位候选人。4月4日，经专家评审最终产生门小牛、于森等20名优秀青年人才的拟定名单。名单中50%强的优秀青年来自金融、高新技术、科研等高端产业。

（刘　涛）

【西城区新的社会阶层青年联谊会成立】拟定《西城区新的社会阶层青年联谊会第一届理事会理事推荐办法》，经过层层推荐，确定1名会长、10名副会长、1名秘书长、39名理事。筹备组起草了《西城区新的社会阶层青年联谊会章程（草案）》和《西城区新的社会阶层青年联谊会第一届理事会会长、副会长、秘书长选举办法（草案）》，并将有关筹备工作向区委和区委统战部进行沟通和汇报。于12月6日召开成立大会。

（刘　涛）

【图书捐赠和精准帮扶工作】年内，组织动员全区中小学共青团、少先队组织开展“好书伴成长，爱心手拉手”向新疆和田地区捐书活动。累计捐书33万余册，信件527封。随后，西城团区委、西城区青联、西城区新的社会阶层青年联谊会理事赴河北省阜平县开展“红墙助学”爱心帮扶活动，为河北省阜平县砂窝乡百亩台村小学120名师生带去图书1万册。

（刘　涛）

【聚焦青年再组织化】年内，结合西城区区位特点，采取党委领导、政府支持、公益性服务、项目化运作的方式，推动“聚力·金融街”阵地建设，并形成党建带团建的工作品牌；围绕“精准回应需求，精心设计项目，注重培养骨干，注重实际成效”的整体要求，依托“两微一端”线上平台，通过组织化、社会化、再组织化的过程，实现对金融从业人员的服务、凝聚、引领；发挥青年自组织优势，成立足球、篮球、读书、金融、话剧、志愿服务、交友联谊、舞蹈、瑜伽、亲子、绘画、乐器、美食、时尚等14个社团自组织；开展以“聚”为主题的七大类活动共663场，覆盖青年达1.4万余人次，微信关注量超5500人次，累计阅读量达1.8万人次。

（高　健）

【社区青年汇建设】年内，团区委在团市委《关于做好社区青年汇巩固提升第二阶段工作的意见》的指导下，加强工作统筹、不断夯实提升。制定《西城区社区青年汇绩效奖励办法（试行）》，修订《西城区社区青年汇专职社工成长助力计划》。撤销“西城区普天德胜创业·社区青年汇”和“大栅栏街道社区服务中心·社区青年汇”，新成立“聚力·社区青年汇”和“展览路街道书香·社区青年汇”。全区24家社区青年汇共开展市级、区级、事务所及自主等各类活动1200余次，参与青年26500余人次。除举办传统区级品牌活动“全民健身助冬奥 龙舟踏冰美西城”冰上龙舟赛、“缘聚青年汇”、“夜宿海洋馆”、“西城区第八届青年文化体育节”外，创新性地开展“西城区迎冬奥冰雪系列体验活动”“助力2022冬季奥运会冰雪运动体验营”等迎冬奥主题品牌项目，参与青年8000余人次。2018年年度考核评估中，15家社区青年汇考核成绩超过全市平均分，占全区社区青年汇的62.5%。西城7家社区青年汇被评为“优秀社区青年汇”，占全区社区青年汇的30%，高于全市其他区20%的平均水平。在“社区青年汇专项考核评估”中共获得精品项目1个、优秀项目7个、优秀群体活动7个共15个奖项。

（高　健）

【青桥计划】年内，团区委继续实施“青桥计划”，以项目化运作的方式，支持23个直属和基层团组织、18个社区青年汇开展45个服务项目，投入资金99.1万元。项目涉及学习宣传贯彻党的十九大精神和习近平新时代中国特色社会主义思想、助力2022年冬季奥运会、文化传承、国际文化交流、科技创新普及、青少年权益维护、青年交友联谊、志愿服务、背街小巷治理、结合区域其他重点工作等10个方向，达到了良好的社会服务效果和示范引领作用。

（高　健）

西城区妇女联合会

【概况】北京市西城区妇女联合会（简称区妇联）是在中共北京市西城区委领导下的各族各界妇女为进一步发展而联合起来的社会群众团体，是党和政府联系妇女群众的桥梁和纽带。下设办公室、组织联络部、权益发展部、宣传教育部、妇女儿童工作委员会办公室、妇女儿童发展中心6个办事机构。年内，区妇联落实西城区妇联改革实施方案，以家庭文明建设为重点，以维护妇女权益、促进全面发展为主线，扎实推进“十三五”妇女儿童规划实施，动员引领全区广大妇女在西城区新时代发展中发挥半边天作用，圆满完成了各项任务。

地址：西城区广安门南街68号

邮编：100054

电话：83976200

（申　骏）

【两节送温暖活动】1月15日，区妇联启动元旦春节期间走访慰问活动，慰问老妇救会主任、患“两癌”贫困妇女、单亲特困母亲、纯老年人家庭困难妇女、低收入困难妇女、困难儿童等各类困难人员325人，金额共计17.5万元。

（邱兴玉）

【二届三次执委（扩大）会】2月1日，区妇联召开二届三次执委（扩大）会议。区妇联第二届执委、街道主管领导、部分市区妇女代表、各委办局女工干部、区妇联机关干部等120余人参加会议。会上，区妇联党组书记、主席李高霞代表常委会作工作报告；3名执委代表进行述职；区委副书记、区委党校校长王飞讲话。替补、增补3名区妇联第二届执委；补选傅立红为区妇联副主席；增选刘滨、王小慧为区妇联（兼职）副主席。

（刘洪娟）

【庆祝“三八”国际妇女节活动】3月4日，区妇联在天桥艺术中心举办“家•欢乐”西城区庆祝“三八”国际妇女节主题家庭日活动。市妇联党组书记、主席蔡淑敏，区委书记卢映川，区委副书记、区长王少峰，区人大常委会主任杜灵欣，区政协主席章冬梅，区委副书记、区委党校校长王飞，市妇联副主席马红萍等领导出席。各界妇女及家庭成员近2000人参加活动。活动用“享、悦、玩”三大主题板块，展示了西城区巾帼建功创建、家庭文明建设、妇女儿童维权等方面的工作成果，通过非遗作品展示、家庭插花大赛、家庭亲子游戏等互动活动，使各界妇女携家人在参与体验中享受天伦之乐，同时启动了2018年西城区寻找“最美家庭”活动。

（谢　军）

【巾帼建功表彰大会】3月7日，西城区妇联召开“建功新时代•巾帼展风采”巾帼建功标兵、巾帼文明岗、巾帼建功先进集体表彰大会。区委副书记、区委党校校长王飞，区委常委、组织部部长孙仕柱及各界妇女代表等近400人参加表彰大会。大会表彰了94名巾帼建功标兵、48个巾帼文明岗、32个巾帼建功先进集体。22名北京市三八红旗奖章获得者、10个北京市三八红旗集体一并受到表彰。

（刘洪娟）

【“两癌”免费筛查】3月5日，区妇联、区卫计委联合启动2018年乳腺癌、宫颈癌免费筛查。全年共完成宫颈癌筛查5737人，乳腺癌筛查5864人，其中1人检出乳腺癌前病变，8人确诊为乳腺癌。

（邱兴玉）

【“巾帼苑”文化体验活动】3月9日，区妇联启动2018年“巾帼苑”多元文化体验系列活动，以此进一步加强“巾帼苑”建设，团结凝聚各行各业优秀女性。全年围绕茶、香道、中医、服饰搭配等文化知识，开展8期体验活动，“巾帼苑”成员300余人次参加。

（刘洪娟）

【普法嘉年华活动】3月30日，区妇联、区综治办、区司法局、区法院、区检察院等10个部门共同主办，大栅栏街道工委、办事处承办的“法润西城 畅享平安”普法嘉年华活动在北京坊广场举办，发放各类法律法规宣传材料3500份，150名妇女群众参与游戏互动、KT法制宣传展板合影、现场法律咨询、扫码答题等项目。

（邱兴玉）

【妇女儿童工作会】4月20日，区妇儿工委在南办公区1号楼B1报告厅，召开西城区2018年妇女儿童工作会暨“十三五”妇女儿童规划中期评估部署会。会议传达了第六次北京市妇女儿童工作会精神，部署了“十三五”妇女儿童规划中期评估工作。市妇儿工委办副主任於丽萍，区妇儿工委主任、副区长司马红，以及区妇儿工委各成员单位的委员和联络员共120余人参加会议。

（周惠娟）

【家庭阅读系列活动】4月22日，区妇联以“我家40年”为主题，在甲骨文•悦读空间启动2018年“书香•家•春秋”家庭阅读系列活动。全年共举办活动2期，发布2季家庭阅读书单，提供1000余本书籍进行家庭阅读漂流共享，100余户家庭参与活动。

（谢　军）

【女性心理健康社区行项目】4月25日，区妇联启动“做美丽女人、创和谐家庭”女性心理健康，社区行系列讲座项目，对妇女干部和社区妇女群众，进行心理知识培训。全年共举办讲座24场，2000余名社区妇女群众受益。

（邱兴玉）

【国际家庭日主题活动】5月15日，区妇联举行“家书十行 情暖红墙”国际家庭日主题活动，邀请空竹非遗传承人李连元、与再婚爱人相守幸福的赵凤琴，以及祖孙三代都是“西城大妈”的王慧力，讲述家风传承故事，同时启动百年家史口述与传承人扶持计划，发布“红墙边寄出的一封家书”倡议，倡导全区广大家庭继承传统文化、传承和谐家风。全区“最美家庭”代表近百人参加活动。

（周惠娟）

【妇女代表团赴台交流】5月30至6月5日，应台湾地区中华海峡两岸企业文化交流协会邀请，西城区各界妇女代表团一行12人赴台湾，参加“京台姐妹心连心、情真意切话母亲”主题论坛，并进行了为期7天的考察交流，向台湾姐妹介绍和展示了祖国发展成果，学习交流了台湾社会建设中值得借鉴的经验和做法，同时研究了项目合作意向。

（申　骏）

【组建“最美家风”宣讲团】6月11日，区妇联组建由区妇联兼职副主席、最美家庭代表、妇女社会组织负责人等7名成员组成的2018年“最美家庭”宣讲团，向广大家庭宣讲红色家风故事、志愿家庭故事，弘扬家庭传统美德。全年走进社区、机关、企业等开展12次宣讲，其中红色家风故事网上点击量突破3000万。

（谢　军）

【全国妇联主席调研家庭工作】7月19日，全国人大常委会副委员长、全国妇联主席沈跃跃到西城区调研家庭工作。沈跃跃一行先后到幸福泉幼儿园了解3岁以下儿童托幼工作情况；到新街口街道育德党群活动中心了解家庭文明建设情况；到区少年宫了解联手妇联组织，开展家庭文化活动情况。全国妇联副主席、书记处书记邓丽参加调研。

（申　骏）

【“我是小小摄影家”活动】7月14

日，区妇联启动第五届“我是小小摄影家”夏令营活动，活动以“见证——我眼中的改革开放”为主题，鼓励孩子们从“城市建设”“旧貌新颜”“百姓生活”等不同角度，用摄影作品发现衣食住行的一系列变化，展示改革开放成果。100余户家庭参加活动，70余幅摄影作品获奖，获奖作品在首都博物馆、区档案馆、南区办公楼大厅巡展。

（佟汉颖）

【“名师家教讲堂”进社区系列活动】暑期，区妇联围绕安全知识宣传教育、安全主题实践、传统文化体验等内容，将26场名师家教讲座送进社区，600余户家庭参与活动。

（周惠娟）

【巾帼亲情服务队骨干培训班】7月12日，区妇联举办2018年“法润西城”巾帼亲情服务队骨干多元调解业务培训班，通过15期培训课，对全区300余位巾帼亲情服务队骨干进行轮训，提高基层巾帼维权志愿者的服务能力。

（邱兴玉）

【“十三五”妇女儿童规划中期督导评估】8月3日，市“十三五”妇女儿童发展规划中期评估督导组对西城区实施妇女儿童规划情况开展中期评估督导。督导组听取了区妇儿工委主任、副区长司马红以及区民政局、区残联、区妇联关于实施“十三五”妇女儿童规划情况的汇报，查阅了区妇儿工委各成员单位相关工作档案资料，实地考察了巧娘工作室“京彩瓷”和对外交流交往基地“天桥民俗工艺坊”。

（周惠娟）

【中韩女性插花艺术交流活动】8月21日，区妇联举办中韩女性插花艺术交流活动，25名韩国插花专家和20名“中韩高级插花培训班”学员展示了插花技能，并进行了插花心得交流。

（邱兴玉）

【基层妇联干部培训班】8月23日，区妇联举办基层妇联干部培训班，深入贯彻落实北京市妇联改革精神，夯实基层妇联组织基础，提高基层妇联干部综合素质和能力。街道社区两级妇联主席近300人参加培训。

（刘洪娟）

【开展对口扶贫】9月6日，区妇联开展“爱心送温暖”活动，将巾帼编织志愿者编织的370件毛衣和260顶帽子以及各界捐赠的18箱慰问物品，发往青海玉树囊谦县，赠送给贫困妇女儿童。经统计，全年区妇联发动社会各界捐助物资折合人民币267354元，帮扶救助对口扶贫地区贫困妇女儿童2497人。

（邱兴玉）

【举办提升女干部领导力培训班】10月16至19日，区委组织部、区妇联、区委党校联合举办2018年西城区提升女干部领导力专题培训班。围绕男女平等基本国策、领导艺术、公务礼仪等内容开设课程，以此提升女干部的领导能力。全区40名处级女领导干部参加培训。

（刘洪娟）

【举办中韩女性花艺技能培训班】10月22至26日，区妇联举办为期五天的中韩女性“花艺技能创新应用项目”培训班，邀请韩国插花协会会长韩相淑授课，通过学习考试合格的学员，由韩中文化经济友好协会颁发“创业A级技能证书”。25名女性参加了培训。

（邱兴玉）

【举办执委培训班】11月19至21日，区妇联举办2018年度执委培训班。围绕新形势要求和女性特质，开设了“男女平等基本国策”“讲好北京女性故事和身边故事”“着装从了解自己开始”“静观自我关怀把压力变朋友”等课程，以此提高执委的综合素质和履职能力。50余名执委参加培训。

（刘洪娟）

【法律知识竞赛】11月23日，区妇联举办“巾帼筑梦新时代·法润万家创平安”法律知识竞赛，竞赛以妇女权益保障相关法律知识为主要内容，全区140余名妇女干部参加。通过角逐，展览路街道代表队获第一名，并代表西城区参加2018年北京市妇女权益法律知识竞赛，获得季军。

（邱兴玉）

【“西城最美家庭”揭晓】11月27日，区妇联举办2018年“西城最美家庭”揭晓活动，揭晓153户“西城最美家庭”，并向他们赠送了全家福照片。全区各级妇联干部、“最美家庭”代表等200余人参加。年内，全区涌现出3户全国“五好家庭”、3户全国“最美家庭”、4户“首都最美家庭标兵”、19户“首都最美家庭”。

（周惠娟）

【“妇女之家”项目结题】11月，区妇联立项的28个2018年“妇女之家”项目全部结题，内容涵盖教育培训、社区文化、家庭建设、亲子教育、帮扶救助、创业就业、节能环保等，下拨经费80.33万元。

（刘洪娟）

【家庭教育体验课堂】12月17日，区妇联举办“家庭教育体验课堂”授牌仪式，在24家社会组织、园林驿站及妇商惠企业成立“家庭教育体验课堂”。

（周惠娟）

【“幸福女性大讲堂”课程全部完成】12月21日，区妇联举办“幸福女性装扮生活”园艺课堂。2018年“幸福女性大讲堂”系列活动全部结束，全年开设亲子课堂、品味课堂、和谐课堂、健康课堂、装扮课堂共计85节，受益妇女儿童3318人次，内容涉及家庭教育、心理调适、健康养生、应急救治、亲子烘焙、衣橱管理等。

（佟汉颖）

西城区
科学技术协会

【概况】北京市西城区科学技术协会（简称区科协）是北京市西城区科技工作者的群众组织，是中共西城区委领导下的人民团体，是区委、区政府联系科技工作者的桥梁和纽带，是推动科学技术事业发展的重要力量，是北京市科学技术协会在西城区的地方组织。有区级学会、协会8个，街道科协15个，企业科协4个，会员近3万人，区级科普教育基地64个。年内，推进落实系统改革任务；贯彻落实《中华人民共和国科学技术普及法》和《全民科学素质行动计划纲要》，建设全国科普示范区，提升区域公众科学素质，促进科技强区、科普益民、服务民生。举办全国科技工作者日纪念活动，组织首届“春之声 科普汇”、第20届科普之夏、科普日等活动，参加全国第33届青少年科技创新大赛、第18届中国青少年机器人大赛和北京第38届青少年科技创新大赛等赛事，组织相关学（协）会开展学术交流和科普服务，开展形式多样的社区科普活动。

地址：西城区广安门南街68号
邮编：100054
电话：83976206

（樊士广）

【推进系统改革】年内，区委出台《西城区科协系统深化改革实施方案》，经申请批准成立维旺明、中检科（北京）2个企业科协和康化伟业、普天德胜2个楼宇联合科协。中检科（北京）科技有限公司申报获批1家院士专家工作站。落实《加强街道和社区科协组织建设的指导意见》，为街道科协和社区科普协会挂牌。

（樊士广）

【服务人才发展】年内，择优项目参加北京科学技术奖评比；推荐优秀科技工作者参加茅以升北京青年科技奖、第15届中国青年女科学家奖和2018年度未来女科学家计划候选人评选、第21届中国科协求是杰出青年成果转化奖候选人。收集科技论文80余篇进行评比、汇集成册交流经验。奋斗小学范彬、宣武青少年科技馆翟琨获第33届全国青少年科技创新大赛“十佳科技辅导员”，区青少年科技馆赵溪获第38届北京青少年科技创新大赛“十佳科技辅导员”。

（樊士广）

【服务决策和创新】年内，组织“从‘心’开始、拥抱健康”“科学传播与全民阅读融合推进”学术交流，开展“海外留学归国人员创业就业”“北京科技工作者知识产权素养现状”问卷调查，办理并答复“动批空间建立科普体验馆”“区属公园建设科研科普型生态岛，拓展绿色空间效能”等提案，引导科技工作者为区域经济社会发展建言献策。

（樊士广）

【“春之声 科普汇”活动】5月25日，区“春之声 科普汇”科普品牌发布暨项目启动仪式举行。共200余人参加启动仪式。现场举行了“公务员走进科普场馆”活动签约仪式。北京天文馆馆长朱进、中国古动物馆副馆长张平、中国地质博物馆副馆长张亚钧、北京动物园总工办主任刘燕、北京海洋馆市场部经理郝佳与区科协签署了合作协议，为领导干部和公务员走进科普场馆拉开序幕。与会者集体参观《百年历程——中国地质博物馆建馆100周年成就与精品展》。“春之声 科普汇”活动期间，共组织、讲座、模拟互动、手工制作等130个科普项目，内容涵盖了消防安全绿色生活、健康保健等。

（樊士广）

【科技工作者日】5月30日，由北京市科协、区委、区政府主办，区科协承办的“首都市民音乐厅”科技工作者专场交响音乐会在北京音乐厅举行。北京市各界科技工作者近千人欢聚一堂，共度“全国科技工作者日”。青年指挥家焦飞虎及北京交响乐团为观众奉上一台既高雅隆重又轻松愉快、既富经典韵味又具时代气息的音乐盛宴。当日上午，区科协举办“融合聚力共谋发展”全国科技工作者日互动交流，200余名普天德胜孵化器科技工作者参与。现场组织了多人交互VR体验、“梯形格练字法”传授、关节活动与拉伸训练等。当日下午，组织“认知、释放、舞动青春”主题沙龙，北京心理卫生协会会员董如峰讲解心理学相关知识；著名主持人青音带领大家进行活动。

（樊士广）

【科普之夏】围绕“科技改变生活 创新引领未来”的主题，落实科普引领项目进社区活动40项；15个街道分别开展主题科普活动20场；街道社区开展科普活动1600余场。各街道组织社区居民及中小学生举办科技展览、科学讲座、开展科技互动体验、参观等形式多样的科普活动，受众近8万人。

（樊士广）

【科普日活动】9月18日，“全国科普日”西城区主场活动在北京科学中心举行，社区居民、学生近2000人参与，组织参观“两翼行动”科技酷品区、“玩转科学”互动体验区和“科学秀场”、参观了首都科技创新成果展。10月17日，科普日重点活动“百姓创意 走进科学殿堂”——第七届西城区“简约生活 创意无限”资源再设计利用大赛作品展暨颁奖仪式举行，现场进行作品展揭幕、为获奖人员颁奖。获奖优秀作品在科学中心展出一周。

（樊士广）

【纲要实施】年内，印发《北京市西城区全民科学素质工作行动计划纲要实施方案（2016—2020年）》《西城区全民科学素质行动计划纲要实施方案（2016—2020年）〈2018年任务分工〉》。根据岗位和人员变动，调整全民科学素质工作领导小组成员，副区长司马红任区全民科学素质工作领导小组组长，分解年度任务，完善工作措施，召开工作会，明确责任和要求，协调落实区域重点人群科学素质提升目标。围绕“强化职责担当 夯实队伍基础、提升科普素养”举办专题培训班。订阅《科技生活》《全民科学素质专刊》，促进全民科学素质成员单位了解新要求新理念新知识。近千人参加北京市公民科学素质大赛网络竞答，选送队伍获三等奖，区科协获优秀组织奖。

（樊士广）

【科普益民】年内，积极宣传、广泛发动区域单位申报科普益民项目，广外街道“科普活动进社区”、首都医科大学附属北京安定医院“社区e‘心晴’科普小站”项目获得北京市科普益民资金支持。

（樊士广）

【科普信息化建设】年内，15台全媒体科普云平台全年播放航空航天、气候环境、健康医疗等17类科普资讯共748部。在中国新闻图片网、中国日报中文网、千龙网、首都科技网、西城报等媒体刊登科普信息、图片80余篇（幅）。“科普进行时”微信公众号发布科学事件和科普活动信息390余条。

（樊士广）

【社区科普活动】年内，为街道提供特色活动资金220万元，德胜街道开展的科技体验日活动，有1500名居民参与；什刹海街道组织科普讲座130场、科普活动140余场，放映科普电影45场；西长安街街道结合“小小街巷长”评选开展科普实践；大栅栏街道建设网络“书香大栅栏”阅读空间；天桥街道广场舞代表队参加北京市“广场科普舞起来”——科普广场舞展演；新街口街道建造“西里三区科普体验厅”，全年近千人参观体验；金融街街道依托智慧生活科学馆开展培训、讲座100余场；椿树街道在林白水故居设立椿树图书馆；陶然亭街道利用“陶然之窗”报纸、“京华陶然”微信平台动态宣传科普；展览路街道开展“科技大课堂”系列活动16场，受益群众6500余人次；月坛街道制作发放“防灾减灾科普知识”教育片光盘3.23万张；广安门内街道联合辖区医疗资源开展科普进社区，受益群众万余人次；牛街街道组织社区中老年居民开展健康读书会、机械制作、经络检测、健康讲座等科普活动；白纸坊街道整合辖区科普资源，服务全民科学素质提升；广安门外街道科普大学教学点设立小马厂、莲花河、三义东里、红莲中里和手帕口南街5个社区分教学点。全年举办40次讲座与培训，惠及2000余人次。

（樊士广）

【青少年科技活动】9至12月组织开展科学普及、科技创新活动13类，10万余名学生参与，评选优秀组织奖40名，一等奖700余项。在第38届北京青少年科技创新大赛中，西城区32个项目获一等奖，蝉联北京市第一。获中学科技创新成果二等奖34项，小学科技创新成果一等奖12项、二等奖9项、三等奖10项。4名学生获“北京市青少年科技创新市长奖”，占该奖项40%，2名老师获十佳科技辅导员称号。在“明天小小科学家”比赛中，西城区学生获一等奖4个、二等奖8个、三等奖5个，位列北京市第一；在第33届全国青少年科技创新大赛中，西城区学生获一等奖1个、二等奖7个、三等1个；在第18届中国青少年机器人竞赛中，西城区学生获金奖6个、银奖3个、铜奖1个。区级青少年科技创新大赛万余名学生参与3个项目的比赛，1517名学生获奖1352项。

（樊士广）

【科技援助与交流】7月10日，区科协赴怀柔区开展“资源共享手拉手 助力科普双升级”共建活动。与怀柔区科协进行工作探讨与交流，参观了怀柔科学城。在此开展了科普竞答、科普讲座和专家义诊。12月25日，区科协与门头沟区科协在向阳东里社区举办“纪念改革开放四十周年”牵手共建、科普益民活动。通过居民答题形式，引导居民学习改革开放、健康科普知识。活动中区科协向门头沟区科协赠送青少年动手做科普器材。

（樊士广）

【学（协）会活动】年内，为学（协）会提供协作资金40.9万元。区医学会组织健康科普知识社区行系列讲座，促进健康西城建设；区老医药卫生工作者协会组织“健康维护——送您知识与技能”主题活动，促进群众健康素养水平提高；区文化产业协会组织“网络科普夕阳红 共享伟大新时代”社区中老年人免费电脑培训和网络科普基地试点建设，1500名中老年人受益；区图书馆管理协会组织“市民科普研学营”，提升区域市民科普素养。区预防医学会治未病系列活动——癌症预防科普宣传，使居民正确认识癌症。金融街人力资源协会组织金融人才健康知识科普系列讲座，提高高层次金融人才健康意识。

（樊士广）

【科普大学建设】年内，社区科普大学教学点扩容增亮，新建广外、普天德胜两个教学点。广外教学点组织讲座、体验50余场，受益群众2000余人次；普天德胜教学点“高起点、开放式、国际化”的科学传播与普及基地建设成绩优异。各教学点借助融媒体力量，把科学知识和科学精神再扩散、再传播。

（樊士广）

【简约生活创意无限比赛】年内，举办第七届“简约生活 创意无限”大赛，开展创意作品、低碳摄影作品征集和评比，156件作品进入终评，评出获奖作品99件，其中一等奖16个、二等奖32个、三等奖51个，部分获奖作品在北京文化博览会和北京设计周上展出。全部获奖作品图片在西城科协网站展示。

（樊士广）

【绿色科普驿站】年内，“绿色科普驿站”齐发力，组织开展低碳环保、绿色生态、环境美化等居民体验活动，为建和谐创宜居贡献力量。

（樊士广）

【群众性科普活动】年内，举办“讴歌新时代 健康我做主”反邪教科普广场舞展演，街道15支舞蹈队围绕“崇尚科学 祛除愚昧 破迷反伪 抵制邪教”的主题，编排作品参演，展现“讴歌新时代 欢乐享小康幸福我做主”的精神风貌。白纸坊街道参加北京市科协组织的“科学新生活”知识竞答，成绩名列前茅，获小米智能电视一台。组织社区和科协委员单位开展“讲科学故事 品幸福生活”群众科普综艺展演，14个节目围绕“美丽中国实践　科技强国历程　绿色环保故事　健康生活体验”主题，唱响共产党好、社会主义好、改革开放好、伟大祖国好、各族人民好的时代主旋律。

（樊士广）

【科技协作】年内，遴选71个项目申报金桥工程评选，北京市肛肠医院《针刺治疗混合痔术后尿潴留的临床研究》等4个项目获得“金桥工程种子资金”支持，北京市煤气热力工程设计院有限公司胡周海“京津冀区域协同发展战略下的首都及雄安新区天然气供应保障研究”项目获得“北京优秀青年工程师创新工作室种子资金”支持。

（樊士广）

西城区归国华侨联合会

【概况】西城区归国华侨联合会（简称区侨联）是中国共产党领导的由归侨侨眷组成的人民团体，是党和政府联系广大归侨侨眷和海外侨胞的桥梁和纽带，在中共西城区委的领导和北京市侨联的指导下，依据《中华全国归国华侨联合会章程》开展工作。区侨联现为第二届委员会，共有45名委员，设有主席1人、副主席3人、常委15人。聘请海内外顾问和委员共93名，下设17个基层侨联组织。有维权服务工作委员会、文化交流工作委员会、对外联络工作委员会、参政议政工作委员会、西城区侨联青年委员会和区红十字会侨联工作委员会6个专委会。在第十次全国归侨侨眷代表大会上，区侨联获得“全国侨联系统先进组织”荣誉称号，区侨联刘昊扬、林剑浩等3名委员分别获得“全国归侨侨眷先进个人”称号。

地址：西城区牛街20号506室

邮编：100053

电话：83494732

（闫丽霞）

【侨界精准扶贫】年内，主动发挥侨联组织优势，坚持聚焦精准扶贫，立足侨界资源特点，在全区侨界营造聚焦需求、合力攻坚、精准扶贫的良好氛围。成立对口帮扶工作小组，分别到河北省张北县、阜平县、内蒙古自治区喀喇沁旗、鄂伦春自治旗开展实地调研，对接协作项目。7月、8月，组织侨界医疗专家赴河北阜平县、张北县开展义诊和专家讲座。动员侨界人士参与“京侨帮扶双百行动”，募集资金1.4万余元；向张北县图书馆捐赠图书400余册。支持北京诺亦腾科技有限公司等10家爱心侨资企业参与“万企帮万村”，结对帮扶内蒙古自治区鄂伦春自治旗小库莫村。

（闫丽霞）

【高层次人才引进交流】8月，接待张家口市侨联一行来西城考察交流，两地侨联与北京金融街服务局、西城园管委会和西城区海外学人中心等部门负责人一起，围绕京津冀协同发展实际需求，共同做好高层次人才的引进和服务工作进行交流。

（闫丽霞）

【依法维护侨益】年内，依托侨界法律顾问团深入开展依法护侨工作，制作发放侨法宣传资料和宣传品6000余份。接待侨界群众来信来访12人次，法律和政策咨询30余次，协调解决房产纠纷、归侨子女上学及归侨养老等问题。开展“两节慰问送温暖”活动，拜访侨界代表人士30余名，通过市、区相关部门为20余户困难归侨侨眷申请困难补助金共计2.65万元，慰问不同领域归侨侨眷180余人次。利用区红十字会侨联工作委员会平台，为2家侨资企业培训急救员近百名。

（闫丽霞）

【拓展海内外联谊】年内，进一步密切与区侨联海外顾问、委员的联系互动，共接待美国、匈牙利、新西兰、瑞典等多个国家和地区侨团来访30余次，助力海外人才与西城区建立多层次、多领域、多形式合作关系。9月27日，举办“共庆‘十一’祖国华诞、见证‘改革开放’变迁——海外侨领西城行”活动，来自俄罗斯、瑞典、匈牙利、西班牙等14个国家的24名海外侨领参加，西城区委常委、区委统战部部长王旭出席活动并讲话。海外侨领分别参观了天桥艺术中心、北京坊和老舍茶馆，感受西城发展变化和深厚的文化底蕴。区侨联契合春节、“三八”、重阳等重要节点，开展“菊香暖侨心 九九共重阳”“致敬航天精神”等活动20余场，不断加深各领域侨界群众对侨联组织的认同感和归属感。

（闫丽霞）

【参政议政】年内，区侨界市、区人大代表和政协委员认真履职，反映侨情民意，共向人大、政协提出27件建议、提案。其中《关于政府与社会力量相结合，推动健康社区建设的建议》被评为区政协优秀提案。5月8日，举办侨界人大代表、政协委员专题培训会，邀请原全国人大华侨委法案室主任毛起雄博士就“撰写议案提案”进行案例式辅导，提升侨界人员参政议政的能力和水平。参加区政协议政会，完成市侨联重点课题《关于海外侨界高层次人才引进服务首都建设的探讨》理论调研报告。

（闫丽霞）

【侨界文化交流基地建设】年内，分别与北京天桥艺术中心、内联升大栅栏总店签署战略合作协议，建立西城区侨界文化交流基地。通过艺术教育和传统手工技艺等形式，让海内外侨胞感受到中华文化的博大精深和独特魅力。区侨联已先后挂牌成立10家“侨界文化交流基地”，为海内外侨界打造更多更好的文化交流平台，丰富活动内容、创新活动方式，提升了区域文化影响力，使西城与海内外侨胞的联系更加紧密。

（闫丽霞）

【中国侨联调研西城新侨企业】1月30日，中国侨联党组书记、主席万立骏调研西城新侨企业——诺亦腾科技有限公司。听取公司联合创始人兼CEO、美国归侨、国家“千人计划”专家创始人刘昊扬博士，关于企业发展及运用动作捕捉技术等项目汇报，参观诺亦腾办公区与动作捕捉实验室。万立骏指出，新侨创新创业要关注国家和地方政府产业方向，主动对接产业政策，加快自身发展，实施创新驱动发展战略、提升国家实力。区侨联党组书记、主席，区委统战部副部长（兼）安亚荣陪同调研。

（闫丽霞）

【市侨联领导到西城调研】4月13日，市侨联党组书记赵宏生一行到西城调研。区委常委、区委统战部部长王旭陪同调研。调研组参观了展览路街道“侨之家”图书角和活动室，与社区侨界人士进行交流。听取西城区侨情与侨联组织建设及贯彻落实中国侨联《基层组织工作条例（试行）》情况等汇报。12月19日，市侨联主席荣洋率调研组深入西城，实地考察了新街口街道侨联和广内街道侨联“侨之家”建设情况，并与基层侨联组织负责人座谈交流。

（闫丽霞）

【承办“亲情中华·汉语桥”夏令营】6月5至16日，区侨联首次全程独立承办“亲情中华·汉语桥”北京情思夏令营西城营活动，依托中国语言、传统艺术、民俗文化、名胜古迹等载体，向海外华裔青少年彰显中华文化独特魅力，来自印尼、美国的22名海外华裔青少年参加。北京华文学院院长周虹，市侨联副主席苏泳，区侨联党组书记、主席，区委统战部副部长（兼）安亚荣等领导出席开营式。夏令营期间，营员们通过学习和体验，亲身领略博大精深的中华文化魅力和丰厚的老北京人文底蕴，加深对中华文化的认识和理解，为未来将成为传播中华文化和促进中外文化交流的使者奠定了基础。

（闫丽霞）

【二届三次全委（扩大）会议】3月28日，区侨联召开二届三次全委(扩大)会议。市侨联党组成员、副主席李冬娟，区委常委、区委统战部部长王旭出席会议并讲话。会议传达了北京市侨联十四届五次全委会精神；审议了区侨联党组书记、主席，区委统战部副部长（兼）安亚荣代表常委会作《2017年西城区侨联工作报告》；通报区侨联系统获奖情况；通过《西城区侨联第二届委员会关于聘请海外委员的决定》，聘请澳大利亚马连泽等8名海外华侨华人为西城区侨联第二届委员会海外委员。

（闫丽霞）

【传达第十次全国归侨侨眷代表大会精神】8月29日，组织西城区70名侨界群众出席中国侨联“十代会”开幕式。9月19日，在区侨联工作培训班上，市侨联副主席李冬娟向区、街侨联委员传达“十代会”精神，解读中国侨联第九届委员会工作报告。区侨联副主席薛亚明通报“十代会”上，西城区侨界受表彰情况。区侨联结合培训，为街道、社区配发《新时代侨务知识手册》等专业书籍600册，着力提升侨联干部业务能力水平。把学习贯彻“十代会”精神的热情转化为工作动力，真抓实干，努力推进基层侨联建设，完成好换届工作，切实提高为侨服务水平，不断促进侨联事业的发展。

（闫丽霞）

【侨界纪念改革开放40周年】11月30日，区侨联以“侨心深处红墙筑”为主题举办侨界人士纪念改革开放40周年座谈会，区侨联委员代表、归国留学人员代表、老归侨代表分别结合自身归国的学习工作和生活经历，畅谈改革开放40年国家及个人的变化。年内，收集整理近70篇优秀作品，汇编《侨心深处红墙筑》征文集，其中15篇被选入《西城侨讯》——纪念改革开放40周年特刊，7篇在市侨联获奖，7篇被《北京西城报》部分选登；组织侨界人士参加“盛世美图·侨韵北京——纪念改革开放40周年书画展”，6幅书画作品入选并在水立方展出；组织广大侨界群众以及基层侨联干部参观国家博物馆“伟大的变革——庆祝改革开放40周年大型展览”。

（闫丽霞）

【组织建设】年内，落实中国侨联和北京市侨联工作部署，下发关于落实《北京市侨联关于推进“侨之家”建设的实施意见》的工作方案，开展专项工作调研。通过实地调研、座谈交流等形式，深入了解侨情变化、组织机构、委员队伍建设和“侨之家”建设等方面情况，扎实推进基层“侨之家”建设。16个基层侨联均设立了“侨之家”试点单位，其中2个街道侨联和1个社区侨联被市侨联评为示范“侨之家”。举办侨联工作培训班，结合2019年基层侨联换届工作，制发《西城区基层侨联换届工作指导意见》《西城区基层侨联换届工作指南》。

（闫丽霞）

【成立侨界志愿服务队】年内，成立17支西城侨界志愿服务队。9月20日，区侨联党组书记、主席，区委统战部副部长（兼）安亚荣为侨界志愿服务队授旗，邀请北京志愿服务发展研究会和北京市志愿服务指导中心的老师为侨界志愿者授课。加深志愿者对信息系统功能及运用的了解，切实提升侨界志愿组织的运行能力和服务水平。

（闫丽霞）

【党建带侨建】年内，将党建工作纳入区侨联工作总体布局，始终坚持党建引领侨建，牢固树立“四个意识”，坚定“四个自信”，积极践行“红墙意识”。加强对侨界的思想政治引领，学习贯彻习近平新时代中国特色社会主义思想，编印《西城侨界聚焦党的十九大》等学习资料，充分发挥侨联“桥梁纽带”作用，做好归侨侨眷和归国留学人员等不同侨界代表人士的团结引导，树立侨界正能量。开展“进千门走万户”，深入调研，听取解决基层组织、侨界群众的意见及问题。不断完善制度，制定《西城区侨联党组落实中央八项规定实施细则措施》等6项制度，切实转变工作作风、提升侨联干部的综合能力。

（闫丽霞）

西城区工商业联合会（商会）

【概况】北京市西城区工商业联合会（简称区工商联）内设办公室、非公企业党建办公室、会员部和经济服务部4个科室。机关行政编制18人，其中常务副主席1人、副主席3人。年内，发展新会员70户，截至年底，共有会员3164户，其中企业会员2562户，团体会员、个人会员和老会员602户。基层组织17个，其中包括14个街道商会和3个行业商会（大栅栏琉璃厂商会、牛街清真食品商会、西城区德胜商会）。区工商联有常委45人，执委109人。会员中有市人大代表4人、市政协委员8人；区人大代表20人、区政协委员36人。年内，区工商联把促进区域非公经济健康发展和非公有制经济人士健康成长作为工作的出发点和落脚点。全年处级领导结合“进千门走万户”工作，走访企业、居民176家，收集困难问题44个，解决问题29个。

地址：西城区牛街20号4层

邮编：100053

电话：83495617

（屈佳雯）

【主席、会长会】3月12日，区工商联召开十届四次主席、会长会。会上，审议通过区工商联十届三次执委会议程及执委会工作报告（草案），介绍2018年党建工作重点和光彩扶贫项目开展计划及落实精准扶贫工作的具体措施。7月11日，区工商联召开十届五次主席、会长会。会上，听取区工商联2018年上半年工作总结和下半年工作思路、“北京民营企业百强”调研与发布工作的进展情况和会员企业参与西城区对口支援地区的帮扶情况。

（屈佳雯）

【十届三次执委会】4月2日，区工商联召开十届三次执委会。会议由区工商联党组书记郭君瑛主持，区工商联执委100余人参加会议。会上，副区长、区工商联主席、商会会长司马红传达全国两会精神并作题为《锐意进取，尽责担当——奋力开创工商联工作新局面》的工作报告，为获得“西城区和谐劳动关系单位”的企业授牌。市工商联副主席王报换，区委常委、区政法委书记、统战部部长王旭出席会议并讲话。

（屈佳雯）

【参政议政】4月10日，区工商联界别6名政协委员就团体提案到区城市管理监督指挥中心调研，了解城市管理平台和全响应协同平台的建设情况。年内，组织工商联界别政协委员参加政党协商会、双月专题协商会和西城区“十三五”规划中期评估议政会。《关于利用大数据和云计算促进‘非首都功能’疏解》获区政协党派团体优秀提案，《关于更好地开展背街小巷整治工作》等5份个人提案获区政协委员优秀提案，区工商联获社情民意信息工作先进单位。

（屈佳雯）

【女企业家联谊会成立】4月19日，区工商联召开女企业家联谊会成立大会。区工商联党组书记郭君瑛主持会议，15名女企业家参加会议并相互交流座谈，推选出联谊会领导班子。

（屈佳雯）

【青年企业家联合会成立】5月16日，区工商联召开青年企业家联合会成立大会暨第一次会员大会。区工商联党组书记郭君瑛主持会议，39名青年企业家联合会会员参加。会上，区工商联副主席王学丽作筹备工作报告，审议《西城区青年企业家联合会章程（草案）》，选举产生青年企业家联合会第一届理事会理事，并举行理事会第一次会议，选举产生青年企业家联合会第一届领导班子。9月20日，区工商联与青年企业家联合会共同举办庆祝改革开放40周年“创与守，新与变；两代企业家共话四十年”主题访谈会，四对企业家讲述创业故事和企业发展历程。11月6至9日，区工商联组织部分青年企业家赴杭州和上海开展以“传承红船精神，践行红墙意识”为主题的学习教育活动。11月28至29日，区工商联组织青年企业家学习习近平总书记民营企业座谈会讲话精神，与会企业家们就讲话精神进行讨论，并参观北京行政副中心规划展览馆。

（屈佳雯）

【街道商会工作】8月28日，区工商联召开街道商会工作会，各基层商会的会长、秘书长参加会议。会上，传达中央统战部、全国工商联《关于促进工商联所属商会改革和发展的实施意见》电视电话会议精神，总结商会上半年工作，部署下半年商会工作，各街道商会相互交流座谈。10月，“西城区德胜商会”成为第一个在民政部门社会团体法人注册工作的地域性综合商会。

（屈佳雯）

【对口帮扶】10月，区工商联与呼伦贝尔市工商联共同举办“西城区京蒙扶贫协作携手奔小康培训班”。年内，共有19家会员企业与鄂伦春自治旗、张北县、阜平县的17个深度贫困村以及门头沟的2个低收入村签订帮扶协议。签约企业对3年帮扶投入总额进行承诺，带动贫困户就业、创业。3家会员企业向阜平县3家乡镇卫生院捐赠价值30万元的医疗设备并投入使用。组织捐赠了价值28.8万元的300套新棉服、3000元血压计等医疗器械，8家会员企业走访8个村16户贫困户并送去慰问金8000元。

（屈佳雯）

【非公党建工作】年内，新成立党支部2个，发展7名入党积极分子，6名预备党员转正。按照全市党员到社区报到的工作要求，非公党委直属31个支部、212名在职党员全部在规定时间内完成报到。非公党委以强化“红墙意识”为主题，在全体党员中开展“践行四个承诺，争创四优党员”创先争优活动。组织非公党委的254名党员、97名入党积极分子参加七一“共产党员献爱心”捐款活动，共捐款22447元。为30家“党员爱心驿站”颁牌并提供服务。

（屈佳雯）

【服务会员】年内，区工商联分别与攀枝花市工商联、唐山市曹妃甸区工商联、呼伦贝市工商联签订友好商会协议书。组织会员企业参加京津冀招商会、对接会10余场、优化营商环境政策解读会等。8月，组织4家会员企业参加2018天境祁连绿色美食文化节。9月，组织30家会员企业参加非公有制企业档案管理培训班。10月，组织会员企业参观第四届军民融合发展高技术装备成果展览暨论坛活动。11月，组织10家会员企业参加首届中国国际进口博览会。

（屈佳雯）

（责任编辑　姜光　贾国平）

法治 军事

法 治

政法工作

【概况】中共北京市西城区委政法委员会（简称区委政法委）是区委领导、管理全区政法工作的职能部门，并担负着协调组织全区力量维护辖区安全稳定的重要职责。西城区委政法委的工作机制是委员会制，与西城区社会治安综合治理委员会办公室、西城区维护稳定领导小组办公室、西城区防范和处理邪教问题领导小组办公室、西城区流动人口管理办公室合署办公。年内，区委政法委深入推进平安建设、法治建设、队伍建设和智能化，为维护国家政治安全、确保社会大局稳定、促进社会公平正义、保障人民安居乐业作出了积极贡献。

地址：西城区二龙路27号

邮编：100032

电话：88064290

（田瑞鑫）

【年度政法工作会】3月1日，区委召开政法、综治、维稳、安保综合大会。为改变会风，将区委政法工作会、区委政法委员会会议全体会、区维稳工作领导小组会暨全国“两会”安保部署会、区综治委流管委全会、区委防范和处理邪教领导小组会等5个会议合并召开。区领导王旭、田巨德、朱国栋、刘国周、王奇、蔡慧永等出席。全区政法单位领导班子成员、相关委办局主管领导、街道主要领导和主管领导以及政法委机关全体干部260余人参加。朱国栋主持会议并传达了市委有关会议精神。刘国周对全国“两会”维稳安保工作进行了部署。王旭做了题为“坚持以习近平新时代中国特色社会主义思想为指导，奋力开创新时代西城政法工作新局面”的报告。报告充分肯定了上年全区政法各项工作取得的成绩，指出了年内工作面临的严峻形势，并明确了2018年全区政法各项工作的总体思路。

（田瑞鑫）

【全民国家安全教育】4月15日，区委政法委在全区开展“全民国家安全教育日”宣传活动。活动以全市“护航新时代”为主题，区委政法委、西城公安分局、区国家安全分局、区保密局、区金融办等单位在白纸坊街道大观园公园设立主会场，其他14个街道分别设立分会场，全区各界干部群众4.5万余人热情参与主会场及各分会场宣传活动，发放国家安全、法律、保密、反恐、反间、防诈骗等宣传品8万余份。各街道开展了文艺演出、播放宣传片、推送公众号、展板展出、发放各类宣传品等形式多样的宣传活动。特别是德胜街道在德外大街北三环中路安装20条硬质横幅，区委宣传部在西单大悦城、君太百货及老佛爷百货利用LED大屏，循环播放区国家安全分局制作的《国家安全公益广告》，收到良好宣传效果。

（田瑞鑫）

【季度政法工作会】7月2日，区委政法委召开第三季度政法委员会全体会，研究政法领域城市精细化治理工作并部署下阶段政法工作。王旭、刘国周、蔡慧永、李卫国及政法各单位主要领导参加。政法系统将按照区委城市精细化治理有关要求，认真查找不足、分析原因、找出差距，结合政法各项工作实际，有针对性地推进精细化治理工作。下阶段，政法工作将重点突出以下三个方面。一是确保中非合作论坛峰会安保任务万无一失；二是全力服务保障疏解政治促提升工作开展；三是全面完成加强基础建设各项任务；四是精心组织深入落实以机构改革为中心的各项工作；五是持续不断加强党的建设、队伍建设和作风建设。

（田瑞鑫）

【安全稳定工作】年内，深入推进落实《长安计划》，全面提升安全稳定能力。开展重大矛盾排查化解，区领导带头包案。加强重点人群排查管控，提高反恐处突能力。妥善处置涉众群体事件，果断打赢两场处置硬仗，坚决守住不发生规模聚集这个底线。开展情报信息会商研判和全天候应急值守，确保不稳定因素及时处置不过夜。落实城市常态化办会要求，警卫工作实现新的跨越。持续深化反间谍斗争，切实维护国家核心机密。严厉打击各类邪教，净化邪教生存土壤。

（田瑞鑫）

【平安建设】年内，区委政法委探索“西城大妈”平安志愿服务、新时代“枫桥经验”有序推进。强化“访调对接”和“社区法律顾问”模式，社会矛盾多元调解工作有效推进。累计拘留以上处理2963人，扫黑除恶专项斗争不断深入。“雪亮工程”建设不断加强，社会面防控基础更加牢靠。加大刑事案件打击力度，群众安全感明显提升。依法审理涉众经济犯罪和针对未成年人犯罪，切实防止学生欺凌和暴力事件发生。加强交通管理服务，净化道路秩序环境。加强消防安全整治，消除大量安全隐患。开展“平安创建”百日专项行动，筑牢平安稳定基层基础。综合执法建设不断明晰，综治中心建设不断规范。织密“四网”防控体系，群防群治威力不断彰显。加强新媒体阵地建设，宣传工作持续提升。

（田瑞鑫）

【疏解整治】年内，围绕“落实北京城市总规、疏解整治促提升”等任务，全力做好政法各项工作，在秩序维护、司法保障、法律服务等方面发挥积极作用。全力服务市场疏解、背街小巷整治工作，累计出动警力1万余人次，强力保障官园市场顺利闭市；整合司法资源，依法破解难题，共受理各类疏解案件1325件，法律效果和社会效果良好。坚持打好扶贫攻坚战，累计捐赠120余万元。

（田瑞鑫）

【法制建设领域改革】年内，区委政法委统筹法治领建设领域改革，全力推动改革向纵深发展。深化“执法办案管理中心+”模式，大幅提升司法效能。推进审查逮捕诉讼改革，公益诉讼稳步推进；设立“金融犯罪预防教育基地”，加强犯罪预防工作。全面落实司法责任制，高效审理各类案件，坚决维护公平正义；加大执行工作力度，基本解决执行难。纠纷解决更加迅速，法律服务更加便捷；行业管理更加规范，法治宣传全面推进。统筹全区依法行政，全面实行法律顾问制度。深入落实信访责任制，信访问题得到高效解决。成立金融法治研究会，积极发挥法学会职能作用。

（田瑞鑫）

【法治建设领域改革】11月16日，区委政法委召开区委政法委员会全体会议暨法治建设领域改革领导小组会，总结全年工作，重点分析下年形势、谋划并提出工作思路。区领导王旭、姜立光、蔡慧永、刘蓬参加，区政法各单位和法治建设领域改革领导小组各成员单位参加。会议指出，下年各类敏感节点多、重大安保任务多，维护稳定工作压力大，改革任务繁重，我们要充分认识面临的严峻形势，准确把握工作特点，不断提高工作站位，不断加强平安建设、法治建设和过硬队伍建设。政法及改革工作要做到以下四点：一是抓实基层基础工作，二是创新方法战术，三是用好高新技术，四是强化战时机制，五是保障改革顺利落实。

（田瑞鑫）

社会治安综合治理工作

【概况】北京市西城区社会治安综合治理委员会办公室（简称区综治办，是区委、区政府解决社会治安问题的办事机构，承担维护社会稳定和社会治安综合治理“打击、防范、教育、管理、改造”工作任务。年内，全区社会治安综合治理工作在区委、区政府的领导下，以平安西城建设为主线，以全国“两会”等社会面安保工作为重点，强化综治基层基础，深化治安防控体系建设，谋划市域社会治理，努力提升人民群众安全感和满意度，全区社会治安综合治理工作态势良好。严格落实责任制，全区自上而下层层签订社会治安综合治理领导责任书，签订率达100%。

地址：西城区二龙路27号

邮编：100032

电话：88065621

（霍爱全）

【基层综治中心建设】年内，完成第二批试点街道、社区综治中心验收。充分发挥体系建设优势，多次组织公安、司法、维稳、信访等相关部门对街道综治中心建设情况进行协调调度。聚焦疏解整治促提升、背街小巷整治等重点工作，积极探索综治中心与重点工作相融合的工作机制，进一步发挥综治中心在治安防控、矛盾化解、特殊人群管理等领域的实效作用，逐步完善“一个体系统筹工作协调、一个平台随时指挥调度、一个机制确保及时会商、一套流程实现督办解决、一个目标切实服务中心任务”的“五个一”工作模式。年内，完成区级综治中心及15个街道综治中心建设，190个社区综治中心完成挂牌，“两站三室”建成，完成比例为74.2%；累计现场接待群众反应问题895个，解决重点问题和向群众反馈情况521个。发现矛盾纠纷442起，化解矛盾纠纷400起。

（霍爱全）

【“西城大妈”】年内，“西城大妈”品牌在扎实工作的基础上有新闻、有新意、有新成就。4月“新时代、新气象、新作为”主题采访活动中，各路媒体聚焦“西城大妈”，先后推出《红墙下的西城大妈》《美国大爷加入西城大妈志愿团队》等十余篇专题报道，转发阅读量超十万次。推出微信订阅号服务号双号运行，重新设计了西城大妈微信公众号形象。以“西城大妈”柳素霞为主人公拍摄的原创微视频《西城大妈——柳素霞的幸福生活》，获第三届平安中国微电影微视频微动漫比赛微视频类十大微视频奖，获北京赛区微视频一等奖第一名。与杭州市下城区携手举办“武林论安”平安志愿服务高峰论坛，聚焦平安志愿服务主题，打造“南北大妈”平安志愿者品牌联盟，推动平安志愿者服务跨区域交流合作新机制建立完善。成功举办了第二届“平安西城”志愿服务大赛，历时五个月，评选出一批先进人物和项目，设计微信投票小程序，吸引居民参与十强票选，22598人观看了网络直播。

（霍爱全）

【扫黑除恶专项斗争】年内，区综治办承担区扫黑除恶专项斗争领导小组办公室职能，负责整合资源，形成扫黑除恶整体工作合力。全年共计打掉市扫黑办认定的涉恶犯罪集团2个，刑拘16人，起诉11人；共立九类涉恶案件140起，破案110起，破案率79.70%，继续保持高于75%的刚性目标；对涉黄涉赌涉黑重点线索及社会面突出秩序类问题，开展不间断打击整治，持续推进“铁铲”“晨锋”等专项行动，累计查获并作行政拘留以上处理各类违法犯罪人员2963人，其中涉黄147人、涉赌163人，号贩子242人、黄牛138人、“黑车”扰序415人；完成对全区2595名现任社区“两委”干部的资格审查，突出政治标准，选好配强基层党组织带头人。撰写总结、整改报告、领导讲话、信息简报、案件经验材料等文字材料30余篇；召开部署会、领导小组会、联络员会、办公室主任会、培训会共计13次。

（霍爱全）

【“雪亮工程”】年内，推进全区图像信息系统联网建设工作，召开全区25个委办局、15个街道，西城公安分局6个业务部门、29个基层派出所主责领导参加的“雪亮工程”推进部署会，统一思想，明确任务。5月24至25日在西城公安分局分两天四场分组召开西城区公共安全视频频监控建设联网应用工作对接推进会。解读相关政策，明确技术方案，部署联网工作。为两节、全国“两会”等维稳安保社会面防控工作万无一失奠定了信息基础。

（霍爱全）

【地下空间整治】年内，加强地下空间清理整治联席会调度，明确各成员单位的职责任务，创新任务倒排、推进通报、难点会商、联勤响应、上报破题、督查保障等“六个机制”，出台“七个清理整治会议纪要”，召开9次调度会、现场执法10余次，督促民防、房管两家单位对各自主责的人防地下空间和普通地下空间加大整治力度。年内完成关停81处地下旅店清退任务，疏解7500人次。各街道利用腾退地下空间建设规范便民项目，西长安街红墙系列“氧吧”、私人自助小仓库，月坛雅集传艺荟，白纸坊纸文化博物馆、冰雪体验馆等项目，满足居民日益增长的精神文化需求。

（霍爱全）

【重点地区整治】年内，按照“治重点、破难点、抓热点、重实效”的工作思路，对全区18处三级挂账的治安重点地区逐级制定整治工作方案，落实区、街两级职能部门主管领导责任制。其中，3处市级挂账重点地区全部落实了区主管领导为整治工作领导小组组长的领导责任制。深化对入室盗、八类严重刑事案件等违法犯罪行为的专项打击整治，持续加强老旧小区、校园医院周边、交通枢纽、商业街区等重点地区突出治安问题治理，治安案件立案310起，治安拘留102人次。西城区群众安全感指数达到97.7%，创历史新高，群众获得感、幸福感、安全感明显提升。

（霍爱全）

流动人口和出租房屋管理工作

【概况】北京市西城区流动人口和出租房屋管理委员会（简称区流管委）是负责流动人口和出租房屋指导协调和综合管理工作的议事协调机构。下设办公室（简称区流管办）与区综治办合署办公，为区流管委的常设办事机构。年内，以全国“两会”、中非论谈等重大活动安保为工作重点，围绕违法群租房治理这条主线，做好社会面防控协助工作。进一步聚焦疏功能、控人口主旋律，提升流动人口服务管理水平，为西城区经济发展提供了和谐稳定氛围。全年西城区违法群租房整治任务数是600户，涉及3600人。截至12月底，全区治理违法群租房642处1487间，涉及人口4766人，完成全年任务的指标。

地址：西城区二龙路27号院

邮编：100032

电话：88064108

（郭敬成）

【政法工作会】3月1日，召开2018年西城区政法工作会，会议由副区长朱国栋主持。区委常委、政法委书记、统战部部长王旭，副区长、西城公安分局长刘国周，政法委员会委员，维稳工作领导小组成员，综治委领导小组成员，各街道主管领导参加了会议。会议通报了西城区安全稳定形势并部署全国两会安保工作；区领导与相关单位代表鉴定了责任书。王旭针对工作部署提了要求。

（郭敬成）

【第一季度督查情况】“两会”后，区流管办利用近20天的时间，对全区第一季度反弹的群租房治理情况进行了核查（包括12345平台举报的和街道上报的），共检查74户，已整治66户，6户反弹在治理中，2户未入户成功。主要存在的问题：一是房屋打隔断；二是有上下床；三是对于反弹现象监管力度不够。

（郭敬成）

【工作调度会】4月20日，西城区召开地下空间及违法群租房治理工作调度会。会议由副区长朱国栋主持。区综治办、流管办主任张宝生参加会议。参会的单位还有西城公安分局治安支队、人口支队，西城工商分局，区房管局，区发改委，区卫计委，西城消防支队，区民防局及街道主管领导。会上，区流管办针对第一季度《政府热线要情》第4期反映的违法群租房反弹问题进行了情况说明；同时还通报了第一季度区流管办对街道群租房治理核查的情况。

（郭敬成）

【流管工作推进会】5月9日，副区长朱国栋在4月20日关于群租房治理工作调度会后，再次召开关于流管员队伍建设及统筹协调工作推进会，会议由区综治办、区流管办、西城公安分局、金融街街道和展览路街道主管领导参加。主要针对在群租房治理工作中，流管员队伍建设及使用情况进行了讨论。

（郭敬成）

【核查通报】5月中下旬，首都综治办（市流管办）委托第三方机构，利用周末和工作日时间，对西城区上报第一季度（部分街道包含4月份点位）已完成整治的197户违法群租房，采取不打招呼、不听汇报、直奔点位、暗访调查的方式，开展实地入户核验。此次核验违法群租房数量约占一季度已完成整治违法群租房总量的30%，涵盖14个街道，82个社区。此次检查，西城区被抽查18户，已完成整治且达标的13户，整治中或整治未达标的2户，有3户出现反弹，没有整治。整治率为83.33%，完成率为72.22%。

（郭敬成）

【督查检查】6月初，区流管办组成3个检查小组，对各街道1至5月上报的已完成整治的违法群租房298户，采取不听汇报、直奔点位的方式，开展实地入户核验。此次核验违法群租房数量约占全年已完成整治违法群租房总量的近50%，涵盖13个街道。从检查结果来看，此次检查有8个街道在这次检查中全部合格，有的街道整治后出现了反弹。

（郭敬成）

【打击“涉黑涉恶”工作部署会】7月3日，由副区长朱国栋主持的关于依法打击房屋租赁中介市场“涉黑涉恶”行为工作部署会。西城区法院、区检察院、区流管办、区发改委、区房管局、西城公安分局（人口支队、治安支队、刑侦支队）、西城工商分局、区委宣传部、区城管执法局、区行政服务办（非紧急救助）及各街道主管领导参加了会议。会上，朱国栋部署了《西城区关于依法打击房屋租赁中介市场“涉黑涉恶”行为的指导意见》；区流管办通报了市第三方5月份对全区违法群租房暗查情况，并把第二季度区流管办对全区群租房普查情况作了通报。同时部署了市第三方到西城区进行明查的迎检工作。在会上，各单位就如何开展对违法群租房治理工作进行了研讨，并作了建议性发言。

（郭敬成）

【督查通报】7月4至5日，市“疏解整治促提升”专项办组织第三方，对2017年1月至2018年5月上报的违法群租房及地下空间台账进行抽样检查，并以明查的方式进行核验。此次抽查共涉及西城区10街道23个点位，采取入室入户检查形式，并严格按照北京市住房和城乡建设委员会、北京市公安局和北京市规划委员会三家联合发布的《关于公布本市出租房屋人均居住面积标准等有关问题的通知》（京建法〔2013〕13号）有关规定执行，从检查结果看，白纸坊街道有3处不合格。

（郭敬成）

【专项工作会】8月8至10日，区流管办召开由区维稳办、区综治办、区发改委、区统计局、西城公安分局（刑侦支队、人口支队、治安支队）、西城消防支队、区房管局、西城工商分局、区安监局、区国资委、区民防局、区房地中心、区宣房投及各街道综治办（流管办）主管领导及专职人员参加的群租房治理专项工作推进、培训会。培训会由区流管办副主任李成志主持，区委政法委副书记、区综治办、区流管办主任张宝生就如何将群租房治理工作与综治工作结合起来进行了授课；西城公安分局治安支队、刑侦支队结合本职工作，如何开展违法群租房“涉黑涉恶”治理工作进行了培训；区综治办对地下空间清退工作情况作了通报，同时部署了下一步工作；区维稳办副主任陈光就违法群租房治理工作中如何进行风险规避作了培训。在会上，各单位就如何开展对违法群租房治理工作做了研讨，并作了建议性发言。

（郭敬成）

【考评部署】11月13日，为落实区发改委关于2018年“疏解整治促提升”专项行动，结合西城区对违法群租房治理的工作实际，围绕年度绩效考评体系，依法打击房屋出租过程中涉及的黑中介、二房东，进一步提高违法群租房治理水平，区流管办召开了由街道综治办主任参加的年终考评工作部署会。

（郭敬成）

公安工作

【概况】北京市公安局西城分局（简称西城公安分局）在市局党委和区委、区政府领导下，主管本行政区域内社会治安管理的公安行政机关。内设综合部门3个、职能部门14个，在辖区各街道和繁华街区共设立19个户籍派出所和10个治安派出所。西城公安分局树牢“四个意识”、坚定“四个自信”、坚决做到“两个维护”，践行“十六字”总要求，坚持“四个第一”理念，以当好新时代“红墙卫士”的思想自觉、政治自觉、行动自觉，忠诚履行“为党和人民站好岗、放好哨”的神圣职责，圆满完成全国“两会”、中非合作论坛北京峰会等一系列重大安保任务，持续确保了全区政治安全和社会安定。按照“无隐患、无漏洞、无盲区”“天干净、地干净、人干净”标准，不断优化勤务模式和防控机制，全面提升防控效能。年内，持续改进和加强警卫工作，建立形成“十个坚持保安全、五个注重树形象”以及“以常备保常态、以基础保常态、以科技保常态”的“西城警卫模式”，确保了全年警卫任务安全效果与政治效果、社会效果相统一。依托全区反恐怖联席会议制度，强力牵动各成员单位落实反恐防恐机制措施，全力构建起党委政府领导、部门分工负责、社会协同参与的全民反恐怖工作格局，牢固树立“反恐防恐，重在防恐”理念，以“滴水不漏”标准，坚决守住了“不发生暴恐活动”的底线。年内，西城公安分局针对各类涉访群体主动研究、分类施策，先后妥善处置涉军、P2P利益受损、因病致贫等各类群体集访活动。强力推进扫黑除恶专项，及时打掉吧托诈骗、“套路贷”等一批团伙，实现涉黑涉恶线索100%查证、案件100%侦破。依托“守护2018平安行动”，对严重影响群众安全感的盗抢骗等突出违法犯罪“零容忍”，快侦快破“7·23”系列入室盗、“陈某燕等人虚开增值税专用发票”等一批大要案。聚焦全区挂账点位，持续开展治安环境常态化清整，及时打掉“涉黄敲诈”团伙19个，医托号贩子、黑车黑摩的、非法一日游等秩序类问题得到有效治理，全区刑事类、治安类、秩序类警情同比分别下降20%、18%、32%。全年7×24小时警务室累计接待群众3.9万余人次，就近处警2.2万余人次，抓获违法犯罪嫌疑人228人，调处矛盾纠纷8128次，配合职能部门开展清理整治1394处。围绕各项安保任务和敏感节点，持续开展消防通道整治、重大安保社会面火灾防控和“三大行动”隐患整改回头看等专项行动，守住消防安全底线，全区火警同比下降8.3%，共实施抢险救援372起，执行救助任务740起，解救被困人员108人，火灾现场疏散596人，抢救财产损失3350万元。积极参与市场疏解、背街小巷整治等工作，累计出动警力2万余人次，保障官园市场疏解任务圆满收官。年内，西城公安分局完成机构改革，将25个机构优化调整为17个，369名干部、1324名民警平稳实现重新任命或关系调整，业务整合、机制磨合和队伍融合不断加强，改革成果迅速转化为推动基层工作的强大动力。

地址：西城区二龙路39号

邮编：100032

电话：83955110

（翁嘉仪）

【完成重大警卫勤务】年内，西城公安分局细致完善重大警卫勤务安保措施，坚决落实“以人民为中心”“常态化办会”要求和中央八项规定，按照公安部副部长、北京市副市长、市公安局局长王小洪“政治活、专业活、基础活、精细活、实在活”的具体要求，持续改进和加强警卫工作，全力确保安全效果与政治效果、社会效果相统一。圆满完成2018年全国“两会”、中非论坛北京峰会等一系列重大安保维稳任务。

（翁嘉仪）

【做好重大活动安保】年内，西城公安分局围绕各类重大活动和节日安保，加强危险物品、烟花爆竹和“低慢小”等查控力度，共承担大型活动安保417次，投入安保力量2.7万余人次，安检135.2万余人次，收缴管制刀具21把，收缴气枪、仿真枪73支，铅弹3013发；对12家“低慢小”使用单位和412名爱好者开展“禁飞”宣传，印发“禁飞”宣传通告3万余张。同时，在节假日安保期间启动重点公园景区秩序维护方案，强化大人流疏导、外围封闭、机动备勤、宣传引导等各项应对措施，期间累计接待游客485.7万余人，未发生安全事故。

（翁嘉仪）

【全面提升重点地区防控水平】年内，西城公安分局为健全“6+8+N”远端查控过滤机制等措施，提出政治中心区防控处置“以快制快”指导思想，明确“可疑即报告”的防控原则，创建了“扁平指挥、秒级响应、一呼百应”防控模式。遇有突发情况由最小作战单元通过电台第一时间向属地派出所报告，将现场影音资料进行共享和留存，有效解决了实战中“通讯绕圈”问题，实现指挥调度的“更快、更准、更灵”。年内，此模式全面推广至全区其他重点地区，整体提升区域防控能力和处突水平。

（翁嘉仪）

【严密反恐怖工作措施】年内，西城公安分局健全完善全区反恐全要素台账，强化高峰勤务、武装巡逻、一分钟处置等机制，深入开展反恐怖宣传“五进”活动和警民联合实兵实景演练。同时，结合全国“两会”等重大安保工作，成立联合检查组，围绕涉及反恐防恐的人、地、事、物组织，开展各项检查45次、下发整改通知书17份，坚决守住了“不发生暴恐活动”的底线。

（翁嘉仪）

【推进扫黑专项行动】年内，西城公安分局坚持“除恶治乱，重点是治乱”的思路，贯彻落实市局提出的“有黑扫黑、无黑除恶、无恶之乱、无乱整序”的工作要求，充分发挥专项办牵动引领的职能作用，建立主要领导每周专题会商调度制度，强力推进扫黑专项斗争。先后打掉涉黄敲诈犯罪团伙15个，抓获嫌疑人49名；成功侦破全市首起套路贷案件，并连续打掉该类新型犯罪团伙4个，抓获嫌疑人名22人。全年刑事案件破案同比上升7.5%、立案同比下降8.4%。

（翁嘉仪）

【打击毒品犯罪】年内，西城公安分局紧盯网上网下两个战场，按照“打团伙、摧网络、断通道、追毒源”的打击思路，坚持打零收戒与打大攻坚相结合，对毒品犯罪保持高压态势。同时，进一步整合多种情报资源服务缉毒工作，提升打击工作及时性、准确性和实效性。全年共抓获涉毒违法犯罪人员312名，破获涉毒案件36起，缴获各类毒品共计3308.63克。

（翁嘉仪）

【强化全区治安秩序整治】年内，西城公安分局依托“守护'2018平安行动”“铁铲”等专项，紧盯挂账点位，以属地街道、城管、交管及派出所等执法力量创建“区域打整控专班”，优化部门联动模式，组建最小合成作战单元，实行网格管理，开展综合执法整治，此项机制创新在市局“6+N”波次攻坚第二阶段部署会上面向全局推广。同时，分局对严重影响群众安全感的盗抢骗等突出违法犯罪加大打击力度，入室盗、扒窃、信用卡诈骗等群众身边案同比大幅下降21%、73%和40%。

（翁嘉仪）

【严打涉外“三非”违法】年内，西城公安分局按照出入境管理总队《关于全面强化“三非”外国人打击工作的通知》要求，对全区外国人聚居的社区、平房院落、独门独院以及出租房等部位开展检查，广泛搜集违法犯罪线索，对“违住”“非法居留”的外国人给予严格处罚；同时，开展涉外企业机构、外语培训机构和外商的摸排核查工作，对聘用外国人的企业进行走访和告知。

（翁嘉仪）

【推行“十户联防”】年内，西城公安分局以“防暴恐、防极端、防冲撞、防聚集、防事故”为重点，研究制定《西城区大型商市场等人员密集场所防范处置暴恐事件和极端行为工作预案》，进一步明确企业和商户的防控责任及职责分工，以及企业内部安保力量投入和装备配备标准，以“一分钟商户自保自救、三分钟企业保卫力量先期处置、五分钟公安专业力量到场处置”的工作原则，细化了通信指挥、“十户联防”、应急处置、疏散引导等工作流程，初步构建了以“警企联动、网格联保、区域联防、整体联控”为主要内容的大型商市场“四联五防”防控模式。

（翁嘉仪）

【全力服务疏解整治促提升】年内，西城公安分局全力配合西城户籍人口调控工作，开展流动人口登记办证、离返京监测、出租房屋补采补录等专项工作，强化信息采集登记，进一步提高流动人口登记率。同时，通过加强集体户口清理和户口核销力度，最大限度控制增量、减少存量，全区户籍人口增加14916人，完成全年调控任务。

（翁嘉仪）

【深化“放管服”改革】年内，西城公安分局为落实“放管服”改革要求，切实把窗口服务作为新时代公安群众工作的平台和纽带，出台绿色通道办证、缩短异地办证时间、“一张表单”办理等一系列便民利民举措，努力兑现“只跑一次”的庄严承诺，受惠群众达30万余人次，进一步提升为民服务的能力和水平。

（翁嘉仪）

【推进社区安全防范】年内，西城公安分局依托西城区“智慧社区”建设和物技防建设部署，加大物技防投入，全区新安装单元楼门467个、安装院门2077个、监控探头763个、周界报警系统20套、楼宇对讲系统257个，安装防撬锁5000把、推广“C”级锁芯5000把，入户发放宣传册页19万份。全年入室盗窃立案同比下降23%，全区共有106个社区实现“零发案”。

（翁嘉仪）

【“红墙卫士”】年内，西城公安分局为继承和发扬首都公安“六种精神”和西城区“红墙意识”，结合西城公安实际打造“红墙卫士”忠诚警魂，中宣部“新时代新气象新作为”大型主题宣传活动为西城分局开设专场，人民日报、新华社等33家主流媒体对分局10个“红墙卫士先锋岗”进行了集中系列报道，推树“红墙卫士”英雄群像。多篇报道文章阅读量超过千万人次，引发社会强烈反响。

（翁嘉仪）

【全面推进执法规范化建设】年内，西城公安分局持续深化刑事、行政两个执法办案管理中心规范管理和深度应用，以“执法办案管理中心+”为主导思路，进一步深化侦审一体化改革，提高案件审核专业化、规范化水平。针对行政案件办结率低的问题，研究制定《西城分局关于行政案件审结的工作规范（试行）》，明确行政案件受理流程和结案程序。全年行政案件结案率同比提高22.9个百分点，其中，极易引起信访的伤害类案件办结率同比提升70.6%，提升群众满意度水平。

（翁嘉仪）

检察工作

【概况】北京市西城区人民检察院（简称区检察院）在区委和市检察院的领导下、区人大及其常委会的监督下，立足首都城市战略定位和西城区域功能定位，围绕全面提升司法的融入融合能力和水平，按照区十六届人大第四次会议决议的要求，忠实履行法定职责，大力践行司法为民，扎实推进新时代首都强检战略，各项检察工作取得新进展。依法惩治各类刑事犯罪，全年共批准逮捕各类刑事犯罪嫌疑人733人、提起公诉1085人，与2017年基本持平。深入推进扫黑除恶专项斗争，依法办理市检察院交办的系列涉黑涉恶案件10件27人，突出惩治盗抢骗等多发性侵财犯罪，共起诉477人，切实保护公民人身权、财产权。努力化解社会矛盾纠纷。严格贯彻“宽严相济”，对情节轻微的312名初犯、偶犯、过失犯依法决定不捕不诉，减少社会对抗，增进社会和谐。坚持在法治轨道上完善涉法涉诉联动机制和矛盾纠纷化解机制，全年共接待群众来访666批次986人次。切实加强服务保障，促发展惠民生检察取得新成效。主动融入中心工作，自觉把检察工作摆到区域发展大局中去谋划和推进，靶向发力，精准服务。持续净化营商环境。依法平等保护市场主体合法权益，坚持“三个慎重”，区分“五个界限”，最大限度地减少司法办案对企业正常生产经营的影响。着力加强民生检察。坚持检察跟着民意走，工作围着民生做，从人民群众反映强烈的食药、环保等问题入手，开展专项监督，严惩违法犯罪，努力让群众吃得放心、生活舒适。认真履行法律监督职能，坚决监督纠正执法不严、司法不公等问题，不断满足人民群众日益增长的公平正义需求。把严防冤假错案作为坚守的底线。以程序公正彰显保障人权的力量。努力让正义能够看得见、摸得着、感受得到。依法加大对诉讼活动的监督力度。树立双赢多赢共赢的监督理念，多措并举、综合施策，推动公安司法等机关完善自身防错纠错机制，共同维护公平正义。持续深化司法责任制改革。进一步突出检察官的主体地位，加强以其为核心的办案团队建设，将所有检察官划分为17个专业类型，以专业化确保办案精准化。深入推进诉讼制度的变革。着力打造检察管理新机制。坚持把司法体制改革和现代科技应用深度结合，大力推进智慧检务建设，努力向科技要检力、要战斗力。着力强化自身建设，干部队伍素质能力实现新提升。强化党建引领，队伍核心战斗力综合提升。厚植专业精神，高素质检察队伍渐具规模。坚持文化兴检，内涵式发展成效不断显现。

地址：西城区新街口西里三区18号楼

邮编：100035

电话：59555839

（张　擎）

【举办控辩审三方第六届论坛】 2月9日，区检察院联合区法院、区司法局、区律协成功举办控辩审三方第六届论坛。与会人员对“庭前及时会商”和“信用卡相关问题研究”两个问题有了更加深入的认识，对今后工作形成创新性思路。并以此为契机，进一步推进“两主”作用试点工作，探索构建良性互动的控辩审三方关系。

（张　擎）

【获评“十大精品案”】 3月，在北京市检察机关刑事执行检察部上年度羁押必要性审查案件的精品案评选活动中，区检察院办理的盛胜利案获评全市检察机关2017年度“十大精品案”。以此次精品案评选活动为契机，继续加大办案力度，强化办案效果，多办精品案、优质案，努力推动羁押必要性审查工作深入发展。

（张　擎）

【获评“全国检察文化建设示范院”】 3月26日，区检察院获评“全国检察文化建设示范院”。文化育检、文化兴检，多年来，在西城区“红墙文化”“文化兴区”的战略部署与自身发展中，形成独特的西检文化。

（张　擎）

【再获“文明接待示范窗口”称号】 4月8日，区检察院再获全国检察机关文明接待示范窗口称号，区检察院结合涉法涉诉信访改革及检察改革新要求，进一步规范信访接待、案件办理等各项相关工作，受到市、区领导充分肯定，树立了检察机关良好形象，有效提升执法公信力。

（张　擎）

【成为全区规范化管理示范单位】 4月25日，西城区委区政府组织全区各单位分管办公室工作处级领导共计110人次来区检察院参观学习标准化、规范化、精细化建设，并观看了“三化”工作宣传片，检察管理实践中形成的“七度”管理理念，被区委区政府确定为全区规范化管理示范单位。

（张　擎）

【成功办理首例公开宣告不起诉案件】 5月25日，区检察院在北京市房山区依法对作出的一起相对不起诉案件进行了公开宣告，院党组成员、副检察长张伟主持宣告，北京森林公安分局民警、房山区园林绿化局代表、房山区琉璃河镇政府代表、辛庄村村干部及多名村民共计20余人参加宣告。此次宣告是区检察院首次公开宣告不起诉决定，也是北京市环境资源保护领域内的首例公开宣告不起诉案件。本次公开宣告与公开释法深度融合，实现了“办理一案，教育一片”的普法效果，也是在新时代首都强检战略背景下落实公信强检的有益探索。

（张　擎）

【区检察院举办检察开放日活动】 5月30日，区检察院为推进未成年人检察工作健康发展，推动形成维护未成年人合法权益的合力，以“关爱祖国未来，擦亮未检品牌”为主题，举办检察开放日活动。对增强青少年的法治观念和自我保护意识起到了积极作用，达到了法治宣传的目的。充分发挥检察职能作用，共同为辖区未成年人的健康成长保驾护航。

（张　擎）

【开展防范非法集资主题宣传活动】 6月，区检察院搭建平台、交流互动、凝聚共识、形成合力开展防范非法集资主题宣传活动。并坚持“请进来、走出去”的原则，立足办案，精心打造金融犯罪预防教育基地，充分延伸检察职能，积极化解金融风险，努力为区域金融健康绿色发展贡献检察正能量。

（张　擎）

【全国首例非法买卖濒危水生野生动物案】 6月，区检察院提起公诉的全国首例非法买卖江豚一案公开开庭审理，西城法院当庭作出一审判决，以非法收购、出售珍贵、濒危野生动物罪分别均判处2名被告人一年六个月，缓刑二年。针对该新型案件，区检察院充分发挥“两主”作用，细致审查证据，积极引导公安机关补充侦查。承办检察官有针对性地对两名犯罪嫌疑人进行环保法治宣传教育，促使其对自己非法收购及出售江豚的行为供认不讳，并自愿认罪认罚处理。该案同时被央视新闻直播间以及全国多家媒体报道，取得了良好的法治宣传效果。

（张　擎）

【举行纪念建党97周年表彰会暨专题党课报告会】 6月29日，区检察院召开纪念建党97周年表彰大会暨专题党课报告会。隆重纪念中国共产党成立97周年，全面贯彻落实习近平新时代中国特色社会主义思想和党的十九大精神，深入推进“两学一做”学习教育常态化制度化，大力践行“红墙意识”，激励全体党员进一步弘扬党的优良传统和作风，在服务区域改革发展中展现新气象新作为。

（张　擎）

【完成潜逃嫌犯异地抓捕押解】 7月2日，区检察院与区监委、区公安分局等单位密切协作，顺利完成对一名在逃26年犯罪嫌疑人的异地抓捕、押解。嫌疑人归案后，及时办理好相关手续，安排法警及警车赶赴天津机场，全力协助完成嫌疑人从机场到看守所的中转押解。

（张　擎）

【公检法司整体联动办案】 为进一步深

化认罪认罚从宽改革，有效衔接刑事速裁程序与认罪认罚制度，区检察院与区法院、西城公安分局和区司法局整体联动、积极对接，依托刑事速裁法庭，于7月4日快速办结一起认罪认罚案件，全案仅耗时17小时。根据此次案件办理的主要情况，与区法院、公安、司法局继续沟通会商，总结经验不足，进一步完善制度机制，以期今后办理此类认罪认罚案件时，在保证案件质量的前提下，提高诉讼效率，节约司法资源，探索出更加完整畅通的刑事速裁程序。

（张　擎）

【获“全国一级规范化检察室”称号】9月，区检察院驻西城区看守所检察室在高检院组织开展的全国派驻监管场所规范化检察室等级评定中，再次被评定为全国检察机关派驻监管场所一级规范化检察室。连续第四次获此称号。

（张　擎）

【民事公益诉讼】9月，区检察院在办理一起非法狩猎案件过程中，甄别发现民事公益诉讼线索。经调查取证、诉讼准备、诉前公告等工作，依法向西城法院提起刑事附带民事公益诉讼。该案系北京市检察机关开展刑事附带民事公益诉讼工作以来，首例以一份起诉书实现将刑事诉讼和附带民事公益诉讼内容同时提起的案件。

（张　擎）

【无人机技术调查取证】10月，区检察院在民事公益诉讼案件办理中注重借鉴先进经验和高科技手段，此案为区检察院办理的首例民事公益诉讼案件，同时也是全市首例采用无人机开展调查取证的生态环境损害民事公益诉讼案件，积极作为与审慎推进相结合，创造性地开展调查工作，为同类案件办理积累了实践经验。

（张　擎）

【获评“全国模范检察院”】11月27日，在高检院举办的庆祝检察机关恢复重建40周年暨全国检察机关第九次“双先”评选表彰大会上，区检察院被授予“全国模范检察院”称号。

（张　擎）

【举办第19届“西检杯”知识竞赛】12月9日，区检察院连续19年成功举办“西检杯”，参赛学校涵盖辖区所有中学，已成为北京市检察系统、西城区青少年法治宣传工作的特色品牌，并于2014年获“西城区十大普法惠民品牌”。此后继续坚持以赛事为平台，不断创新形式，扩大影响力，为预防青少年违法犯罪、营造安全法治校园环境做出重要贡献。

（张　擎）

审判工作

【概况】北京市西城区人民法院（简称区法院）在区委的领导、区人大及其常委会的监督和上级法院的指导下，坚持司法为民、公正司法，忠实履行宪法和法律赋予的职责，依法审理各类案件，全面深化司法改革，不断完善为民服务，持续加强党建队建，主动接受各界监督，各项工作取得新进展。区法院狠抓执法办案第一要务，依法履行审判职责，努力化解各类纠纷，全年收案总量达到80487件（含旧存7574件），同比上升24.52%；审（执）结73202件，同比上升28.28%；法官人均结案413.6件，同比上升33.38%，审判综合质效考核指标位列全市法院第二名。年内，区法院获集体奖励26个，其中包括“全国法院知识产权审判工作先进集体”“全国法院家事审判工作先进集体”等国家级奖励5个，“北京市模范法院”“首都文明单位”等市区级奖励21个。张爽等37名干警获得个人奖励17项。区法院打造的“开放式党建”品牌影响力持续扩大，得到上级肯定和社会认可，最高法院政治部发文在全国法院推广经验。

北区地址：西城区后英房胡同1号

邮编：100035

电话：82299240

南区地址：西城区半步桥街50号

邮编：100054

电话：63543081

（韩晓冬）

【征求市人大代表意见建议】1月5日，市高级法院和区法院共同召开征求市人大代表意见建议座谈会。区人大常委会党组副书记、副主任杜黎彬，新华社北京分社党组书记、社长梁相斌等17位市代表参加了视察活动，市高级法院党组副书记、副院长吉罗洪，办公室联络室主任王菲及区法院党组书记、院长蔡慧永及在院的党组成员陪同参会。

（韩晓冬）

【金融街法庭获奖】2月1日，北京市法院召开会议，表彰“北京市法院十佳人民法庭”“人民法庭单项工作突出贡献奖”和“北京市法院模范干警”。区法院金融街法庭因在人民法庭专业化审判工作方面做出突出贡献，被授予“人民法庭单项工作突出贡献奖（专业审判）”。金融街法庭法官童飞、高亢被授予“北京市法院模范法庭干警”荣誉称号。

（韩晓冬）

【区领导到区法院调研】3月6日，区委书记卢映川，区委常委、政法委书记、统战部部长王旭，副区长朱国栋到西城法院调研指导工作。区法院党组书记、院长蔡慧永陪同调研，全体党组成员及相关部门负责人参加了座谈。

（韩晓冬）

【召开新闻通报会】3月20日，区法院召开“新类型旅游合同纠纷典型案例”新闻通报会。人民法院报、北京电视台、北京晚报、北京青年报、缤纷西城等中央、市、区级近20名媒体记者到场采访报道。中国法院网、北京法院网及区法院新浪官方微博全程同步图文直播。

（韩晓冬）

【审理全国首例杂技作品著作权纠纷案】4月24日，区法院民五庭公开开庭审理了中国杂技团诉腾讯公司、许昌市建安区广播电视台、吴桥县桑园镇张硕杂技团杂技作品著作权纠纷案。部分区人大代表、政协委员受邀旁听了案件审理，法制晚报、法治进行时、北京晚报、新京报等新闻媒体到场旁听采访。

（韩晓冬）

【开放式党建】5月8日，最高法院党组书记、院长周强在《国内动态清样》2018年第130期刊载的《北京西城法院探索“开放式党建”强化组织力》一文上批示：“北京市西城区法院探索‘开放式党建’的做法和经验值得总结和推广。”

（韩晓冬）

【全国政协副主席到区法院调研】5月23日，全国政协副主席汪永清带领全国政协“基本解决执行难”专题调研组莅临区法院开展调研座谈。最高法院审判委员会专职委员刘贵祥、北京市政协副主席李伟、市政协社法委主任闫满成、市高级法院院长杨万明、市委政法委副书记鲁为、西城区区委政法委书记王旭、区法院院长蔡慧永陪同调研。

（韩晓冬）

【“涉未成年人被性侵典型案件”新闻通报会】5月29日，区法院召开“涉未成年人被性侵典型案件”新闻通报会。未审庭庭长甘小琴发表了题为《为孩子织密防范性侵之网》的主题发言。中央电视台、北京电视台、人民法院报、新京报等近20家媒体到现场采访报道。中国法院网、北京法院网及区法院新浪官方微博全程同步图文直播。

（韩晓冬）

【共建法律实践教学基地】6月8日，区法院与国际关系学院在金融街法庭举行“西城法院与国际关系学院共建法律实践教学基地签约暨挂牌仪式”。区法院李艳红副院长、国际关系学院副校长吴慧等领导参加会议。

（韩晓冬）

【市高级法院调研“多元调解+速裁”】6月21日，市高级法院党组成员、副院长马强、立案庭庭长杨艳、副庭长张华等一行5人到区法院开展“多元调解+速裁”调研工作。区法院党组书记、院长蔡慧永，党组成员、副院长汪琦及立案庭、速裁庭、审判事务部等相关负责人参加了调研座谈会。门头沟法院党组成员、副院长黄锋参与调研。

（韩晓冬）

【审理全国首例买卖江豚案】6月22日，区法院公开审理“非法出售二级野生保护动物江豚”案，这是全国首例买卖江豚刑事案件。中央电视台（新闻直播间栏目）、北京电视台（法治进行时栏目）、北京晨报、北京晚报、北京青年报、新京报等十余家媒体旁听报道。

（韩晓冬）

【“大金融审判格局”】7月5日，人民法院报第五版“实务周刊”以《一体两翼助推金融法治环境建设——北京西城法院构建“大金融审判格局”工作调查》为题，报道了区法院构建“大金融审判格局”的经验做法及工作成效。

（韩晓冬）

【“菜园街项目”房屋腾退案件】7月30日，在两名区人大代表的参与见证下，区法院执行二庭完成了一起涉及“南菜园及枣林南里棚户区改造项目”腾退案件的执行。

（韩晓冬）

【对口支援青海囊谦县法院】7月，根据市高级法院关于加强对口支援西藏新疆青海法院工作意见的文件精神，区法院党组成员、政治处主任魏立新一行8人，赴青海省玉树州囊谦县法院开展对口支援、巡回授课工作。

（韩晓冬）

【诉前人民调解员聘任仪式】8月10日，区法院举行诉前人民调解员聘书发放仪式，党组成员、副院长汪琦，西城区调解协会会长刘跃新以及27名获聘的人民调解员参加了仪式。

（韩晓冬）

【民建北京市委到区法院调研】8月31日，民建北京市委委员、民建北京市委法制委委员、北京市大地律师事务所主任李庆保一行6人到区法院调研立案阶段多元调解课题。区法院党组成员、副院长汪琦陪同调研。

（韩晓冬）

【区法学会金融法治研究会成立】10月12日，区法学会金融法治研究会在区法院金融街人民法庭成立。金融法治研究会的成立，旨在整合和加强西城区的金融法治研究，推动理论与实践相结合，对于依法打击非法集资、维护金融稳定、促进金融繁荣发展，推进金融改革、防范和化解金融风险等方面具有重要的现实意义。研究会首批会员主要由北京金融街服务局、西城区公检法司、律师协会以及辖区内主要金融机构从事金融司法、实务工作的相关领导与工作人员构成。成立大会由区委政法委副书记、区法学会常务副会长钟显林主持。

（韩晓冬）

【15家国企人员旁听职务犯罪案件】10月19日，农商行国际业务部、中国信托业协会、北京市血液中心、金融街投资集团有限公司、天恒置业集团有限公司、北京华天饮食集团公司等15家国有企业、事业单位共200余人到区法院旁听由刑二庭庭长谢军担任审判长审理的一起贪污案件。

（韩晓冬）

【“家庭与法”学术研讨会】10月20日至21日，在北京师范大学英东学术会堂演讲厅，北京师范大学法学院家事法研究中心、普通法与比较法研究中心、区法院联合举办“家庭与法”学术研讨会，会议主题为“变迁中的社会与家庭法”。近百人参加会议。

（韩晓冬）

【参加北京法院新闻发布会】11月6日，市高级法院召开北京法院“多元调解+速裁”工作暨多元调解十大典型案例新闻发布会，通报北京法院深化多元化纠纷解决机制改革工作的有关情况，发布2018年度多元调解十大典型案例，区法院金融街法庭进行司法确认的公司债券回购合同纠纷一案成功入选。区法院党组副书记、副院长李艳红参加会议，就区法院金融纠纷多元化解特色工作经验进行介绍，并回答记者提问。

（韩晓冬）

【市高院领导到区法院调研】11月22日，市高院党组书记、代院长寇昉到西城区拜会区委书记卢映川，区人大常委会主任杜灵欣，区委常委、常务副区长孙硕，区政协党组副书记、常务副主席程军等领导，并到区法院调研，征求市人大代表意见建议。区委常委、政法委书记王旭陪同调研，区法院领导班子成员和干警代表参加调研。

（韩晓冬）

【院长开庭审理一起行政案件】11月30日，区法院院长蔡慧永担任审判长，与行政庭审判员万凌寒、人民陪审员张汝建组成合议庭，开庭审理一起行政诉讼案件，该案系区法院受理的首例涉政府采购行政处罚复议双被告案件。被告天津市财政局副局长王增光作为行政机关负责人出庭参加诉讼。北京市人大代表及媒体记者旁听了案件审理。

（韩晓冬）

【参加“金融街论坛年度特别活动”】12月2日，区法院金融街法庭庭长刘建勋法官受邀参加了由北京金融街服务局主办的“金融改革40年——金融街论坛年度特别活动”。刘建勋作为十位讲述人之一，以金融审判和金融法治建设为主题发表演讲，讲述金融改革的发展故事，畅谈亲身感受。

（韩晓冬）

【区人大代表见证房屋征收案件强制执行】12月3日，在3名区人大代表的参与见证下，区法院副院长杨平胜带领执行二庭干警对一起“南菜园及枣林南里棚户区改造项目”征收补偿案件开展强制执行。

（韩晓冬）

【举办宪法宣传活动】12月4日，区法院通过宪法宣誓、法院开放日、模拟法庭、司法大讲堂等多种形式，普及宪法知识，弘扬宪法精神，维护宪法权威，让宪法深入人心。新街口街道联组人大代表、政协委员共15人走进法院参与了宪法宣传系列活动。

（韩晓冬）

司法行政工作

【概况】北京市西城区司法局（简称区司法局）年内政法专项编制140名，其中局机关65名，街道司法所75名。局机关现有干部63人，工勤人员1人。设有办公室、法制科、法制宣传科、律师行业综合指导科、律师执业监管科、公证工作管理科、基层工作科、社区矫正和帮教安置工作科、法律援助工作科、计财科、信息调研科、政工科、离退休干部科、机关党委14个科室；另设有职能办公室3个，即西城区法制宣传教育领导小组办公室、西城区综治委特殊人群专项组办公室、西城区综治委社会矛盾多元调解专项组办公室（分设在法制宣传科、社区矫正和帮教安置工作科、基层工作科内）。下辖15个街道司法所、3家公证处、1个区法律援助中心、1个阳光中途之家。

地址：西城区南菜园街51号

邮编：100054

电话：83975231

（刘　伟）

【服务保障疏解整治促提升】年内，区司法局全力做好区疏解整治专项行动服务保障工作。制定《2018年服务保障“疏解整治促提升”专项行动工作方案》。进一步加强法律服务团队建设，新增补30名专业能力强、政治素养高的律师充实律师服务团队力量。全年化解相关矛盾纠纷1410件，摸排“两类”人员1879人次，为全区“疏解整治促提升”专项行动提供了有力的服务保障。

（刘　伟）

【“扫黑除恶”专项斗争】年内，区司法局深入开展“扫黑除恶”专项斗争。大力排查社区服刑和刑满释放“两类”人员中涉黑涉恶问题，做到扫黑除恶与日常工作、重大安保、部门协同、重点人员管控相结合。做好社区两委换届期间扫黑除恶工作衔接，年内先后4次对区委组织部提供的4863名拟到社区任职人选进行核查，对43名与刑释人员同名的拟任人员进行信息甄别排除。全年共设计印制扫黑除恶专项宣传海报3000余张，制作宣传横幅270余条，达到全区街道、社区全覆盖。年内，收到西城律师代理涉黑恶案件20件，对代理律师进行了全部约谈，派员到云南昆明、浙江安吉、湖北沙洋、辽宁沈阳、大连法院现场指导律师代理工作。

（刘　伟）

【公共法律服务体系建设】年内，公共法律服务体系更加完备。稳步推进区、街、居三级实体平台建设，进一步整合职能，着力打造综合性法律服务平台。大力发展“互联网+”法律服务，积极推广社区法律顾问app。完善社区法律顾问服务质量监管体系，探索推行“法律服务卡”“法律服务便民手册”“社区法律顾问服务手册”制度，真正做到便民利民。年内，共提供法律咨询服务13550余人次，开展法治讲座1132场，代写法律文书241件，参与调解纠纷1282件。

（刘　伟）

【法治宣传】年内，组织召开第一次“谁执法谁普法”普法责任制联席会议。科学设置各级干部法律培训课程，实现处级、科级、初任、军转法律学习全覆盖，共组织各类行政执法人员培训学习25次，干部参学率达到95%以上。制定下发西城区《关于组织开展宪法学习宣传教育活动的实施方案》，为各街道配发宪法读本5000余册，举办宪法专题讲座70余次，监察法系列宣讲120余场。全面开展“以案释法”进机关、“模拟法庭”进校园、“律师释法”进企业、“法治讲堂”进社区等特色活动。组织开展“法律十进”活动1600余场。

（刘　伟）

【人民调解工作】年内，区司法局就“坚持发展枫桥经验，实现矛盾不上交”试点工作，在司法部全国会议上做典型发言。《农民工劳动争议纠纷调解案》被评为北京市“矛盾不上交”十大典型案例。深入开展矛盾纠纷排查化解工作，全年全区共调解矛盾纠纷6349件，调解成功6257件；排查信访纠纷371次，受理信访纠纷136件，调解136件，调解成功97件。推动行政调解、诉前调解对接更加紧密，全年人民调解经司法确认的案件达到699件(其中7件司法确认案件为信访纠纷案件)。

（刘　伟）

【社区矫正和帮教安置】年内，建立矫正帮教“两类”人员重点关注4类台账，设定重点敏感部位电子围栏网上监控；依托区委政法委维稳会商会机制，协调落实相关部门、街道、社区对“两类”人员失联查找、无端肇事肇祸等个案的应急处置。制作《西城区社区服刑人员在矫须知》宣教片，强化了教育矫正的效果。采取网上、实地、交叉、专项等四种形式的督察，通过现场制作执法督查单、制发督察纠改单、微信QQ群等多种方法督促整改，实现矫务督察无死角。落实亲属与狱内服刑人员视频会见9例。与清河分局签署结对协作亲情帮教合作协议。

（刘　伟）

【公证工作】年内，区司法局着力加强公证质量监管。强化公证机构及其负责人考核，引导公证处开展老年人公证法律服务，进一步提高公证管理工作水平。推进公证体制改革和机制创新，中信公证处被批准参与合作制公证机构试点工作。进一步丰富公证业务，共接待办证咨询335032人次，办结公证事项161251件。

（刘　伟）

【司法鉴定】年内，区司法局建立健全工作制度和工作机制，梳理投诉处理标准工作流程，建立投诉举报登记台账机制。开展司法鉴定行业大梳理、大检查、大整改活动，成立“司法鉴定严格准入严格监管整改工作领导小组”，进一步加强行业监管。做好司法鉴定投诉接待、受理、调查及答复工作，受理投诉10件，做出处理答复6件，正在调查中3件，撤销投诉1件。

（刘　伟）

【律师管理】年内，圆满完成律协换届工作，为律师工作持续健康发展提供强有力的组织和人才保障。加大律所巡查工作力度，发现违法线索7条，立案调查14件，做出行政处罚9件，正在办理5件。加强分类培训，举办律师事务所行政主管培训会、青年律师培训会、律师执业纪律培训会，进一步提升律师依法、规范、诚信执业水平。

（刘　伟）

【法律援助及“12348”工作】年内，研究制定《西城区关于完善法律援助制度的实施细则》。积极做好刑事案件律师辩护全覆盖试点工作，组建183人的刑事辩护律师专家团和志愿者团。加强法律援助专项维权力度，通过简化办事流程，加大宣传力度等措施，切实维护特殊群体合法权益。全年共受理各类法律援助案件3576件，5人以上群体性案件38起，其中包括美团外卖、三鼎家政、邻里家等具有重大影响力的案件。

（刘　伟）

【普法责任制联席会议】8月27日，西城区法宣办组织全区法治宣传教育领导小组60余家成员单位的主管领导召开2018年度“谁执法谁普法”普法责任制联席会议，总结西城区贯彻落实“谁执法谁普法”普法责任制工作情况并部署下半年重点任务，西城区纪委区监委、西城工商分局和区统计局就普法执法工作的亮点特色及取得成效在会上做交流发言，区委常委王旭就落实普法责任制提出三点要求，副区长李异主持会议。

（刘　伟）

【“枫桥经验”典型发言】9月27日，司法部召开坚持发展“枫桥经验”实现矛盾不上交工作电视电话会议。会上，西城区司法局党组书记、局长向前代表北京市在会上作了题为“践行‘红墙意识’发挥防线作用 书写‘枫桥经验’西城新篇章”的交流发言，主要从三个方面介绍了试点工作经验：一是深入践行“红墙意识”，在强化组织保障上“细之又细”；二是牢固树立首都意识，在服务和保障中心大局上“实之又实”；三是坚持创新发展，在打造人民调解工作升级版上“强之又强”。

（刘　伟）

【中央统战部到西城调研】10月16日，中央统战部新的社会阶层人士统战工作局副巡视员郭焕龙，带领山西省委统战部新阶层处处长李永进等一行5人，先后参观了北京西城德恒律师事务所、聚力·金融街和金融集，并就新的社会阶层人士统战工作开展座谈交流。郭焕龙用“真重视、抓的实、亮点突出”十个字，对西城区统战工作给予了高度评价，并就下一步抓好统战工作强调了几点意见。

（刘　伟）

法制工作

【概况】北京市西城区人民政府法制办公室（简称区政府法制办）是西城区人民政府工作部门。行政编制22人，实有18人，事业编制13人，实有12人，工勤编制1人，内设综合科、监督指导科（执法监督队）、审核科、行政复议科、行政调解指导科。年内，区政府法制办以依法行政为抓手，规范行政行为，强化行政执法监督，努力化解行政争议，充分发挥法律参谋助手作用，圆满完成2018年度的各项工作任务。

地址：西城区南菜园街51号

邮编：100054

电话：83975063

（董若男）

【梳理完善权力清单】年内，区政府法制办坚持简政放权，对权力清单进行动态调整，加强审核，确保行政权力公开透明运行，截至年底，区属部门“9+X”职权事项共计4655项，其中：行政许可121项、行政处罚3993项、行政确认48项、行政强制47项、行政征收8项、行政裁决3项、行政给付48项、行政奖励9项、行政检查158项、其他220项。

（董若男）

【依法行政培训】区政府法制办全年组织区政府常务会会前学法7次，区依法行政培训1次，组织处级领导干部依法行政研讨班2期、法制讲座2次。对西城区法治人才库进行动态调整，完成第一个3年培训计划。通过组织定期法治培训、不定期法治论坛、庭审观摩和研讨等形式，提升在库人员的法治素养，做到以点带面，提高全区政府工作人员依法行政理念和水平。

（董若男）

【完善法治政府第三方评估监督机制】年内，为了切实发挥评估对于法治政府建设的导向性功能，借助评估督促政府机关依法行政，并助力于西城“率先建成法治政府”目标的实现，结合区情和上一年度法治政府建设短板，西城区委托中国政法大学对本年度法治政府建设指标考评体系进行了调整，并对全区法治政府建设进行独立评估，形成《西城区法治政府评估报告》。在总分值800分中，西城区得分733.135分，得分率为91.64%，在考评难度整体提高的情况下，较上年成绩又有了较大程度的提升。

（董若男）

【提升行政执法能力和水平】年内，区政府法制办运用科技手段明确行政处罚事项，加强对行政执法全流程、人均执法量和职权履责率的监督，牵头成立行政执法工作专班，组织召开7次规范行政执法工作推进会，调度区属各行政执法部门、各街道办事处开展行政执法工作。区政府法制办分析了行政执法现状并提出具体解决方案，同时以周通报、月调度、季分析的形式，对各单位的行政执法工作进行督促、评估。全年共向区领导和全区各部门、各街道公布周行政执法数据通报19次。全年区属部门人均处罚量为26.28件，人均检查量为106.6件，职权履责率为11.2%，处罚案件撤案率3%，岗位人员编制比45.59%，岗位人员关联率87.49%。

（董若男）

【加强行政执法监督力度】年内，区政府法制办配合西城工商分局等单位完成行政执法“双随机”工作。对“双随机”检查人员名录库、行政检查事项清单进行确认，共确定36个部门的4188名执法人员为区级“双随机”检查人员，行政检查事项清单包括310个大类检查事项2517个小项。全年配合开展5次区级跨部门行政执法“双随机”工作。继续加大案卷评查力度，提升执法监督力度。全年完成848卷行政处罚案卷的自查工作和114卷的督查督评工作。评查优秀率100%。

（董若男）

【开展重点领域的执法协调】年内，区政府法制办以法制保障专项工作组为平台，组织、参加涉及“疏解整治促提升”工作的推进会，每次会议均就议题提出合法性意见建议，为“疏解整治促提升”工作提供法律保障。

（董若男）

【区委区政府及部门文件合法性审核】区政府法制办全年共审核区委文件、区政府文件、部门文件、其他各类公文草案132件次。对涉及区委区政府重点工作的文件草案，从必要性、合法性、合理性、可行性、规范性等方面给予了重点审查，为提高文件质量，辅助政府决策提供了法制保障。

（董若男）

【规范性文件备案审查】区政府法制办全年向市政府、区人大常委会报送备案区级行政规范性文件6件，均准予备案，做到有件必备、及时报备。接受区政府所属工作部门向区政府备案的部门行政规范性文件24件，出具准予备案文书，在“北京西城”网站予以公告，做到有备必审、依法公开。

（董若男）

【规范性文件清理】年内，为做好迎接国务院大督查和市政府集中督查重点任务工作，并认真贯彻落实《北京市人民政府办公厅关于开展涉及产权保护的规章、规范性文件清理工作的通知》（京政办字〔2018〕20号）要求，根据区领导批示，区政府法制办与相关部门一起组织开展了西城区废止有悖于激励创新的陈规旧章和涉及产权保护的规范性文件清理工作。根据国务院办公厅《关于开展生态环境保护法规、规章、规范性文件清理工作的通知》及市政府法制办《关于转发市人大常委会办公厅〈关于请予协助开展生态环境保护地方性法规清理工作及报告有关政府规章清理工作情况的函〉等文件的通知》精神，按照区领导批示，区政府法制办组织开展了涉及生态环境保护涉及的规范性文件清理工作。为贯彻落实《北京市司法局关于开展涉及民营经济发展的规章、规范性文件集中清理工作的通知》（京司发〔2018〕85号）要求，按照区领导批示，区政府法制办组织开展了全区涉及民营经济的行政规范性文件清理工作，并将文件清理结果上报区政府。

（董若男）

【政府合同审核】区政府法制办全年审核政府合同、协议25件。合同文本涉及区域间友好协作、战略合作、文物腾退、征收安置等全区重大事项，从条款内容、文字表述、结构格式各方面进行审核把关，在确保合法、减少风险的基础上逐件出具《合同审核意见书》。

（董若男）

【区委区政府法律顾问团工作】全年区委区政府法律顾问参与区政府重大决策、合同协议审核、执法问题研究等事项62件次。为充分发挥法律顾问在参与区委区政府重大决策、协调利益关系、维护群众利益、化解社会矛盾等方面的专业作用，区政府法制办起草了《北京市西城区委区政府法律顾问团工作规则》，9月6日该制度正式以区委区政府名义发布。

（董若男）

【对全区法律顾问制度监督检查】年内，区政府法制办对全区各部门法律顾问制度落实情况进行了监督检查，尤其在合同审核和文件起草制定方面，均强调各部门在报送区政府法制办前，都要经本部门法律顾问审核出具意见，并把此项作为年底绩效考核的一项评分标准。为进一步积极推行党政机关法律顾问制度，经区委领导批示同意，区政府法制办向全区下发《关于区委各部门参照〈北京市西城区法律顾问工作管理办法〉聘用法律顾问的通知》，区委各部门可参照《北京市西城区法律顾问工作管理办法》的规定，根据各部门实际工作需要聘用法律顾问。

（董若男）

【法律法规规章征求意见】区政府法制办全年完成市立法草案及全国人大立法草案征求意见稿共10件，充分征求了有关部门意见，并在认真研究的基础上，提出修改建议，及时反馈。

（董若男）

【起草区政府重大行政决策程序暂行规定】年内，区政府法制办承担的一项区折子工程是“负责完善重大行政决策制度，规范决策程序，进一步提高决策科学性和公众参与度。”区政府法制办梳理了有关重大行政决策管理的相关法规文件，并与兄弟区沟通交流，参考有益的经验做法，并密切关注国务院及北京市有关重大行政决策管理相关立法情况，同时邀请法律顾问、专家共同参与起草修改工作，经广泛征求各部门意见，并经区政府法制办主任办公会讨论，形成《北京市西城区人民政府重大行政决策程序暂行规定（代拟稿）》，并报送区政府。

（董若男）

【办理政协委员提案】年内，区政府法制办办理两件区政协委员提案：“关于加强政府法律顾问作用充分落实依法行政的提案”和“关于在西城区依法加强城市管理的提案”。作为两件提案的主办单位，区政府法制办组织相关会办单位研究委员提案并上门拜访提案委员，两位委员均对区政府法制办的办理答复表示满意，且这两件承办件均被评为2018年西城区人大代表建议、政协提案优秀承办件。

（董若男）

【组织专业培训】10月24日，组织全区各部门关于规范性文件制定和备案工作业务培训，百余人参会。邀请中国政法大学教授曹鎏为全区各部门法制科人员就行政规范性文件制定与监督工作进行培训。

（董若男）

【编辑印发行政调解案例选编（二）】9月，区政府法制办编辑印发《行政调解典型案例选编（二）》。精选编辑来自各部门、各街道提供的40余起成功调解的案例，内容涵盖政府信息公开、行政处罚、消费者权益保护、劳动纠纷、物业纠纷、拆迁安置、医患纠纷、税务纠纷等，具有一定的针对性、指导性、可借鉴性。

（董若男）

【推进相关行政机关建立行政调解委员会】年内，为进一步推进行政调解工作，西城区相关行政机关逐步探索建立行政调解委员会，聘请专业人士参与，使调解更有权威性、公信力，调解效果更好。截至年底，公安、民政、环保、交通、卫生计生、国土资源、质检价格、税务、城市管理等部门开始探索成立行政调解委员会。

（董若男）

【组织西城区行政调解人员培训班】10月25至26日，西城区组织全区有行政调解职能的单位开展“行政调解法律史及现代发展概论”培训班。邀请北京师范大学法学院副院长柴荣教授授课，全区40个单位的主管领导、负责行政调解工作的科长等80余人参加了培训。

（董若男）

【行政调解】全区行政调解案件数量较上年有大幅上升，共有16143件（其中行政争议705件，民事纠纷15438件），同比增加75.6%，调解成功13861件。民事纠纷案件调解成功13446件，成功率87%。调解案件中治安调解的民间纠纷2026件，交通事故损害赔偿纠纷147件，合同纠纷1809件，消费者权益保护纠纷、产品质量纠纷7038件，其他民事纠纷5123件。

（董若男）

【行政复议接待立案审查】年内，行政复议接待室通过当面、电话、电子邮件等形式接待行政复议咨询，同时还在西城区城市运行管理平台设有专门窗口接收咨询，对于行政复议的申请进行审查。全年接待来访人员221起347人次。收案165件，其中受理133件，做出不予受理决定32件。

（董若男）

【行政复议应诉】区政府法制办全年办理行政复议案件221件，同比增加4.7%，其中被申请人败诉9件，同比下降72.7%。代理西城区政府为被告的行政诉讼案件311件，同比下降18.6%，其中被告败诉7件，同比下降41.7%。代理西城区政府为被申请人的行政复议案件30件，同比下降43.4%，败诉1件。

（董若男）

【行政强制执行案件审核】为确保违法建设查处工作严格依法进行，区政府法制办不断加强强制拆除违法建设的审核工作，全年共收到申请强制拆除违法建设案件30件，结案26件，区政府批准强制拆除违法建设16件，退回补充案卷材料6件，审批过程中拆除4件。

（董若男）

【2017年败诉案件分析会】5月10日，区政府法制办组织召开2017年度败诉案件分析会，由副区长李异主持，对2017年度以西城区政府及各委办局、街道办事处为被申请人及被告的行政复议、诉讼败诉案件进行梳理，由各单位对败诉案件剖析原因，总结经验教训，并邀请区法院行政庭副庭长管学雅、市法制办复议一处处长李峰分别进行点评及指导，李异对西城区行政复议、行政应诉工作提出新要求。

（董若男）

【为全区信息公开干部讲解相关法律知识】5月30日，为提高西城区信息公开工作水平，区政府法制办派专人参加了全区政府信息依申请公开培训会，采取以案说法的方式，选取全市信息公开典型败诉案件，为全区信息公开干部讲解政府信息公开知识及复议诉讼中需要注意的地方，为全区信息公开工作依法行政水平的提高提供了有益的帮助。

（董若男）

【参与文物保护腾退】西城区既是中心区也是老城区，辖区内拥有众多各级文物，为保护这些重要的文化资源，区政府将文物保护腾退工作列为全年的专项行动。为依法开展相关工作，区政府法制办一方面为相关部门依法开展腾退提供法律服务，另一方面通过协调法院民庭、行政庭及执行庭等司法部门做好与腾退工作相关的司法审理及执行工作。

（董若男）

【研究涉及疏解整治工作的政府信息公开案件】年内，区政府法制办多次与区政府信息公开办、区住建委、区征收办等部门研究涉及全区房屋征收、拆迁及房屋腾退等重点工作领域的政府信息公开类案件，就涉及动物园批发市场撤市、三里河南区征收项目及全区房屋腾退政策等政府信息公开申请的查询、程序及答复等具体内容进行探讨与分析，以保障相应疏解整治、征收、腾退及拆违工作的顺利开展。

（董若男）

【做好区领导出庭应诉的相关工作】年内，副区长徐利、李异分别以区政府机关负责人身份在市四中院出庭应诉，参加区政府为被告的涉及房屋腾退政府信息公开工作的行政诉讼庭审，该案由市四中院行政庭庭长陈良刚担任审判长。区政府法制办为做好区领导出庭应诉工作，积极联系法院安排有关事宜，并派专人作为区政府代理人陪同领导出庭，庭审效果良好，区政府信息公开办等部门的有关人员旁听了庭审。

（董若男）

【邀请区人大代表政协委员监督行政复议】年内，区政府法制办分别邀请区人大代表及区政协委员以旁听等方式对区政府的行政复议工作进行监督，既体现了区人大、区政协对区政府法制工作的高度重视，也体现了政府法制工作主动接受人大监督以促进依法行政的有益探索。

（董若男）

【行政复议委员会工作】年内，区政府法制办邀请行政复议委员会非常任委员参与西城区复议工作，共同研究疑难负责复议案件，提出法律建议和意见；点评败诉典型案例；为法制干部讲解法律工作知识与技巧。

（董若男）

军　事

武装部工作

【概况】北京市西城区人民武装部（简称区人武部）受北京卫戍区和西城区委、区人民政府双重领导，负责西城区军事工作，是西城区委的军事指挥机关，区人民政府的兵役机关。年内，区人武部坚决贯彻北京市委市政府、北京卫戍区和区委区政府决策部署，继续按照“六句话”（举旗铸魂、聚焦打赢、厉行法治、强基固本、创新推动、坚强班子）抓建思路、统筹谋划、狠抓落实，奋进新时代、开启新征程，着力在练兵备战、从严治军、深化改革、加强党的建设上下功夫见成效，努力开创了新时代人武部建设新局面。5月，在北京卫戍区召开的党管武装工作会上区人武部被评为“先进人武部”、区委书记卢映川被评为“党管武装好书记”。年内，区人武部被评为“北京市征兵工作先进单位”“部队全面停止有偿服务工作先进单位”“安全稳定工作达标单位”“民兵安保执勤先进单位”。

地址：西城区教子胡同14号

邮编：100053

电话：66187322

（王红光）

【坚持党管武装制度】年内，区人武部党委积极发挥地方各级党委的作用，积极创新新时代党管武装工作有效途径和方法，切实把人民武装建设成一支听党指挥、能打胜仗、作风优良的强大加量，协调区委召开人武部系统党委（扩大）会议，开创了区县首创。组织召开党管武装会议、议军会、书记办公会，不断强化各级党委爱武、管武、建武的意识。认真落实党管武装工作制度，坚持地方党委议军、现场办公、党政领导“军事日”等制度。组织街道工委党管武装工作述职，推进基层党管武装工作力度，认真贯彻《专职人民武装干部工作规定》。加强党对企业民兵单位领导，促进基层党管武装工作落实。落实党管武装理论知识教育，结合专武干部和民兵骨干集训，进行党管武装知识学习；协调区委党校把党管武装理论知识纳入党政干部培训课程，推动了各级严格落实党管武装工作制度。

（王红光）

【全面贯彻军委主席负责制实施办法】2月9日，卫戍区印发《全面深入贯彻军委主席负责制的实施办法》，区人武部党委牢牢把握维护核心、听从指挥这个根本政治要求，突出维护权威、维护核心、维护和贯彻军委主席负责制，认真学习贯彻军委《关于全面深入贯彻军委主席负责制的意见》、陆军贯彻落实《措施》和卫戍区下发的《实施办法》。4月至5月分专题，采取集中和自学相结合的办法，组织干部职工进行学习讨论，统一思想认识，增强行动自觉，强化“四个意识”，坚定“四个自信”，践行“三个维护”，自觉维护党中央权威、维护核心、维护和贯彻军委主席负责制，做到一切听习主席指挥、对习主席负责、让习主席放心。

（王红光）

【统筹抓好两项主题教育】年内，区人武部党委统筹开展“不忘初心、牢记使命”“传承红色基因、担当强军重任”两项主题教育，每项主题分20课时，采取理论灌输、历史熏陶、环境渲染形式和手段，做到了对象各有侧重、时间有分有合、内容相互融合、效果相得益彰。认真贯彻落实军委《传承红色基因实施纲要》，深化党史军史学习教育，组织干部职工参观《真理的力量》、参观改革开放40周年大型成就展，使干部职工在潜移默化中接受教育，不断增强“四个意识”，更加坚定“四个自信”，聚焦强军思想。

（王红光）

【机关正规化建设】年内，区人武部党委加大依法治军、从严治军力度，不断加强机关正规化建设。投入150余万元为街道民兵单位配制装备器材，民兵安保执勤着装齐整，设施齐全。投资300余万元，对营房外墙进行装修改造，改扩建营门，安装监控设施，机关办公条件更加优越。投入1200余万元，对民兵训练基地进行整修，更新装备器材，民兵训练条件有效改善。

（王红光）

【民兵调整改革】4月28日，区委召开议军会，专题研究西城区“十三五”时期民兵调整改革工作，制定印发了《西城区2018年度民兵组织整顿工作方案》《西城区“十三五”民兵调整改革方案》。按照编制、数量、比例、条件和三个拓展要求，优化力量布局，区分应急、专业、特殊三种应急力量，整合为应急队伍16个、专业力量47个、特殊力量25个。落实民兵总数2万余人，各街道分别组建1支快速反应分队，形成区、街道两级常备应急力量体系。

（王红光）

【情报信息工作】5月10日，按照卫戍区《关于进一步完善卫戍区“大情报”体系、强化情报信息保障机制的通知》精神，区人武部部长在卫戍区机关作了西城区开展情报信息工作汇报。年内，人武部党委按照“军地联合、内部统合、突出重点、广搜信息、归口处理”要求，完善军地情报协作机制，统合情报来源渠道。在辖区15个街道成立了固定情报信息点，设立有办公室，积极做好民兵情报信息工作的物资保障和经费保障，各情报信息点配发了计算机、照相机、对讲机、望远镜、电动车等物资装备。对担负情报信息任务的民兵给予经济补助，有效激发了情报信息员做好情报信息工作的热情和干劲，推动情报信息工作健康持续发展。

（王红光）

【民兵安保执勤】年内，区人武部先后组织“两会”“中非合作”高峰论坛期间的民兵安保执勤任务。动用126个民兵单位，精心挑选1016名民兵，担负辖区17处立交桥、20处过街天桥、28处地下通道，共计65处执勤点看护、巡视任务。询问盘查可疑人员800余人次，劝说疏导逗留人员78人次，有效处置可疑人员利用桥梁、地下通道悬挂横幅，抛撒传单等行为10余起，确保了辖区平安。12月，区人武部被北京卫戍区评为民兵安保执勤先进单位。

（王红光）

【夏秋季征兵】7月12日，西城区召开2018年夏秋季征兵工作动员部署大会，通报表彰了2017年度4个征兵工作标兵单位、11个征兵工作先进单位和17名征兵工作先进个人。区人武部认真贯彻依法征兵要求，积极开展宣传教育，规范义务兵定向招录招聘、提高优待金标准、进藏兵特殊优待等政策规定，适龄青年登记率达到100%。严格落实征兵“五率”考评，至9月底，西城区应征青年上站体检779人，在征集的兵员中，大学生占94.18%，高校大学生成为西城征集的主力军。首次对预定新兵进行了7天的役前教育训练，加强了入伍青年献身国防意识，西城退兵率降低到1%。

（王红光）

【军事设施保护】年内，区委区政府高度重视军事设施保护工作，先后2次召开协调会，调整领导机构，人武部党委领导亲临军地单位，积极协调，解决难点，上报审批划定军事设施保护单位18家，区人武部按照上报审批编号，统一下发了新的军事设施保护单位编号牌。

（王红光）

【普及深化国防教育】8月24日，区委召开2018年度议军会，专题研究制订《西城区加强全民国防教育实施方案》。《方案》结合新时代国防教育的实际情况制定，在教育对象上突出重点层次、在教育内容上突出广泛性、在教育方法手段上突出时代性、在教育制度机制强调规范性四个要点内容。《方案》健全组织领导，严格落实国防教育的刚性要求，将国防理论、政策法规等内容纳入地方党委学习内容。这是国防和军队改革以来，首次在区县范围内研究并制定下发关于全民国防教育的文件。

（王红光）

【全面停止有偿服务】年内，区政府多次召开停偿协调会，区人武部党委充分发挥在驻区部队全面停止有偿服务工作中的核心领导作用，积极协调区相关委办局和驻区部队，有力督导，关停各类项目24个，其中涉法涉诉项目6个，提前完成驻区部队全面停止有偿服务工作任务，在全市走在前列。12月，区人武部被北京地区部队全面停止有偿服务军地协调工作领导小组评为部队全面停止有偿服务工作先进单位，2名工作人员被评为停止有偿服务工作先进个人。

（王红光）

【参建共建】年内，西城区慰问驻区部队28家，赠送慰问金800万元。8月，区委区政府表彰122名“红墙卫士”、51名“好军嫂”，推选出12名优秀军转干部，宣扬先进事迹。年内，区人武部积极贯彻落实军民融合发展重大战略思想，协调召开区委常委会、军地座谈会，着力解决军人后院、后路、后代问题。结合纪念改革开放40周年和区域双拥36周年，开展征集“红墙身边上的双拥故事”活动，征集218篇驻区部队优秀作品，出版了《“红墙身边上的双拥故事”征文集》。军政军民关系进一步融洽，为争创全国双拥模范城区十连冠奠定了坚实基础。

（王红光）

【“平安北京”建设】年内，区人武部认真落实市委、市政府关于首都社会治安综合治理和“平安北京”建设工作要求，加强“维护社会稳定，确保一方平安”的政治责任感和工作热情，认真落实军地平安创建、涉军维权及打击涉军造假工作。涉军上访事件由于控制得力，妥善处理，均未造成严重影响；区人武部接待来访复转军人处理涉军问题100余件，收到市长热线军人军属反馈问题2起，依法进行了妥善处理；4月，组织开展了一次打击涉军造假“拉网式”清理清查整治活动，防止了因清理整治不力，导致假军车、假军服、假军人等涉军造假案件问题发生。

（王红光）

【财务整肃治理】年内，区人武部党委

按照后勤重点行业领域清理整治实施方案明确的4个方面20个问题，围绕财务行业管权用权的廉政风险、潜在利益、制度漏洞等，扎实整肃治理，做到了情况清、数据准、整改严、效果好。年度财政共拨付项目经费1632.7万余元，区人武部党委认真落实立项、开支、核销各项规章制度，未发现任何违规问题。

（王红光）

民防工作

【概况】 北京市西城区民防局（简称区民防局）与西城区地震局合署办公，是西城区国防动员委员会的常设办事机构和区政府人民防空、防震减灾工作的主管部门，承担西城区人民防空、防震减灾、公共安全宣传教育职能。年内，民防工作突出抓好思想政治建设、安全稳定、依法行政、组织和干部队伍建设，认真落实中央“八项规定”，落实党风廉政建设责任制和廉洁自律各项规定，以上级总体部署为依据，以年度工作任务为目标，在保障人防工程安全平稳运行，实现科学有序管理方面开展了大量的基础性工作，在组织开展各项应急综合演练、志愿者培训、装备物资以及指挥通信保障方面均取得骄人业绩，求真务实，开拓创新，完成了年度各项工作任务。

地址：西城区西单横二条2号华恒大厦4层
邮编：100031
电话：88064999

（李显臣）

【应急指挥体系基础建设】 年内，区民防局完成4处高点监控系统的升级改造及同808指挥所、区应急办、区城管监督指挥中心以及部分街道的视频联网工作。民防通信线缆断点及时得到维修清查；完成拆除及恢复重建人防警报器各1台；完成民防应急指挥车、值班室154A电台的维护维修和应急值守任务。对全区范围内防空警报器进行加电测试，对故障警报器进行了维修。对民防应急物资储备库进行了维护及清整，现储备物资77类、3千余件(套)及9类77种民防应急救援装备。组织应急培训共计118天；应急指挥车值勤、备勤值班共计26天。

（李显臣）

【防空警报设备保障】 年内，制定《西城区2018年防空警报试鸣实施方案》，组织专职人员对全区警报设备设施进行安全排查，组织15个街道150人在辖区内布控巡视。同时还利用此次试鸣，组织展览路街道4个社区约200余名居民开展防空袭人员掩蔽训练，区委书记卢映川在观摩演练活动后对应急指挥工作给予高度评价。

（李显臣）

【防空防灾宣传阵地建设】 年内，对万寿宣教基地综合调试、检修共51次，对德胜、展览路、新街口3个街道下拨宣教基地维护维修经费共40万元。年内月坛雅集、金融街宣教中心开发再利用多次被有关新闻媒体报道。年内共刊登各类信息449条，其中原防空防灾网站373条，信息公开专栏76条；国防报、国防网、头条、西城报等媒体多次对月坛雅集和民防进社区工作进行报导，全年报导10余篇，其中西城报刊登的名为《全方位打造社区民防体系》文章，深入报导了民防局民防进社区工作。人民日报、北京日报等媒体也多次报道了北京月坛雅集非遗文化展示平台改建成果。

（李显臣）

【防空防灾主题宣传教育活动】 年内，充分利用民防讲师团，开展民防科普知识的宣讲活动。在23个社区进行了29场次的宣讲活动，参与居民1575人次。全年共发放各种宣传材料及宣传品7000余册。展览路、德胜、金融街等宣教基地以及月坛雅集全年共计接待参观2.6万余人，其中月坛雅集接待23682人。利用“汶川地震10周年纪念日”，开展“5·12防灾减灾日”宣传活动，为到场参加活动的5000余名群众发放了各类防灾减灾宣传品。分别向15个街道准备发放宣传用品5种，科普资料发放3.16万册，宣传袋等5种宣传品共计5700个。积极参与和指导街道学校开展的5·12演练活动。10月下旬在地质礼堂以及北京国宾菁英电影院，组织机关人员、社区居民以及在校师生1300余人，观看国内首部以反应地震工作者为题材的影片《我要去远方》。

（李显臣）

【人防工程综合整治】 年内，全部完成37处集体宿舍及5处人防小旅馆的清理工作，集体宿舍清理面积32270平方米，共清理房间621间，居住人员4200人，人防小旅馆清理面积2994平方米，居住房间60间，居住人员120人。为全面推进西城区人防公益化利用，年底前完成50处公用人防工程配套场所及其硬件建设。现场参与天缘市场闭市工作，并撰写现场整治方案，多次现场查看天缘市场整治情况，年内现该工程已平稳闭市，工程内部已基本完成清理拆除。

（李显臣）

【安全监管和专项治理】 年内，将区民防局督查与街道民防科巡查有机结合，结合人防工程综合整治工作，7个督查组协助、指导街道开展日常安全管理工作。点面结合，加强联动，严格执法。全年共出动检查人员1936人次，共检查人防地下室1988处次，执法约谈51处；并针对人防工程住人反弹问题、人防地下空间清理问题进行多次夜查，并反复核查，直到符合“四无一恢复”标准。年内处理6起人防工程破坏结构事件，并督促使用单位进行了整改，经复查未整改的提交执法科处理。6月，专门组织全局各科室相关人员召开“安全检查培训交流会”，详细介绍人防工程安全检查要点及注意事项，针对检查时可能出现的问题进行了讨论交流，确保了全区人防工程未发生一起重大安全事故。

（李显臣）

【人防工程维护维修】 年内，按照各公用工程实际情况，制定并下达《西城区2018年防空地下室维护维修计划》。通过公开招标，确定防空地下室维护维修专业队6支（含监理队伍），对50处公用人防工程进行维护维修，年内该项工作已按计划全部完成。根据2018年西城区早期工程普查相关统计数据，制定并下达《西城区2018年早期工程治理计划》。通过公开招标，确定早期工程治理专业队11支（含监理队伍），回填早期工程17处。通过区、街道共同努力，顺利完成年度早期人防工程治理及防空地下室维护维修任务。

（李显臣）

【人防工程建设管理】 年内，共办理人防工程行政许可事项152件，其中办理平时利用人防工程行政许可143件；人防工程改造许可2件；办理人防工程竣工验收备案7件。以行政许可工作为源头，加大人防工程监管力度，依法对破坏人防工程防护结构、人防设备设施的单位和个人进行严肃处理，确保人防工程结构和设备设施的完好。截至年底，联合执法科完成行政执法11处（处罚金额共计人民币79400元）。全年与使用单位共签订人防工程使用合同52份，完成收取费用54处，总共收取工程使用费共计人民币866.9万元。完成北京市华晟达五金交化商贸公司退还押金工作，押金金额共计人民币16700元。

（李显臣）

【人防工程防汛】年内，民防局组建了4支专业抢险队伍、常备队员50余人，汛前召开“防工程防汛动员部署会”，同抢险专业队签订《防汛安全责任书》，各抢险队由汛期抢险转变为全年抢险，保证24小时待命。区民防局根据总体情况对库内物资进行补充、更新，力求达到配置均衡、管理有序的工作目标。汛前组织各街道完成529处早期人防工程汛前普查和678处防空地下室防汛普查工作。汛期区民防局共安排加强值班20余次，每当重大雨情来临，立即安排人防应急抢险队在全区各重点地段进行24小时轮流执勤，开展流动巡逻。防汛期间共完成人防工程抢险12处。

（李显臣）

【人民防空训练】年内，按照《2018年度西城区民防局训练工作计划》和《2018年西城区民防专业队训练计划》对全体人员进行了培训，共完成基本知识、体能训练等基础训练73.5天，共计582学时；完成修订街道、社区人民防空袭方案、民防应急救援分队、工程管理、通信警报业务培训等专业训练157天，共计1185学时；完成西城区人民防空袭人口疏散组织指挥研究性演练、人防工程防汛演练、北京市“京盾—2018”人民防空袭室内推演暨机关综合训练。

（李显臣）

【民防进社区】年内，完成市民防局要求的民防进23个社区的目标任务。在硬件建设上，为23个社区319名民防志愿者配备319个消防应急包、60个马甲，在社区安装10个应急亭，对于未安装应急亭的部分社区，区民防局按照应急亭设置标准，为每个社区配备了手摇警报器、应急照明灯、扩音器、逃生绳、反光背心、多功能折叠铲、应急雨衣、应急高筒靴、警戒带等器材，共计19种1250件，以应对社区的突发情况。为23个社区配套制作疏散路线图21个、引导标识57个、掩蔽场所标识牌35个、应急疏散标识140个、制度牌69个、宣传栏35块。

（李显臣）

【公共安全志愿者队伍建设】年内，按照社区民防建设工作标准要求，通过整合、梳理，256个社区共在册登记志愿者数1562人，组织培训了130名民防志愿者人员。开展志愿者体能训练，为志愿者配置应急救援装备，为55个社区发放应急包500个，为志愿者发放应急包1000个、志愿者马甲140件。

（李显臣）

【民防法制体系建设】年内，执法信息平台录入检查量850份，审查合同数130份，确保外签合同的合法有效。依法对人防工程使用单位开展900余人次的专项执法检查，在执法检查中发现的违法问题，除对使用单位进行批评教育或责令限期整改以外，还分别对问题严重，且屡教不改的12家使用单位实施了行政处罚，罚款共计人民币7.4万元，确保了人防法律法规有效贯彻实施。

（李显臣）

【防震减灾应急】年内，坚持在打牢防震减灾应急工作基础上下功夫、使长劲。建立和完善了相关应急处置方案、次生灾害应对预案和相关保障预案。继续深入推进全区地震应急资源普查，已对9个街道的126处共89083平方米的开阔场地进行了测量。同时为了做好西城区震害风险区域评估工作，邀请区房地中心的专业技术人员，对西城区在发生破坏性地震时所面临的灾害风险以及在本区开展区块化震害风险评估的可行性进行综合会商。积极推进地震应急避难场所建设。启动了全区地震应急资源普查工作，已完成了对7个街道的105处共789238平方米应急避难场所的调查工作。加强应急队伍建设。分两批次对全区280名地震灾情速报员进行了应急救护基础理论和专业技能操作培训。

（李显臣）

【防震减灾基础建设】年内，结合市地震局“12322灾情速报平台”的开通，全区255个社区都确定了1名地震灾情速报员，每季度进行一次联络，确保队伍稳定、信息畅通。完成“125W短波电台”的安装调试，为地震应急处置提供硬件保障。对808指挥所进行了内部改造及安防系统更新，完成了B4-808指挥所光缆联通工程。除定期对全区8处强震仪进行安全检查外，对发生损坏的仪器和设备及时的记录并将情况上报市地震局，在确保地震监测设施良好运行外，进一步加强对强震仪的安全保护，年内完成对松树街外漏的强震仪设备加装整体防护设施。

（李显臣）

武警北京总队执勤第三支队

【概况】中国人民武装警察部队北京总队执勤第三支队，前身是保卫中国工农红军前委的3个警卫连之一，组建于井冈山时期。1942年10月20日改编为中央警备团，1983年2月改编为中央警备团，1983年2月改编为中国人民武装警察部队北京市总队第一支队，1995年7月，改称为武警北京市第一总队第一支队。1999年2月，武警北京市第一、第二总队合编为北京市总队，支队番号改为武警北京市总队二师一支队，隶属武警北京总队第二师领导。2014年3月，支队番号改为武警北京市总队二师第六支队，隶属武警北京总队第二师领导。2018年1月，武警部队编制体制调整改革，支队番号改为武警北京总队执勤第三支队，隶属武警北京总队领导。年内，武警北京总队执勤第三支队学习贯彻习近平新时代中国特色社会主义思想和习近平强军思想，紧跟总队党委决策部署以“五力”为奋斗蓝图，以“五坚”为实践路径，坚定举旗铸魂、聚焦备战打仗、释放改革动能、持续夯实垒台、着力稳固安全，部队建设开局平稳、起步顺利、运转有序，整体建设稳中有升。

地址：西城区南礼士路5号院

邮编：100037

电话：528241217

（吴柯竺）

【支队政治建设】年内，武警北京总队执勤第三支队牢牢抓住政治建队这条生命线，把保卫党中央、保卫习主席、保卫首都安全作为官兵最高的政治荣誉，首位首抓，确保绝对。以《习近平论强军兴军》等为基本教材，深入推进“把习近平强军思想作为案头卷座右铭”活动，严密组织党委中心组带机关理论学习，深化习主席系列重要讲话精神特别是党的十九大和习近平强军思想灌注。

广泛开展向先进集体学习活动，扎实推进“两项重大教育”，掀起学习军委主席负责制热潮，紧跟内外形势和官兵思想搞好随机性及“四反”教育，深入彻底肃清郭徐等涉案人员流毒影响，抓实党员干部政治能力训练，基层内涵底蕴在按纲建队中不断厚实。推动强军目标落地生根，结合改革整编，加强工作统筹，健全“三包”机制，开展“随队一日”活动，基层自建能力提升很快，全面建设齐头并进。纵深推进风气整治，严惩官兵身边的“微腐败”，基层风气建设稳步推进。扎实推进营区政治环境建设，强力推进强君王、基层智能政工一体化平台建设，《忠诚勇担当，奋进新时代》老兵复退主题文艺汇演反响良好。

（吴柯竺）

【思想政治工作】年内，武警北京总队执勤第三支队思想政治工作在教育铸魂育人中得到加强。树牢“讲政治是命根子”的理念，坚持“五得”标准，按照“常委引导学、各部集中学、录像辅导学、研讨交流学、测试评估学”思路，扭住“有动员、有摘抄、有讨论、有体会、有批阅、有评比、有转化”抓手，官兵看齐追随更加自觉。按照“1+3+1”模式和“教育要贴兵心，授课要讲兵话，讨论要解兵难，内容要抓兵事，形式要顺兵意，效果要体兵情，教员要现兵味，根本要见兵行”要求抓实两项重大教育，掀起学习军委主席负责制热潮，打好意识形态攻防仗，强化了官兵“四个意识”。积极开展评教评学、比武考核、推门听课、教育设计和现实问题集体研究，政治干部的主业意识和主力作用明显提升，2人被总队表彰为优秀“四会”政治教员，2人分别获总队演讲比赛二等奖和武警部队文化影视专业比武竞赛三等奖。积极发挥“六小阵地”作用，用教育讲台交流强军报国心得、用军营广播传播强军报国之声、用演艺唱响强军报国战歌，让领袖讲话、英模人物、队史队魂进入宣传栏、灯箱、LED屏等，使官兵在潜移默化、耳闻目染中修枝剪叶，争当“四有”军人的价值追求更加坚定。积极抓好新闻报道，全年在主流媒体刊稿142篇，“小熔炉班”先进事迹登上武警头版头条。10名战士被武警院校录取，3名战士保送提干。

（吴柯竺）

【执勤维稳任务】年内，武警北京总队执勤第三支队执勤维稳任务在整体联动中圆满完成。支队党委牢固确立“围绕中心抓建设、抓好建设保中心”的理念，始终坚持党委统揽、主官主抓、分管专司、上下合力，切实加强对中心工作的组织领导，始终保持中心居中不动摇。采取“分工负责、分类整治、分头实施、分步落实”和“挂帐销号、限期整改、责任到人”的办法，扎实深入开展“学规范、查隐患、抓建设、守底线”、“查隐患、找问题、定措施、保安全”、“抓规范、强能力、建安全”和大门哨专项整治等执勤实践活动，精细搞好重大任务“过勤务、过思想、过安全、过保障”评估，狠抓“三班四哨两小时”管控和“常见病、多发病”治理，每月开展“最美哨兵”评选、播放执勤检查录像通报，督导正规化执勤末端落实。常态督导战备工作“两个规范、三个标准”落实，“两个不经，一个保持”战备水平得到提升。每日派出动态指挥组，及时向重点敏感地区派出侦查力量。全年固定目标和社会面巡逻防控任务完成圆满，全国“两会”、“一带一路”国际合作高峰论坛、“中非”合作论坛、全国政协新年茶话会等重大临时任务确保万无一失，多起有碍安全的情况处置稳妥。

（吴柯竺）

【执勤训练】年内，武警北京总队执勤第三支队核心军事能力在演训牵引中明显提升。大抓新大纲学习和训练比武考核，积极推动机动大队、应急班和教导队建设，广泛开展“五小练兵”，严密组织各类集训，训练水平得到提升。利用在队训练、勤训轮换等狠抓实战化条件下的专勤专训、专哨专训，特别是哨兵一招制敌能力训练。按照实战化标准组织专项集训、勤训轮换、“魔鬼周”极限训练、首长机关指挥要素演训，不断提升部队核心军事能力。全年集中培训教练员310名，先后有1人被武警总部、3人被北京总队评为优秀教练员。在北京总队组织的各类比武竞赛中取得4项个人第一名，4项个人第二名，教导队被武警部队评为二级教导队。

（吴柯竺）

【安全管理】年内，武警北京总队执勤第三支队安全发展基础在综合治理中稳固加强。贯彻抓安“四种理念”，结合季节变化和事故通报跟进强认识、教常识，提升了官兵防范意识。注重发挥思想、心里骨干作用，严肃政治考核，广泛开展“情感访谈”，积极推进“四心工程”，官兵思想稳定、心理阳光。以“条令年”为契机，以“军容风纪整治、营区内外大扫除、内务秩序大规范、安全隐患大排查”活动为抓手，加强新条令条例学习，加大“三治两抓”力度，积极纠治涉网“十种倾向”，官兵守纪更为自觉、五个秩序逐步正规，四大队十四中队战士匡华飞参加驻京片区条令知识竞赛取得第一名。强化对“三个不放心”特别是重点关注对象的管控责任，挖雷排险及时，坚持稳中求进，突出风险防控，扎实推进新训“三查一退一除”。结合传达事故问题通报，跟进搞好防手机失泄密、热射病等常识教育，严防因无知无畏出问题、触底线。2018年被武警部队评为“连续20年安全预防工作”先进单位，三季度被武警部队表彰为“百日安全竞赛”优胜单位，2人被评为“百日安全竞赛”先进个人。

（吴柯竺）

【综合保障效能】年内，武警北京总队执勤第三支队保障效能在增强服务意识中跟进有力。着眼任务需要，完善保障预案，拓宽保障渠道，做好战备物资储备，全国“两会”、中非合作论坛、迎接军委战备拉动等重大任务后装保障跟进及时。采取“周小考，月普考，季覆盖”措施加大专业兵和“一组五队”编组训练，先后培养厨师、军械员、驾驶员48人。坚持滚动巡诊，邀请复兴医院专家巡诊授课，多名病号治疗及时，关爱到位。及时在家属院安装电动车充电桩，有力有序清理回收18间违规及借用住房，服务基层服务官兵比较到位。加大安全行车警示教育和管控，全年实现安全行车无事故。

（吴柯竺）

【依法从严治军】年内，把依法治军、从严治军的导向抓实。坚持严下先严上、严兵先严官，从严管机关、从严管主官、从严管个别人。深入肃清流毒影响，常态开展党风廉政警示教育，借助武警党委巡视、总队党委巡察的契机强力推进基层风气转向整治，采取纪委委员挂点包队的办法探索精准抓风气的途径，持续绷紧思想弦、盯住敏感点、增强透明度、织密监督网。尊重公论、注重实效、打破惯性，研究推荐33名战士考学提干、132人参加预提指挥士官培训和技术学兵。

（吴柯竺）

武警北京总队执勤第四支队

【**概况**】中国人民武装警察部队北京市总队执勤第四支队，前身为北平市人民政府公安局公安总队第1团，始建于1949年6月。1962年5月，改称中国人民武装警察部队北京市总队第二团。1966年6月，改称中国人民解放军警卫第二师第二团。1969年12月，改称中国人民解放军警卫第二师第五团。1979年1月，改称中国人民解放军警卫第二师第七团。1983年2月，改编为中国人民武装警察部队北京市总队第七支队。1995年7月，改称中国人民武装警察部队北京市第一总队第七支队。1999年2月，改称武警北京总队第二师第七支队，隶属武警北京总队第二师领导。2017年12月10日，改称为武警北京市总队执勤第四支队。年内，支队以习近平强军思想为统领，坚决贯彻总部、总队党委首长决策指示，精准把握“走在精锐之师第一方阵”目标方位和特点规律，扎实推进各项建设，部队发展蹄疾步稳、向上向好。

地址：西城区珠市口西大街133号

邮编：100050

电话：52824727

（杜静伟）

【**思想政治工作**】年内，武警北京市总队执勤第四支队系统学习习近平强军思想和党的十九大精神，扎实开展“学习主席讲话、听习主席指挥、做习主席好战士”主题活动，纵深推进“传承红色基因、担当强军重任”主题教育和“培育忠诚卫士、锻造忠诚之师”专题教育，聚力打造精品课程组织经常性教育，跟进组织政治考核评估政治风险，细致做好“一人一事”工作，全时段监测涉军网络舆情，常态规范净化上网行为，官兵“三个维护”“四个意识”坚定，绝对忠诚纯洁可靠的思想根基牢固。警勤中队影视员兼司机姜润邈被总部表彰为“百名优秀士官”；总队推广了支队主题教育经验和智慧政工平台建设成果，表彰支队为“忠诚教育先进单位”和“新闻工作先进单位”，“四会”比赛评比组织科干事周斌为“十佳政治教员”、执勤七中队政治指导员刘金龙为“优秀政治教员”。

（杜静伟）

【**执勤训练**】年内，武警北京市总队执勤第四支队务实开展“查找定保”执勤安全教育整顿、勤务专项鉴定和执勤岗位大练兵活动，城市副中心行政办公区上勤组织严密受到肯定。盯抓“两看”、环京检查站勤务规范和总队应急班试点建设，强推“智慧磐石”工程和环京检查站执勤点二期建设，执勤阵地更加坚固。大力纠治和平积弊，严密组织实战化训练，紧盯“八落实”分类施训、严抠细训、定期评比，“卫士—18”演习、实射实投、新兵教育训练和各类集训安全顺利。在总队比武考核中，新兵实弹射击获得第一名，环京检查站执勤分队获得第一名，参谋尖子业务获得第二名，“两会”住地分队获得第二名，机动大队获得第二名，特战中队狙击手获得第三名。作训科参谋李丰延被武警部队评为“优秀教练员”，执勤八中队中队长崔金宝、机动一中队中队长刘正刚、机动二中队班长赵亮被总队评为“优秀教练员”。

（杜静伟）

【**基层建设**】年内，武警北京市总队执勤第四支队坚持按纲建队不偏向，狠抓《党委机关按纲服务指导计划》和《基层按纲建队计划》落实，安排4批76人次到基层蹲点帮建、代职替岗、联动落实，助推了基层建设发展。探索适应军—旅—营体制下抓建模式，充分尊重大队职权，将其自身建设作为独立单元纳入季度考评，释放了“前沿指挥所”效能。注重点上强建，选准配强干部骨干，过好寓教于乐式的“温馨周末”，将环京检查站、偏远执勤小点工作经历作为任职资格，有效激发动力活力。注重强化组织功能，按制度抓实经常性基础性工作，高度分散条件下基层党委和支部“三自”能力有了提升。执勤七中队被总队表彰为“基层建设标兵中队”，三大队被总队表彰为“基层建设先进大队”。

（杜静伟）

【**部队管理**】年内，武警北京市总队执勤第四支队深入推进“条令年”活动，全员开展“四个起来”、百日安全竞赛、“用小措、抓点滴、促养成”、“学析查保”作风纪律整顿，狠抓“11个问题”治理，规范“营区管理”21个具体方面，部队秩序进一步正规。成立安全巡查专班，紧盯小散远直和临时驻训单位、零散在外人员、动态枪弹、车辆运行、手机网络保密等重点，常态“四不两直”检查。严格留营住宿、点名、请销假制度和禁酒令执行，研究总结盯抓“预防十失措施”落实，聘请专职律师依法维护官兵合法权益，6名官兵家庭涉法问题妥善处理，进一步增大了安全系数。支队被总部表彰为2018年度“安全工作先进单位”和“百日安全竞赛优胜单位”，被总队通报表彰为“密码工作先进单位”和“学习贯彻新条令暨常态落实安全工作‘八个规范’先进单位”。

（杜静伟）

【**后勤保障**】年内，武警北京市总队执勤第四支队围绕打造“六型”后勤，修订完善应急保障预案，深化“一组五队”应急保障能力建设，开展“伙食管理”活动，与大型超市、客运餐饮公司和医院建立应急保障绿色通道。加强专业人才队伍建设，培训驾驶员、卫生员、维修员、炊事员128人，28人通过职业技能鉴定，总队组织业务集训考核，机动大队司务长何富浩获得第一名，执勤九中队卫生员获得第三名。跟进搞好卫勤保障，落实药品管理措施，坚持病号日报制度，40次深入基层巡诊医疗，贴心服务30名突发的身体和心理病号，2名疑似热射病战士及时医治，总队为卫生队主治医师余炯枚记个人三等功。严把经费预算、审批、大宗物资采购等关口，推行军网商城采购模式。深入开展“清仓归零”、装备大清查、“两库”整治及“军车交通安全月”活动，对“7个方面突出问题”进行彻查整治，后勤科学化管理水平不断提高。以坚定的态度推进停偿和清房工作，成立专班研究策略，15套不合理住房强力清退，遗留多年的难题得以解决，总队给予充分肯定。

（杜静伟）

【**党风廉政建设**】年内，武警北京市总队执勤第四支队坚持把向党中央、习主席看齐作为最高政治纪律和政治规矩，从严贯彻落实军委主席负责制和党建工作会议精神，融入实践训练政治能力，党委集中统一领导和“三个把握”能力显著提升。扎实抓好民主集中制学习贯彻，严肃上党课、过党日、交党费等基本制度，在党内政治生活中持续烧旺炉火，党员身份意识和党性观念明显增强。以深化武警部队基层风气监察联系点和总部巡视、总队巡察反馈问题整改为契机，紧盯“基层微腐败70个问题”，持续传导反腐压力，密织权力使用笼子，严厉纠治不正之风，全年研究审批经费1060万元、小型工程15项，提升使用营连职干部69人、转改士官291人、组织技术学兵280人、推荐战士考学提干48人、发展党员130人，程序严格正规，各级官兵满意。

（杜静伟）

（责任编辑　华大友）

功能区建设

产业发展促进

【概况】北京市西城区产业发展促进局（简称区产业发展局）是负责西城区产业发展、文化创意产业发展和投资促进工作的政府工作部门。下设办公室、文创发展科、产业促进科3个科室，行政编制16人，其中局长1名，副局长3名；科级领导职数3正3副。年内，区产业发展局落实首都城市战略定位，积极融入京津冀协同发展，围绕落实新总规，按照“一补两提升”（补短板、提品质、提效益）的工作思路，各项工作有序开展。

地址：西城区培育胡同15号

邮编：100052

电话：66206294

（刘一迪）

【文创园区认定工作】年内，区产业发展局根据市级首批文创园区认定工作安排，研究制定西城区园区认定专项工作方案，明确推荐原则、规范推荐程序，组织西城区专家评审会进行初审初评，从16家申报单位中筛选出6家向市里申报，二次认定补充推荐5家单位申报，市首批认定西城区“天宁1号”等8家文化创意产业园区，占北京市认定总数的23.5%。推进《西城区文化创意产业园区（特色楼宇、众创空间）认定和管理办法》编制，规范认定条件、认定程序、管理和考核办法，调研区内近20家符合文创园区、众创空间、特色基地的空间，区级认定工作程序等相关工作持续推进。

（胡　陈）

【梳理低效闲置楼宇资源】年内，区产业发展局探索实施城市资产管理，加快推进“腾笼换鸟”。梳理调查楼宇资源，完成391栋商务楼宇的基础数据调查，总建筑面积16727879.34平方米，分布在15个街道，共梳理出空置面积260629.27平方米。选取200栋写字楼实地核查分析，其中散租130栋，整栋空置16栋，央企、国企或事业单位整栋使用48栋，特殊情况6栋，实际入驻企业4073家，区内注册登记2356家，区外注册1717家。建立街道和指挥部统计工作制度，定期报送疏解腾退资源信息并召开会议核对数据，完成17个单位的情况报送，涉及疏解腾退资源300余处。

（王　霞）

【区域特色品牌活动】年内，区产业发展局持续打造西城文创品牌活动，组织以“惠享文化　美好生活”为主题的第六届西城区惠民文化消费季活动；承办2018北京文化创意大赛初赛西城分赛活动；承办2018北京国际设计周西城分会场活动；组织第二十二届京港洽谈会，面向香港投资者以及在港的国际投资者宣传西城区改革开放40年发展成果，重点推介区域优良的营商环境和金融科技与专业服务创新示范区；组织第十三届中国北京国际文化创意产业博览会西城展区活动，进一步提升西城区的品牌影响力和知名度。

（胡　陈）

【人才培养】年内，区产业发展局结合“十三五”人才工作计划，加强人才工作交流。做好西城区“十三五”人才发展规划中期评估工作，通过问卷调查、信息采集、调研座谈，客观全面反映西城区“十三五”以来文创人才队伍建设、人才环境、人才效能等情况；搭建文创人才工作平台，与区组织部、人社局及文创园形成沟通联系机制，组织文创企业开展人才引进专项工作；强化人才培训服务，与杭州市委党校、杭州市文创办共同组织西城区文化创意产业促进工作高级研修班，对包括区内文创单位的中、高级管理人员以及中青年专业技术骨干（园区、文创大赛获奖单位或前10名）进行培训；争取相关人才奖励、资助及扶持，做好市、区两级文创优秀人才培养资助推荐工作，推荐优秀文创人才参选第三届西城“百名英才”遴选。

（赵大勇）

【扶贫工作】年内，区产业发展局做好精准扶贫工作，组织西城区帮扶阜平县经济发展人才两期培训班。第一期培训班组织阜平县14个部门的37名干部，从经济政策和政府服务管理等方面进行培训，企业进行面对面交流，推介宣传阜平促进招商引资。第二期组织阜平县各乡镇干部和选调生80名，从扶贫攻坚脱贫工作方法研究、党的十九大关于扶贫工作乡村振兴计划等精神解读等方面进行政策理论培训。与内蒙古通辽市科尔沁区签订战略合作框架协议，组织区内相关企业赴内蒙古通辽市科尔沁区开展产业对接和扶贫帮扶活动，帮助受援地区产业对接、搭建交流平台、实施精准扶贫。

（王　霞）

【协同发展】年内，区产业发展局摸索“跨城跨界”合作新模式，与苏州市姑苏区经济科技局签署战略合作缔约，2018苏州国际设计周活动期间，代表西城区政府与姑苏区政府共同主办“文创社区发展高端对话”。

（胡　陈）

【推进文化中心建设】年内，区产业发展局根据西城区推进文化中心建设领导小组会议精神，发挥西城区作为全国文化中心核心区的示范带动作用，根据《西城区推进全国文化中心建设产业组工作方案》，征求产业组20多家成员单位意见，形成产业组重点项目库，包括市级项目2个，区级项目11个。建立工作推进制度，坚持每月督导，定期反馈重点任务工作进展情况。参加北京市推进全国文化中心建设规划（2017—2035）课题组调研座谈会，梳理2018年至2035年全国文化中心建设重点任务、重大工程及重点项目。

（赵大勇）

【编制产业指导目录】年内，依据《北京市文化创意产业发展指导目录（2016年版）》《西城区新增产业的禁止和限制目录（2015年版）》，根据西城区“高精尖”产业发展要求，编制《西城区文化创意产业发展指导目录（2018年版）》，明确文创产业鼓励发展的业态。

（赵大勇）

【课题研究】年内，区产业发展局按照区发改委对“十三五”中期评估工作的要求结合区情发展，深入调研，完成“十三五”时期功能街区产业提升规划中期评估工作，评估报告已通过专家评审，经区人大常委会“十三五”规划中期评估监督工作专题会书面审议。

（王　霞）

【修订文化产业政策】年内，对《西城区文化创意产业发展三年行动计划（2018—2020）》文稿进行多次内部讨论和修改，形成新的征求意见稿，书面征求区发改委等14个区属相关部门意见，根据12条反馈意见对文稿进行修改。围绕文创园区建设，文创企业培育、文化金融、文化品牌、领军人才、优化营商环境等6个方面对《关于促进西城区文化创意产业创新发展若干政策》《关于促进西城区文化创意产业创新发展若干政策实施细则》《西城区文化创意产业发展专项资金管理办法》3个文件进行修改。

（赵大勇）

和谐宜居示范区建设

【概况】北京西城区和谐宜居示范区建设指挥部（简称和谐宜居指挥部，原北京金融街指挥部）隶属区委、区政府，由区政府直接管理。2015年12月，区委区政府根据中央、北京市委市政府对和谐宜居示范区建设的重要指示精神，将“三金海”（三里河—金融街—中南海）区域的和谐宜居示范区建设任务纳入北京金融街建设指挥部职责范围，将北京金融街建设指挥部更名为北京市西城区和谐宜居示范区建设指挥部，职责是：统筹“三金海”和谐宜居示范区建设的相关工作，协调推进和谐宜居示范区项目建设及搬迁等工作。制定“三金海”地区和谐宜居示范区规划实施方案。统筹“三金海”整治提升专项工作，制定依法整治规范的工作目标；配合相关部门和属地街道做好“七小”“地下空间”等环境整治和疏解提升工作。配合中关村科技园区西城园管委会推进西城园广安街区建设。承办区委、区政府交办的其他事项。内设办公室、综合规划处、项目建设协调处、项目征收管理处4个机构。工作人员30名，其中常务副总指挥1名、处长（主任）4名、副处长（副主任）6名。年内，和谐宜居指挥部统筹协调的项目涉及保障首都职能履行类、人口疏解类、基础设施建设类等多方面，统筹推进的项目有28个，完成固定资产投资7.3亿元。

地址：西城区南礼士路46号院内

邮编：100045

电话：59512686

（孙　悦）

【统筹三个街道综合整治】西长安街街道，年内累计影响6514人次。开墙打洞整治：台账40处，已销账40处，整治台账外点位54处；违法建设拆除：已销账411处，面积12030平方米；“七小”门店整治：年任务70户，已整治70户背街小巷违规经营整治20户，涉及45人次；营业执照吊注销20户，涉及62人次；群租房整治及流动人口清理：年任务量29户，治理完成29户，涉及面积860平方米；直管公房原民改工商企租用房恢复住宅及转租转借清理：年任务量24户，已恢复61处，涉及272人次，完成率254%；“转租转借”清理工作于上年底实现动态清零，年内发现反弹6户涉及流动人口11人；新增3户涉及流动人口5人，已全部清理。金融街街道，年内各项整治行动涉及人口2915人。开墙打洞整治：完成57处，其中特殊点位15处，实际封堵42处，涉及面积444平方米人口105人；拆除违建85处，面积9322.91平方米，涉及人口970人；直管公房清理：佟麟阁路、宣西大街、文华胡同等40处直管公房原民改工商企租用房全部清理完毕，面积930平方米，涉及人口100人；群租房治理：清理羊肉胡同、砖塔胡同等33处群租房，涉及面积1849平方米146人；“七小业态”治理：吊注销辖区内175处企业执照，整治11处开墙打洞违规经营行为，涉及面积1860平方米1594人。背街小巷整修、粉饰外立面750平方米，增加绿化植被796平方米，栽植花木18586株，清理堆物堆料183吨。宏汇园社区打造700余平方米的社区文体活动站；解决实验二小、新华社、奋斗小学等周边停车顽症，加大对违法停车的执法力度、施划停车位、增设减速带、安装防护栏、加装交通设施，规范辖区停车秩序；有序推进街区整理，街区划分已通过专家评审，完成区域诊断和羊肉胡同等重点街巷的设计方案。与相关单位开展联合执法，加强巡视管控，发动各社区积极分子，群防群控，防止已整治的“七小业态”、无证无照及住宅内开墙打洞点位出现反弹。月坛街道，年内疏解整治累计涉及人口3583人（任务目标3100人）。拆违84处6354平方米，完成年任务量（6000平方米）的105.5%，疏解人口669人。拆除帐外违建2187平方米；开墙打洞治理8处1280平方米，影响人口40人；清理群租房48处2432平方米，疏解人口408人；清理行政机关、事业单位出租房2处3750平方米302人；清理人防工程7处4500平方米119户，疏解387人；整治无证无照经营174处，涉及人口204人。吊销营业执照11处118平方米，影响人口77人；市场提升2处，1760平方米，影响人口202人。

（孙　悦）

【邀请专家解读北京新总规】4月9日，和谐宜居指挥部邀请北京市城市规划设计研究院高级规划师王亮博士为干部授课，围绕北京新总规的内容进行深度解读与分析，深入了解新总规的内涵和历史沿革，推动区域各项目实施。

（孙　悦）

【区领导调研街区整理工作】5月4日，副区长姜立光到西长安街街道就街区整理工作进行实地调研。5月31日，副区长徐利及名城委专家一行到砖塔胡同调研胡同提质更新改造设计工作。6月1日，区人大常委会副主任田巨德到和谐宜居指挥部调研“三金海”区域街区整理工作，和谐宜居指挥部及3个街道、天恒正丰公司、天叶信恒公司负责人参加座谈。7月10日，姜立光一行到金融街街道调研街区整理工作。

（孙　悦）

【名城房屋保护腾退】5月8日，南北长街历史文化名城腾退及环境整治提升项目正式张贴项目范围内房屋征收暂停办理公告，涉及征收居民产承户约485户，涉及市属、区属单位19家。5月29日实施主体通过组织被征收人以投票方式选定评估机构，公示期满后，评估机构入户开展评估工作。7月4日，张贴征收补偿方案公告（征求意见稿）。9月27日，召开项目启动大会。10月10日正式启动征收工作。10月24日，召开征收范围内涉及中央单位产房屋搬迁动员会。截至11月23日，签约居民413户，完成约85%签约任务。

（孙　悦）

【华嘉工程】华嘉精品工程紧邻金融街核心区，分为住宅和公建两部分，住宅部分进入室内外装修阶段，公建部分主体结构已封顶。11月29日取得竣工备案表，达到入住交付条件。12月8至31日276户具备条件的居民、底商办理房屋交付手续。

（孙　悦）

【西单文化广场升级改造】10月26日，在西单文化广场升级改造项目举行开工典礼及奠基仪式。计划2019年10月前地面广场主体部分完工。

（孙　悦）

【冬季消防应急演练】11月9日，在西单文化广场开展冬季消防应急演练活动，80余人参加。

（孙　悦）

【重点项目构建党建新格局】年内，和谐宜居指挥部结合西单文化广场升级改造项目和南北长街等重点项目建立“1+N”区域化党建工作体系，形成指挥部、项目、社区相互渗透、相互贯通的党建整体效应，定期开展活动。

（孙　悦）

大栅栏琉璃厂建设

【概况】北京大栅栏琉璃厂建设指挥部（简称大栅栏琉璃厂指挥部）设办公室、规划建设处、产业促进处、环境秩序处。主要负责统筹协调大栅栏、椿树、广内、牛街区域内重大任务和重大项目实施、疏解整治、环境提升工作，推进实施街区更新，加快提升城市品质。推动老城保护与复兴。强化与市区相关单位衔接，系统推进核心区科学规划建设管理，巩固完善首都城市科学管理体系的新机制，承办区委、区政府交办的其他事项。年内，大栅栏琉璃厂指挥部以党的十九大精神和习近平总书记两次视察北京重要讲话精神为根本遵循，以新《总规》要求为引领，把古都风貌保护工作与疏解非首都功能结合起来，加强整体保护，凝聚各方力量，立足试点先行，着力重点项目攻坚，较好地完成了年度目标任务，有效提升历史文化街区的功能品质、文化品质、生态品质、宜居品质、建设品质和管理品质。

地址：西城区铁树斜街113号

邮编：100050

电话：63168652

（刘　杰）

【街区更新工作】年内，完成大栅栏、椿树、广内、牛街4个街道主要规划编制和街区划分、街区更新展示中心施工，实现试点街区亮相。启动街区理事会筹建工作，聘任责任规划师和责任建筑师团队，成立广内街道老墙根街巷理事会。

（刘　杰）

【煤东示范区项目】年内，大栅栏街道煤市街东历史文化名城保护示范区项目腾退42户，疏解人口128人，腾退面积1056平方米。完成珠宝市街、粮食店街60处房屋修缮，廊房二条、廊房三条、门框胡同和施家胡同整体保护提升项目竣工亮相，“大家会客厅”等腾退空间修缮启用。

（刘　杰）

【完成莱西危改遗留项目】年内，启动恢复性修建工作一期工程，完成西砖胡同167平方米综合整治织补工程，于“国际设计周”期间亮相。

（刘　杰）

【杨梅竹斜街保护修缮试点项目】年内，累计腾退居民790户2080人，1759平方米，探索“三居”计划、院落平移等区域腾退空间的保护利用模式。

（刘　杰）

【法源寺保护修缮提升项目】年内，南半截胡同以东腾退居民56户184人，腾退房屋面积1185.84平方米，清理自建房93间约608.75平方米。完成烂缦胡同、南半截胡同、天景胡同市政设施改造工程；通过司法竞拍方式、以起拍价1.04亿元实现单位产的腾退；与首创旗下新城镇基金达成初步合作意见。

（刘　杰）

【琉璃厂艺术文化馆项目】年内，累计征收15户，剩余4户，完成对已征收区域临时绿化。

（刘　杰）

【大栅栏历史文化展览馆保护利用项目】年内，进行二期征收运作，共38户，累计征收28户，剩余居民1户（7个产权人）、单位产3户。一期文物本体已完成主体结构修缮和水电线路铺设。

（刘　杰）

【文物腾退项目】年内，集中启动9处文物腾退工作，五道庙、《京报》馆邵飘萍故居、朱家45号茶室、秦良玉屯兵处、歙县会馆、绍兴会馆、婺源会馆、钱业同业公会等8处文物腾退项目实现奖励期100%签约、腾退清零，永兴庵文物腾退工作剩余1户。

（刘　杰）

【南新华街整治复兴项目】年内，完成7个绿化节点和1个停车楼修建工程，新增绿化约4100平方米，新增停车位66个。

（刘　杰）

【宣西风貌协调区项目】年内，沈家本故居门前绿化小广场建成开放；完成上斜街、金井胡同、校场大六条、储库营胡同的现状地下管线测量及道路方案设计；完成人才公寓改造项目的方案设计；选取校场大六条35号院作为恢复明清风格民居试点，尝试院落更新实践工作；与高校合作开展院落公共空间品质提升研究。完成上斜街公共空间及建筑立面品质提升设计与阶段性整治实施工作。

（刘　杰）

【珠西大街绿化美化景观提升项目】年内，完成24处临建违建拆除工作，拆除面积约3500平方米，新增街巷花园和特色主题花园等绿化面积约5400平方米，利用周边拆违空地建设2个小型停车场，新增80个机动车停车位。

（刘　杰）

【打造北京坊国际文化交流集聚区】年内，完成签约商家64家，约占全场面积90%，其中正式开业56家，星巴克臻选旗舰店、MUJI酒店等相继亮相；举办具有影响力的文化商业活动40余场。

（刘　杰）

【征收项目】 粤东新馆（戊戌维新纪念馆）年内完成签约6户，法院强制执行1户，累计签约56户，剩余1户。北京66中学征收项目年内完成签约17户，剩余7户。地铁19号线牛街站征收完成签约173户，签约率达91%，剩余17户。老墙根市政道路征收工作完成签约69户，签约率达90%，剩余7户。钱市胡同传统银钱业博物馆项目启动征收工作，奖励期内签约68户，剩余3户。谭鑫培故居文物征收项目正在推进相关前期手续办理。

（刘　杰）

【大栅栏B19项目】 确定建设非机动车停车场，年内完成主体施工。

（刘　杰）

【北京坊二期、前门居项目】 4月24日，前门居（H地块）设计方案取得市政府批复，此后受中轴线申遗等政策以及管理部门业务调整等情况影响，无法按照预期计划推进。

（刘　杰）

【北京坊迎新春文化坊会】 2月15至25日，举办北京坊迎新春文化坊会，聚集冬奥会主题文化展览、中国年味儿体验、坊内商户生活方式体验区、奥运会徽文化分享主题沙龙和昆曲表演等活动。

（刘　杰）

【精品交易文化季活动】 10月12日，举办“2018北京大栅栏琉璃厂精品交易文化季”启动仪式。为期两个月，主题为“最北京·最京味”，涵盖“大栅栏琉璃厂旅游购物节”“京味文化体验周”“琉璃厂艺术联展”“中国国际文物博览会琉璃厂分会场活动”“琉璃厂秋季精品拍卖会”等板块内容，展示大栅栏琉璃厂地区丰富的文化资源，提升老字号企业的影响力和大栅栏琉璃厂地区知名度。

（刘　杰）

【北京国际设计周】 年内，配合开展国际设计周大栅栏、法源寺、北京坊、菜西等分展区大型活动。

（刘　杰）

【老字号运动会】 9月30日，举办“2018大栅栏老字号运动会”，在延续前几届特色趣味项目的基础上，结合2022年北京冬奥会，增设多项带有冬季运动色彩的趣味比赛项目。近30家企业单位的200多人报名参赛。

（刘　杰）

【企业领导人培训会】 5月17至18日，举办2018年企业领导人培训会，近70家会员企业负责人参加。围绕“优化营商环境”“地区企业转型”等问题进行研讨。

（刘　杰）

【厂甸庙会】 年内，协调琉璃厂地区一得阁、中国书店、戴月轩、荣宝斋等老字号特色商铺，参加厂甸庙会特色新春文化体验活动。

（刘　杰）

【全国国有文物艺术品交流会】 12月14至16日，举办“全国国有文物经营单位文物艺术品交流会”。30余家文物经营单位携具有各地人文历史特色的书画、瓷器、玉器、翡翠、杂项等文物艺术品参加交流展卖。

（刘　杰）

【京味文化体验周】 京味文化体验周活动为期11天，组织22家老字号及特色文化企业，开展不同类型的体验活动，体验者包括社区居民、大专院校师生、各领域文化爱好者等数百人。

（刘　杰）

【参加文化艺术节】 年内，组织中国书店、北京市文物公司、一得阁、汲古阁、北京汝阳刘和广德楼等重点文化企业参加中国·大同潘家园传统文化艺术节，开展文化体验展示展销等各项活动。

（刘　杰）

【落实“街道吹哨、部门报到”】 年内，与街道办事处建立动态对接机制，配合街道调度推进牛街东里、西里、春风小区消防隐患排查调研，煤市街箱变迁移、大栅栏商业步行街整体提升、区人才公寓建设等重点工作。

（刘　杰）

【党建工作】 年内，党支部召开支委会4次、党员大会3次、组织集中学习31次、主题党日活动15次、专题组织生活会2次、党课教育1次、到4名干部家中走访慰问；推进“进千门走万户”行动。

（刘　杰）

天桥演艺区建设

【概况】 北京天桥演艺区建设指挥部（简称天桥演艺区指挥部）隶属区委、区政府，由区政府直接管理。总指挥由区级领导兼任，负责主持指挥部全面工作；常务副指挥协助总指挥负责指挥部日常工作。下设办公室、规划建设处、环境建设处、产业促进处。行政编制20人。天桥演艺区指挥部是负责统筹协调推进天桥演艺区规划、建设、管理、发展工作的临时性常设机构。负责天桥演艺区建设的统筹协调、决策落实、指挥调度、产业培育、综合服务等工作。年内，天桥演艺区指挥部在区委、区政府的统一领导下，深入学习贯彻习近平新时代中国特色社会主义思想和党的十九大精神，紧紧围绕首都城市战略定位，扎实做好疏功能、控人口、治环境、惠民生、提品质各项工作，进一步深化和带动区域整体发展，营建天桥演艺生态。

地址：西城区天桥南大街1号北京天桥艺术大厦A座5层503室
邮编：100050
电话：83167001

（白　玉）

【北部平房区住房与环境改善项目第三期】 天桥北部平房区住房与环境改善项目第三期于2017年10月31日启动至2018年1月20日停止（2018年1月6日，根据区相关工作紧急会议要求，北部平房区住房与环境改善项目腾退工作于即日起停止，于1月20日前，完成拟签约居民的材料审核并上传至区住房建设委系统）。期内共签约235户，配售安置房218套。

（王　旋）

【获得荣誉】 2月1日，西城区文化创意产业新的社会阶层人士联谊会成立大会在天桥艺术大厦举行，天桥演艺区被认定为西城区新的社会阶层人士统战工作实践创新基地，演艺区入驻机构中盟文化产业投资有限公司董事长戴晓岚当选会长。8月，组织驻区机构参加2018创客中国北京市创新创业大赛，天桥演艺区获“优秀组织奖”，推荐的疆进酒·OMNI SPACE音乐展演空间项目在450余个项目中获企业组优秀奖；组织驻区机构参加2018北京文化创意大赛活动，3个项目入围北京市赛区决赛，其中原创音乐剧《诗经·采薇》项目获北京赛区决赛特别奖。11月5日，天桥艺术中心在中央电视台和中国音乐产业促进会联合“改革开放40年·致敬中国音乐产业庆典”活动中获得“杰出贡献演出机构奖”。

（欧昕雨）

【天桥文化传承中心项目】 2月6日，市规土委、市文物局年度第二次联合办公会议定，申遗规划南中轴线沿线以对称和沿街界面具有联系性为主，建议开展城市设计、风貌管控、供地方式等相关研究，统筹考虑沿线完整的人行步道系统。涉及110、917路公交场站搬迁工作与公交集团签订《合作协议》，按照区法制办及指挥部律师顾问、西城规划分局、区土储中心等部门意见，完成修改调整。

（王　旋）

【香厂新市区规划综合成果编制】 年内，完成香厂新市区规划综合成果编制工作。2月9日召开专家论证会，邀请邱跃、柯焕章、王静霞、王东4位专家出席，并提出落实建议。3月12日，区长王少峰专题研究天桥北部地区相关规划工作。会议肯定规划综合成果的立意、目标准确、措施符合老城保护及新的北京城市总体规划要求，对于新市区的改造、提升、保护具有指导意义，可作为下一步具体规划设计实施的依据。会议同意香厂新市区保护与发展规划研究课题结题。

（王　旋）

【天桥北部片区街区导则编制与城市设计研究】 年内，完成北部片区街区导则编制与城市设计研究成果。2月9日召开专家论证会，邀请邱跃、柯焕章、王静霞、王东4位专家出席。专家对成果表示肯定，并提出落实建议。3月12日，区长王少峰专题研究天桥北部地区相关规划工作。会议指出：“规划导则”技术路线合理，内容全面、具体，结论详实可靠、实操性强，提出整治提升策略措施切合实际，符合老城保护要求，是天桥地区业态开展系统性规划的重要组成部分，有利于加快推进老城复兴、全面提高居民生活品质、切实增强居民的幸福感和获得感。会议同意“规划导则”作为天桥北部地区下一步疏解整治促提升的基础性指导依据。

（王　旋）

【“丝绸之路国际剧院联盟”总部落户天桥】 3月27日，天桥演艺区引进“丝绸之路国际剧院联盟”总部落户天桥艺术大厦，进一步推动产业资源集聚。丝绸之路国际剧院联盟是由中国对外文化集团公司，在文化部的支持和指导下倡议发起的大型多边性国际化演艺产业平台，拥有来自32个国家和地区及2个国际组织的86家成员单位，其总部落户天桥，是中国对外文化集团公司与西城区及天桥演艺区战略合作关系进一步深化的体现。下一步，旨在借助联盟的资源优势，调动各方力量，共同推进演艺区建设发展。

（欧昕雨）

【天桥印象博物馆开放】 5月18日举办开业仪式，面向社会正式开放，中国少年儿童发展服务中心授予“阅读实践基地”牌匾。项目位于北纬路和天桥南大街交汇的市民广场地下一层空间，与天桥艺术中心建筑风格相同且内部交通相连。是全国唯一一座以天桥命名的博物馆，该馆以天桥历史文化发展传承为线索全面展示天桥地区的历史沿革、景观风貌及悠久的历史文脉，重点展示天桥地区重要人物历史故事及文化遗存，是天桥演艺区完善区域文化配套方面的重要举措，2月开始试运营。

（欧昕雨）

【街区整理工作】 年内，天桥演艺区指挥部明确责任及年度任务目标，建立与街道沟通对接机制。天桥、陶然亭、白纸坊3个街道均已完成街区划分；在分析诊断的基础上，制定初步策略和项目库；完成亮相街区年度工作内容；筹建展示中心。

（王　旋）

【天桥艺术中心品质演出】 年内，与乌克兰、美国、英国等20多个国家和地区及国内的优秀演艺机构及名家合作，引进《泽西男孩》《我，堂吉诃德》《长靴皇后》等国际知名音乐剧，在天桥艺术中心演出800多场，演出种类涵盖音乐剧、话剧、舞蹈、儿童剧、戏曲等近20种艺术门类。开展艺术教育活动超过200场，内容涵盖主题展览、大师课、工作坊等各种形式。

（欧昕雨）

【举办多项品牌活动】 9月25日至10月2日举办国际设计周天桥分会场活动。活动以“共生的天桥”为主题，立足于学术共生、艺术共生和文创共生，通过加强合作，号召社会各界通过携手合作，共同参与新天桥的建设，举行“共生的天桥——2018城市规划成果展”“规划内外•为天桥胡同发声”高端学者对话论坛等8场活动。10月20日至12月27日，举办第三届天桥音乐剧演出季活动，由中国音乐剧协会指导，北京文化艺术基金支持，区文化委、天桥演艺区指挥部、北京天桥演艺联盟共同主办，以弘扬社会主义价值观、中国传统文化为主题，甄选知名国际剧目和传播、弘扬民族文化的国内优秀剧目12部，演出34场；举办“2018国际音乐剧产业高峰论坛”、发布《2018音乐剧指南》、评选2018年“天桥奖”等系列活动，近4万市民参加活动。

（欧昕雨）

【仁寿路文物腾退项目收尾】 截至10月底，全部完成44户腾退任务。该项目位于仁寿路6、8、10、12、14、16号及香厂路6号，建设面积3120平方米，涉及居民44户，项目实施主体为宣房集团。于2013年11月30日启动腾退。

（薛　堃）

【华康里文物腾退项目收尾】 截至年底已腾退112户，剩余5户（已移交法院立案等待判决执行）。该项目范围：东至华严路11号东墙，南至华严路，西至板章路，北至华康里8号北墙。华严路11、13、15、17、19、21号；华康里1、3、4、5、6、7、8、9、11号；板章路24、26、28、30、32号。共有承租户117户，建筑面积1675.98平方米。项目主体及实施主体宣房集团。华康里文物腾退于2017年12月4日正式启动。

（薛　堃）

【宜兴会馆文物腾退项目收尾】 截至年底已腾退26户，剩余2户（2户材料已提交法院等待判决执行）。项目位于校尉营新门牌44号。项目主体宣房集团，实施主体天桥衡融公司。文保主体内应征收居民28户，建筑面积约666平方米，占地面积约1067平方米。宜兴会馆文物腾退于2017年12月5日正式启动。

（薛　堃）

【先农坛庆成宫文物腾退项目】 庆成宫作为中轴线遗产点2001年被公布为第五批全国重点文物保护单位，庆成宫内住户和单位腾退工作被列为中轴线申遗综合整治重点任务。年初，天桥演艺区指挥部与区文化委、区政府法制办、区法院等部门研究相关法律法规，探索工作路径。与中国医学科学院、中国医学科学院药物研究所、中国医学科学院动物研究所对接，了解相关工作情况。年内，召开庆成宫文物腾退及环境整治相关市区级及部门间工作会、协调会、推进会19次，市区相关领导及部门实地调研10次、与中央单位对接工作4次、会同相关部门开展现场执法整治2次。8月成立庆成宫工作小组进驻现场开展情况调查，梳理庆成宫院内5户情况并形成工作报告上报区政府及市文物局。年内由北京古代建筑博物馆对庆成宫中院5户提起诉讼，正在审理阶段。

（薛　堃）

中关村科技园区西城园建设

【概况】中关村科技园区西城园（简称西城园）围绕建设中关村国家自主创新示范区要求，贯彻落实西城区委、区政府决策部署，经济持续保持稳步发展。1至11月，中关村西城园规模以上高新技术企业258家，实现总收入2346.7亿元，同比增长8.6%；实缴税费总额95.4亿元，同比下降5.7%，人均税费10.1万元/人；实现利润总额233.2亿元，同比增长10.7%，人均利润24.7万元/人；实现工业总产值1021.8亿元，同比增长8.2%。年内，西城园共申请专利2729件，较上年同期相比增加5.6%，占中关村示范区专利申请量的3.2%；其中，发明专利申请量为1851件，占西城园专利申请量的67.8%。西城园共获授权专利1999件，同比增长13.9%，占示范区专利授权量的3.7%；其中，发明专利授权量为1133件，占西城园专利授权量的56.7%。

地址：西城区阜成门外大街31号天恒置业大厦3层

邮编：100031

电话：82205151

（宋　涛）

【761工场揭牌】1月25日，在北京北广电子集团有限责任公司、北京一带一路国际孵化联合体（ICI）、欧盟研究与创新中心（ENRICH）联合主办的“北广集团—761工场国际协同创新日暨ICI高端对话”活动上，761工场（北京）科技发展有限公司（761工场）宣布成立。761工场设在北广大厦，是北广集团公司的全资子公司，将探索以平台型科技服务业为支撑、专业型科技服务业为引领的科技服务业发展模式，围绕电控电子信息产业，发展以创新孵化服务和国际技术转移服务为主要业务内容的科技服务业，并基于政策导向和市场需求，拓展新的业务经营模式和营收增长点，推动业务转型、增加经营效益、优化资源配置，促进产业升级。

（单　毅）

【非洲记者到访北京DRC工业设计基地】5月18日，由中国外文局培训中心组织的2018年非洲国家知名记者研修班一行30人到访北京DRC工业设计创意产业基地。基地工作人员向参观学员介绍北京设计之都核心区建设、DRC发展成就和经验，研修班学员参观智加兄弟医疗、乐品乐道等4家基地入驻企业，到访学员来自埃塞俄比亚、刚果（金）、加纳、卢旺达、莫桑比克、南苏丹、乌干达、赞比亚8个非洲国家。

（单　毅）

【西城园工会联合会成立】5月25日，中关村科技园区西城园工会联合会第一届会员代表大会在康华伟业孵化器有限公司召开，园区46名工会代表参加。西城园工会联合会将成为联系、服务、指导园区非公高新技术企业工会组织和协调工会活动、交流经验的平台。

（马双胜）

【新增2家市级国际科技合作基地】4月16日，市科委发布《关于认定2017年北京市国际科技合作基地的通知》，中关村西城园内北京北广电子集团有限责任公司所属761工场国际创新中心北京市国际科技合作基地、北京市劳动保护科学研究所所属职业安全健康北京市国际科技合作基地2家基地被认定为北京市国际科技合作基地。

（单　毅）

【地下空间利用创意设计大赛】7月10日，由北京设计产业联盟、中国建筑装饰协会环境艺术分会联合主办的“老城之下”西城区地下空间利用创意设计大赛征集发布会在北京设计之都大厦举行。大赛立足于提升西城区地下空间的优化利用，从民众实际需求和存量问题出发，在西城区13个街道筛选出10处具有典型性的地下空间，面向大众和专业设计师征集地下空间使用的创意方案，以地下空间设计改造为示范，破解地下空间优化利用的民生问题。

（郭　海）

【市委书记到西城园调研】6月23日，市委书记蔡奇带领16区政府和相关部门负责人，围绕优化营商环境到西城区西城园普天德胜科技孵化器调研，听取关于西城区优化营商环境和政务服务的情况汇报，了解普天德胜科技孵化器、北京诺亦腾科技有限公司等单位的发展经营情况。

（唐　冉）

【副市长调研金科新区建设】7月3日，副市长殷勇一行到西城区走访调研。殷勇到首建金融中心、四达大厦、北矿金融大厦等地，实地查看原“动批”地区的楼宇情况及周边环境，就北京金融科技与专业服务创新示范区核心区的选址与相关负责人进行沟通，现场指导金科新区下一步建设。市金融局、中关村管委会、西城区政府等单位相关负责人参加调研。

（曾庆艳）

【举办热点政策培训会】7月12至13日，由西城园管委会主办的2018年热点政策集中培训会在春晖园会议中心举行，230余家园区高新技术企业的代表参加。会议邀请市经济信息化委、北京金融街服务局、深交所北京中心、西城区税务局等单位相关负责人就《加快科技创新发展新一代信息技术等十个高精尖产业的指导意见》、企业上市政策、上市知识与当前形势、北京市高精尖人才引进政策、税收政策等内容进行解读，针对参会人员提出的问题进行解答，并就西城园产业政策及政策兑现申报注意事项进行讲解。

（刘　昆）

【国际创意与可持续发展中心揭牌】7月17日，联合国科教文组织国际创意与可持续发展中心启动仪式在京举行。市长陈吉宁与联合国教科文组织总干事阿祖莱共同为国际创意与可持续发展中心（ICCSD）揭牌。中心落户西城园，为教科文组织全球首个以创意与可持续为主题的二类中心，将建立集研究、交流、合作、培训等功能于一体的专业性、高水平、国际化平台，成为集聚世界顶尖人才的智库、具有全球影响力的创意与创新“思想实验室”、创意与可持续发展成功经验的示范先行者、文明交流互鉴合作的推动者及中国企业、科技、文化走向世界的传播者。

（刘　昆）

【市金融政策宣传推介活动】7月18日，由市投资促进局、市金融局与西城区政府共同主办的“北京市金融政策宣传推介暨驻京中外知名企业投资西城行”活动在北矿金融大厦举办。来自英国、法国等20余个国家60余家金融机构的代表参加。活动现场，西城区政府相关负责人介绍西城区建设北京市金融科技与专业服务创新示范及推进示范区建设的有关工作情况；与会人员围绕营商环境、扩大金融业对外开放情况、金融科技示范区情况进行现场咨询及交流洽谈。

（刘　昆）

【10人获区“百名英才”称号】7月26日，由西城区政府主办的第三届“百名英才”表彰大会在国二招宾馆举行。西城园企业1人获“西城杰出人才”称号，9人被授予“高新技术人才”称号。

（单　毅）

【云粒智慧公司落户金科新区】8月3日，在中国联合网络通信股份有限公司举行的智慧政务大脑与生态环境大脑产品推介会上，云粒智慧科技有限公司揭牌成立。云粒智慧公司6月29日在北京市工商局西城分局注册登记，注册地址北京金融科技与专业服务创新示范区，注册资本3.53亿元，包括联通系统集成有限公司、阿里巴巴（中国）网络技术有限公司和杭州佳世云网络科技合伙企业3家股东。公司将借助中国联通公司基础设施能力、全国一体化运营服务体系和在政企客户市场的一站式集成和交付能力，借助阿里巴巴公司在云计算、大数据、人工智能、区块链等领先技术领域的积累，聚焦政务、金融、生态环境、公安、制造等领域，孵化新一代的政企行业应用，为政企客户提供创新务实的解决方案、云产品服务和IT技术服务。

（单　毅）

【中关村先行先试政策宣讲会】8月9日，由西城园管委会主办的中关村先行先试政策西城园宣讲会在西城区行政服务中心举行，园区近200家企业的代表230余人参加。来自中关村管委会、市财政局、市税务局、市工商局等部门的中关村政策宣讲团成员就科技型中小企业研究开发费用税前加计扣除、企业委托境外研究开发费用税前加计扣除、企业职工教育经费税前扣除、延长高新技术企业和科技型中小企业亏损结转年限、扩大小型微利企业所得税优惠政策范围等有关税收优惠政策，以及优化营商环境、提高企业开办效率和中关村提升创新能力优化创新环境资金等专项政策进行宣讲。

（强彬彬）

【5家企业获创业创新大赛奖】7月23日，西城区第一届创业创新大赛组委会发布《关于第三届“中国创翼”创业创新大赛北京市西城区选拔赛暨“创业北京”创业创新大赛-西城区第一届创业创新大赛推荐获奖项目的公示》。大赛评出推荐获奖项目18个，其中西城园内5家企业的项目获奖。

（宋　涛）

【“普天双创杯”创新创业大赛闭幕】10月12日，由普天创新创业管理有限公司、北京普天德胜科技孵化器有限公司主办的“普天双创杯”首届创新创业大赛颁奖典礼在普天公司举行。中关村管委会、市科委、西城区政府等单位相关负责人参加。其中，西城园北京诺亦腾科技有限公司的人工智能“健康运动、规避损伤”数字体验系统、北京梅泰诺通信技术股份有限公司的西海景观亮化及智慧路灯应用2个项目获大赛二等奖。

（单　毅）

【区政协调研西城园金融科技产业】10月16日，西城区政协组织开展“加强科技与金融融合，提升西城金融发展品质”专题协商视察活动，区政协主席章冬梅带领30多名委员赴中关村西城园调研，了解金融科技产业发展现状。副区长司马红、区长助理杨青、区政协副主席程军、姜兆春，秘书长王申恒及西城园管委会相关负责人参加调研。

（曾庆艳）

【中移动金融科技公司落户金科新区】12月8日，中移动金融科技公司举行揭牌仪式。公司9月28日在北京市工商局西城分局注册登记，注册地址在北京金融科技与专业服务创新示范区，注册资本10亿元，为中国移动通信集团有限公司旗下的全资子公司，主要业务涵盖融合支付、特色电商和金融科技三大板块，致力于打造“通信+消费+金融”综合服务商。公司在融合支付板块方面，作为中国移动集团对外支付能力合作的专业主体，承担以号码为核心，以和包为主体的融合支付体系的统一建设和运营职责；在特色电商板块方面，承担中国移动集团积分和电商的统一运营和相关平台的统一建设职责；在金融科技板块方面，承担中国移动集团互联网金融业务统筹、合作、创新、运营及相关平台的统一建设职责。

（曾庆艳）

【为园区企业送首批“服务包”】11月13日，区委书记卢映川一行赴园区走访民营企业北京东方中原数码科技有限公司、北京维旺明科技股份有限公司、北京磨铁数盟科技有限公司，上门为企业送信息、送政策、送服务、送温暖，送出西城区首批为企业量身定制的“服务包”，持续优化营商环境。

（曾庆艳）

【发布金科新区建设方案及“金科十条”】12月8日，在2018第二届中国互联网金融论坛上，西城区政府发布《北京金融科技与专业服务创新示范区（西城区域）建设方案》和《关于支持北京金融科技与专业服务创新示范区（西城区域）建设若干措施》。金科新区（西城区域）涵盖中关村西城园10平方公里政策区范围，包括北展、德胜和广安三大街区，核心区包括北展地区约30万平方米空间，根据建设方案，核心区将重点布局监管科技、金融科技、风险管理、金融安全和支撑金融科技的创新型专业服务，德胜和广安地区将主要承接金融科技的创新业态和创新平台，为核心区建设提供空间和产业结构支撑。“金科十条”由西城区政府、中关村管委会、北京金融街服务局共同制定，包括精准支持金融科技企业和专业服务机构在示范区发展、支持重点项目落地、支持自主创新能力提升、支持优秀人才发展、支持国内国际交流合作、支持开展多渠道融资、支持孵化加速和专业服务平台建设、支持楼宇品质和效益提升、开通绿色服务通道10条。

（曾庆艳）

什刹海阜景街建设

【概况】北京什刹海阜景街建设指挥部（简称什刹海阜景街指挥部）隶属区委、区政府，属区政府常设临时性机构。由区政府直接管理，分管副区长兼任总指挥，设立1名常务副总指挥，协助总指挥主持指挥部日常工作。指挥部下设办公室、规划发展处、建设管理处、产业提升处。什刹海阜景街指挥部负责统筹协调推进什刹海街道和新街口街道区域规划、建设、管理、发展工作。年内，指挥部依据习近平对北京重要讲话精神和《北京城市总体规划》《京津冀协同发展规划纲要》，以“突出重点，推进节点，形成亮点”为工作目标，坚持党建引领服务中心工作，围绕疏解整治促提升、街区整理惠民生两大工作任务，把握稳中求进的总基调，以高度的责任感和使命感扎实推进各项工作，街区整理精彩亮相，重点项目协调推进，在疏解腾退、院落更新、产业提升、大运河文化带保护建设和中轴线申遗等节点项目取得进展，完成各项工作任务。

地址：西城区地安门西大街丙28号B座一层

邮编：100009

电话：66181080

（李　兵）

【疏解腾退工作】根据市区住建委通知精神，1月20日人口疏解和房屋腾退工作停止，共腾退55处106户居民，疏解腾退人口约328人，腾退房屋面积3205.18平方米，占地面积4651.71平方米。自人口疏解项目开展以来，累计完成院落腾退368处，其中整院242个，整段127处，涉及户籍户920户，疏解腾退人口约2978人。腾退房屋面积38436.11平方米，占地面积约30326.55平方米。

（李　兵）

【推进腾退资源使用】年内，探索“修旧如旧——恢复历史建筑风貌的传统工艺修缮模式”和“现状修缮——完善院落居住功能的原貌修缮模式”等多种院落修缮模式。有效开发利用腾退院落，植入文化创意、特色民宿、生活性服务业、金融办公等业态，推进区域产业升级。推动社区营造、空间资源整合、文化企业引入等工作，什刹海区域和白塔寺区域累计有130余处院落房屋开发使用，实现资本运营的良性循环。

（康　力）

【腾退空间植入便民服务业态】年内，响应市区政府“关于利用疏解腾退空间，补充完善社区便民商业服务设施”的要求，根据《西城区生活性服务业网点配置标准》以及什刹海街道便民服务业的总体规划，在充分调研社区百姓需求的基础上合理布局，将什刹海地区可利用的疏解腾退空间进行修缮改造，植入理发店、蔬果生鲜超市和综合便利店等，建成喜友邻便民连锁店7处。推进区域生活性服务业品质提升，解决政府关心的民生问题，打造更加便捷、更加优质的“一刻钟生活圈”。累计14处院落交由街道用以便民服务设施业态。便民连锁店风格统一化、建设标准化、服务品牌化、运营数字化，店内构建数字化网络平台，实现线下各类蔬菜及水果等价格可监控，产品可追溯；线上通过APP，方便居民在线购物和预约服务，形成互联网+区域上门服务的运营模式。

（康　力）

【北京国际设计周分会场活动】年内，与前端公司天恒正宇、华融金盈共同策划、组织、承办2018年北京国际设计周西城区什刹海分会场和白塔寺分会场活动。“2018遇见什刹海——城市美学聚场”系列主题活动利用西海西沿10号等6处院落，举办55场次场景体验及专项活动。“设计助推城市复兴”论坛、“聆听什刹海”主题情境朗诵会、非遗手作体验等各项活动，获得设计周组委会及周边居民一致好评。白塔寺再生计划“暖城行动2018”活动，是以“暖城行动”为子品牌的一项长期活动计划，突出邻里共生、社区营造、文化传承，通过胡同微更新、四合院建筑修缮示范、文化记忆挖掘、居民参与创新街区治理等形式和内容，还原北京老城胡同文化，既保持历史文化街区生活方式的延续，又实现当代城市生活方式的满足，打造“温暖街区”。举办论坛、活动、展览活动143次，其中包括80个展览、52场论坛讲座沙龙、11项其他活动（手工坊、音乐会、闪展等），吸引大量居民、知名设计师、文创爱好者等参与交流。

（康　力）

【马凯餐厅地安门店重张营业】2017年西城区启动老字号“马凯餐厅回家”工作。按照区政府工作安排，指挥部发挥统筹协调作用，全力推进马凯餐厅的装修改造工程、资产交接、证照办理、消防验收等相关工作。12月29日马凯餐厅地安门店重张营业。

（康　力）

【西什库街区完成改造提升】西什库片区整体规划设计方案通过名城委专家审议。按照街道吹哨，部门报到的工作思路，两个街区改造提升工作采用分段分片设计改造的模式逐步推进，财政资金申请、代建协议签署、“一户一策”编制、施工图设计、古建专家审核、项目招投标、进场施工等各项工作顺利推进，实现亮相目标。西什库大街14号（即西什库小学）按照历史记载进行恢复修缮，为整个街区提升树立节点标杆。

（李　兵）

【阜内大街完成改造提升】年内，阜内大街完成全部立面改造工作。道路空间品质提升部分中道路工程，铺装工程，城市家居、小品，排水工程，夜景照明，合杆、并杆、架空线入地已全部完成，实现阜内大街基本亮相。白塔寺西线（阜内北街—宏大胡同）实现“亮片”，宫门口东西岔项目列入北京市重点公共空间示范项目库。

（李　兵）

【鼓楼西大街整治复兴计划】年内，积极推进鼓西—旧鼓楼大街地下市政综合管廊研究，编制完成按常规敷设方式推进的鼓西大街市政规划项目综合方案、雨污水规划方案、交通规划方案、配电箱改移方案、弱电箱改移方案以及小型墙箱和飞线整理等市政基础设施提升方案，由市规土委召开管线单位征求意见推进前期工作的开展。鼓西大街项目夜景照明方案已通过专家评审论证会，根据专家评审修改意见对方案进一步完善，部分点位开始照明管道的预埋敷设工作。立面提升设计方案交接点位150处，初步确定鼓西大街智慧城市策划方案。

（李　兵）

【规范在施项目安全管理】年内，签订党风廉政建设责任书，落实安全生产“党政同责、一岗双责”，完善在施项目管理措施，加强项目进展日常巡查。梳理什刹海、阜景街2个文保区的在施项目，做到在施项目“四熟悉”“四对接”，即熟悉在施项目的地点、现状、施工人员、项目管理规范，对接在施项目的建设单位、监理单位、总包方和施工方，形成和完善工地巡查工作制度，保证施工质量。

（李　兵）

【地百商场综合改造项目】地安门百货商场综合改造项目是实施北中轴线风貌保护与环境改善的重要节点项目。年内，项目外装和内装已基本完工，地下立体车库机械设备正安装收尾。三层精品酒店由运营方做精装修，实现地百改造工程消防验收阶段性成果。老字号同仁堂、菜百、张一元等老字号企业以及首都影院、国粹银局将入驻，未来地百商场将以特色文化主题酒店、知名老字号、书影文化综合体等产业内容，有机地融合传统文化与现代生活。

（李 兵）

【探索民宿行业管理规范工作】“隐海”品牌民宿推出后，受到游客及业界一致认可，形成良好的口碑美誉度和品牌影响力，新型业态民宿业逐步植入于什刹海文保区。结合北京市人民政府办公厅《关于加强直管公房管理的意见》，牵头开展关于“北京人家”旅游合作体建设相关工作，完成《西城区民宿行业标准规范（草稿）》制定，推进政策完善落地。

（李 兵）

【中法合作试点院落】12月7日，老城区首个中法合作试点院落——“429共享院”落成揭牌。赵登禹路429号是典型的胡同平房院落，占地184.64平方米，建筑面积65平方米。院落更新改造基于2013年中法有关部门签署的《城市可持续发展领域政府间合作协议》，开展的本土遗产修复联合行动，由华融金盈公司与法国驻华大使馆的北京法国文化中心、北京城市规划设计研究院三方共同参与实施。针对文保区的特性，三方充分交流分享中法文化遗产保护、低碳建筑技艺、老旧平房修复等方面的经验，通过低碳技术对房屋进行全面改造，院落的传统建筑元素均得以保留，运用预制木结构的现代技术新增现代化结构，使其成为兼具中西方特色的开放式庭院。“429共享院”为老城区居民院落修复进行卓有成效的技术路径探索。建筑师结合该试点院落的实践，编写《老城平房低碳修缮手册》。

（李 兵）

【什刹海景区治理】年内，加强对什刹海景区的综合治理，拆除违规牌匾149块，治理噪音扰民700余起，关停酒吧31家，拆除景区违法建设，疏通环湖7处“堵点”，亮出岸线、还湖于民。6公里滨水步道全线贯通，西海湿地公园建成开放。什刹海景区逐步实现“静下来慢下来”。

（李 兵）

【历史文化名城保护】年内，聚焦中轴线申遗和大运河文化带什刹海片区建设，推进重要历史文化景观节点项目，完成北海、景山公房住户腾退，北海公园大佛殿区签约腾空。启动什刹海地区文物腾退工作，兆惠府、三官庙、庆云寺、真武庙、永泉庵等文物遗存腾退，德胜门对景历史风貌建筑完工。编制《什刹海风景区综合管控导则》《什刹海旅游发展规划》。

（李 兵）

【共生院试点工作】年内，创新性地提出“共生院”理念，实现保留的传统建筑与植入的现代建筑共生、留驻的老居民与迁入的新居民共生，以及传统的院落居住文化与当代居住文化共生。银锭桥胡同7号部分居民签约腾退，尚有4户居民居住使用。鉴于房屋本体具有历史建筑价值，按照传统四合院房屋建造手法和工艺进行保护性修缮，拆除院落公共区域中的违章建筑，如实恢复其原有老建筑风貌。通过增设门禁系统、补足监控设备，完善院落照明，修缮公共卫生间等措施，实现院落公共空间的物业化管理，提升院内居民的居住安全性、舒适性和便利性。院落中植入文化特色民宿，充分展示和深度体验老北京传统文化与胡同市井的生活气息。

（李 兵）

【受壁街项目开工】受壁街项目作为市政重点建设项目之一，是首个集市政道路、综合管廊、地下车库于一体的综合性市政项目。年内，P1停车场实现正负零；P2停车场、西直门南小街西段综合管廊实现开工。

（李 兵）

【群力胡同防汛配套用房及地下车库项目】年内，办理完成工程规划许可证、施工监理招投标，建筑工程施工许可证和基坑支护招投标手续。场地已移交总包单位北京韩建集团有限公司管理，地上房屋已拆除完毕，按计划完成年度投资任务。

（李 兵）

【白塔寺社区会客厅】白塔寺街区会客厅2017年9月启动，建筑面积106.18平方米。结合阜内大街复兴改造项目，利用腾退院落改造的白塔寺社区会客厅落植入文化产业、社区配套服务等功能，是北京市第一个为社区居民提供邻里聚会、厨艺分享、社区议事等功能的“社区会客厅”。白塔寺社区会客厅对内汇聚社区居民，对外辐射社区文化，社区居民自发组织老校友聚会、老街坊聚会、喜迎十九大剪纸活动、木作手工聚会、白塔寺社区微庙会等众多活动，使得邻里之间重新相连、重生温暖，提升居民在社区中的存在感、归属感和幸福感，吸引更多的居民主动参与到社区治理中来，提升白塔寺片区基层社会治理水平。

（李 兵）

北展地区建设

【概况】北京北展地区建设指挥部（简称北展指挥部）隶属区委、区政府，由区政府直接管理。设立总指挥，由区领导兼任，负责主持指挥部全面工作；设立1名常务副指挥，协助总指挥负责指挥部日常工作。下设办公室、产业发展处、环境秩序处，行政编制20人。北展指挥部是负责统筹推进以动物园服装批发市场（简称“动批”）为重点的展览路地区内，低端业态和小商品批发市场疏解、改造、业态调整升级工作的常设临时机构。主要工作为统筹区域各种资源，引导批发市场人口有序疏解和产业有效提升。参与研究区域内资源利用、业态调整相关政策，编制中长期发展规划和专项规划；协调重大项目的论证、立项、引进和落地；负责交流合作活动的项目申报和组织、各类经济指标的收集整理、统计分析和研究、联络区域内商户自治组织、联席会、专家顾问等工作；同时负责牵头协调推进区域内环境的综合治理和城市形象品质提升的相关工作。指挥西直门综合治理办公室开展区域环境秩序工作；协调区委、区政府相关委办局、街道、产权单位、市场主办方等，开展对区域市场秩序、交通秩序、治安秩序等进行治理和提升，确保区域内市场的安全稳定。截至9月28日，完成西城区内全部区域性批发市场疏解工作，下一步疏解腾退的空间资源将成为北京金融科技与专业服务创新示范区的核心区，未来这一区域将打造成为全球金融科技监管体系引领者、产业发展增长极、制度标准策源地和创新人才首选地。

地址：西城区展览馆路14号汉庭酒店5层

邮编：100032

（尚荫南）

【组织社会力量研讨街区整理方案】为进一步提升街道建设规划的科学性，北展指挥部于1月18日、3月22日两次组织展览路地区专家、学者、社会单位召开研讨会，商讨街巷复兴内涵提升计划实施方案和展览路街道街区划分方案；于2月23、28日前往德胜街道调研街区整理情况，并就街区整理方案组织专家评审。展览路街道将辖区划分为11个片区；德胜街道将街区整体划分为四大功能片区，宜居生活区、文化展示区、绿色生活区、科技商务区，在四大功能片区基础上，将街道划分7个街区。北展指挥部积极协调相关街道，通过街区诊断、征求民意、请教专家等多途径，确定具体项目内容，改善街区环境秩序，实现街区精彩亮相，推动各项工作高水平按期完成，为提升街区品质打下基础。

（尚荫南）

【配合做好“三新”主题宣传活动】4月3日，按照区委区政府相关部署，北展指挥部以“新时代、新气象、新作为”主题宣传活动为契机，做好“动批”区域产业提升宣传工作。按照“三新”宣传工作要求及区委区政府任务安排，做好宣传点位布置及周边地区环境、交通、治安秩序的保障工作。为丰富宣传内容，制作宣传材料，展现工作成果。与各宣传展示点位沟通，多次勘察、提前预判，制定维稳方案与应急预案。联合公安、交通等部门，协调宣传点产权单位，活动当天实现“全跟踪、无死角、零漏防”。

（尚荫南）

【市领导调研“动批”升级改造情况】7月3日，副市长殷勇实地调研“动批”区域，前往首建金融中心、四达大厦、北矿金融大厦了解相关楼宇升级改造情况及下一步区域规划。明确将以四达大厦作为“北京金融科技与专业服务创新示范区”核心区的起步楼宇，由西城区与海淀区共同打造，并就下一步工作安排进行布置。

（尚荫南）

【市领导就360企业入驻召开调度会】7月4日，时任北京市委常委、市纪委书记、市监察委员会主任张硕辅召开调度会，专项调度“动批”区域原万容市场引入360企业安全集团工作，明确要求相关部门切实做好企业的引入及落户工作，推动“北京金融科技与专业服务创新示范区”的全面建设。

（尚荫南）

【民盟领导调研“动批”区域】7月5日，北京市政协副主席、民盟中央副主席、民盟北京市委主委程红到西城区开展民主监督专项工作，并对原“动批”区域进行实地考察，调研区域转型升级工作开展情况，区委、区政府、区政协三套班子相关领导陪同调研。

（尚荫南）

【市金融局与法国大区代表座谈金科新区合作】7月12日，北京市金融局副巡视员邹世斌与法国巴黎大区中国总代表游行带队前往“动批”区域进行考察，就示范区核心区建设发展和区域楼宇、交通等基本情况进行了解，并对金融科技与专业服务创新示范区的进一步合作展开深入探讨交流。副区长司马红、区长助理沈俊宇及区有关部门陪同考察。

（尚荫南）

【对东鼎大厦物流点进行联合执法】8月9日，为确保“动批”区域顺利完成业态转型升级，北展指挥部发挥统筹协调职能，组织展览路街道、西直门综治办及属地公安、城管、消防、工商、安监等多个部门，开展东鼎大厦物流综合执法检查工作。“动批”区域作为金融科技与专业服务创新示范区的核心区域，物流中转不符合该区域功能业态，应尽快转出该区域。工商、公安、城管、安监、消防等部门对物流公司存在的安全隐患和环境秩序问题进行现场纠正，并开具限期整改通知书。北展指挥部将针对“动批”区域业态转型升级情况加强监管，建立长效管理机制。

（尚荫南）

【“官批”综合执法工作】年内，为加强官园批发市场（简称“官批”）综合执法，保障市场疏解，北展指挥部组织公安、城管、交通、消防、工商、食药、安监、质监等执法职能部门，制定《官园批发市场综合整治行动方案》，成立联合检查组，有效整治市场内外安全秩序、经营秩序和环境秩序，加大市场消防和公共安全隐患的排查整治，保障市场最终顺利成功疏解闭市。共计出动执法人员1305人次、保安1800人次、各类保障车辆350余台次，检查商户2611家，检查重点隐患部位621处，发现各类安全隐患394处，开具执法处罚书9份，处罚违章车辆68台，扣留1台，劝离违规停车425台次，清理无照游商99处。

（尚荫南）

【官园批发市场顺利闭市】9月28日晚7时，官园商品批发市场正式闭市，商户签约率100%，实现西城区市场疏解任务的完美收官。官园商品批发市场位于西城区车公庄大街丙4号，建筑面积2.4万平方米，摊位数1447个，从业人员约2900人。市场方为北京精华国际物业发展有限公司，产权单位为央企中国印刷有限公司（国务院国资委所属中国国新控股有限责任公司、中国文化产业发展集团有限公司下属企业），是西城区区域内最后一家区域性批发市场。按照产权方和市场方的合同约定，双方的租赁合同于年内9月28日到期。

（尚荫南）

【市领导带队调研360企业新址】11月21日，市委常委、市纪委书记陈雍带队到360企业安全集团总部新址调研，区领导卢映川、孙硕、姜立光等陪同调研。360企业安全集团即将迁入西城区原万容批发市场所在地，企业负责人介绍了入驻过程中遇到的难点问题以及公司未来发展规划。北展指挥部及与会单位对企业提出的问题一一进行回应。陈雍表示，360企业安全集团是中国网络安全领域的重要企业，迁入西城区新址，对于企业的发展壮大是新的机遇。各“服务管家”要和企业保持密切沟通，针对企业发展中遇到的困难，尽快提出意见建议，并排出时间表，将问题逐个解决。

（尚荫南）

【区域性批发市场疏解工作全部完成】西城区共有“动批”、“官批”、天意、万通等区域性批发市场15家，建筑面积44.69余万平方米，商户2.08余万户6.2余万人。自2013年8月启动疏解，至年内9月28日最后一个市场——官批市场闭市，西城区用5年时间完成全部区域性批发市场的疏解任务。

（尚荫南）

【原“动批”商户疏解后服务工作】随着“动批”市场疏解闭市，广大商户陆续在津冀各市场落地经营，与已开业招商的各市场签约或意向签约。北展指挥部高度关注原“动批”商户的发展情况，前往外部市场实地考察商户经营情况，了解商户在经营中遇到的困难，帮助协调解决相关问题。截至年底，约有1万余商户与津冀地区市场签订意向协议，部分商户已经到津冀地区经营。

（尚荫南）

【优化“动批”区域规划建设】年内，按照疏解、引入、规划并行并重的原则，北展指挥部坚持以功能疏解带动人口疏解，通过内部功能重组提升首都核心功能，实现城市功能、布局的优化。依托北京建筑大学未来城市设计高精尖创新中心，积极推进，全力打造示范区，基本形成包括楼宇改造设计导则和统一外立面改造方案在内的较为完整的核心区顶层设计；结合街区整理工作，对百万庄社区、朝阳庵社区等部分社区进行专项规划。

（尚荫南）

【区域腾退楼宇业态引入工作】年内，北展指挥部与首建金融中心、北矿金融大厦、宝蓝金融科技创新中心等楼宇相关负责人沟通并多次实地调研，详细掌握入驻企业资料，协调企业入驻事宜，了解需要支持的事项，在引入业态方向上进行把控。为有意愿入驻“动批”的企业搭建平台，介绍“动批”区域现状，实现双赢。年内，登记在册有意愿入驻“动批”的企业已近60家。组织召开专题会议，加快北京公交集团四达大厦、万通商城的企业注册工作，为推进北京金融科技创新示范区建设打好基础。

（尚荫南）

【推进区域内重点投资项目】年内，按照“叠图作业、挂图作战、挂旗拔旗、建手册制”的工作要求，建立挂旗拔旗机制，做到“解决一题、拔掉一旗”，形成动态管控制度。建立工作任务手册，制定《2018年度北展指挥部统筹协调政府投资项目工作实施方案》，明确管理任务、主责部门、项目清单，对项目实施进度情况随时标注，实时管控。北展指挥部年内参与推进基础设施类、社会事业类、能源电力类等三大类总计24个政府投资项目，其中在施阶段项目10项，已有5个项目完成施工；征收阶段项目9项，百万庄西一路、文兴东街等3个项目正在推进，其余6个项目即将张贴暂停公告启动征收工作；前期阶段项目5个，其中北展地区综合改造提升项目稳步推进，人力资源公共服务中心和疾控中心2个项目设计均已完成方案设计。

（尚荫南）

马连道建设

【概况】北京马连道建设指挥部（简称马连道指挥部）隶属区委、区政府，由区政府直接管理。设立1名总指挥，由区级领导兼任，负责主持指挥部全面工作；设立1名常务副总指挥，协助总指挥负责指挥部日常工作。下设办公室、规划建设处和产业促进处，编制20人，实有工作人员13人。马连道指挥部是负责组织、协调、督促、服务以马连道为主的广安门外地区的业态升级和重点项目建设工作的常设临时性机构。负责综合协调涉及本区域、跨领域、跨区域的建设发展工作，组织协调推进区域重点项目。负责会同相关部门：研究制定本区域中长期发展规划、空间规划、土地利用规划等发展战略，并负责组织实施；制定马连道地区产业发展规划，提升茶企业品牌影响力，促进茶文化产业发展，树立马连道茶产业街区品牌形象；研究制定本区域产业发展的各项激励政策、措施，促进重点产业、企业总部及相关产业聚集发展。年内，马连道指挥部认真落实区委区政府“五个更加突出抓好”和“七个方面任务”要求和首都城市战略定位，规划建设成效显著。整体优化街区设计，深化完善《西城区马连道街区城市设计导则》；推动环境和业态加快提升，组织编制《马连道街区加快区域环境优化和产业升级三年行动计划》政府专题会通过发布；深入实施街区整理，精细划分13个街区，统筹推进街区改造升级、双安红莲市场绿地建设、手帕口南街综合项目等重点项目；强化空间提升，建成蔺圃园和常乐坊2个城市森林公园；加快优化路网，马连道东三号路顺利通车。着力提升文化和业态品质，产业升级工作明显提速。强化文化中心、国际交往中心功能建设，推出“书香茶香”阅读等多种文化活动；“茶文化大讲堂”不断提质升级；接待国内外茶文化参观体验，创新形成茶文化国际交流品牌；马连道工作站发挥国际交往、文化交流平台作用，转型升级示范作用突显；引导产业规范发展，发布首支“马连道茶业综合指数”，推动南区邮局、西南郊粮库仓库出租市场关停。

地址：西城区红莲南路57号中国文化大厦15层

邮编：100055

电话：52609418

（耿爱华）

【手帕口南街综合项目】年内，稳步推进项目实施，经协调统筹，项目B地块取得立项批复、用地预审、规划选址意见，B地块征收相关工作已完成公益性论证，由区房屋征收中心正式开展征收相关工作。项目F地块取得立项批复、用地预审，就F地块控规南边界与现状南侧加油站钉桩北边界存在不重合的情况，多次召集相关单位会议研讨和协调F地块规划选址意见书办理路径，初步形成统一意见，由代建单位开展选址意见书办理工作。根据区政府、马连道指挥部相关会议精神及各主体单位意见，初步形成设计方案。

（刘继红）

【双安红莲市场撤市拆违】年内，马连道指挥部与广外街道成立联合工作组，推动双安红莲市场和马连道工作站东侧地块撤市拆违，协调沟通产权单位，疏解商户87个，居民自建房1户，拆除违建面积约4800平方米，完成土地翻整和树木栽种工作，建成蔺圃园城市森林公园和常乐坊公园城市森林公园对社会开放，引导推动社会力量参与公益文化事业，多方协调民办紫砂博物馆公益开放，形成精致街区绿地和茶文化主题博物馆群落，凸显“和谐宜居、绿色休闲、文化活力”特色茶文化街区形象。

（刘继红）

【广外地区道路规划建设】年内，积极推动道路规划建设，茶马北街西口道路项目完成施工招投标和违法建设拆违工作，确定征收对象，推进征收工作，完成80%征收房屋拆除；马连道东二号路项目完成红莲双安市场撤市拆除、联通公司基站拆移及移动公司退线工作，推动马连道东街2号森源大厦产权认定工作、协调马连道东街2号西侧房屋补助事项、马连道东街19号拆除后另建警务站问题，协调广外街道办事处拆除违章建筑工作；完成马连道东三号路施工，实现通车。

（刘继红）

【马连道工作站投入使用】3月，经多方协调改造旧有空间建成马连道工作站正式投入使用，引入旅游服务导览、电子阅读系统、商标品牌指导等资源，汇集首都代表性文化元素，搭建集西城区相关部门职能、资源于一体的服务平台和国际交往、文化交流平台。年内，组织50余场国内外茶文化体验交流活动，引导街区产业进一步转型，推动实现茶文化体验功能、茶品牌展示功能和茶服务创新功能，使马连道地区成为向世界展示中国茶文化的窗口和中国茶品牌塑造发展、宣传服务窗口，《西城报》报道“服务区域发展、服务产业提升、服务居民文化活动的茶文化融合发展新地标”。

（赵新芳）

【茶产业扶贫拍卖】6月23至24日，马连道举行茶产业精准扶贫公益专场拍卖。拍卖成交63笔，单品895件，成交总额58.08万元，捐赠总额20.51万元。活动所得善款由西城区政府捐赠给广西梧州慈善机构，用于支持梧州市贫困村发展，推动精准扶贫和同步小康。

（赵新芳）

【中茶流通协会驻马连道工作站挂牌】6月25日，中国茶叶流通协会驻马连道工作站举行挂牌仪式。马连道指挥部结合中国茶叶流通协会驻马连道工作站的建立，整合全国重点产茶区政府、企业、行业协会、商会等茶产业资源，汇集国际茶元素，承载首都文化中心和文化国际交往中心两大功能，打造“马连道”IP，以茶文化、茶金融、茶地产等多方合力推动马连道街区产业转型升级。

（赵新芳）

【发布“北京马连道茶业综合指数”】6月22日，在2018年“两展一节”（北京国际茶业展、北京马连道国际茶文化展、梧州六堡茶文化节）上，马连道指挥部发布“北京马连道茶业综合指数”。作为国内外首支茶业指数，成型于指挥部与区统计局开展的“北京马连道综合指数”监测，调用历史数据、企业产销量数值与价格情况提供数据支撑，反映马连道地区茶产业发展运行情况。

（赵新芳）

【“欢动北京”国际青少年文化艺术交流活动】8月13日，第七届“欢动北京”国际青少年文化艺术交流团参观马连道工作站。马连道倾力打造茶文化交流中心和国际交往中心，为国际青少年友人呈现了一场集视觉、听觉、触觉和味觉于一体的中国茶文化大餐。来自澳大利亚、泰国、印度、印度尼西亚、中国香港等国家和地区的近百名师生观看和参与茶艺、传统乐器表演、茶叶知识讲述、亲手冲泡品饮一杯茶等系列展示体验，亲身体验中国新生活方式韵味，感受中国文化“美美与共”的魅力。

（赵新芳）

【茶文化国际间交流】12月10至14日，马连道指挥部与外事部门组织“美美与共、茶和四方”交流团，代表西城区赴日本开展政府间友好访问、民间交流、两国茶人切磋互动及茶文化、非遗专场展演、体验等活动，推动街区产业升级与国际接轨，迈出面向世界推广“马连道”茶文化整体品牌的步伐，拓展文化交流和国际交往方式，创立文化交流新品牌，马连道茶文化继访问东盟国家交流展演后，逐步走向国际。

（赵新芳）

重大项目建设

【概况】西城区重大项目建设指挥部办公室（简称区重大办）是主要负责全区重大工程项目统筹协调工作的常设机构。内设综合科、财审科、征收事务科、项目管理科、保障房建设管理科、执法维稳工作科6个职能科室。主要职责是组织编制区内重大项目建设总体计划；负责区内重大项目建设的组织协调、综合、调度和监督管理工作。协调有关部门和单位推进重大项目的立项、规划、用地、征收等前期工作；协调区政府有关部门按总体计划要求在项目建设各阶段加快办理各项行政审批手续。参与拟订重大项目房屋征收方面的政策措施；组织编制重大项目房屋征收年度计划；做好重大项目房屋征收的管理和协调工作；指导和协调相关部门推进功能街区、市政基础设施、轨道交通等重大项目及其他专项工程的征收工作；协调重大项目建设中产权单位的搬迁工作。负责区境内房屋建筑的抗震节能综合改造和老旧小区整治工作。承办区委、区政府交办的其他事项。

地址：西城区培育胡同15号2层

邮编：100051

电话：81025983

（丛丹丹）

【重点征收拆迁项目】年内，西城区境内重大征收拆迁项目有宣武医院项目：8月22日，由区住建委主任、区重大办常务副主任刘成东和宣武医院赵国光院长共同主持召开拆迁“攻坚收尾”动员大会，成立拆迁攻坚收尾工作党支部。截至年底，签约38户居民，35户未签约。北纬路市政道路征收工程涉及被征收人80户，单位产17家。截至年底，红线内有5户居民、1家单位产公交场站未签约。12月中旬，潇湘大厦移交场地给施工方。永安路项目位于珠市口西大街南侧、永安路东段，西起东经路，东至前门大街，规划长度约458.91米，红线宽35米。涉及征收面积5850.11平方米，公租产籍户191户，单位产3家。已签约150户居民，完成79%，单位产1家未签约。地铁19号线一期工程：积水潭站、平安里站等长安街以北沿线占地、征收实施主体为德源兴业公司，被征收居民222户已签约202户，单位产4家已签约1个；牛街站长安街以南沿线占地、征收实施主体为区征收中心，被征收居民190户已签约176户，单位产12个已签约7个；积水潭站不涉及居民征收，涉及解放军歌剧院军产临时和永久占地，商户全部清退，移交场地给施工方。

（丛丹丹）

【老旧小区综合整治项目】年内，继续推进老旧小区综合整治工作，围绕疏解整治促提升十大专项行动，着力破解拓展群众关心的老旧小区公共空间整治等难题，持续做好老楼加建电梯、抗震加固工程和小区环境提升等工作，提升建筑品质、修复基础设施、完善基本功能、方便居民生活，改善群众居住环境，提升生活品质。老旧小区综合改造，分别是盆儿胡同62号院、四平园小区、万明园小区、安德路小区，截至年底4个小区已完成所有前期基础准备工作，施工单位进场开工。老楼加装电梯市要求“开工10部，完成5部”，截至年底完成19部电梯加装、审批工作。抗震加固完成32栋楼10.8万余平方米，惠及居民1909户。

（丛丹丹）

【成片棚户区改造项目】年内，棚改上报进度2131户（其中简易楼完成832户，棚改项目收尾35户，市政府对东西城追加城市危房项目即平房翻建项目共1264户），年内完成2000户棚改任务，完成比例106.5%。涉及总人口8003人次，完成年度5300人次任务指标，完成比例151%。百万庄项目于5月完成全部征收拆迁工作，转入全面开工建设阶段，9月完成B地块首批居民回迁入住；光源里、菜园街及枣林南里项目7月份成立收尾工作领导小组，制定剩余户专项政策和工作方案，加大司法执行力度，通过以执促签，全力加快收尾进度，实现搬迁近50户；北昆项目实现居民全部签约，同步推进规划调整工作。

（丛丹丹）

【征收项目协调会】年内，区重大办结合区境内拆迁征收项目召开各种调度会。2月1日，地铁19号线各站点工作调度会，阜丰路、丰盛胡同东段、三里河南横街东段、北新华街北段，四十四中东侧路市政道路建设工作调度会；2月6日，北纬路、永安路市政道路建设工作调度会；3月5日，地铁19号线平安里站征收协调会；3月5日，西内大街剩余户调度会；3月19日，19号线沿线及北太平庄支付广告牌拆除费用协调会；4月8日，北纬路市政道路建设协调会；4月18日，地铁宣武门站新增换乘通道工程项目部驻地建设临时用地协调会；5月4日，161学校新校区建设工作协调会；5月15日，铁二中翻建、回龙观配套养老院、回龙观配套医院、大栅栏历史文化展览馆、德胜门对景仿古工程、法源寺文物保护工程、西城综合养老服务中心工程、西单文化广场升级工程、中古友谊小学分校翻建工程等重点工程协调会及永安路、北纬路市政道路建设调度会，珠朝街市政道路建设调度会；5月25日，地铁8号线拆迁遗留问题协调会；6月14日，积水潭站D口占用中央军委总政解放军文化艺术中心土地问题专题会议；6月27日，宣武医院拆迁项目调度会；7月6日，北纬路、永安路市政道路征收协调会；7月9日，地铁19号线平安里站调度会；8月22日，宣武医院拆迁攻坚克难启动大会；9月14日，北纬路、永安路、珠朝街市政道路协调会；9月29日，宣武医院拆迁调度会；10月11日，西城区31条市政道路征收拆迁调度会和宣武医院拆迁调度会；10月25日，西内大街、北纬路、永安路市政道路征收拆迁裁决调度会；10月29日，地铁19号线牛街站封墙堵洞现场执法会；10月30日，地铁19号线平安里站点、牛街站点协调会、百万庄西一路市政道路建设征收协调会、宣武医院拆迁收尾协调会；11月5日，地铁19号线牛街站封墙堵洞现场会；11月7日，北纬路、永安路、珠朝街市政道路征收工作调度会；11月12日，宣武医院拆迁协调会；11月20日，地铁19号线拆违协调会；11月20日，北纬路潇湘大厦拆违工作调度会；11月22日，北纬路潇湘大厦拆违工作现场调度会；12月17日，北纬路微循环道路征收工程关于北纬路48号房屋腾退拆除协调会；12月26日，北纬路微循环道路征收工程关于违建房屋拆除协调会；12月29日，宣武医院改扩建工程2018年拆迁工作总结暨2019年工作部署大会。

（丛丹丹）

【老旧小区工作例会】1月9日召开西城区老旧小区综合整治工作有关问题协调会；1月22日召开新街口7条14号楼问题协调会；3月5日召开老旧小区综合整治工作和加装电梯政策研究会；4月2日召开抗震加固遗留项目工作研讨会；6月13日召开老旧小区综合整治及电梯政策宣贯会；6月20日召开西城区老旧小区综合整治第一次联席会；7月10日召开老旧小区综合整治招投标工作协调会；8月8日召开老旧小区综合整治相关工作推进会；9月7日召开老旧小区综合整治工作调度会；9月18日召开关于指导各街道上报2019至2020年老旧小区综合整治工作计划会议；10月9日召开黑窑厂西里4号楼抗震加固有关问题协调会；11月29日召开西城区老旧小区综合整治第二次联席会；12月20日召开西城区老旧小区综合整治第三次联席会。

（丛丹丹）

（责任编辑　孙凤霞）

综合经济管理

综合调控

【概况】北京市西城区发展和改革委员会（简称区发展改革委）是区政府主管全区经济发展和改革的工作部门，内设机构13个（办公室、国民经济综合科、固定资产投资科、社会发展科、环境资源科、产业发展科、体制改革科、价格管理科、人口科、协同发展科、人事科、离退休干部管理科、机关党委），物价检查所科室7个，下属参公事业单位1家（西城区政府采购中心），全额拨款事业单位2家（西城区经济信息中心、价格认证中心），在职人员122人。年内，区发展改革委坚持稳中求进总基调，发挥综合协调部门的职能作用，履行各项工作职责，促进全区经济向更高质量发展。

地址：西城区西直门内大街275号综合行政服务中心

邮编：100035

电话：82141212

（种宇佳）

【召开经济社会发展形势分析会】年内，组织召开经济社会发展形势分析会，区委、区政府主要领导出席，各综合部门主要领导、主管领导参加。会议对西城区经济社会发展的内外部环境进行深入讨论，就区内各主要指标完成情况、发展中的重点、难点问题等进行全面细致分析，确定下一步重点任务及对策措施。

（种宇佳）

【健全经济高质量发展机制】年内，成立区域经济高质量发展工作专班，组建“一办九组”，制定日报信息、周开例会、月出政策、季看成果、随时走访机制。有效推动“1+5+N”产业政策体系落地，出台《西城区服务国家金融中心建设推进区域经济高质量发展的实施意见》等，加快低效楼宇资源升级，从市场环境、财政、土地、产业开放、人才等多个方面，涉及金融、科技、文化、商务、旅游等多个领域，陆续推出“真金白银”的政策保障。创新建立“服务卡、示范牌、晴雨表、光荣榜、亲清会”优化营商环境的工作机制，建立“一企一员”专员联系模式，为企业送上金牌服务卡和服务包。

（种宇佳）

【推进经济体制改革】年内，研究制定2018年经济体制改革工作要点，确定改革任务22项，其中10项被列为区委重点任务，涉及供给侧结构调整、优化营商环境、协同发展、财税体制、国资国企改革等五方面。制定2018年“微改革”行动计划，牵头推出6项微改革举措，努力在基层改革实践中形成一批可复制可推广的制度成果，精准推动改革落地生根造福群众。

（祝欣伟）

【助推优化营商环境改革】年内，紧密对接北京市优化营商环境“9+N”系列政策、北京市优化营商三年计划，出台《北京市西城区关于进一步优化营商环境的实施意见》《西城区进一步优化营商环境行动方案》，制定分解区内任务86项。制定《关于优化营商环境改革督察方案》，从办理施工许可、多规合一、纳税便利、获得电力、获得信贷、办理破产等几方面对全区17家责任单位开展责任督察，共同推动主责部门工作落实。

（祝欣伟）

【推进政府投资】年内，印发西城区2018年政府投资计划，通过夯实主体责任，加大协调力度，强化监督执行等措施，确保政府投资计划有序推进，重点领域项目形象进度突出，对彰显古都风韵、疏解城市功能、保障改善民生、优化政务环境、加快城市更新起到了促进作用。编制2019年政府投资计划，注重服务“提品质、增效率、补短板、促改革”的发展主线，综合考虑有效建设工期，集中力量分阶段系统性解决一批发展不平衡不充分的重点问题，为全区各项事业发展提供保障，2019年政府投资计划经区政府常务会议审议通过。

（霍丽姗）

【超额完成北京市下达的建安投资任务】年内，按照全市投资工作部署，梳理支撑项目，细化重点任务，健全调度机制，加强项目管理。上下联动、分级调度、落实责任、精准施策，形成各领域、各行业共同促投资保增长的态势，保障全年建安投资指导性目标的完成。年内，西城区累计完成建安投资81.6亿元，完成计划目标的116.57%。

（霍丽姗）

【开展重大项目稽察与监管】年内，突出加强对投资计划执行的事前、事中、事后监管，强化项目“四制”执行情况，对区44个政府投资项目开展实地稽察，同比增长20%，其中：续建项目16个，新建项目16个，待结算项目6个，复查项目6个；项目总投资238127万元，其中工程投资167981万元，征收投资70146万元，所需资金全部为政府投资。做好专题性稽察，全面落实“治欠保支”三年行动计划，有效预防和解决拖欠农民工工资问题，联合区人力社保局、区住房城市建设委等部门分别于1月、5月、10月开展3次实地专项检查，涵盖棚改、养老、教育、卫生等领域，及时化解和消除合同纠纷以及群体性事件隐患。

（祝欣伟）

【服务驻区企业】年内，支持企业投资

建设项目备案6项，总投资134501万元。贯彻落实《西城区区领导联系服务重点企业工作制度》，做好区领导走访重点企业工作，牵头联系、走访驻区重点企业55家，为重点企业提供多层次、差异化服务。全力支持民营企业健康发展，多次组织民营企业、金融机构座谈会，为民营企业投融资难等问题寻找解决途径。

（卢孟珍）

【促进产业发展】年内，继续完善“1+5+N”政策体系，强化产业促进。研究制定《西城区发展“高精尖”产业服务重点企业的若干措施》《西城区“高精尖”产业指导目录》《西城区关于促进楼宇经济发展的若干措施》等重大产业政策。启动《2017年度首都功能提升和产业优化评估》专项研究，评估区域推动高质量发展，优化产业结构的相关情况。开展《西城区可利用空间资源提升发展路径研究》课题研究，提高疏解腾退空间管理和使用效率。组织落实好西城区政府分别与北京语言大学、故宫博物院战略合作框架协议签约工作。

（姜　慧）

【节能降耗】年内，严格落实节能减碳目标责任制，对辖区内40家重点用能单位开展目标考核，对34家用能单位开展能源审计，1家用能单位完成清洁生产审核，支持13家用能单位进行了节能改造，对3家用能单位开展节能监察，区域内参加碳排放权交易的重点排放单位全部完成年度履约工作。全年能源消费总量同比下降2.67%；单位GDP能耗同比下降8.61%，能源消费总量由增转降，单位GDP能耗进一步降低，为全市最优水平，完成了市政府下达的目标任务。在北京市对各区上一年度节能减碳目标责任制考核中取得“优秀”等级。

（刘淑蕊）

【“十三五”规划纲要中期评估完成】年内，科学把握区域发展阶段和历史方位，落实党的十九大精神，充分对标对表北京新总规、建设国际一流的和谐宜居之都评价指标体系，强调首善标准，做示范、树标杆。始终坚持开门编制评估报告，以问卷形式全程听取各方意见，力争有针对性地把群众最关心最烦心的事解决好。从评估情况看，总体目标、主要指标和重点任务进展良好，88%的指标完成情况符合时间进度，于10月25日经北京市西城区第十六届人民代表大会常务委员会第十八次会议审议通过。

（种宇佳）

【全区经济运行情况】全年实现地区生产总值4243.9亿元，同比增长6.5%；区级一般公共预算收入430.8亿元，同比增长2.1%；城镇居民人均可支配收入81678元，同比增长6.8%；城镇登记失业率0.87%，同比下降0.01%。

（种宇佳）

【推进“疏解整治促提升”专项行动】年内，区发展改革委坚持先立后破，创新“疏解整治促提升”专项行动工作机制，强化“叠图作业”“挂图作战”“挂旗拔旗”意识，统筹推进全区“疏解整治促提升”专项行动，完成全年“疏解整治促提升”工作任务量的119.8%。编制“一汇编”“一地图”“一手册”“一报告”。“一汇编”即《西城区“疏解整治促提升”专项行动材料汇编（2018年）》，明确2018年全区专项行动工作的方向和任务。“一地图”即绘制《2018年西城区疏解整治促提升，街区整理示范街区，固定投资项目示例图》，形成专项行动“一张图”管理，实现任务可视化、具体化。“一手册”即编制《西城区2018年“疏解整治促提升”专项行动、街区整理示范街区任务手册》，明确完成时限，列出任务清单，实现专项行动工作手册管理。“一报告”即编制《关于北京市西城区2018年“疏解整治促提升”专项行动风险评估的报告》，对各专项任务风险点进行梳理，对可能产生的风险进行研判。

（张延超）

【开展腾退空间再利用】年内，围绕落实好首都“四个中心”的城市战略定位，针对腾退空间再利用工作，进行了大量的主动探索和创新实践。区发展改革委整体统筹协调，明确相关部门责任，制定工作流程图、创立腾退空间再利用微信工作群，建立全区腾退空间资源台账，对空间类型进行分类。针对再利用相关问题建立疏解腾退空间资源再利用联席会议制度，研究审议再利用过程中跨领域、跨部门的重大项目和重点问题。通过精致规划、精细管理，加强城市修补和生态修复，创造和谐共享、便捷舒适的人居环境，确保腾退空间资源利用工作做实做细，防止人口和非首都功能再聚集。

（郭朋朋）

【继续开展实有人口核查专项行动】年内，在全区范围内继续组织开展实有人口核查专项行动，在上年工作的基础上，制定人口核查方案，召开工作部署会、季度分析会，发送《实有人口专刊》6期。修改完善《西城区实有人口分析报告》，重点加强老龄人口及学龄人口工作研究，为领导决策提供依据。

（张延超）

【全年常住人口调控任务超额完成】年内，区委、区政府与全区82家单位签订目标责任书，将全年人口调控任务分别下达给街道和委办局，对2018年工作进行全面部署。全年实现常住人口控制在117.9万人以内，完成市级下达任务的105.1%，超额完成年初指标。

（张延超）

【深入实施京津冀协同发展战略】年内，严格实施市区新增产业禁止和限制目录，强化源头管控，严控非首都功能增量，召开联席会4次，办理禁限事项305件，咨询事项2605件，禁限事项呈现每月递减趋势。与天津市和平区、武清区等地交流座谈，力求实现三地在金融科技、现代服务业等重点领域优质资源共享，完成10家三级医院京津冀检验结果互认，完成14家符合标准的公立医院第一批六大类医用耗材京津冀网上联合采购工作。

（郭朋朋）

【产业扶贫】年内，向驻区央属、市属企业发送《助力精准脱贫携手扶贫攻坚——致驻区央属、市属企业一封信》，调动企业参与扶贫工作的积极性，打造“政府主导、市场能动、社会参与”的扶贫工作新模式。携中核集团、中化集团、首农集团、人保财险集团、穆森伟业等公司代表，赴受帮扶地区进行农牧业项目考察对接4次。推动首农集团在张北县投资1450万元，设立张家口裕农食品有限公司，建设以马铃薯为主的根茎类蔬菜加工基地，带动当地300人就业，带动建档立卡贫困户141户。推动军熙枣业公司在阜平县投资5300万元，建立大枣生产加工基地，结对帮扶60名孤寡老人。与门头沟区开展结对帮扶，签订《结对协作框架协议》，促进乡村振兴、推动生态涵养区发展。

（郭朋朋）

【建立公平竞争审查机制】年内，开展全区公平竞争审查制度业务培训会，全区59家单位法制工作负责人及相关人员共78人参加；完善工作机制，召开西城区公平竞争审查联席会议第一次全体会议，审议通过《北京市西城区公平竞争审查工作联席会议工作规则（试行）》等相关文件；开展现行排除限制竞争政策措施清理工作，全区共清理现行政策措施2401件，未发现存在限制竞争的政策措施。

（吕博）

【价格管理】 年内，重点加大政府价格放开项目及节假日期间市场价格的监测力度，开展主要副食品、日用消费品、天然气、成品油、黄金饰品、居民服务收费等一系列重要商品价格及服务价格的监测工作，按日报、旬报、月报等不同形式及时准确上报市发展改革委本区各项价格监测数据。完成价格监测197个品种、55618个品种次的价格监测任务；完成价格监测信息20余条，价格监测情况分析4篇，涉及民生领域调研报告2篇等工作任务。

（刘　宜）

【价格监督检查】 年内，围绕稳定价格水平这条主线，开展日常检查、节日检查和专项检查。对机动车停车收费、医疗收费、药品价格、涉企收费、转供电环节价格等进行检查。查处各类价格违法案件31件，实现经济制裁总金额282560元。受理价格举报投诉案件2215件，办结率100%。

（吕　博）

【价格认定】 年内，共完成各类涉案物品价格认定案件1306件，认定标的金额1502.72万元。

（艾毓霞）

【更新“西城发改”微信公众号】 年内，发布《西城区打响“疏解整治促提升”工作第一枪》等微信文章52篇，扩大专项工作的正面影响，促进群众积极建言献策，突出齐抓共建的参与意识。

（张延超）

投资服务

【概况】 北京市西城区发展服务中心（区文促中心）为区产业发展促进局代管的、承担行政辅助职能的区政府直属相当正处级全额拨款事业单位。下设办公室、文创服务科、交流合作科、项目促进科、信息资源科5个职能科室，事业编制25名。主要职责：负责宣传西城区招商引资政策，受区政府委托组织参与招商引资活动；协助落实包括文化创意产业在内的重大项目论证、立项申请及引进工作；建立与重点企业的联系渠道，反映企业的意见和要求，研究提出改善西城区投资环境的建议。

地址：西城区培育胡同15号

邮编：100052

电话：83538203

（刘一迪）

【组织区属重点企业赴天津交流】 3月，以“京津冀协同发展背景下的区域交流合作”为主题，分别组织西城区重点企业赴天津市蓟州区、河北区开展交流宣介活动，帮助驻区企业在京津冀协同发展中把握机遇，促进西城区非首都功能疏解，实现京津冀协同发展、创新驱动。将企业的需求和天津市蓟州区、河北区的需求紧密结合，努力实现精准对接。

（汪　洋）

【举办文化创意大赛分赛场活动】 7月，以“奋进新时代 创意赢未来”为主题的2018北京文化创意大赛初赛西城分赛在天宁1号文化创新园区进行。西城赛区进行7场比赛，此外还组织参与了文创篮球赛。“心动工场”“诗经·采薇”“开创未来的AR/MR数字创意互动方案”等8个项目分别获得西城区一、二、三等奖和特别创意奖、最佳人气奖，天宁1号园区和北京文化创新工场园区获得最佳组织奖。其中，“心动工场”“诗经·采薇”项目分别进入全国总决赛和北京市总决赛，“心动工场”项目获得全国总决赛三等奖。

（汪　洋）

【承办“中外企业西城行”活动】 7月，参与2018年“北京市金融政策宣传推介暨驻京中外知名企业投资西城行”活动的统筹协调工作。本届“西城行”活动聚集国家金融管理中心、北京市金融业扩大开放以及西城区北京金融科技与专业服务创新示范区建设政策优势，解读了最新金融开放政策，解答了金融机构关心关注的问题，吸引了100多家来自科技、金融领域的投资机构。通过宣传推介和政策解读，英国保诚保险、西班牙萨瓦德尔银行等10余家金融机构表达了强烈的投资愿望。与美国华美银行、摩洛哥外贸银行、巴基斯坦联合银行就在京新设机构进行了对接洽谈。

（史锐婧）

【举办西城区文化消费季活动】 8至10月，举办以“惠享文化 美好生活”为主题的2018年西城区文化消费季活动，活动期间，围绕惠民演艺、传统文化体验、阅读、品牌文化活动等，开展惠民演艺系列、传统文化体验系列、品牌文化活动三大类17项活动。在繁星戏剧村、老舍茶馆、天桥艺术中心、湖广会馆等15家文化场所，举办2018繁星小剧场精品展演活动近50场，活跃了西城区文化消费氛围。

（滕　超）

【组织国际设计周西城分会场活动】 9月，以“老城区·新生活”为主题的北京国际设计周西城分会场活动开幕。西城分会场紧扣主题，并根据西城发展和区域企业特点，以西城“老城重生”为主题，借力设计周平台和品牌影响力，集中展示西城区改革开放40周年的丰硕成果。吸引西城区域内企业积极参与，包括什刹海、白塔寺、大栅栏、法源寺、菜市口、广阳谷、天桥7个区域及天宁1号文创园、西海48文创园、DRC设计基地、设计之都、北京坊5家单位。设计周期间，西城区12个展区围绕“设计创造发展活力、设计创造美好生活、设计复兴工业文化”三条主线，通过百余场系列论坛、展览、沙龙、市集、体验等活动，集中展示“老城重生”的多维魅力。

（汪　洋）

【举办文化创意产业高级研修班】 10月，与杭州市委党校、杭州市文创办共同组织西城区文化创意产业促进工作高级研修班。研修班全脱产学习，采用专题讲座、案例分析、座谈交流、实地教学、自学等多种形式，坚持理论联系实际，增强了培训的针对性与实效性。对西城区文创领域企事业单位的中、高级管理人员及中青年专业技术骨干（园区、文创大赛获奖单位或前10名获奖人员）19人进行了培训。

（汪　洋）

【组织参加第22届京港洽谈会】 10月，以“携手‘一带一路’建设，谱写京港合作新篇章”为主题的第22届北京·香港经济合作研讨洽谈会在北京国际饭店举办。本届洽谈会通过主题论坛、研讨洽谈、交流座谈等系列活动，推动京港两地深化合作，促进互利共赢、共创繁荣。在京港洽谈会上，西城区重点推介了区域优良的营商环境、金融科技与专业服务创新示范区，拓展深化金融和服务业、科技和文化创新，以及城市治理的高质量合作。深化共商、共建、共治、共享发展理念，实现更广领域、更大深度的双向互利共赢。

（汪　洋）

【组织参加第13届文博会】10月，第13届中国北京国际文化创意产业博览会（简称文博会）在中国国际展览中心举办。西城区共有16家单位的20余个项目参与文博会西城展区的展览展示工作。以“创新深度融合发展模式，助力全国文化中心建设”为主题，采取“1+3”的展区内容及模式对西城区改革开放40年、深度融合增强发展活力、保护利用促进老城复兴和大力推进文化中心建设等方面的成果，通过视频、沙盘模型、展板、VR体验等形式进行了展览展示。

（汪　洋）

【成立西城区文创产业新联会】3月6日，西城区文化创意产业新社会阶层人士联谊会（简称“西城区文创产业新联会”）成立，产生首届理事会理事52名，涵盖全区文化传媒、信息科技、书画院、博物馆、投资管理、非物质文化遗产传承等文创领域知名企业管理技术人员和传统文化艺术代表性人士。同时，依托天桥演艺园区和新华1949文创园，建立“西城区新的社会阶层人士统战工作实践创新基地”；在繁星戏剧村、91金融、九思成投资管理（北京）有限公司等文化创意产业领域代表企业，建立“西城区新的社会阶层人士同心之家”。

（汪　洋）

【全区老旧厂房资源调查】年内，完成对西城区范围内老旧厂房资源的摸底调查，建立资源信息台账。梳理出改造后适宜拓展文化空间的项目53.6万平方米；筛选出45个区位、规模适宜产业提升、有较快启动条件的项目作为重点项目，共计33万平方米，摸清了位置、规模、建筑情况、权属关系、利用条件、使用现状、业主意向等信息。完成《西城区保护利用老旧厂房拓展文化空间专项规划》编制工作，研究制定了《西城区关于保护利用老旧厂房拓展文化空间实施办法》。

（丁艳艳）

【闲置资源调查利用】年内，对西城区重点闲置资源的重置利用提出解决方案，推动低效空间转型升级。在2017年已建立的闲置资源数据库的基础上，开展闲置资源数据更新调查，按季度对闲置空间资源增减情况和项目变化情况进行统计，并编制《北京市西城区重点闲置项目重置利用报告》，对重点闲置项目提出了重置利用建议，根据各个项目特有的问题结点、建设条件、政策导向等约束因素，从法律、经济、政策等方面提出项目重置利用建议，为政策制定和区域环境改造提供依据。

（丁艳艳）

【市级首批文创园区认定】年内，根据北京市级首批文创园区认定工作要求，西城区推荐6+5家单位入围2018年首批市级文化创意产业园评定。其中，中国北京出版创意产业园区、“新华1949”文化金融创新产业园、西什库31号、北京天桥演艺区、西海四十八文化创意产业园区、北京DRC工业设计创意产业基地、“天宁1号”文化科技创新园、北京文化创新工场等8家西城区文化创意产业园区最终入选首批北京市文化创意产业园区。

（滕　超）

政府投资项目建设

【概况】北京市西城区政府投资项目建设中心（简称区建设中心）是西城区政府直属正处级全额拨款事业单位。下设办公室（含财务）、代建及中介管理科、项目建设管理一科、项目建设管理二科、项目建设管理三科5个职能科室。主要职责：延续以往工作，继续推进原有在建项目进度；负责区政府投资项目建设的监督检查、协调和管理工作；受区发展改革委委托，负责区域内基本建设领域的专项建设规划政策研究和资源调查、梳理、配置工作；承办区政府和上级业务指导部门交办的其他事项。4月，区建设中心代建及中介管理科、项目建设管理三科2个科室搬迁至区重大项目建设指挥部办公室办公。

地址：西城区西直门内南小街国英1号502室
邮编：100035
电话：58562975

（李丹梅）

【南横西街94号院修缮工程项目】4月18日，西城区南横西街94号院修缮工程项目经区委区政府决定，由区建设中心负责实施，4月22日，区建设中心工程项目组进驻现场，8月15日，工程项目施工部分全部完成。工期历时116天，共计装修改造4.4万平方米，新建看台及门卫室2000平方米。区建设中心对院内1号、2号教学楼，实验楼、宿舍楼及食堂进行全面修缮，更新所有水电气热管线，对院内道路、操场、园林进行重新规划建设，8月30日按期交付使用，截至年底，工程投资共计2.98亿元。

（李丹梅）

财政管理

【概况】北京市西城区财政局（简称区财政局）是负责全区财政收支、财税政策和财政监督的区政府职能部门。全局设有23个行政科室、4个参照公务员管理事业单位、2个全额拨款事业单位。编制（含参公、事业编制及工勤编制）共199名，实际在职干部职工181人。年内，落实区委区政府各项决策部署，牢牢把握核心区功能定位，坚定信心，攻坚克难，财政收支平稳运行，财政改革稳步推进，完成全部绩效考核任务，为全区经济社会发展提供了有力保障。2018年，一般公共预算收入完成4308469万元，同比增加87316万元，增长2.07%，完成年初预算目标。全年一般公共预算支出完成4297074万元，同比下降0.25%，全部完成一季度、上半年、三季度以及十一月份4个重要时点市政府绩效考核指标。加大财政执法监督，全年执法检查290件，行政处罚9件。

地址：西城区丰盛胡同39号
邮编：100032
电话：66218006

（郭　萌）

【持续加强税源建设】年内，区财政局加强机制建设，实现税源建设规范化。

充分发挥经济发展服务办公室的统筹作用，会同税务、工商及相关部门，集全区之力推进税源建设，区域经济发展提质增效。组建区税源建设专班，与区经济发展服务专班紧密配合，全面开展税源涵养、税源服务、税源监控、税源挖潜等各项工作。政企沟通机制持续深化。制定《北京市西城区2018年强化税源建设、促进经济发展工作措施》，加强企业走访对接，主动提供精准服务。组织相关部门走访企业2848户次，解决问题258项。组建智库小组，加强宏观形势和产业趋势分析，形成税源建设专报10余篇。总结全区税源建设工作成果和主要做法，被市政府《昨日市情》特刊采用。强化动态监控，全面梳理2010年以来税源建设整体情况，多维度分析税源企业成长趋势和贡献情况。搭建财政数据综合平台，按企业、行业、楼宇、功能街区等维度进行数据综合查询分析，完善重点税源监控系统，实现与市财政、区产业部门、税务部门及街道数据共享。持续优化营商环境，落实“卡牌表榜会”服务模式，通过上门走访服务、政务服务大厅推送等多种方式为驻区企业发放服务卡，建立“一企一员”专员联系模式，提供普惠性企业服务政策，结合企业需求提供精准服务。全区新增注册登记企业5298家，其中注册资本5000万以上企业328家，注册资本3500亿元。引进多个符合国家发展战略的项目、一批金融科技和财富管理等新兴金融业态，成功促成中国联通等23家京外企业回归西城。

（郭　萌）

【统筹强化预算执行】年内，区财政局积极采取多种措施，促进资金及时快速均衡下达执行，确保了年度支出任务圆满完成。为加快财政支出进度，采用强化预算单位主体责任、加强重点项目过程管控、建立考核与督导机制等多种措施。一是创新财政保障模式，支持疏解非首都功能。牢牢把握核心区战略定位，投入专项资金722875万元。二是合理运用财政政策，构建高精尖经济结构。区落实各项政策资金324663万元。三是加强资金投入力度，保障重点领域资金需求，如污染防治和精准脱贫。四是严格落实中央及市的各项要求，加快存量资金消化力度。全年消化存量资金480551万元，占存量资金总量的90.9%。

（郭　萌）

【不断优化支出结构】年内，为打好污染防治攻坚战，财政投入75857万元，持续改善大气质量。为保障精准脱贫攻坚，投入45192万元，支持北京市扶贫协作、合作地区的援建工作。牢牢把握核心区战略定位，投入专项资金50459万元，推进疏解整治促提升专项行动，提升城市治理水平。落实《财政支持疏解非首都功能构建高精尖经济结构的意见》，各项奖补政策精准到位，落实政策资金324663万元，其中区政府投资引导基金投入210000万元，产业政策资金投入64663万元，利用产业创投引导基金认缴出资50000万元，用于引入、培育和扶持符合西城区战略定位的优质产业。投入583304万元用于提升教育水平。投入483461万元用于养老服务、安置补助、残疾人等各项社会保障政策的落实。投入328224万元，用于提升医疗服务水平。投入47146万元，用于丰富居民精神文化生活。投入222449万元，用于环卫作业、垃圾处理、绿化养护等。服务首都核心功能，完成行政事业单位出租房屋清退任务。将清退工作纳入各单位年度绩效考评范围，推动主责单位落实清退任务。定期协调解决工作困难，督促出租单位落实责任，准确把控执行进度，以约谈会形式研究清退问题，全年清退28处，完成年度责任目标。

（郭　萌）

【优化部门预算编制】年内，区财政局强化过程管理，制定疏整促引导资金、生活性服务业发展资金等多项资金管理办法，完善政府采购审批流程，强化国有资本经营预算管理，规范政府购买服务，推进国库支付业务电子化改革，提升资金使用规范性。持续深化绩效管理，完成绩效评价项目41个，涉及资金611018万元。创新监督检查方式，将监督检查与绩效评价相衔接，对近年未接受检查或绩效评价较差的12家预算单位实施重点检查，首次对3家社会组织实施会计监督检查，检查结果涉及9类问题，有效提高监督检查的针对性。完成投资评审项目441个，送审额686999万元，审减额37264万元，审减率5.42%。加大政府采购力度，政府采购规模172869万元，节约金额2444万元，资金节约率1.41%。推进政府购买服务改革，细化政府购买服务目录，提高公共服务质量和效率。配合区人大财经委专题审议2019年区统计局、区体育局、区残联和区园林绿化局部门预算及重大投资项目预算编制情况，进一步提高预算编制科学化、规范化、精细化水平。

（郭　萌）

【创新街区资金保障模式】年内，区财政局坚持党建引领，积极落实“街道吹哨、部门报到”工作部署。加大街道财政资金保障力度，投入资金518477万元，同比增长30.15%。制定区街财政管理体制改革方案，完善街道支出需求分类体系，追加城市管理专项资金30000万元，支持街道开展街区整理等重点工作。创新街道财政资金保障模式，提前调整街道机动经费，安排“街道吹哨、部门报到”专项资金6500万元，实现街道自主支配。

（郭　萌）

【创新财政资金支持方式】年内，区财政局落实“服务+保险”微改革，为辖区119个政府部门、269个事业单位、259个社区统一投保西城区公共管理综合保险，开展114部电梯安全动态监测服务。推进“大资产”理论体系研究，完善大资产分类管理目录和体系；全面梳理城市资产现状，运用大数据手段整合信息、排查问题，探索创新城市资产分级分类管理模式；规范管理原则，完善资产评估、资产处置管理办法，推进转企改制等重点工作，提升资产管理水平。构建政府与社会资本合作（PPP）管理制度体系，全面梳理现行文件，制定《西城区推广政府与社会资本合作（PPP）模式的意见》，完善具有西城特色的PPP备选项目库。

（郭　萌）

【基础工作】年内，区财政局积极落实政府决策部署，圆满完成4项市折子工程和2项区折子工程；按期完成人大建议和政协提案20项；督查督办事项160项。发挥参谋助手作用，办理各类授权支付业务19万笔，办理各类公文5800余件。

（郭　萌）

【党建和精神文明建设】年内，区财政局深入学习宣传贯彻党的十九大精神和习近平新时代中国特色社会主义思想。扎实推进“两学一做”学习教育常态化、制度化。组织“为官不为，为官乱为”“严肃查处群众身边的不正之风和腐败问题”专项整治活动，提升了全体党员干部的纪律意识和规矩意识。实施

"细胞工程"，以科室为单位建立党小组，推动从严治党向基层有力延伸。严肃党内政治生活，发放《党员活动手册》，推进支部组织生活制度化、规范化。始终坚持"以人为本"，持续加强队伍建设。认真落实从严治党、党管干部工作要求，坚持选人用人的正确导向，顺利完成干部选拔任用、招录、轮岗等工作。依托公务员综合考核管理系统，积极开展年度量化考评工作。加大干部教育培训力度，干部队伍的综合素质和专业能力得到明显提升。

（郭　萌）

税　务

【概况】国家税务总局北京市西城区税务局（简称西城区税务局）是由原北京市西城区国家税务局、原北京市西城区地方税务局合并而成。2018年7月5日，北京市西城区税务局正式挂牌，标志着国家税务总局北京市西城区税务局正式成立。合并后西城区税务局主要负责西城区域内税收、社会保险费和有关非税收入征收管理工作。年内，西城区税务局切实发挥绩效管理在国地税机构改革、优化税收营商环境、促进区域经济发展等工作中的引领作用，圆满完成区委区政府和北京市税务局交办的各项工作任务，在区政府年度考评中取得了双管单位序列第三名的良好成绩。西城区税务局共有干部职工1246人，全局设有办公室、法制科、货物与劳务税科、所得税科、财产和行为税科、社会保险费和非税收入科、收入核算科、纳税服务科、征收管理科、国际税收管理科、税收经济分析科、风险管理局、财务管理科、人事教育科、考核考评科共15个内设科室；设有机关党委、纪检组、老干部科3个其他机构；设有信息中心、纳税服务中心2个事业单位；设有21个派出机构税务所；设有1个办税服务厅。截至年底，全局共管辖各类开业（含正常、非正常、清算状态）纳税户90217户。全年共组织各项税收收入3745.2亿元。

地址：西城区二龙路乙33号

邮编：100032

电话：62264526

（徐　驰）

【组织收入】年内，西城区税务局成立组收工作领导小组，召开全局性组收专题会、收入形势研判研讨会、重点税源税收收入监控分析会20余次，根据机构合并后的任务缺口重新制定并下发收入任务，全局上下明确责任分工，形成纵向有传导、横向有联动的组收工作推进制度。截至年底，累计完成各项税费收入3745.2亿元，同比下降11.2%；完成税收收入3686.2亿元，同比下降11.4%。完成中央级收入2786.8亿元，同比下降16%，完成地方级收入958.4亿元，同比增长6.6%。办理出口退税0.3亿元，增加0.002亿元，同比增长0.7%。西城区税务局完成各项税费收入、地方一般公共预算收入及区级收入任务，完成市局赋予西城的各项税费和地方一般公共预算扎口任务，以及全区预算收入年度收官任务。

（徐　驰）

【国税地税征管体制改革】年内，严格执行总局、市局机构改革各项工作部署，设立机构改革工作领导小组，下设重点工作专项小组，编制任务台账、时间表、路线图，按日督导落实，保证全局改革任务稳妥有序有效。紧扣机构改革阶段性要求，将"三定"方案（定部门职责、定内设机构、定人员编制）的制定和落实作为工作的重中之重，先后形成15种方案、数万字的机构分析报告，顺利完成22个派出机构的全部就位。注重加强党建引领和干部队伍思想政治教育。2018年7月5日西城区税务局圆满完成新机构挂牌。

（徐　驰）

【税收优惠政策落实】年内，西城区税务局把落实税收优惠政策作为提升站位、服务大局的重要举措，为各类企业减免税达5360.2亿元，同比增加1409.9亿元，增长35.7%，其中，助推金融产业，释放资本市场活力，金融企业减免税5039.7亿元，占全部减免税的94%；激发创新动力，为鼓励高新技术企业减免税23.7亿元，同比增加7.7亿元，增长48.2%；改善民生、节能环保、基础设施建设等项目合计减免税20.8亿元，同比增加6.8亿元，增长48.6%；支持国家战略、西部开发、东部发展、两岸交流及其他4个项目合计减免税22.2亿元，同比增加14.2亿元，增长175.3%；优化营商环境，为小微企业减负，减免税2.5亿元，同比增加0.3亿元，增长12.6%。

（徐　驰）

【货物和劳务税管理】年内，落实减税降费政策，开展降税测算，涉及企业133户次。确保减税精准到位，针对一般纳税人转小规模纳税人受理通过657户次，对符合条件但网厅受理不通过的37户企业办理了转登记，保证了政策的顺利落地。完成企业留抵退税5户，金额达9.11亿元。落实出口退税管理，完成生产企业退税额2600万元，审核免抵额600余万元，退税56户次。推进"放管服"改革，制订增值税专用发票分类分级管理办法，推行新版增值税抵扣凭证核查系统。落实增值税发票风险快速反应工作，制订风险纳税人管理办法，共设置风险纳税人414户次，解除风险纳税人63户次。

（徐　驰）

【所得税管理】年内，对重点金融企业启动"点对点"互动工作机制，及时获取税源动向。坚持风险导向，开展申报数据分析、风险企业核查等管理工作。多部门联动，梳理执法风险点，降低税收执法风险。成立个税改革领导小组，推进西城区个人所得税改革工作。开展全方位政策宣传辅导，设置专项附加扣除专题培训，为辖区内企业有步骤地进行培训、回访及上门再辅导。截至年底，共计完成所得税收入2725.66亿元，其中企业所得税收入2463亿元，中央级企业所得税2209亿元，地方级企业所得税254亿元；个人所得税收入262.66亿元；办理股权转让4484人次，入库税款1.77亿元；残疾人个人所得税减免备案547人次；限售股退税52人次，税款14619万元，其他退税42户次，税款140万元。

（徐　驰）

【财产和行为税管理】年内，西城区税务局加速业务融合，创新思路、拓展方式，提升房产税管理质效，一是建立外埠纳税人出租在京房产预缴增值税跨税种管控机制，二是开展出租不动产增值税发票比对工作，在房产税源堵漏增收上率先实现突破。推进土地增值税清算进度，摸清项目基本情况，强化日常征收管理，采取分类处理模式，在依法依规的前提下，对土地增值税长期未清算项目采取分类管理，解决历史遗留问题，降低税收风险。截至年底，城市维护建设税入库47.8亿元，增长8.4%；房产税累计入库43.6亿元，增长7.1%，土地增值税入库27.8亿元，增长129.7%。

（徐 驰）

【社会保险费和非税管理】年内，开展社保费征管职责划转推进工作，成立社会保险费征管职责划转工作专班，以“不漏项、有重点、早启动、重创新”为原则细化工作方案，明确责任分工。针对社保费和非税收入职责划转，区长王少峰主持召开专题会议进行部署。加强与区人力社保局的对接，协力抓好划转交接、制度建设、信息系统搭建、征管服务改进等一系列工作，确保衔接顺畅。年内，组织非税收入合计49.9亿元，增长4.7%。其中教育费附加20.4亿元，增长8.1%；地方教育附加13.6亿元，增长8.1%；文化事业建设费2亿元，下降10.7%；残疾人就业保障金13.9亿元，增长0.1%。

（徐 驰）

【国际税收】年内，开展金融机构境外发行债券风险核查，促成几大银行就境外发行债券补缴非居民利息所得预提所得税、增值税、营业税及附加、滞纳金合计21亿元，组织区级税收4.6亿元。提升“走出去”企业的服务与管理，开展境外税收抵免核查工作，推动企业开展外派员工境外所得年度申报汇算。开展“走出去”政策辅导，完成清册填报及境外税收风险管理工作。落实外籍教师和科研人员税收优惠政策，为辖区教育机构量身定制《关于教师和科研人员享受协定待遇的提示》中英文对照版宣传材料，开展专题辅导。优化营商环境，推进阿布扎比投资局享受协定待遇退税事宜，做好非居民享受协定待遇退税审核。

（徐 驰）

【纳税服务】年内，全面统筹纳税服务资源，按照国地税征管体制改革要求，结合社保费征管职能划转、非税征收具体实际，以综合办税厅整体进驻区政务服务中心、另设存量房交易、外地进京施工企业和个体三个专业办税厅为契机，构建“1+3”办税服务格局，力求打造全市最优办税服务场所，持续优化区域营商环境，创建西城办税服务品牌。立足小型呼叫中心打造“互联网+”咨询服务新体验，推出西城特色的导税团队，优化“导办分离”模式；正式上线“全程预约办税”，纳税人可通过预约合理安排行程，减少等候时间；通过精准分流纳税人，确保井然有序办税环境。加大税收宣传力度，重点推送了机构改革、注销流程、新个人所得税法、网厅操作流程等相关信息，方便纳税人随时了解政策、移动办税。全年张贴各类公告60张，发放宣传资料12万余册，微信平台推送各类信息1300余条。

（徐 驰）

【征收管理】年内，西城区税务局作为国际货币基金组织唯一考察的区级税务机关，圆满完成国际货币基金组织关于《深化国税、地税征管体制改革方案》汇报考察工作，得到国家税务总局和货币基金组织的一致好评。完成原国税、原地税合并征管业务衔接工作，并按照分配原则完成管户的调整，制定《西城区税务局过渡期税收征管业务指引》，确保工作顺利开展。积极落实优化营商环境，推进注销程序优化，加强欠税管理工作，全年对2户欠税企业的法定代表人发送了阻止出境决定书，对10户欠税企业进行了欠税公告，制定《西城区税务局税源专业化管理实施意见（试行）》，推进税务所岗责设置与管理的规范化。

（徐 驰）

【税收风险管理】年内，加强风险管理的统筹，强化风险识别准确率、提升风险应对质效、深化风险成果运用，截至年底，累计推送380批风控任务，推送风险纳税人总户数9065户，已完成风险管理全流程总户数8642户，存在问题户7717户，风险分析识别命中率为89.29%。保持高压态势，坚决打击虚开发票，从发票领用源头出发，建立一日领票快速反应机制，事中快速反应与防控并进，建立六方联动机制，事后进行核查，对多种虚开增值税发票的现象进行识别、剖析，探寻风险规律、总结管理经验，为提升综合治理水平做贡献。开展跨区域协作任务，提升风控质效，截至年底，西城区税务局共接收任务340批次，涉及企业347户次，发起跨区域协作任务11批次，涉及企业11户次，有效遏制跨区域税收风险，形成全国范围的税收风险管理合力，促进纳税人税收遵从度的提升。

（徐 驰）

【税收法治】年内，制发《国家税务总局北京市西城区税务局关于成立依法行政工作领导小组的通知》，充分发挥依法行政工作领导小组对全面推行依法治税实施统一领导、统一部署、统筹协调的核心作用，为推动依法行政工作提供组织保障。畅通纳税人的法律救济渠道，保障纳税人的救济权，做好税务行政复议案件的案前调解疏导工作，对涉税争议的事实情况、法律依据、程序流程等进行调查核实，充分听取当事人的意见，切实做到定纷止争。成立税务行政应诉工作领导小组，制定税务行政应诉工作规程实施方案，强化被诉行政行为承办机构的应诉责任，落实行政负责人出庭应诉制度，将税务行政应诉工作纳入绩效考核范围。

（徐 驰）

【绩效管理】年内，西城区税务局承接西城区政府绩效指标4大类45项，承接北京市税务局指标5大类37项，制定局内绩效共性指标16项、个性指标科室平均4项、税务所平均14项。西城区税务局坚持主要负责人绩效讲评、分析报告制度，落实责任，细化分解指标，加强过程管理，推动指标考评，发挥绩效管理“指挥棒”“助推器”作用，完成区委区政府和北京市税务局交办的各项工作任务，在区政府年度考评中取得了双管单位序列第三名的良好成绩；在北京市税务系统年度考评中取得了第一名的优异成绩；在局内绩效考核分段次评优中，共评出24个一段部门、496名一段人员。

（徐 驰）

【财务管理】年内，依据支出进度及预算要求，机构改革后出台《过渡期间经费支出审批暂行办法》，规范财务审批流程和公用支出标准，保证各项支出按规定渠道、范围和标准执行。严控“三公”经费等一般性支出，构建厉行节约的长效机制，降低行政运行成本。加强预算资金审批执行工作，严把签报审批、合同签订、资金拨付、开支报销等环节程序。聘请第三方协助开展机构合并固定资产清查，完成资产划转工作。规范实施政府采购，依法依规定开展公开招标、竞争性谈判、竞争性磋商、单一来源和定点服务采购，确保实现应采尽采。全年进行政府采购46项，包括协议采购、公开招标等采购方式，金额8095万元。

（徐 驰）

【党建工作】年内，加强党的政治建设，以“抓党建、把方向、定大局、抓改革”为职责，带领全局干部职工进一步增强“四个意识”，做到“两个维护”，把思想和行动统一到党中央决策部署上来。以促团结、促融合为原则，开展全局多轮三级“大谈心”，召开民主生活会凝聚改革共识，号召党员群众在机构改革合并和税收中心工作中走在前作表率，增强改革使命感和责任感，将学习贯彻党的十九大精神体现在行动上。在一线设立112个党员示范岗，成立3个“党员突击队”、2个“青年志愿服务队”，突出党员干部在优化营商环境、推进改革等系列急难险重任务中的示范、引领作用。通过开展主题鲜明、形式多样的教育实践活动，如《践行“红墙意识”走在前作表率》宣讲，“新作为、新气象”主题大讨论活动等，为党员干部搭建成长成才平台。制作《西城区税务局实施党建引领“走在前 作表率”建设新税务建功新时代专题报道》五期，宣传先进事迹，营造全局向榜样学习的良好氛围。

（徐　驰）

【纪检监察】年内，切实履行党风廉政建设监督责任，持续狠抓中央八项规定精神落实，把风险防控由事后前移。针对机构改革期间可能出现突出问题开展专项检查，制定《国家税务总局北京市西城区税务局在机构改革期间开展风险防控工作的意见》，针对风险岗、风险人、风险点，开展“拉网式”排查、“定向式”纠偏，对六大纪律执行情况进行监督，严明机构改革期间的纪律规矩。开展警示教育，剖析违纪案例，加强工作纪律、廉政纪律的检查和问责力度，落实监督执纪“四种形态”，落实监督管理台账化工作。开展执纪审查和问责追责工作，持续加强信访举报和执纪问责工作。开展“一案双查”工作，落实“两个责任”，加强对主体责任落实情况的监督。深化监督执纪问责，推动全局党风廉政建设各项工作深入开展。

（徐　驰）

【税务文化】年内，积极开展“青年文明号开放周”活动，组织业务科室、税务所深入企业与中直机关开展“送政策进门”活动等，展现服务税收、奉献青春的良好风采。积极创建深入人心的党建品牌，以记录片、电子刊物等形式，丰富党建载体。组织拍摄了以征管体制改革全程纪实为内容的宣传片《新生——见证2018税务征管体制改革》，记录区税务局机构改革工作始终在党的领导下扎实推进的情况，并在各大网络媒体播出、转载。

（徐　驰）

【信息调研】年内，围绕2018年宏观经济特点和区域发展热点，积极开展信息上报工作，服务领导决策。西城区税务局《中国进出口银行在京补税13.6亿元》获市委书记蔡奇批示，《关于机构改革对税源税收影响的报告》《关于残疾人保障金征缴问题的探讨》《关于社会保险费政管职责划转工作进展情况的报告》等多篇信息被区领导批示。积极组织完成多篇对实际工作有指导意义的精品调研，全年共参与北京市税务局重点课题2项、联合课题1项，组织开展西城区税务局重点调研课题6项。《关于印花税改革的思考与建议》《提升北京市文化创意产业发展的思考》等6篇文章在《中国报税报》等报刊杂志上发表。《关于个人所得税改革应考虑征管条件的建议》《科技创新企业若干所得税政策问题与建议》等5篇调研得到区长王少峰肯定性批示。《营改增后企业所得税管理的变化》《深化“放管服”改革优化营商环境的国际借鉴研究》等调研，为上级决策提供了参考。

（徐　驰）

统　计

【概况】北京市西城区统计局（简称区统计局）是区政府负责管理全区统计工作的职能部门，北京市西城区经济社会调查队（简称西城经济社会调查队）是北京市经济社会调查总队的派出机构，与区统计局合署办公，共同负责本地区的统计工作。下设21科室，在编人员140人。年内，紧扣“四个中心”功能建设和“四个服务”工作要求，创立宏观经济社会发展大数据平台，创新区域中心“疏整促”专项行动，筹备第四次全国经济普查，完成各专业年报、定期报表工作，开展西城统计“据”力志愿者联盟，创立民生微观数据实验室，推进街道“大部制”改革、统计职责调整划归和基层基础工作建设，提升统计宣传、普法和执法水平。四届蝉联“首都文明单位标兵”称号，获中国信息报社宣传先进单位、北京市住户调查样本轮换优秀集体、北京统计法治文艺大赛优秀组织奖、北京市法治动漫微电影一等奖、北京市政府统计工作综合考核优秀等。

地址：西城区太平桥大街107号

邮编：100033

电话：66523595

（刘　艳）

【优化统计服务】年内，以主动性、创新性提升统计服务。一是上门为驻区中央单位及子公司开展统计专场授课，增强企业统计获得感；细化窗口后台政务服务标准，为优化营商环境提供优质统计服务。二是创建宏观经济社会发展大数据平台，打造可视化分析场景。启动打造涵盖“管理驾驶舱”10个定制主题、地理图层4大可视化场景和多维分析的大数据平台。重构部门统计数据，盘活行业间报表，激活政府部门数据与市场化大数据的关联脉络，打通上下互动、部门互通、数据共享渠道。三是创新统计成果，改版季度统计资料，增加分街道人均创收、创利等指标及热力图展示，梳理30余项西城对应北京市发展指标，为考核任务完成提供支撑；创刊《统计快讯》，增强分析针对性和时效性；创新开展金融科技、大数据、智慧城市、设计出版创意、健康医疗、文化科技等“七大产业”统计标准研究，及“高精尖”产业发展研究，提出行业发展风向建议。四是拓宽服务范围，服务西城区参加中国国际进口博览会成交情况统计，提供“两会”等统计咨询100余次近30万笔，协助开展西城区第二次全国污染源普查，助力生态环境保护；联合发布中国首支茶业景气指数“马连道茶业综合指数”，助推北京市成为大型国际茶叶交易中心；开展妇女、儿童发展规划统计监测并撰写报告，服务“十三五”时期妇女儿童发展规划中期评估；印发统计资料6种8000余册，制发调查证近700份，传递数据和服务价值。

（刘　艳）

【“疏整促”专项行动】年内，创新服务“疏解整治促提升”专项行动。通过“全方位、定制式”人口动态监测统计服务，有效实现“叠图作业、挂图作战”。率先实现全区35个部门、街道、社区“疏整促”数据纵向分解、横向检验；实现微信端周报实时推送，数据钻取到地理点位，供区领导、各部门实时调度；开展“疏整促”跟踪式民意调查，及“疏整促”提升政府投入对经济的拉动和促进作用研究，相关分析报告得到多位区领导批示；根据不同的服务对象给出定制式数据服务方案，同时服务全区工作点评机制。

（刘 艳）

【筹备经济普查】年内，西城统计系统落实国家和北京市经济普查的部署要求，联动37个部门和各街道、社区，汇集局队，统筹协调、创新思路、依法依规干普查。组织实施务实高效，科学制定普查方案，建立起普查全过程质量控制体系，成立区、街、社区三级普查机构，近1300人的普查指导员、普查员一线普查队伍。根据区域决策需求，开展为区服务附表调查，更好服务疏解非首都功能，优化城市功能和空间结构布局，科学配置资源要素，整合优质楼宇经济资源，增强区域协调发展优势。提升普查技术水平，自主开发“地名地址”智能查询识别系统，以“绣花”精神做好行业代码编码工作，自主编程清查表行业单位审核程序。坚持依法普查，强化普查红线意识和底线思维。在各专业、街道统计所和社区的积极落实、密切配合下，圆满完成单位清查任务，全区共清查单位4万余家、个体经营户1万余个。

（刘 艳）

【人口动态监测与抽样调查】年内，人口动态监测台账积极应对市、区新的工作要求，一是在监测内容中扩充增加了“留白增绿”等多项提升类项目；二是分组增至10大项专项行动，涵盖42项分项任务，促成34个职能部门与全区15个街道实现工作数据网络衔接。台账涉及40余个部门近60种报表、200余个指标，从“管人、管地、管出租房屋、管低端产业、管环境民生”多个维度，监测社会管理、产业调整、功能疏解、人口管理、房屋管理、拆违打非、公共服务等多领域，全方位监控人口动态情况。三是以台账服务区委全区工作点评工作，响应区协同办强化西城区各部门“疏整促”联动机制要求，结合西城区专项行动要求及具体开展情况，结合台账设计《疏整促专项行动分街道主责任务表》，明确填报口径及数据逻辑关系，并做好填报指导、采集及审核工作。全年撰写周报42篇；完成月度市、区台账收审工作，撰写区《“疏解整治促提升”专项行动情况通报》10篇，《西城区人口调控及人口动态监测工作总结》10篇，京津冀协同发展月度总结10篇和季度自查报告4篇，撰写“疏整促”区相关部门工作总结及自查报告等材料7篇。其中，《1–12月“疏解整治促提升”专项行动情况通报》得到区委书记卢映川批示。借助三网大数据监测平台，推进实时人流量监测、三网联合通讯大数据分析和职住人口等多角度监测分析，通过图表分析、多维度数据钻取，实现实时人口热力图、分街道日（夜）间用户对比分析。利用水、电、燃气等数据的收集研判，加强对人口发展的辅助分析，为全区人口调控工作提供科学数据支撑。将人口大数据多相关项关联分析，及时发现数据异常波动，为相关部门及时预警。年内，先后运用大数据研判参与了区年初“疏整促”任务分劈、街道阶段工作进展约谈、常住人口推算、多部门区级重点课题研究等多项工作中。

（刘 艳）

【统计宣传】年内，创新宣传方式，拓宽工作思路，将新的宣传模式、形态投入统计宣传工作之中。一是组建全国首家统计志愿服务团队——西城统计“据”力志愿者联盟，注册人员已达600余名，全年发布志愿项目10余个，参与活动约2000人次，受众6000余人；二是开展一系列进校园活动和进社区活动，营造“统计为人人、人人为统计”的工作新局面；三是破除统计信息壁垒，改善统计舆情生态。共推送微信361篇，阅读人数52101人，阅读人次109247人次，分享转发4106次。《回首30年 | 西城统计 与时代同行》阅读量达到2500人，登上国家统计局统计微讯原创风云榜。大力推进“统计图解”，结合建局30周年，推出“回首30年”栏目，以图文形式全面回顾西城统计部门的发展历程；积极尝试1–3分钟发微视频形式，分别制作拍摄了《统计年三十，您采年货我采价》《西城一日 | 厉害了我的西城》等作品。全年共编辑动态信息598篇、街所信息394篇，向市局报送动态信息178篇，其中市局网站采登127篇，国家局网站采登13篇，《西城信息》采用动态信息8条，《中国信息报》采登19篇，市级电视媒体播出6次，《北京西城报》采登量43篇。《金融统计的法宝：诚信+数据——中信银行总行营业部统计工作概览》作为《数据》杂志复刊第一期的刊登内容被采用，《中国信息报》大篇幅报道了西城局队在住户样本轮换中的突出表现，一篇《春在千门万户中——西城局队住户调查样本轮换工作小记》真实再现当时场景。

（刘 艳）

【依法统计】年内，加强统计法规建设，扩大执法督导范围。通过局域网、会议学习、专题培训等多种形式，组织依法行政学习培训9次，受众817人次；开展合法性审查211件，其中对外签订合同169件，文件42件，制作发放统计调查证683份；审理立案88件。结合人口抽样调查、经济普查等重点工作，采取面授、发放材料、政务短信、微信普法等多种渠道宣传诚信统计。全年开展纪念《统计法》颁布35周年征文、经济普查自编小短剧展演等各类普法活动102场次，受众7851人次。创作“胡同里的普查员”情景剧，拍摄《奔跑吧，统计》《诚信统计，人人有责》动漫片，设计制作“漫话统计法实施条例”系列漫画，并通过卡通小本、签字笔、诚信统计手册等载体广泛传播，小茜漫话《统计法实施条例》在北京市法治动漫微电影征集展映活动中获一等奖；深入推进统计法进校园、进社区活动，创新“普法小课堂”活动。

（刘 艳）

【重点领域监测】年内，结合“疏解整治促提升”专项行动，开展全面从严治党、重点区域差异化、群众安全感、城市管理满意度、“民生”与“民愿”、居民消费价格、家庭医生、社区阅读、时间利用、人口抽样等50余项制度外监测调查。创新开展西城特色小康指标监测，打造全国首个民生微观数据实验室，起到基层示范效应；首次开展《北京市绿色发展指标体系》《北京市生态文明建设考核目标体系》及相关考评结果分析解读，强化相关考评主体责任意识；开展民办教育、西城区学前教育、房租价格等专项分析，为各级领导决策服务。

（刘 艳）

审 计

【概况】北京市西城区审计局（简称区审计局）是负责本区审计工作的政府工作部门。受本级政府和上级审计机关的双重领导，对本级人民政府和上一级审计机关负责并报告工作。年内，区审计局人员编制64人，在编61人；事业编制4人，在编2人；工勤6人。设有综合科、财政金融审计科、固定资产投资审计科、经济责任审计科、科教文体审计科、行政事业审计科、内部审计指导科、社保经贸审计科等15个科室。在区委、区政府的领导下，在市审计局的指导下，区审计局认真履行审计职责，紧紧围绕全区中心工作，全面贯彻落实全国和北京市审计工作会议精神，加强对重点领域、重点部门、重点资金的审计监督，稳步推进审计监督全覆盖，促进区域社会经济发展品质提升，积极发挥审计的保障和监督作用。完成审计项目49个，查处违规和管理不规范资金6.12亿元，核减工程款1.21亿元，应上缴财政金额0.48亿元，已上缴财政金额0.48亿元，提出审计建议209条，被采纳建议209条。

地址：西城区复兴门外真武庙四条六里六栋
邮编：100045
电话：68014042

（赵　曦）

【国家重大政策措施落实情况跟踪审计】年内，推进中央、市重大政策贯彻落实，结合全区重点工作，按季度开展国家重大政策措施落实情况跟踪审计。监督棚户区改造、低端业态调整、违法建设拆除、开墙打洞治理等重点工作，抽查任务进度，核实工作质量，助力区域经济转型发展。助推京津冀协同发展，按照《关于对2017年西城区京津冀协同发展任务开展专项督查的工作方案》及《2017年西城区京津冀协同发展任务分解交办表》的要求，对承担任务的部门逐项核实交办任务完成情况。通过审查项目进度、实施环节、资金配套及使用情况，发现工作中遇到的难点和资金保障问题，分析原因，提出对策建议，为区域经济持续健康发展保驾护航。

（赵　曦）

【财政审计】年内，开展2017年度区本级预算执行和17个区级部门预算执行审计项目，聚焦审计业务需求，明确预算执行审计主攻方向，评价实行综合预算管理、落实财政管理改革措施、加强财政资金统筹使用、严控行政成本、提高资金使用绩效等，挖掘财政资金审计深度。创新组织方式，运用大数据审计分析，建立大数据审计应用模型，发现7类共65个指向型疑点，经审核，形成问题21个，涉及人员定额、政府采购、劳务管理、固定资产等多方面内容，进一步建立“集中分析，分散核查，统一处理”的“总分总”式审计组织方式，提高审计质量和效率。项目结束后，通过演讲交流、集中座谈等方式及时开展数据分析经验交流，为提升机关大数据应用水平打基础。

（赵　曦）

【经济责任审计】年内，共对14名处级领导干部开展经济责任审计。制定经济责任审计中长期规划，加大对重点部门、重点单位、关键岗位领导干部的审计力度，实施街道党政主要领导同步审计。扩大任中审计比例，注重关口前移，发挥审计预警作用。落实经济责任审计工作领导小组会议精神，加大与成员单位配合，与区纪委建立线索互通机制，就被审计对象履行经济事项、落实八项规定等方面问题线索进行沟通，形成合力；完成向区纪委上报审计微问题案例工作；首次联合区委组织部开展审计整改督查，促进审计整改工作制度的常态化和长效化。

（赵　曦）

【固定资产投资审计】年内，主动跟进区委区政府中心工作，重点对教育、老旧小区整治、微循环道路、景观提升工程等政府投资项目开展审计。坚持计价规则与尊重客观事实并重，深入施工现场，充分考虑工程实际情况，依据图纸测量、抽查数量、多方询价的方式获取参考价格。坚持造价核减与工程管理并重，在核减工程款的同时，从项目立项的科学性、工程设计的深入性、施工合同的严谨性、工程洽商的必要性等环节入手，关注项目审批、招投标、合同审核、现场管理、造价控制、资金财务等，纠正在基本建设程序和资金管理使用中存在的问题。

（赵　曦）

【专项资金审计】年内，加大对文化教育、医疗卫生、残疾人保障金等涉及民生的专项资金审计力度，促进资金使用安全、规范、高效。开展区属8个小学教育集团牵头校资金绩效、区属二级医院财务管理、残疾人社会保障和残疾人事业发展资金绩效、文化创意产业资金绩效等专项审计调查。以专项资金预算编制、财务核算为基础，突出真实合法性审查，注重评价资金的经济性、效率性和效果性，重点监督检查落实各项民生政策措施的具体部署、执行进度、实际效果等情况，查处管理疏漏，确保利民惠民政策落实到位。

（赵　曦）

【自然资源资产审计】年内，按照领导干部自然资源资产离任审计有关规定，结合区委区政府印发的《西城区全面推行河长制工作方案》，首次开展月坛街道办事处自然资源资产离任审计项目。以落实河长制工作为切入点，以履行自然资源资产管理和环境保护责任为主线，围绕水资源实物量、质量变化情况，对辖区内通惠河河道管理情况进行审查。关注生态文明建设政策法规落实、年度各项任务和考核完成、生态安全隐患防范、重大生态环境损害处置、资金使用效果等情况。整体评价领导干部任职期间生态环境保护责任履行情况，推动生态保护。

（赵　曦）

【企业审计】年内，围绕保障国有资本安全，开展北京广安控股有限公司董事长任期经济责任审计、区国有资产经营公司资产负债及损益审计项目。建立国有企业五年轮审计划，统筹开展国有企业审计工作，在检查企业财务收支活动的基础上，关注贯彻落实国家经济方针政策、发展战略的制定执行、重大经济决策程序、企业法人治理结构建立健全、投融资、担保事项及相应的风险状况等情况。严格按照法定权限开展工作，加强对区属国有企业的审计力度。

（赵　曦）

【内部审计】年内，共有专职内审机构31个，专（兼）职内审人员271人。赴区教委、公安分局、区国资委等单位调研，了解掌握内审机构设置及工作开展情况。调整和细化《西城区内审指导意见》，不断完善区内审制度体系建设。

结合年度审计计划，对被审计单位内审机构设置、内审领导体制、建章建制、审计结果运用及近两年开展审计项目的情况进行问卷调查。开展“送学上门”，将审计讲座开进街道工委和委办局理论学习中心组的课堂，受众覆盖单位7家。针对教育和体育系统管理链条长、二级单位多的特点，开展专题内审培训。针对国有企业业务特点，联合金融街集团组织内审培训，培训内容既有主办者按照个性化需求设计的课程，又有面向全区国企内审机构的课程，实现了培训的规模效应和业内资源共享。

（赵　曦）

【信息化建设】年内，贯彻落实大数据审计深化应用年要求，建立11人非专职跨部门数据分析团队，负责划定数据分析方向、编制数据分析方法、构建数据分析模型、数据关联分析等事项。会同区政府办、区科信委、区发改委、区财政局联合发布《关于推进西城区政务信息系统整合共享的实施方案》，探索共享数据利用模式，为开展大数据审计提供数据支撑。在“总体分析、发现疑点、分散核查、系统研究”的模式之上，推行“1+N+1”大数据审计模式，即由1名大数据攻关人员深入审计一线，借助N名审计现场核实人员经验，了解被审计单位的行业运行机制、重点业务流程模式，现场编写模型，将模型回传至1名大数据模型管理人员审核入库，并最终应用于全区各相关单位，达到以点带面的目的。

（赵　曦）

【审计质量控制】年内，为加强审计业务管理，规范审计行为，保证审计质量，防范审计风险，根据国家相关审计法律法规规定，从计划、实施、报告、终结四个环节入手，绘制审计项目全流程图，进一步规范审计作业规程。已形成审计准备阶段、实施阶段、终结阶段、重要事项讨论、业务委员会流程五大类标准审计作业模板，审计全过程标准化作业格局基本形成。继续加强审计过程把控，以环节控制为中心，定期听取审计组进度汇报，及时了解和把握项目总体情况。深化审计项目审理，对重大审计问题或复杂审计事项提前审核，保证审计质量，提高审计效率。

（赵　曦）

【落实审计整改】年内，加强审计整改跟踪检查，重新修订制发《审计项目整改落实情况统计表》，首次制定了审计整改清单，做到账对号销。8至9月间集中开展审计整改情况的检查和回访，对整改问题一一落实。贯彻执行审计整改问责制度，要求被审计单位对审计发现的问题，从体制机制方面，深入剖析原因、制定整改措施，完善制度建设。完善审计整改跟踪检查机制。细化审计整改范围、标准，落实整改责任，做好审计结果落实反馈制度和审计回访制度，跟踪检查被审计单位执行审计决定、采纳建议的结果情况。贯彻执行审计整改结果报告制度。通过内部沟通、联席会议、人大监督、政治协商、信息公开等方式，公布各单位审计整改结果，谋求和形成监督合力。

（赵　曦）

工商行政管理

【概况】北京市工商行政管理局西城分局（简称工商西城分局）主要职责是：市场经营主体的准入登记；市场经营主体的竞争监管；消费者权益的保护。设有综合类科室、业务职能科室17个；下设派出机构（工商所）11个；直属稽查队1个；直属事业部门3个（工商行政管理学会、信息档案中心、后勤服务中心）；管理事业法人、社团法人单位2个（西城区消费者协会、西城区私营个体经济协会）。共有在职公务员、员工432名。年内，工商西城分局以真抓实干、持续提升三联机制效能为切入点，以“转变作风，努力打造营商环境”为目标，紧扣辖区实际，全面落实各项工作。重点在助力首都核心区发展、深化商事制度改革方面下大气力，提高服务社区、指导协调能力，确保放、管、服工作取得新成就。

地址：西城区南草厂街冠英园西区6号

邮编：100035

电话：88087657

（马福春）

【完成市场主体存量消减目标】年内，完成个体存量降至2万户以下的预期目标，持续消减不符合核心区功能定位的业态。至年底辖区共有有形市场35家，顺利完成官园批发市场等7家市场疏解任务，消减市场面积48551平方米，吊销市场内营业执照586户，注销1350户，个转企200户。按照北京市及西城区禁限目录要求，严把企业准入关，共限制登记406户，基本保持个体工商户零增长。截至12月25日，全区个体工商户存量为16071户，年内，共消减个体工商户3855户。辖区企、个比为3.92:1，市场主体结构调整取得突破性进展，实现历史性优化。年初，西城区制定了宝莱特电子配套市场、日盛西四电子电器市场、百路通鑫电子市场、广安莱市口百货市场、广安门天缘市场、天歧祥商品市场、双安红莲菜花卉分市场、西单明珠商品市场和时尚新时空百货市场等9家市场的疏解转型工作计划。至年底，这9家市场中的5家市场均按计划进行了疏解工作。百路通鑫电子市场、官园批发市场、广安门天缘市场停业撤摊，双安红莲菜花卉分市场原址拆除，时尚新时空百货市场转型升级，西单明珠商品市场、广安莱市口百货市场消减了经营面积。除9家市场以外，完成北京华福新阳珠宝饰品市场有限公司、安顺成菜市场的疏解工作。

（马福春）

【“开墙打洞”治理防反弹工作】年内，制定《西城区“开墙打洞”专项整治“促提升、防反弹”工作方案》，牵头成立“开墙打洞”治理防反弹工作专班，建立“及时发现、快速处置、督导反馈”责任机制，辖区反弹发现率逐次递减，年底反弹率控制在3.48%，达到市局5%以内工作要求。根据各街道实际情况，分批次、分阶段推进“开墙打洞”整治工作。在金融街、德胜等街道办事处率先完成“开墙打洞”整治任务基础上，下半年针对承担重点难点任务的平房区域，采取局长驻点、科所联动、专项小组推进的形式，运用“组合拳”“回头看”“双约谈”等方式，强化部门监管合力。10月份完成“开墙打洞”和无证无照专项整治任务，销账率均达到100%。

（马福春）

【优化业态转型】年内，为满足百姓基本民生需求，工商西城分局对农贸市场的疏解采取了新举措，推动有条件的市场转型为百姓生活服务。工商西城分局围绕农贸市场转型过程中的办理流程、经营特点、监管标准等相关问题及时进行调查研究，分析企业状况和存在问题，把靠前服务、主动服务的理念落到实处。7月，位于广外地区的安顺成菜市场计划升级转型为百姓生活服务中心。在“街道吹哨，部门报到”机制下，协同食药、安监等相关部门开展现场调研，对该市场执照变更、规范管理等方面给予有针对性的指导，帮助其快速完成变更手续，顺利转型。同相关部门对福丽特邮币卡市场、马连道茶叶市场等具有文化特色的市场、走高端产品路线的市场进行引导规范，鼓励其发展品牌文化，争创诚信市场，提升消费服务品质。

（马福春）

【推进规范化合同文本】年初，组织人员到万特珠宝城和万丰珠宝城实地调研，调查了解商家银饰品购销及委托加工交易中的各种细节。开展就有关《银饰品购销合同》和《银饰品委托加工合同》起草工作，5月中旬《银饰品购销合同》和《银饰品委托加工合同》的示范文本公布并征求有关方面意见，经修改后于9月初开始试用。工商西城分局利用各种途径广泛宣传、讲解合同文本内容，推进合同示范文本的试用工作。

（马福春）

【专项整治合同格式条款】年内，对旅游行业、校外培训机构、房地产经纪机构用格式条款排除或者限制消费者权利、减轻或者免除经营者责任、加重消费者责任的行为，开展集中规范和治理。在专项检查和治理工作中，采取查处与指导相结合、惩戒与教育相结合的工作方法，通过法律宣讲、条款解读、案例分析等方式，引导、督促、警示企业依法拟定和使用规范格式条款，全面提升经营者维护消费者合法权益的自觉性，同时向企业宣传、推荐合同示范文本，引导经营者使用规范的合同文本签约，全面提升规范化合同文本的使用率。与相关业务部门协作配合，指导基层执法人员开展入户检查，检查企业128户，收集合同格式条款52份，约谈企业7次。

（马福春）

【压缩企业开办时长】年内，加快推进准入工作便利化，简化开办企业登记流程，减少环节，最大限度压缩开办企业时长。3月始，将开办企业时间由22天压缩至3天，开办企业由原先的7个环节压缩至2个环节，实现流程再造。5月16日，代表北京市迎接世界银行《全球营商环境报告》专家现场察访核验，演示了开办企业全程电子化办理流程。

（马福春）

【建设区级企业开办大厅】年内，依托区政务服务中心设立企业开办大厅，涉及企业开办事项一窗受理，涉企审批事项实现“一窗受理、后台流传；一次申报、全程办结”。实现企业设立、刻制印章、申领发票“一站式服务”。全面实行企业设立登记全程电子化。内资公司设立登记全程电子化，申请人在网上提交申请，后台工作人员及时审核，在规定的3天申领营业执照的基础上，进一步压缩至一天。从3月8日起全面推行全程电子化服务，年内，新设企业总量2519户，同比增长11%，其中全程电子化办理1592户，占比63.2%。3小时以内办结1837户，占比72.93%，优化营商环境举措成效显著。

（马福春）

【进一步简化工商登记流程】在上半年完成新开企业一天取照的基础上，下半年进一步优化营商环境，提高办事效率，通过流程再造，压缩市场主体变更（备案）、注销办理时长，做到大部分业务立等可取，或者立即取得邮寄送达，真正实现工商登记“只跑一次”的工作目标。一是直核业务立等可取。直核范围内变更（备案）、注销登记，通过预约受理窗口受理后，可即时取照。二是全面实行网络登记。除还不能网络登记的业务外，全面实行网登，也可由大厅网登服务区辅助人员帮助企业进行网上登记；对于受理时发现网登数据有问题的，及时告知办事人问题所在，要求办事人员重新上报。三是调整窗口设置。取消原来的网上登记材料审查受理窗口、简易程序受理窗口、换补照受理窗口，全部业务纳入预约受理，同时将预约受理窗口扩大为6个；将网上登记内容审查和材料审查业务合并到内容审查窗口；将现场受理业务合并到科长值班窗口，由值班科长根据现场情况安排受理。四是全面推行营业执照寄递业务。企业递交申请材料后可选择以寄递方式领取营业执照（新开企业含全套印章）。

（马福春）

【为新企业免费发放印章】3月8日起实现企业开办零成本。由区政府统一出资，为企业免费发放印章，与区政务服务中心、西城公安分局等协作，同步为企业一天之内完成公章刻制，做到执照、公章同时发放，至年底开办企业专区共为2460户企业免费刻章9134枚。

（马福春）

【履职服务非首都功能疏解】年内，严把准入关口，严格执行产业禁限目录。按照市区两级禁限目录的要求，认真做好相关产业行业主体的准入限制工作，对涉及禁限目录的市场主体，主动做好沟通解释，引导其转变经营内容，全年共限制登记406户。鼓励支持个体经济转型升级，简化个体工商户注销登记流程，完善个体工商户退出机制，推进个体工商户简易注销登记工作，有序削减个体存量，年内共办理个体工商户简易注销登记2087户。

（马福春）

【创新经营范围登记】上半年，主动承接总局经营范围规范化试点工作。7月23日试点工作正式启动，受理窗口和核准岗位试用“经营范围规范化系统”，不仅通过系统查询新兴行业、生僻经营范围，同时根据企业需求和工作经验查疑补漏，弥补系统开发中的不足，提出修改意见，推进该系统尽快在全国范围内推广使用。试运行以来共为642户企业查询4810项经营范围，提出系统修改意见59条。

（马福春）

【房地产经纪行业整顿】4月，启动2018年上半年房地产经纪行业双随机抽查工作。联合区房管局、区地税局对辖区内40户房地产中介机构开展了房地产中介行业定向抽查。共收集合同18份。通过检查发现问题企业21户，发放责令改正通知书，约谈问题企业3户。将结果及时录入西城区企业监管信息共享平台。下半年针对12315平台受理投诉举报的房地产经纪机构对企业押金不退的情况，联合房管局对10户房地产经纪人进行约谈，加强行政指导。一方面，对房地产经纪机构的各项违法行为加大监管、打击力度；另一方面开展行政指导。对投诉较多的房地产经纪机构提出具有针对性的行政建议，要求其完善企业内部管理机制，强化自律，规范经营，拿出切实可行的整改措施，有效降低投诉率。

（马福春）

【开展“双随机”抽查】年内，组织系统内外大力开展“双随机”抽查工作。截至10月20日，依托“综合业务监管系统”进行17次抽查工作，共检查主体

8975户，检查类型及涉及行业包括年报、广告、房地产、“低慢小”航空器、消防类、公募基金管理、高风险类金融、新开主体、特定问题集中地址、百货商场、连锁超市、家电大卖场、网络交易平台、道路货物运输市场等企业。统筹整合执法资源，协调人员力量，按时完成各项抽查任务。在全区市场秩序监管联席会统筹下，依托西城区工商行政管理局信息共享平台，根据风险归集预警结果及辖区市场突出问题确定抽查对象，利用平台搭载的“双随机”抽查功能，4月，对全区房地产经纪机构开展了一次跨部门联合“双随机”抽查，涉及工商、房管、国税局等部门，检查40户，发现问题35户，问题发现率87.5%。发现问题由相关部门分头处理，达到事半功倍的效果。

（马福春）

【“疏解整治促提升”专项整治】年内，遵照市、区两级政府2018年“疏解整治促提升”专项整治工作要求，开展“背街小巷违规经营整治”“营业执照吊注销”“无证无照经营整治”“开墙打洞执照后续处置”四个方面整治工作。一是背街小巷违规经营整治工作效果好。年内，计划整治背街小巷违法经营343处，已整治601处，完成率175.22%，涉及人口2232人。二是营业执照吊、注销工作迅速。全年计划营业执照吊、注销1000户，已完成1156户，完成率115.60%，涉及人口7850人。三是无证无照经营整治工作效率高。按照“随发现、随整治、随记载、随上账，保持动态清零”的原则，年内，区计划整治无证无照56处，已整治83处，完成率148.21%，涉及人口316人。四是“开墙打洞”后续处置工作及时。在“开墙打洞”整治验收标准调整为“三有五无”（三有：恢复、美观、清理，五无：经营牌匾、经营标语、经营设施、经营人员、经营行为）的情况下，上年辖区存量提升点位中涉及住宅经营的共计239户，已关停204户，关停率85.36%，执照处置完成35户，处置率14.64%；2018年区“开墙打洞”整治点位中涉及住宅经营的共计53户，已关停43户，关停率81.13%，执照处置完成11户，处置率20.75%。

（马福春）

【商标案件查处】全年查处商标案件76件，案值60.68万元，罚没款81.24万元。其中，商标侵权案件74件，案值60.41万元，罚没款78.74万元，没收各类侵权商品共计3160件。年初，对马连道地区“上品折扣”商场的“aisashi”运动鞋专柜进行了检查，对涉嫌侵犯“爱世克斯”商标专用权的鞋类商品进行了扣押，将案件线索进行移转。按照“鄂尔多斯”商标权利人提供线索，在广外地区查扣了销售侵犯“鄂尔多斯”羊绒产品518件。3至5月，工商西城分局组织力量对西单商圈的明珠市场、新一代商城、华威商场，大栅栏商圈的煤市街、珠宝市地区，新街口、什刹海地区的商业街进行检查。对其中8家涉嫌经营假冒箱包、围巾、工艺品、服装的商户进行查扣。共计查扣假冒LV围巾139条，假冒LV和MCM箱包70余个，假冒“哈雷”品牌工艺品200余个，假冒“moncler”服装60件。对上述涉案商户全部立案处理。

（马福春）

【“牛街清真食品”集体商标注册】年内，牛街清真食品商会申报的“牛街清真食品”集体商标成功注册，西城区带有民族特色的集体商标实现零的突破。遵循“企业主动、政府推动、工商助动”的原则，在区域品牌创建工作中大力扶持商会，助推集体商标发展。一是向聚宝源、爆肚冯等21家传统清真企业提供“一对一”“面对面”服务，引导培育牛街地区企业商标意识；二是指导建立牛街清真食品商会，由商会作为申报主体，34家会员均可使用“牛街清真食品”集体商标；三是制定“牛街清真食品”集体商标使用管理规则，明确使用集体商标的产品和服务标准，打造“牛街清真食品”优质品牌；四是逐一查验100余户经营商户应用于食品包装、餐饮字号及店堂广告的相关标识，保护集体商标权利人的权益。

（马福春）

【空调行业专项整治行动】年内，对空调行业虚假宣传乱象进行专项整治，查处范围包括辖区内国美、苏宁等电器商城销售的相关品牌。一季度检查空调品牌4家，立案4件，罚没款45万元。查处的主要问题：一是未做除菌或只做了抗菌检测，但宣传具备除菌功能；二是宣传有除菌功能，但未按照国家标准检测；三是宣传有除甲醛功能，但未按照国家标准检测净化甲醛性能。

（马福春）

【假冒“苹果”维修店整治行动】一季度，依据商标权利人提供的案件线索，在“3·15”国际消费者权益日期间，开展打击假冒“苹果”维修店的专项行动。重点对在店面招牌、墙体广告、店内装潢上突出使用苹果注册商标的行为进行查处。共查处涉嫌侵权商户6户，均已立案，查扣涉嫌假冒“苹果”产品配件90余件，10月案件已调查终结。罚没款金额30万元。

（马福春）

【侵犯“爱世克斯”商标专用权整治行动】年初，根据市工商局部署，对北京天旺宜购商贸有限公司销售的涉嫌侵犯“爱世克斯”商标专用权的“爱萨士”牌休闲鞋进行扣押。扣押涉嫌侵权的“爱萨士”牌休闲鞋共计443双。按照市局《关于红盾利剑专项行动处置意见》的相关要求进行处理，于3月8日将相关调查情况及证据材料，移转至当事人上级供货商所在地晋江市市场监督管理局处理。净化了首都商品市场。

（马福春）

【案件基本数据】年内，全局办结行政处罚案件4195件，人均办案27.06件；罚没款747.63万元。使用职权数96个，履行率9.33%；销案率4.96%，平均办案周期75.69天。新增行政复议案件39件，已经审结30件，纠错3件；新增行政诉讼案件27件，1件败诉，10件驳回，2件自撤。

（马福春）

国有资产监督管理

【概况】北京市西城区人民政府国有资产监督管理委员会（简称区国资委）是区政府直属特设机构，受区政府委托履行出资人代表职责，不承担其他社会公共管理职能。内设10个科室：办公室、综合科、产权管理科、统计评价科、预算考核科、董事会工作办公室、监事会工作办公室、企业领导人员管理科、党建工作科、改革协同办公室（审计科）。有干部职工38人。正处级领导2人，副处级领导4人。截至年底，区国资委系统所辖国有及参控股企业474户，直接监管企业12家。西城区属企业资产总额

4571.3亿元，同比增长12.1%，所有者权益1291.4亿元，同比上升8.2%，其中归属于母公司所有者权益859.4亿元，同比上升4.7%，全年累计实现营业收入664.42亿元，同比上升7.05%。区属企业2018年度已交税费总额74.81亿元。

地址：西城区华远北街1号

邮编：100032

电话：66116905

（刘思岐）

【引领布局新兴产业】年内，区属企业通过加大研发投入、股权投资等形式构建企业高精尖产业板块，2018年度国有资本经营预算支持项目11项，预算资金31165万元，支持的项目主要为符合西城区产业政策的重点产业发展项目，包括企业发展投资、文化创意产业发展项目、节能环保和升级改造等方面，引导企业实现产业结构升级，打造符合西城区功能定位的产业布局。区政府出资并由区属国有企业具体负责实施的重点建设任务共40项。截至年底，项目总投资1600亿元，通过拨款、注资、借贷的方式累计已到位资金903亿元，累计已支出资金705亿元，土地一级开发项目居民和单位累计拆迁比例分别达到75%和80%，累计开复工面积303万平方米，预售签约面积达134万平方米。

（刘思岐）

【服务区域核心功能】年内，金融街集团着力布局发展金融产业，推进华融公司改制，为未来金融产业集中管理以及战略布局创造条件；长城财险公司设立申请经市政府批准递送至银保监会；积极导入金融企业落户西城区，本年度合计新引入驻区机构45家、商户26家，依托金融街商会、“Life金融街”APP等助力高精尖产业结构调整，首批推出人才公租房384套，服务国家金融管理中心建设。运营中心设立北京金融街服务公司，有效整合调动区域内社会资源，推进政府延伸服务和市场开发服务；按照区委区政府统一部署，针对上市民企的流动性困境，设立北京新动力优质企业发展基金，首期募资20亿元，完成北京西城首单纾困项目落地；华远集团将“动批”四达大厦、世纪天乐作为金融科技示范区核心区起步楼宇，助力打造北京科技创新中心新高地；天桥盛世集团加大商务空间运营力度，天桥艺术大厦成为区域文化产业孵化平台，引入方旭、陈铎等大师工作室；推动内容制作业务发展迈上新台阶，精品话剧《北京法源寺》被纳入“2018年国家艺术基金资助剧目展演”项目，在业内影响力持续提升。

（刘思岐）

【扩大开放合作】年内，区属企业立足西城、面向全国，积极参与京津冀一体化发展战略，持续实施走出去战略，不断扩大、加强与中央、市、区三级企业合作广度与深度，加强区属企业间合作，加强与友好城区合作，实现优势互补、互利共赢。截至年底，区属企业在津冀地区投资项目22个，总投资额达734.06亿元。中央、市、区三级企业合作项目46个，总投资额1602亿元。

（刘思岐）

【助力企业转型升级】年内，金融街集团进入“2018年度中国五百强企业”，积极加快企业转型，推进教育及医疗项目，正泽学校稳步运营，完成上海睿宝儿科收购，产业布局逐步优化；金融街控股公司制定了智慧家产品标准，长城人寿通过引入人工智能、微服务等新兴保险科技，探索“互联网+健康管理”服务模式，降低运营成本。广安集团试水物业增值业务，“宅立修”服务计划投入试运行，“来到”社区服务平台线上线下业务已形成稳定营收；所属北京坊与天桥演艺集团等优质文化艺术领域单位合作，优势互补，打造文化新地标，北京坊获“中国城市更新之老城复兴”大奖，为北京市唯一获奖单位，启用大数据系统助力其运营，传统业务模块不断提升。新技术为国企的新发展赋能，全年区属企业共获得市级以上创新成果奖21项，助力企业实现转型升级提质增效。

（刘思岐）

【推进城市更新与老城复兴】年内，面对政策变化，区属企业结合新形势积极探索，持续推进政府投资项目建设。百万庄项目实现全部清地，成为中心城区棚改项目中第一个实现清地、全面开工并完成首批居民回迁入住的项目；华嘉项目提前两个月实现居民入住，节约应给付拆迁居民周转资金2340万元；菜西项目的西砖胡同开展恢复性修建试点，修建院落7个，织补类共生院落6个，完成烂缦胡同、南半截胡同雨污水、电力、电信等多条管线的敷设，为腾退空间的高效利用打下良好基础；丰盛C区、桃园F1项目收储持续推进；菜园街及枣园南里项目签约比例达99%；旧宫、高立庄等保障房、棚改项目，杨梅竹斜街、什刹海、白塔寺、法源寺及泰安里等城市更新项目，万寿兴隆寺、会贤堂等文物已腾退项目均有效推进，同时探索植入便民服务、高端办公、特色民宿和文化创意等业态，为腾退空间的活化利用进行了有益探索。截至年底，区政府出资并由区属国有企业推进的政府项目103个，总投资额2288亿元。

（刘思岐）

【重点服务保障区域民生】年内，区所属企业将履行社会责任与经济效益有机结合，将创新转型与提升区域社会事业服务品质相结合，为区域百姓提供优质服务和产品。华天集团贯彻落实“以顾客为中心”的经营理念，形成符合顾客需求同时具有华天特色的餐饮生态和产品结构，实现顾客满意、企业增效。“华天肉饼”向“二友居”老字号品牌过渡加快，马凯餐厅实现了重张开业，将同兴成打造“社区服务小综合体”，建成集线上线下为一体的立体化便利店品牌。宣房集团连续33年实现直管公房安全度汛，高效高质量完成供暖、电梯更新改造、供水改造等保障基本民生工程任务，所承担的平房综合修缮工程全部竣工，承担的161中学校址装修改造工程施工任务，历时92天，保证了学校的顺利使用。德源兴业公司所承担的街巷物业服务工作覆盖7个办事处，服务中坚持贯彻“共管共治”原则，紧密联系街道办事处做好违建拆除、开墙打洞封堵等工作的协助配合。国资公司全方位做好离退休人员管理服务工作。丰富公司经营结构，盘活资产，年内，汽车租赁经营业务收入53.3万元。金工公司依法依规抓好维稳信访，实行领导包案、部门配合、落实责任人，接待各种信访事件14起31人次。区国资委系统回报社会，积极参与慈善活动，年内对外捐赠及党员献爱心共计334.7万元。

（刘思岐）

【疏解非首都功能】年内，区国资委系统以“促进减量腾退，鼓励存量更新，加快腾笼换鸟，优化提升核心功能”为原则，全年累计完成出租房屋清理60处，完成全年任务（40处）的150%，累计疏解出租房人口1112人，完成全年计划（1000人）的111.2%，本地化用工

506人，完成全年计划（500人）的101.2%。获得北京市“疏解整治促提升”专项行动先进集体称号。

（刘思岐）

【推进股权多元化和混改】年内，在持续推进区属企业实施公司制改革，建立现代企业制度的基础上，以全面落实中央和北京市关于推进国有企业混合所有制改革相关文件为契机，通过鼓励企业上市、挂牌、引入战略投资者等方式，推进符合条件的企业开展混合所有制改革。重点完成了庆丰公司的混合所有制改革，批准实施金融街物业公司上市方案，研究推进金融街集团股权多元化改革和华方养老板块的混合所有制改革，已形成初步方案。三级以上股权多元化企业占监管企业的68%，资产证券化率达到46%。同时，按照区委区政府的统一部署开展事业单位转企工作，应转制单位均已完成工商注册，进一步壮大国有资本，拓展了国有企业业务领域。

（刘思岐）

【提升国有资本运行效能】年内，为落实中央关于推进供给侧结构性改革、重点做好“三去一降一补”工作的决策部署，区国资委印发《西城区国资委关于积极稳妥降低企业杠杆率相关工作的通知》，指导企业在完善现代企业制度强化自我约束、加强资源整合、提高综合竞争力、分类清理盘活低效存量资产、有序开展企业资产证券化等方面为切入点和突破口，增强企业中长期发展韧性，防控债务风险上升。开展区属企业外埠投资项目专项调研，了解、指导项目运营、管理情况，促进国有资产保值增值。

（刘思岐）

【改革企业领导人员业绩考核和薪酬管理】年内，研究企业经营管理人员激励与约束机制，对直接监管一级企业制定《企业负责人薪酬管理暂行办法》《企业负责人经营业绩考核暂行办法》，结合执行情况，开展“职业经理人制度”“高管人员薪酬管理”两个课题研究，形成《高管人员薪酬管理指导意见》《职业经理人制度试点意见》两个草案，为实现国有企业负责人薪酬管理的全覆盖，实现穿透式管理做好政策准备。健全完善国有企业领导人员综合考核评价体系，将经营业绩、党建责任、政府任务等全面纳入考核体系。研究制定《区属企业承担政府投资项目考核管理办法》，由区属相关部门组成考核联席会，对任务确定、进度跟踪、资金管理等进行全链条管理考核，与企业领导人员薪酬挂钩，确保任务推进符合区委区政府要求。

（刘思岐）

【健全完善法人治理结构】年内，完善法人治理结构相关制度，制定《西城区国有独资公司董事会规范运作暂行办法》《西城区国有独资公司外部董事考核和薪酬管理办法》，调研并形成《西城区国资委国企董事会建设课题报告》，以审核董事会议事规则为抓手，加强对企业董事会建设的指导。完善外聘监事考核工作，指导企业对监事会年度监督检查报告发现的问题进行整改，形成管理闭环。指导事转企单位德源兴业公司成立董、监事会，进一步完善法人治理结构。

（刘思岐）

【推进“平安国企”建设】年内，积极开展综合治理及信访维稳工作，办结区信访办转来信访件125件，北京市12345市长热线、非紧急救助中心案件827单。信访件和热线的及时受理率和按期答复率均为100%。现场接待群众来访88批次189人次。高度重视安全生产工作，成立以主要领导为组长、主管领导为副组长、所属企业主要负责人为成员的安全生产领导小组，签订2018年安全生产责任书。配合北京市“安全生产月”活动，开展安全生产培训5747次，参加人员18383人。结合“三大行动”回头看专项工作，区国资委安全生产督查检查队共检查所属企业422家次，企业检查覆盖率100%。

（刘思岐）

【承担扶贫攻坚任务】年内，区国资委扶贫工作领导小组先后13次深入阜平、张北、喀喇沁、鄂伦春及门头沟进行实地考察和帮扶对接，考察扶贫项目20个，调研时间25天，各帮扶企业自行组织调研90次。截至年底，各企业共对接了5个旗县（区）、40个贫困村，已落实9个项目，包括天恒集团种植藜麦项目、广安集团种植有机西红柿项目、金融街集团种植蘑菇项目、华远集团购置农机设备项目等，总投资504.86万元，助力建档立卡贫困人口1956人提高收入，提供临时工作岗位573个，国企党建在扶贫攻坚任务中充分发挥政治引领作用，取得实实在在的工作成效。

（刘思岐）

安全生产监督管理

【概况】北京市西城区安全生产监督管理局（简称区安全监管局）是负责本区安全生产综合监督管理的区政府工作部门。主要承担全区安全生产综合监督管理责任，依法行使综合监督管理职权，指导、协调、监督区政府有关部门和街道办事处的安全生产工作，负责危险化学品、烟花爆竹、职业卫生等安全监督管理工作，负责一般生产安全事故调查处理工作，组织全区安全生产教育和特种作业考核、培训等工作。内设7个科室，行政编制31人，下属参公编事业单位4个，编制36人。在职人员65人。年内，区安全监管局坚决贯彻落实区委区政府各项决策部署，把安全生产工作与促进非首都功能疏解、加强城市精细化治理相结合，紧盯事故高发行业领域和监管薄弱环节，以构建多部门联动长效机制为核心，以强化专项行动统筹为抓手，以开展安全生产宣传教育活动为依托，全区安全生产形势稳定向好。获国家安监总局、国家煤矿安全监察局颁发的安全生产监管监察先进单位称号；获北京市安全生产先进单位称号；获北京市安全生产工作2017年度先进单位称号；获北京市职业安全健康宣讲活动优秀组织单位称号。年内，西城区成为全市首个完成全区范围开展安全社区建设的城区。

地址：西城区南菜园街51号
邮编：100054
电话：83975375

（刘亚男）

【安全生产责任体系建设】年内，西城区安委会将西城区产业发展局、西城区食品药品监管局纳入安委会成员单位；制定西城区产业发展局、北京金融街服务局安全生产职责；修订西城区城管执法监察局、西城区检察院、各街道办事处安全生产职责；明确规模以下零售、餐饮和限额以下小型工程安全监管职责；梳理细化部分单位安全生产工作责任，制定行业部门和街道安全生产工作手册，建立安全生产工作全程纪实机制，督促行业属地落实监管责任。

（封吹雪）

【推进安全生产领域改革】年内，西城区安委会进一步健全落实安全生产责任制。制定《关于进一步推进安全生产领域改革发展的实施方案》，完善安全监管监察体制，推进安全生产依法治理和安全预防控制体系建设，夯实安全基层基础保障能力，围绕西城区安全生产“十三五”规划纲要中的目标实现情况、重点任务推进情况、规划实施存在的问题等进行中期评估，形成评估报告，持续推动各项任务顺利实施。

（封吹雪）

【“双无”创建工作】年内，西城区安委会完成区住建委、区质监局、白纸坊、展览路街道等8个单位的“无安全生产事故行业、无安全生产事故街道”（简称“双无”）创建工作，加上上年已创建单位，已覆盖8个重点行业和8个街道，达成“8+8”创建目标。

（封吹雪）

【安全社区建设】年内，西城区成为全市首个完成全区范围开展安全社区建设的城区。金融街、新街口、展览路、德胜4个街道再次获得国际安全社区称号，天桥、大栅栏、牛街、广内、椿树5个街道安全社区创建工作通过市考核组验收，其中天桥街道排名全市第一，加上已获得国际安全社区和北京市安全社区称号的6个街道，全区15个街道全部完成安全社区创建工作，为安全发展示范城区创建打下良好基础。

（封吹雪）

【安全生产咨询日】6月16日，区安全监管局、区总工会、西城公安分局等25个部门在天桥演艺中心广场联合开展安全生产宣传咨询服务。共有300余人参与现场咨询，5000余名群众接受宣传，设置展板80块，发放安全书籍等各类资料2.5万余份。

（张效芳）

【特种作业考核】年内，共进行10期特种作业培训考试工作，培训考核特种作业人员11208人次，其中理论考试5827人，实操作业考核5381人。

（张效芳）

【安全生产培训】年内，对辖区生产经营单位负责人、安全管理人员进行安全生产法等方面培训，全年开设92个培训班，培训10576人；对区、街道二级安全监管执法人员和专职安全员进行网络培训，共计673人；组织全区安全生产主管领导培训班，完成2018年全区安监系统第二届处级干部安全生产专题脱产培训。

（张效芳）

【安全生产宣传】年内，区安全监管局继续加大安全生产宣传教育经费投入，连续三年递增20%。与千龙网、人民网等媒体联系进行宣传报道59次。在《北京西城报》开辟“安全无终点 幸福永相伴”专栏，全年刊登信息13篇；西城安监微信公众号年推送236期，总关注数16134人次，总阅读数12.7万人次。

（张效芳）

【行政处罚案卷评查】年内，向市局报送案卷10卷。评查平均分98分，平均得分较上年提升4.12分，满分卷数量从2017年0卷增加为本年度5卷。全市成绩排名第三位。

（张效芳）

【危险化学品经营许可和非药品类易制毒化学品备案】年内，共办理危险化学品经营许可证延期、变更及新增企业38家；办理第二类、三类易制毒化学品经营备案7家。

（潘海燕）

【加油站贯标改造监管】年内，继续贯彻落实《汽车加油加气站设计与施工规范（GB50156-2012）》有关标准的专项整治工程，改造加油站3家，关闭加油站1家，全区16家加油站贯标改造工作全部完成。

（潘海燕）

【职业病防治法宣传周】4月，区安全监管局开展以“健康西城，职业健康先行”为主题的职业病防治法宣传周活动。26日，联合疾控中心到有研半导体材料有限公司进行职业病宣传，参加人数150余人，发放宣传品1000余份。

（王之波）

【有限空间大比武】9月，组织10支队伍参加北京市有限空间大比武决赛。北京城市排水集团有限公司第一管网运营分公司获得团体一等奖。通过此次大比武提高了西城有限空间作业队伍的作业能力。

（王之波）

【职业卫生普查】年内，为摸清西城区存在职业病危害生产经营单位的底数，促进生产经营单位落实职业病防治主体责任，积极推进重点行业领域生产经营单位职业病危害因素基本情况普查工作。印发《关于做好西城区职业病危害普查入户阶段沟通协调工作的通知》，在技术服务机构和西直门管委会、属地街道的配合下，完成入户调查1000家和检测100家单位的普查工作任务。

（王之波）

【隐患排查治理】年内，结合全区15个街道特点，分别制定隐患排查治理责任制和管理制度、街道安全风险分级方案、小微企业隐患排查治理手册、街道隐患排查执法指南，积极开展隐患自查自报培训工作。全区15个街道全部完成隐患排查治理体系建设任务目标。

（宋志娟）

【“一企一标准一岗一清单”创建】通过动员培训、入户走访、确定标准、清单编制、上网登录五个程序，年内完成全区200家企业的清单编制工作。

（宋志娟）

【企业达标】年内，完成标准化创建企业2804家，超额全年任务目标187%。其中三级达标企业148家，占市任务量的148%，企业岗位达标完成2656家，占市任务量的190%。

（宋志娟）

【应急救援综合演练】6月22日，会同区应急办、德胜街道在北京机械工业自动化研究所有限公司举行生产安全事故应急救援工作程序综合演练，区人大代表、区政府相关部门、15个街道、区委宣传部、西城公安分局等单位的主管领导及区部分企业负责人等共计200余人观摩演练，《北京晚报》等多家媒体对演练活动进行报道。演练按照既定方案有序进行，各部门紧密配合、协调运行，疏散紧张有序，救援及时到位，提高了从业人员风险防范意识、生产经营单位应急处置能力和政府有关部门协调配合的能力，达到了预期效果。

（颜　伟）

【安全生产责任保险】年内，全区投保企业安全生产责任保险企业6713家，同比增长20%；保费1628.55万元，为参保企业提供了超过355亿元的风险保障。参保率达到43.85%，同比提高4.69%。

（颜　伟）

【城市风险评估】年内，将城市安全风险评估工作从生产经营单位安全风险角度拓展到整体城市安全，面向行业管理部门和各街道，针对“自然与环境”

"危险化学品""工业""建筑业"等十类评估对象面临的自然灾害、事故灾难、公共卫生事件、社会安全事件四大类风险类型开展调研。通过培训、走访、调研指导、上报风险数据、数据整理和分析，共收到801家企业上报的风险信息，收集风险5532项，查清了试点企业安全风险源的数量、种类和分布情况，初步形成区风险清单及区风险地图，完成15个街道和西城区城市安全风险评估报告。

（颜　伟）

【执法检查"一周一报"】年内，全区累计出动检查人员34.8万名，检查企事业单位和场所27.9万家，发现隐患16.2万项，隐患整改15.1万项，责令改正、限期整改、停止违法行为4.1万起，责令停产、停业、停止建设1296家，处罚罚款件数3634件，处罚罚款金额1707.99万元，关闭非法违法企业72家，帮扶特殊群体7.8万人。

（靳文瑞）

【全国"两会"安全生产保障】年内，全区累计监督检查6728家，出动人员7555人次，发现隐患8836项，消除7564项，下达责令限期整改指令书1272份。

（靳文瑞）

【特种作业操作证专项治理行动】8月，加大对特种作业人员无证上岗、特种作业培训等方面检查力度，启动特种作业举报信息快查快办机制，违法立案5起，罚款4.1万元。

（王　瑞）

【物业行业专项行动】5月，举办物业行业专项安全生产培训会，主要对展览路、月坛、广内、广外4个街道的264家物业单位开展培训工作，着力对主要负责人应履行的职责、隐患自查自检等进行讲解。8月，以事故隐患巡查记录、配电室人员配备等方面为重点，联合街道专职安全员对辖区内9家物业单位开展专项执法检查，下达执法文书9份，发现各类隐患8处。行政处罚1起，罚款1万元。

（康　宁）

【夏季汛期专项执法检查】8月，针对夏季多雷电、多雨的季节特点，开展多行业夏季汛期专项执法检查。共计检查施工工地2家、酒店3家、物业企业2家、小微企业10余家。

（康　宁）

【安全生产"双预防"大数据可视化分析平台】1月12日，安全生产"双预防"大数据可视化分析平台项目通过区科信委审查；5月14日，正式通过区发改委立项审批，审定投资361.44万元；7月25日，通过招标确定项目承建单位为北京天之华软件系统技术有限责任公司，中标金额为305.3808万元；8月8日，项目正式启动建设；12月19日，项目建设工作基本完成，平台进入试运行阶段。

（张　迪）

【城市安全隐患治理三年行动】年初，区安全监管局抽调骨干力量，牵头成立西城区城市安全隐患治理工作专班，在全市率先启动城市安全隐患治理三年行动。聚焦"把隐患当事故处理"的理念，推动企业单位主体责任全面落实，构建安全风险评估和隐患排查治理双重预防机制，全面排查治理消除各类安全隐患，重点围绕9大行业（领域）开展安全隐患治理，建立年度隐患治理台账，创新健全四项机制抓统筹，推进调度工作开展。针对三大行动"回头看"重点挂账隐患，进行两轮次100%全覆盖复查、核查。通过城市安全隐患治理三年行动信息系统，全区各单位累计出动检查人员1.7万人次，检查企业和单位8368家次，市级挂账安全隐患销账完成率100%。

（张　峥）

【专职安全员队伍规范化建设】年内，成立部门安全生产督查检查队规范化建设工作领导小组，制定实施方案，召开部署会、培训会，抽调专人成立评审小组，对部门督查检查队规范化建设11大项内容进行现场评审，逐项检查、打分。在全市组织的职能部门安全生产督查检查队规范化建设考核中获得全市第一。市局领导多次到区文化委、区民防局、展览路街道等检查队进行规范化建设调研工作并给予高度评价。

（刘林婧）

【区街联动执法检查工作闭环机制】年内，以安全生产执法检查"提质增效"为抓手，以杜绝和压减区安全生产事故发生为目的，在全市率先实施区街联动执法检查工作闭环机制。促进了执法工作的提质增效，提高了街道专职安全员队伍威信力，为促进全区安全生产形势持续稳定好转提供了有效保障。

（刘林婧）

【专职安全员能力提升年】年内，以紧抓业务、重实效、促提升为目标，开展"专职安全员能力提升年"活动。6月，开展专职安全员摸底调研及理论专业知识培训；7至8月，在企业及首钢技师学院开展专职安全员实操实训工作；9月，选拔44名专职安全员代表西城区参加北京市"技协杯"技能竞赛初赛，共有16名队员入围复赛，最终4名进入决赛，并获得决赛团体平均分全市第一的成绩；10月初，开展全体人员综合封闭培训及业务骨干讲师培训班；10月下旬，开展动态数据采集工作，为队伍撰写测评报告。

（刘林婧）

【安全生产网格化监管】年内，区安全监管局创新安全生产监管模式，将专职安全员、兼职巡查员队伍纳入安全生产网格化监管。负责对网格内的生产经营单位进行安全生产法律法规宣传、企业台账更新、安全生产检查，做到责任到人。

（刘林婧）

【举报投诉】年内，共接到举报投诉75件，办结75件，同比下降29%。其中受理市局"12350"举报投诉中心57件，区政府热线10件，信访系统1件，其他7件。投诉反映问题集中在高处悬吊作业11件，占总数的15%；人员密集场所10件，占总数的13 %；特种作业11件，占总数的15%；建筑施工12件，占总数的16%，电力21件，占总数的28%；其他10件，占总数的13%。

（李家麟）

质量技术监督

【概况】北京市西城区质量技术监督局（简称区质监局）内设办公室、标准化科、法制科、产品质量监督科、计量监督科、特种设备监督监察科6个行政科室，西城区计量检测所、西城区特种设备检测所及西城区组织机构代码管理中心3个事业单位，西城区质量技术监督稽查队1个执法机构。主要职责：负责贯彻、实施有关质量技术监督方面的法律、法规、规章和政策；负责区域内质量管理工作，落实产品质量诚信体系建设工作；负责制定本行政区域内标准化工作，组织实施标准；负责组织机构代码的管理工作和商品条码的监督工作；负责监督管理本行政区域内计量工作，依法管理计量器具及量值传递和溯源；承担本行政区域内特种设备安全监察责任，按规定权限组织开展特种设备事故的调查处理工作；受理本行政区域内质量监督方面的举报和投诉，调解纠纷；承办质量技术监督行政许可的相关工作。年内，区质监局着力推进质量提升、品牌建设、标准引领、安全保障等工作，通过全局干部职工的共同努力，以新气象新作为新担当，助推区域高质量发展取得新成效、新进展。年内，区质监局获“北京市区级行业部门履行安全生产监管(管理)职责示范单位”和“二〇一八年度‘双无’创建先进单位”称号。

地址：西城区展览馆路8号

邮编：100044

电话：52618080

（郭丽丽）

【行政案件办理】年内，完成行政执法检查2154户次，人均检查量79.78户次；办理案件634件，人均办案量23.48件，累计罚没款11.98万元；处罚触发职权种类42项，职权履行率较上年上升近140%。发生4起行政复议已办结；处理各类举报投诉282起；办理调解各类诉求163起，挽回经济损失1.6万元。没有行刑衔接案件，未发生申请人民法院强制执行和行政诉讼案件。

（郭丽丽）

【法制工作】年内，深化“放、管、服”改革，持续做好行政审批事项精简落实工作。不断完善西城区企业监管信息共享平台，推进社会信用体系建设，全年处罚类、风险类信息112条，产生红色、黄色预警主体各1户。依法依规开展法制审核，提升案件办理水平，初步审理立案案件57起，办理涉及听证案件2起。全面落实市局“双随机、一公开”监管要求，有序推进常规“双随机”抽查工作。探索建立以“双随机、一公开”为基本手段、以重点监管为补充、以信用监管为基础的新型监管机制。

（郭丽丽）

【产品质量监管】年内，深入开展“质量提升行动年”活动，落实“双零”和“双百”行动，统筹推动中关村科技园区西城园管委会创建“全国出版创意产业知名品牌创建示范区”，建立质量教育实践基地，促进园区服务质量全面提升。区域养老服务机构标准化建设落地，助推养老服务质量提升。树立推介质量先进典型，发挥质量标杆示范作用。深入开展“质检利剑”“双打”等专项整治和执法活动。部门联动开展电动自行车及蓄电池、充电器质量专项整治工作，清理整顿电动自行车销售市场乱象。

（郭丽丽）

【标准化管理】年内，开展国家级标准化试点创建工作，深化标准化工作改革，平稳推进企业产品和服务标准自我声明公开和事后监督，全年受理企业标准备案自我声明146个标准。落实市、区两级技术标准制修订资金补助政策，做好申报审查工作，年内，共有8家企业21个标准获得北京市技术标准制修订补助114万元；12家企业23个标准获得西城区政府对中关村西城园区企业标准制修订补助400万元。

（郭丽丽）

【计量监督管理与检验】年内，加强用于贸易结算、医疗卫生、商场超市等重点领域计量器具强制检定和监督检查。协助2018年北京马连道国际茶文化展筹备，提供上门检定在用计量器具服务。做好44家检验检测机构数据和年度工作报告上报工作，开展计量授权机构专项执法检查。对辖区内17家加油站开展计量器具专项全覆盖大检查，重点检查加油站在用加油机油枪铅封情况。西城区计量检测所顺利通过1069法定计量机构考核，共检定强检计量器具51105台件，同比增长4.90%。

（郭丽丽）

【特种设备安全监察与检验】年内，圆满完成全国“两会”、党的十九届二中全会、三中全会、全国政协常委会、第二十一届中国北京国际科技产业博览会、第八届北京国际电影节、2018中外友好组织京津冀国际交流周等重要会议和重大活动的特种设备服务保障任务，共计34家次。推进第三批高风险电梯安全隐患治理工作，督促经风险评估需更新、改造或大修老旧电梯75家使用单位落实安全主体责任，消除老旧电梯安全隐患。开展承压锅炉低氮燃烧改造工作，完成32家单位申请，涉及锅炉88台。西城区特种设备精准监管平台项目被列入2018年度西城区财政科技专项项目计划，已完成调试。全年检验特种设备11672台，行政事业性收费693万元。

（郭丽丽）

【代码管理及行政许可】年内，持续做好行政审批事项精简落实工作，积极响应“互联网+政务服务”，实现区域计量器具强制检定公共服务系统上线试运营。稳妥纳入区行政服务中心“一窗式”受理平台，配合西城区“一号一窗一网”政务改革，建立窗口业务“前台收件、后台办件、统一出件”的工作模式，实现“一次告之、一表申请、一窗受理、一科负责、一口发证（照）”。全年完成行政许可各类事项受理753件，接受各类咨询来访1832人次。

（郭丽丽）

烟草专卖

【概况】北京市西城区烟草专卖局（公司）实行双重领导、垂直管理体制，在北京市烟草专卖局（公司）和区政府的双重领导下，主管辖区内的卷烟营销和烟草专卖管理工作。下设6科2室，即办公室（安保科）、专卖监督管理科（专卖稽查支队）、营销网建科、财务科、人事科、党建科（监察科）、法制科、内部专卖管理监督派驻办公室。年内，共销售卷烟34954箱；实现利税合计21266.31万元。截至年底，共有在职职工102人。

地址：西城区太平街甲6号富力摩根A座

邮编：100050

电话：83160060

（王思如）

【卷烟销售】年内，主要经济指标进一步收窄降幅，辖区累计销售卷烟34954箱，同比下降3.63%，收窄降幅3.36个百分点；实现税利21266.31万元，同比下降0.4%，收窄降幅9.09个百分点；单箱销售额实现3.34万元，同比增长2.22%，全市排名第四位。

（王思如）

【卷烟市场净化管理】年内，共立案145起，其中一般程序案件138起、简易案件7起，5万元以上重大案件15起。查获各类违法卷烟共计282.5万支，完成查获目标108.7%；假、私卷烟共查获156.06万支，完成查获目标104%。北京市烟草专卖局（公司）市场净化率检查通报结果为96.36%，同比提升1.2%。

（王思如）

【破获9起涉烟网络案件】年内，主办1起“7·22”网络案件，协助兄弟单位办理了“1·19”“4·09”“7·04”“8·10”“1·14”“7·08”“9·20”“11·09”8起涉烟网络案件。

（王思如）

【物流寄递环节卷烟打假打私专项行动】年内，与公安、交通、邮政四部门召开联席会议，研究长效联合执法检查方案，加强对辖区物流寄递企业检查力度，出动检查人员96人次，破获西城首起物流寄递环节案件，查获钓鱼台（84mm细支）、华天下（沉香硬黄9mg）2个品种4条假冒注册商标且伪劣卷烟，标值1485.94元。

（王思如）

【“5·15”打击和防范经济犯罪宣传日活动】5月15日，北京市西城区烟草专卖局参加了北京市公安局、北京市金融工作局、西城区政法委联合举办的“与民同心、为您呵护——北京经侦‘5·15’打击和防范经济犯罪宣传日”活动。西城烟草专卖人员利用宣传手册积极宣传烟草法律法规，向消费者介绍卷烟真伪鉴别方法，告知举报投诉的方式和途径。共接待消费者现场咨询100余人次，发放宣传资料200余份。

（王思如）

【开展禁售电子烟宣传】9月，北京市西城区烟草专卖局执法人员将国家烟草专卖局、国家市场监督管理总局联合下发的《关于禁止向未成年出售电子烟的通告》送进辖区中小学校园，向师生们开展宣传，通过对电子烟的有害成分的介绍，提示未成年人吸食电子烟存在重大健康安全风险。

（王思如）

【卷烟零售行政许可管理】截至12月31日，西城辖区共有许可证1444户；其中正常经营1395户，初始申请41户；全年共办理新办许可证226户，签订守法经营承诺书226份，向零售户发放宣传材料226份；变更71户，延续368户，停业5户，恢复营业2户，歇业90户，注销343户，责令停业整顿1户，责令整顿恢复营业1户，收回329户，接待咨询群众2700余人次。处理各类问题投诉8起，客户满意度100%，制作行政许可卷宗1397卷，许可证有效率100%。

（王思如）

【法制宣传教育培训】年内，按季度开展领导干部学法用法活动，加强对新法规的宣传贯彻。利用法制教育基地开展法制宣传，5月15日，邀请辖区100余户卷烟零售户参加“5·15”法制宣传教育活动。5月18日，“西烟普法”微信公众号正式开通，通过定期推送图文形式面向卷烟零售户开展法制宣传。5月22日，针对卷烟违法零售户开展法制宣传教育培训。6月29日，《烟草专卖法》颁布26周年之际，在全区开展普法宣传活动，向社会公众宣传“12313”投诉监管举报电话，讲解真假卷烟鉴别和防调包常识。12月4日，开展法制宣传日系列活动，执法人员就零售户所关心的烟草专卖法律、烟草零售许可证申办和真假烟鉴别等问题开展上门宣传，发放普法宣传资料，利用普法漫画讲解烟草专卖相关法律知识。

（王思如）

（责任编辑　张　立）

工 商

概 述

年内，西城区规模以上工业企业继续保持良好发展态势，产、销均呈现上升趋势，累计完成工业总产值1247.1亿元，与上年同期相比增长9.3%；累计完成工业销售产值1247.2亿元，与上年同期相比增长9.3%；产销率为100.0%，产销衔接良好。

工业运行基本特点：一是能源供应业稳居首位。10家能源供应业企业累计完成产值1158.7亿元，与上年同期相比增长9.8%，占西城区规模以上工业企业的92.9%，生产情况良好。在工业总产值排名前十的企业中能源供应业企业为6家，累计完成产值1155.1亿元，成为拉动区域工业增长的主要因素。二是大中型企业支撑作用明显。14家西城区大中型工业企业累计完成工业总产值1209.4亿元，占规模以上工业企业的97%；与上年同期相比增长9.6%；累计完成工业销售产值1210亿元，与上年同期相比增长9.6%。三是月出口交货值增幅显著。实现出口交货值3.9亿元，与上年同期相比增长7.9%。

（乔文婷）

北京世纪金工投资有限公司

【概况】北京世纪金工投资有限公司（简称世纪金工）注册资金5400万元，在职员工463人，主营项目投资、投资管理、投资咨询、出租写字间等。工业、物业、幼教、资本运营是公司支柱产业。公司下设多家子公司。其中北京市科通电子继电器总厂有限公司是高新技术企业和国家定点军民用固体继电器专业厂家，承接国家重点项目，为“神舟”系列航天器和“嫦娥”登月工程等配套；北京第三纺织机械有限公司是国内汽车整车配套件重点企业，具有ISO/TS16949等国际认证资质；北京市塑料十三厂有限公司拥有国家特种劳动防护用品生产许可证资质和安全标志证书；世纪金工宏洋大厦是西城区文化创意产业孵化基地和西城区电子商务创业孵化基地；居仁堂京瓷（北京）文化有限公司是由商务部获批的文化艺术类老字号，生产的市级非物质文化遗产项目京彩瓷（仿古瓷）产品屡获国家工艺品大奖；世纪金工跨领域投资的全资子公司悠米幼儿园围绕“悠扬、悠乐、悠美”的办园宗旨，坚持保教并重的原则，以研促教，在实现收益的同时承担起社会责任。离退休和岗下职工管理中心为公司6576名离退休人员提供统一服务与管理。科通公司申报2项国内发明专利，获得1项软件著作权；科通公司获得中国航天科技集团有限公司航天第一研究院颁发的“优秀供应商”称号；居仁堂京瓷陶艺师徐立宾、杨雪、王春艳分获第四批西城区级非物质文化遗产“京彩珐琅瓷”“北京仿古瓷”项目代表性传承人称号；悠米幼儿园老师纪月月获北京市西城区教育系统优秀教育工作者称号；悠米幼儿园老师仲亚文获北京市西城区教育系统优秀教师称号。

地址：西城区莲花胡同11号

邮编：100052

电话：63524785

（刘 平）

【区政府领导调研】5月8日，西城区副区长徐利到世纪金工公司调研。7月3日，区人大常委会副主任王建华到世纪金工了解企业发展情况。

（刘 平）

【“六一”主题活动】6月1日，悠米幼儿园在广安门体育馆举办大型“快乐六一、拥抱阳光、健康运动”主题活动，孩子与家长共计300余人次参加，“彩虹伞”“大老虎”“小飞机”等亲子项目广受家长好评。

（刘 平）

【科通公司获计算机软件著作权】6月，科通公司自助研制的“BJ2990固体继电器综合参数测试系统”获得中华人民共和国国家版权局颁发的相关测试软件著作权。

（刘 平）

【提高退休人员待遇】7月，经公司五届五次股东会审议，通过提高退休人员福利费用报告，实现全员共享改革发展成果。

（刘 平）

【续签集体合同】7月4日，世纪金工工会方与世纪金工行政方续签公司集体合同，签订工资集体协商协议书。

（刘 平）

【居仁堂京瓷组织暑期托管班】居仁堂京瓷响应北京市总工会号召，7至8月组织职工子女暑期托管活动，让孩子们学习和了解中华瓷文化，丰富暑期课外文化生活。

（刘 平）

【悠米幼儿园广外园开园】9月，悠米幼儿园广外园正式开园，园所面积近2000平方米，可容纳100名幼儿入园，广外园的开启大大缓解周边幼儿入园困难的问题。

（刘 平）

【京瓷亮相中非合作论坛北京峰会】9月3日，居仁堂京瓷典型器件“粉彩百鹿尊”“九桃天球瓶”亮相中非合作论坛北京峰会新闻中心，现场不仅可以欣赏

“京彩瓷”“花丝镶嵌”“雕漆”等非物质文化遗产艺术精品，也体验“团扇彩绘”“京剧脸谱”“绳结艺术”等传统手工项目，向中外记者展示中国文化的独特魅力。

（刘　平）

【整合物业组织机构】年内，世纪金工将北京第一低压电器有限责任公司整体纳入物业经营平台管理，助力物业经营稳步发展，完成物业平台整合。

（刘　平）

【推进上饶工业基地建设】年内，世纪金工与上饶市国土资源局信州分局签署土地转让合同，并取得土地证，开始进行上饶京工工业基地前期建设工作。

（刘　平）

【京彩瓷赠与外国领导人】年内，居仁堂制作的《鸽子兰玉壶春瓶》作为国礼精品赠予巴拿马总统巴雷拉；《坎涂花赏盘》作为国礼精品赠予秘鲁总统马丁·比斯卡拉。

（刘　平）

【搬迁工作】6月，世纪金工配合北辛安棚户区改造工程完成位于石景山3万多平方米工业园区的整体搬迁，响应北京首都功能新定位要求。塑料十三厂公司搬迁至河北文安，助推京津冀协同发展。科通公司落户亦庄洪泰产业园区，在整体搬迁中实现90天完成装修改造工程、20天完成1000余台套设备搬迁，同时恢复部分生产试验，超额完成年度计划指标任务。推进疏解非首都功能工作进程，完成北纬路45号院租户清理、腾退工作。

（刘　平）

【党建工作】年内，世纪金工重视党建工作。1月30日，领导班子召开专题民主生活会，班子成员述职述廉和民主测评。以“做文化的守护者”为题，参加区国资委党委举办的“忠诚向红墙，筑梦新时代”主题演讲。3月16日，与西城区国税21所联合开展税企党建活动，加强党建工作交流与沟通。8月16日，召开会议部署做好中非合作论坛期间安全保障工作。11月，按照公司“二五”发展规划要求，制订“人才强企工程指导意见”推进人才建设工作。悠米幼儿园开展防拐、反恐防爆演练和消防对比演习活动，提高教职员工和孩子应对不同危险的方法和能力。退管中心走访看望离休干部和劳模47人，春节前走访慰问174人，重阳节慰问90高龄157人。

（刘　平）

国有资产经营公司

【概况】北京市西城区国有资产经营公司（简称国资公司）主要承担区属改制企业27名离休干部及622名退休人员的管理职能；承担政府托管的金融机构股权投资的管理职能，负责国资公司存量资产的管理开发；承接政府新划拨转制资产的管理开发和人员安置任务。公司现设两办一部一中心：行政办、党办、计划财务部、离退休管理中心，职工15人。

地址：西城区展览馆路12号楼2门101室
邮编：100037
电话：83229155

（韩平平）

【走访慰问】1月，国资公司开展双节走访慰问活动，分别看望离休干部、离休干部遗孀、劳模、处退干部、百岁老人及老党员。建党97周年期间，公司领导走访慰问老干部，在职职工点对点联系离休老干部，为老干部们送茶叶和水杯到家中，了解他们的思想、家庭、生活和健康情况，征询意见、建议和需求。10月为老干部购买水果送到家。

（韩平平）

【组织离退休党员干部活动】4月11日，组织离退休老干部、老党员到大兴区参观首都新机场的建设情况，之后去大兴区庞各庄万亩梨花园赏花踏青。5月17日，组织退休党员观看电影《青年马克思》。5月24日，组织老干部参加区老干部局棋牌赛活动。5月26日，组织退休职工参加西城区劳服中心安排的退休职工休养。6月26日，组织离退休干部召开“不忘初心、牢记使命、赞改革开放”主题党日活动，观看《不朽的马克思》光盘录影，座谈党的97年历程。8月29日，组织老干部参观平型关大捷纪念馆和平型关战役遗址。9月26日，组织离退休老党员参观平津战役纪念馆。10月17日，组织老干部参加区老干部局举办的“庆重阳·健身心·乐晚年”老干部金秋运动会。

（韩平平）

【助力公益项目】4月19日，国资公司应邀参加“感动西城”2017年度人物评选活动颁奖典礼，出资为公益少年李东蔓购买机票帮助其实现去非洲了解“融春公益—生命之桶”项目进展情况的愿望，“融春公益—生命之桶”是李东蔓发起的一项公益项目。

（韩平平）

【离退休干部体检】4月27日，组织离退休干部参加区老干部局一年一度的健康体检。

（韩平平）

【消防应急演练】11月29日，国资公司组织全体员工消防安全演练，内容包括：消防安全知识的掌握、灭火器材的正确使用方法以及紧急疏散演练等。

（韩平平）

【党建工作】年内，国资公司党总支以习近平新时代中国特色社会主义思想为指导，深入学习贯彻党的十九大精神，围绕新时代党的建设总要求，突出政治方向、问题导向和效果指向，推动党建工作与国资公司经常性工作融合，全面加强党的思想政治建设、组织建设、作风建设和制度建设。2月，国资公司党总支副书记、离退休支部书记、离退休中心主任等到几位离退老干部支委家传达有关党建工作精神，征求支部建设意见、建议。5月4日，组织党员职工赴双清别墅开展“观双清别墅，忆伟人功绩，不忘初心”为主题的党日活动。11月30日，公司党总支书记以“新时代、新思想、新征程——习近平新时代中国特色社会主义思想三十讲”为题给全体党员职工讲党课。12月10日，组织党员群众参观西城区“红墙意识”党性教育基地，党员重温入党誓词。12月18日，组织党员、群众收看庆祝改革开放40周年大会实况。26日参观“庆祝改革开放40周年大型展览”。

（韩平平）

北京华方投资有限公司

【概况】北京华方投资有限公司（简称华方公司）是国有独资公司。注册资本3.84亿元，主要从事国有资本投资及管理业务。华方公司拥有北京华方养老投资有限公司、北京金象复星医药股份有限公司、北京华方文化发展有限公司等

19家所属企业的全部或部分国有产（股）权，对其履行“投资、监督、调控、服务”等出资人职能。投资涵盖商业地产（房屋租赁、企业孵化器、酒店、特色餐饮）、健康服务（老年服务、康养、品牌医药、中医医馆）、非遗文创、资本运作等四大业务板块。截至年底，华方公司总资产19.38亿元，归属母公司净资产11.83亿元。年内，华方公司紧抓“一手抓规划落地、一手抓管理提升”的年度工作主题，实现营业收入10.25亿元，同比（11.73亿元）下降12.6%；利润总额5103万元，较区国资委下达计划（4500万元）增长13.4%；净资产收益率3.34%，较计划（2.8%）增加0.54个百分点、增长19.29%；成本费用利润率4.93%，较计划（3.5%）增加1.43个百分点、增长4.09%。

地址：西城区木樨地北里甲4号

邮编：100038

电话：68052896

（张 溪）

【商业地产】年内，华方公司推进非首都功能疏解工作。腾退房屋18处，疏解人口309人次，本地职工置换51人次，完成区国资委疏解人口任务的103%；本地置换职工任务的102%。续签到期合同50个。

（张 溪）

【企业孵化器】国家级孵化器——康华伟业孵化器，年内8家企业调整出园区，31家符合国家产业政策的高新技术企业入孵。截至年底，167家入孵企业中，国家高新技术企业51家（占比30.54%），中关村高新技术企业102家（占比61.08%）。11月，康华伟业孵化器由C类国家级科技企业孵化器上升为B类，被中关村管委会授予“中关村创新型孵化器”称号。获西城区项目支持资金271.77万元，获中关村管委会项目支持资金85万元。国家级众创空间——金丰和孵化器，以树“智慧园区”理念，形成“孵化中心+路演中心+体验中心+交流中心+商务中心”五位一体的创客服务模式。与北京师范大学心理学部合作，共同打造“创新创业教育中心、创新创业实训基地”。获得“国家小型微型企业创业创新示范基地”“北京市小型微型企业创业创新示范基地”“北京市优秀知识产权工作站”等称号。获西城园管委会政策支持资金303.66万元，北京市知识产权局和西城区知识产权局支持资金8万元。

（张 溪）

【酒店餐饮】年内，建徽酒店根据市场情况，一手抓“软件”升级，一手抓“硬件”更新，与香港各大旅行社及订房中心签订战略联盟合作协议。通过结构调整、餐饮绩效挂钩、员工培训、装修改造等多项举措，力促精细管理增收。帕米尔食府参加庙会、承接快餐服务、增加夜市、引入“互联网+外卖”模式等增收。参加河北承德举办的“2018京津冀美食文化节——烤全羊大赛”，获“京津冀美食文化节——烤全羊大赛金奖”；“天境祁连•绿色美食文化节”比赛中获二等奖。华方餐饮新拓展机关食堂4家、什刹海街道辖区内老年餐2家。

（张 溪）

【养老服务】年内，西长安街、什刹海、月坛街道养老照料中心，总床位数增加9.15%，平均入住率88%，同比（81%）上升0.07个百分点、增长8.64%。入住老人增加44%，半自理及不能自理老人占比80%。截至年底，华方养老公司承接西长安街、陶然亭和展览路3个街道的孤寡老人的巡视服务业务。由华方养老巡视小组（9名成员）负责273位老人“健康状况、精神状态、个人卫生、环境卫生、煤水电使用安全”等五大项服务内容的定期入户巡视。

（张 溪）

【养老项目】年内，新增黑窑厂社区、砖塔社区、露园社区和德宝社区4个养老驿站。截至年底，华方养老驿站总面积2000余平方米，床位数50张。承接陶然亭养老院项目，拥有养老床位52张，春节前投入运营。《北京西城报》1028期报道华方养老“这就是我的儿子和女儿——我区华方养老公司养老巡视侧记”。

（张 溪）

【品牌医药】年内，金象复星公司发挥白塔寺药店优势，创新药品营销和服务模式，建设现代化医药第三方物流项目，培育新的利润增长点，实现利润总额1512万元。金象复星西单西南角项目获得财政国有资本经营预算费用性资金105万元。

（张 溪）

【“非遗”文创平台】年内，月坛雅集传艺荟（华方文化中心）举办“二十四节气”系列活动、“雅集西城·艺展华芳”——当代书画名家邀请展、“新时代·学院风”学院新锐水墨画家提名展、“月坛文化节”等各类文化活动68场，累计接待4000余人。

（张 溪）

【“非遗”产品及推广】年内，华方文化公司受邀参加北京国际民间友好论坛“文化传承发展与国际交流合作”分论坛、平昌冬奥会中国之家传统非遗展览展示项目、香港亚洲国际博览馆的亚洲领先展览会之一香港环球资源展、“中华文化世界行—感知北京—阿根廷站”等活动。“中国（青海）藏毯国际展览会”获最佳地毯奖、《宫毯衍生品和伴手礼》获第三届“中国创翼”创业创新大赛北京市西城区选拔赛暨“创业北京”创业创新大赛第三名、宫毯作品《鸢尾花开》获厦门“第十九届中国工艺美术大师作品暨手工艺术精品博览会”金奖。年内，购入晁谷、赵卫各200平方尺画作；于保利拍卖会以299万元拍得黄胄的《琵琶少女》。华方公司被北京市教委确定为北京市中小学社会大课堂资源单位。完成“兔爷”“鲁班锁”和“毛猴”课程包的设计；完善“掐丝珐琅画”“金属锻錾”等课程内容。课程体验110次约2700人参与，收入24万元。开拓导流销售方式，与西城区社工委、社会办、老年协会合作，组织居民体验“金属锻錾”，销售收入近8万元。

（张 溪）

【金融投资】年内，围绕“文化＋养老”两大主线，调研辽宁盘锦盘山文旅小镇、河北来源长城冰雪小镇等投资项目。论证北师大心理应用、瑞芬生物、宋书房等投资项目。推进华方养老与华润集团战略合作。收购北京华远瀚博国际拍卖有限公司。与光大证券商讨起草《北京华方投资有限公司商业房地产抵押贷款资产证券款化（CMBS）项目方案》。就如何以华方公司的不动产抵押为华远集团解决部分贷款，与华远集团达成合作意向。截至年底，华方公司证券类业务累计变现833.2万元，其中北京银行变现808.37万元。仅测算开放式证券投资基金、国债逆回购、新股申购三类投资运作，变现收益24.83万元，收益率50.12%。

（张 溪）

【工业企业】年内，轻工印刷文化服务中心实现从以传统工业生产为主向以物业经营为主的转型目标。金属工艺品厂完成原顺义非遗文创基地腾退工作，将安德路83号物业出租给新华阳光公司。贯通资源公司探讨国有土地权益的实现方式。

（张　溪）

【管理及培训】年内，华方公司出台《董事会议事规则》《差旅及公务接待费管理办法》《经济责任审计管理办法（试行）》和《商业地产部安全管理制度》。《以“疏非促提升”为抓手实现传统国企成功转型的管理实践》调研报告，获“第三十三届北京市企业管理现代化创新成果”二等奖。根据上级薪改政策，完成领导班子成员薪酬调整，制订华方公司《年薪制人员薪酬管理办法（试行）》《年薪制人员业绩考核管理办法（试行）》。初步形成适合华方公司经理助理及员工绩效考核框架。新实行的部门预算管理制度取得预期效果。

（张　溪）

【安全生产】年内，成立华方公司安全生产委员会，完成《华方公司安全生产管理体系方案》（涵盖12个具体管理制度），修订完善3份《安全生产责任书》。7月，举办华方公司安全生产体系建设启动大会及安全生产培训会。对华方公司总部、12家二级8家三级企业的重点部位、现场设备设施、场所环境、作业行为等进行全面排查，提出整改意见，形成《问题清单（电子版）》。信访维稳工作扎实推进。

（张　溪）

【党建工作】年内，华方公司落实“三重一大”制度，把党委研究讨论作为董事会、经理层决策的前置程序，召开党委会12次，审议重点工作73项，通过68项。系统内国有独资、全资和国有资本绝对控股企业均将党建工作写入企业章程。完成党组织建制调整，调整后华方公司党委有直属党委2家、直属党总支2家、直属党支部6家。华方公司中层以上管理人员签订《党风廉政建设责任书》20份，《廉洁自律责任书》4份。开展年初党建督查和年中巡访调研。发展预备党员4名，截至年底共有党员369人。系统内“七一”献爱心捐款27527.7元。

（张　溪）

【精准扶贫】年内，华方公司对口帮扶内蒙赤峰市喀喇沁旗的小牛群镇白石台沟村和南台子乡卡拉街村。组建扶贫小组先后6次赴喀喇沁旗与贫困村进行对接，出资35.43万元为26户建档立卡，贫困户实施小黑屋治理和危房改造。

（张　溪）

商业服务业

【概况】西城区商务委员会（简称区商务委）是区政府主管区内外贸易和对外经济合作的工作部门。年内，实现总消费2544.1亿元，同比增长5.7%，其中，商品性消费1043.2亿元，同比增长3%；服务性消费1500.9亿元，同比增长7.7%。新建和提升改造三里河一区碧水海天百姓生活服务中心、广外红莲百姓生活服务中心等11个百姓生活服务中心，新建和规范提升蔬菜零售、早餐、便利店等各类便民商业网点88个，超额完成市、区网点建设任务。

地址：西城区广安门北滨河路9号

邮编：100055

电话：83509369

（马　岩）

【商贸发展“十三五”规划中期评估】年内，按照区“十三五”规划中期评估工作统一部署要求，历经深入调研、起草报告、专家论证、区人大监督评议等多轮环节修改完善，完成《西城区“十三五”时期商贸服务业发展规划》中期评估工作，对从2016年1月1日至2018年6月30日的实施情况和完成实绩进行总结。“十三五”以来，区内生活性服务业率先创新发展，传统商贸业转型升级加快推进，外资外贸发展质量稳步提高，“十三五”前半段，商贸服务业发展各项主要指标均达到或超额完成阶段性目标。

（马　岩）

【便利生活与服务提升行动计划】年内，区委区政府印发《西城区便利生活与服务提升三年行动计划（2018年—2020年）》，实施五大方面27条任务措施，推动“西城服务”再升级。推出“西城生活服务2.0”行动，全面精准对接群众美好生活需要，按照“e生活+服务”的理念，在8个便民商业基本业态基础上，首次将养老、托幼、健康、文化、体育、休闲空间等各类服务融合，打造社区便民消费综合体与“第三空间”。推进腾退空间优先用于便民生活服务设施，支持利用地下空间丰富服务业态；按照每2万居民配置一个便民生活服务综合体的标准，至2020年区内累计建成55个百姓生活服务中心。

（杨旭东　马岩）

【推进市场疏解和降商业密度】年内，落实推进市、区疏解整治促提升及“双控四降”工作任务，完成百路通鑫电子市场等9个商市场疏解提升任务。严格执行新总规与“禁限目录”，不再新建万米以上商业设施。2家亿元商场转型，德胜门工美易地经营、庄胜崇光百货零售面积大幅缩减。引导天虹百货、新华百货等大型商业从城市级向社区型购物中心转型，减少外来消费人群密度。

（杨旭东　马岩）

【完善生活性服务业规划布局】年内，进一步织好织密网点布局，落实市《关于进一步提升生活性服务业品质的工作方案》及街区便民商业配置标准等政策要求，实施新一轮区内生活性服务业网点调查，编制西城区生活性服务业设施规划，以居民和家庭服务业、餐饮业、零售业为主的16类社区商业服务网点约6050余个，其中蔬菜零售、早餐、便利店（超市）、修理、美容美发、洗染、家政、末端配送等8类基本生活性服务业网点共约3300余个，达到网点规划配置标准。推行生活性服务业民意立项机制，落实“街道吹哨、部门报到”机制，按照“与群众相关的事，与群众商量着办”的理念和缺什么补什么的原则，统筹推进难点问题解决和重点项目建设，不断完善“5分钟、10分钟、15分钟”社区三级便民商业服务网络。

（杨旭东　马岩）

【提升生活性服务业品质】年内，全力增便利提品质，用心办好群众家门口的事。菜篮子全面覆盖，新增蔬菜零售网点50个，总量518个，完成市级下达的每个社区2个蔬菜零售网点的任务，构建起“易买菜体系”；第三空间多样融合，新建和提升改造百姓生活服务中心11个，累计建成40个。引导三里河一区碧水海天、西四金瀛等百姓生活服务中心打造社区便民商业综合体标杆示范，按民意立项集成生鲜百货、读书空间、影院娱乐、老年之家、幼儿托管等多样化服务，为居民打造在家庭、工作单位之外的街区生活与邻里交流空间。

推进社区连锁经营，坚持“规范化、品牌化、连锁化”品质标准，用足用好市、区政策，培育扶持好邻居便利店、罗森便利店、庆丰包子、华天肉饼等连锁龙头企业在全市扩展服务。

（杨旭东　马岩）

【推出西城e生活便民服务】 年内，以积极回应群众需求为立足点，通过购买服务方式，委托区菜篮子联合会，创新推出“西城e生活”微信服务公众号，为居民提供集蔬菜、便利店、早餐、维修、药店等15类业态5000余个网点的位置查询和智能导航，实现40余家品牌连锁蔬菜零售网点26种菜价每日查询。被列为年内区首批“微改革”事项。

（杨旭东　马岩）

【创新“小物超市”模式】 年内，针对“动批”“天意”“万通”“官批”等小商品批发市场全部闭市后，群众关心的日常小物件购买问题，坚持民有所呼、我有所应，率先建设布局“小物超市”，着力引导和支持产品供应。“小物超市”在20至30平方米的小空间内，集中提供百姓生活使用频率较高的小物品，如针头线脑、书包文具、发卡皮筋、贺卡信封、锅碗衣架等，每个品类只需日常3至5件备货，按照超市规范陈列出来售卖，既避免小商品批发市场货品堆积带来的各种环境脏乱和安全隐患，又能满足周边本地居民的细微生活需求。如新街口街道金瀛百姓生活服务中心和天地自立百姓生活服务中心都专门开辟了“小物超市”专区；好邻居便利店展览馆路店在传统的便利店商品基础上，增加“小物专柜”，整合提供百姓日常所需小物品供应，充分满足周边居民生活需求。市委书记蔡奇在相关批示及调研中对小物超市给予肯定。

（杨旭东　马岩）

【市领导调研生活性服务工作】 11月17日，市委书记蔡奇围绕提升生活性服务业品质进行调研，市委副书记、市长陈吉宁一同调研。蔡奇、陈吉宁实地调研金瀛西四百姓生活服务中心、物美超市陶然亭店，对企业围绕生活性服务业三级服务布局，创新百姓生活服务中心、大型商超搭载、小物超市便民服务、智能科技服务等模式，不断提升便民服务品质给予充分肯定。区领导卢映川、王少峰、徐利、缪剑虹陪同调研。10月11日，蔡奇围绕办好市民家门口的便民店，到好邻居便利店展览馆路店实地调研；9月29日，蔡奇、陈吉宁调研月坛街道三里河一区百姓生活服务中心，对居民“小”需求在家门口得到一站式解决给予肯定。

（杨旭东　马岩）

【区人大调研生活性服务工作】 9月27日，区人大代表一行30余人到金质生活百姓生活服务中心后半壁街店和三里河一区碧水海天百姓生活服务中心视察调研。10月11日，区人大36次主任会议听取区政府关于完善生活性服务业布局提升品质情况的报告。人大代表对区生活性服务业取得的成绩予以肯定，对便利生活与服务提升3年行动等工作提出意见建议。

（杨旭东　马岩）

【2018北京西单时尚节】 7月18日至9月17日，举办“2018北京西单时尚节”，以“时尚、文化、品质、生活”为核心，围绕“时尚轮回，共创永恒经典”的主题，首次创新设计“一核两翼”的全域促消费系列活动，即以西单商圈为主场地，金融街、北京坊为副场地，范围覆盖全区重点零售、餐饮、老字号、超市、专卖店等8个系列、42场次专题和百余项促消费活动。区商务委与区档案局、西长安街街道办事处在西单商业文化博物馆共同举办“纪录成长 展示芳华”西单商业区纪念改革开放40周年史料展，展出很多珍贵的历史资料和老照片，深度展示40年来西单商业街区的发展历程，引发市民和从业者广泛关注和共鸣。区重点商贸企业在时尚节期间共实现社会零售额约169.2亿元，同比上升4.6个百分点。整届时尚节采取多维度宣传方式，除西单地区公共大屏幕、道旗、户外景展外，在平面媒体、网络媒体、电视台、新浪微博、腾讯微信等5大平台发布各类报道200余频次，西单GO微信平台配合活动实时发布报道，推送1500多万人次，阅读量达600万，传播覆盖总人数超过千万人次。

（邵自军　杜颖）

【2018北京西城电子商务促进大会】 11月12日至12月12日，举办“e时代i西城——2018年北京西城电子商务促进大会暨系列活动”，提出“电子商务与宜居生活”主题，展现互联网经济营建高品质宜居生活，为商贸企业搭建电子商务交流平台。活动期间，为第三批“西城区电子商务诚信经营承诺企业”授牌；推出“西城e生活”生活性服务业便民服务云平台；为区域电商企业开设“传统商业电商发展专题讲座”，深度解读和普及将于2019年1月1日正式施行的《电子商务法》，引领商业企业融合线上线下经营，实现跨界合作，有效降低商业密度，提升商业品质，为区商贸经济平稳发展注入新活力。

（邵自军　杜颖）

【举办“2018两展一节”】 6月22至25日，“2018北京国际茶业展、2018北京马连道国际茶文化展、2018梧州六堡茶文化节”（简称“两展一节”）在北京展览馆和北京马连道成功举办。活动期间，在北京展览馆及北京马连道共举办50多项70多场次活动，参观客流量突破14万人次，北京展览馆现场客流量约7.8万人，现场交易额9720多万元，共成交项目（含意向合作项目）926个；两现场总成交额（含电子及意向成交）7.93亿元。

（章建平　郝家莹）

【举办“2018北京国际茶业展”】 6月22至25日，“2018北京国际茶业展”在北京展览馆举办。展览面积2.5万平方米，特装展位占据95%以上，设有西城马连道展区、梧州六堡茶展区、茶企品牌馆、国际馆、精品茶具以及茶包装展区。有300余家规模企业参展，一线品牌企业占90%以上，如中茶集团、大益集团、湘茶集团、竹叶青、张一元、吴裕泰、武夷星、下关、雨林古茶坊、云南白药、双江勐库、谢裕大、徽六、滇红集团等，展会总体招展率100%。

（章建平　郝家莹）

【推进老字号餐饮振兴发展计划】 年内，举办“寻找儿时的味道——走进记忆食府”活动，走进护国寺小吃配送中心、全聚德文化博物馆、华天庆丰文化展馆等地体验；开展“百年传承金牌菜评选”活动，评选出同和居、鸿宾楼、全聚德等24道“百年传承金牌菜”；举办“老字号牌匾展”、西城区老字号知识产权保护培训，通过系列活动进一步推动老字号企业传承创新发展。

（邵自军　赵杰平）

【推动老字号植根社区传承创新】 年内，加大老字号发展引导扶持，推动老字号创新经营，华天集团与天猫超市合开新零售社区便利店；庆丰包子在雄安市民服务中心开设无人智慧餐厅；瑞蚨祥西单旗舰店在西单商场开业；成文厚新开门店，传承账簿特色并扩展文化用品销售；百年义利搭载蔬菜销售转型社区便民店；内联升创新“网红款”“快闪店”，不断扩大社区品牌连锁经营，广泛扩展消费群体。

（马　岩）

【商务部调研高品位步行街建设】10月12日，商务部副部长王炳南率队调研高品位步行街建设情况，调研大栅栏街的发展现状。副市长殷勇、市商务委主任闫立刚等陪同调研。

（邵自军　赵杰平）

【市领导调研消费扶贫典型经验】8月6日，北京市扶贫协作地区特色产品进京销售工作推进会在西城区举行。市人大常委会副主任李颖津、市扶贫协作和志愿合作办主任马新明、市商务委副主任孙尧调研西城区友城生活链有机绿色生活馆。推进会上，区商务委主任袁利做“精准帮扶 让爱相互传递”主题发言。区商务委创新消费对口扶贫方式方法，结合区域消费市场需求，通过“引进来”“带过去”“可持续”系列开拓性措施，使帮扶对接工作取得阶段性的成果。组织区菜篮子联合会及餐饮、超市、生活性服务业企业代表，与河北省张北县、内蒙古喀喇沁旗、鄂伦春旗、达拉特旗等地区达成合作协议四大类及10个合作意向书；加强农超对接、农餐对接，引入多个扶贫地区优质农副产品进入西城区大型商超、百姓生活服务中心及老字号餐饮，组织扶贫地区产品进社区展销系列活动，丰富西城居民菜篮子，帮助贫困地区脱贫增收，实现互惠互利“双赢”。

（邵自军　杨旭东）

【举办“携手小康·年货大集”】2月8日，区商务委和区外联办联合组织的“携手小康·年货大集”——西城区对口帮扶贫困地区农产品展销活动在金融街百姓生活服务中心启动，活动同时在西黄城根百姓生活服务中心友城生活馆、牛街清真超市和国安社区13家门店举办，来自河北张北县、阜平县和内蒙古喀喇沁旗等国家级贫困县的特色年货进京销售。

（戚秀艳）

【成品油变更初审及年检初审】年内，完成辖区3家成品油经营批准证书变更初审工作。完成辖区16家加油站年检初审。

（柴卫红）

【年度社会粮油供需平衡调查】完成“2017年度社会粮油供需平衡调查”。选取辖区居民110户作为调查样本，并调查分析辖区内100家餐饮企业（含有关单位食堂）的食用油消费情况。调查数据显示，2017年全区居民口粮消费折合原粮157990吨，居民粮食消费依然以大米、面粉为主，分别占粮食消费总量46.41%和44.17%；居民消费食用油15494吨，以花生油为主，占总量的66.93%；平均每个餐饮企业年均消费食用油10.03吨，以豆油为主，占比83.90%；辖区粮油市场供应充足、稳定。

（柴晓虹）

【粮食收购许可】年内，根据北京市粮食局《关于印发北京市粮食收购资格审核实施细则的通知》（京粮发〔2017〕62号）文件要求，召开粮食收购资格行政许可有关事项工作会，对辖区重点涉粮企业进行宣讲培训，督促企业履行粮食质量安全主体责任，严格遵守《粮食流通管理条例》的各项规定，严格执行国家粮食质量标准，严把粮食收购、储存、运输关，经逐项审核企业提交申请材料，为北京市西南郊粮食收储库等3家企业办理粮食收购许可证，有效期3年。

（柴晓虹）

【节粮减损、粮食普法宣传】10月16日，在天虹商场广场开展“2018年世界粮食日和粮食安全系列宣传活动”，活动主题“端牢国人饭碗，保障粮食安全”，开展节粮减损、粮食安全普法宣传，免费发放主题宣传手册和宣传品，进一步引导企业和百姓共同关注粮食质量安全，把中国人的饭碗牢牢端在自己手上。

（柴晓虹）

【处理突发应急事件】自8月1日邻里家（北京）商贸有限公司所属“邻家”便利店全市门店停业事件发生后，在市委市政府领导下，区委区政府和市商务委组成邻里家全市闭店停业事件处置专班，按照市区“保稳定、保权益、保市场”要求，坚持“每天报情况、两天一会商”的工作机制，针对这起由一家P2P平台引发的关联企业运营受到影响，由金融风险传导到实体经济，造成门店关闭事件，及时了解工作进展，准确把控工作节奏，积极稳妥地处置和化解各类矛盾。按照法律程序，引入法律援助，做好社会面维稳防控，保障邻里家员工及债权人依法维权；推动邻里家门店按照市场化方式被多家商业企业接收并恢复运营。截至年底，处置工作平稳有序，社会面基本稳定，各类矛盾逐步化解，市场供应逐步恢复。

（晁振安）

【重点期间安全保障】年内，区商务委在全国“两会”、中非论坛北京峰会等重要政治活动及春节、“五一”“国庆”等节假日期间，履行商务行业安全服务保障工作职责，开展商务行业安全生产、反恐防暴等工作动员部署并进行执法检查，督促企业进行隐患排查整改，期间未发生安保事故。

（杨尚宗）

【综合执法检查】年内共检查单位947家，执法出动1092次、2346人次。其中零售单位257家，发现一般性隐患125处；餐饮单位690家，发现一般性隐患334处；均已整改。其他检查137家。各类行政处罚案件共计63件。

（杨尚宗）

【安全生产月活动】区商务委在6月份“安全生产月”中开展各项活动10余项。参与区安全生产宣传咨询日活动；组织重点企业和联组单位负责人近100人安全生产知识业务培训；开展多科目应急演练观摩。要求行业企业内部进行安全警示教育、全员岗位安全培训、安全生产隐患自查及各种宣教活动。

（杨尚宗）

【第十一届安全生产知识竞赛】年内，区商务委组织“西城区商务行业第十一届安全生产知识竞赛”，经过初赛、复赛、决赛，金源公司获一等奖；翔达公司、全聚德餐饮获二等奖；菜百公司、顺天府、西单商场获三等奖。

（杨尚宗）

【安全生产标准化达标评审】年内，区商务委开展行业企业安全生产标准化建设，对100余家企业进行专业培训。11家企业完成三级初评达标，5家企业完成三级复评达标。配合市、区安监局对2017年标准化三级达标企业进行抽样核查。

（杨尚宗）

【企业安责险推广】年内，区商务委开展企业安全生产责任保险投保推广工作。对369家企业负责人进行安责险专业培训宣传，重点对餐饮、零售企业进行督促推广，投保安责险的规模以上企业达到30%以上。

（杨尚宗）

【应急演练观摩】年内，区商务委在顺天府超市、汉光百货、天津百饺园等单位举行应急处置演练，相关部门领导现场指导，200余家企业安全生产负责人现场观摩。应急演练观摩科目有电器起火并扑救、人员疏散并救助、现场灭火器材实操等。

（杨尚宗）

【安全生产培训】年内，区商务委分别组织规模以上350余家企业安全生产负责人进行标准化、后厨安全、安责险、联组长业务等培训，聘请燃气、电气、特种设备、安责险、标准化等方面专家进行授课。

（杨尚宗）

【获区安全生产先进表彰】年内，加强商务部门专职安全员队伍建设，经区安全生产专职安全员队伍建设综合考核，区商务委获984分，获得2018年度安全生产专职安全员管理工作先进单位。

（杨尚宗）

北京市金正资产投资经营公司

【概况】北京市金正资产投资经营公司（简称金正公司）是国有独资企业，作为国有资本出资人的市场化代表，以法人股东的身份进行国有资本产权运作，并对中小企业及个体工商户提供融资担保、小额贷款、投资管理等金融服务。金正公司下设3家子公司，员工46人。公司注册资金10.8亿元，投资企业16家。经西城区国资委认定，北京菜市口百货股份有限公司、北京张一元茶叶有限责任公司、北京翔达投资管理有限公司、北京世纪金工投资有限公司、北京金源投资管理有限公司、北京宣兴房地产开发股份有限公司为金正公司重要子企业。年内，金正公司及重要子企业合并资产总额88.93亿元，净资产25.09亿元。6月，根据中共西城区人民政府国有资产监督管理委员会决定，对金正公司的党组织隶属关系进行调整，金正公司由区国资委党委调整到中共北京金融街资本运营中心委员会管理。12月24日，北京金融街资本运营中心对金正公司追加投资1.5亿元。

地址：西城区西砖胡同2号院7号楼

邮编：100053

电话：83516692

（陈　萌）

【股权投资】12月，金正公司通过非公开协议方式，受让北京广安控股集团有限公司所持有的北京菜市口百货股份有限公司5%的股权，受让总价为2.29亿元。

（陈　萌）

【疏非控人】年内，在疏解与本地化用工任务中，金正公司及重要子企业对出租房清理类完成疏解人口114人次，任务完成率114%。本地化用工完成人口66人次，任务完成率132%。

（陈　萌）

【提供融资担保】年内，北京金正光彩融资担保有限公司提供融资担保项目52笔，担保额度20370万元。发放委托贷款7笔，累计放款额3480万元。累计代偿259.81万元，担保代偿率1.33%。

（陈　萌）

【提供小额贷款】年内，北京金正融通小额贷款有限公司完成经营范围变更工作，将原西城区范围内发放贷款，扩大为在北京市范围内发放贷款。在面对市场持续低迷、部分贷款客户经营困难等多种不利因素下，发放贷款24笔，合计金额5525万元。

（陈　萌）

【提供投资服务】年内，北京金正融兴资产管理有限公司共投资项目25个，涉及12家企业，投资额4.19亿元，涵盖绿色农业、新能源、健康医疗、餐饮、交通运输、互联网科技等多个行业。

（陈　萌）

北京金座投资管理有限公司

【概况】北京金座投资管理有限公司（简称金座公司）所属企业有志同达劳务服务有限公司、大栅栏自行车有限责任公司、北京奥霓裳制衣有限公司、北京金桥贸易有限公司4家子公司和劳务服务分公司；公司控股、参股企业8家，包括内联升鞋业有限公司、瑞蚨祥绸布店有限公司、瑞蚨祥（北京）投资管理有限公司、鹤年堂医药有限公司、德寿堂医药有限公司、国药健坤（北京）医药有限责任公司、金鑫然医药有限公司、鹤鸣堂医药有限公司。职工总数3424人，其中在职职工1450人，离退休1974人。年内，金座公司在整体经济下行的压力下，克服各种困难，通过有效实施统筹资源合理配置，调整资产经营结构，优化资产资本运营质量，力促经济效益稳中有升。公司及参控股企业经营收入84201万元，同比减少30.11%，实现利润8021万元，同比增加5.51%，上缴税金4761万元，同比减少13.40%。

地址：西城区南横西街27号

邮编：100052

电话：63522526

（王继红）

【四届三次股东大会】1月18日，金座公司召开第四届第三次股东大会，参会股东以举手表决方式，通过《公司2017年经济工作报告》《公司2017年监事会工作报告》《公司2017年财务决算及利润分配方案报告》。

（王继红）

【无形资产开发与保护】年内，金座公司对原宣武区已灭失老商号商标店史资料进行搜集、补充和完善工作，整理和保存新发现的有补充价值的史料和老照片，对持有老商号商标的市场价值进行评估，对扩大老商号商标合作开发渠道、完善商标维权保护手段进行探讨。

（王继红）

【瑞蚨祥登陆时尚集团】8月8日，老字号瑞蚨祥品牌登陆时尚集团25周年派对活动，时尚集团是中国高档生活消费类期刊的始创者和国际影响力的传媒集团。瑞蚨祥年轻技师身着自家品牌精美旗袍，为嘉宾们演授中式服装盘扣制作技艺，解答各种提问，参与者亲身体验百年老店民族服饰品牌的传统文化与时尚魅力。

（王继红）

【瑞蚨祥获荣誉称号】年内，百年老店瑞蚨祥获中国商业联合会颁发的改革开放40周年中华老字号企业发展历程卓越奖，全国诚信兴商倡议企业，中国定制经济先锋榜“优秀企业”称号，首都精神文明单位，北京市第八届商业服务业技能大赛服装服饰搭配竞赛项目优秀组织奖。瑞蚨祥董事长薛国强获中国定制经济先锋榜“优秀企业家”称号，员工张冰晶在第二届2018“西城青年之星”评选中获“创新创业之星”。

（王继红）

【内联升建店庆典】年内，内联升开展建店165周年庆典活动。与央视电影频道和龙虎风云影视文化传媒公司共同拍摄电影《内联升传奇》，以三里屯快闪店形式展示内联升经典款和最新开发的时尚新潮产品，宣传企业的传承与创新。作为中华老字号创新代表，内联升受邀座客北京卫视《创意中国》《老字号新说》《大驾光临》栏目，通过各种渠道加强与各个领域的联系与合作，内联升品牌影响力扩展至潮流时尚、文化艺术、影视娱乐的各个领域。

（王继红）

【扩大投资规模】年内，金座公司完成瑞蚨祥股权收购、菜百公司未分配利润转增股份工作，公司新增投资514万元，股东权益不断扩大。利用闲置资金，稳健运作证券和银行理财业务，综合获利160万元。

（王继红）

【非遗传承人团队建设】年内，内联升非遗传承人团队的6名传承人获北京西城区级传承人称号，按照工作需要和能力将6位传承人进行分工，分别为主责设计、帮样、样品试制，分管外部加工厂质量，负责内部事务，为企业培养人才和团队建设奠定基础。

（王继红）

【物业经营】年内，金座公司物业部通过调整优化经营业态，扶助重点商户加快经营转型升级，提升适应商圈消费的满足度和商户经营的稳定性，不断创新工作思路，适应政策和市场新变化，促进公司物业经营质量和收益水平稳步提升，物业经营收入5344.52万元。

（王继红）

【党建工作】3月6至7日，金座公司召开党建工作会议，围绕“创新工作思路、促进品牌经营、提升精细管理、提高综合效益”主题开展研讨。8月9日，金座公司党委召开第三届第一次党员大会，选举产生公司新一届党委委员、纪委委员。

（王继红）

北京市金工投资管理公司

【概况】北京市金工投资管理公司（简称金工公司）是1999年西城区（原宣武区）为接收市属划转企业而成立的一家全民所有制的管理公司。主要职责是：加强企业内部管理，防止国有集体资产流失；化解企业各类矛盾，保障内部安全维稳局面；管好用好现有资源，提高资源的使用值和效益值；负责非公改制企业党群组织管理。设四个管理部门，分别是：办公室、劳动人事退管服务中心、财务部、物业经营部。主要经营项目：资本经营及房屋出租。年内，在职（册）职工59人，离退休职工3467人。

地址：西城区白广路二条甲8号

邮编：100053

电话：63582366

（杨丽丹）

【召开工作会议暨职工大会】3月22日，金工公司召开年度工作会暨职工大会。党委副书记、总经理孙昌作工作报告。总结2018年主要经济指标完成情况、存在的主要问题提出下年总体工作思路和任务，明确工作重点。

（杨丽丹）

【“两节”走访送温暖】1月底至2月初，金工系统各企业党组织、企业管理人员走访慰问离退休老干部、特困职工和患有严重疾病的退休职工。“两节”期间共走访110户，筹措资金（其中包括西城慈善协会、区总工会下拨的慰问金）购买慰问品近10万元。

（杨丽丹）

【服务离退休职工】年内，金工公司完成直管19位离休干部统筹专项经费年度申报、4家改制企业9位离休干部的统筹资金申报、划拨，医药报销工作；组织5名离休干部体检。针对历史遗留问题和塑料公司退休职工诉求，研究修订《塑料公司退休职工疗养分配方案》，组织61名退休职工分两批前往易水湖进行疗养，支付疗养费60460元，开通“金工北塑退管”微信公众号，方便及时情况沟通。

（杨丽丹）

【副区长到金工公司调研】4月19日，区委常委、副区长陈冲到金工公司走访调研，听取党委副书记、总经理孙昌公司情况汇报。之后，到金工公司所属企业北京静电设备厂南柳巷56号职工宿舍区实地查看，了解燃油锅炉使用情况，现场提出加快供暖并网，改用清洁能源供暖方式的环保要求。

（杨丽丹）

【档案管理】年内，金工公司重新修订《档案管理制度》，为每间档案室配备灭火器，每天进行室内温、湿度检查并登记。公司管理9家单位离退休职工档案6660份，在职职工档案51份，年内接待调档查阅出据公证证明120份，做到备案登记签字，出据证明全部归档。3名相关人员参加西城区档案局岗位班培训，取得档案人员岗位证书。

（杨丽丹）

【安全管理】年内，金工公司制定《关于开展创建平安国企工作实施方案》，中层以上管理干部逐级签订《维稳信访、治安、消防、交通、生产安全责任书》，下发《关于安全生产工作具体责任分工的通知》，将安全责任具体分工，责任落实到人。根据所辖区域较广且分散，重点部位、重点设备设施多的实际情况，按区域指派专人加强日常巡视检查和维修，做到周周有检查、检查有记录、问题有反馈、处理有结果。节假日、重大活动期间加强检查和应急值守组织职工开展防火、防恐、防盗等安全知识培训和演练，邀请消防中队警官现场指导讲解，部分小区居民到场观摩。

（杨丽丹）

【自管小区物业管理】年内，金工公司配合政府疏解非首都功能，清退存在不安全因素和有扰民现象的租户。利用腾退的8间平房改造为职工宿舍，解决安置2户职工的历史遗留问题。广安门北街20号楼由于多种历史原因，大产权证至今未能办结，经多方收集相关资料、数次与有关部门协调，于年内启动房改售房项目。

（杨丽丹）

【防汛与供暖】夏季汛期前，金工公司普查所辖区域重点房屋7550平方米，全覆盖无死角。汛期安排干部带班和在岗值班，做好雨后防汛检查。汛期物业经营部成立防汛工作小组，制定防汛应急预案。普查平房院落，重点房屋普查3处7200余平方米，对普查出的问题专人督办，逐一对照落实。进行用电检修、小项维修、零修和清理屋面雨水排水口等50余次。协调社区对连接小区污水管线、排污过井100余米，公共管线疏通、院落化粪池抽掏清淤23吨。督办受托单位对南柳巷56号污水泵井、白广路二条甲8号污水泵井、广安门北大街20号楼地下室污水泵井抽掏和水泵维护。制定《冬季供暖保障措施方案及安排》，督促检查运行单位供暖准备、供暖设备情况，发现问题及时抢修。

（杨丽丹）

【党建工作】年内，金工公司党委中心组学习习近平总书记重要讲话和党的十九大精神，传达贯彻落实市委十二届四次全会、区委十二届六次全会精神，结合公司实际召开年度工作研讨会。加强党风廉政建设，召开公司党员干部警示教育大会，党委书记讲党课；组织机关全体党员“学纪律处分条例，做合格共产党员”主题党日活动，现场进行学习纪律处分条例知识测试答题；纪委书记以《作风建设要从细节抓起、从点滴做起》为题讲党课。“七一”期间，以“不忘初心、牢记使命”为主题，开展纪念中国共产党成立97周年系列活动，组织“诵读红色家书•诗，传承红色基因”主题党日，共产党员献爱心集中捐款，走访慰问离退休老党员、老干部、孤寡老人、五保户。庆祝改革开放40周年组织“走近祖国美丽山河，走近我们的家园，走近我们的生活”摄影、诗歌、征文成果展，机关全体党员、积极分子收看庆祝改革开放40周年大会直播，学习100名“改革先锋”先进事迹，结合自身岗位工作谈心得、讲体会。举办党支部规范化建设培训，组织基层党支部书记、党务干部25人，赴井冈山开展“弘扬井冈山精神，不忘初心、牢记使命”主题党日活动；党委与各改制企业党支部书记分别签订党风廉政建设责任书。重视干部队伍建设，采取外部招聘、内部推荐提名方式，经过资质审查、组织考察、民主测评、公示等环节，内部岗位（职级）调动3名，招聘中层以上管理人员2名、一般员工6名。召开全体女职工大会，选举产生第一届金工工会女职工委员会会长和委员。组织职工参加区第六届“和谐杯”乒乓球比赛。

（杨丽丹）

北京金源投资管理有限公司

【概况】北京金源投资管理有限公司（简称金源公司）是国有法人参股的有限责任公司。内设物产事业部、超市事业部、茶叶事业部、物业部、财会审计部、人力资源部、办公室，下辖北京金源千业超市有限公司、北京牛街清真食品超市有限公司、北京正兴德茶叶有限公司、北京永安茶叶有限公司，拥有直营门店16个， 主要从事商业超市及茶叶、服务业经营；控股企业1家——北京金诚信恒再生资源利用有限公司，回收站点62个，主要从事再生资源利用与回收；参股企业1家——北京国金酒店管理有限公司，主要从事酒店经营。年内，金源公司落实董事会提出的“抓基础、强管理、重质量、促提升”工作思路，围绕“三条经营主线”，以“开拓创新求发展、精细管理提质量、调整方式增效益、普惠员工促和谐”为经营工作主线，完成各项经济指标和任务，经营收入、总利润、净利润、员工收入等主要经济指标同比增长，企业文化建设健康发展。获西城区商务行业第十一届安全生产知识竞赛一等奖。

地址：西城区广安门南街60号
邮编：100054
电话：63541432

（张寿清）

【董事会会员代表会股东会】1月18至19日，金源公司分别召开五届十次董事会、五届四次监事会、内部职工持股会五届四次会员代表会和股东会，审议通过2017年董事会工作总结和2018年工作思路的报告，2017年财务预决算、利润预分配方案，2018年度财务预算方案和利润分配预算方案，公司监事会2017年工作总结和2018年工作思路的报告、股利分配情况的报告。53名会员代表及职工代表出席。

（张寿清）

【正兴德第九茶庄开业】1月28日，正兴德第九茶庄在陶然亭41号开业，营业面积113平方米，主要经营茉莉花茶、绿茶、红茶、乌龙茶、白茶、黑茶及礼品茶、保健茶、茶具等300余种商品。

（张寿清）

【年度工作会】3月6日，金源公司召开年度工作会。党委副书记和总经理分别做上年度工作总结和部署年度工作。公司党委书记与各党支部书记签订党风廉政建设责任书，公司总经理与超市事业部、茶叶事业部签订目标责任书。

（张寿清）

【三届七次职代会】3月14日，金源公司召开三届七次职代会。审议通过《2017年经济工作总结和2018年工作思路的报告》；审议通过并签订《2018年工资集体协商协议书》《北京金源投资管理有限公司集体合同》。

（张寿清）

【正兴德春茶节】4月20日，正兴德举办第十六届春茶节。活动期间各门店开展新绿茶展销、购茶送礼品、特价销售等促销活动。正兴德牛街店、前门店、陶然亭店开展免费咨询和品尝活动。

（张寿清）

【牛街清真食品超市、正兴德贺开斋】6月16日，牛街超市、正兴德茶庄庆祝开斋节。开斋节期间牛街超市开展110品惊爆商品促销活动。正兴德茶庄开展“恭贺开斋节、购茶有礼相送”主题营销活动。开斋节前夕，金源公司向民族敬老院送去节日祝福和慰问品；向回民小学、中学捐赠助学金。

（张寿清）

【五届十一次董事会】6月25日，金源公司召开五届十一次董事会，审议通过牛街清真食品超市升级改造工程方案及预算。

（张寿清）

【正兴德技能比赛】6月28日，正兴德茶叶公司40名员工参加北京市第八届商业服务业茶艺师技能大赛初赛。其中9名员工进入决赛，5人获得二级技师资格证书，3人获得三级茶艺师资格证书。正兴德茶叶公司获“优秀组织奖”。

（张寿清）

【三届八次职代会】7月24日，金源公司召开第三届八次职工代表大会，审议通过公司《2018年门店员工薪酬调整方案》《2018年总部员工工资调整方案》和《月绩效奖金分配分配办法（试行）》。

（张寿清）

【牛街清真食品超市重张开业】9月8

日，牛街超市重张开业，改造升级后的牛街清真食品超市，扩大生鲜、日配、副食经营面积和商品种类，日配类商品增加到92品，副食类商品增加359品。

（张寿清）

【市领导视察】10月，市人大常委会副主任李颖津到牛街超市和正兴德牛街店视察指导工作，对升级改造后的超市特色经营、服务社区的经营理念给予肯定。

（张寿清）

【正兴德茶叶网上运营】12月1日，“牛街正兴德天猫旗舰店”网上购物正式运营，正兴德公司采取线上线下统一管理，统一产品，统一质量，统一标准的经营理念。

（张寿清）

【党建工作】年内，金源公司党委班子成员到基层联系点讲“党风廉政专题党课”。邀请西城区委党校副校长讲“习语精读”党课。公司总部主管岗位公开竞聘，在西城区红旗大学考评老师主持下，17名竞聘者进行自述、回答考官提问，50名员工从“德、能、勤、绩、廉”5个方面进行民主测评，最后得出综合评分。5月18日，举行首次“党员政治生日”纪念活动。6月29日，在岗党员到革命圣地西柏坡参观，开展“不忘初心跟党走，牢记使命再前行”主题党日系列活动，表彰优秀党员和优秀党支部。春节期间，开展送温暖活动。

（张寿清）

北京翔达投资管理有限公司

【概况】北京翔达投资管理有限公司（简称翔达公司）是国有法人参股的有限责任公司。注册资本5000万元人民币，经营范围涉及餐饮业、饭店业、洗浴业、美容美发业、摄影业、旅游文化业、物业管理业等多种经营业态，经营网点60处，建筑面积约8.8万平方米。翔达公司设立股东会、董事会、执行层、监事会规范的法人治理结构和党、团、工会组织机构，内设财会管理中心、集采配送中心、运营管理中心、文化产业中心、党群工作部、人力资源部、办公室（四大中心、两部一室）。旗下拥有翔达晋阳饭庄、翔达晋阳白广路饭庄、翔达晋阳马西路饭庄分公司、翔达吐鲁番餐厅、美味斋饭庄、致美斋饭庄、清华池浴池、清华池中医诊所、首都照相馆、翔达白鹭美容美发店、翔达会馆（清华池会所）、翔达恒兆饮食服务分公司12个分公司制企业；北京翔达国际商务酒店有限公司、北京中兴世纪物业管理有限公司、北京翔达国际旅行社有限公司、北京晋雅信达文化发展有限公司、北京翔达安康商贸有限公司5家全资子公司；北京翔达南来顺饭庄有限公司、北京翔达至膳餐饮文化管理有限公司2家控股子公司及北京翔达信诚物业管理公司1家代管企业。年内，翔达公司领导带领全体员工推进老字号传承发展，以“转型升级、提质发展”的行动纲领，落实公司“北京传统文化体验平台”的定位。抓安全、谋创新，优品牌、惠民生，推改革、强党建，各方面均取得显著成效。截至年底，账面资产总额约5.1亿元。

地址：西城区广安门内大街167号翔达写字楼三、四层

邮编：100053

电话：63521731

（王　娜）

【厨艺技能大赛获奖】1月17日，致美斋饭庄杨晓晖凭借传统菜肴“爆三样”获第二届“中国京菜名菜”称号。10月19日，第28届中国厨师节中华金厨颁奖盛典暨注册中国烹饪大师授勋仪式上，美味斋饭庄品牌行政总厨田海山获“中华金厨奖”。11月30日，晋阳饭庄（马西路店）胡英国、武增云获北京市第八届商业服务业技能大赛中式烹调师铜奖。

（王　娜）

【与京粮集团签订战略合作协议】1月24日，翔达公司与北京古船油脂有限责任公司签署《翔达公司与京粮集团非转基因食用油战略合作协议》，系统内各餐饮企业统一推行、使用古船非转基因大豆油，保证消费者“舌尖上的安全”。

（王　娜）

【“两斋”赴高雄·北京特色周】3月1至5日，美味斋饭庄和致美斋饭庄前往台湾高雄参加2018年第七届高雄—北京特色周活动。这是两家品牌第一次走出大陆，赴台湾参加现场售卖展示活动。美味斋饭庄的生煎包、上海煎饺、葱油拌面、葱油饼，致美斋饭庄的萝卜丝饼、干炸丸子、三鲜打卤面等产品受到高雄民众好评。

（王　娜）

【吐鲁番餐厅为政协委员提供工作餐】3月5日，翔达吐鲁番餐厅应邀为全国“两会”政协委员提供工作餐。老北京传统美食糖卷果、新疆特色风味羊肉串，作为工作餐小吃环节的菜品，受到参会委员赞扬。

（王　娜）

【黑龙江省总工会考察清华池】3月23日，黑龙江省总工会学习考察团一行5人，到清华池浴池考察“暖心驿站”建设情况。清华池“暖心驿站”是翔达公司全系统8个“暖心驿站”中，首个通过区总工会复审合格并悬挂统一标识的驿站，专供环卫工人、出租车司机、快递员等户外劳动者及来往路人使用，设有就餐、饮水、休息等服务项目。

（王　娜）

【参加博鳌国际美食文化论坛】4月19至21日，翔达公司党委书记、董事长、总经理孙雅娟受邀参加由世界中餐业联合会、海南省商务厅主办的“2018第二届博鳌国际美食文化论坛”，作为餐饮企业代表，介绍翔达公司对旗下饭庄实施“老字号创新”工程情况。

（王　娜）

【海外战略合作】4月25日，加拿大华人社团联席会及美国骏城国际集团考察翔达公司，参观晋阳饭庄、清华池、翔达南来顺饭庄、吐鲁番餐厅及美味斋饭庄。翔达公司与加拿大华人社团联席会及北京至膳尚品餐饮管理有限公司签署战略合作协议书。

（王　娜）

【协办北京清真美食节】6月16日，由北京市民委主办，西城区政府支持，翔达公司等单位协办的“2018第11届北京清真美食文化节”在牛街拉开帷幕，全市19家清真餐饮企业献上特色美食产品。翔达南来顺饭庄展出咯吱盒、开口笑、蜜麻花、豌豆黄、花生酥等10余种精品小吃。

（王　娜）

【新美味斋周年庆典】6月26日，百年老字号美味斋饭庄举行菜市口新址重张一周年暨宴会包房开业庆典。北京烹饪协会、北京老字号协会、瑞蚨祥、金融街资本运营中心、西城区企业和企业家联合会、北京至膳尚品餐饮有限公司等单位参加。美味斋饭庄联手中国丝绸第一品牌瑞蚨祥上演旗袍秀、点大师与传

统手工技艺大师共同制作中式盘扣，开创两个老字号间跨界合作的先河。美味斋3个宴会包房开业，由专业设计师打造，以上海小资味为核心理念，还原老上海氛围。菜品方面，有单独的包房菜单，出现一些历史上顶级大菜及创新菜，如清蒸太湖白鱼、黑松露东坡肉、富贵鸡、浓汤炖河豚等。

（王　娜）

【菜品研发创意大赛】7月29日，翔达公司运营管理中心在晋阳饭庄（马西路店）带领菜品研发小组举行秋冬季创新菜大赛活动，系统内各经营单位17名厨师携11道精美菜品参加角逐。最终美味斋饭庄面点领班赵建环的叉烧酥获第一名；翔达商务酒店厨师长俞春荟和冷荤主管何江的养身太湖三白狮子头获第二名；吐鲁番餐厅厨师李俊利的菜胆扒酿牛柳获第三名。

（王　娜）

【吐鲁番美食进军营】7月31日，吐鲁番餐厅党支部走进武警北京总队执勤第三支队，参加“军民融合传技能，清真美食进军营”双拥共建庆八一主题活动。现场为武警战士教学牛街特色美食，送上节日祝福。

（王　娜）

【非遗传承人】8月3日，清华池脚病治疗中心技术总监王建生，获中华人民共和国文化和旅游部颁发的国家级非物质文化遗产代表性项目中医诊疗法（清华池传统修脚术）的代表性传承人证书。

（王　娜）

【故居书房私塾课】8月18日，翔达国旅公司在纪晓岚故居阅微草堂开展亲子书房私塾课活动，学生们穿着汉服，向国学老师学习传统文化，给父母行礼、感恩，体验书法的魅力和乐趣。

（王　娜）

【接待中非总统夫人】9月2、5日，中非论坛会开幕前、结束后，翔达吐鲁番餐厅分别接待参加中非论坛会议的索马里总统夫人、冈比亚总统夫人用餐。

（王　娜）

【与金诚同达签约合作协议】9月7日，翔达公司与北京金诚同达律师事务所分别签署《法律服务战略合作协议》《深化改革与公司治理专项法律服务合同》及《商标与品牌保护专项法律服务合同》，打造翔达公司与法律服务行业战略合作新关系。

（王　娜）

【晋阳饭庄白广路店重装开业】9月16日，晋阳饭庄（白广路店）重装开业。重装后的店面在硬件设施、后厨操作、软件管理、风格定位及菜品转型上都得到提升。

（王　娜）

【党建工作】年内，翔达公司党委组织党员、干部、积极分子观看电影《青年马克思》。开展“不忘初心 牢记使命”主题教育活动，选出4个“党员先锋岗”集体岗，8个“党员先锋岗”个人岗。3月8日，翔达公司工会在清华池举办“喜迎三八学养生，做翔达健康女性”活动，各企业60余名女工代表参加。3月13日，翔达公司邀请“亚洲大厨”、著名鲁菜泰斗王义均弟子、中国烹饪大师屈浩作《如何做一名新时代好厨师》专题讲座。4月24至26日，翔达公司开展核心员工奖励活动，组织核心员工“带着爸妈逛北京”，19个员工家庭34人参加。6月27至28日，翔达公司党委在西柏坡举行“回顾历史　不忘初心——翔达公司党员西柏坡主题党日活动”。8月30至31日，工会开展优秀员工主题教育活动。11月7日，翔达公司纪委组织副职以上管理人员30余人，到北京市廉政教育基地“明镜昭廉”明代反贪尚廉历史文化园参观学习。共产党员献爱心活动中公司党员向西城区慈善协会捐款18754元，用于区开展助医、助学、助老、助残、助困等项目。

（王　娜）

北京华天饮食集团公司

【概况】北京华天饮食集团公司（简称华天集团）是以餐饮为主营业态的大型餐饮集团，兼营食品加工、珠宝市场、百货超市、物业管理、副食零售等其他业态，旗下老字号云集，有25个老字号，其中20个品牌被国家商务部先后认定为中华老字号。有国家级、北京市级和西城区级非物质文化遗产项目21个，其中鸿宾楼全羊席制作技艺、烤肉季和烤肉宛的北京烤肉制作技艺、天福号酱肘技艺入选国家级非遗名录。主要含鸿宾楼、烤肉季、烤肉宛、砂锅居、峨嵋酒家、同和居、同春园、西安饭庄、又一顺、曲园酒楼、西来顺、玉华台、大地西餐厅、延吉餐厅、庆丰包子铺、护国寺小吃等餐饮品牌和天福号、桂香村、元长厚等其他著名食品品牌。其中，餐饮主营京、湘、鲁、苏、豫、川、清真等不同菜系，涵盖中式正餐、快餐、小吃、西餐等不同菜系。华天集团直属企业现有员工2500余人。年内，华天集团系统（含重要子公司）直营企业实现收入17.2亿元，实现利润3.0亿元。其中，华天集团公司直属板块实现收入7.89亿元，实现利润1.12亿元；重要子公司聚德华天公司实现收入5.03亿元，实现利润1.02亿元；重要子公司万方有限公司实现收入4.32亿元，实现利润1.03亿元。

地址：西城区二七剧场路乙6-2号
邮编：100045
电话：68059875

（李娅然）

【企业改制重组】年内，华天集团按照区政府、区国资委审批的北京庆丰餐饮管理有限公司混合所有制改革方案，推进庆丰公司混改工作，完成非公有资本在北京产权交易所增资公开挂牌程序；合格意向投资方的综合评议；员工持股计划方案报批，骨干员工入股人员确定，员工持股平台搭建等员工持股工作；召开第一次股东会、董事会和监事会。10月16日正式完成庆丰公司新的工商变更登记。

（李娅然）

【地安门马凯餐厅试营业】年内，华天集团从恢复和传承老字号的大局出发，按照区政府、区国资委工作部署，接手做好老字号地安门马凯餐厅“回家”项目，陆续完成马凯餐厅回家一系列前期筹备工作。12月29日地安门马凯餐厅试营业。马凯餐厅挖掘推出曾经消失的“老马凯”经典菜，受到新老顾客认可，每天排队领号最多达到200余号，成为“网红餐厅”。

（李娅然）

【老字号连锁发展】年内，庆丰包子铺连锁门店总数350家，智慧餐厅建设实现新突破；华天二友居新开5家二友居肉饼店，连锁规模达到10家；华天凯丰团餐新开业椿树街道、区体育局、兆金大厦等5家单位食堂，规模达到50家；同和居日坛店12月12日开业；庆丰品牌产品上高铁已在京铁沿线完成测试。

（李娅然）

【新零售板块】年内，华天集团新零售板块取得重要突破。华天集团与天猫达成战略合作，全资子公司宝苑宾馆与天猫授权企业合资成立北京同兴成智慧社区服务有限公司，“同兴成新便利”护国寺、西直门、冰窖口、头发胡同、白云路等5家社区新零售门店全部营业；华天集团和苏宁易购签署战略合作协议，庆丰等品牌将第一批进驻北京数百家苏宁小店。护国寺小吃、华天二友居肉饼、香妃烤鸡等品牌探索以联营模式进驻苏鲜生卖场。

（李娅然）

【营销宣传】年内，华天集团通过各渠道宣传达数百万条。将日常节假日宣传与论坛展会、采访等结合，增加品牌热度和关注度。组织企业参加美食节、商业节、老字号进社区、美食文化进校园、年货大集等专题活动。针对改革开放40周年、庆丰混改、同春园88周年庆典、华天延吉餐厅75周年庆典、庆丰雄安新区店开业、同兴成专场体验、同和居媒体品鉴、精准扶贫、助力高考等话题，多家媒体进行访谈报道。

（李娅然）

【品牌建设】年内，华天集团结合企业实际情况制定舆情危机应对管理预案、二级公司舆情危机应对手册执行方案及华天日常媒介手册，初步建立舆情管理体系，实现品牌舆情实时监测常态化，建立起品牌声誉防护墙。完成所属直营和加盟企业“阳光餐饮”工程与市食药局平台对接工作；开展“神秘顾客”检查；巩固“百合花”示范工程3年成果；与中检集团合作，严把食品安全关；全面实施新修订的“餐饮服务食品安全操作规范”。

（李娅然）

【信息化建设】年内，华天集团所属40家直营网点和首批57家庆丰加盟店的线上点餐系统实现上线；饭庄户“线下点餐、线上支付”系统在惠丰门钉肉饼试点；大屏点餐系统在二友居肉饼新建店试点；新库存管理系统在同和居总店上线试点效果良好；智能厨房显示系统（KDS）在庆丰包子铺西单店、同和居饭店总店、华天延吉餐厅西四总店3家门店试点上线运行。完成集团大数据系统前期数据仓库建设方案论证，搭建完成服务器系统。

（李娅然）

【外卖与养老餐业务】年内，华天集团通过优化外卖菜品设计、网上门店装修等方式，参与各平台专题活动，和美团平台的合作模式有了较大突破，实现以集团连锁模式与美团平台整体签约；各直属门店的老年餐均已在各大外卖平台上线，初步解决老年餐“最后一公里”问题。6家门店向民政局申报试点老年餐送餐上门项目。

（李娅然）

【环卫工早餐项目】年内，华天集团完成区环卫中心早餐服务项目的续签工作，新增8家“环卫早餐项目”门店。

（李娅然）

【人力资源建设】年内，华天集团推进老字号技艺集体传承工作，通过设立老字号技艺集体传承基金、推广“集体收徒、集体拜师”现代学徒模式，在同和居成功试点的基础上，陆续在同春园饭店、华天延吉餐厅推广。继续推进集团、子公司、门店三级培训模式，组织经营管理、专业技术、通用技术、安全保卫、食品安全等多类培训；参加第八届北京市商业服务业服务技能竞赛中式面点师项目，华天凯丰刘吉桐获得大赛第一名及高级技师资格；西城区“大都工匠”之餐饮技能大赛中，中式烹调项目中希福装璜毛雅军获得一等奖，果蔬雕（含糖艺）项目中同和居郭全力获得一等奖。推荐技能人才参评各项荣誉，同和居武根深获得北京市政府特殊津贴、同春园王鸿庆获评西城区百名英才、华天凯丰杨志刚获评中华金厨奖。

（李娅然）

【工程项目及设备更新】年内，华天集团提前完成各项“疏非”任务，清理出租房点位16处，疏解人口404人次。开展对所属直营餐饮门店后厨油烟排放的检测工作，检测门店18家、点位22处。同春园饭店、二友居肉饼南草厂店作为华天集团排烟设备改造的试点单位，完成后厨排烟设备的更新改造。

（李娅然）

【安全保卫和维稳工作】年内，华天集团落实企业安全生产主体责任，与各基层单位签订安全目标责任书，企业安全生产管理工作实现“全员参与”。华天集团及所属企业在“两节”、全国“两会”、中非论坛北京峰会、安全生产月及其他重大活动期间，对所属餐饮门店、在建工地、职工宿舍、出租网点等进行重点检查，清查整治安全隐患。落实“平安企业”实施方案，建立企业综合救援灭火队伍，狠抓日常隐患排查治理。妥善处理来信来访和上级移送信访件，做好近30处历史遗留老旧住宅楼的管理工作。

（李娅然）

【对外帮扶】年内，华天集团制定教育帮扶和招聘贫困地区务工人员计划，与河北省张北县签订《对口帮扶地区用工与职业技能培训协议》、河南省邓州市签订《校企合作协议》。确定合作办学模式，拟在张北县开办1—2个、邓州市开办3—4个冠名学历班。

（李娅然）

【基金投资运营】年内，京饮润信投资公司完成基金业协会备案及初步注资，迁入基金业协会新管理系统。已投资的“中安润信”和“无锡润信”基金投资项目运营正常。按照区国资委要求，协同参与熙诚新动力股权基金投资。

（李娅然）

【党建工作】年内，华天集团推进各级党组织换届工作，配齐配强党组织班子，2个直属党委、31个党支部换届工作全部完成。层层签订企业党风廉政建设和反腐败工作责任书，依据岗位职责配套制定个性化责任清单。进一步完善“三重一大”等决策程序和工作制度，推进各重要子公司将党建工作纳入公司章程。设立举报箱，及时妥善受理信访举报。推进“双报到”工作，所属独立法人单位党组织的326名在职党员回居住地社区（村）党组织报到。投入资金50余万元帮助内蒙古喀喇沁旗王爷府镇2个贫困村建设蓄水池和打井项目。庆丰党支部和同和居党支部分别与2个贫困村党支部签订党建帮扶协议。开展“冬送温暖”和“夏送清凉”慰问活动，筹措资金300余万元慰问一线职工。成立优秀华天人代表宣讲团，基层门店和饭庄户评选出34个党员安全先锋岗，完善“华天集团党员学习微平台”阵地。

（李娅然）

北京金象复星医药股份有限公司

【概况】北京金象复星医药股份有限公

司（简称金象复星公司）成立于2001年1月，注册资金1.2亿元。主要涉足医药健康领域，以药品流通产业为经营主线，拥有医药分销、中药饮片调剂代煎配送、零售连锁药店、中医诊所等业务板块。医药批发配送业务已遍布全市主要医疗机构和区属社区卫生服务中心，与国内数百家药品供应商保持业务关系。公司旗下中华老字号白塔寺药店、北京市十大商业品牌之一的金象大药房连锁药店在业内均具有较高影响力和美誉度。金象复星公司历年来得到行业内外一致好评。年内，金象复星公司围绕“创新营销、提升物流、完善管理、加强党建”的工作主题，以贯彻落实党的十九大精神为指引，在药品阳光采购及两票制政策影响下，创新药品经营和服务模式，拓展和提升服务内涵，以现代化医药第三方物流建设为契机，增强企业盈利能力。延伸并提升对客户的服务品质，开展药师进社区健康课堂巡讲，突显企业社会责任，坚持职业初心使命，在新时期更好的服务于人民群众不断增长的医药健康需求。年内，实现销售收入15.3亿元，利税4200万元。12月，金象复星公司再次获由中国医药商业协会评审的企业信用评价AA级信用企业。

地址：西城区阜成门内大街295号

邮编：100034

电话：66160159

（崔国荣）

【职业技能大赛获奖】2月，在2017年北京医药行业职业技能大赛工作总结会上，金象复星公司及所属企业人员叶真、孙颖、李静、荀宁获得优秀工作人员奖，白塔寺药店和金象大药房员工刘颖、梁晓娟、沈阳、关欣分别获得医药商品购销员工种的第二名、第四名、第五名和第九名。白塔寺药店员工杨蕊、张燕、曹颖分别获得中药调剂员第四名、第九名和第十名。

（崔国荣）

【获诚信长城杯】2月，金象复星公司及所属白塔寺药店获得由北京市经济和信息化委员会、首都精神文明建设委员会办公室、北京市工商行政管理局、北京市地方税务局及诚信长城杯评审委员会办公室、北京企业评价协会、北京医药行业协会联合颁发的2017年度北京市诚信创建企业及诚信长城杯企业称号。

（崔国荣）

【入围中国药店百强榜】3月，白塔寺药店以年销售额10716万元入围中国药店单店榜100强第二十名和中国药店价值榜（潜力50强）第四十八名；北京白塔寺药店东单医药有限公司（金象复星公司控股企业）以年销售额5000万元入围中国药店单店榜100强第六十名。

（崔国荣）

【公司董事会】4月3日，金象复星公司召开第六届三次董事会。董事会提出2018年企业要在新医改环境及两票制政策下抓住机遇，探索创新与医疗机构合作方式、以建设现代化医药第三方物流为中心，为未来发展奠定基础、强化企业团队建设，促进企业可持续发展、加强资金及营运管理、支持四川广元金象复星公司业务拓展等工作要求。

（崔国荣）

【增加经营范围】4月4日，经金象复星公司股东大会研究，同意公司经营范围增加“热力供应、物业管理”项目，并修改公司章程。

（崔国荣）

【公司工作会】4月25日，金象复星公司召开2018年度工作会，董事长兼总经理徐军在总结、分析2017年经营工作的基础上，根据公司六届三次董事会精神，围绕“创新营销、提升物流、完善管理、加强党建”工作主题，部署年度各项工作任务。各企业经理结合自身实际情况及经营特点，分别分析总结2017年工作，对2018年重点工作进行沟通交流。公司与各所属企业经营者签订年度经营者责任书，颁发年度所属企业经营者聘书。

（崔国荣）

【公司领导当选食药行业协会会长】4月27日，北京市西城区食品药品行业协会召开成立大会暨第一届理事会，金象复星公司董事长、总经理徐军当选协会会长。

（崔国荣）

【签订仓储合作合同】6月20日，金象复星公司与中国黑色金属材料北京公司签署仓储合作合同。仓储合作标的坐落于北京市大兴区黄村镇大庄东天河北路14号，仓储合作签约期限为8年，自2018年7月1日起至2026年6月30日止。

（崔国荣）

【签署物流系统集成项目合同】7月，金象复星公司与北京伍强科技有限公司签署现代医药物流中心物流系统集成项目商务合同。合同总金额3816万元。

（崔国荣）

【医药批发部更名】8月9日，金象复星公司所属医药批发部更名为北京金象复星医药股份有限公司商贸部。

（崔国荣）

【人力资源管理工作自查】8月起，金象复星公司组织所属企业对人力资源管理工作进行全面梳理和自查。重点是人力资源选、用、育、留管理流程的建立和运行，处理流程是否合规，人员进出手续是否健全等方面进行自查。通过对所属企业上报的自查报告汇总分析，未发现与国家人事法律法规有悖的不当操作，针对个别企业存在的人事风险及时进行沟通反馈，提出处理意见，要求企业调整改正。

（崔国荣）

【与物流公司项目合作会谈】9月18日，金象复星公司与中国物流股份有限公司就第三方医药供应链项目合作等事宜进行会谈，希望尽快促成项目落地。金象复星公司股东华方公司、华方公司、上海复星医药分别介绍与其他合作方的有关情况。

（崔国荣）

【启动预算编制工作】10月，金象复星公司启动2019年预算编制工作，成立预算编制工作领导小组，负责预算的指导、组织、审定与修订的审批，要求各企业如期完成企业年度预算编制工作。预算编制要按照合理合规性、整体兼顾、客观准确性原则，围绕企业战略规划及经营目标，支持和保障下年度经营目标所需的计划和相关预算，落实重点工作目标和效率指标达成的具体方法和实施路径等制定。

（崔国荣）

【签署合作协议】11月27日，金象复星公司与中国黑色金属材料北京有限公司签署合作协议项目，合作约定双方拟成立项目公司——中物金象医药物流有限公司，注册资本为人民币8000万元。

（崔国荣）

【区领导到白塔寺药店调研】12月18日，西城区委常委、纪委书记虞宝才一行5人到中华百年老字号白塔寺药店调研，参观中药饮片调剂区内，询问调剂、复核操作环节中的质量控制。药店负责人介绍店内名医和经营情况。

（崔国荣）

【第八届职业技能大赛获奖】12月，在

第八届北京市商业服务业技能大赛中，金象复星公司所属白塔寺药店员工杨蕊获得中药师岗位第八名；金象大药房员工沈阳获得药师岗位亚军，徐卫红和张志琴分别获得药师岗位第四名和第五名。

（崔国荣）

北京金泰集团有限公司西城分公司

【概况】 北京金泰集团有限公司西城分公司（简称西城分公司）隶属于北京金泰集团有限公司，由北京通华商贸有限责任公司、北京金泰福寿老年公寓、北京金泰之家通华苑饭店有限公司、北京金泰颐寿轩敬老院4家托管单位组成，是一家从事房产物业、四合院宾馆、敬老院、超市、酒店管理等多业态、跨行业经营的商业企业。年内，西城分公司资产总计19.7亿元，销售收入2.4亿元。截至年底，实现收入总额2.4亿元，利润总额10949.6万元。

地址：西城区半步桥街48号金泰开阳大厦
邮编：100054
电话：63548097

（钟　响）

【一届七次职工代表大会】 2月1日，金泰西城分公司召开一届七次职工代表大会暨2018年工作会。听取并审议通过《坚持稳中求进　深化提质增效 全面推进新时代分公司专精发展新局面》经营工作报告、《凝心聚力助发展　维护权益促和谐　不断推进工会深化建设持续向前》工会工作报告、业务招待费使用情况报告。西城分公司领导与托管单位代表分别签订《安全管理责任书》《党风廉政建设目标责任书》《经营目标责任书》。

（钟　响）

【敬老院获奖】 2月1日，北京金泰颐寿轩敬老院在北京晚报举办的2017年度养老“公信机构评选”活动中，凭借中式庭院的机构建筑风格和“五大养老管家”全新服务理念等创新经营特色，获年度“最具特色机构”奖。3月18日，北京金泰颐寿轩敬老院善果寺分院、孔雀分院、八条分院、菜市口分院获得北京十方缘授予的“老人心灵呵护最佳合作单位”称号。

（钟　响）

【明晰房屋产权】 2月，更新南华里2号楼9-14号及9号楼4号、5号房屋产权证信息。此处房屋属回迁补偿房产，由于历史问题导致产权证房屋门牌号与实际不符，为避免发生产权纠纷，与派出所及相关单位协调，将所涉及的产权证信息进行更新，明确了南华里房产的归属权及门牌号码。

（钟　响）

【参加博览会】 3月15至17日，金泰颐寿轩敬老院参加中国国际养老产业组委会及相关行业协会在北京国际展览中心举办的“2018第二届中国国际养老产业博览会”。11月9至11日，金泰颐寿轩敬老院代表京能集团参加第七届北京国际老龄产业博览会。

（钟　响）

【医养结合】 4月，金泰颐寿轩敬老院根据入住老年人需要，增设中医药服务，联合北京市第二医院专家开展“多点执业”诊疗活动，内科主任医师每周出诊两次，为老人提供中医特色诊疗；中医专家开展针灸、耳穴压豆、康复等治疗。设立中药房，提供中药代煎服务。

（钟　响）

【权属单位合并】 7月27日，西城分公司研究，决定撤销北京金泰通华商贸有限公司万明园物业管理分公司。原单位的资源管理职能并入北京金泰通华商贸有限公司华云物业管理分公司。

（钟　响）

【南横西街养老照料中心项目竣工】 8月31日，西城分公司南横西街养老照料中心改造工程竣工。项目经建设方、使用方、施工方、监理方、设计方对工程项目消防、装修、安装等重点部位进行整体验收。

（钟　响）

【前门养老照料中心开业】 9月，西城分公司与东城区前门街道合作开办的金泰颐寿轩敬老院前门街道养老照料中心正式开业。

（钟　响）

【颐寿轩敬老院老墙根驿站开业】 10月17日，西城老墙根社区养老服务驿站正式开业。驿站位于西城区老墙根街北侧，占地面积约600平方米，是金泰颐寿轩承接广内街道资源，输出团队轻资产运营的首家养老驿站。老墙根驿站设有：日间照料、健康指导、心灵慰藉、文化娱乐、助餐服务、拓展服务等6项养老服务。

（钟　响）

【党的建设】 年内，金泰集团西城分公司党委深入学习贯彻党的十九大会议精神，突出强化“四个意识”，引领企业融入“专精发展、改革创新”中心任务，不断激发党建工作活力，为经济效益提升和各项工作有序开展提供保证。12月17、18日，《北京新闻》《北京您早》《特别关注》栏目的《我爱北京》系列微视频中播放金泰颐寿轩敬老院八条分院老人生活情况。年内，组织离退休老干部体检，领导带队上门看望老干部。金泰集团有限公司西城分公司党委被评为京能集团2018年度“先进基层党组织”。西城分公司所属托管单位：北京金泰通华商贸有限责任公司、北京金泰通华商贸有限责任公司华云物业管理分公司、北京金泰通华商贸有限责任公司开阳物业管理分公司、北京金泰通华商贸有限责任公司盛达园饭店、北京金泰之家通华苑饭店有限公司均被评为2017年度A级纳税信用单位。

（钟　响）

北京首商集团股份有限公司

【概况】 北京首商集团股份有限公司（简称首商股份）是一家以百货零售、连锁经营为主的大型商业企业集团，拥有燕莎友谊商城、燕莎奥特莱斯、西单商场、贵友大厦、新燕莎商业、友谊商店、法雅体育等一批享有知名度的企业和驰名品牌，涉足都市百货、奥特莱斯、购物中心和专营专卖等多个业态，主营门店遍布北京、天津及成都、兰州、乌鲁木齐等多座大中城市，股票代码600723。年内，首商股份立足巩固和提高市场地位，突出“强化改革创新、加快经营调整、全力转型发展、深化管控职能”四条主线，以调整转型作为抓手，以改革创新作为驱动，开展一系列工作，业绩水平稳居行业前列，营业收入100.71亿元，利润6.61亿元。西单商场是首商股份旗下重要品牌企业，总经营面积12万平方米，汇集6家门店，涵盖百货、超市、名品折扣等多种业态，形成立足北京、辐射全国的发展格局，先后5次获北京十大商业品牌荣誉称号，获得2015至2017年度首都文明单位标兵称号。年内，西单商场实现销售规模20余亿元。

地址：西城区北三环中路23号

电话：82270200

邮编：100029

（吴 江）

【西单商场各类促销活动】元旦期间，西单商场各门店组织统一促销活动，累计实现销售3229万元。2月15至21日，西单商场所属门店开展“新春年货趴”春节主题促销活动，累计实现销售3427万元，交易笔数6.61万次。3月1至14日，西单商场西单店举办“寻找精分美少女”主题换装PK活动，提升年轻消费群体的吸引力。3月8日，西单商场组织所属各门店围绕“万券齐发、惠战到底，同庆首旅集团20周年庆”主题开展具有差异化特色大型主题营销活动。3月31日，西单商场西单店与“首客首享”平台联合举办首个“线下会员定制口红DIY体验活动”，通过会员亲自参与，自媒体口碑传播，扩大品牌影响力和吸引力。4月29日至5月1日，西单商场以“畅享五月天”为主题开展促销活动，实现销售2841万元。6月8至18日，西单商场开展“爱尚年中Party”年中庆，累计实现销售5623.6万元。6月8至28日，西单商场万方店开展“我们正青春 万方20周年闪耀店庆”主题促销活动，销售同比增长1.71%。8月17日，西单商场西单店举办内购会，同比增长3.76%。10月1至7日，西单商场开展“约惠质感生活”主题统一国庆营销活动，总计销售5271万元。11月11日，西单商场组织所属门店“惠购双11”主题营销活动，销售同比增长5.48%。12月7至17日，西单商场组织所属门店开展88周年庆统一营销活动，实现销售9929万元。

（薄俊卿）

【获北京冬奥会特许商品零售店】1月25日，西单商圈首家2022年北京冬奥会特许商品零售店在西单商场西单店南楼一层开业，经营面积40平方米，经营北京冬奥组委批准上市的特许商品徽章、钥匙扣、银条及贵金属纪念章、服装服饰、文具、陶瓷等30余款。

（薄俊卿）

【西单商场“瑞蚨祥”开业】2月6日，西单商场西单店“瑞蚨祥”开业，西单商场和瑞蚨祥两家中华老字号联手，对展现老字号魅力、探索开拓老字号文化的推广和营销起到积极作用。

（薄俊卿）

【获评文明商户】6月12日，西单商场西单店百丽、皮尔卡丹、富安娜、鹿王4个专柜被评为市级文明商户，周大福和亨吉利被评为区级文明商户。

（薄俊卿）

【共建活动】6月26日，西单商场万方店党总支与北京三元食品公司开展“融合共建、笃行致远”主题党组织共建活动，实现党员互联、资源共享，优势互补、摸索经验，共创联合党建的新机制。9月27日，西单商场党委与三元股份党委在三元食品股份有限公司举行党建共建座谈会，双方就融合共建、党建分享展开交流。10月25日，西单商场西单店服务体验中心党支部与市国资委业绩考核处党支部结为共建单位，为基层党建工作优势互补、互融发展搭建平台；联合党日活动，深化共建单位间交流，为党务结对工作打下良好基础。

（薄俊卿）

【区领导调研检查工作】8月4日，副区长朱国栋带领西长安街道办事处、区商务局、执法局、供电监管等部门，对西单商场西单店夏季安全生产进行联合检查。9月18日，副区长徐利到西单商场调研，听取西单商场经营调整情况和楼体改造设想汇报，到现场察看楼体改造情况。随后到西单店瑞蚨祥旗舰店了解商品供应、经营状况。

（薄俊卿）

【西单商场“珍世缘”开业】9月10日，西单商场西单店珍珠品牌“珍世缘”开业，丰富了店内珠宝品类单品品质。

（薄俊卿）

【西单商场康辉旅游店开业】9月29日，康辉旅游西单旗舰店在西单商场西单店开业。

（薄俊卿）

【万方店莫斯科面包坊开业】10月22日，西单商场万方店莫斯科餐厅“老莫”面包坊展台开业，日销售额突破8100元。

（薄俊卿）

王府井集团北京长安商场有限责任公司

【概况】王府井集团北京长安商场有限责任公司（简称长安商场）隶属于王府井集团股份有限公司，经营面积2万余平方米，涵盖百货、超市、餐饮和服务性项目四大模块，经营10万余种商品，主要有服装、服饰、化妆、鞋帽、珠宝首饰、生活电器、百货用品、餐饮、服装修改、皮鞋修理、钟表眼镜维修、生活照像等服务项目，超市主要经营食品、日用小百货及肉蛋菜等民需商品。建店经营28年来，始终坚持“团结、求实、奉献、创新”的企业精神，以“一团火”精神和“中国服务”的思想为引领，秉承“诚信兴商”的企业文化和“诚信、便捷、亲和、专业”的服务价值观，不断迎合现代消费者多元化的生活方式，打造购物、体验、娱乐、休闲、社交为一体的生活服务平台。王府井集团与首旅集团重组后，贯彻首旅集团“打造生活方式服务业产业集团”新定位，努力实现商场自身的“精致社区生活中心”的经营目标。获得商务部绿色商场创建单位、北京市安全月最佳实践活动奖、西城区交通安全先进单位、月坛地区2018年度消防工作先进集体等荣誉。

地址：西城区复兴门外大街15号

邮编：100045

电话：68010411

（李东莹）

【补充经营项目】年内，长安商场引进摄影照相、美甲美睫、冻酸奶等品牌，丰富“精致社区生活中心”内容。现商场拥有餐饮品牌11家，功能项目品牌11家。

（李东莹）

【营销活动增强顾客体验】年内，长安商场根据集团“打造生活方式服务业产业集团”定位及商场“精致社区生活中心”定位，开展美食类、文化教育类、科技类等各类体验活动100余次，顾客通过多样的营销活动改善购物体验，增加购物乐趣。

（李东莹）

【增加服务项目】年内，长安商场推出

商品“快递到家”服务。为老年顾客提供“关爱服务”，全程陪同购物、代交款、引导乘坐直梯、送货上门，让老年人购物更安全。

（李东莹）

【安全零事故】年内，长安商场根据自身的地理位置、行业特点和国家重大活动要求，强化安全管理力度，增加现场防范措施及人员防护装备，进行全员安全教育培训，分层级签订年度安全责任书。组织防火、防爆、防暴恐等突发事件疏散演练。加强日常安全巡视和定期安全大检查，及时消除安全隐患。协助公安机关加强对管制刀具、小慢低飞行器等商品售卖的严格检查及管控工作。

（李东莹）

【公益事业】年内，长安商场关注社会公益事业，在月坛街道辖区精准扶贫对口区县捐款活动中募集善款14374元，参与共产党员献爱心捐献活动和燕京小天鹅公益学校捐赠活动。与社区联合开展义务清洗眼镜、义务理发、食品安全知识小讲堂等公益服务活动，累计为社区居民免费清洗维修眼镜148副，手机贴膜124张，理发70余人。

（李东莹）

【党建工作】年内，长安商场党委组织党员参与所在辖区月坛街道“服务型”党组织各项活动，成立15人的党员志愿服务队，组织党员参加月坛地区志愿活动5次60人参与，落实街道吹哨部门报到机制。规范“党员E先锋”系统应用，完成基层党组织和在职党员“双报到”工作。3月5日，长安商场党委组织党员学雷锋志愿服务活动，擦拭街边公共护栏，清理公共绿地草坪。4月27日，开展学习张秉贵“一团火精神”活动，召开劳模、服务品牌座谈会，参观张秉贵纪念馆，劳动模范吴玉杰获“一团火传人”荣誉称号。开展第五届生态节——“唤醒”主题营销活动。举办绿色心灵工程培训，关心企业员工健康。年内，组织社区服务活动13次、服务居民2000余人次，15个品牌商户参与，为顾客提供更多品种选择和实惠。举办社会实践公益“童子军在行动”社会实践活动8期，200余名中小学生参与。

（李东莹）

北京汉光百货有限责任公司

【概况】北京汉光百货有限责任公司（简称汉光百货）于1999年开业，位于西单商圈，现有员工约400名，经营面积4万平方米，汇集近500家国内外知名品牌，覆盖化妆品、珠宝、男女装、童装、家品家电等多品类，满足一站式购物需求。汉光百货在运营中精耕细作，保持稳健增长，化妆品、女装、运动装、鞋履等品类在全国位列前茅。年内，汉光百货在硬件改造上持续投入，在线上线下新零售融合上不断摸索，创新出适合自身的经营方式。汉光百货连续16年获北京市税务局颁发的“纳税信用A级企业”。年内，获北京市商业联合会、北京市旅游行业协会、北京市私营个体经济协会2018年度北京市优质服务商店；北京市西城区“北京消费投诉APP”快速和解网上平台先进单位；入选北京市工商业联合会2018北京民营企业百强名单；2018年度北京市非公有制企业履行社会责任参与区域化党建突出贡献，北京市非公有制企业履行社会责任综合评价活动百家上榜单位荣誉证书及奖杯。

地址：西城区西单北大街176号

邮编：100032

电话：66018899

（相隆艳）

【卖场升级】汉光百货自5月起至年底，陆续完成对八层东、九层东改装，新引进牛角、潮粥荟、杨记兴臭鳜鱼等热门餐饮品牌，丰富客人的选择。为确保顾客吃的安心，汉光百货通过自查、抽查、互查等多种形式，严格督促餐饮商户遵守食品安全制度，推进落实“明厨亮灶”工程。

（相隆艳）

【品牌提升】年内，汉光百货继续蝉联全国规模最大、品牌最丰富的美妆卖场，新引进NARS、ATELIER COLOGNE北京首店、SKINCEUTICALS北京首店、PHILOSOPHY北京首店、ALBION北京首店等。百货区新引进品牌60余个，如VVNK JANE PLUS北京首店、NEIWAI内衣北京首店、TOO MANY SHOES北京首店等，受到消费者追捧和业界同行的关注，巩固公司的品牌组合优势。

（相隆艳）

【创新经营】1月汉光电子会员卡进行优化升级。6月启动公司导购电子化管理，提高卖场管理效率；上线汉光百货+小程序，购物体验和销量均有明显提升。7月汉光百货受邀成为腾讯微信公开课嘉宾，分享线上购物案例，接受媒体采访。四季度分别与兰蔻、SK-II合作自动贩卖机项目，实现客人自助交易，为提升销售提供新思路。9月餐饮、停车场实现智能设备收款。

（相隆艳）

【爱心公益】年内，“汉光公益基金”组织员工前往希望之家（New Day Foster Home)探望小朋友；7月，参与西长安街道工委组织的扶贫工作，向内蒙古喀喇沁旗王爷府镇兴隆村捐赠170件秋冬服装，参与西城区人大常委会倡议的精准扶贫工作，向西城区红十字会捐款5万元；8月通过西城区侨联向张北县图书馆捐赠图书208本。

（相隆艳）

【党建工作】年内，汉光百货党支部立足实际，以提高党员队伍综合素质为目标，丰富学习教育形式和内容，开展经常性的党员意识和党的方针政策教育，通过学习、思考、实践全面提升党员的政治素质。不断加强支部规范化建设，推进“两学一做”学习教育常态化、制度化，严格执行“三会一课”等基本制度。学习教育活动中，教育党员和职工树立“四个意识”“红墙意识”，保持对党的绝对忠诚，以首善标准、责任担当抓好企业党建工作，助力地区发展。参加党组织和党员“双报到”工作。汉光百货党支部组织党员及员工前往福利院慰问孤残儿童，参与地区“大清整、大扫除、大美化”街巷院落活动，共建美好家园。

（相隆艳）

北京菜市口百货股份有限公司

【概况】北京菜市口百货股份有限公司（简称菜百公司）是商务部第一批命名的“中华老字号”企业，前身是菜市口百货商场，成立于1956年，多年来企业经过两次改制，现是西城区国资委重要参股子企业，是以经营黄金珠宝首饰为特色的经营公司。公司总店（总部）位于北京市西城区广安门内大街306号，营业面积8800平方米。设有经营管理部、连锁经营部、行政事务部、财务管理部、人力资源部、安保物业部、业务拓展部、品牌推广部、质量管理部、信息技术部、运营管理部、交易管理部、物流中心13个部门。连锁直营分店30家，设有深圳分公司和电商公司。在岗员工1295人（含合同制职工、劳务派遣、信息员、合作方等用工形式）。菜百公司是中国珠宝玉石首饰行业协会副会长单位、全国珠宝玉石标准化技术委员会委员，参与制定、修订黄金珠宝相关的国家、行业标准。是中国金币特许零售商，拥有上海黄金交易所综合类会员资格。拥有高于国家和行业标准的“菜百首饰”标准，以此为依据向生产厂家下达质量订单。菜百公司制定出菜百首饰33项服务承诺，自主品牌“菜百首饰”被评为“中国行业最具影响力品牌”等称号。作为中国黄金珠宝行业的领军企业，菜百公司与世界黄金协会、国际铂金协会、戴比尔斯国际钻石推广中心、国际彩色宝石协会等众多国际推广组织合作，致力于自主创新、文化营销，多年来坚持培养设计师团队，开发具有市场号召力的自主产品，成为传播首饰文化、引导时尚消费的重要基地。年内，实现销售146亿元。菜百公司总店黄金珠宝销售连续29年在北京保持第一，全国单独门店销售第一。

地址：西城区广安门内大街306号
邮编：100053
电话：83520468

（龚　磊）

【北京冬奥会特许商品零售店】 1月10日，菜百公司总店、大兴分店经2022年冬奥会和冬残奥会组织委员会批准，成为2022年北京冬奥会首批特许商品零售店。

（龚　磊）

【与北京银行签订合作协议】 1月26日，菜百公司与北京银行股份有限公司签署实物贵金属代销合作协议，共同推出北京银行品牌金条——“京禧金”金条。

（龚　磊）

【直播菜百公司黄金产品线】 2月7日，央视新闻官方微博对菜百公司黄金产品线进行直播。

（龚　磊）

【参加香港珠宝展】 3月3日，菜百公司参加香港珠宝展。在探讨中国珠宝职业教育未来发展方向的“NGTC珠宝职业教育论坛”上公司质量部经理做“菜百培训提升企业管理经验”主题发言。

（龚　磊）

【婚博会参展】 3月4日，菜百公司参加中国春季婚博会，实现黄金珠宝全品类销售847万元1283件。6月24日，参加中国夏季婚博会，。实现黄金珠宝全品类销售662.6万元1137件。9月16日，参加中国秋季婚博会，实现黄金珠宝全品类销售585.2万元1135件。12月2日，参加中国冬季婚博会，实现黄金珠宝全品类销售562.4万元995件。

（龚　磊）

【冬奥新品发售】 3月21日，由北京冬奥组委许可发行的《北京2022年冬奥会会徽和冬残奥会会徽》邮票金、银仿印特许产品在菜百公司正式发售。

（龚　磊）

【参加全国首饰标准化委员会换届大会】 4月24日，菜百公司参加全国首饰标准化委员会换届大会暨2017年年会。总经理王春利当选为新一届委员。

（龚　磊）

【参加珠宝首饰鉴定专委会筹备会】 5月10日，菜百公司参加在上海世博展览馆召开的珠宝首饰行业职业技能鉴定专家委员会筹备会议。

（龚　磊）

【参加珠宝协会知识产权会】 5月11日，菜百公司参加在上海世博展览馆召开的中国珠宝玉石首饰行业协会知识产权服务委员会成立大会。总经理王春利当选中宝协知识产权服务委员会执行主任委员。

（龚　磊）

【参加第45届世界技能全国选拔赛】 6月12日，菜百公司参加在上海国家会展中心虹馆举行的“2018年中国技能大赛——第45届世界技能大赛全国选拔赛”开幕式。总经理王春利任本次大赛珠宝加工组裁判员。

（龚　磊）

【参加中国黄金协会会议】 7月24日，菜百公司参加中国黄金协会第三届理事会第十次会议。

（龚　磊）

【博茨瓦纳政府团到菜百考察】 9月3日，由博茨瓦纳矿业部部长带队，财政部常任秘书、矿业部副秘书、能源部总工程师和博茨瓦纳电力公司传输主任组成的博茨瓦纳政府团到菜百公司总店对钻石零售在中国市场的情况进行考察、访问。

（龚　磊）

【“Perfect Match派蜜”新品发布】 9月9日，菜百公司举行“Perfect Match派蜜”新品发布会。中国珠宝玉石首饰行业协会行业发展部主任、国际铂金协会市场发展总监、派蜜珠宝总经理出席。

（龚　磊）

【参加熊猫金币挂牌仪式】 9月12日，菜百公司参加在上海举行的熊猫金币挂牌仪式。9月12日，菜百公司完成熊猫金币在上海黄金交易所挂牌上市交易后的首单交易。11月9日，菜百公司参加在北京国际钱币博览会上举行的2019版熊猫金币上市发布会。

（龚　磊）

【出席深圳国际珠宝展开幕式】 9月13日，菜百公司受邀出席深圳国际珠宝展开幕式。

（龚　磊）

【参加NGTC“玉石·科技·文化”香港论坛】 9月15日，菜百公司参加在香港会议展览中心（HKCEC）举行的玉出东方 科技领航——NGTC“玉石•科技•文化”香港论坛。

（龚　磊）

【猪年“贺岁银条”菜百首发】 9月19日，由中国金币总公司发行、上海金币投资有限公司总经销的2019己亥（猪）年贺岁银条在菜百公司全国首发。总发行量为11500公斤，有1000克、500克、200克、100克和50克5种规格，发行量为1300条、2200条、6000条、40000条和78000条，成色均为99.9%。

（龚　磊）

【中标新机场航站楼零售黄金项目】 9月26日，菜百公司中标北京新机场航站楼零售业务资源（黄金）项目。

（龚　磊）

【推展琥珀森林稀虫珀特展】 9月30日，第六届北京惠民文化消费季·菜百首饰百姓身边的宝石博物馆“重返白垩纪”琥珀森林稀虫珀特展在菜百公司总店亮相。

（龚　磊）

【参加首届中国国际进口博览会】 11月10日，菜百公司参加在上海国际会展中心举办的首届中国国际进口博览会。与澳大利亚澳新银行签订1.49亿元人民币的战略合作协议，共向澳新银行采购500公斤黄金；与天使之泪（香港）公司达成10万元美金意向采购，与泰国YONG TAI红蓝宝公司签订1.5万元美金采购意向，两项共计人民币111.58万元。

（龚 磊）

【参加钱币博览会】 11月11日，菜百公司在国家会议中心参加北京国际钱币博览会。实现黄金、礼品投资类销售65.8万元118件。销售同比上升95.97%。

（龚 磊）

【猪年“贺岁金条”菜百首发】 11月20日，由中国金币总公司发行的2019年己亥（猪）年贺岁金条在菜百公司全国首发，北京独发。最大发行总重量为3000公斤。有1000克、500克、200克、100克、50克和30克6个规格，最大发行量分别为140条、400条、1500条、11900条、18000条和9000条，成色均为99.99%。

（龚 磊）

【参加国际珠宝展】 12月17日，菜百公司在北京国际展览中心参加中国国际珠宝展，实现黄金珠宝全品类销售96.5万元299件。

（龚 磊）

【志愿服务队“五进”活动】 年内，菜百公司“爱在菜百”志愿服务“五进（社区、企业、学校、机关、农村）”活动完成415场次。其中进社区349家、校园18家、企业26家、机关5次、农村17次，服务居民1.6万余人。

（龚 磊）

【获得奖项】 年内，菜百公司获中国改革创新与诚信建设高峰论坛暨改革创新成果巡礼主题活动组委会颁发的“中国改革开放四十年·十大商业改革创新典范企业”“2017诚信中国十大商业守信品牌”，中国商业联合会、中国保护消费者基金会颁发的全国企业文化建设特殊贡献单位，中国珠宝玉石首饰行业协会颁发的中国珠宝玉石首饰行业放心示范店，中国质量检验协会颁发的全国产品和服务质量诚信示范企业、全国珠宝行业质量领军企业，北京市总工会、北京市人力资源和社会保障局颁发的北京市工人先锋号，国家质量监督检验检疫总局产品质量申诉处理中心颁发的全国百佳质量诚信标杆示范企业，中国品牌影响力评价成果发布活动组委会颁发的中国品牌影响力黄金珠宝行业先驱企业、2018中国品牌文化影响力十大示范单位、2018中国年度影响力品牌，国家珠宝玉石质量监督检验中心颁发的珠宝科技成果示范单位，北京市西城区妇女联合会颁发的巾帼建功先进集体，北京市产品评价中心颁发的北京市优质产品，首都精神文明建设委员会颁发的首都文明单位标兵，中国金币总公司颁发的2018年度中国金币特许零售商“销售之星”奖。

（龚 磊）

北京国华商场有限责任公司

【概况】 北京国华商场有限责任公司（简称国华商场）以秉承引领铂金时尚，铸造京城铂金第一家为己任，是北京市著名珠宝首饰专营店之一，营业面积5000平方米。主要经营黄金、铂金、K金、钻石镶嵌、翡翠、玉石、珍珠、珊瑚、银饰和纪念收藏等几十个品类。设有经理办公室、人力资源部、业务企划部、财务部、安保行政部、现场服务办公室、后台管理中心及质量控制中心8个部门。年内，实现销售收入3.9亿元。连续保持北京市著名商标、北京市优质服务商店、中国珠宝玉石行业放心示范店、AAA级企业信用等级，被评为广内街道红墙同心共建标兵、第五届北京惠民文化消费季突出贡献单位。

地址：西城区宣武门西大街18号楼
邮编：100053
电话：63022531

（张 伟）

【“巴黎贝甜”入驻】 年内，国华商场西侧底商重新招商，根据周边居民及品牌调研，经过竞标审核，烘焙品牌“巴黎贝甜”中标入驻。“永和大王”国华商场店撤店。

（张 伟）

【参与街道共驻共建】 年内，国华商场组织党员、入党积极分子、团员成立志愿者团队，加入街道组织的“单车联盟”志愿服务队，作为街道党建工作协调委员会成员，参与街道共驻共建。

（张 伟）

【商场陈列改造】 年内，国华商场对二层钻石卖场进行装修升级，三层翡翠引进3个品牌增加货品丰富度。商品陈列统一规范，变更销售方式，便于顾客选购，提升顾客购物体验。

（张 伟）

【售后服务调整升级】 年内，国华商场将素金类商品由购买一周内，不影响二次销售且销售凭证齐全的商品可调换，升级为一个月内可退换；以旧换新范围进行调整，调整后外场铂金可更换黄金商品。

（张 伟）

【“老舍茶馆”合作品鉴会】 3月，国华商场与老舍茶馆合作举办“精品珠宝沙龙”品鉴会。品鉴会提供精品珠宝展示，珠宝高级订制讲解，现场编织及专项服务。

（张 伟）

【专业培训】 5月，国华商场聘请专业GIA、NGTC老师，针对珠宝行业服务礼仪、服务用语、专业知识等，为国华商场员工进行为期20天的半脱产专业培训。

（张 伟）

【知名企业公益行】 10月，国华商场参与西城企业联合会组织的“知名企业公益性”活动。与多家企业合作公益进社区，携带企业产品，为社区居民现场授课及服务。

（张 伟）

【猪年贺岁金钱】 国华商场自2015年起推出羊、猴、鸡、狗贺岁生肖金钱。年内，在工艺、造型、克重上创新设计猪年贺岁钱，投放市场销售。

（张 伟）

北京张一元茶叶有限责任公司

【概况】 北京张一元茶叶有限责任公司（简称张一元）是京城著名老字号企业，拥有300余家品牌连锁店，30余家名优茶生产基地，2家特色茶馆。下设2家全资子公司。电商平台销售网络覆盖全国34个省市自治区，是集产供销、科工贸、旅游文化为一体的现代化企业。年内，销售额及利润额均保持稳步递增，蝉联全国茶叶内销榜首，被北京市企业管理现代化创新成果评审委员会评为第三十三届北京市企业管理现代化创新成果一等奖。大栅栏店被首都精神文明建设委员会办公室、北京市城市管理委员会评为首都文明商户。
地址：西城区西砖胡同2号院7号楼
邮编：100052
电话：83512713

（刘姒千）

【品牌广告首次登录央视】年初，张一元品牌广告首次登录中央电视台央视综合频道、央视国际频道播出。

（刘姒千）

【节庆促销】1月19日，“过团圆年·喝张一元”主题新春民俗风情节开幕，为期34天，开展购茶送好礼。3月24日，“品明前茶鲜·就到张一元”主题清明民俗风情节开幕，为期15天，大栅栏总店现场进行精品明前茶展示，所有连锁店开展购茶送好礼。4月21日，“品百种新春茶·就到张一元”主题春茶节开幕，为期11天，大栅栏总店现场进行百款名优新绿茶集中展示，所有连锁店开展购茶送好礼。5月9日，“把爱说出来”母亲节主题活动在张一元官微发起。8月17日，“七夕之约·花茶相伴”主题张一元第七届中国茉莉花茶节开幕，为期10天，新花茶全面上市，开展购茶送好礼，大栅栏茶馆当天举办微茶会，10位参与者身穿旗袍、中山装，制作插花和漂针试巧。9月8日，“佳节喝好茶·就选张一元”主题中秋国庆民俗风情节开幕，为期30天，开展购茶送好礼、免费发放茶品书签等活动，大栅栏茶馆当天举办“礼颂中秋·深情感恩”主题微茶会，6组参与家庭身穿汉服，小朋友和父母一起体验茶艺和制作月饼。12月22日，“喝品牌花茶·就选张一元”主题新年促销开幕，为期11天，开展购茶送好礼。

（刘姒千）

【检测中心通过CNAS扩项】1月26日，北京张一元金桥茶叶有限公司检测中心顺利通过中国合格评定国家认可委员会（CNAS）监督并成功扩项，增加包括39项检验项目和1个产品标准，认可范围达到包括《茉莉花茶》《工夫红茶》等27个茶叶产品标准，实验室判定标准包括茶叶感官指标、农药残留、重金属检测项目等160个检测参数。

（刘姒千）

【首批西湖龙井茶上市】3月23日，首批头茬西湖龙井空运抵达张一元，其中包括110斤特级明前精品西湖龙井茶（狮峰），每斤售价9800元，280斤特级明前精品1号西湖龙井茶（狮峰），每斤售价8800元，均被预订一空。头茬西湖龙井采用二维码防伪查询，产品外包装上均贴有杭州市西湖龙井茶管理协会印制的证明标志和质检部门印制的地理标志，经过国家标准检测实验室检测，严把质量关，确保“尊重时令、产地正宗、品质可靠”。

（刘姒千）

【参与活动】年内，张一元应邀参加各类活动。5月18日，参加第二届中国国家茶叶博览会。6月22日，参加北京国际茶业展，现场进行茶叶品茗、茶艺表演等活动。张一元茉莉龙毫和张一元西湖龙井茶（狮峰）获北京国际茶业展茶叶产品推选活动特别金奖。8月31日，参加中国（横县）茉莉花茶文化节，在全国茉莉花茶形势分析会上作为销区企业代表，呼吁产销两地茶企共促中国茉莉花茶产业持续健康发展，全国茉莉花茶制作大赛2人获特等奖，1人获一等奖。9月17日，参加北京茉莉花茶节启动仪式，作为企业代表对产业发展存在的问题和应对对策提出建议和意见。10月17日，参加2018年海峡两岸“武夷天下”武术文化重阳笔会，展示茶艺表演。11月15日，参加第十四届中国茶业经济年会，获2018中国茶业最受消费者认可十强企业、2018中国茶叶百强企业称号。12月8日，参加首届中国满意品牌高峰论坛，获中国满意品牌。

（刘姒千）

【公益活动】7月1日，张一元开展共产党员献爱心活动，向西城区慈善协会捐款人民币3570元。7月12日，区总工会主办，金融街街道工会及张一元承办“关爱在一线·夏日送清凉”慰问活动，特别定制3800份专属慰问茶叶，直接发到一线职工手中。9月11日，参加企业献爱心捐款活动，向西城区慈善协会捐款人民币8万元。春节、中秋两节前夕，为牛街敬老院的老人送去节日的祝福和礼物。

（刘姒千）

【大栅栏店销售再创纪录】截至7月30日，张一元大栅栏店销售额突破1亿元，连续7年实现销售过亿，较上年提前26天。

（刘姒千）

【技能大赛获奖】8月，张一元组织职工参加北京市第八届商业服务技能大赛茶艺师项目比赛，5名选手进入前十强获优秀技术能手称号，4名选手获技术能手称号，公司获优秀组织奖。

（刘姒千）

【电子商务】11月11日，双十一活动张一元电商成交额807万元，同比增长近60%，支付订单数突破5万笔，龙毫产品销量突破1万罐，茉莉毛尖和茉莉香茗总销量突破4万罐。零点仅过8分钟，天猫旗舰店交易金额突破100万元，较上年快22分钟。

（刘姒千）

北京新月联合汽车有限公司

【概况】北京新月联合汽车有限公司（简称新月公司）是国资参股的股份制企业，隶属西城区国资委管理，注册资金13130万元。现拥有44家公司（分公司），其中有25家小车分公司、1家旅游公司（含3个旅游车队、3个班车分公司）、1家修理分公司和6家控股公司（北京广聚源出租汽车有限公司、北京市光远出租汽车有限公司、北京镜湖酒店管理有限公司、北京房安新月出租汽车有限责任公司、上海华海出租汽车有限公司、北京轻普出租汽车有限公司）和6家参股公司（北京新月驾驶培训股份有限公司、北银金融租赁有限公司、海口公交新月汽车有限公司、贵阳新月出租汽车有限公司、沧州沧运新月汽车服务有限公司、北京新月中道汽车救援技术服务有限责任公司）。北京新月联合交通版块有各种车辆12100部、员工14787人，经营范围涉及出租客运、旅游班车、租赁商务、救援物流、驾驶培训、汽车修理等领域。年内，新月公司营业收入8.65亿元，实现净利润3500万元，净资产收益率为5.1%，上缴利税5042万元；资产规模50亿元。新月公司获中国道路运输百强诚信企业、2017年度共保工作先进单位特等奖、2017年度市级交通安全优秀系统、2017年出租汽车行业治安防范工作先进工作单位等。是北京市出租汽车与旅游客运行业的骨干企业，西城区重点企业和利税单位。
地址：朝阳区王四营乡马房寺368号
邮编：100023
电话：67366666（总机）

（吴治英）

【北京政协会议交通服务】1月20至25日，新月公司执行北京市政协十三届一次会议交通运输保障工作。历时6天，共派出大小车辆40部、管理人员和驾驶员45名，发车572车次。

（吴治英）

【全国政协会议交通服务】2月25日至3月15日，新月公司执行全国政协十三届一次会议住铁道大厦和财政部、最高人民法院参会委员及大会住中协宾馆工作人员的交通服务保障，共派出管理人员和驾驶员116名，参与车辆109部。历时19天共出车1351车次、接送4182人次、安全行驶21314公里。

（吴治英）

【北京国际长走大会交通服务】5月5日，新月公司控股的房安新月公司派出102辆宇通大客车和考斯特中巴车，承担2018春季北京国际长走大会3条路线交通服务保障，为长走爱好者和体力不支、身体不适者提供摆渡服务。由党员、的士之星等组成的“爱心车队”，在长走大会沿线分散担负应急救援保障任务，满足参与者用车需求。

（吴治英）

【公司党委隶属关系调整】6月6日，西城区国资委党委对新月公司党委、纪委党组织隶属关系进行调整。原由区国资委党委直接管理的9家公司领导班子建设管理、班子成员组织人事管理、基层党组织建设和管理、党员教育管理、党费收缴和管理、其他党内工作等，移交由北京金融街资本运营中心党委统筹管理。

（吴治英）

【“上合组织青岛峰会”交通服务】2018年上海合作组织成员国元首理事会第十八次会议（“上合组织青岛峰会”）在山东省青岛市举行期间，新月公司根据外交部指令，精选60辆车、64名工作人员组成服务保障团队，赴山东跨区执行“上合组织青岛峰会”代表团用车、外租用车等交通服务保障任务。保障团队4月15日从天津港装车上船到青岛至6月15日完成任务返回60天中，为峰会代表和会议工作人员提供安全、优质、圆满的交通保障服务。

（吴治英）

【市十届民族体育运动会交通服务】8月19至24日，新月公司控股的房安新月公司提供50余辆大（中）型车辆，为北京市第十届民族传统体育运动会提供交通服务。6天活动中服务各族运动员和工作人员4000多人次。

（吴治英）

【“中非合作论坛北京峰会”交通服务】8月28日至9月7日，新月公司担负2018年“中非合作论坛北京峰会”交通运输保障任务，共组织386辆各类型保障车、456名工作人员，承担部分政要代表团交通保障（含3个国家一级团车队、2个世界组织二级车队、5个三级团车队、22个国际组织、8个国家双部长会议）和中非工商界领袖、媒体及北京市领导小组、志愿者用车等交通运输服务保障任务及部分外宾机场接送任务。其中为政要代表团提供保障用车129辆并直接参与服务，新月公司第一次承接国家总统一级团用车交通服务保障任务。

（吴治英）

对外及对港澳台经济贸易

【概况】西城区商务委员会（简称区商务委）是区政府主管区内外贸易和对外及对港澳台经济合作的工作部门。年内，区新批外商投资企业47家，吸收合同外资13.19亿美元，实际利用外资5.15亿美元。实现进出口总额6306.7亿元人民币，占全市进出口总额23.2%，持续位居北京市第二位，为全市稳增长做出贡献。

地址：西城区广安门北滨河路9号

邮编：100055

电话：83509369

（马　岩）

【利用外资结构优化】年内，区新批外商投资企业47家，同比增长17.5%；吸收合同外资13.19亿美元，同比下降89.03%；实际利用外商直接投资5.15亿美元，同比下降95.56%。利用外资进一步助推区高精尖产业结构优化，新设外商投资企业有68%注册在北京金融科技与专业服务创新示范区。

（郝家莹）

【参加第五届京交会】5月28日至6月1日，第五届中国（北京）国际服务贸易交易会（简称京交会）在北京举办。西城区参加“金融服务”“设计服务”专题展览展示和北京馆日相关活动。区长王少峰在北京日主题活动中作《用好资源　优化服务 全力打造北京金融科技与专业服务创新示范区》主题演讲，签约2个重点项目，7家企业和单位参展。

（赫庆欣）

【参加首届中国国际进口博览会】11月5日至10日，首届中国国际进口博览会（简称进博会）在上海举办。西城区交易分团112家企业参加展览会，达成5年内意向采购额3670余万美元，交易涉及服装服饰及日用消费品、医疗器械及医疗保健、智能及高端设备等领域；进口包括德、荷、美、日、瑞、澳等国家及香港地区。进博会“北京日”活动中，西城区委常委、区政府常务副区长孙硕做“践行一带一路倡议 推动全球金融科技创新发展”主题推介，介绍北京金融科技与专业服务创新示范区建设成果。

（赫庆欣）

【外商投资备案监督检查】年内，启动外商投资企业设立及变更备案监督检查2次，根据双随机原则，完成对9家企业的备案情况监督检查，其中现场检查4家，书面检查5家；对1家未及时备案企业启动定向检查1次。

（郝家莹）

【进出口总额全市排名第二】年内，西城区进出口总额6306.7亿元人民币，同比增长28.9%，占全市进出口总额23.2%，位居北京市第二。其中进口额5143.3亿元人民币，同比增长22.7%，占全市进口总额23.1%，位居北京市第二；出口额1163.5亿元人民币，同比增长65.9%，占全市出口总额23.8%，位居北京市第二。

（赫庆欣）

【受理对外贸易经营者备案登记】年内，区商务委受理对外及对港澳台贸易经营者备案登记248件，其中企业新备案120件，备案表变更128件，注销7家。

（郭文志）

【总部经济中介组织】年内，完成2018总部经济中介组织初审工作，区中金税税务师事务所有限公司等8家企业入选。

（张贯中）

【服务外包和软件出口业务】年内，完成三类驻区服务外包奖励材料初审工作9家次，其中，办理新录用人员补助4家次，促进新兴服务出口项目1家次，服务贸易出口贴息项目4家次。

（赫庆欣）

【服务贸易企业统计监测】年内，与区统计局调查队联合对103家西城区重点服贸监测企业开展相关业务培训，年内重点企业登记62家，重点企业登记率60%，超过考核指标1倍，登记企业填报率100%。

（张贯中）

【开展企业出口信用保险服务】年内，区商务委和中国出口信用保险公司联合开展中小型企业统一投保出口信用保险服务，开展宣传培训2次，新增小微企业投保37家，截至年底小微企业投保覆盖率达到33.5%，为小微企业开拓国际市场和增强风险抵御能力提供保障。落实扩大出口信用保险开放覆盖面工作，西城区因小微企业投保工作成绩显著，受到北京市商务局和中国出口信用保险公司表彰。

（张贯中）

【优化企业服务】年内，不断丰富和完善走访调研清单，加大服务业扩大开放政策宣讲，专题走访高盛高华证券、诺亦腾科技公司等9家企业，组织召开西城区外资外贸企业走访调研座谈会、金融机构与企业对接会、外贸企业政策宣讲会等7次，就相关政策向企业进行宣讲，听取意见和建议，通过政府与企业之间沟通交流，搭建政策信息、经验交流和问题研讨平台。敏锐反应积极应对中美贸易摩擦影响，对驻区涉美进出口企业和美资企业进行走访调研与宣讲维稳，完成中美贸易摩擦对西城区外资外贸影响情况分析专报，区相关企业未受明显影响，发展态势平稳。

（张贯中）

【促进香港与金融街经贸对接】年内，协调组织香港高级别金融科技团专程考察金融街，与区金融服务部门和金融科技企业代表座谈研讨，互通金融科技发展与合作机会。香港贸易发展局中国内地总代表吴子衡、北京市商务委副主任申金升、西城区副区长司马红出席活动。

（章建平）

（责任编辑　孙凤霞）

金 融

金融服务

【**概况**】北京金融街服务局（简称金融街服务局）为市政府派出机构，委托西城区政府管理，根据市政府授权，负责金融街的规划、建设、服务等组织协调工作，负责做好为国家金融管理中心服务工作。北京市西城区金融服务办公室（简称区金融服务办）与北京金融街服务局合署办公，承担西城区金融业发展、金融服务和金融市场建设工作。内设办公室、发展规划处、产业促进处、市场服务处、金融稳定处、综合协调处、组织人事处（党群工作处）7个处室和1个事业单位（西城区金融发展促进中心），现有干部职工29人。年内，金融街服务局落实区委、区政府各项工作部署，加强金融业形势分析和研判，优化金融发展环境，提升金融服务水平，推进各项工作，促进区域金融业快速健康发展。年内，区金融业实现增加值2034.9亿元，同比增长10.5%，占全区GDP的比重为47.9%，占北京市金融业增加值的比重达到40%。金融业实现营业收入8732.04亿元，同比增长25%；实现利润总额2691.3亿元，同比增长83.2%。实现三级税收2700.2亿元，同比下降15.8%，占全区三级税收的72.1%；实现区级税收203.1亿元，同比增长8.9%，占全区区级税收的48.3%。

地址：西城区金融大街甲9号金融街中心B座601室
邮编：100033
电话：66022572

（张　磊）

【**推进体制改革**】年内，落实市政府《关于研究设立北京金融街服务机构等工作的会议纪要》精神，积极推进金融街服务体制改革，着力构建北京金融街合作发展理事会、北京金融街服务局、北京金融街服务中心有限公司、金融街论坛四位一体有机协同服务支持体系。北京金融街服务局于5月29日正式组建成立，北京金融街服务中心有限公司完成工商注册，北京金融街合作发展理事会筹建工作基本就绪。

（张　磊）

【**开展规划研究**】年内，金融街服务局逐季完成区金融业发展形势分析报告，跟踪分析金融业和各子行业发展形势和面临机遇与挑战，编制发布《金融街发展报告（2018）》《金融街指数报告（2018）》，采用5+N办刊模式，联合驻区研究机构共同编发《金融街观察》刊物。

（张　磊）

【**调研企业需求**】年内，金融街服务局落实区领导联系服务重点企业工作制度，结合区财政组收等重点工作，走访对接机构281家次，服务机构个性化需求。建立“一企一员”服务专员制，实施“服务卡、示范牌、晴雨表、亲清会、光荣榜”服务模式，通过实地走访调研，了解企业发展情况，获取企业新设机构信息，捕获行业及机构发展动态，促成优质机构落户，鼓励机构参与区域建设，推动区域经济社会发展。

（张　磊）

【**引进金融机构**】年内，金融街服务局关注金融业态创新发展趋势，加大对总部机构和新兴机构的引进。新引入国家融资担保基金、北京金融控股集团有限公司、联通资本投资控股有限公司、建信住房服务有限公司、中国铁路投资有限公司、新供销产业发展基金管理有限责任公司、中科院资本管理有限公司、中移动金融科技有限公司、北京云成金融信息服务有限公司等金融组织和机构54家，新增注册资本约1710.7亿元人民币。

（张　磊）

【**金融服务区域发展**】年内，金融街服务局建立完善1+N+P融资对接模式，综合运用银行信贷、企业债券、中期票据等多种金融工具，引导驻区大型金融机构为实体经济发展注入“源头活水”，支持区域金融、科技、文化融合发展。配合相关部门研究制定《西城区关于进一步支持民营企业发展的若干措施》，从完善市场准入政策、优化营商环境、鼓励民营资本参与公共服务项目建设运营和产业升级、加大民营企业投融资服务力度、提升政府保障性服务水平等方面，推动民营企业健康发展。

（张　磊）

【**促进企业上市**】年内，金融街服务局多举措促进企业上市挂牌，扩容西城上市板块。新增境内上市企业2家、境外上市企业1家，境内上市企业总数36家、境外上市企业总数25家。新增挂牌公司2家，挂牌企业总数76家，总市值超过280亿元，其中中关村高新技术企业60家，占挂牌企业总量的80%。开展上市培育辅导，走访调研20余家企业，了解企业实际需求，对接企业上市挂牌及融资等协调服务，重点培育拟上市及拟挂牌企业近50家，其中进入上市通道的企业9家。举办首届西城区企业上市工作交流活动，宣传国家多层次资本市场改革发展的新动向和新政策，展现西城区优质的营商环境。

（张　磊）

【**优化区域营商环境**】年内，金融街服务局制定发布《北京市西城区加快现代金融产业发展的若干意见》《北京市西城区鼓励和支持企业上市发展办法》《关于支持北京金融科技与专业服务创新示范区（西城区域）建设若干措施》，进一步提升区域政策竞争力。

（张 磊）

【加强小额贷款公司监管】年内，金融街服务局组织律师事务所、会计师事务所等中介机构对区域内小贷公司开展现场检查，对存在重点问题的机构出具限期整改意见书，规范企业经营，防控金融风险。截至年底，西城区有小贷公司8家，注册资本金9.38亿元。年内累计发放贷款424笔7.07亿元，期末贷款余额10.36亿元。

（张 磊）

【加强融资性担保公司监管】年内，金融街服务局与律师事务所、会计师事务所等专业中介机构合作，对区域内融资担保公司开展现场检查，对存在重点问题的机构出具限期整改意见书，规范企业经营，防控金融风险。截至年底，西城区有融资性担保公司及分公司11家，注册资本113.79亿元，职工人数574人，实现担保业务收入15.27亿元，在保余额1831.27亿元。

（张 磊）

【加强交易场所监管】年内，金融街服务局持续更新区内交易所建立基础信息台账，形成定期信息报送机制，实施动态跟踪管理。配合市地方金融监督管理局开展现场检查，提出整改意见并对其经营发展情况给予辅导。截至年底，西城区有各类交易场所11家，注册资本23亿元，从业人员755人，净资产43亿元，累计实现交易金额超过6万亿元，营业收入55亿元，净利润3亿元。

（张 磊）

【防范和打击非法集资】年内，金融街服务局强化打击和处置非法集资工作机制建设，实现风险监测预警全覆盖，形成处置风险标准化方案。成功疏解8家涉嫌非法集资高风险企业，清除销售网点40余个。继续深入开展打非宣传教育，开展主题日宣传活动和社区面对面宣教活动，利用新媒体资源，形成防范非法集资新媒体宣传联动网。

（张 磊）

【防控P2P网贷平台风险】年内，金融街服务局开展金融机构参与P2P平台“三降”工作试点获全市推广，为国家金融管理部门和驻区机构运行营造整洁有序和安全稳定的环境。约谈网贷平台26家，核查6家异地经营P2P网贷平台，完成5项防范P2P金融风险市级试点工作项目，形成经验推广。接待投资人上访100余人次，答复信访系统13件次、16人次；答复热线系统按期结案数353件；反馈率100%，满意度83.3%。向区领导及市、区相关单位报送P2P专报、日报1000余份。

（张 磊）

【举办金融街论坛】年内，梳理形成金融街论坛“一主N分多沙龙”的框架体系。一主即一年一度的金融街论坛年会；N分即金融科技、财富管理、金融开放、资本市场、金融人才、金融服务一带一路建设等6个分论坛子品牌；多沙龙即围绕政策解读、时政热点、专题研讨、读书交流等开展小型活动。5月29日金融街论坛年会后，举办金融安全与金融科技闭门交流会、资管新规配套细则政策研讨会、金融服务“一带一路”助力中非合作转型升级研讨会、金融开放和中阿金融合作的持久动力座谈、北京金融法治环境建设研讨会、流动性困境的反思与解决之道研讨会等8次系列活动。举办“金融改革40年”特别活动。

（张 磊）

【对外交流合作】年内，实现与伦敦金融城互访，举办2018北京金融街与伦敦金融城对话交流活动；与卡萨布兰卡、阿布扎比等地区型国际金融中心签订合作协议，金融街国际影响力不断提升。

（张 磊）

【加强队伍建设】年内，金融街服务局理论中心组学习15次（其中扩大学习6次），支部学习10次，微信群传达学习12次，内容有习近平中国特色社会主义精神、纪律处分条例、警示教育、意识形态、重要会议、重要讲话及重要文件精神等；接受区委区纪监委全面从严治党检查验收；“进千门走万户口”行动共走访1043户，其中处级干部走访332次，其他党员干部走访711次；协调4家金融机构参加西城区党建协调委员会，搭建地区党组织沟通协商、共建、共治、共享平台。

（张 磊）

银 行

国家开发银行北京市分行

【概况】国家开发银行北京市分行（简称国开行北京分行）资产总额5530亿元，同比增长3.53 %，表内贷款余额4738亿元，同比增长8.78%，其中人民币贷款余额2984亿元，增长8.67%，外币贷款余额255.5亿美元，增长3.75%；当年本息回收率99.34%，累计本息回收率99.21%，不良贷款率0.16%；实现中间业务收入3.2亿元，同比下降36.5%；拨备前利润2.7亿元，同比增长2.3%，ROA1.66%，同比下降0.13个百分点。截至年底，国开行北京分行内设21个处室，正式在职人员230人。

地址：西城区复兴门内大街158号远洋大厦

邮编：100031

电话：63223100

（刘 宇）

【做好四个服务】年内，国开行北京分行做好四个服务。服务京津冀交通一体化，发放轨道交通领域贷款141亿元、铁路领域贷款18亿元、机场建设领域贷款10亿元，支持北京大兴国际机场、京雄铁路、京沈客专、京滨城际、京唐城际和地铁三号线、十二号线、十六号线、十七号线项目建设。服务北京城市副中心建设，发放贷款40亿元，支持北京城市副中心职工周转房项目。服务“高精尖”产业发展，发放战略新兴产业贷款186亿元，集成电路及配套产业贷款132亿元，助力京东方集团、中芯国际多元化发展，打造集成电路中国制造，支持北大等校企产学研一体化发展。服务国际合作业务和“一带一路”倡议，实现振华石油项目落地，发放外汇贷款36.9亿美元、表内余额新增9.3亿美元；加大巴西和美、加国别业务开发力度，开发切尼尔、金鹰等液化天然气项目；与保利文化北美签署战略合作协议，支持文化领域领军企业在北美“走出去”。服务北京冬奥会建设，开发冬奥会崇礼冰雪小镇、“三场一村”等项目。

（刘 宇）

【助力民生项目】年内，国开行北京分行注重提高政治站位，支持民营企业纾困，发放民营企业流动性支持贷款12亿元。加强东西部协作，支持脱贫攻坚战，搭建与北京市扶贫支援办等机构联系机制，签订京张、京保、京蒙四方扶贫合作协议，发放扶贫贷款5亿元。举办产业扶贫对接会，28家北京市属企业参会。推动棚户区改造，发放棚改贷款

215亿元，支持朝阳孙河、丰台长辛店、石景山衙门口、房山长阳镇等28个项目建设。支持租赁住房建设，创新集体土地利用模式，发放租赁住房贷款17亿元，支持丰台成寿寺、大兴创业家园、副中心职工周转房等项目。服务基础设施补短板和市场提内需，与北京城市排水集团合作，建设污水处理厂、排水管线等再生水系统，发放水利贷款14亿元。支持医养结合，发放健康养老贷款5.2亿元。

（刘　宇）

【推动精细化管理】年内，国开行北京分行加强统筹调度，科学配置信贷资源，保证重大重点项目用款需求。提升信贷资产管理水平，做实资产质量，准确揭示项目风险；紧盯本息回收，加大动态监测力度；强化担保管理，进行“见人、见物、见系统”三方核查；持续加大征信合规管理力度。开展中间业务，债券发行、理财业务实现跨越式发展，完成北京分行首单基于国家财政补贴的保理业务，发行理财产品857亿元、债券185亿元，均为上年3倍。提升财会、营运管理效率，做好预算和费用管理，稳步推动采购工作，全面把控税收风险；优化企业开户服务，强化结算基础管理。

（刘　宇）

【风险防控】年内，国开行北京分行加强审核、扎实基础，及时掌握监管动态，持续提高评级质量和效率，提高项目评审质量，把好项目入口关。强化内控合规管理，落实内控评估工作，开展反洗钱专项行动和市场乱象自查整改，加强合规经营管理。加大不良贷款化解力度，坚持以“依法收贷”为抓手，掌握风险化解主动权。

（刘　宇）

【党建工作】年内，国开行北京分行发挥政治建设统领作用，把讲政治摆在首位，严明政治纪律和政治规矩，做到“两个维护”，贯彻中央和开发银行总行党委的各项决策部署。严格执行新形势下党内政治生活若干准则，坚持民主集中制，强化班子自身建设，开好专题民主生活会和民主生活会。开展“不忘初心、牢记使命”主题教育，强化党员政治信仰。围绕贯彻落实党的十九大精神和习近平新时代中国特色社会主义思想，党委中心组示范带头学与“请进来、走出去、沉得住”的教育培训方针相结合，通过“关键少数”深度学、全体党员全面学、轮训班专家辅导学、赴上海嘉兴现场学、参观爱国主义展览学等多种方式，提升党员的党史知识和理论水平。强化基层党组织战斗堡垒作用，持续强化党支部政治功能。层层压紧压实管党治党责任，严格落实双重组织生活制度、谈心谈话制度、行领导接待日制度，开展党建思想大调研，全年累计开展谈心谈话1508人次。抓实支部“三会一课”、集中学习、专题研讨、主题党日，举办支部书记、支部委员培训，组织支部工作经验交流会，开展发展党员专题培训。强化党建与业务融合，建立支部轮值工作机制，通过学习、业务、队伍“三融合”，实现党建统领业务发展。推进党风廉政建设和反腐败工作，贯彻落实中央八项规定精神、党风廉政建设责任制和监督执纪问责制；开展多种形式廉政教育与形式主义官僚主义专项整治活动，坚持“一季一课”，开展日常教育警示和员工行为排查，掌握干部员工廉政情况。

（刘　宇）

【工团活动】年内，国开行北京分行工会推进民主管理，维护职工权益，推进学习型分行建设，促进员工劳动技能提升，组织各项赛事和文体活动，举行北京分行第一届职工运动会。团委关注青年员工思想动态与工作学习情况，开展北京分行“京英计划——180天综合素质提高工程”、庆祝改革开放40周年系列活动、志愿服务活动。

（刘　宇）

中国工商银行股份有限公司北京市分行

【概况】中国工商银行股份有限公司北京市分行（简称工行北京分行）下设37家二级分行（含分行营业部），559家营业网点，579家自助银行，员工19095人。截至年底，本外币资产总额4.3万亿元，同比增长15.41%。实现本外币账面拨备前利润606.54亿元、净利润462.18亿元，同比分别增加80.78亿元和72.62亿元，增幅15.36%和18.64%。本外币全部存款余额4.16万亿元，较年初增加5355亿元。本外币各项贷款余额8456亿元，较年初增加858亿元。实现中间业务收入122.14亿元，同比增加4849万元，增幅0.4%。辖区内设分行营业部、长安支行、新街口支行、南礼士路支行、金融街支行、地安门支行、宣武支行、广安门支行8家支行。

地址：西城区复兴门南大街2号天银大厦B座
邮编：100031
电话：66410055

（毛彦宁）

【融资业务】年内，工行北京分行人民币各项贷款余额8070亿元，较年初增加919亿元。其中，公司贷款余额5945亿元，增加713亿元；个人贷款余额2010亿元，增加189亿元。外币贷款余额56亿美元。积极支持国家重大战略，有效服务实体经济发展，银保监会和人行口径普惠贷款余额分别为130亿元和100亿元，净增35亿元和27亿元，完成年任务的184%和207%；持续加大科技文化产业支持力度，科技文化企业融资余额1053亿元，净增196亿元。

（毛彦宁）

【存款业务】年内，工行北京分行人民币全部存款余额4.01万亿元，较年初增加5019亿元。其中，人民币储蓄、机构、公司和同业存款分别较年初增加588亿元、3783亿元、128亿元和521亿元。外币全部存款余额217亿美元，较年初增加40亿美元。

（毛彦宁）

【经营转型】年内，工行北京分行个人金融资产余额净增725亿元；信用卡新增127.2万张，分期付款余额同比增长52.4%；融e借累计放款56.75亿元，同比增幅9.2%；私人银行管理资产规模净增187亿元；融e购非金融交易额476.4亿元。法人理财、个人理财日均余额同比增幅15%和34%。承销非金融企业债1958亿元。实物贵金属业务量1.05万吨，其中实物黄金业务量2991公斤；账户贵金属交易量2713吨。养老金受托业务规模突破100亿元，增幅25.5%。跨境人民币结算量8360亿元；结售汇业务量1309亿美元，其中个人结售汇业务量66.67亿美元。

（毛彦宁）

【渠道服务】年内，工行北京分行积极推进网点布局优化与竞争力提升，重点新兴区域进驻网点9家，中心城区撤并网点4家，旗舰网点达到273家，全面消除低效网点，网均利润、存款、中收进一步提升。客户满意度和服务规范度保持优秀水平，客户净推荐值提升6.2个百分点，客户体验指数提升8.4分，网点员工满意度提升8.5个百分点。7家网点获中银协“千佳”网点称号，12家网点获总行服务“五星级”网点称号。客户诉求处理效率持续提升，消费者权益得到有效保障，获得北京银保监局（原北京银监局）一级和人行营管部A等评价、金融知识宣传教育活动标兵单位。

（毛彦宁）

【**风险管理**】年内，工行北京分行不良贷款余额和不良贷款率继续保持“双下降”，资产质量维持稳定。不断健全内控案防体制机制，推进市场乱象综合整治，开展重点领域风险治理，层层压实案防工作主体责任，全年零监管处罚、零案件和零案件风险事件，保持总行内部控制评价一类行。

（毛彦宁）

【**分行营业部**】年内，分行营业部下设1个营业室、1个网点支行，在岗员工222人。截至年底，实现拨备前利润38.6亿元；本外币各项存款时点余额2509亿元，同比增长16.52%；本外币各项贷款余额391亿元，同比增长20.52%；实现中间业务收入6.65亿元，同比增长6.3%。

（郑 嘉）

【**长安支行**】年内，长安支行下设1个营业室、10个网点支行、1个分理处，在岗员工444人。截至年底，实现拨备前利润32.88亿元；本外币各项存款时点余额1220亿元，同比增长16.29%；本外币各项贷款余额1242亿元，同比增长9.04%；实现中间业务收入5.62亿元，同比增长2.48%。

（袁绪博）

【**新街口支行**】年内，新街口支行下设1个营业室、13个网点支行、1个储蓄所，在岗员工577人。截至年底，实现拨备前利润54.82亿元；本外币各项存款时点余额3056亿元，同比增长25.8%；本外币各项贷款余额413亿元；实现中间业务收入4.15亿元，同比增长2%。

（廖泽兵）

【**南礼士路支行**】年内，南礼士路支行下设1个营业室、12个网点支行，在岗员工558人。截至年底，实现拨备前利润30.07亿元；本外币各项存款时点余额1967亿元，同比增长7.55%；本外币各项贷款余额374亿元，同比增长8.92%；实现中间业务收入3.87亿元。

（马进 李炜祎）

【**金融街支行**】年内，金融街支行下设1个营业室、5个网点支行，在岗员工213人。截至年底，实现拨备前利润7.8亿元；本外币各项存款时点余额490亿元，同比增长52.25%；本外币各项贷款余额317亿元，同比增长55.47%；实现中间业务收入2.66亿元，同比增长10.26%。

（黄 芃）

【**地安门支行**】年内，地安门支行下设1个营业室、7个网点支行，在岗员工318人。截至年底，实现拨备前利润12.77亿元；本外币各项存款时点余额972亿元；本外币各项贷款余额253亿元，同比增长10.19%；实现中间业务收入2.83亿元。

（何 军）

【**宣武支行**】年内，宣武支行下设9个网点支行、1个储蓄所，在岗员工333人。截至年底，实现拨备前利润45.02亿元；本外币各项存款时点余额4261亿元，同比增长9.82%；本外币各项贷款余额190.44亿元，同比增长8.05%；实现中间业务收入1.69亿元，同比增长10.46%。

（黄合鑫）

【**广安门支行**】年内，广安门支行下设1个营业室、10个网点支行，在岗员工412人。截至年底，实现拨备前利润12.25亿元；本外币各项存款时点余额539.72亿元；本外币各项贷款余额301.38亿元；实现中间业务收入2.93亿元。

（金 鑫）

中国农业银行股份有限公司北京西城支行

【**概况**】中国农业银行股份有限公司北京西城支行（简称农行西城支行）主要办理人民币存款、贷款和结算业务；办理票据贴现业务；代理发行金融债券；代理发行、代理兑付、销售政府债券；买卖政府债券、代理收付款项及代理保险业务；办理外汇存款、外汇贷款、外汇汇款、外币兑换、结汇、售汇、国际结算；通过上级行办理代客外汇买卖；代理国外信用卡付款及总行在经中国银行业监督管理委员会批准的业务范围内授权的其他业务。截至年底，农行北京西城支行有基层网点16个，其中14个二级支行、1个分理处、1个营业部，支行机关下设8个部室。在岗员工344人。年内，西城支行以客户建设为主线，抓实党建党廉固风险、增加盈利收入强队伍，强基固本，开拓创新，主体业务实现猛增，经营发展保持运营平稳、健康向上的快速发展态势。

地址：西城区车公庄北街新华里16号院1号楼
邮编：100044
电话：88319695

（王 娟）

【**支行业务**】年内，农行西城支行加快信贷供给投放，提高服务实体经济能力，突出重点，加快重点项目、央国企客户对接，加大营销力度，抢占市场先机，推进数据网贷业务，扩大普惠领域贷款投放，稳步提升个贷业务市场份额；坚持抓好存款业务，提升市场份额占有量，确保对公存款稳定增长，确保同业存款不断增长，确保个人存款稳步提升；抓好中间业务收入，拓展市场资源，促进国际业务发展，拓展投融业务，多方位发展托管业务；加快转型创新，推动经营发展，加快推进零售业务和网点转型，突出抓好线上线下联动营销转型；狠抓扩户提质，重点抓好全方位营销；强化双基管理，提升风险防控；强化机制建设，提升发展能力；强化绩效考核引领、工资绩效激励、人才资源保障、机关作风和能力建设。

（王 娟）

【**网点转型**】年内，农行西城支行加快网点调整优化。构建智能设备、线上渠道、低柜柜台“三位一体”的新型服务模式，完善网点服务管理机制，全方位多维度推进网点服务品质提升。优化网点劳动组合，实现人力资源优化配置。将富裕转岗人员安排到合适的位置，充实客户经理、运营主管等队伍，通过岗位竞聘、转岗培训等方式加快业务能力提升，实现劳动组合优化，提升转岗后人均效能。明确转岗人员培养管理相关政策，开展适应性转岗培训。

（王 娟）

【**党建工作**】年内，农行西城支行坚持提高政治站位，抓牢抓实党建工作。在从严治党、从严治行的总体要求下，以习近平新时代中国特色社会主义思想为指导，坚持党对一切工作的领导。

党员干部在思想上政治上行动上同党中央保持一致，强化党建对经营发展的带动作用。发挥党委领导核心作用，全面统筹部署党建工作，加强党建与经营融合；发挥基层支部堡垒作用，提升党建促经营能力；发挥党员干部先锋模范作用，树立先进典型，以身边的人、身边的事宣扬先进党员代表，以标杆效应激发党员发挥先锋模范作用。

（王 娟）

【支行荣誉】年内，农行西城支行获总行2016—2017年度风险管理板块先进集体、运营业务先进集体，获分行青年突击队创新创效活动优秀组织奖、个人存款组织进步奖。获分行2018年代理农银人寿保险优秀支行奖、代理保险业务奋勇争先奖、代理农银人寿保险价值贡献奖、代理农银人寿保险规模贡献奖。多家网点获分行代理保险业务“十强网点”“营销能手”“财富之星”“规模之星”称号。支行营业部被评为中国农业银行文明规范服务千佳示范单位、分行五一巾帼标兵岗。多名个人被分行评为分行先进工作者、农银人寿保险“营销精英”称号。

（王 娟）

【支行活动】3月，组织园博园健步走主题活动。4月，观看电影《厉害了，我的国》。5月，开展“不忘革命初心 永葆政治本色”退休党员活动，参观鱼子山抗日战争纪念馆，培训党支部书记及党务工作者。6月，西城支行党委书记以学习领会新党章为主题讲党课。举行中国梦 劳动美主题演讲比赛，开展纪念建党97周年“不忘初心、牢记使命，做新时代优秀共产党员”主题教育活动。7月，开展“重走党的革命道路 续写党的光辉历程”主题活动。9月，邀请北京市委党校教授做“党性修养与和谐组织建设”“十九大后国际关系与宏观经济发展趋势”主题报告。10月，开展学习《习近平新时代中国特色社会主义三十讲》征文比赛。参观北京市委党校党性教育基地，11月，组织观看“两弹一星”及黄大年优秀事迹纪录片。12月，组织全体党员观看《榜样3》，开展“向榜样看齐、做合格党员”活动。年内，举办6次中层干部思想教育集中培训，12次全体党员“两学一做”集中学习。

（王 娟）

中国银行股份有限公司北京市分行

【概况】中国银行股份有限公司北京市分行在区境内有西城支行、宣武支行。西城支行下设10部（支行营业部，公司业务部、公司金融产品部、个人金融部、个人贷款部、银行卡部、监察部、计划财会部、风险内控管理部、综合管理部），17个经营性支行（西城区外8个）。在职员工512人。宣武支行下设9个部门，14家经营性支行（含支行营业部），在职正式员工403人。

西城支行

地址：西城区阜成门外大街5号

邮编：100037

电话：68002129

宣武支行

地址：西城区南新华街1号

邮编：100052

电话：63916155

（杨杰茜 张齐笑）

【西城支行业务】年内，中行西城支行坚持党建引领，实现凝心聚力。以机制建设为核心，夯实管理基础，坚持稳健经营，大胆改革创新，做好客户拓展，将总分行发展战略落到实处。抢抓核心区非首都功能疏解契机，通过推进三级联动、分层对接机制，加强与西城区委、区政府、各委办局及辖内主要街道办事处建立合作长效机制，支持重点项目及区域发展，不断深化与西城区政府的整体合作。年内，公司业务方面，深入挖掘新、老客户资源，实现行政事业存款稳定增长，有力推进负债业务。践行互联网金融战略，针对独角兽企业进行专项营销部署，成功与多家企业实现对接。落实党中央、国务院及总行党委关于支持普惠金融业务发展的战略部署，结合区域经济特点、客户结构、企业金融服务需求等，通过开展有效的渠道营销，筛选优质客户资源，大力发展普惠金融助力中小客户。个人金融业务方面，提前部署私行客户提升工作，紧抓各项产品销售，利用优势产品捆绑客户资金，采取存量、行外客户两手抓，实现私行客户及金融资产快速增长。发挥对私金融市场业务带动作用。成立金融市场营销小组，通过定期举办金融市场策略分析沙龙会、厅堂营销等方式对原油宝、积利金、E融汇开户等重点产品全方位营销，带动全量金融资产、存款等多项指标有效提升，开拓个金业务新增长空间。内控方面，以建立健全三道防线内控体系为目标，建立合规教育培训、人员管理、监督检查、考核问责日常内控管理运行机制，做实支行内控管理规定动作，抓好重点领域风险防控，提升支行全面风险管理水平。

（杨杰茜）

【宣武支行业务】年内，宣武支行本外币汇总折人民币各项存款余额576.5亿元，其中人民币各项存款余额532.2亿元；本外币汇总折人民币各项贷款余额451.69亿元，其中人民币贷款余额385.7亿元。实现拨备前利润8.42亿元。宣武支行响应西城区政府的各项发展战略，发挥金融支持作用；支持冬奥基础设施建设，推进“京津冀”协同发展战略，为铁路项目提供资金支持；响应“一带一路”倡议，为重点客户打造专属服务方案，叙做出口买方信贷业务；支持国家新能源产业政策，与新能源汽车企业开展合作，4年中累计实现分期交易量12亿元，客户数累计达4700余人，辖内网点获中国银行总行全国级消费分期旗舰支行称号；发展普惠金融，支持民营经济，不断完善小微企业服务体系，设立普惠金融服务中心，建立专门服务小微企业的SBU（战略业务单元），专业、专职、高效服务小微企业。严格落实风险管控，坚持内控合规档案特色化管理，不断提升支行风险管理水平。认真学习宣传贯彻落实党的十九大精神，推动党建工作融入基层、融入业务、融入人心、融入社会，在区域内通过联合学习教育、联合党日活动、联合共享平台，践行社会主义核心价值观，传播公益大爱，为民族复兴的中国梦做贡献。开展精神文明建设，获评“首都文明单位”。

（张齐笑）

中国建设银行股份有限公司北京市分行

【概况】中国建设银行股份有限公司北京市分行在区境内有宣武支行、西单支行、西四支行。宣武支行有中长期劳动合同人员325人，平均年龄37.2岁，其中本科及以上学历人员139人，党员113人；下设10个部室，10个营业中心，4个个人金融中心。西单支行有中长期劳动合同人员150人，平均年龄38岁，其中本科及以上学历98人，党员51人；无劳务人员。下设8个部室（含营业部），5个营业中心（西长安街支行、西直门支行、华远街支行、德胜支行、新街口西里支行）。西四支行有中长期劳动合同人员234人，平均年龄39.3岁，其中本科及以上学历人员166人，党员103人，下设6个经营机构。

宣武支行
地址：西城区广安门内大街314号
邮编：100053
电话：63209687
西单支行
地址：西城区西单北大街34号
邮编：100032
电话：66035636
西四支行
地址：西城区阜成门外大街甲26号
邮编：100037
电话：51999930

（郝悦如　卢萌　曹红海）

【宣武支行业务】年内，宣武支行KPI排名分行第5位，等级行排名A类行第4位，实现本外币利润16.5亿元。中间业务收入5.34亿元。本外币全口径存款时点余额776.54亿元；一般性存款余额388亿元。本外币各项贷款时点余额515.49亿元；五级分类不良贷款余额0.19亿元，不良率0.04%。宣武支行坚持党建引领，学习贯彻落实党的十九大精神，坚持"专业+综合"发展方向，推进三大战略，全面提升综合水平，全方位加强内部管理，为建设一流支行继续努力。三大战略推进方面，住房租赁：截至年底，共上线房源390套。金融科技：截至年底，各项云平台产品总获客6.05万户。普惠金融：截至年底，对公普惠金融贷款余额5.6亿元，较年初新增4.35亿元，排名分行第3位。办理总、分行多项"首笔"：总行首笔跨省三地"民工惠"业务；总行设立债券包销账户以来首笔债券承销业务；总行首笔棕榈油大宗商品套期保值业务；分行首笔区块链国内信用证业务；分行系统首家实现信托公司同业平台合作收费的支行。转型发展成果：国家重点"一带一路"建设工程——越南海阳燃煤电厂BOT项目实现中收承诺费794万美元，成为年内一季度分行国际业务中收最大单；新增全国社保托管账户6户，实现托管规模达168亿元；成功营销国家融资担保基金有限责任公司开立一般结算账户，最高时点存款余额7.5亿元。年内，宣武支行个人业务五项重点产品累计销售47.79亿元，排名分行第5位；14家营业网点全部完成"劳动者港湾"建设工作，通过星级网点验收。在分行旺季营销竞赛活动中，宣武支行获得对公业务旺季营销活动优胜单位、个人业务旺季营销竞赛十强支行荣誉称号。年内，宣武支行以党建引领各项工作，参与总、分行"不忘初心，牢记使命"十九大精神专题讲座；参观石景山反腐倡廉教育基地；开展"铸牢红色堡垒，汇聚道德光芒"主题道德讲堂活动；党委与总行授信审批部、战略客户部党组织赴云南，组织中国电建·建设银行西南片区银企交流会暨银企党建工作交流会，云、贵、川、渝四地数百名客户和建行精英聆听总行专家授课，就银企深入合作进行探讨，打造"三大战略"的新名片。年内，宣武支行获分行级企业文化建设先进单位称号。在分行"投身'三大战略'·绽放青春风采"主题活动中，员工先后亮相分行青年论坛、员工故事汇；分行劳动竞赛中，获7个业务条线中5个条线的名次；与分行一同建立房山区南窖乡花岗村定点帮扶示范点，开展精准帮扶活动，员工自发捐款捐物、圆梦助学、奉献爱心，与当地党组织携手共建"开山饮水"红色教育基地。

（郝悦如）

【西单支行业务】年内，西单支行实现本外币账面利润2.31亿元。中间业务收入1.63亿元。本外币全口径存款时点余额224.9亿元；一般性存款余额199.6亿元。本外币各项贷款时点余额87.48亿元；五级分类不良贷款余额0.1亿元，不良率0.12%。西单支行围绕"提高站位、稳中求进、进中求好、好中求快、转型创新"的总基调和总行"三大战略"的决策部署，定基调、明目标，做好"强党建、新发展、控风险、带队伍"四件事，通过全行上下的共同努力，各项工作稳中向好。成立学习宣传贯彻党的十九大精神领导小组，在细化方案的基础上制定《西单支行进一步深化党的十九大精神学习教育工作清单》，明确5个方面推进要求，细化6个事项45点具体工作；开展系列主题党日活动、主题参观活动、主题党课活动。营造学习宣传贯彻党的十九大精神氛围，增强全体员工"四个意识"，夯实阵地建设。强化员工行为管控，开展贯穿全年、覆盖全员的员工行为管理专项活动，召开全行警示教育大会，组织观看《警钟长鸣》警示教育片，推动"三线"教育入脑入心入行；落实"平安建行"创建工作，签订《安全管理责任书》，定期开展安全检查；完成支行办公楼临建拆除、西长安街支行新址装修搬迁、西直门支行新址装修等工作；完成全国"两会"、中非合作论坛北京峰会等重点时期安保任务；处理各类投诉事件，投诉管理排在分行第三名，所辖4家网点实现星级创建。坚持以市场为导向，梳理客户和机遇，紧抓存款资金，对公存款日均新增分行排第三名。与中组部机关事务管理局举办网银开通仪式，成为中组部机关网上银行业务的委托执行银行。中标中组部机关非统发类报销项目、教育部留学生外币专用卡项目、"智慧工会"项目。为国安社区（北京）科技有限公司创新推出"国安宝"智能终端产品，实现分行首个重点行业移动支付场景应用。与北京环境卫生集团有限公司、北京祥龙资产经营有限责任公司等市属企业签署战略合作框架协议、"劳动者港湾"服务协议，巩固银企合作关系，践行大行担当，履行社会责任。上线中国人寿保险股份有限公司代收代付系统，实现客户在全国范围内网上代扣代缴个人保费服务，填补分行大型保险公司代收代付系统的空白。营销北京佳源投资经营有限责任公司首批租赁房源上线建融家园平台，实现支行在蓝海项目工作中的突破。与分行造价中心联动配合，中标入围《中央国家机关2018年—2020年工程造价咨询定点企业项目》，入围中央国家机关造价咨询项目合作企业名单。参与分行"拓百户 增千亿""调结构 促中收""拓客户增账户 深挖掘勇拓新"等活动。营销"劳动者港湾"APP下载总量14739户，计划完成率排名分行第1名。参与总分行组织的各类活动，获得分行"抢抓机遇，百强争霸"新兴金融业务答题竞赛活动二等奖、"不忘初心 牢记使命"职工合唱比赛三等奖、"拓客户增账户，深挖掘勇拓新"对公专项营销活动优胜单位、优秀基层工会等。打造党员之家、职工之家，提升全行凝聚力与获得感。

（卢　萌）

【西四支行业务】年内，西四支行实现本外币账面利润10.39亿元，截至年底，本外币全口径存款时点余额728.38亿元，本外币各项贷款时点余额205.11亿元，五级分类不良贷款余额0.14亿元，不良率0.07%。年内，西四支行定位业务发展的领先行，金融创新的先行行，以人为本的实践行，党建工作的示范行。聚焦服务西城建设、深入推进“三大战略”。创建并向公众开放劳动者港湾，促进资源共享，集中力量服务支持齐心助力西城区域企业发展。推进总行“三大战略”方面，住房租赁，实现建行北京市分行系统内最大的区属公租房源上线2626套；普惠金融，狠抓供应链融资、科技文创园区、商会等平台，实现普惠金融贷款新增5.2亿元。金融科技，持续强化14个金融科技平台的对接应用，全员营销、公私联动，党群综合服务平台实现对公获客数353户。巩固与创新并重、提高价值创造能力。巩固、深挖已有资源、平台、客户的基础上，相继通过金融债、保本及非保本理财产品等多项产品营销，进一步强化与国开金融、中非发展基金、丝路基金、集成电路产业基金等特大型客户的业务合作，为年度稳存增存奠定基础。完善全面风险管理机制，坚持“风险管理进党委”。制订出台信贷全流程管理办法，开展“信贷合规大讲堂”，定期召开对公预警跟踪及客户诊断会，提升员工信贷合规意识和履职能力，加强风险预警处理，开展多次专项行为排查及飞行检查，保持信贷资产质量良好态势。坚决压实“两个责任”、强化落实从严治行。搭建“业余党校”平台，相继开展手机党校、视频讲座、参观交流、知识竞赛等培训教育40余次。创新搭建“5+2”网格化管理、纪委成员联系行等特色监督制度，运用“纪检+”特色模式，推动廉洁教育日常管理的常态化和长效化。实现平稳运行，无案件，无重大违规违纪，无私售。打造“青年创新”工作品牌，持续倡导“心灵建设”理念，建立员工全覆盖的慰问帮扶体系，组织夏日送清凉、冬日送温暖、生日送祝福、公园年票送健康等活动，员工的归属感和幸福感不断提升。年内，西四支行获北京市“首都文明单位标兵”、建行北京市分行先进集体和企业文化建设先进单位称号，所辖支行营业部获全国“巾帼文明岗”称号。

（曹红海）

交通银行股份有限公司北京市分行

【概况】 交通银行股份有限公司北京市分行（简称交行北京市分行）机构网点总量148家（含9家临时停业网点），其中分行营业部1家、一级支行40家、二级支行79家、普惠支行28家；共有员工数量4407人（其中正式员工4402人，派遣制员工5人），平均年龄35.9岁。截至年底，本外币资产总规模7636.76亿元；本外币各项存款余额6360.71亿元，较上年增加231.88亿元，增长比率为3.78%；本外币各项贷款余额3226.71亿元，较上年增加91.49亿元，增长比率为2.92%；利润110.87亿元，较上年增加25.68亿元，增长比率为30.14%。

地址：西城区金融大街22号

邮编：100033

电话：88668866

（何华伟）

【公司金融业务】 年内，交行北京市分行以融资产品为抓手，批量拓展链属企业，打通市属企业、优质民营、外资企业合作通道。以中小企业为重心，发展税费通业务。推广现金管理业务、企业网银和银企直联业务。加大对医院、学校、各级法院、保险公司等特定行业系统的对接力度，推动负债结构调整，提高低成本核心负债占比。强化对公资产业务管理，从信贷规模管理、定价管理、贷款产品管理、重点项目管理、京津冀协同发展及集团客户管理等方面进行统筹，促进资产业务发展。发展小微业务，开发推进知识产权质押融资新产品方案，针对“融资慢”和“融资难”问题，打造创业快贷、科创快贷等快捷融资服务方案。

（何华伟）

【个人金融业务】 年内，交行北京市分行以提高综合收益为出发点，发行资产提升类、新资金专享等专属产品，吸引源头资金。落实客户分层分级管理，基层网点负责中高端客户营销和维护，基础客户拓展由外拓直营团队来完成，主要针对代发工资、代发公积金客户等开展直接营销。明确资产30万以上客户为主攻群体，实行名单精准销售，深化客户资产配置，提高财管产品覆盖度。实行以理财产品、代理类信托、报价式集合等为重点的私银产品配置策略，持续推进各类产品销售。开通手持终端秒批功能和VPN发卡渠道，推广168元刷卡金活动，开展特色客群专项营销。针对优质代发工资客户、存量房贷客户、社保缴存稳定、高学历等优质客户推出全线上信用消费贷款产品。

（何华伟）

【国际业务】 年内，交行北京市分行稳步发展即期、远期、掉期结售汇交易，结售汇量和结售汇收入显著增长。逐步恢复能源类国企、汽车类企业的传统结售汇交易，开发互联网类企业和中大型贸易类企业办理结售汇业务，客户结构进一步优化。挖掘境内企业海外分红购汇、境内企业境外上市资金汇回结汇、跨境直贷结售汇、同业客户结售汇等多种客户需求，拓宽业务范围。推动客户及产品多样化，开展进口代付、保票通及国际、国内证福费廷业务，首次与五大电力行业海外资产管理公司合作资产业务。跟随“一带一路”、国际产能和装备制造合作等国家战略推进步伐，推动境外项目及银团贷款。

（何华伟）

【基础管理】 年内，交行北京市分行推动普惠金融事业部制改革落地，优化直营团队管理机制，调动小微客户经理营销动能。优化支行经营布局，核定一级支行分类，班子成员职级挂钩支行分类，激励支行班子提升经营效益。推进管理部门人员编制核定，根据业务规模及人均饱和业务量量化核编。以重点向低职等员工、绩效表现优异员工、行龄长员工、关键族群员工、支行员工倾斜为原则，完成AB职等员工职档、薪酬切换。开发“目标列表管理系统”，将各类重点事项纳入全流程管理，提高办理效率。开展“五大领域”专项治理和“长剑2018”案防特别行动，有效遏制和减少案件及违规行为发生。

（何华伟）

【风险管理】 年内，交行北京市分行以考核为抓手，通过开展资产质量考核、贷后及存续期管理考核、风险管理综合评价，有效落实风险管理责任。前移信用风险管控重心，创设资产质量一体化管控机制，内含集团客户风险排查机制、临期风险预警管控机制、目标客户主动介入机制、共性风险预警提示机制等4项机制，各机制有效联动，做到风险“早识别、早预警、早处置”。加强现场实地查访，动态调整“灰名单”

“监察名单”，提升风险管控精细化水平。以降损增利为目标，逐户排摸风险资产，结合政策和市场，确定重点突破对象，推进风险资产清收和处置。将操作风险管理要求嵌入到流程设计、制度建设初期，自觉开展各项风险评估和检查，从源头防范风险事件。

（何华伟）

【阜外支行金融业务】阜外支行下设1个营业室、4个支行（含1个普惠支行），在职员工131人。截至年底，人民币存款余额197.3亿元，同比增加15.95亿元，其中储蓄存款56.13亿元，对公存款141.17亿元；人民币贷款余额87.92亿元。实现各类中间业务收入6577万元；实现国际结算量115532万美元；实现本外币利润35789万元，人均创利263.64万元。

（汪 昱）

【西单支行金融业务】西单支行下设1个营业室和1个支行，在职员工84人。截至年底，人民币存款日均余额298亿元，同比增加95.62亿元，其中储蓄存款30.06亿元，对公存款267.94亿元；人民币贷款余额267.62亿元。实现各类中间业务收入10703万元；实现本外币利润48345万元，人均创利540万元。

（赵 欣）

【宣武支行金融业务】宣武支行下设1个营业室、4个支行（含1个普惠支行），在职员工105人。截至年底，人民币存款日均余额77.8亿元，同比减少6.2亿元，其中储蓄存款49亿元，对公存款21亿元，同业存款7.8亿元；人民币贷款余额1.2亿元。实现各类中间业务收入3685万元；实现本外币利润5673万元。

（陈肖肖）

【北三环中路支行金融业务】北三环中路支行下设1个营业室和4个支行（含1个普惠支行），在职员工92人。截至年底，人民币存款余额168.04亿元，同比增加11.89亿元，其中储蓄存款46.02亿元，对公存款122.02亿元；人民币贷款余额92.57亿元。实现各类中间业务收入11588万元，其中对公板块9636万元，零售板块1952万元；实现本外币利润33462万元，人均创利346.75万元。

（曹岩秋）

中信银行股份有限公司总行营业部

【概况】中信银行股份有限公司总行营业部（简称中信银行总行营业部）本外币资产总额7193.05亿元，比上年增加744.87亿元，增长率11.6%。本外币存款余额（含金融机构存款）6700.64亿元，比上年增加848.32亿元，增长率14.5%。本外币贷款余额（含贴现）2194.22亿元。不良贷款余额5.46亿元，不良率0.26%。实现净利润93.77亿元。截至年底，中信银行总行营业部有机构网点73家（不含社区支行），员工2967人。

地址：西城区金融大街甲27号投资广场
邮编：100033
电话：95558

（张 腾）

【公司银行业务】年内，中信银行总行营业部努力巩固战略客户、机构客户等传统领域优势，推动行业转型，开发新兴领域，以客户为中心，依托投资银行、电子银行等重点业务，实现对公负债业务的可持续发展。截至年底，本外币公司一般性存款日均余额4687.9亿元，居股份制银行第二位。资产业务，践行轻资本发展战略，服务首都实体经济，不断完善小微企业金融服务体系，创新供应链金融产品，重点开拓“三大（文化、健康和环保业）、三高（高科技、高端制造业、高品质的服消费与服务业）、三新（新材料、新能源、新商业模式）”客户。截至年底，人民币公司一般性贷款余额1014.58亿元，居股份制银行前列。投资银行业务，发挥银行专业、渠道、信息等优势，扩大股权投融资、实业投资、并购贷款、产业基金等方面的客户服务范围。年债券承销规模1579.41亿元，首次跃居北京市场第一位。融资类理财新增融资规模107亿元，年融资类理财日均总规模509.07亿元；新增并购贷款68.97亿元；跨境银团实现新增投放7.09亿美元。汽车金融业务，改“部门+支行”运营模式为“行业事业部”模式，集中资源搭建全产业链营销管理平台，建立汽车行业专营事业部；强调“上游+下游”“对公+零售”的营销策略，有效提升资源使用效率，全方位、立体化推进汽车业务发展；坚持走高端品牌路线，深化合作，建立厂家信息直联渠道；以“交易银行+投行”“传统+创新”为导向，加强产品适应性，为客户提供全方位的综合金融服务。交易银行业务，以产品为中心转向以客户为中心，从营销产品转向提供行业解决方案，结合各行业特点，为客户提供“融资+结算”“现金+票据”“线上+线下”“公司+零售”的综合金融服务。通过创新结算、现金池票据池双池、供应链融资等产品，推进交易银行重点项目。截至年底，交易银行客户数40769户，交易银行项下中收8679万元。普惠金融业务，做好深化民营和小微企业金融服务，重点围绕票据贴现、供应链金融及“票、链”类普惠金融标准化产品，推动普惠金融业务见实效。截至年底，普惠型小微企业法人贷款余额4.45亿元，贷款客户数102户。

（张 腾）

【零售银行业务】年内，中信银行总行营业部以新3年战略规划为蓝本，围绕中信银行零售“四三三”指导思想，以体系建设为基石，以客户经营、价值提升为核心，深耕客户经营、坚持产品创新、推进流程优化、紧抓服务品质、强化合规管理，推动零售业务发展，提升在北京地区市场竞争力。存款业务，个人存款余额连破700亿元、800亿元、900亿元大关。截至年底，时点余额达905.30亿元，年增284.14亿元，余额增量位居股份制银行同业第二；个人存款日均增量129.22亿元，一般性个人存款日均增量92.02亿元；个人外币存款规模14.02亿美元，保持股份制同业第二；年增3.23亿美元，在全北京市场排名第一。截至年底，管理资产余额2733.09亿元，年增591.93亿元，成为中信银行首家管理资产余额增量突破500亿元大关的分行；管理资产日均余额2476.04亿元，日均增量突破400亿元，达到465.3亿元。零售资产，完善个贷产品体系，推进个人按揭贷款业务，开展普惠金融贷款业务，发展信用贷款业务，满足北京市场个人贷款客户按揭、消费等用途的合理融资需求。截至年底，零售资产余额959.87亿元。客户经营截至年底，1万以上有效客户数47.38万户，年增7.36万户；AUM5-50万零售客户数23.91万户，年增3.38万户；AUM50-600万零售客户数103507户，成为中信银行首家突破10万户的分行，年增23747户；AUM600万以上零售客户数

5886户，年增1454户。代理销售在北京同业市场上，中信银行总行营业部传统代销产品销量稳居股份制商业银行前三。截至年底，理财销量4164亿元，净值型理财销量350亿元，占比提升19%；保险销量24.63亿元，期缴保险销量4.1亿元，销售结构进一步优化，占比由上年的14%提升至19%，其中，价值型期缴3.84亿元，占比94%，同比增长近50%；非货币基金销量30.75亿元，同比增长224%；贵金属销量11796.51万元。手机银行截至年底，移动银行登录客户数143.29万户。移动银行净增客户109.43万户，交易1770.32万笔，月均登录客户50.94万户，月均交易客户29.73万户。电子商务产品交易量1183.15亿元，其中跨境电子支付业务交易量389.68亿元，同比增长122.2%。人行移动支付便民示范项目为全行一把手重点工程。截至年底，中信银行总行营业部完成1个重点商圈、2个重点街区、5个重点生活圈、3个支付场景的搭建工作，被北京市支付清算协会授予先进单位称号。贯彻落实“互联网+党建”的战略部署，以创新型产品“党费通”服务中信集团和各级党组织，获得优秀推广分行奖。成功落地中信资产、中信证券等机构27家党委，累计服务党支部341家，5000余名党员缴费1566.84万元。连续3年在北京银监局消费者权益保护工作评价中获评一级。辖内两家支行获评中银协2018年中国银行业文明规范服务千佳单位；被北京银保监局筹备组授予年度金融知识宣传教育活动先进单位称号；在首届“民生加银杯”中国银行业微视频大赛中，获最佳消费者保护奖、最佳人气奖。

（张　腾）

【金融同业业务】年内，顺应“防风险”“去杠杆”监管形势，落实监管要求，深化“轻型银行”业务转型，加大同业借款投放；调整理财销售客户结构，加强对证券公司现金管理类产品、城商行和民营银行不跨季产品营销，扩大理财销售轻资本收入；发挥票据业务优势，拓展“信秒贴”产品，中小微企业客户数量稳步增加；推广同业+平台，轻型化发展基础得到夯实。截至年底，资产业务余额1053.11亿元，负债业务余额1944.23亿元。加强全辖跨境业务合规管理，落实“展业三原则”，获2018年度外汇管理规定考核“A类银行”评级。客户巩固与产品创新“两手抓”，依托传统国际结算客户基础，推动符合国家“一带一路”政策导向出口信贷业务。截至年底，累计实现轻资本收入4.57亿元、金融市场交易量1947亿元。托管业务瞄准“四大领域”“三大平台”重点客户，深挖托管业务及一般性存款沉淀机会，带动托管收入及各项收益全面增长；坚持“托管+”经营理念，提升服务能力；加深与天弘基金的战略合作关系，实现存款、中收双拉动；中标中央职业年金托管人及中国林业集团企业年金账户管理人，落地方正集团企业年金托管业务。截至年底，托管规模2.28万亿元，托管中收15.32亿元，增幅21.21%。

（张　腾）

【风险控制】截至年底，不良贷款余额5.46亿元，不良贷款率0.26%。其中公司贷款不良余额1.19亿元，不良贷款率0.1%。优化企业开户服务和企业开户流程，对接工商“e窗通”企业开户预约渠道；推进回单机智能化升级，完成押品权证实物管理项目（二期）上线，优化同城电子清分平台提升运营效率；规范预留印鉴管理，推动挂账清理，梳理业务流程，提高结算质量；开展多样化运营检查，规范业务处理标准，严控操作风险，加强运营人员管理。建设“平安中信”开展制度源头性梳理，强化合规审核，提高制度有效性和执行力；完善立体化案防体系，规范员工行为管理，加强自查自纠和整改，建立自我纠偏完善闭环机制，提升内控管理有效性和反洗钱风险防控水平。

（张　腾）

【营业结算部业务】年内，中信银行总行营业部营业结算部在职员工48人。截至年底，一般性存款余额66.56亿元，其中公司存款余额46.45亿元，个人存款余额20.11亿元。各项贷款20.41亿元，其中公司一般性贷款0.3亿元，个人贷款20.11亿元。

（张　腾）

【西单支行业务】年内，中信银行总行营业部西单支行在职员工31人。截至年底，一般性存款余额41.21亿元，其中公司存款余额29.40亿元，个人存款余额11.81亿元。各项贷款26.61亿元，其中公司一般性贷款6.69亿元，个人贷款19.92亿元。

（张　腾）

【广安门支行业务】年内，中信银行总行营业部广安门支行在职员工24人。截至年底，一般性存款余额26.69亿元，其中公司存款余额17.59亿元，个人存款余额9.1亿元。各项贷款12.11亿元，其中公司一般性贷款0元，个人贷款12.11亿元。

（张　腾）

【中信城支行业务】年内，中信银行总行营业部中信城支行在职员工29人。截至年底，一般性存款余额82.67亿元，其中公司存款余额61.24亿元，个人存款余额21.43亿元。各项贷款25.76亿元，其中公司一般性贷款19.94亿元，个人贷款5.82亿元。

（张　腾）

【德外支行业务】年内，中信银行总行营业部德外支行在职员工23人。截至年底，一般性存款余额14.35亿元，其中公司存款余额10.54亿元，个人存款余额3.81亿元。各项贷款9.75亿元，其中公司一般性贷款0.35亿元，个人贷款9.4亿元。

（张　腾）

【天桥支行业务】年内，中信银行总行营业部天桥支行在职员工21人。截至年底，一般性存款余额15.87亿元，其中公司存款余额9.12亿元，个人存款余额6.75亿元。各项贷款14.48亿元，其中公司一般性贷款0元，个人贷款14.48亿元。

（张　腾）

中国光大银行股份有限公司北京分行

【概况】中国光大银行股份有限公司北京分行（简称光大银行北京分行）有营业网点68家，员工2700余人。截至年底，资产总额4505亿元；一般存款时点余额3593亿元，较上年增加386亿元，增幅12%，其中，核心存款时点余额2615亿元，较上年增加235亿元，增幅10%；一般存款日均余额3720亿元，较上年增加420亿元，增幅13%；预算完成率169%，其中，核心存款日均余额2526亿元，较上年增加220亿元，增幅10%，预算完成率224%；风险调整后利润52.91亿元，同比增加3.74亿元，增幅8%，完成总行预算120%；中间业务净收入34.64亿元，占全部净收入

35.9%；存贷款利差达到2.09%，比上年增加23个BP；资产收益率1.17%，资本收益率38.3%；不良贷款率0.26%，比上年下降0.32个百分点。
地址：西城区宣武门内大街1号
邮编：100031
电话：66567699

（潘远发）

【公司银行业务】年内，光大银行北京分行集中营销20余家重点央企、市企和知名民营企业，为持续深化双方业务合作提供有力支持。新增特惠客户22户，进一步充实优质客户，增加重点客户占比。分行再次获得中央财政代理资格，并取得丰台区、朝阳区财政、人民银行营业管理部国库集中收付代理资格。上线中央和北京市财政非税缴费项目，累计缴费138亿元。推进FPA综合经营，大资产余额3254亿元，较上年增加174亿元。创新开发外币衍生交易、股本金购付汇、保理等新型贸金业务，办理北京市第一单农民工工资保函。托管规模超过1.34万亿元。首创“秒批、秒放”的“阳光e粮贷”产品，国粮项目在线融资累计放款90亿元。

（潘远发）

【零售银行业务】年内，光大银行北京分行零售业务围绕“打造一流财富管理银行”的目标，按照“敏捷、科技、生态”三大战略转型要求，坚持依靠“严格管理、市场竞争、创新思维、同舟共济”求发展，坚持“以客户为中心”的业务发展原则，大力发展基础业务，强化客群综合营销，拓展平台项目，整合线上、线下资源，抓规模，创效益，做大、做实、做稳零售板块各项业务。分行零售AUM突破2000亿元，储蓄存款突破600亿元、700亿元两个整数关口，增幅超过30%。信用卡客户超200万户，透支额超200亿元，交易额突破1000亿元。银联代付1.5万亿元，“云缴费”480亿元。

（潘远发）

【集团内部业务联动】年内，光大银行北京分行借助光大集团“全牌照”金融平台，与系统内证券、保险、金控、信托和租赁等企业开展业务联动。配合集团发行超短期融资券、中期票据47.5亿元。托管光大证券、永明资管、光大控股、光大金控、光大信托等单位的产品2000多亿元。代销光大证券、光大保德信基金、光大信托产品70多亿元。联合光大证券为中国普天发行超短融15亿元。与中青旅控股股份有限公司推出联名信用卡。与香港、首尔、卢森堡3家境外分行联动内保外贷、外保内贷、内保外债125亿元。为嘉事堂药业股份有限公司和中青旅控股股份有限公司分别提供10多亿元授信。

（潘远发）

【风险防控与合规管理】年内，光大银行北京分行严格控制信贷风险，清收处置中城建等不良贷款7.11亿元，其中现金清收6.27亿元，核销8435万元。不良贷款余额2.88亿元，比上年减少3.17亿元，下降52%；不良贷款率0.26%，比上年下降0.32个百分点。资产质量大幅改善，跻身北京银行业先进行列。分行坚持依法合规经营，内控管理与风险控制制度完善，接受总行全面审计，无案件、无事故、无重大业务差错。

（潘远发）

【服务与消费者合法权益保护】年内，光大银行北京分行组织开展金融知识进万家暨金融知识普及月、金融知识万里行、“3·15”金融知识宣传、守住钱袋子等宣教活动，通过进社区、进校园等方式，贴近百姓、走进千家、普惠万户。创新宣教形式，通过报纸、网络等新闻媒体以及微信、微博等自媒体渠道开展宣教，覆盖1800万人次。分行获得中国银行业监督管理委员会北京监管局2018年度金融知识宣传教育活动标兵单位，万柳支行和望京西支行获评中国银行业文明规范服务千佳示范单位；在中国银行业监督管理委员会北京监管局消保评级中再次被评为“一级行”。

（潘远发）

【企业文化与队伍建设】年内，光大银行北京分行塑造以“家园、阳光、崇商、担当”为特征的光大新文化，弘扬文化软实力。组织送温暖活动，发放困难员工慰问金54.5万元，向重病员工发放阳光关爱基金45万元。为员工发放节日慰问品、生日蛋糕，组织员工体检、举办健康讲座和心理咨询活动。坚持党管干部原则，进一步完善干部管理办法。坚持正确用人导向，优化组织架构，健全用人机制，明晰部室职能，建立后备干部梯队，严把进人关。分行再次被评为首都文明单位称号，被中国金融工会北京工作委员会评为北京金融道德模范单位，相关单位和个人被授予北京金融五一劳动奖状、北京金融五一劳动奖章、北京市三八红旗集体、首都劳动奖章等称号。

（潘远发）

【党风廉政建设】年内，光大银行北京分行党委坚持正确政治方向，树牢“四个意识”，增强“四个自信”，做到“两个服从”。落实“三三五”党建工作部署、主体责任，以习近平新时代中国特色社会主义思想指导实践、推动工作。通过开展“三会一课”、党委书记讲党课、党员清查、组织规范、主题党日活动，增强基层党建影响力、向心力、战斗力。按规定组织开展基层党组织整顿和党员组织关系清理工作。落实纪委监督责任，强化党风廉政建设责任制和执纪监督问责制。

（潘远发）

华夏银行股份有限公司北京分行

【概况】华夏银行股份有限公司北京分行(简称华夏银行北京分行)资产总额3058.09亿元，比年初增加352.03亿元，增幅13.01%，其中各项贷款余额1557.11亿元，比年初增加155.55亿元，增幅11.1%。负债总额3022.91亿元，比年初增加353.58亿元，其中一般性存款余额2147.49亿元。年内累计实现拨备前利润（考核口径）52.46亿元，同比增加11.02亿元，增幅26.6%；累计实现中间业务净收入（考核口径）11.78亿元，同比增加2.27亿元，增幅23.9%。截至年底，华夏银行北京分行共设有综合性支行60家，正式在册员工2135人。
地址：西城区金融大街11号
邮编：100033
电话：58598600

（李原野）

【公司金融业务】持续深入贯彻服务国家发展战略，助力实体经济的工作理念，积极组织北京地区项目储备，支持京津冀区域绿色发展。将服务京津冀协同发展整体规划纳入战略部署，支持通州城市副中心、雄安新区、冬奥会、新机场等重点项目建设。重点深入与北京市市属企业合作，依托这些企业在京津冀地区的重点项目，驱动“京津冀一体化”业务的发展。在贷款规模紧张的情况下继续加大对京津冀地区重点项目的投放力度，包括产业转移、城镇化建设、节能环保、基础设施、交通一体化、园区建设、旅游一体化等。截至年底，共有京津冀项目数35项，获批授信额度429.06亿元，累计投放246.3亿元。召开“心系民营经济，情系企业发展”座谈会，会议邀请12家重点民营企业，就民营企业发展和融资中遇到的困难以及未来的合作意愿等深入交流并签订战略合作协议。成功办理首笔农民工工资监管和农民工工资保函业务、首笔共有产权住房建设贷款、首笔集体经营性建设用地融资业务、首笔由华夏银行北京分行作为项目牵头安排人的应收账款供应链金融ABS等，创新发行首笔永续类和应收账款类债融计划，实现北京地区首单信用风险缓释凭证（CRMW）投资，成功注册全行首支绿色债务融资工具，成功投放首单上交所挂牌应收账款资产支持证券等，分行综合化业务体系逐步建立。

（李原野）

【个人金融业务】 截至年底，个人存款余额378.13亿元，较年初增长47.57亿元。信用卡发卡量8.3万张，“易达金”产品放款1.3亿元。年内新增ETC签约39765户，计划完成率124.27%，累计新增突破64万户，北京地区份额持续领先。华夏速通卡微信公众号关注客户突破20万户。上线乐速通APP线上签约功能，实现全流程线上办理ETC业务，电子标签由快递上门安装，真正实现“车不出库，足不出户”。

（李原野）

【科技金融业务】 截至年底，科技金融专营机构北京中关村管理部累计为1151家企业提供授信服务，其中高新技术企业占比超过60%，实现模拟利润5.42亿元。创新业务成果突出，累计为39家企业提供“知识产权质押贷”授信13780万元，为23家企业提供“高新易贷”授信3611万元，为5家企业提供“创业易贷”授信610万元，推动华夏银行成功进入中国互金协会公布的首批存管银行白名单。客户结构调整迅速，优质客户群体占比不断提升，中关村地区的瞪羚企业、新三板挂牌企业、上市公司等高成长企业已成为重点客户群体。

（李原野）

【文创金融业务】 支持文创企业融资需求，文创类贷款投放充足。截至年底，文创用信户50户，较年初净增35户，计划完成率185.19%。围绕政府找项目，深化与文创办文创金服、文创板两大平台合作，为文创客户争取“投贷奖”政策，实现奖励账户72户，较上年增长14户，增幅24.14%。争取政府文创贷款补贴500万元，较上年增加308.91万元，增幅161.66%。搭建文创平台类项目15个，累计获客317户。创新推出“华夏保速通”“华夏创可贴”“华夏创易贷”“微利一加一”等特色产品。

（李原野）

【风险防控】 加强全面风险制度建设，推动分行全面风险管理机制有效落实，不断完善全面风险报告管理体系，不定期发布风险提示。信用风险管理方面制定和推动落实分行信贷政策，加强内评系统及时性和准确性的管理，开展授信业务尽职调查，做好违约信贷资产责任人考核工作，定期监测线上贷款业务，做好涉外业务信用风险管控。操作风险管理方面做好操作风险关键指标监测，识别和报送操作风险事件，开展操作风险与控制自评估，组织全员学习及测试，检验学习效果。业务连续性管理方面不断完善工作制度体系，持续加强业务连续性应急演练，严格落实业务连续性自评估，深入开展业务影响分析，切实加强外包风险管理。重点业务市场风险控制方面组织相关部室对本专业条线的市场风险进行监测分析；对资产负债利率错配情况进行监测，及时报告利率风险管理情况；加强汇率敞口管理，严格落实大额结售汇预报制度，执行日末“零敞口”要求。

（李原野）

【基层党的建设】 制订基层党建工作责任清单，与各支部书记签订党建工作责任书，逐级分解任务，层层传导压力，合力抓好落实，发挥好党委、支部抓党建的主体责任和两级书记抓党建的“第一责任人”责任。制定下发《2018年党建工作要点》和基层党建工作目标管理量化考核细则，组织党支部书记述职评议，明思路、强考核、抓督导，强化支部书记抓党建的责任意识。用好“一规一表一册一网”支撑载体，不断推动党支部规范化建设，落实“三会一课”，抓好理论学习，开好组织生活会，落实民主评议党员，基层党建规范化水平不断提高。严格执行发展党员工作细则，年内发展党员20名，转正预备党员20名。

（李原野）

广发银行股份有限公司北京分行

【概况】 广发银行股份有限公司北京分行（简称广发北京分行）营业网点54家，其中包括53家支行网点和1家社区支行网点，在岗人数1600人，正式在编1589人。截至年底，广发北京分行总资产2996.82亿元，同比上年增长442.89亿元，增幅17.34%；本外币存款余额2660.08亿元，同比上年增加594.99亿元，增幅28.81%；其中人民币存款余额2574.11亿元，实现报表营业收入78.35亿元，净利润62.98亿元。

地址：东城区东长安街甲2号

邮编：100005

电话：65169365

（陈悦喆）

【公司业务】 年内，广发北京分行实现营业收入21.05亿元，同比增长17.6%；实现净利润9.73亿元，同比增长12.7%。负债规模增长创历史新高，人民币对公基础存款日均1297亿元，较上年增长159亿元；单位保证金存款及平台类存款日均同比增幅387%；成功中标市级及8个区级国库集中收付代理银行资格，为拓展低成本存款创造条件。资产业务量质价全面提升，年底人民币公司贷款余额435亿元，较年初增长82亿元。投行业务实现营收2.4亿元。资产业务综合收益稳步提高，对公客户授信回行率较年初提升12个百分点。交易银行在国际业务上配合跨境风参直贷、海外银团贷款等新型业务，为客户提供全面跨境金融服务。推动总行下放供应链“双异地”审批授权，实现商票保贴单边低风险审批，批复供应链核心客户35户，较年初新增34户，新增供应链授信122亿元，出账金额5.13亿元，其中小微企业出账2亿元。平台业务持续推进“慧系列”各项现金管理产品，吸收常规类存款年日均达44.6亿元。

（陈悦喆）

【零售业务】 年内，广发北京分行零售金融实现营业收入23.32亿元，实现净利润7.37亿元。财富管理依托综合金融服务方案，深挖线上线下获客渠道，批量开拓优质客群，带动储蓄快速增长。个人AUM年日均615.5亿元，完成增量160.92亿元，较上年同期增长35%；个人基础存款年日均139.36亿元，完成增量30.72亿元，较上年同期增长28%，其中常规储蓄年日均85.38亿元，增长8.43亿元。净增个人有效户13331户。信用卡业务不断拓展客源，批量获客和精准获客能力有所提高，新增激活客户11.18万户。零售信贷业务规模继续保持增长，资产结构得到进一步优化，零售贷款余额118.96亿元，较上年增加39.79亿元，其中抵押易贷款较年初增长21.64亿元。

（陈悦喆）

【金融市场业务】年内，广发北京分行金市条线顺应监管趋势，主动调整业务模式抢抓市场机遇，实现逆势增长。实现营业收入17.91亿元，同比增长19.2%；实现净利润11.66亿元，同比增长20.5%。

（陈悦喆）

【银保协同工作】年内，广发北京分行借助国寿集团战略支持，持续推动银保协同发展。投融资协同落地项目14笔，规模517.15亿元，较上年增加15.04亿元。年累计投贷联动日均存款43.39亿元，同比增长48.04%；推动与国寿成功会谈的大型央企国企客户28户，初步打开市属国有企业合作局面；在股权投资、投贷联动、债券投资方面持续发力，先后落地百度基金、国家电力、京能电力、中国诚通等标杆示范案例。零售业务新增国寿迁徙客户27578户，较年初净增AUM月日均16.99亿元，净增储蓄月日均7.25亿元。国寿期缴保费1.01亿元。

（陈悦喆）

【小微企业两增两控】根据国家普惠金融的政策导向，广发北京分行积极落实总行小微信贷工作要求，统筹安排公司、零售、金市、风险、运营等条线通力合作，超额完成总行下达的年度小微信贷计划。截至年底，小微贷款余额50.9亿元，完成任务指标103.31%，其中对公小微贷款余额10亿元，较年初净增8.6亿元，增幅714%；零售小微贷款余额40.9亿元，较年初增加15.25亿元。

（陈悦喆）

【企业文化建设】年内，广发北京分行推出“以行稳致远、令行禁止、开拓进取、和谐信任、忠诚敬业”为内容的企业文化，团队凝聚力和战斗力得到增强。组织第五届职工运动会，在全辖各网点设立职工小家，提升员工的幸福感。

（陈悦喆）

招商银行股份有限公司北京分行

【概况】招商银行股份有限公司北京分行（简称招商银行北京分行）有营业机构101家，员工总人数4854人。年内，表内总资产7071亿元，比上年增加513亿元，增幅7.8%；全折自营存款余额6226亿元，比上年增加727亿元，增幅13.2%；全折自营贷款余额2781亿元，比上年增加572亿元，增幅25.9%；实现利润总额124.9亿元，比上年减少15.9亿元，降幅11.3%。资产质量持续保持优质，不良贷款率0.19%。

地址：西城区复兴门内大街156号A座

邮编：100031

电话：66426889

（肖楚璇）

【公司金融业务】年内，招商银行北京分行批发业务以建设两大体系为核心，推进战略转型；以金融科技为重点，着力构筑竞争优势；以强化基础管理为主线，夯实发展根基，实现战略客户综合化管理的制度化和电子化。对公负债业务稳健增长，人民币对公存款年日均增长403亿元；资产投放快速增长，表内对公信贷余额1609.71亿元，较年初增长572.38亿元。交易银行业务持续深耕支付结算、贸易融资供应链和跨境金融，落地多笔创新业务，践行轻型银行战略。同业业务精心打造招赢通品牌，构建财富管理对公代销业务服务体系。小企业金融业务稳健发展，响应国家号召，围绕“千鹰展翼计划”，提供全方位小企业融资服务助力普惠金融。机构业务深耕客群，首次获取多项财政代理资格，紧跟政府重大战略方向，成为首批北京城市副中心行政办公区获批服务网点机构，持续深入拓展智慧系场景建设，实现智慧出行、智慧政务等崭新合作。

（肖楚璇）

【零售金融业务】年内，招商银行北京分行零售金融以打造最佳客户体验银行为中心，开展“全客群、全产品、全触点”的三全服务体系建设，秉持“金融科技、移动优先”策略，内建平台、外拓场景，持续增强精细化管理能力，多项指标创新高。管理总资产达到1.1万亿元、储蓄存款余额突破2000亿元，人民币储蓄存款时点余额在北京同业市场占有率提升至6.8%。打造覆盖全客群品牌，构建线上线下活动体系，探索各类经营获客模式，零售客群快速增长，存量达到900万量级，资产5万元以上的客群突破110万户。挂牌成立普惠金融中心助力小微企业发展截至年底，普惠型小微贷款余额344.8亿元，较年初增长46.05亿元。加快实施“金融科技银行”战略，推进互联网、大数据、人工智能技术和信贷工厂在个贷服务全流程应用，零售信贷资产余额达到1132.15亿元，较年初增长87.44亿元。

（肖楚璇）

【投行资管业务】年内，招商银行北京分行资产管理业务回归“专业本源”，投放某大型国有资产管理公司应收账款类ABS。债券承销规模达到1006亿元，同比增长51%。资产托管业务稳步增长，规模净增2837亿元；截至年底托管资产规模突破2万亿元。票据业务紧跟业务转型步伐，聚焦价值创造与客群经营，实现直贴业务总量541.06亿元。

（肖楚璇）

【风险管理】年内，招商银行北京分行继续坚持稳健经营理念，坚守风险底线，不断推进风险管理向治本转型，风险管理扎实有效，资产质量继续保持稳定优良。截至年底，不良率为0.19%。

（肖楚璇）

中国民生银行股份有限公司北京分行

【概况】中国民生银行股份有限公司北京分行（简称民生银行北京分行）本外币总资产余额6974.2亿元。各项存款余额6095.79亿元，其中人民币存款余额5589.53亿元。各项贷款余额2524.5亿元。年内，营业收入159.22亿元，营业支出38.3亿元，实现营业利润120.92亿元。截至年底，民生银行北京分行下设二级分行1家、支行89家，正式员工3354人。

地址：西城区复兴门内大街2号

邮编：100031

电话：58560088

（刘晓静）

【公司金融业务】年内，民生银行北京分行落实党的十九大精神，贯彻全国金融工作会议和中央经济工作会议要求，以客户为中心，提升客户体验，通过科技赋能，打造综合金融服务体系，加大服务实体经济力度。针对北京地区总部经济的显著特征，深耕战略民企，打造战略民企“样板间”工程，通过总对总的合作基础，提升对龙头民企的授信规模、增加融资支持；加强与北京地区新经济客户的合作，加大对符合北京核心功能定位的科技、文创等产业集群的支持力度，对以互联网、区块链、量子通信等新技术为基础的新经济企业加大资金支持；针对中小民企开展“中小民生工程”，与电商平台、核心企业合作，对其上下游中小企业开展融资结算服务。支持京津冀协同发展战略，在非首都功能疏解、产业转移、基础设施建设等领域重点投入，配合北京市各级政府推进京津冀协同发展战略。2016至2018年，支持京津冀协同发展项目共计29个，累计授信批复金额732.7亿元，重点支持交通一体化、棚户区改造、生态环境保护、产业转型升级、非首都功能疏解、冬奥会等领域。除信贷业务支持外，通过产业基金、供应链金融、批量平台合作等其他形式的金融服务用于支持京津冀协同发展战略重点项目。

（刘晓静）

【个人金融业务】截至年底，民生银行北京分行储蓄余额838.7亿元，比上年增加164.5亿元，增长24.4%；个人贷款余额759.3亿元；零售金融资产余额2372.6亿元，比上年增加324.3亿元，增长15.8%。零售客户稳步增长，有效客户41.2万户，比上年增加3.6万户；贵宾客户30.8万户，比上年增加3.3万户。网络金融业务持续健康发展，手机银行客户总量282.9万户，比上年增加36.5万户，增长15%；直销银行客户总量68.48万户，比上年增加37.1万户，增长118%；电子银行交易替代率99.5%，与上年持平。

（刘晓静）

【金融市场业务】截至年底，民生银行北京分行同业资产业务日均规模1597.19亿元，同业负债业务日均规模3350.95亿元；资产托管业务存量规模1.78万亿元；票据直贴累计发生额300亿元，自助贴现累计签约客户数突破800大关，人行再贴现累计获批26亿元，排名北京地区金融机构前列。落实中央“纾困民营企业”政策号召、助力优质民营企业发展，先后与北京市政府相关机构成立区域内首单债权类和股权类纾困基金，有效帮助上市公司缓解债务压力，成功投放资管新规以来市场首批理财投资银证单一资管计划股票质押式回购业务。加强金融市场板块业务创新，成功操作全国首单票交所场内电票转贴现，打通票据全产品链，提升直贴转贴一体化经营效率。

（刘晓静）

【风险管理】年内，民生银行北京分行持续提升全面风险管理水平。在信贷投向上坚持服务实体经济，参与国家及北京市重点战略项目及重点领域建设，不断加大对民营企业、供应链融资、小微企业的信贷支持力度；资产质量管控上强化预警监测管理，对重点行业和领域持续加大风险排查力度，发现潜在风险及时采取增信措施缓释风险，信贷资产质量持续保持稳定；合规管理上不断完善管理架构，成立内部控制委员会和案件处置工作联席会，优化工作机制和业务流程，强化合规考核评价办法与反洗钱内控制度建设，进一步筑牢合规管理底线，内控合规管理及全面风险管理水平不断提升。

（刘晓静）

【党建工作】年内，民生银行北京分行深入学习贯彻习近平新时代中国特色社会主义思想和党的十九大精神，从严治党，加强党委自身建设，中心组学习12次；严肃监督执纪，强化履职问责，增强全行员工依法合规意识、风险防范意识和廉洁从业意识；加强制度建设，制定《关于开展2018年党支部“主题党日”活动的有关安排》，提升基层党支部建设水平，各党支部开展特色主题党日活动129次，约2500人次参加；规范和完善党费收缴、使用和管理工作，为基层党组织建设提供制度保障；强化党建工作效能，以党建为引领，发挥工会和团组织作用，提升团队工作效能，为改革发展奠定良好的政治基础、思想基础和群众基础。

（刘晓静）

北京银行股份有限公司

【概况】北京银行股份有限公司（简称北京银行）分支机构632家，其中北京地区分支机构263家。截至年底，表内外总资产3.31万亿元；实现净利润200亿元，同比增长6.77%；成本收入比25.19%，人均创利超过130万元，经营绩效保持上市银行优秀水平；不良贷款率1.46%，拨备覆盖率217.51%，拨贷比3.18%，不良率保持行业低位，风险抵御能力在经济转型期持续增强。

地址：西城区金融大街丙17号北京银行大厦

邮编：100033

电话：66426500

（王昕芳）

【品牌建设】年内，北京银行品牌价值提升至449亿元，位居中国银行业第7位。一级资本在全球千家大银行排名提升至第63位，连续5年跻身全球百强银行。北京银行作为唯一金融企业代表，参加中荷经贸论坛，与ING签署设立合资银行谅解备忘录，提升北京银行品牌的国际影响力。

（王昕芳）

【公司业务】年内，以“为客户创造价值”为目标，借助先进金融科技积极创新，树立“线上公司金融”品牌形象，在融资、渠道、结算等方面多点开花。推出“京信链”“e商融”“京管+”等线上产品和综合服务方案。截至年底，交易银行客户6.8万户，增长16.4%，交易银行结算存款日均4825亿元，增长9.1%。获得欧洲金融最佳供应链金融奖、2018年度线上公司金融创新银行等多项荣誉。中标人力资源和社会保障部在京中央国家机关事业单位工作人员社会保障卡发行服务合作银行，在北京地区实现从中央到地方、从一小到一老、从城镇职工到城乡居民的社保服务全覆盖。中标北京市规划和国土资源管理委员会非税收入代收资格，成为北京市财政局收入与支出两条业务线中最大的代理服务银行。与北京市教委签署全面战略合作协议，共同设立“北京银行乡村教师奖励基金”，支持乡村教育发展以及乡村教师队伍建设。与北京市总工会签署新一期全面战略合作协议，启动“京卡·互助卡”十大服务体系升级工作。京医通项目平稳运行，截至年底，项目覆盖北京地区27家三级以上医院35个院部，累计发放京医通卡近1900万张，平台年挂号量近2200万人次，占市属医院全部挂号量的70%、全市三级医院挂号量的23%，已成为北京地区最大的预约挂号入口。年内，承销发行债券204只，同比增幅42.7%，发行只数跃升北京市场首位。承销规模1418.3亿元，同比增幅33%。作为唯一城商行获中银协银团贷款最佳业绩奖，多年蝉联最佳发展奖。

（王昕芳）

【小微业务】 截至年底，小微企业公司贷款余额4256亿元，同比增长685亿元，增速19%。单户授信1000万及以下小微企业（含个体工商户和小微企业主）贷款同比增长30.8%，户数高于上年同期，实现“两增”目标。文化金融、科技金融贷款余额708亿元、1454亿元，增速均超过20%。创新打造文化金融特色品牌，为全国文化中心建设注入金融活水。年内，设立首家银行系文化创客中心。创新推出“书香贷”特色产品、“文租贷”特色服务方案。持续打造雍和、大望路文创专营支行，推出“雍和印象”“创意58”等特色品牌。创新设立总行级科技金融创新中心，推出“前沿科技贷”。与中关村管委会签署新一轮战略合作协议，3年1200亿元授信支持全国科技创新中心建设。获人行营管部2017年度小微企业、科技金融、文化金融信贷政策导向效果评估一等第一名。获得2017、2018年北京市“投贷奖”最高额奖励。获得中国创投委“中国创投二十年十大专业服务机构”奖、证券日报社“金骏马奖·普惠金融先锋奖”、华夏时报“金蝉奖·2018年度小微金融服务银行”。

（王昕芳）

【零售业务】“一体两翼”战略转型发展取得显著成效，规模效益持续提升，业务结构不断优化，监管指标全面达标；零售客户突破2050万户，资金量规模达到6500亿元，银行卡发卡量突破2500万张，零售存、贷款均实现市场份额与行内占比的双提升；零售贷款规模突破3600亿元，不良率较年初下降0.09个百分点；上线新版手机银行APP4.0，手机银行用户增幅达39%，新增有效客户转化率超过85%，重点交易线上替代率超过97%，客服满意度保持99%以上；“富民直通车”首推京东联名富民卡、首开互联网+农村金融跨界合作先河、首创移动服务站模式，累计建设各类服务站点近300个，富民卡累计发卡达80万张，个人普惠金融贷款规模突破300亿元，增速超过30%；获得国内外多项荣誉，十度蝉联“中国最佳城市商业零售银行”。

（王昕芳）

【金融市场业务】 严格贯彻落实各项监管新规要求，实现同业、国际、托管、理财和资金业务稳健合规发展。资产结构和收益水平进一步优化，高收益资产占比较年初提升2.13个百分点，行外托管规模占比较年初提升2.79个百分点，外汇交易总量同比增幅11.61%，本外币跨境资金收付总规模同比增幅47%。联合Swift发布“一带一路”专属金融服务品牌“丝路汇通”，发布首届中国国际进口博览会专属跨境金融服务产品。完成票交所系统纸电融合项目，与1003家银行建立代理行关系，遍布101个国家和地区。获中国银行业协会颁发的最佳贸易金融银行、最佳贸易金融产品创新银行奖、中国贸易金融年会颁发的最佳特色贸易金融银行奖、中国银行间市场交易商协会颁发的优秀综合做市机构、全国银行间同业拆借中心颁发的优秀自营机构、核心交易商、优秀货币市场交易商等奖。

（王昕芳）

【风险管理】 年内，贯彻各项监管政策，建成高科技、现代化的风控指挥中心，坚持科技引领，智慧风控成效显现。构建风险偏好指标体系，完善监测预警机制，强化过程管理，资产质量平稳可控。建立跨条线风险联动机制，严格全口径业务授信审批管理和全资产授信后风险管理，完善限额管理框架，合理设计融资规模；强化大额风险管理，调整大额风险管理策略，严控集团风险敞口，提升风险主动防控能力。

（王昕芳）

【信息化建设】 坚持科技引领，科技管理、研发创新、系统运营等能力再上新台阶。创新科技治理手段，提升服务管理效能。成立网络安全与信息化领导小组，完成市国资委“展e计划”。提升科技业务融合，加速金融科技成果转化。形成“大数据、人工智能、数据可视化”三大技术平台能力体系，加快释放大数据价值。依托分布式和微服务架构，逐步形成以“分布式支付服务、分布式网贷服务、分布式账户服务”为中心的基础服务能力，助推个贷线上消费贷业务。完成零售手机银行4.0投产，发布“京管+”企业手机APP，打造一站式企业服务平台。系统安全保障工作稳健开展，有效抵御网络攻击和病毒入侵23万余次。加快推进顺义研发中心建设工作，满足未来50年科技发展需求。

（王昕芳）

证 券

中国证券监督管理委员会北京监管局

【概况】 中国证券监督管理委员会北京监管局（简称北京证监局）年内，北京辖区有9家公司境内首次公开发行股票（IPO）募集资金127.25亿元，有26家上市公司通过增发、配股等方式再融资1974.55亿元，有1家上市公司发行优先股融资600亿元，合计股权融资2701.8亿元，占全国的25.88%。有3家公司发行可转换债21.44亿元，有26家公司发行公司债融资700.59亿元。辖区证券市场共计融资3423.83亿元，占全国的23.15%。306家上市公司总市值115833.63亿元，占全国的26.64%；上市公司总股本25599.98亿股，占全国的39.36%。18家证券公司资产总额8637.18亿元，净资产总额2531.09亿元，净资本总额2294.76亿元，累计净利润91.94亿元。539家营业部证券交易金额37.09万亿元，其中股票交易额10.56万亿元，基金交易额1.61万亿元。37家公募基金管理公司管理基金1241只，基金资产净值合计30392.48亿元，基金份额规模合计30322.5亿份。年内，辖区共发行基金236只，募集规模合计2376.03亿元。母公司公募业务规模3.04万亿元，占全行业的23.31%，母公司专户业务规模2.33万亿元，占全行业的26.29%，子公司专户业务规模1.38万亿元，占全行业的23.04%。已登记私募基金管理人4356家，占全行业的17.82%；已备案私募基金13561只，占全行业的18.17%；管理基金规模2.99万亿元，占全行业的23.40%。19家期货公司资产总额670亿元，年期货代理交易额44.5万亿元，约占全国10.6%，代理成交量7.28亿手，约占全国11.8%。19家证券投资咨询机构总资产27.07亿元，净资产11.31亿元，营业收入22.05亿元，合计亏损0.35亿元。有22家具有从事证券期货业务资格的会计师事务所（总所），占全国（40家）的55%；有35家具有从事证券期货业务资格的资产评估机构（总部），占全国（69家）的50.72%。

地址：西城区金融大街26号金阳大厦6层、7层

邮编：100033

电话：88088060

（张　婧）

【拟上市公司监管】年内，北京证监局认真落实《拟上市公司辅导工作监管指引》各项要求，规范企业辅导备案和验收工作，从源头把关上市公司质量。培育辖区拟上市公司158家，受理企业IPO辅导备案申请50家次，验收19家次，9家公司实现IPO上市。

（张　婧）

【上市公司监管】年内，北京证监局组织召开年度上市公司监管会，促进上市公司规范发展，传导监管理念，举办8期董监事专题培训。对辖区上市公司依法从严监管，开展双随机检查、IPO检查、专项检查等现场检查34家次，内容涵盖公司债、募集资金使用、迁址、财务核算等方面。依托上市公司智能监管系统筛选重点公司年报进行审核。引导辖区公司平稳有序开展资本运作，关注辖区公司股票质押风险，建立股票质押风险台账，跟踪15家质押比例超80%公司的平仓风险情况，发挥监管协作搭建纾困平台，组织债转股政策宣讲会和项目对接会协调缓解企业融资困境，纾解流动性风险。

（张　婧）

【证券机构监管】年内，现场检查和核查20家次，强化重点主体非现场监测，对辖区18家证券公司年度经营情况开展专项对比分析，对6家重点主体从公司治理、资产负债构成、各业务条线开展、经营潜在风险等方面进行全面非现场分析，发现潜在问题。建立债券交易、股票质押、资产管理等重点业务条线的季度风险摸排机制，防范专项业务风险，逐日监测高风险公司流动性，督导公司降低杠杆率，通过仅存的资金渠道补充流动性，防止流动性风险外溢。下发《关于支持证券公司积极参与化解上市公司股票质押风险、支持民营企业发展的通知》，指导辖区证券公司有序开展股票质押纾困，辖区机构与海淀、朝阳等地方政府共同出资设立纾困基金。实现1家合资证券公司在京落地，实现北京证券业对外开放的突破。

（张　婧）

【期货市场监管】年内，检查期货公司47家次，分支机构5家次，出动检查力量275人次，现场检查70个工作日。查处大公国际违背独立性原则开展评级业务相关问题，对其从快从严处理，维护了信用评级行业秩序，促进行业规范发展。推进辖区期货经营机构服务实体经济，指导期货商会举办第十一届中国期货高管年会、期货沙龙、分析师培训、期权原油专题培训，提高辖区机构服务实体经济能力，为期现结合提供对接平台。

（张　婧）

【基金行业监管】年内，对10家基金管理公司、7家基金子公司和16家基金销售机构累计开展33家次现场检查。利用各类核查手段，将非现场检查和现场检查结合，妥善处置英大、九泰、华商、益民、新沃等公司的风险事件。实现机构主体监管向产品功能监管的转变，按照不同产品类型的风险特征，细分10类产品监管条线并将相应的非现场监控措施制度化，做到因地制宜、精准施策，严控货币基金流动性风险，持续监测债券基金信用风险，有序推进保本基金、分级基金和短期理财债基清理工作。根据资管新规指导并督促辖区机构开展整改工作，督促机构落实基金子公司新规，推动基金公司及子公司落实《关于规范债券市场参与者债券交易业务的通知》相关要求，有效防范和控制债券交易风险。就基金经营机构注册地与运营地分离等监管热点向证监会、北京市政府提出建议。

（张　婧）

【私募基金监管】年内，开展私募机构现场检查60家次，结合举报处理、风险通报等日常监管情况，借助“冒烟指数监测平台”等科技监管手段，对122个机构的风险情况进行核查。研究制定《中国证监会北京监管局私募基金行业突发风险事件应急预案》《北京证监局私募基金风险防范和应急工作框架》。对注册地在北京的4000余家私募机构开展专项排查行动，引导辖区3000余家私募机构签署行业倡议书，承诺合规、诚信经营，排查出300余家涉嫌失联私募机构并通报基金业协会进行处理。

（张　婧）

【证券投资咨询机构监管】年内，对证券投资咨询公司开展核查124家次，现场检查8家次，并延伸至上海、杭州、济南、西安等地分支机构。深入研究论证相关法律法规和处罚案例，破解分支机构作为行政处罚对象的难题，对大连华讯北京分公司和上海证券通北京分公司完成立案调查。全面细化证券投资咨询公司分支机构管理政策，对分支机构实行证照管理。

（张　婧）

【会计审计及评估业务监管】年内，对1家审计机构及1家评估机构开展全面检查，对1家评估机构开展证券资格申请资质审查，对34个审计项目及7个评估项目开展专项检查，协助对1家借壳上市公司开展财务核查。召开上年度年报审计监管工作会，传达监管要求。联合北京注册会计师协会举办资本市场审计监管交流座谈会，定期向辖区机构发布《北京辖区会计及评估监管工作通讯》，及时传达监管要求，促进行业交流定期。继续深化与北京市财政局、财政专员办、北注协、北评协等单位在监管信息共享等方面的协作，及时通报局内年度审计及评估机构检查工作安排。

（张　婧）

【落实资本市场法律监管责任】年内，对3家律所5个项目开展现场检查、核查工作，并对个别律师内幕交易行为进行延伸检查。强化资本市场诚信数据库建设及应用工作，录入诚信信息190条（其中行政许可信息80条，监督管理措施信息101条，行政处罚信息9条），接收外部诚信查询187单，查询征信报告19份。聚焦开展法律审查工作，法律会签222单，比上年增长35%。做好司法接待工作，接待全国各地各级司法机关来访22次，涵盖业务咨询、业务资格认定、行为性质认定、查阅复制资料等。

（张　婧）

【加强监管执法】年内，北京证监局落实稽查执法指导意见和严格执法、公正执法、文明执法三项基本原则，严厉打击证券期货违法犯罪，办理初查案件20起、立案案件17起，办结调查案件16起；受理涉嫌证券期货违法违规线索226起，新增立案案件11起。承办证监会指定的A类重大案件2起，与公安机关开展“情报导侦”联合办案试点工作。保持执法高压态势，严厉惩治辖区资本市场违法违规行为，年内审结案件8件，召开听证会6次，作出行政处罚

决定书9份，罚没款金额共计1472.33万元。做好信访举报及投资者保护工作，接听投诉举报电话6143个，接待来访投资者343人次；办理信访42件、举报1658件、“12386”事项803件；信访、举报办结率分别达85.71%、76.36%，办理效率和投资者满意度显著提高。深化纠纷多元调整机制，与北京市高级人民法院正式签署《北京辖区证券期货纠纷诉调对接工作合作备忘录》。加强投教载体建设，培育国家级投教基地2家，省级投教基地6家，加强投教基地的日常管理，发挥投教活动示范和带动作用。

（张　婧）

保　险

中国人民财产保险股份有限公司北京市分公司

【概况】中国人民财产保险股份有限公司北京市分公司在区境内有西城支公司、宣武支公司。西城支公司设有综合部、德胜门出单分中心及10个营销团队，员工102人。宣武支公司由总经理室统一管理，下设综合部、出单中心、非车险直销部、车险直销部、个代业务部、银保业务部、3个车商业务部和4个中介业务部等部门，员工104人。

西城支公司
地址：西城区德胜门外大街73号
邮编：100088
电话：62370120
宣武支公司
地址：西城区菜市口南大街平原里20号
邮编：100054
电话：83526226

（孟庆芝　张佳玉）

【西城支公司业务】年内，西城支公司坚持党建引领、坚持改革创新、坚持业务转型发展，以“讲规矩、严作风，抓培训、提素质，强业务、重效益”为抓手，全力推动公司转型升级，努力实现北京市分公司超一流支公司的目标。年内，西城支公司经营稳定，保持较好的盈利水平。实现保费收入77304万元，比上年同期增长3648万元，增幅为4.95%；支付赔款4.5亿元，比上年同期增长7986万元，增长21.5%，全险种赔付率59.38%；上缴税金2025.64万元。机动车辆保险承保188722辆，车险保额1378.96亿元。财产保险承保4171笔，承担风险金额1068.81亿元。承保货运险风险金额48.91亿元。承保责任险风险金额281.04亿元。承保工程险风险金额48.87亿元。承保意健险风险金额1212.58亿元，承保信用保证险风险金额44.88亿元。

（孟庆芝）

【宣武支公司业务】宣武支公司主要经营车险和财产险、责任险、信用险、货运险、意健险、特险等各类非车险种。年内，宣武支公司学习贯彻党的十九大精神，深化全面从严治党和政治生态建设；优化车险发展模式，实现规模质量双赢；创新保险供给，推动非车险高质量发展。实现保费收入54740万元，同比增长19%。其中，车险保费收入44090万元，同比增长3%，非车险保费收入10150万元，同比增长198%。非车险业务中，信用险占主要部分，保费收入达7016.19万元，财产险保费收入为1625.26万元，责任险保费收入为815.48万元，货运险保费收入为202.15万元，意健险保费收入为210.61万元，特险保费收入为265.34万元，其他为14.97万元。

（章佳玉）

中国平安人寿保险股份有限公司北京分公司

【概况】中国平安人寿保险股份有限公司北京分公司（简称平安人寿北京分公司）年内实现规模保费收入231.28亿元，同比增长13.66%。其中，个险总保费220.41亿元，同比增长13.98%；银保总保费10.74亿元，同比增长7.64%；团险总保费0.13亿元。截至年底，客户超过568万人，累计为北京市民提供人身保障18269亿元；有效保单4988105件，年办理个人理赔80186件，赔款、死伤医疗给付10.45亿元，年金及满期给付30.96亿元。平安人寿北京分公司设有17个职能部门，34个营销服务部，在职员工1082人，返聘1人。保险代理人37074人，同比成长4.02%。

地址：西城区金融街23号平安大厦
邮编：100033
电话：9551159730008

（王　菁）

【重大承保与理赔】年内，平安人寿北京分公司个人理赔案件80186件，总赔付金额10.45亿元，较上年均有提升。进一步提升“闪赔”服务，共1.7万件案件在30分钟内完成闪赔，合计理赔金2677.3万元，最快闪赔用时2.13分钟。客户X女士确诊乳腺癌，获赔重大疾病理赔金244.8万元，并豁免保费47.8万元，为年内理赔金额最高的案件。客户M先生投保人身险年度累计承保保额4000万元，成为平安人寿北京分公司年内最高保额承保新契约。

（王　菁）

【客户服务】年内，平安人寿北京分公司以倡导读书和“幕天捐书”公益活动为两大主线推动客户服务工作，客服节以“读家生活 平安相伴”为主题，开展线上、线下活动近40场，客户参与人数约83万人。“幕天捐书+少年读书说”“幕天捐书+平安行动”“幕天捐书+读书沙龙”“幕天捐书+健康服务”“幕天捐书+社区活动”等活动用公益传递爱心，传递社会正能量，拉近孩子与家长、城市与乡村的距离；安全知识进校园、平安行动志愿者走进千城万区等活动，面对社会大众宣讲安全知识，回馈社会回馈大众，提升客户服务的NPS值。针对高端客户，进一步夯实基础服务，体检服务升级、VIP住院探视服务升级、急难援助服务升级；注重提升增值服务，保持线上积分兑换活动，邀请樊登读书的创始人樊登博士开展“孩子教育的分享会”，举办“百老汇经典观剧活动”。平安金管家健康管理服务持续升级，推出精准化、个性化服务。健康管理服务体系满足儿童、青壮年、中老年各群体需求。年内使用健康管理服务的北京地区客户达272万人次。打造智慧客服，运用生物认证、大数据等10余项AI技术，构建业务甄别、风险定位、在线自助和空中门店四大核心能力，打造起100%全域覆盖、全流程智能办理、动态精准风控的智慧服务体系。

（王　菁）

【个人营销业务】年内，平安人寿北京分公司坚持贯彻执行银保监会“保险姓保”政策，以重疾保障为核心业务，为客户持续送去保障。在科技方面不断探索，深化各类应用场景，将AI智能技术引入到平安代理人的日常培训、活动管理和客户经营等方面，以科技为手段，优化个人产能及队伍结构，筑巢引凤，提升高素质人才占比，打造专业的保险代理人精英团队。依托平安金管家APP科技服务平台，推动“线上接触，线下经营”模式，帮助代理人队伍通过“科技赋能”，成为客户的保险专家、财富顾问、生活助手。开展“平安三十更懂你”系列客户活动，金管家服务平台向客户提供意外险赠送、家庭保障检视、洗衣机空调清洗等线上+线下增值服务。“千城万区 幕天捐书”公益活动，为贫困地区少年送爱心。举办中国平安成立30周年纪念活动。开展“我与平安共成长”百名风云人物评选、“岁月如歌一路同行”公益日活动、“炎炎夏日关爱有我”营销队伍清凉工程、“健康人生平安相伴”部门经理及绩优人员体检活动等。颁发高年资代理人长期服务奖章及证书，增加代理人《团体意外险》《意外伤害医疗险》。

（王　菁）

【银行代理业务】年内，平安人寿北京分公司银行代理业务秉持“品质为先”的经营理念，截至年底，银保年度期交规模29350万元，13月保费继续率96.5%，25月保费继续率98.9%。4月，与民生银行开展服务营销专项推动，加强员工及渠道理财经理服务营销意识，通过多种多样精品客户答谢活动，挖掘银行老客户需求，激发睡眠客户，为客户量身定制全面高效的保险保障服务。银保经营重心由内部渠道转向重点渠道，以精细化服务、专业价值为核心，通过多种形式的活动，赢得渠道各层级信任，增强与渠道之间的粘性。

（王　菁）

【风险控制】年内，平安人寿北京分公司在法律合规、风险控制方面，坚持以防风险为工作底线，以治乱象为工作核心，以促民生为工作根本，严格监管要求，做好一线防御工作。结合年度监管重点，开展系列自查降低经营风险。开展多种形式宣导活动和培训工作，向保险代理人、员工、客户普及防范非法集资、反洗钱、反欺诈、风险控制、法律风险、扫黑除恶等政策和知识。通过合规评审、制度建设、内控自评、操作风险、反洗钱、打击违规代销非平安金融产品，配合总公司推进偿二代、暴风维权等工作，加强对保险代理人和公司各部门工作的合规管控，加大对内外勤人员违规代销、销售误导、虚假学历、代签字、在信息平台发布虚假消息等行为的治理力度，实现风险管控前置。

（王　菁）

【社会公益】年内，平安人寿北京分公司响应国家精准扶贫号召，积极推动落实集团“三村工程”，推广扶贫公益跑，以“幕天捐书”扶贫扶智。5月8日，平安三村公益跑全国首站在居庸关长城千人启跑，落实“三村工程”之村医公益，通过社会大众的跑步运动捐助公益里程，平安为贫困山区儿童提供“人生第一次体检”机会。5月27日平安公益日，邀请首都社会各界人士5000余人参与在人民大会堂举办的公益日宣传活动，推广“三村工程”之村教“幕天捐书”。9月13至16日，中国平安作为2018至2020年北京马拉松赛事官方合作伙伴，平安人寿北京分公司在活动现场搭建平安公益展台开展线下幕天捐书，邀约马拉松跑友参加“平安三村公益跑”，同步线上通过金管家APP“平安有约健康行”，邀请全国马拉松爱好者一起行动，助力偏远山区人群获得人生首次体检。为助推“三村工程”落地，通过“千城万区助村教”“千城万区 幕天捐书公益泡泡跑”等践行公益。平安支教行动以音乐支教为主题，招募各界爱心人士分批次进入蒲洼乡平安希望小学展开支教。为蒲洼乡希望小学捐赠远程支教用笔记本电脑6台。中国平安励志计划活动已举办13年，年内平安人寿北京分公司与北京地区高校专家保持学习交流，高校学生积极参与平安励志计划。

（王　菁）

【企业文化建设】年内，平安人寿北京分公司举办纸雕花制作、蛋糕烘焙、台球争霸赛、健康远足、密室逃脱、趣味运动会、包粽子、围巾扎染、旧物利用、多肉种植等企业文化活动，增强公司员工凝聚力。成立“悦读时光”图书馆，2000余本经典、畅销书籍，供平安员工借阅。线上开展“给自己定个小目标，一年读完24本书”活动。纪念改革开放40周年组织员工参观国家改革开放40年成果展，观看电影《厉害了，我的国》7月，组织员工赴河北省张家口市宣化区大仓盖镇双庙村小学开展教育扶贫。

（王　菁）

中国太平洋财产保险股份有限公司北京分公司

【概况】中国太平洋财产保险股份有限公司北京分公司（简称太平洋产险北京分公司）下设支公司11家、营业部2家、营销服务部6家，正式员工1392人。年内，太平洋产险北京分公司实现原保费收入61.5亿元，累计赔款支出为35.15亿元，综合赔付率56.77%。

地址：西城区复兴门内大街158号远洋大厦F6层西区

邮编：100031

电话：66428888

（孟宪斌）

【扶贫工作】年内，太平洋产险北京分公司助推内蒙古贫困户脱贫，响应总公司“万名干部助万户”关爱行动号召，开展关爱捐款活动，共募集善款30余万元，与内蒙古八村571户贫困户结交帮扶对子，捐款用于购买生活必需品和农业生产物资等物品，由太保产险内蒙古分公司分批次送达贫困户手中。党员参与率100%。

（孟宪斌）

【主营业务】年内，太平洋产险北京分公司多措并举，车险经营加强渠道建设，坚持多渠道经营，搭建电销服务平台，布局新场景、新零售、新能源，优化基础管理，年车险保费收入45亿元。非车险经营围绕首都区位优势进行战略布局，以客户为中心，梳理客户资源；以产品为突破，开辟市场新领域；以团队为支撑，建立一体化销售体系，年非车险保费收入16.5亿元。

（孟宪斌）

【服务创新】年内，太平洋产险北京分公司在客户服务上创新，陆续推出“太好赔”“太贴心”等产品，提升整体服务质量，促进保赔协调，为客户提供优质贴心服务。“太好赔”产品引入理赔自助小程序，加入“女性客户专属服务”“假日理赔服务”“无忧金钥匙”等多项专属理赔服务。“太贴心”产品微信小程序，无需下载APP，通过微信扫码，即可报案并一键索赔。

（孟宪斌）

【社会公益】6月，太平洋产险北京分公司再次走进北京太阳村，围绕“太保让生活充满爱”主题开展公益活动，为太阳村的孩子们现场捐赠爱心物资。10月，联合浦发银行北京菜户营支行开展重阳节“老吾老，以及人之老”主题敬老活动。敬老代表团到北京月坛街道华方养老照料中心，看望慰问高龄老人，现场捐赠防寒过冬床上用品，与老人互动交流。

（孟宪斌）

【党建工作】年内，太平洋产险北京分公司深入学习贯彻党的十九大精神和习近平新时代中国特色社会主义思想，以党建引领，将党建工作与“管思想、带队伍、抓作风、防风险、塑文化、促业务”紧密结合，增强党员和员工的政治站位、执行力、凝聚力和战斗力。公司党委发挥基层党组织战斗堡垒作用，以党员攻坚克难责任区为抓手，开展“创专业团队、创标杆项目、创品牌团队”的“三创”工作。坚持党管人才原则，创新人才机制，育好人才、留好人才、用好人才。狠抓党风廉政建设，提升风险防控能力。将党建与群团工作、企业文化建设融合。

（孟宪斌）

中国太平洋人寿保险股份有限公司北京分公司

【概况】中国太平洋人寿保险股份有限公司北京分公司（简称太平洋寿险北京分公司）实现保费收入56.87亿元，同比增长7.48%。其中，个人业务实现保费收入52.44亿元，同比增长15.60%，渠道业务实现保费收入3.31亿元，同比下降41.74%，健康养老实现保费收入1.12亿元，同比下降40%。年内，处理各种赔付、给付46.69万件金额19.62亿元。个人业务13个月累计保费继续率93.8%，个人业务25个月累计保费继续率92.9%。渠道业务13个月累计保费继续率86.9%，渠道业务25个月累计保费继续率85.3%。截至年底，太平洋寿险北京分公司下辖11个支公司，3个营销服务部，在职员工551名，其中内勤员工459名，外勤员工92名，个人营销员11652名。

地址：西城区复兴门内大街158号远洋大厦F6层东区

邮编：100031

电话：83955201

（黄品嘉）

【个人业务】年内，太平洋寿险北京分公司面对复杂的市场形势和激烈的同业竞争，发扬“善学习·会经营·敢创新”精神，围绕客户经营、产品升级、队伍建设、科技应用四大核心，聚焦提升客户保障需求保持新业务价值增速继续同业领先。队伍建设方面，引进高素质人才，启动百万经理人项目，加强专业培训，团队客户服务能力不断提升。

（黄品嘉）

【渠道业务】年内，太平洋寿险北京分公司渠道业务贯彻“发挥属地管理优势，推动渠道业务盈利能力持续提升”的总体要求，守住传统业务优势，开拓新生业务渠道，持续优化业务结构，严守理赔关口，超额达成年度利润目标。渠道业务实现承保利润566万元，年度目标达成率341%。

（黄品嘉）

【健康养老】年内，太平洋寿险北京分公司贯彻落实总公司健康养老事业中心发展战略规划，响应集团大客户“生态圈”建设的要求，与产险联合成立专项小组，推动业务发展。为有效积累法人客户，培育新的重大客户员福项目，研讨BBE新型销售模式，以员福为切入点，从企业端至员工端多触点服务，重塑企业客户价值模型，释放员福业务生产力，实现从“企业客户经营”向“企业+员工及家族客户”转型的经营模式。

（黄品嘉）

【重大理赔与承保】年内，客户某女士投保太平洋寿险北京分公司《长相伴A款终身寿险》保额5000万元，成为公司年度保额最大的承保件。客户李女士因肺癌身故，其保险受益人获得赔付金303.39万元，为公司年度最大赔付。

（黄品嘉）

（责任编辑　孙凤霞）

城市建设

建设管理

【概况】北京市西城区住房和城市建设委员会（简称区住建委）是西城区政府的职能部门，代表区政府行使城市建设的工作职能，负责全区城市建设工作，内设机构10个，编制43名。年内，西城区房屋施工面积合计128.2万平方米，同比下降25.5%，其中本年新开工面积为13.8万平方米，同比下降64.2%；全年新增竣工面积为23.3万平方米，同比下降35.6%。棚户区和老旧小区改造共2131户，老楼抗震加固150栋，完成加装电梯19部，爬楼代步器1部，盆儿胡同62号院、四平园、安德路、万明园4个试点小区推进顺利。推进40条市政道路建设，续建道路36条，新开工道路4条，建设总里程19.5公里。截至年底，区手帕口北街、安德路西段、马连道东三号路、红土店胡同、报国寺西街及二七剧场北侧路，7条道路完工通车，通车里程3.618公里。推进轨道交通建设，地铁19号线积水潭站、右安门站实现进场施工。加快推进保障性住房项目建设，百万庄项目B地块442套完成竣工验收备案，已办理入住207户，入住率87%；丰台高立庄三期2939套完成五方验收工作，全年竣工3300套。加强定向安置房调配管理，全年完成安置房源4104套。

地址：西城区长椿街甲24号

邮编：100053

电话：63027019

（齐彦博）

【调研与督察】1月31日，市人力社保局副局长孙美玲带领市政府“治欠保支”工作领导小组，来西城区就贯彻落实农民工工资“治欠保支”工作情况开展专项督察。6月15日，区委常委、副区长姜立光到区住建委听取年内区城市建设领域重点工作推进情况汇报。7月17日、11月13日，区委书记卢映川带队检查地铁19号线04标段平安里车站施工现场的防汛应对工作，地铁十九号线03标段和国安府项目施工现场工程参建单位落实预警指令各项工程措施情况。7月19日，区人大常委会主任杜灵欣带领区人大常委会执法检查组对区大气污染防治法律法规贯彻实施情况进行执法检查。6月26至29日，区人大常委会副主任李会增和部分代表组成的专题执法检查二组，对区住建委安全生产法律法规贯彻实施情况进行检查。7月12日，区住建委质量站配合市住建委施工处，开展工程监理单位履职情况专项检查。8月17日，市住建委对区“放管服”改革和优化营商环境工作开展检查。9月2日，市住建委副巡视员王鑫带队，对西城区建筑工地服务保障中非合作论坛北京峰会工作进行检查。10月7日、10月18日、11月2日，12月27日，副区长姜立光带队检查建筑工地安全生产情况，调研地铁19号线牛街站和广外华岳大厦项目，听取区住建委2018年度重点工作情况汇报及2019年工作思路，到房山区承接西城区人口疏解的定向安置房项目施工现场进行调研。10月12日，市住建委房地产开发处联合区住建委，对4#商务办公楼北京市西城区华嘉胡同0110-633地块C2商业金融用地、0110-634地块R2二类居住用地项目进行了专项检查。11月24日，副区长朱国栋带队夜查地铁四号线宣武门站换乘通道工程、区养老中心建筑工地和大吉片拆迁现场，落实空气重污染黄色预警应对情况和深圳大厦鲍鱼王子酒店餐饮油烟净化设施使用情况。11月22日，通州区住建委副主任刘长志率相关科室到西城区综合行政服务中心开展调研交流。

（齐彦博）

【京粮南苑保障性住房结构封顶】1月23日，京粮南苑保障性住房项目实现全面结构封顶，项目建设主体是京粮集团下属京粮置业公司，位于丰台区槐房路175号，建设安置房近2500余套，总建筑面积约40万平方米，其中地上总建筑面积25.6万平方米，地下总建筑面积为14.4万平方米，包括15栋住宅楼、4栋配套设施、3座地下车库。

（齐彦博）

【召开工作部署会】3月22日，区住建委、重大办、建设中心召开党建工作及党风廉政专项工作部署会，区纪委派驻住建委纪检组成员及全体干部职工参加此次会议。对2018年党建及党风廉政建设工作任务进行了部署，通报了2017年度民主生活会情况；并逐级签订2018年党风廉政建设责任书。

（齐彦博）

【参加白纸坊街道拆违】4月24日，区住建委按照“街道吹哨 部门报到”要求，参加白纸坊街道半步桥街拆违工作。

（齐彦博）

【马连道南街道路改造工程通车】2017年11月初正式开工建设的马连道南街道路改造工程，5月27日全部建成实现通车。该道路改造工程东起马连道路，西至气象宾馆，路长约280米，建成后道路红线30米宽，分为两上两下四车道。

（齐彦博）

【汉光百货绿色化改造项目验收】年内，汉光百货绿色化改造，完成8个楼层的6项节能改造。通过能耗核算，从2014年基期能耗的5807.76吨标准煤降低到2016年报告期的4696.97吨标准煤，节能率达19.13%。

（齐彦博）

【城市安全隐患治理三年行动】年内，根据《北京市人民政府办公厅关于印发北京城市安全隐患治理三年行动计划(2018年—2020年)的通知》《北京市西城区城市安全隐患治理三年行动方案（2018年—2020年）》要求，制定《北京市西城区住房和城市建设委员会落实<北京城市安全隐患治理三年行动方案（2018年—2020年）>实施方案》，召开专题动员部署会，落实隐患排查治理主体责任。建立安全隐患台账，定期通报发现隐患情况，定期分析隐患形成原因，及时跟踪隐患整改落实。

（齐彦博）

【完成保障性住房建设】年内，百万庄项目B地块442套房源完成竣工备案，已入住207户；丰台高立庄三期2939套房源完成五方验收工作，全面完成年度竣工3300套的任务指标。

（齐彦博）

【综合整治项目竣工】1月8日，文化部西直门南大街25号楼综合整治项目竣工。该工程位于西直门南大街25号楼，为老旧小区综合整治项目，总建设面积27808.17平方米，工程总投资3090.7651万元。于2016年4月5日开工。工程由文化部建设，中机十院国际工程有限公司设计，北京首华建设经营有限公司施工，北京中外建工程管理有限公司监理。

（齐彦博）

【老旧小区综合整治项目竣工】1月5日，中国华能集团公司天宁寺前街北里1、3、4、6号楼老旧小区综合整治项目竣工。工程总建筑面积28459.61平方米，层高2.7米，建筑高度17.95米。工程建设单位中国华能集团公司，中国建筑科学研究院设计，中地长泰建设有限公司施工，北京中联环建设工程管理有限公司监理。3月28日，国土资源部北礼士路70号院老旧小区综合整治项目竣工，工程包括北礼士路70号院1-3号楼、塔1-塔3号楼、平房、自行车棚，总建筑面积19095平方米，工程总投资3579.841745万元，于2016年9月15日开工，工程由中华人民共和国国土资源部建设，中国建筑科学研究院设计，河北建设集团股份有限公司施工，北京中建工程顾问有限公司监理。

（齐彦博）

【居民住房改善项目竣工】8月27日，百万庄北里居民住房改善项目竣工。工程位于西城区三里河，该工程包括地上20层34271.4平方米，地下4层14806.75平方米，总建筑面积49078.15平方米，工程总投资13105.5587万元。于2015年5月21日开工。工程由北京天恒房地产股份有限公司建设，北京市地质工程勘察院勘察，上海华都建筑规划设计有限公司设计，江苏江都建设集团有限公司施工，北京中集大房建设监理有限公司监理。

（齐彦博）

【二七剧场工程竣工】9月13日，二七剧场工程竣工。工程位于北京市西城区二七剧场路15号，框架剪力墙结构，工程包括地上3层，高度27.526米，建筑面积15142.84平方米；地下3层，建筑面积10321.74平方米，建筑高度-11.909米。工程总投资13659.15万元，于2011年4月26日开工。工程由中国铁路文工团建设，北京市勘察设计研究院有限公司勘察，北京市建筑设计研究院设计，中铁建工集团有限公司施工，北京铁辰工程监理中心监理。

（齐彦博）

【新风街1号院节能综合改造工程】11月1日，新风街1号院节能综合改造工程竣工。该工程位于新风街1号院，总建筑面积251593平方米，现浇钢筋混凝土结构，工程整体包括地下2层和局部地下3层，地上20层局部22层。工程总造价21336.8705万元，于2016年8月14日开工。工程由中共中央直属机关物业服务中心建设，北京房地中天建筑设计研究院有限责任公司设计，北京韩建集团有限公司施工，北京国金管理咨询有限公司监理。

（齐彦博）

【外交学院体育场馆改造项目竣工】9月19日，外交学院体育场馆改造项目（地下车库）竣工。该工程位于展览路24号，工程包括人防工程，8806.8平方米；地下停车场和运动场共19层，建筑面积24214.529平方米，框架剪力墙结构，总建筑面积24156.87平方米，工程总造价9268.5764万元，于2015年6月11日开工。工程由外交学院建设，派力工程有限公司勘察，北京东方华脉工程设计有限公司设计，北京住总集团有限责任公司施工，北京双圆工程咨询监理有限公司监理。

（齐彦博）

【三义里小学整体改造工程竣工】3月19日，三义里小学整体改造工程竣工。该工程位于广外地区三义里四号，地下1层，地上4层，砖混结构，建设规模3735.9平方米，工程总造价1649万元，于2015年11月24日开工。工程由区教委房管基建处建设，北京中建建筑设计工程有限公司设计，北京弘高建筑装饰设计工程有限公司施工，北京中联环建设工程管理有限公司监理。

（齐彦博）

建筑行业管理

【概况】年内，区住建委办理施工许可155项，其中房屋建筑项目5项，市政项目4项，装修项目130项，变更项目16项。核发夜间施工许可190次，完成工程竣工验收备案86项；大型机械备案12项、大型机械使用登记28项；完成建筑企业资质审批共100项，其中办理建筑企业升级6项、资质增项17项、资质延续6项、资质变更71项。全年办理二级建造师注册803人次（其中初始注册160人次、延续注册134人次、增项14人次、重新注册130人次、变更注册157人次、注销注册206人次、遗失补办2人次)。办理三类人员续期1312人。完成招标122项，合同金额21.82亿元。全年3个监督机构共出动8846人次，检查工地4871家次，发出责令整改通知书243份，对297家责任单位和33名个人做出经济处罚，总处罚金额183.8959万元，对23家责任单位、344名责任人做出行政处理。

（齐彦博）

【烟花爆竹安全管理】年内，先后召开四次专题工作会，传达市、区有关会议精神；下发《2018年西城区建筑工地烟花爆竹安全管理禁放看护工作方案》等相关文件。开展“西城区禁止储存、燃放烟花爆竹”宣传进工地活动，发放《西城区禁止燃放烟花爆竹管控工作致建设工程全体参建人员的一封信》、烟花爆竹禁放海报、条幅等宣传材料6230份。与146个烟花爆竹禁放点工地签订《2018年烟花爆竹安全管理工作责任书》，参建人员签订《“严守禁放新规”承诺书》438份。通过短信平台发出相关预警、工作通知类手机短信13768条。

（齐彦博）

【中非论坛服务保障】年内，制定《关于做好2018年中非合作论坛北京峰会服务保障工作方案及应急预案》，全面排查并消除重点区域及行车路线周边200米范围内施工现场的安全隐患，在会议期间核心区内会场及驻地周边200米范围内工地停止土石方、明火作业、塔吊顶升及拆卸、大模板支撑、混凝土浇筑以及易产生强噪声和易挥发性气体的施工，严格落实安全检查、工人入场教育以及出入登记制度，防止各类事故和突发事件发生。建立服务保障工作台账。共涉及10个施工项目，其中房建项目2个、地铁项目2个、装修项目6个。安排监督员对保障项目进行滚动式排查，安排协管员到保障项目逐一盯守，下发《关于印发〈2018年中非合作论坛北京峰会消防安全保卫社会面火灾防控工作方案〉的通知》，共出动人员466人次，检查工地数253个。并做好2018年中非合作论坛峰会前后空气质量保障工作，共出动检查人员100余人次，现场检查工地42项次，利用施工现场远程视频监控系统非现场巡查工地72项次。

（齐彦博）

【全国“两会”服务保障】制定《西城区住房和城市建设委员会关于做好2018年全国“两会”服务保障工作方案》，对区域内工地进行排查摸底，掌握6个会场和驻地周边200米范围内工地基本情况，梳理9项16个200米范围内工地，建立“两会”期间服务保障工作台账。2月27日，组织召开全区建筑工地建设、施工、监理项目三方负责人参加的2018年西城区施工现场管理工作暨全国“两会”保障工作部署会。传达区委常委、副区长姜立光关于做好“两会”期间安全生产工作的指示精神。2月28日，组织相关负责人参加“两会”服务保障工作动员部署会。要求各项目按照工作方案要求，在会议保障期间（2月28日8时至3月22日18时）停止一切施工作业，确保施工现场安全稳定。自2月28日起，对16个保障项目逐一进行检查，在要求16个保障工地落实“两会”停工要求的同时，对已提交《建设工程施工现场五方责任主体履责情况自查表》的47个复工工地开展安全检查。共出动315人次，检查工地207个次。

（齐彦博）

【建立建筑垃圾再生利用合作工作模式】4月19日，区住建委联合区城市管理委、北京广安控股有限公司到首钢环境产业有限公司考察建筑垃圾资源化处理设施，商讨建立建筑废弃物一体化综合利用管理工作模式。落实市住房城乡建设委、市城市管理委等11部门《关于进一步加强建筑废弃物资源化综合利用工作的意见》。

（齐彦博）

【优化营商环境】4月24日，市住房城乡建设委员会审批处对区住建委开展了“9+N”政策措施体系中办理施工许可、竣工验收备案、社会投资项目联合验收等新政落实情况的专项检查。自3月1日起，施工许可全面推行电子证照，全市范围施工许可审批实现网上发证。9月1日起，住建领域从业人员有关证书试行电子化，压缩施工许可审批时限，将法定审批时限15天调整为5个工作日内办结。精简施工许可审批要件，申报材料由原有的13项调整为8项，通过信用管理将原有的前置审批调整为承诺制。简化企业资质办理条件。建筑业企业和房地产开发企业试行承诺制。推进行政审批一科制改革，完成“一窗受理”的前期资料梳理工作。基本实现“前台综合受理、后台分类审批、统一窗口出件”服务模式。

（齐彦博）

【绿色施工监管】年内，对420余家参建单位开展142次、每次约1小时的绿色施工扬尘污染控制政策法规交底和告知活动。组织印刷7000本小宣传册发到各工地各班组。对53家现场存在覆盖不到位等问题的责任单位移交城管部门处理，对4家现场搅拌砂浆的责任单位立案处理，罚款32万元。联合区城市管理委对未按规定使用渣土运输车辆的单位进行约谈告诫。联合区环保局对违反非道路移动机械使用管理规定的11家责任单位进行约谈告诫。利用施工现场视频监控系统，实时监测现场环境数据，打好蓝天保卫战。

（齐彦博）

【信息化项目建设】年内，继续推广使用建设工程施工现场远程视频监控系统，通过监控系统查看施工现场各项数据，保障施工工程正常开展建设，实现执法信息化。7月1日，西城区定向安置房综合服务管理平台上线运行，适应不断变化的定向安置房管理需求，实现管理信息化。11月27日，“减量时代”互联网+西城区老城改造应用平台建设项目完成项目初验会，完成需求分析和需求设计。

（齐彦博）

【安全教育培训】年内，坚持“以会代训”“会训结合”的教育方式，依托第三方机构有关专家进行预防电气焊火灾事故培训，开展安全知识宣传，悬挂安全、警示横幅292条，张贴宣传海报2000张，发放宣传材料5000份。组织各类会议15次，下发各类文件7800份；培训146名项目负责人，3600余名从业人员参加了体验式安全教育培训。对全区有施工围挡的65个工程均已对施工围挡进行了规范和提升，布置面积4.3万平方米。

（齐彦博）

【施工现场防汛应急管理】年内，联合北京建工集团抢险队，举办全区建筑工地防汛演练。召开3次动员部署会，16个重点项目签订防汛责任书，下发防汛工作方案180份，发放防汛宣传海报、手册3500份；聘请北京城建科技促进会专家对4个深基坑工程、12个地铁项目进行专项检查。举办1次全区建设工程防汛应急救援演练；发出预警33次、工作通知类短信158235条；检查出动564人次，检查工地452个次；确保建设工程安全度汛。

（齐彦博）

【施工现场安全隐患排查治理】年内，开展城市安全隐患治理三年行动，重点围绕施工现场彩钢板房治理和危大工程安全管理两项工作任务，确保各项目施工现场临建房屋符合要求，确保区域内19台塔吊、9台施工升降机、6台物料提升机、40台高处作业吊篮、3个高大脚手架、4个深基坑、地铁12个标段的51个竖井的安全稳定。

（齐彦博）

【市“治欠保支”领导小组专项督查】1月31日，市人力社保局副局长孙美玲带领市政府“治欠保支”工作领导小组到西城区，就贯彻落实农民工工资“治欠保支”工作情况开展专项督查。

（齐彦博）

【施工现场扬尘治理】3月6至3月21日，区住建委出动检查人员254人次，现场检查工地126项次，利用施工现场远程视频监控系统非现场巡查工地1560项次。要求各工地严格落实“六个百分之百”“门前三包”和“三不进两不出”

等要求。对检查中发现存在的少数施工现场局部裸露土方覆盖不够严密、洒水降尘不够彻底等问题，在执法人员监督下，现场整改完毕。

（齐彦博）

【绿色施工工作部署】自3月5日始，用1周时间分4批召集辖区158项工程施工单位召开以“找短板精准发力、补短板开好新局”为主题的动员部署会，对照各工地施工现场视频和市住房城乡建设委确定的11项工作标准，大力倡导中建二局国安府等项目购置机械化洒水车、扫地车等设施、购置了机械化、科技化降尘设备设施。全区各工地购置雾炮机、洗轮机、道路喷淋、机械化洒水车、塔吊喷淋系统等各类设备设施381台（套），金属安全网6.5万平方米，地铁工程防尘罩棚50个，累计投入7500万元。

（齐彦博）

【工程质量建设检查】年内，共实施质量监督执法检查536次，出动人员1294人次，监督检查覆盖率100%。共约谈了质量管理存在问题建设单位、施工单位、监理单位91家，发出《责令改正通知书》34份，发出《行政处罚决定书》48份，现场同步监督竣工验收70项，面积120.38万平方米。依据《建设工程质量管理条例》（国务院令279号）及《北京市建设工程质量条例》发出《行政处罚决定书》48份。共计罚款34.28万元（一般处罚33.46万元，简易处罚0.82万元），对单位罚款33.13万元，对单位直接负责的主管人员罚款1.16万元。开展住宅工程建设质量专项执法检查。共计检查6个工程项目，总建筑面积17.24万平方米。开展老旧小区抗震节能综合整治工程质量专项执法检查。共计检查6个工程项目，总建筑面积近10万平方米。开展建设工程质量检测及常见问题专项执法检查。共检查12项工程，建筑面积85.6万平方米，随机抽取了3项老旧小区抗震加固工程，进行结构实体委托检测。制定《2018年西城区建设工程“质量月”活动方案》，开展一条标语、一个活动、一次培训、一次检查的“四个一”行动。

（齐彦博）

【招标投标管理】年内，建设工程招标投标项目入场登记122项，其中公开招标110项、告知性备案4项、直接发包8项。招标组织形式为委托招标的110项、自行招标12项。入场项目按资金性质分为政府投资78项、国有资金28项、自筹资金16项。完成中标119项，涉及金额21.82亿元。

（齐彦博）

房地产开发

北京金融街投资（集团）有限公司

【概况】北京金融街投资（集团）有限公司（简称金融街集团）为西城区国资委所属的国有全资企业，注册资金102.3863亿元，区国资委持股32.57%，北京金融街资本运营中心持股67.43%。法定代表人董事长牛明奇。金融街集团已发展成为以房地产为主业的国有大型综合投资公司。业务领域涉及房地产开发、政府重点工程、物业经营、物业管理、金融、教育、医疗及文化体育旅游等多个产业，业务范围遍及北京、天津、重庆、上海、山东、河南、江苏、内蒙古、四川、湖南、湖北、安徽、广东等多个省市地区。年内，金融街集团实现营业收入330.28亿元，同比增长2.03%；利润总额53.21亿元，净利润34.31亿元。集团总资产到年底达2342.55亿元，较年初增长9.77%；净资产达617.74亿元，较年初增长5.72%。截至年末，系统内企业240余家，员工总数1.1万余人。2018年首次申报入选“中国五百强企业”，位列榜单第490位。全系统获“2018中国物业服务百强企业”“2018中国商业地产优秀企业”“2018沪深上市房地产公司综合实力TOP10”“首都文明单位标兵”等国家、市区级集体奖项105项；获“全国金融五一劳动奖章”“内蒙古自治区五一劳动奖章”等国家、省市、区级个人奖项26项。年内，金融街集团及所属公司未出现重大主体责任安全事故、重大经营风险事件和重大信访事件。

地址：西城区金融大街33号通泰大厦B座11层

邮编：100033

电话：88088080

（郭岩松）

【政府重点工程建设】年内，金融街集团全面、圆满完成政府重点任务。基础公司按进度推进34.5万平方米重点工程建设。其中，华嘉项目公建如期实现结构封顶，通过了“北京市绿色文明施工样板工地”验收；德胜对景项目完成规划验收；昌平定向安置房的配套养老院顺利移交；聚龙广场改造运营项目阶段性方案，获区领导认可与支持。基础公司对莱西项目的西砖胡同开展恢复性修建试点，修建院落7个，织补类共生院落6个，文保院落修缮1个，并开展街巷整治、综合提升，在北京国际设计周期间亮相，项目首期复建获市、区政府认可，原则同意规划设计方案，拟作为全市首个城市保护更新项目。金融街控股北京置地公司为人民银行代建项目如期实现主体结构完工，该工程克服数次停工影响，保质保量实现了进度目标；项目通过了北京长城杯专家组和绿色安全样板工地的验收，得到业主高度评价。金融街控股北京置地公司为共青团西城区委代建的党建工作站项目如期完成顺利移交。

（郭岩松）

【保障房公司正式成立】10月18日“北京华融金晖置业有限公司”正式更名为“北京市西城区保障性住房运营管理有限公司”，完成工商变更，成为西城区落实国务院、北京市《关于培育、发展住房租赁市场及建立保障性住房经营管理机构的工作要求》的工作平台。

（郭岩松）

【疏解整治提升】年内，华利佳合实业有限公司出租房清理工作完成100人次，统筹本地化用工162人次。华利佳合实业有限公司利用腾退空间改造的金瀛新街口百姓生活服务中心，成为区首批百姓便民超市示范单位，市委书记蔡奇、市长陈吉宁前往视察并给予肯定。基础公司实现疏解项目签约99户、388人次（白塔寺19户53人次、大剧院西65户295人次、广安一期15户40人次）；新增的整院完成权属变更91个（白塔寺61个、大剧院西30个）、实现经营7个（均为白塔寺），累计形成整院协议签约生效160个、完成权属变更140个、实现经营23个。基础公司完成“莱西西砖胡同街巷历史街区重塑综合整治工程”亮相2018年北京设计周，得到各级政府领导的认可；白塔寺西部亮片区内青塔等7条胡同修缮性工作基本完成，首个中法遗产修复合作试点院落“429共享院”正式揭牌，东西岔综合整治项目成功申报为北京市精品互通示范项目。

（郭岩松）

【房地产板块】年内，房地产板块全面落实战略投资布局，新进入了深圳、惠州、东莞等三个城市。获取河北遵化汤泉小镇项目，实现在环京地区落地首个度假康养小镇的目标。年底进入全国13+2个重点城市/区域，土地储备权益面积总计1231万平方米，在全国五大城市群的土地储备分布趋于均衡，有效支撑未来几年的业绩增长。收购及合作类项目比重提高，低成本获取土地资源。在全年获取的15个项目中，收并购及合作项目6个：武汉临江大道项目、北京门头沟区永定镇地块、成都新津105亩地块、天津西青区李七庄项目、天津东丽区成林道地块、武汉文化大道项目。公开市场获取全资项目9个，其中6个项目为底价获取。所属金融街控股公司全年实现房屋销售签约额307亿元，同比增长30%，全年签约金额进入300亿房企行列，实现金融街控股签约业绩的历史最高水平，公司销售行业排名第78位，较上年提升9位。其中北京置业公司、广州置业公司销售签约额破百亿，公司在北京、广州、惠州三个地区市场排名均进入前十。

（郭岩松）

【金融保险板块】年内，长城人寿公司不断完善产品体系和架构，其中，附加爱相宜女性特定疾病保险、团体人身意外伤害保险（2017）、金彩一生养老年金保险、附加长泰定期寿险（2018）等20余款产品上线销售，满足了不同渠道的需求，促进了公司业务发展。鸿盛组合计划获2018金牌保险产品方舟奖，吉康人生重大疾病保险计划获最佳保险产品创新奖，幸福钥匙组合计划获2018年度两全保险产品奖。长城人寿公司主要保费指标超年度计划达成。总保费收入98.44亿元，年计划达成率131%，同比增长47.4%；续期保费达成40.67亿元，同比大幅增长55.5%。

（郭岩松）

【物业板块】年内，金融街物业公司全年营业收入首度突破10亿元。新承接项目35个，总签约面积304.64万平方米。年底，公司系统总体在管项目142个，管理面积1761.71万平方米。11月28日，金融街物业公司各股东方及物业公司签署增资协议。11月底，华融公司对金融街物业公司增资，持股比例从40%提升至47.5%。

（郭岩松）

【教育板块】12月，位于西城区富国里的金融街惠泽儿童成长中心正式开业，开设针对2至3.5岁儿童的入园缓释班，以及水育、艺术、育动、科学等亲子兴趣课程，该项目是集团教育板块首个开业的学前教育项目。正泽学校第二学年招生工作圆满完成，招录比创当年北京高端民办学校之最。9月，学校正式入驻青龙桥校区，该校区是正泽学校2至6年级办学场地。教育公司与北京市供销合作总社下属子公司成立合资公司，举办公司旗下第一所集幼儿园、小学、初中、高中为一体的高端国际化民办学校——北京市金融街润泽学校，将在位于大兴的原北京市供销学校校址办学。

（郭岩松）

【医疗健康板块】5月11日，“北京金融街泽康医院管理有限公司”正式挂牌，作为睿宝儿科项目的投资持股平台。7月10日，签署完成睿宝儿科收购协议与增资协议，取得85.09%股权，实现项目控股。年底，睿宝儿科除1家门诊外，其余已全部完成工商执照和银行基本户变更，实现经营管理工作的平稳对接。此次睿宝儿科的收购，是金融街集团健康医疗板块首个战略性医疗健康产业投资项目，是集团正式进军医疗健康产业的重要里程碑。医疗健康业务将同金融街集团整体业务架构中的地产开发、自持物业、金融保险、教育培训等产业协同发展，全面推进高净值客户的转化与配套服务升级。

（郭岩松）

【金融街区域软环境建设】年内，金融街商会为驻区机构提供高质量服务，新发展33家机构会员，会员总数达到248家；牵头9家金融机构首次面向全球开启招募计划，提供近50个核心职位，在华尔街顺利举办首届“金融街组团金融机构全球高端人才引进活动”；金融街医疗服务共同体为驻区从业人员挂号1万余人次，咨询近1.1万人次，组织义诊活动两场；心灵驿站共组织30次专场心理减压咨询，一对一服务100余人；成功举办学术大讲堂、学术论坛活动9场，以及6场文体活动、3场单身联谊活动。金融街书局在金融街核心区首批打造的4个阅读空间在11月中旬亮相，实现“步行10分钟就可以找到1个读书点”的目标，营造多元化、人性化的公共文化生活空间。商会依托西城区图书馆资源，免费为驻区机构建立职工书屋，共为中国银保监会等14家驻区机构定期流转图书3000余本。

（郭岩松）

北京市华远集团有限公司

【概况】北京市华远集团有限公司（简称华远集团）是西城区国资委所属的国有独资公司。年内，以“整合资源、盘活资产、优化结构、做强主业”为主线，采取“稳中求进、顺势发展”的经营策略，加大资本运作的探索力度，着力构建集团新的金融投资体系，进一步优化集团资产配置和运营，努力拓展布局科技实业领域，推进再创业，加快新发展，力促旗下房地产、金融服务、商业服务、高新技术四大业务板块协同并进，经营布局优化初具雏形。截至12月31日，华远集团资产总额615.82亿元，较上年末增长38.86％；净资产126.06亿元，较上年末增长4.66％；全年实现营业收入71.93亿元，利润总额10.31亿元，净利润7.05亿元，其中归母净利润3.05亿元。剔除影响因素后，实现利润总额12.30亿元，净利润9.04亿元，其中归母净利润5.03亿元。华远地产股份有限公司全年完成销售签约额120.45亿元，创造历史记录。全年完成土拓投资95亿元，同比增长70%；新增土地储备269万平方米，同比增长58%。

地址：西城区南礼士路36号华远大厦
邮编：100037
电话：68037022

（李南南）

【房地产业创新发展】年内，华远地产股份有限公司以北京为核心，加速布局京津冀、珠三角、中部、西部四大区域；通过土地公开市场在天津、重庆、长沙、佛山、银川、涿州等地共斩获12块宗地；新进佛山、涿州、银川3城。住宅产品线完善标准化体系，独创“海蓝城”产品IP，打造第一个小镇产品华远•春风度。开发运营“华远Hi平台”“华远家APP”服务平台。大力推动建筑信息模型（BIM，Building Information Modeling）与企业管理系统和信息技术一体化集成应用。成功发行美元债，创造了区下属国有企业第一次境外美元债券成功发行、第一次在境外资本市场亮相、第一次引入保险资本、第一次发行短期融资券通过。

（李南南）

【金融服务业拓展】年内，北京华远小额贷款有限公司贷款业务区域从西城区拓宽到全市范围，新增咨询服务业务；华远典当有限公司入选北京市典当协会理事单位，市场影响力日益增强。华远典当被评为A类典当企业。

（李南南）

【商业服务业提升】年内，北京华远西单购物中心有限公司对70%以上的经营部位进行提质升级装修，引进市场占有率高、有深受年轻顾客喜爱的品牌；对线上平台的商品不断改进，线上促销推广与公司官网、微博、微信公众号及时更新结合。12月26日，华远商业管理有限公司旗下品牌华远悠优港正式开业，其地处长沙市五一核心商圈、占据人气码头坡子街，依托长沙滨江华远华中心城市综合体，以"餐饮+配套"的业态组合模式，引入了湖湘首席宴请餐厅、地道湘味餐厅、网红食肆、小资轻食、健身会所、皮肤管理中心等个性餐饮和高端服务业态，立志打造长沙首张"用时间消费取代产品消费"的轻商业名片。

（李南南）

【科技板块结构调整】年内，华远集团旗下电子商务公司华远大数开展智慧商圈基础设施建设、移动支付平台服务、商家促销活动组织推广、商圈公众号运营、西购网上商城运营并参与"世纪天乐"项目改造任务。华远电气股份有限公司机床、空压机等行业专机开发初见成效，并在江浙、东莞占领主要市场地位，树立品牌知名度；自主知识产权持续累积，全年申请专利总数75件，在机器人驱动器、伺服驱动器等产品开发方面与多家外部企业达成合作意向。深圳华远云联数据科技有限公司成为软件行业协会会员单位、工业互联网产业联盟会员单位、入选广东省工业互联网产业生态供给资源池。新增2个发明、5个外观专利、10个软件著作权双软认证和TAPD测试流程。北京华远云科技有限公司正式启动世纪天乐大厦的改造升级、产业提升，联合华远地产北京公司等相关单位，采用领先理念及现代科技，营造绿色、创新、智慧为主题的商务生态体系，满足新型企业办公需求，树立城市更新改造的标杆项目。北京华远精密技术有限公司于2018年12月18日成立，注册资本1亿元人民币，致力于成为以先进精密制造技术为核心，国内领先、具有国际竞争力的绿色通用机械设备企业。与专业团队联合设立华远精密机器（深圳）有限公司，中短期主营业务为无油涡旋式空气压缩机的研发、制造和销售，长期产品开发目标将延展至符合未来工业及民用各领域、具备广泛使用需求的空气压缩类先进设备。

（李南南）

【落实疏解整治促提升】年内，以落实疏解整治促提升为抓手，高效推进北京金融科技中心产业升级，在对北京金融科技中心大厦周边环境、配套以及市场需求进行深入调研分析的基础上，明确北京金融科技中心定位与发展方向，正式启动大厦设计改造、产业提升，助力打造北京科技创新中心新高地。

（李南南）

【服务区域金融科技产业发展】年内，华远集团及旗下华远地产、华远大数、华远云联等子公司及其团队，为更好的协助区相关政府部门推进北京金融科技与专业服务创新示范区（以下简称"示范区"）整体规划建设和专业化服务，北展指挥部前端公司将依托华远开发建设和运营经验，引进专业设计团队，改善"示范区"软硬件环境质量，提升核心区区域品质，将"示范区"打造成为环境优美、配套完善、社会和谐、智慧运行的宜居宜业街区；中关村西城园管委会前端公司将协助"示范区"梳理金融科技产业规划和空间布局，构建金融科技产业创新生态体系，推动落实金融科技产业集聚工程，协助建立示范区智慧公共服务大厅，为入驻企业提供全流程"一站式"绿色通道服务。

（李南南）

【精准扶贫】年内，华远集团在区国资委的统筹部署下，先后承担了张北县马梁坡村、黑土沟村的精准脱贫及北京门头沟区河南台村帮扶低收入村民的任务。年内，多次前往张北县贫困村及门头沟区低收入村进行考察调研活动，了解贫困村现状。华远集团围绕"扶贫对象精准、措施到户精准、项目安排精准、资金使用精准、脱贫成效精准"的要求，通过与贫困村共同成立农机合作社等方式，形成和制定了长效脱贫机制和运行模式。

（李南南）

【合作与交流】年内，华远集团与河南省邓州市人民政府签署战略合作框架协议，双方拟在城市发展顶层设计、城乡建设开发、产业转型升级、城市运营服务等方面开展多方面战略合作；旗下北京华远大数电子商务有限公司为邓州市开发"人才信息库"项目，并与邓州市产业集聚区签署战略合作协议，为园区智慧化管理提供技术咨询和服务。华远集团董事长兼华远地产董事长杜凤超受邀拜访长沙市市长胡忠雄等政府领导，杜凤超详细介绍了华远地产在长沙的地产开发项目、重大招商引资项目以及未来深耕湖南的发展愿景等相关情况。胡忠雄表示，长沙市政府对华远地产的开发品质与项目合作寄予厚望，并将继续大力支持华远地产深耕湖南的发展愿景，期望未来在多领域内共同合作致力推动湖南新发展。华远地产股份有限公司与北京住总、中粮集团、保利集团、神华集团等多家央企开展深度合作，并与旭辉、碧桂园、远洋、景瑞等行业伙伴达成战略协议，以促进双方业务共同发展为目的就信息沟通、土地市场、品牌推广、客户服务与调研、产品营销、人才培训等方面开展全方位的合作与交流。

（李南南）

【区领导到华远集团调研】4月16日，副区长陈冲到华远集团调研。陈冲认为华远集团在做大做强主业的同时，坚持华远精神，持续投资发展高科技产业，调整集团产业结构，为区国有企业做出了榜样；陈冲希望集团未来能够抓住"京津冀"协同发展的机遇，加大高科技发展力度，降低债务风险，为国家扶贫工作做出贡献。6月20日，副区长司马红和区长助理沈俊宇到华远集团调研。司马红认为华远集团按照区政府的要求，不仅在前期的"动批市场"疏解工作中做出巨大贡献，而且成立"前端公司"协助北展指挥部积极推动"动批市场"的产业升级。司马红希望集团未来能够加大"前端公司"的发展力度，抓住北京金融科技与专业服务创新示范区的机遇，创建示范区服务平台，承接整个示范区的产业升级和服务。

（李南南）

【领导考察华远集团重点项目】8月29

日，区国资委党委书记徐斌、区外联办副主任霍利凯一行对华远•华中心（北京）项目进行考察，徐斌对项目给予了肯定，并希望集团尽快将项目投入运营，区领导实地查看了工程施工、住宅样板间及相关配套设施。9月12日，区国资委副主任易勇等一行，赴深圳市宝安区鸿辉工业园调研考察集团下属企业华远电气股份有限公司，参观了华远电气的生产车间、产品展厅及办公区，并听取汇报，区国资委领导对华远电气成立3年以来取得的发展给予了充分的肯定。10月8日，区国资委领导一行赴长沙华远悠优港项目考察，走访了华远悠优港商业项目，听取了项目公司在业态规划、装修改造、招商运营等方面的介绍，区国资委领导对该项目取得的阶段性成果给予了较高评价。还走访了君悦酒店、海信广场、FACE MORE飞猫公社及华远·华时代等项目。10月1日，石景山区区长陈之常等领导一行前往华远地产石景山大悦城项目现场视察指导，华远地产北京城市公司石景山项目部经理详细介绍了项目的总体规划、工程进度、人员配备、安全资金投入及在确保按期完工时兼顾安全和环保并举等相关工程进展情况。

（李南南）

【区国资委领导慰问挂职干部】9月30日，区国资委徐斌等领导慰问2007年11月华远集团赴河南邓州市挂职副市长的副总经理许惠龙。许惠龙为当地产业发展、招商引资、干部交流培养做了大量工作，推动邓州市和华远集团建立战略合作关系，搭建起京邓全方位合作平台。徐斌指出，许惠龙是区国资系统派出的第一名挂职干部，为国企干部锻炼成长开了个好头。邓州市是南水北调中线渠首所在地，饮水思源，帮助邓州市发展是区国资系统的政治责任和担当。华远集团要加强调研，推动与邓州市有关合作项目，确保早日落地见成效。向许惠龙赠送了慰问金和慰问品。

（李南南）

【参加中国首届国际进口博览会】11月5日，华远集团及下属企业赴上海参加中国首届国际进口博览会。华远集团重点考察走访智能及高端装备展区，并结合集团高科技板块旗下控股子公司华远电气股份有限公司的生产经营需求，对比精密镗铣床加工机床领域品牌特性，最终选择与该行业知名品牌瑞士FEHLMANN公司合作，并在常务副区长孙硕、区国资委主任佟丽萍、区商务委主任袁利等相关领导的共同见证下，与瑞士FEHLMANN公司正式签署了框架采购协议，采购原装进口高精度、高质量、高动态立式加工中心10台，采购总金额约500万美元，用于华远电气股份有限公司无油涡旋式空气压缩机项目的精密仪器加工。

（李南南）

北京天恒置业集团有限公司

【概况】北京天恒置业集团有限公司（简称天恒集团）是西城区国资委所属的国有独资公司。经过几代天恒人不懈地探索与开拓，天恒集团已经形成地产深耕、棚改细作、物业商业繁荣、教育医养、金融科技、文旅酒店等领域产业繁开的格局。年底，注册资金98.68亿元，合并资产总额701亿元，净资产182亿元，下属三级企业70家，员工6700人。地产板块全年实现开复工面积293.48万平方米，竣工面积53.74万平方米，房屋销售面积33.8万平方米，销售签约172.25亿元，比上年增长58%，业务以28盘全面布局北京10个行政区域和外埠山东威海及文登两市。列“2018北京市房地产公司TOP10”第四名，稳居北京房企第一阵营。稳步推进政府类项目，百万庄项目实现全面清地，项目B地块顺利开展首批居民集中回迁入住。积极布局“科技、文旅、康养、教育”等为主题的产业项目，成功实现海南保亭、四川阆中等多个项目的签约启动工作。贵铝智慧幸福苑首个异地养老项目正式启动，天恒美邸亦庄养老照料中心正式运营，北海医院完成收购开始运营。商业板块提质增效，深入挖掘老字号品牌效应，不断提升经营服务品质。资产负债率由年初的81.09%下降至75%以下。

地址：西城区阜成门外大街31号天恒置业大厦

邮编：100037

电话：52609100

（王　丹）

【集团信用评级和发行企业债券】年内，根据联合资信评估有限公司、联合信用评级有限公司的评级结果，主体长期信用等级由AA调升为AA+，突破债券发行的门槛限制。通过中信建投、中信银行联席承销，成功发行35亿元中期票据，通过北京银行和上海银行联席承销，成功发行20亿超短期融资券、10亿永续中票，通过上海银行承销，成功发行15亿北金所永续债权融资计划。

（王　丹）

【对口扶贫见成效】年内，分别对接张家口市张北县后大营滩村、大洼村以及门头沟区清水镇杜家庄村，确定将藜麦种植作为张北县帮扶项目，采用“四托一”（天恒集团提供帮扶资金+藜麦研究所负责技术指导+土特产公司负责产品收购+贫困村村委会组织耕种，共同帮助建档立卡未脱贫贫困户脱贫）的帮扶合作模式后，天恒集团扶贫工作组、各直属党组织，前往张北县对口帮扶村共30次143人次，分别开展藜麦种植管理、走访慰问困难户等。按年内的藜麦产量，加工销售后，61名贫困人口人均可增加800元收入，补贴后仍有结余作为来年再生产资金。

（王　丹）

【疏解非首都功能促进业态提升】年内，完成5处房屋疏解任务，疏解人口100人次，建筑面积2150平方米。对非京籍用工人员进行梳理，在不违反政策的情况下进行合理安置、清退，本地化用工指标完成80人。配合区环境办、城管等单位拆除违建、开墙打洞治理房产11处，对疏解整治的房屋进行经营业态升级改造，全面提高房屋管理水平。

（王　丹）

【搭建专业化管控平台】年内，探索出以“文旅、康养、科技”主题产业（园区）业务转型升级之路，打造多维度专业平台公司。完成产业资产平台——天恒同业资产管理公司，资本平台——天恒原信资产管理公司，养老平台——天恒康健养老投资管理有限公司，长租公寓运营平台——恒家租（北京）物业管理有限公司，科技运营平台——天恒新科技管理公司等专业平台的设立。

（王　丹）

【成立产业运营事业部】6月，成立产业运营事业部，整合内外优质资源，与中铝资产经营管理公司、国家开发银行、农业发展银行、国务院轻工机关服务中心、中青旅、贵州铝厂、爱辰威（北京）教育投资有限公司、中国文化产业发展集团、好莱坞产业联盟集团等签订战略合作协议，建立全方位深度合作的新型战略合作关系。

（王 丹）

【海南保亭项目】3月，天恒集团与海南农垦集团科学院，举行保亭热作所康养文旅产业园合作项目签约仪式，完成首期4800亩用地签约。12月12日，在海南省农业招商及金融服务推介会现场，代表北京天心康养文化发展有限公司，与海南省农垦科学院、永州市名居房地产开发有限公司签署海南保亭热带特色水果产业小镇项目合作协议，再获4000亩项目用地。在该项目土地上打造以热带水果生产、观光游览、自制体验、游戏互动、时尚购物、主题活动和餐饮住宿等多元化旅游消费的特色小镇。

（王 丹）

【四川阆中文旅项目】7月，天恒集团党委书记、董事长刘海涛率队，会同中兴能源集团副总经理张武华等知名企业负责人，赴四川阆中市签订文旅项目协议。项目内容包括阆中古城、安阁瑞片区、朱家山地块、天宫院景区等街道、城区和地块。联合知名旅游文化运营品牌，突出展示阆中独有的三国文化和春节文化，将古城内的部分资产打造开发为精品客栈、特色餐饮、手作体验、创意工坊、艺术空间等。

（王 丹）

【推进教育医疗项目】3月20日，北海医院收购事宜获得区国资委审核批准，正式签订股权转让协议。优化北海医院新定位及运营模式，确立“基本医疗科室+健康体检中心+知名中医坐诊+专科康复理疗+老年医养结合”五大板块规划布局，突出传承中医传统文化，打造北海特色康养中心。9月30日，与爱辰威（北京）投资有限公司签订合作协议，成立天恒二十一世纪教育科技（北京）有限公司。12月31日，与翠湖蓝天（北京）投资有限公司签订合作协议，成立天恒洪恩教育咨询（北京）有限公司。教育项目涉及普惠园、双语园、国际园多种类型。

（王 丹）

【天恒金融科技创新中心挂牌】年内，天恒金融科技创新中心正式挂牌，标志着金融科技转化示范平台和高端服务承载平台正式成立。创新中心与中关村西城区管委会、区金融局、区工商税务部门、区发改委、区工商联等机构保持有效的工作机制，为区重点企业落户提供服务；整合行业和投融资资源，搭建专业运营服务平台，助力入驻企业发展。年内，创新中心已落户科技企业15家，其中注册资本金达到10亿元及以上的5家。

（王 丹）

【百万庄棚改项目】7月20日，百万庄棚改项目完成最后2户的签约，实现全部清地。项目B地块顺利开展首批居民集中回迁入住，收到回迁居民赠送感谢锦旗48面。该项目成为北京市中心城区，棚改项目中首个实现清地、首个实现全面开工并完成首批居民回迁入住的项目。

（王 丹）

【老字号成文厚新店开张】12月11日，天恒集团所属北京成文厚老字号西四新店成功落地。4月底，区商务委组织开展“老字号”专题调研，天恒集团对成文厚的市场运作手段、产品研发能力及其发展战略模式进行分析和研判，选择西单北大街179号优质资源作为成文厚新店重新起航的切入点，更好地弘扬成文厚的品牌形象。

（王 丹）

【北京茶叶交易中心】12月14日，天恒集团所属北京茶业交易中心有限责任公司获得北京市地方金融监督管理局的开业批复，与中国茶叶流通协会共同发布马连道茶叶综合指数。与巴东县签订战略合作协议，以产业扶贫为契机，以茶产业为主，共同开发巴东县茶叶、白酒、矿泉水等优质产品。

（王 丹）

北京华康欣和建筑工程有限责任公司

【概况】北京华康欣和建筑工程有限责任公司（简称华欣公司）为房屋建筑工程施工总承包二级资质、建筑装修装饰二级资质、输变电专业承包叁级资质、市政公用工程施工总承包叁级资质企业。企业注册资金3000万元；资产总额1.9亿元；从业人员近200名，拥有同企业资质要求相适应的工程技术、经济管理人员。年内，公司完成营业收入10943万元，实现利润5.4万元，上缴国家税金373万元，工程合格率100%，合同履约率100%，实现安全生产文明施工。接受认证部门对质量、环境、职业健康安全管理体系年审并顺利通过。江苏扬州、河北兴隆项目有序推进。

地址：西城区西直门内后半壁街11号
邮编：100035
电话：66160591

（李珊珊）

【股东会暨工作会】3月31至4月3日，召开2018年股东会暨工作会，同时庆祝公司成立40周年。分别审议通过2017年董事会工作报告、监事会工作报告、财务工作报告、行政工作总结、党委工作总结；华欣公司与各基层单位签订生产经营承包合同及安全生产、综合治理责任书。

（李珊珊）

【工会第二次会员大会】5月24至25日，华康欣和公司在河北易县狼牙山，召开工会第二次会员大会。会议选举出公司第二届工会主席、委员；经济审查委员会主任、委员；女工委员会主任、委员。

（李珊珊）

【年度安全生产工作会】7月5日，华康欣和公司召开2108年度安全生产工作会，总结上半年工作，对安全生产提出要求。公司董事会、监事会成员；分公司主任、安全员、合同管理员、项目部负责人；机关科室负责人共45人参加会议。

（李珊珊）

【“三标”认证】9月7至9日，华康欣和公司进行为期3天的“三标”认证年审，并顺利通过。

（李珊珊）

【重点工程项目】年内，华康欣和公司的重点工程项目包括：北京市西城区教育委员会基建管理中心北京市第六十六中学扩班及餐厅改造；北京市西城区人民政府德胜街道办事处，德胜街道20条街巷整治提升项目；东冠英胡同环境整治提升；国网北京城区供电公司本部综合楼装饰装修分系统1至3层综合维修工程；国网北京市电力公司国网北京城区供电公司，本部综合楼电气分系统地下一层综合维修；2016年区域环境综合提升项目（护国寺、展览路南片区）工程。

（李珊珊）

北京广安控股集团有限公司

【概况】北京广安控股集团有限公司

（简称北京广安集团）为西城区国资委下属一级国有控股企业。集团成立以来，在历史文化街区运营、棚户区改造、保障房建设、市政道路建设、房地产开发、文化商业运营、养老及社区服务等多业务领域稳步推进，资产规模不断扩大，资产质量逐步提升，实现了快速健康发展。截至12月31日，公司注册资本金132.6亿元，集团资产总额541.68亿元，参控股企业41家，在职员工近900人。

地址：宣武门外大街10号庄胜广场中央办公楼北翼13层

邮编：100052

电话：63108908

（王晓曼）

【市领导调研北京坊项目】 4月16日，市人大常委会副主任、致公党北京市委主委闫傲霜率队调研参观大栅栏。闫傲霜听取了北京坊的规划建设、商业运营及杨梅竹项目等情况的介绍。参观了北京坊特色建筑集群、PAGE ONE、北平花园等商家。闫傲霜赞同大栅栏历史文化街区整体保护与有机更新模式，认为北京坊的规划建筑有特色，定位及业态规划体现了“四个中心”的定位。杨梅竹斜街项目在传统文化的“传”与“承”方面，将历史文化与创新相结合，“承”做得非常好。9月30日，副市长王宁到北京坊，围绕北京国际设计周，北京坊生活方式设计节、特色商家展开调研。王宁先后参观了北京坊生活方式设计节“Fashion&Life探索家空间”体验店、《绘画的精神：蔡国强在普拉多》中文版艺术书展、吴晓波“新匠人加速计划”展览活动等设计周内容，体验了一系列特色的AI智慧生活场景，调研了PAGE ONE书店、MUJI酒店，听取了北京坊运营情况。

（李　璐）

【区领导考察黄山“徽州坊”项目】 5月15日，区委书记卢映川、副书记王飞率区党政代表团一行考察“徽州坊”项目，对项目提出了具体要求，希望项目公司要敬畏历史、尊重自然、传承文化，严格遵守黄山城市规划发展要求和历史文化保护要求，发扬工匠精神，精益求精、精心实施、精心打理，把项目实施好。

（庞　丹）

【文物腾退项目部获奖】 1月24日，北京大栅栏投资有限公司聚顺和栈南货老店旧址文物腾退项目部，在区政府召开的文物腾退工作总结会上受到表彰，副区长徐利为腾退工作先进集体和先进个人授旗、授带，北京大栅栏投资有限公司聚顺和栈南货老店旧址文物腾退项目部被评为“西城区文物腾退先进集体”，成员代表孙博和梁维丽被评为“西城区文保卫士”。

（庞　丹）

【上合组织成员国媒体参观大栅栏】 5月28日，由中国公共外交协会、北京市人民政府新闻办公室、北京人民广播电台联合主办的“看北京——上海合作组织成员国媒体北京论坛暨北京行”活动拉开帷幕，来自哈萨克斯坦、乌兹别克斯坦、巴基斯坦等8国的13家主流媒体约40余位高管和记者受邀到大栅栏参观访问，感受改造升级后的北京胡同的魅力。

（庞　丹）

【大栅栏宜居—安居—乐居计划】 年内，通过炭儿胡同27号、取灯胡同12号试点院落的实践，进一步探索出居民平移、院内拆违、共享空间及社区营造等改造经验，为下一步煤东纵深改造示范提供了可借鉴的样本。截至12月，炭儿胡同27号院A、B户已完成改造验收工作，取灯胡同12号施工启动。

（庞　丹）

【打造社区中心】 年内，北京大栅栏投资有限公司协同大栅栏街道办事处在施家胡同21号打造社区中心，作为改造示范窗口、大栅栏地区文化展示、手工艺者之家、智慧社区服务试点、胡同生活体验等载体。一期工程9月底前完成，已组织了施家胡同21号前世今生展、煤东城市设计展、大家论坛、艺术涂鸦与传统书画分享会、社区百岁老人庆生会、重阳节联谊会等活动。

（庞　丹）

【中日友好医院与怀来县医院签约】 10月24日，中日友好医院与怀来县医院友好合作协议签约仪式在官厅公共艺术小镇顺利举行，此次合作是广安集团助力“京津冀协同发展”的又一实践。北京广安集团以官厅公共艺术小镇项目为依托，发挥国企优势，整合资源推动“北京医疗对接怀来”。

（谢晏玮）

【怀来县产业战略研讨会在官厅项目召开】 10月8日，怀来县产业发展暨官厅公共艺术小镇项目战略研讨会在官厅项目召开，与会领导和专家围绕怀来县产业发展和官厅项目如何立足怀来、服务怀来的发展战略进行了全面、深入的探讨，为明确项目定位和未来发展方向、打造北京广安集团精品小镇项目献言献策。

（谢晏玮）

【与前门PAGE ONE合作打造24小时官厅书局】 官厅公共艺术小镇将百年皇城下的第一间书店落户到官厅书局，为业主打造24小时湖畔书社，形成整合开放的生活氛围，体验一种聚合、分享的生活方式。官厅书局与北京坊PAGE ONE书店遥相呼应，将北京广安集团所属项目的文化特色引入小镇，定义有颜值、有内涵、有魅力的湖畔理想生活。

（谢晏玮）

【H7地块建设项目】 H7地块是北京市规划和自然资源委员会（简称市规自委）第一个按营商政策审批流程推进的西城区建设项目。为解决原北京银监局附属办公用房还建问题，H7地块按照多规合一、优化营商要求，8月29日，经“多规合一营商平台”推送；经与市建委、市水务局、市文物局、市园林绿化局、市交通委、市水务局、市消防局西城支队、市规自委西城分局等有关单位沟通，11月29日，市规自委组织召开了“多规合一营商平台”协同平台会商会，原则同意该项目建设方案，并取得会议纪要（关于“多规合一营商平台”协同平台会商会议纪要2018年第5次）。

（李　璐）

北京陶然建筑有限公司

【概况】 北京陶然建筑有限公司（简称陶建公司）是具有年施工面积50万平方米以上、竣工面积20万平方米以上、施工产值3亿元以上施工总承包能力的土木工程建筑企业，建筑资质为房屋建筑施工总承包二级。在项目施工过程中，陶建公司建立了产品实现策划管理规定、产品防护管理办法等相关产品质量管理制度，对特定的产品或合同及顾客的要求，制定专门的质量监督措施、资源管理规定和生产制造程序，确保顾客满意。连续多年被评为“首都文明单位”。

地址：西城区天宁寺前街2号C座

邮编：100055

电话：63263613

（王　芳）

【成立开发物业部】6月，为做好公司有关开发项目相关工作的进一步推进，公司决定撤销原开发部，成立开发物业部。开发物业部将继续协助开发公司做好樱桃园、鸭子桥开发项目有关工作的推进，争取政府有关部门的支持，加紧做好取得北京市校办产业中心配建楼不动产证相关手续的申办。

（王　芳）

【整治地下空间】年内，响应市、区政府要求，对樱桃源小区、南滨河路地下室进行专项整治，维护修缮。确保汛期安全，规范地下空间使用环境。

（王　芳）

【物业收费】截至12月31日，樱桃源小区物业费收费率达到98%，供暖费收费率达到98%。

（王　芳）

【组织建设】年内，公司党总支以建设务实、清廉、高效的党组织为目标，围绕“红墙意识”开展党建工作。1月，看望困难党员群众，走访慰问离退休党员。6月，组织党员学习习近平新时代中国特色社会主义思想，深刻领会中国特色社会主义进入了新时代，教育党员进一步坚定“四个自信”。7月，积极响应广外街道工委组织部号召，组织公司在职党员开展以“不忘初心，与爱同行”为主题的“共产党员献爱心”捐献活动。响应中组部提出的“在职党员到社区报到”的要求，鼓励落实在职党员积极参与社区服务活动。

（王　芳）

【公司管理】8月，经全体职工大会讨论通过，重新修订颁布《北京陶然建筑有限公司考勤制度》《北京陶然建筑有限公司（机关）工资、奖金、补贴管理办法》《北京陶然建筑有限公司员工奖惩制度》《北京陶然建筑有限公司劳动合同管理制度》。同时废止原《北京陶然建筑有限公司考勤制度》、原《北京陶然建筑有限公司（机关）工资、奖金、补贴管理办法》、原《北京陶然建筑有限公司辞退违纪员工实施办法》、原《北京陶然建筑有限公司考核奖惩实施办法》、原《北京陶然建筑有限公司劳动合同实施细则》。通过修订管理制度条款，加强公司制度的合法合规化，进一步明确各岗位工作要求，在建立良好工作氛围的基础上，提升员工工作的主动性和自觉性。

（王　芳）

【老干部管理】年内，由公司代管的离退休老干部去世2人，现有7人。根据老干部工作政策和文件要求，积极与上级主管部门沟通协调，落实好代管老干部享受的各种待遇及各类活动安排，做好对去世老干部的各项政策落实及对家属进行走访慰问。

（王　芳）

北京市鑫宣市政工程有限公司

【概况】北京市鑫宣市政工程有限公司（简称鑫宣市政公司）是国家建设行政部门认定的市政公用工程施工总承包贰级和建筑工程施工总承包叁级企业。可承担城市道路、桥梁、隧道工程；给、排水及泵站工程；燃气和热力工程；各类城市生活垃圾处理工程；爆破、拆除工程；园林绿化工程；照明工程；各类城市广场、地面停车场硬质铺装工程。可承担民用建筑、工业建筑、构筑物工程以及相配套的道路、通信、管网管线等设施工程。工程内容包括地基与基础、主体结构、建筑屋面、装修装饰、建筑幕墙、附建人防工程以及给水排水及供暖、通风与空调、电气、消防、智能化、防雷等配套工程；物业管理。企业注册资金2000万元，资产总计1.50亿元。年内工程合格率100%，合同履约率100%，实现安全生产文明施工。连年获得质量体系认证（GB/T19001-2008/ISO9001：2008、《工程建设施工企业质量管理规范》GB/T 50430-2007）、环境管理体系认证（ISO14001：2004 GB/T24001-2004）和职业健康安全管理体系认证（GB/T28001-2011 OHSAS18001：2007）；多次获得北京建筑行业AAA诚信企业称号和信誉等级为AAA的等级证书。公司以“优质、高效、诚信、创新”为发展方针，在行业主管部门和用户中获得了良好的声誉。

地址：西城区红莲大厦B座5层
邮编：100055
电话：63546948

（张　颖）

【马连道南街道路微循环改造工程】年内，完成马连道南街道路微循环改造工程，打通道路瓶颈，改善道路通行能力。完成沥青路面6859.2平方米，人行步道砖2011平方米。

（张　颖）

【市政基础设施改造工程】2016年7月至2018年12月，完成施家胡同沥青路面1029.68平方米，人行步道砖387.35平方米；廊房二条铺装花岗岩路面1165平方米；廊房三条铺装花岗岩路面568平方米；门框胡同铺装花岗岩路面344平方米。

（张　颖）

【环境整治工程】年内，实施车站西街9号院环境整治工程，完成沥青混凝土4860平方米，人行步道砖987平方米，安砌路缘石1126米，砌筑围墙118立方米，砌筑挡墙57.9立方米。实施广南小区环境整治工程，新建沥青路面1510.01平方米，新建步道438.18平方米，安砌路缘石467.73米，新建雨水口15座。完成牛街东里一区1号楼西侧环境整治工程，拆除房屋2153.66平方米，沥青路面721.35平方米，铺装花岗岩171平方米，铺装机刨石225.89平方米，铺装步道砖268.55平方米，砌筑砖墙19.73立方米。完成北京市劳动人民文化宫三区一园环境整治四期工程，种植草皮2956.5平方米，种植绿植878.3平方米，种植树木66株，新建木栈道571.6平方米，铺设花岗岩石材1568.8平方米。完成天宁寺西里1号楼院环境整治工程，完成人行步道砖422.59平方米，安砌树池口14座，雨水管线70.4米，新做双箅雨水口4座，砖墙36.42立方米，墙面贴砖245.32平方米。

（张　颖）

【道路改造工程】年内，完成北京地杰机扫环保服务中心道路改造工程，新建沥青路面629.59平方米，安砌路缘石60米。

（张　颖）

【停车场路面工程】年内，完成右安门桥下环卫停车场路面工程，新建沥青路面1917.98平方米，安砌路缘石213.92米。

（张　颖）

【人定湖西里社区西侧路工程】年内，完成人定湖西里社区5号楼、6号楼西侧路，铺设大方砖697.64平方米，安砌路缘石133米。

（张　颖）

【道路调直工程】年内，完成北京印钞有限公司办公大楼东侧道路调直工程，新建沥青路面1452.43平方米，安砌花岗岩路缘石335.2米，新建雨水管线118.4米。

（张　颖）

【检封楼西侧道路及地下管网改造】年内，完成检封楼西侧道路及地下管网改造工程，新建沥青路面1963.74平方米，安砌花岗岩路缘石212.3米，新建雨水管线121.5米。

（张　颖）

【临建拆除工程】年内，完成珠西大街临建拆除工程，拆除砖墙1095.1立方米，拆除混凝土876.38立方米，拆除屋面1439.9平方米，拆除地面886.4平方米，拆除天棚吊顶1274.7平方米，拆除屋顶广告牌512.3平方米。

（张　颖）

【污水管线改造工程】年内，完成宣外东里4号楼北侧污水管线改造工程，新建污水管线57.2米，新建污水检查井11座，人行步道砖115平方米。完成和外西里污水管道改造工程，新建污水管线34.1米，新建污水检查井3座，新建沥青路面653.87平方米，人行步道砖432.08平方米。

（张　颖）

【环境整治提升项目】年内，完成广内街道北街小巷环境整治提升项目，拆除房屋1246.97平方米，安装门窗415.16平方米，墙面抹灰1813.2平方米，墙面刷漆1883平方米，彩绘文化墙222.3平方米，铺设步道砖2743.59平方米。

（张　颖）

【校舍修缮工程】年内，完成南横西街94号院校舍修缮工程，完成污水管线1185.5米，污水检查井66座，雨水管线1578.5米，雨水检查井38座，沥青路面8999.7平方米，人行步道砖2347.3平方米，铺装花岗岩1812.5平方米。

（张　颖）

【防汛抢险工程】年内，完成安康胡同9号院防汛抢险工程，完成人行步道砖7296平方米，混凝土散水75.1平方米。

（张　颖）

【地面整治工程】年内，完成新外大街北社区六号院地面整治工程，完成人行步道砖1045平方米，更换井盖8套，新建单箅雨水口1座。（张　颖）

北京昊都建筑工程有限责任公司

【概况】北京昊都建筑工程有限责任公司（简称昊都公司）为区属国有企业，主要经营工业与民用建筑项目、地基与基础工程的施工、设备租赁、建筑材料的技术开发、锅炉安装及热力、防水管线工程的施工等，公司营业执照至2020年9月28日。

地址：西城区白纸坊西街22号楼1602号
邮编：100054
电话：67504923

（杨惠娟）

【例行工作】5月，完成2017年度供暖费发票、自采暖、煤火费核对证明及银行账号相关材料复印件收取工作，共计238份。8月，完成2017年度项目绩效评价登记表182份及2018年度国有资本预算资金上报工作，供暖、自采暖及煤火费计246人，金额389159.37元。9月，根据公司实际情况向金正公司做相关工作等内容报告；10月，向金正公司上报公司2017年度供暖、自采暖及煤火费发放凭证材料118份。

（杨惠娟）

【财务工作及投资工程】2月，分别完成向西城区国有资产管理委员会、西城区财政局报送2018年财务决算报表工作；3月，完成向全国第四届经济普查（白纸坊街道）办公室报送经济普查报表工作；6月，完成2017年度退休人员供暖、自采暖及煤火费发放工作，计238人，金额376528.51元。12月，完成企业所得税年度汇算清缴鉴证及财务审计工作。公司投资广东中山工程诉讼案件尚未结案，诉讼保全后的房产及银行账户按季度继续进行续封工作。

（杨惠娟）

【退办工作】年内，追缴5人（去世）养老金46267.32元；为8名退休人员变更医疗机构，确保退休人员及时就医。根据京人社养发〔2018〕132号文件精神，完成年内10名去世退休人员补支计算、申报及发放工作，金额7401.63元；为2名异地安置退休人员进行领取社会保险待遇资格协助认证；为2名异地安置退休人员办理住院医药费报销；为20名去世退休人员办理房屋过户等人事档案查询及相关部门人事档案复核接待工作；截至年底，公司退休人员427人。

（杨惠娟）

【提升服务水准】年内，接待外调、特殊工种提前退休及为企业调出人员查档、出具各种证明、公证、公示材料64份；配合区相关部门，了解退休重点人员情况，先后3次与其社区居委会、所在街道派出所联系，将了解的情况及时报告上级部门，确保社会安定。

（杨惠娟）

北京房开置业股份有限公司

【概况】北京房开置业股份有限公司（简称房开置业公司）注册资金5000万元，通过ISO9001国际质量管理体系认证。主要经营房地产开发、商品房销售、城市危旧房改造和开发建设等项目。

地址：西城区广安门内大街210号西华经典2层
邮编：100053
电话：63577515

（闫　欣）

【平原里3号楼定向安置房施工建设】年内，房开置业公司平原里3号楼定向安置房项目部组织协调设计、监理、施工等单位，开展平原里3号楼定向安置房施工建设。完成地上4层的施工建设，为平原里3号楼定向安置房项目按时竣工交付使用奠定了基础。

（闫　欣）

【防汛工作】汛期，房开置业公司针对平原里3号楼定向安置房项目施工进度，组织房开置业公司平原里3号楼定向安置房项目部及施工、监理单位专门成立防汛工作领导小组，划拨专项资金，指派专人24小时值守，处理应急突发情况。做到加强日常检查，及时发现问题，采取措施将隐患消灭在萌芽状态，确保无人员、财产损失发生。

（闫　欣）

北京宣兴房地产开发股份有限公司

【概况】北京宣兴房地产开发股份有限公司（简称宣兴公司）是通过ISO9002国际质量标准认证的综合性房地产开发企业，注册资本5420万元，房地产行业等级为二级，其股份由国有、社会法人及自然人多元股东集合构成，完善了以混合所有制为标志的股权改革机制，企业实行现代科学管理，信奉以人为本，卓越进取的企业精神和互惠、诚信、共赢的核心理念。

地址：西城区枣林前街35号
邮编：100053
电话：63585100

（高　莉）

【宣兴商厦拆迁】 宣兴公司实施一级开发的项目宣兴商厦位于西城区广安门外大街湾子路口西南角，占地13300平方米，原规划设计建设内容为商业金融。在政府主导下，解决历史遗留问题以协议补偿安置方式的工作正处于全面筹划和方案设计中。

（高　莉）

（责任编辑　姜　光）

交通　邮电

交　通

交通行政执法

【概况】北京市交通执法总队（简称市交通执法总队）是北京市交通委所属副局级行政执法机构，主要负责全市公共交通、公路和水路的交通综合行政执法工作。年内，市交通执法总队统筹抓好机场、火车站等重点地区秩序维护和出租汽车、轨道交通等重点行业监管，做好春运、全国“两会”、中非论坛等重点时期交通运输环境秩序保障、核心区旅游客运治理等工作，检查交通运输行业违法违章5.7万余件。

地址：西城区北礼士路22号

邮编：100044

电话：68367578

（付天龙）

【元旦交通运输环境秩序保障】元旦期间，市交通执法总队加强对73个重点地区和22条轨道交通线路的监管力度，投入执法、督查力量1400余人次，检查运输车辆2000余台次、轨道车站209座次、违法违章70起。

（付天龙）

【春运交通运输环境秩序保障】春运期间，市交通执法总队加强交通运输行业监管，维护机场、火车站、省际客运站、公交枢纽、轨道交通车站、旅游景点、繁华商业街等重点地区交通运输环境秩序。出动执法人员2.3万余人次，检查运输车辆14万余台次，巡查轨道交通车站9000余座次，检查违法违章6600余起，消除轨道交通轻微隐患近500起，处理转办投诉2500余件。

（付天龙）

【“两会”交通运输环境秩序保障】全国“两会”期间，市交通执法总队与公安、旅游、城管等部门联勤联动检查代表、委员驻地，机场、火车站、省际客运站、公交枢纽场站等重点地区交通运输环境秩序及轨道交通运营安全。出动执法人员1.2万余人次，检查运输车辆6万余台次，巡查、值守轨道交通车站近3000座次，检查违法违章5400余起，督促企业消除轨道交通轻微隐患139起。

（付天龙）

【轨道交通票务稽查专项行动】3月26日早高峰，轨道交通执法大队会同市公交保卫总队、北京地铁公司在地铁2号线积水潭站、13号线回龙观站，开展轨道交通票务稽查专项行动，出动轨道交通执法力量、公安民警、企业站务人员50余人次，检查轨道交通违规进出闸机2起、冒用免票证件9起、逃票1起、使用假票1起。

（付天龙）

【省际客运行业整治】4月25日，市交通执法总队会同市公交保卫总队、属地交管等部门，围绕6条进出京高速沿线和9个长途车违法违章高发点位，开展全市性集中整治，查处长途车站外上下客、超越许可事项经营及“黑长途”非法营运等违法违章行为。出动交通行政执法人员50余名，公安干警8名，检查运输车辆300余辆次、违法违章38起。

（付天龙）

【旅游客运行业整治】4月26日，市交通执法总队联合旅游、公安、交管、城管等部门，在前门、故宫等20余个旅游景点周边，开展旅游客运集中整治，重点打击旅游客运车辆参与非法“一日游”、未按电子行程单提供交通服务，“黑旅游”非法营运等违法违章行为。出动执法力量80余名，检查车辆200余辆次、违法违章30余起。

（付天龙）

【“五一”交通运输环境秩序保障】“五一”小长假期间，市交通执法总队协调公安、旅游、城管等部门围绕机场、火车站、旅游景区和繁华商业街等81个客流、车流密集地区，严查旅游客运、出租汽车、省际客运、轨道交通等重点行业违法违章及非法营运行为。出动执法力量1600余人次，检查运输车辆2000余台次、违法违章130起，对200余起轻微违章批评教育。

（付天龙）

【汛期交通运输环境秩序保障】6月1日至9月15日汛期，市交通执法总队落实机场、火车站、省际客运站、轨道交通车站营运保障措施，组织应急演练3次，开展防汛检查40余次，“6·17”“7·16”“7·24”“8·13”等强降雨天气期间，维护重点地区交通运输环境秩序。

（付天龙）

【高温预警期间环境秩序保障】6月4至6日，白天最高气温达35℃以上，市气象台发布高温黄色预警。市交通执法总队整治出租汽车交他人驾驶、拒载、议价、绕路多收费等违法违章行为。出动执法力量600余人次，检查违法违章170余起，现场警告轻微违章30余起。

（付天龙）

【端午交通运输环境秩序保障】端午小长假期间，市交通执法总队加强机场、火车站、省际客运站、公交枢纽、旅游景区、繁华商业区等重点地区及重点轨道交通车站的监管。出动执法力量1300余人次，检查运输车辆1600余辆次，巡查值守轨道交通车站250余座次，检查违法违章153起。

（付天龙）

【开展集中整治】7月1日，市交通执法总队联合公安、交管等部门，在机场、火车站、交通枢纽、轨道车站、旅游景区等45个重点地区，开展打击非法客运、“克隆”出租车及各类“黑车”非法运营行为。出动执法人员300余名，检查客运车辆1800余台次、违法违章68起。

（付天龙）

【夜查出租汽车】7月19日晚，市交通执法总队以枢纽场站、宾馆饭店、繁华商业街区等50个点位为重点，开展全市出租汽车夜查，打击出租汽车拒载、议价、多收费、交他人驾驶等违章和驾驶员车内吸烟、仪容仪表差、车容车貌脏等服务不规范行为，检查违法违章241起。

（付天龙）

【平安交通百日行动】8月23日至11月15日，市交通执法总队开展“平安交通百日行动”，检查违法违章7380起，其中查扣各类“黑车”1409辆。

（付天龙）

【中秋交通运输环境秩序保障】中秋节小长假，市交通执法总队加强交通运输环境秩序维护及轨道交通运营安全监管，出动执法力量1700余人次，检查运输车辆1600余台次，巡查值守轨道交通车站400余座次，检查违法违章77起。

（付天龙）

【“十一”期间集中整治】9月28日，市交通执法总队会同属地公安、交管、旅游等部门对前门等32个重点地区开展集中整治，查处正规旅游车参与非法“一日游”、长途客车站外上下客货、“黑旅游”和“黑长途”等违法违章行为。出动执法人员200余人次，查车700余车次，检查违法违章34起。其中，查扣“黑旅游”4辆和“黑长途”2辆。“十一”期间投入执法力量4600余人次，对出租汽车、旅游客运、轨道交通等监管，检查运输车9500余辆次、违法违章284起。

（付天龙）

境内交通执法

【概况】北京市交通执法总队第二执法大队（简称市交通执法二大队）是北京市交通执法总队下设的执法大队，北京市交通执法总队隶属于北京市交通委员会。主要负责西城辖区内交通运输行业执法工作，管理行业有出租汽车、网约车、省际长途客运、旅游客运汽车、道路货物运输（含危险货物运输）、汽车维修、汽车租赁及水域运输（游船）等行业。截至年底，第二执法大队共出动执法车辆1800余车次、执法人员5400余人次；检查各类车辆2万余辆次；检查运输、汽修业户180余家次，水域游船业户16家次；查处各类违法违章行为4251起，其中巡游车业内2280起、网约车业内2起、旅游车业内33起、省际客运车辆业内57起、货运车辆业内114起、化危车辆业内4起、机动车维修业内7起、汽车租赁企业业内1起；查扣非法网约车1557起、非法巡游车25起、非法旅游车辆117起、非法省际客运车辆18起、非法货运车辆34起、非法化危车辆1起，非法经营机动车维修1起；收缴罚没款2027.54万元。市交通执法二大队将“民意指导执法”作为工作的出发点，在执法实践中弘扬“公正、廉洁、尽职、为民”的交通执法精神。

地址：西城区南礼士路44号

邮编：100037

电话：68013973

（王平海　王艺博）

【与辖区相关执法部门联勤联动】年内，市交通执法二大队与区属有关执法部门协调联动、联合执法，取得较好效果。定期协调组织或参加辖区什刹海、德胜等街道综治平台的联合执法行动，对各类违法车辆开展打击。坚持法定节假日参加西城旅游委集中值班、德胜门综合执法岗值守。执法中与辖区执法部门建立合作机制，开展案件移交工作，形成闭环执法链条。

（王平海　王艺博）

【参与“街道吹哨、部门报到”机制】年内，市交通执法二大队主动联系西城区什刹海街道和德胜街道办事处，参加街道办事处综合治理工作会议，执法人员参加街道综合管理执法中心平台建设。与辖区公安、交管、城管、旅游、综治办等相关政府部门合作，规范什刹海旅游风景区和德胜门周边道路旅游市场运输秩序，参与“街道吹哨，部门报到”综合执法平台建设，配合执法新模式。什刹海地区联合执法行动中，查扣非法营运旅游大客车55辆，旅游大客车业内违规23起。

（王平海　王艺博）

【落实蓝天保卫战工作】年内，市交通执法二大队全面落实蓝天保卫战行动计划，在进一步强化日常监管的基础上，组织力量开展专项执法检查，调整勤务部署，应对空气重污染预警天气。预警期间联合有关单位开展路面专项检查28次、汽修行业专项检查68家次。参加西城城市管理委员会渣土车辆整治工作月例会。开展针对渣土车的联合执法行动28次，其中配合西城区政府各职能部门开展22次源头治理夜查行动，参加由区领导带队夜查25次，对70余家建筑工地夜间施工噪音及空气污染管控情况进行夜间突击检查。

（王平海　王艺博）

【核心区旅游车整治】年内，市交通执法二大队在日常执法基础上，坚持联合西城交通支队、西城环保局、厂桥派出所、什刹海城管队、什刹海综治办、前门综治办等部门每周开展净化旅游客运市场行动2次，5至9月自行开展旅游客运整治周行动。针对旅游客流高峰时间段及非法运营旅游车活动的特点，在辖区重点点位设立检查岗，查扣“黑旅游车”111辆。

（王平海　王艺博）

【网约车监管】年内，市交通执法二大队坚持打击辖区内非法经营网约车，查扣非法经营网约车1427起，对辖区网约车营运环境秩序起到监管作用。

（王平海　王艺博）

【跨省联合执法】年内，市交通执法二大队与河北省张家口市开展跨省联合执法行动，对京藏路上河北至北京的运营秩序“齐抓共管”，形成跨省联动协作工作机制，实现联勤联动、交流学习、案件移交。

（王平海　王艺博）

【首单网上租赁汽车限期整改通知】4月，市交通执法二大队受理第一起网上分时租赁共享汽车投诉案件，投诉反应北京嘟嘟出行科技有限责任公司未租赁备案及在网上分时租赁公司汽车使用过程中的一些不合理情况。执法人员前往被投诉企业调查并对相关人员做询问笔录，经查情况属实，市交通执法二大队按照租赁法要求约谈企业负责人，开出首单网上分时租赁汽车行业整改通知书。

（王平海　王艺博）

交通运输行业管理

【概况】北京市交通委员会西城运输管理分局（原北京市交通委员会运输管理

局西城管理处（简称西城管理处），12月7日机构改革后更名）是北京市交通委员会直属派出机构，负责西城区境内公共交通、公路和水路运输管理工作。年内，按时限办结行政许可（服务）事项2951件次，换发出租车营运证、旅游包车证、省际包车证24150件，接待现场咨询及来电咨询2180余件次。出动执法人员2666人次，检查辖区运输单位1148户次、车辆（船舶）18664台次，采取行政措施43件，安全监管约谈13户次。年度监管指标、行政措施指标完成率分别为215%、134%。行政执法问卷调查满意率100%。完成元旦、春节、元宵、清明、五一、端午、中秋、国庆等节假日，全国"两会"、"中非论坛"等重大政治活动和重污染、雨雪、汛期等极端天气运输保障和巡查任务，应对处置极端天气过程13次，组织巡查10次，出动检查人员1084人次。

地址：西城区东廊下胡同玉廊东园5号楼1单元
邮编：100034
电话：59701075

（刘晓鹏）

【公共交通行业】西城辖区所属地面公交企业1户，涉及运营线路103条，配备运力3253部。公交枢纽3个、公交场站21个。年内，西城管理处在重点时期和重大节日期间对辖区公共汽电车企业的安全管理、应急管理、隐患排查、卫星定位使用等规章制度的制定和执行情况，安全服务规范落实情况和驾驶员、安全员配备情况等进行检查，全部纳入运政通执法平台，出动执法人员390人次，检查130户次，现场纠正安全隐患问题3起，行业日常监管检查指标完成率162%。清明节扫墓高峰期间，出动执法人员42人次，对辖区4个扫墓专线发车点进行巡查值守，维护乘车秩序。组织辖区内社区"最后一公里"微循环现状调研及试点线路开通，对辖区未开通公交线路的居住区进行筛查，调研区域内道路通行、交通接驳条件、居民出行量等状况，梳理出5条具备微循环公交通行条件线路进一步调研论证，调查图片表格240余张、绘图60余份形成调研报告，提出新开微循环线路建议方案，为下步区域公交微循环开通提供参考。

（刘晓鹏）

【出租汽车行业】西城辖区有出租企业35户（含个体出租汽车管理站1个），指标车数15124辆，占全市23%，其中：汽油车14711辆、双燃料车113辆、纯电动车300辆。出租驾驶员18593人。年内，对11起较严重违规行为开具《责令限期改正通知书》，并组织复检。对辖区35户出租汽车企业和个体经营业户入户检查，检验车辆14906部，合格率99.9%；检验驾驶员14980名，合格率100%；复检企业11家、车辆11部，合格率100%。出租行业执法检查目标任务170户次，行政处罚5件次；地面公交行业检查24户次，场站双随机检查56户次。出租汽车行业检查224户次，实施行政整改11件；地面公交行业检查130户次。实施北京西站夜间出租运力调派8次、9900余部。完成全部运营车辆及驾驶员年度入户审验、出租车燃油补贴按时足额发放。

（刘晓鹏）

【省际客运行业】西城辖区内有省际客运经营企业2户，车辆138辆，班线69条，占全市16.8%。出动检查人员143人次，执法检查68户次，限期整改2次，现场整改9次，约谈企业4次；与西城交通支队联合督查2次，督促企业清退违规数量大、整改效果不明显的运营线路承包经营者3起3车次，停运处理并经济处罚存在站外上下乘客行为的营运车辆32车次，调解处理行业投诉纠纷8起，审核办理线路延续经营手续24条，公告道路运输证失效1户2车次。按程序办理2条2部省际客运班线及车辆的优化调整。与西城交通支队联合督查2次，整治站外揽客、超员载客，处理违规经营行为32车次，清退违规数量大、整改效果不明显的运营线路承包经营者3起3车次，办理线路延续24条。省际客运企业质量信誉考核初评AAA级、AA级各1户。受理9起省际客运投诉事件，全部得到处理。

（刘晓鹏）

【旅游客运行业】西城辖区内有旅游客运经营企业9户，车辆1836辆，占全市27.9%。年内，完成8家旅游客运企业年度质量信誉考核，AAA级企业4户，AA级企业2户，2家未达到经营规模。完成旅游客运车辆信息核查和旅游包车证换发。调查旅游客车无资质无备案出京，处理3家4辆车罚金8000元。推广应用清洁能源、新能源汽车205辆。旅游客运行业出动检查人员188人次，检查88户次，注销1户次，开具限期整改通知书5件次，移送处罚4件次，处罚金8000元，约谈9户次，检查旅游客运车辆1370车次，从业人员600余人次。

（刘晓鹏）

【汽车租赁行业】西城辖区有汽车租赁备案企业78户，车辆4424辆。年内，汽车租赁行业出动检查人员218人次，检查旅游客运企业104户次，注销手续52户次，开具限期整改通知书3件次，约谈2户次，检查车辆360车次，从业人员210余人次，处理企业咨询投诉4起。辖区汽车租赁企业质量信誉考核初评44户，其中优秀企业1家，良好5家，合格38家。开展汽车租赁行业经营备案证过期企业清理，督促52户备案过期企业办理注销手续。

（刘晓鹏）

【普通货物运输管理】西城辖区有货运企业283户，车辆1172辆。年内，出动检查人员280人次，入户检查125户次，现场勘查和安全检查120户次。采取行政措施5起，办理案件移送6起，约谈5户次。对5辆车以上企业全覆盖安全监管工作。国三高排放老旧柴油货运车淘汰307辆。成立北京四通搬家有限公司、北京市陶然亭搬家有限公司、京铁物流有限公司等3家单位，储备60辆车。完成2017年度货运企业质量信誉考核，77家货运企业参加，56家获评AAA级，21家获评AA级。

（刘晓鹏）

【危险货物运输管理】西城辖区有危化货运企业4户，车辆26辆。年内，出动检查人员34人次，检查化危企业16户次。要求企业对照《北京市道路危险货物运输监督检查工作手册》逐条自检自查。强化对危货运输企业、车辆的监管，对辖区4家危货运输企业的26辆车每日进行动态监控，月统计、汇总和分析。规范企业GPS监控制度和GPS监控人员岗位职责、监控记录填写。

（刘晓鹏）

【机动车维修管理】西城辖区有机动车维修企业36户。一类企业7户、二类企业14户、三类企业15户。年内，出动执法人员297人次，检查114户次，开具《责令限期改正通知书》14份，移送6起，全部整改。组织一、二类及三类大专项企业年度质量信誉考核，38家企业申请参加，其中AAA级企业9家，AA级企业15家，A级企业13家，B级企业

1家。开展机动车维修行业安全生产专项大检查和维修行业大排查、大清理、大整治专项行动，检查企业32户次。维修企业换证现场勘验10户。对辖区8家维修企业配件规范使用情况进行专项检查，在营32家维修企业均按要求完成年度许可登记信息填报。

（刘晓鹏）

【规范水域游船】西城辖区有游船企业3户，游船893条（艘）。年内，西城管理处落实水上安全责任制，与辖区游船单位签订《西城管理处水域游船行业安全生产责任书》，督促游船维修养护、开展船员和从业人员安全教育培训，持证上岗率100%。安排人员夜航巡视。做好什刹海水域水上大型活动申报，加强水上救生应急演练和水上安全宣传，举办水上交通安全知识进校园活动1次，航海日水上安全宣传活动1次，开展水上应急救援演练2次，水污染防治演练1次。加强突发事件信息报送，防止发生信息倒流事件。检查游船单位173户次（其中双随机24户次）、自航船舶620艘次、非自航船舶1850艘次，采取行政措施3户次。

（刘晓鹏）

【驾培监管工作】西城辖区有驾校4户，年内检查驾培企业24户次，处理解决投诉8件次。落实驾培行业监管责任和企业安全生产主体责任，完善驾培机构服务公约、价格备案、服务监督电话等公示制度，提高驾培机构管理水平。建立健全信访投诉机制，督促企业按时办理工商登记注册。完成驾培行业移交工作。

（刘晓鹏）

【安全生产管理】年内，贯彻党政同责、一岗双责和管行业必须管安全的要求，抓好辖区交通运输行业安全生产工作。召开安全会议16次，全员层层签订安全生产责任书，与辖区企业签订安全生产责任书300余份，实现安全管理统筹监督、分级落实、定期反馈的工作机制。强化“两客一危”动态监控管理，建立“抽查、分析、通报、整改”闭环工作机制，逐条查实违法违规问题并督促整改。水域游船、旅游、省际、公交、机动车维修、货运等行业企业开展应急演练19次。

（刘晓鹏）

公安交通管理

【概况】北京市公安局公安交通管理局西城交通支队（简称西城交通支队）是本行政区道路交通安全管理的职能部门。支队内设有执勤大队和业务职能部门共12个。年内，西城交通支队围绕全区各类交通热点、难点问题，铺开各项整治措施。执法方面，现场执法305630起，同比提升8.7%；处罚违法停车420799起（含现场执法、贴条、拖车），同比提升2.7%；拖车7570辆，同比提升3.9%；处罚货车违法17800起，下降7.4%；处罚超标排放车辆7287起；查处摩托车违法5496起，同比提升49.1%；处罚非机动车行人80557笔，同比提升83.4%。执法处理方面，处理非现场违法行为59553笔，罚款总额969.87万元；满12分扣留驾驶证208个；受理涉牌套牌案件202起，结案29起；处理一般程序247起；办理车辆检验合格标志3628笔；为各执勤大队发放各类行政处罚单据47200本。缓堵方面，对北礼士路、百万庄地区、北顺城街等12处区域道路实施单行交通组织调整，特别是调整北礼士路车公庄大街至百万庄大街段为北向南单行，开辟路侧车位36处；联动交通执法和城管等部门大力开展黑摩的、黑车综合治理，查处各类非法运营车辆近400辆；结合年内西城区32条道路大中修工程，对永安路实施优化，修改公交港湾，缓解路口拥堵；配合区政府对东教场胡同、车公庄北里中路等28条道路实施慢行系统改造工程；推动友谊医院积极与周边单位协调实施错时停车，租赁部分停车位供医院员工停放，将医院内部400余个停车位对就诊患者开放，缓解了就诊群众的停车难题。特勤方面，完成各类勤务任务5855起，出动警力71598人次。其中，一级勤务704起，一级疏导勤务608起，二级勤务372起，二级疏导勤务1598起，三级勤务878起，三级疏导勤务1695起。接处警方面，接122报警94949起。其中，接报事故报警49154起，接报拥堵报警3529起，接报反映类报警42266起。妥善处置各类突发事件193起，其中，涉军类26起，涉警类37起，查获红色预警人员11起。法制接待方面，接待群众来电来访1193人次，对西城交通支队各执法办案单位作出的行政处罚决定的提供法制咨询963次。受理复议案件219起，累计办结126件（包括上年结转）。代理出庭应诉22起行政诉讼案件。

地址：西城区赵登禹路303号
邮编：100034
电话：88313209

（杨　阳）

【重点治理堵点乱点】年内，全市“210+N”处堵点乱点治理工作中，涉及西城堵点10处乱点13处。西城交通支队针对每一个点位落实治理责任制，并深入调研制定了一点一方案的治理措施，明确支队“23+N”治理工作台账，按月推动治理进度，提升治理成效。年内，西直门地铁站、地藏庵北巷、积水潭医院南门前、东绒线胡同、广安门车站西街、兵部洼胡同等13处乱点，东经路、西经路、德外冰窖口胡同、南礼士路儿童医院西门前等10处堵点已全部通过市交管局业务部门验收，达到销账标准，取得阶段性成效。

（杨　阳）

【推进区域微循环】年内，西城交通支队对南纬路南巷、后孙公园胡同、兴胜胡同、北礼士路采取了机动车单向交通组织，形成多个区域微循环系统。对北礼士路车公庄大街至百万庄大街段调整为机动车北向南方向单行，道路西侧设置内嵌式车位，既缓解了居民停车难问题，也分流了二环辅路交通压力。对百万庄地区交通问题，聘请专业公司对百万庄地区进行评估，制定科学的交通组织优化方案，实施区域内道路机动车单向通行，完善单禁行标志、禁停标志、隔离设施等措施，进一步挤压违法停车空间。同时，对中纪委、国家应急管理部、国办机要交换站周边实施完善交通设施措施，复划禁停区标线；结合阜外医院新建门诊楼启用，对北营房中街实施交通组织优化；对北大医院、友谊医院、宣武中医医院周边完善交通设施，增设隔离护栏；为保障学校周边交通安全和顺畅，对正泽学校、宣师一附小右安校区、进步小学、四十三中学门前实施交通组织优化、完善交通设施。

（杨　阳）

【统筹优化停车资源】年内，西城交通支队把整治停车秩序和解决停车难问题相结合，统筹优化静态停车资源，最大限度挖掘居住区、医院等刚需地区停车位，缩减购物、餐饮、娱乐等非刚需地区路侧停车位，立足群众刚性停车需求，认真落实“一增一减”工作，以“供给侧”结构调整，引导“需求端”路径改善。支队在老旧小区及平房区周边具备条件的道路，增加路侧机动车停车泊位，对于不具备设置停车位条件的道路，将在部分次干路、支路开辟夜间临时停车位、限时停车位等，最大限度满足居民刚性停车需求。

（杨　阳）

【强化交通安全监管】年内，西城交通支队严肃处理存在交通安全隐患的单位，共对1597家社会单位及专业运输单位采取限期改正措施，对681家社会单位及专业运输单位采取禁止机动车上路行驶措施；结合重大安保工作，对153家单位、2599辆车辆、2586名驾驶人严格开展“三见面三把关”，建立监管档案，逐级签订《交通安全责任书》；走访社会单和专业单位7486家，联合区运管处公开通报处理交通安全隐患严重的专业运输单位，对发生连续超标及连续严重违法单位采取挂“重大交通安全隐患单位”警示黄牌处理，限期进行全面整改；召开客货运车辆事故预防巡查会18次，对单位车辆养护记录、驾驶员定期培训教育、节日假期节点等预案制定的管理台账进行不定期检查。

（杨　阳）

【交通安全宣传】年内，西城交通支队共设计制作各类交通安全宣传品6种、宣传材料60万份。以春节、中小学春秋季开学、“两会”、五一等重点时段为节点，组织开展“新春大拜年　节日送安全”、“平安春运”、“小手拉大手、交通安全第一课”、交通违法自助处理暨交管“12123”、电动自行车临时号牌发放各类主题宣传推广工作200余场次。同时，积极协调驻区新闻媒体通过随警作战、专题采访等形式，开展多角度、全方位的宣传报道，制造正面舆论、营造守法氛围，引导广大交通参与者共同参与和配合道路交通管理工作。先后邀请新华社、法制进行时、红绿灯、交通台、法制晚报、北京晨报、北京日报、央广101.8都市之声栏目、西城报、搜狐新闻等15家媒体对西城交通支队开展的各项工作进行报道40余次。

（杨　阳）

【高效回应群众反映】年内，西城交通支队结合“放管服”工作主动发力，汇总统计对外咨询电话业务4类21项内容，将涉及最多的办证业务、车管业务、违法处理业务的办理方式、所需材料、办公时间及电话整理制作《基本业务流程及答复规范》，供接听电话民警及警辅人员使用，最大程度方便群众，让群众“少跑一次路、少打一通电话、少花一份时间”。同时，建立求助、信访类警情分级处置机制，敏感警情按级别上报支队领导，并与支队内部、区政府相关部门联动协作，确保高效回应群众求助反映。

（杨　阳）

【推动交管科技建设】年内，依托区政府“雪亮工程”、交管局数字平台升级等科技工程，接入高清视频巡控探头资源236处；深入落实市局110智能预警处置系统建设，将车控预警平台与路面监控资源结合使用，月均接布预警信息500余起，成功截获预警车辆5辆次；接入局“首都交警车控大数据分析研判平台”，月均接布警情60余起，累计排除嫌疑车辆28辆；充分发挥移动执法终端PDA视频回传作用，共开展视频点名3600余次，回传现场情况96次。

（杨　阳）

【防恐维稳工作】年内，加强辖区中纪委、军委信访办、“三办”等重点地区巡逻车巡控，结合金融街地区涉众类上访警情多发的严峻形势，采取“提前研判、提前部署、提前发现、提前处置”“四提前”措施，形成重点地区一地一图一预案，结合路网实际设置三个警戒区域，对应事件发现发展情况启动等级上勤预案，做到精准防控、科学用警。同时，以夜间不间断视频巡控为主要措施，122接报警为辅助手段，一旦发现行人上主路的情况，打破管界界限直接部署就近警力，实现扁平化处置。事件结束后建立“路面监控视频资料库”，作为“规范化样本”开展培训，并为今后研判分析、总结经验、规范标准提供有力支撑。

（杨　阳）

【交通执法工作】年内，西城交通支队把122逃逸事故处理作为高风险岗位管理，每日核查“审批表、接警单、车损照片、协议书、撤案办案说明”等内容，保障122事故“如实立案”。建立涉案车辆管理“三核对”机制，每日与办案民警、执勤大队核对及停车场分别核对暂扣车辆情况，确保底数清、情况明，源头杜绝逾期未处理车辆问题发生。先后处理4000余起122逃逸事故，未发生一起投诉属实案件。同时，运用“综合执法办案平台”“事故办案监管平台”系统应用监管，定期网上督导案件“时限、程序”，提前预警、全程审控，避免超时限办案、违规办案。每月对简易事故处理、涉案车辆等开展情况进行绩效考核，先后发现问题20余起，推进执法质量提升。年内，共处理一般程序事故108起，立案同比上升21.3%，其中，大简易程序立案事故同比上升126.7%。

（杨　阳）

【加强事故预防力度】年内，西城交通支队建立一般程序事故“一案一排查”、死亡事故“一案一分析一报告”制度，制作交通事故分析报告，对重点违法、突出规律进行通报和预警，明确源头监管、路面执法等工作思路。同时，以每起一般程序事故地点为中心点，以二环路等事故多发道路为线，点线结合排查道路设施及标志标线等极易诱发交通事故的隐患问题，先后发现、治理隐患点位5处，最大限度保障了群众人身安全。年内，共处理交通事故11577起，同比下降6.6%，其中统计亡人事故17起，同比下降10.5%。

（杨　阳）

【打击肇事逃逸重点违法行为】年内，西城交通支队坚持“全队一盘棋”和“小逃逸小组攻坚、大逃逸全队攻坚”的工作原则，出重拳、下狠手大力打击肇事逃逸重点违法行为，通过充分利用地域优势特点，整合资源，加强图像对比侦查和视频追踪，成功侦破“2·20”“2·25”“3·17”等财损、伤亡人肇事逃逸案件7起，为保障社会和谐稳定奠定了基础。因逃逸案件侦破率在交管局名列前茅，在全市专项会议上介绍经验并被推广。通过严格管理、持续打击，共处理122逃逸事故4198起，同比下降26.5%。

（杨　阳）

交通枢纽管理

【概况】北京西直门综合交通枢纽地区管理委员会（简称西直门管委会）是北京市市政府派出机构，委托西城区政府代管。主要负责组织协调西直门综合交通枢纽地区社会治安、市场秩序、交通秩序、公共卫生、市政公用设施、市容和环境卫生、精神文明建设等工作，协助有关部门和单位做好地区春运、暑运及节假日高峰期的运输工作，依据城市规划完善地区服务设施，负责地区应急管理工作，负责监督检查有关部门在地区的日常管理工作以及承办市政府交办的其他工作。西直门管委会设行政办公室、社会治安综合治理办公室、综合管理一处、综合管理二处（均为副处级）4个职能处室，管委会主任由区领导兼任，行政编制22人。年内，西直门管委会围绕《北京城市总体规划（2016—2035年）》（以下简称《总规》）指标要求，推进非首都功能疏解，完成建党97周年、中非合作论坛北京峰会、改革开放40周年等重大活动的服务保障任务，完成市委市政府、区委区政府部署的各项工作任务。经北京市人民政府决定，授予西直门管委会检查队“北京市安全生产先进单位”称号。

地址：西城区东桃园2号（9月迁入）

邮编：100035

电话：88391663

（王立群）

【综合治理】年内，西直门管委会确定11项重点工作和17项日常工作的年度计划，坚持领导负责制，形成“一级抓一级，层层抓落实”的管理格局。经常性的安全教育与物防技防相结合，增强安全防范意识和能力。以联勤联动及安全一体化勤务模式为依托，协调地区单位建立各项内部治安管理规章制度，完善内部治安防控体系建设，落实好安防措施。重大事件、重要时期启动会商机制，做好防恐维稳工作。开展文化市场“清源”专项行动，与商铺签订严禁销售非法刊物保证书，保持扫黄打非工作的高压态势。扎实做好铁路护路联防工作，坚持联席制度，及时发现和处置突发情况。加大处突演练和巡查力度，延长安保人员全方位巡视时间，内外联动形成群防群治力量，增强威慑力度，共同维护社会面安全稳定，营造地区安全祥和氛围。“2·11大悦城事件”发生后，迅速发动群防群治力量，开展全方位隐患排查工作，做到各行各业全覆盖，不留缝隙、不留漏洞、不留死角；从3月开始，先后开展“扫黄打非，秋风2018”“扫黄打非，固边2018”“净网2018”“护苗2018”等四个专项行动，对地区各类图书音像制品的销售场所逐个进行检查，重点清查少儿刊物，发现非法刊物和不健康出版物一律收缴销毁，并对商户进行处罚和批评教育，净化地区文化市场秩序。4月、9月，开展社会治理综治大检查，自查自纠矛盾纠纷、安全隐患和薄弱环节，发现问题及时进行调处和整改，增强地区治安防控的主动性和能动性。积极开展铁路护路联防和安全防火宣传工作，在春运、全国“两会”、“中非论坛”等重点时段，严格落实铁路两侧50米内无易燃物品的工作要求，组织人员检查清理铁路沿线易燃易爆物品。针对冬季气候干燥的特点，对铁路沿线居民入户进行宣传，配发灭火器，提高火灾自救能力。

（王立群）

【安全生产】年内，西直门管委会坚持每日巡查制度，重要时期、法定节日前夕组织执法单位开展联合检查。结合第17个全国“安全生产月”，制发《2018年北京西直门综合交通枢纽地区“安全生产月”活动方案》，以“生命至上安全发展”为主题，开展系列宣传活动；6月25至29日，举办安全生产应急救援及模拟实景演练培训；9月21日，会同西直门消防中队、西直门凯德嘉茂商厦等部门联合开展消防安全演习。年内组织安全生产联合大检查9次，检查生产经营单位628家次，查处各类安全生产隐患302处，下达责令整改通知书141项，整改完毕121项。召开地区安责险推广会10次，安责险参保单位51家。

（王立群）

【城市环境管理】3月13日，全面启动北京北站交通承载力调研课题；4月，与22家单位签订《“门前三包”责任书》；5月，召开4次协调会，保障2处339.6米架空线入地工程顺利完工；加大自行车乱停乱放现象的治理力度，划线管理5处，安装提示牌7处，规划6处1000多平方米为共享单车投放区；推进联勤联动捆绑式执法，保持治理“三黑”（黑三轮、黑摩的、黑出租）行为的高压态势；与展览路街道、北展指挥部协调沟通，制定《西直门街区整理工作方案》。年内开展联合整治行动20次，出动人员500余人次，查处无照经营人力三轮车9起，暂扣“黑摩的”8辆、电动车3辆；重点查处无照经营、擅自散发宣传品等；完成疏解整治促提升挂账项目，拆除违法建设2处35.13平方米，罚款3.8万元。

（王立群）

【重大活动及节假日保障】年内，围绕建党97周年、中非合作论坛北京峰会、改革开放40周年等重大活动综合保障工作及元旦、春节、全国“两会”、五一、十一等节假日，制订工作方案和应急预案，落实24小时领导带班制度，加大重点时段、重点保障点位现场巡查督导，确保地区环境整洁安全稳定。

（王立群）

【系列宣传活动】年内，以“公共交通安全防范”为主题，开展反恐防恐宣传，强化市民安全意识。6月15日，以“生命至上　安全发展”为主题，开展以用电安全、防火、防食物中毒、轨道交通运输安全和“打非治违”为主要内容的宣传咨询日活动。8月31日，与北站公交派出所、地铁运营等单位联合，以“平安出行”为主题开展宣传教育活动，做好暑期开学季早晚高峰客流秩序疏导、治安秩序维护和便民服务保障工作。年内以广场三角电子显示屏为平台，引导市民文明出行；以广场广播系统为依托，每天滚动播报拒绝乘“黑车”“黑摩的”提示语，时刻警示市民保障财产和自身安全。

（王立群）

【应急演练培训】6月25至29日，举办安全生产应急救援模拟实景演练培训，31名应急救援队员参训。邀请石景山彩虹应急救灾中心的王蔺，结合地区下沉广场、立交桥的特点，采取理论+实操训练的方式，开展应对暴雨、内涝、下沉式空间等雨季事故防范及疏导，伤员转运、落水救援、涉水渡河及安置区域搭建等实操训练。9月21日，会同西直门消防中队、西直门凯德嘉茂商厦、戴维斯物业公司、西直门华联超市、展览路街道及西直门外大街派出所等部门，联合举行消防安全演习，近400人参加，涉及商户近300家。

（王立群）

【教育培训】9月17至18日，举办城市管理工作培训。邀请北京市社科院调查研究中心主任唐鑫围绕落实《总规》要求、交通枢纽地区存在问题及未来发展方向为内容进行授课；刘小敏博士围绕京张高铁开通交通治理调研课题进行解读；北京北站站长张润田通报北站客运业务暂停后北站的工作进展情况；地区各单位结合职责任务，针对亟待解决的重点难点问题展开研讨。11月1至2日，举办安全生产业务培训。邀请北京市安全生产科学技术研究院研究员韦巨远就物业、楼宇安全检查和消防安全检查进行业务培训。11月28至29日，举办地区安全稳定信息员培训。邀请北京市公安局公交防暴总队副总队长刘根生介绍北京市公共交通治安和反恐形势特点；北站公交派出所民警对参培人员进行了防爆模拟演练。

（王立群）

【与北京西站管委会交流】8月31日，为应对京张高铁开通后客流疏导疏散、安全隐患增加等亟待解决的问题，副区长郁治带领班子成员赴北京西站管委会座谈交流。先后察看北京西站应急指挥中心的日常运行、坐席指挥、值班值守、应急处突、大数据应用等情况；观看了北京西站建设发展的视频短片，听取了西站管委会各部门及客运、客流的情况介绍，就工作中的难点问题和经验做法进行座谈交流。

（王立群）

【领导调研督查】2月14日，区委书记卢映川率队到西直门地区，督查节前市场价格、物资供应情况及内保监控系统运行应急处置情况。2月12日、3月5日、4月8日、7月23日，副区长朱国栋先后带队对华联西直门店、凯德MALL等重点营业场所进行现场督查；对西直门地区全国“两会”安保、年度工作目标及安全生产工作进行督导与调研；听取西直门管委会2018年上半年工作情况和下半年工作思路汇报，就做好下半年工作，特别是中非合作论坛北京峰会期间保障工作提出具体要求；对中非合作论坛北京峰会召开前治安、环境、安全进行督查。8月13日、10月16日，副区长、西直门管委会主任郁治到西直门管委会调研，听取管委会党组书记、常务副主任王连杰简要介绍2018年上半年工作情况和下半年工作思路；对所辖地区环境安全秩序进行调研。11月24日，卢映川率队到西直门枢纽地区，听取管委会就西直门综合交通枢纽地区交通承载力分析及对策建议的汇报，围绕京张高铁复开进行实地调研。

（王立群）

【完成课题调研】3月13日，围绕京张高铁2019年的开通，西直门管委会启动题为“北京西直门综合交通枢纽地区承载力分析”课题调研。召开4次座谈会、3次征求意见会，深入到地区单位采集数据，多次实地勘察地形，经与北京市社科院、北京北站的共同努力，摸清地区保障工作底数、高铁开通的实际情况，预测大客流给地区保障工作带来的困难，针对存在的问题提出有针对性的对策建议。市委书记蔡奇，市长陈吉宁，副市长张建东、隋振江、杨斌，分别在北京市社会科学院要报“看一眼”内部刊物，就西直门综合交通枢纽地区存在的突出问题及其解决的对策建议一文作批示。

（王立群）

【制作地区图】年内，西直门管委会逐条街、逐条路、逐个门牌、逐个单位进行现场核实，经过近5个月的比对、校验、招标印刷，7月完成西直门管委会成立后的第一份地区图。

（王立群）

【办理人大代表建议】年内，西直门管委会承办区人大代表关于“优化西直门凯德地下广场地铁导向标识”的建议办理工作，按期保质顺利完成。

（王立群）

【加强自身建设】年内，西直门管委会党组班子成员明确分工夯实责任，全面推进从严管党治党，确保“三重一大”（重大问题决策、重要干部任免、重大项目投资决策、大额资金使用）决策科学民主规范，签订党风廉政建设责任书，制定责任清单，落实《全程纪实》，推进谈心提醒工作常态化，切实把“一岗双责”落到实处。建立党小组微信群推送学习资料，学在其中、悟在其中，使党的十九大精神入脑入心。年内召开党组会13次，行政办公会15次，党风廉政建设专题工作会7次，党组中心组学习19次，专题组织生活会2次，党课教育2次，主题党日活动6次。

（王立群）

地下铁道管理

【概况】北京市地铁运营有限公司（简称地铁公司）成立于1970年4月15日，是北京市市属大型国有独资公司，国内成立最早的城市轨道交通运营企业，开通运营了新中国第一条地铁。截至年底，地铁公司共运营16条线路，总运营里程超过500公里，车站303座，年客运量31.16亿人次，开行列车259.4万列，安全行车4.83亿车公里，两次延误5分钟以上事故间平均车公里达到947万车公里。乘客满意率为95.9%。地铁公司作为城市公共服务类企业，恪守“保障城市运行安全，提升城市承载能力，成为国内领先、世界一流的城市轨道交通运营商”的定位，始终坚持服务首都城市战略定位和首都经济社会发展的公益性原则，坚持“安全是基础、服务是根本、效益是目标、管理是手段、改革是动力”的工作方针，围绕“国内领先、世界一流”的“六型地铁”战略目标，努力提高运营管理能力和水平，全力履行政治责任、社会责任和经济责任，推动首都地铁高质量发展，赢得了“政府信赖、乘客满意、社会好评、同行称赞”，为落实首都城市战略定位、助力首都“四个中心”功能建设和“四个服务”水平提升、推动京津冀协同发展、建设国际一流的和谐宜居之都做出贡献。地铁公司被市国家安全局授予“2017年度国家安全人民防线建设工作先进集体”称号。

地址：西城区西直门外大街2号地铁大厦

邮编：100044

电话：62293714

（张华兵）

【全面实施“人物同检”】1月1日，地铁公司所辖16条运营线路正式启动“人物同检”安检措施，乘车人及携带物品均在安检之列。

（张华兵）

【地铁车站拥挤度查询功能上线】1月1日，地铁车站拥挤度信息正式推出，以实时进出站客流、换乘客流等信息为参照数据，反映各车站客流聚集情况。以黑红黄绿4色显示方式，向乘客提供出行参考信息。拥挤度查询功能在北京地铁、北京地铁订阅号的微信端、北京地铁APP、北京地铁官网、北京地铁官方微博等平台上线试运行。

（张华兵）

【网络舆情应对桌面推演】2月8日，地铁公司举办网络舆情应对桌面推演，以全面实施“人物同检”提升安检等级和基层员工在网络散布不实信息引发的网络舆情为背景，执行网络舆情处置工作流程，组织网络舆情应对与处置学习培训。

（张华兵）

【市领导调研地铁公司】2月11日，中央政治局委员、市委书记蔡奇，市委副书记、市长陈吉宁一行，到北京西站地区检查指导春运工作。在地铁北京西站东北安检处，听取北京西站站区长关于春运措施和客流情况汇报，蔡奇对地铁公司在春运中发挥的重要作用和西站接驳副中心联络线的工作表示肯定。6月29日，副市长杨斌一行到地铁公司检查地铁运营情况并调研党建工作。9月26日，市委常委、副市长阴和俊到地铁2号线西直门站察看安检和客流情况、慰问一线工作人员，对“六型地铁”文化核心理念给予肯定。地铁公司党委书记、董事长谢正光汇报地铁工作情况。9月29日，市委副书记、市长陈吉宁到地铁10号线公主坟站检查工作，察看安检和平安地铁志愿者服务工作，听取公主坟站进出站及换乘客流情况、站型结构特点和国庆运输准备等汇报，在综控室观摩微型消防站应急演练。

（张华兵）

【完成全国“两会”保障任务】3月1至20日，地铁公司完成全国“两会”保障任务。16条地铁线路运送乘客1.53亿人次，日均运送乘客853.36万人次。开行图定列车12.57万列，加开临客341列，列车运行图兑现率99.93%，正点率99.9%。客运量最高日为3月16日，运送乘客达1034.69万人次。强化各项安检措施，手检6646万人次，机检6039万件次。查获禁限带品132件、禁限带品4178件。

（张华兵）

【谢正光任中国城市轨道交通协会当值会长】3月31日，中国城市轨道交通协会第二届第二次会员大会暨第三次理事会召开，地铁公司党委书记、董事长谢正光当选新任当值会长。全国400多家会员单位相关负责人600余人参加。

（张华兵）

【地铁公司提升运力】4月3日，地铁9号线早高峰进峰时间由6:45提前至6:30，同时列车间隔将由3分15秒缩短至3分01秒，运力提高7.73%。房山线早高峰采取大小圈套跑的列车运营组织方式，列车最小间隔由4分30秒缩至4分，运力提高12.5%。这是年内首次提升运力，也是“十三五”以来第27次提升不同线路运力。

（张华兵）

【中国（国际）智慧轨道交通大会召开】4月13至15日，由北京市地铁运营有限公司与RT轨道交通联合主办，地铁运营安全保障技术北京市重点实验室承办的“2018中国（国际）智慧轨道交通大会”在北京召开。

（张华兵）

【第五届“企业文化周”】4月15至21日，地铁公司举办第五届“企业文化周”活动。以此增强员工对“六型地铁”文化的认知认同和荣誉感、归属感、责任感。

（张华兵）

【北京地铁实现网扫二维码乘车】4月29日，北京地铁在国内率先实现全线网扫二维码乘车，乘客无须在车站排队购票，只需下载手机APP软件，注册用户、绑定支付，便可扫码乘车，可通过工商银行、支付宝、京东支付、微信支付4个渠道实现先乘车后付费。地铁公司完成8200余套车站闸机改造，使全网各车站闸机具备支持二维码扫码进出站功能。截至年底，手机APP注册量超过千万人次，工作日扫码进站量达173万人次，占总进站量的27%，购单程票进站量从13%降至6%；使用一卡通支付进站量从87%降至67%。

（张华兵）

【“清风北京”廉洁主题车站亮相】5月9日，首座“清风北京”廉洁文化主题车站在北京地铁六里桥车站亮相，下午3时首列“清风北京”号廉洁文化主题地铁列车从北京地铁六里桥站驶出。

（张华兵）

【6号线屏蔽门加装间隙探测装置】5月23日，地铁6号线慈寿寺站全高屏蔽门加装间隙探测装置工程通过验收投入使用。工程包括激光探测防护装置安装、安装位置地坎改造、既有站台门PSC控制系统改造、相关接口配套改造、改造后的封堵及土建恢复等，可消除站台门和列车车体间人员、物品被夹的安全隐患，共加装8套间隙探测装置。

（张华兵）

【完成中非论坛运输保障任务】9月3至4日，地铁公司完成中非论坛运输保障任务。16条地铁线路运送乘客1945.90万人次，日均运送乘客972.95万人次。开行图定列车15454列，加开临客876列，列车运行图兑现率100%，正点率100%。手检860.6万人次，查获禁限带品13件（普通刀具类7件、喷雾类6件）。机检758.9万件次，查获禁限带1731件（军警用具11件、管制刀具3件、具有一定杀伤力的器具481件、易燃易爆1217件、打火机油11瓶、酒精8起）。

（张华兵）

【地铁公司对口帮扶】10月18日，地铁公司党委书记、董事长谢正光一行，赴对口帮扶的门头沟区清水镇椴木沟村慰问、调研、座谈交流。地铁公司与清水镇签订《2019年北京市地铁运营有限公司与门头沟清水镇低收入帮扶宣传协议书》。

（张华兵）

【签署《既有线及延长线委托运营协议》】11月8日，地铁公司与京投公司签约《既有线及延长线委托运营协议》，ABO委托协议明确双方权责，创造良好的外部环境。

（张华兵）

【地铁公司运营里程增至500公里】12月30日，地铁公司负责运营管理的6号线西延、8号线三期及四期等开通试运营。6号线北运河东、7号线垡头、8号线中国美术馆、亦庄线亦庄火车站4座车站随新线同步开通。北京城市轨道交通的运营里程从608公里增至636.8公里，北京地铁公司负责线路的运营里程由471.2公里增至500公里，车站由282座增加至303座。

（张华兵）

邮电

中国邮政集团公司北京市西城区分公司

【概况】中国邮政集团公司北京市西城区分公司（简称邮政西城区分公司）是邮政北京市分公司下属城区分公司。所辖道界服务面积50.7平方公里，与西城区行政区划面积一致。服务人口117.9万人。承担着为党中央、国务院、全国人大、全国政协等党政机关、企事业单位及金融街众多企业总部、社区百姓提供邮政通信服务的重要职责（辖区内有党中央、国务院、人大、政协等党政机关50余家，中央单位1456个、央企总部42个、社区261个、大专院校12个）。机关内设综合办公室、人力资源部、财务部、监督检查与安全保障部、市场部、党委党建工作部、监察室、工会8个职能部室；下设商函局、发投局、集邮公司、代理业务局、电商分销局5个专业局和包裹业务中心；另设置大客户中心、信息技术中心2个挂靠机构；下辖12个邮政支局、40个邮政所（不包括暂停营业网点11个）共52个邮政网点、28家支行（不包括暂停营业支行8个）、13个投递部、2个商投中心、1个同城配送中心，有投递普邮道段278条、商投道段83条。有员工2316人（含寄递事业部人数），其中投递员工622人，营业员工385人，金融员工155人，速递员工461人。主要经办国际和国内函件、包裹、小包、特快专递、汇款、报刊订阅和零售、集邮业务和集邮品制作、商业信函制作、邮政贺卡、定制邮资封片、邮送广告、邮政物流、代理保险以及金融类代办业务，邮政短信（彩信）、代收代缴业务、代售机票业务、自邮一族业务、分销商品销售等。年内，按照中国邮政集团公司、邮政北京市分公司经营发展战略和整体工作部署，邮政西城区分公司结合首都城市邮政发展实际，认真研究分析西城邮政发展面临的形势，深入查找在加快改革创新、实施“一体两翼”经营发展战略、打造三大新增长极以及推进转型升级过程中存在的问题，以利润为中心，以“效益提高、企业发展、职工受益”为发展目标，围绕“稳增长、转方式、调结构、增效益”的工作思路，依托中国邮政四通八达、遍布城乡的营业和投递服务网络，秉承“服务人民、造福职工”的企业宗旨和“用户是亲人”的服务理念，竭诚为各界用户提供迅速、准确、安全、方便的邮政服务。针对中央巡视整改工作意见，坚持问题导向，聚焦巡视整改，以4个机制扎实开展“提升服务质量大学习、大讨论、大反思、大检查、见行动”专项活动，推进整改任务的落实。抢市场，促转型，谋发展，破题攻坚，适应转型新局面。实现业务收入5.29亿元，多项重点业务发展亮点频现。

地址：西城区南礼士路头条5号

邮编：100045

电话：68023282

（杨晓凤）

【境内支局】西城区境内12个邮政支局：地安门邮政支局（9支）、中南海邮政支局（17支）、西长安街邮政支局（31支）、西单邮政支局（32支）、西四邮政支局（34支）、百万庄邮政支局（37支）、西外大街邮政支局（44支）、三里河邮政支局（45支）、阜成门邮政支局（47支）、永安路邮政支局（50支）、牛街邮政支局（53支）、马连道邮政支局（55支）。

（杨晓凤）

【“两会”邮政服务】全国“两会”期间，邮政西城区分公司5个驻会服务支局137人为6个驻会服务网点和2个会议网点14个人大代表团的1236名代表和工作人员提供邮政服务。共投递报刊1134捆，投递邮件近3万件，收到表扬信、代表感言50件，锦旗1面，为代表制作个性化邮票19245版，实现营业收入1170万元。

（杨晓凤）

【《戊戌年》生肖特种邮票首发】1月5日，邮政西城区分公司在北京报国寺内民间收藏馆举行《戊戌年》特种邮票首发式及《戊戌年》特种邮票“生肖封中封”“片中封”和生肖主题临时邮戳，展出2018《戊戌年》特种邮票集邮展览。邮政西城区分公司分别设置牛街邮局“生肖文化”临时邮局和西外大街邮局“名犬乐园”临时邮局，开展《戊戌年》特色邮品热卖及主题活动。

（杨晓凤）

【中央巡视组巡视信箱邮件投递服务】年内，服务涉及西长安街邮局、百万庄邮局、西外大街邮局和阜成门邮局下属4个投递部，共服务18家巡视单位，采取专人负责、专格分拣、专袋封装、专处存放、专人投递的方式，投递邮件13491件，无一差错。收到中央巡视组表扬信9封。

（杨晓凤）

【邮政惠民生活驿站】年内，响应市政府“疏解整治促提升”专项行动，建成牛街、复南、永安路和天宁寺4家“邮政惠民生活驿站”，扩大网点经营效能，形成连锁经营规模，建设具有邮政特色的城市便民服务设施。

（杨晓凤）

【网运投递改革】年内，邮政西城区分公司整合优化投递资源，支撑网运投递分网建设。按照“立足本身、优化资源、投揽结合、节支增效”的原则，通过采取“包裹投递中心+包裹投递部、普邮投递+包裹专投、自营+外包、投递+揽收、智能包裹柜+自提点、网格承包+共同配送”等多种作业组织相结合的方式，调整优化生产机构设置。完善分网建设，腾退外租场地。实行双定标准和业务外包盘活人力资源，有效解决普邮缺员问题。建成智能包裹柜183台、代投自提网点488个。

（杨晓凤）

【组建西城区寄递事业部】截至年底，邮政西城区分公司完成西城区寄递事业部592名员工划转工作。落实机构编制内岗位、职数、职责和任务，完成各级管理干部和人员配备。形成寄递事业部与邮政西城区分公司各项管理工作有效衔接机制。

（杨晓凤）

【邮政义利直营店开业】5月21日，北京邮政与百年义利合作开办的京邮首家义利直营店在马连道邮局正式开业。两家百年国企发挥各自优势，为京城百姓打造便利生活的惠民工程。

（杨晓凤）

【南中轴路主题邮局开业】7月14日，由北京市西城区人民政府、北京天桥盛世投资集团有限责任公司和中国邮政集团公司北京市分公司共同主办，天桥印象博物馆、北京市邮票公司和邮政西城区分公司承办的“不忘初心 筑梦前行”庆祝改革开放四十周年全国集邮文化巡回展——西城区启动仪式、南中轴路主题邮局揭牌仪式及《水果（三）》特种邮票首发式在天桥印象博物馆举行。西城区副区长徐利、邮政北京市分公司副总经理范小荣共同为南中轴路主题邮局揭牌。

（杨晓凤）

【特种邮票首发】8月7日，由中国邮政集团公司北京市分公司与全国农业展览馆、中国农业博物馆共同主办，北京市邮票公司、邮政西城区分公司承办的《二十四节气（三）》特种邮票首发式在全国农业展览馆举行。

（杨晓凤）

【巴塔木英语邮乐中心开业】11月10日，巴塔木英语邮乐中心在三里河邮局开业。邮政西城区分公司与巴塔木英语邮乐中心签署“仓配一体协议”。新落成的巴塔木英语邮乐中心面向学龄前儿童，提供“自然习得”的设施环境。

（杨晓凤）

【猪市口临时邮局开业】12月1日，以“猪市口”命名的猪年临时邮局在北京永安路邮政支局挂牌营业，启用“猪市口（临）”邮政日戳和“诸事大吉”邮资机宣传戳。临时邮局日戳启用日期截至年底。

（杨晓凤）

中国联合网络通信有限公司北京市分公司

【概况】中国联合网络通信有限公司北京市分公司（简称北京联通）隶属于中国联合网络通信有限公司，致力于北京市信息化基础设施建设，在全市范围内为公众客户、商企客户和政府机构等客户提供包括固定电话、移动电话、数据传输、互联网、宽带接入等基础电信业务、国际业务、创新业务和增值电信业务及与上述业务相关的行业应用、系统集成、技术开发、技术服务、信息咨询、工程设计施工等相关服务。北京联通下设6个市区分公司，其中二区、三区、八区分公司为西城区提供服务。分别是二区分公司西直门营销服务中心；三区分公司西单营销服务中心、厂甸营销服务中心、樱桃园营销服务中心、广安门外营销服务中心；八区分公司展览路营销服务中心。北京联通在西城区境内的其他单位有：北京联通电子商务运营中心（西单北大街129号）；北京联通维护中心（复兴门内大街97号长话大楼）；北京联通产品支撑中心（西长安街11号电报大楼）；北京联通网运中心（二七剧场路17号）；北京联通大客户中心（复兴门南大街6号）。

地址：西城区骡马市大街9号
邮编：100052
电话：66036215

（李俊楠）

【重要通信保障任务】年内，北京联通三区分公司完成全国人大十三届一次会议和全国政协十三届一次会议、中非论坛、防汛、金融等218项重保工作，涉及重保专线34417条，共投入保障人员4752人次，车辆1173辆次，确保通信网络畅通和信息安全。

（李俊楠）

【架空线入地改造工程】年内，北京联通配合西城区政府完成架空线改入地一期工程，主要负责缆线核实、移改方案制定、割接方案审核、配合入地施工、监督缆线清理等工作，为美化西城区市容环境做出贡献。

（李俊楠）

【启动第七次提速降费】5月17日，北京联通在北京电视台举办“提速降费，畅享极致体验”主题发布会，发布会围绕“提速降费、超清视频、匠心服务和智慧生活”四大内容诠释北京联通为客户用心打造的极致体验。北京市电信管理局、中国联通集团以及北京联通相关领导出席发布会。此次提速，家庭宽带用户主流速率将达到200M，企业宽带用户同步提速。

（李俊楠）

【5G站点正式启动】8月13日，北京联通正式发布“5G NEXT”计划，北京市首批5G站点同步正式启动，标志着5G移动通信网络开始在北京搭建，首都正在迈进5G时代。

（李俊楠）

【启动“全员服务在行动”活动】7月1日，北京联通启动“全员服务在行动”活动，统一服务标准，规范服务形象，执行服务用语，践行服务承诺，宣传“百倍用心10分满意”的服务口号，展现“贴心诚恳 专业满意 真挚关爱”的服务内涵，正式开启联通服务新篇章。

（李俊楠）

【电报大楼更换塔钟】12月23日，北京联通完成对电报大楼塔钟的升级改造工程，历经风雨的塔钟焕然一新。

（李俊楠）

【界内营业厅】北京联通在西城区有14个营业厅：西单营业厅，地址：西单北大街129号；长话大楼营业厅，地址：复兴门内大街97号；长椿街营业厅，地址：槐柏树街13号；广外营业厅，地址：广安门外大街383号；樱桃园营业厅，地址：新安北里一巷11号；西单北大街营业厅，地址：西单北大街甲133号；马连道路营业厅，地址：马连道路甲10号楼西102号；陶然亭营业厅，地址：南纬路35号院住宅小区D、E办公楼1层；金融街营业厅，地址：金融大街21号；虎坊桥营业厅，地址：骡马市大街14号；护国寺营业厅，地址：新街口南大街139号北向南第2、第3门内；车公庄营业厅，地址：西直门南大街06乙号楼；展览路营业厅，地址：展览馆路7号；西直门营业厅，地址：西直门外大街1号院1号楼首层。

（李俊楠）

（责任编辑　孙凤霞）

城市管理

概　述

2017年12月29日，北京市西城区人民政府办公室正式印发《北京市西城区城市管理委员会（北京市西城区城市环境建设管理委员会办公室北京市西城区交通委员会北京市西城区水务局）主要职责内设机构和人员编制规定》（西政办字〔2017〕24号）；2017年12月27日，区编委正式批复了《区城市管理委所属事业单位设置的请示》。根据《北京市机构编制委员会关于同意设立北京市西城区城市管理委员会的批复》（京编委〔2017〕206号）精神，组建北京市西城区城市管理委员会（简称区城管委），挂北京市西城区城市环境建设管理委员会办公室（简称区环境建设管理办）、北京市西城区交通委员会（简称区交通委）、北京市西城区水务局（简称区水务局）的牌子。区城市管理委（区环境建设管理办、区交通委、区水务局）作为本区城市管理主管部门，是负责本区城市环境建设、城市管理的综合协调，市政基础设施、市政公用事业、市容环境卫生、能源日常运行、交通管理、水行政管理工作的区政府工作部门。根据“三定”方案，区城市管理委的职能职责有所调整，在原区市政市容委职责的基础上，划入了区发展改革委负责的电力、煤炭行业监督管理职责和区商务委负责的再生资源回收行业的监督管理职责。新增了对本区城市管理工作的业务指导、组织协调、指挥调度、专项整治、检查评价的职责；本区地下综合管廊规划、建设和运营的综合协调管理职责，以及地下综合管廊运营的监督管理职责和本区水务管理职责，推进本区海绵城市建设。区城管委核定编制73名，其中主任1名、副主任7名（含交通委专职副主任1名、区环境建设管理办专职副主任1名），行政科室18个。所属相当科级财政拨款事业单位6个，事业编制101名。地址：西城区莲花池东路16号。邮编：100045。电话：63259211。

（刘　雯）

市政管理

【市政基础设施建设】年内，区城管委持续实施景观提升、惠民利民、市政设施、生态环境“四大工程”，长安街延长线环境整治和市容景观提升、德胜西片等6个片区综合整治提升工作。完成15条市区级达标道路和20所学校周边综合整治。开展17条道路大中修、37条排水管线改造、44条道路二维码公服设施管理、5项疏堵工程、40公里自行车道综合治理，完成马连道南街等道路微循环项目；完成22条主次干路电力架空线、64条道路路灯架空线入地土建施工，762条支路胡同通信架空线入地。

（刘　雯）

【完善市容管理制度】年内，区城管委继续开展城市管理体制机制改革研究与方案编制工作。制定下发《西城区2018年防汛工作方案》，明确防汛工作重点、机制、措施和目标；及时修订应急预案，细化应急指挥体系职责，调整监测预警和应急响应。首次编制形成《西城区防汛工作手册》，为探索城市应急管理体系奠定了基础；制定《西城区落实街巷长制的实施意见》，明确区、街两级设立总街巷长办公室的要求及各自职能；第一时间发布西城区总河长令，制定、上报和落实“清河行动”“清四乱”实施方案；按时编制完成并上报河长制“一河一策”（2018—2020年）方案。制订印发“湖长制工作方案”；对河长制巡查、信息共享、考核等有关配套制度进行修订；完成《西城区河（湖）长职责》《西城区河（湖）长制工作约谈办法》《西城区河（湖）长制检查通报制度》等三项河长制湖长制工作制度的拟定。

（刘　雯）

【疏堵整治促提升】年内，区城管委持续推进“拆违、灭脏、清障、治污、治乱、缓堵、规范市场、治理‘开墙打洞’”八大专项整治。治理“开墙打洞”400余处，实现无“开墙打洞”违法行为的街巷825条；拆除违法建设16万余平方米。开展全区道路无障碍设施普查。全区总动员推进垃圾分类，区级党政机关实施垃圾强制分类，垃圾分类示范片区覆盖率达到30%。持续加强厨余垃圾收运、油烟污水排放、露天及室内烧烤治理，巩固蓝天保卫战成果，加强扬尘控制，建筑垃圾运输违法违规案件处置率90%以上。

（刘　雯）

【城市精细化管理】年内，区城管委全面推行城市环境分类分级管理，探索环境治理后防止反弹回潮、加强长效管理的措施，加强专项整治、强化常态管控，保持治理成果；加强“街道吹哨、部门报到”，发挥好行政综合执法平台作用，推进城市管理责任更加清晰、重心更加下移、效能更加显著。全区达到十有（有政府代表、有自治共建理事会、有物业管理单位、有社区志愿服务团队、有街区治理导则和实施方案、有居民公约、有责任公示牌、有配套设施、有绿植景观、有文化内涵）背街小巷1167条，达到十无标准（无乱停车、无违章建筑、无“开墙打洞”、无违规出租、无违规经营、无凌乱架空线、无堆物堆料、无道路破损、无乱贴乱挂、无非法小广告）375条，通过市级达标验收共84条。全区共任命街巷长1392名，其中大街街长184名，背街小巷街巷长1208名。招募小巷管家2896名，“志愿北京”注册2135名，录入志愿服务时长201955.5小时。聘用物业服务企业35家，已签订物业服务合同（协议）27家。

（刘　雯）

【广告牌匾治理】年内，区城管委拆除建筑物屋顶等违规牌匾标识1364块，完成总任务97.7%，审核通过建筑物牌匾标识重设手续42座建筑物63块。注重稳中求进，周密部署，绘制专项进度表，实现挂图作战，挂旗拔旗作业；强化服务理念，专业指导，注重拆设同步，保护老字号；突出区属单位带头，区属企事业单位建筑物屋顶牌匾标识规范工作，8月20日在全市率先完成139块。

（刘　雯）

【静态交通管理】年内，区城管委推动社区停车自治，由区各街道办事处通过实施自治车位施划、建设临时停车场、开发停车资源错时共享APP等措施，全力解决停车难。全区共新增居民停车泊位1486个。既激活了社区闲置车位，增加车位供给资源，也有效缓解区静态停车秩序的压力；加快交通协管员招录，区交通委、区人力社保局、区财政局，结合西城区为对口帮扶区，解决农村剩余劳动力，同时落实市政府对重点大街15分钟一巡查的工作要求，加强执法力量，严控核心区违法停车行为。全区现有170名交通协管员在岗执勤，加大违法停车清拖工作，出台《西城交通支队专业清拖队工作细则》，进一步明确工作流程，细化督导机制，在破除管界内违法停车的顽症痼疾上，取得了较大成效。

（刘　雯）

【交通秩序管理】年内，区城管委加快重点地区交通疏堵工作，缓解友谊医院周边拥堵，制定解决广安门医院西门缓堵措施，对交通设施进行局部改造，打通阜外医院等急救通道；突出重点区域管控，围绕8条黄线禁停街、53条停车秩序严管街，开展路面执法管控，每周定期开展静态交通秩序多部门联合整治，共清拖违法车辆6600辆、现场处罚1.04万辆、非现场抓拍12万余辆；继续实施慢行系统改造，在地铁口、交通枢纽周边规划共享自行车停车位，实施GPS、电子围栏管理，挖掘新增停车位潜力；加强共享单车管理，着力解决部分地区共享单车数量大、秩序乱的问题，主要采取完善设施，施划1163处共享单车停放区，设置11处共享单车禁停区，规范停车秩序；试点设置80处共享单车电子围栏，加强监测；采取总量控制（6万辆以内），加大整治和清运力度以及依法定期清运各类占道、无主、废旧车辆等方式；积极应对重点地区大客流，继续开行动物园摆渡班车，做好地铁北海北站甩站等工作，保障五个法定节假日期间人员疏散，有效预防和控制拥挤、踩踏等群体性事件发生。

（刘　雯）

【缓解停车难】年内，区城管委推进地面停车泊位施划，开展金融街、大栅栏、西长安街、什刹海、广内、椿树、新街口等7个街道的停车综合治理工作，施划1466个车位，完成668个车位自治工作；加快立体停车设施建设，完成立体停车楼建设3处，新增机械停车泊位341个。加快立体停车项目建设前期研究和项目储备。推进路侧电子收费工作，共涉及50条道路，共4879个泊位。项目建设内容包括安装高位视频设备876套（其中借用路灯杆建设307套，新立杆建设569套）、施划停车位、购置POS机298台。完成4235个路侧电子收费车位的划线工作。

（刘　雯）

【水电气热保障】年内，区城管委加强节水型城区建设。全年用水量8694万立方米，完成市水务局下达西城区新水用水总量11653万立方米目标。完成2018年节水型载体建设，创建市级节水单位30个、区级节水型单位30个，为老旧居民小区换装节水器具1.1万件；推进老旧供热管网改造项目，涉及8个街道，5个供热单位、24个小区以及部分二次热力管网改造，总供热面积629450.47平方米，涉及户数9566户；协调加大新能源汽车充电桩建设，解决居民的充电之困；加大对燃气管道隐患的治理，配合燃气集团涉区分公司做好对30年以上管道进行技术改造，协调处置燃气泄露及突发事件，消除用户存在的安全隐患。抓好液化气的安全供应和使用，广泛开展燃气安全宣传活动。

（刘　雯）

【环卫设施保障】年内，区城管委完成500座（含市级实事任务50座）公厕服务品质提升工作。加大控车减油、治污减排、清洁降尘力度，完成燃气锅炉低氮改造，持续降低PM2.5年均浓度。

（刘　雯）

【水环境治理】年内，区城管委全面推进河长制工作，协调区级河长加强巡河力度，完成区级河长每季度巡河不少于1次、街道级河长每月不少于1次的任务。严格落实河长制“十条”要求。完成市委市政府联合督查组对西城区河长制湖长制工作开展情况的现场督查；开展河长制培训；协调市水务局、市排水集团推进再生水管线建设，建设完成一座规模以上调蓄池；完成20个雨洪利用项目；加强再生水利用。落实西城区再生水管线建设，加大再生水使用量，再生水用水量已经达到1287.59万立方米。

（刘　雯）

【排除各类险情】年内，区城管委共完成急抢险工作共计出险658次，其中道路塌陷639处，更换井盖4次，节假日重大活动保障13次，清除废弃电话亭2次。回填无机料881.625立方米，出动抢险车辆1048台次，出动专业机械12台次，出动小型机械788台次，出动人工4185人次，恢复沥青路面935.95平方米，恢复人行便道717.16平方米，清理废弃电话亭67座，节假日重大活动保障拆搭护栏2410米，新建护栏315米，挪移恢复机非护栏10904米；为确保夏季安全度汛，加强领导，重点部署，强化措施，有效应对，相关单位提前完成1407间平房翻建、1693间平房综合修缮；完成21千米雨水设施养护、28616个雨水口及支管的清掏疏通等工作。

（刘　雯）

信息化城市管理

【概况】西城区城市管理监督指挥中心（简称区城管监督指挥中心）是区政府负责城市管理监督评价与指挥协调工作的正处级行政机构。内设办公室、监督员管理科、指挥调度与信息管理科、综合协调科、督查科、评价分析科等14个职能科室，行政编制85人。年内，区城管监督指挥中心围绕“首都功能核心区”定位和非首都功能疏解，依托网格化工作机制，整合平台功能、融合信息资源、推动多方参与、拓展系统应用，以案件处置扁平化、城市管理社会化、系统功能智能化和技术保障可视化为抓手，推动信息化、精细化、网格化城市管理和社会服务水平不断提升。

地址：西城区二龙路27号

邮编：100032

电话：88064954

（冯春发）

【城市管理案件办理情况】 年内，区城管监督指挥中心围绕市级专项考核，扎实做好网格化城市管理工作。全年，城市运行管理平台接中心系统平台各类案件846254件，立案839333件，立案率99.18%，结案836163件，结案率99.62%。进入疑难案件库311件，办结284件，办结率91.32%。全年办理疑难案件478件。持续推进“微循环”系统对接、城管联席会、案件协调会等机制。结合市级考核指标，研究制定“两调整一核定”措施，鼓励监督员上报各类案件，提高案件匹配度。实现街巷动态监管。积极配合区政府开展“四不两直”（不发通知、不打招呼、不听汇报、不用陪同接待、直奔基层、直插现场），街巷巡查31次，城管类91个案件纳入平台处理。持续推动干部街巷巡查，检查上报“十无”（无乱停车、无违章建筑、无开墙打洞、无违规出租、无违规经营、无凌乱架空线、无堆物堆料、无道路破损、无乱贴乱挂、无非法小广告。）问题1200余件。建立完善督察工作方案，推动市容环境检查与信息化城市管理工作有机融合，切实加强“两会”“中非论坛”等重点时期案件处置。加强监督员队伍管理和对监督队的日常考评，组织业务培训和竞赛，不断提高监督员整体业务水平。坚持每月“一例会一通报”，强化工作效能考核。

（万宇超）

【区街两级平台建设与管理】 年内，西城区全响应区街指挥调度平台共处置各类问题627978件，较上年同期518652件增长21.08%；办结624946件，较上年同期504235件增长23.94%，办结率为99.52%，较上年同期97.22%提高2.3个百分点。完善城市管理平台三级监督指挥体系。加强市、区、街系统对接，确保指挥体系畅通。紧盯超期案件办理、加强案件核查，全年督办超期案件2193件，提升了区级案件结案率。调整《西城区城市管理职能履行情况评价工作办法（试行）》，加大案件发现密度和情况考核。探索建立“您举报、我奖励”城市管理问题举报激励机制。研究制定《社会公众通过“西城网格监督”公众号上报城市管理问题奖励实施办法》和《实施方案》，开发居民上报城市管理问题案件模块，将群众关注的城市管理问题纳入奖励范围。通过广告、海报等形式，加大推广力度，并组织区政协委员、居民代表主题开放日活动4场。公众通过“西城随手拍”APP、微信公众号上报各类问题1558件，公众参与社会治理的积极性明显提升。推进落实“街道吹哨、部门报到”工作。完成《西城区“街道吹哨、部门报到”试点工作系统流程方案》，完善业务对接机制，及时响应街道需求，实现街道综合执法、重点工作与应急处置的指挥调度与过程管理。梳理区级平台“吹哨报到”疑难事项办理工作流程，制定《“街道吹哨、部门报到”工作区级平台案件办理工作流程》，探索制定基于全响应系统的“街道吹哨、部门报到”专业部门履职评价办法，配合区政府做好“进千门走万户”收集问题的统筹协调工作。

（万宇超）

【物联网技术运用】 年内，区城管监督指挥中心通过物联网等新技术运用，为精细化城市管理和社会服务提供了技术保障。推进智能井盖状态监测示范研究。通过安装井盖监测设备进行实时监控，以井盖监控系统为试点，研究城市部件管理和处置规范，形成数据共享、实现部门协同，为城市管理提供范本，以提高城市综合管理效能。实现城市运行、应急指挥、参观调研三大应用场景的可视化展示。进一步完善防汛可视化系统，为区防汛工作提供了技术支撑。运用可视化技术，将城市运行态势完整、直观、清晰呈现在指挥中心大屏幕，实现城市运行数据与业务应用有效结合。对各城市治理部门业务数据进行即时、全量、全网汇聚，接入互联数据和社会数据，提供数据集成、开发、运维、质量、安全和资产“一站式”服务，实现数据资源统一管理。推进西城区城市治理大数据中心建设，构建“城市大脑”。区城管监督指挥中心积极推进区城市治理可视化数据动态运行终端平台建设，成立城市治理大数据建设工作专班，制定工作方案，确定平台建设单位。调研工商分局、政务服务办等7家单位，开展以数据对接、平台技术架构等重点内容的大数据专题研究，为城市治理大数据中心建设奠定了坚实基础。加强工作定期调度，认真落实区领导调研时提出的要求，进一步推动区城市治理大数据平台和“城市大脑”建设。

（万宇超）

规划和国土资源管理

【概况】 北京市规划和国土资源管理委员会西城分局（简称市规划国土委西城分局），为市规划和自然资源委员会设在西城区负责本区域城乡规划管理和土地、矿产资源管理的派出机构，同时作为区政府依法履行相关职责的工作部门。内设办公室、法制科（信访与信息公开科）、规划编制与城市设计科（名城保护科）、规划实施与土地利用科、市政交通科、综合审批科、规划土地核验科、地籍地名科、财务科、机关党委（党建工作科、人事科）、纪检办公室11个科室，直属行政执法机构1个——区规划和国土资源执法队。有区不动产登记事务中心（参公管理单位）、区土地利用事务中心、北京市土地整理储备中心西城区分中心、北京市土地整理储备中心金融街分中心、区历史文化名城保护促进中心、区规划管理信息中心、北京市宣武建筑设计所等7个下属事业单位。年内，深入学习贯彻党的十九大精神，以党建为引领，圆满完成机构整合、新总规落地、街区更新、名城保护、审批制度改革、互联网+不动产登记等重点任务。

地址：西城区南菜园51号

邮编：100054

电话：66182866

（于铭夫）

【建设智慧西城时空信息云平台试点】 按照原国家测绘地理信息局《智慧城市

时空信息云平台建设技术大纲》的要求，组织完成“智慧西城时空信息云平台试点”设计书的编制，于1月24日通过市规划和自然资源委员会组织的评审，按照试点设计书完成全部建设内容。

（穆　森）

【出版《西城区街区整理城市设计导则》】1月，《北京西城区街区整理城市设计导则》由中国建筑工业出版社正式出版发行。本导则结合西城区实际，集成现有规划、建设、管理政策要领，针对建成区存量空间改造提升，按照类型制定规划指引。旨在加强城市设计基本概念和要求的宣传普及，促进全社会形成对街道胡同公共空间和设计方法的理解与共识，共同建设更美好的城市生活。

（于长艺）

【配合开展控规编制】1月，配合市规划和自然资源委员会，启动控制性详细规划编制，开展控规编制的资料收集与调研及06版控规的实施情况评估研究，在此基础上提出控规编制建议。搭建信息交流平台，与各相关委办局、指挥部、属地街道和前端公司对接需求，体现控规编制服务区域发展的功能。起草《西城区推进〈首都功能核心区控制性详细规划〉编制工作方案》（简称《工作方案》），11月17日通过区政府专题会审议并成立专班领导小组，以专班领导小组名义将《工作方案》下发全区落实，为控规编制对接各委办局提供文件依据。

（杨馥源）

【无名路命名】2月，将139条无名路命名意见上报区政府，将区政府形成的正式命名意见函告区城管委。至6月20日，完成145条无名路的行政审批，形成25份地名命名文件。

（李　倩）

【落实《北京城市总体规划（2016年—2035年）》】3月，围绕市级《北京城市总体规划实施工作方案（2017年—2020年）》102项任务，形成区44项《总规》任务清单并制定绩效考核实施细则，落实新《总规》首次作为专项工作纳入绩效考核，年内，圆满完成年度目标。按照市委、市政府与市规划和自然资源委员会总规联合督查的要求，开展区落实总体规划重点任务督查，对区双控四降、历史文化名城保护、中轴线申遗、金融管理中心发展相关工作进行了重点督查。

（程淑楠　杨馥源）

【提升不动产登记服务水平】3月，区不动产登记中心完成移动预约系统试运行。4月1日，将不动产登记业务时限由原来的三个、五个、十个工作日压缩为当日或五个工作日办结。4月12日，正式开通一窗式办理“综合服务窗口”。将地税、不动产、房管三部门分设的地点优化整合，设置为不动产登记“综合服务窗口”。4月20日，邮政EMS正式进驻区不动产登记事务中心，办事人可选择“快递送达”或“现场领取”两种方式领取不动产权属证书。6月11日，起草的《北京市西城区“互联网+不动产登记”实施方案》以区政府办名义正式印发。9月3日，区不动产登记事务中心在政务大厅设置自助取号机，开通“存量房网签”“缴费发证”“土地出让金”“档案信息查询”四类业务。

（孟　峰）

【完成机构整合】根据京编办函〔2017〕22号文件精神，原西城区规划分局和原北京市国土资源局西城分局进行机构整合，4月2日正式挂牌组建成立，做到思想不散、工作不断、秩序不乱。各项工作推进平稳、业务工作交接平稳、干部队伍思想平稳，实现平稳过渡和队伍的融合。5月24日，机关科室集中办公。8月31日，完成机关党委组建，下设5个党支部和1个离退休党支部，13个党小组。12月，机关、事业单位统一搬入南菜园街51号（区政府2号楼）集中办公。

（于铭夫）

【统筹推进街区整理更新】4月12日，《〈北京市西城区街区整理实施方案〉细化工作安排方案》经区政府第45次专题会审议通过，成立西城区街区整理统筹协调办公室，统筹指导全区街区整理工作的开展。5月，正式印发《西城区街区整理城市设计编制要求（街道层面）》。6月21日，全区街区划分成果，经区政府常务会通过。7月4日，全区街区划分成果，经区委全面深化改革领导小组全体会议审议通过。11月22日，向区人大作了落实区人大《关于扎实推进街区整理、不断提升核心区品质的决议》和办理区人大《关于加强街区整理、打造精品街区、提升城市品质》的议案情况的报告，该报告经区十六届人大常委会第十九次会议审议通过。年内，形成15套街道城市设计导则、20余套重点地区深化设计方案。

（郭一哲）

【名城保护】年内，起草《区政府落实加强历史文化名城保护提升城市发展品质决议的报告》，该报告于4月26日，经区第十六届人大常委会第十四次会议审议通过。10月25日，召开遗产活化城市联盟成立大会，联盟成员来自北京、厦门、杭州、成都四个城市。11月，完成区“十三五”时期历史文化名城保护规划中期实施评估。12月17日，区名城委召开主题为“老城可持续发展与中轴线申遗”年会。12月26日，将《落实加强历史文化名城保护 提升城市发展品质的决议的工作报告》《落实扎实推进街区整理、不断提升核心区品质的决议的工作报告》提交第67次区政府常务会审议，通过后上报区人大常委会。持续开展“四名”汇智计划专场交流，募集社会资金，协调各种资源，支持社会组织开展围绕历史文化名城保护主题的各类活动近200场次。

（于长艺）

【工程建设项目审批制度改革】5月2日，办理完成1项社会投资市政工程的建设工程规划许可证，此为中心城区首个直接办理建设工程规划许可证的市政类社会投资项目。10月，制定全区工程建设项目审批制度改革试点方案，建立区级多规合一协同平台工作机制，实现一窗受理、一表申报、一个系统办理。建设工程规划许可办理时限，由20个工作日压缩到7个工作日。11月1日，全国人大常委会副委员长万鄂湘率调研组到市规划国土委西城分局咨询窗口调研“多规合一”“多图联审”等工作。12月5日，《西城区工程建设项目审批制度改革试点实施方案》通过区政府专题会审议。

（孟峰　刘明增　郝占立）

【出版《建筑创作》专刊】9月20日，从共识到共建——北京市西城区老城更新多元参与平台的探索与实践的《建筑创作》专辑杂志正式出版。专辑以“我的西城宜居创想——北京市西城区街区、胡同公共空间创意设计方案征集”为契机，采访了生活在胡同里的居民，四合院经营者，城市规划、名城保护、文化传播、基层管理和学术研究相关行业人士，呈现北京核心区城市设计中的众多参与方的多元化视角，收录方案征集部分观察报告和决赛方案，展示在老城更新中真实存在的诸多问题，探讨可能的解决方向。

（于长艺）

【获测绘科技进步二等奖】9月，北京市国土规划委西城分局与中国测绘科学研究院、武汉大学等单位，共同获得由中国测绘学会颁发的2018年度测绘科技进步二等奖。

（穆　森）

【启动第三次全国国土调查】9月，区第三次全国国土调查工作正式启动。11月，经区政府专题会审议通过，成立以区长为组长的区第三次全国国土调查领导小组，领导小组下设办公室（以下简称西城区三调办），负责收集整理基础资料、准备业务培训及编制区第三次全国国土调查实施方案和实施细则等。

（许　洁）

【下发责任规划师制度工作方案】10月24日，《西城区责任规划师制度工作方案》经区政府第61次专题会审议通过，会后下发全区实施。《工作方案》对"责任规划师"的概念、团队构成、任职条件、主要职责、选聘、协调与评估等方面进行了详细界定。

（郭一哲）

【支撑区大数据建设】11月26日，完成面向金融街街道、西长安街街道、新街口街道和大栅栏街道的时空信息云平台街道分节点建设，有效支撑了街道大数据分中心建设。建设"全区地理信息一张图"，整合全区基础和可共享的业务数据资源，推动全区27个部门300余个专题空间图层的共享，为区发改委等30余个部门提供地理信息应用服务支撑。

（穆　森）

【召开专家评审会】12月11日，召开《西城区平房、四合院地区设计导则课题研究》课题专家评审会和《老旧小区综合整治导则》成果专家评审会，会上通过了《老旧小区综合整治导则》。

（杨馥源）

【对老旧小区楼房加固进行备案】对全区老旧小区11栋楼的加固进行备案，加强方案研究跟进与服务。

（王天骄）

【"进千门走万户"活动】年内，组织全体党员干部深入基层服务群众，在走访中，由处级领导带队，真诚倾听群众、企事业单位提出的问题和意见，主动协调、推进解决。年内，党组织、党员干部全部完成"双报到"，走访单位和居民1550户次。

（于铭夫）

【编制土地供应计划】年内，编制区2019年度土地供应计划，共安排项目5个，总用地面积9.78公顷，其中公共管理与公共服务用地项目2个，土地面积4.66公顷；住宅项目用地3个，土地面积5.12公顷，均为棚改项目。

（张鹏雄）

【完成土地供应】年内，全区完成1宗划拨土地供应，用地面积约0.04公顷，该用地为公共管理与公共服务用地（科教用地）。

（张鹏雄）

【土地储备项目开发及监管】年内，区土地储备开发项目共11个（全部为在施项目），占地面积37.09公顷，累计实现投资约1.9亿元，完成全部投资的51%；完成收储项目1个，占地面积0.22公顷。对11个在施土地一级开发项目加强按月监管，定期梳理项目信息。

（胡　圆）

【受理核发审批事项】年内，核发各类规划许可及其他事项437件，其中建筑类221件：意见书6件，建设用地规划许可证2件，建设项目规划条件28件，建设工程设计方案审查7件，一会三函2件，建设工程规划许可证75件，规划验线46件，规划验收55件；市政类159件：意见书6件，规划条件38件，建设工程规划许可证115件；其他事项57件（有效期延续12件、不予许可5件、地名及建筑物命名40件）。

（张　田）

【完成不动产登记】年内，受理不动产登记业务47340件，发放不动产登记证书、证明39044本，不动产登簿42644件，归集档案43235件；办理不动产登记档案查询业务29857件，受理司法限制业务1594件，房源核验及补录6669件；办理非紧急救助487件，办理不动产登记行政诉讼、复议、信访249件，信息公开52件；综合窗口办理2573件；EMS递送477件。受理权籍调查、权属审查103件，其中权籍调查76件，权属审查27件；办结127件，其中权籍调查48件，权属审查79件。

（孟　峰）

【查处违法建设】年内，立案查处违法建设13件，开展执法检查760件次。会同区环境办组织区相关单位拆除逾期未拆施工暂设9处。向相关部门出具违法建设协查函609件，出具规划查档复函87件，涉及违法建设建筑面积7.1万平方米；向相关执法部门移送涉嫌违法案件11件。

（张　亮）

【办理建议提案】年内，承办市、区两级人大代表建议和政协委员提案55件，内容涉及历史文化名城保护、老旧小区综合整治、棚户区改造、市政道路、医疗卫生教育体育等公共设施建设以及功能疏解、违法建设查处等多项内容，全部提前办结。其中，《关于落实加强老城保护与复兴，擦亮历史文化金名片的提案》《关于引入第三方评估精准落实城市总体规划之西城建设的提案》《关于保护西城区古城风貌，改善人居环境，完善城市功能的提案》被评为区人大代表建议、政协提案"优秀承办件"。

（邵　巍）

【法治工作】年内，完善信访、信息公开、行政复议、诉讼工作流程，建立局领导信访接待日、信访包案责任制、法治工作例会、疑难复杂案件会商、热线"三率两度"数据月通报分析等制度，出台行政处罚听证工作办法，编制政务公开试点目录清单，成立行政调解委员会，完成法律顾问遴选，开展"4·22世界地球日""6·25全国土地日"等主题宣传，举办"11·27政府开放日"活动，组织法治培训2次。年内，完成信息公开主动公开政府信息1231条，依申请公开政府信息189件，共受理办理上级交办和自收信访件238件，办理热线平台派件1278件、行政复议8件、行政诉讼91件。

（范俊姣）

房屋行政管理

【概况】北京市西城区房屋管理局（简称区房管局）是负责全区房屋行政管理、房屋征收（拆迁）、住房保障和住房制度改革工作的政府职能部门，挂北京市西城区住房保障和改革办公室牌子。内设科室19个、纳入规范管理事业单位11个、自收自支事业单位2个；人员编制241人，其中行政编制80人、事业编制161人。年内，区房管局围绕“疏解整治促提升”等重点任务，切实解决好群众反映的房屋管理领域的突出问题，全面完成房屋管理的各项工作任务。

地址：西城区西安门大街115号

邮编：100034

电话：66175570

（陆旭雅）

【保障性住房配租配售】年内，对区、街住房保障管理部门工作人员组织开展住房保障政策培训会，共100人。就住房保障政策宣传、动态监管、租金补贴发放、“安居北京网上办公系统”模块使用、市场租房补贴新政及执行口径等方面进行了专题解读与培训。统筹区相关单位对人才住房的需求，组织经济适用住房选房1次、公共租赁住房选房2次。新增取得保障性住房、市场租房补贴资格备案家庭4991户，完成已备案家庭信息变更657户，发放保障性住房租金补贴9021万元；对14800户保障房家庭的各类资格进行复核，终止已备案家庭资格1443户。充分利用信息共享途径简化资格审核复核工作流程，开展精准审核。年内，北京华融金晖置业有限公司更名为北京市西城区保障性住房运营管理有限公司。

（陆旭雅）

【保障性住房后期管理】年内，做好重大活动、节假日期间出租型保障性住房安全隐患排查。对欠租半年以上的承租家庭发放律师函16份，加大租金催缴力度。全区出租型保障型住房收租金445.9万元。

（陆旭雅）

【房屋征收（拆迁）】年内，西城区新启动地铁十九号线一期工程，平安里站等13个房屋征收项目，有30个项目已进入征收程序。严格按照区范围内国有土地上房屋征收货币补偿、补助、奖励办法，实施房屋征收工作，确保全区房屋征收项目补偿、补助、奖励标准统一。完成调整征收劳务、征收房屋拆除服务费取费标准。加快推进拆迁项目收尾工作，长话大楼通信生产楼、地铁七号线达官营站、珠市口站、湾子站全部拆迁完毕，完成拆迁结案。加强征收、拆迁工地现场管理，健全完善全区77个在施、停滞的征收、拆迁项目管理台账，严格督促项目实施单位落实安全生产、房屋防汛、扬尘控制等主体责任。

（陆旭雅）

【普通地下室安全使用监管】年内，普通地下室完成清退32处，19480平方米，1271间。区房管局联合属地街道和相关部门，对近四年来清退的637处散租普通地下室，采取多种形式进行拉网式排查，严防反弹；检查了85处作为员工宿舍的普通地下室。严格落实《西城区新增产业的禁止和限制目录》，把好普通地下室使用登记备案关。

（陆旭雅）

【清理直管公房违规转租转借】年内，完成831户直管公房违规清理整治工作。组织开展专项检查，对上年已完成清理台账中的287处点位进行复核，检查清理成果，防止反弹发生。采取多种途径获取违规信息，督促公房管理单位限期整改。配合“开墙打洞”封堵“断尾”行动，全面梳理直管公房，原居民居住改工商企租基础台账，推进原居民居住改工商企租用房恢复民租工作。落实北京市直管公房管理体制改革，推进直管公房管理工作。

（陆旭雅）

【房屋安全管理】年内，组织街道、区房地中心、北京宣房投资管理集团、全区各自管房单位、物业服务企业等开展年度房屋安全大检查，全面排查房屋存在的安全隐患。履行区房屋防汛专项分指挥部职责，对辖区危旧房屋、低洼院落重点部位展开雨前检查、雨中巡查、雨后复查，重点部位提前布控，落实房屋防汛工作各项责任制。加强住宅室内装饰装修管理，落实房屋突发危险情况应对措施，起草发布《北京市西城区房屋解危排险应急工作方案（试行）》。

（陆旭雅）

【物业管理】年内，聘请第三方物业服务监理机构对81家物业服务企业开展落实安全生产主体责任检查评估。完成25家物业服务企业综合楼宇安全生产标准化三级达标评审和期满复评，配合市住建委完成安全生产标准化二级申报企业材料初审。聘请物业行业专家对物业服务项目开展安全生产大检查。督促66家企业投保安全生产责任保险。完成物业服务项目合同备案22个，合同变更备案61个，合同注销审核27个。共审批商品房住宅专项维修资金202件，其中一般程序142件，应急程序60件。构建社区、居民、物业服务企业协商议事机制，化解矛盾纠纷，确保区域稳定。

（陆旭雅）

【房地产市场管理】年内，加强新建商品房市场监管，严格落实房地产调控相关政策。继续严格落实3·26商改住政策，对区商业、办公类项目进行排查。规范开发企业销售行为，做好日常巡检与投诉处理。定期开展辖区内在售项目进行日常巡检，重点检查售楼处公示、执行限购政策等情况，对发布不实价格和销售进度信息、炒卖房号、捂盘惜售、囤积房源等违规行为进行重点检查。加强联合惩治，与街道、公安部门的配合，对群租房现象突出的重点区域进行联合整治；联合工商和税务部门，对辖区内40家房地产中介机构进行双随机抽查；联合市住建委两次组成联合检查小组进行执法检查，通过“安居北京”公众号，分两批共曝光存在违法违规行为的中介机构20家。对炒作学区房开展专项检查，对链家、我爱我家公司进行谈话告诫，向全区各中介机构下发《关于严禁房地产经纪机构以学区房为卖点炒作“学区房”的通知》，加强对机构发布房源信息的检查力度。通过联合惩治，移交工商部门处理18件，公开曝光20件，处理群租房5起，行政处罚立案8起，已处罚1起，罚金3万。

（陆旭雅）

【房地产开发企业监管】年内，完成联机预售签约备案78套，建筑面积14910.23平方米，现房签约878件，建筑面积93972.17平方米，金额65.44亿元；完成合同备案注销71起，消费者变更17起，司法查询10起、现房销售确认14起；处理商品房投诉23起；资金监管11个项目，33.71亿元。

（陆旭雅）

【房地产经纪行业管理】年内，联合西城公安分局、市规划国土委西城分局、西城工商分局召开房地产中介行业治理工作大会，部署了2018年房地产经纪行业专项治理工作，制定《西城区2018年房地产经纪行业专项治理工作方案》《西城区房管局打击“黑中介”规范住房租赁市场的工作方案》，西城区有备案经纪机构397家。办理房地产经纪机构设立、变更、注销迁入迁出共102起、经纪人员聘用或解除登记358人；检查门店460次，抽查合同80余份，发出整改通知书21件；处理房地产经纪机构投诉347件；局执法科接收移交处罚案件9起。

（陆旭雅）

【房改工作】年内，房改售房单位152家，累计售出住宅1620套，建筑面积为102170.24平方米。其中：中央单位62家，售出住宅407套，31172.6平方米；市属单位25家，售出住宅174套，11318平方米；区属单位65家，售出住宅1039套，59679.64平方米。房改调房单位71家，累计调整住宅360套，建筑面积为24799.45平方米，全部为中央单位调房。为14家区属单位完成房改售房批复工作。

（陆旭雅）

【落实私房政策】年内，完成户籍核查11户63人，向法院、公证处出具证明7份，组织评估单位完成评估8份，报送相关请示12份、函16份，为11户落实补留自留房货币补贴989.4235万元。落实56号文件，出具档案查询结果21份。完成5户标私腾退安置，2户标私腾退方案报市落办审批，对3户有腾退意向户完成初步审核。办理相关政协提案6件。办理各类信访转办件308件，电话登记单345件，均在时限内办结。办结信息公开申请5件，办结行政诉讼3件，行政复议4件。为申请保障房家庭、子女入学家庭开具证明11份。完成落私档案管理及数字化加工2万卷52万页。

（陆旭雅）

【房屋安全鉴定二站】年内，形成鉴定报告85份，应收鉴定费732385元，核桃园南里12号院5号楼、乐培园胡同建新楼一至四号楼这两处鉴定费共151758元尚未缴纳，收回2017年鉴定费638190元。其中，安全鉴定类，形成鉴定报告31份，鉴定费353505元，建筑面积8124平方米；市场租鉴定类，形成鉴定报告11份，鉴定费10500元，建筑面积164平方米；廉租房鉴定类，形成鉴定报告28份，鉴定费2800元，建筑面积488平方米；使用公共维修基金的鉴定类，形成鉴定报告15份，鉴定费365580元，建筑面积253176平方米。

（陆旭雅）

【房产测绘成果审核】年内，办理楼房房产测绘成果审核8件，建筑面积62万平方米；住宅平房的房产测绘成果审核27件，建筑面积4808平方米。

（陆旭雅）

【依法行政】年内，完成区房管局政务公开全清单编制工作，共涉及35个科室及事业单位、247项业务事项。进一步完善工作流程，扎实推进“房屋征收补偿”“保障性住房”两个重点领域政务公开，做到“应公开尽公开”，迎接全国政务公开试点复核。对行政处罚权力进行重新梳理、校对，将行政处罚权力由89项调整为81项。实行法律顾问每周半天坐班服务制度，审核把关疑难行政事项及信访答复，协助办理重大行政诉讼和行政复议案件。年内，有复议、诉讼等案件234件，行政机关负责人出庭应诉4人次；主动公开政府信息466条，受理政府信息公开申请493件；接受公民、法人等信息公开方面的咨询1800人次。下发责令改正通知书60份，行政处罚99件，罚款金额14.43万元。办理各类人大代表建议、政协委员提案、党代表建议50件。

（陆旭雅）

【矛盾纠纷排查调处】年内，进行矛盾排查9次。明确了包案领导、稳控责任科室和责任人，制定了稳控化解方案。接待人民群众来访3010批4383人次，其中群体访65批899人次；办理人民群众来信979件；办理政府热线（12345非紧急救助中心信息管理系统）电话交办单16614件。

（陆旭雅）

北京德源兴业投资管理集团有限公司

【概况】北京德源兴业投资管理集团有限公司（简称德源集团）于2017年底由区政府自收自支的事业单位北京市西城区房屋土地经营管理中心（简称区房地中心）转制为企业。是北京市西城区人民政府国有资产监督管理委员会为出资人，设立的国有独资有限责任公司。转制后的德源集团承接了原区房地中心的全部业务、人员和资产，总公司和下属单位设置暂未变更。公司经营范围主要包括：投资管理、项目投资、房地产开发、资产管理、企业管理、物业管理、房地产价格评估、出租办公用房、出租商业用房、房屋征收、供暖服务、清洁服务、承办展览展示等。年内，以经济发展为中心，以推进精细化管理为主线，围绕首都城市战略定位和区域功能定位，围绕疏解整治促提升、大城市病治理和街区整治等工作，在全面深化转企改制工作的同时，推动各项服务民生、保障民生的重点工程任务。项目包括平房翻建、平房大修、院落雨污水管线改造、平房院户厕改造、街巷综合整治、老旧小区环境整治和楼房综合维修工程等。

地址：西城区平安里西大街10号

邮编：100035

电话：66168099

（崔　蕊）

【建立企业法人决策机制】年内，区委组织部和区国资委正式任命德源集团党委书记、董事长及班子成员，确定了集团党委委员、董事会成员、监事会成员、经理层人员。召开了董事会、监事会成立大会和第一届一次董事会，研究制定了各项议事规则，建立并完善了公司决策机制。

（崔　蕊）

【完成公司资本金注入和集团注册】年内，完成德源集团6亿元资本金注入，实收资本以货币形式出资到位。在完成资产清查工作的基础上，下属企业的产权登记工作有序推进。2017年12月25日，在注册北京德源兴业投资管理有限公司的基础上，进一步拓展企业规模，为企业融入市场奠定基础。

（崔　蕊）

【完善人力资源管理】年内，按照现代企业管理要求，德源集团重新建立人力资源管理相关制度，基于改制工作方案，研究制定薪酬管理办法，补充完善相关配套制度。

（崔　蕊）

【推进企业文化建设】年内，打造“诚信、服务、创新、卓越”的企业文化。为树立企业良好的社会形象，充分利用信息化手段，建立了集团门户网站及企业公众号，确定了企业标识，完成企业文化建设的基础性工作。

（崔　蕊）

【履行企业社会责任】年内，通过参加中国国际进口博览会等各种商贸交流活动，加强企业对外推介；向慈善协会捐款10万元；先后3次深入对口帮扶村镇进行实地调研，认真做好精准扶贫工作；根据市、区政府要求和区国资委工作部署，开展“三供一业”（即供水、供气、供电和物业管理）试点工作，通过多方努力初步拟定了接管方案。

（崔　蕊）

【修缮改造工程】年内，完成平房翻建、

大修1734间，受益居民1009户；完成175个院落雨污水管线改造工程，受益居民1404户；完成217个院落户厕改造。在完成30栋楼房的综合维修任务的基础上，积极推进安德路、万明园两个小区的新阶段老旧小区综合整治工作。

（崔　蕊）

【直管公房安全度汛】年内，严格落实防汛工作责任制，用120%的努力化解1%的风险，汛期共接到报险报修电话802个，出动抢险人员1421人次，外出巡查人员1118人次，解决漏雨747间，排除积水80处。

（崔　蕊）

【供暖工作】弘扬“辛苦我一人、温暖千万家”的“西房供暖精神”，2017至2018年供暖季，室温合格率达99.8%，维修及时率达100%，供暖费收缴率达85%。

（崔　蕊）

【平房综合整治工程】年内，完成平房翻建、大修1742间、2.57万平方米，惠及居民1023户；完成53条街巷综合整治任务；完成141个院落的下水管线更新改造及院内地面硬化任务，受益居民1075户；完成460个院落的户厕改造。

（崔　蕊）

【户厕保洁管理升级】在全面完成辖区内1779座户厕保洁服务工作的基础上，德源集团对巡更管理系统进行升级改造，利用GPS系统，对保洁服务工作进行实时跟踪，确保服务零死角、全覆盖。

（崔　蕊）

【街巷物业服务】年内，响应并落实“街道吹哨、部门报到”城市治理新举措。为7个街道办事处的562条背街小巷、73条主要大街提供了街巷物业服务，服务面积近220万平方米，在全区30家企业评比中名列前茅。

（崔　蕊）

【直管公房管理】年内，完成承租人变更手续审批328件；房改售房100户。充分挖掘自有房产的经济效益，审核自有房产合同210份，自有房产的租金收益比上年增加9.4%。

（崔　蕊）

【清理直管公房转租转借】年内，围绕“疏解整治促提升”专项治理，清理整治直管公房转租转借168户，涉及人口502人；规范经营性用房租赁管理，结合“开墙打洞”清理整治，逐步推进“企租恢复民租”，共恢复“民租”239户，涉及757人。

（崔　蕊）

【项目征收】年内，德源集团承担了南北长街历史文化名城保护腾退、地铁19号线一期平安里站、积水潭站、广济寺周边环境整治、44中东侧市政道路建设等5个征收项目。年内，德源集团统筹协调，攻坚克难，5个征收项目均完成90%以上签约比例。

（崔　蕊）

【完成简易楼解危排险清空任务】年内，德源集团完成西海南沿17号、西口袋19号南楼、光泽胡同2号南楼3栋简易楼的居民清空任务。

（崔　蕊）

【文物腾退】年内，文物腾退项目奖励期内基本完成，共启动11处文物院落腾退工作，其中庆云寺、三官庙、福德庵、广仁寺、真武庙、永泉庵、关帝庙、圣祚隆长寺等8处文物院落的腾退工作，在奖励期内全部清零，剩余3处正在进行收尾工作。

（崔　蕊）

【街区整治与更新项目】年内，全面完成西单至积水潭桥传统特色街区（试验段）环境品质提升项目；阜内大街、鼓楼西大街、西四北地区等3个街区整治与复兴项目深入推进；群力胡同防汛配套用房及地下车库项目的前期准备工作全面完成。

（崔　蕊）

【重启福绥境大楼腾退】在转企改制过程中，区政府已将福绥境大楼产权划归德源兴业投资管理集团所有，为有效盘活资产，创造经济效益，年内重启福绥境大楼的腾退工作，已完成腾退工作部门的组建，开始做入户调查、腾退方案制定、房源准备等各项工作。

（崔　蕊）

【安全生产】德源集团全年开展安全生产培训59场，领导带队检查安全生产52次，先后出动651人次，对施工工地、地下空间、出租房屋和自有房产，进行安全生产和火灾防控大检查。德源集团所用的所有建筑施工企业，均投保了“安责险”。

（崔　蕊）

【环保施工】年内，德源集团优化升级“四牌一线全覆盖”绿色施工管理模式，提升环保施工标准，加强施工扬尘管控，规范建筑垃圾及渣土运输消纳管理，严格落实空气重污染预案。

（崔　蕊）

【处理来信来访与信息公开】年内，德源集团落实“接诉即办”要求，确保接件迅速、响应及时。全年处理群众来信142件次、来访592人次，处理区行政服务中心转办电话件5775件，政府热线“三率两度”年度考核排名靠前。主动公开信息87条，处理依申请公开118件。处理行政复议12件、行政诉讼3件。

（崔　蕊）

北京宣房投资管理集团有限公司

【概况】北京宣房投资管理集团有限公司（简称宣房集团）主要承担西城南部直管公房管理、修缮、防汛、供暖、电梯运行等公共服务职能，从事工程修缮、物业服务以及老旧小区综合整治、房屋解危腾退、文保区房屋保护性修缮、腾退、历史文化名城保护等政府民生工程，承担政府交办的应急抢险任务。下辖北京宣房房屋经营有限公司、北京宣房楼宇设备公司、北京宣房大德置业投资有限公司、北京轩方装饰工程有限责任公司、北京宣房建筑工程有限责任公司、北京宣房大厚投资管理有限责任公司、北京宣房物业管理有限公司、北京宣房正阳经济贸易有限公司、北京市红义物业管理公司、北京宣房拆迁有限责任公司、北京市宣武区房地产交易所11个全资子公司，在职员工665人。共管理直管公房191.86万平方米、老旧危改小区及其他物业小区近100万平方米，负责房屋供暖面积254.32万平方米，管理锅炉房29处、热力站49座、锅炉73台、电梯87部、高层楼房二次供水36处。年内，宣房集团紧扣“四个中心”功能定位和“四个服务”职责要求，贯彻“政治强企 廉洁强企 科学强企”，落实“走得进去 走得出去”发展方针，推进“公共服务、物业服务、保护改造、投资置业、文化旅游、科技教育”六大业务板块建设，在保障和改善民生、街区整理、历史文化名城保护等重点任务均取得了较好的成绩。截至年底，企业资产总额约33亿元，净资产13亿元，实现收入总额7亿元，利润总额3455万元，上缴税金3581万元，国有资产保值增值率109%，净资产收益率8.87%，职工年人均收入增长率12.56%，圆满完成政府民生工程11项，投资金额9.3亿元，惠及居民约2.1万户，文物腾退、简易楼解危排险工程涉及资金39亿元。

地址：西城区右安门内大街15号

邮编：100054

电话：63523001

（王　彬）

【房屋安全检查】年内，完成191.865万平方米直管公房（其中平房47222间、67.044万平方米，楼房408栋、124.821万平方米）和19037间、25.366万平方米私房的安全检查，对存在安全隐患的房屋采取加固措施，较大改善了辖区房屋安全状况。

（王　彬）

【完成冬季供暖任务】宣房楼宇设备公司供暖季期间，出动维修及抢修人员13246人次，解决4173户居民室内暖气不热问题，室内维修1360余处，更换管道1283米；更换室外地沟管道222米；维修锅炉1台、燃烧机3台、水泵2台、循环泵2台。实现29处锅炉房、73台锅炉设备平稳运行，保障了254.32万平方米房屋、3.5万户居民住宅24小时持续送暖。

（王　彬）

【建筑抗震加固工程】4月，新开工18栋楼房抗震加固改造工程，涉及建筑面积66460.87平方米、居民1089户，预计投资18775.27万元，其中采取板墙式加固8栋，外套式加固10栋。年内，长椿里3号、长椿里5号、长椿里8号、广义里13号、红土店2号、红土店3号、红土店7号、白广路43号、白广路45号、育新街53号、右安西里1号、右安西里2号、右安西里6号、手帕口北街13号、白广路西里7号共计15栋楼房已竣工验收。

（王　彬）

【南横西街94号院改造工程】4月底，宣房集团承担了南横西街94号院161中学校址改造工程。所属轩方装饰工程公司、建筑工程公司、楼宇设备公司展开了千人百天大会战。历时92天，按期完成近5万平方米的改造任务。

（王　彬）

【直管平房修缮改造】4月起，所属宣房房屋经营公司启动辖区居民直管危旧平房修缮改造工程。年底前，完成大栅栏、天桥、牛街、广内等地区平房翻建959间、13533.72建筑平方米，涉及居民627户；房屋综合修缮6148间、83772.37平方米，涉及居民4380户。上述工程共计投资8989万元。

（王　彬）

【平房院雨污水改造】4月，所属宣房房屋经营有限公司对106处平房院落实施雨污水户线改造，工程于12月30日竣工，总投资214万元。

（王　彬）

【泰安里文物修缮工程】4月，泰安里文物本体实现全部腾退。年内，6幢建筑屋面工程、楼板更换、环廊施工等主体工程基本完成，涉及修缮面积3120平方米。

（王　彬）

【直管楼房修缮改造】4月，所属宣房房屋经营有限公司启动禄长街头条1、2号楼、禄长街二条8号楼、黑窑厂20号楼、白广路15号楼、里仁街6号院7-9号楼、法源寺西里外老旧电线改造工程；灵佑胡同2号院1号楼、永安路北6号楼、枣林前街31、81号楼、半步桥13号院8号楼、胜利三巷1号、手帕口北街11号院1-8单元、手帕口北街丁7号楼、手帕口北街甲11号楼、湾子街2、4、5号、小红庙3-8号楼、15号楼、红莲中里2、24、26、28、30号楼、马连道北里4号楼楼房防水工程；万明路18号院2号楼、高家寨4号楼3单元203号、虎坊路12号楼、苇子坑2号院、右内大街15号楼综合维修工程；长椿街东里22号楼2、4门、红莲中里16号楼、三义西里7号楼、车站西街3号楼7门上下水更新工程；白纸坊胡同1、3号楼挑顶工程；华严路3号院1号楼、玉林东里二区15-17号楼、槐柏树北里2号楼、槐柏树街1、3号楼、鸭子桥北里小区污水改造工程。实际完成楼房综合修缮70栋，于10月31日竣工，投资3117.69万元。7月20日，所属楼宇设备公司启动红莲中里26号楼、枣林前街31号楼、马连道中里二区1号楼、玉林东里14号楼等17处房屋防水、内外墙修缮等工作，全部工程于9月30日竣工，投资180.68万元。

（王　彬）

【背街小巷物业管理】年内，实现管辖范围内265条街巷物业管理全覆盖，投入秩序维护员586名，管理范围内环境秩序明显改善，收到锦旗21面、表扬信7封。参与社区共建，试点拓展平房物业有偿服务内容，开展帮老助困活动。在夜间盗抢重点区域持续开展夜间安全巡查，实现地区零发案。

（王　彬）

【回迁楼防水抢险维修工程】5月，对椿树园小区1、2、3、4、6、7、9、10、11号9栋回迁楼进行防水改造工程，于8月底竣工，项目总投资预算评审金额为159.65万元，彻底解决回迁楼漏雨这一历史遗留问题。

（王　彬）

【改造正阳停车场监控系统】5月，所属宣房正阳经贸有限公司在正阳停车场安装监控点位27处，敷设通讯线缆1000余米，实现停车场监控系统覆盖面达95%。

（王　彬）

【胡同综合整治】3月，对沈家本故居周边金井、储库营、上斜街、校场大六条4条胡同进行整治，将外立面修复整洁，色调与周边建筑协调，两侧建筑外墙、屋檐和瓦活、瓦件，以及院墙和门楼等项目进行合理修整，采取修缮与仿古相结合，保留胡同原有文化，恢复胡同原有风貌。7月，全部竣工验收，12月完成结算审计，整治胡同总长度约为10408.6米，预算总投资为6669万元。

（王　彬）

【文保区提升项目市政及道路改造】年内，为解决法源寺文保区厨卫入户、设施补足，对南半截胡同、天景胡同、烂缦胡同、西砖胡同、七井胡同5条胡同进行了改造，累计改造管线5163.5米，其中雨水管线873米，污水管线1346米，干式消防管线990.5米，低压燃气管线329米，弱电通信管线770米，电力管线720米，挪移电力墙、地箱共205台；给水管线135米，其中新建50米，更换老旧给水管线85米。完成路面施工3204平方米，烂缦胡同道路主路石材铺装1404平方米，人行步道铺装720平方米，南半截胡同完成混凝土路面硬化1080平方米。

（王　彬）

【申请式腾退】9月，所属大德置业投资管理公司开展南半截胡同以东自愿申请式腾退工作，年内共腾退56户，腾退房屋74.5间。

（王　彬）

【新增峰谷电表】11月，按照市委书记蔡奇对西城区严控散煤反弹“清零消账”的批示精神，按照北京市秋冬季大气治理攻坚方案及区委区政府相关会议要求，宣房集团圆满完成政府临时交办的59户新增峰谷电表工作，项目总投资约40万元。

（王 彬）

【辖区房屋安全度汛】年内，组建9支300人的抢修抢险队、2支各20人的准专业化防汛抢修抢险队，签订了防汛责任书。雨前对锁门户及私房危险房粘贴锁门户和危房房屋通知，对重点观察房进行检查。雨中派专人对辖区内房屋进行巡视，雨后及时对漏雨房屋进行修缮，配合街道办事处进行抢修抢险工作。汛期防汛值班3804人次，接报修电话737个，出动抢险人员752人次，外出巡查724人次；漏雨平房903间，雨中苫盖417间，雨前雨中雨后检查平房4080间。

（王 彬）

【文保院落腾退】年内，宣房集团共承担文物腾退院落9处，其中牛街地区1处、广内地区1处、椿树地区3处、大栅栏地区4处，分别是《京报》馆（邵飘萍故居）、绍兴会馆、五道庙、朱家胡同45号茶室（临春楼）、钱业同业公会、婺源会馆、秦良玉屯兵处、永兴庵、歙县会馆，涉及承租居民200户，建筑面积4618.56平方米，共完成腾退199户，8处文保院清零。

（王 彬）

【疏解整治促提升工程】年内，继续对直管公房违规转租转借进行治理。清理283户、涉及834人。张贴、发放《致居民一封信》5610封，宣传单2000份，对于不配合的住户，发放律师函5封、诉讼5户。对个人原居住房屋改为工商企租用房的租赁合同不再进行续约，全年共转回民租合同117户。在开墙打洞封堵工作中，共封堵43处。

（王 彬）

【新增锅炉房及供暖面积】年内，所属楼宇设备公司以平原里锅炉房、马连道供热厂为热源，将自新路24号楼、广安门外红莲北里10号、区综合养老服务中心并入公司热网，对北京镀锌丝厂锅炉房进行代管，新增供热面积共计36674.1平方米。

（王 彬）

【加大对直管电梯维修养护力度】年内，宣房楼宇设备公司、大厚投资管理公司加大对所管理电梯的维修管理和养护力度，定期对电梯检验，为5部电梯更换限速器涨绳轮轴承，为7部电梯更换主机轴承，为12部电梯进行了制动器更新，对55部电梯进行清洗、调整、检修安全钳，确保87部电梯设备年检合格。

（王 彬）

【高压水泵安全运行】年内，宣房楼宇设备公司、大厚投资管理公司加大对高层楼房二次供水设备的维修管理和养护力度，32处高层供水水质检验全部合格。

（王 彬）

【直管公房租金收缴】年内，宣房房屋经营公司加强房屋租赁基础管理，全年租金收入2663.29万元，租金收缴率达到99.84%。

（王 彬）

【供暖费收缴】年内，宣房楼宇设备公司通过“供热收费网络管理系统”升级、增加微信远程支付渠道、启动马连道收费厅等手段实现采暖费多元化收缴。收缴采暖费6381.37万元，收缴率达81.43%，其中，通过微信支付收缴金额564万元，节省银行手续费2.26万元。

（王 彬）

【老旧供热管网改造工程】年内，对辖区内红莲北里、盆儿胡同62号院、白广路小区、中兴巷小区、黑窑厂地区等11个小区29栋居民楼的室内公共管线及部分二次线管道进行更新，涉及供热建筑面积11.3万平方米，居民1766户，改造二次线管道408米，室内公共管线46427米，阀门井更新56座。完成财政年度内投资1132.5万元。

（王 彬）

【落实社会服务承诺】年内，抓好向辖区居民公开承诺的房屋维修、水电急修、防汛、锅炉供暖、电梯安全运行5项服务内容的落实。宣房房屋经营公司一至四分部和红义物业管理公司水电急修队、宣房楼宇设备公司供暖电梯急修队24小时坚守岗位，全年完成抢修任务17996起，抢修抢险及时率100%，共收到表扬信14封、锦旗49面。

（王 彬）

【精准扶贫】年内，与对口帮扶的张北县公会镇政府、落花营村签订捐修12口机井的三方协议，并实地考察了机井修缮情况，力争使村中可有效使用良田由700余亩增加至2000亩，使全村农作物产量增加3至4倍、村土地出租租金由每亩地100余元提升至300余元。组织党员扶贫捐款3万余元。

（王 彬）

【办理来信来访】年内，接办区非紧急救助中心12345便民电话派单3970件，办理领导接听12345便民电话专项交办单23件；完成区信访系统一般群众来信109件，市长信箱20件，复查报告23件，城市运行管理3件；接待群众来访151人，集体访13批130人，接听群众来电2400余次。

（王 彬）

西城区房屋征收事务中心

【概况】北京市西城区房屋征收事务中心（简称区房屋征收中心）是受西城区政府房屋征收办公室的委托，承担房屋征收与补偿的具体实施工作，为区政府直属正处级全额拨款事业单位。主要职责：贯彻执行国家和北京市有关房屋征收与补偿工作的法律、法规和政策，并就相关政策调查研究，提出对策建议；协助区房屋征收办编制房屋征收补偿安置方案及征求意见，做好房屋征收与补偿相关的各项公布、公示工作；对房屋征收范围内的房屋权属、区位、用途、建筑面积等进行调查登记及具体实施；组织协调和综合管理房屋征收与补偿过程中房屋测绘、评估、拆除、法律服务等专业性工作；负责征收资金的使用和管理；负责安置房源和周转房源的筹集、使用和管理等；委托相关单位对征收项目组织实施征收；负责被征收房屋拆除工程的监督和房屋征收现场管理；负责征收档案的归集、整理、移交等及承办区政府交办的其他事项。内设办公室、财务审计科、法制信访科、房源管理科、征收补偿一科、征收补偿二科6个机构。事业编制39人，设主任1人、副主任2人、科级领导职数6正8副。

地址：西城区培育胡同15号

邮编：100052

电话：81025911

（赵雅丽）

【马连道东三号路房屋征收项目】年内，继续负责马连道东三号路微循环道路改造工程房屋征收项目，该项目位于广安门外街道，为马连道东三号路（现况红莲路）的其中一段，道路起点为北马连道，终点为南马连道。年底已完成结案审计工作。

（赵雅丽）

【红居北街东段房屋征收项目】年内，继续实施红居北街东段（北马连道）微循环道路改造工程房屋征收项目，该项目位于广安门外街道，道路起点为南新里三巷，终点为手帕口南街。涉及居民22户、单位产2户。年底22户居民和1户单位产完成签约。

（赵雅丽）

【六十六中附属设施建设工程房屋征收项目】年内，继续实施北京第六十六中学附属设施建设工程房屋征收项目，该项目位于牛街街道，即枣林前街与南线阁街交叉口东北侧，东至水利部规划路西线（学校东墙），南至北纬路规划路（枣林前街）北红线，西至六十六中学，北至六十六中学。项目公示预评估价格居民17户，年底16户居民签约，签约率达94.12%。配合区政府征收办，落实对剩余户发放区政府征收补偿决定。

（赵雅丽）

【官园危改小区集中绿地建设工程房屋征收项目】年内，继续实施官园危改小区集中绿地建设工程房屋征收项目，该项目位于新街口街道，东起西廊下胡同，西至规划大玉胡同，南至规划大玉胡同，北至西廊下胡同。涉及居民2户。截至年底无签约居民。配合区政府征收办，落实对剩余户发放区政府征收补偿决定。

（赵雅丽）

【德胜里西路及教场口西路道路微循环工程房屋征收项目】年内，继续实施德胜街道德胜里西路及教场口西路道路微循环工程房屋征收项目，该项目位于德胜街道，德胜里西路起于德胜里西路（东西段），止于教场口西路；教场口西路起于规划安康西路，止于1号路（西邻新街口外大街，东邻德胜门外大街，南邻冰窖口胡同，北邻新康路）。涉及居民10户、单位产5户。年底10户居民和1户单位产签约，居民签约率达100%，总签约率为73.33%。

（赵雅丽）

【马连道东二号路（茶马东路）道路改造工程房屋征收项目】年内，继续实施马连道东二号路（茶马东路）道路改造工程房屋征收项目，该项目位于广安门外街道，南起茶马街（马连道东四号路），北至茶马北街。项目涉及单位产1户。已完成张贴区政府征收决定的准备工作。

（赵雅丽）

【茶马北街西口道路改造工程房屋征收项目】年内，继续负责实施茶马北街西口道路改造工程房屋征收项目，该项目位于广安门外街道，西起北京西站南路（区界），东至茶源路。7月28日张贴征收决定，正式启动签约期工作，与居民进行协商签约，签约期30天。项目涉及居民5户、单位产1户。签约期结束，与4户居民和1户单位产完成签约。同时，继续配合区政府征收办对剩余户发放区政府征收补偿决定。

（赵雅丽）

【老墙根中段道路改造工程房屋征收项目】年内，继续负责实施老墙根中段道路改造工程房屋征收项目，该项目位于广安门内街道，西起下斜街，东至广安胡同。6月12日张贴征收决定，正式启动签约期，签约期45天，与居民进行协商签约。涉及居民76户、单位产4户。签约期结束，与69户居民签约，总签约率为86.25%。配合区政府征收办，落实对剩余户发放区政府征收补偿决定。

（赵雅丽）

【广安门车站西路道路工程房屋征收项目】年内，继续负责实施广安门车站西一号路道路工程房屋征收项目，该项目位于广安门外街道，西起莲花河东侧路，东至广安门车站西街。项目涉及单位产7户。12月24日，张贴征补方案征求意见稿公告，征求意见期限为30天。广安门车站西二号路道路工程房屋征收项目年内已停止。

（赵雅丽）

【天宁寺东侧绿地及代征道路房屋征收项目】年内，继续实施负责天宁寺东侧绿地及代征道路房屋征收项目具体工作，该项目位于广安门外街道，北至二热幼儿园南墙，南至驻青园综合市场南侧道路红线，东至天宁寺东里，西至天宁寺。已完成项目征收资金和房源需求的测算和报送。

（赵雅丽）

【轨道交通19号线一期工程牛街站房屋征收项目】年内，继续负责实施北京市轨道交通19号线一期工程牛街站房屋征收项目，该项目位于广安门内街道，北起思源胡同，南至两广大街，东至北段为回民中学西墙，南段为回民中学西侧自然门家常菜西，西至下斜街。6月12日，张贴征收决定，正式启动签约期，签约期45天。与居民协商签约，涉及居民190户、单位产12户。与176户居民和7户单位产完成签约。配合区政府征收办，落实对剩余户发放区政府征收补偿决定。

（赵雅丽）

【戊戌维新纪念馆保护利用工程房屋征收项目】年内，继续负责戊戌维新纪念馆保护利用工程房屋征收项目，该项目位于南横西街与菜市口大街交叉口的西北角，占地面积2670平方米。项目涉及被征收居民57户，单位产2个。年底，累计居民签约55户，剩余2户，单位产签约1个。继续推进征收项目后续签约工作，区征收办开展对剩余居民的裁决谈话工作并启动后期法律程序。

（赵雅丽）

【大栅栏历史文化展览馆项目工程房屋征收】年内，继续负责大栅栏历史文化展览馆保护利用工程房屋征收项目一期、二期，该项目位于大栅栏西街最西端，总用地规模2660平方米。项目一期被征收居民14户，年底累计签约14户。项目二期共涉及征收居民36户，单位产2个。年底居民累计签约28户，剩余居民8户，剩余单位产2个。继续推进征收项目后续签约工作，区征收办开展对剩余居民的裁决谈话工作并启动后期法律程序。

（赵雅丽）

【琉璃厂艺术文化馆建设工程房屋征收】年内，继续负责北京市琉璃厂艺术文化馆建设工程房屋征收项目，该项目位于和平门外，琉璃厂西大街与南新华街交汇处，总用地规模3740平方米。项目涉及居民19户，单位产5个。年底累计居民签约15户，剩余单位产5个。继续推进征收项目后续签约工作，区征收办开展对剩余居民的裁决谈话工作并启动后期法律程序。

（赵雅丽）

【北纬路中学改扩建二期工程房屋征收项目】年内，负责北纬路中学改扩建二期工程房屋征收项目，该项目位于北纬路46号，总用地面积为13532.675平方米。项目东至禄长街西红线，南至禄长街头条、禄长街二条，西至学校控规用地西红线，北至北纬路（市政代征地）。6月12日至7月26日，张贴《北京市西城区人民政府房屋征收决定》，签约期45天。涉及居民39户，单位产4个。截至年底累计居民签约36户，剩余居民3户，剩余单位产4个。继续推进征收项目后续签约工作，区征收办开展对剩余居民的裁决谈话工作并启动后期法律程序。

（赵雅丽）

【陶然亭路工程房屋征收项目】年内，负责陶然亭路房屋征收项目，该项目位于陶然亭路，用地总规模约4.4万平方米。项目西起菜市口大街（规划路名为内环西侧路），东至太平街（规划红线宽40米，全长约1100米）。6月12至7月26日，张贴《北京市西城区人民政府房屋征收决定》，签约期45天。涉及居民28户，单位产8个，年底累计居民签约19户，剩余居民9户，剩余单位产8个。继续推进征收项目后续签约工作，区征收办开展对剩余居民的裁决谈话工作并启动后期法律程序。

（赵雅丽）

【白纸坊东街道路工程房屋征收项目】年内，负责白纸坊东街道路工程房屋征收项目，该项目位于白纸坊东街，总用地规模约3.6万平方米。项目西起右安门内大街，东至菜市口大街，规划道路红线宽40米，长度约900米。6月12至7月26日，张贴《北京市西城区人民政府房屋征收决定》，签约期45天。涉及居民11户，单位产4个，年底累计居民签约6户，剩余居民5户，剩余单位产4个。继续推进征收项目后续签约，区征收办开展对剩余居民的裁决谈话工作并启动后期法律程序。

（赵雅丽）

【钱市胡同传统银钱业博物馆保护利用工程房屋征收项目】年内，负责钱市胡同传统银钱业博物馆保护利用工程房屋征收项目，该项目位于大栅栏历史文化保护区珠宝市街西侧，总用地规模约2713平方米。立项主体是区文物保护研究所；征收主体是西城区政府；实施主体是区政府房屋征收办公室；征收实施单位是区房屋征收中心。区房屋征收中心委托北京永鑫拆迁公司负责房屋征收的具体实施。项目北侧以珠宝街35号及旁门、钱市胡同1号、3号、5号、7号、珠宝市街35号、廊房二条28号建筑外墙及廊房三条2号院北墙为边界；南侧东段至钱市胡同以南22米外现有建筑外墙，南侧西段以钱市胡同7号院、廊房三条胡同2号院南侧为边界；西侧以廊房三条2号院为边界；东侧至珠宝市街。据初步统计征收面积约3647.02平方米，10月22至12月5日，张贴《北京市西城区人民政府房屋征收决定》，签约期45天。涉及居民71户，单位产10个，年底累计居民签约65户，剩余居民6户，剩余单位产10个。继续推进征收项目后续签约工作，区征收办开展对剩余居民的裁决谈话工作并启动后期法律程序。

（赵雅丽）

【天桥市民中心工程房屋征收项目】年内，负责天桥市民中心工程房屋征收项目，该项目位于天桥演艺区，总用地规模约0.7万平方米。立项主体是区机关事务服务中心；征收主体是西城区政府；实施主体是区政府房屋征收办公室；征收实施单位是区房屋征收中心。区房屋征收中心委托北京宣开拆迁公司负责房屋征收的具体实施。项目东起东经路，西至禄长街，南至北京汽车工业公司北外墙，北至禄长街二条。此次征收范围共涉及禄长街12号、东经路13号、东经路13号旁公厕（以规划范围为准），总户数约53户，居民52户，单位1个（公厕）。1月2日，张贴公开选定房地产价格评估机构结果的公告（北京华源龙泰房地产资产评估有限公司），等待资金、房源拨付，等待张贴征补方案征求意见。

（赵雅丽）

【规划阜丰路市政道路工程房屋征收项目】年内，规划阜丰路市政道路工程房屋征收项目，该项目位于规划阜丰路，总用地规模0.72万平方米。立项主体是北京天恒房地产股份公司；征收主体是西城区政府；实施主体是区政府房屋征收办公室；征收实施单位是区房屋征收中心。区房屋征收中心委托北京华远力诚拆迁公司负责房屋征收的具体实施。项目南起丰盛胡同，北至羊肉胡同，西起规划阜丰街西红线，东至规划阜丰街东红线以西15米。征收范围：丰盛胡同37号（部分），兵马司胡同16号（部分），南玉带胡同11号（部分），三道栅栏2号（部分）、11号（部分），三道栅栏北巷2号（部分）、4号（部分）、6号（部分），敬胜胡同22号（部分）、甲22号（部分），砖塔胡同59号（部分）、76号、78号（部分），羊肉胡同56号、58号、60号、62号（部分），南玉带西巷中部（公厕），敬胜胡同西口（公厕）（以规划范围为准）。此次征收涉及居民总户居民76户，单位产2个（公厕）（以调查结果公示为准）。2月8日至3月9日张贴《征补方案征求意见稿》征求意见30天，年内，该项目暂缓实施。

（赵雅丽）

【丰盛胡同市政道路工程房屋征收项目】年内，负责丰盛胡同市政道路工程房屋征收项目，该项目位于丰盛胡同，总用地规模约7455.8平方米。立项主体是西城区市政基础设施建设办公室；征收主体是西城区政府；实施主体是区政府房屋征收办公室；征收实施单位是区房屋征收中心。区房屋征收中心委托北京威督拆迁公司负责房屋征收的具体实施。项目西起阜丰路，东至西单北大街，属于市政次干路，南至丰盛胡同南红线北12米。征收范围：丰盛胡同2号、4号（部分）、6号（部分）、8号（部分）、甲8号（部分）、10号（部分）、甲10号、12号（部分）、14号（部分）、16号（部分）、18号，粉子胡同9号（部分）、13号（部分）、5号及后门（部分）、甲7号（部分），西单北大街甲1号（以规划范围为准）。总户数约100户，居民95户，单位产5个（以调查结果公示为准）。年内，该项目暂缓实施。

（赵雅丽）

【里仁街道路工程房屋征收项目】年内，负责里仁街（右安门内大街—菜市口大街）道路工程房屋征收项目，该项目位于西起右安门内大街，东至菜市口大街，总用地规模约22175平方米。立项主体是北京广安基础设施投资公司；征收主体是西城区政府；实施主体是区政府房屋征收办公室；征收实施单位是区房屋征收中心。区房屋征收中心委托北京华远力诚拆迁公司负责房屋征收的具体实施工作。项目西起右安门内大街，东至菜市口大街。征收范围：此次征收范围共涉及里仁街1号、3号院2号楼南侧平房（部分）；里仁街2号、4号院平房（部分）、里仁街乙8号平房（部分）、里仁街8、8号后门（部分）、里仁街8号及8号旁门（部分）；里仁街10号（部分）、里仁街12号（部分)、育新街旁门9号（部分）；育新街3号、3-2（部分）；信建里3号楼东侧平房（部分）；信件里1号楼东侧平房（部分）（以规划范围为准），总户数约14户，居民8户，单位产6个（以调查结果公示为准）。5月3日张贴暂停办理事项公告。5月7日张贴公开选择房地产评估机构的报名通知。

（赵雅丽）

【自新路道路工程房屋征收项目】年内，负责自新路（里仁街—白纸坊东街）道路工程房屋征收项目，该项目位于南起里仁街，北至白纸坊东街。总用地规模约4530平方米。立项主体是北京广安基础设施投资公司；征收主体是西城区政府；实施主体是区政府房屋征收办公室；征收实施单位是区房屋征收中心。区房屋征收中心委托北京华远力诚拆迁公司负责房屋征收的具体实施。项目南起里仁街，北至白纸坊东街。征收范围：自新路24号（部分）、永乐里10号院西侧平房、自新路42号旁（公厕）、里仁街1号院平房、白纸坊东街2号（部分）、自新路50号北侧平房（部分）（以规划范围为准）。总户数约7户，3户居民，4个单位（以调查结果公示为准）。5月3日，张贴暂停办理事项公告。5月7日，张贴公开选择房地产评估机构的报名通知。10月26日，张贴公开选定房地产评估机构相关事宜的通知，11月16日，张贴公开选定评估机构协商结果及投票相关事宜的通知，11月20日，在社区组织居民投票选定评估公司（北京浩诚业评估公司）。

（赵雅丽）

【半步桥（南北向）道路工程房屋征收项目】年内，负责半步桥（南北向）道路工程房屋征收项目，该项目位于北起白纸坊东街，南至半步桥（东西向）。总用地规模约16375平方米。立项主体是北京广安基础设施投资公司；征收主体是西城区政府；实施主体是区政府房屋征收办公室；征收实施单位是区房屋征收中心。区房屋征收中心委托北京华远力诚拆迁公司负责房屋征收的具体实施。项目北起白纸坊东街，南至半步桥（东西向）。征收范围：半步桥街4号（部分）、半步桥街4-7、4-6、半步桥街6-2、6-4、6-5（部分）、6-6、6-7（部分）、半步桥街6号（部分）、半步街桥6号旁门（部分）、半步桥街14号（部分）、半步桥街28号、半步桥街30号、30-4号、半步桥街32号、半步桥街32号旁、半步桥街34号、半步桥街34号旁、半步桥街42号西侧绿地围墙、半步桥街48号西侧停车场（以规划范围为准）。总户数约50户，45户居民，5个单位（以调查结果公示为准）。5月3日，张贴暂停办理事项公告。5月7日，张贴公开选择房地产评估机构的报名通知。10月26日，张贴公开选定房地产评估机构相关事宜的通知，11月16日，张贴公开选定评估机构协商结果及投票相关事宜的通知，11月20日，在社区组织居民投票，12月11日，在社区组织居民摇号选定评估公司（北京浩诚业评估公司）。

（赵雅丽）

【半步桥（东西）道路工程房屋征收项目】年内，负责半步桥（东西）道路工程房屋征收项目，该项目位于西起右安门内大街，东至半步桥街（南北向）。总用地规模约8000平方米。立项主体是北京广安基础设施投资公司；征收主体是西城区政府；实施主体是区政府房屋征收办公室；征收实施单位是区房屋征收中心。区房屋征收中心委托北京华远力诚拆迁公司负责房屋征收的具体实施。项目西起右安门内大街，东至半步桥街（南北向），征收范围：半步桥街15号（部分）、半步桥街13号院4号楼南侧平房、半步桥街13号1号楼南侧门卫室、新安中里一巷公厕（以规划范围为准）。总户数2个单位（以调查结果公示为准）。5月3日，张贴暂停办理事项公告。5月7日，张贴公开选择房地产评估机构的报名通知。10月26日，张贴公开选定房地产评估机构相关事宜的通知，11月16日，张贴公开选定评估机构协商结果及投票相关事宜的通知，11月20日，在社区组织居民投票，12月11日，在社区组织居民摇号选定评估公司（北京百城首信房地产评估公司）。

（赵雅丽）

园林绿化管理

西城区园林绿化局

【概况】北京市西城区园林绿化局（简称区园林绿化局）挂北京市西城区绿化委员会办公室（简称区绿化办）牌子，是负责本区园林绿化工作的区政府工作部门。主要职责是制定本区园林绿化发展中长期规划和年度计划并组织实施；组织、指导和监督本区城市绿化美化养护管理工作；组织、协调重大活动的绿化美化及环境布置工作；管理和保护本区绿地和林木资源；负责本区公园、风景名胜区的行业管理；承担西城区绿化委员会的具体工作等。内设科室6个，分别为办公室、计划财务科、规划建设科、园林管理科、绿化科、法制科，在职人员33人。年内，新增城市绿地8.37公顷，新增屋顶绿化1.13万平方米。截至年底，全区绿地面积1069.01公顷，绿地率21.16%，绿化覆盖率30.89%。公园绿地500米服务半径覆盖率达96.36%，超额完成“十三五”规划确定的目标。区园林绿化局管辖的古树名木1622株，其中一级古树244株，二级古树1377株，名木1株。屋顶绿化总面积25.48万平方米、垂直绿化5.27万延长米。累计创建花园式单位464个、花园式社区23个、花园式街道11个。

地址：西城区槐柏树街12号

邮编：100053

电话：68025953

（周　颖）

【绿化建设立项听取民意】3月13日，区园林绿化局联合广安门外街道办事处、区园林市政管理中心在红莲南里社区活动站就“常乐坊城市森林”建设方案召开民意征求会。由设计单位向社区居民代表、社工代表详细介绍建设方案，让公众更好地参与到民生实事办理中，使绿化成果更加符合民意。5月，结合“进千门、走万户”行动，组织开展“党员服务进背街小巷”主题党建活动，共150余人次深入8个街道21条胡同800余户居民家中，面对面与群众互动，征求意见和建议，把绿化惠民落到实处。

（周　颖）

【区领导调研园林绿化工作】3月27日，区委书记卢映川、区长王少峰一行，到宣武艺园调研疏解整治促提升工作，实地察看了地下空间腾退改造为地下车库利用情况，并在座谈会上听取区园林绿化局领导关于2018年全区绿化工作计划的汇报。卢映川指出，2018年的各项工作要做到“前期准备充足、基础工作扎实、行动开展迅速、组织实施细致”。城市森林建设要紧紧围绕“让森林走进城市，让城市拥抱森林”这个主题，不断提高区域生态空间品质。在绿化建设中要将文化融入其中，真正做到“用园艺与绿色讲述城市历史、解读城市发展”。

（周　颖）

【全民义务植树活动】3月31日，区绿化委员会结合首都第34个全民义务植树日，在施工建设中的“常乐坊”城市森林公园组织开展义务植树活动，区四套班子领导及区绿化委员会部分委员、武警战士、医务人员、少先队员、“园艺达人”“西城大妈”等100余人参加活动，植树120株。当日，在延庆区旧县镇西龙湾村东和怀柔区杨宋镇解村，设置义务植树点，接待社会单位和市民个人植树，安排技术人员进行种植技术指导和绿化、美化常识的讲解。区园林绿化局、各街道办事处及各公园、绿化队，分别开展不同形式的绿化活动。设立宣传咨询站，向群众普及《北京市绿化条例》、义务植树、购买碳汇、建设美丽西城及病虫害防治等方面的知识，提高群众的生态文明意识。各街道办事处发动辖区内各社区创新形式，拓展平台，带领居民在房前屋后开展各具特色的义务植树尽责活动。据统计，植树日当天，全区有4.5万余人参加植树活动，共植树3400株，清扫绿地47.88万平方米，养护树木9.76万株，设宣传咨询站107个，悬挂横幅标语203幅，出动宣传车10辆，发放宣传材料6.59万份。4月16日，区绿化委员会办公室组织中直机关系统工作人员在“常乐坊”城市森林公园开展义务植树活动。中直管理局、首都绿化办领导等40余人参加劳动，栽植银杏、油松等树木52棵。

（周　颖）

【与延庆区手拉手共建项目】5月30日，区园林绿化局组织全体干部、区园林市政管理中心相关科室人员及区属各公园、绿化队负责人前往延庆区开展以“学习建设国家森林城市”为主题的手拉手交流活动，参观西城区与延庆区手拉手共建项目成果——延庆生态文化园艺推广中心“夏都公园驿站”，并与驿站工作人员进行业务交流。8月29日，西城区园林绿化局同延庆区世园办联合举办“相约美丽延庆 共享精彩世园”共建活动，西城区“西城大妈”与延庆区“环保奶奶”完成结对共建，将在这2支志愿服务队和“园艺达人”队伍基础上，进一步扩大志愿服务交流合作，广泛传播园艺知识，深化园艺驿站共建，助力2019年北京世园会。

（周　颖）

【开展政民互动工作】区园林绿化局于7月20日、11月6日两次组织召开局长办公会暨向公众报告工作会，邀请区人大代表、政协委员和街道办事处、辖区企业、社区居民等代表参加，报告全区园林绿化工作情况，与代表互动，现场回应解答问题，征集大家的意见和建议，收到良好效果。8月23日，区园林绿化局局长高俊宏到西城区政府热线坐席间参加接听12341热线咨询服务，解答政策咨询，受理热线诉求。11月6日，举办“政府工作开放日”活动，组织社区干部、居民代表参观逸清园城市森林和西海湿地公园，使居民切身感受疏解整治促提升给西城区城市环境带来的新风貌。

（周　颖）

【市领导视察广阳谷城市森林】9月22日，市委书记蔡奇、市长陈吉宁、市人大常委会主任李伟、市政协主席吉林在拉练检查中视察位于菜市口西北角的广阳谷城市森林。蔡奇在视察中，请身边市民扫一扫环保雕塑上的二维码并指出，在群众身边建绿地、口袋公园、城市森林，群众获得感更强，要进一步拓展功能，发挥好广阳谷小型植物园和科普场所作用。

（周　颖）

【绿化建设】年内，区园林绿化局大力推进“留白增绿”，拓展绿色生态空间。全年新增城市绿地8.37公顷；其中城市森林2处1.48公顷，口袋公园20处3.32公顷，微绿地39处1.18公顷，道路绿化2处0.96公顷，附属绿地3处1.43公顷。完成1.13万平方米的屋顶绿化；完成二里沟小公园、新如意胡同等11处共计1184延长米的垂直绿化。

（周　颖）

【西海湿地公园建设】年内，按照市委书记蔡奇对什刹海提出的“亮出岸线、还湖于民”的指示要求，努力做好“绿”“水”文章，区园林绿化局协同各部门，争取属地支持，打通望海楼、山海楼、小王府等7处堵点，拆除沿湖违建4800余平方米，实现后海至西海6000余米环湖步道的全面贯通。新植30余种近2万平方米的水生植物，9月建成西海湿地公园，占地面积10.5公顷，其中水面面积7.4公顷，周边绿地面积3.5公顷（含水生植物），环湖步道长1450米，是核心区内唯一的城市湿地。

（周　颖）

【园艺文化推广活动】年内，利用全区19处区属公园绿地及21家园艺文化推广中心驿站平台，开展园艺文化推广活动690余场，6万余人次参与。与15个街道办事处合作，开展为期一周的园艺文化推广活动，共举办插花、水仙雕刻、绿植组盆、微景观制作、多肉组盆、家庭种菜等园艺活动75场。同时，拓宽宣传渠道、创新宣传载体、加大宣传力度，开展“园艺达人”大赛，50多名选手参与；开展“百万鲜花进家庭、进社区、进街巷”活动，免费为百姓发放绿植花卉及花种80余万份。引领居民亲身参与绿化美化家园建设，为居民提供家庭园艺指导和绿化知识宣传。4月26日，首都绿化委员会办公室组织朝阳区、丰台区等绿化工作者，实地参观西城区园艺文化推广中心人定湖等4个驿站，针对园艺文化推广中心的功能定位、管理运行机制、公益活动开展情况进行了全面的调研学习。

（周　颖）

【国庆花卉布置】国庆期间，共摆放花坛10处，其中有主题花坛“月中山水”“和和美美”“金秋硕果”“美好生活”“祥云”等5处；公园花坛新增5处，并在10条道路设置灯杆花卉、31条块地栽及小品花卉，形成点、线、面相结合的整体花卉布局，营造出花团锦簇、欣欣向荣的节日景象。

（周　颖）

【花园式创建工作】年内，进一步加大“花园式”创建工作宣传和投入力度，成立花园式社区创建小组，组织开展各类丰富多彩的创建活动，全年创建花园式单位1个——35中学、花园式社区1个——月坛社区。

（周　颖）

【绿化养护管理】年内，以开展综合检查评比为抓手，努力破解居住区、单位、街巷，特别是老旧小区的绿化管理难题，携手街道办事处拆除违建，将和平门小区打造成生态休闲宜居小区。采取安装ABS材质拼插树篦子，铺设树皮、陶粒等覆盖物，对区内部分道路、绿地的裸露树池进行环保覆盖和美化。在北京市对全年四个季度城镇绿地绿化养护综合检查中，西城区获得3个第一名、1个第二名；在全市树木修剪技能大赛中，陈旭获得“金剪子”，陈子译、李连生、刘笑童获得“铜剪子”的荣誉称号，西城区园林绿化局获优秀组织奖。

（周　颖）

【古树名木保护管理】年内，区园林绿化局委托第三方公司，负责承担全区古树名木生长势评估及挂牌工作，建立古树名木档案及专项台账，普查全区古树名木，对长势濒危、衰弱的古树进行现场勘察，对31株古树采取树洞修补、树体倾斜支撑、拉纤、围栏树池修复及地下环境改良等复壮抢救，其中对10余家社会单位、居住区古树实施义务复壮，并加大监督检查力度。举办古树名木保护管理工作技术培训，请有关专家授课，近60名古树名木管理人员参加培训。

（周　颖）

【安全生产监管工作】年内，完成60家单位的安全生产责任险续保工作，其中包括区园林市政管理中心所属单位13家、合作单位47家。开展安全生产月活动，发放美国白蛾防控、防灾减灾知识、火灾预防与逃生自救、人员密集场所安全、野生动物救助等各类安全应急宣传材料6000余份，张贴宣传海报450余张；开展安全生产标准化、安全隐患排查、企业主体责任落实、消防应急知识等各类安全生产培训60余次，参加培训人员3000余人次。共检查生产经营单位484家次，出动968人次，下发督查检查通知单457份，查出并整改隐患326处。汛期排查并处理危险树木53株，汛期及时处理倒伏树木119棵、断枝树木351株，出动抢险人员3200人次，抢险车辆600辆。

（周　颖）

【依法治绿监督管理】年内，与城管部门紧密配合，对私砍乱伐、违法占用绿地、损毁树木等绿化违法行为加大惩处力度，有效地遏制绿化违法行为。解决绿化违法事项9件；根据举报线索完成执法案件3件；移交城管部门案件6件。行政执法检查126次，内容涵盖野生动物保护、种苗、绿地资源、古树、公园管理、湿地等。与街道办事处和城管部门联合执法，对官园地区长期花鸟鱼虫非法市场进行清理后的监督管理。

（周　颖）

西城区园林市政管理中心

【概况】北京市西城区园林市政管理中心（简称区园林市政管理中心）为西城区人民政府直属相当正处级全额拨款事业单位。主要职责是：承担全区园林绿化养护和市政道路、设施维护工作；受区有关部门委托承担区属园林市政工作项目立项、工程质量监管、掘路费收取等工作；组织实施园林市政道路应急抢险、重要节假日和重大活动花卉布置等事务性、服务性工作；负责部分区属公园的管理；承办区政府和上级业务指导部门交办的其他事项。编制79人，内设14个科室。下辖月坛公园管理处、人定湖公园管理处、万寿公园管理处、宣武艺园管理处、滨河公园管理处、苗木园艺队、德外绿化队、月坛绿化队、和平门绿化队、广外绿化队、市政工程管理处、北京奇石馆12个正科级事业单位，附属单位有：北京三海投资管理中心、北京什刹海旅游开发有限公司、北京市绿美园林工程服务中心、北京鑫雅市政建设工程处、北京涵义科技有限公司5家企业和东坝苗圃、顺义苗圃2处苗木基地。

地址：西城区右安门内西街18-1号

邮编：100054

电话：52684005

（杨　喆）

【绿化建设】年内，新增城市绿地8.37公顷，其中：常乐坊、小马厂逸清园城市森林2处1.48公顷，口袋公园20处3.32公顷，微绿地39处1.18公顷，道路绿化2处0.96公顷，附属绿地3处1.43公顷。全区公园绿地500米服务半径覆盖率达到96.36%。建成红楼公共藏书楼等7处屋顶绿化1.05万平方米，新如意胡同等11处垂直绿化1184延长米。

（杨　喆）

【西海湿地建设】10月1日，什刹海西海湿地公园正式对市民开放，建成2万平方米约50余种的水生植物区，新增500平方米野鸭岛和800平方米生态浮岛区，全园绿化种植面积3.5公顷，主要种植油松30株，垂柳40株，海棠、山桃、山杏、丁香等600余株，共同构建了城市湿地的生态系统。

（杨　喆）

【什刹海环湖绿道建设】年内，对什刹海环湖绿道6公里区域内进行升级改造。通过对望海楼、山海楼、小王府等7处堵点打通，拆除沿湖违建4800余平方米，实现前海、西海2850余米环湖步道全面贯通。石材铺装3300平方米，环湖垃圾桶安装19个，坐凳安装14个。荷花市场内，完成给水管铺设195米，污水管铺设80米。

（杨　喆）

【绿化养护】年内，有序组织治理病虫害防控和“杨柳飞絮”，共治理杨柳飞絮9200余株，调查了647株古树生长现状，复壮古树30株；补植盐害死亡苗木113余万株，补种草坪70余平方米，乔木633株。为进一步提升城市景观效果，更换了重点街区内衰弱的406株银杏和国槐等树种。对区域内6764个裸露树池、绿地进行覆盖和美化，全年“黑土”计划共生产腐殖土5600吨。

（杨　喆）

【城市森林建设】年内，加强探索创新，在核心区率先启动“城市森林”建设。运用森林生态学的基本原理与方法，吸取林业造林、景观生态等相关学科的成熟经验，并引入“海绵城市”理念，建成常乐坊1号地、2号地、小马厂逸清园，共计1.48公顷的城市森林公园，着力打造以城市森林为特色，集扩展绿色生态空间、保护生物多样性、提高城市观赏性等效益于一体的示范型绿地，为市民提供一个真正亲近森林、感受自然野趣的场所。

（杨　喆）

【口袋公园建设】年内，为满足市民自然休闲、运动健身等功能。完成东福寿里、北大医院（西门）、火神庙等口袋公园建设20处，总面积约3.32公顷。

（杨　喆）

【绿色休闲空间建设】年内，通过拆违增绿、疏解增绿等多种方式，增加城市绿色休闲空间供给，构建核心区整体生态体系。充分利用拆违后的空地、畸零地块，因地制宜建成绿色休闲空间、微公园，拓展公共空间，打造文化景观，增添便民设施，方便居民活动。建成东福寿里、西海北沿21号院、北京建筑大学周边等一批绿色休闲空间，成为城市环境的新名片。

（杨　喆）

【南新华街街区景观提升】年内，通过环境绿化整治建设，提升了南新华街整体街区品质，项目总面积5546平方米，铺装面积2156.88平方米，花卉种植面积630.2平方米，栽植乔木162株、灌木780株、丹麦草1894.3平方米、早园竹3125株、绿篱201平方米。

（杨　喆）

【花卉布置】年内，以“五一”“十一”主要节日为重点，布置大型花坛5处、小型花坛5处，完成79条道路环境布置，累计栽摆花卉等180余万株。

（杨　喆）

【百万鲜花及都市菜园项目】年内，共

组织“百万鲜花”“都市菜园”等惠民活动283场，园艺文化推广活动687场，累计覆盖达20余万人次。共赠送鲜花147255枝、绿植221383盆，花篮、花盆、花瓶20418个，花泥5608块；有机肥、营养土9933袋；工具22573套；种子23845袋；铺面石、景观石5647份；小摆件6648个；装饰物5328份；宣传彩页3145份。

（杨　喆）

【区属道路及桥梁日常养护】年内，道路养护维修沥青31132平方米，维修人行步道32319平方米，石材铺装4927平方米，维修更换路缘石4265米，完成道路养护维修任务8298处，维修检查井529座、挡车柱144根；对区属7座桥梁进行日常养护清理，桥面栏杆清洁8次，桥梁主体清洁5次。

（杨　喆）

【市政道路大中修工程】年内，南菜园街、槐柏树街等道路大修工程，共涉及9个街道的17条道路，完成23处彩色路面修复。共涉及沥青混凝土铺设81524平方米，步道铺装54832平方米，路缘石铺装16987米。

（杨　喆）

【慢行系统改造工程】年内，西便门内大街、北线阁街等慢行系统改造工程涉及区属道路22条，改造彩色路面14562平方米，改造沥青道路30625平方米，安装机非护栏4223米、步道护栏1593米、石材挡车桩1080根。

（杨　喆）

【交通疏堵工程】年内，针对全区交通拥堵严重、社会反映强烈的道路节点和路段，采取局部调整、改造和综合管理措施，进行道路优化。涉及西外南街、南菜园街等5条市政道路，改造沥青道路4362平方米、人行步道2693平方米。

（杨　喆）

【市政排水管线改造工程】年内，茶马北街、茶马南街等市政排水管线改造工程共涉及37条道路。其中，紫外线修复27条，明开修复10条，改造管道总长度达7239米。

（杨　喆）

【阜内大街街道空间改造】年内，实施西二环至赵登禹路南北两侧，市政道路、景观绿化及其他市政附属设施工程改造。铺设立缘石1834.95米、平缘石2217.4米、花岗岩面砖6923平方米，青砖立砌1403平方米，沥青16116.5平方米、彩色沥青路面铺装2449.34平方米，新建机非栏杆1105.85平方米，更换中央隔离栏杆612米。

（杨　喆）

【二七剧场北侧路道路工程】年内，实施二七剧场北侧路市政道路建设、绿化及地下管线改造，工程铺设沥青道路953平方米，修建人行步道566平方米。

（杨　喆）

【公园开展各类宣传活动】年内，区属21家公园共接待游人1724万人次，各公园利用自身优势，回馈百姓绿色生活期许，组织开展各类宣传活动120余场次。月坛公园开展“珍爱生命远离毒品”“义务植树”和“世界无烟日”等宣传活动；人定湖公园开展“多肉组合盆栽”“兰花水仙展”“学雷锋宣传”等活动；万寿公园开展“水仙雕刻体验课”“百姓摄影比赛”“花卉养护知识讲座”“迎新春促和谐座谈会”等活动；宣武艺园开展“新春送福”“护苗2018”和“六一爱心义卖”等宣传活动。

（杨　喆）

【应急抢险】年内，区园林市政管理中心成立防汛应急指挥部，组成11支共400余人的防汛应急抢险队伍；全年出动应急抢险人员4300人次、车辆980台次，排查处理危险树795株，排查市政道路54条，处理市政道路沉陷435处。

（杨　喆）

【什刹海景区管理】年内，完成什刹海地区冰面日常管理、游船品牌提升、绿地养护及水面保洁、夜景照明设施维护等工作。3至10月打捞水草6300余吨，清理水面垃圾350余吨。配合市、区旅游委举办什刹海旅游文化节启动仪式，相继举办七夕情人节坐船放河灯、中秋赏月仪式、北京国际设计周等多项活动。

（杨　喆）

【安全生产管理】年内，重新修订下发《安全生产管理制度》180份，组织各类安全工作会264次、安全生产宣传培训380次，出动检查人数2818人次，检查整改一般性安全隐患569处，下达整改文书146份，整改率100%，组织安责险续保60家，安责险连续三年投保率达到100%，安全形势持续稳定。

（杨　喆）

【路侧停车检测系统建设】年内，西城区路侧电子停车项目共实现71条道路、5588个路测停车位电子收费。安装高位视频杆体898个、四头高位摄像头131个、五头高位摄像头203个、普通高位摄像头240个。

（杨　喆）

【公租自行车后期运营维护】年内，西城区共投入使用办卡服务网点5个，公共自行车运营租还网点208处，累计投入运营设备7000套。手机APP上线后，使公共自行车管理更加智能，全年下载量突破40万次，拥有注册用户26.9万人，总租还量996.2万次。

（杨　喆）

【管线、井盖及旧线杆消隐】年内，出动车辆5387台次、机械1529台次。接收无主管线、井盖、电线杆任务单534次，拔除废弃线杆12根，清理废弃电话亭69座，修复污水管线1504.6米。

（杨　喆）

【网格化管理与服务保障】年内，共处理12345热线5021件，城市管理网格案件2021件；会办政协委员提案2件，新增信息公开24条，依申请公开3条；处理督查通知单6件、市折子工程2件、信访类案件13件，回复率和办结率均达100%。

（杨　喆）

【扫黄打非】年内，协助区“扫黄打非”办公室完成公园相关工作，包括制定实施方案、制度上墙、张贴宣传海报、制作“绿书签”宣传等工作；在具备条件的开放式公园内，建立“扫黄打非”工作站，并明确工作职责。共设立办公点15处，投入人力430余人。

（杨　喆）

城市环境管理和综合整治

【概况】北京市西城区城市环境建设管理委员会是区政府统筹城市环境建设发展、环境建设重大项目、督查全区环境建设工作任务实施、协调解决环境建设重大问题的职能部门。主任由区委副书记、区长王少峰担任，成员部门由区委区政府相关委、办、局，15个街道办事处和中央直属机关事务管理局、国家机关事务管理局、中央军委联合参谋部、北京市交通委员会运输管理局、北京市通信管理局等85个部门组成。委员会下设办公室（简称区环境建设管理办）。区环境建设管理办下设综合协调、总体策划、项目管理、环境秩序（拆违办合署办公）、宣传动员5个科室。区环境建设管理办主要负责组织编制西城区环境建设中长期发展规划及专项规划；组织拟订西城区城市环境建设标准；监督检查西城区城市环境建设管理委员会有关议定事项的落实情况，协调解决工作中遇到的问题，承担全区环境建设和管理工作。年内，立足首都功能核心区定位，完善城市管理体制机制建设，加强城市环境管理体制机制建设，破解城市环境管理难题，打造环境亮点工程，实施重点项目科学管理，以首善标准扎实开展街区整理工作，综合提升核心区城市品质，遏制突出环境问题，改善区域环境面貌，通过广泛宣传动员，调动有关部门和辖区单位、居民共同参与城市环境建设管理工作。推进“疏解整治促提升”专项行动、背街小巷整治提升，统筹实施好“十三五”时期生态西城规划、城市环境建设规划设计、组织实施等，加强老城整体保护和生态修复，推进“拆违、灭脏、清障、治污、治乱、缓堵、规范市场、治理‘开墙打洞’”专项整治，打造更加和谐宜居的城市环境。

地址：西城区新街口外大街甲14号
邮编：100088
电话：62035376

（王　曦）

【召开疏解整治促提升大会】2月28日，区环境建设管理委员会召开2018年西城区深入开展疏解整治促提升，全面推进精神文明和生态文明建设工作大会，总结2017年疏解整治促提升、精神文明、城市环境建设、环境保护、绿化美化工作，部署2018年相关工作任务。区四套班子主要领导、中央直属机关事务管理局、国家机关事务管理局、北京市城市管理委员会及区属相关委、办、局等成员单位的领导共200人出席会议。区委书记卢映川会上强调，要动员广大干部群众，团结一心、鼓足干劲，继续做好2018年的精神文明建设工作，进一步巩固文明提升成果，提升精神文明建设水平。会上，区领导杜灵欣宣读2017年度区精神文明建设先进单位、先进个人的表彰决定，孙硕作疏解整治促提升工作报告，陈宁作《西城区2017年精神文明建设工作报告》，姜立光作《西城区2017年城市环境、环保、绿化工作报告》，王少峰与区住建委、广外街道办事处签订《2018年疏解整治促提升工作目标任务责任书》，与区城管执法局、什刹海街道办事处签订《全面落实环境保护责任建设美丽西城责任书》，与军委联合参谋部政治工作局、北京市城区供电公司签订《共驻共建和谐宜居美丽西城协议书》。

（王　曦）

【环境建设项目】年内，西城区共实施环境建设项目15个。其中涉及2016年市、区级达标道路环境整治、拆违恢复工程、学校周边环境整治、区域环境整治、鼓楼西大街北（南）片整治、景山周边护栏更换及周边绿化整治，2017年市、区级达标道路环境整治、学校周边环境整治、精品大街整治、长安街及其延长线整治、长安街北片环境整治、月坛南（北）街及其延长线整治。

（王　曦）

【重点区域环境项目整治】6月，为保障“中非论坛”峰会顺利召开，市里下达该项任务后，在时间紧、要求高的情况下，及时针对区承担的保障范围，组织相关街道办事处，认真梳理问题点位，建立环境整治提升问题台账，请示区政府追加立项，申请财政资金，利用不到一个月的时间，完成项目的设计，确定了监理和施工单位，确保了问题点位在规定时间内得以顺利整改。

（王　曦）

【“十三五”生态西城规划中期评估】年内，委托清华同衡研究院开展“十三五”生态西城规划中期评估。期间，积极配合第三方收集整理相关数据，先后多次征求相关成员单位意见，组织听取专家意见，顺利通过区人大环境专委会的审查，按时圆满完成此次中期评估工作。

（王　曦）

【环境秩序整治】年内，紧紧围绕“疏解非首都功能”这个课题，把住重点，突破难点，在治理“大城市病”上下功夫，努力改善人居环境，提升城市环境品质，较好地完成“疏整促”各项指标任务。共拆除违法建设2876处162856平方米，完成市级任务的116.33%。腾退土地面积97957平方米，完成市级任务约980%，有效释放城市空间，核心区城市减量化发展战略得到贯彻；实现“留白增绿”135处面积约19375平方米，完成市级任务190%，建成常乐坊等城市森林公园和一批口袋公园及小微绿地，核心区生态环境得到明显提升；完成“开墙打洞”治理任务并通过核验的点位数共566处，完成市级任务率283%，实现无“开墙打洞”违法行为的街巷1015条；建立脏乱点台账766处，涵盖15个街道；取缔再生资源回收107处，实现年度任务107%。

（王　曦）

【市领导调研背街小巷】5月13日，市委书记蔡奇到西城区调研核心区背街小巷环境整治提升工作，并主持召开座谈会。蔡奇强调，背街小巷环境整治提升，必须始终坚持以人民为中心，实行精治共治法治，坚持不懈抓下去，更加注重整治与提升同步推进，更加注重共建共治共享，更加注重市民群众的获得感。先后走访陟山门街、大石作胡同、佘家胡同、延寿街、善果胡同、养老驿站、消防站、垃圾站、公共厕所，沿途走进居民家中与居民攀谈，拉家常、问情况，区委书记卢映川、区长王少峰陪同视察。

（王　曦）

【区领导对专项任务指导调研】按照《区政府领导带队进行“疏解整治促提升”“背街小巷整治促提升”专项指导调研方案》，区领导4月24至5月19日，分9个组，对“背街小巷整治提升专项行动”“西城区‘疏解整治促提升’专项行动实施方案”中承担专项任务的牵头部门及各街道办事处进行指导调研。

（王　曦）

【交流背街小巷整治提升经验】年内，城六区+通州区街巷长、小巷管家现场观摩交流会在西城区德胜街道召开。通州区文明街巷考察团来区考察背街小巷整治提升和文明街巷创建工作。武汉市江岸区、常德市武陵区等单位来区交流背街小巷治理经验，现场观摩成果，开展座谈。

（王　曦）

【开展街区整理】年内，与市规划国土委西城分局组建街区整理办公室，组织各街道开展街区划分和问题诊断，编制街区整理设计导则，开展街区设计。全区划分101个街区，每个街道有一个街区精彩亮相。推出责任规划师制度，每个街道聘任责任规划师。

（王　曦）

【背街小巷志愿服务】年内，联合区文明办、团区委分三批开展背街小巷环境志愿服务培训。安排“志愿北京”注册、招募、纪实、项目发布、应急救护等内容的学习。按照小巷管家的建设要求，选聘优秀志愿者认领街巷，开展看、听、记、访、传、报等工作，促进背街小巷环境改善。动员2万余名热心观众参与，有328名优秀小巷管家被评为星级志愿者，服务总时长21万余小时。

（王　曦）

【办理答复提案建议】年内，按照提案建议办理的工作要求，通过实地踏勘、与相关单位协调及与市、区人大代表和政协委员沟通，有效解决了建议提案中涉及的对胡同内拆违后追踪管理、平房区整治、改造、开墙打洞、背街小巷治理等问题，受到代表、委员和群众好评。全年共承担提案17件，主办10件：包括市人大代表建议2件，区人大代表建议2件，区政协委员提案5件，党派团体提案1件；协办7件。对办理结果，同意和满意率100%。《谨防“拆墙打洞”变相复燃》的提案，被评为优秀承办件。

（王　曦）

环境卫生管理

【概况】北京市西城区环境卫生服务中心（简称区环卫中心）为处级事业单位，承担全区主要大街的清扫与保洁、垃圾清运及密闭式清洁站管理、公厕保洁与管理、化粪池的挖掏与粪便清运、部分街道办事处街巷清扫保洁及各种环卫应急保障任务。年内，区环卫中心认真落实中央、市委、市政府和区委、区政府各项决策部署，紧紧围绕“四个中心”功能建设，履行好“四个服务”职责，打造智慧环卫，实现精细管理；打造绿色环卫，实现精致作业；打造幸福环卫，提高职工幸福指数。不断提升辖区整体环境卫生质量，圆满完成中心各项工作任务，为创建国际一流和谐宜居之都的首善之区做出积极贡献。

地址：西城区北营房中街7号

邮编：100037

电话：88378410-2042

（尹　健）

【精细管理】依托“物联网+环卫作业”和“互联网+环卫监督”的理念，将物联感知、互联网、大数据、云计算与西城环卫结合，建立“环卫管理大数据平台”，将道路清扫、公厕保洁、密闭式清洁站、餐厨垃圾收运、街巷保洁、粪便抽运六大环卫工种进行模块化区分及管理，运用信息化平台管理，实现机械化作业工艺和人工环节全覆盖，西城环卫智能化、精细化、创新管理新模式、智慧环卫管理平台初步建成。打造了人、车、物及作业路段共享共联，实现全要素在线管理，每个作业工艺实现保洁频次、完成时间的展示和查询，对重点区域公厕人流量、厕内温度、湿度、粪井内气体浓度实现即时监测和数据采集，全面提升了作业效率。实现“环卫资产作业人员的静态信息、作业动态指标、分级管理、原有信息设备、考核监管工作”五个融合，全面提升了环卫管理的效能，实现由人管人到数据统领的管理新模式，实现管理的网格化、信息化和精细化。

（尹　健）

【精致作业】围绕“节能高效、绿色环保”理念，购置30辆环卫电动作业车，促进环卫作业车辆结构调整及节能减排。制定大气污染防控方案，加强道路清扫保洁，减少道路扬尘污染。在遇有空气重污染时对79条重点道路增加作业车辆，专人专车固定作业路段，增加道路清扫、冲刷、洗地频次一次及以上，夜间进行“一冲一洗”，有效降低地面尘土残存量。积极做好道路防尘、防控雾霾的治理工作，进一步提高对各监控子站周边道路、步道、屋顶等区域的冲刷、清洗工作，城市道路尘负荷平均值严格控制在市标准要求范围以内。购置的30辆清风吸尘车全部配备给街区保洁单位，提高背街小巷机械化作业和吸尘力度。区环卫中心与相关街道和部门建立联动机制，确保大气防控、降低尘土残存量措施落实到位，全力打造绿色环卫，逐步实现精致作业。

（尹　健）

【精准服务】年内，推进“厕所革命”，加装采暖设备、安装除臭系统、加大硬件改造、提高保洁频次，对467座三类公厕进行整体提升改造。对中山公园西侧公厕和10座三类公厕进行改造提升，在东弓匠胡同2号院新建一座80平方米二类公厕。陆续更换10座环保公厕、100个不锈钢大箱、1200个果皮箱。结合西城区架空线入地工程，及时对79处公厕粪井管线进行改造。按照道路作业冲、刷、洗、拖（吸）等环节为一体的联合作业、分项保洁，辖区内城市道路污物滞留时间普遍在10分钟以内，特殊区域控制在5分钟以内，每日作业频次为一扫、多保、两洗、一冲。对12个街道办事处1134条背街小巷的清扫保洁工作，加强与街道办事处的协作配合，提高了街巷胡同的干净指数和群众满意度。完成全区74座密闭式清洁站的管理与服务，推进密闭式清洁站数字化管理基础建设，配备视频监控系统，实现垃圾收集转运全程密闭化和全程数字实时监管，共清运垃圾609582.28吨。完成1120座公厕的管理与服务，其中二类359座、三类718座、户厕43座。全年共清运粪便318634.65吨。做到保洁及时、维修到位、严格管理、服务社会，共维修公厕25799座次，疏通管道297802米。主动配合区城管委做好垃圾分类，进行“垃圾不落地，减少暴露垃圾”的试点。清运餐厨垃圾94223.61吨，清运单位3506家，清运厨余垃圾26547.79吨，清运单位465家。做好12341政府热线回复处理工作，处理12341政府热线1817件，回复率达到100%。做好为民办实事项目，对14座清洁站、10座二类公厕进行整体改造。圆满完成扫雪铲冰、防汛、雾霾等极端天气应急保障任务，全力做好“两会”、庆祝改革开放40周年、全国健康城区活动及创建文明城区与迎检工作和中央、北京市环保督察等重大活动期间环卫保障任务。

（尹　健）

【提高职工幸福指数】年内，对24名困难党员、职工进行走访慰问。投入91.7万元为会员购买、发放节日慰问品。春节前夕投入31.3万元对外来务工人员进行集中慰问。落实“冬送温暖、夏送清凉，一年四季送关怀”工作机制，投入218.7万元为5200余名职工发放清凉包、温暖包等物品。强化服务职工意识，投入1647.7万元，确保5659名职工能够吃上吃好早餐。充分利用社会资源，引导一线职工到所在作业区域“暖心驿站”和“劳动者港湾”接受温暖服务，向区总工会申请并获得补助17.6万元，用于基层88个班组点“暖心驿站”建设，为基层工会开展各项工作和活动提供了有力保障。积极参与“韩红爱心”等社会企业关爱环卫工人活动，增强环卫行业影响力和环卫职工荣誉感。

（尹　健）

【推进转企改制】推进中心转企改制工作，认真研究、精确测算，积极探索，制定符合自身发展的管理体制、管理制度和运行机制。广泛听取和征求各方意见，召开职工代表大会，通过了区环卫中心改革方案。认真分析和整理，制定人员分流安置方案，推进改革的顺利进行。

（尹　健）

【新公司挂牌成立】投资2亿元创立北京环雅丽都投资有限公司，年底在区工商局注册，该公司为国有独资公司，负责投资管理；资产管理；公共厕所、化粪池清扫、收集、运输、处理；机动车维修；家政服务；技术开发；物业管理；城市生活垃圾清扫、收集、运输、处理。

（尹　健）

【维护安全稳定】年内，进一步细化、明确区环卫中心党政干部、各科室安全生产工作职责，建立健全安全生产警示通报制度。做好日常安全管理，夯实安全基础，防范各类安全风险，提高重点区域安全防范标准和装备水平，提升应急处置和安全防控能力。组织各类人员参加网络培训和专题培训，提升业务素质和履职能力，提高职工的安全意识和自防自救能力。开展重大节日及重要活动期间专项安全检查，出动检查人数5250人次，检查单位数9569处次，做到安全检查工作全覆盖无死角。系统研究人防、物防、技防措施，综合施策、精准补强薄弱环节，对列入三年安全隐患治理行动的37处安全隐患，严格实行“一事一档、一事一分析、一事一总结”制度，建立“导向安全、分工明确、措施有效、信息畅通、支持有力”的应急管理动态体系，整治高风险密集居住场所19处。落实维稳反恐防暴责任，加强应急处置演练，增强防范处突能力，做好矛盾纠纷化解调处工作，确保区环卫中心内部安全稳定。

（尹　健）

环境保护

【概况】西城区环境保护局（简称区环保局）是负责西城区环境保护工作的政府工作部门。设办公室、综合法制科（研究室）、行政审批科、总量减排科、污染源管理科、环境安全管理科（区环境污染突发事件应急办公室）（安全生产办公室）、辐射监管科；离退休干部科和机关党委；行政执法机构1个，即环境保护监察支队；规范管理事业单位1个，即机动车排放管理站；全额拨款事业单位3个，即环境保护监测站、环保宣传教育科技中心、“煤改电”管理中心。在职人员153人。

地址：西城区鸭子桥路29号

邮编：100055

电话：66206461

（李　阳）

【全区环境质量】年内，细颗粒物（PM2.5）累计平均浓度为52微克/立方米，比上年下降13.3%，比2013年开始监测以来累计下降43.5%；可吸入颗粒物（PM10）年累计平均浓度为82微克/立方米，与上年同期相比累计降幅为6.8%。全区降尘累计月均值为8.2吨/月•平方千米。北护城河鼓楼外大街为Ⅱ类水质，北海、永引下段广北滨河路（桥）、南护城河永定门均为Ⅲ类水质，均优于目标水质（Ⅳ类）。区域噪声平均等效声级为53.9分贝（A），达标率95.4%，道路交通噪声监测路段73条，平均等效声级为67.5分贝（A），声环境质量整体平稳。

（李　阳）

【政务信息公开】全年撰写编辑环保政务信息210条，向北京市环保局政务信息平台、西城区政务信息平台、区直机关工委、区应急办等部门报送千余次。被《北京环保信息》采纳11篇次，在全市17个区级环保局排名中排在13位。全年被《西城信息》采纳62篇次，在全区61个部、委、办、局及区属单位排序中在15位；截至10月31日（局网站下线关停日期），局外网网站各栏目更新机构职能1条、行政职责1条、政策解答2条、工作动态195条、图片新闻26条、计划总结1条、法规文件6条、宣传教育10条、廉政建设7条、办事指南8条、污染源环境监管信息61条、行政许可与行政处罚结果公示(双公示专栏)109条、行政许可结果公示47条、老旧机动车淘汰专栏4条、污染源普查专栏7条、建设项目办理竣工环境保护自主验收专栏19条、公示公告97条，共计540条。

（李　阳）

【信访办理】年内，处理各类信访3377件，全部按时办结，及时回复。收到市民表扬20次，其中接到锦旗4面。2017至2018采暖季，共接到“煤改电”信访700余件，完成2件人大代表建议及1件党代表建议的办理工作。

（李　阳）

【规范行政许可】年内，依法申请办理一般类建设项目审批1件，验收8件，辐射安全许可证核发52件，放射性同位素区级备案139件；优化营商环境工作与简政放权、优化服务工作、服务意识，完善办事指南，清理兜底条款，区环保局承担的22个公共服务事项受理和办结环节全部进入大厅，审批备案工作从北京市环保系统专业网站“北京市建设项目环境影响评价管理系统”并入“北京市投资项目在线审批监管平台”，一网通办，缩减工作时限为不含公示时间报告表10个工作日，报告书20个工作日。

（李　阳）

【环境教育宣传活动】6月5日，在北京动物园组织开展“6・5”世界环境日环保宣传和健步行活动，传播环保理念和知识。全年共组织“环保大课堂”宣讲活动29场，其中进社区16场，进学校4场，进机关7场，在局内部开展2场。通过各类环保科普宣传活动向社会发放关于新《中华人民共和国环境保护法》《北京市大气污染防治条例》及各类宣传折页1万余份；发放各类宣传品1.2万余份；展出关于蓝天保卫战、《北京市大气污染防治条例》、PM2.5、空气重污染预警、环保知识等展板236块、条幅90条、易拉宝75个。全年接受电视媒体报道7次，其中，空气质量播报6次，特别关注1次；西城报刊登新闻30篇次；为《京环之声》推送信息7条，“北京西城”微信公众号刊登14条；“西城环保”微信公众号共推送709条，“北京西城环保”政务微博发布828条。

（李　阳）

【发布专项方案】年内，发布《北京市西城区蓝天保卫战2018年行动计划》《北京市西城区打赢蓝天保卫战三年行动计划》《西城区2018—2019年秋冬季大气污染综合治理攻坚方案》等一系列措施、方案。

（李　阳）

【巩固无煤化成果】年内，按照市政府办《关于东、西城区“煤改电”后续工作意见的请示》（京财经一〔2016〕72号），以及2018年9月14日区政府办公室印发的《西城区2018年煤改电蓄能式电采暖设备更新工作方案》的相关要求，对什刹海街道、大栅栏街道、椿树街道、牛街街道、天桥街道地区满10年的蓄能式电采暖设备采取老旧设备更新，解决设备老化问题。在宫门口地区组建煤改电现场办公室，安排电采暖设备厂家入驻。组织印刷宣传材料4万份；2017—2018采暖季共对全区约3.86万户“煤改电”居民进行低谷电补助，涉及金额3576万元；依据各街道反馈情况，研究制定《西城区2018年新增峰谷电表工作方案》，经区政府第61次专题会审议通过，全年新增峰谷电表的居民户数约200户。

（李　阳）

【锅炉低氮改造及工业污染治理】年内，完成14批次锅炉低氮改造以奖代补补贴资金的发放工作，发放补贴资金8168万元，惠及189家锅炉供暖企业。根据污染源普查数据，动态更新全区锅炉台账。完成38处燃油锅炉房、19处燃气锅炉房的达标改造。

（李　阳）

【机动车排放监管】年内，按照市生态环境局《2018年移动污染源监管工作方案》（京环办〔2018〕39号）要求，制定《2018年西城区流动污染源监管工作方案》，并组织相关委办局及各街道办事处召开2018年西城区移动污染源监管工作会。以重型柴油车排放监管为重点，结合全区实际，开展在用车排放监管、非道路移动机械排放监管、加油站油气回收系统监管及老旧机动车淘汰工作。共检查重型柴油车48238辆，在重点路段通过“公安处罚、环保检测”执法模式，使用“6063”代码处罚排放超标车9104辆，通过车辆集中停放地检查及用车大户入户抽查处罚排放超标车157辆。加强对营运性车辆监管，共检查汽油车3077辆，处罚36辆。完善辖区非道路移动机械台账，包含200余台非道路移动机械，100余家工地；共检查非道路机械353台，委托第三方检测机构检测非道路移动机械163台，立案处罚排放超标非道路移动机械35台，立案处罚低排区使用高排放机械4起，涉及非道路移动机械11台。每月对辖区经营性加油站进行全覆盖检查，并对加油站进行抽测，年内检查加油站405家次，检测加油站115家次，拟立案处罚加油站2家。

（李　阳）

【水污染防治】年内，区环保局负责水污染防治的统一监督管理。协调推进《西城区水污染防治工作方案》工作，组织开展河道水质监测和评价。开展入河污染源的调查和达标排放监管，加大环境污染执法力度，严厉查处违法排污行为。

（李　阳）

【大气污染防治精细化管理】4至6月，在白纸坊街道、展览路街道开展大气污染防治精细化管理试点，编制制定的《西城区大气污染防治精细化管理标准和要求（试行）》在全市推广。7至9月，依据《西城区大气污染防治精细化提升全区推广工作方案》，在全区所属街道全面开展大气污染防治精细化提升推广工作。10月25日，白纸坊、展览路、天桥、什刹海4个街道接受市环保督察办，大气污染防治精细化管理工作落实情况的专项督察检查。11月29日，西城区组织召开大气污染防治精细化管理总结交流会，市环保督察办在会上总结通报了西城区大气污染防治精细化管理落实情况，白纸坊街道被评为优秀。12月，制定《西城区大气污染防治精细化管理落实情况专项督察问题整改分解方案》和《西城区街道大气污染防治精细化提升推广工作验收方案》，督促4个被检街道和相关部门进行了整改，并对其余11个街道落实精细化提升推广工作情况进行了检查验收。

（李　阳）

【行政执法与刑事司法衔接】年内，组织召开两次区检察院、区环保局落实《北京市人民检察院北京市环境保护局关于加强协作配合协同推进生态环境保护工作机制的意见》联席会议，签署了会议纪要。切实落实《北京市人民检察院北京市环境保护局关于加强协作配合协同推进生态环境保护工作机制的意见》，依托“打好污染防治攻坚战”，建立联席会议机制、案件会商督办机制、工作协作机制、工作通报机制、信息共享机制、线索移送机制、联合培训机制和普法宣传机制。

（李　阳）

【空气重污染应急工作】年内，编印《西城区环保局空气重污染应急预案（西环发〔2018〕9号）》。空气重污染预警期间，区环保局累计出动执法人员314人次，参加区领导带队检查10余次，巡查餐饮、工地等各类污染源154家，移交扬尘问题9处。

（李　阳）

【扬尘污染管控】年内，联合区住建委、区城管委、区房管局、区城管执法监察局、各街道办事处，开展对施工现场扬尘污染控制的专项检查，共检查8次。同时，开展对全区各类施工现场扬尘控制措施落实情况的日常巡查，发现有扬尘污染情况及时移交相关街道办事处，全年共移交扬尘案件73件。

（李　阳）

【完成北京市环保督察反馈意见整改】5月，针对北京市第一环境保护督察组向西城区反馈督察整改意见，制定《西城区贯彻落实北京市环境保护督察反馈意见整改方案》《北京市环境保护督察反馈意见西城区具体问题整改措施清单》，每月月初5个工作日内，向市环保督察办报送整改月度报告，截至12月底，14项整改任务全部完成。

（李　阳）

【辐射及危险废物监管】年内，共检查辐射单位127家次，其中射源单位30家次，二类射线装置单位14家次，三类射线装置单位83家次。共处罚辐射单位8家，罚款8万元，没收违法所得4万余元。查封辐射单位11家次。联合市环保局辐射中心、西城公安分局，对辖区内武警二院放射源进行了多次执法检查，督促该单位对放射源进行处理，规范该单位辐射管理工作。

（李　阳）

城市管理监察

【概况】北京市西城区城市管理综合行政执法监察局（简称区城管执法监察局）是在北京市西城区人民政府领导下、接受北京市城市管理综合行政执法局业务指导的城市管理综合行政执法机构。区城管执法监察局的主要职责是在辖区内，负责贯彻实施国家有关城市管理方面的法律、法规、规章、政策及北京市的有关规定，治理和维护城市管理秩序，研究提出完善全区城市管理综合行政执法体制的意见、建议和措施。负责市政府决定由城管执法监察机关承担的全区市容环境卫生、公用事业、市政、施工现场、园林绿化管理等方面的专业性行政执法监察工作。负责全区城市管理综合行政执法监察工作的业务指导、统筹协调和考核监督；负责城管执法人员的专业培训及执法资格管理工作。负责跨街道城管行政执法的组织调度工作及市、区交办的重大案件的查处工作。在职责范围内加强为驻区中央单位、市属单位、驻区部队和区域内企事业单位的服务；承办区政府和上级业务主管部门交办的其他事项。年内，区城管执法监察局以在城管系统内“做首都标杆、当全国模范”为目标，结合“疏解整治促提升”和新总规落地，弘扬“首都城管精神”和“西城城管精神”，加强队伍建设，深入推进城管体制机制改革。以全区“占道经营整治、拆违撤市、大气污染防治”三大专项行动为抓手，立足非首都功能疏解，提升首善之区城市管理和环境品质，解决城市痼疾顽症。做好重要节假日、重要活动的执法保障工作，完成“全国两会”“中非论坛峰会”等重大政治活动期间的环境秩序保障任务，有效遏制环境秩序各类违法行为，推进城市环境常态化、精细化管控，各项工作取得阶段性成效。努力实现西城区“环境要优美、人口要控制、服务要优质、发展要持续”的目标及“安全、安静、舒适、典雅、古朴”的美好愿景。共实施行政处罚16790起，同比减少19%；罚款982.3万元，同比下降13%；履职率为67.8%，同比上升36%；96310有效举报量13951起，同比下降36.6%。在“强基础、转作风、树形象”专项行动中，开展业务竞赛，推标杆、树榜样，持续改进工作作风，提高执法队伍的政治素质和业务水平。年底，被住建部连续两年表彰为“强转树”活动先进单位。全年收到各类群众表扬2200余次，收到表扬信9封、锦旗8面。1人获评“北京市‘疏解整治促提升’专项行动先进个人”，1人被授予“首都劳动奖章”，1人获“首都绿化美化先进个人”称号。

地址：西城区北滨河路9号

邮编：100055

电话：66527042

（付　扬）

【重大活动期间环境保障】年内，按照市、区总体部署，围绕全国“两会”“中非论坛”及春节、五一、十一等重大活动和重要节假日，认真研究部署，精心制定方案，科学布控执法力量，严格落实实名制，在加强街面整体防控的基础上，集中主要执法力量对活动现场、驻地、重点景区、交通枢纽、繁华商业区及其他重点地区进行全天候巡查监控。排查梳理环境秩序重点地区，实行挂销账管理，做到巡查防控全覆盖、执法力量实名制、第一时间处理反馈，实现全天候、无缝隙监管，对各类环境秩序问题“零容忍”。共完成大的执法保障活动15次，投入执法人员8500余人次，查处无照游商、店外经营、非法小广告等各类违法行为6000余起，确保了重大活动环境保障任务圆满完成。

（付　扬）

【推进城市管理体制改革】年内，为适应城管执法体制改革后面临的新形势、新要求，组织各科室研究制定《西城区城管执法监察局规章制度汇编》《西城区城管执法队伍管理制度汇编》，从人事、财务、装备等方面，规范城管执法工作。与区人社局、区编办共同研究制定《西城区街道城管执法队伍双重管理办法》，确保街道执法队伍人员持续稳定和履职能力稳步提升。

（付　扬）

【完善综合执法工作机制】年内，依托西城区、街两级综合行政执法（指挥）中心长效机制，针对重点难点问题坚持“抱团执法”，集中力量办大事、形成合力解难题。通过市局组织协调、部门发起、“属地吹哨、部门报到”等多种形式，指导协调各执法队参与全区各类综合执法行动2100余次。10月，完成各街道实体化综合执法平台建设。完成市级“街道吹哨、部门报到”《关于综合执法平台建设》的必选课题调研。

（付　扬）

【“疏解整治促提升”专项行动】年内，开展春雷行动、夏季攻势、蓝盾行动等专项治理行动，整治占道经营11065起，罚款218.2万元，提前完成2018年、2019年及2020年三年全部119处重点点位的销账任务，完成工作进度的201%。11个街道和地区占道经营整治实现阶段性“动态清零”。全年共拆除违法建设16.3万平方米，完成市级年度拆违任务的116.3%；经核验完成566处“开墙打洞”工作任务，保持和治理街巷825条，提前完成年度任务进度的283%。

（付　扬）

【推进城管信息化建设】年内，按照“挂图作战”的思路，利用办公平台开辟“挂图作战”专栏，对承担的占道经营整治完成情况、拆违进度及历史积案化解等工作任务进行挂图展示。在电子办公平台的提升中，直观显示全区城管执法立案处罚量、处罚金额、行政检查量、履职率、市民举报数量、举报高发事由、高发区域等内容，并且对各街道执法队的执法情况及排名进行展示。开发智能语音系统，在办案谈话过程中，将谈话内容生成文字，调整后生成案卷，提升办案效率。

（付　扬）

【推进新职权履行】年内，各业务科室在新职权履行上积极对接、不断探索，改进工作方式，创新执法理念，充分利用大数据、远程视频等多种科技手段开展工作。深入基层执法队，现场指导法制工作。共履行11个方面279项案由，履职率为67.8%，同比增长36%，96310有效举报量13951起，同比下降36.6%。西城区2018年度行政处罚案卷评查督查，城管执法监察局评查卷数81本，自评案卷合格率100%、优秀率100%，督查工作合格率100%。

（付　扬）

【开展“四公开一监督”】“四公开”即公开城市管理责任部门，公开责任部门的执法职责和查处标准，公开责任部门的城市管理网格化机制及责任人，公开责任部门“月检查、月曝光、月排名”的城市管理执法数据。“一监督”指在北京市委、市政府的领导下，在北京市城管执法协调领导小组的指导下，由联合督导组监督各区（县）政府、地区管委会、职能部门、执法部门在城市管理工作中履职情况，充分发挥综合监管作用。年内，区城管执法监察局严格落实“四公开一监督”工作，处理市局派发监管通知单221件，整改率为98.6%，高于95%整改率的目标。依托区城管执法协调办平台，组织各成员单位开展业务培训会6次；组织区相关委办局及街道召开联席会议15次；推动解决难点问题59处；撰写并上报《监察通报》60期，涵盖所有街道的综合执法工作；开展联合督导167次。向全区各部门共派发综合监管单6185件，其中街道3535

件、委办局2650件，推动了全局执法绩效的提升。

（付　扬）

【大气污染防治】年内，围绕清洁空气行动计划、秋冬季大气污染防治工作，制定下发《西城区城管执法局2018年清洁空气行动计划实施方案》《西城区城管执法局2018年露天烧烤及消夏露天餐饮经营场所专项治理整顿工作方案》《西城区2018—2019年秋冬季大气污染综合治理攻坚行动工作方案》《西城区城管执法局空气重污染应急预案》。全年查处露天烧烤、露天焚烧63起，罚款65500元。共出动执法力量1万余人次，对441家施工单位或个人进行立案处罚，罚款3846980元。共开展专项渣土车夜查行动231次，检查渣土车745辆，立案处罚各类违规运输车辆392辆，罚款共计973070元。

（付　扬）

【煤气安全监管执法】年内，持续抓好燃气安全管理，按照“全覆盖、零容忍、严执法、重实效”的要求，对燃气用户及相关单位使用、储存燃气的情况开展综合检查，重点消除餐饮服务单位的燃气安全隐患。共出动执法人员17280人次，监督检查企事业单位和场所12255家，发现并整改隐患538起。利用各类户外广告载体、城管信息网站平台及6·16安全生产月宣传咨询日活动，普及相关安全知识，增强群众安全意识，被西城区安委会表彰为年度安全生产综合考核先进单位。

（付　扬）

【多方位开展宣传报道】年内，通过本地主流媒体宣传报道城管工作586条次，其中北京电视台外宣142条。挖掘和宣传各类先进典型和善行义举，宣传社会主义核心价值观，激发城管监察队伍崇德向善的力量。持续更新区城管执法监察局微信订阅号“西城街巷事”栏目内容，发布“城管表情包”，共推送图文消息246期，总阅读量达35万余次。以改革开放40周年为契机，推出《西城城管故事》一书，通过讲好西城城管故事，传递西城城管正能量，展示西城城管形象。

（付　扬）

【解决“门前三包”治理难点】年内，在新街口和什刹海街道的3条街巷开展“商户自治”，成立商户自治协会，为商户制作包含证照信息，门前三包责任书等内容的“共治码”。形成“一牌一码，一会一书”工作模式，督促商户认真落实“门前三包”社会责任。

（付　扬）

【制定主题党日活动制度】年内，制定《城管执法监察局机关党委及各委员职责》，严格落实“三会一课”。制定主题党日活动制度，结合党支部和党员工作实际，每月规定一天为党支部主题党日，各支部开展以“重温红色记忆，牢记历史使命”“建立书香支部——打造学习型机关”等为主题的党日活动，坚定党员理想信念，局班子成员以普通党员身份参加了所在支部相关活动。

（付　扬）

【专项业务评比和教育培训】年内，组织开展执法业务评比和全体执法队员冬训，组织开展青年干部培训、科级干部培训以及法制、宣传、信息等专项业务培训，全系统累计培训1600人次，共推选出37位执法能手和形象标杆，有效提高了执法人员的综合素质和业务水平。

（付　扬）

水务管理

【概况】根据《北京市西城区人民政府办公室印发的北京市西城区城市管理委员会（北京市西城区水务局）主要职责内设机构和人员编制规定的通知》西政办字〔2017〕24号、《北京市西城区机构编制委员会关于区城市管理委所属事业单位机构调整设置的批复》西编发〔2017〕39号文的精神，2017年12月27日设立北京市西城区水务管理中心，编制15名，工作人员13名。负责海绵城市建设工程的具体实施；再生水监督管理，推广再生水使用；地下水管理和自备井置换工作；水务监察和执法工作；水务管理相关辅助工作，是具有政府行政职能的事业单位。

地址：西城区莲花池东路16号

邮编：100045

电话：63259441

（尤　佳）

【雨洪利用工程】年内，实施包括远见名苑、裕中东里等28项雨水利用工程，更换路面透水砖近3.5万平方米，投入资金1600万元，工程项目全部竣工。

（尤　佳）

【完成雨污调蓄工程】根据《西城区人民政府2018年河长制和水环境治理目标责任书》的任务要求，年内完成6.8公里雨污水合流管线改造，或选择同等规模区域建设雨污调蓄工程，达到相同控制效果。年内，完成宣武门庄胜二期，新建规模600立方米调蓄池一座并投入使用。

（尤　佳）

【提高再生水利用量】年内，根据《西城区人民政府2018年河长制和水环境治理目标责任书》的任务要求，西城区进一步完善河长制机制体制建设，再生水利用量达到1228万立方米。大力开展海绵城市与雨洪利用建设，推动新建再生水管网建设，在园林绿化、环境卫生、道路喷洒、河湖补水等方面加大再生水利用量。根据市水务局主管处室提供的数据，年内再生水用量为1620.5万立方米。

（尤　佳）

【再生水管线建设】年内，为落实《北京市进一步加快推进污水处理和再生水利用工作三年行动方案（2016年7月至2019年6月）》，西城区计划实施“北护城河再生水管线工程（东教场胡同至旧鼓楼外大街）”等6条再生水管线工程。西城区城市管理委员会与北京城市排水集团有限责任公司，签订地上物拆除腾退工作委托协议，完成拆迁评估报告编制工作。

（尤　佳）

【老旧小区内部供水管网改造】根据北京市人民政府办公厅，关于印发《加快推进自备井置换和老旧小区内部供水管网改造工作方案》的通知要求，年内完成78处改造任务，基本完成老旧小区内部供水管网改造并实行专业化管理。

（尤　佳）

【一户一水表改造】平房院一户一水表改造工程是落实“居民阶梯水价”基础，全区累计改造平房院一户一水表超过10万户。年内，完成对2015年一户一水表工程的结算。

（尤　佳）

【编制《西城区海绵城市专项规划》】年内，参照住建部印发的《海绵城市专项规划编制暂行规定》《海绵城市建设绩效评价与考核办法（试行）》，结合西城区实际情况，梳理海绵城市建设基础条件，量化分析积水内涝、水体黑臭、水资源利用不合理、水生态破坏等方面的内容及行程原因，实现“小雨不积水、大雨不内涝、水体不黑臭、热岛有缓解”的目标，明确近、远期要达到海绵城市建设要求的面积和比例。完成《西城区海绵城市专项规划（征求意见稿）》的编制工作。

（尤　佳）

【出台《西城区海绵城市建设规划》】 年内，组织专家团队完成《西城区海绵城市建设规划》编制工作，6月27日通过西城区政府第48次常务会研讨，在征求市水务局、区相关委办局的专业意见后，于12月6日经区政府同意，正式出台《北京市西城区海绵城市建设规划》。

（尤　佳）

【推进海绵城市建设】 为贯彻落实《北京市人民政府办公厅关于推进海绵城市建设的实施意见》，通过海绵城市建设，将70%的降雨就地消纳和利用，保障2020年城市建成区20%以上的面积达到目标要求。年内，完成北京育才学校及9个低洼院落的前期调研工作，编制出可行性研究报告并对设计、勘察进行招标。

（尤　佳）

【水务监察和执法】 年内，区水务管理中心依照“三定”方案，负责水务监察和执法工作，与市水务局法制处多次沟通对接，完成执法权确认、授权。根据梳理后的水务执法权利清单，对违法水事案件全部立案查处，查处率达到100%。全年检查320个单位，立案查处16个单位，处罚金共1.2万元。

（尤　佳）

节水工作

【概况】 北京市西城区人民政府节约用水办公室（简称区节水办）是主管本区节水工作的具有政府行政职能的事业单位。有工作人员17人。依照法规对驻区用水单位进行计划管理，开展创建市级、区级节水型单位和创建节水型居民社区工作，推广应用节水新技术和改换装节水型器具，组织大型节水宣传咨询和多种形式的节水教育活动。依据有关法规对施工性临时用水指标、园林绿化环卫等临时用水指标、建设项目节水设施验收、水影响评价和建设项目节水设施方案审查进行行政许可审批。

地址：西城区莲花池东路16号

邮编：100045

电话：63256576

（陈艾琳）

【全区用水总量】 年内，区节水办按照“以水定城、以水定地、以水定人、以水定产”的原则，严格区域用水总量控制和行业用水效率控制，强化计划用水和定额管理。北京市水务局下达给西城区2018年度新水用量目标值为11653万立方米，西城区新水用量实际值为9301万立方米。相比目标值实际用水量下降20.18%。

（陈艾琳）

【计划用水管理】 年内，根据北京市水务局《关于下达2018年度计划用水指标的通知》精神，编制2018年计划用水指标，对出现超计划用水的单位依法征收超定额超计划累进加价费。全年西城区非居民计划用水指标总量为3840万立方米。3月底，完成全区4602户用水单位的计划指标下达及调整输机工作，全年计划用水指标未超出市水务局下达的计划总量。

（陈艾琳）

【计划用水指标覆盖率】 年内，制定了提高计划用水覆盖率的工作方案，截至10月底，完成节水信息系统内的漏管水表清查工作，并纳入管理，其中归市管的水表已上报市节水中心。经过五年市、区、街三级的漏管水表清查工作，截至年底，全区计划用水指标覆盖率达到93.3%。

（陈艾琳）

【用水效率完成情况】 年内，市水务局下达西城区万元地区生产总值用水量下降率目标值为3%，实际下降率5.9%。根据北京市节约用水管理中心综合信息平台统计数据，2018年西城区新水用量为9301万立方米，2017年西城区新水用量为9285万立方米。按照公式（1）计算，2018年新水用量发展速度为100.17%。根据西城区统计局提供的统计数据，2018年西城区GDP发展速度为106.5%。按照公式（2）计算，2018年西城区万元地区生产总值用水量下降率为5.9%。

$$\text{新水用量发展速度}(\%)=\frac{\text{本年新水用量}}{\text{上年新水用量}}\times 100\% \quad (1)$$

$$\text{万元地区生产总值用水量下降率}(\%)=(\frac{\text{新水用量发水用量}}{\text{GDP发展速度}}-1)\times 100\% \quad (2)$$

（陈艾琳）

【超定额超计划累进加价费收缴】 年内，为落实《北京市节约用水管理办法》中“严格实行依法征收双月超指标用水单位累进加价费用”的精神，西城区对区域内用水单位严格执行单月预警、双月加价。全年共收取加价6次，即2017年11至12月、2018年1至2月、3至4月、5至6月、7至8月、9至10月，共计实收448户次，共107.6万元，征收的加价全部通过北京银行华安支行的加价专户上缴区财政国库科，超计划预警发放率达100%。

（陈艾琳）

【节水创建工作】 年内，西城区贯彻落实《北京市人民政府关于全面推进节水型社会建设的意见》，完成创建节水型单位共60个，其中市级节水型单位30个、区级节水型单位30个，创建完成率为100%。完成水平衡（合理用水分析）测试的验收工作。

（陈艾琳）

【节水行政许可】 年内，区节水办行政许可窗口坚持依法行政，共受理行政许可281件，其中园林绿化环卫性等临时用水行政许可273件、建设项目节水设施验收行政许可4件、施工性临时用水行政许可4件，全部办结，群众满意率100%。

（陈艾琳）

【节水器具推广】 年内，投入资金17.956万元，在老旧居民小区完成1000套（件）节水便器水箱及配件的换装任务，此项工作是区政府折子工程与为民办实事项目。投入资金14.75万元，在老旧居民小区完成5000个高效节水型限流器的换装。投入资金94万元，在老旧居民小区完成5000套高效节水型花洒的换装任务。

（陈艾琳）

【节水宣传】 年内，为落实节水宣传进社区、进乡村、进企业、进学校、进机关、进公园、进工地，3月22日，西城区水务局、市河湖管理处、市排水集团联合举办主题为“全面落实河长制 建设节水型社会”的世界水日宣传活动，活动重点宣传节水型社会建设、河长制湖长制落实、水环境治理等热点问题，在全社会形成浓厚的节水氛围。5月15日节水宣传周期间，区节水办与金融街二龙路社区人员、楼门长、节水积极分子一起召开了座谈会，与区水务局后勤物业管理人员座谈，宣传节水知识，并在每层公共洗手池张贴节水标牌、热水器旁摆放接剩水水桶，以便回收再次利用。5月16日，特请北京市水务局副局长杨进怀、市水利规划设计研究院副院长石维新，为西城区区委党校处级班授课。

（陈艾琳）

【节水检查】年内，区节水办对全区非居民用水实行月统月报月预警，针对超计划用水单位，主动下户，查找超水原因，提出整改意见，并在创建节水型市（区）级单位验收工作中，进行节水检查，有效避免出现浪费用水情况。加强节水监管力度，对用水大户（施工、环卫等）重点巡查。

（陈艾琳）

防汛工作

【概况】北京市西城区人民政府防汛指挥部办公室（简称区防汛办）设在西城区城市管理委员会。根据《中华人民共和国防洪法》和《北京市实施〈中华人民共和国防洪法〉办法》赋予的职权，主要负责西城区域内预防、抢险、避险、救灾等安全迎汛工作。2017年年底，编制由4人增至20人，设主任1名，副主任2名。虽已扩编，短时间内正式公招人员仍无法到位。为此，汛期建立了防汛指挥部办公室联合工作机制，从区住建委、区民政局、区民防局、区环卫中心、区园林市政中心、区房地中心、宣房投资管理集团等单位抽调人员加强力量，确保防汛指挥部办公室应急保障工作高效运转。年内北京地区出现多次强降雨，西城区出现“7·16”“7·24”暴雨天气，全区快速进入应急状态，多部门连续作战，圆满完成安全迎汛任务。

地址：西城区莲花池东路16号102室

邮编：100045

电话：83975306

（陈亚斌）

【雨情汛情】年内，根据雨量监测指挥系统记录：6月1至9月15日，全区累计降雨量376.6毫米。雨情汛情主要特点：①降雨时空分布不均。6月、7月、8月降雨量分别为52.2毫米、249.7毫米、56.5毫米，降雨量主要集中在7月份，约占整个汛期雨量的70%。最大的西长安街地区降雨量达420.3毫米，最小的展览路地区降雨量为344.8毫米。②小雨等级次数多。汛期全区共降雨53次，其中暴雨2次、大雨2次、中雨5次、小雨44次。与上年同期相比，小雨场次增多，中到大雨场次减少，暴雨场次相同。③局部暴雨天气多。较明显的“7·16”平均降雨量146.6毫米，西长安街地区降雨量达173.6毫米，展览路地区降雨量116.7毫米；“7·24”全区平均降雨量37.2毫米，天桥地区降雨量达45.8毫米，展览路地区降雨量20.0毫米。

（陈亚斌）

【防汛排查】上年11月至年内2月底，防汛主要职责单位开展了安全普查工作。经区房管部门排查，直管公房中，有严重破损房屋45.376万平方米，比上年同期上升2.4%；单位自管、物业管理房屋中，有严重破损房8.682万平方米，比上年同期上升42.3%；私房中，有严重破损房屋24万平方米，比上年同期上升5.8%，危险房屋0.8558万平方米，比上年同期上升1.4%。区园林市政部门对辖区养护地块的树木进行了检查，对1640多条区属市政道路及相应设施进行了全面普查。市排水集团完成对区内400余公里雨水管线、1.8万余座雨水口的疏通、清掏及泵站、抢险设备维护。各街道也开展了普查和防汛工作自查。

（陈亚斌）

【落实防汛领导责任制】年内，西城区防汛指挥部由区长王少峰任总指挥，主管副区长姜立光任执行副指挥，其他副区长任副指挥，延续7个防汛专项分指挥部、15个街道防汛指挥部和33个委办局行政一把手为成员构成的防汛领导指挥体系。5月29日，召开西城区防汛指挥部2018年防汛工作动员会，王少峰发布西城区防汛指挥部1号令。汛前，王少峰与15个街道、8个重点职责单位签订防汛责任书。5月30日，王少峰主持召开第48次区政府专题会，听取年度汛前准备工作情况。

（陈亚斌）

【修订防汛预案】年内，制发《2018年防汛工作方案》《北京市西城区防汛应急预案（2018年修订）》，全面提高“1+7+15”的防汛指挥体系的指挥效能。明确防汛工作重点、机制、措施和目标。督导各职责单位重点完善危旧平房、低洼积水院等区域的险情处置预案，建立“横向到边、纵向到底”的迎汛预案体系。

（陈亚斌）

【落实防汛物资和抢排险队伍】年内，全区组建15支2994人的专业应急抢险队伍，15个街道也组建2664人的抢险队伍。同时，全区共落实130辆抢险机动车辆（铲吊车24辆、运输车106辆）、水泵326台、发电机146台、编织袋3.652万条、救生衣1043件、抢险舟19艘等防汛物资。上汛前，区防汛办投入112万元为各单位购置雨衣1365件、雨伞1405把、雨鞋1365双、浮艇泵12台、吸水麻袋2530条、铁锹370把、救生衣175件、城市挡水墙42平方米等防汛物资。

（陈亚斌）

【防汛宣传】5月9日，区防汛办在北京展览馆路南广场开展以“行动起来 减轻身边的灾害风险”为主题的宣传活动。现场采取发放《北京市民安全防汛应急手册》和防汛常识的宣传品、咨询解答等形式，让市民了解减灾常识，掌握自救的必要技能。6月1日，区防汛办向15个街道和相关职责单位发放宣传海报2.4万张、宣传册1.88万册，随后组织全区开展上汛宣传周活动。通过北京电视台、光明网、千龙网、《北京晚报》等主流媒体、网络、报纸适时报道抢险救灾和防汛工作动态。

（陈亚斌）

【培训演练】6月13日，为提高有关人员的业务处置能力，区防汛办组织各街道及相关成员单位主管领导、防汛科长和工作人员210人次参加区水务局组织的防汛业务培训会。全区各部门共组织防汛业务培训33次。7月12日，区防汛办在汇融大厦组织“关爱生命远离洪水 人人参与 安全度汛”为主题的2018年度防汛宣传暨指挥调度、险情处置、人员避险转移等综合演练，检验指挥、通讯、人员、物资等方面的实操性，提高抢险救灾能力。全区各单位共组织防汛演练157场次，出动人员6107人次、车辆685台次。

（陈亚斌）

【检查督导】汛期，区委书记卢映川，区长王少峰，副区长姜立光、朱国栋等领导共计50多人次参加气象会商会及市领导调度会；在应对“7·16”暴雨与10号台风“安比”过程中，卢映川、王少峰等领导全程连续几天守候区政府应急指挥中心，调度、组织处置各种汛情、险情；各街道、各成员单位视频系统全程开通，随时召开会议，将市、区防汛工作要求及时部署、传达落实。7月24日，在防御10号台风“安比”期间，副市长杨斌到西城区检查应急值守和降雨应对工作，在复兴门外大街木樨地地铁站C2口西侧实地查看小区道路积水点改造情况。

（陈亚斌）

【应对“7·16”暴雨和10号台风】年内，“7·16”暴雨是降雨量最大的一次强降雨，且降雨持续时间较长，据统计全区平均降雨量为146.6毫米，雨量最大的西长安街地区达173.6毫米；10号台风“安比”是近年来对北京影响最大的台风。区委、区政府高度重视降雨应对工作，做好充足准备，精心部署、严密组织，全面落实各项防御措施。区领导坐镇指挥，区防汛办、区应急办、区园林市政管理中心、区房管局、市排水集团等多部门联合一体、高效运转。区、街道、社区三级和各成员单位人员全员上岗。一是，高效指挥决策。在应对“7·16”暴雨期间，卢映川、王少峰、姜立光、朱国栋等区领导参加市防汛指挥部会议后，先后4次召开区应急视频会议，对全区应对降雨工作及时部署，要求重点做好在建工地的防护、公共交通疏导，以及危旧平房、低洼院、区属道路、树木的巡查，一旦出现险情，及时转移群众、组织抢险救灾，确保人员安全。什刹海、天桥、陶然亭街道及时转移危房群众5户14人。7月16至17日，区领导共计20余人次到区应急指挥中心查看雨情动态，参与气象会商。卢映川、王少峰带队多次深入一线，到松林闸、19号线平安里地铁在建工地、什刹海恭俭胡同13号院、莲花河、西单文化广场改造项目、大栅栏街道姚江胡同1号低洼院、汇融大厦等防汛重点部位检查防汛应对工作。7月17日什刹海街道油漆作5号和花枝胡同7号早期人防工程发生塌陷，副区长朱国栋赶赴现场指挥调度抢险工作。7月23日晚“安比”入京前夜，卢映川、王少峰、孙硕、姜立光参加市委书记蔡奇召集的防汛调度会后，深夜立即分成两组对西长安街街道、什刹海街道、大栅栏街道、广内街道办事处应急值守工作进行抽查并慰问了一线值守人员。副区长徐利在防汛指挥中心坐镇值守。二是，提前布控。启动应急响应，各街道、各职责单位对辖区内重点部位展开雨前检查、雨中巡查、雨后复查，重点部位提前布控，做到人员、设备、措施到位。区住建委督导基坑、市政、轨道施工、高大脚手架及塔吊等施工重点工地提前布控，落实好防雷、防风、防雹、防触电和防汛等各项措施；街道和环卫、市政部门组织2000余人，雨前对道路、街巷胡同的排水设施进行巡查，及时清理雨水口周边杂物，雨中对积水处进行推水作业；区民防局分4组对人防工程隐患进行雨前，雨中、雨后实地检查和网上视频监控巡查；区旅游委督导全区21家景区制定了防汛预案，对景区内游客做好及时疏散、引导准备；市排水集团对区内下凹桥区、重点部位进行盯守，累计备勤人员165人，设备20台套，车辆40辆，其中小型处置单元8组，中型单元4组，桥区打捞组11组，泵站值守20人；宣传部门加强宣传和舆情引导。据统计为应对这次降雨，在岗值班人员2928人，其中带班领导26名，值班人员433名，抢险备勤人员2469人，备勤车辆113台。三是，迅即处置抢险。“7·16”暴雨期间，全区共发生各类险情1167个。其中，房屋漏雨894间、树木倒伏折枝126棵、倒树砸车17处、路面下沉（道路空洞）55处、院落积水63处、道路滞水12处。面对复杂多量的险情，卢映川、王少峰、朱国栋等区领导赶到一线，区防汛指挥部调度指挥有关单位快速反应，组织抢险队伍在最短时间内完成处置。区房管局发挥房屋防汛分指挥部的作用，对房屋漏雨、地下室进水等房屋险情，协调有关部门进行妥善处置；西城交通支队全天部署岗位122处、警力187人，加强路面交通疏导维护；区环卫中心对道路作业中发现的短时滞水点，立即安排抢险队员雨中对积水的地方进行推水作业，现场推水作业人员达1600多人。

（陈亚斌）

【应急值守和信息报送】汛期，区防汛指挥部及各街道分指挥部、各防汛单位加强防汛值班，领导在岗值班，确保了防汛通讯畅通，区防汛办共发布天气预警58次。上报汛情快报16期，各类工作信息、报表100余篇。全区15个街道和承担防汛抢险任务的职责部门，共48670人次在岗值班备勤，其中处级领导1000多人次，值班人员1.16万余人次，备勤人员3.6万余人次，出动抢险人员1.2万余人次、巡查人员1.5万余人次，抢险车辆3950多台次，及时有效处置安全隐患、汛情险情，保证了安全度汛。

（陈亚斌）

【险情处置】汛期，全区共发生2869次险情。其中房屋漏雨1650间，院落积水78处，道路滞水10处，路面下陷380处，树木折枝500株、倒伏185株、砸车26株、砸房28株，早期人防工事进水5处、下沉7处，险情均在汛期处理完毕。

（陈亚斌）

消防工作

【概况】北京市西城区消防救援支队（简称西城消防救援支队），根据中华人民共和国第十三届全国人民代表大会一次会议批准的国务院机构改革方案要求，10月9日，全国公安消防部队官兵全体退出武警部队序列，现役编制全部转为行政编制划归应急管理部，成立中华人民共和国应急管理部消防救援局；11月9日，总书记习近平向应急管理部消防救援局正式授旗并致训词，12月27日，消防救援支队全体消防指战员换着新式消防救援服装，标志着西城区消防队伍以全新的面貌进入应急救援时代。西城消防救援支队下辖9个消防中队（含机关警勤中队），18座小型消防站，支队共有817人，其中消防指战员347人，文职66人，专职404人。全年完成春节、全国“两会”、中非合作论坛等一系列重大活动的消防保卫任务。共接警1833起，出动车辆3477辆次，出动警力21140人次，抢救被困人员108人，疏散被困人员596人，抢救财产价值3350万元，参战人员零伤亡。累计检查单位24255家，督促整改火灾隐患34564处，三停131家，处罚923.3万元，拘留86人，查封473处；受理信访、区政府热线共计2000余件，完成区政府督查、绩效任务20余件，在原有的10座小型站基础上，新建成8座消防站。截至年底，18座小型消防站全部投入使用，实现平均管控面积2平方公里的科学布局；有14名指战员立个人三等功，90余人记嘉奖，100余人次获“岗位标兵”“执勤标兵”称号。

地址：西城区南纬路南巷5号院1号楼

邮编：100050
电话：83197411

（唐赵凯）

【年度绩效考评】年内，对西城消防救援支队承担区政府的5项各类绩效任务，按照年初部署、中期核验、自评整改、年终考评四个阶段，完成承担的全部任务。经由人大代表、政协委员、专家学者、企业代表、媒体代表等组成的评委会打分，消防支队绩效考核最终得分93.9657分。

（唐赵凯）

【全国“两会”消防安保任务】2月25日，在全国“两会”召开前期，消防支队召开全国“两会”动员部署会。对“两会”期间各项消防安保工作进行具体部署，强调“两会”期间各项勤务纪律。安保过程中，消防总队、区政府、公安分局各级领导分别开展社会面防火安全检查；“两会”前期，区消防救援支队联合属地街道办事处、安监局、派出所等职能部门，组成60余人“大兵团”作战模式，成立30个作战小组，对住地周边500米范围内的社会单位，开展严密细致的摸排检查，共检查675家，现场督促整改隐患138处，限期整改131处，临时查封6家，查改动态火患383处，约谈单位负责人12家。

（唐赵凯）

【消防车通道整治】4月11日，区消防救援支队组织召开全区消防车通道整治工作动员部署会，副区长朱国栋出席，区安监局局长李华、区消防救援支队长李兴华在会上通报并部署消防车通道整治相关工作，共计50余人参加会议，会议由西城公安分局副局长田志斌主持。全年消防救援支队出动监督检查人员625人次，约谈责任人275人，出具法律文书196份，罚款22万元，临时查封26处，拆除整治消防车通道隐患场所76处，拆违面积9799.54平方米。区长王少峰通过大篇幅批示肯定了此项工作。

（唐赵凯）

【专项主题教育活动】年内，结合2018年全国十三届人大一次会议期间，提出关于消防部队整建制划归应急管理部的方案，消防部队全体人员退出现役，自4月16日始至年底，支队内部开展“传承红色基因 忠诚履职建功 永葆军人本色”的专项主题教育活动。8月1日，在建军91周年当天，组织开展“传承红色基因 忠诚履职建功 永葆军人本色”主题教育暨庆祝建军91周年向军旗宣誓大会，活动按照迎军旗、入伍宣誓、拍照留影等方式向建军91周年致敬。年内，开展“八一”建军节重温入伍誓词、拍摄红门荣耀微电影、集体换着消防新式服装等主题活动，得到部消防局、消防总队、西城公安分局等上级部门的肯定，确保队伍内部的整体稳定。

（唐赵凯）

【重要节日期间消防宣传活动】年内，区消防救援支队结合国家“防灾减灾日”“六一”儿童节等，在全区开展消防宣传。5月12日，举行第十个“防灾减灾日”宣传活动，现场围绕提升社区居民应急防变能力及防震减灾意识开展系列宣传。现场发放消防手册、宣传海报等宣传材料1000余份，提供咨询服务100余次，受教育群众500余人。5月31日，在庆“六一”儿童节活动中，区消防救援支队为北海幼儿园小朋友现场发放消防车模型，地区防火办为孩子们准备了小礼品，街道专职消防队员向师生们展示了消防车辆，要求老师们要将消防知识融入到日常教育活动中。

（唐赵凯）

【电动自行车消防安全综合治理】6月14日，西城区政府组织召开电动自行车消防安全综合治理动员部署会，区属相关委办局、各街道办事处主管领导、各公安派出所主要领导参会，副区长朱国栋出席会议并讲话。8月18日，区长王少峰带领副区长朱国栋、刘国周及区属相关委办局主要领导到区消防救援支队调研电动自行车治理工作。10月24日，区消防救援支队报请区政府，在全区的老旧居民小区建设1000台联网式电动自行车充电柜，在区政府第61次政府专题会上通过了此项议题，在全区建电动自行车充电柜1000台，项目分两期进行，总投资1833.2196万元，年底在全区完成一期500台电动自行车充电柜的安装任务。

（唐赵凯）

【中非论坛涉会场所联合消防演练】8月14日，区消防救援支队组织西直门、金融街中队及文兴街消防站对辖区涉会场所，西直门宾馆进行联合演练与调研。现场模拟该宾馆南楼地下一层发现火点，参演单位按照“1.3.5.10”（即：1分钟内单位内部自救，3分钟内周边执勤消防员到场，5分钟内周边执勤车组到场，10分钟内增援中队到达现场）灭火救援预案展开内攻，各中队配合实施搜救被困人员。演练结束后，西直门中队针对重点单位微型消防站力量薄弱的特点，为其增配两套空呼及备用气瓶，并指导微型站队员熟练使用，要求熟记“1.3.5.10”灭火救援预案内容。

（唐赵凯）

【市领导检查文物古建消防安全】10月2日，副市长王宁到恭王府公园检查消防安全工作。王宁要求文物古建筑单位要切实履行消防安全主体职责，成立专门小组，对重点部位采取定期巡查和死看死守措施，确保消防安全零隐患；要大力开展消防安全培训，加大对员工消防基本知识及灭火技能的培训，切实提高全体员工的消防安全意识。

（唐赵凯）

【宣传月活动启动仪式】11月6日，北京市在西城区北京展览馆南广场，举行北京市第28届“119”消防宣传月活动启动仪式。应急管理部副部长付建华，北京市人民政府副秘书长孟钧，应急管理部消防救援局副局长琼色，北京市应急管理局党组书记张树森，北京市公安局副局长陶晶，北京市消防总队总队长亓延军、政委夏夕岚等领导参加，消防志愿者代表及首都市民群众600余人参与活动。北京市第28届“119”宣传月活动以“全民参与、防治火灾”为主题，自11月1日至30日，活动为期一个月。

（唐赵凯）

【召开学习习近平授旗训词部署会】国家综合性消防救援队伍授旗仪式11月9日在人民大会堂举行。中共中央总书记、国家主席、中央军委主席习近平向国家综合性消防救援队伍授旗并致训词，代表党中央向全体消防救援人员致以热烈的祝贺。要求全体消防指战员践行“对党忠诚、纪律严明、赴汤蹈火、竭诚奉献”的总方针。11月14日，西城消防救援支队召开深入学习宣传贯彻习近平总书记授旗训词动员部署会，支队机关人员、各中队、消防站全体参会。会议由支队长李兴华主持。

（唐赵凯）

【部领导夜查消防安保工作】12月24日晚，应急管理部消防救援局副局长琼色带队，到西城区实地检查圣诞“平安夜”消防安保工作，期间重点查看了天主教西什库堂，询问了活动现场基本情况；检查了微型消防站、消防控制室、安全疏散通道等部位；查看了营房设施、库室场所和执勤车辆、装备器材；了解“平安夜”期间执勤保卫、伙食保障等情况。对消防救援中队全体指战员精神面貌、内务环境和队伍管理等方面给予肯定，代表部局党委向坚守岗位的一线执勤指战员致以崇高敬意。

（唐赵凯）

【召开工作部署会】12月27日，西城消防救援支队组织召开2018年工作总结暨2019年工作部署会。消防总队副总队长刘洪海，支队党委班子成员及全体指战员，专职消防员、文职参加会议。会上，观看了2018年度工作总结汇报片；副支队长李寿文宣读了支队“传承红色基因、忠诚履职建功、永葆军人本色”主题活动总结及表彰决定，为受表彰人员颁发奖品及证书；副支队长杨战军宣读了支队《大队制管理实施方案》（自2019年1月1日起，消防救援支队创新建立大队制管理模式，实行支队—大队—中队—小型站四级垂直管理体系），大队代表分别做了表态发言。

（唐赵凯）

【举行迎旗授衔和换装仪式】12月27日，西城消防救援支队举行授旗、授衔和换装仪式。机关全体干部，各中队单位主官以及警勤中队全体指战员参加仪式。14时整，迎旗、授衔和换装仪式正式开始，全场高唱国歌，护旗手护卫着中国消防救援队队旗，正步行进至主席台前，全体消防救援人员向队旗庄严敬礼。随后，李寿文副支队长宣读《支队机关消防救援指战员、大队和中队级单位主官的授衔命令》；支队长李兴华带领全体指战员面向中国消防救援队队旗庄严宣誓。

（唐赵凯）

公用事业

燃气供应与管理

【概况】北京市燃气集团有限责任公司（简称北京燃气集团）是国有独资公司，业务范围覆盖从燃气输配、销售、科研、设计、施工到燃气设备制造的完整业务领域。注册资金58.84亿元。年内，北京燃气集团天然气购入量175亿立方米，销售量168亿立方米；实现营业收入410亿元，利润总额40亿元。截至年底，北京燃气集团京内外运行的管线2.35万公里，调压站（箱）22957个，供应区域覆盖北京各城区和所有郊区县。

地址：西城区西直门南小街22号

邮编：100035

电话：66205589

（陈梦爽）

【境内燃气供应与管理】北京市燃气集团有限责任公司第一分公司（简称第一分公司），经营范围包括燃气供应与销售，销售燃气设备用具、燃气专用设备和施工材料，检测、检修、安装燃气设备，燃气及热力技术的开发、转让、咨询、服务。担负市场开发管理，新用户发展管理，用户服务管理，燃气销售管理，区域内管网的运行、维护、带气作业及急抢修作业（中压A级以下压力级别）、基建和技改工程以及外线拆改迁工程管理等职能。管辖范围为北京市二环以内地区。市燃气第一分公司户内服务二所下设西直门、黄城根、温家街燃气服务中心以及前三门急修班，职工107人。管辖区域为二环以内原西城区范围。年内，户内服务二所承担二环以内西城区共160887户民用户和2002个公共服务用户（简称公服用户）的燃气设备维报修、巡检、计量仪表管理、新用户发展任务和二环以内燃气用户的收费业务及二环以内西城区的突发抢修任务。市燃气第一分公司工程所（简称工程所）下设管线、调压、综合运行、泄漏检测、带气作业、急修8个班组，职工113人。年内，工程所承担二环以内西城区547.52公里燃气管线及设备设施的运行维护、泄漏检测、急抢修及带气作业任务。

第一分公司

地址：东城区忠实里西区6号楼

邮编：100022

电话：64021605

户内服务二所

地址：西城区太平街6号富力摩根中心D座1022

邮编：100031

传真电话：63055099

工程所

地址：东城区永定门中街5号

邮编：100050

电话:67351246

（田　欣）

【居民天然气销售价格调整】年内，北京市发展改革委根据国家发展改革委《关于理顺居民用气门站价格的通知》（发改价格规〔2018〕794号），下发《关于调整本市居民天然气销售价格的通知》（京发改〔2018〕1355号）。自7月10日起北京市管道天然气居民销售价格上调0.35元/立方米。第一档2.63元/立方米，第二档2.85元/立方米，第三档4.25元/立方米；执行居民价格的非居民户2.65元/立方米。

（田　欣）

【非居民天然气销售价格调整】年内，北京市发展改革委根据国家发展改革委《关于理顺居民用气门站价格的通知》（发改价格规〔2018〕794号），下发《关于调整本市非居民天然气销售价格的通知》（京发改〔2018〕1356号）。自7月10日起北京市工商业用气销售价格下调0.07元/立方米。发电用气销售价格下调0.02元/立方米；其他非居民用气销售价格下调0.01元/立方米。发电用气销售价格2.39元/立方米，城六区供暖、制冷用气2.49元/立方米，城六区工商业用气2.99元/立方米，供居民用气压缩天然气加气母站2.12元/立方米，供非居民用气压缩天然气加气母站2.35元/立方米。年内，北京市发展改革委下发《关于2018—2019供暖季本市非居民天然气销售价格浮动问题的通知》（京发改〔2018〕2470号）。2018年11月15日至2019年3月15日，北京市非居民用天然气销售价格上浮0.23元/立方米。发电用气销售价格2.62元/立方米，压缩天然气加气母站（供非居民用）2.58元/立方米，城六区供暖、制冷用气2.72元/立方米，城六区工商业用气3.22元/立方米。

（田　欣）

【老旧小区抗震加固改造工程】年内，第一分公司继续配合市区政府开展居民楼改造专项工作，改善辖区居民生活条件，完成西城区老楼报装39栋2343户，已完成33栋1998户。另有1栋65户在设计阶段，1栋75户在施阶段，4栋205户在核实。

（田　欣）

【棚户区改造工程】年内，第一分公司棚户区改造工程涉及西城区内49栋楼2728户居民，主要为西城区菜园街及枣林南里、光源里地区。完成菜园街及枣林地区23栋楼1251户切线工作。其中年内已拆除16栋楼811户。

（田　欣）

【管网信息】年内，二环以内西城区管线总长度为547.52公里，有88座调压站、550座调压箱、803座闸井。完成中京畿道17号楼、辟才胡同42号、云梯胡同、三庙街1号楼4项户内锈蚀管改造，惠及511户居民；前门西大街1210米低压线改造工程，消除燃气管网及设备设施的安全隐患。

（田　欣）

【用户巡检】年内，户内服务二所完成二环以内西城区78743户民用户安全巡检工作，更换胶管2438根，发现问题24214个，发放巡检告知单20512张，现场维修1577个，完成公服巡检3088块表，用户维报修8206次。应查78743户，入户62272户，入户率79.08%。

（田　欣）

【黄城根燃气服务中心】户内服务二所黄城根燃气服务中心（非居民）负责二环以内西城区2002户公服用户的安全巡检、拆改迁装、户内停复气和竣工通气、查表收费、维报修、急抢修、燃气卡相关业务、终端燃气产品及零配件销售及售后、燃气保险销售、整体厨房设计、燃气业务咨询等，提供预约巡检、燃气具安装、维报修等预约服务。地址：西城区西黄城根北街5号，电话：66170930。

（田　欣）

【西直门燃气服务中心】户内服务二所西直门燃气服务中心（民用）负责二环以内原西城区54498户居民用户的安全巡检、查表收费、维修、燃气卡相关业务、终端燃气产品及零配件销售及售后、燃气保险销售、整体厨房设计、燃气业务咨询、居民用户的通气、停气、复气、降压作业通知等，提供预约巡检、燃气具安装、维报修等预约服务。地址：西城区西直门南小街16号，电话：66176311。

（田　欣）

【温家街燃气服务中心】户内服务二所温家街燃气服务中心（民用）负责二环以内原宣武区106389户居民用户的安全巡检、查表收费、维修、燃气卡相关业务、终端燃气产品及零配件销售及售后、燃气保险销售、整体厨房设计、燃气业务咨询、居民用户的通气、停气、复气、降压作业通知等，提供预约巡检、燃气具安装、维报修等预约服务。地址：西城区温家街2号院，电话：66176268。

（田　欣）

【西直门社区服务中心】因北京市燃气集团业务调整，10月底西直门社区服务中心结束营业。

（田　欣）

热力供应与管理

【概况】北京市热力集团有限责任公司西城分公司（简称热力西城分公司）设有七部一室：党群工作部、办公室、财务部、人力资源部、供热生产部、安全保卫部、技术设备部、经营部，下辖4个基层供热服务中心，14个服务站，有职工873人。担负着西城区集中供热的热力站及二次线、楼内系统的运行管理；用户服务、节能降耗及热费收缴；对接街道办事处供热相关政府机构提供供热服务。截至年底，管理热力站741座、供热面积3757万平方米；完成专项资金改造项目323项、两项资金项目1项；开展中小修项目31368项；组织供热服务进社区活动1419场，为用户提供供热政策宣传、入户维修、入户巡检、散热器推广及热费收缴等便民服务。

地址：西城区玉桃园二区16号楼

邮编：100035

电话：59250900

（张　磊）

【供热服务】热力西城分公司服务对象有中南海、人民大会堂、国家大剧院、金融街等重点用户，有月坛地区、前三门地区、槐柏树地区、牛街地区等老旧小区的普通居民。本着“安全稳定供热，优质高效服务”的企业宗旨为各级党政机关和普通百姓提供服务。设立4个基层供热服务中心：车公庄供热服务中心、月坛供热服务中心、金融街供热服务中心、槐柏树供热服务中心。各中心职责：负责中心管辖热力站及二次线、楼内系统的运行管理，用户服务、节能降耗及热费收缴，对接街道办事处供热相关政府机构提供供热服务。车公庄中心办公地址：西直门南大街21号楼北侧热力站，电话68332531；月坛中心办公地址：展览路北露园甲3号，电话68320997；金融街中心办公地址：西便门西里2号楼旁热力站，电话83116560；槐柏树中心办公地址：广安门内街道槐柏树街北里8-1号，电话83118219。

（张　磊）

【供热服务站】热力西城分公司下辖14个热力服务站，分别是：车公庄中心大百科服务站，地址：阜成门北大街15号楼北侧，电话68353016；桃园服务站，地址：玉桃园一区12号楼，电话82211136；万明寺服务站，地址：月坛北街南营房一区，电话68027717；车公庄服务站，地址：西黄城根北街甲2号北京四中，电话66161849；月坛中心的三里河服务站，地址：复兴门外大街29号楼北侧粥立方后身热力站，电话13321137839；811厂服务站，地址：木樨地北里丙4号楼旁热力站二层，电话13321136537；青年公寓服务站，地址三里河东路甲14号院旁热力站二层，电话18911013518；金融街中心的西长安街服务站，地址：灵境胡同12号院，电话66066771；广内服务站，地址：三庙街顺河一巷甲23号对面，电话83122021；秘书局服务站，地址：真武庙三里2号楼；北京热力办公点，电话68020810；槐柏树中心白纸坊服务站，地址：白广路东里5号院内热力站，电话63568330；广安门内大街338号港中旅酒店院内，电话83553381；牛街服务站，地址：牛街东里1区1号楼旁，电话83523511；广外服务站，地址：广外马连道中街甲16号，电话：63360807；椿树服务站，地址：南新华街25号楼后（一得阁墨汁后身），电话63166672；宣武门外东里1号楼西侧，电话83172823。

（张　磊）

电力供应与管理

【概况】国网北京市电力公司（简称国网北京公司）是国家电网公司的子公司，负责北京地区1.64万平方公里范围内的电网规划建设、运行管理、电力销售和供电服务工作。下辖二级单位33个，包括供电公司16个、业务支撑和实施机构13个、其他单位4个。年内，完成售电量1037.04亿千瓦时，同比增长7.13%。

地址：西城区前门西大街41号

邮编：100031

电话：63121114

（白雪莹）

【电网概况】国网北京公司有500千伏变

电站10座，变压器28台，变电容量30951兆伏安；220千伏变电站90座，变压器237台，变电容量44540兆伏安；110千伏变电站372座，变压器934台，变电容量45211兆伏安。有110千伏及以上架空线路641条7229.42千米，110千伏及以上电缆线路1083条2292.17千米。500千伏架空线路8条312.71千米；500千伏电缆线路2条13.37千米（其中昌海、门海线为架混线路）。220千伏架空线路233条3029.76千米；220千伏电缆线路164条647.96千米。110千伏架空线路400条3885.31千米；110千伏电缆线路917条1630.84千米。

（韩帅斌）

【电网建设与发展】年内，超前启动北京电网中长期发展规划和2035年电网空间布局规划，完成16区“网格化”规划，273座变电站站址、1500千米电力廊道投入地区控规。核心区结合架空线入地打造高端配电网，10千伏线路“手拉手”率达到100%、电缆化率达到93.7%。应用“一会三函”、绿色通道等政策，将树村等6项电网工程纳入“多规合一”试点平台；开发应用前期管理APP，实现全流程业务在线跟踪管控，前期效率提升30%以上，取得重大项目核准66项。

（张　晶）

【营销工作】年内，响应中央优化营商环境政策，面向社会推出零上门、零审批、零投资的“三零”服务，在全国范围内实现“三个率先”，即：率先将世行调研对象与国务院扶持小微企业政策相结合、率先将低压供电容量由100千瓦提升至160千瓦、率先推出小微企业接电“三零”服务。低压小微企业客户接电环节由6个压减至2个，接电时间由141天压减至25天以内，接电成本压降至0，为1.76万户小微企业节约投资约7.5亿元，“电力指标”由上年度的第105名升至第14名。“三零”服务举措受到国务院、北京市和国家电网公司多次表扬肯定，作为“北京方案”向全国电力系统推介。完成285个村、12.49万户电网改造，超额完成163个村，市内平原地区基本实现“无煤化”，提前2年完成国务院《打赢蓝天保卫战三年行动计划》中承担的清洁取暖任务和“十三五”期间“煤改电”任务。采暖季贡献电量80亿千瓦时，减少燃煤452万吨。建成40项电动公交车外电源工程，满足新增2100辆电动公交车充电需求；累计建成143座，满足市内7000辆电动公交车充电需求，拉动售电量2亿千瓦时。新建充电桩1231个，总量达到1.6万个。售电量完成1037.04亿千瓦时，同比增长7.13%。年内，新增用电客户27.71万户，新增接电容量1177.36万千伏安，拉动电量增长4.39个百分点。落实国务院下调一般工商业电价10%的要求，完成4次调价工作。配合开展转供电加价清理工作，清理规范2418家企业转供电行为。首次开展市场化交易，145家大工业企业累计实施交易电量15.57亿千瓦时。加强电费回收管控，电费回收率实现100%，实现年底电费零在途。联合市发改委、公安局开展反窃电行动，追补电量1014.82万千瓦时，补收电费及违约金4170.56万元。换装卡表1.1万具、智能表46.7万具，升级采集4G信号3.48万台，分换装集中器3642台，采集覆盖率99.85%。压降购电下发时长，制定10项措施，治理集中器2万台，升级4G信号3.5万台，下发时长由年初的5.77分下降至3.81分。构建计量全业务监控体系，深化全量采集数据应用，实现“一体化平台、两级监控、三类主题”，处理督办工单25.4万件，采集抄通率由年初的98.81%提升至99.52%。完成“三供一业”供电设施接收工作，完成国资委管理的在京央企261个项目、29.77万户的资产移交协议或补充协议签订工作，完成实施协议签订、供电职能移交和实物资产移交3个100%的工作目标。

（耿　涛）

【宣传报道】年内，组织集中新闻发布72次，与国网公司联动发布11次；传播重点议题62项，各类媒体发稿3740篇次，同比增长16%。在中央电视台播出时长302分钟，其中《新闻联播》播出时长230秒，创历史新高；在中央主流媒体发稿460余篇，同比增长20%；在国际媒体传播平台发稿19篇；围绕优化营商环境、打赢蓝天保卫战策划深度报道6篇。“煤改电”经验分别在《人民日报》、新华社《国内动态清样》《科技日报》内参刊发；优化营商环境系列宣传获得国际认可，“北京方案”纳入国务院发展调研报告。举办公司庆祝改革开放40周年成果展。11项品牌工作被纳入“国家电网”品牌贡献度榜单，其中4项被评为A级。获2018年中国电力行业企业公众透明度“责任沟通创新卓越企业奖”。

（刘丽娜）

【安全生产】年内，完成保电任务182项，累计保电345天。完成94座变电站智能安防建设；应用气象灾害精准预报预警系统，度夏防汛期间有效发布各类精准预警192次；应用国内首套电缆精益化管理系统，完成全部1442千米电缆隧道及5390千米管井基础数据普查录入，实现电缆业务管理全覆盖。开展安全生产问题清单专项梳理、“六查六防”专项行动、电气火灾综合治理等活动，消除各类安全隐患1316项，违章率下降25.8%。开展输变电运检质量提升百日专项行动、压降配网故障专项行动，输、变、配电设备同比下降29.5%、28.6%、34.3%，输电架空线路外力故障同比下降39.5%。强化设备隐患治理，完成14座35千伏老旧变电站改造，四环内45千米电缆隧道防火整治及79处输配电“三跨”线路隐患治理。持续推进配电自动化建设应用，实现配电自动化覆盖率和功能投入率100%、自愈功能投入率90%，创新成立配网数据管理中心和自动化运维中心，集中开展系统数据维护和终端传动运维。完成不停电作业业务、人员、装备集约调整，在城区、朝阳等7个示范区实现不停电作业100%。年内，发布电网风险预警586项，加强配电自动化调控应用，在计划检修、方式调整、故障异常处置等工作中采用远方遥控，执行12793次。开展北京电网“三道防线”专项核查，排查并整改问题32项。

（李戎　宗晓茜）

【城区供电】城区供电公司是国网北京市电力公司直属大型重点供电企业，有职工501人，担负东城、西城2个行政地区93平方公里范围内电网规划建设、运行管理、电力销售和91万客户供电服务工作。为政治核心区、国家党政军机关、重大政治活动和城市运行安全供电；负责10千伏及以下架空线路、电缆线路、电缆架空混合线路和开闭站、配电室调度、运行、检修及事故处理；负责辖区内业扩报装、用电检查、营业电费抄核收及日常营业工作。年内，城区供电公司完成全国“两会”、中非合作论坛北京峰会、庆祝改革开放40周年大会等各级保电任务75项196天，实现政治供电保障“全天候、全时段”万无一失。完成79项、78.73公里首都核心区架空线入地任务，提前1个月完成年建设任务。完成天安门广场开闭站改造，对服役超40年的主体结构和运行近20年的电气设备进行整体改造，历经94天提前4天完成任务，保障建国70周年庆典活动供电。服务首都清洁能源计划，确保28万“煤改电”用户可靠供电。优化营商环境，完成“三零”服务接电1131户，容量2.49万千瓦，其中小微企业接电859户，平均接电时间4.91天，北京电力排名由上年度的第105名升至第14名，国家整体排名由第78名提升至第46名。加强党的建设，强化党建引领，突出内嵌融入，构建融合式“党建+”项目制管理模式。组建全国“两会”、中非论坛保障等12支突击队、10支保障队、94个党员示范岗，成立临时党总支和党支部，发挥党建示范引领作用。城区供电公司获北京市安全文化建设示范企业称号；崇文供电服务中心党支部获第一批“中央企业基层示范党支部”称号、获国网公司企业文化建设“百千万”工程首批示范点；城区共产党员服务队获国家电网金牌党员服务队；崇文供电服务中心团支部获国家电网公司五四红旗团支部；电力先锋创新工作站获北京市青年创新工作站；电力调度控制中心配电运营指挥室获北京市“青年安全生产示范岗”榜样集体。年内，城区供电公司实现售电量104.2亿千瓦时，城市供电可靠性99.99%。
地址：西城区西直门南小街174号
邮编：100034
电话：63128718

（李　根）

【境内供电及用电量】年内，西城区售电量62.52亿千瓦时，其中工业电量0.70亿千瓦时，商业电量25.07亿千瓦时，交通用电量3.30亿千瓦时，建筑业电量0.71亿千瓦时，信息传输、计算机服务电量1.93亿千瓦时，金融业用电量2.04亿千瓦时，公共事业及管理组织用电量13.95亿千瓦时，居民电量14.59亿千瓦时。

（李　根）

自来水供应与管理

【概况】北京市自来水集团有限责任公司是北京市政府所属国有独资公司。主要负责北京市区和部分郊区自来水生产供应，兼营再生水、部分郊区污水处理、供水工程设计、施工、安装、管网抢修、管件器材、水表制造、供水材料贸易等业务。截至年底，集团日供水能力450万立方米（市区370万立方米/日，郊区80万立方米/日），自来水销售量10.2亿立方米，营业收入62.06亿元；再生水销售量1433万立方米，污水处理量1962万立方米。水质综合合格率100%，管网压力合格率99.97%，管网修漏及时率100%，实现安全生产无事故。
地址：西城区宣武门西大街甲121号
邮编：100031
电话：66410088

（罗　婧）

【供水情况】年内，实现供水12.2亿立方米。强化保障，完成302项迎高峰维修计划，细化方案、科学调度，成功应对中心城区346.6万立方米历史新高水量。建成通水东五环（五元桥—七棵树）DN1000给水管线，东坝地区高峰时段供水压力有效缓解。完成石景山鲁谷地区应急补水工程，西部地区供水安全保障度再提升。完成全国“两会”、中非合作论坛等35次重大保障任务，保驾179天。完成行政办公区综合管廊内供水管线建设，建成玉带河大街至政通东路DN400供水管线，实现行政办公区双路水源供水。完成“四大四小”及配套供水项目21项，确保市级机关顺利搬迁入驻。完成清水园、华龙苑北里等小区（单位）自备井置换294个，关停103眼，总置换水量7.98万立方米/日，受益人口27.74万人；完成128家央企“三供一业”供水分离移交协议签订，推进首钢、京煤、燕山石化、航天三院等家属区供水业务分离移交，27.6万新用户的接收工作持续开展中。

（罗　婧）

【水质管理】年内，从源头到龙头全过程的水质监管体系更加完善。强化标准体系建设，编制水质管理责任制体系及水质控制标准体系文件，补充修改《工艺运行技术管理标准》。总结南水运行经验，关注水质监测数据，应对藻类变化，安全取用南水7.7亿立方米。加强水质监测，新建管网水质在线监测点60个、人工采样监测点66个，增至378个。与市卫生部门水质在线监测系统建立互通机制，实现17处在线监测点数据共享。检测原水、工艺水、管网水等样品110万余项次。加强水质数据分析，建立季度水质分析报告制度，针对水源特征指标进行预警分析；对水厂各工艺段消毒副产物情况加强趋势分析，为工艺调整提供数据支持。

（罗　婧）

【管网安全】年内，新建、改造供水管网340公里。其中，完成郭公庄水厂与南水北调南干渠左线连通管线建设，实现原水输水“双保险”；配合新机场建设，建成大兴国际机场DN1200供水管线全长37公里；配合冬奥会场馆建设，随路建设国家速滑馆配套供水工程；研究制定世园会应急供水方案，建成世园会DN600应急供水管线。管网运行完成185处DMA建设，累计911处DMA纳入系统管理。事故防范方面，完成老旧小区内部供水管网改造工程392个，加强管网漏失监测预警，布设漏失监测仪4484个，检出修复管网破损隐患2134处，发生管网破损事故525处，保持“主动检出多、被动抢修少”的局面。

（罗　婧）

【安全生产】年内，完善安全管理制度体系，修订《安全生产党政同责、一岗双责暂行办法》，编制《防汛工作安全保障手册》。建强安全管理队伍，25家二级单位设立安全总监，16家单位设置安全管理机构，新增专职安全管理人员91名，集团液氯、液氨废弃钢瓶专业应急处置队伍通过市级验收。丰富安全教育手段，开展“安全生产月”系列活动，举办第九届消防运动会，开展有限空间技术比武、安全生产大培训及危化品专项培训，组织各类应急演练102次。完成22家单位的安全生产标准化复评。全面开展安全隐患排查，编制隐患清单图册，组织安全风险辨识评估，确定风险源355项；通过自查、互查，消除整改隐患2600余项。

（罗　婧）

【对外服务】年内，优化营商环境，供水接入服务进驻11个市（区）政务服务中心，在首都之窗、集团官网开通网上报装服务渠道；业务流程及办理时限大幅优化，小微工程、一般工程减至4个和15个工作日；针对小微企业及居民的新建、改建项目报装工程，推行零上门、零审批、一站式专员服务。落实“四个服务”，完成保障性住房供水配套建设任务78项。配合中央单位、驻京部队实施供水设施项目23个，与公安部警务保障局、市医管局签署合作框架协议。深化金牌服务创建，编制《营业网点标准化设计手册》，选树金牌（示范）营业厅和管网维修所17家、金牌员工117名。拓展服务手段，升级用户呼叫服务系统，制定《对外服务热线整合三年行动计划（2018-2020年）》，启动第一批6家单位试点；开通微信、支付宝24小时缴费功能，成为用户缴费主要渠道。

（罗　婧）

【区内自来水营销情况】截至年底，西城区计量水表数量514547支，区内售水量9403.51万立方米，其中居民家庭售水量4149.6万立方米，公共服务售水量4792.06万立方米，生产运营售水量461.85万立方米。区内设收费营业所1处，位于真武庙路四条8号院2号楼3层。

（龚珊珊）

【境内管网维修】北京市自来水集团禹通市政工程有限公司长椿街维修所位于西城区槐柏树后街25号。主要负责西城区境内的自来水管网抢修、维修及大小口径管线安装工作。年内，抢修供水管线发生的明漏83处，较上年同期减少38处；暗漏294处，暗漏自检243处，占暗漏总数的82.65%，较上年同期增加1处。完成零活修理3207户，更换故障水表459只、井盖32处、消火栓16个，解决居民无水、水微问题3615处；大小在施安装工程277户，安装长度合计22663米。完成集团交办的任务：开消火栓井盖11536处，帕玛劳数据采集30810次，帕玛劳布设253处及回收213处。

（吴雨霏）

（责任编辑　姜光　孙凤霞）

科技　教育

科技与信息化

【概况】北京市西城区科技和信息化委员会（简称区科信委）挂北京市西城区知识产权局（简称区知识产权局）牌子，是负责本区科技发展、信息化管理和知识产权工作的区政府工作部门。年内，区科信委通过建设全国科技创新中心和构建高精尖经济结构，促进企业自主创新能力和科技成果转化能力的提升，累计完成工业总产值1247.1亿元，与上年同期相比增长9.3%，国家高新技术企业851家，其中园区内578家，园区外273家。通过疏解整治促提升，落实环保及工业宏观监测相关工作，牵头“散乱污”专项清理整治，通过市环保督查。落实软件和信息服务业安全生产行业的安全生产管理，累计出动820余人次，检查企业410家次；短信宣传10802条，年度覆盖率为100%。提升城市品质，对区委办局、各街道的22个公共服务场所进行了公益性无线局域网（WiFi）覆盖，共建AP点157个。围绕智慧城市建设和精细化管理，完成大数据顶层设计，初步建立大数据中心平台，数据共享体系基本建成。西城特色大数据发展进入新阶段。优化营商环境建设，推进信用体系建设和知识产权保护、运用，专利申请量14905件，专利授权量10947件，专利申请及授权量位列全市第3位。年内，全区输出技术合同6659项，输出总额为208.8亿元。

地址：西城区广安门南街68号
邮编：100054
电话：83976212

（王立民）

【科技合作座谈】1月2日，北京市科学技术研究院院长郭广生带队到西城区参观“数字红墙”社会服务管理平台，并进行科技合作座谈。副区长司马红及区科信委、中关村科技园西城园相关人员参加本次座谈。双方就科技创新、科技成果转化、科技人才引进、科普等多个领域进行了交流。

（王立民）

【科普项目结题】1月12日，“健康西城科普行”项目通过市科委组织的结题验收。该项目是区科信委与北京市肛肠疾病研究院联合承担的2017年北京市科普专项任务，由西城区疾控中心主持的“西城区职业人群控油限盐健康教育”和二龙路医院主持的“军民专家共话——打开肛肠病防治之门”2个子项组成。

（王立民）

【大数据工作领导小组一次会议】1月12日，区委副书记、区长王少峰主持召开西城区大数据工作领导小组第一次会议。会议首先听取了全区信息化及大数据工作情况的汇报，审议了《西城区大数据领导小组成员及职责》《北京市西城区大数据工作领导小组议事规则》和《北京市西城区信息化项目管理办法》。区领导王少峰、王旭、司马红、李异、郁治、徐利、刘国周等出席会议。

（王立民）

【空气重污染应急情况检查】1月15日，区科信委与区环保局联合对北京印钞有限公司、北京邮票厂、经济日报印刷厂3家印刷业企业开展空气重污染橙色预警应急情况检查。3家企业在接到橙色预警指令后，均按“一厂一策”的预案采取了关停设备减少印刷生产的措施，有效减少污染物排放。

（王立民）

【全国知识产权人才先进工作集体】1月17日，国家知识产权局办公室发布《关于表扬2017年全国知识产权系统人才工作先进集体和先进个人的通知》，对全国知识产权系统人才工作91个先进集体和89名先进个人进行表扬，西城区知识产权局获得人才工作先进集体称号。

（王立民）

【桥西区调研智慧城市建设】2月9日，河北省石家庄市桥西区政府一行到区科信委调研智慧城市相关工作情况。随后到区行政服务中心考察交流，针对公共服务、行政审批、服务事项、目录梳理、数据共享、平台建设等具体问题，与区科信委和区行政服务中心展开座谈交流。考察团表示，通过此次的学习与交流，获益良多，为桥西区智慧城市的建设指明了方向，拓宽了思路。

（王立民）

【国家发改委调研西长安街街道】2月11日，国家发改委高技术产业司司长伍浩带队，到西长安街街道办事处进行“打破信息孤岛”相关工作的调研。副区长翟冀、区发改委、区社会办及区科信委分管领导共同出席。

（王立民）

【区财政科技专项立项】2月，西城区人民政府第36次区政府专题会议，听取并通过了区科信委关于《2018年西城区财政科技专项项目计划草案》的汇报。根据要求，区科信委在网站上就2018年度财政科技项目立项情况向社会进行公示。

（王立民）

【区科技计划项目亮相央视】中央电视台的纪录片《大国重器》介绍了西城区高新技术企业北京万桥兴业机械有限公司自主研发的具有国际领先水平的“穿隧道变位式运架一体式架桥机”“1050吨节段拼加悬拼架桥机”等装备。区科技计划项目先后对该公司申报的“900吨变位式运架梁一体架桥机”“高速铁路桥梁检测与维修技术研究及桥梁检测车研制”“适用于特种复合工况桥梁施工的多功能节段拼架桥机”等项目给予了支持。

（王立民）

【调研中国航空规划设计研究总院】3月6日，区科信委走访中国航空规划设计研究总院有限公司，与公司总工程师沈金龙等企业相关负责人进行了座谈。区科信委表示积极做好服务，助力中国航空规划设计研究总院有限公司在全国科技创新中心建设中发挥“国家队”创新优势。

（王立民）

【区财政科技专项立项工作培训会】3月14日，区科信委举办了2018年度西城区财政科技专项立项工作培训会。会议对可持续发展类项目和科技创新类项目的任务书填报要点、项目管理验收、项目支出绩效评价的目标填报及操作方法等相关事宜进行了培训。

（王立民）

【12330分中心和工作站工作会议】3月15日，区知识产权局组织召开12330分中心和工作站工作会议，会议明确了2018年度主要工作是围绕重要时间节点开展知识产权宣传、围绕企业需求做好知识产权公益服务、围绕知识产权维权需求做好服务。

（王立民）

【科技型中小企业评价政策讲解培训会】3月23日，区科信委组织召开西城区科技企业研发费加计扣除和科技型中小企业评价相关政策培训会，200多位企业负责人参加。会议就“研究开发费用税前加计扣除优惠政策”和“科技型中小企业评价政策及申报流程”进行了培训。

（王立民）

【调研金融科技企业】3月27日，副区长司马红、区长助理沈俊宇带队走访北矿金融大厦和中国证券登记结算有限责任公司，就企业发展、服务需求等情况进行调研。司马红一行首先了解了北矿金融大厦企业入驻情况，参观了入驻企业——国网优能（北京）科技有限公司，听取了该公司“中国云·电力云”平台情况汇报，随后走访了中国证券登记结算有限责任公司，就公司发展布局及企业需求进行了深入对接。区科信委、西城园管委会、区金融办、北展指挥部等部门负责人陪同调研。

（王立民）

【调研人民医院】3月28日，副区长司马红带队到北京大学人民医院调研，与北京大学人民医院院长助理王天兵等院方负责人座谈。司马红首先听取了院方科研工作汇报，深入了解其近年来取得的科研成果及9个市级重点实验室建设情况，与院方科研处及基地建设办公室研讨了现阶段面临的科研成果转化难等问题。会后，区领导一行实地察看了血研所、免疫科重点实验室。

（王立民）

【调研驻区工业企业】4月10日，区科信委到北京中融安全印务公司走访调研。在听取了公司领导关于企业历史沿革及发展现状、科研实力等方面的介绍后，区科信委介绍了科信委的职能职责及服务事项，强调了安全生产及污染物减排等工作的重要性，要求企业要进一步提高安全意识，做好生态环境保护工作。

（王立民）

【区互联网企业发明专利成绩优异】4月11日，知识产权媒体IPRdaily联合incoPat创新指数研究中心发布“中国互联网企业发明专利排行榜100强”。西城区奇虎360、联动优势、人民网、咪咕文化等4家企业入围，其中奇虎360公司以历年发明授权专利2281件，排名第二。

（王立民）

【调研恒华伟业科技股份有限公司】4月13日，区科信委到北京恒华伟业科技股份有限公司开展调查研究，推动企业在深化“互联网+”理念，打造能源行业互联网生态圈等方面展开合作，促进区域经济社会发展。

（王立民）

【“老字号”企业知识产权培训会】4月24日，区知识产权局、区商务委、西城工商分局联合举办“老字号”企业知识产权保护培训会。高文律师事务所高级合伙人王正志就“老字号”知识产权保护和法律风险进行了讲解，西城工商分局商标科通报了假冒商标注册案件情况，并就注册商标支持政策、老字号品牌战略推进工作进行了讲解。区知识产权局介绍了西城区知识产权专项资助政策。此次培训旨在落实《关于促进老字号改革创新发展的指导意见》，提升老字号知识产权保护意识，全区“老字号”企业的负责人40余人参加了培训。

（王立民）

【《项目指南》发布】4月，按照新发布的《西城区财政科技专项项目管理办法》要求，区科信委对西城可持续发展示范区“十三五”期间支持的科技项目情况进行总结，对实施效果绩效进行分析，从指导思想、研究内容、重点领域、经济社会效益、经费额度、成果转化等因素进行总结，并对重点领域中典型项目案例进行深入分析。结合区委区政府重点任务实际需求，重新修订西城区可持续发展项目征集指南目录，并在全区公开发布。

（王立民）

【调研文化科技融合企业】5月7至8日，区科信委到北京天桥盛世投资集团有限责任公司、天江智媒科技（北京）有限公司、北京元隆雅图文化传播股份有限公司3家文化科技融合企业进行调研。区科信委向企业宣讲了北京市高精尖产业政策和市领导在西城区调研时的重要指示精神，表示将做好科技服务工作，为企业搭建创新发展与政策对接的平台，争取各级各类项目资金支持，助力文化科技融合企业快速成长为行业龙头。

（王立民）

【调研月坛街道大数据城市评估系统】5月7日，为深入了解街道大数据发展情况，区科信委赴月坛街道调研大数据城市评估系统。会上，月坛街道对以案件为导向的城市体检总体评估系统的“8+1”（建筑、交通、公共设施、城市环境、城市安全、人口专题、经济发展、历史文化资源和社会热点）模块进行了详细介绍，并对白云观和职工之家等重点区域进行人口监测。区科信委针对实有人口数据的采集、更新等有关问题进行沟通交流。

（王立民）

【科技周主场活动暨启动仪式】5月20日，由区科信委和德胜街道办事处共同主办，德胜少年宫、中科协同创客（北京）教育科技有限公司共同承办的“2018年西城科技周主场活动暨启动仪式”在德胜少年宫启动。主场活动以“科技创新强国富民”为主题，布展了创客工坊、木工达人、智能机器人、安防科普、脑波竞赛、3D打印、科普问答、脑科学、航天和VR虚拟现实技术等10个展区17个项目内容。3000余人次参与活动。

（王立民）

【公益性WiFi建设】5月，区科信委在区属公共服务大厅进行公益性WiFi建设。方便公众在公共场所访问政府网站、网上预约、下载办事APP，降低公众的商务成本，增强民众在区各服务大厅办事过程中的信息消费体验。覆盖范围包括区综合行政服务中心、区人力社保办事大厅、区不动产登记事务中心、区婚姻登记处、区信访接待大厅等12个场所。

（王立民）

【融资和高精尖产业政策培训会】5月31日，区科信委联合中关村企业信用促进会共同组织召开科技企业融资支持政策和高精尖产业政策培训会。培训会的内容包括：北京市加快科技创新发展高精尖产业系列政策、中关村科技金融政策解读及贷款贴息申报流程、2017年度中关村融资租赁支持资金申报解读。会上还对科技企业做了融资需求调查，将有融资需求的12家企业需求情况与北京中关村科技融资担保有限公司进行了对接。110名科技企业的相关管理人员参加培训会。

（王立民）

【区域可持续发展能力评估】5月，按照科技部对全国国家可持续发展实验区能力建设评估要求，区实验区领导小组办公室，牵头组织开展西城区可持续发展能力建设自评。完成西城区可持续发展能力建设自评报告。完成51项区域经济社会管理、生态环境建设指标的填报任务。

（王立民）

【大数据专家咨询委成立】6月8日，西城区召开大数据专家咨询委成立大会。区长王少峰主持会议，副区长司马红、李异、刘国周，来自大数据研究、智慧城市建设、网络安全等领域的专家及大数据领导小组成员和各专项组牵头部门主要领导参加会议。司马红介绍了西城区大数据建设基本情况、存在的不足与问题以及下一步工作计划。王少峰为专家现场颁发聘书。

（王立民）

【西城区获全国守信激励创新奖】6月10日，在“中国城市信用建设高峰论坛”开幕式上，西城区获“首批国家守信激励创新试点地区”暨全国“守信激励创新奖”，为代表首都唯一获得“守信激励创新奖”的城区。西城区深入贯彻党中央、国务院对社会信用体系建设的部署要求，紧随北京市建设目标与步调，经过多年城区信用体系建设的理论研究和实践探索，在加快推进信用联合奖惩方面形成了诸多结合区域实际的创新应用。

（王立民）

【区知识产权联席会议】6月22日，西城区召开2018年知识产权联席会议。副区长司马红、北京市知识产权局副巡视员周立权、北京市知识产权局协调处副处长陈军及区13家联席会议成员单位的主管领导参加会议。司马红对知识产权工作提出要求：一是突出严字，强化协同，以更高标准加强知识产权保护；二是聚焦重点，开拓创新，知识产权助力区域经济高质量发展；三是用好资源，提升服务，努力打造知识产权优势企业群；四是希望各成员单位积极配合，高质量完成年内国家知识产权试点城区验收考核工作。

（王立民）

【区社会信用体系建设联席会议】6月22日，区科信委召开区社会信用体系建设联席会办公室会议，副区长司马红出席会议。区科信委代表信用联席会办公室传达北京市社会信用体系建设联席会议精神，总结2017年信用工作情况，部署2018年信用重点工作任务；就进一步做好行政许可和行政处罚等信用信息公示工作进行讲解和部署；会议审议了《西城区社会信用体系建设三年重点工作任务及分工（2018—2020年）（审议稿）》和《2018年西城区社会信用体系建设重点工作任务及分工（审议稿）》。

（王立民）

【区科信委党组走访专家】6月27至29日，为贯彻落实《西城区关于进一步加强党委联系服务专家工作的实施办法》，结合“进千门走万户”行动、重大节日走访慰问等工作安排，区科信委党组走访了北京时代亿信科技股份有限公司、北京市科通电子继电器总厂、北京世纪金工投资有限公司，慰问了联系服务的专家章勇、李文兵和赵钢。区科信委党组表示将继续做好科技服务工作，为企业搭建创新发展与政策对接的平台，争取各级各类政策和资金的支持，助力西城区科技企业快速成长。

（王立民）

【第22届软博会落幕】6月29日至7月1日，由工业和信息化部、北京市人民政府共同主办的第22届中国国际软件博览会在北京展览馆举行。工信部电子一所、北京市经济和信息化委员会、北京市西城区人民政府、北京市海淀区人民政府、北京市软件协会具体承办。工业和信息化部部长苗圩和北京市市长陈吉宁出席开幕式，并在首场全球软件产业发展高峰论坛上代表主办方致辞。西城区区委副书记、区长王少峰，副区长司马红参加会议。本次会议期间举办高峰论坛五场，297家厂商参展。其中73家企业独立参展。

（王立民）

【技术市场专场培训】7月2日，区科信委技术合同登记处邀请专家到交通运输部科学研究院进行技术市场政策专场培训。本次的专场培训是登记处对技术市场服务手段多样化、精准化的一次创新和探索。通过走访重点企业，贴近企业需求，加强政策宣传，帮助科技企业更好地了解和运用技术市场政策，为企业搭建创新发展的技术市场平台。

（王立民）

【“双公示”工作培训会】8月8日，区科信委举办西城区“双公示”工作培训会。区社会信用体系建设联席会议办公室通报《北京市社会信用体系建设联席会议办公室关于通报2018年第二季度“双公示”工作存在问题并开展整改的通知》，要求有关单位对存在的问题及时整改到位；同时对“双公示”专栏后台数据模板调整和后台数据更新过程中存在的问题进行详细讲解。26家单位参加培训。

（王立民）

【空间数据共享研讨会】8月15日，区科信委、区规划分局组织召开区空间数据共享研讨会，就市规划国土委与区空间地理数据对接，更好地支撑市级核心区治理大数据协同管理平台数据共享服务等问题展开了充分研讨。各部门分别介绍了已掌握的数据资源以及可共享的数据。

（王立民）

【高精尖产业政策和技术合同认定登记培训会】9月7日，区科信委举办西城区高精尖产业政策和技术合同认定登记培训会。来自西城区科技企业的100多位管理人员参加培训。本次培训会讲解了高精尖产业政策、技术市场优惠政策及技术合同认定登记，并对专利、版权、商标和商业秘密进行了解析。

（王立民）

【区财政科技专项联席会第一次会议】9

月14日，区科信委组织召开2019年度西城区财政科技专项联席会议第一次工作会。区科信委通报了2019年度区财政科技专项项目征集情况、专家评审筹备情况及2018年度项目申请撤项的情况等相关工作。区财政局、区发改委、区社会办、区审计局、中关村西城园管委会等成员单位参加了会议。

（王立民）

【全国科普统计调查工作培训会】 9月18日，西城区召开2017年度全国（西城区）科普统计调查工作培训会。区科信委负责人分析了科普工作形势，要求各单位要组织专门力量，集中精力做好统计工作，确保区统计工作的顺利完成。会上，中国科学技术信息研究所负责全国科普统计工作的专家，对科普工作调查表的填报内容、指标和流程，逐项进行了详细讲解，并就大家提出的有关疑问进行了解答。

（王立民）

【可持续发展实验区工作交流】 9月，杭州上城区国家可持续发展实验区一行人到西城区调研可持续发展实验区工作。双方就两地实验区建设基本情况、区域试点示范主题、经费管理办法、产业培育发展状况等内容进行了沟通交流。

（王立民）

【区财政科技专项联席会第二次会议】 10月25日，区科信委组织召开2019年度西城区财政科技专项第二次联席会议。区财政局、区发改委、区社会办、区审计局、中关村西城园管委会等成员单位的相关人员参加了会议。区科信委通报了2019年度区财政科技专项项目专家评审情况及立项草案制定情况。成员单位对相关工作进行了研究，并确定了2019年度西城区财政科技专项计划草案。会后区科信委负责做好项目单位税务审查及区长办公会的材料准备工作。

（王立民）

【科普干部培训】 10月30日，区科信委举办2018年西城区科普干部培训班。公安大学教授王明生、《科普时报》总编辑尹传红、北京交通大学教授陈征别做了“浅谈新时期我国的网络安全观”“创新科普方式的若干视野”“关于科普教育的探索和思考”的辅导报告。讲座结束后，培训班到北京科学中心开展参观体验活动，区科普联席会成员单位干部和部分社区科普专干80余人参加培训。

（王立民）

【大数据工作领导小组第二次会议】 11月5日，区委书记卢映川主持召开西城区大数据工作领导小组第二次会议，深入贯彻北京市大数据工作领导小组第一次会议精神，就做好下一阶段大数据工作进行再研究再部署。区领导王旭、徐利、司马红、朱国栋、郁治、刘国周、缪剑虹、杨青、邓怡参加会议。

（王立民）

【区科技政策和知识产权业务培训会】 11月16日，区科信委、区知识产权局召开西城区科技政策和知识产权业务培训会。主讲的内容包括西城区财政科技专项科技创新类项目申报及实施要点、树立诚信品牌促进企业可持续发展、知识产权贯标助力企业风险防控、2018年信用修复的思路和流程四部分内容。共有85名科技企业相关的管理人员参加了培训。

（王立民）

【调研驻区央企】 11月20日，区科信委赴中国建筑设计研究院有限公司走访调研。公司负责人介绍了该公司科技创新体系建设情况，区科信委介绍了西城区十大高精尖重点产业定位，表示中国建筑设计研究院有限公司业务范围符合区域产业定位，同时作为国内知名的设计公司对西城区设计之都核心区建设发挥了重要作用，对公司为西城区发展做出的贡献表示感谢。双方就科技项目、人才资助、知识产权保护、技术市场等业务进行了沟通。

（王立民）

【老字号守信激励推进会】 11月30日，区社会信用体系建设联席会办公室组织区14个部门召开老字号商户守信激励创新试点工作推进会。会上区社会信用体系建设联席会议办公室介绍了区开展守信激励创新试点工作背景和工作安排。西城区作为全国守信激励创新试点区，将开拓思路、大胆创新，让更好、更多的守信激励产品和服务能够惠及广大的守信主体。

（王立民）

【国家可持续发展先进示范区建设】 12月20日，为持续推动西城区国家可持续发展先进示范区建设，促进区域经济高质量发展，区科信委邀请多位专家和相关委办局，召开西城区国家可持续发展先进示范区建设三年行动方案（2018—2020年）研讨会。专家及与会人员听取了《方案》的背景、意义及编制情况汇报，就相关内容进行了交流、研讨，从《方案》的编制结构、指导思想、重点任务等方面提出了修改意见。

（王立民）

【重要课题结题验收】 12月27日，区科信委组织专家对北京市科学技术评价研究所承担的《西城区科技服务业发展三年行动计划（2018—2020年）》课题进行结题验收。课题成果对今后三年西城区科技服务业的促进工作具有较强的指导意义。专家组认为课题按时完成了合同书规定的考核指标，达到了预期效果。

（王立民）

【调研华为北京会展中心】 12月26日，区科信委赴华为北京会展中心进行调研。区科信委一行认真听取华为公司的战略定位、发展历程介绍，详细了解华为在民生服务、网络技术、智慧城市大数据建设等方面的产品应用和解决方案，重点针对深圳市龙岗区智慧城市大数据建设项目进行了交流与探讨。华为公司表示将积极参与西城区大数据建设。

（王立民）

【马连道茶城市场获国家级规范化市场称号】 12月25日，国家知识产权局办公室发布《关于确定第三批国家级知识产权保护规范化市场的通知》，西城区北京一商批发配送中心马连道茶城市场等16家市场获得国家级知识产权保护规范化市场称号。

（王立民）

【西城区通过国家知识产权试点城区验收考核】 12月27日，北京市知识产权局组织召开北京市“国家知识产权试点城市（城区）”考核验收会。西城区知识产权局从试点方案完成情况、知识产权行政管理体制机制和能力建设、知识产权文化人才建设、企业知识产权意识和能力建设、执法维权工作以及特色主题及工作亮点六个方面对3年来西城区知识产权试点城区建设工作进行了总结汇报，对专家问询进行了答辩。专家组通过对42项考核指标完成情况、主要任务完成情况等综合测评后，认定西城区通过了国家知识产权试点城区验收。

（王立民）

【信用修复培训会】 12月28日，西城区举办2018年西城区信用修复培训会。会议主要介绍了北京社会信用体系建设、西城区社会信用体系建设的推进情况；

详细讲解了国家和北京市社会信用体系建设政策法规文件、联合奖惩备忘录，企业信用修复方向、机制、流程等内容。本次培训的主要对象是具有失信行为的市场主体、法定代表人及行业重点企业。

（王立民）

【实地核查拟认定高新技术企业】 年内，区科信委、北京市科委和随行财务、技术专家，对西城区（园区外）北京市建壮咨询有限公司、北京房修一建筑工程有限公司、中金金融认证中心有限公司3家2018年第二批拟认定的高新技术企业，对西城区（园区外）北京九鼎嘉盛国际知识产权代理有限公司、北京东华绿源建筑装饰工程技术有限公司、北京和合谷餐饮管理有限公司3家2018年第四批拟认定的高新技术企业进行实地核查。财务和技术专家抽取企业的相关财务凭证原件、高新技术产品（服务）收入相关合同及发票原件、企业研发人员相关学历证明、社保证明和其他主要指标进行现场核查，并对财务管理问题进行了专业指导。

（王立民）

【全国科技型中小企业入库量】 年内，西城区取得“全国科技型中小企业信息库”入库登记编号的企业有315家。

（王立民）

【专利申请及授权量】 年内，西城区年度专利申请量14905件，其中发明专利9086件，占60.96%；专利授权量10947件，其中发明专利5461件，占49.88%；PCT（即《专利合作条约》的英文缩写）专利申请262件。西城区专利申请及授权量位列全市第三位。

（王立民）

教　育

概　述

中共北京西城区教育工作委员会、北京市西城区教育委员会（简称区教委）设职能科室32个，在职人员143人(公务员138人，工人5人)。西城区教委辖属教育单位397个：幼儿园82所、小学58所、中学42所（12年一贯制学校小学部2所）、中等职业学校4所、特殊教育学校2所，工读学校1所，校外教育单位12个，其他法人单位17个（含成人学校3所），监管培训机构法人单位179个。设立学区11个。年内，招生42793人（幼儿园8518人、小学18328人、初中10119人、高中5697人、特殊教育学校38人、工读学校6人、中等职业学校87人）；毕业30100人（幼儿园5643人、小学10531人、初中6481人、高中6574人、特殊教育学校63人、工读学校11人、中等职业学校797人）；在校生152917人（幼儿园20721人、小学84963人、初中27353人、高中18836人、特殊教育学校351人、工读学校64人、中等职业学校629人）。教职工总数18486人（幼儿园3760人、小学5859人、中学7851人、中等职业学校755人、特殊教育223人，工读学校38人）。专任教师中，高级职称2908人(中学2227人、小学387人、中等职业学校225人、特殊教育学校21人、幼儿园48人)，中级职称5655人(中学1907人、小学2906人、中等职业学校244人、特殊教育学校103人、幼儿园495人)。北京市特级教师69人，北京市学科教学带头人38人，北京市骨干教师192人。全年教育总投入75.65亿元。中小学固定资产总值57.89亿元。

年内，西城区教委以“推动管理转型，提升教育品质”为主线，以立德树人为根本，以改革创新为动力，以提高质量为核心，以促进公平为导向，深化教育综合改革，提升学校治理水平，提高教育教学质量，促进教育服务区域经济社会可持续发展，各项工作取得新成效。

教育教学质量稳步提升。创新活动育人模式，推进“书香进校园”“文化艺术进校园”“统计进校园”活动，优化“开学一课”品牌，将“四个一”活动与学科教学有机结合。完成原创课程资源、课程建设、“一师一优课”及初中综合社会实践活动的成果征集、评选和申报工作。圆满完成首次新中考。扎实推进高考综合改革工作，促进新高考、学业水平考试与课程改革的有机衔接。完成Pisa测试和国家义务教育质量监测。实施《西城区小学教育教学质量监控评价方案》，召开主题研讨会，优化学生评价方式。加强全区学生体质健康状况监测，通过动态数据分析，为提高学校体育工作提供教学依据。重视学生核心素养培养，深化课堂教学研究。组织第十三届“西城杯”录像课评优活动和展示活动、第十八届“金秋杯”教学活动。组织教师参加北京市中小学“一师一优课、一课一名师”和北京市优秀教师“特色示范课堂”活动。开展义务教育减负工作调研，切实减轻中小学生课业负担。有效开展教学质量监控，2018年高考取得优异成绩。注重学生综合发展，推进“三个一”活动。制发《西城区关于加强和改进美育工作实施方案》，组织参加科技节、金鹏科技论坛展示、青少年科技创新大赛、青少年机器人竞赛等活动，提升学生科技素养。本着“校校有特色、班班有活动、人人都参与”活动目标，举办第二十一届学生合唱艺术节，组织七大类个人项目展演活动。分别召开西城区中小学生田径运动会，组织参与北京市第十五届群众运动会、北京市第十届民族传统体育运动会以及市级田径、足球、篮球、棒球、冰球、网球、轮滑、健美操、啦啦操等项目的比赛，推进校园足球和冰雪运动项目，提升学生体质健康水平。建立信息联动机制，做好学校传染病疫情报告和日常监测指导、检查工作，定期发布学校常见传染病防控工作要求和健康防病知识，制作并下发学生及家长防病保健宣传手册。推进校址间送餐工作。继续开展预防近视、肥胖、龋齿等学生常见病以及膳食营养、控烟、爱国卫生运动等健康宣传、教育活动。开展学校教学环境监测工作，改善学校教室灯光照明。组织开展应急救护师资培训、红十字博爱宣传周、应急安全教育演练、应急救护培训进校园活动。对托幼机构、中小学新生进行结核病筛查，调整中小学新生入学体检工作。加强活动课程建设，建立了覆盖面广、内容完备的校外课外教育课程体系，“城宫计划”课外活动品牌有260家社会机构支持，已实现基础、中级、优势三层次全面发展、逐级提升模式，为学生不同发展需求搭建了良好平台。“高参小”项目有13所高校与31所小学牵手，有72家市区级社会大课堂单位、百余家部委、院团与西城中小学长期建立合作。“课后服务”采取“课外活动”与“课后托管”相结合的方式，为家长提供可选择的托管服务保障，年内“课后服务”学生参与率84%，教师参与率73%。

教育综合改革不断深化。新成立5个事业单位，西城区教育督导研修中心、西城区教育史馆、西城区国际教育交流中心、西城区教育新闻与传播中心、西城区民办教育管理中心，同时将西城区国防教育中心更名为西城区学生活动管理中心。对原西城区教育研修学院、北京教育学院宣武分院职能进行整合调整，成立新的西城区教育研修学院，西城区教育学院，西城区教育科学研究院。优化教育布局，增强优质资源覆盖面，将原41中合并到13中分校，更名为13中分校诚毅校区；启动161中学搬迁，改善学校办学环境。推进学区制改革。3月5日，教委派驻全区11个学区的29名教师全部到位，学区办公室工作正式运行，并先后成立学区理事会。多个学区办公室完成了本街道非本市户籍适龄儿童入学“五证”审核工作。深化集团办学和贯通培养。调整集团成员校构成，将附小和直升校全部纳入教育集团，推进学前、小学、中学的贯通培养。将部分小学的六年级放在中学办学，促进贯通培养。组织各小学开展小升初贯通培养教学研讨活动，研制下发《西城区小学毕业班教学指导手册》，加强小初衔接。在干部选任工作中突破学段边界，试点贯通式任职，加强中学、小学之间和名校办分校的干部管理力量，提升办学质量。以育才学校和亚太实验学校为实验基地，加强贯通培养的体制机制探索。成立示范高中联合体、建立学校发展共同体、小学精品学校联盟，促进成员校办学水平的整体提升。着眼学生的终身发展，制定《“百年树人工程——班级导师制”工作方案》。继续推进职业教育改革，探索保留西城职业教育优势与特色的有效途径。做好560名学生的毕业就业管理工作，强化就业指导和服务。启动以“北京市西城职业学校”为名义的小规模招生，共招收198人。强化职业教育社会服务功能，开展社区市民教育、中小学劳技教育、“城宫计划”、高端企业培训等。研发职业教育社会化课程，约120门课程已被市民教育、劳技教育及“城宫计划”选取，采取请进来、走出去等方式组织实施相关教学任务，提升了市民文化素养及学生综合素质。制定并下发《西城区教育系统关于开展2018年“做新时代‘四有’好老师和‘四个引路人’”学习实践活动实施办法》《西城区新时代中小学、幼儿园教师职业行为规范（试行）》《西城区中小学（幼儿园）教师师德考核办法》。宣传西城优秀教师文化，在招聘准入和考核评价中强化师德考查。杜绝有偿补课，开展学校自查和教委督导室联合督查。加大优秀人才招聘引进力度，完善教师培训激励机制。年内，多种方式招聘教师、会计、保健医等岗位654人，对教师信息管理系统进行维护和审核，对非教委所属幼儿园人员信息进行详细审核。加大新入职教师培训力度，成立区级“紫禁杯”优秀班主任工作站，充分发挥首席班主任和班主任工作站的带动辐射作用，促进班主任队伍整体提升。制定《2018年西城区幼儿园园长、教师培训工作实施方案》，开展幼儿园全员培训。完善以区域“学习共同体”为组织形式的人才培养工作机制，召开宣武回民幼儿园园长孟春燕办园实践研讨会，开放六幼特级教师齐振燕工作室，开放新审批的示范园，发挥名优园长教师及示范园辐射引领作用。深化人事制度改革，完善绩效工资方案。全面推动适应基础教育综合改革的绩效工资方案，重点向对教育综合改革有突出贡献的单位和个人倾斜，向教育改革重点领域倾斜。完善市区各系列带头人、骨干教师评选推荐工作、“名师工作室”“导师团”的管理机制。整合原西城和宣武教育人才中心，成立西城区人力资源服务中心，进一步突出人力资源建设和服务功能。做好教师评选表彰、职称评审工作、年度考核工作。

教育公共服务水平不断优化。出台《西城区支持学前教育事业发展补助资金管理使用实施细则》，加大对各级各类幼儿园资金扶持力度，重点建设实验幼儿园琉璃厂分园、洁如粉子胡同分园、十五中附属陶然亭幼儿园（二期工程）、育民五一幼儿园、大栅栏幼儿园、研修学院附属幼儿园。新审批爱尚、金色启萌、智慧摇篮、爱之泉、美仁5所民办幼儿园。民办悠米幼儿园新增广外分园。由6所少年宫（社区学校）提供教室、示范园承办的社区学前教育中心，实行小时制轮流受教育方式，为未能入园幼儿提供接受学前教育的途径。出台《进一步加强学前教育管理的意见》，规范学前教育监控设备使用、学籍管理、收退费管理、招生管理、安全管理，将街道、部队和企事业单位幼儿园、民办幼儿园纳入教委统一业务管理，完善办园质量分层评估动态监管机制。为全区所有在册幼儿园配备责任督学，实现幼儿园挂牌督导100%全覆盖。加强幼儿园园务委员会和家长委员会建设，推进幼儿园民主管理进程。加大社区幼儿早期教育基地和特殊儿童随班就读基地支持力度，进行课程研究，不断扩大服务范围。举办西城区第十六届市民学习周活动，推进西城区市民终身学习成果认证制度建设，按照“区—街—居”三级培训体系，做好区域市民终身教育体系建设，推进成人教育转型发展，各社区教育学校和社区家长学校开办各类培训讲座共计680余个。制定《西城区特殊教育提升计划落实方案》，完善特殊教育专家指导、研究、巡回指导团队建设，继续开展驻点支持服务，6个特殊教育服务实体为近130名残疾学生和特需生开展了专项干预训练，6名全职支持教师为普校提供精准服务。制定《西城区校外培训机构专项治理行动实施方案》，研制《西城区教育委员会关于加强民办学校管理的意见》，结合市政府疏解工作和西城教育发展的特点，提升西城民办教育办学品质。助力京津冀协同发展，做好教育扶贫协作工作。选派全职西藏支教教师5人、新疆支教教师18人、青海支教教师1人，派出18名优秀教研员和教师组团赴藏送教，开展京津冀教育合作交流，为通州城市副中心、雄安首都副中心建设服务。开展疏解整治促提升专项行动。调减职业学校在校生560人，压缩民办教育培训机构15所，涉及人员450人。减少非京籍用工417人。

教育现代化水平不断提升。落实教育部《义务教育学校管理标准》，开展市级专家入校调研、首批达标验收工作。持续推进“UDS”“校长助理”“校长论坛”，启动“校长引领骨干教师成长”工作坊，以专家指导、同行交流的研讨模式开展参与式培训。组织2018年教育科研月展示活动。建设首批学科建设示范基地校与拔尖创新人才培养示范基地校，以“翱翔计划”为平台，做好创新人才培养工作。鼓励支持干部带题管理，组建教育教学干部专题研究组，围绕学校常规教育教学工作及教育综合改革重点工作开展交流研讨。开展“家校协同育人”专题研究和培训。推动

2018年度与教育教学相适应的排课、选课软件建设，完成中小学生缺勤报送和统计系统建设。研究编制《关于加强西城区教育系统网络安全工作的意见》，做好日常和重要时期教育系统网络安全和平稳运行保障任务。编制印发《媒体理解教育》，引导青少年绿色上网、安全合法上网。率先成立西城区教育系统外事工作领导小组，召开西城区教育系统外事工作暨国际交往中心建设会。严格因公出国（境）和外事接待审批，2018年因公出访计划团组数为152个（其中港澳团组5个），实际出访团组113个，出国教师374人，学生2184人，出访香港教师14人、学生92人。接待国外团组12个，外宾141人。选派756名小学生到首都机场给外国元首献花。7所中小学9名教师到5个驻外使领馆阳光学校任教。制定学生、教师申诉处理规则及程序。坚持依法行政，主任办公会会前学法、重大决策和重要合同法律审查等制度得到切实落实。积极开展行政执法检查，行政处罚案件实现零的突破。落实学区法律顾问制度，全年为近百校次提供法律支持和服务。开展中小学一校一章程建设，组织中小学学生开展“学宪法讲宪法”活动，3名学生分别获北京赛区一、二、三等奖。开展青少年法治文艺大赛和“法律进校园”“青春船长 法治启航”等法律巡讲活动，提升学生法律意识和法律素养。

地址：西城区广安门内大街165号
邮编：100053
电话：66201155

（杨海蓉）

中小学教育

【概况】年内，西城区有小学58所（教育部门办校57所、民办校1所）；中学42所，按主办部门分：教育部门办校38所(含北师大办3所)、民办校3所，其他部门办1所。按类别分：初级中学3所（教育部门办），九年一贯制学校1所（民办），完全中学34所，十二年一贯制学校2所（教育部门办校1所、民办校1所）；特殊教育学校2所；工读学校1所。设立学区11个。招生34188人（小学18328人、初中10119人、高中5697人、特殊教育学校38人、工读学校6人）；毕业23660人（小学10531人、初中6481人、高中6574人、特殊教育学校63人、工读学校11人）；在校生131567人（小学84963人、初中27353人、高中18836人、特殊教育学校351人、工读学校64人）。教职工总数13971人（小学5859人、中学7851人、特殊教育223人，工读学校38人），专任教师中，高级职称2635人(中学2227人，小学387人，特殊教育学校21人)、中级职称4916人(中学1907人，小学2906人，特殊教育学校103人)。全年教育总投入54.98亿元。中小学固定资产总值45.99亿元。

（杨海蓉）

【推进中小学校长助理项目】1月15日，西城区教委召开“西城区中小学校长助理项目”启动会。北京市第十三中学、什刹海小学的代表发言；区教委宣读了中小学校长助理任职学校，为校长助理代表颁发聘书，提出工作要求。此项目是通过面试，从北京师范大学优秀在读研究生中为中学选拔34名、小学选拔22名校长助理，到56所不同办学模式学校任职一学期。

（谢　歆）

【小升初贯通培养教学研讨】1月27日，小教科面向全区小学下发了初一年级语文、数学、英语试卷和标准答案。全区小学共有2340名教师参与答卷，其中语文教师1169名、数学教师760名、英语教师411名。各校组织教师从题型变化、能力提升和教学建议等方面开展“初一试卷新体验，学段贯通增实效”“研究质量标准，落实贯通培养”等专题研讨活动，引导教师更多关注中考、高考改革导向，了解中学教学与评价改革措施，由此反观小学质量标准，促进实践研究，务实贯通培养要求。

（谢　歆）

【体育教师冰雪运动培训】1月，区教委在张家口崇礼开展体育教师冰雪运动培训，培训人数120人；12月，在北京市渔阳滑雪场（平谷）开展西城区体育教师冰雪运动培训，培训人数138人。

（麻　涛）

【推进中考改革重点工作】3月，通过召开教学工作会、开展专题讲座等多种途径，在学生选科、课程设置、教学组织、教学管理、课堂教学等方面进行部署；组织全区中学初三年级参加北京市中考选考科目调研测试；明确区级操作流程和规范，顺利完成分数补足工作，扎实做好开放性科学实践和综合社会实践活动首次计入中考成绩等工作，圆满完成2018年首次新中考。

（王贞荼）

【中小学班主任基本功培训与展示】3月，市教委启动第三届北京市中小学班主任基本功培训与展示活动。西城区制定了《西城区第三届中小学班主任基本功培训与展示活动实施方案》。经过各校推荐和区级评审，全区报送9名教师参加市级班主任基本功展示，北京市第十三中学夏振鲁、北京市第三十一中学庄露、北京师范大学第二附属中学任萍等三位老师获一等奖，北京市第十五中学张依依、北京市回民学校王骁两位老师二等奖，北京市第七中学尹岩、北京市第四十三中学赵然、北京市西城外国语学校曹蓉、北京师范大学附属实验中学张婷等四位老师获三等奖。

（詹小雪）

【校长引领骨干教师成长工作坊】3月21日，西城区小学精品学校联盟“校长引领骨干教师成长”工作坊活动在回民小学正式启动。3月至6月期间，先后组织系列研修活动，分别围绕“当前教育时代背景下引领学校骨干教师发展的困惑与问题”“加强队伍建设，促进内涵发展”“运用SWOT分析教师专业发展现状”等主题开展培训。9所精品学校联盟校校长和教育教学干部参加研修活动。

（谢　歆）

【市青少年科技创新大赛获奖】3月27日，第38届北京青少年科技创新大赛落幕，西城区获中学科技创新成果一等奖32项，蝉联北京市第一；二等奖34项。小学获科技创新成果一等奖12项、二等奖9项。奋斗小学范彬、宣武青少年科学技术馆翟琨老师获十佳科技辅导员称号。本届创新大赛对“北京市青少年科技创新市长奖”进行了表彰，全市共10名学生获此殊荣，其中有4名西城区学生，分别来自北京四中、北京八中、北京师范大学第二附属中学、北京师范大学附属实验中学。

（王冉冉）

【加入北京校园戏剧教育联盟】4月2日，北京市教育委员会、北京人民艺术剧院《推进学校美育工作战略合作协议》签约仪式暨北京校园戏剧教育联盟启动仪式在北京人艺菊隐剧场举行。育才学校、北京四中、北京师范大学附属实验中学为首批加盟学校。启动仪式上，北京师范大学附属实验中学戏剧社的学生，代表首都中学生表演了原创校园剧《活扣结》片段。

（兰　静）

【承办市学生艺术节个人项目展演】4月14至15日，西城区教委承办的北京市第21届学生艺术节（西城区）个人项目展演分别在西城区少年宫、金融街少年宫、德胜少年宫举办，展演主题为“阳光下成长，快乐中绽放”，全区4000余名中小学生展示了西乐、声乐、京昆、朗诵、曲艺、舞蹈、民乐项目。每组学生演出后，专家团队即从基础训练、作品选择、表现力、表演技巧等方面进行点评。

（兰　静）

【养成教育专项督导检查】4月20日，市政府教育督导室学校督导处、市教委基教一处及市教科院德育研究中心联合组成专项工作组，对西城区养成教育落实情况开展专项督导。督导组根据随机抽查，在鲁迅中学听了道德与法治、历史、语文等5节课；在实验一小前门分校听取了区教委和两所学校工作汇报，查看了相关档案资料。督导组分别从教科研、政府督导、教委行政三个方面对西城区落实《北京市中小学养成教育三年行动计划（2017—2019）》情况给予了评价反馈和工作指导。

（石　虹）

【示范高中联合体成立】4月27日，区教委在北京市第十三中学召开示范高中联合体成立启动大会，同时为首批学科建设示范基地校与拔尖创新人才培养示范基地校颁牌。区教委主任赵蓬欣、15所示范校校长、教委相关科室负责人、教研部门负责人等近30人参加了会议。会议由区教委副主任唐挈主持。示范高中联合体是在西城区教委领导下组建的学校管理和教育教学研究共同体，由15所示范高中组成。未来这些学校将根据各自特点，发挥在学校文化、教育理念、师资队伍、课程改革、教学管理等方面的优势，通过交流研讨，资源共享，提高示范高中的整体办学水平和办学质量，带动西城高中教育的全面发展。区教委主任赵蓬欣强调，示范高中联合体的成立是西城区教育系统贯彻落实习近平新时代中国特色社会主义思想与十九大会议精神的又一重要举措，是落实新一轮高中课程改革和北京市高中综合改革的具体措施，对于促进西城区提高教育公共服务水平，更好地满足人民群众对优质教育的需求具有重要意义。北京市第十三中学进行了首场课程展示活动。

（王贞荼）

【义务教育学校管理标准化建设】5月15日，区教委在展览路第一小学召开推进北京市义务教育学校管理标准化建设入校调研暨培训会，明确了工作思路与具体要求。5月至12月期间，组织全区所有小学对照《管理标准》评估指标体系进行自查，制定整改方案，完成教育部管理信息系统填报工作。在学校全员自评、自主申报基础上，相关科室审阅学校自评材料，最终将26所小学确定为首批达标学校。12月25至26日，北京市教委组织专家组对西城区进行全市首批义务教育学校管理标准达标验收。西城区陶然亭小学、北京市育才学校、西城区三里河第三小学、北京市第三十九中学4所首批管理标准达标校接受了抽样调研。

（谢　歆）

【编发小学毕业班教学指导手册】5月，为拓展教材贯通小学和初中之间的联系，提升小学毕业生的学科核心素养，西城区教委组织两院小学研修员编写了《西城区小学毕业班教学指导手册（试用）》，下发至全区各小学。该手册为学校开展小初衔接教育提供了教学参考。

（谢　歆）

【中小学生足球比赛】5月15日至6月3日，2018年西城区中小学生足球比赛分别在北京四中、宣武回民小学、进步小学举行。比赛共有62支学校代表队，近1000名学生参加。比赛设组5个组别，高中男子组、初中男子组、小学男子甲组、小学女子甲组、小学男子乙组，共进行比赛159场。

（刘　瑶）

【开展多层级科技活动】5月19至26日北京市中小学生科技周期间，西城区中小学通过开展科普讲座、科幻画及科技小报评比、科学课题研究、科学实践体验等活动，使学生走进中科院、自然博物馆等多家科研院所、科技教育单位，参观重点实验室、科普展厅，聆听专家讲座、与科研人员互动交流、进行科技制作、观看科技舞台剧。年内，西城区教委先后组织学生参加了第六届北京市中小学生观鸟比赛、第18届北京市中小学生金鹏科技论坛展示交流活动，带领部分小学生赴广州、深圳参加市教委组织的研学活动，承办了2017年北京市高中生技术设计创意大赛。

（王冉冉）

【完成中考中招工作】6月24至26日，西城区中招办组织参加北京市高级中等学校招生统一升学考试，报考总计6240人，具有升学资格的考生6011人，借考考生380人。中考共设考点14个，最大考场数216个。西城区41所初中学校考生被录取人数为5826人（占全区有升学资格考生的比率为96.9%，下同）。录取考生按招生批次统计：提前招生批次942人（比率为15.7%）；名额分配批次1079人（比率为18.0%）；统一招生批次3805人（比率为63.3%）；录取考生按招生学校统计：本区示范高中录取3539人（比率为58.9%），外区示范高中录取96人（比率为1.6%），示范高中录取共计3635人（比率为60.5%）。本区一般高中录取1341人（比率为22.3%），外区一般高中录取199人（比率为3.3%），一般高中录取共计1798人（比率为25.6%）。中专、技校、职业高中、五年高职及高等院校录取共计651人（比率为10.8%），其中贯通培养项目录取159人（比率为2.6%）。西城区中考落榜生人数为235人（比率为3.9%），其中有志愿的落榜生为58人（比率为1.0%）。

（吴献平）

【义务教育阶段招生】年内，小学入学继续实行学区制，采取寄宿学校招生、学区派位入学、片区内登记入学、派位入学、民办学校招生5种入学方式。入学新生共计18461人（本市户籍适龄儿童16821人，非本市户籍适龄儿童1640人），其中居民户籍15655人、集体户籍1166人、按市民对待332人。2018年将多校划片派位正式更名为学区派位入学，涉及西师附小、黄城根小学、西师附小展览路校区、育才学校、奋斗小学、北京小学红山分校6所小学，共有2267人参与网上报名，录取新生377人，进一步扩大了优质教育资源覆盖范围。初中入学办法采取多种招生方式与计算机派位相结合，按照招生计划要求，采取九年一贯制直升入学、特长生招生、对口直升派位入学、全区派位入学、特色校招生、学区登记入学、学区派位入学、民办学校招生8种入学方式。录取新生共计10240人(本市户籍8620

人，非本市户籍1620人）；其中参加学区派位入学6648人，约占西城区升学人数的64.92%。2018年是施行全区派位入学的第二年，学生可跨学区填报0-5个志愿，让更多的学生享受全区的优质教育资源，共有7967人参加全区派位入学方式，录取学生936人。转入西城区学生共计791人，其中春季转入300人、秋季转入491人。

（袁　伟）

【高考政策调整】2018年北京市高考政策有两项变化：一是普通高考外语听力实行一年两考，外语听力考试满分30分，取两次听力考试的最高成绩与其他部分试题成绩一同组成外语科目成绩计入高考总分。统考英语听力采用计算机化考试，与笔试分离，第一次考试于2017年12月16日进行，报名与高考报名同期进行；第二次考试于2018年3月17日进行；其他外语语种科目（小语种）第一次听力考试于2018年1月8日进行，第二次考试于6月8日进行。二是高校高水平运动队部分运动项目专业实施全国统测。从2018年起，高校高水平运动队的跆拳道、击剑、棒球、射击、手球、垒球、橄榄球、冰雪、赛艇、柔道、攀岩、摔跤等12个项目专业考试实行全国统测，教育部委托国家体育总局科教司牵头组织实施。报考上述项目的考生须在中国运动文化教育网或体教联盟手机APP上进行考试报名。报名时间为，冰雪项目为2018年1月1日至15日，其他项目为3月1日至15日。

（王　清）

【普通高等学校招生】8月，区教育考试中心高招办完成秋季招生考试工作。西城区高考报名总人数为7559人。普通高考报名人数为7055人，其中文科2513人（含3科56人），理科4542人（含3科43人）；289人参加29所高职自主招生并被提前录取。全区共有6750名考生参加普通高考，其中参加全科考试6736人，实考考生6498人，上本科线人数5314人，上线率为81.78%；参加高会统招（专科）14人，实考考生9人。中学应届实考人数5246人，上本科线人数4736人，本科上线率90.28%，专科上线率100%，其中：文科应届实考人数1370人，上本科线人数1184人，上线率86.42%；理科应届实考人数3876人，上本科线人数3552人，上线率91.64%。截至9月底，全区普通高考共计录取6482人（含高职自主招生），录取率为95.38%。高职单考单招报名人数为504人，其中431人参加29所高职自主招生并被提前录取；有73名考生参加考试，实考人数31人，录取人数25人。截至9月底，高职单考单招共计录取456人（含高职自主招生），录取率为98.70%。

（王　清）

【启动均衡优质提升工程】9月，采用一对一精准对接方式，分别将四中与三十九中、三十五中与教院附中、一六一中与四十三中、铁二中与五十六中组成4个学校发展共同体。通过制度共建，探索既有理念共识、课程共享、师资共用，又有特色发展、效益显著的共同发展模式。

（王贞荼）

【西城区中小学生科技节】9月，西城区中小学生科技节启动，以“体验、智造、共享”为主题，以提升学生科学精神、科学素养和科学态度为目标，历时4个月，10余万名学生参与其中。区级组织13大类科技竞赛，评选出一等奖700余项。校级结合自身特色，根据不同学段学生的身心发展需要设计了多样科技教育活动，力求活动具有普及性、趣味性、体验性和创造性，带领学生走进多彩的科技世界，激发学生无限热情。

（王冉冉）

【教师节表彰】9月，经区教育工委、区教委决定，西城区教育系统16人获“霍懋征奖”，720人获西城区教育系统“优秀教师”称号，311人获西城区教育系统“优秀教育工作者”称号，190个集体获西城区教育系统“优秀集体”称号。

（李晓琳　张捷莹）

【支教工作】西城区教委共选派全职西藏支教教师5人、新疆支教教师18人、青海支教教师1人。9至11月，区委教工委、区教委选派教学干部、骨干教师共37人赴对口扶贫地区内蒙古自治区赤峰市喀喇沁旗、呼伦贝尔市鄂伦春旗、河北省保定市阜平县、张家口市张北县分别开展为期1年和30天的教育帮扶工作。

（梁勇　田桂华）

【小学精品联盟学校校长论坛】10月11日，区教委在厂桥小学召开西城区小学精品学校联盟校长论坛。会上，校长们结合“学校发展·教师队伍建设”专题，逐一进行论坛发言，交流了各校教师队伍建设的经验。专家们进行了专业点评。9所精品学校联盟校校长和干部参加本次活动。

（谢　歆）

【附小直升学校校长论坛】10月30日，区教委在北京师范大学亚太实验学校召开“务实贯通培养，提升发展品质”附小直升学校校长论坛。会上，北师大亚太实验学校校长以“发挥一体化优势，深化贯通培养研究，促进学生全面发展”为题进行论坛主发言；六年级教师代表交流了小初衔接教学研究与实践；学生们进行综合实践活动展示。论坛交流环节，校长们结合“贯通培养”专题，交流了收获与思考，并就教师评价等话题进行了深入探讨。西城区附小直升学校校长和干部50人参加活动。

（谢　歆）

【“金秋杯”教学活动】10月31日，西城区小学第十八届“金秋杯”教学活动开幕式在宣师一附小举行。此届“金秋杯”教学活动以“坚持全面育人，培养关键能力，关注实际获得”为主题，遵循全员参与，扩大平台，分层推进的原则，分两阶段进行。第一阶段为两个月的“校级教学开放日”活动，市级学科带头人、市级骨干教师和区级学科带头人全员参与，通过现场教学的形式进行互动研讨交流。第二阶段为三周的“区级教学开放周”活动，两院教研室推选50位教师通过现场教学、说课展示、专家点评、互动交流的形式进行研讨交流。活动旨在发挥学科带头人和骨干教师的学术引领作用，坚持以学生发展为本，倡导课程实施的开放性、灵活性与实效性，切实有效地深化课程改革，进一步提高西城区教育教学质量。

（谢　歆）

【第18届“明天小小科学家”活动】11月4日，由中国科协、中国科学院、中国工程院、国家自然科学基金委员会和周凯旋基金会共同主办的第18届“明天小小科学家”奖励活动在北京航空航天大学体育馆落下帷幕。北京师范大学附属实验中学王龙飞、聂宇辰、张鸣悦同学和北京市第四中学潘紫琪同学获一等奖，占北京市一等奖获奖比例的50%。西城区学生获二等奖8项、三等奖7项。此届“明天小小科学家”共收到来自全国各省、自治区、直辖市和香港、澳门特别行政区2472名学生提交的正式申报材料，经资格审查和专家初评，126人参与终评。经研究项目问辩、综合科学素质面试以及笔试等一系列终评环节的严格评审，确定了“明天小小科学家”称号获得者3名和一、二、三等奖。

（王冉冉）

【编制新生易错行为预防矫正指导手册】年内，区教委小教科组织开展小学一年级学生易出现的问题及教育对策专项调研。组织有关人员对一年级学生存在的共性问题进行数据分析与归类梳理，形成西城区一年级新生易错行为预防矫正指导手册的基本框架。经过市区德育研究部门、基层学校干部代表的过程参与，《西城区小学一年级新生易错行为预防矫正指导手册》于12月正式印刷成册，提供给全区小学一年级任课教师参照使用。

（赵嫣娜）

【学校红十字会工作】年内，组织开展急救互救培训工作，其中教师培训28期，1608人取得救护技能证书；学生培训24期，4024人取得救护技能证书。初级急救员培训1期，33人取得初级急救员证。师资培训班1期31人结业。举办“人道，为了你的微笑——红十字，救在身边”及“交通安全‘救’在身边”安全教育大课堂活动，5000余名师生接受培训。

（姚吉磊　赵秋玲）

学前教育

【概况】年内，西城区共有幼儿园82所，其中区教委直属园30所、街道园10所、驻区部门园13所、企事业单位园2所、部队园3所、民办园24所。离园幼儿5643人，入园幼儿8518人，在园幼儿20721人。教职工3760人，其中专任教师2268人。全区市级社区早期教育示范基地幼儿园32所。全区市级示范幼儿园23所。全区一级一类幼儿园44所。年内，西城区学前教育认真贯彻落实教育部、北京市、西城区第三期学前教育行动计划，针对教育改革的新形势，关注学前教育普及普惠问题，更新观念，创新管理，推进“管理转型、品质提升”，努力办人民满意的学前教育。通过多措并举，增加学前教育供给量；通过加强师资培养培训，全面提高教师队伍综合素质；通过加强质量监控，不断提高办园水平；通过完善机制，保障学前教育事业健康发展。

（王丽萍）

【专家对62所幼儿园考核验收】4月10日至5月11日，区教委学前科组织专家考核组分别对虎幼、宇锋、公安局、长安、和平门、回民6所市级示范幼儿园进行考核。10月20日至12月21日，区教委考核组分别对石油、广安、幸福泉、广电、红黄蓝、长椿街等市级示范幼儿园以下的56所幼儿园进行考核验收。考核严格按照市级示范园验收标准、北京市分级分类验收标准，围绕园所管理、队伍建设、办园条件、保教、科研、早教、卫生保健等7个方面，采取听取园长自查自评报告、查看园所环境建设、观摩游戏教学活动、与干部教师座谈、查阅档案资料等形式，全面检查分析幼儿园整体建设情况，帮助各园总结成绩和经验，查找问题和不足，提出改进意见，指出努力方向。

（王丽萍）

【区领导“六一”慰问幼儿园】“六一”儿童节来临之际，区委书记卢映川，区委副书记、区长王少峰，区委副书记、区委党校校长王飞，区委常委、区委政法委书记、区委统战部部长王旭，区委常委、区纪委书记、区监委主任虞宝才，区人大常委会副主任沙秀华，区政府副区长司马红，区委党组副书记、区政协常务副主席程军等领导走访慰问部分幼儿园，代表区委、区人大、区政府、区政协向小朋友们致以节日的祝贺，并给孩子们送上了图书、玩具作为节日礼物，同时向辛勤耕耘在教育战线的广大教职员工表示亲切慰问。领导们走进北海幼儿园、棉花胡同幼儿园、果子市幼儿园、中直机关事务管理局幼儿园等30所幼儿园，听取办园情况和师资队伍建设情况汇报，参观幼儿园环境，观看孩子们的才艺展示。领导与老师和孩子们互动交流，孩子们主动邀请领导参加他们的游戏活动，赠送自己亲手制作的小礼物。

（王丽萍）

【幼儿园全员培训】根据市教委《2018年北京市幼儿园园长、教师培训工作实施方案》，制定《2018年西城区幼儿园园长、教师培训工作实施方案》，于6月中旬开展区级幼儿园教师面授课程；8至9月完成网络课程，完成率100%；10月，完成全区学习总结和展示宣传视频；全区各级各类幼儿园全体教师、行政管理人员、工勤和编外用工共计3770人，全部参加了培训；10月31日，在洁民幼儿园进行了全区总结展示交流活动。

（李晓琳　李琳）

【区领导到槐柏、美仁幼儿园调研】10月12日，西城区人大常委会科教文卫委员会主任韩星桥一行30人到槐柏幼儿园、美仁幼儿园调研。槐柏幼儿园园长申桂红汇报了总园、分园和科技馆教学点扩充学位情况和提升保教质量的措施。未来荣华教育集团总负责人宋红梅和美仁幼儿园园长陈小明介绍了幼儿园对多样化办园模式的探索和办园情况。代表们参观两个幼儿园的环境，观摩幼儿教学活动，对幼儿园在解决幼儿入园难问题上所做的探索和尝试给予了充分肯定，并鼓励幼儿园为缓解入园难问题多提建议。

（王丽萍）

【幼儿园安全工作会】为贯彻落实北京市政府办公厅《关于进一步加强学前教育管理的意见》规范学前教育行业管理，区教委研究制定了《关于进一步加强学前教育管理的意见》。11月13日，区教委召开幼儿园安全工作会，就落实两个文件精神、加强幼儿园安全管理进行部署。区教委主任赵蓬欣、主任助理黄国平，西城公安分局内保支队副支队长王晖参加会议并讲话。区教育研修学院学前部主任陈立、幼儿园考核验收专家组成员、全区各级各类幼儿园园长和民办培训机构自办园负责人，共120余人参加。会议由学前科科长乔梅主持。赵蓬欣指出，各单位教育管理方法要适应家长教育观念的转变，要求幼儿园既要加强师德师风教育，又要像绣花一样将幼儿园的管理精细化，做好基础性工作。黄国平通报了幼儿园安全大检查的情况，强调幼儿园工作首要任务是保安全。王晖通报了校园安全事件，强调学校门卫制度、监控制度、规范化程序以及师德师风建设的重要性和紧迫性。乔梅就加强幼儿园分类管理和教职工队伍建设、健全幼儿园安全风险防控机制、建立幼儿园与家庭及社会共育机制、做好学前教育考核检查和督导评估工作、完善区级联动管理机制等做了详细解读。

（王丽萍）

【“走进童心世界”研讨会】12月11日，由区教委学前科、区教育研修学院学前部主办，棉花胡同幼儿园承办的蒋小燕“走进童心世界”研讨会在棉花胡同幼儿园举行。中国教育科学研究院研究员刘占兰，市教科院早期教育研究所所长苏婧，区教育研修学院院长刘继忠、副院长祁建新，区教委学前科科长乔梅，区教育研修学院学前部原主任沈心燕、北京教育学院宣武分院学前教研室原主任郎明琪，西城区84所各级各类幼儿园的干部和骨干教师代表，以及市第五幼儿园邹平园长工作室的老师，共90余人参加。与会人员观看了展现蒋小燕成长历程的宣传片——《以爱为名 逐梦前行》，观摩了蒋小燕运用“情境教学法”所做的中班语言活动《我的兔子朋友》教学展示。蒋小燕以《与爱相伴 共筑成长》为题做了主旨发言，从“坚定职业理想　为爱扬帆起航”“探索爱的道路　与幼儿共成长”“做研究型教师　在研究中成长”“和谐共生　筑起爱的桥梁”四个方面，讲述了成长历程。刘占兰、苏婧、沈心燕、郎明琪、刘继忠、乔梅分别对活动进行了点评。西城区“走进童心世界——优秀教师成长之路”研讨会以加强师德师风宣传为宗旨，传播职业精神，引领教育工作者做德行高尚，专业精湛的优秀教师。

（王丽萍）

【2所幼儿园晋升级类】11月2日和12日21日，市教委委托西城区学前教育考核验收小组，分别对西城区樱桃园幼儿园、西城区诺博幼儿园进行上级上类考核验收。经验收，2所幼儿园均达到其所申报的级类标准。西城区樱桃园幼儿园由三级三类晋升为二级三类；西城区诺博幼儿园由无级无类晋升为一级一类。

（王丽萍）

【新审批2所一级二类教委直属幼儿园】年内，区教委新审批北京市第十五中学附属陶然亭幼儿园、北京市西城区育民五一幼儿园2所一级二类教委直属幼儿园。

（王丽萍）

【新增9所幼儿园和6个学前教育中心】年内，区教委陆续审批北京市西城区美仁幼儿园、北京市爱之泉幼儿园、北京博雅汇英幼儿园、北京智慧摇篮幼儿园、北京市西城区金色启蒙5所民办幼儿园。新增北京市第十五中学附属陶然亭幼儿园、北京市西城区育民五一幼儿园、北京市西城区大栅栏幼儿园、北京市西城区教育研修学院附属幼儿园4所教委直属幼儿园。新增西城科技馆、宣武科技馆、西城区少年宫、西城青少年美术馆、金融街少年宫、新街口少年宫6个学前教育中心。9所幼儿园开设教学班53个，招收幼儿1590名。6个学前教育中心开设教学班9个，招收幼儿270名。

（王丽萍）

职业教育、成人教育

【概况】年内，西城区有4所职业高中学校和1个专门教育职高部，共16个专业。4所职业高中毕业生560人，在校生780人。教职工755人，其中专任教师583人。专任教师中高级专业技术职务240人，其中特级教师1人，市级学科带头1人，市级骨干教师3人，区级学科带头43人、骨干教师62人。学校占地面积47213平方米、建筑面积70212平方米。图书馆藏书376910册，固定资产总值26361.21万元，全年教育经费投入32093万元。截至年底，西城区已通过2017年年审的民办学校200所。其中19所民办幼儿园、181所民办非学历培训机构。教职工4740人，年招生人数约61万余人次，结业人数约34万余人次，年纳税5950余万元。西城区社区教育工作稳中求进，11月北京市举办的“北京市17区县践行《北京市学习型城市建设行动计划》中期成果展”上，西城区以“尚学明德、毓秀西城”为主题的成果展示获得北京市学习型城市建设成果展示一等奖。在全国与北京市各级各类评选中，西城区1人获全国“百姓学习之星”称号，6人获“首都市民学习之星”称号。京彩瓷博物馆等3家市民学习基地被评为北京市“市民终身学习示范基地”，9名教师在北京市社区教育教师教学能力竞赛中获奖，北京市西城区德胜社区教育学校获“全国城乡社区教育特色学校”称号，6名教师获“全国城乡社区教育骨干教师”称号。全年市民教育达到147万人次。

（李同焕　王珍　王竞艳）

【职业教育服务京津冀协同发展】1月，落实京津冀协同发展有关精神，外事学校与阜平县职教中心学校就专业发展、师资交流、课程建设等内容进行座谈，就旅游类专业的课程开放、实训基地、师生交流等工作达成初步意向。5月，实美学校与河北省威县职业技术教育中心及河北省青龙县职教中心，就学前教育专业、美容美发专业的相互合作达成初步意向。职业教育共派出21人次参与河北、内蒙古、青海、新疆等地扶贫支教工作。

（李同焕）

【学区办公室正式运行】根据《关于印发北京市西城区推进学区制工作实施方案的通知》，3月5日，西城区4所职业学校选派的29名教师到11个学区报到，各学区办公室工作正式运行。

（王　珍）

【企业管理能力提升培训班】3月至10月，西城经科大与西城区环卫中心合作举办企业管理能力提升培训班。开设12个企业管理专业专题讲座，共计36课时，学校9位教师任课。培训采用半脱产学习，小论文方式进行考试，学员144人，结业129人，其中23人被评为优秀学员。培训是针对西城区环卫中心事业单位改制为企业进行的，学校召开了培训教学工作总结会，认为培训既为企业储备了具有管理能力和法律意识的管理人才，同时也提升了教师自身的授课水平。

（何　伶）

【职业技能比赛】5月，西城区教委为促进职业学校教学与交流，提升学生专业技能水平，承办了北京市中等职业教育酒店管理、美容美发等专业的技能比赛。西城区学生共取得市级教育行政管理部门组织的专业技能比赛一等奖6个、二等奖24个、三等奖21个。同时代表北京市参加全国技能比赛，取得二等奖1个、三等奖1个。

（李同焕）

【社区教育学校教学展示月】5月30日，西城区社区教育学校教学展示月活动在广外地区社区教育学校举行，展示月活动的主题是“借助教育资源优势，提升社区教育品质”，广外地区社区教育学校东海涛老师进行了“人像摄像美姿”的教学展示，学校特聘教师中国国家话剧院的常頔老师做了话剧赏析课展示。北京市学习型城市研究中心研究员马成奎老师对展示课进行了点评。

（王　珍）

【宣武红旗业余大学装修工程】5月8日，北京宣武红旗业余大学（简称红大）校内小白楼和平房进行简单修缮和装修。项目的起止时间是2018年3至5

月，总建筑面积为1045.5平方米，总投资为73.12万元。装修增设新的办公桌椅、饮水机、消防器材及多个会议室。7月12日放假前，所有教职员工搬离原教学楼，统一集中到小白楼和平房办公，学校实现开放式办公格局。

（罗克东）

【道德讲堂开讲】5月16日，2018年西城区首场道德讲堂总堂主题实践活动在北京宣武红旗业余大学正式开讲，白纸坊街道50多名居民参与。截至年底，道德讲堂总堂共举办主题活动30场，全区15个街道近2000名居民和单位职工参与。在道德讲堂主题实践活动中，西城区老干部大学的舞蹈班、声乐班、葫芦丝班学员参加了6场演出。

（罗克东）

【职业素质素养系列沙龙】5月19日、6月23日，北京宣武红旗业余大学举办两场职业素质素养系列沙龙活动，共有120余名学员报名参与。活动以“人生定位与职业规划”“如何成为好员工”为主题，特邀资深人力主管，带领学员认识自我、了解职场，启发学员自己分析和挖掘成为优秀员工应该具备的素养与能力，引导学员关注工作态度，培养自身的三大类核心能力（高效工作能力、社会交往能力和主动学习能力）。

（罗克东）

【百场讲座公益行】6月8日，“践行‘红墙意识’提升文化素养——北京宣武红旗业余大学建校60周年百场讲座公益行”活动启动仪式暨首场讲座在区人力社保局举行。讲座以“践行‘红墙意识’”为宗旨，利用学校的师资力量为西城各行各业提供教育服务，提升文化素养。截至年底，公益讲座在区人力社保局、区体育局、回民幼儿园、长安幼儿园、什刹海小学、宏庙小学、华夏女中、翔达公司等西城区机关、企事业单位、学校举办讲座21场，累计参与2000余人次，讲座内容涉及文学、艺术、经济、计算机、心理学等多个门类。

（罗克东）

【红大建校60周年系列活动】北京宣武红旗大学创建于1958年，是北京市最早成立的地区性成人高等学校。时任北京市委教育部部长廖沫沙为学校题写校名——宣武红旗夜大学。1966年学校停止招生，1978年12月4日，学校得到教育部、北京市委的批复，恢复招生，1980年10月经北京市评审验收，批准红旗夜大学为高等专科学历教育的成人高等学校，1982年6月经国家教育部批准、备案，定名为北京宣武红旗业余大学，成为国家承认的地区成人高等学校。6月16日，红旗大学以“不忘初心砥砺前行”为主题举办校园开放日活动庆祝建校60周年。承载60年发展历程、10年发展硕果的校史展拉开了校园开放日的序幕。学校离退休教师代表、广大校友代表、在校学生代表、全体在职教职工共150余人参加开放日活动。学校还举办了书画作品展、职业素质素养系列沙龙、百场讲座公益行等一系列活动。

（罗克东）

【职成教育招生】年内，按照市教委年度招生工作有关要求，启动职业教育改革和招生工作。结合职业学校具体特点，经过反复酝酿和征求意见，确定以“北京市西城职业学校”名义招生。7月，职业学校招生人数198人。

（李同焕）

【成人高等学校招生】年内，西城区成人高考网上报名总计2794人，实际缴费2549人，现场参加资格确认的考生总数为2361人。其中高中起点专科518人，高中起点本科292人，专科起点本科1551人。报名科次为7375科次，比上年减少2504科次；共设置成人考试考点校5所，考场87个。

（王　清）

【职业学校国防教育】9月，区教委以国防教育为主题，组织开展了丰富多彩的职业教育德育活动。职业学校共有9名学生参加入伍报名，4名学生通过体检，1名学生应征入伍。

（李同焕）

【民办学校校长任职资格培训】9月17至21日，由区教委民教科主办、西城区民办教育协会承办的“2018年西城区民办学校（幼儿园）新任校长任职资格暨校长（法人）继续教育培训班”开班。220余名来自西城区各民办学校（幼儿园）的新任校长和法定代表人分别参加了为期40学时和12学时的培训。

（王竞艳）

【组织参加纵横码比赛】9月，社区教育办公室组织西城区7名选手分别参与红大举办的纵横汉字输入集训班和北京市纵横码推介培训中心集训。其中4名选手在11月3日代表北京市参加“2018年全国纵横汉字大奖赛”上，取得了老年组总冠军1名、二等奖1名、三等奖2名的成绩。

（罗克东）

【首届西城区“选培生”入职培训】10月9日至11月2日，西城经科大承办的西城区人力社保局首届西城区“选培生”的培训。培训分政治理论、法律法规、区情区貌、业务技能和心理素质五项内容，教学以西城区各委办局、街道等领导及业务骨干人员授课为主；外请专家和教师授课为辅的教学团队，共计200课时，采用课堂授课、现场教学、座谈研讨、网络学习的教学方式，其间组织学员到西城区西长安街街道、河北省太行山干部学院接受革命传统教育培训。培训班设计班旗、班徽及班歌，建立班主任日常管理制度。“选培生”36人经过考试全部结业，其中硕士研究生28人，本科毕业生8人。“选培生”是西城区面向高校应届毕业生招录的公务员，经过入职培训后，在西城区街道和各委办局实习一年，经考核测评再分配适宜的工作岗位。西城区人力社保局将对“选培生”的工作情况进行为期5年的跟踪，优秀的“选培生”将会纳入西城区科级优秀年轻干部库管理。

（何　伶）

【首届西城区青年干部阶梯式培训】10月12至16日，西城经科大承办首届西城区青年干部阶梯式培训。培训内容有北京城市总体规划解读、工作语言表达艺术、发展理念改变中国等7场讲座，聘请社会资深媒体人和著名学者授课，共计40课时。培训中组织学员到中科院等单位，进行现场教学、参观科技动态、举办知识竞赛等活动。参加培训的96名学员都是工作满3年、经过初任公务员培训、来自西城区各委办局和街道的年轻干部。青年干部阶梯式教育培训是西城区委区政府的工作部署，目的是培养和提升各层次青年干部综合素质和工作能力。

（何　伶）

【政府会计制度培训】10月17日至11月9日，西城经科大承办西城区财政局的“政府会计制度”培训。培训内容包括政府会计制度的条文解读、会计科目和报表的实务应用、巡查案例和会计软件的使用等，共计24课时，来自全区行政事业单位的1225名财务人员分4批接受了培训。

（何　伶）

【社区学院合作协议】10月22日，西城经科大与内蒙古广播电视大学鄂尔多斯分校签订《东、西部地区社区学院合作协议》。合作事项包括实现双方优质教育资源共享、合作开展对教师和管理人员的培训、开展相关课题的研究、建立学院管理咨询专家组等，合作目的是发挥双方的办学优势和优质资源，开创不同地区社区教育发展的新局面。协议截止日期2020年。

（何　伶）

【“双提升”培训】10月31日、11月1日，西城区学习型社区建设专家指导评估组在老舍茶馆举办西城区学习型社区建设骨干“双提升”培训班。西城区学习型社区建设评估专家组成员，西城区各街道相关部门负责人，西城区学习型社区书记、主任近200人参加培训。

（罗克东）

【首届教学成果汇报演出】12月5日，西城区老干部大学举办了以“砥砺奋进新时代 红霞筑梦新征程”为主题的首届教学成果汇报演出。近200名学员登台亮相，演出了合唱、民族舞、交谊舞、器乐演奏、英语情景剧、京剧等14个节目。

（罗克东）

【完成“两金一免”工作】12月，做好学籍变动及推进学生资助工作的有效落实。共完成268名学生享受免学费、74名学生享受助学金、54名学生享受北京市政府奖学金的信息审核上报工作。

（李同焕）

【职业教育社会化活动】12月，职业教育结合自身优势，围绕转型发展需要，积极研发职业教育社会化课程，主要涉及日常生活技能、艺术文学修养、现代科技、金融理财、健康养生等多个门类。其中约120门课程已被市民教育、劳技教育及“城宫计划”选取，有效提升了市民文化素养及学生综合素质，进一步推进学习型社会进程。

（李同焕）

【民办学校年检工作】为贯彻《中华人民共和国民办教育促进法》《中华人民共和国民办教育促进法实施条例》《北京市实施〈中华人民共和国民办教育促进法〉办法》和各级各类民办学校、民办幼儿园（以下简称民办学校）的设置标准，强化对民办学校的监督与管理，依法规范办学行为。对区属各民办学校进行2017年年度检查工作和2018年换发办学许可证工作。经初审和复审，200所民办学校（幼儿园）通过年检。统一换发2018年《民办学校办学许可证》。

（王竞艳）

【民办学校（幼儿园）安全员继续教育培训】10月25日，由区教委民教科主办、民教协会承办的“2018年西城区民办学校（幼儿园）安全员继续教育培训”开班。中国公安大学教授张弘、西城公安分局内保支队民警王军为学员授课。全区300余名民办学校及幼儿园的安全员接受了专业系统培训。

（王竞艳）

【民办教育机构疏解工作】根据区政府关于疏解非首都核心功能工作要求，截至10月底，西城区教委共压缩疏解15所培训机构，涉及人员450人。提前完成西城区民办教育机构的疏解任务。

（王竞艳）

【红大新专业获批准】根据市教委要求，红大组织各系部开展2018年度专业申报工作，依据市场需求，经过前期调研，通过多方论证，最终学校申报美术专业并最终通过北京市教委批准。专业面向社会招生，高职专科层次，学习形式业余，修业年限2.5年，美术专业属艺术类专业。

（罗克东）

【经科大教师自编社区居民英语读本】年内，西城经科大教师自编社区居民英语读本《畅游丝路》。读本作为西城区市民讲外语系列小册子，对“一带一路”沿线的135个国家和地区的国家概况、风土人情、旅行亮点等进行介绍，图文并茂，具有很强的实用性和可读性。

（何　伶）

【编写办公软件应用知识培训教程】年内，西城经科大教职工编写《西城区办公软件应用知识培训教程》。教程里除了电子政务的知识，增加了技巧性知识点，解决了使用者在平时工作中遇到的难点疑点问题。该教程用于西城区人社局公务员军转干部培训，教学效果令人满意。

（何　伶）

【经科大开设49门社区居民课程】年内，西城经科大开设49门社区居民课程。课程分英语、艺术、计算机3个系列，以短期培训班、教师进社区班的形式进行教学，开设64个班，共计1608课时，参与学习人数11646人次，学校19名教师授课。年内，新增设《数独》《中国工笔花鸟画》《初级生活英语》《中医养生保健》4门社区居民课程，合计120课时。

（何　伶）

【新开设社区居民大专课程班】年内，西城经科大新开设社区居民大专课程班。开设的《应用英语》和《西洋绘画》社区居民大专课程班分别为424、504课时，招生立足西城区、面向全市社区居民，学制脱产（2年），按照学历继续教育大专课程班的教学计划进行管理学习，颁发大专课程班结业证书。课程班旨在使社区居民达到掌握绘画技艺、参与终身学习。

（何　伶）

【经科大培训项目】年内，经科大举办西城区公务员、科级干部读书班、英语人才库、科学大讲堂等9个培训项目，涉及青年干部、基层党员、军转干部、人事和财务等人员，共计53个培训班，开设149门课程，培训6100余人，总课时5228学时。

（何　伶）

【会计职称网上报名审核】年内，西城经科大与西城区财政局联合完成西城区社会人员会计职称网上报名审核工作。负责会计职称网上报名的资格审核、拍照、指纹、身份证的录入及咨询服务，年内，西城区社会人员初级和中级会计职称网上报名7320人，审核通过5199人。

（何　伶）

【成人教育高校举要】北京市西城经济科学大学（简称西城经科大）暨西城区社区学院占地面积0.73万平方米，产权校舍建筑面积1.61万平方米。年内，教育经费投入4748.94万元，其中，国家拨款4652.56万元、自筹经费96.38万元。固定资产总值1532.24万元，其中教学、科研仪器设备总值640.54万元。图书馆建筑面积168平方米，藏有纸质图书6.71万册。拥有教学计算机728台。多媒体教室38个。学校信息化经费投入115.50万元，信息化设备资产740.73万元，网络信息点445个，校园网出口总带宽100Mbps，电子邮件系统用户131个，数字资源量128.7GB，管理信息系统数据总量19GB。设3个校区、1个教学工作站、3个教学系，开设11个专业，覆盖6个学科。教职工124人，其中专任教师60人，包括副教授21人。

毕业生500人。招生334人。在校生928人。中国传媒大学远程与继续教育学院西城经科大教学站毕业生220人，招生233人，在校生660人。全年培训6100余人。

北京宣武红旗业余大学（简称红大）占地面积7415万平方米，产权校舍建筑面积10480平方米。全年教育经费投入3146.18万元，其中国家拨款2890.20万元、自筹经费255.99万元。固定资产总值1490.09万元，其中教学、科研仪器设备总值885.73万元。图书馆建筑面积300平方米，藏有纸质图书6.54万册、电子图书4800册。拥有计算机592台，多媒体教室座位590个。学校信息化经费投入11万元，主要用于计算机教室网络线路维修改造。信息化设备资产639.28万元，网络信息点400个，校园网出口总带宽20Mbps，上网课程24门，数字资源量82GB，管理信息系统数据总量30GB。设有右安门1个校区，设有5个教学系，开设21个专业，覆盖12个学科。教职工71人，其中专任教师24人，包括教授3人、副教授15人。聘请校外教师27人，其中教授3人、副教授13人。年内，专科学历在校生635人、招生165人、毕业280人；北京理工大学继续教育学院红大教学站在校生100人、招生36人、毕业28人；北京交通大学继续教育学院在校生400人、招生66人、毕业200人；北京师范大学继续教育学院毕业9人。远程教育在校生209人，招生数46人，毕业38人。年内，学校与国开数字化教学服务中心共同开发制作24个网上教学课件。在2018年第四届NERC杯全国社区教育优秀微课程评优活动中9名教师获奖，其中1名教师获一等奖。在北京市第二届名师奖评选中，1名教师获得高等学校青年教学名师奖，3名教师获得中国成人教育协会第二届中青年社区教育教学新秀。年内，学校为区档案局、椿树街道、张一元公司、金源公司等开展不同形式的培训，培训人员419人。为教育系统特举办幼儿园教师心理健康培训班、小学教师家校沟通培训班、系统音响师培训班、摄影摄像和后期处理培训班，累计共开设课程80课时，培训学员540人。继续开展西城区教委推行的"城宫计划"，对3所学校学生授课120班次，授课学生约1.28万人次，授课内容涉及美术、科技、传统文化等多项。年内，社区教育共开设课程8门，培训4930人次。家长学校通过"新父母心成长"大讲堂开展讲座13场，5930人次参加。全年各类培训约26520人次。组织京彩瓷、中华家风馆、德胜社区教育学校、展览路社区教育学校等6场"西城区市民终身学习服务基地开放日"活动。完成北京市飞行者航空科普促进中心、北京科学中心、北京传承紫砂艺术馆3家单位加入学习基地工作，西城区市民终身学习服务基地达到72家。

（何伶　罗克东）

教育督导

【概况】北京市西城区人民政府教育督导室（简称区政府教育督导室）是区政府加强教育行政监督，行使教育督导职能的专门机构；代表区人民政府开展区内教育督导工作；职能是依法对区内教育工作进行监督、检查、评估、监测、指导。年内，共有专职督学19人（其中公务员编制12人），兼职督学31人。年内，区政府教育督导室按照国家教育督导委员会办公室和北京市政府教育督导室的要求，落实责任督学挂牌督导制度，在全区所有中小学校、幼儿园开展经常性督导。结合教育改革重点、难点，就学区制、春秋季开学情况、幼儿园规范办学行为及安全工作等方面开展专项督导。配合区委教工委和区教委完成相关监测工作。共对11所中小学校和幼儿园开展全面实施素质教育综合督导，对4所民办幼儿园和2所民办非学历教育机构进行综合管理督导评价，对2个街道办事处进行履行素质教育目标责任的综合督导，对9个政府组成部门进行督政责任区经常性督导，对7个政府组成部门进行专项随访督导。

地址：西城区广安门内大街171号
邮编：100053
电话：63035547

（王锦红）

【春季开学安全风险防控专项督查】2月底至3月初，为贯彻落实《市委教育工委、市教委、市政府教育督导室关于开展2018年春季开学安全风险防控专项督导检查工作的通知》（京教办〔2018〕6号）的相关要求，开展了开学安全风险防控专项督查。在各单位自查的基础上，挂牌督学对全区170余所中小学、幼儿园进行下校督查，填写督查表和问题清单，按要求登录北京教育督导信息管理应用系统平台，填写入校专项督导检查信息。组织1500余名师生参加网络测评，撰写专项督查报告，汇总所有单位报表，整理出5大方面8类共计130余条问题清单，并将问题清单通报区教委，请教委协助解决并督促相关单位进行整改。

（王锦红）

【市义务教育优质均衡发展情况专题调研】4月17日，市专题调研组到西城区对义务教育优质均衡发展情况进行专题调研。调研组听取了区义务教育优质均衡发展推进情况报告，肯定西城区在义务教育均衡发展方面所做的努力，希望西城区能正确认识义务教育优质均衡发展督导评估的目的和意义，做好基础性工作，盘活各种教育资源，将各项措施落到实处；针对现有指标不达标的情况，认真分析原因，深入研究解决方案。对于一些硬性指标标准（如班额），坚决不能突破红线；继续深化教育综合改革，办好每一所学校，注重内涵优质发展，提升区域教育质量。

（王锦红）

【国家义务教育质量监测】5月24日，西城区20所样本学校完成2018年国家义务教育质量监测任务。此次国家义务教育质量监测对象为四年级和八年级学生，监测内容为义务教育阶段学生数学学习质量、体育与健康状况，以及课程开设、条件保障、教师配备、学科教学和学校管理等相关影响因素。

（王锦红）

【学区制工作督导检查】11月中旬，结合各街道办事处落实《北京市西城区推进学区制工作实施方案》情况，依据《北京市西城区学区制工作督导评价指标体系》，分两个督导组对11个学区开展学区制工作督导检查。此次督导采取各学区自查与督导组实地检查相结合的方式，围绕组织与管理、工作情况、工作效果及学区工作特色四个方面，全面了解各学区资源分布、学区理事会成立、学区办公室履职及学区教育特色打造等方面工作情况。督导情况显示，各街道办事处重视学区制工作，切实加强组织领导；各学区办公室有序推进学区制工作，统筹、协调共享学区内教育资源；学区理事会发挥协商、议事、咨询作用，整合驻学区教育专家和学者，为教育改革发展提供咨询指导；学区内各类教育单位和社会机构共同参与推进教育协调发展。“1+1+N+X”的学区制“西城模式”日渐成熟。

（王锦红）

【幼儿园规范办学行为及安全工作专项督导】为进一步加强幼儿园安全管理、规范办园行为，强化安全管理责任落实，组织全体专兼职督学于1月、3月、7月、10月，对全区所有幼儿园进行了4次专项督导检查。汇总专项督导检查问题清单，通报区教委协助解决并督促整改。

（王锦红）

【全面实施素质教育综合督导】年内，依据《北京市区县政府、教委、学校（教育机构）全面实施素质教育评价方案》以及西城区督导评价指标体系与细则，会同相关直属单位对虎坊路幼儿园、长安幼儿园、和平门幼儿园、鸦儿胡同小学、陶然亭小学、北京第二实验小学广外分校、第十三中学、第十四中学、第十五中学、第一五六中学、鲁迅中学等11所中小学校、幼儿园进行全面实施素质教育综合督导。督导后汇总分析收集的信息，肯定各单位近三年工作中取得的主要成绩，同时指出工作中存在的主要问题，并针对问题提出具体建议，形成督导评价意见。分别召开督导反馈会，向被督导单位进行督导回复。

（王锦红）

【非学历民办教育培训机构督导】年内，依据《西城区非学历民办教育培训机构综合管理督导评价方案（试行）》，围绕办学方向、办学条件、学校管理、办学绩效和办学特色五个方面分别对杰睿培训学校、瑞思学科英语培训学校进行督导。督导后分别汇总分析收集的信息，形成评价意见，并向被督导单位进行督导回复。

（王锦红）

【民办幼儿园督导】年内，依据《西城区民办幼儿园综合管理督导评价指标体系（试行）》，围绕办园方向、办园条件、管理工作、办园绩效和办园特色五个方面分别对红黄蓝幼儿园、诺博幼儿园、宝威幼儿园、亲育代幼儿园等进行督导。督导后分别汇总分析收集的信息，形成评价意见，并向被督导幼儿园进行督导回复。

（王锦红）

【街道办事处综合督导】年内，依据《西城区进一步推进全面实施素质教育评价工作方案》对金融街街道办事处和德胜街道办事处进行综合督导。在督导的过程中注重挖掘街道开展素质教育工作的特色和取得的成绩，同时提出工作建议。

（王锦红）

【督政责任区经常性督导】年内，根据督政责任区制度，开展对区人力社保局、区文化委、区卫生计生委、区审计局、区地税局、区财政局、区民政局、团区委、区红十字会等9个委办局的教育督政经常性督导，督促相关委办局素质教育目标责任落实。

（王锦红）

【随访督导相关委办局】年内，为有效加强工作沟通，推动区域素质教育工作的深入开展，区政府教育督导室围绕社会关注的教育热点、难点以及教育改革问题，对西城交通支队、西城公安分局、西城消防支队、西城规划国土分局、区住房城市建设委、区统计局、区城管执法监察局等7个委办局进行专项随访督导。

（王锦红）

（责任编辑　张　立）

文化　旅游

文　化

【概况】北京市西城区文化委员会（简称区文化委）是负责文化、文物、新闻出版和广播影电视事业管理工作的区政府工作部门。负责制定区文化事业发展规划，并组织实施；指导公共文化设施和基层文化设施建设；制定并实施非物质文化遗产保护规划；制定文化市场发展规划，承担文化市场、新闻出版、广播电视事业监督管理责任；负责文物保护有关事项的管理，对文物保护单位实施监督管理。设办公室、政策法规科（研究室）、公共文化科、非物质文化遗产科、文化产业科、文化市场管理科、文物科、财务审计科、党群工作办公室、人事科，机关行政编制43名。区文化委所属区文化执法队是负责区文化、文物、新闻出版和广播电视事业行政执法工作，设综合科、文化市场治理办公室、法制监督科、财务科、执法一分队、执法二分队、执法三分队、执法四分队、执法五分队，行政执法专项编制37名。

地址：西城区后广平胡同26号

邮编：100035

电话：66561230

（房　微）

【非遗项目参加对外文化交流】1月8日，2018中越传统年画联展开幕式在北京市友协举行。1月31至2月7日，赴菲律宾和巴基斯坦举办“北京一带一路文化之旅”出访交流活动。活动在菲律宾和巴基斯坦两国四地举办，由北京市友协、区文化委员会、区政府外事侨务办及区非物质文化遗产保护中心组织实施。5月27日，2018年北京国际民间友好论坛“文化传承发展与国际交流合作”分论坛在中国职工之家举办。11月5日，第二届海外北京人联谊大会暨“改革开放40周年中国企业走向拉美”会议在智利首都圣地亚哥举行。

（房　微）

【传统节日文化活动】2月8至13日，在天桥剧场举办“北京第四届（2018）天桥小年文化庙会暨老舍京味文化节”。活动包括老舍作品改编经典剧目展演、北京民俗展示、北京民俗讲座、天桥艺术、非遗展示、节庆用品展卖及其他主题活动。活动历时6天，6000余人次参与。4月5日，2018年“清明•陶然诗会”在陶然亭公园举办。活动邀请多名表演艺术家、朗诵家参与。6月15日，由区文化委、陶然亭公园管理处主办第十三届陶然端午文化活动。9月22至24日，中秋节期间，在月坛公园、月坛雅集和大观园举办“月圆京城•情系中华”北京市中秋赏月嘉年华活动暨2018年西城区中秋群众游园赏月活动。为期3天的活动，吸引近万名群众和中外游客参与。10月17日，在大观园举办“孝满京城 德润人心——2018年西城区重阳节主题文化活动”。活动当天，演出2场次，参与群众800人次。

（房　微）

【春节庙会】2月16至20日（正月初一至初五），举办北京厂甸庙会和北京大观园第23届红楼庙会，庙会重点突出文化、创新、公益三大特色。活动期间接待游客43.1万人次。

（房　微）

【第四届中国原创话剧邀请展】2月至7月，在国家话剧院和天桥艺术中心举办第四届中国原创话剧邀请展。为期133天的活动，有来自全国20余个省、自治区、直辖市的国有院团、民营院团、社区戏剧团，为首都观众送上17部大剧场剧目、10部小剧场剧目，共126场演出，观众达10万余人次。

（房　微）

【“名家进校园暨绿书签”活动】4月16日，结合“书香西城”建设，在北京市156中学举办儿童阅读周“名家进校园暨绿书签”活动，拉开区“绿书签”行动宣传周活动的序幕。通过活动引导少年儿童多读书、读好书。

（房　微）

【“阅读春天”系列活动启动】4月23日，由区委宣传部、区文化委、区教委主办的书香中国北京阅读季 · 西城区“阅读春天”系列活动在北京历代帝王庙启动。

（房　微）

【红楼公共藏书楼】4月23日，红楼公共藏书楼开启入藏模式，开放预约体验。红楼公共藏书楼是在原红楼电影院基础上改建，集私人藏书楼、公共图书馆、实体书店于一体，以“众藏、共阅、分享”为核心理念。7月23日，红楼公共藏书楼正式进入试运营阶段。8月17日，红楼公共藏书楼成立公益运营管理委员会。

（房　微）

【世界知识产权日宣传活动】4月26日，在琉璃厂中国书店门前开展以“绿色读书、文明上网”为主题的世界知识产权日宣传活动。

（房　微）

【群众文化系列活动】5月9至6月13日，举办“心有力量 歌声响亮 唱响新时代——第二届北京市合唱大赛暨2018景山合唱节”。活动历经30余天，吸引了121支合唱团参加，约5000人参与。9月12日，“魅力牛街 欢乐飞飏”2018牛街“民族团结杯”暨欢乐飞飏舞蹈大赛举行。大赛主题突出民族舞蹈特色和民族共融的群众文化，活动扩大了赛事规模和群众参与范围，最终产生金奖3

个、银奖6个、铜奖11个。

（房　微）

【北京儿童阅读周】 2018北京儿童阅读周以“书香童年 快乐阅读”为主题，以“阅读”为核心，从5月至10月末持续开展“好书展示推荐、好书评选、专家分享培训、名家进校园、阅读手作课堂”等系列深度阅读活动。

（房　微）

【“文化四季”之非遗演出季】 5月至8月，由区文化委主办并推出区“文化四季”之非遗演出季系列活动，活动汇集武术、传统音乐、曲艺、昆曲、河北梆子、杂技、古彩戏法等多种演出形式，共计演出21场。

（房　微）

【改革开放40周年专场音乐会】 6月26日，在天桥剧场举办“改革新征程 颂歌献给党——2018年西城区纪念改革开放40周年暨‘一带一路’倡议5周年专场音乐会”。音乐会以深情回顾改革开放40年，中国社会经济发展取得的辉煌成就，宣传了“和平合作、开放包容、互学互鉴、互利共赢”的丝路精神。

（房　微）

【区文化馆新街口分馆揭牌】 7月13日，在新街口街道社区服务中心举行北京市西城区文化馆新街口分馆揭牌仪式。副区长徐利、市文化局副巡视员、北京文化艺术活动中心主任马文等领导出席仪式，为新街口分馆揭牌。

（房　微）

【第四届中国童书博览会】 7月13至22日，第四届中国童书博览会在北京展览馆开幕。博览会为期10天，以“探索与发现”为主题，举办300余项动手科学活动+手作工坊、200余场阅读互动、30场实验互动课堂和科学表演秀及10场科学马拉松闯关。

（房　微）

【非遗文化系列活动】 8月20日，2018年国家艺术基金非遗项目古曲音乐会在区文化中心缤纷剧场上演。古曲音乐会以古曲（古诗词歌曲）为主。9月25日，区文化委在北京历代帝王庙举办“弘扬太极 武动人生”——2018传统武术非遗展演。10月19至20日，2018年西城非遗演出季——庆祝改革开放40年，北京曲艺团舞台轻喜剧《手艺》在民族文化宫大剧院上演。11月7日，区非遗评书（北京）展演暨马岐先生从艺60周年专场演出在区第一文化馆小剧场举办。

（房　微）

【第三届北京天桥音乐剧演出季】 演出季于10月至12月举办，在天桥艺术中心和天桥剧场演出12部优秀剧目。通过“征集+邀请”的形式，演出30场，惠及北京市民5万余人。

（房　微）

【2018京剧发祥地艺术季】 9月1至14日，在梅兰芳大剧院、三庆园、湖广会馆等地举办“京韵剧源——西城2018京剧发祥地艺术季”。为期14天的活动，始终以“京韵剧源”为主题。

（房　微）

【第五届当代小剧场戏曲艺术节】 10月23日，在繁星戏剧村举行第五届当代小剧场戏曲艺术节发布会，由北京市戏剧家协会、区文化会、天艺同歌文化公司共同主办，繁星戏剧村承办。10月26至12月28日，艺术节演出18部剧目70场。对戏2018当代艺术展、名师讲堂2次、戏曲体验工坊1次、高峰论坛4次、论坛沙龙1次。剧目演出覆盖1.6万人，参与活动5000人。

（房　微）

【阅读盛典活动】 12月5至8日，第八届书香中国•北京阅读季阅读盛典在天桥艺术中心举办。新街口街道玉桃园社区获北京阅读示范社区称号，区图书馆管理协会会长郭斌、机械信息研究院院长助理缪立进获北京金牌阅读推广人称号，正阳书局、字里行间（德胜门店）两家书店获“最北京”实体书店称号。

（房　微）

【非遗记录片《遗脉相承》首播】 12月24至28日，由区文化委员会与北京电视台生活频道节目中心共同策划、拍摄、制作的人文纪录片《遗脉相承》在北京电视台生活频道播出。全片共6集，每集30分钟，分为“堂皇”“入戏”“听曲”“良工”“玩味”“绝活儿”6个主题，纪录了20余位非遗传承人的故事。

（房　微）

【“百姓戏剧展演”系列活动】 年内，由区文化委主办，区第二文化馆和万方文化机构承办，在中国国家话剧院支持下，举办2018“百姓戏剧展演”系列活动。以“政府搭台、企业参与、百姓受益”为宗旨，以原创话剧、音乐剧、戏曲、情景剧等为载体，开展6类活动，展示27部剧目，呈现50场演出、58场讲座及培训。

（房　微）

【原创剧目创作】 年内，由区文化委出品，区第一文化馆创作两部原创话剧。《武学宗师》在天桥剧场上演5场。该剧以孙氏太极拳创始人孙禄堂先生的一生为背景，弘扬他志在“统一国术，全民强身”的武学理念。《天命》在区文化中心缤纷剧场上演4场。全剧带有浓郁的市井气息和鲜明的京腔京韵，特别是将“全堂八角鼓”这一传统的艺术形式展现在舞台。该剧获得了北京市艺术基金的支持。

（房　微）

【文化市场行政许可数据】 年内，区文化委受理文化市场行政许可及备案类事项共1591件。其中，国内营业性演出审批，较上年度全区的审批数量1218台、12170场次，分别递减了3%和7.5%。

（房　微）

【检查数据】 年内，区文化委执法队共出动执法人员3235人次，检查市场1742家次，立结案232件，查收图书59册、光盘32张，罚款12.5万元。

（房　微）

【推进“放管服”工作】 年内，按照行政审批改革要求，落实区文化委对外实现“一科制审批”、进驻区政务服务中心实现“一窗式”综合受理工作，将文化市场管理科、文物科和文化科的全部32项审批事项完成整合，并纳入区政务服务中心“一窗式综合受理”。推进“互联网+审批”，将市文化和旅游局作为业务指导的7个事项实现了互联网外网申报，进一步落实西城区优化营商环境工作要求。

（房　微）

文物管理

【概况】 西城辖区历史文化底蕴深厚，资源丰富，种类繁多，特色鲜明，是皇城文化、市井民俗文化、宗教文化、缙绅文化等高度融合的区域。共有三级文物保护单位181处，其中全国重点文物保护单位42处、北京市文物保护单位61处、西城区文物保护单位78处。尚未核定为文物保护单位的不可移动文物（文物普查登记项目）182处。在北京市已公布的40片历史文化保护区中，西城区域内有18片。

（房　微）

【举办2018（戊戌）年小年文化活动】2月8日，“灵犬献瑞迎新春——2018（戊戌）年小年文化活动”在北京历代帝王庙博物馆举行。活动中设置了打福祈春、粘糖瓜儿等多项游艺活动，还展示了飞叉、顶花坛、剪纸、木版年画、泥塑彩等多项非遗项目。历代帝王庙还为到场的百姓送上糖瓜儿、灶神像、春联、年画等小年民俗纪念品。活动还推出了“中华传统节日——小年民俗文化展”，向观众介绍有关小年的习俗、诗词与传统故事等内容。

（房　微）

【“李大钊在京津冀的光辉足迹”展】3月19日，北京李大钊故居推出“李大钊在京津冀的光辉足迹”专题展。专题巡展先后在北京市监狱局下属的13家监狱、西城区实验小学和天桥街道党群活动服务中心进行巡展。送展的同时，提供义务讲解服务，扩大对故居的宣传，加大红色教育的辐射力和影响力。

（房　微）

【“慎终追远 缅怀先贤”文化活动】4月3日，“慎终追远 缅怀先贤——清明节主题文化活动”在历代帝王庙景德崇圣殿前举行。活动中，通过朗读颂文，表达对先贤的崇仰之情；通过乐舞表演，展示了传统礼乐之美；通过诗词联颂，感受古代诗词文化之博大精深。历代帝王庙开展此次清明文化活动，旨在深入挖掘中华优秀传统文化蕴含的思想观念、人文精神、道德规范，倡导青少年学习先贤的崇高品德，弘扬民族精神，明知立身处世的道理，让中华文化展现出永久魅力和时代风采。

（房　微）

【“缅怀先烈 宣誓明志”主题活动】4月5日，北京李大钊故居举办“清明时节 缅怀名人 走进故居”主题系列活动。学生们走进故居，近距离感受先烈的爱国情怀。活动引导广大青少年，继承革命先烈遗志，珍惜美好幸福生活，树立正确的世界观、人生观、价值观。故居于清明节当日，以“鲜花代门票，寄语系哀思”的方式免费向社会开放。参与活动人数共计800余人。

（房　微）

【“大专家对话小听众”讲座】5月8日，中国文物学会副会长、北京市文史研究馆馆员许伟在历代帝王庙为北航实验学校初中一年级80余名师生做了历代帝王庙专题文化讲座。讲座讲述了历代帝王庙的建筑特点、祭祀文化和历史价值，分享了修缮过程中那些鲜为人知的趣事，对于庙内统一多民族的祭祀体系进行了介绍。现场互动交流，气氛活跃。这次讲座是校本课程与博物馆文化的结合，为了提高学生们的观察能力和思考能力，让更多的学生走进博物馆，增强他们的民族认同感和使命感。

（房　微）

【《图说明清帝王瓷器》展览】在5月18日国际博物馆日当天，历代帝王庙神库特别推出《图说明清帝王瓷器》展览。本展览介绍了明清帝王对瓷器的喜好，介绍了专属帝王用的宫廷瓷器的工艺、器型、颜色、装饰手法和图案纹饰等。

（房　微）

【“面面相传 纷至拓来”主题活动】6月9日，为庆祝2018年“文化和自然遗产日”，围绕“文化遗产的传播和传承”这一主题，在历代帝王庙举办了名为“面面相传 纷至拓来”的非遗亲子体验活动。通过网络报名的20组家庭参加了此次活动。传拓传承人马国庆介绍了传拓的相关历史知识及制作方法，使大家亲身体验了传拓技艺。此次活动致力于传统文化的传承、保护和利用，使非遗项目依靠自身优势搭建宣传平台，使大众对传统文化更加了解和喜爱。

（房　微）

【文保所作品入选市文化精品工程】9月11日，北京市文化精品工程是北京市委宣传部为深入贯彻落实习近平新时代中国特色社会主义文艺思想，推出更多讴歌党、讴歌祖国、讴歌人民、讴歌英雄的精品力作而组织开展征集评审工作。经专家评审，由北京市西城区文物保护研究所编的《北京城：中国历代都城的最后结晶》一书入选《2018年度北京市文化精品工程重点项目（第一批）》。

（房　微）

【战国时代瓦当文化展】11月1日，在历代帝王庙由北京历代帝王庙博物馆、古陶文明博物馆联合主办的“百家争鸣——战国时代瓦当”文化展开展。此次展览以图文结合的形式介绍了瓦当的由来、瓦当制作工艺、建筑用瓦起始、周时期的瓦当纹样等内容。此次展览旨在加强区域馆际交流，提高文化服务能力，促进中小型博物馆共同发展，依托文物资源讲好中国故事，让文物真正地活起来。

（房　微）

【郭守敬纪念馆重新开放】11月20日，作为北京大运河文化带建设的重点项目，郭守敬纪念馆展陈提升改造完工，正式面向公众重新开放。新开幕的基本陈列以《世界名人郭守敬·世界遗产大运河》为主题，表现了郭守敬在元大都水利建设以及京杭大运河贯通的画卷，通过多种创新的展陈形式，展示了郭守敬在中国古代天文、水利等方面所取得的成绩，诠释了大运河在凝聚民族精神、承载中华传统文化方面的巨大成就。馆内基本陈列共分为世界名人郭守敬、大都水利开新篇、建大运河树丰碑、前贤遗珍惠后人、科普教育展五大展区，运用历史图片、文物模型、视频资料、实物场景、沙盘模型等多种展示手段和元素，为观众们提供了丰富的参观感受。截至12月底，累计接待观众1.2万人次，接待来访团队19个，与往年同期相比增长658%。

（房　微）

【《两代摄影师 一座北京城》出版】12月20日，区文物保护研究所与正阳书局联合编辑的《两代摄影师 一座北京城》一书，由北京联合出版公司出版。该书共分“肌理”“市井”“建筑”“生活”4个章节，共收录数百张建筑照片。全书共约19万字。

（房　微）

【核定并拟公布区第四批文保单位】12月26日，第70次政府专题会研究同意西板桥、嵩云草堂、武定侯街23号四合院、砖塔胡同关帝庙、庆云寺、恭俭胡同三官庙、山左会馆、金井胡同近代建筑等8处建筑的文物认定意见，并拟公布为西城区第四批文物保护单位。

（房　微）

【文物腾退工作】年内，根据市政府确定的2018年度任务清单，全区共涉及中轴线申遗文物腾退重点项目5项，分别是：北海、景山、先农坛庆成宫、贤良祠、会贤堂。截至年底，北海完成4户，景山完成3户，会贤堂完成5户。

（房　微）

【《杨椒山历史与文献》出版】年内，为配合备受领导和社会各界关注的杨椒山祠文物腾退项目，区文研所同步开展了杨椒山祠的历史文化研究工作，为腾退后的有效利用提供历史依据。《杨椒山历史与文献》一书于9月7日正式出版。

（房　微）

地方志工作

【概况】中共北京市西城区委党史工作办公室（北京市西城区地方志编纂委员会办公室）是区委、区政府主管党史、地方志工作的职能部门（简称区史志办）。内设办公室、党史科、志鉴科、宣传科，在职人员17人。地方志工作的主要职责是按照《地方志工作条例》和《北京市实施〈地方志工作条例〉办法》，依法组织、指导、督促和检查全区地方志工作开展；拟定地方志工作规划和编纂方案；组织编纂地方志书和地方综合年鉴；收集、整理、保存地方志文献和资料，组织整理旧志；组织开发利用地方志资源；推动地方志理论研究和学术交流，组织开展业务培训。年内，完成《北京西城年鉴（2018）》编纂出版工作，《北京市西城区志》《北京市宣武区志》（简称《西城区志》《宣武区志》）先后通过终审，完成《北京年鉴》和《京津冀概况》西城部分供稿任务，按计划完成《中华人民共和国标准地名词典》《北京市地名志》词条释文的编写上报任务，推进《北京市西城区地名志》的框架设计、资料征集和编写进度。年内，北京西城区地方志编纂委员会办公室被授予"北京市地方志工作先进集体"称号。

地址：西城区南菜园街51号

邮编：100054

电话：83975321

（齐　田）

【年鉴编纂】6月14日，全区地方志工作会议召开。市地方志办公室（简称市志办）副主任张恒彬、区政府副区长司马红出席会议。各单位主管年鉴工作的领导、组稿人及年鉴编辑部成员共200余人参加会议。会议总结上年全区地方志工作，安排部署年内工作。12月，《北京西城年鉴（2018）》编纂出版，系统记述2017年辖区内自然、政治、经济、文化和社会的发展变化过程。该书由200个单位参加编写，其中区属单位161个、驻区单位39个。全书105万字，一级栏目21个、二级栏目104个、三级栏目198个、特载9篇、专文2篇、大事记153条、表格28张、图片130张。

（齐　田）

【地名志地名典编纂】年内，组织编印《北京市西城区地名志工作手册》（简称《手册》），用于指导《中华人民共和国标准地名词典》《北京市地名志》（简称国典、市志）涉及西城区政区聚落、交通设施等部分词条的释文及《北京市西城区地名志》（简称区志）全书的编写工作。4月26日，组织召开区地名志编纂工作研讨会，全区21家承编单位的具体负责人、区地名志编辑部全体人员参会，向各单位发放《手册》，编辑部执行主编解读国典、市志和区志三本书的词条撰写要求、具体操作方式及行文规范。7月12日、9月5日先后召开区地名志工作部署会和区地名志地名典编纂工作推进会。做好《北京市西城区地名志编纂工作细则》修订工作，全文共约15万字，用于指导全区地名志编写工作。坚持例会制度，加强全区地名志业务培训，讲解编纂要求，为基层单位撰稿人答疑解惑。完成国典西城区政区聚落词条释文239条（约10万字）编写上报；完成市志西城区自然实体、政区聚落词条释文（约6万字）撰写上报；加强与高校研究团队合作，收集编写区志资料稿（累计约200万字）。做好试点单位——椿树街道和大栅栏街道地名典和地名志词条释文资料收集、编写业务指导工作，以点带面，稳步推进全区地名典和地名志编纂工作。

（齐　田）

【向《北京年鉴》供稿】6月，根据市志办要求，区史志办完成向《北京年鉴》供稿工作，撰写区情9200余字，其中组稿"北京金融街"1500余字。客观反映辖区政治、经济、文化、社会等各方面发展变化概貌；突出疏解非首都功能、提升城市品质和区域文化软实力、改善与促进民生等方面情况。

（齐　田）

【向《京津冀概况》供稿】6月，配合市志办与天津、河北协同编纂《京津冀概况》一书的供稿需要，区史志办完成向《京津冀概况》的供稿工作，撰写西城区概况文字部分8000余字，分3部分，共30个小标题，查找统计资料并填充图表共16张。集中反映截至2017年底的区情概览、国民经济与社会发展等各类情况。

（齐　田）

【参与北京市年鉴互审】11至12月，按市志办年鉴互审安排，参与《北京经济技术开发区年鉴2018》和《北京联合大学年鉴2018》整体框架及具体篇目的审读，共计18万字，分别提交书面审稿意见，并参加市志办组织的审稿意见讨论会。

（齐　田）

【推进中国名镇志工程】年内，继续推动西城区首部基层中国名镇志文化工程项目《天桥街道志》的编纂进度，做好指导、配合与协调，组织聘请专家学者对篇目、志稿进行研讨，调整篇目结构，形成资料长编稿约60万字，收集图片300余张，初稿年底上报中国地方志指导小组办公室审批。第二轮《大栅栏街道志》编纂工作继续推进，完成送审稿15万余字。以点带面，做好基层修志指导服务工作。

（齐　田）

【京剧口述史资料整理】年内，继续推进京剧口述史的发掘整理工作，经过前期调研论证，改进工作方法，与地方专业公司合作，采取购买服务的方式，发挥专业公司特长。完成5位京剧世家后人的采访工作，截至年底，共整理口述资料7万余字，影像、图片100张。将录音整理成文字、影像资料，在主流媒体网站刊登发布。

（齐　田）

【二轮修志工作】年内，区志编辑部按照年度工作计划，及时召开区志编辑部工作会议，坚持工作例会制度，分编负责、集中讨论，修改志稿，为提交终审做准备。两部志书终审稿经市地方志办评议通过后，根据评议会各位专家和市志办领导提出的评议修改意见，以及各撰稿单位对志稿的反馈意见，区志编辑部先后进行多次研讨，并征求区领导和老同志意见。《西城区志》和《宣武区志》分别于8月和11月通过市志办终审，进入出版程序。《西城区志》全书95万字，正文30编162章515节，前插及彩插图片150张，地图2张。《宣武区志》全书80余万字，正文28编138章523节，前插及彩插图片217张，地图2张。协调联系出版社做好对接、排版、校对工作，截至年底，完成全书二校。

（齐　田）

【举办专题讲座】11月16日，举办"北京大运河文化带及其文化遗产"主题讲座，邀请首都师范大学教授、博士生导师郗志群主讲，组织区司法局、统计局、安监局、史志办等单位党员干部近100人参加。讲座通过问题的缘起、中国大运河概况、北京运河及其文化遗产

3个方面，阐述北京大运河的历史文化发展沿革和现状，明确北京大运河文化带的保护已经成为北京历史文化名城保护体系的重要内容，增强了党员干部服务好“历史文化名城保护”工作的责任感和使命感。

（阮珍珍）

【传统文化社区巡演】 从11月中旬开始，联合北京青年报、北青社区报开展“献礼改革开放40周年系列公益活动——传统文化社区巡演”，组织西城区史志文艺宣传队走进朝阳北苑家园、石景山老山东里、房山良乡水郡西区等社区巡演6场，用快板、相声、评书、数来宝、诗朗诵等传统艺术形式表演了《激情满怀唱改革》《出口成章》《红色电波》《智送情报》《八扇屏》《美哉，非遗西路》等节目，使红色文化与传统文化有机融合，积极培育和践行社会主义核心价值观。

（阮珍珍）

【方志文化寻踪活动】 年内，组织机关党员干部、史志宣传队伍、社区读者，开展“清明时节，追寻足迹，不忘初心”“参观城市副中心，感受改革开放新变化”等主题寻访活动，瞻仰革命先烈，传承清明文化；参观涧沟村村史博物馆和全国第一个镇级博物馆——张家湾博物馆，感觉深厚的历史文化魅力，弘扬优秀文化，培育工匠精神。

（阮珍珍）

西城区文学艺术界联合会

【概况】 北京市西城区文学艺术界联合会（简称西城区文联）是西城区各文艺家协会及文艺工作者组成的人民团体，是西城区委区政府联系区域文学艺术界的桥梁和纽带，是繁荣发展地区文艺事业、建设社会主义先进文化的重要力量，是北京市文联的团体会员。区文联下属区作家协会、区戏剧家协会、区美术家协会、区书法家协会、区摄影家协会、区长城摄影协会、区民间艺术家协会、区音乐家协会、区舞蹈家协会、区曲艺家协会共10个文艺家协会。有理事196人、主席1人、常务副主席1人、副主席23人。区文联机关内设办公室、组联部、事业发展部及“两刊”编辑部，在职人员15人。年内，区文联坚持以习近平新时代中国特色社会主义思想为工作指南，坚持文艺为人民服务，为社会主义服务的方向，围绕中华民族伟大复兴的中国梦主题，以精品力作弘扬社会主义核心价值观，提升区域文化软实力。

地址：西城区月坛南街32号

邮编：100045

电话：68516710

（鹿建慧）

【国韵·墨韵中国书画作品系列展】 1月13日，由西城区美术家协会主办的“国韵·墨韵中国书画作品系列展”开幕。展览汇聚了边舒才、巴秋和于永茂等9位颇具实力的当代著名国画家、新生代国画家的作品。作品将创新精神贯穿于创作过程中，拓展了题材、内容、形式和手法，体现了新时代文化建设不忘本来、吸收外来、面向未来的要求。展览得到40余家主流媒体的宣传。

（鹿建慧）

【“魅力西城 国粹流芳”戏曲晚会】 1月27日，由区委宣传部、区文化委员会、区文联、中国广播艺术团、中国电视艺术家协会电视戏曲委员会联合举办的“魅力西城 国粹流芳”迎新春戏曲晚会，在西城区文化中心缤纷剧场上演，北京电视台进行了现场录制。晚会推出京歌新作《妈妈跟我说》，歌颂了西城区以“红墙意识”为引领，政府与百姓一起凝心聚力创造“和谐宜居”的西城画面。

（鹿建慧）

【书协走进顺义南石槽村】 2月3日，区书法家协会的艺术家，走进顺义南石槽村举行迎新春笔会，为广大村民书写春联，送去新春的祝福。慰问活动是西城区书法家协会“书法进万家”送福到基层系列活动的继续。

（鹿建慧）

【美术家协会召开理事扩大会】 2月4日，区美术家协会召开理事扩大会。参会的领导、理事和会员代表共90余人。常务副主席贾志仁作了《西城美协2017年工作总结和2018年工作计划》。会上，主席纪清远针对筹备“第七届大美西城画展和第二届走进2022冬奥会美术展”进行了动员部署。

（鹿建慧）

【风雷京剧团文创大赛夺魁】 2月11日，经过十期常规赛和年度盛典的角逐，北京风雷京剧团在《创意中国》年度文创大赛中获得第一名。风雷京剧团凭借着对京剧传承与创新的矢志不渝精神和对商业化发展方向的清晰定位，最终获得项目推介人和百人投资团的青睐，在《创意中国》现场与投资机构签订了投资意向书。

（鹿建慧）

【民协开展对外文化交流】 春节期间，区民间艺术家协会的部分艺术家参加了在美国旧金山举办的“2018年欢乐春节——旧金山花车大巡游及非遗进校园”活动。艺术家们在开幕式现场进行了面塑、中国结、剪纸等多个民间手工艺项目的展演，同时打造了一台融入瑞兽、祥云纹等中国传统文化符号的特色花车。

（鹿建慧）

【书协与许先网召开合作推进会】 3月8日，区书法家协会与北京许先网科技发展有限公司就双方战略合作问题召开合作推进会，就双方合作方向、合作方式及书法艺术推广问题进行了研讨。围绕“建立专业的书法教育体系”展开讨论，在资源共享及合作机制上达成共识。

（鹿建慧）

【区文联妇女委员会成立】 3月21日，按照区妇联《关于建立健全西城区机关、事业单位妇女组织的实施意见》要求，区文联召开第一次妇女代表大会，9名女干部参加会议。经过民主选举，许雪鹰担任妇女委员会主任，潘月香、王崇担任妇女委员会委员，成立了西城区文联妇女委员会。

（鹿建慧）

【“涂抹情怀”小幅油画精品展】 3月27日，由区美术家协会主办的“涂抹情怀”2018小幅油画精品展在区文化中心开幕，展期6天。画展作品以小幅油画精品为主，题材涉及人物、风景、静物，构思精巧。

（鹿建慧）

【第二届京津冀书法交流展】 4月28日，由北京市西城区、天津市静海区、河北省石家庄市共同举办的“翰墨寄情——第二届京津冀书法交流展”在天津开幕。北京市西城区文联副主席、书法家协会主席冷万里、天津市和河北省书法家协会相关领导与三地书法家300余人出席参观了本次展览。共展出三地创作的120余件书法作品。5月20日，交流展在石家庄耕香院开幕。区文联副主席、区书协主席冷万里，天津市书协、河北省书协等相关领导及书法爱好者200余人参加了开幕式。

（鹿建慧）

【舞蹈家协会全国国标舞比赛获奖】 5月1日，北京第三届全国国际标准舞公开赛开幕，西城区舞蹈家协会代表西城区参加了比赛。此次是北京地区举办的最高级别的国际标准舞赛事，来自中国、俄罗斯、英国等国家的顶级评委进行评审，西城区文联副主席、舞协主席赵明是唯一代表中国的顶级评委。比赛成人组共200对选手参赛。西城区5对选手，分别获得二等奖、三等奖。

（鹿建慧）

【"翰逸诗怀"书法交流展】 5月13日，翰逸诗怀——北京西城区江苏南通市书法交流展，在北京九千堂美术馆正式开幕。展览共展出了来自江苏南通市和北京西城区的120余件书法作品。

（鹿建慧）

【改革开放40年摄影展】 5月18日，区摄影家协会举办的《大美西城》改革开放40年摄影展在区第一文化馆开幕。展览分八个主题，作品关注的焦点是改革开放40年来产生的一系列巨大变化，共展出近百幅摄影作品。

（鹿建慧）

【向区档案馆移交档案】 6月11日，在区档案馆举行区文联（西城区书法家协会）实物档案进馆交接签字仪式。移交的实物档案包括《西城赋》《文苑艺海》两本作品集在内的259件书画作品。

（鹿建慧）

【庆"七一"专场音乐会】 6月26日，由区委宣传部、区文委、区文联共同主办，区音乐家协会和区百花深处艺术团承办的"改革新征程 颂歌献给党——2018年纪念改革开放四十周年暨'一带一路'倡议五周年专场音乐会"在天桥剧场开幕。音乐会突出了歌颂改革开放四十年来，社会经济发展取得的辉煌成就，宣传了"和平合作、开放包容、互学互鉴、互利共赢"的丝路精神。

（鹿建慧）

【京剧票房大赛开幕】 7月5日，区文联与区文委主办、区百花深处艺术团承办的2018区京剧票房大赛在区第一文化馆开幕。全区17家京剧票房参加了大赛。有传统剧目、现代版折子戏。大赛设金奖2名、银奖4名、铜奖6名、优秀奖5名，所有参赛团队均可获得京剧票房证书和票房发展基金扶持。

（鹿建慧）

【友好文联书法名家名作联展】 7月7日，区文联一行6人参加了在内蒙古举办的"八省市县（区）友好文联书法名家名作联展"开幕式。此次入展作品100件，其中特邀名家作品60幅，本土艺术家作品40幅。次日还进行了"落实中国文联文艺研修院2018铸梦计划暨八省市县（区）友好文联深化文联改革、推动基层建设"经验交流。

（鹿建慧）

【三位理事获突出贡献奖】 7月26日，西城区第三届"百名英才"表彰大会召开，会上表彰了104名各行业有突出贡献的优秀人才。区文联副主席都本基，区文联副主席、曲艺家协会主席王玥波和区文联理事鄂矛获得"百名英才"突出贡献奖。

（鹿建慧）

【庆祝建军91周年】 7月30日，由区委、区政府、中央军委政治工作部直属工作局、火箭军后勤部主办，相关部门协办的以"践行'红墙意识'，传承红色基因"为主题的庆祝建军91周年活动在解放军歌剧院举行。区委书记卢映川代表区四套班子向驻区部队官兵指战员致以节日祝贺和崇高敬意，参加活动的部队领导也向驻区全体官兵致辞。区委副书记、区长王少峰宣读《关于表彰北京市西城区2017年度"红墙卫士"的决定》和《关于表彰北京市西城区2017年度"好军嫂"的决定》，区领导和驻区部队领导共同为"红墙卫士"代表和"好军嫂"代表颁发了奖杯。

（鹿建慧）

【毛里求斯发行都本基作品】 2018年是中毛建交46周年，毛里求斯共和国独立50周年。自7月30日始，毛里求斯邮政局在邮政博物馆正式发售中国著名艺术家、区文联副主席都本基书法和绘画作品的首日封。都本基创作的毛里求斯美丽风景画"七色土"邮票的发行，为毛里求斯人民打开了解中国当代艺术的窗口。

（鹿建慧）

【改革开放40年全国书法作品展】 7月31日，由北京市书法家协会、区委宣传部和区文联联合主办，区书法家协会承办的"新时代·新征程——庆祝改革开放40周年全国书法作品展"在北京民族文化宫开幕，社会各界领导和书法爱好者200余人出席开幕式。活动历时5个月，经过三次评审，从来自全国各地的170余件作品中遴选出130余件参展。邀请40名武警指战员参加开幕式并向他们赠送了书法作品。

（鹿建慧）

【2018京剧发祥地艺术季启幕】 9月1日，"京韵剧源——西城2018京剧发祥地艺术季"活动在"京剧发祥地"地标石广场启幕。活动以"京韵剧源"为主题，邀请京剧名家、戏迷票友、国际友人共同开启为期14天的京剧文化体验之旅。以京剧发祥地——西城区为核心原点，通过举行"开锣仪式"，重申发祥地的历史意义，重现京剧盛世。

（鹿建慧）

【"影像北京·东西合璧"摄影展】 9月29日，由西城区文联和东城区文联联合主办的"影像北京·东西合璧"摄影作品展在民族文化宫开幕。北京市文联党组副书记杜德久，北京摄影家协会驻会副主席兼秘书长王越，区委常委、宣传部部长陈宁，东、西城区文联的相关领导和摄影爱好者约150人参加开幕式。展出的300幅精品全方位、多角度、深层次表现了"核心区"的历史风貌、人文景观、情感故事、社会动态、民生风俗等。展览持续一周，免费对公众开放。

（鹿建慧）

【孝星命名慰问活动】 10月15日，在重阳节来临之际，由北京市文联、区委宣传部、区老龄委和区文联等共同主办的"孝满京城 德润人心——西城区孝星命名慰问暨敬老孝亲示范基地发布活动"在区第一文化馆缤纷剧场举行。相关领导和社会各界近500人参与活动。与会领导为18位区孝星榜样颁发荣誉证书，区文联为每位孝星榜样创作并赠送了书法作品，区音协和曲协的艺术家们进行了文艺演出。

（鹿建慧）

【京冀曲艺艺术交流演出】 10月23日，由区文联主办、区曲协承办的"京冀曲艺艺术交流演出活动"在位于雄安新区白沟地区的"雨生茶社"举办。区文联顾问、曲艺家协会名誉主席崔琦，区文联副主席、区曲艺家协会主席王玥波，著名西河大鼓表演艺术家绳宝珍和当地艺术家们共同为观众献上一台曲艺演出。双方文联表示，将以此为契机继续加强两地传统艺术领域，特别是曲艺艺术方面的交流与合作。

（鹿建慧）

【2018年京冀曲艺展演】10月30日，由区文联主办、区曲艺家协会承办的“2018年京冀曲艺展演”在区第一文化馆小剧场举行。区文联、白沟文联两地领导及曲艺爱好者约百余人观看演出。区曲艺家协会主席王玥波和霸州市曲艺家协会的艺术家们为观众们献上了精彩节目。

（鹿建慧）

【舞蹈“胡同里的风景线”获奖】11月14日，纪念改革开放40周年——2018京津冀文联原创优秀文艺节目（歌曲、舞蹈类）展演汇报演出在民族宫大剧院开幕。此次展演汇集了京津冀三地文联的原创优秀文艺作品，区文联报送的由区文联理事岳晓东创作的舞蹈“胡同里的风景线”获舞蹈创作奖。

（鹿建慧）

【《道北京》新书发布会】11月17日，作家刘一达《道北京》新书发布会暨签名售书活动在北京图书大厦举行，发布会吸引了来自北京、山东、河北等地的众多文学爱好者。《道北京》详细介绍了古都的地理风貌和京城风土人情，全书分为“含英咀华”“悠悠岁月”“有典有故”三部分，共32篇文章，刘一达用地道的京味儿语言表达了对北京这座古老历史名城变迁的思考与热爱。

（鹿建慧）

【文化进社区系列讲座】12月13日，由区文联主办、区书协承办的“大师来到我身边”文化进社区系列讲座第四讲在展览路街道黄瓜园社区举办，地区60多名业余书法爱好者参加讲座。本次特邀北京“十佳中青年书法家”崔胜辉就古文字时期的书法、中国书法的风格流派及初学者临帖选择等方面内容进行讲解。

（鹿建慧）

【文联召开二届三次理事会】12月18日，区文联二届三次理事会召开。区委常委、宣传部部长陈宁，区文联主席王敏荣等出席会议。区文联常务副主席张云裳作了题为《响应时代召唤 坚持守正创新——为谱写西城文艺事业发展新篇章而努力奋斗》的工作报告，会议增补王波、严小卫、岳玉兰、南卫东4名理事。会上进行了经验交流。陈宁提出了“要创作有时代特点的精品力作、要深入生活、面向大众、讲求实效”的工作要求。

（鹿建慧）

【“走近北京2022冬奥会”书画摄影展】12月19日，西城区文联、延庆区文联和张家口市文联共同发起并组织的以“奥林匹克精神进校园”为主题的，“走近北京2022冬奥会第二届北京书画摄影展”在首钢办公区开幕。共展出270幅美术、书法和摄影作品。约百余人参加开幕式并参观。

（鹿建慧）

西城区社会科学界联合会

【概况】北京市西城区社会科学界联合会（简称区社科联）是中共北京市西城区委领导下的人民团体，是区委、区政府联系社会科学界专家学者和社会工作者的桥梁和纽带。履行对社会科学界团体和社会科学界人士的联络、协调、管理和服务职能，组织开展学术研究、理论宣传、社科普及、决策咨询和对外学术交流等活动，推动地区哲学社会科学事业发展。区社科联下设办公室、学术活动部，编制10人。年内，区社科联深化“红墙意识”研究，推动“红墙意识”研究成果转化，撰写理论文章，开展课题研究，以实际行动践行“红墙意识”。举办庆祝改革开放40周年系列活动、第七届社会科学普及周。编辑出版社会科学普及读物4册。扶持社团开展课题研究及社科普及活动，对2个课题、11个科普项目给予了支持；加强对外交流，与绍兴市柯桥区文联联合举办“北京老号·西城印象——北京西城老字号文化艺术展”。全年编辑发行《西城社会科学》6期，刊登各类稿件110篇。

地址：西城区东桃园胡同2号北院

邮编：100035

电话：88391758

（吴艳梅）

【第二届委员会常委会第二次会议】1月23日，召开西城区社科联第二届委员会常委会第二次会议。会上，常务副主席张新华做了《北京市西城区社会科学界联合会2017年工作报告》。会议审议并通过《北京市西城区社会科学界联合会第二届委员会增补委员候选人名单（草案）》《北京市西城区社会科学界联合会第二届委员会增补常务委员会委员建议人选名单（草案）》。增补宁梅等12人为区社科联委员，增补宁梅、路朝晖为区社科联第二届委员会常务委员。

（吴艳梅）

【党风廉政建设工作会议】3月9日，召开落实党风廉政建设工作会议，传达市、区有关会议精神，部署区社科联2018年全面从严治党工作，层层签订党风廉政建设责任书及责任清单。

（吴艳梅）

【召开社团工作会】3月14日，召开区社科类社会组织工作会议。传达区委关于意识形态责任制有关文件精神，通报区社科联2017年工作总结和2018年工作要点，部署“西城区社科普及月”活动方案，征集2018年常规课题、社科普及项目，听取各社团2017年工作总结和2018年工作计划及意见建议。区属26个社科类社团组织负责人和社科联全体干部共计40余人参加会议。

（吴艳梅）

【推动“红墙意识”研究成果转化】年内，组织撰写《践行‘红墙意识’ 绝对忠诚于党》《践行‘红墙意识’建设首善之区》等文稿，分别发表在《求是》2018年第9期和《党建》2018年第6期；派出两名干部参与“西城区‘红墙意识’党性教育基地”建设，完成资料整理、展陈大纲和解说词撰写等；组织编写《“红墙意识”：理论与实践》一书，该书总结“红墙意识”理论研究成果与实践经验，挖掘历史文化渊源，梳理发展脉络，揭示核心内涵，提炼主要特征，阐释时代价值，为全区践行“红墙意识”提供理论支撑。

（吴艳梅）

【重点课题研究】年内，与中关村长策发展研究院合作开展《新时代西城区公众的信息行为研究》《新的媒体格局下西城区治理方式与机制创新研究》，理清新的媒体格局产生的背景、特征，分析党和政府开展社会治理面临的机遇和挑战，梳理在新的媒体格局下西城区开展治理的主要做法、存在问题，提出对策建议。与北京市社科院历史所开展《西城区老城文化深化研究》，与中国军事科学院合作开展《中国共产党初心视阈下的西城红色文化研究》，为西城区老城保护与复兴提供理论引导和学术支持。

（吴艳梅）

【举办第17届丁香诗会】4月10日，由宣南文化研究会、区社科联等单位，在法源寺共同举办主题为“贯彻十九大精神、‘红墙意识’进万家”的第17届丁香诗会。区社科联主席吴元增、副主席兼秘书长叶宝祥参加活动。

（吴艳梅）

【老城保护与复兴研究研讨会】5月17日，举办“西城区老城保护与复兴研究”研讨会，首都高校、北京社科院以及规划研究机构的10名专家学者就西城老城保护与文化复兴的思路、理念、内容、方式、途径、手段等提出意见和建议。区领导王少峰、陈宁、徐利出席座谈会，研讨会成果刊登在《北京西城报》《西城社会科学》报刊上。

（吴艳梅）

【庆祝改革开放40周年系列活动】7月8至20日，开展“传播新理论、展示新风貌、推动新发展——西城社科界庆祝改革开放40周年”系列活动。7月8日，在西城文化中心举行启动仪式。市、区领导、部分专家委员、社团组织负责人和新街口街道干部、群众代表参加会议。区委常委、宣传部长陈宁主持会议，市社科联党组书记、常务副主席张淼致辞，区委书记卢映川到会并讲话。活动期间，举办了以“深化理论自觉，繁荣社会科学”为主题的西城区社会科学成果系列展览。内容包括“深化理论自觉、繁荣社会科学——西城区社会科学成就展”“西城区社科类社团组织风采展”“西城区爱国主义教育基地（名人故居）图片展”“早期中国共产党人在陶然亭地区革命活动展”“李大钊在京津冀的光辉足迹展”“西城区什刹海研究会发展历程展”“宣南文化遗迹展”共7项。

（吴艳梅）

【举办专题论坛】7月8日，举办“习近平新时代中国特色社会主义思想”论坛，中共中央政策研究室、中国社科院、人民大学、北京市委党校等高端社科研究机构的6位专家，围绕中美贸易摩擦、科技创新、社会治理、京津冀协同发展等热点问题进行演讲。论坛内容刊登在《北京西城报》《西城社会科学》等刊物上。

（吴艳梅）

【成立市级社科普及基地】8月15日，由区社科联推荐，经北京市社科联审定，西城区图书馆、西城区文化馆、北京大观园被认定为北京社会科学普及基地。

（吴艳梅）

【开展课题调研】结合区社科联承担的《新的媒体格局下西城区治理方式与机制创新研究》课题，区社科联主席吴元增，党组书记、常务副主席张新华，副主席刘光耀及课题组一行于8月18日、8月23日，分别到德胜街道、广内街道就课题相关内容开展调研。

（吴艳梅）

【举办西城区第七届社科普及周】9月17至21日，举办以“普及人文社科知识、建设全国文化中心”为主题的“2018·北京社会科学普及周暨西城区第七届社科普及周”。活动由北京市委宣传部、北京市社科联、西城区委、区政府等单位联合主办，区社科联、北京大观园等单位承办。9月17日，在北京大观园举行开幕仪式，市社科联党组书记、常务副主席张淼主持开幕式。市政协原副主席、市社科联主席沈宝昌，区委书记卢映川分别致辞，市委宣传部常务副部长赵卫东到会并讲话。受邀出席开幕式的还有部分市、区领导及天津、河北等华北五省社科联领导。首都300余名市民群众参加了开幕式。社科普及周期间，举办了“‘红墙意识’百姓宣讲活动”“北京老城文化传承与发展”论坛和“奋斗青春放飞梦想”主题宣讲。来自区委组织部、区法院、西城工商分局等区直机关的7名干部讲述了他们践行“红墙意识”的体会和故事。郗志群、袁家方、高巍、沈望舒、朱祖希、杨生平等6位专家就北京老城文化建设发表了演说。“北京青年榜样宣讲团”的5名宣讲员做了主题宣讲。

（吴艳梅）

【开展多种形式的机关文化活动】7月20日，组织机关全体干部先后到“区红墙意识”党性教育基地、“光辉起点——中国共产党早期组织在东城”教育基地参观，开展党性教育学习。9月29日，举办“北京城寻根探源”考察活动，邀请区社科联顾问、著名历史地理学家朱祖希随行讲解。11月9日，组织参观西山森林公园爱国主义教育基地。12月18日，组织收看中央电视台庆祝改革开放40周年大会实况转播，学习领会习近平总书记在大会上的重要讲话精神。

（吴艳梅）

【加强文化交流】12月4日，由区社科联、区文联和浙江省绍兴市柯桥区文联联合主办的“北京老号·西城印象——北京西城老字号文化艺术展”在绍兴市柯桥区博物馆开幕。展览包括由区社科联主持研究、编纂的《北京西城老字号谱系丛书》（每套九册），著名京派画家马海方以西城老字号传承故事为主题创作的25幅画作，以及北京篆刻艺术家赵增福创作的24枚北京西城老字号印章和80多幅印章画轴，集中展示了西城老字号的文化内涵和社会价值。展览为期8天，开幕式在《绍兴日报》《柯桥日报》头版和《北京西城报》及“北京西城”公众微信号同时刊发。

（吴艳梅）

【学习贯彻习近平讲话精神座谈会】12月19日，举办“学习贯彻习近平总书记在庆祝改革开放40周年大会上重要讲话精神专家座谈会”，中央党校、北京大学、中国人民大学、首都师范大学和北京市社会科学院的5位专家学者，从党建、经济、文化、哲学角度解读习近平总书记在庆祝改革开放40周年大会上的重要讲话精神；区委各工作委员会书记、各街道工委书记参加座谈会。区委书记卢映川对全区进一步深化改革、扩大开放提出要求。领导讲话和专家发言刊登在《北京西城报》《西城社会科学》上，为广大干部群众学习贯彻习近平总书记重要讲话精神提供理论学习参考。

（吴艳梅）

【周末社区大讲堂】年内，与市社科联合作，依托首都地区社科专家资源，举办周末社区大讲堂活动。先后邀请党建、经济、文化、社会、历史等方面的专家学者，进入机关、社区、企业开展讲座40余场，内容涉及中共十九大精神、一带一路、北京历史文化、红色文化、心理健康等，受众近4000人。

（吴艳梅）

【扶持社团发展】年内，支持社团开展《西城区社区数字化学习资源建设的应用研究》和《西城区社会组织党建工作问题研究》2项课题研究。重点支持《社区德育大讲堂》《外交官带你看世界》《“城市阅读课堂”系列讲座》等社科普及项目11个。

（吴艳梅）

【编辑出版社科普及图书】年内，组织编写城市治理能力现代化丛书——《治理的工具箱·环境篇》《治理的工具箱·科技篇》，为全区干部提高城市治理能力提供学习工具书。编辑出版《北京西城老字号故事集锦续集》；编辑印制《思想的力量——北京市西城区社会科学成果荟萃》画册。

（吴艳梅）

【加强媒体宣传】年内，编辑发行《西城社会科学》6期，刊登各类稿件110篇，相继刊登了区社科联委员辛向阳的“奏响改革开放与思想解放的双重变奏曲”、王光镐的“城之源、城之干、城之本、城之魂——西城区历史文化地位初探”、朱祖希的“努力维护北京老城的整体格局”等32位专家学者的文章。在《北京西城报》发表《中国改革成功的珍贵启示》《象天设都 法天而治——试论北京中轴线的文化渊源》等文章28篇；编辑专题研讨会专版3期，刊发19名专家的发言材料。

（吴艳梅）

北京天桥盛世投资集团有限责任公司

【概况】2014年12月24日，北京天桥盛世投资集团有限责任公司（简称天桥盛世集团）成立。2017年6月28日，天桥盛世集团作为西城区国资委直接监管企业，正式承担西城区文化产业发展平台职能。天桥盛世集团总资产49亿元，净资产44亿元。拥有全资子公司3家，控股及授权管理企业38家。持有物业18万平方米，商业类资产7万平方米，文化类资产11万平方米。天桥盛世集团旨在打造综合性文化产业投资集团，业务范围涵盖天桥演艺区建设运营板块，涉及天桥演艺区整体规划、天桥演艺区内文化及配套设施建设、运营、老城改造更新；资产经营板块涉及文化类资产和商业类资产的空间经营；演艺板块涉及演出内容制作、天桥艺术中心等剧场运营、三家传统院团传承发展；影视板块涉及以“首都电影院”为核心品牌的连锁影院经营，并探索影视内容制作业务等；文化创意及广告活动板块涉及文化创意产品开发、传统文化及艺术培训、品牌市集活动、文创园区策划及运营、户外媒体经营、公关活动。

地址：西城区天桥南大街1号北京天桥艺术大厦A座5层

邮编：100050

电话：83197717

（刘博吾）

【丝绸之路国际剧院联盟总部落户西城】3月27日，在北京天桥艺术大厦举行，丝绸之路国际剧院联盟总部落户西城区仪式。文化和旅游部外联局副局长朱琦、西城区副区长徐利、中国对外文化集团公司党委书记李金生，天桥盛世集团党委书记、董事长安朝晖等领导出席揭牌仪式并致辞。哥伦比亚、立陶宛、保加利亚、苏丹、法国、菲律宾等6个国家和地区的驻华使馆官员以及香港驻京办事处总监，参加了揭牌仪式。“剧院联盟”总部落户西城区，是中演院线公司与天桥盛世集团继北京天桥艺术中心合作运营之后的又一创举，也是双方战略合作关系的继续深化，“共同建设天桥演艺区”发展规划的延续和升级。

（刘博吾）

【话剧《北京法源寺》连演5场】3月7至11日，为纪念“戊戌变法”120周年这一重要历史事件，由田沁鑫编剧、执导的话剧、“2018年国家艺术基金资助剧目展演”项目《北京法源寺》在北京天桥艺术中心连演5场。副市长王宁等领导观看演出。

（刘博吾）

【原创剧戏音乐剧《杨月楼》首演】10月5至7日，由天桥盛世出品，李宝春导演、编剧，金士杰担当艺术顾问，杨立新任表演指导，李宝春、何赛飞、金士杰、孙丽英、陆锦花领衔主演的剧戏音乐剧《杨月楼》在北京天桥艺术中心完成首轮三场演出。北京市副市长、国家大剧院党委书记兼院长王宁，丰台区区长王力军，市文化局副巡视员马文，市文联党组书记、常务副主席沈强，及王旭、陈宁等区领导在首演结束后，与主创艺术家们交流观后感并合影留念。

（刘博吾）

【原创话剧《老舍赶集》上演】4月13日，在北京正乙祠戏楼举行了话剧《老舍赶集》北京首演发布会。该剧由北京市演出有限责任公司与天桥盛世集团联合出品，方旭、陈庆、郭奕雯联合编剧，方旭执导并主演，形成了“天桥特色”的联合出品项目的投资运营管理方法与实施策略。5月，《老舍赶集》在北京、上海两地完成4场演出。

（刘博吾）

【三大院团发展】3至6月，风雷京剧团话剧《绊丝箭衣》在天桥艺术中心中剧场和国家话剧院大剧场连续演出8场，12月在台湾高雄演出2场。话剧《网子》完成4轮巡演。为强化文化的创新与传承，落实区委宣传部“京剧发祥地”项目，风雷京剧团复排传统戏《溪皇庄》《青石山》《红桃山》《打渔杀家》《忠义千秋关云长》，并在中国评剧院和梅兰芳大剧院等地上演。北京杂技团制定了“先夯实单体节目基础，再创新融合成剧目”的产品生产计划，恢复了20余个节目，实现《魔幻音乐盒》和杂技团代表性节目爬杆的复演。北京皮影剧团编写的《影戏传奇》获得北京市艺术基金支持。

（刘博吾）

【天桥印象博物馆开业运营】5月18日，天桥印象博物馆正式开业运营。该博物馆不仅全面展示了天桥地区的历史沿革、景观风貌及悠久历史，成为了市民了解天桥文化的窗口，还承担文化培训、天桥艺人技艺表演、非遗互动体验等功能，丰富市民的文化生活。全年接待团体参观56次，举办特色主题活动81场，接待观众近3万人次。

（刘博吾）

【创建市级文化创意产业园区】年内，天桥演艺区被认定为首批北京市文化创意产业园区。区域规划方面，完成香厂新市区街区复兴方案，制定了具体的发展思路和实施计划。天桥演艺区北部片区街区规划导则，通过专家论证会及区长办公会审议，亮相2018年北京设计周；完成留学路城市设计方案成果及示范街区提升改造方案。演艺产业链条打造方面，年内，引进丝路剧院联盟、荣宝斋科技、方旭工作室等机构入驻演艺区，形成包括空间运营、内容制作、版权交易、投资孵化、商业配套于一体的生态产业链条。区域民生改善方面，北部平房区项目全年完成居民签约235户，累计签约303户，形成独立整院27个，提升腾退房屋总计20处院落。宜兴会馆文物腾退项目完成28户中有26户腾退签约。“疏非控”任务超额完成年度指标，共疏解人员53人。

（刘博吾）

【天桥艺术中心品质演出及活动】年内，天桥艺术中心持续推进集演出、空间经营、艺术培训和艺术活动于一体的四轮驱动战略，共计演出200个剧目925场，累计观演超过45.02万人次，获“艺术普及教育先进单位”“改革开放40年加油中国音乐产业致敬中国音乐产业盛典杰出贡献机构”“第六届中国国际音乐产业大会——音乐产业贡献奖”及2018年十大文化消费地标称号。坚持音乐剧品牌定位，演出音乐剧25个剧目175场，引进演出的重点剧目包括《泽西男孩》《长靴皇后》《芝加哥》《妈妈咪呀》，进一步强化了“看音乐剧到天桥”的品牌认知和影响力。全年举办第三届华人春天艺术节、“缤纷儿童”演出季、第二届老舍戏剧节、第三届国际新经典艺术节、第三届天桥音乐剧演出季，推出了一系列具有较高艺术水准的精品力作。全年推出公益艺术系列活动165场，参与人次超过5.1万。举办展期33天的“丝路文明艺术品民间收藏展”和展期22天的“千里之行——古巴艺术展”，累计观展人次约2.3万。

（刘博吾）

【影院发展】天桥盛世集团所属影院全年接待观众超过250万人次。西单店全国单体影院市场排名第4位，昌平店排名第32位，较上年提升52位。同时加大创新经营力度，昌平店引进MX4D动感影厅，西单店引进全球首个14米宽的三星Onyx影院LED屏幕。积极推进市场拓展，探索多元化经营模式。地安门项目结合西城区对什刹海地区的规划要求，以“书影联合”的形式，与天恒集团、经典博雅共同合作，打造文化娱乐消费综合体。

（刘博吾）

【领导考察调研】3月27日，区委副书记、区长王少峰接待北京市文物局舒小峰局长一行调研天桥演艺区，听取区文委关于区文物保护工作情况汇报。4月4日，为贯彻落实中宣部宣传思想文化战线大调研电视电话会议和全市宣传部长会议部署，市文联党组书记沈强、党组副书记刚杰、研究部主任赖洪波、组联部主任陈卫东等组成的调研小组赴天桥艺术中心开展调研。4月28日，区委常委、副区长陈冲，区国资委副主任王可佳一行调研天桥演艺区。5月8日，区委书记卢映川，区委常委、副区长姜立光一行到天桥调研疏解整治促提升工作，实地察看了文物腾退保护及拆除违法建设等工作成果。5月10日，区委常委、宣传部长陈宁到天桥盛世集团调研指导工作。8月21日，区人大常委会副主任沙秀华实地调研了天桥印象博物馆、天桥首都电影院、南中轴路天桥景观工程等重点项目。8月24日，市委常委、宣传部部长杜飞进一行实地调研天桥演艺区中轴线申遗保护工作。区委常委、宣传部长陈宁，副区长徐利接待调研。9月11日，中共中央政治局委员、中宣部部长黄坤明来北京市调研，期间到天桥盛世出品的剧戏音乐剧《杨月楼》剧组，接见李宝春、何赛飞等主创人员。9月21日，北京市市长陈吉宁带队到湖广会馆大戏楼，对会馆的安全管理工作进行全面检查，并提出意见。10月11日，北京市发改委产业处处长夏翊一行调研天桥演艺区，听取天桥盛世集团关于市发改委固投资金支持项目的相关情况。10月13日，北京市市委书记蔡奇年内第三次调研中轴线申遗保护，并到天桥演艺区检查推动工作落实。市委副书记、市长陈吉宁一同调研。

（刘博吾）

北京市大碗茶文化发展有限公司

【概况】北京市大碗茶文化发展有限公司（简称大碗茶公司）下设党办、公司办公室、财务部、审计部、人力资源部、行政部，下辖北京老舍茶馆有限公司、北京大碗茶茶叶有限公司、北京震云阁工艺品有限公司3家股份制企业，职工人数116人，经营项目包括茶座、演出、餐饮、茶产品、工艺品销售等。全年实现销售收入4208.10万元，利润39.5万元，上缴税金236.5万元。年内，老舍茶馆获北京市中小学生社会大课堂资源单位、首都文明单位标兵、全国文明单位等称号。5月，老舍茶馆获评北京市非公企业党建交流项目创建标杆，董事长尹智君被评为优秀党支部书记。

地址：西城区前门西大街正阳市场3号楼
邮编：100051
电话：63021741

（王捷　毛乃雅）

【“党建引领创先争优”活动表彰会】2月11日，大碗茶公司召开2017年党建工作总结大会暨“党建引领 创先争优”活动表彰会。公司党办主任顾德茂作“党建引领 创先争优”活动总结。公司党支部以“强化党建引领，牢记‘红墙意识’，助力首都文化中心建设——打造京味儿民俗特色连锁茶馆”为工作目标，先后开展“撸起袖子加油干 创先争优我当先”等系列活动。表彰会上，公司领导向获奖班组和个人颁发了锦旗、证书、奖金和福字。评出优秀部门奖2个，优秀班组奖12个，最佳党务工作者1人，优秀党员2人，突出人才奖1人，突出贡献奖1人，突出进步奖1人，基层先进员工奖11人，最佳进步奖5人，做传统文化的弘扬者——企业文化讲解大赛获奖者25人，向经典致敬——盖碗茶茶艺大赛获奖者27人。

（王捷　毛乃雅）

【服务全国“两会”】3月5至20日，大碗茶公司党支部组织党员、入党积极分子、骨干员工推出流动大碗茶摊，与前门西河沿社区党委的党员们一起，每天上、下午两个班次走进人民大会堂周边沿街，执行全国“两会”安保任务的21个站点，为200余位志愿者送上“老二分”大碗茶。4月3日，大栅栏街道工委书记李婕为老舍茶馆送上“齐心协力保两会 老舍茶香暖人心”锦旗，对企业在党的“十九大”和全国“两会”期间主动为执勤的志愿者送水服务表示感谢。

（王捷　毛乃雅）

【捐资助学】3月5日，大碗茶公司同步瀛斋、戴月轩等驻区老字号企业，为街区扶助学生送上年度助学金。大栅栏街道工委为爱心企业颁发“用爱陪伴 用心成长”捐资助学活动荣誉证书。

（王捷　毛乃雅）

【政要到访】3月10日，柬埔寨王国国务院秘书长王延富阁下一行到老舍茶馆品中国茶。4月8日，联合国秘书长安东尼奥•古特雷斯先生一行8人到老舍茶馆感受京味儿文化。4月12日，荷兰首相马克•吕特先生做客老舍茶馆。5月28日，联合国亚洲及太平洋经济社会委员会执行秘书阿赫塔尔一行做客老舍茶馆，品特色美食，欣赏京味儿演出，领略中国文化。8月7日，第73届联合国大会主席埃斯皮诺萨一行做客老舍茶馆感受中国文化。8月20日，马来西亚总理夫人哈斯玛女士一行到老舍茶馆观赏特色演出，品盖碗茉莉花茶。9月1日，博茨瓦纳共和国总统莫克维齐•马西西来华，出席2018年中非合作论坛北京峰会之际，总统夫人妮奥•马西西携女儿做客老舍茶馆品中国茶，体验中国传统文化。9月4日，中非共和国总统图瓦德拉夫妇到老舍茶馆观赏特色演出，品盖碗茉莉花茶。10月10日，布基纳法索争取进步人民运动党代理主席西蒙•孔波雷一行做客老舍茶馆。12月6日，朝鲜劳动党中央政治局委员、朝鲜外务相李勇浩做客老舍茶馆。12月17日，土耳其正义与发展党副主席切夫德特•耶尔马兹到老舍茶馆品特色美食，感受京味儿文化。

（王捷　毛乃雅）

【参加行业交流活动】3月27至28日，根据人社部职业技能鉴定中心的统一部署，《茶艺师国家职业技能标准》初审会在江西南昌召开。大碗茶公司董事长尹智君受邀担任《茶艺师国家职业技能标准》初稿审核专家。江西省社会科学院首席研究员余悦做《茶艺师国家职业技能标准》编制情况汇报。与会专家对《茶艺师国家职业技能标准（初稿）》中职业概况、基本要求、工作要求、权重表四个部分进行讨论，形成《专家审定意见》。5月11日，中国茶馆联盟上半年全国茶馆经理年会在浙江宁波召开。来自北京、天津、上海、重庆等全国25个省市、自治区120余家茶馆的馆主围绕“倡导茶为国饮，推动六茶共舞，推进平衡、充分发展，满足人民日益增长的美好茶生活需求”为主题，畅所欲言，深入研讨。尹智君在会上作《老舍茶馆连锁发展初探》经验交流。8月5至6日，尹智君应邀赴杭州参加“廿念不忘•湖畔居茶楼”20周年茶会。期间，老舍茶馆团队专程为大会送上“前门情思大碗茶”茶艺表演；尹智君在“湖畔论茶”主题沙龙作《用品牌价值实现产业转型升级》主题发言。11月1至4日，尹智君应邀赴厦门出席第十一届海峡两岸（厦门）文化产业博览交易会，期间，受聘担任海峡两岸文化产业专家委员会委员和“第三届东方茶席大赛”总决赛评审专家。

（王捷　毛乃雅）

【参加茶艺大赛】5月12至13日，“海曙杯”首届中国家庭茶艺大赛在宁波举行。北京、吉林、安徽、浙江、广东、云南、新疆等28个省（自治区、直辖市）的35支队伍进行角逐。北京老舍茶馆《家爱如茶》家庭茶艺获“海曙杯”首届中国家庭茶艺大赛最佳创意奖。6月25日，2018“马连道杯”全国茶艺表演大赛决赛举行。老舍茶馆茶艺表演队与来自北京、江西、广西、陕西、云南以及台湾等省区市的17支代表队、70余名参赛选手同台竞技，最终获得2018“马连道杯”全国茶艺表演大赛一等奖。

（王捷　毛乃雅）

【倾听民意】6月12日，区人大代表、公司董事长尹智君前往大栅栏街道前门西河沿社区与选民见面，广泛听取选民的意见建议。

（王捷　毛乃雅）

【董事长当选主任委员】9月26日，中国茶叶流通协会茶馆专业委员会换届会暨三届一次工作会议在广西梧州举行。经换届选举，董事长尹智君当选中国茶叶流通协会茶馆专业委员会第三届委员会主任委员。

（王捷　毛乃雅）

【参加文博会】10月25至28日，第十三届中国北京国际文化创意产业博览会在中国国际展览中心（老馆）举行。老舍茶馆与国内外众多知名品牌企业一同参展。文博会首日，北京市委书记蔡奇一行来到老舍茶馆展位前。时隔一年再次听到老舍茶馆堂倌原汁原味的京味儿吆喝，蔡奇夸赞说“还是这个腔，还是这个味儿，很好！”

（王捷　毛乃雅）

【党建交流活动】11月9日，华夏银行党委组织部副部长韩若凡一行16人与大碗茶公司党支部开展党建交流活动。12月26日，北京市老龄办党委书记等领导，率北京市老龄办党委8个党支部书记、党员一行15人与大碗茶公司党支部开展党建交流活动。

（王捷　毛乃雅）

【党课学习】10月9日，大碗茶公司党支部邀请北京市委党校教授江伟为老舍茶馆全体党员、中层以上领导干部和入党积极分子作《不忘初心 牢记使命》主题党课。

（王捷　毛乃雅）

【茶知识讲座】12月11日，大碗茶公司老舍茶馆邀请茶叶专家孙利育为西长安街、牛街等街道的10个社区百余名居民普及龙井茶品鉴知识，讲授健康饮茶方法。

（王捷　毛乃雅）

旅　游

【概况】北京市西城区旅游发展委员会（简称区旅游委）是负责全区旅游发展统筹协调、产业促进和行业管理工作的区政府工作部门。在职人员46人，公务员24人、事业单位人员22人。年内，区旅游委以打造全域旅游为目标，着力实现“降密提质增效”。住宿业加速转型升级，经营收入保持平稳增长态势，144家限上住宿单位累计实现营业收入60.3亿元，较上年同期增长6.1%。旅游景区整体经营平稳，24家旅游景区实现营业收入8.6亿元。旅行社共接待国内外旅游者70.4万人次，与上年基本持平，其中，国内旅游者47万人次，入境旅游者8.2万人次，出境旅游者15.2万人次。

地址：西城区南菜园街51号8层
邮编：100054
电话：83975164

（王　楠）

【传统节庆活动】春节期间，厂甸庙会、大观园红楼庙会为市民游客带来百余场传统文化特色活动。恭王府准备了年味十足的新年年画大展。首都博物馆举办瑞犬望春风——戊戌狗年生肖文化展。什刹海冰场、北海公园、陶然亭公园推出冰雪体育文化节、冰雪嘉年华、冰雪文化交流展示等8个主题冰雪季体验活动。老舍茶馆推出迎春生肖水仙展。北海公园、精彩瓷博物馆开展文创迎新活动。清明节期间，陶然亭公园举办“陶然亭诗会”，以吟、诵、唱等形式参与，追忆先贤、缅怀先烈、赞美生活、歌颂祖国，参与此活动的市民还为高君宇、石评梅烈士像敬献花环。“五一”期间，景山公园牡丹文化艺术节开幕，并在每天晚上6点半到8点半特别推出“夜赏牡丹”。北海公园的琼华岛以及西岸和东岸，可欣赏到品种丰富的花卉。宋庆龄故居举办第九届海棠文化节。法源寺的丁香从明清开始就已闻名京城，每年五月都会如期绽放。端午节期间，陶然亭公园、北京动物园、景山公园开展了多种多样的民俗活动，让游客了解端午文化。中秋佳节，推出天文馆科技探月、古观象台中秋赏月、恭王府中秋赏月、月坛游园中秋赏月等多处不可错过的中秋赏月最佳境地。同时，大观园推出中秋朗诵、杂技、评剧折子戏等精彩文化演出，宣武艺园举办中秋雅集，邀请琴棋书画等传统文化艺术家与大家共度中秋，海洋馆月饼DIY亲子手作活动、老舍茶馆的系列京味文化演出等活动受到市民关注，预约情况热烈。北京坊生活方式设计节也于中秋节首日开幕。国庆节期间，首都博物馆推出“国家相册致敬历史——新华社中国照片档案馆典藏展”“老城区·新生活”2018北京国际设计周西城分会场系列活动及北京坊北京国际花植设计节等系列活动在国庆节期间亮相，吸引了众多游客体验参与。

（王　楠）

【第17届什刹海文化旅游节】4月20日（谷雨），第17届什刹海文化旅游节开幕，本届旅游节历时4个月，围绕彰显文化、深化融合、提升品质、旅游惠民、促进消费策划推出“1+6”系列活动（1个开幕式和6项主题活动），开展“光影西城”优秀旅游摄影作品展；“聚焦都市民宿发展 对话北京人家建设”研讨会；“感知西城”百名国际旅行商西城体验行；“文博西城”西城博物馆研学奖励游；“红色西城”西城红色旅游体验推广月；“惠游西城”西城旅游惠民服务季等。持续宣传和推广区域古都风貌、京韵文化旅游目的地形象，以红色旅游宣传为突破口，带动全域旅游宣传。组织企业参加亚太旅游交易会、北京国际旅游博览会等10场专业展会，首次在北京国际旅游博览会举办西城旅游主题日，获展会最佳创意奖。

（王　楠）

【向旅游行业协会购买服务项目】5月，区旅游委首次向区旅游行业协会购买服务项目——“西城旅游图片征集活动”。经过近5个月时间，征集活动共收集到4000多幅参赛作品，展现“魅力西城”的别样风采。

（王　楠）

【文明旅游】5月，在陶然亭、西单等地通过文明旅游常识微信答题、易拉宝展示宣传、旅游咨询资料公益发放、志愿活动文明引导等形式开展“全域旅游、美好生活——文明旅游我最美，西城在行动”国家旅游日主题宣传活动。北海公园、动物园、天文馆、恭王府等9家4A级景区积极响应，分别在旅游厕所附近，通过易拉宝及志愿引导等形式传播“文明旅游、文明如厕、拒绝非法一日游”等理念。参加活动的志愿者百余名，发放资料万余份。559名旅游志愿者共服务9314.5小时，“你来西城 我来导游”志愿服务项目获北京市学雷锋志愿服务“五个100”最佳服务项目荣誉称号。

（王　楠）

【旅游标识系统导则编制】6月，组织专家团队，对全区旅游标识标牌情况进行摸底调查，现场查看全区101个街区、21家A级旅游景区及周边、星级饭店和重要交通枢纽等周边旅游标识标牌建设情况，11月26日完成《旅游标识系统导则》编制工作。

（王　楠）

【文商旅融合促进】统筹推进“文商旅新三年行动计划”，已完成38项。8月中旬，接待市委宣传部、市旅游委专题调研西城区文化与旅游融合发展，考察北京坊、“月坛雅集”非遗生产性保护基地、皮影主题特色酒店、老舍茶馆等部分文旅融合典型单位，组织召开专题座谈会，介绍西城区工作经验。集合两届文商旅行动计划成果，拍摄融合成果纪录片。深化旅游与金融融合，借助旅游企业行业大会，请区金融办为酒店、景区、旅行社负责人宣贯西城区投融资政策及北京产权交易所旅游资源交易平台。北京康庄国际旅行社等旅游企业挂牌新三板。推动区域优质旅游资源通过北京产权交易所旅游资源交易平台实现旅游与要素市场融合发展。

（王　楠）

【“北京人家”旅游合作体】9月13日，搭建“北京人家”合作体建设平台，金融街资本运营中心在工商分局注册成立“北京人家旅游文化发展有限公司”获批，公司注册资本100万元。标志着“北京人家”实体运营平台正式成立和“北京人家”品牌的注册完成。

（王　楠）

【区域合作】年内，成立区域合作和精准扶贫工作领导小组，建立帮扶联系机制，8次前往帮扶地区开展工作对接、智力支持、旅游培训。鼓励、支持区内知名旅游景区与帮扶地区旅游景区结对子，恭王府与喀喇沁旗王府博物馆签订旅游帮扶合作协议，利用自身优势支援受帮扶地区旅游发展。推介帮扶地区旅游资源，制作、发放旅游宣传折页4万份。为张北县培训宾馆、饭店和农家乐管理人员及导游人员共计200余人。

（王　楠）

【旅游公共服务建设】9月，共完成5家旅游景区的7座旅游厕所及第三卫生间、93平方米旅游标识导览、323个休闲座椅、136个垃圾桶和1处游客中心改造提升工作，项目全部通过市旅游委和第三方评审机构验收，补助资金160.04万元。11月，区旅游委会同市旅游委评定检查组，开展4A级以上封闭式景区旅游厕所质量等级评定工作。评定检查组根据以国家《旅游厕所质量等级的划分与评定》（GB/T18973-2016）及《旅游厕所质量等级评分表》为依据，对照《旅游厕所质量等级评分细则》对全区8家4、5A级旅游景区的61座旅游厕所从硬件建设、软件制度上进行评定打分，共评出AAA级旅游厕所17座，AA级旅游厕所43座，A级旅游厕所1座。

（王　楠）

【编制西城区旅游研究成果汇编】12月，编辑并印制《北京市西城区旅游研究成果汇编（2012—2017）》（上、下册）共300册。汇集2012—2017年研究成果，涉及文商旅融合工作、重点旅游功能区系列规划、旅游消费市场分析、住宿业提升发展、公共服务体系建设等方面，共收录产业政策文件3篇、专项研究报告22篇。

（王　楠）

【多元化旅游产品】年内，推出文博研学旅游、红色旅游和文化小径产品。依托区内丰富的博物馆资源，通过开展旅游摄影作品展，推出博物馆研学游产品和推出“西城故事”音频栏目，打造北京中小学生暑期博物馆研学游等旅游产品。组织特色非遗体验产品进入酒店，让酒店客人近距离体验老北京特色传统文化。针对市场需求丰富旅游产品，结合区四合院资源丰富的条件，探索建立“北京人家”旅游合作体。改版《西城演艺之旅》期刊，全年共推介1122部演出剧目。借助《北京旅游》推出红色旅游线路专版，扩大西城区旅游产品影响力。

（王　楠）

【智慧旅游】年内，推进恭王府网上预约试运行。着力加强旅游触摸屏及手机APP内容运维。旅游自助触摸屏共发布信息2660条，浏览量290284人次；“畅游西城”APP分别围绕“食、住、行、游、购、娱、展、演”等板块，更新完善旅游相关信息510条，浏览量90580人次。“双微”平台推送全区旅游资源信息895篇，阅读量达到2124833次。畅游西城官方微信共推送图文及视频信息共计413篇，阅读总量达到165098次，较上年全年上涨12.4%。畅游西城微博官方账号推送图文及视频信息414篇，阅读总量达到1810079次，较上年全年上涨60.9%。

（王　楠）

【旅游服务进社区】年内，以“旅游让

生活更美好”为主题，整合区域公共服务优势资源，深入开展文明旅游进社区、文博科普进社区、志愿服务进社区、旅游咨询进社区和出境游常识讲座进社区等特色活动。共组织惠游西城、社区景区互动、文明旅游大讲堂、旅游咨询等活动64场次，服务居民1万余人，发放资料1.62万余份。

（王　楠）

【旅游咨询接待】年内，全区15家旅游咨询服务站共接待中外游客646488次，同比增长35.89%，其中包括：现场咨询488262人次，同比增长32.96%；电话咨询158226人次，同比增长45.81%；咨询接待量排名前三的咨询站分别为首都博物馆、老舍茶馆和北京动物园咨询站。共发放资料981624份。

（王　楠）

【旅游安全监管】年内，圆满完成全国“两会”“中非合作论坛”及重要节假日安全保障。完善旅游防汛分指挥部的统筹协调机制，保障行业安全度汛。编制安全隐患三年行动方案及安全检查工作计划，对98家存在隐患的重点宾馆饭店开展安全治理。组织安全生产应急演练，分批次开展安全生产培训近3000人次。完成53家宾馆饭店的安全生产三级达标新评、复核及50家旅游企业落实安全生产主体责任检查评估工作。完成A级景区“雪亮工程”摸排，备案报送率实现100%。

（王　楠）

【旅游环境治理】全年完成执法检查310件，立案调查8件，行政处罚7件，共处罚金2.9万元。小旅馆退出和转型86家，旅行社及门店减少35家。组织召开整治工作部署会和重点地区专项整治工作协调会议15次，针对什刹海景区、故宫北门、德胜门、前门西大街等非法“一日游”频发易发区域，会同公安、城管、交通、工商、街道等部门进行明查暗访，组织联合执法60余次，出动执法人员2700人次，查处“黑车”52辆、“黑三轮”70余辆，罚款300余万元。

（王　楠）

【A级景区情况】截至年底，全区共有A级景区21家，其中5A级景区1家：恭王府；4A级景区8家：什刹海风景区、北海公园、北京动物园、北京海洋馆、景山公园、首都博物馆、陶然亭公园、北京天文馆；3A级景区11家：中国地质博物馆、月坛公园、北京古钱币博物馆、北京大观园、湖广会馆大戏楼、老舍茶馆、北京市宣南文化博物馆、宣武艺园、大栅栏商业街区、宋庆龄故居、金中都公园；2A级景区1家：历代帝王庙。

（王　楠）

什刹海风景区管理处

【概况】北京市西城区什刹海风景区管理处（简称管理处）为什刹海街道办事处下属副处级全额拨款事业单位，人员编制89人，实有82人。下设14个科室，1个党总支，3个党支部。年内，管理处依托景区行政综合执法中心，从清理直管公房入手全面整治沿湖酒吧，打造文化新地标；从打通环湖绿道入手，全面提升景区环境品质；从拆除违法建设入手，塑造景观天际线，让景区真正实现“旅居相宜、各得其所”。景区3月被首都文明委评为“首都文明风景旅游区”。

地址：西城区德内大街羊房胡同甲23号

邮编：100009

电话：83223501

（邱　爽）

【景区拆违】年内，有节奏、有重点，稳步推进景区拆违工作。截至12月底，什刹海景区内拆除违法建设5541.88平方米。景区拆除不规范牌匾153块、违法建筑14处、不规范围栏427延米、不规范遮阳棚11处、占路台阶10处、老旧烟囱1根、违规演艺舞台3处、环湖违建商亭4处。降低了环湖建筑和商业密度，减少了安全隐患，解决了多年“想解决而未能解决”的问题。

（邱　爽）

【开通西海环湖步道】年内，打通前海地区小王府、后海地区望海楼、金帆俱乐部、集贤堂酒吧、西海地区山海楼、鱼生餐厅、潭苑等7处主要堵点，拆除违建2968.3平方米。实现前海、后海、西海6公里临水步道全线打通、全面贯通。

（邱　爽）

【疏解整治促提升】年内，对地安门外大街不规范牌匾、开墙打洞、违法建筑进行治理。入户告知130余户；拆除不规范牌匾72处，对拆除外立面进行油漆彩绘恢复；拆除违建9处，共计594.9平方米；封堵开墙打洞5处；治理直管公房转租转借5处；整体恢复翻建房屋5间。

（邱　爽）

【完善景区交通秩序】年内查扣“黑三轮”167辆，查处非法运营大巴车36辆、非法出租车25辆，清理占道僵尸车33辆，拆除私装地锁40个；锁车处理处罚机动车41辆，贴条处罚机动车142辆，清理车衣30个。规范引导、摆放非机动车6万余车次。对重点点位集中治理6次，清理废旧非机动车300余辆、废弃家具杂物60余件；与各共享单车公司建立联运机制，清运共享单车15万车次；在景区有效发挥挡车桩的作用；设立交通管制固定岗，按时起降反恐防暴桩（14:00—24:00升起）管控景区交通秩序。

（邱　爽）

【《什刹海文化史话》出版】年内，管理处与什刹海研究会合作出版《什刹海文化史话》一书。为研究什刹海地区历史文化和保护传承工作提供了有益的建议和参考。

（邱　爽）

【采集街巷胡同图文资料】年内，针对什刹海文保区145条街巷胡同完成现状拍照、历史文化梳理。采集历史保护区街巷胡同4.7万张照片素材，为每条胡同编辑了基本情况、历史沿革、名人名景等内容的简介。

（邱　爽）

【什刹海吉祥物衍生品开发宣传】年内，采用什刹海风景区吉祥物形象“什小海”进行衍生品开发，制作2D动态表情包24个、3分半钟公益宣传动画短片一部，在微信平台发布，同时在什刹海景区内户外宣传电子屏上播放，宣传河长制、传统文化、游客服务等工作成果。

（邱　爽）

【重新申报特色街】为贯彻落实《北京城市总体规划》，解决部分特色商业街在环境区位、业态结构、服务配套等方面与城市功能定位不匹配、不协调问题，培育发展与首都城市战略定位相协调、相适应的特色商业街。年内，启动了护国寺街、烟袋斜街特色街重新申报工作。

（邱　爽）

【推荐评选文明商户】年内，区委开展文明商户创建工作。管理处推荐景区内两条特色街的九家商户进行评选：护国寺街的惠丰门钉肉饼、富华斋饽饽铺、护国寺小吃总店、钢镚烤肉、护国寺宾馆，烟袋斜街的鑫园客栈、京扇子、官作茶、石宝斋。最终9家商户全部入围文明商户。

（邱　爽）

【评选星级商户】年内，管理处启动星级商户评比工作。从商户的门前三包、依法依规诚实经营、符合景区文化氛围、保护历史风貌等方面对商户进行检查评定。分别评出五星、四星、三星商户作为标杆榜样，并对星级商户进行表彰。

（邱　爽）

【景区活动备案与管控】年内，管理处依照《什刹海景区内举办活动登记备案流程及注意事项》落实公共事务精细化管理，加强景区活动登记备案，采取多种形式进行活动管控和监管。共登记备案各类活动76场次，人数达1.8万余人。

（邱　爽）

【编制风景区旅游发展规划】年内，管理处完成《什刹海风景区旅游发展规划》（以下简称《规划》）编制工作，《规划》立足新版北京总体规划发展要求，落实核心区非首都功能疏解和“降密”精神，明确景区发展目标。提出五大核心策略：构建游览体系，优化空间布局，推进功能重组；推动功能疏解，合理管控引导商业业态有序发展，降低人口和商业密度；加强文化彰显，有序推动文物资源的腾退、保护和利用，落实文化中心建设；实施客流引导，优化线路组织，降低游客密度；推进景区织补，优化人居环境，提升旅游和生活服务品质。并按近期、中期、远期分步有序地推动重点任务和行动计划落实。

（邱　爽）

【景区游客满意度调查】年内，管理处从多个角度开展景区游客满意度调查，完成样本量5012份。调查显示，景区受众主要群体为40岁以下、大专及以上学历的外地游客。98.4%的受访游客对景区总体印象表示满意，同比上升1.1个百分点；98.8%的游客对景区景观表示满意，同比上升1.1个百分点；97.5%的游客对景区的旅游秩序表示满意，同比上升1.7个百分点。游客对景区的公共交通、路标、景观介绍牌有所认可，认为酒吧、三轮车胡同游最具特色，游客认为垃圾箱、公共卫生间、停车设施等方面及餐饮和购物商店有待改进与提升。

（邱　爽）

【景区游客服务中心试运行】7月17日，什刹海景区游客服务中心开始试运行，作为体现景区旅游接待及服务功能的重要窗口，为游客提供旅游信息、咨询、休息和服务。

（邱　爽）

【推行河长制】年内，管理处认真落实“河长制”属地职责，什刹海街道河长巡河118次，巡河383.27公里，各河段共计巡河3200人次，对居民不文明行为当场进行劝阻150余次，发现钓鱼、游泳、私自上冰、非法捕捞等问题200余起，协调相关职能部门解决帽石脱落、井盖突起、油污等问题3起。发挥属地监管职能，督促苗木队每日出动25人次，共计5000人次清理水面漂浮水草2300吨。保洁队每日出动32人次，共计5600人次清理大件堆物堆料及日常垃圾600吨。与9个河段签订《什刹海街道2018年河段长河湖治理工作目标责任书》18份。在河长制基础上推行湖长制，建立由湖长、信息员、联络员及2名巡河员共5人组成的社区级湖长体系。

（邱　爽）

【什刹海入选“北京优美河湖”】年内，经过初审、第三方现场调查监测、专家现场考察和专家评审等环节，最终什刹海入选“北京优美河湖”。

（邱　爽）

【景区工程及修缮】年内，完成烟袋斜街51号广福观西院修缮工程的方案设计、工程量清单编制，5月底完成招标控制价的审核，7月中旬完成工程的招标并签订合同。7月23日工程正式开工，10月9日竣工。

（邱　爽）

【景区环境秩序整治】年内，责令整改酒吧12家，清理吧托90余人次，查处违规演艺200余起，警告噪音扰民现象700余次，查扣酒吧音响16台，规范占道经营、店外经营1100余次，规范门前三包610次，清理无照游商2865人次，查扣烧烤车6辆，查扣小商品数万件，清理卖艺卖唱人员32人次，劝离景区内流浪乞讨人员150余人次。

（邱　爽）

【保证规范的胡同游秩序】年内，做好第四期（第一季度）特许经营年检工作，严格依据《北京市西城区什刹海地区人力客运三轮车胡同游第四期特许经营实施方案》实施特许经营管理，保证在规定的运营时间、运营线路上安全有序运营。逐步有计划地落实车工长效培训机制，强化措施，全面提升车工文明服务素质，树立品牌意识。全年胡同游特许经营接待游客约32.48万人次，其中，国内游客14.34万人次，国外游客18.14万人次，国内外接待总金额约753.98万元。

（邱　爽）

【办理市、区人大代表建议】年内，管理处在规定期限内，办理回复市人大代表建议1件；区人大代表建议1件。区人大代表建议被评为2018年优秀建议。

（邱　爽）

【接待来电来访】年内，管理处对信访、政风行风热线、12345政府热线服务平台等反映的问题，及时登记入册，做到件件有结果、事事有回复。全年共接转各类案件112件，回复112件，办结率、回复率均达到100%的工作目标。

（邱　爽）

北京大观园管理委员会

【概况】北京大观园管理委员会·北京红楼文化艺术博物馆为全民所有制自收自支事业单位。北京大观园（简称大观园）占地11公顷，园内殿宇、庭院、自然景区30余处，是具有古典园林外观、红楼文化内涵、旅游经济属性、博物馆功能齐全的休闲活动场所。业务范围是：提供园林、文化、旅游场所；大观园的建设、维护和管理；涉外接待及导游服务；组织文化活动。主要职责：负责向中外游客提供标准化文化园林游览环境，红楼文化展览，红楼文化研究，红楼文化教育基地。弘扬传统文化，丰富人民群众的文化生活。负责园内的园林绿化、种植养护、花卉栽培和园林建设，建筑修缮的管理，保证游客游览安全。负责完善博物馆功能，打造红楼品牌，红楼文化、影视拍摄，促进园内旅游的发展及宣传接待、布展、展品征集和充实馆藏等工作。承办有关重大活动及公益活动事项。为公众游览、观赏、避难、休憩、开展科学文化及锻炼身体等活动提供较完善的设施和良好的绿化环境。年内在职职工66人，在岗职工64人。全年接待游客108万人次。

地址：西城区右安门内西街18号

电话：63544993

邮编：100054

（陈雪梅）

【第23届红楼庙会】1月10日，北京大观园举办第23届红楼庙会“元妃省亲”

古装表演演员招聘面试会。现场众多大学生、红迷等文艺爱好者近百人报名参演，竞选庙会重头戏“元妃省亲”古装行进表演的主持人及各个角色。此次招聘，连续近十年参加红楼庙会的贾母和刘姥姥都已七旬高龄，是表演当中的绝对主角。2月16至20日，大观园举办第23届红楼庙会，本庙会以“九州日月开春景，国泰民安玉犬来”为主题，以“元妃省亲”为品牌。共邀请近200名演员，分别在大舞台、小舞台、南门广场、湖面上空、湖心岛5个地点轮番上演各种精彩节目185场次。元妃省亲大型古装表演作为红楼庙会重头戏，每天上午、下午举办两场行进表演。小舞台由北京皮影剧团上演的儿童木偶剧、北京梦幻七彩艺术团带来的皮影和杂技表演，全天轮换登场。湖面上有刘姥姥醉酒——新乡高空特技表演、河南盘鼓和舞狮、黑祥子活雕塑等表演。庙会摊位主要包括风味小吃、游艺项目、图书百货及民间手工艺品。在西门区域为手工艺者提供20个摊位。蘅芜苑内设置猜灯谜区，秋爽斋外的科普展示区面向游客普及《红楼梦》中的养生常识。嘉荫堂、省亲别墅展室分别举办“当代名家书画迎春展”“红楼文化艺术展”，垃圾分类志愿者每天在小吃摊位旁，义务引导游客进行垃圾分类。庙会期间共接待游客13.1万人。

（陈雪梅）

【区委巡察组巡察大观园】4月3日，北京大观园召开西城区区委巡察组动员会。第一巡察组组长郭加林对巡察工作做了动员，大观园党总支书记唐晓宾表态，全力配合巡察组工作，此次巡察工作为期1个月。4月18日，区委巡察组向大观园党总支反馈巡察意见。根据巡察组反馈意见，党总支制订整改实施方案，并制定整改措施台账。对能立即整改的严格按照整改时限落实到位。

（陈雪梅）

【清明节活动】4月5至7日，大观园举办“曹氏风筝”文化体验活动，“曹氏风筝”国家非遗第4代传承人缪伯刚，现场为游客讲解“曹氏风筝”的扎、糊、绘、放四种艺术。3天接待游人8671人次。

（陈雪梅）

【五一活动】4月29至5月1日，魔术杂技、交响音乐会、儿童剧表演等纷纷在大观园亮相。大观园“百姓周末大舞台”正式成为西城区第一文化馆首家挂牌的“室外文化广场”活动基地，并被授牌。3天接待游人20172人次。

（陈雪梅）

【端午节活动】6月17至19日，大观园在凹晶溪馆举办“古韵端午”古琴雅集活动。古琴养生学会会长韩杰现场演奏《离骚》。其他演奏者演奏了《鸥鹭忘机》《梅花三弄》等古琴名曲。南来顺面点师傅讲授包粽子的秘笈。百花深处艺术团和河北梆子剧团，连续3天在百姓大舞台演出。3天接待游人11504人次。

（陈雪梅）

【中秋节活动】9月22至24日，在大观园内凹晶溪馆举办“中秋节红楼梦讲座”，北京民间文艺家协会会员任彤主讲秋分节气的历法常识和中秋、祭月习俗。请游客亲身体验学做“瓦当图案”月饼。百姓周末大舞台上演中秋朗诵、杂技、评剧折子戏等。3天共接待游客17049人次。

（陈雪梅）

【“十一”活动】《红楼梦》成书于苏绣繁盛时期的清朝中叶，书中出现的苏绣品种不少于40余种。10月1至7日，大观园内凹晶溪馆举办“苏绣红楼情”绣品展。展览集中展示《红楼梦》书中的花草虫鸟、人物图案作品。百姓周末大舞台为游客奉献精彩的民乐、综艺、朗诵演出，7天共接待游人40701人次。

（陈雪梅）

【重阳节活动】10月17至23日，大观园在嘉荫堂举办相声演员徐德亮重阳节百墨百猫百寿展。“百墨”，徐德亮认为古往今来，墨的配方不同，工艺不同，加的药材不同，加的碳黑也不同。用的胶不同，用胶的胶法也不同，存放百年胶败掉之后的效果又是不同……要知道墨色好坏，必须多试墨，试到一定程度自然会理解。“百猫”，徐德亮爱猫众所周知，在试墨时，他有意用每种墨画一种不同姿态的猫，试了近200种墨，画了200种姿势的猫，都是纯墨的，避免颜色对墨色的影响。本次展出40幅左右的精品。“百寿”，重阳节是中国传统节日，又是尊老敬老的主题节日。10月20日，徐德亮邀请多位文学界、艺术界的著名人士前来给市民赠送“寿”字。。

（陈雪梅）

【百姓周末大舞台】4至10月，在区文化委的协调下，北京红楼文化艺术博物馆继续推动“北京百姓周末大舞台”惠民文化工程。在近7个月的时间里，由区百花深处艺术团、北京金榜艺术团、北京天弘益华文化有限公司等14个演出团体，演出歌舞、杂技、戏曲等49场节目。

（陈雪梅）

【青少年教育】年内，大观园为学生团队提供实践学习和游览环境。共接待2.4万余人的学生团队。先后在园内举办徐悲鸿中学成人礼、史家小学分校“走进大观园，共享新课堂”等青少年实践活动。

（陈雪梅）

【基础设施修缮维护】年内，重新翻修园内5座桥；南门内外增设无障碍坡道2处；对售票房屋进行粉刷，大舞台屋顶防水处理，小舞台云头更换及整体粉刷，对顾恩思义殿正殿进行墙壁、柱子、门窗粉刷，屋顶进行除尘，更新LED灯带；对园内水车、东消防门水系护岸石、红香圃藤萝架等景观进行修缮维护。

（陈雪梅）

【景观环境】年内，在秋爽斋西侧新种植牡丹100株，芍药100株；怡红院周边新种植碧桃8株。各节日期间，摆放花坛三处，共计7500余盆。全园绿化养护管理基本达到养护水平，病虫害防治达到一级水平，并启用有安全性的农药存贮库房，保障农药使用安全。

（陈雪梅）

【大观园转企改制】年内，为落实《中共北京市委办公厅、北京市人民政府办公厅印发〈北京市关于从事生产经营活动事业单位改革的实施意见〉的通知》《西城区经营类事业单位转企改制工作方案》，完成北京大观园转企改制工作，聘请会计师事务所对本单位进行清产核资。12月28日，在工商行政管理部门办理了企业注册登记。新公司注册全称为北京大观园投资管理有限责任公司，转企改制工作仍在持续。

（陈雪梅）

（责任编辑　姜　光）

体育　卫生

体　育

【概况】北京市西城区体育局（简称区体育局）是西城区政府的职能部门，指导和管理全区的体育工作。下设办公室、群众体育科、体育市场管理科、青少年训练科、科技教育科、国有资产管理科、党群工作办公室。公务员编制31人。下属事业单位：西城区少年儿童业余体校、西城区社会体育管理中心、西城广安体育馆、西城区体育训练中心、西城区体育科学研究所、北京月坛综合训练馆、北京月坛体育馆、西城区武术和棋类运动管理中心、北京广安游泳网球馆。年内，区体育局把握新形势，立足区情谋全局，统筹推进西城区体育事业全面发展。

地址：西城区月坛南街1号院7号楼

邮编：100045

电话：68026768

（吴文秀）

【群众体育】年内，开展“三级联创”活动，什刹海街道、展览路街道、广外街道列入2018年全市创建名单。注重体育文化传播，塑造体育品牌活动。区—街道—社区三级联动，上下衔接，全面互动，形成常态化全民健身活动机制。全年举办各级各类全民健身活动400余场次，参与人数超过100万人次。成功举办区全民健身冰雪季，组织冰雪活动60场，24.5万余人次参与。培育“一区一品”（每个区确立一种有特色的文化艺术形式进行打造宣传）开展冰雪活动3场，3万人次参与；开展群众冰雪赛事、活动10场，2000人次参与；开展冰雪健身知识大讲堂，普及冬奥会、冰雪运动知识15场，5900人次参与；冰雪公益体验授课28场，8000人次参与；冰雪场馆开展的冰雪活动4场，20万人次参与。挖掘整理“什刹三冰”——冰蹴球、冰龙舟、冰嬉。成功将“冰蹴球”项目申报为区级非物质文化遗产项目。开展“冰鉴——老北京的冰上运动”展览。全民健身体育节期间，举办乒乓球、篮球、台球、门球、健身操舞等内容丰富、特色鲜明、易于普及的体育健身活动。围绕金融街地区金融机构聚集的特点和民族传统体育项目展开“一区两品”（西城区和宣武区合并，形成独特的一个区，两个品牌文化）。引导各街道开展“一街一品”（每个街道确立一种有特色的文化艺术形式进行打造宣传）“我要上市运”活动，评出一等奖3个、二等奖2个、三等奖8个。以京津冀协同发展为纽带，组织冰蹴球、篮球赛。

（吴文秀）

【推动体育社会组织发展】全区群众体育健身团队1080个，晨晚练辅导站1022个、社区体育俱乐部10个。鼓励社会组织积极发动社会力量，参与全民健身赛事活动，培育发展符合西城特点的项目。累计培养社会体育指导员8221人，年均开展全民健身志愿服务活动200多次。

（吴文秀）

【体育设施建设】年内，动员社会力量参与体育场地设施建设。落实民生工程民意立项。加强体育场地共建共享，利用疏解腾退的土地房屋资源建设群众身边的体育设施。完成德胜北滨河公园万米健身园器材更新，建设可拆卸仿真冰场地。推动月坛体育中心升级改造。对看台下训练设施等进行升级改造。月坛体育场一期工程年内已施工。全面整改月坛综合训练馆，优化场馆环境，努力打造一流的群众性健身场馆，已面向社会开放。

（吴文秀）

【体医融合】年内，积极促进体医融合，发挥体育优势，打造西城区“健康中国”国家级示范区。年均完成3000人的国民体质测试并提供运动处方。开展科学健身大讲堂，推广“毛巾操”等健身方法，指导居民掌握健康生活知识和技能。

（吴文秀）

【“武术之乡”创建工作】年内，为西城区武术和棋类运动管理中心配齐工作人员，积极推进武术“六进”（武术进入学校、社区、企业、军营、村庄、机关）工作。主办全国、北京市武术赛事，开展与台湾地区的武术交流比赛。主办2018北京武术太极拳锦标赛——网络赛、精英赛、冠军赛系列赛事活动，参赛者覆盖全国26个省市、3个国外地区（美国、哥伦比亚、加拿大），共有153个武术组织参赛，总人数达到1779人，收到参赛视频2698个，共评选出最佳人气等大众评点奖项44个，专业裁判评选出优胜奖项1390个，网络赛点赞总人数超过37万，视频播放量40余万次。全区共有武术各拳种武馆、辅导站点近400个，习武群体超过20万人。

（吴文秀）

【体育业训】圆满完成全年冬夏训工作，训练主动性强、方法手段有所创新，实现了集训对体能和技术进行积累的目标，取得了预期的效果。通过训练，队员们开阔了眼界，提高了身体素质和技战术水平，为备战各项目比赛奠定了基础。通过审批审核等级运动员，全区具有健将2人，一级运动员77人，二级运动员83人，三级运动员9人。

（吴文秀）

【体育传统校验收】年内，颁布《西城区体育传统项目学校管理办法（试行）》。完成26所新申请及申请增项的传统校验收工作。区级、市级、国家级体育传统项目学校有70所，涉及16个项目。其中区级体育传统校37所、市级传统校25所、国家级5所，职高3所，占全区学校的70%。

（吴文秀）

【体育竞赛】年内，西城区在羽毛球、乒乓球、体操项目上获得多项世界冠军，冬奥会雪车项目获得突破。雅加达亚运会上，获得5金1铜。

（吴文秀）

【第15届北京运动会上获佳绩】西城区在第15届北京运动会上取得优异成绩，获86枚金牌、70枚银牌、104枚铜牌，积分3382分，总排名全市第三，并获得体育道德风尚奖。多支运动队和运动员被授予体育道德风尚奖。承办的皮划艇、赛艇比赛和群众组的乒乓球比赛，区体育局分别获得“最佳承办单位”和“优秀承办单位”。

（吴文秀）

【青少年冰雪运动】青少年冰雪运动快速发展，西城区形成以短道速滑、滑雪、冰球、花样滑冰项目为主的冬季竞技队伍。首届北京市冬运会，西城区共有113名运动员参与，获得1金3银5铜的成绩。

（吴文秀）

【搭建阳光体育赛事新平台】年内，共组织阳光体育中小学生篮球、冰球、乒乓球、游泳、跆拳道、柔道、羽毛球、蹦床、健美操、武术10个项目共11项次比赛，累计参与人数达3300余人次。推广普及校园足球、篮球、排球等项目。大胆尝试与创新，篮球联赛增加了小学U10组比赛，开展基本功测试，推动小篮球的发展。

（吴文秀）

【安全生产】年内，落实体育行业安全生产监督管理，强化安全生产重点任务，落实主体责任。对重要时期安全隐患加强排查。全区登记备案在册的体育经营单位108家，其中从事游泳等危险性项目经营的单位48家，全部通过体育行政部门行政许可，取得《高危险性体育项目（游泳）经营许可证》。区体育经营单位全部达到安全生产标准化三级标准，其中42家单位投保了安全生产责任险。108家单位利用地面建筑经营的52家，利用地下空间经营的56家。隶属体育系统3家，隶属教育系统9家，企业经营39家，个体经营57家。全区体育经营面积71537平方米，从业人员983人。通过年审且登记备案在册的体育类民办非企业25家，其中隶属体育系统4家，隶属教育系统11家，隶属街道社区4家，个体经营6家。

（吴文秀）

【执法检查】年内，体育执法人员共检查体育经营单位212家次，出动执法检查力量436人次，查处整改各种安全隐患17处。专职安全员共检查体育经营单位1124家次，出动安全检查力量2260人次，查处整改各种安全隐患82处。对5家违法经营的体育经营单位实施了罚款，执法情况明显好于上年同期水平。

（吴文秀）

卫生

医疗

【概况】北京市西城区卫生和计划生育委员会（简称区卫生计生委），是负责全区卫生计生工作的区政府职能部门。年内，辖区内医疗卫生机构总数695家，其中营利机构294家、非营利机构372家。医疗机构数666家。社会办医（营利性）289家。卫技人员（含中央、市属医院，不包括部队医院）36902人，其中执业（助理）医师总数（包括西医、中医、中西医结合）13121人，注册护士16292人，实有床位16368张。平均每千常住人口拥有卫技人员31.30人，执业（助理）医师11.13人，注册护士13.82人，实有床位13张。全年户籍人口出生人数户籍出生人口13191人，死亡人口10756人，自然增长率为1.67‰。全区常住人口117.9万人，出生8926人，出生率为7.44‰；死亡7932人，死亡率为6.61‰。常住人口密度为每平方公里2.33万人。因病死亡10363人，占死亡总人数的比率96.35%。死因顺位前十位的排列为恶性肿瘤、心脏病、脑血管病、呼吸系统疾病、损伤与中毒、内分泌营养代谢疾病、消化系统疾病、神经系统疾病、精神障碍、泌尿生殖系统疾病。户籍人口期望寿命为84.26岁，其中男性82.14岁，女性86.39岁。全年全区卫生系统总收入650840.32万元，其中财政拨款金额208373.18万元、业务收入439117.25万元，总支出645520.68万元。卫生事业专用基金54692.66万元，本年使用事业基金弥补亏损2115.14万元，其中北京市第二医院使用事业基金弥补亏损2115.14万元。计划生育财政总投入3752.97万元。

地址：西城区枣林前街2号院1号楼

邮编：100054

电话：82061987

（马　蕊）

【卫生改革】推进复兴医院区域医学检验、病理诊断、影像和放射及远程会诊等“四个中心”建设。启动西城区区域肿瘤防治中心、区域脑病防治中心和区域心血管疾病防治中心建设。新建阜外医院与复兴医院、广外医院的心血管内科专科医联体、复兴医院全科医学科医联体和丰盛医院中医骨伤专科医联体。开展跨省异地住院医保实时结算试点工作。按照全市统一部署开展第二批医疗服务价格调整测算。辖区一级及以上公立医院和全部社区卫生服务机构均已实行药品流通“两票制”。建立健全总会计师制度，6家区属三级医院全部落实总会计师岗位设置，5家已聘任总会计师。在区广外医院开展公立医院人事薪酬制度改革试点，拟定《北京市西城区公立医院薪酬制度改革试点工作实施方案》。开展区属医院经济管理绩效考评，制定《西城区卫生和计划生育委员会所属公立医院经济管理绩效考评工作方案》。建立健全区属公立医院财政分类补偿机制，制定《西城区区属公立医院财政分类补助预算管理办法（试行）》。进一步修订完善《西城区区属公立医院绩效考核指标体系（定量指标）》，完成对区属公立医院2017年度绩效考核和第三方满意度评价。西城区在2017年度全市医改绩效综合考评、公立医院综合改革考评中均位列16区第一名。11月19日，区推进“三纵两横一平台”紧密型医联体建设，受到国务院办公厅通报表扬。

（马　蕊）

【社区卫生服务】全区规划设置社区卫生服务中心15个、社区卫生服务站82个。社区在岗卫技人员1816人，其中全科医生在岗人数410人、社区护士498人、防保医生350人。组建265支专科、全科家庭医生团队，为患者提供连续性慢病管理；建立高血压、糖尿病、冠心病、脑卒中、骨关节病、COPD六大重点领域慢性病专家团队，作为全科医生的技术支撑。建设154个以优秀全科医生命名的家庭医生工作室。实现家庭医生与签约居民线上互动，居民健康自我管理。制定并下发《北京市西城区卫生和计划生育委员会关于进一步加强家庭医生签约服务有关工作的通知》（西卫〔2018〕30号），优化整合现有签约服务包，确定基本签约服务包和失能老人服务包、功能社区服务包、老年人服务包、高血压患者服务包、糖尿病患者服务包等个性化服务包，为居民提供有针对性的生命全周期健康管理。区重点人群签约率92.19%。年内，社区门急诊总量390.71万人次，同比增长7.00%；出诊服务30290人次。区属医院专家下社区1640人。建居民个人电子健康档案96.67万份，居民个人健康档案电子化率为79.24%，高血压、糖尿病规范管理率分别为69.89%、69.52%，达到国家规定要求。组织做好国家基本公共卫生中医药健康管理服务项目，强化老年健康管理，对符合老年优待政策免医事服务费240.34万人次。社区卫生中医药服务门诊人次占比40.12%，提前完成“十三五”规划的工作目标。

（马　蕊）

【社区卫生服务机构标准化建设】年内，区规划设置社区卫生服务中心15个，社区卫生服务站82个，正常运行78个，右内西街站已完成装修改造将投入使用。年内，继续推进社区卫生服务机构标准化建设，完成金融街教育站、大栅栏石头站、展览路德宝站新址租赁和自新路站、右内西街站、白菜湾站标准化建设，启动并推进了教育站、石头站、德宝站、南线阁站、红莲站新址装修改造项目。

（马　蕊）

【社区卫生改革】年内，完善社区卫生机构绩效管理，修订完善社区卫生绩效考核指标体系，有效落实社区卫生服务机构绩效工资上浮20%政策。2018年度区居民对社区卫生服务满意度92.28%。启动区社区卫生服务机构优秀管理干部人才库、开展百名优秀社区卫生人才库建设。落实家庭医生签约“四个一”服务，优化整合现有签约服务包，确定基本签约服务包和失能老人、0至6岁困境儿童等10个个性化服务包。制定并下发《关于进一步加强家庭医生签约服务有关工作的通知》，重点推行各类个性化签约服务包。鼓励各社区卫生服务机构开展“菜单式”服务，由签约居民自主选择服务项目形成服务包，提高签约的精准性。优先为有需求的十二类重点人群开展家庭医生签约服务，并做好重点人群台账管理，做到服务宣传全覆盖。推广智慧家庭医生协同服务模式，上线了智慧家医APP。强化慢性病家庭管理，培养1006名家庭保健员。年内，区重点人群签约率92.19%。

（马　蕊）

【社区对口支援】年内，15家社区卫生服务中心分别与张北、阜平、喀喇沁、鄂伦春、襄谦县结对开展不同层次的健康扶贫医疗卫生工作。健康扶贫地点69个，派驻人员57名，派驻人员累计工作463天。德胜、月坛社区卫生服务中心与回龙观社区卫生服务中心建立联系机制，制定工作计划，重点在社区护理、团队建设、诊疗技能、科研教学等方面给予帮扶。

（马　蕊）

【为老服务】年内，为65岁以上老年人免费体检131303人，老年人健康管理率为68%。继续为60岁以上无保障老年人体检，为低保、无社会养老保障老年人体检998人。为老年人诊疗2422878人次，对符合优待政策免普通门诊医事服务费个人自付金额的老年人2405341人次，出诊20065人次，为129人建家庭病床，为符合老年人优待政策的老年人免费查床666人次。

（马　蕊）

【慢性病管理】年内，继续探索由家庭医生团队、医联体专科医生、家保员和患者本人共同参与的慢性病自我健康管理新途径与慢性病防治新模式。全区培养合格家庭保健员1006人。高血压健康管理92911人，规范管理64934人，规范管理率69.89%；糖尿病管理46044人，规范管理32015人，规范管理率69.53%；血压控制58516人，控制率62.98%，血糖控制27106人，血糖控制率58.87%。

（马　蕊）

【中医药服务】年内，实施“名中医身边工程”，推动优质中医药服务资源下沉基层。护国寺中医医院牵头开展疑难杂症诊疗中心建设，肛肠医院有序推进京津冀大肠肛门疑难病会诊中心建设。落实“北京中医健康社区”建设，在原有5家中医健康社区的基础上新增7家。全区10个治未病团队开展义诊、健康沙龙、集体授课等活动，管理11066人，惠及23290人。10名中医药专家组成的讲师团进入15家中小学课堂讲授中医药科普知识，满意度达100%。月坛、展览路、新街口社区卫生服务中心获“北京市中医类别全科医生规范化培训基层实践基地”称号。月坛、展览路社区卫生服务中心2人入选“北京中医药高层次人才扎根基层五联动示范工程”项目。

（马　蕊）

【对口支援】年内，区属医院向20余家受援医院开展了城乡医院对口支援。其中区属各医院支援北京郊区医疗机构17家，复兴医院、丰盛中医骨伤专科医院、护国寺中医医院、宣武中医医院、回民医院支援内蒙古地区7家医院，复兴医院、健宫医院分别和武警六支队、七支队开展了医疗对口支援。制定了青海玉树囊谦县、河北省保定市阜平县、张家口市张北县、内蒙古喀喇沁旗和鄂伦春旗等5个地区健康扶贫对口帮扶方案，组织区疾控中心、11家区属医院、15家社区卫生服务中心，分别与5个地区90余家医疗卫生机构，建立一对一结对帮扶协作关系，实现结对帮扶率100%。选派184名医疗专业技术人员到贫困地区帮扶，其中50余名医疗卫生专业技术人才，在贫困地区驻守1个月以上深度交流，通过日常门诊、下乡体检、教学查房、手术示范带教、帮扶重点科室开展新技术新业务、培养学科带头人、通过学术交流等多种形式，开展帮扶。派遣卫生干部到玉树州6人、阜平县2人、张北县2人、鄂伦春旗1人、喀喇沁旗1人，挂职1年。组织8期受帮扶地区69名医疗骨干进京参加培训班。广外医院副院长刘云军担任玉树州人民医院院长，先后成立儿科重症监护室等11个新学科，开设5个新病区，开展78项新技术、新业务；8月29日，带领医院顺利通过国家级专家的现场评审，晋升为玉树州第一家三级综合医院。

（马　蕊）

【传染病管理】年内，法定传染病发病10937例，发病率896.48/10万。甲乙类传染病发病率是137.30/10万。甲类传染病无发病和死亡病例报告；乙类传染病发病1675例，发病率为137.30/10万，报告死亡病例17例，报告前三位病种为猩红热、肺结核和梅毒；丙类传染病发病9262例，发病率为759.18/10万，报告死亡病例1例。人畜共患疾病中，狂犬病、人禽流感无病例报告，手足口病报告1038例，发病率为85.08/10万，无死亡病例。

（马　蕊）

【性病艾滋病防治】全年完成性病就诊者、社区暗娼、社区吸毒人员、孕产妇女、流产妇女的哨点监测工作共计2227人。29个HIV初筛实验室筛查各重点人群756383人，检出HIV抗体阳性523人次。接待自愿咨询检测者2225人次，检出HIV抗体阳性294人次。开展高危人群和流动人口干预121041人次。全年共随访辖区艾滋病病毒感染者和病人1210名，随访检测率96.0%，并为其中98.5%的患者提供了结核病转介筛查服务。

（马　蕊）

【结核病防治】本年度，新登记肺结核病人232人，其中本市182人，外地50人，全年医疗机构病人报告率100%，死亡人数8人。

（马　蕊）

【地方病防治】为提高居民对碘缺乏病的认识，利用“碘缺乏病宣传日”进行宣传，全区共悬挂横幅、宣传板、电子屏55条，张贴宣传画100份，开展现场咨询40余场，发放各种形式宣传材料7200余份，现场咨询指导共计4300余人次，开展知识讲座15场，涉及人数1500余人，开展重点单位宣传27家，宣传人数1000余人。提高了西城区居民对碘缺乏病的认知程度。在辖区设有产科的医疗机构，针对孕妇每月进行碘缺乏病健康教育，2018年孕妇碘营养知识知晓率为97.30%（1703/1750）。开展针对8至10岁儿童、育龄妇女、成年男性、妊娠妇女的碘营养状况监测。共采集300件食盐样品，经检测合格碘盐食用率90.00%（270/300），碘盐覆盖率91.33%（274/300）。儿童尿碘中位数179.0μg/L、孕妇尿碘中位数129.5μg/L、育龄妇女尿碘中位数119.0μg/L、成年男性尿碘中位数为144.0μg/L，依据WHO推荐的各类人群碘营养水平标准，判断西城区8至10岁儿童、育龄妇女及成年男性碘营养状况适宜，孕妇人群的碘营养状况处于轻微不足的水平。对儿童进行甲状腺B超的检测，检查结果显示所有受检儿童的甲状腺肿大率为1.5%(3/200)。

（马　蕊）

【精神疾病防治】全区精神障碍患者6218人，报告患病率4.014‰。其中6类重性精神疾病5053人，社区管理患者3661人，住院患者951人。社区坚持治疗患者3375人。免费服药患者2201人。年内，西城区严重精神障碍患者无肇事肇祸情况发生。

（马　蕊）

【学校卫生】全区共有学校99所，学生124705人，实际体检119222人，学生常见病中，视力不良检出82164人(68.93%)，营养不良检出9903人(8.31%)，肥胖检出15924人(13.36%)，贫血检出1493人(1.25%)，恒牙龋齿检出30767人(25.81%)。依据《2018年北京市西城区儿童青少年近视调查工作方案》，选择调查学校9所（2所小学、3所初中、3所高中、1所职高）和2所幼儿园。调查儿童青少年2449名，视力不良检出1625名，筛查出近视1375名，佩戴角膜塑形镜91名，视力不良检出率为66.35%，近视率为59.86%。在83所学校（校址）、166间教室、1640名学生中，开展教学环境卫生学监测。其中，教室人均面积符合率为78.31%，课桌分配符合率87.20%、课椅分配符合率84.15%，课桌面平均照度95.18%、照度均匀度92.77%，黑板面平均照度52.41%、照度均匀度20.48%。

（马　蕊）

【慢性非传染性疾病防治与管理】年内，申请创建8家健康示范机构，其中，健康示范食堂2家、健康示范社区6家；培训健康指导员200人；在全民健康生活方式日、高血压日、世界卒中日、联合国糖尿病日期间，开展主题宣传活动，制作宣传折页11.5万册；通过国家级慢性病综合防控示范区复审；在全区9个街道60岁以上老年人中推广老年防跌倒毛巾操，240名老年人参加活动；双生子随访共完成97对，随访率为92.5%；持续开展15个高血压患者自我管理小组及15个糖尿病同伴支持活动；开展机关企事业单位慢性病高危人群管理，在3个企事业单位干预150名慢性病高危人群；在3个机关企事业单位建立健康自我管理小组，150名单位职工参与，组织健康讲座和健步走活动；加强高危人群筛查及随访，完成4226人的5个癌种高危人群评估和2075例临床筛查；肿瘤患者随访6712人；北京市脑卒中高危人群随访3300人，国家级脑卒中高危人群筛查1273人；在7个社区开展35至75岁心血管病高危人群早期筛查与干预，筛查5014人，发现高危人群1255人，长期随访1020人；辖区组织10家单位，745名职工参加“万步有约”职业人群健步走激励大奖赛。2018年，高血压规范管理率69.89%，糖尿病规范管理率69.53%；血压控制率62.98%，血糖控制率58.87%。

（马　蕊）

【计划免疫】年内，北京市免疫规划疫苗17种，全年免疫规划内疫苗接种225162人次，一类疫苗接种率均100%。学龄前本市儿童、外来儿童建卡建证9769人，建卡建证率100%。继续加强狂犬病免疫预防门诊工作。流动儿童计划免疫查漏补种，补卡率、补证率均100%。麻风、麻风腮、麻疹和水痘等4种疫苗应急接种1538人次。对辖区集中用工的326个单位外来务工人员接种流脑A+C疫苗2693人份，接种麻疹疫苗2189人份。继续流感疫苗免费接种，本市户籍60周岁以上老年人接种26476人，接种率61.65%；在校中小学生接种38514人，接种率61.19%。疑似预防接种异常反应上报80例，通过专家组诊断31例，其中4例偶合症、29例异常反应，其余均为一般反应。共接种免疫规划计划外疫苗人数185156人次，不良反应报告11人次。

（马　蕊）

【职业卫生监测与评价】年内，全区190家接触有毒有害物质作业，接触职业危害因素职工3773人。其中，应体检2120人，实际接受体检2262人。全年报告职业病18例，尘肺病12例新发9例，晋级3例，（石棉肺5例、矽肺1例、煤工尘肺3例、水泥尘肺1例、铸工尘肺1例、电焊工尘肺1例），慢性职业中毒1例（慢性汞中毒），物理因素所致职业病4例（电光性眼炎、疑似职业中暑），职业性肿瘤2例（均为石棉致肺癌间皮瘤）。按时完成报告登记、调查处理及资料存档等，尘肺新病例回访率达100%。对职业病报告单位开展职业病报告工作督导和信息档案核查4次。在全区开展“健康中国，职业健康先行”的职业病防治法宣传周活动，开展知识讲座等活动36次；发放宣传手册、折页等各类宣传资料17796份；在社区设置广告灯箱和海报240块。共有404人次参与活动，宣传受众11630人次。

（马 蕊）

【健康教育与健康促进】年内，控烟监督5070户次，不合格184户，责改154户，处罚30户。处罚个人违法吸烟行为176次。共计处罚206起，罚款16.89万元。利用“西城健康教育”官方微博和疾控中心微信公众号发布健康知识，发布微博2254条；西城疾控微信公众号共发布微信224篇，原创125篇；阅读总数185317次，139155人。编辑《健康漫谈》6期6万册，其他自制宣传折页、报刊、海报、书籍、宣传板以及实物等共15种17余万份；举办社区健康大课堂2536场，直接受众157175人；开展疾控系统健康大课堂5场，受众1000余人；疾控系统科普专家“五进”活动5场，受众500余人。11月8日，通过健康促进区创建国家级复核。4月3日，举办世界卫生日主题宣传活动暨健康素养宣传月启动仪式。4月24日，开展“万步有约”职业人群健走激励大赛暨健康素养宣传月，医疗机构健康教育专干健走活动。4月25日，举办2018年西城区健康素养主题宣传月大众健身操展演等；各街道、医疗机构也开展相应的宣传，覆盖近万人。完成居民健康素养、北京市成人烟草、中医药健康文化素养三项监测，开展“掌握健康金钥匙，提升健康素养”线上学习活动，共有10463名辖区居民和职业人群参与。完成“健康北京人十年行动规划”的区级评估。开展职业人员科学运动干预活动，在5家单位征集了100名职业人群为期100天的体质监测、科学运动讲座、健骨操训练等多种形式运动干预活动。在辖区小学1至6年级学生中开展“争做健康少年”主题绘画征集，共征集150余幅作品，评出3个一等奖、1个二等奖、7个三等奖。

（马 蕊）

【妇女保健】年内，区孕产妇死亡1人，死亡率7.81/10万，剖宫产率40.13%。婚前医学检查1763人，婚检率5.44%，婚前医学检查疾病检出率29.95%。

（马 蕊）

【儿童保健】年内，新生儿死亡率0.86‰，婴儿死亡率1.72‰，5岁以下儿童死亡率2.19‰。出生缺陷发生率21.81‰，出生缺陷主要病种有先心病、外耳及其他畸形、隐睾、多指/趾/染色体异常、其他肾脏异常。0至6岁儿童在册51643人，保健管理覆盖率99.00%，系统管理率97.13%。

（马 蕊）

【计划生育技术管理】年内，区计划生育手术13298例，手术并发症人数0例，发生率为0。

（马 蕊）

【卫生监督】年内，区内有公共场所经营单位2138户，应量化场所1711户，已量化1627户，量化比例95.09%，A级431户，B级1182户，C级11户，不予评级3户。监督5496户次，监督覆盖率98.22%，合格率为95.16%。对284户单位进行行政处罚，共计罚款489001元。

（马 蕊）

【医疗卫生监督检查】年内，全区监督平台共有监督对象医疗机构606家，对辖区医疗机构监督检查2896户次，合格率99.21%。实施行政处罚9起，金额24020元。年内共开展专项工作8项，包括医疗美容机构进行“回头看”综合执法、对临床用血医疗机构和5个街头采血点监督检查、对24家生活美容、药店、医疗机构等单位开展监督检查等。召开医疗机构电子化注册工作动员部署暨培训大会，对辖区内100余家医疗机构进行培训。对辖区内的85家各级各类医疗机构按照双随机的工作要求进行监督检查。辖区开展计划生育技术服务的医疗机构23家，其中三级医院10家、二级7家、一级5家、社区服务中心1家。对开展计划生育技术服务医疗机构的监督覆盖率为100%，无行政处罚案件。对辖区内开展人类辅助生殖技术工作的3家医疗机构开展市、区两级联合专项检查，未发现违法行为。

（马 蕊）

【医疗服务和效率】年内，出院659235人次，病床使用率96.62%，平均住院日（不含精神专科医院）7.81天，住院手术320420人次。医护比81%。

（马 蕊）

【医疗质量管理】年内，区11个医疗质量控制专业委员会，顺利完成年度11家委属医院医疗质量，实地督导检查结果的汇总分析和评估报告。召开“2017年区医疗质量控制与改进工作会”。各专业组质控中心组织开展专题培训、骨干培养、学术研讨、沙龙活动、专项督导、参观考察、技能培训、竞赛、社区宣讲等活动38次，市属三级医院专家委员参与活动50人次，委属医院专家委员参与活动22人次，委属11家公立医院及健宫医院各岗位专业技术人员参加活动约2075人次。

（马 蕊）

【医院感染管理】年内，成立区医院感染防控与医疗废物管理工作领导小组，主要领导任组长，主管领导任副组长，医政科、中医科、审批科、疾控科、应急办、社区办、卫生监督所、医管中心、社管中心、疾控中心为成员单位。按照《西城区医院感染暴发应急处置工作方案》明确了卫计委、卫生监督所、疾控中心等各部门的职责分工、应急处置流程和医院感染暴发的报告时限、程序、报告方式及报告内容等。成立医院感染暴发应急处置专家组，对医院感染暴发事件的确定、采取的防控措施、终止、后期评估等提出建议和技术指导。组织各级各类医疗机构、医院感染预防与控制部门负责人，进行医院感染管理及医疗废物管理专题培训，约600余人次参与。要求各级各类医疗机构签订承诺书，确保医疗废物收集、储存、处置等行为规范。联合区卫生监督所对各级各类医疗机构、医院感染防控及医疗废物管理开展督导检查，联合医管中心，对区属医院感染防控及医疗废物管理，开展培训及督导检查，联合区环保局对各级各类医疗机构，开展医疗废物及污水处理督导检查，发现问题，及时指导各单位进行整改。

（马 蕊）

【护理工作】年底，区属医院注册护士2091人。社区卫生服务中心15家，下设82个社区卫生服务站，注册护士655人。二级以上医院100%病房开展了优质护理服务。区属医院优质护理病房95个。

（马 蕊）

【血液管理】全年无偿献血102797单位，其中街头无偿献血86098单位、单位团体无偿献血7041单位、互助献血9658单位。年内，新建街头采血点4处：西单北大街联通大厦献血车、荷花市场献血屋、马连道新年华购物中心献血车和白云观临时献血点。14个单位被评为2016至2017年度首都无偿献血先进集体，59人被评为2016至2017年度首都无偿献血先进个人。西城区卫生计生委获2016至2017年度首都无偿献血先进集体称号。

（马 蕊）

【医学教育】年内，规范区18个继续医学教育基地和25个区继续护理学教育基地管理。组织区属单位申报国家级继续教育项目10项、市级38项、区级继续教育1069项。规范学分管理，并于10月开展对驻区医、药、技人员及驻区三级医院护理人员，继续教育学分和传染病学分，进行年度继续教育系统审核工作。年内，经北京市继续医学教育协会抽取考核，西城区15家医院总体合格率98.16%。继续推进医教研协调发展，创新人才培养方式，年内，继续推动西城区“师带徒”中医药传承工作，推荐出27名继承人进行日常管理及年度考核。继续实施科技新星项目，全年确定资助项目30个，培养青年科技人才30名，经现场评审最终确定了拟资助的30个项目，拨付资助经费39万元。继续推选优秀人才申报北京市优秀人才培养工程、中医“125”人才培养工程等。继续推进转岗培训。加强儿科、精神、药学、护理、急救、康复等各类紧缺人才培养。全年推进西城区骨干人才培养5人，精神科转岗培训人数为5人，儿科转岗培训人数为1人。

（马　蕊）

【科研项目的申报与管理】年内，继续实施科技新星项目，共申报项目54个，经过申报评审答辩会，分为临床专场和公卫社区专场，聘请来自宣武医院、广安门医院、西苑医院、北京大学医学部、首都医科大学的7位专家进行现场评审，最终确定30个拟资助项目。

（马　蕊）

【计生服务】年内，继续落实计划生育目标管理考核责任制，坚持执行“一票否决”。组织知识竞赛、亲子活动、早教活动等378场，9742人次，发放宣传折页近15万张，宣传折扇2000把及宣传品5455份。进行广播电视宣传2次，印发报刊451份，网络、微信、微博609条，组织健康讲座78场，义诊咨询活动34场，慰问走访1187人。开展流动人口的关怀和关爱活动，推选出一支由64人组成的流动人口健康教育指导员队伍，对留守儿童进行心理辅导52人次、家长培训54人次。完成药具发放避孕套1440箱，口服、外用药2500盒，宫内节育器150套。

（马　蕊）

【生殖健康】年内，发放“婚育健康服务包”6000余个。印发服务卡2000张，张贴海报50张，发放宣传品3000个，共有1531对夫妇接受了免费孕前优生健康检查。

（马　蕊）

【计生关怀】全年审批发放独生子女伤残、死亡一次性经济帮扶153人共153万元；发放独生子女父母年老时一次性奖励651.7万元；办理独生子女父母光荣证502人，发放独生子女父母奖励费71.74万元。行政确认计划生育特别扶助人员4600余人，发放计划生育特别扶助家庭特别扶助金共3600余万元。元旦、春节期间，为15户计划生育特殊困难家庭发放慰问金2.25万元。街道在元旦、春节走访慰问计生特殊家庭3000余户，发放慰问金136.2余万元。

（马　蕊）

【关爱女孩】7月31日，在中国儿童中心多功能厅举办了由国家二级心理咨询师、NLP执行师、中国家庭教育指导师王明珠“关爱女孩——我就是我的人生导演”专题讲座，全区适龄女生及家长200余人参加。

（马　蕊）

食品药品监督管理

【概况】北京市西城区食品药品监督管理局（简称西城区食品药品监管局）是市食品药品监管局在西城区负责本行政区域食品（含食品添加剂）、药品（含中药、民族药）、医疗器械、保健食品、化妆品（统称为食品药品）监督管理工作的派出机构，加挂西城区食品药品安全委员会办公室牌子。设12个职能科（室）：办公室（财务科）、综合协调科、法规科、食品生产监管科、食品流通监管科、餐饮服务监管科、食品市场监管科、药械市场监管科、药品监管科、医疗器械监管科、保化科、机关党委（人事监察科）。区局下设西城区食品药品稽查大队、西城区食品药品监控中心、西城区食品药品监督管理局政务服务中心和15个街道食品药品监管所。西城区食品药品监管局承担位于天津境内，占地17万亩的北京市监狱管理局清河分局18家监狱食堂以及食品流通、医院药品的审批、日常监管及应急处置任务。

地址：西城区太平桥大街107号

邮编：100033

电话：66210987

（罗　剑）

【巩固“食品安全示范区”创建成果】年初，西城区被正式命名为“北京市食品安全示范区”，成为中心区第一个“示范区”。年内，西城区全面落实新修订的《国家食品安全示范城市绩效评估细则》，于11月底以优异成绩通过了市食药安委的复评审。7月，对西城区“十三五”时期食品药品安全发展规划进行了中期评估，食品药品安全五大主要目标中4项已经提前完成，7大主要任务全面实施。群众对西城区食品安全总体满意度为79%，比创建示范区前提高1.6个百分点。副市长王红对西城区食品安全示范区创建工作进行批示：“请市市场监管局、西城区巩固食品安全示范区创建成果，建立长效工作机制，守住市民‘舌尖上的安全’”。区委常委会、区政府常务会听取局工作汇报，区委、区人大、区政府领导对创建工作给予充分肯定。

（罗　剑）

【实施餐饮业品质提升工程】年内，研究制定《深入推进阳光餐饮工程，全面落实、提升西城区餐饮业品质工作实施方案（2018—2020）》，力争用三年时间，从食品安全、环境品质、诚信经营、品牌文化、用餐礼仪及厕所革命等多维度、全方位促进核心区餐饮业品质不断提升。树立“消减一批，提升一批，树立一批”的总体目标。全区460家不规范餐饮单位被清理，979家C1星餐饮单位完成升级改造，已完成全区C1星餐饮单位的90%，每个街道至少建成1条食品安全示范街，在2017年获评10条北京市“阳光餐饮示范街区”的基础上，2018年又增加2条，452家餐饮单位获得北京市“品质餐饮示范店”称号，餐饮业品质及食品安全保障能力不断提升。继续深入推进“阳光餐饮”工程建设，全区2975家餐饮单位、751家网络订餐店铺实施了“阳光餐饮”工程建设，覆盖率分别达到80.57%、96.28%，全区学生及托幼机构食堂、养老机构食堂、老字号餐饮单位建设率100%，覆盖率全市领先。8月份开展群众满意度调查，公众对餐饮场所的满意度达84%，餐饮整治满意率为89.2%，餐饮服务满意率为83.8%。

（罗　剑）

【创建“北京市放心肉菜示范超市”】年内，对已授牌的“放心肉菜示范超市”实行动态管理，不断提升其诚信自律。召开创建工作推进会、经验交流座谈会，将创建活动进行覆盖和延伸，创建经验在全区14家品牌连锁超市进行复制推广。年内，又有盒马鲜生西直门店等3家超市顺利通过“放心肉菜示范超市”考核验收，有效保障市民“菜篮子”安全。

（罗　剑）

【探索监管新模式】 年内，结合冬奥会的保障周期（2018—2022）及区食品100%输入性的特点，积极探索“区域协作，基地保障，全程监管”的新模式。分批赴内蒙古通辽、新疆吐鲁番、福建宁德、四川资阳等地，对供应西城区大型超市的水产、水果、牛羊肉等食用农产品种养殖基地进行实地核查，从产地证明、检疫检测、环境设施、过程控制、储运条件等与当地监管部门进行联合检查、座谈交流，签署《食品安全联动协作备忘录》，实现产销两地食品安全共治共享。

（罗　剑）

【优化营商环境】 年内，成立优化营商环境领导小组和工作专班，采取多项措施，进行流程优化再造，精简审批材料，压缩审批时限，提供全方位服务，各类许可平均办理时限由原来的20个工作日大幅压缩至4.7个工作日，审批流程从5个优化为3个，实行“一号一窗一网一次”，最大限度方便办事群众。优化营商环境举措《食药监政务办理设“大堂经理”》在中央人民政府网站登载，在北京电视台、北京日报等10余家媒体进行专题深度报道。严格执行市、区新增产业禁限目录，对49项不符合要求的申请禁止市场准入，对入驻辖区的特色企业进行先行指导服务。开展“双随机”联合检查，充分建设好、利用好，区企业监管信息平台的联合惩戒及协同监管机制，拟定八类10种联合惩戒措施清单。将区企业监管信息平台产生的涉及食药监管的39家红色预警、121家黄色预警主体列为重点监管对象，在行政许可、日常监管及专项执法行动中加大检查频次，实施联合惩戒。

（罗　剑）

【加强食品药品风险隐患排查】 年内，开展食品安全监督抽检4851件，合格率98.2%；开展药品安全监督抽检910批次，合格率99.3%。办理食品药品安全投诉举报6510件，办结率100%，反馈率100%，满意率93%。办理食品药品行政许可4102件。

（罗　剑）

【开展各类专项整治】 年内，开展校园及周边、网络订餐、旅游景区及便民服务网点等专项整治30余项。持续开展食品、保健食品欺诈和虚假宣传专项整治，共办理涉嫌违法案件48件，罚没款124万元，移送公安部门立案调查1件。加强网络订餐监管，检查“美团”“饿了么”等网络订餐商家7400多户次，立案处理153家。

（罗　剑）

【违法案件查处】 全年共办理案件579件，罚没款856万余元。完善行刑衔接机制，出台《进一步加强食品药品领域违法犯罪行刑衔接的指导意见》，建立派出所与食药所即所所衔接的执法配合工作机制。全年移送涉刑案件9件，刑事拘留15人，治安拘留2人。

（罗　剑）

【加强食品安全监管】 年内，对全区食品生产、食品流通经营主体，餐饮服务单位和农副产品市场进行了风险分级、量化评定、分类管理、动态调整，强化了企业对风险的认识和管控。区各类食品生产经营主体量化分级率为100%，监督检查覆盖率为100%。加强学校食品安全监管，对学生食堂和校园周边进行拉网式检查，对“五毛”食品（即单价为“五毛”左右的调味面制品（辣条）、豆制品、肉制品、水产制品、膨化食品、糖果、饮料等小食品，因其价格低廉，口感辛辣刺激，色泽艳丽，受到儿童、青少年青睐，但其可能存在高油高糖高盐或甜味剂、防腐剂超标的问题，不利于身体健康进行专项整治。加强食用农产品监管，加大蔬菜、畜禽产品、水产品监督抽检力度，紧抓问题产品进行复核、处置。组织辖区市场主办方赴天津、河北考察，与当地优质屠宰场实行产销直挂。

（罗　剑）

【加强药品安全监管】 年内，组织辖区药品、医疗器械、保健食品、化妆品的生产、经营、使用企业开展培训，引导企业实施标准化管理，全面排查化解质量风险和安全隐患。严格按照行业管理规范要求，对药品、医疗器械、保健食品、化妆品的生产、经营、使用环节，进行飞行检查，加大抽检力度，提升监管效能。开展疫苗质量监管工作，区食药局与区卫计委沟通配合，对31家疫苗预防接种单位加强监督检查。针对媒体曝光，有针对性地进行疫苗集中整治，全力排查疫苗使用环节的质量风险和安全隐患。开展对药品、医疗器械不良反应、不良事件监测，对可疑不良反应、事件及时上报。开展无菌和植入性医疗器械、中药饮片等专项整治。

（罗　剑）

【食品药品社会共治】 年内，区食药安委相关成员单位依法履职，联动协作，强化全程无缝监管。全区15个街道加强食品药品安全工作的组织领导和支持保障，街道主任办公会议定期听取工作汇报，街道主要领导、主管领导带队进行检查。充分利用食品安全“一站一栏”阵地开展宣传全覆盖，全年开展主题宣传教育活动200余场。在中央人民政府网站、北京电视台、《北京日报》、人民网、《西城报》等国家级、市级、区级媒体发表新闻稿件90余篇，其中《街乡吹哨破解食药监管“最后一公里”难题　皇家御道成百姓安心步道》在北京日报头版发表，西城大妈尹玉泉作为消费者代表，在2018年全国食品安全宣传周活动中发言，获得与会代表的高度评价。

（罗　剑）

【大型活动食品药品安全服务保障】 年内，对区《食品药品安全突发事件应急预案》进行了修订，以区应急委名义印发，健全了食品药品安全突发事件应急处置流程。编制《食品安全事故应急操作手册》，开展食物中毒突发事件应急演练。大型活动保障工作更加成熟，按照“一事一预案、一点一方案”，圆满完成了全国“两会”、外国驻华记者新年招待会、第21届中国北京国际科技产业博览会等大型活动保障17次，保障就餐17.6万余人次。共处置突发应急事件30起。与海淀、丰台、昌平、朝阳、通州区移转线索6起，与公安、卫生等多部门联动，全年无定性的食品安全事件发生。

（罗　剑）

【加强食品药品风险监测能力】 年内，西城区食品药品安全监控中心共完成药品检品984件（含35件快检），其中不合格检品5件；完成食品风险监测200批次。全年完成一般药品不良反应报告评价1678件，完成可疑医疗器械不良事件报告评价982件，化妆品不良事件报告评价118件。

（罗　剑）

爱国卫生工作

【概况】西城区爱国卫生运动委员会（简称区爱卫会）是区政府议事协调机构。委员会由48个部门组成，下设办公室负责全区爱国卫生日常工作的开展。年内，按照十九大关于实施健康中国战略的部署要求，以全面实施《“健康北京2030”规划纲要》为主线，以满足全区人民健康需求为导向，以提高全民健康素养水平为抓手，以新时代爱国卫生运动和健康促进体系为支撑，坚持健康优先，将健康融入所有政策，扎实推进健康促进和爱国卫生各项工作。持续加强无烟环境建设，强化控烟工作机制，开展控烟暗访评估和专项工作督查；落实病媒生物防制工作，发动单位和社区居民，以清除蚊虫孳生地为主要内容，开展“清洁家园灭蚊防病行动”；深入开展全民健康素养促进行动，开展全国健康促进区和健康城区试点建设；扎实开展爱国卫生传统工作，坚持开展爱国卫生月和城市清洁日活动，全面巩固国家卫生区建设成果。

地址：西城区枣林前街2号

邮编：100054

电话：83365451

（薛　云）

【全国健康促进区试点建设】2016年西城区被确定为第三批国家健康促进区和全国健康城区两项试点，按照北京市卫计委要求，西城区制定了两试点共创工作计划和《西城区健康促进区暨健康城区试点实施方案》。8月20日，接受北京市卫计委组织的省级验收，并按照验收组专家的意见进行了整改。11月8日，全国健康促进区试点工作终期评估专家组，对西城区第三批全国健康促进区试点工作进行终期评估，专家组充分肯定了西城区在国家健康促进区建设过程中的各项成果，认为西城区强化组织领导、各部门联动、各项工作得到有效落实，居民健康素养水平明显提升，健康促进区创建工作成效显著。在健康促进区创建工作中，涌现出了许多优秀典型，西城区顺利通过国家专家组对健康促进区创建的验收，专家组将西城区的创建经验进行宣传推广。

（薛　云）

【制定《健康西城2030规划纲要》】为贯彻落实《“健康北京2030”规划纲要》精神，全面推进健康北京和健康西城建设，进一步提高人民群众健康水平，全面达到或超过“健康北京2030”建设目标，区爱国卫生运动委员会结合西城区特色制定《“健康西城2030”规划纲要》（以下简称《规划纲要》）。于年初全面启动《规划纲要》的编制工作，通过开展卫生服务需求调查、组织调研、座谈的形式，听取相关委、办、局意见，明确各单位责任分工，深入开展前期调研，编制出《规划纲要》初稿。3至9月，在前期工作的基础上，三次面向全区公开征求意见，反复进行研究、论证，得到相关委办局和各街道的大力支持，并多次征求北京市和相关领域专家的意见建议，与市、区相关《规划》有效衔接，补充和完善了《规划纲要》内容。9月26日，经过区政府常务会审议后，按照区政府常务会意见进一步进行修改完善，10月19日，报请区委常委会讨论并通过。按照区委常委会意见，对健康西城建设主要指标中的个别指标进行了调整，增加了主要任务中部分条目内容，以区委、区政府的名义向全区正式发布。《规划纲要》主要目标提出：2020年，辖区健康基础设施水平全面提升，健康环境条件持续改善，影响健康的主要因素得到积极治理，居民健康生活方式广泛普及，人均期望寿命稳步增长，市民健康水平明显提高，健康城区建设水平位居全市前列。2030年，与国际一流的和谐宜居之都相适应的现代化卫生与健康治理体系基本建立，人人享受健康生活、人人享有基本医疗卫生服务、人人拥有健康环境的局面基本形成，人均期望寿命、婴幼儿死亡率、孕产妇死亡率等主要健康指标保持在全市先进水平，健康中国首善之区基本建成。

（薛　云）

【病媒生物防制】年内，继续加大对各街道、各社区病媒生物防制药具的拨付力度，下发灭鼠胶饵、广谱杀虫剂等各类药物，保证有鼠区域灭鼠投药覆盖率和到位率达到100%，有效地降低了“四害”密度。组织统一的集贸市场病媒生物防制，使全区21个集贸市场“四害”密度大为改观，病媒生物密度得到有效控制，达到国家规定的控制标准。

（薛　云）

【爱国卫生月】4月，西城区组织开展以“关注小环境 共享大健康”为主题的第30个爱国卫生月活动。围绕活动主题，结合建设健康城区，开展宣传、环境治理、病媒生物防控、禁烟控烟等多项活动。此次爱国卫生月活动共有中央、市属、驻区部队等226个单位、262个社区居委会、9368人次参与。清除、覆盖残标小广告8164条、清洗广告牌匾126块、整治美化大街156条、清运废弃物垃圾84吨、清理卫生死角312处、清理绿地8万余平方米，治理居民小区楼门院265个、解决脏乱重点问题45个；全区各街道出黑板报86块，发放各种宣传品1万余份。

（薛　云）

【开设健康大课堂】年内，为贯彻《北京市卫生和计划生育委员会关于落实北京市2018年重要民生实事项目做好健康大课堂工作的通知》精神，区爱卫办制发《西城区落实2018年北京市重要民生实事项目健康大课堂工作方案》的通知，在全区范围内深入开展健康大课堂活动。区疾控中心作为技术支持与指导机构，制定《西城区落实2018年北京市重要民生实事项目健康大课堂工作方案》，组织辖区各级医疗卫生机构健康教育专兼职人员进行培训，全面部署与讲解健康大课堂工作。区各级医疗卫生机构均高度重视此项工作，将健康大课堂纳入全年重点工作，作为年终考核及健康促进医院创建的重要指标，要求各医疗卫生机构结合自身特色制定本单位的健康大课堂活动计划，将大课堂活动纳入全年重点工作中。6月25至28日、12月20至21日，结合健康促进医院的创建工作，组建区级专家组，分两批对全区各医疗卫生机构进行健康大课堂区级考核。7月2日，西城区接受北京市卫计委、北京市疾控中心专家组对“北京市2018年重要民生实事项目健康大课堂”工作的督导。专家组充分肯定了西城区健康大课堂工作，并提出了具体的指导建议。年内，共开展健康大课堂2536场，受益人数达到157175人，完成全年任务量的195.1%。发放各类宣传品达831种38986份。

（薛　云）

【健康北京灭蚊行动】5月至9月下旬，全市开展“健康北京灭蚊行动”。西城区向全区制发《开展2018年“健康北京灭蚊行动”的通知》。5月16日，西城区“健康北京灭蚊行动”启动仪式在牛街东里小区举行，主题是“清洁家园 灭蚊防病”，目标是有效控制蚊虫密度，预防蚊媒疾病的传播流行。启动仪式上，区爱卫办号召全区人民积极行动起来，继承发扬爱国卫生运动优良传统，从家庭做起，从社区做起，动员群众开展家庭卫生大扫除，发动群众翻盆倒罐，对楼前屋后花盆托盘、水生植物、废弃容器等各类型积水容器中的积水及时清除，并清除各类水体，特别是地下室、下水道、防空洞、车棚及居民楼道、各类管道间等环境中的小型积水，彻底铲除蚊虫孳生环境。同时邀请国家级专家曾晓芃对全区进行灭蚊知识的培训，详细讲解了蚊虫种类、蚊虫防制重点及有效防制的措施方法。统一调配专业消杀公司，对街道公共场所和背街小巷进行滞留性药物喷洒，做到不留死角、不留隐患。区爱卫办委托专业公司，对14个街道的222名基层卫生专干，针对如何清理孳生地进行了培训。6月11至15日、7月16至20日、8月13至17日，在全区范围内开展集中统一的蚊虫防制活动。9至10月，市爱卫办对西城区统一灭蚊行动进行了全面评估，肯定了西城区蚊虫控制效果良好，西城区圆满完成2018年健康北京灭蚊行动任务。西城区爱卫办被北京市爱卫办授予“优秀组织奖”。

（薛　云）

【贯彻落实市控制吸烟条例】年内，为推进《北京市控制吸烟条例》（以下简称《条例》），落实《健康北京2030年规划纲要》，与全区70多个单位的控烟“第一责任人”签订控烟责任书。由区爱卫办与卫生监督所、控烟志愿者组成检查组对问题单位开展联合督导检查，将其作为健康促进区创建重点任务，纳入绩效考核。2月26至3月26日，重点对西城区政府部门及下属机关单位的“四有一无一劝阻”控烟举措、责任落实和吸烟区设置情况，特别是“未对禁止吸烟场所内的吸烟者进行劝阻”的违法情形开展专项监督执法，对在楼层办公室、卫生间、楼道、楼梯间、地下车库等较为集中的禁止吸烟场所，违法吸烟行为加大执法力度。共出动卫生监督员96人次、45车次。加强部门联动，由区爱卫办牵头，多次针对商业区开展专项督导检查，基本完成中小学校周边100米卷烟零售户的清零行动。截至12月底，对辖区内单位进行控烟执法检查10140户次，不合格单位194户，责改单位154户。处罚单位30户，个人违法吸烟行为174次，共计罚款16.88万元。以“世界无烟日”为契机，区爱卫办向各单位提出明确要求，向全区发放控烟宣传画2种1.4万张、《北京市控制吸烟条例》200本、控烟标识牌1000个、宣传控烟内容的环保购物袋2000个、中性笔3000支、便携式烟袋1500个。全区各街道、各社区卫生服务中心结合第31个世界无烟日的主题“烟草和心脏病”，利用微信、小视频APP软件等新媒体及宣传栏、粘贴展板、发放海报等进行控烟宣传，重点宣传二手烟危害和《条例》内容知识。5月29日，区爱卫会、区疾病预防控制中心、区医学会、区老卫协和中直管理局机关工会，联合开展以世界无烟日为着力点的控烟宣传进机关活动，机关干部职工200余人参与。全区共有5个单位被授予2017年度首都控烟管理先进集体，14人被授予2017年度首都控烟管理先进个人。

（薛　云）

【爱国卫生绩效考评】年内，为进一步加大爱国卫生管理及考评工作力度，制定《爱国卫生管理工作专项实施细则》，对考评内容、考评方式、考评规则进行了明确和细化，确定各项爱国卫生工作要达到的标准和要求。考评内容包括每月开展城市清洁日活动；每年4月开展爱国卫生月活动；每年按照市、区要求开展全区春、冬季统一灭鼠，夏季统一灭蚊蝇活动。

（薛　云）

【城市清洁日】年内，全区共组织开展12个城市清洁日活动，各街道按照“广发动、全覆盖”的要求，有组织、有计划的开展活动。号召“双报到”党员、街巷长、居民、志愿者、辖区单位开展环境卫生扫除活动。全区参加城市清洁日活动达10.6万人次，整洁美化主要大街585条，清除残标小广告6.1万余条，擦拭广告牌匾728块，清理卫生死角1553处，清运垃圾废弃物及宠物粪便303吨，清整草坪绿地72.4万平方米。

（薛　云）

【冬季控烟专项整治】年内，区爱卫会召集各地区爱卫会及区教委、区商务委、区文化委、区旅游委、区城管执法局、区体育局、工商西城分局、烟草专卖局等部门进行专门部署，要求各相关部门、各地区爱卫会加强控烟工作的领导，强化控烟措施。区卫生监督所、区食药局、区烟草专卖局、区文化委对写字楼、餐馆、网吧、宾馆、机关事业单位、学校及周边等重点场所开展专项执法行动。11月下旬，在辖区范围内针对机关事业单位、写字楼、餐馆、网吧等重点场所启动专项执法检查。共出动卫生监督员356人次，87车次，监督检查各类单位178户。经检查，合格单位166户，对12户下达责令改正通知书，对其中3户存在未对禁止吸烟场所内吸烟者予以劝阻违法行为的单位予以立案。针对控烟投诉较多或“无烟北京”曝光的单位，在联合检查的基础上，创新方式，将震慑作用加大，时间延长。12月18日，卫生监督所在西直门凯德茂大厦开展控烟宣传，讲解法规和烟草危害。现场发放《条例》单行本100余份，累计受训商户代表200余人。12月21日，区爱卫办联合区卫生监督所对护国寺中医院、北大医院病房控烟管理情况及院内吸烟区设置进行实地检查指导。

（薛　云）

【建设健康城区】年内，共创建北京市健康示范单位34个、健康家庭218户、健康促进医院36家、健康促进校99所、健康促进企业14家。发挥楼宇和户外媒体宣传屏以及网络、微博、微信等新媒体的传播作用。健康西城公众号全年发布129期、共840余条信息，浏览量3万余次，成为百姓了解健康动态学习健康知识的重要沟通平台。健康教育官方微博继续保持一定的影响力，1至12月北京西城健康教育微博发布微博2098条，原创396条。西城疾控微信公众号全年发布微信208篇，原创113篇，阅读总数163448次，121715人。4月3日，举办世界卫生日主题宣传活动暨健康素养宣传月启动仪式。4月24日，在国家大剧院南广场开展“万步有约”职业人群健走活动。4月25日，在月坛体育馆举办2018年西城区健康素养主题宣传月——大众健身操展演活动等。

（薛　云）

红十字会工作

【概况】北京市西城区红十字会（简称区红十字会）是中国红十字会的地方组织，是西城区人民政府直接联系从事人道主义工作的社会救助团体，依法取得社会团体法人资格，独立自主地开展工作。按照西城区行政区域划分，下设15个街道红十字会及区直机关、教育、卫生、国资、侨联、志愿者6个系统工作委员会，有基层组织407个，会员93261人，团体会员105个，志愿者3200人。

地址：西城区南菜园街51号
邮编：100054
电话：83975413

（焦　蕊）

【第二届理事会第三次会议】7月12日，在北京宽沟会议中心召开西城区红十字会第二届理事会第三次会议，区红十字会第二届理事73人及红十字专兼职干部、志愿者代表等出席。副会长李爱香向理事会做2018年上半年工作报告。传达了副区长郁治就“如何发挥理事作用”所提出的要求。要求各位理事，以首善之区的标准大力支持帮助红十字会工作；找准党和政府想要办、群众需要办、自身有能力办的工作作为切入点，聚焦最易受损害、最困难、最需要帮助的弱势群体；切实发挥好党和政府在人道领域的桥梁和纽带作用，担当好人道惠民、服务保障民生建设的使命责任。区红十字会理事、什刹海街道办事处副主任陈璐和“希望之光”志愿服务队队长于志泉分别就如何发挥理事作用、传播红十字精神、开展红十字工作进行交流发言。会后，举办了《国际红十字与红新月运动及国际人道法》讲座。

（焦　蕊）

【红十字组织建设】5月7日，在展览路第一小学举办“小手拉大手争当红十字小会员”红十字青少年入会仪式，1300余名师生参加活动。5月28日，召开会员登记入会工作动员部署会，启动新一轮会员登记工作。15个街道红十字会、5个红十字工作委员会专兼职工作者和部分志愿者代表举行入会宣誓仪式。截至年底，共登记会员13947人。年内，制定基层红十字组织工作规范，统一管理标准。

（焦　蕊）

【募捐救助】年内，根据《中华人民共和国红十字会法》《中华人民共和国慈善法》的相关规定和北京市红十字会工作要求，开展公开募捐资质申请和募捐方案备案工作，取得公开募捐资格证书。全年接收捐款118.37万元，其中非定向捐款35.03万元；“捐废献爱”活动募集捐款1.31万元；北京弘慈广济寺为区大病患儿捐款5万元；与府右街宾馆签订2018年定向捐助协议，募集善款3.18万元；爱心人士定向捐助3名困难学生1.5万元；与区人大联合开展精准扶贫定向募捐，为西城区对口支援的张北县、阜平县募集资金72.35万元。年内共支出救助款246.6万元，救助891户、2401人次，在“2018年度两节送温暖”活动中，为705户困难群众发放救助金70.5万元；元旦、春节及重阳节期间慰问敬老院老人，投入救助款3.57万元；全年共向12名大病患儿发放救助金23.3万元；救助区内困难人员68人，发放救助金41.7万元；完成府右街宾馆2018年定向救助，向17名贫困学生、困难群众发放救助金3.18万元；定向捐助3名贫困大学生1.5万元；向8名贫困艾滋病患者发放“红丝带”定向救助金1.6万元；为5名“非典”后遗症患者发放生活补助金15.75万元；市红十字会千人公益救助向50户困难家庭每户发放救助金共10万元；精准扶贫对外援助支出75.5万元。此外，为1名先天性心脏病患儿申请到中国红基会“天使阳光基金”3万元，为1名白血病患儿申请到中国红基会“小天使基金”3万元。联合区妇联、区公益文化传播中心等单位，推荐、指导区贫困母亲参与中国红十字会总会举办的“魔豆妈妈”创业扶贫大赛，其中两名妈妈被评为北京市红十字会“十佳魔豆妈妈”，获得中国红十字总会颁发的创业基金，西城区红十字会获得北京市红十字会颁发的大赛优秀组织奖。

（焦　蕊）

【应急救护培训与救援体系建设】年内，继续推广在区内公共服务及人员密集场所安装自动体外除颤仪（简称AED），在区纪监委办公区安装4台AED，并建立应急骨干队伍开展实战演练。5月15日，白云观应急救援志愿者使用心肺复苏术和区红十字会2017年安装的AED，成功挽救一名发生心脏骤停的男性游客，是北京市第一例非医学专业人员在院外使用AED抢救成功的案例。年内，先后走进西单大悦城、王府井希尔顿酒店、北京大学国家发展研究院、中央社会主义学院、区纪委、区监委、区文明办、西什库教堂、白云观、天恒集团、中化集团、聚德华天餐饮集团、工商银行总行、中国版权保护中心等单位及中小学开展应急救护教育培训，共9万余人接受普及培训，其中举办红十字救护技能和初级急救员取证培训145期，10786人取得相应证书。首次举办应急救护师资培训班，31人取得师资资格结业证。北京市第三十五中学举办“爱志成·‘救’在身边”应急安全教育演练活动，全校1200余名师生参与地震并发火灾的逃生演练，进行应急救护、自救互救展示。为提高中小学师生在应对突发事件时的自救互救能力，区红十字会为全区103所中小学、职教和特教校赠送外伤急救包。开展防灾减灾大型宣传咨询活动。

（焦　蕊）

【红十字志愿服务】年内，区红十字会22支志愿服务队，在各自领域中以不同形式开展志愿服务活动。1月30日，公益书画家联谊会开展第六届大病患儿救助金发放暨公益书画家新春送福行动；“希望之光”服务队带领患大病的孩子参观海洋馆；定期看望慰问牛街敬老院和颐寿轩敬老院老人；“路德先锋”服务队为新安中里社区行动不便人士提供免费接送就医服务；应急救护师资志愿者向社会公众传授急救知识技能；红十字青少年志愿服务队和家长共同为贫困患病儿童提供志愿服务。11月1至2日，区红十字会举办专兼职干部和骨干志愿者培训班，成立西城区红十字会志愿者工作委员会。年内，“牵手希望”志愿服务队队长常向明获中国红十字会总会授予的“优秀志愿者”称号，应急救护教育志愿服务队获团市委授予的“优秀应急志愿服务团队”荣誉称号，29名志愿者获得西城区星级志愿者称号。

（焦　蕊）

【造血干细胞捐献】3月1日，因西单文化广场升级改造西单献血小屋腾退，正式启用西单联通大厦献血房舱，区红十字会“牵手希望”造血干细胞捐献宣传志愿服务队恢复日常服务。除在献血房舱开展宣传、招募工作，在各街道红十字组织开展无偿献血活动时，安排志愿者进街道、进社区宣传造血干细胞知识，动员招募捐献志愿者。全年共招募造血干细胞捐献志愿者296名，2人成功实现捐献，完成造血干细胞运送任务2次。

（焦　蕊）

【红十字青少年工作】年内，开展以“小手拉大手　人人学急救”为主题红十字青少年活动、志愿服务活动，50余所学校参加。组织39所学校7800名师生参加中国红十字总会举办的防灾避险知识竞赛。组织5名青少年参加在日本东京举办的第十六届中日韩红十字青少年交流营活动。

（焦　蕊）

【红十字文化传播与宣传】 年内，全区红十字系统开展“5·8”红十字月宣传活动，15个街道红十字会、3个红十字工作委员会和60余所中小学校红十字会分别开展入会宣誓、急救普及、爱心捐赠、知识竞赛、板报绘制、社区宣传等多种形式的活动。于“3·5”学雷锋日、“5·12”全国防灾减灾日、“6·14”世界献血者日、“12·1”艾滋病宣传日等重要时点，联合相关部门发动红十字志愿者上街头、进社区开展红十字文化、无偿献血与造血干细胞捐献、应急救护知识宣传。推出中国网“最美红十字人”主题采访宣传红十字人敬业奉献的博爱情怀，通过《北京西城报》《西城画报》《西城信息》《北京红十字报》《中国红十字报》《博爱风采》和中国网等新闻媒体刊载工作信息57篇，被转载数百次。

（焦　蕊）

【对外交流及对口帮扶】 年内，接待澳门红十字会来访，交流应急救护培训和志愿服务工作。投入对外援助资金75.5万元，其中，援助内蒙古赤峰市喀喇沁旗红十字会20万元，在乃林蒙古族小学建立红十字青少年健康教育体验基地；援助内蒙古赤峰市喀喇沁旗档案局10万元，用于贫困人口以及残疾儿童等弱势群体档案信息化建设；援助内蒙古赤峰市喀喇沁旗红十字会3万元，用于春节前慰问、帮扶37个贫困学生家庭；援助门头沟区红十字会10万元，在王平镇西马各庄村开展扶贫林项目建设；援助门头沟区红十字会5万元，在王平镇东马各庄村和韭园四村建立“博爱卫生室”；7至8月与区人大常委会联合开展定向募捐，区人大代表为张北、阜平两县捐款，向张北县拨付27.5万元，用于当地饮用水源保护项目。6月、9月，区红十字会与北京市女医师协会医疗专家组，分别到河北省张家口市张北县和青海省玉树州开展医疗精准帮扶行动。

（焦　蕊）

（责任编辑　姜　光）

社会生活

社会建设工作

【概况】中共北京市西城区委社会工作委员会（简称区委社会工委）与北京市西城区社会建设工作办公室（简称区社会办）合署办公。区委社会工委是负责本区社会建设工作的区委派出机构。区社会办是负责本区社会建设工作的区政府工作部门。内设机构：办公室、政策科、党建工作科、街道社区工作科、社会组织工作科、社会工作队伍建设科，在职人员25人。年内，西城区社会建设工作牢牢把握推进发展转型和管理转型，全面提升核心区发展品质的重心和主线，落实区委各项工作部署。一是扎实推进“街道吹哨、部门报到”“进千门走万户”工作，制发《西城区深化街道管理体制机制改革指导意见》等“1+12”改革文件，强化城市基层社会治理的制度体系。建立健全专班调度会、专题调研、专项督查等机制，召开专班调度会13次，实地调研20余次，有效推进工作开展。针对街道社区普遍反映的多发常见问题，梳理出8项首批建立“街道吹哨、部门报到”的事项清单，确定37+N的试点事项，在老旧小区整治、停车秩序管理等方面，探索形成“街道吹哨、部门报到”运行机制和块处理工作模式。推进“进千门走万户”工作，开发了“进千门走万户”手机终端，统筹建立“进千门走万户”信息数据处理机制。组建专家团队在理论层面上对西城区实践经验进行总结和提炼，完成基层绩效考核、街道财政体制和街道综合执法平台建设、社区治理体系研究等课题的调研报告，报市社工委接受专家组评审。二是统筹推进社会治理体制改革，制定《2018年社会建设工作要点》，编制《社会治理体制改革规划（2018—2022年）》。全面落实市委“街乡吹哨、部门报到”14项改革任务，推进街道管理体制改革全面试点工作，建立“一委七办三中心”扁平、高效的街道工作体制。推进基层考核评价体系改革，大幅删减部门对街道的考核指标，把群众满意度作为衡量街道工作重要指标。三是高质量完成“十三五”社会治理规划中期评估。采取部门自评、实地调研、群众测评的方式，对推进“十三五”社会治理落实情况进行全面评估，针对街道管理体制改革、城市基层党建、社区居民自治等重点工作，实地调研、查看项目、座谈交流等方式，提炼经验、分析不足，收集整理了调研资料300多份。四是完善社区服务体系、提升服务品质，深化民生工作民意立项工作，加快推进“多网融合”，提升全响应网格化社会治理水平。五是推进区、街社会组织服务基地建设，完成“聚力西城”社会建设与服务中心建设方案，推动社会组织培育发展取得新成效。六是提升社区工作者的工资待遇，加强社会工作者队伍建设。落实市协管员规范管理试点工作，开展社区协管员摸底调研，制定《社区协管员队伍规范管理试点方案》，稳步推进社区协管员队伍整合工作。七是创新社会动员和志愿服务体制机制，全面开展街道社会动员中心规范化建设工作，完善社会动员中心管理、运营、服务、考核、评价等制度，扎实推动社会动员中心功能完善、设施完备、机构健全、运行规范、作用发挥。八是深入推进“两新”组织有效覆盖，加强党支部规范化建设，抓好组织建立、组织生活规范、组织凝聚力提升三个重点，社会领域党建工作取得创新突破。各项工作取得了新的进展成效，为打造共建共治共享的社会治理格局奠定了重要基础。

地址：西城区西直门内大街275号
邮编：100035
电话：82141123

（栾德廷）

【启动“西城萤火计划”】3月22日，由区委社会工委、区民政局主办，区社会工作者联合会协办的“牢记社工心，建功新时代2018西城社工宣传周”主题系列宣传活动暨“西城萤火计划”启动仪式在区综合行政服务中心举行。揭晓了2017年度的优秀社会工作案例的评审结果和“学习贯彻十九大精神，做有使命担当的社工”征文活动的评选结果，并启动“西城萤火计划” 活动。

（栾德廷）

【开展协管员规范管理调研】4月，根据《北京市协管员队伍规范管理试点工作实施方案》，会同区人力社保局、区编办、区财政局等部门以及各街道，先后三次就本区协管员队伍情况的进行调研。重点对“协助街道从事管理和服务的全日制工作人员”进行全面摸底和统计，分析每支队伍人员配置所依据的相关文件精神及岗位职责、待遇等，研究制定《西城区协管员队伍规范管理试点工作方案（征求意见稿）》。

（栾德廷）

【完成社会建设项目结题验收工作】4月9至17日，区委社会工委对2017年区级社会建设118个项目的83个承接单位进行结题培训。从项目专家库中选取13位学者、研究员、会计师和审计师作为项目管理专家、社会领域专家和财务专家，组成5人专家评审组，进行为期7天的专家评审。按照评审意见，由项目单位补充资料、说明情况、确认资金结余情况，核实情况和审查材料，形成项目结题验收结果。项目按时完成率和验收通过率均为100%。

（栾德廷）

【人民调解专项能力培训】 4月16至27日，区委社会工委与区司法局合作，面向社区工作者开展人民调解专项能力培训。培训分为初级、中级两个班次，社区工作者160人参加培训。

（栾德廷）

【规范街道大数据分中心建设】 4月27日，区委社会工委召开全响应社会治理大数据中心建设部署会，印发《西城区全响应社会治理街道大数据分中心建设指导意见》，明确了“一张底图、六大基础应用”的建设要求，规范各街道大数据分中心的建设。

（栾德廷）

【社会工作职业水平考试考前辅导】 5月21至30日，区委社会工委采取无偿培训的方式组织全区党政、事业单位和社区近1100名报考人员进行社会工作职业水平考前辅导。培训辅导分中级和初级两个班次，每班5个单元，40个课时。

（栾德廷）

【“街道吹哨、部门报到”成果】 6月14日，区委社会工委召开落实“街道吹哨、部门报到”发挥党建引领作用解决居民区停车难问题工作部署会暨静态交通综合治理现场工作会。德胜街道办事处、展览路街道工委、金融街街道二龙路社区分别围绕“发挥党建引领作用，解决居民区停车难问题”进行交流发言。发布《西城区关于落实“街道吹哨、部门报到”发挥党建引领作用解决居民区停车难问题的工作方案》。实施自治车位施划、建设临时停车场、停车资源错时共享等措施，共新增居民停车泊位1486个，其中新增地面车位1034个、立体车位79个、地下车位313个、其他60个。区领导姜立光、程昌宏出席会议。

（栾德廷）

【社会领域党建沙龙】 5月25日，组织以“党建文化之旅”为主题开展第一期社会领域党建沙龙活动，各街道两新党建负责人、非公企业党组织负责人代表45人参加党建沙龙活动。6月29日，组织以“党建文化之旅”为主题开展第二期社会领域党建沙龙活动，各街道两新党建负责人、非公企业党组织负责人代表49人参加活动。

（栾德廷）

【聘请“两新”党建指导员】 7月11日，组织选聘离退休党员干部担任非公有制经济组织和社会组织（以下简称“两新”）党建工作指导员171名，指导帮助“两新”组织组建党组织，不断扩大党的组织覆盖面。

（栾德廷）

【启动街道管理体制改革试点】 7月13日，召开西城区“街道吹哨、部门报到”工作推进会暨街道管理体制改革全面试点工作部署会。王飞总结“街道吹哨、部门报到”试点阶段性工作，部署街道管理体制改革全面试点工作。王少峰主持会议，卢映川讲话。市委社会工委陈建领、市编办吴松元，区领导杜灵欣、章冬梅、王飞、姜立光、程昌宏、郁治出席会议。15个街道设立视频分会场。

（栾德廷）

【开展向居民群众通报情况工作】 8月，区委社会工委制定街道向居民群众通报情况工作方案，将现有政策制度、治理举措、为民办实事、组织开展活动等情况，向群众进行通报。15个街道共向居民群众通报5832次，其中街道层面1416次，社区层面4416次。

（栾德廷）

【社会组织能力提升培训】 8月27至31日，组织130家社会组织负责人参加能力提升培训班，内容涉及社会组织党的建设、十九大报告解读、项目策划等。组织参观昌平区社会组织发展服务中心、顺义区社会组织孵化中心等，并进行座谈讨论。

（栾德廷）

【举办“两新”党务干部培训班】 9月12至28日，区委社会工委、西城区专业社工人才研修院在北京建筑大学开展三期“两新”党务干部培训班，党务干部163名参加培训。

（栾德廷）

【开展扶贫工作】 9月13日，区委社会工委扶贫工作组赴张北县扶贫调研，走访慰问困难家庭。与张北县就社工人才队伍、各类社会组织和公益志愿服务等方面进行对接；将全县67名孤儿分类梳理，在第三届西城区公益文化节上发布，寻求社会资源解决孤儿生活的实际困难。对患艾滋病的孤儿通过专业社会组织进行帮扶。

（栾德廷）

【搭建社会组织合作平台】 9月17至21日，组织12个优秀社会组织赴深圳市参加第六届中国慈展会，并考察学习当地社会组织先进做法。

（栾德廷）

【举办网格化建设培训班】 9月17至21日，区委社会工委与北京邮电大学合作举办“2018年网格化建设培训班”，区综治办、区科信委、区城管监督指挥中心和15个街道主管领导、全响应平台负责人等共60人参加培训。

（栾德廷）

【参加市重点研究课题】 10月17日，区委社会工委负责的基层绩效考核、街道财政体制和街道综合执法平台建设3个“街道吹哨、部门报到”重点研究课题，参加市委社会工委组织专家评审，并获得通过。

（栾德廷）

【第五届“爱在西城”公益文化节】 11月8至9日，区委社会工委组织第六届“爱在西城”公益文化节暨社会力量服务展洽会在西城区天桥艺术中心举办，展示了全区社会组织发展成果，发布了66个政府购买项目，总金额1300余万元；公开各部门政府购买服务指导目录及购买社会服务相关政策文件99个；表彰“爱在西城”年度奖项32名；设置特色展位10个，包括百岁老人口述史、众享未来园艺、希联圆梦、四名汇智、社会企业、益宝计划、life金融街、自救互救、党建VR、书香阅读等。

（栾德廷）

【领导调研大部制改革工作】 11月20日，区委书记卢映川就街道大部制改革工作到西长安街道调研。听取街道实施大部制改革工作以来的工作情况汇报，肯定了街道的工作成绩并就工作中存在的问题提出要求。

（栾德廷）

【社会工作人才对接会】 12月18日，区社会组织联合会与中央民族大学民族学与社会学学院共同举办“西城区社会组织进高校暨社会工作人才对接会”和“首都高校社会工作专业、北京市西城区社会组织参与社会治理共建研讨座谈会”，共120人参加。

（栾德廷）

【西城“百名英才”突出贡献奖】 年内，区委社会工委按照《关于实施“西城区百名英才激励计划”的意见》和《关于开展西城“百名英才”遴选活动的通知》，在第三届西城区“百名英才”遴选活动中，联合区民政局、区司法局，组建西城“百名英才”社会工作人才类遴选推荐工作领导小组，完成遴选推荐工作各个环节的主要工作。李晓惠、陈雅娟、王长友、范丽丽、冯代莲、郑皖华、王兆峰、李庆保、欧阳继华等9人获西城“百名英才”突出贡献奖社会工作人才。

（栾德廷）

【第六届“最美社工”评选】年内，组织区内社会工作者参加中国社会工作协会举办的第六届“寻找最美社工”大型公益活动。西长安街街道西交民巷社区党委书记谭道亮获“首都最美社工”；西城区睦友社会工作事务所副总干事吴云卿、西城区睦邻社会工作事务所副总干事胡洋、大栅栏街道石头社区社工杜丽娜和西城区月坛街道人民调解中心主任郭瑞获“优秀社工”；西城区睦友社会工作事务所获得优秀社工团队。

（栾德廷）

【调整社区工作者工资待遇】年内，区委社会工委与区委组织部、区财政局、区人力社保局、区民政局及各街道多次研究，起草《北京市西城区2018年社区工作者工资待遇调整方案》，确定社工工资标准，明确实施范围、工资构成及分配方法、绩效奖金等内容。经区政府第62次专题会通过，并提交十二届区委常委会第85次会议通过，并实施。

（栾德廷）

【构建“枢纽型”社会组织体系】年内，区委社会工委到街道调研枢纽型社会组织和社会组织基地运营情况，修订完善《西城区关于推进“枢纽型”社会组织规范建设的指导意见》。设计“聚力西城”集社会组织服务中心、社会动员中心、社会领域党群服务中心的功能于一体，重点开展社会领域党建、社会力量整合与动员、社会组织孵化培育、社会治理理论研究等工作，兼顾社会建设活动、交流展示、示范引领等功能。

（栾德廷）

【推进百岁老人口述史活动】年内，推进“复刻百年记忆 倡导幸福生活”为主题的2018年百岁老人口述史活动，结合改革开放40周年主题，挖掘整合亲历改革开放的故事案例，如《口述武汉长江大桥建设过往，见证改革开放时代变迁》《麻风病把我们变成鬼，是您把我们变成人》《为77年前去世的战友建陵园，我想念你们》《不忘医者本心，从一医一护创建起邮电医院妇产科》等，通过百岁老人亲生经历，展示改革开放带来重大变化。拍摄《光荣与梦想》5分钟视频片，展示百岁老人在改革开放中的奋斗奉献，通过视频宣传片展现百岁情、民族魂、中国梦。

（栾德廷）

【百岁苑博物馆运维】年内，在百岁苑设置主题展示区、流光岁月照片展示区、视频播放展示区、特色专题展示区、老人画像展示区、祈福树公众互动展示区，以展板、实物、音频、视频、数字平台等多种形式，集中展现百岁风采、长寿秘诀、家风家训、公益活动等内容。在场馆内安装了无线WIFI，将每块展板配有音频播放功能。注重提炼百岁老人所凝结的文化标签，结合中华传统文化、家风家训的传承，开展以“春之芳”“夏之盛”“秋之硕”“冬之韵”为主题的24期活动，用四季寓意人的一生，将百岁老人的百年人生经历融入于主题活动之中。

（栾德廷）

【开展社区社会组织训练营】年内，开展社区微公益项目，支持社区社会组织由自益型组织向互益型社区社会组织发展。开展赛前动员、赛前培训、公益项目大赛等活动，并通过专家评审筛选出来自9个街道的16支社区社会组织给予资金支持及能力建设培训。

（栾德廷）

【社会组织公益行系列活动】年内，继续开展贯穿全年的“北京社会组织公益行”系列活动，推荐8家社会组织的17个品牌项目参加北京市社会组织公益服务品牌评选，现场提供专业服务体验，展示社会组织发展成果。

（栾德廷）

【推进民生工作民意立项工作】年内，区委社会工委出台《民生工作民意立项指导手册》，确定老楼加挂电梯、建城市森林等26个试点项目。每月召开工作联席会，召开试点项目座谈会40余次。探索建立程序监管和项目结果与民意契合度为标准的民意立项考核评价体系；编制成《2018年西城区民生工作民意立项案例汇编》。在中央电视台、北京电视台、人民网、北京日报、法制日报等媒体刊发信息稿件百余篇。

（栾德廷）

【推进街道大数据分中心建设】年内，区委社会工委制定《西城区全响应社会治理街道大数据分中心建设指导意见》，推广西长安街街道“数字红墙”模式，明确“一张底图、六大基础应用”的建设思路，成立全响应大数据工作专班，推动街道全响应大数据分中心建设，制定《关于进一步加强全响应大数据建设工作的建议》，推进区、街、社区三级网格体系建设，实现问题收集一平台处理的工作模式；梳理西长安街、天桥等2个街道“厅网站”建设情况，联合区政务服务办将“厅网站”与“一窗式”公共服务综合信息平台建设结合，纳入街道社区数字红墙全响应大数据系统。

（栾德廷）

【推进全响应网格化工作】年内，指导街道按照“街巷定界、规模适度、无缝覆盖、动态调整”的原则调整划分成1464个网格，形成GIS电子地图，实行“一格五员”服务实名制。建立网格员实名公开制度，全部实行挂牌上岗；全面展开网格员手册和工作证制定工作，完成文献资料梳理、前期调研和信息采集工作。

（栾德廷）

【市领导督导网格化工作】年内，市委社会工委委员、市社会办副主任赵济贵带领市网格化联合督察组，对15个街道网格化工作情况进行督导。听取区委社会工委关于网格化工作推进情况的整体汇报，对全区15个街道“多网融合”建设工作进行了评估，各街道网格化工作皆处于全市前列。市委社会工委在陶然亭街道召开全市“多网融合”现场观摩会，推广西城经验。

（栾德廷）

【督促街道疏非控人】年内，区委社会工委每月对全区15个开展对疏解整治促提升专项行动中新增公益设施调查统计。深化一刻钟社区服务圈建设，在疏解非首都功能和治理开墙打洞专项行动中，继续与区商务委合作，打造百姓生活业服务中心，全区共建设30个百姓生活业服务中心；与西城园管委会共同启动西城区地下空间改造创意大赛，征集作品100余件，评出20余件优秀专业类参赛作品，利用腾退空间补充地区公益设施、生活服务业设施不足。

（栾德廷）

【推进社区用房建设】年内，重点推进社区用房达标率，对全区15个街道社区用房建设情况进行调查统计，形成《社区服务办公用房的调研报告》。开展对街道各类功能站点的统计调研，形成《关于街道功能站点的调研报告》，推动街道社区办公服务用房的统筹使用。协助区教委推进学位保障用房腾退工作，先后完成陶然亭龙泉社区和大栅栏大安澜营社区办公用房的腾退，推进天桥、什刹海、广内街道等7处社区办公区的腾退工作。

（栾德廷）

【“共建美好庭院，创建美好家园”活动】年内，区委社会工委会同区委组织部、区文明办、区环境办、区卫计委出台《西城区建立“共建美好庭院，创建美好家园”长效机制的行动方案》，开展“五清，三见，一创建”活动。自6月30日起，坚持每月1次以不同的主题，由社区负责组织，小区负责实施，相关委办局参与，街道负责运输，开展城市清洁、维护秩序等活动。机关在职党支部每月至少参加1次活动。参加活动单位132个、居委会261个，总人数10132人。

（栾德廷）

【社会领域干部综合能力提升工程】年内，开展“攻玉·他山之鉴”“匠心·治理之精”“蓝图·发展之路”三个主题活动，每月开展1期。采取集中培训和现场教学方式，交流学习社区议事协商、民意征求、社区社会组织培育、街巷治理、社区文化挖掘等内容，社会领域干部327人次参加活动。

（栾德廷）

【完善街道系统绩效考评体系】年内，开展为街道减负工作。对接“大部制”改革，由上年度的6个一级指标减少为4个，整合了二级指标，三级指标由原来的53项整合、删减到30项，删减了约43%；考核内容由180页减少到59页，减量为67%；增加对各考评主体落实情况的查访核验工作，督促街道系统考评主体落实监管责任。

（栾德廷）

【推广社区代表会议工作】年内，制定《西城区街道社区代表会议制度（试行）》，指导街道召开街道社区代表会议，建立街道全面推广社区代表会议制度。15个街道全部筹备并召开了社区代表会议。

（栾德廷）

【北京魅力社区评选表彰工作】年内，由市委社会工委、市社会办、市人力社保局联合开展的第八届“北京魅力社区”评选表彰工作。西长安街街道、德胜街道等8个街道的8个社区向“北京魅力社区”评选表彰工作领导小组办公室进行了申报。西长安街街道义达里社区被评为“北京魅力社区”，德胜街道新北社区活动“北京魅力社区单项奖”。

（栾德廷）

【社区规范化和社区之家试点工作】年内，开展社区规范化建设示范点工作和社区之家资源共享试点创建工作，确定白纸坊街道右内西街社区等5个社区规范化建设示范点和天桥街道宣武中医院等30家社区之家示范点，接受市委社会工委的检查验收。

（栾德廷）

【招录社会领域党务专职工作者】年内，制定《西城区2018年面向社会公开招录社区工作者和党务专职工作者实施方案》，招录71名社会领域党务专职工作者，到街道社区服务站岗位、街道社会工作党委党务专职工作者岗位、商务楼宇党务专职工作者岗位和党群活动服务中心党务专职工作者岗位任职。

（栾德廷）

【“进千门走万户”成果】年内，制定《关于开展“进千门走万户”行动的实施方案》，开展“进千门走万户”行动。入户走访党员群众和“两新”组织、商务楼宇，了解服务单位的意见建议。处级领导干部通过走访、调研、座谈形式联系共计217次，收集问题198条，解决问题196条；其他党员联系共计326次，收集问题247条，解决问题240条。

（栾德廷）

人力资源和社会保障

【概况】北京市西城区人力资源和社会保障局（简称区人力社保局）是负责本区人力资源和社会保障的区政府工作部门。主要职责：贯彻国家关于人力资源和社会保障的法律、法规、规章、政策和北京市的相关规定；研究制定本区人力资源和社会保障管理方面的管理措施；拟订本区人力资源和社会保障事业发展规划，并组织实施和监督检查；负责拟订并组织实施本区人力资源市场发展规划；依法管理人力资源市场，促进人力资源合理流动和有效配置；负责本区促进就业工作；完善公共就业服务体系；落实就业援助制度；实行职业资格证书制度相关政策；实施面向劳动者的职业培训制度；贯彻高校毕业生就业政策以及高技能人才的培养和激励政策；负责管理辖区社会保险工作；贯彻社会保险规定；指导本区社会保险经办机构依法开展社会保险具体工作；负责对社会保险基金的收支、管理情况进行监督检查；负责管理本区机关事业单位人员工资、福利和分配制度改革工作；贯彻机关事业单位工作人员工资、福利、津贴和补贴政策；落实机关企事业单位工作人员工资增长和支付保障机制；执行机关事业单位工作人员离退休政策；负责会同有关部门指导本区事业单位人事制度改革；管理本区专业技术职称工作；贯彻专业技术人员管理和继续教育政策；落实本区事业单位人员和机关工勤人员管理政策。负责高层次人才选拔、培养和管理服务；负责引进国外智力工作；参与本区人才管理工作；履行全区公务员主管部门职责；负责全区公务员综合管理工作；落实公务员管理政策；按规定承担区政府部门的督查考核和绩效考评工作；负责区政府各部门、各企事业单位领导人员及区政府授权管理的科级干部的任免工作；负责制定并组织实施本区军队转业干部安置计划和培训计划；承担本区自主择业军转干部的管理服务；负责本区企业军转干部解困和维稳工作；负责驻区部队随军家属安置工作；负责贯彻劳动关系政策；完善劳动关系协调机制；指导本区劳动人事争议调解仲裁工作；组织实施劳动保障监察，依法查处各类违法案件；落实各项童工、未成年工和女职工劳动保护政策；承办区政府和上级业务指导部门交办的其他事项。全局下设23个内设机构、13个事业单位，在职职工660余人，主要分布在西直门南小街20号、德外塔院胡同8号等6个办公地点。年内，人力资源和社会保障工作坚持以人民为中心的发展思想，以“民生为本、人才优先”为主线，以“增进人民福祉，促进发展成果全民共享”为目标，努力推动区域“两转型一提升三更好”工作落实，圆满完成年度目标任务。

地址：西城区西直门南小街20号
邮编：100035
电话：66206008

（齐盛超　张梅）

【就业重点工作指标完成情况】年内，

全区城镇新增就业36128人。城镇登记失业人员实现就业13476人，完成任务指标的123%，就业率为63.21%；累计帮助10487名就业困难人员实现就业，完成任务指标的150%，就业率为65.96%。城镇登记失业率为0.87%；累计认定“零就业家庭”23户，辖区“零就业家庭”保持动态脱零。

（闫娟娟）

【充分就业区创建】年内，区人力社保局制作西城区就业创业宣传系列微动漫，利用公共交通移动传媒平台播放，扩大就业创业政策宣传覆盖范围。推广街道就业工作室服务经验，对就业困难人员实施精细化就业援助。年内，13个街道被认定为西城区充分就业街道，242个社区被认定为西城区充分就业社区。经北京市社会保障和就业工作领导小组考核认定，广外街道、天桥街道、新街口街道被认定为北京市充分就业街道，月坛街道三里河一区社区、陶然亭街道龙泉社区被认定为北京市充分就业社区，西城区被认定为“2018年度北京市充分就业区”，连续5年创建充分就业区。

（闫娟娟）

【失业人员服务管理】年内，区人力社保局指导各街道及时、准确填报失业人员信息，实时掌握失业人员的动态状况。贯彻落实就业失业登记业务经办监督管理制度，对15个街道进行就业失业经办业务实地检查，针对检查出的问题及时指导整改，促进经办人员全面提升业务素质，为失业人员提供优质服务。在元旦、春节前开展困难失业人员“送温暖”慰问活动，共慰问困难失业人员1812人，发放补助金90.6万元。

（闫娟娟）

【安置本市农村地区劳动力就业】在城市公共服务类岗位安置本市生态涵养、临空、副中心建设区域的农村地区劳动力就业是北京市2018年重要民生实事，西城区承担1500人的安置任务。区人力社保局梳理公共服务类岗位，了解用工需求，加强沟通协调，通过区政府专题会议研究部署，确定承接安置任务的单位为区环卫中心、区园林市政管理中心、区城管委、西城公安分局、白纸坊街道办事处。年内，全区共安置本市农村地区劳动力1673人。

（闫娟娟）

【创业带动就业】年内，全区实现创业972人，完成指标任务的121.5%；创业带动就业3864人，完成指标任务的108.85%；发放创业担保贷款20万元。全年累计拨付岗位补贴、社会保险补贴、稳定岗位补贴共计2.66亿元；拨付技能提升补贴1356.2万元。3月，区就业创业信息化政策网络平台成功上线，新出台的促进就业创业的所有政策受理均可通过网络平台实现。5至8月，西城区举办第一届创业创新大赛。区人力社保局组织区各委办局成立大赛组委会，制定大赛工作方案，多方挖掘西城区优秀创业创新项目参赛。大赛经组织报名、资格审核、专家评审、全区公示等环节，共评出18个项目获奖，分别给予资金扶持，并从中选送2个获奖项目参加市级大赛，所推荐项目均获优胜奖。调整取消20项就业创业政策纸质材料。

（李　剑）

【社区就业工作】年内，区人力社保局制订落实灵活就业档案规范化管理办法，对全区灵活就业档案统一留存标准、统一装订程序，进行标准化、规范化模式管理，保障了促进就业资金使用的安全。依据市《个人社会保险补贴和公益性岗位补贴经办规程》的通知〔2018〕90号文件要求，制订社区就业工作考核办法，规范个人社会保险补贴、失业人员创业成功奖励及社会公益性就业组织岗位补贴政策的资格核准工作指南，防范和化解运行风险确保资金安全。全年对15个街道社保所业务工作人员多次举办政策业务培训，内容包括政策解读、规范操作流程及如何抓住业务重点等。全年超额完成社区就业安置城乡就业困难人员指标，指标要求6752人，已安置10524人。全年累计拨付灵活就业、自谋职业社保补贴、公益性岗位补贴共计4.01亿元。

（吴述伟）

【公共就业服务】年内，区人力社保局对全区就业困难人员进行全面摸查，提供一对一职业指导服务，摸查率达100%。组织开展“春风行动”“就业援助月”“民营企业招聘月”“高校毕业生就业服务月”及“金秋招聘月”等活动。建立企业用人需求档案2765户和企业招聘需求档案842户，采集空岗信息60880个。举办各类招聘会56场，提供岗位近1.7万个，达成就业意向682人。

（魏　冉）

【流动人才党员服务】年内，西城区人力资源公共服务中心党委为西城区流动人才党员打造了集学习、交流、服务于一体的党员活动服务站。党员活动服务站的整体设计，以“一厅多用”为理念，以“墙面做宣传、地面做活动”为目标，充分利用每一个空间，达到使用效果最大化。活动站分上下两层：一层为党建展厅，全方位展现中心党委以及123个流动人才党支部的党建工作，通过展览展示宣传党的精神、传递党的政策，党建展厅还具备学习交流功能，可同时容纳30余人开展活动。二层为学习空间、谈心空间和办公空间，备有电脑，可通过网络查阅党的最新政策、党建资料。

（夏　威）

【职业能力建设】年内，区人力社保局指导辖区培训机构开发社区安全员、居家老年生活照护员、食品安全员、居家照护员、园艺健康等5项适应区域社会功能需求的培训项目。社区安全员培训被顺义区纳入指定培训项目，为顺义区当地和其对口帮扶地区培训800余人。强化对培训机构的全面监管，成立西城区民办职业技能培训学校党支部，组建由15名党员组成的党建指导员队伍，在日常监管中注重加强党建工作和安全生产，组织制定《西城区职业技能培训机构突发事件应急预案》。年内在对培训机构开展的三轮安全生产隐患大排查大清理大整治挂账隐患“回头看”核查中，均未发现重大安全隐患。7月10日，落实西城区新一轮促进就业政策精神，指导聚德华天控股有限公司成功举办西城区首届企业职工技能竞赛。强化师资队伍建设，确保培训质量。年内，全区各民办培训机构共培训各类人员7149人，其中失业人员技能培训3712人、失业人员创业培训518人、来京务工人员培训2919人。企业在职职工培训44309人，辖区民办职业技能培训学校培训社会人员26308人。

（贾子辰）

【高技能人才培养】年内，落实人才激励政策，推荐1人获评北京市有突出贡献高技能人才，2人享受北京市政府技师特殊津贴，9名高技能人才入选西城区第三届“百名英才”。积极实施“人才资助计划”，同和居饭店“鲁菜技艺”传承班被确定为区级人才培养资助项目，获得15万元资金支持。

（贾子辰）

【对口帮扶工作】年内，全面推进技能扶贫，在对帮扶地区开展实地调研的基础上，制定《西城区支援对口帮扶地区职业技能培训工作实施方案》和《西城区人力资源和社会保障局助力受援地区致富带头人创业培训工作方案》。与喀喇沁、张北、阜平、囊谦、鄂伦春等5个地区签订技能扶贫合作框架协议，组织对1079名建档立卡贫困人员和47名致富带头人开展技能培训和创业培训。建立全市首家助力受援地培育贫困村创业致富带头人实训基地，并被北京电视台专题报道。

（贾子辰）

【社会保险】年内，全区五项社会保险费累计收缴491.49亿元，同比增长10.12%；社会保险基金累计支出313.34亿元，同比增加7.99%，各项社会保险待遇按时足额支付。

（杜文芳）

【社会保障管理服务】区人力社保局年内完成18850名参保人的基本养老待遇核准。加强工伤调查取证工作，年内认定工伤1563件。开展一次性救助医疗困难参保职工254人，发放医疗救助款562万元。年内，共组织1462人参加劳动能力鉴定，鉴定结论连续6年保持零改变，加强医疗鉴定专家队伍建设，实行历史档案电子化管理。做好社会保险基金支付工作，为1.14万人次支付工伤保险待遇，为6.77万人次支付生育保险待遇，为1129名外埠城镇职工和农民合同制工人发放失业保险待遇，享受养老保险待遇人员43.51万人。调整基本养老金，人均养老金为4225元，同比增幅6.08%。

（官瑾　郝晓影　杜文芳）

【社保经办模式提升】年内，在前期社会保险登记和征缴业务、待遇支付业务分类实现“一窗式”受理的基础上，结合机关事业单位及其人员的特点，全面梳理机关事业单位业务流程，实现机关事业单位全流程“一窗式”办理，即机关事业单位实现社会保险业务从收缴到支付的“一窗”受理。优化办理流程，精简申报材料，总计取消办理环节和收取材料34项，方便服务对象办理企业开户、异地就医备案、在职转退休、保险补缴、社保卡补换等业务。制作70项主要社会保险业务的二维码宣传折页6万份，方便服务对象随时扫码查看。继续提升社保信息化服务水平。自主设计和开发社保缴费测算小程序，通过输入缴费基数，选择工伤费率，即可准确的计算出单位和个人五项社会保险的缴费数额，拓展了信息化在社保便捷服务中的应用；实现企业社保开户“零见面”，辖区工商注册企业在网上服务平台提交社保注册信息，社保中心实时在线审核，无需到社保提交纸介材料；实现退休预审业务网上办理，减少单位办理退休业务到达现场的次数；购置第二代社保自助查询终端，打破区县查询壁垒，可24小时提供全市社会保险缴费记录查询和打印服务，并涵盖定点医疗机构、就医记录以及社保卡发放等信息查询功能。

（杜文芳）

【医疗保险基金管理】年内，区人力社保局构建多层次审核模式，采取电话回访核实、预审筛查、明查暗访横向比较、内控抽查等多种方式，全面做好医疗保险基金审核结算工作。健全完善内控管理及风险防控工作制度，建立考核监管体系，完善医保费用支出分析月报，形成动态监控机制，稳妥推进总额控制管理。设立大厅双值班制度，实现定点医疗机构纸介申报网上预约，推出多项手工报销业务的便民特色服务，完成跨省异地住院实时结算业务试点工作，开展形式多样、覆盖广泛人群的宣传培训活动。严格筛查门诊异常数据，建立与监察部门、参保单位社保所联动机制，形成合力打击违规骗保行为。全年共审核各类医疗费用2173.78万人次，同比上升3.56%，医保基金支付118.10亿元，同比增长8.11%。

（闫霄莉）

【医保付费总额控制】年内，区人力社保局全面推进总额控制管理工作，对定点医疗机构总额使用情况和各项费用指标进行监控和统计分析。根据总额控制管理办法对质量指标综合增速高于全市平均水平的定点医疗机构开展现场检查，共同查找问题，帮助整改；对总额控制当期指标超支率在30%以上或连续两个月超支15%以上，且质量指标综合增速高于全市平均增速5个百分点以上的定点医疗机构暂缓支付医疗费用，并向市医保中心进行备案。全年定点医疗机构申报费用100.7亿元，全年总额控制指标实际使用率为108.78%。

（闫霄莉）

【社会保险基金监督管理】年内，区人力社保局按照人力社保部的统一部署开展工伤保险内部控制专项检查、深化养老保险四项指标专项核查、社会保险基金管理风险防控等专项监督检查，对公益性就业组织安置就业特困人员专项补贴、数字证书使用和管理、社会保险基金收支有关业务等进行监督检查。强化经办业务的事中监督，年内对业务和经办人员进行“双随机”检查40次，推动相关部门制度和流程的规范。处理北京市社会保险基金监督系统、北京市医疗保险费用审核结算监督信息系统预警疑似数据8299条。配合国家审计署和北京市审计局做好各项审计工作。内控监督检查社保业务17.51万笔。社保支付业务全面推行复核制度，社保稽核受理投诉举报案件649件，全年追缴欠费8130万元。落实国家医保局“打击欺诈骗取医疗保障基金”专项行动，对辖区36家定点医药机构、1000人门诊医疗费用、2232笔手工报销医疗费用通过电话、函询、发邮件、传真等多种调查方式进行核查；加大打击欺诈骗保“回头看”工作力度，全面梳理检查问题，对医药机构再次全面排查，突出重点，并设立投诉举报电话。此次专项行动共约谈13家定点医药机构和57名参保人员，全区通报批评6家医疗机构，黄牌警示1家，追回违规基金295万余元。

（杨萍　闫霄莉　杜文芳）

【行政许可】年内，将原劳动关系科承担的“企业实行综合计算工时工作制和不定时工作制审批”“经营劳务派遣业务行政许可”及“举办实施以技能为主的职业资格培训、职业技能培训的民办学校审批”等3项行政审批职能及集体合同备案工作，统一调整到区行政服务中心，实现“一网通办”，全区有27家企业获得劳务派遣经营许可资质，涉及劳务派遣从业人员2万余人。292家企业获准实行特殊工时工作制，涉及职工22万余人。加强行政许可审批事中事后监管，年内办理民办职业技能培训学校行政许可事项16件。

（寇芸生）

【劳动关系协调】年内，区人力社保局印发《关于深入构建和谐劳动关系的实施意见》。年内在区、街道成立协调劳动关系三方委员会15家，全区累计和谐劳动关系单位达到996家，覆盖职工达到335255人。全区劳动合同履行情况监控范围内企业达到3577家，涉及职工129207人。监控范围内企业劳动合同签订率达到100%。劳动合同续订率达到97.71%。全年新增集体合同备案用工单位50余家，涉及职工11万余人。

（寇芸生）

【劳动保障监察】年内，区人力社保局劳动保障监察机构以全面落实"无工资拖欠"、维护劳动者合法权益、构建和谐劳动关系为主线，以日常巡查为基础，专项检查为重点，书面审查为补充，强化源头预防、矛盾化解，做大做强案前行政调解，加强事中事后监管，加大劳动监察执法力度，依法规范劳动用工行为，有序推进劳动保障监察由"被动监察、事后调处、突击应对"向"主动检查、事前预防、常态监管"转变。一是聚焦重点领域，加大劳动监察执法监管力度，以建筑施工、餐饮服务、物业管理、保安等劳动用工密集型企业为重点，相继组织开展2018年"两节"农民工工资支付、人力资源市场秩序清理整顿、政府投资工程项目联合执法等7项专项执法行动，共检查各类单位3669户，涉及劳动者9.379万人，下达责令限期改正通知书327份。二是畅通维权绿色渠道，全力维护劳动者合法权益。全年受理投诉举报案件174件，结案159件，为25名劳动者解决工资待遇10.38万元，案件查处率、按期结案率均实现"双百"。三是强化源头预防，依法规范企业用工行为。加大劳动监察日常巡查检查力度，共检查用人单位7005户，涉及劳动者18.18万人，为1181名劳动者解决工资待遇2877.42万元。行政调解解决劳动纠纷148起，其中工资类案件122件，占案件总量82.4%，为124人解决工资待遇175.59万元，行政调解成功率90%。四是发挥部门联动机制优势，确保辖区劳动关系和谐稳定。与公安、住建、属地街道联动配合，共妥善处置各类群体性突发事件53起，为598名农民工解决工资919.28万元。

（绳　鹤）

【劳动人事争议仲裁】年内，区人力社保局加强调解组织建设，加大调解工作指导力度，不断推动基层调解组织规范化进程，提高调解工作水平，实现辖区50%简单争议引入调解组织调解，调解成功率达40%以上。严格执行仲裁终局裁决工作规定，坚持案件简易处理，探索采用要素式办案法，发挥仲裁快捷、简便、灵活制度优势。加强研判，创新办案方式，充分发挥部门联动机制作用，妥善处理集体争议案件和重大敏感案件。上线劳动人事争议调解仲裁办案管理系统，所有案件纳入办案系统。加强制度建设，规范办案流程，实现管理规范化、制度化。年内，共受理各类劳动人事争议案件5342件，结案率达93.9%，调解率44.9%，终局裁决率45.87%。

（王学聪）

【公务员队伍建设】年内，区人力社保局出台《北京市西城区科级干部交流工作管理办法（试行）》，为区纪委选调公务员11名，为街道交流事业单位干部10名，为西城区税务局安置挂职干部8名。出台《北京市西城区科级后备干部管理办法（试行）》对全区63家单位推荐的35岁以下222名科级年轻干部的领导能力、综合素质、心理健康等进行网上测评，还通过无领导小组讨论的方式考察干部的领导力、影响力、协调力、决策力等。年内录用公务员188人，其中"选培生"36人。在录用人员中"双一流"毕业生105人，占总录用人数的56%，较上年增加6%；"双一流"A类毕业生占总录用人数的26%，较上年增加7%，招考质量显著提高。完成2018年度公务员考核奖励备案及区政府绩效管理专项考评工作。完成2018年度全国公务员信息采集和统计工作。加强全区公务员教育培训，健全教育培训考核体系，运行公务员培训管理平台，加大在线学习管理力度。举办初任公务员培训、选培生初任培训、科级公务员任职培训、军转干部培训、人力社保干部自选式培训等培训班，开展英语人才库培训，开展青年干部阶梯式培训，继续与清华大学、中国人民大学合作举办公务员高级研修班，开展十九大精神专题学习。

（曹丽凤　赵三春）

【工资福利和退休】年内，区人力社保局落实国家调整机关事业单位工作人员基本工资标准工作，执行机关工资制度12793人，人均月增资310.3元；全额拨款事业单位20159人，人均月增资357.3元；差额拨款事业单位4589人，人均月增资302.7元。落实国家机关事业单位增加离休人员离休费工作，机关离休275人，人均月增资497.8元；全额拨款事业单位离休391人，人均月增资517.8元；差额拨款事业单位离休91人，人均月增资512.7元。落实机关事业单位三类退休人员增加退休费工作，全额拨款事业单位6人，人均月增资460元；差额拨款事业单位2人，人均月增资820元。

（聂　蕾）

【人才服务】年内，区人力社保局根据北京市人才引进工作的要求，制定人才引进计划，保障西城区重点领域高层次人才的引进需求。办理高级人才引进89人，其中外埠高级人才引进79人，留学人才引进10人。上报引进非京生源毕业生287人，办理工作居住证业务6609件。开展人才选拔推荐工作，推荐4人参加享受政府特殊津贴专家评选，推荐4人参加北京市百千万人才工程评选，推荐3人参加北京市留学人员创新创业特别贡献奖评选。

（李曜　段颖）

【事业单位管理】年内，区人力社保局开展事业单位岗位设置管理工作，做好岗位设置方案核准，完成对区教委、区体育局等系统所属事业单位变更后的岗位设置方案的审核，对各单位岗位聘任结果进行备案。进一步深化中小学教师职称改革，7人获得正高级教师职称，282人获得高级教师职称，241人获得一级教师职称，直接认定初级教师职称528人。开展中关村领军人才正高级工程师职称评审直通车区域推荐工作，5人获得正高级工程师职称。组织160家事业单位面向社会公开招聘工作人员，完成招录365人。

（段颖　甄广恩）

【军转干部安置】年内，区人力社保局全力推进接收安置的前端工作，分析安置工作形势，了解和掌握各单位编制的情况、岗位空缺以及军转干部需求状况，进一步做好接收安置前的调查摸底工作。制定切实可行的方案，不断健全完善与军转干部功绩表现、综合测评择优选用的安置机制，做到量化有依据、打分有细则、程序有规则、安置有着落，实现军转干部的妥善安置和合理使用。全区以区军转安置领导小组织成员单位为核心，统领各单位凝聚合力，形成"上下联动，左右互动、权责明晰"的工作格局。继续秉持"重点优先、公平公正、适合适宜、多措并举"的安置原则，以"一突出、两结合、三优先、四方式、五渠道"的安置措施，采取考试考核、双向选择和指令性安置相结合的安置方法，统筹兼顾，合理安排，切实把安置政策和安置计划真正落到实处。全年安置军转干部87人，其中团职干部11人，营职（含）以下行政及专业技术干部76人。

（甄广恩　张芳）

民族宗教事务

【概况】北京市西城区民族宗教事务办公室（简称区民族宗教办）是西城区政府负责民族宗教工作的职能部门。有工作人员17人，其中机关工勤人员1人，设综合科、民族科（行政审批科）、宗教科。主要职责是：贯彻落实国家有关民族、宗教工作的法律、法规、政策以及北京市的有关规定；拟定民族、宗教工作规划并组织实施；指导、检查、监督本区相关部门开展民族、宗教工作；负责调查研究本区民族、宗教工作情况，组织民族、宗教工作学习交流活动；负责培训民族、宗教干部；联系民族、宗教界人士，依法保护少数民族公民、信教群众在本区的合法利益；依法对本区民族宗教事务进行管理。年内，落实中央民族工作会议、全国宗教工作会议精神，切实提高工作站位，牢固树立“四个意识”，不断增强“红墙意识”，从事关首都窗口形象、事关社会和谐大局出发，在巩固团结和谐民族关系，促进各族群众共享发展成果、在贯彻宗教工作方针，依法做好服务管理工作等方面做了大量工作，为全区发展稳定做出了重要贡献。

地址：西城区二龙路27号

邮编：100032

电话：88064187

（白红雨）

【服务白云观春节民俗活动】为做好白云观春节民俗活动的服务保障工作，西城区成立由副区长李异任指挥、民族宗教办牵头、20个委办的主管领导任成员的白云观服务保障工作专项指挥部，在做好调研的基础上制定了《西城区2018年春节白云观民俗活动保障方案》和《西城区2018年春节期间白云观民俗活动服务保障应急预案》。区领导到一线统筹协调工作，消防、安监等相关部门对场所进行了安全检查；工商、城管、市政市容等部门对场所周边进行了市容、市场秩序治理，圆满完成了白云观民俗活动服务保障工作。

（吕丛阳）

【复活节、圣诞节服务】4月1日是天主教、基督教的复活节。全区共有1.4万余天主教、基督教信徒到宣武门教堂、西直门教堂、缸瓦市教堂参加了宗教活动。复活节前，区民族宗教事务办公室与民政、公安、交通、消防、西长安街街道办事处、新街口街道办事处、宣武门教堂、西直门教堂、缸瓦市教堂沟通情况，做好服务工作安排。西城公安分局、西长安街街道办事处、新街口街道办事处分别成立了指挥部，各有关部门和单位密切合作，尽职尽责，圆满完成了复活节的服务保障任务。12月25日是天主教、基督教的圣诞节。圣诞前夜，西什库教堂、西直门教堂、缸瓦市教堂3处宗教活动场所共有近1.6万信众参加活动，整个活动安全，有序，祥和。圣诞节前，区政府组织相关部门召开2018年圣诞节服务保障工作协调会，副区长李异带队对3处宗教活动场所进行安全检查，相关部门及街道针对3处宗教活动场所外围环境安全保障等方面了制定工作方案和应急预案，对存在的问题进行了整改。12月24日平安夜当晚，卢映川、杜灵欣、章冬梅等区领导到缸瓦市教堂慰问了李山主教和杜凤英牧师，向广大信教群众祝贺节日。王旭、孙硕、姜立光、朱国栋等领导到3处宗教活动场所分指挥部检查指导工作并慰问一线服务保障工作人员。各成员单位主要领导带班带岗，全区共有近400名工作人员负责安全服务保障工作，确保了全区圣诞节活动顺利进行。

（吕丛阳）

【走访慰问】元旦、春节期间，区民族宗教办为66户少数民族困难、残疾家庭送去慰问品及3.35万元慰问金。区委常委、统战部部长王旭，区人大常委会副主任杜黎彬，区政协副主席程军等参加了走访慰问。4月，看望区伊斯兰教协会副会长、德外法源清真寺首席阿訇刘克杰；7月，看望牛街礼拜寺阿訇薛天利。六一前夕，走访慰问西城区民族团结幼儿园、回民幼儿园、回民小学和西城区少年宫全体师生，送去慰问金共计2万元，并参加了幼儿园和学校组织的“六一”庆祝活动。

（马　宁）

【规范清真饮副食网点】年内，区民族宗教办梳理西城区清真饮副食网点数据库，西城区清真饮副食网点登记批准累计198个。对牛街四益轩餐厅升级改造项目、鸿宾楼设备更新升级项目、护国寺阜桥小吃店危房改造升级项目进行申报及评审。为北京金米兰花花餐厅第二分店、北京老贾家灌汤包子馆、西部马华餐饮有限公司复兴门分店3家餐饮企业申报北京市规范化清真特色餐厅并获审批。审批办理清真食品生产加工经营许可证11件。对重点地区进行清真食品检查156次。妥善处理了月坛美廉美超市清真专柜与非清真食品混放、椿树街道牛羊肉摊位自挂“清真”标识问题。

（马　宁）

【民族体育活动】8月18至23日，北京市第十届民族传统体育运动会在石景山区举行。西城区代表团416名成员，参加了珍珠球、民族健身操、绫球、夹包、推铁环、柔力球、陀螺、蹴球等18个项目的比赛，共获得集体及个人项目8个第一名、12个第二名、3个第三名(前三名均为一等奖)，西城区代表团获得优秀组织奖，同时评选出市级优秀教练员4名，区级优秀教练员19名。牛街的掷子队、摔跤队，月坛的“白云杯”太极拳，广内的抖空竹，展览路的健身腰鼓队，椿树街道的花毽，什刹海的龙舟赛，白纸坊的拔河，天桥的民俗运动会等民族体育活动已成为全区民族传统体育品牌并走进校园，冰蹴球在中小学校正在推广普及。

（马　宁）

【民族团结宣传月活动】5月15日至6月15日，在全区范围内开展民族团结宣传月活动。此次活动由区委办公室、区委宣传部、区委统战部、区政府办公室、区民族宗教事务办公室主办，各街道、相关委办局、驻区民族企业等30余家单位共同参与。活动内容主要包括党的民族政策宣传教育、民族团结进步创建主题巡展、组队参加第十届北京市民族传统体育运动会、民族政策贯彻落实情况督查等四大项，以及民族团结进步创建进机关、进企业、进学校、进社区、进家庭、进公共场所等地区及行业性活动。德胜街道除开展“民族团结教育嘉年华”活动外，还开展了“民族团结惠”系列主题教育活动，包括民族文化惠、民族体育惠、民族美食惠和民族健康惠四个方面，积极探索和打造地区各民族群众积极参与、共治共享、教育提高的实践平台。牛街街道结合开斋节活动和清真美食节活动在民族团结宣传月活动中举办了民族团结书画展、民族团结杯象棋赛等。广内街道在《广内之声》刊登民族政策宣传一期，发放民族宣传知识手册、制作宣传标语、在社区开展民族政策知识答卷等。月坛街道广泛开展“五个一”活动，通过《人文月坛报》宣传党的民族政策、民族知识，各社区利用LED显示屏、宣传栏、悬挂横幅、制作宣传展板、发放宣传折页。展览路街道组织推荐社区舞蹈队参加北京市第十届民族传统体育运动会表演项目和北京市第十三届民族健身操舞大赛。

（马　宁）

【中青年阿訇“卧尔兹”演讲比赛】4月9日，区伊斯兰教协会在德外清真寺举办西城区中青年阿訇“卧尔兹”演讲比赛，本次比赛以“社会主义核心价值观”为主题，“卧尔兹”从伊斯兰教教义角度，结合中华优秀传统文化，分别对“富强、民主、文明、和谐，自由、平等、公正、法治，爱国、敬业、诚信、友善”12个词进行阐释。共有10名青年阿訇参加了演讲比赛。德外清真寺李志保阿訇题为《做新时代讲文明的穆斯林》的演讲，获得一等奖。

（杨　波）

【市民委调研西城区民族工作】4月3日，市民委主任钟百利一行6人到西城区调研民族工作。到北京市第五十六中学察看学校建设情况并听取学校民族团结创建工作汇报，前往牛街礼拜寺与薛天利阿訇座谈交流，到北京市民族敬老院探望老人，到牛街街道春风社区察看社区民族工作开展情况，最后视察了牛街街道全响应指挥中心，了解民族宗教工作纳入网络化管理情况。区委常委、统战部长王旭等有关领导参加调研活动。

（马　宁）

【“五一”前对牛街礼拜寺安全检查】4月27日，区民族宗教办会同区文化委、区安监局、区国保支队、西城消防支队、牛街街道等部门组成联合检查临时工作组，对牛街礼拜寺进行安全检查。检查中，工作组听取场所负责人关于“五一”节日期间安全防范工作的情况介绍，现场查看安全防范措施，指出寺内存在厨房通风管道油渍积存严重、灭火器数量不足、应急照明灯数量不足、宗教文化书籍用品使用混乱和杂物堆放等问题。联合工作组要求牛街礼拜寺对指出的问题要及时落实整改措施，杜绝安全隐患。

（杨　波）

【开斋节活动】6月16日是信仰伊斯兰教的十个少数民族的传统节日——开斋节。牛街礼拜寺、德外法源清真寺、三里河清真礼拜永寿寺、正源清真寺、前门清真寺、后河沿清真寺等6座清真寺举行了节日会礼。有7465名穆斯林群众参加礼拜，其中还有来自巴基斯坦、孟加拉、埃及、印尼、坦桑尼亚、毛里求斯、沙特、土耳其、印度、马来西亚、塔塔尔、俄罗斯、美国、阿尔及利亚、摩洛哥等15个国家的228名外籍穆斯林到牛街礼拜寺参加了会礼，观礼的群众达1.1万人。第十一届北京清真美食节也在牛街地区拉开帷幕，东来顺、鸿宾楼、烤肉宛、南来顺小吃、护国寺小吃、锦芳小吃、西部马华、阳坊大都等全市著名的清真餐饮企业在牛街集体亮相。牛街街道第十三届社区民族团结杯象棋决赛和第十三届牛街街道民族团结书画展当日举办，为节日增加了喜庆气氛。中央电视台英语频道、北京电视台等新闻媒体到牛街礼拜寺进行了采访。市委常委、统战部长齐静，市人大常委会副主任李颖津，市政协副主席杨艺文，市民委主任钟百利等在区委书记卢映川以及区人大、区政协主要领导的陪同下到牛街礼拜寺慰问了阿訇及穆斯林群众代表。

（马　宁）

【应急救护知识培训与应用】为进一步普及应急救护知识，提高信教群众自救互救的意识和能力，3月27日，区民族宗教办和区红十字会在白云观举办应急救护知识培训。北京市红十会应急工作指导中心的老师进行了“成人心肺复苏”的技能培训和辅导。通过理论教学、现场操作指导，普及了大家的心肺复苏知识，增强了义工队伍的应急救护技能。5月15日，一名到白云观烧香的30岁左右男子在八仙殿内跪拜时突然倒地。在拨打了120急救电话后，白云观应急救护队员立即疏散人群，并和懂医术的游客第一时间使用了AED共同对其进行心肺复苏。经过不间断的心肺复苏和3次电除颤，这位香客成功恢复了心跳和呼吸，为急救车到来赢得了时间。6月10日，在西什库天主教堂为教友、教区管理人员近50人进行了主题为“人人学急救、急救为人人”的应急救护培训。内容是心肺复苏技能、AED使用等应急处理技术。培训采取理论知识讲授与救护技能实际操作相结合的形式，对学员分组进行现场处置模拟演练，参训人员全部通过考试并获得北京市红十字会颁发的心肺复苏单项技能证。

（吕丛阳）

【宗教场所消防演练】5月10日，区民族宗教办与新街口街道、西城消防支队、区伊斯兰教协会在正源清真寺组织70余名宗教界人士进行消防演练。西城消防支队警官杨华就防控火灾、逃生技巧、处置突发火灾事故等方面进行培训，并就演练进行了点评。

（杨　波）

【民族宗教人士爱国主义教育培训】11月25至30日，区委统战部、区民族宗教办、区社会主义学院联合举办西城区宗教界人士爱国主义教育培训。全区宗教团体和宗教活动场所负责人共25人参加培训。为期5天的培训以贵州省遵义市红花岗区行政学院为基地，组织“遵义会议与遵义会议精神”“长征与长征精神”专题讲座，举办“长征与遵义会议”“苟坝会议”“四渡赤水出奇兵”现场讲解，瞻仰红军烈士陵园 。

（吕丛阳）

【《宗教事务条例》培训】6月27至28日，区民族宗教办举办西城区宗教界贯彻落实新修订《宗教事务条例》培训班，全区3个爱国团体负责人和18个宗教活动场所的负责人、工作人员、信众骨干等70余人参加了培训。市宗教局政法处刘武刚用两个半天的时间，系统梳理了新修订的《宗教事务条例》的基本框架，重点章节，用丰富的案例，以平实的语言向宗教界人士解读了条例。

（吕丛阳）

民　政

【概况】西城区民政局（简称区民政局）是西城区开展民生工作的部门，主要承担着社会保障、社会事务管理、基层政权建设、服务国防建设4个方面的职能。区民政局内设办公室、人事科、社区办、社团办、优抚科、安置办等15个行政科室，救助管理站、捐赠中心、福利生产办公室等30个事业单位，在职人员437人。年内，西城区民政工作践行“民政为民、民政爱民”的工作理念，以深化改革为牵引，以高质量服务为标准，紧紧围绕年初制定的工作目标，稳步推进“全国居家和社区养老改革试点”建设工作，圆满完成全国社区治理和服务创新实验区建设结项验收，完成人大建议2件、政协提案24件，市、区实事、折子工程11件，被评为“北京市民政工作先进集体”，被北京市民政局向民政部推荐提名“全国民政系统先进集体”，切实发挥了民政在全区民生保障和社会建设中的骨干作用。

地址：西城区安德路甲69号

邮编：100120

电话：83418000

（张　卯）

【居家和社区养老服务改革】年内，全面推进居家和社区养老服务改革试点工作。成立改革试点领导小组，制定并审议通过《北京市西城区居家和社区养老服务改革试点方案》，明确了2018年度阶段目标任务和三年长期工作目标。33项任务目标全部启动，其中12项工作取得重大进展。同时，建立了问责机制，为试点项目安全运行保驾护航。

（张　卯）

【养老基础设施建设】年内，全区养老床位达4118张，街道养老照料中心投入运营达26个，分布密度不断增加；社区养老服务驿站53家，开业运营41家。国家发展改革委三里河一区社区养老服务驿站投入运营，在实现“央地养老服务一体化”中发挥了示范作用。

（张　卯）

【养老服务供给侧改革】年内，与区质监局联手，推进“养老机构服务质量标准化体系”建设，实现“养老服务标准化、服务内容具体化、服务过程程序化、服务质量控制化”，加强对养老服务主体的监督管理。加强养老服务参与主体的管理，不断丰富和动态更新养老服务清单，收集整理各个部门养老服务项目41项。核发非营利性社会福利机构收住老年人、残疾人的床位运营补贴，符合资助条件的29家机构，总服务人数共计9609人次，其中生活不能完全自理老年人8326人次、自理老年人1283人次，补贴资金454.79万元。

（张　卯）

【养老服务体系建设】年内，相继推出老年优待、津贴补贴、服务补贴、兜底保障、临时救助、医疗救助等分层优待保障政策，在全市创新构建的失能老年人居家照护服务补贴制度运营平稳，服务补贴与消费占比达到83.04%；率先创建的高龄老年居家巡视探访服务制度在全市得到推广。养老助餐、助浴、助洁、助医、助行等生活照料服务，精神关怀、法律维权、文化娱乐等精神慰藉服务不断增强；居家、社区、机构“医养结合”服务体系初步形成。失能老人照护服务形成“需求评估—上门服务—标准指导—市场运行—资金监管”的闭环运行模式。在全国率先建成西城区孝亲敬老示范基地。

（张　卯）

【养老优待保障政策】年内，开展《西城区“十三五时期”老龄事业发展规划》中期评估，加强对《西城区老年人社会优待和社会保障办法》《西城区中、重度失能老年人居家照护服务暂行办法》等系列保障政策落实情况的跟踪问效。协助老年人办理意外伤害保险。上报有意愿办理意外伤害保险老年人3548人。开展“孝星榜样”“孝星”评选命名活动。经社区推荐、街道确认，命名表彰300位西城区孝星，推荐评选出西城区孝星榜样18名，北京市孝星榜样2名。

（张　卯）

【养老服务人才队伍建设】全年培训机构养老护理员62人，确保持证上岗率95%以上。与河南邓州开展养老护理人员合作洽谈，组织部分驻区养老服务企业与邓州签订护理人才培训和实习协议。在全区范围内，向社会公开招标5家单位开展全区的培训工作，培训失能老年人居家养老的照护者3900多人次。

（张　卯）

【最低生活保障】根据《北京市民政局北京市财政局〈关于调整本市社会救助相关标准的通知〉》（京民社救发〔2018〕60号）文件精神，区民政局统筹各街道调整城乡低保低收入标准。调标后，城乡低保标准从家庭月人均900元调整为1000元；城乡低收入家庭认定标准从家庭月人均1410元调整为2000元。调标时间自2018年1月1日算起。9月1日城乡低收入家庭认定标准再次调整，从家庭月人均2000元调整为2120元。截至年底，西城区享受低保待遇的家庭共8278户，12831人，累计发放低保金1.86亿元。通过低保核查，1713户不符合政策的家庭停止享受低保待遇，并做好此类群体求助诉求接待和上访接待工作，确保社会的稳定。

（张　卯）

【社会救助】全年共审批临时救助1103户、1943人，救助金335.73万元；审批基本医疗救助24784人次，救助金3721.03万元，补充医疗救助25216人次，救助金541.2万元；审批因病致贫57户、81人，救助金58.03万元；审批教育救助103人，救助金48.51万元；审批取暖救助4368户，救助金593.71万元；审批残疾人两项补贴20126人次，补助金5747.91万元；保障特困供养143人、供养金669.79万元，困境老年人入住机构224人、补助金538.07万元，困境儿童57名、补助金79.74万元；发放重点救助对象生活补助及医疗费55.7万元、征地超转生活补助55.13万元。

（张　卯）

【完善救助组织体系】年内，调整区、街困难群众基本生活保障领导小组，形成精准识别、主动发现、特困人群排查、快速响应、联动协作、多方参与六大机制。召开“一事一议”专题会20余次，先后协调解决长期缠访问题10余起。加强街道社会救助窗口建设。在街道政务大厅统一设立民政窗口的基础上，以金融街街道为试点，探索社会救助“一窗通办”，确保救助业务一口受理，内部协同办理，成为困难群众救助的有效载体。坚持用现代民政理念引领服务创新，全区15个街道挂牌成立困难群众救助所，以政府购买服务的方式实现救助服务全覆盖。

（张　卯）

【福利对象保障】年内，开展针对困境老年人、困境儿童和残疾人等特殊群体的“精准帮扶”需求调查，分类梳理，进一步厘清底数和需求。开展困境儿童康复项目，依托街道社区卫生服务中心，完成全区87名0至6岁困境儿童家庭医生签约服务，签约率100%。与顺义区民政局签署战略合作框架协议，顺利完成西城区51名生活无着儿童的异地托养安置工作。

（张 卯）

【流浪乞讨人员救助】全年共救助生活无着的流浪乞讨人员1294人次。开展集中救助行动30次，救助车辆615台次，累计出动救助工作人员1136人次。7月，成功开展台籍流浪乞讨人员邱某的护送工作，为处理涉外涉台救助工作积累了经验。

（张 卯）

【社会力量参与慈善救助】组织募捐、开展各类善款救助活动，全年共募集善款866.23万元。与外省市的对口帮扶项目完成对接工作。推进慈善资源与救助对象的精准对接，开展助医、助困、助学、助老等11个慈善救助项目，救助支出619.11万，救助各类困难人3870人次，间接服务群众632人次，发挥了慈善救助作为政府救助的重要补充作用。

（张 卯）

【防灾减灾】年内共创建综合减灾示范街道2个，综合减灾示范社区13个，其中全国级6个、北京市级7个。（截至年底，全区共创建综合减灾示范街道4个、综合减灾示范社区179个，其中全国级51个、北京市级128个，覆盖率达69.1%。）加强人才队伍建设，培训全区266名灾害信息员、386名紧急救助员，提升减灾人员的专业技能，成功开展“5·12”“10·13”主题宣传活动。圆满完成各项防灾减灾工作任务。

（张 卯）

【全国社区治理和服务创新试验区】年内，推动实验区建设工作成果转化，探索构建了“12124三社联动”模式，即围绕“三社联动”，坚持以人民为中心的发展思想这“一条主线”，不断强化基层党组织领导和基层政府主导“两个作用”，夯实社区这一基础平台，抓好培育发展社会组织和社会工作“两大重点任务”，探索“问需于民、问计于民—统筹设计项目—引入专业力量—三社共享成果”的“四步流程”，逐步形成“三社联动”的西城模式，为全国社区治理提供了经验。促进参与型社区分层协商全面落地。参与型社区分层协商已成为民生工程民意立项的前置要件，在治理开墙打洞、疏非控人、环境改造、背街小巷整治等复杂性工作中起到了积极作用。

（张 卯）

【社区治理】年内，成立工作专班，系统梳理归纳历史经验，通过实地调研、研讨，形成《社区治理体系调研报告》。开展“一个社区服务站服务多个居委会”试点工作成效论证，并形成研究报告。持续推进社区减负增效。制定《西城区关于持续推进社区减负工作的实施方案》，建立西城区社区工作准入制度。梳理社区“两项”工作清单。依法依规，采取自上而下和自下而上双向梳理、双向确认相结合的方式，梳理出社区居委会51项工作事项，社区服务站47项工作事项，同时取消24个下沉到社区的台账、机构，做到所有下沉到社区的事项均有政策、法律和文件支撑。人民日报、北京日报等各大媒体对西城区社区减负工作成效给予了宣传报道。

（张 卯）

【社区“两委”换届选举】年内，成立工作专班，开展换届前期调研，完成社区连选连任成员和新进社区“两委”班子成员的资格审查，指导街道开展换届选举前的工作筹备。结合社区“两委”换届，重点对1000户以下小社区和3000户以上大社区进行整合和拆分，完成德胜、什刹海、新街口、陶然亭、月坛、白纸坊、广内、广外8个街道的部分社区的规模调整，调整完后全区共259个社区。

（张 卯）

【社会便民服务】年内，推动疏解整治促提升，通过采取对蔬菜市场功能调整、腾退空间升级改造、租用相关场地等方式，继续组织协调和指导各街道根据区域特点搭建便民生活服务设施。组织开展社区服务品牌活动，圆满完成2018年两节服务活动、“爱在西城”惠民服务进社区系列活动。提升社工队伍能力素质。全年共招录社会工作者390人。完成社会工作者证书登记、报考和继续教育工作。年内全区持证社会工作者1500余人，占比46.7%，为全市最高。开展社会工作者继续教育培训班，共培训185人。同时，西城区与天津、河北建立长期的社会工作合作关系，共同打造京津冀社会工作协同发展基地。

（张 卯）

【社会组织管理】全年共完成行政许可事项115件，新增社会组织12家，与上年同期相比社会组织新增数下降70%；认真落实年度检查工作，全区应检社会组织576家，其中478家申报年检、442家通过年检，年检率达到77%；评估社会组织77家，年度评估率达到80%；制定《开展非法社会组织排查治理专项行动方案》。推进行业协会商会综合党委建设，实现党的工作全覆盖。

（张 卯）

【婚姻登记服务】全年办理婚姻登记27905件，圆满完成“5·21”“6·6”“8·8”“七夕”“8·18”等多个高峰日登记任务。不断拓展婚姻服务，开展73对军休干部“相濡以沫，共度夕阳红”主题活动和8对金婚老人重阳金婚庆典活动。依法完成登记工作，初婚登记颁证率达到80%以上。主动建立婚登信息联动机制，为法院、公证处、街道等部门核查信息近万条。婚姻登记历史档案实现电子化采集，窗口工作以标准化为抓手，实现业务服务、办公环境、设备配备、着装、文明礼仪、服务用语的规范统一。

（张 卯）

【殡葬管理】年内，开展殡葬宣传月活动，进一步增强生态安葬、文明祭扫观念。对全区26家殡葬用品销售网点、17个医疗机构太平间和19个宗教活动场所开展专项整治，率先在全市城区实现殡葬领域执法零的突破。共完成执法检查98次，完成无丧葬补助居民丧葬补贴审批325件，办理遗体运回原籍行政许可2例。

（张 卯）

【行政区划管理】年内，率先在全市完成历时一年半的街道界限联合检查，全套资料形成电子档案。积极开展平安边界建设，协助城管执法、监察、环保、城市建设解决边界困扰，工作成果有效助力全区疏解整治促提升工作。

（张 卯）

【见义勇为工作】截至年底，西城区见义勇为人员共计98名，其中见义勇为牺牲人员3人，伤残人员19人，生活较为困难9人。年内新确认见义勇为人员3起3人，发放确认奖金约18余万元。为98名区属见义勇为人员办理了民政“一卡通”，并开展慰问走访工作。进一步弘扬正气，营造良好社会风尚。

（张 卯）

【福利彩票工作】全区209家福彩销售站共销售福利彩票3.27亿元。新渠道福彩终端销售540万。两者共计销售3.33亿元，圆满完成年初市彩中心分配的销售任务。

（张 卯）

【服务国防和军队建设】年内，做强西

城双拥品牌，积极推动实事拥军，全年慰问支出800万元。全面落实军休干部“两个待遇”，全区3411名军队离休退休干部、1996名无军籍职工，发放离退休干部生活待遇45229万元，审核1095名团职及以下人员医疗账户，发放经费134.53万元。优抚安置工作平稳有序，全年优抚经费支出7360万元，全年发放退役士兵自主就业补助金2999.25万元。全年接收退役士兵308人，全部安置到位。认真对待优抚对象、退役士兵的信访工作，全年接待来信来访1000多人次。全面启动退役军人和其他优抚对象信息采集工作，已完成采集3.2万人，占总量的95%。

（张　卯）

【法制与安全维稳】年内，加大行政执法力度，完成行政检查485件，是上年同期的307%。完成行政处罚63件，是上年同期的350%。民政安全维稳工作更加扎实，全年信访登记119件次，及时告知、按期答复率为100%。信息宣传工作紧贴民政工作重点，创新新闻宣传方式，全年在各类媒体刊发稿件276篇，超额完成市民政局绩效考评任务。紧盯节点督导调研工作落实，加大15个重点调研课题的服务力度，点对点推进调研任务，44个调研课题均完成结项。

（张　卯）

居民生活状况

【居民收入】年内，全区居民人均可支配收入81678元，比上年增长6.8%。全区居民人均工资性收入43510元，比上年下降5.0%。

（肖　路）

【居民支出】年内，全区居民人均消费支出49642元，比上年增长6.4%，其中：食品烟酒支出8922元，比上年下降3.9%；衣着支出2482元，比上年下降8.6%；生活用品及服务支出2514元，比上年下降3.1%；医疗保健支出3631元，比上年增长26.2%；交通通讯支出3843元，比上年下降30.9%；教育文化娱乐支出5472元，比上年下降0.1%；居住支出21600元，比上年增长27.9%；其他用品和服务支出1179元，比上年下降7.1%。

（肖　路）

【居住条件】年内，人均住房建筑面积为21.9平方米，比上年下降0.2平方米。自有住房占房屋产权的比重为65.5%，比上年下降5.3个百分点。

（孙海花）

双拥共建工作

【概况】年内，是西城区争创全国双拥模范区“十连冠”的关键一年，在北京卫戍区和市双拥办的指导下，在区委区政府的坚强领导下，全区军民以习近平新时代中国特色社会主义思想为指导，认真学习贯彻党的十九大精神，深入践行“红墙意识”，努力展现新作为，积极打造新气象。全面适应强军改革、区域转型发展的新形势，紧紧围绕纪念改革开放40周年和建军91周年等重大主题，坚持首善标准，注重实践创新，狠抓工作落实，圆满完成了年度双拥任务，为强军改革和区域经济社会发展凝聚了力量，提供了坚强保证。

地址：西城区西单北大街西斜街82号

邮编：100032

电话：66121300

（褚　健）

【国防教育和双拥宣传】年内，西城区突出主抓国防教育和双拥宣传工作。坚持把学习贯彻习近平新时代中国特色社会主义思想贯穿双拥工作全过程，以落实“十九大”精神为主线，组织学习培训，研讨交流，开展双拥活动。召开区国防教育领导小组会议，制定《西城区加强全民国防教育实施方案》，提出了新的教育目标和任务。坚持把国防教育纳入党校教育、干部轮训和中小学课堂教育之中。突出党员领导干部这一重点，组织“军营一日”“做一日军人”活动，区四套班子领导及相关部门负责人赴军委国际军事合作办公室开展“军营一日”活动。全国烈士纪念日前夕，区四套班子领导和群众代表在高君宇烈士墓前隆重举行纪念追悼活动，缅怀先烈，激发爱国热情。深入开展“不忘初心、牢记使命”主题教育活动，宣传党的光辉历程和改革开放的伟大实践，宣传国防和军队建设成就。组织参观庆祝改革开放40周年大型展览，举办主题报告会、知识讲座、读书演讲近百场次。制作电视片《使命》，系统总结、宣传本轮双拥创建成果。各街道注重实效，突出特色，利用重大节日和重要纪念活动，深入开展宣传教育及实践活动。什刹海街道邀请袁满囤烈士母亲来京参观，共同缅怀英雄业绩。牛街、广外、月坛等街道吸引民主党派、组织“两新组织”、动员社会力量参与国防教育和双拥活动。白纸坊街道利用街道报纸、微信微博，建立“坊间微动力”“精彩白纸坊”栏目，开展网上宣传教育。

（褚　健）

【组织机制建设】年内，区双拥系统继续坚持、不断完善主要领导负总责、分管领导亲自抓、各部门各单位密切配合的双拥运行机制，呈现了领导带头、上下互动、各方参与的良好态势。召开军政座谈会，交流军地建设经验，谋划年度双拥工作。区委常委会两次听取双拥工作汇报，区四套班子领导多次参加双拥重要活动，协调军地工作。“八一”节前，全国双拥办邀请全国6个双拥模范城的代表举行工作座谈、参加建军91周年纪念活动，区委书记卢映川作为北京市的唯一代表参加了座谈和活动，介绍了西城区的双拥作法，受到广泛好评。围绕城市治理，配合做好全面停止有偿服务等项工作，与部队有关部门深入对接，达成共识，形成了推进合力。区双拥共建领导小组各成员单位认真履行拥军职责，工作活跃，成效明显。

（褚　健）

【拥军服务工作】年内，区双拥共建领导小组坚持把实事拥军作为重点，努力提升服务水平，保持并发展了区域拥军的良好势头。紧紧围绕改革强军战略的推进，全力支持部队重大项目和基础设施建设。政府投入3.15亿元，为驻区部队战备建设、执勤训练、调整移防、职能转换提供保障。无偿提供30亩土地及地面建筑，有力保障了北京卫戍区警卫一师仪仗大队的建设需求。全面深化“军人依法优先”、退役军人信息采集等工作。区和街道政务大厅开设“军人优先”窗口，为退役军人、军烈属提供专项服务。街道出资百万元，奖励优秀官兵125名，救助家庭困难官兵204名。扎实做好节日慰问工作。元旦、春节和“八一”节前，区四套班子领导带慰问组，走访慰问军委驻西城各有关部门、北京卫戍区等28家部队，为官兵送去了党和政府的关怀，赠送慰问金800万元。春节前夕，在天桥艺术中心举办迎新春大型演出，区四套班子领导出席慰问驻区部队官兵、烈军属及优抚对象。各街道、各单位分别组织走访慰问驻街部队，召开军地座谈会、联谊会，组织军民联欢、文艺演出等活动，营造了军民团结奋进的浓厚氛围。

（褚　健）

【文化双拥】年内，区双拥系统以实践党的十九大精神、纪念改革开放40周年为主题，深入开展文化双拥系列活动，加大了军地文化交流、文化互动和文化共建力度，助力军人荣誉体系建设，培育了尊崇军人职业的良好风尚。组织第二届评选年度“红墙卫士”“好军嫂”活动，122名“红墙卫士”、51名“好军嫂”受到表彰，12名优秀军转干部事迹得到宣扬；深化法律拥军活动，召开推进会，军地签署《西城区驻京部队法律服务协议》，完善法律拥军机制，服务官兵的质量效益得到提升；组织“红墙边上的双拥故事”征集活动，33家部队和街道征集作品218篇，并汇集成册，出版下发；深化“武术进军营”活动，在系统训练的基础上，协调官兵参加西城区“创建全国武术之乡”系列活动成果展演；组织驻区部队在什刹海湿地公园进行“地方一日”活动，帮助官兵了解区域“疏解整治促提升”成果；开展慰问西城籍现役官兵活动，组成慰问团赴西藏拉萨、昌都，并连线驻丹东某部，慰问西城籍官兵。制作《情驻边关》电视短片，在纪念建军91周年活动现场播放，收到良好效果；举办第三届军地棋牌比赛，活跃了军民文化生活。此外，各街道、各单位还组织了多场演讲、歌咏、演出和知识竞赛活动。在此基础上，全区集中举办以“践行‘红墙意识’，传承红色基因”为主题的建军91周年庆祝活动，有效深化了文化双拥内涵。各街道、各单位联合驻区部队打造文化建设平台，深化文化双拥实践。什刹海街道评选表彰双拥“五好”活动；西长安街评选“红墙卫士”活动；展览路街道的“立功在军营，父母享荣光”活动；德胜街道评选“最美战士、最美军嫂”活动；陶然亭街道表彰“五好战士、优秀退役军人、好军嫂”活动，均收到明显成效，为助推军人荣誉体系建设做出了贡献。

（褚　健）

【双拥创建】年内，区双拥工作紧紧围绕首都核心区的功能定位，坚持用党的十九大精神、“红墙意识”引领双拥创建实践，着力培塑新风尚，展现新气象，彰显了西城双拥特有的政治属性和和创新品质。坚持用党的十九大的新要求指导创建工作，进一步完善军地共建共享机制，培育军人依法优先的行为规范，打造尊崇军人职业的社会氛围。探索助力军人荣誉体系建设的途径和方法，在北京市双拥工作部署会议上介绍了西城区的经验作法。深化工作调研，提出了双拥创建工作的新思路和新举措。引入双拥志愿者，参与双拥创建，强化了双拥工作的群众基础。各街道立足实际，广泛开展双拥月、党建周、共建日活动，落实联席会、“军营一日”、“地方一日”等制度。什刹海街道全年组织了25项重要活动；德胜街道积极打造科技双拥、文化双拥和特色双拥的新常态；新街口街道结合背街小巷治理抓双拥一条街建设；金融街街道激励官兵争做“知识型军人”，对自学成才者予以物质奖励；陶然亭街道设立“关爱子弟兵基金”，帮扶家庭困难官兵。部分街道坚持选派专业人员赴军营举办讲座，为官兵赠送图书、文体设备及器材，确保了双拥创建工作的创新性和高质量。

（褚　健）

【双拥典型和品牌建设】年内，重点宣扬了“社区双拥带头人”范丽丽、拥军妈妈王凤彩、优秀军转干部范长江等人物事迹。召开街道双拥品牌工作会议，研究品牌建设的新思路。按照“一街一品一典”的布局，重新确定了区和街道需要重点培育的25个工作品牌。注重发挥“柳妈妈饺子队”“穿军装的社区主任”等品牌的示范效应，有效拓展了区域双拥工作的广度与深度，提升了创建质量。《解放军报》、《中国双拥》杂志、中国新闻网、北京电视台、《首都双拥》杂志、《北京社区报》等媒体先后报道了西城区的双拥工作开展情况。

（褚　健）

【军民融合发展】年内，积极推进军民融合发展，助力部队后勤保障社会化。积极推进军民融合产业园建设，新建一批军民融合项目。按照市融合办的要求，全面梳理区域军民融合发展情况，科学采集相关数据，完成了发展情况的总结与评估，区域军民融合发展态势进一步形成。坚持把融合发展与街区治理、精细化管理有机结合，加大协调力度，确保军地同心，工作协调，步调一致。

（褚　健）

【着力解决“三后”问题】年内，区委组织部、区民政局、区人力社保局等相关部门积极适应新形势，推出新举措，为军转干部、随军家属和退役士兵提供就业服务。深化“助力随军家属就业工程”，开展“随军家属服务月”活动，举办军嫂就业双选洽谈会。组织100名军嫂畅游故宫和恭王府；邀请50余名军人家属参加以“家·欢乐”为主题的系列活动；组织3期120名军嫂参加的技能培训，提高了随军家属自强自立、竞聘上岗以及择业创业能力。全区2017年接收的89名军转干部已全部安置到位；2018年接收自主择业干部518名，培训服务质量不断优化；接收随军家属134人、退役士兵328名，就业安置取得阶段性成果。区教委优化保障措施，圆满完成军人子女入学升学任务，确保军人子女享受优质教育资源。

（褚　健）

【拥政爱民工作】年内，驻区部队继承和发扬拥政爱民优良传统，始终如一地关心、支持西城区各项建设事业，圆满完成了党和国家重要会议、重大活动的安全维稳与服务保障任务。连续12年开展“帮困助残送温暖”活动，筹资37.5万元，慰问750户困难居民。积极参与全国文明城区创建，参与“疏解整治促提升”专项行动，在城市治理、服务居民、助力公益事业等工作中表现出色。深入开展爱老助老、帮困助学活动，近千名空巢老人和贫困学生得到官兵的照顾和资助。大力支持少年军校建设，选派优秀官兵，圆满完成了学生军训任务。为解决部分街道的办公用房、学生就餐等困难，驻区部队积极协调、超前谋划，给予大力支持。实践反复证明，驻区部队的支持与奉献，是西城建设发展的重要力量，是平安北京建设的有力支撑。

（褚　健）

残疾人事业

【概况】西城区残疾人联合会（简称区残联）是中共西城区委、区政府领导下的残疾人群众团体组织。内设办公室（监察科）、组联维权部（康复科），下设西城区残疾人劳动就业服务所、西城区残疾人文化体育活动中心、西城区残疾人职业康复中心3个全额拨款事业单位。区政府残疾人工作委员会秘书处设在区残联。区残联是将残疾人自身代表组织、社会福利团体和事业管理机构融为一体的残疾人事业团体；履行“代表、服务、管理”职能，即代表残疾人共同利益，维护残疾人合法权益，开展各项业务和活动，直接为残疾人服务，承担政府委托的部分行政职能，发展和管理残疾人事业。区残联接受区委领导，业务上接受市残联指导，同时指导辖区15个街道开展残疾人工作。截至12月，全区持有第二代中华人民共和国残疾人证人数为42216名。西城区残联下属西城区残疾人劳动就业服务所获北京市人民政府颁发的2018年就业创业工作先进集体。

地址：西城区西直门内南小街国英园4号
邮编：100035
电话：83539004

（朱轶琳）

【首届残疾人公益创投大赛】3月28日，西城区首届残疾人公益创投大赛开幕式在区残联举办，40余名参赛选手、创业导师、助残志愿者参加。设置创新产品、创新项目、助残志愿者服务策划、残疾人工作岗位设计、才艺展示五类项目。邀请区残疾人双创基地导师，为参赛选手开展产品与市场定位、专利申请与成果转化、需求发现与项目设计、超越自我与自组织培养等五场专题讲座。获奖者获得不同数额的梦想鼓励金，享有展览义卖、合作推介、媒体推广等不同激励。

（朱轶琳）

【第二届主席团第三次全体会议】4月27日，区残联召开第二届主席团第三次全体会议暨2018年区残疾人工作委员会工作会，主席团50名委员及35家残工委成员单位出席会议。会议审议通过了区残疾人联合会执行理事会理事长建议名单，推选出出席北京市残联第七次代表大会的委员候选人。推选孟红伟担任西城区残疾人联合会执行理事会理事长、区残联第二届主席团副主席。会上，孟红伟作了《用心落实惠残政策 积极创新服务模式 全力以赴打好残疾人实现全面小康攻坚战》的工作报告。区政府副区长、残联主席、残工委主任郁治讲话，区残联党组书记刘少华主持会议。

（朱轶琳）

【残疾人康复服务】年内，精准识别响应1.2万名残疾人康复需求，5个民办康复机构和4家公办医疗机构有效纳入区域残疾人康复体系，172名残疾儿童享受康复训练补贴，全年接受康复服务的残疾人达2万人次。居家康复项目被纳入市政府为民办实事工程，服务6个社区560名残疾人。关注重度残疾人康复难点，提供残疾人“康复包”服务，脊髓损伤康复项目让受益人在自理能力和社会参与方面得到显著提高。首次开展残疾人家庭医生签约9835人，并通过家医渠道开展残疾报告工作，筛查1972人，对90名疑似残疾人及时进行转介服务。辅具平台在线注册40843人，全市排名第一，申请人数24409人，申请件数33398件，全市排名第三。区委书记卢映川批示中写到，残联以精准识别、精准定位、精准评估为导向，做好康复服务工作，体现了用心用情，科学管理，这样的态度和做法值得全区学习。

（朱轶琳）

【残疾人维权服务和无障碍改造】年内，开展法治宣传165次，法律援助375人，为重度残疾人提供上门法律咨询和代写法律文书共计105次。积极推进辖区公共场所和公共交通无障碍监督体验，对377户有需求的残疾人家庭实施了无障碍改造。8月12日，联手北京地铁在西单站举办“无障‘爱’在路上”公益助残宣传活动，新闻阅读量超4万人次。

（朱轶琳）

【残疾人社会保障】年内，辖区残疾人中有15086人享受护理补贴，5154人享受生活补贴，6086人享受居家养老助残补贴，5203人享受个体灵活就业保险补贴，771人享受城乡居民基本养老保险补贴，172名残疾儿童享受康复训练补贴，60户困难老残一体家庭享受帮困服务。

（朱轶琳）

【残疾人教育及就业服务】全区劳动年龄段内应就业残疾人15330人，已就业13505人。年内，新安置残疾人就业320人。组织保障52名西城籍残疾人参加公务员定向招录考试。审核用人单位2125家，审核残疾职工6212人。组织4场雇主培训会，4场残疾人专场招聘会，为500家用人单位普及残疾人就业政策法规，新开发残疾人岗位400余个。建设帮扶性就业基地9家，为54名智力及稳定期精神残疾人与用人单位签订劳动合同。年内，为136名残疾儿童少年提供精准助学服务，6名应届高考生升学率100%。

（朱轶琳）

【残疾人体育】1月19日，第二届残疾人冰雪活动体验周冰蹴球、冰龙舟比赛在后海冰场举行，全区各街道、专门协会的11支冰龙舟、23支冰蹴球队展开角逐。10月，西城区在北京市第十届残疾人运动会上取得25金15银5铜的成绩。

（朱轶琳）

【西城选手获冬残奥会轮椅冰壶金牌】3月17日，西城籍注册运动员王蒙和他的队友在平昌冬残奥会轮椅冰壶决赛中，以6:5战胜挪威队获得冠军，为中国代表团赢得冬残奥参赛历史上金牌零的突破。5月4日，王蒙被授予“北京青年五四奖章”。

（朱轶琳）

【残疾人事业宣传】年内，举办4次信息员培训班，信息员队伍的工作能力得到提升。在区级以上媒体刊登新闻67篇，在市区各类媒体刊发区残疾人新闻报道32篇，市残联网站刊登44条，新注册开通“西城残联”今日头条号，利用“西城残联”微信公号发布新闻报道738篇。区残疾人石国勇、夏伯渝当选“北京榜样”。

（朱轶琳）

【残疾人信息化建设】年内，结合残疾人“一窗式”服务模式的探索，完成37项涉及残疾人审批服务的业务流程梳理。以区人口大数据建设为契机，依托市级数据开放共享支持，融合市级9个业务系统数据、区级5类残疾人服务数据，以自画像理念初步搭建起残疾人动态数据档案，并纳入全区人口数据库统一管理。积极谋划数据应用，打通部门间数据共享壁垒，结合业务需求开展数据服务，以残疾人社会保障服务为切入点，实现惠残政策的查重、保险缴费临界点提醒和月保险缴费情况查询。打造“以需定供”残疾人就业服务平台，引入智能标签功能建设区残疾人求职招聘系统，使残疾人就业意愿与用工单位岗位需求实现精准匹配、个性化推送。

（朱轶琳）

【残疾人专门协会工作】年内，各专门协会共举办34次活动，3158名残疾人参与活动。经市残联评选，区聋人协会、肢体残疾人协会、精神残疾人及亲友协会报送的活动被评为优秀主题活动；区精神残疾人及亲友协会主席和延京、盲人协会副主席陈春铁、智力残疾人及亲友协会副主席李金花被评为优秀协会主席。

（朱轶琳）

【第三届残疾人文化艺术节】5月，启动区残疾人第三届文化艺术节，围绕改革开放40周年，区残联联合区文委、文化馆、图书馆和多家社会组织，先后举办了残疾人青少儿文化助残行动、“探六朝古都，忆京城故事”系列游览和各类文化讲座，定向举办“心目影院”文化助盲服务，开展残疾人新力量体验式阅读、书画培训展示、公益助残摄影等主题活动百余场，服务覆盖近万人。8月30日，在北京市“我梦最美”第九届北京社区（村）残疾人艺术汇演中，区残疾人合唱团和区残疾人文艺骨干选送的残疾人节目获得声乐一等奖和舞蹈类二等奖。12月3日，举办第三届残疾人文化艺术节闭幕式暨第27个国际残疾人日活动，以文艺演出形式与近300名残疾人朋友和助残志愿者一同庆祝节日。

（朱轶琳）

【残疾人公益音频节目发布会】5月25日，由中国残疾人协会、上海正大喜马拉雅网络科技有限公司共同主办的“乘着电波的翅膀”国内首个残疾人公益大IP音频节目《曹雁讲故事》进驻喜马拉雅FM开台发布会，在盲文图书馆举办。《曹雁讲故事》是肢体残疾人曹雁女士作为残疾人网络主播开设的栏目，节目定位在“治愈系+缺憾童话”两种风格。

（朱轶琳）

【残疾人证（卡）核查清理】6月15日，西城区召开残疾人证（卡）核查清理工作部署会，各街道办事处主管主任、街道残联理事长、全体残疾人工作者参加，全面开展不符合残疾标准而领取残疾人证，身体情况变化后残疾情况与级别不相符，以及死亡、失踪、户籍迁出本区而自然减除人员的核查与清理工作，核查清理对象包括区残联机关及所属事业单位在编与退休工作人员及亲属、街道残联工作人员及亲属，以及社区残协人员共涉及1876人，其中持证885人。对区街残联在职和退休干部中9名持证人员重新进行评残鉴定。在清查整顿期间，对区残联临时聘用人员违规办理的6个证件以及街道残联工作人员违规为配偶办理的1个证件全部收缴注销。

（朱轶琳）

【第二次全国残疾预防日主题宣传】8月24日，区卫计委、区教委、区民政局、区安监局、西城交通支队、区城管委、区残联等12家单位联合举办“第二次全国残疾预防日”的主题宣传活动，围绕出生缺陷、意外致残、因病致残和残疾人康复四个主题进行宣传。

（朱轶琳）

【残疾人基层组织建设】年内，完善残疾人专职委员队伍建设机制，出台《西城区残疾人专职委员管理办法》。10月18日，举办为期两天的“EVH训练营——残疾人工作者双提升系列培训基础训练营”，通过专业能力培训、户外体验、岗位大练兵知识竞赛，加强残疾人工作者整体队伍建设，辖区15个街道150余名残疾人专职委员参加。

（朱轶琳）

【进千门走万户工作】年内，区残联班子成员和科级干部通过深入走访街道、社区，用带着情感走进残疾人家庭，带着问题集体座谈、带着工作一对一访谈等方式，落实联系制度。全年走访残疾人家庭、单位100余家，走进残疾人温馨家园20余家。召开座谈会10次，接待调研7次。收集意见50余件，提案建议10余件。其中涉及职业康复、就业、养护照料、社会保障类问题20件，涉及基层组织建设、社会组织管理、购买服务、残疾证办理等问题17件，涉及无障碍、法律、文体宣传类问题9件，属于康复辅具类问题5个，政策类提案11件。所有问题均在年底前解决完成并给予了答复。

（朱轶琳）

【为残疾人开展志愿服务】1月4日，中国康复研究中心南丁格尔实践志愿团及青年志愿服务队，到西城区陶然亭街道温馨家园开展社区康复服务志愿活动，针对残疾人脑卒中预防、日常生活能力康复、安全管理、家庭改造等内容进行培训。区残联组织全区助残志愿者代表参加市残联组织的首届北京市阳光助残志愿服务技能大赛，获得铜奖。

（朱轶琳）

【各级领导调研残疾人工作】2月6日，市残联党组书记郭旭升到西城区什刹海街道2户困难残疾人家庭了解他们的生活情况，送去党和政府的关怀与温暖。9月11日、11月1日，区人大常委会副主任田巨德两次带队到区残联和区希联圆梦双创基地，视察贯彻落实《中华人民共和国残疾人保障法》情况。10月26日，市残联理事长吴文彦带队到西城区残联开展调研，督导落实“一人一村一社区一家园”联系点制度。12月11日，区委常委、区纪委书记、区监委主任虞宝才到区残联和希联圆梦残疾人双创基地，就落实全面从严治党主体责任情况进行调研。12月28日，中国残联党组书记、理事长周长奎到西城区展览路街道温馨家园调研，看望残疾人。

（朱轶琳）

消费保护

【概况】北京市西城区消费者协会（简称区消协）是隶属北京市工商行政管理局西城分局的社会组织。内设4个科室，有在职人员27名，下辖11分会，年内，区消协依照工商分局党组的工作部署和市消协的工作安排，围绕“品质消费 美好生活 营造安全放心消费环境”年主题，加强《中华人民共和国消费者权益法》（简称《新消法》）的宣传，扩展消费维权机制的建设，为消费者与经营者搭建和谐消费平台，提高经营者自律经营，引导其以树立诚信经营为荣，损害消费者权益为耻的诚信经营理念，净化区域内消费环境，营造科学、节能、环保的消费气氛。全年开展消费教育课堂22次，将科学知识、消费常识向广大消费者进行普及，为更好地服务区域经济发展，为政府提供百姓消费真实情况。

地址：西城区羊肉胡同120号

邮编：100034

投诉电话：66168698
办公电话：66168702

（刘晓红）

【受理投诉情况】 全年共接待消费者咨询945件、投诉1004件，调解成功832件，为消费者挽回经济损失130余万元，接待消费者来电、来信、来访4000余人次。

（刘晓红）

【3·15宣传咨询活动】 年内，围绕“品质消费 美好生活 营造安全放心消费环境”年主题，3月4日，区消协在西便门东里社区，开展主题为“品质消费 美好生活 服务辖区百姓”活动，邀请十九大党代表潘瑞凤及消费志愿者和消费监督员参加，以咨询宣传、发放宣传材料、现场答疑等形式为主，将各种形式贯穿在活动中。3月8日，月坛分会在三里河一区，开展主题为“3·15消保维权宣讲”活动，向社区的百姓宣传《新消法》，以及发生消费纠纷的解决方法及技巧，并着重为老年消费者讲解预付费问题，现场还进行了模拟预付费陷阱试验，提高大家的防范意识和维权的能力。3月8日，西长安街分会在府右街南里社区，开展主题为“品质消费 美好生活 树立消费者优先理念”的宣传活动，以引导消费者科学消费、理性消费、和谐消费、环保消费、人文消费等为主要内容，现场还为老年人做了转向消费提示，发放了宣传材料。3月11日，大栅栏分会联合工商分局消保科、合同科以及公安、城管、食药、消防、安监、司法等部门，在大栅栏西街社区，开展主题为“品质消费 美好生活 携手净化旅游市场环境 让消费者放心消费”的活动，现场以案说法提示消费者，在旅游时应注意的事项及遇到问题时应如何处理，宣传了消费知识，发放了宣传材料。同日，区消协与牛街商会、牛街清真食品商、私个协、联合发起“树立牛街清真品牌，营造和谐消费环境”主题倡议活动。居民及商会会员240余人参加活动。宣传《新消法》及相关的消费知识，参加的医院为在场的居民免费体检，菜百商场免费清洗首饰，美发店免费为到场的居民理发。3月14日，西长安街分会在太仆寺社区，开展了主题为“品质消费 美好生活 弘扬诚信、公平、法治文化”的宣传活动，向社区居民宣传消费知识，发放宣传材料。同日，牛街消协联合牛街东里社区召集辖区企事业单位30余家，在牛街东里少数民族社区中心广场，推出以“3·15”消费维权为主题形式多样的便民和法律宣传咨询活动。社区医院组织为居民义务体检，鹤年堂专家免费义诊，健康咨询，美发店的服务员义务理发，菜百商场提供首饰清洗和编绳服务。牛街工商所向社区居民宣讲了《消法》知识，对存在的消保维权典型案例进行讲解，现场解答社区百姓消费疑问。发放宣传材料100余份。3月15日，牛街分会联合中兴物业对辖区国网金源控股、国网信通通讯、中电联、英大人寿等23家国有企业近2000人，集中开展“品质消费 美好生活 ”3·15主题宣传活动。利用网络宣传，发布虚假消息欺骗消费者的典型案例进行分析，指导辖区通讯企业诚实守信经营，自觉维护网络消费的良好秩序。工商所解答了企业员工有关政策法规的问题，发放消保宣传材料近600份。同日，金融街分会邀请中国检验检疫科学研究院综合检测中心市场部领导，为金融街京畿道社区的百姓举办了商品鉴定讲座，宣传消费知识和发放了宣传材料。3月18日，区消协在建功北里社区开展主题为“品质消费 美好生活 共创和谐消费环境”活动，邀请消费志愿者和消费监督员参加，以咨询宣传、发放宣传材料、现场答疑等形式为主，邀请工商银行的专业人士，为消费者做了储蓄报纸的讲座。

（刘晓红）

【消费志愿者参加旅游消费调查】 区消协派志愿者2人参加市消协组织5月12至13日对承德线及5月19至20日顺义鲜花港、七彩蝶园的自由行旅游消费体验活动。

（刘晓红）

【消费教育大课堂】 区消协按照工作计划，在辖区的同仁堂消费教育学校开展了5次讲座，以老人的养生消费为主线，讲授科学养生知识，避免上当受骗盲目消费。

（刘晓红）

【表彰“诚信服务承诺先进”单位】 年内，区消协依照市消协的工作安排，对被评为市消协“诚信服务承诺先进”的3家单位和8家“诚信服务承诺单位”进行表彰。

（刘晓红）

【回访“诚信服务承诺先进单位”】 11月15日，消协主管局长带队，回访了2017年度被市消协评为“诚信承诺先进单位”的三百年老店同仁堂药店。该店的党委书记、主管客服的经理介绍该店的规章制度、诚信的保障措施、服务流程，并承诺继续争创“诚信承诺先进单位”。

（刘晓红）

【开展“六进”活动】 区消协与工商部门加强对企业的宣传教育，具有特色的是：在西单商场向经营者宣传《新消法》和5月1日实施的《首饰贵金属纯度的规定及命名方法》，提示经营者要按照新规定严格执行；对辖区的美容、美发、足疗按摩等行业，出现“预付费”的问题进行了规范，为消费者营造舒心的消费环境。5月18日在长安商场利用商场的店庆，向前来购物的消费者开展宣传活动。

（刘晓红）

【零点公司对区消协考评】 10月10日，市消协邀请零点公司对区消协开展的消费教育讲座活动进行考评。

（刘晓红）

（责任编辑　贾国平　华大友
陈　艳　姜　光）

街　道

概　述

西城区划分为德胜街道、什刹海街道、西长安街街道、大栅栏街道、天桥街道、新街口街道、金融街街道、椿树街道、陶然亭街道、展览路街道、月坛街道、广安门内街道、牛街街道、白纸坊街道、广安门外街道共15个街道，259个社区。

各街道设工委和办事处，依据法律、法规、规章和上级党委、政府的授权，对辖区内党的建设、公共服务、城市管理、社会治理等行使综合管理职能，全面负责辖区内地区性、社会性、群众性工作的统筹协调。年内，根据《北京市机构编制委员会办公室关于开展街道各类机构综合设置和派驻机构属地化管理试点工作的指导意见》和《西城区街道各类机构综合设置全面试点工作实施方案》精神，按照街道体制改革和“三定”方案，建立“一委、七办、三中心”大部制工作体制，街道工委、办事处设置以下7个内设机构，综合办公室、党群工作办公室（人大代表工作委员会、总工会、团工委、妇联）、平安建设办公室（政法工作办公室、人民武装部、司法所）、城市管理办公室（城管执法队）、社区建设办公室、民生保障办公室（残联）、地区协调服务办公室（统计所）。各街道设有纪律检查工作委员会（监察组）。15个街道均建有党群服务中心、全响应街区治理中心和市民服务中心三个科级事业单位。

街道在街区更新与“疏整促”的统筹作用得到进一步发挥。年内，认真落实区人大《关于扎实推进街区整理 不断提升核心区品质的决议》，以街区为单元，以“疏整促”为抓手，统筹推进区域功能优化、品质提升。创新“叠图作业、挂图作战、挂旗拔旗、手册管理”工作模式，建立责任规划师制度，全区划分101个街区，编制街道城市设计导则，形成20套重点地区深化设计方案，实现阜内大街、南新华街等17个街区初步亮相。持续推动非首都功能疏解攻坚进程，百路通鑫等9个市场实现疏解提升，随着“官批”市场闭市，区域性批发市场疏解全面收官。拆除违法建设16.3万平方米，治理“开墙打洞”566处，区属直管公房违规转租转借、住人地下空间整治实现动态“清零”。119处占道经营得到全面整治，11个街道保持动态“清零”。主次干道架空线入地基本完成。建立健全街巷长、准物业管理、小巷管家等机制，1167条街巷实现“十有”、394条街巷实现“十无”。杨梅竹斜街和达智桥胡同入选北京“最美街巷”。居民对城市环境、社会秩序满意度达到92.18%，位居中心城区前列。

各街道环境治理工作成效显著。年内，推进40条市政道路建设，马连道南街、手帕口北街等7条道路完工通车。完成17条道路大中修和5项疏堵工程。治理自行车道40公里。44条道路公共服务设施实现二维码管理。无障碍设施建设继续保持全市领先。建成立体停车楼3处，新增机械停车泊位341个、居住区停车泊位2133个，推广使用停车资源错时共享APP，70条道路、5509个路侧停车位实现电子收费，交通环境不断改善。大力开展“留白增绿”，新建常乐坊、逸清园2处城市森林公园，东福寿里、蜡烛园等20处口袋公园，39处微绿地和3处附属绿地。新增城市绿地8.37公顷、屋顶绿化1.13万平方米、垂直绿化1184延长米，公园绿地500米服务半径覆盖率达到96.36%。打通6公里什刹海环湖绿道，建成10.9公顷西海湿地公园，为群众创造亲水、赏水休闲空间。持续开展“百万鲜花进家庭、进社区、进街巷”，推广园艺文化，使群众绿色获得感进一步增强。

基层社会治理体制改革实现新突破。按照市委、区委的工作部署，落实党建引领“街道吹哨、部门报到”机制，制定8类37项问题清单，11项长年未决难题得到有效破解。从增强群众获得感、体察和解决社会痛点出发，实施“微改革”行动计划，5类29项改革措施落地见效。街道管理体制机制改革试点工作全面展开，梳理形成街道工委、办事处职责清单，建成15个街道实体化综合执法平台。启动社区“两委”换届工作。深入推进社区“减负增效”，建立社区工作准入制度，确定社区居委会51项、社区服务站47项工作事项，探索“一站多居”社区服务站设置。深化社区、社会组织、社会工作“三社联动”机制，促进“参与型”社区分层协商机制全面落地，提高社区工作者待遇，完成全国社区治理和服务创新实验区验收。加快“多网融合”，区级大数据中心平台初步建成，街道分中心建设有序推进，西长安街街道“数字红墙”模式成为国务院“放管服”领导小组全国调研典型案例。牛街街道成功举办民族团结进步创建工作30周年暨城市民族工作交流会，创新民族工作机制，民族团结进步事业取得新发展。

街道民生保障更加有力。年内，完成民生实事172件。举办第一届创业创新大赛，城镇登记失业率0.87%，连续四年实现充分就业。推进全民参保计划，构建“3+X”社会救助组织体系，9003户14416名低保、低收入和特困群众基本生活得到保障。积极创建全国残疾预防综合试验区，整合社区康复服务项目实现广覆盖，为2000余名残疾人提供社区康复服务。深化全国居家和社区养老服务改革试点工作，33项任务全面展开，医养结合深入推进，探索建立“预防、医疗、康复、护理、临终关怀”五位一体的健康养老服务模式。24家养老照料中心投入使用，社区养老驿站达53家，建立孝亲敬老示范基地。新建和规范提升蔬菜零售、便利店、早餐等便民服务网点88个，新建改造百姓生活服务中心11个、累计建成40个。实现7栋简易楼腾退清空，翻建维修平房8841间12.4万平方米，楼房综合修缮和抗震加固改造32栋10.8万平方米，推进4个老旧小区综合整治，完成电梯审批加装19部。改造提升三类公厕500座。发放保障性住房租金补贴7095万元，建成保障性住房3300套，2.9万户家庭住房条件得到改善。

（林　琼）

德胜街道

【概况】德胜街道位于北京市西城区的东北部，与朝阳、海淀、东城三区接壤。辖区面积4.14平方公里，有20个社区，户籍人口13.59万人，流动人口1.54万人；年内地区出生人口1527人，死亡人口739人；中央单位219个、市属单位192个，高等院校2所，4所中学，5所小学，5所公办幼儿园和少年宫；卫生医疗机构7个；公园4个。辖区内有回族、满族等36个少数民族7000余人，是北京市13个重点民族街道之一。辖区内有5758家企事业单位，包括中国工程院、孔子学院总部、中国交通建设股份有限公司、国家核电技术公司等多家中央单位及法源清真寺、民族团结幼儿园、民族团结小学等民族特色单位。年内，街道获“首都文明单位标兵”称号，通过国际安全社区复评，被评为首都无偿献血工作先进集体、首都学雷锋志愿服务示范站、北京市第八届民族团结进步创建活动先进集体、北京市构建和谐劳动关系先进集体。德胜街道办事处实有在职人员235人，预算内资金安排38010.22万元。

地址：西城区教场口街9号院丙9号

邮编：100120

电话：82060677

（杨　林）

【机构改革】年内，根据《北京市机构编制委员会办公室关于开展街道各类机构综合设置和派驻机构属地化管理试点工作的指导意见》和《西城区街道各类机构综合设置全面试点工作实施方案》精神，德胜街道于11至12月进行大部制改革，调整德胜街道工委、办事处主要职责、内设机构及人员编制。德胜街道机构改革后综合设置为“一委、七办、三中心”。“一委”即纪律检查工作委员会（监察组），原纪律检查工作委员会（监察科）；“七办”即综合办公室（原工委办公室、办事处办公室、财政科、智能办、指挥中枢合并组成）、党群工作办公室（原组织部、宣传部、人大办公室、统战部、总工会、团工委、妇联、人事科、离退休干部科合并组成）、平安建设办公室（原社会管理综合治理委员会办公室、维护稳定工作领导小组办公室、信访办公室、武装部、民防办公室、司法所、安全生产办公室合并组成）、城市管理办公室（原城市管理办公室、德胜城管执法队合并组成）、社区建设办公室（原社会建设办公室、卫生健康办公室合并组成）、民生保障办公室（原民政科、民宗侨办、残疾人联合会、劳动保障科、住房保障科合并组成）和地区协调服务办公室（原统计所、统筹发展办合并组成）。“三中心”为街道直属事业单位，即党群服务中心、市民服务中心（原社会保障事务所、社区服务中心合并组成）和全响应街区治理中心。

（杨　林）

【城市管理】年内，重点打造“新外大街28号院、新德街35号院、冰窖口79号院、新德街、冰窖口西口口袋公园、安康胡同9号院、德胜里西街断头路打通和平房区腾退”等7个重点项目。完成六铺炕街等20条背街小巷整治提升工程，召开“德胜地区背街小巷整治提升工作会”，承办“北京市城六区+通州区街巷长小巷管家现场观摩交流会”，冰窖口胡同、德胜门东滨河路、双旗杆东里南路、双旗杆西路被评为“首都文明街巷”，4名街巷长获首都文明“优秀街巷长”荣誉称号，弘慈巷胡同入围20条北京市最美街巷。以教场口6号院、德外大街乙12号院、新外大街28号院、马甸南村为突破口，与产权单位、居民代表共商整治方案，解决违章停车、私装地锁和环境卫生等问题，形成“1+4”工作方法，总结出老旧小区整治“十有十无”标准。完成对双旗杆路等6处交通设施改造工程，打响清理废旧非机动车、环境大清扫、文明养宠物、最美阳台和最美街巷评选“四大战役”，拆除台账内、台账外违法建设257处，面积10804平方米，规范门前三包500余家，撤销有照废品收购摊点17处，利用大数据细化垃圾分类，强化垃圾分类回收与管理，地区居住小区垃圾分类达到全覆盖。强化水质巡查和监测，落实“河长制”，推进留白增绿工作，全年完成新增绿化面积4432平方米。试点裕民1号片区推进小区和社会单位错时共享，昼夜停车平衡项目；按照“分时预约，精准共享”的服务理念，与5家单位、4处停车场、地区5条道路开展共享停车APP平台项目，涉及停车位499个，承办“西城区停车管理现场会”，推广共享停车平台建设工作。

（杨　林）

【社区建设】年内，撤销德外大街东第一社区居民委员会、德外大街东第二社区居民委员会、新风街1号社区居民委员会、石油社区居民委员会及六铺炕煤炭社区居民委员会、新外大街南社区居民委员会、六铺炕水电社区居民委员会，设立“德外大街东社区居民委员会”“六铺炕北小街社区居民委员会”及“六铺炕南小街社区居民委员会”，同时重新调整安德路南社区、新风中直社区、双旗杆社区、裕中东里社区、黄寺大街西社区、新明家园社区及新外大街北社区管辖范围。继续实施裕中地区多居一站项目，组织社工招录，录用新社工14人，对在岗社工进行重新调配；围绕“西城萤火计划”，组织社工参与继续教育、培训、竞赛等多种活动，严格考勤管理、考核与评比。落实民生工程民意立项工作，推进养老驿站服务商择选、新外大街28号院老旧小区整治、教场口街6号院停车管理、便民菜站等重要工作的开展。结合“三社联动”，购买社会组织服务，培育社区社会组织，引导社区社会组织积极参与社区环境治理、志愿者服务、协商议事等活动。组织开展活动及各类课程500余场，参与居民达1.07万人，打造传统文化进社区、“清明诗会”、中秋文艺演出、合唱展演、“武当太极进社区”、科普之夏等品牌活动，确定与台湾相关社区开展民族舞蹈交流等项目交流活动。成立德胜学区理事会，落实“1+1+N+X”的学区制“西城模式”，召开德胜地区教育工作会。指导监督地区业主委员会成立及运行，新成立业委会3个，换届业委会3个。街道“全响应”指挥平台接收办理非紧急救助案件（12345、12341等民生热线）3409件，收集社区上报民情日志9.04万条，接收处理区城管指挥中心派发案件6.78万件，办结率100%。

（杨　林）

【民生保障】年内，登记失业人员就业人数937人；城镇登记失业人员就业率97.4%；创立全市首家跨区多街就业联合体，开发就业岗位3800个；新增726人灵活就业；单位招聘就业34人；带动就业211人；管理失业档案2309份。领取失业金人员2837人，发放资金399.67万元，春节慰问247人12.35万元，水库移民30人，发放1680元；居民基本医疗保险总参保人数为1.3万人。报销药费1672人次；变更医院2131人；正式挂失补换申领累计7652张次。福利养老金总参保人598人；城乡居民养老总参保人80人；管理退休档案6220份；丧葬补助107人。社保卡信息同步办理受理478人；各类退休审批226人；发放医保存折85人；异地退休人员协助生存认证385人；退休人员自采暖251人金额23.27万元；全年组织退休人员活动8次，参与1537人；低保家庭763户1285人，低收入家庭9户12人。发放低保金1573万余元；为低保及低收入人员办理医疗救助2236人次合计313万元；为退养人员办理医疗救助230人次，合计90.1万余元；办理无丧葬补助居民丧葬补贴26人13万元。为350户低保家庭办理集中供暖补贴并发放49.8万余元，社会公益性就业组织就业管理108人。公共服务坚持“一窗式受理”和“首问负责制”，接待来人来电咨询和处理各类事项8700余人次，每个窗口日均接待来人来电咨询和办理量约40人次，其中业务咨询接待2800余人次，事项受理5900余件；新申请保障性住房共计195户，新申请市场租补贴共计45户，新申请公租补贴共计22户；分配公租房107套，分配经适房89套，市场租转公租房补贴18件。德胜慈善分会实施“携手慈善送温暖”、往届大学生教育救助、春雨大病、高龄低保低收入老人生活救助、低保低收入高中生教育救助、申请绿色通道等慈善项目救助103人次，发放救助资金31.35万元。统筹做好保障和改善民生工作，推动劳动、民政、计生、残联、慈善、养老、就业、医疗、教育、住保等方面工作服务精细化。加强劳动用工日常巡视检查，重点对建筑施工企业、餐饮服务企业、物业管理企业的执法检查，检查单位81家5600人，其中农民工4500人，开展“劳动用工规范一条街”及书面审查工作，建立街道协调劳动关系三方委员会。完善计生人口库，确保人口数据信息变动及时、准确，流动人口生育登记147人，协查287人，户籍人口登记、审核2169人，新北婴幼儿早教平台和新风街1号院儿童活动中心，完成课程2568课时，受惠人群达3.85万人次，举办“第六届德胜宝宝亲子嘉年华”活动，通过“心灵家园”开展多项服务活动。完成2中心+6驿站为老服务布局，完成辖区内6559位老人80岁养老助残补贴的申请推送工作，6559位老人享受每月养老助残补贴；发放90岁及以上老年人高龄津贴76.71万元；95周岁及以上老年人医疗二次补助15.26万元；由服务商为16位困难老年人提供“三项为老服务”；评选出区级孝星24人、市级孝星24人；委托具有专业资质的社会组织，开展百户高龄老人家庭居家安全隐患排查及整改服务；购买地区优秀服务商的服务，为711名中重度失能老人购买包括家政服务、生活照料、专业护理等3类15项菜单式居家养老服务项目；办理和发放60岁老年优待证8000人，发放65岁以上老年人养老助残卡共16批1万人。为25个为老服务活动场所、养老驿站及养老照料中心购买场地保险，规避意外风险。推进“菜篮子工程”建设，设立“车载蔬菜直销车”3辆、建立“固定便民菜店”9家，服务覆盖20个社区。

（杨　林）

【社会治安综合治理】年内，重点对7类问题整改。地区可防性案件发案同比下降22%，零发案社区11个，无高发案社区，在全区综治考核中被评为优秀。加大对德胜门至积水潭一线“黑车”、“黑摩的”、“黑导游”、非法“一日游”整治力度。完成156个门、4131户的楼宇对讲升级改造工作，累计安装C级锁芯1175户。集中开展4次排查消防隐患大清扫行动，在20个社区累计安装独立式烟感探测器1.29万只。研究推进公共安全视频系统暨“雪亮工程”建设，以及街道、社区两级综治中心规范化建设工作，完成实体化执法中心建设。发挥“西城大妈”等群防群治力量作用，完成重大会议社会面防控和民兵执勤工作，开展社会稳定风险评估排查，全年共调解各类纠纷259件，坚持信访月报制度。推进“扫黑除恶”专项行动与“扫黄打非”进基层活动。开展安全生产大检查，加强社区微型消防站建设，推进“阳光餐饮”工程，开展创建“食品安全示范地区”工作，召开“第五届消防运动会”，推动“全国安全生产月”活动。

（杨　林）

【民族工作】年内，举办民族团结教育嘉年华活动，通过民族歌舞巡游、民族艺术体育展示、传统小吃品鉴、非遗项目展示等多种形式，传承优秀民族文化，分享民族团结工作经验成果。定期慰问地区少数民族孤寡老人和困难群众，保障地区少数民族群众生活需要；形成民族工作特色品牌，组织29场“民族团结一家亲，德邻共治享和谐”为主题的“民族团结惠”主题教育活动。

（杨　林）

【精神文明建设】年内，围绕社会公德、职业道德、家庭美德和个人品德等“四德”主题，完成“道德讲堂”“文明出行”“文明养宠物”等宣传教育活动。开展“德胜好人”推荐、学习宣传和公众投票活动，向区推荐30名“北京榜样”候选人。成立街道、社区两级“创享新时代的美好生活”百姓宣讲团，共计120余名宣讲员，完成地区开展宣讲活动100余场，1位宣讲员入选市级宣讲团，被评为2018年西城区百姓宣讲工作先进单位，微电影《绿色的承诺》获得优秀微传播奖。出版《今日德胜》报48期，微信100余期300余条。街道重点和特色工作分别被中央电视台报道1次，人民网报道10次；北京电视台报道28次、《北京日报》报道5次、《北京晚报》报道4次、北京人民广播电台报道6次。

（杨　林）

【双拥共建】年内，开展以“科技双拥、文化双拥、特色双拥”为主线的双拥共建活动，打造“军民共建鱼水情、德邻共治享和谐”系列品牌活动。在普天德胜创建地区第一家科技双拥基地的基础上，携手中关村西城管委会落地第二家科技双拥基地，举办厨艺大比拼一场，为驻区部队培训军地两用人才，8名战士通过厨师职业资格培训并取得证书；举办健康美食大讲堂5场。慰问驻区部队退伍老兵313人，为每位退伍老兵购置了纪念品，共计8.76万元。八一建军节为地区11支部队送去慰问金，在街道服务大厅设置“军人优先”窗口。

（杨　林）

【党的建设】年内，开展学习宣传贯彻习近平新时代中国特色社会主义思想和党的十九大精神，理论中心组集中学习35次。结合新时期城市基层党建的新要求、新形势，对“聚力德胜党建促进中心”进行全面提升。发挥党建协调会引领作用，通过“五会机制”，搭建资源、项目、网络和党性教育“四个平台”，推出地区资源、需求、项目“三项清单”，调整街道区域化党建工作协调委员会架构，建立“5+1”吹哨运行机制。开展“进千门走万户”工作，制定“五步法”完成各项任务，街道处级领导和科级干部共走访地区居民1913户，收集居民问题687条，为居民解决问题595条。开展单位党组织和在职党员“双报到”，接收报到单位党组织81个，报到在职党员4991人，制定在职党员到社区报到的“五个一”制度。完成非公党建“两个覆盖”工作常态化，开展非公党建带动统战工作，楼宇“1+19”个工作阵地（1个党建促进中心与19个楼宇工作站）全年开展党建等各项活动近千场，参与3万余人次，引领非公企业积极参与背街小巷整治、党员志愿服务、扶贫协作等工作，成立“红色剧社”和全市首家“非公党校”。对主体责任和监督责任分别实行“签字背书”，对存在的问题坚决查办，对苗头性问题坚决制止，在工程项目、民生民计、选拔干部等重点工作方面听取纪检部门的意见，对工作开展不力、作风不实的干部进行约谈。

（杨　林）

什刹海街道

【概况】什刹海街道位于西城区东北部，东起旧鼓楼大街，地安门内、外大街，与东城区相邻；西至新街口南、北大街，西四北大街，与新街口街道相连；南起景山前街、文津街、西安门大街，与西长安街街道相接，北至德胜门东、西大街，与德胜街道接壤。辖区面积5.8平方公里，有大街20条、胡同街巷205条。有规模以上单位133家、规模以下单位2720家，6所中学、7所小学、8个幼儿园、1个社区教育学校。有社区居委会22个，户籍人口46776户120186人，常住人口29206户74844人。年内，街道机关行政、事业编334人（不含处级，机关173人，事业单位161人），67人被评为优秀公务员（其中三等功22人），称职256人，试用期未满不定等次11人；另因长期病假不参加考核4人。新调入公务员7人，新录用公务员6人、事业人员3人，转出7人，退休9人。年财政拨款收入（不含什刹海风景区管理处）4.15余亿元，财政支出（不含什刹海风景区管理处）4.12余亿元。街道获北京市“扫黄打非”（文化市场管理）进基层市级示范点、北京市就业创业工作先进集体、北京市全民健身示范街道、北京市安全生产月优秀组织奖。什刹海被评为北京市优美河湖。

地址：西城区地安门西大街141号

邮编：100035

电话：83223600

（汤佳琳）

【机构改革】年内，根据《北京市机构编制委员会办公室关于开展街道各类机构综合设置和派驻机构属地化管理试点工作的指导意见》和《西城区街道各类机构综合设置全面试点工作实施方案》精神，什刹海街道于11至12月进行大部制改革，调整什刹海街道工委、办事处主要职责、内设机构及人员编制。什刹海街道机构改革后综合设置为“一委、七办、三中心”。其中，“一委”即纪律检查工作委员会（监察组），原纪律检查工作委员会（监察科）；“七办”即综合办公室（原工委办公室、办事处办公室、全响应办公室、财政科合并组成）、党群工作办公室（原组织部、宣传部、人事科、统战部、人大代表工作委员会、总工会、团工委、妇联、离退休干部科合并组成）、平安建设办公室（原社会治安综合治理委员会办公室、维护稳定工作领导小组办公室、信访办公室、人民武装部、安全生产办公室、司法所合并组成）、城市管理办公室（原城市管理科、什刹海第一执法队、什刹海第二执法队合并组成）、社区建设办公室（社会建设办公室、卫生健康办公室合并组成）、民生保障办公室（原民政科、住房保障科、劳动和社会保障科、残联、双拥办公室合并组成）和地区协调服务办公室（统计所、发展服务办公室、地区规划建设办公室、地区产业发展办公室合并组成）。“三中心”为街道直属科级事业单位，即党群服务中心、市民服务中心（原街道公共服务科、社会保障事务所和社区服务中心合并组成）和全响应街区治理中心。保留什刹海风景区管理处，为街道所属副处级事业单位。

（汤佳琳）

【城市管理】年内，全面推进鼓西、西安门、新街口东街、景区等片区治理，拆除违法建设1.86余万平方米，治理开墙打洞违法建设527处，涉及人口变化4105人。划分7个街区、20个二级整理单元，完成西安门街区整理改造项目（I期）和西什库街区整理改造项目（I期）。成立25个背街小巷治理临时党支部，推进40条重点街巷整治，组织综合执法69次，清理地锁1521个、废弃无主自行车986辆，治理占道经营105家。拆除景区内违法建设5300余平方米、不规范牌匾149块，关停违规经营酒吧31家，全部疏通环湖7处堵点，6000米邻水步道实现全面贯通，西海湿地公园正式对市民开放。建成福寿里等3处口袋公园、西海北沿21号等3处小微绿地，全年新增绿地3860平方米。全年伐除危险树木135棵，修枝打药2370次。各级河长累计巡河3200余人次，清理河脏2300余吨。推进大气污染防治，对餐饮油烟、施工扬尘、旅游大巴怠速污染开展专项治理。完成前铁社区居民自治错时停车试点。全年共清运生活垃圾6.2余万吨，清理大件废弃物和无主渣土1.4余万吨。成立垃圾分类示范片区创建工作领导小组，制定《什刹海街道垃圾分类考核办法》，完成12个社区的垃圾分类示范片区创建工作。配合区节水办下达年度用水指标，创建6家节水型单位。配合区相关部门，对双寺胡同、东煤厂胡同、松树街3处道路进行大中修。年内，汛期共出动巡查人员8300人次、抢险人员1500人次，处置房屋漏雨1060处、疏通院落积水235次，清运垃圾108吨，处置道路塌陷27处、树木倒伏折断12棵。回复非紧急救助电话920个，回复首都环境建设办督办单83件、北京市联合检查组45件、区联合检查组督办件16件，办理区下发创建文明城区事项134件。

（汤佳琳）

【社区建设】 年内，完成社区规模调整，撤销西安门、簸箩仓、前海东沿、前海北沿等4个社区，新建前海社区，原25个社区除景山、米粮库两社区外，重新划分23社区边界，社区总数调整为22个，组织104名社工进行岗位轮换。招录28名社区工作者，委托西城专业社工人才研修院，实施社工能力提升项目，培训340余名社工，形成社工培训工作手册。联合睦友社工事务所，实施"专业社工民意立项项目"，制定《什刹海街道民生工作民意立项实施办法》，成功实施前铁社区街巷停车民意立项，编制《前铁社区停车自治民意立项工作手册》，总结"居民自治+准物业管理"模式，形成"前期调研、征求民意、公布项目、制定方案、听取民意、启动实施、依法公开、接受监督、推进实施、效果评估"民意立项"十步工作法"。联合北京润达馨社会服务中心，举办"家庭教育促进"项目，建立"家—校—社区—社会组织合力家庭教育模式"，举办16场主题家庭教育活动，开了100次入户辅导。红楼公共藏书楼试运营。开展社区文化活动1100余场，惠及群众近3万人次。联合什刹海民俗协会，推出"什刹海环湖体育圈"主题活动，开展环海健步行、龙舟竞渡邀请赛、"和谐杯"乒乓球赛、民俗运动会，结合冬奥举办"首届亲子家庭冰雪项目体验赛"。街道被命名为市首批"全民健身示范街道"。注册成立什刹海街道社会组织联合会，成为西城区第一家"自主"型社会组织联合会。联合国安社区促进中心，实施社区综合绩效考核项目，完善《社区绩效考核指标体系》，制定《考核指标实施细则》。联合北京市恩派非营利组织发展中心，对14项重点政府购买服务项目进行评估，形成街道购买社会组织服务规范流程和资金管理办法，建立街道政社互信合作发展模式。

（汤佳琳）

【社会保障】 年内，取消调整77项涉及群众办事创业的证明，推行"一窗式"办理，企业和群众办理政务服务事项材料简化30%。成立困难群众救助服务所，委托北京中青社会工作发展中心运营，接待困难群众23位，开展一户一策一档数据梳理848户，实现救助服务全覆盖。推进"海益汇"爱心平台建设，建成涵盖115户困难群众的需求库、105户资源单位的资源库，实现新结对18对，累计完成68对结对帮扶。"四合院送光明"等9件民生实事全部落实。城镇登记失业率0.81%，实现再就业1104人、城乡困难人员就业671人，提供免费技能培训388人、创业培训43人、实现创业74人、带动就业257人。办理城乡居民最低生活保障金1.79余万人、1762.22余万元。提供居家照护服务3700余次，打造全新养老配餐中心，5家社区养老驿站服务老人4万余人次。发布《什刹海街道生活性服务业规划》，完成地区便民菜店规范化升级改造，新增连锁菜店、果蔬超市8家，利用疏解腾退资源建设便民理发店。推进保障房政策落实，做好公租房选房2次，68人签订意向书、11人办理入住手续。帮扶雁翅镇、南台子乡、娘拉乡地区脱贫计划。

（汤佳琳）

【社会治安综合治理】 年内，圆满完成中非论坛、全国"两会"等重大活动安保和服务保障任务。增强涉军访稳控和应急处突能力，妥善处理"P2P"集资等事件。开展扫黑除恶专项斗争，"抱团执法"21次，依法查处"黑车"294辆，严厉打击后马厂15号涉黑行为。开展"平安创建"百日专项行动，实施"雪亮工程"，无发案社区达到7个，可防性案件同比下降26.92%，社会治安环境持续好转。加强重点领域综合治理，依托"两级三平台"综合执法体系，定期对政治中心区域、重点挂账区域、人流聚集区域开展综合治理，月均会商4次、综合执法20余次。全年排查矛盾隐患500余次，调处各类纠纷100余起，调解成功率达85%。拓展领导信访包案制度，接待来信134件、来访190批次。提供法律咨询等服务600余次。制定《什刹海地区城市安全隐患治理三年行动方案》，开展危化学品、建筑工地、餐饮单位等重点领域安全隐患排查，检查企业、单位1982家，整改安全隐患3482处。落实"三大行动"回头看。推进全国综合减灾示范社区创建，松树街消防站投入使用，地区专职消防站达到2处。

（汤佳琳）

【精神文明建设】 年内，组织开展7次基层理论宣讲活动，组织26支百姓宣讲团先后开展56场宣讲活动。制定《什刹海街道新闻发布制度》，引导处理突发舆情10余次。街道工作受到宣传报道282次，其中中央级媒体报道4次、市级报道186次、集体采访11场。利用两微一刊宣传报道680篇，读者数量达4838人，最大阅读量达到2500余人。广福观作为街道文化展示中心基本建成，占地1530平方米、内设7个展厅，成为全方位展现和体验地区文化的重要平台。编制《什刹海风景区综合管控导则》《什刹海旅游发展规划》，试行游客服务中心，胡同游经营更加有序。什刹海被评为"首都文明风景旅游区"。组织第23届双拥"五好"表彰，完成退役军人、优抚对象信息采集，开展系列拥军爱民活动。

（汤佳琳）

【党的建设】 年内，深入开展"不忘初心、牢记使命"主题教育，推进"两学一做"学习教育常态化制度化，组织中心组学习49次。建成街道党群活动服务中心。联合32个驻区单位成立地区党建工作协调委员会，22个社区分别成立社区党建工作协调委员会。推进33项、128条党建任务，构建"2+10+X"制度体系。开展基层党组织"三评一考"和支部评星定级工作。64个基层党组织和近2000名在职党员到社区"双报到"。选拔、调整干部294人次。扎实开展社区"两委"换届工作。组织400余名机关干部、区域单位党组织负责人和130名基层党组织书记培训，组织6名机关和社区干部赴杭州挂职学习。签订135份党风廉政建设责任书。加强重点领域和关键环节风险防控，开展"为官不为、为官乱为""侵害群众利益不正之风"专项治理。22个社区全部配齐纪检专员。

（汤佳琳）

西长安街街道

【概况】 西长安街街道位于西城区东部，东以天安门广场西侧路、中山公园、故宫西墙为界与东城区毗邻，南以前门西大街、宣武门东大街中心线为界与大栅栏、椿树2个街道交界，西以西四南大街、西单北大街、宣武门内大街西侧便道为界与金融街街道相接，北以西安门大街、文津街南路边缘、故宫北筒子河中心线为界与什刹海街道为邻。辖区总面积4.24平方公里，有街巷胡同105条，其中一、二类大街13条。中央单位10家、市属单位26家、驻京办4个、区属单位25家。社区居委会13个，户籍人口25496户75895人，实有人口33070人，流动人口8682人，出租房屋3000户。年内，出生622人，其中二孩219人。全年财政收入40130万元，财政支出39959万元。街道单位行政编制208人、事业编制109人，公开招聘公务员9人（应届硕士研究生6人，社会招聘2人，村官1人），安置军转干部3人。年内，街道被评为“疏解整治促提升”专项行动先进集体，首都无偿献血先进单位、北京市综合减灾示范街道、北京市“扫黄打非”（文化市场管理）进基层市级示范点，街道妇联获2016至2018年度全国儿童食品安全守护行动突出贡献组织奖，司法所获“北京市十佳司法所”称号。

地址：西城区西绒线胡同甲7号

邮编：100031

电话：66035449

（傅瑞钧）

【机构改革】年内，根据《北京市机构编制委员会办公室关于开展街道各类机构综合设置和派驻机构属地化管理试点工作的指导意见》和《西城区街道各类机构综合设置全面试点工作实施方案》精神，西长安街街道于6至12月进行大部制改革，调整西长安街街道工委、办事处主要职责、内设机构及人员编制。西长安街街道机构改革后综合设置为“一委、七办、四中心”。“一委”即纪律检查工作委员会；“七办”即综合办公室（原工委办公室、办事处办公室、财务科、全响应办公室、发展服务办公室合并组成）、党群工作办公室（原组织部、宣传部、人大办公室、统战部、总工会、团工委、妇联、人事科、离退休干部科合并组成）、平安建设办公室（原社会治安综合治理委员会办公室、维护稳定工作领导小组办公室、信访办公室、人民武装部、安全生产办公室、司法所合并组成）、城市管理办公室（城市管理科〔绿化办公室〕、西长安街第一执法队、西长安街第二执法队合并组成）、社区建设办公室（原社会建设办公室、卫生健康办公室合并组成）、民生保障办公室（原民政科、住房保障科、劳动和社会保障科、残联、公共服务科合并组成）和地区协调服务办公室（原统计所、地区规划办公室、地区征收办公室、西单办合并组成）。“四中心”即党群服务中心、全响应街区治理中心、市民服务中心、西单商业区服务中心。

（傅瑞钧）

【城市管理】年内，全力推进疏解整治促提升专项行动，创新以上率下、以会代训、以打促谈、以整化零、以点拓面、以优督懒的“六以”工作机制，提前完成全年目标任务。全年召开疏整促专题会、研讨会、推进会、现场会、例会70余次，把学习传达、深入研究、动员部署作为落实工作的规定动作，累计影响6514人次、疏解约4093人，超额完成直管公房商改住61处，完成率254%；关停个体户586户，吊注销个体营业执照523户；拆除违建422处，面积12058.41平方米；拆除黄南45号院148处4351平方米违建，打造了地区首个无违建小区，盘活国务院办公厅此项工程2.5亿资金。以“问题清零”意识完成地区历史性八大“清零战役”：封堵地区全部开墙打洞97处，拆除地区全部胡同煤棚326处，拆除地区全部地锁435个，整治地区全部消防通道堵塞27处，关停地区全部“黑旅行社”5家，整治地区全部直管公房转租转借56处；清理地区全部群租房34处；打通地区全部2处断头路。在“疏解整治促提升”专项行动评比中，获市发改委、市人力社保局授予的先进集体称号。推进背街小巷整治工作，完成市级验收达标街巷39条；打造颁赏胡同、羊皮市胡同2条精品胡同；开展堂子胡同停车秩序专项整治，解决外卖车停车难、停车乱的问题；打造大剧院特色文化胡同群，提升背街小巷人文环境。大力提升街区整理精细化水平，确定太仆寺街、和平门小区2个街区精彩亮相项目。“四功能八片区”设计方案已进入项目库分析、设计整理阶段，2个街区的精彩亮相工程已基本完成。围绕和平门小区综合整治，街道吹哨协调8家区委办局，统筹各家资金支持2800万元，推进和平门小区拆违、市政设施、园林绿化、停车、临时电改造等全方位综合提升；街道街区整理展示中心已经建成；南北长街拆迁腾退工程，已签约417户，签约率86%，核心区功能更加突出。加强生态文明建设，坚决打好蓝天保卫战，采取“两项技术”“三计重拳”“四种作业”“五支队伍”等针对性措施，着力解决突出问题，PM2.5指数排名全区第三。落实河长制，联合中央警卫局、中山公园和故宫博物院对河道进行日常维护，将巡河过程中发现的问题及时反馈主责单位，通过多方协作，有效提升筒子河水环境治理水平，河长全年巡河215人次547公里，持续改善地区生态环境。

（傅瑞钧）

【社区建设】年内，修改并完善《西长安街街道社区管理制度汇编》，强化对社区及社区工作者的纪律管理办法。按照《社区规范化建设示范点的创建标准》，对13个社区进行规范化建设，统一形象标识、统一服务规范、统一运行流程，提升服务品质。推动西单北、太仆寺街和和平门社区的社区服务站装修工程。制定《西长安街街道推进社区减负工作实施方案》。梳理全区各部门进社区的工作事项，明确居委会协助政府工作事项13项、日常出具证明15项、取消社区评比达标25项。新招录社区工作者10名。与国安社区合作，开展社工培训4次，工作坊5次，组织13个社区工作者、社区指导员、部分街巷长到呼家楼街道呼北社区、朝阳门街道史家胡同博物馆参观学习先进经验。开展“阳光心态 情满红墙”心理能力提升计划，在13个社区建立“红墙社工加油站”，为社区配送“心情加油包”、为社区工作者发放“阳光心态口袋书”，针对社区实际情况和特色开展心理沙龙课堂13次，社区工作者心理健康提升微课堂6次。开展形式多样的基层协商，重点推进西单北社区东斜街居民自治停车场、人民大会堂西侧路及前后红井停车自治等项目，通过召开居民议事厅、街巷理事会、楼门院长会、民意征集会等方式，使居民参与到社区治理中，解决区域停车难的问题。在国家大剧院成功举办以“忠诚筑梦谱红色华章”为主题的第十二届“红墙杯”合唱节，13支合唱团800余人参加演出，加强中央国家机关、企事业单位、学校等多方的互动。以文化活动中心为阵地，开展社区趣味运动会、冰蹴球赛、冰龙舟赛、和谐杯乒乓球赛、三人制篮球赛、五人制足球赛、科普创意大赛等全民健身活动，累计受益22087人次。与上合太极培训中心联合组织太极进社区活动，开办7个班，每周为居民进行培训，累计授课148次，受益人次2220余人。

（傅瑞钧）

【社会保障】年内，十件“为民办实事”项目全部完成，地区居民生活服务保障水平持续改善。破解停车难、买菜难、上学难问题，累计新增便民车位1731个；新建太仆寺街社区便民菜站1处，钟声社区、六部口社区2处百姓生活服务中心年底完工；建成长安幼儿园分园，已开园招生90余人。打造大数据中心2.0版本，瞄准打造政府数据决策先行试验区、居民便捷宜居生活体验区、顶尖技术企业最新产品与服务孵化试验区的“三区战略”，推动智慧交通微循环、古树监测等10余个项目落地；接待各省、市、区级学习考察团234批次，外出讲座授课13次，并成为国务院“放管服”领导小组全国调研典型案例、国家行政学院承接北京市“十三五”科学决策课题研究案例、北京市委党校“政务大数据”实践教学案例。以机制建设提高为民服务水平。制定并落实每月向群众通报情况制度；制定《特殊困难人群民生救助工作方案》，建立区、街道、社区三级救助网络，累计救助30人次，发放18余万元；深化政府热线办理工作的“干部入户”“双派发”机制，1至9月实际承接1199件次，按期办结率100%，反馈率100%，解决率76.09%，满意度66.3%。建设西长安街再就业援助中心，帮扶困难群体实现就业，培训失业人员220人，实现创业45人，带动就业178人；为辖区残疾人举办专场招聘会2次，新安置残疾人就业共38人；完成982户居民保障性住房备案，完成公租房选房124户，经济适用房选房71户；开展低保核查工作，撤销违规低保家庭114户，每月节省民政救助资金21余万元。

（傅瑞钧）

【社会治安综合治理】年内，完成全国两会、中非合作论坛等重大活动维稳保障任务，累计上勤120余天，出动群防群治力量10余万人次；创立街道综合执法平台和西单商业区综合执法分中心，开展联合执法647次；清理大剧院周边非法占用行车道车辆356辆，加装护栏、防撞桶等设施370余个，确保重点区域绝对安全。地区刑事、治安类发案同比下降12.4%，全年治安状况满意度评价位列全分局第一；深入开展“扫黑除恶”专项行动，地区黑旅行社彻底清零，“黑车”“黑导游”揽客现象动态清零，群众安全感日益增强。开展为期3个月的“长安行动”。全年投入113万元，为平房院、楼宇配备灭火器4032个，烟感报警器3063个；辖区内建成3处小型消防站、50个微型消防站，在缸瓦市教堂安装“火眼”系统，有效提升地区火灾防控水平。检查单位6238家次，督促整改安全生产隐患6130处，组织宣传教育培训10次，全年未发生安全生产事故。法制宣传、人民调解、矫正帮教取得新成效，信访秩序总体平稳。街道司法所获北京市“十佳司法所”称号。

（傅瑞钧）

【党的建设】年内，落实“街道吹哨、部门报到”，细化的13项改革任务基本完成，实践“党建+”模式，累计向区级部门吹哨40余次，整合各党组织力量推进难点问题有效解决。组织实施“双报到”工作，吸纳57家单位2043名在职党员报到，根据优势特长开展特色服务。深化区域化党建工作，组织、协调包括中组部、市教委在内24家单位成立党建工作协调委员会，聚力核心区建设。推进“进千门走万户”行动，累计走访单位、居民7234家，征集意见建议3263条，共解决问题2398个。组织中心组学习27次、参观4次，处级领导带头讲党课13次、处级班专题学习《治国理政（第一、二卷）》5批次。通过六个“先行先动”、多批次干部培训，促使全体党员干部学思践悟党的十九大精神，将“红墙意识”内化于心外化于行。严格落实党建联系督导工作制度，开展6轮一对一全面系统的党建工作检查。有序组织社区党委换届工作。班子成员开展集体廉政谈话3次、约谈提醒55次。收到信访举报和案件线索7件均已办结，3件区委督查事项、5件媒体反映事项已全部完成整改反馈。召开31次例会“以会带训”压实责任。设立红墙风采榜，推荐177名在践行“红墙意识”中表现突出的地区先进典型，引导广大党员群众对照、学习先进。深化完善“处级领导包社区、科级干部在街巷”“送证上门”服务、舆情反馈等机制，不断探索超大型城市基层治理新模式，确保将中央、市、区重大决策部署落实到位。推出“背街小巷治理”微信小程序，以“用数字说话”落实街巷长管理责任。组织学习《中华人民共和国监察法》《中国共产党纪律处分条例》，抓住重要时间节点以多种形式重申纪律要求。针对公车使用、职务消费、值班值守等制度规范开展60余次监督检查。创新制定严格执行《街道建设项目管理办法》《中心工作监督问责办法》，召开项目小组会10次，对项目开展进行全程监督。

（傅瑞钧）

大栅栏街道

【概况】大栅栏街道位于西城区东南部，东起前门大街西侧，西至南新华街，南起珠市口西大街，北至前门西大街。辖区面积1.26平方公里，街巷114条。有中央单位2个，市属单位8个，区属单位15个，中、小学3所，幼儿园4所。社区居委会9个，户籍人口20675户54364人，流动人口9350人。年内，街道财政支出24578.5万元，同比增支2512.4万元，增幅11.39%，完成年度预算支出的96.6%。街道机关、事业单位人员163人（公务员编制122人、事业编制41人），安置军转干部1人。年内，获全国扫黄打非“进基层”示范点、北京市“扫黄打非”（文化市场管理）进基层市级示范点、北京市就业创业工作先进集体、首都环境建设样板单位、北京市安全社区、2017年度“疏解整治促提升”专项行动先进集体等荣誉。

地址：西城区棕树斜街26号
邮编：100051
电话：63032563

（苏　乔）

【机构改革】年内，按照区人力社保局统一工作部署，11月大栅栏街道完成体制机制改革（大部制）工作，街道原有30个职能科室和2个事业单位，综合设置为“一委、七办、三中心”，“一委”即纪律检查工作委员会（监察科）；“七办”即综合办公室（原党政办、财政科、全响应办公室合并组成）、党群工作办公室（原组织部、宣传部、人事科、人大统战、总工会、团工委、妇联、离退干部科合并组成）、平安建设办公室（原综治办、维稳办、人民武装部、司法所、安全生产办、信访办合并组成）、城市管理办公室（原城管科、大栅栏城管执法队合并组成）、社区建设办公室（原社会办、卫健办合并组成）、民生保障办公室（原民政科、劳动科、住保办、公共服务科、残联合并组成）、地区协调服务办公室（原地区综合管理办公室、统计所、街区办合并组成）、党群服务中心、市民服务中心（原社会保障事物所、社区服务中心合并组成）、全响应街区治理中心。完成了14位处级领导分工调整，96名公务员、39名纳入规范管理事业编制人员的任免职，明确了7名未定职公务员、2名未定职纳入规范管理事业编制人员工作部门。

（苏　乔）

【城市管理】年内，街道推进街区整理计划，划分煤东商住融合街区、延寿传统居住街区、斜街文商旅综合街区、百顺梨园文化街区、东琉璃厂传统文化街区等5个一级街区，19个二级街区，确定“两轴、五片、多节点”的总体空间结构。建成大栅栏街区整理展示中心，完成廊房二条、廊房三条、门框胡同路面铺装，珠宝市、粮食店沿街房屋立面修缮，廊房三条、大栅栏商业街东口、施家胡同景观节点工程。开展背街小巷整治、地下空间清理、群租房治理、直管公房转租转借清理等专项行动，33条街巷通过了市级“十有十无”达标验收，拆除违法建设208处15168.73平方米，其中拆除大栅栏商业街老字号历史遗留违建5105.21平方米；完成无证无照经营整治20处，直管公房转租转借清理40户，清理违规群租房20户，封堵开墙打洞101处。利用腾退空间新增车位154个；拆除晋阳饭庄东侧临建，改建绿地3200平方米，拆除瑞蚨祥鸿记楼顶违建，改建楼顶花园面积912平方米，打造三井社区“一尺花园”，新增绿化面积6659平方米，补栽时令花卉4.5万株。以河长制为统领在大安澜营社区全面推行垃圾分类管理，在大栅栏商业街试行垃圾不落地，在西河沿街全面实现垃圾不落地和垃圾分类。全面推进物业化管理，将街巷保安纳入网格发挥实名制作用，开展全天候不间断巡查，日均规范共享单车3000余辆。

（苏　乔）

【社区建设】年内，开展“进千门走万户”活动，建立处级干部联系社区、机关党员干部大走访、社区党员干部网格走访、在职党员干部走访的四级工作机制，街道全体干部通过入户走访、座谈交流等形式，联系居民、企业1万余次，收集各类问题、建议2245条，解决问题2140件。举办“与百姓面对面、让民意零距离”居民建言献策交流座谈会，广泛听取9个社区居民代表在环境建设、改善民生、名城保护、地区规划发展等方面的意见建议。深入开展“访听解”活动，解决群众关注的难点问题1404件。完成9个社区党委换届工作，招录社区工作者19人，党务专职工作者2人。举办大栅栏街道第二届“社工英雄荟——社区工作者职业技能大赛”，发布“大栅栏街道‘社工+’心桥培育计划”。落实向群众通报情况制度，通过居民代表大会、网格议事会、街巷议事会、楼门院长会、志愿团队活动等形式向居民通报工作情况679次。依托社会组织服务中心，举办“第四届大栅栏街道社区营造培训班”，开展“培力公坊”28期。开展大栅栏街道第三届公益微创投项目，共培育扶持22支社区社会组织。

（苏　乔）

【社会保障】年内，增设西柳树井幼儿园分址，提升街道幼儿园教学综合实力。正式挂牌成立“大椿天学区办公室”，健全完善社区教育学校课程体系。推进全国街道（乡镇）劳动争议调解示范工作，帮助农民工讨薪5.2万元；发挥“澜创园”就业助推效应，开展个性化职业指导培训；举办第七届老字号企业招聘会等主题就业活动35场次，城镇登记就业率72.48%，城镇登记失业率0.93%，零就业家庭动态“脱零”。健全完善“互联网+”模式的“1512”区域养老服务体系，完成延寿社区、石头社区、前西社区等3家养老驿站建设，正式运营大栅栏街道老年协会食堂；实施亲情服务卡项目，为50名A/B类孤寡、特困空巢老人提供亲情服务246人次。帮助545户家庭实现安居梦。累计救助6829人次，救助金额433.9万元。开展大型送温暖活动，“两节”及“十一”期间对地区5853人次发放慰问金231.02万余元。

（苏　乔）

【社会服务】年内，深化民生工程民意立项机制，完成修缮老旧院落破损地面84处及老旧门道80处，安装扶手、修整台阶等99处，升级改造公厕97处，为居民院落安装太阳能路灯1000盏，安装晾衣杆100组，为地区830间私产房、单位产权房的老旧房屋电路内线进行改造，为辖区5221户居民提供电暖气免费提供检修服务。充分利用地区公共服务设施，大栅栏文博馆接待参观人员2700余人次；爱心互助浴池免费服务地区老人、残疾人约7000余人次；社区服务中心图书馆、老北京民俗图书馆共接待市民读者近2.29万人次；文体活动中心开办“品悦文化学堂”等活动，参与居民8000余人次；人口家庭活动中心开展儿童早期发展服务，为辖区100名0至3岁儿童免费健康体检。推进“新希望家园”建设，对特扶家庭开展结对帮扶、亲情抚慰等活动。免费为10余名残疾人提供肢体康复训练，开展系列残疾人帮扶活动。

（苏　乔）

【社会治安综合治理】年内，圆满完成中非论坛北京峰会、纪念改革开放40周年等重大活动的综合保障任务，启动社会面防控84天，累计出动志愿者9.7万余人次。完成街道实体化综合执法平台建设，开展联合执法504次，累计出动人员6152人次，规范门店3892次，疏导车辆4361辆。推进扫黑除恶专项行动，以前门月亮湾、煤市街沿线、大栅栏商业街区、东琉璃厂等地区为重点，查扣“黑车”48辆，清理废旧三轮车26辆，清理各类僵尸车、违停卸牌车辆35辆。提升地区物技防水平，为65个平房院落安装门禁系统。开展平安校园项目，为大安澜营、西柳树井幼儿园安装高清探头95个。开展安全检查3003户次，消除隐患3134处，隐患整改率100%。检修、更新灭火器具近1.1万具，建设和平门小型消防站，开展消防培训演练，全面提升地区火灾处置能力和灭火抢险救援能力。加强国防后备力量建设，完成150名基干民兵和600名民兵应急分队的整组任务，兵役登记116人，征集新兵3名。

（苏　乔）

【精神文明建设】年内，组织开展以“礼让守序，干净整洁，文明城区迎冬奥”“创建文明城区，让我们的生活更美好”为主题的宣传活动。举办“爱在大栅栏 筑梦新时代”——大栅栏街道纪念“综合包户”35周年主题活动，“我们的节日”第二季九个一系列主题活动；举办“书香在西城，阅读大栅栏”职工读书会；打造“魅力巧娘”非遗小课堂，开办4期巧娘手工艺创新培训；依托各类资源，开展科普活动，提升全民科普素质水平。开展“礼让斑马线”文明劝导活动和全国道德模范、北京榜样评选推荐，组织“爱在大栅栏”和“最美劳动者”榜样表彰，开展和谐家庭创建活动。完成地区“新时代新气象新作为”大型主题采访，深化“巾帼建功行动”。

（苏　乔）

【党的建设】年内，推进“街道吹哨、部门报到”工作，按照“一个坚持、三个强化”的总体思路，即坚持党建引领、强化合力效应、强化社区参与、强化街道治理，构建“三级”吹哨、多元“报到”工作格局，以群众的诉求就是“哨声”为导向，围绕14项地区重点任务及7个街道级试点问题、2项区级试点问题，向各级部门吹哨65次。建立大栅栏街道党建工作协调委员会，吸纳同仁堂、华夏银行和平门分行、北师大附中等15家单位作为党建工作协调委员会成员单位，梳理发布资源清单、服务清单、项目清单，各社区党委成立社区党建工作协调委员会。推进区域党建项目化运作，发布特色项目7个。完成党群活动中心暨职工之家项目建设，开展社区党组织服务群众项目36个。落实在职党员“双报到”工作，已报到在职党员935人，报到党组织16个。落实领导干部“一岗双责”要求，层层签订2018年党风廉政建设责任书和责任清单。开展党风廉政谈话，记录全程纪实手册，确保党风廉政建设主体责任落实到人、落实到事。举办“大栅栏崇廉尚洁宣传教育书画展”，参观从严治党反腐倡廉警示教育基地，学习廉政文件精神，通报违反“五大纪律”等方面的典型案例。定期对机关、社区干部发送廉洁短信提醒，加强对两节期间帮困慰问金、慰问品发放情况及节日前后、街道重点工作的监督检查，组织党风政风监督员开展明查，聘请第三方公司进行暗访，纪工委针对特定工作进行抽查，全年开展重点调查66次。

（苏　乔）

【政务能力建设】年内，严格落实“三重一大”决策制度，组织召开工委会、主任办公会77期，研究讨论议题835项。开展2018年新进及窗口人员培训80余人，开展街道全体干部能力素质提升系列脱产培训，委托专业机构对街道、社区125名干部进行能力素质盘点测评，全年交流调整科级干部5名，选拔科级领导职务干部3名，事业单位副科级领导职务干部2名。依托理论中心组、“智慧之光”大讲堂、“书香大栅栏”网上阅读空间等载体，开展领导干部讲党课，组织理论中心组学习42次，启动“红色基因永传承”系列主题教育实践活动，着力培养忠诚干净担当的高素质干部。深化政务公开和信息公开，编制北京市政务公开全清单，主动公开机构职能、规划建设、业务动态、法律文件等信息518条。邀请顾问律师成员参与街道经济合同的谈判、重大项目法律风险审查和综治维稳、背街小巷治理等重点工作的风险防范，共提供法律服务53次。深入推进“七五”普法，开展各类法治宣传活动30余场次，发放宣传材料1.5万余份，落实人大代表建议和政协委员提案，办复区级建议1件、提案7件，其中主办件1件，会办件7件。政务服务大厅受理各类业务4万余件，提供政策咨询服务5.6万余人次。

（苏　乔）

【历史文化发展】年内，完成《会馆寻踪》《非遗传承》书籍编写及出版；安装86条胡同100块胡同文化简介。启动“京韵剧源——西城2018京剧发祥地艺术季”，举办北京国际设计周、“大栅栏生活月”、纪念“综合包户”35周年主题活动，摄影展“2018大栅栏街道第三届文化体育节”等主题活动，打造“胡同运动会”“胡同微马”等精品项目；组织“我们的节日”第二季主题活动、“魅力巧娘”非遗小课堂；开展“成长加油站”冬令营、夏令营。依托国粹苑、文博馆等载体，举办丰富多彩的群众文化活动，彰显“大栅栏”文化魅力。

（苏　乔）

天桥街道

【概况】天桥街道位于西城区东南部，东起前门大街、天桥南大街、永内大街与东城区天坛为邻；西至虎坊桥、北纬路、太平街与陶然亭街道接壤；南起永定门护城河为界与永外大街相望；北至珠市口大街与大栅栏街道交界。辖区面积2.07平方公里，驻区单位1334个，社区8个，户籍人口18811户54146人，流动人口7493人。年内，出生424人，死亡492人。财政收入20772.66万元，财政支出20870.54万元。街道设11个职能科室（含事业编制及内设科室），机关行政、事业人员编制190人（其中公务员编制132人、事业编制57人、工勤编制1人），公务员122人、行政工人1人、事业编制35人。转任进入机关、事业单位1人，公开招考进入机关、事业单位4人。机关退休1人、事业退休2人。年内，街道在城市管理、社区建设、民生保障、综合治理、党的建设、机构改革等方面都取得新进展。

地址：西城区北纬路9号

邮编：100050

电话：83133818

（周　燕）

【机构改革】年内，按照坚持强化党的全面领导、坚持着眼街道长远发展需要，坚持科学定编定岗定责、坚持整体推进、坚持群众路线、坚持改革、发展、稳定相结合的原则，统筹推进各项改革任务落实，领导小组办公室下设工作组。于7至12月进行大部制改革，从综合协调、组织人事、服务保障及纪检监察四个方面落实改革任务，调整街道工委、办事处主要职责、内设机构及人员编制，从26个职能科室调整为“一委、七办、三中心”。“一委”即纪律检查工作委员会（监察组），原纪律检查工作委员会（监察科）；“七办”即综合办公室（原街道工委办公室、办事处办公室、全响应办公室、财政科合并组成）、党群工作办公室（原组织部、宣传部、人事科、统战部、人大办公室、总工会、团工委、妇联、离退休干部科合并组成）、平安建设办公室（原社会治安综合治理委员会办公室、维护稳定工作领导小组办公室、信访办公室、武装部、民防办公室、安全生产办公室、司法所合并组成）、城市管理办公室（原城市管理科、街道城管执法队合并组成）、社区建设办公室（原社会建设办公室、卫生健康办公室合并组成）、民生保障办公室（原民政科、住房保障科、劳动和社会保障科、残联合并组成）、地区协调服务办公室（原统计所、承担区域统筹发展职责、功能区综合管理职责及指挥部职责的相关科室合并组成）。“三中心”为街道直属事业单位，即党群服务中心、市民服务中心（原社会保障事务所、社区服务中心合并组成）、全响应街区治理中心。

（周 燕）

【城市管理】年内，天桥街道拆除违法建设251处、面积11354.5平方米，治理“开墙打洞”50处。推进街区更新，将地区划分为永安路、香厂新市区、天桥、禄长街、先农坛等5个街区，建立街区更新设计项目库，完成天桥市场斜街绿化景观更新改造，基本实现天桥演艺区核心街区精彩亮相。街区更新展示馆对外开放。华康里、泰安里、宜兴会馆等文物腾退项目完成90%以上。北纬路道路征收项目完成94.20%。永安路道路征收项目完成78.13%。制定《天桥街道南中轴线周边街巷2018年—2020年三年整治提升计划》，建设商户自律联盟街巷，打造8条巾帼建功示范街巷，重点推进15条背街小巷环境整治，47条街巷通过背街小巷环境整治提升的市政府实事项目第三方评估。香厂路地区试点居民自治停车管理，有效缓解街巷胡同停车难、停车乱现象。利用拆违空间留白增绿，打造小微绿地新增绿地面积5000余平方米。成立环保督查联合执法小组，加强施工工地管理，开展检查及夜查86次，立案处罚19起，罚款6.4万元。做好商户燃煤、储煤执法检查，严厉打击露天烧烤、大排档违法行为。推进垃圾分类工作，设置垃圾收集设施470组，清理堆物渣土600余车、5000余吨。主要领导巡河150次，巡河员日常巡河1283次。完成地区32处平房院落铺装及下水管线整修。制定《天桥街道2018年防汛应急预案》《天桥街道2018年防汛工作方案》，召开地区防汛工作部署会。开展以危旧房屋、低洼院落、老旧小区、河道周边为重点的防汛安全检查和隐患排查，设立辖区防汛责任信息公示牌80个。摸底辖区需求，储备必要的防汛物资，做好汛期后勤保障工作。

（周 燕）

【社区建设】年内，完成永安服务站建设工作，实现“多居一站”全覆盖。完成虎坊路、留学路社区规范化装修改造提升，改善社区办公环境。梳理社区存在的各类达标、检查评比和示范创建活动，上报261项工作事项。完成社工招录及体检工作，开展社区工作者脱产培训，开展“社工正青春”风采展，通过技能竞赛和才艺展示提升社区工作者职业化水平。开展2017年度街道级社会组织年检工作、社区社会组织半年复核工作，召开天桥街道2018年公益服务创投发布会，继续推进“三社联动”，即以社区、社会组织、专业社工为载体，推动多方共同参与工作机制，依托专业社会组织，搭建培育扶持带动平台，开展公益创投项目12个。完善民生工作民意立项工作机制，完成试点项目小腊竹广场整治工程和校尉营胡同环境综合整治工程的民意征集程序。开展社区议事协商创新提升项目，搭建“天桥协商议事示范平台”，香厂路社区停车管理试点、先农坛社区菜车进社区均是通过居民议事协商得以实施。各社区招募小巷管家154名，实现地区背街小巷全覆盖，形成群众参与地区环境整治提升的良好氛围。

（周 燕）

【社会保障】年内，落实各项社会救助政策，重点关注低保重残家庭和患重大疾病人员的低保家庭。开展“全程陪护式”服务，帮助低保人员垫付住院押金37次，垫付医疗周转金35万元。开展“携手慈善送温暖”“助老慈善医疗救助”“春雨大病”等各类救助工作，帮助223人次，救助金额31万余元。发放低保和救助金1540.35万元，发放采暖补贴454人28.4万元。街道党组织、社区党委和辖区内15家企业党支部成立“手拉手”促就业联盟，签订“‘手拉手’就业宣传倡议书”，推动“党建促就业”深度融合发展。打造“京韵天桥社”就业援助中心，为失业人员提供创业培训、政策导读、项目推介、就业体验、跟踪服务“五位一体”的专业服务，地区失业率0.87%，就业率69.35%，被评为“市级充分就业街道”。开展老年人就餐送餐服务需求调研，发布送餐服务单位名册，为地区60周岁及以上的优抚对象、80周岁及以上的空巢家庭老人提供送餐服务4379人次。走访446名高龄、空巢和孤寡老人，为52名老人开展养老巡视服务1689人次，对32家居家养老服务单位进行642次安全检查和环境督查。依托“爱心吧”、养老照料中心等平台开展文化教育、医疗健康、居家照料等为老服务活动，服务老人37958人次。开展“百家圆梦”项目服务活动，对地区失能、残疾、重大疾病等空巢老人家庭提供室内清洁、擦玻璃、理发、修脚等服务，服务次数660次。街道红舞鞋艺术团与首都图书馆、北京市残疾人文化体育指导中心联合举办“书香你我共享，快乐你我同行”全国助残日主题活动。走访慰问残疾困难家庭495人次，发放慰问金20.41万元，发放残疾人两项补贴10883人次，资金258万余元。成立全区首个协调劳动关系三方委员会，有效促进和谐劳动关系的形成。开展红十字救护培训活动。开展无偿献血活动，成功献血138人，采集全血27600毫升。慰问地区100户困难独生子女家庭，发放现金3万元，慰问40户困难单亲母亲，发放现金1.2万元。审核发放独生子女父母一次性奖励436人43.6万元，发放独生子女父母奖励费830人6万元。完成地区第四次全国经济普查工作，登记有效法人和产业活动单位1462个、个体经营户425个。与青海省玉树州囊谦县吉曲乡、内蒙古自治区赤峰市喀喇沁旗小牛群镇、北京市门头沟区斋堂镇签订结对帮扶协议，开展小牛群镇危房改造项目，涉及建档立卡贫困户中24户深度贫困户，动员企业爱心人士对青海、内蒙古两个地区捐赠冬衣2487件，协调地区人大代表、政协委员对小牛群镇7户建档立卡户的9名贫困学生进行捐资助学，金额3.6万元。

（周 燕）

【社会治安综合治理】年内，完成人口疏解任务，涉及常住人口1551人。依托综合治理执法平台，开展各类联合执法39次。整治群租房22户，涉及人口120人；清理地下空间1处，涉及人口47人；协调天桥派出所开展户籍大数据清整工作，涉及人口542人。联合樱桃园交通大队开展道路交通联合整治专项治理40余次。落实处级领导包社区、机关干部下网格工作机制，不断充实社区网格巡查力量。地区1368名治安志愿者参与保障任务8次，累计值守100余天。加大物技防建设，安装监控探头49个，安装楼宇对讲80个单元门，受益居民1440户，在北部平房区安装安全防护门332个，为地区1000户居民更换C型锁芯。检测社区及重点部位灭火器3040

具，新增灭火器450具。开展12次禁毒专项宣传，发放宣传折页600余份、宣传品300件。完成街道、社区“扫黄打非”工作站挂牌，邀请区文化市场执法队领导开展专题培训。接待群众来信来访、市长信箱58件，涉及160人次，办结率100%。成立西城区首批8支“金融知识普法宣传志愿服务队”，开展“普及金融安全知识 提高法律保护意识”主题宣传活动暨“天桥街道金融知识普法宣传志愿服务队”授旗仪式。重视安全生产工作，出动执法人员2560人次，检查单位1380家次，上报并整改高风险安全隐患109处。组织开展安全生产培训班3期，培训辖区企业负责人、安全管理人员487人。年内，108家小微企业达标任务全部完成，“安责险”签署任务总数224家，超额完成指定任务。开展“法律十进”“以案释法”等法治宣传教育活动35场，参与群众3000人次。成立“薜晔人民调解工作室”，落实人民调解“以案代补”制度，向区司法局报送人民调解案卷70份，其中优秀案例7件。

（周　燕）

【精神文明建设】年内，完善社区志愿服务制度化、规范化、常态化管理机制，开展“两节”、“雷锋月”、志愿服务一条街、养老机构专项服务行动等各类志愿服务活动346场次，提供医疗健康、心理咨询、家政服务等专业志愿服务，参与志愿者10294人次，受益群体53941人次。举办“雷锋精神耀天桥同心共筑志愿梦”纪念天桥街道学雷锋志愿服务35周年暨天桥街道2013—2017年度学雷锋志愿服务表彰发布会。加强全媒体中心建设，出版《天桥时讯》25期，微信公众号“京韵天桥”推送108期400余条，读者达10202人。推动文明城区创建工作常态化，开展主题推动日活动，细化工作步骤，通过首都文明办测评。开展理论中心组集中学习30次。在社区开展百姓宣讲8场。开展“我与改革开放”故事征集活动，制作《北京公交车的记忆》微视频，网络点击量突破3万人次，获得北京市三等奖。举荐30名“北京榜样”，石国勇和毛众分别为8月和9月市级周榜人物。依托雷锋图书馆和民俗图书馆举办智能手机讲座等活动61场，受益人数1600人，接待来馆读者4472人次，借阅图书9492册，接收报纸6753份、杂志1672本。

（周　燕）

【文化建设】年内，举办6场传统节日主题活动，开展“庆六一儿童节”系列主题活动，10月开展第八届天桥民俗文化节系列活动。加强地区文化团队建设，重点打造少儿民俗艺术团等5支地区文化团队，坚持每周开展文化活动。落实文化保护责任，完成20场“非物质文化遗产”实践活动、5场非遗进社区活动、7项区级非物质文化遗产项目代表性传承人组织申报工作，稳步推进口述历史征集活动。完成40名非京籍适龄儿童入学证明材料现场审核工作，组织开展街校共建活动。5月举办全民体育健身节暨“8+1”趣味运动会，联合区第二文化馆举办4场太极养生主题活动。中国名镇志文化工程中，街道撰写的《天桥街道志》已上报至中国名镇志文化工程领导小组。

（周　燕）

【双拥共建】年内，为驻地部队提供近17万元的慰问金及训练生活所需慰问品。完成烈属、参战、参核人员办证工作，各类生活补贴及时发放。扩大双拥参与，组织开展安全讲座、制作手工皂、走访慰问等活动，拓展双拥工作新领域，扩大双拥工作的参与面和覆盖面。

（周　燕）

【综合减灾】年内，完善街道综合减灾工作制度，加强社区救灾志愿者队伍建设，实施风险评估、隐患排查治理、应急演练和防灾减灾宣传教育。以5·12全国防灾减灾日、10·13国际减灾日为契机，在社区设站宣传，提升居民安全意识。组织50余名应急志愿者到国家地震紧急救援训练基地参观学习，组织16场防灾减灾技能培训，参与居民1000余名。

（周　燕）

【党的建设】年内，持续深化“党建引领”，推进“两学一做”学习教育常态化制度化，开展“不忘初心·牢记使命”主题教育实践活动，落实街道“‘366’基层党组织负责人阶梯培养体系”，不断完善“131”党建服务阵地建设，坚持以“一规一册一网一表”规范党组织建设，严格落实“三会一课”制度和主题党日活动制度，成立“两新组织联合党委”，开展系列党史巡展、“不忘初心·传承红色基因”系列主题党日活动，启动16个社区服务群众项目。完成社区党委换届，选举一次成功率为100%。坚持做好干部选拔任用及轮岗交流工作，建立领导班子成员联系离退休干部机制，在春节等节日对离退休老干部进行走访慰问，组织多种形式活动丰富离退休老干部生活。做好区人大代表接待选民月活动，接待选民210人，座谈8次，走访4次，义诊1次，收集选民意见87个。

（周　燕）

新街口街道

【概况】新街口街道位于西城区北部，东起新街口南、北大街，西四北大街与什刹海街道为邻；西至西直门南、北大街，阜成门北大街与展览路街道相接；南起阜成门内大街与金融街街道接壤；北至德胜门西大街与海淀区隔街相望。辖区面积3.7万平方公里，社区居委会21个，综合服务站1个。户籍人口39865户106928人，常住人口35489户91372人。年内，出生939人，一孩586人，二孩348人，多孩5人，死亡887人。有社会单位3265家，其中中央单位124家、市属单位106家、区属单位179家，中、小学11所，幼儿园8所，社区教育学校1所，少年宫2所，成人高等学校1所。机关设科室7个，3个科级纳入工资管理规范事业单位。机关、事业单位工作人员共258人。其中公务员162人，行政工人3人，事业职工93人。通过公开招录、政策性安置、转任进入机关、事业单位的工作人员24人；公务员、事业职工、行政工人退休10人；调出公务员、事业职工7人、轮岗2人。年内，财政收入38749.86万元（含上级财政拨款），财政支出37970.96万元。年内，街道在党的建设、社会面防控、城市管理、社区建设、民生保障等方面取得新进展。获“北京市就业创业工作先进集体”“2018年首都环境建设样板单位”“北京市三八红旗集体”等称号。

地址：西城区西直门内大街128号

邮编：100035

电话：66002800

（张　朔）

【机构改革】按照精简、统一、效能原则，根据街道职能定位和主要职责，新街口街道于11月进行大部制改革，改革后综合设置“一委、七办、三中心”，“一委”即街道纪工委（监察组）；“七办”即综合办公室（原街道工委办公室、办事处办公室、全响应办公室、财政科合并组成）、党群工作办公室（原组织部、宣传部、人事科、统战部、人大代表工作委员会办公室、总工会、团工委、妇联、离退休干部科合并组成）、平安建设办公室（原社会治安综合治理委员会办公室、维护稳定工作领导小组办公室、信访办公室、武装部、安全生产办公室、司法所、民防办公室合并组成）、城市管理办公室（原城市管理科、街道城管执法队合并组成）、社区建设办公室（整合社会建设办公室、卫生健康办公室）、民生保障办公室（原民政科、住房保障科、劳动和社会保障科、残联合并组成）、地区协调服务办公室（原统计所、承担区域统筹发展、综合管理及指挥部职责的相关科室合并组成）；“三中心”即党群服务中心、全响应街区治理中心、市民服务中心（原社会保障事务所、社区服务中心合并组成）。

（张　朔）

【城市管理】年内，建设垃圾分类标准化站点342个，规范建设垃圾分类站点998个，创建垃圾分类示范片区，组织开展垃圾分类宣传活动45场、志愿者宣传活动400场次，组织参观垃圾处理场2次，居民签订《绿色环保家庭承诺书》2.12万份，增设旧衣回收箱100个，安装垃圾分类提示牌1400块。完成2处大气粗颗粒物监测点位选址、论证及建设、验收工作；开展第二次全国污染源普查工作，入户清查锅炉100家、工业源实地检查145家；及时启动应急预案，空气重污染应急保障20余日；完成700平方米屋顶绿化项目、2500平方米新建绿地项目、2390平方米绿化改造景观提升工程及70个树坑覆盖项目等；全面落实“河长制”，河长巡查“潭西胜境”69次，社区、绿化队、城管监督队开展每日巡查，累计900余次，组织开展4次清河整治行动；创建市级节水型单位3家、区级节水型单位3家；完成91条胡同架空线入地管道建设施工。协调社会单位资源，新增100个车位开展错时优惠停车；利用闲置地新增停车位42个；广济寺周边环境整治征收项目迁出居民13户，隆长寺文物保护腾退项目迁出居民53户；建立8类防汛台账，严格落实防汛责任制，梳理出防汛隐患6类116处。年内，与地区1063家生产经营单位、21个社区居委会及21个安委会成员单位签订安全生产责任书；“新街口安监”微信公众号被评选为年度专职安全员队伍“最具影响力”微信公众号。与首都经贸大学合作完成《地区安全生产检查实操手册》的汇编。年内，共抽检食品样本724批次，收到不合格报告5份，问题发现率2.3%，共抽检药品样本60批次，合格率100%；接收处理投诉举报282件，查处违法案件49件，罚没款共计21.2万元；整治不规范餐饮35处，疏解人口400人。

（张　朔）

【社区建设】年内，以民意为导向设计社区公益金项目，提高资金使用效力。通过新苗计划及1+1助推项目，指导培育发展社区社会组织，规范服务内容；完成富国里、安平巷、宫门口社区规模调整；年内，组织召开停车自治、胡同议事会等15场。开办“老旧小区治理工作坊”，在北草厂、西里二区东新开甲31号院等多个小区开展业主自治培育试点，推动老旧小区自我服务管理工作，北草厂社区玉桃园三区9号楼物业管理的案例被北京电视台《向前一步》节目选用，为老旧小区物业管理模式进行探索。打造“白塔寺街区会客厅”社区营造项目，成立“白塔寺街区理事会”，推选理事68人，完成《白塔寺街区理事会章程》，理事参与磋商胡同改造、停车自治等议题，提升居民及商户参与白塔寺地区建设的自觉性，探索新型多元参与共治机制。成立新街口街道学区理事会，推动新街口地区教育事业发展。年内，召开购买社会组织服务项目评审会11场，评审服务项目62个；对139个社区备案社会组织进行复核。招录2批次43名社区工作者；举办年度社区工作者培训，400余人次参加专项业务知识培训；举办“新春笔会”“清明诗会”“白塔歌会”“冰雪运动嘉年华”、足球邀请赛、太极拳及象棋团体赛，编制《白塔新辉》主题曲，推动“白塔新辉”品牌建设。完成西四北头至八条四合院线上博物馆建设和新街口地区改革开放40周年宣传片《奇迹》的制作。年内，举办健康、法律、摄影、手工艺等各类培训班、科普大课堂各类讲座共58场，培训684课时。年内，街道辖区两个图书馆共办理“一卡通”308个，接待阅览6.8万人次，借阅图书10.8万余册。

（张　朔）

【社会保障】年内，新街口就业服务微博累计发布信息600条；西城区新街口街道就业平台微信公众号关注682人次，信息推送600条；北京新街口社保所博客博文共计12篇。辖区新增登记失业人员1168人，实现就业人员1100人，就业率115%，创业项目洽谈12次，空岗信息采集3750个，职业指导522人；新增参保一老一小和无业1362人，为1738人报销药费766万余元；社会化管理退休人员11142人。年内，公租房资格家庭1639户，已解决610户，待解决家庭1029户；领取各类补贴家庭749户；组织311户家庭参加选房，实际解决住房困难家庭164户。年内，户籍二孩以内生育登记1489人，再生育（二孩以上）审批12人；流动人口生育登记（生育服务联系单）147人；办理《独生子女父母光荣证》29个，为543人发放独生子女父母年老一次性奖励54.3万元，为1304名个人存档人员发放独生子女父母奖励费6.88万元；走访慰问计生特扶家庭和困难家庭530人次，发放慰问金23.87万元。发放避孕药具20余万支。年内，办理残疾人证319份，其中新申请209人，补办及变更等事项办理96人，残损换新14人；办理城乡居民养老审核77人；对500余名灵活就业人员进行保险核查，新增22名残疾人办理灵活就业；新增办理养老助残卡85人62.52万元；完成3773名残疾人动态更新专项调查；春节、助残日及国庆节期间为900户贫困残疾人家庭发放慰问款49.5万元。为772名老年人办理老年人优待卡，发放高龄津贴8605人次91.08万元，发放老年人医疗补助17.02万元，组织148位无保障老人体检，发放北京市养老（助残）卡6908张；“一元理发”累计服务1742人次，助浴服务累计1383人次。节日期间走访慰问各类困难人员4585人次281.291万元；临时救助62人次14.58万元；发放爱心卡1018户61.08万元；新生助学12人7.76万元；发放冬季取暖补贴197户23.17万元；街道自主资金救助33人21.95万元。拓宽救助帮扶渠道，吸引慈善力量开展慈善专项救助行动，广济寺捐资16.73万元帮扶困难群体146人；组织完成社会捐助活动，募集衣物4590件；审批、发放地区1827名残疾人两项补贴518.30万元；发放困境儿童生活费2人1.73万元。

（张　朔）

【社会治安综合治理】年内，落实社会治安综合治理领导责任制，与驻地中央、市属单位、科队站所及21个社区签订了2018年社会治安综合治理领导责任书。年内，启动社会面一级防控10天，发动群防群治力量3.245万人次，启动社会面二级防控50天，发动群防群治力量14万人次。积极推进物技防压发案工作，推广安装防撬锁、红外线报警器、C级锁芯等物技防设施；完成67个技防门的安装。推进平安社区创建工作，开展民意调查，制定递进性指标，督促指标落实，提升群众满意度。落实“街巷吹哨、部门报到”工作，联合执法357次。做好群租房整治和有照地下小旅店清退工作，100%完成治理群租房42处、疏解人口252人的全年任务，关停地区全部有照小旅店7处。开展矛盾纠纷与安全隐患排查工作，化解矛盾隐患36件。协调做好地区防火工作，张贴海报500余张，安装警示牌300块，发放宣传资料6000余份；年内，检查单位1950家，发现火灾隐患或违法行为2020处，督促整改2018处，下发责令改正通知书1568份，下发行政处罚决定书48份，下发临时查封决定书30份，责令“三停”单位8家，罚款70万元，拘留7人；配合区防火委安装6600个独立烟感报警器，35个联网式烟感报警器。年内，地区各级各类人民调解组织共调解民间矛盾纠纷432件，达成书面调解协议223件（其中司法确认13件），口头调解协议202件，涉案标的总额131.24万元。解答法律咨询438人次，张贴海报挂图758张，发放宣传折页4139份，开展法治宣传活动163次3560人次参与。地区实际列管社区服刑和刑满释放“两类”人员153人（其中社区服刑人员11人、刑满释放人员142人），开展社会调查78人次，走访约谈“两类”人员152人次，办理服刑在押人员来信问题15件。年内，推进地区“七五”普法规划落实；利用地区“疏解整治促提升”工作开辟的活动场地，举办“白塔新辉”普法微视频征集评展活动；坚持开展新街口街道司法大讲堂“以案释法”普法宣讲；指导各社区建立公共法律服务微信群，形成公共法律服务矩阵。

（张　朔）

【精神文明建设】年内，持续做好学习贯彻习近平新时代中国特色社会主义思想、党的十九大精神、马克思诞辰200周年、改革开放40周年等重大新闻主题和“红墙意识”、街区整理、居民自治等街道重点亮点工作宣传；共制作围挡1000平方米，设计制作“核心价值观”主题展板360块；做好文明城区常态化创建，利用街道报纸、微信线上线下展现地区文明城区创建结果，开展创城主题统一行动日活动2次，在地区设立22个宣传点动员全社会广泛参与；完成区政协《街巷胡同文化丛书》新街口分册的编撰，全书超过20万字，内容覆盖地区15个地标单位与主要街巷，展现地区40年来的变化；号召地区志愿者定期开展义务剪发、为老服务等活动；开展“文明养犬”试点社区推广活动。年内，完成26期《新街口之声》常规刊、7期特刊、8期《背街小巷整治进行时》专刊的出刊和发行工作。运行《北京新街口》街道公众号平台发布文章282篇。共有中央、市、区级媒体报道123次；与北京卫视合作，制作“20年弃管小区谁来管”“永不消失的味道”两期节目，聚焦解决地区治理难点问题，推动问题解决。开展“北京榜样”推荐评选活动，挖掘地区典型人物事迹；精选地区8名不同行业从业者组建“新时代 新使命”街道百姓宣讲团，面向地区干部群众进行“家门口的文化变迁”主题宣讲；组织“社区周末大讲堂”3次、道德讲堂4次，邀请名校教授等资源为居民授课；在重要节日期间组织开展“我们的节日”主题活动，共计开展各类活动124次，首次举办新街口中秋传统民俗文化市集活动，吸引地区数百名居民参加。

（张　朔）

【双拥共建】年内，“八一”前夕在宋庆龄故居举办“践行‘红墙意识’传承红色基因”主题慰问演出，开展新春游艺会、家风系列宣传、双拥故事征文等多种文化活动。参加“好军嫂”评选和助力军嫂就业活动。积极开展拥军优属活动，“两节”“八一”期间，走访慰问辖区11支共建部队，送去价值21.67万元节日慰问品。慰问贫困战士、立功受奖及考入军校战士45人2.25万元。街道首次与西直门宾馆、老干部服务局第57干休所、警卫一师四团一营四连结成共建联谊，组织共建部队优秀士兵代表陪伴亲人游京城活动。为辖区退役军人及优抚对象进行信息采集并悬挂光荣之家牌匾，“一朝参军、一生光荣”的观念深入人心；落实各项优抚政策，及时足额为146名优抚对象发放抚恤金、慰问金195.53万元，报销医药费20.21万元，救助10名大病及困难优抚对象，做好辅助器具配备等服务工作；组织部分优抚对象观看慰问演出、参加疗养等活动，丰富日常生活。

（张　朔）

【党的建设】年内，举办党员轮训班，指导各基层党组织开展教育活动600余场，发放学习资料1922册；党支部书记培训班3次，累计245人次；微党课12次，累计260人次。组织基层党组织班子民主生活会24个、组织生活会134个。落实街道大部制机构改革工作要求，完成226名机关干部的任职工作，建立科级干部履职业绩档案43份，完成25名科级干部选拔任用工作，组织完成以“不忘初心强党性、牢记使命争先锋”为主题的干部全员培训工作。以“进千门走万户”行动为契机，将“双报到”工作与“街乡吹哨、部门报到”工作结合起来，举办“同新同行 共融共建”新街口街道党建工作协调委员会工作会暨“聚力新工程46个党建资源项目”启动仪式，推进落实“资源清单、需求清单、项目清单”三项清单制度。扎实推进党组织、党员双报到工作，报到的基层党组织共计113家，在职党员报到3320名，组织在职党员参加社区环境整治、环保宣传、业务咨询、规范秩序等志愿服务社区活动80余场次。实施“366”社区后备人才工程，细化党建重点工作任务57项，全面推进党支部规范化建设，丰富拓展“B+T+X”内容体系和“一规一表一册一网”支撑载体，巩固西四北三条社区“五星级”党建品牌，在社区推广“竹清工作法”，加大党支部规范化建设督导工作。完成26个“两新”党组织和机关党支部按期换届选举工作，完成21个社区4轮党建工作的督查指导，制定《新街口街道社区“两委”换届选举工作实施方案》，严格落实社区“两委”候选人联审机制，组织纪检监察、公安、民政、司法、信访、城管执法等部门对282名社区“两委”候选人进行资格审查工作，完成21

个社区党组织换届选举工作。引入社会组织在商务楼宇中开展“织就联新网·共筑同心圆”创新项目，开展宣讲、服务等活动60余场次，推进非公有制企业和社会组织“两个覆盖”工作。组织开展共产党员“献爱心”活动，收到党员2233人交纳捐款128491元。严格党员发展、教育、管理，确定20名党员发展对象，预备党员转正8人，接转组织关系586人，慰问困难党员183人，划拨基层党组织活动经费193.6万元，组织各基层党组织开展主题党日活动600余次，收缴党费553580.1元。

（张 朔）

金融街街道

【概况】金融街街道位于西城区中部，东起西四南大街、西单北大街，西至西二环路，南起宣武门西大街，北至阜成门内大街。辖区面积3.78平方公里，有街巷111条。社区居委会19个，户籍人口11.2万人，常住人口7.6万人，流动人口1.1万人，从业人员29.6万人。有法人单位3864个，商务楼宇152座。高等院校1所，中学5所，小学6所，幼儿园2所，卫生医疗机构3个。机关行政、事业人员254人（公务员编制170人、事业编制84人）。公开招录公务员2人、招聘事业单位工作人员3人，接收军转干部2人。

地址：西城区太平桥大街107号

邮编：100032

电话：66219688

（陈丽君）

【机构改革】年内，展开大部制改革，按照精简、效能、便民的原则，把原来“向上对口”的33个科室，精简为“向下对应”、直接服务居民的“1+7+4”的架构，设立“一委、七办、四中心”。“一委”即纪律检查工作委员会（监察组），原纪律检查工作委员会（监察科）；“七办”即综合办公室（原工委办公室、办事处办公室、全响应办公室、财政科合并组成）、党群工作办公室（原组织部、宣传部、人事科、统战部、人大政协办公室、总工会、团工委、妇联、离退休干部科合并组成）、平安建设办公室（原社会管理综合治理委员会办公室、维护稳定工作领导小组办公室、信访办、武装部、安全生产办公室、司法所合并组成）、城市管理办公室（原城市管理建设科、城管执法队合并组成）、社区建设办公室（原社会建设办公室、卫生健康办公室合并组成）、民生保障办公室，（原民政科、住房保障科、劳动保障科、残疾人联合会合并组成）、地区协调服务办公室（原统计所、综管办、地区规划建设办公室、地区征收管理办公室合并组成）；“四中心”即新成立党群服务中心、市民服务中心（原社会保障事务所、社区服务中心合并组成）、全响应街区治理中心和金融街街区综合服务中心。

（陈丽君）

【城市管理】年内，开展“疏解整治促提升”专项行动和背街小巷整治工作，同步实施街区整理计划。全年完成“开墙打洞”治理57处，面积444平方米，拆除违法建设85处，涉及面积9322.91平方米，动态取缔不规范“七小”门店，吊注销企业执照175处，直管公房整治40处，群租房整治33处，各专项任务台账完成率达100%。按照分层统筹，分区治理原则，对辖区内111条背街小巷实施环境综合整治，其中6条街巷通过首批市级验收，占西城区首批达标数的1/3；有21条街巷达到“十有十无”标准，通过第二批市级达标街巷验收。全年累计整修粉饰外立面1330平方米，清理堆物堆料1447吨，清理私装地锁476个，清理僵尸机动车25辆，新增绿化1253平方米，栽植花木34439株，完成7处低洼院综合治理，25条为民办实事胡同、胡同改造项目、零星修缮工程等项目次第铺开；全年持续完善“一刻钟服务圈”，新增“金融街百姓生活服务点”、便民生活站2处；加大交通优化力度，对大木仓胡同、文昌胡同等调整为单行，加装机非隔离交通护栏，合理施划，新增停车位75个；在60条街巷引入“准物业化管理”，加强整治成果长效管控，实现地区环境品质稳步提升。按照“一图一表一诊断”，精细划分街区单元，划分为6个街区，分别为砖塔丰盛街区（文化、居住）、丰汇宏庙街区（生活、居住）、二龙路街区（政务、教育）、新文化街街区（居住、历史）、闹市口街区（商务、文艺）、金融大街街区（金融、管理）六大功能区。年底实现二龙路街区精彩亮相。以“大城管”模式为常态，城市病治理成效显著。以中央环保督导组和市环保督导组督查为契机，持续开展清障、治污、灭脏等专项行动，全年开展联合执法181次；建立并落实“河长制”，定期开展巡查；累计完成辖区248家节水单位水指标派发及增指工作；持续加大大气污染防治力度，建立14类污染源台账，建成两处大气粗颗粒物监测站点，全年开展绿化养护检查121次；持续做好垃圾分类工作，实现辖区楼房71个小区垃圾分类全覆盖，并率先在砖塔、大院、丰盛3个社区18条胡同内完成垃圾分类平房区试点推广工作；同时在19个社区均设有再生资源回收网点，确保辖区市容环境整洁。

（陈丽君）

【社区建设】年内，金融街街道以党的十九大精神为统领，深入开展党的群众路线教育实践活动，以居民自治为方向，以服务群众为基础，以改革创新为动力，加强基层政权和社工队伍建设，深入推进社区工作精细化和规范化。以“三社联动”为核心，完善民意立项机制，建立为民办实事工程，成立居民议事厅，不断完善“参与型协商”工作机制，积极搭建平台，创新开展“微创投”“爱心时间银行”等项目，进一步发挥社会组织作用；同时以民主自治为方向，建立北京市首家“金手指”社区社会组织，充分发挥社会组织在社区建设中的作用，提升社会治理能力。以“记忆金融街、书香金融街、艺术金融街、大师进社区”为主题，组织开展各类健康有益、丰富多彩的群众性文化活动。举办“康乐体育节”、“社区运动会”、“和谐杯”乒乓球赛、定向越野体育竞赛，鼓励社区居民参与国民体质测试活动和金融街周末健身广场系列活动。抓好科普干部和科普志愿者的业务培训，开展丰富多彩的科普活动。加强社区卫生领域建设，做好红会、精神卫生领域防控工作。加大老龄工作宣传，推进街道老龄服务工作。

（陈丽君）

【社会保障】年内，构建大民政服务体系，全年累计新增低保家庭43户，新增低收入家庭12户，慰问各类困难人群2117人次，分别利用区、街两级临时救助金为131户308人次解决实际困难，为辖区659户低保人群发放爱心卡；开展“春雨行动”“携手慈善送温暖”等救助项目，关爱各类人群290人，发挥社区慈善帮扶站“救急难”功能，救助帮扶53人次；依托家庭发展服务中心，关爱各类人群，举办活动931期，惠及群众2万余人次；依托温馨家园，为辖区2196名残疾人提供服务。始终坚持群众需求导向，全年登记失业人员就业人数596人，开展政策宣传活动10余次。依托金融街HR之家咨询服务中心为中小型非公企业搭建咨询平台，全年开展37个专场在线答疑，累计服务人群6000余人次。整合社区各项资源，为老服务体系更加健全。坚持保基本、广覆盖、可持续原则，建成砖塔社区老年驿站，推行政府为主导、市场化运作、企业化管理的运营模式，与金融街老年公寓、丰汇园养老驿站、受水河养老驿站，共同为辖区老人提供日间照料、健康指导等生活周边服务。

（陈丽君）

【社会治安综合治理】年内，依托街区巡导队，强化街区安保二级防控网络建设，完善建立“金链子工程”，创新启用“街区巡更系统”，顺利完成“全国两会”“中非论坛北京峰会”等重点时期维稳安保工作，参与值守力量3万余人次，抓好重点地区、重要节点、敏感部位常态化管控。街道综治中心实现挂牌办公，完成9个综治分中心建设，在网格化基础上，结合大数据建设平台，构建“全覆盖”技防网络。严格落实“一岗双责、党政同责”责任体系，发挥安委会统筹协调作用，检查辖区生产经营单位7063家次，开展联合执法80次，隐患整改率达98%，社会安全生产形势稳定良好。全年签订安全生产管理责任书600份，开展安全生产大培训9期，新增350家企业参保安责险，超额完成年度任务。积极推进国际安全社区复评迎检工作，完成平房区液化气罐普查，安装电动车充电桩、线路改造，为8个社区25个平房院288户居民安装户宇对讲、为2个社区6栋居民楼19个单元门256户居民安装楼宇对讲，进一步夯实平安社区的建设基础。发挥街道全响应指挥平台的调度、督察功能，利用网络、手机等电子信息平台，完善金融街街道政府热线服务制度，依托“一格五员”网格员队伍，快速感知、传递、响应网格内事务，受理网格化指挥调度系统案件1403件，办理12341热线案件1437件。

（陈丽君）

【精神文明建设】年内，主办“礼让守序 干净整洁 文明西城迎冬奥”为主题的创建文明城区主题推动日活动，19个社区同步开展，共发放“礼让守序、干净整洁、文明西城迎奥运”的宣传材料近5000份。利用《金融街周报》、“北京金融街”及“life金融街”微信公众号宣传发布文明城区创建相关内容，每月月末在《金融街周报》刊发社会主义核心价值观公益广告。制作31人北京榜样公示展板91块，在19个社区宣传栏内进行公示；邀请金融街“春之韵”舞蹈队及金融街金辉艺术团舞蹈队38人参加“礼让斑马线”原创广场舞大赛，金融街“春之韵”舞蹈队获得西城区一等奖、金融街金辉艺术团舞蹈队获得西城区二等奖。金融街“春之韵”舞蹈队自编的广场舞《礼让斑马线》在西城区“礼让守序 干净整洁 文明西城迎冬奥”创建文明城区主题推动日活动中作为开场舞进行展演。在辖区主要大街上的施工工地制作社会主义核心价值观宣传围挡近3000平方米；为社区更换611块社会主义核心价值观宣传展板；在19个社区更换、悬挂文明城区创建硬质横幅69条。开展“我们的节日”系列活动，开展各类活动10场；组建街道、社区级百姓宣讲团20支，开展宣讲活动20余场，受众群体1100余人。组织街道道德讲堂4场、社区道德讲堂76场，分别在东太平街社区、民康社区及丰融园社区举办周末社区大讲堂3场，受众群体5000余人次。

（陈丽君）

【统筹发展】年内，以大数据中心平台为支撑，加强大数据顶层设计，整合现有业务数据，建成“一个门户、一个中心、5个应用、一个APP”的数据应用体系。完成大数据分中心、大数据分中心综治子系统、红墙金服APP、街道低洼院院落物联网监测系统4个项目的建设，实现与街道一窗式政务服务系统、街道综治系统、视屏监控系统的实时对接，实现122类37.73万余条数据入网入库，与区地理信息系统、全响应指挥调试系统等实现对接，地区党建、城市管理、综治维稳模块在对接设计中。结合现有政务服务体系建设基础，围绕“全受理、主动办、送上门”的服务理念，建成北京市第一家街道级“一窗式”政务服务中心，将原大厅窗口整合为8个窗口，实行“前台综合受理，后台分类审批，统一窗口出件”的服务模式，将152项公共服务事项实现一网通办，真正实现“一窗式办理、多窗口服务”。7月16日政务中心启用后，办结受理各项服务事项1.42万余件，开展10项政务服务“主动推送”，办理结果“免费送达”300件，吸引32家单位参观考察。积极打造公共服务精品品牌，成功举办“魅力金融街、文化体育季”系列活动、“花开半夏”联谊活动、足球联盟等，开创街区活动新局面；依托社区文化活动中心，全年开班46期，惠及群众4.31万人次；积极开展“金融杯”“科普之夏”“守望传承中华民俗”等各类文娱活动、体育赛事，打造艺术惠民文化活动品牌。

（陈丽君）

【党的建设】年内，贯彻党的十九大精神和习近平新时代中国特色社会主义思想，贯彻新时代党的建设总要求，扎实推进党的群众路线、“三严三实”、“两学一做”学习教育常态化制度化，严格落实新形势下党内政治生活制度，积极调动广大党员的参与热情和工作干劲。按照街道工委统领、社区党委统筹、街巷支部负责的原则，持续固化“支部建在项目上”工作机制，以党建创新为推动各项重大任务提供强大动力。全面推进“一规一表一册一网”，利用北京长城网和“党员E先锋”平台，推进党支部建设与日常规范统一、党员教育管理与日常督促统一，深入推进党支部规范化建设。做好基层党组织和在职党员“双报到”工作，年内，街道共接待报到党组织100个、在职党员2372人。建立党建工作协调委员会制度，建立健全区域化党建双向需求征集、双向提供服务、双向沟通反馈“三个双向”工作机制，推进落实“资源清单、需求清单、项目清单”三项清单制度。破解区域化党建资源整合难题，街道及19个社区均已完成协调委员会的建立。做到党的发展与地区单位良性互动，实现“组织全覆盖、服务全响应”。不断加大廉洁教育向社区延伸，支持和鼓励各社区联合纪检组开展形式多样的廉洁教育活动。社区共累计开展廉洁知识问答、征文等活动60余次，参与人数2000余人。发挥受水河社区廉洁教育基地阵地优势，通过以“廉的足迹”为主题的展览，提高广大党员干部的廉洁从政意识，营造良好社会风气。共接待参观学习100多场次2800多人次。继续推行社区纪检体制改革，全面组织实施19个社区分组设置纪检专员工作。

（陈丽君）

椿树街道

【概况】椿树街道东起南新华街中心线与大栅栏街道交界，西至宣武门外大街中心线与广安门内街道相邻，南起骡马市大街中心线与陶然亭街道接壤，北至宣武门东大街中心线与西长安街街道隔路相望，南北长约1250米，东西宽约900米，区域面积1.09平方公里，辖61条街巷，4条主干道。7个社区居委会。地区常住人口2.19万人，户籍人口3.89万人，流动人口4325人。有蒙、满、壮、哈萨克等11个少数民族，是全区辖区面积最小、人口密度较大的街道之一。椿树街道地处高端产业发展带和传统文化保护带交汇处，区域经济以批发零售、金融保险、房地产和现代服务产业为主。驻地单位1275个。梨园文化历史悠久，尚小云、荀慧生、余叔岩等京剧名家的故居也曾坐落于此，有安徽会馆、京报馆等6处国家级、市级文物保护单位。街道设29个科室，2个事业单位，机关行政、事业单位人员152人。年内，街道财政收入12997.03万元，同比增长20.82%；财政支出12934.13万元，同比增长21.19%。

地址：西城区椿树园小区11号楼甲1号

邮编：100052

电话：63103648

（李 澍）

【机构改革】年内，街道于7至12月进行大部制改革，调整椿树街道工委、办事处主要职责、内设机构及人员编制。椿树街道机构改革后综合设置为“一委、七办、三中心”。“一委”即纪律检查工作委员会（监察组），原纪律检查工作委员会（监察科）；“七办”即综合办公室（原工委办公室、办事处办公室、财政科合并组成）、党群工作办公室（原组织部、宣传部、人大办公室、统战部、总工会、团工委、妇联、人事科、离退休干部科合并组成）、平安建设办公室（原社会管理综合治理委员会办公室、维护稳定工作领导小组办公室、信访办公室、武装部、司法所、安全生产办公室、民防办公室合并组成）、城市管理办公室（原城市管理建设科、椿树城管执法队合并组成）、社区建设办公室（原社会建设办公室、计划生育办公室合并组成）、民生保障办公室（原民政科、残疾人联合会、劳动保障科、住房保障科合并组成）和地区协调服务办公室（原统计所）。“三中心”为街道直属事业单位，即党群服务中心、市民服务中心（原公共服务科、社会保障事务所、社区服务中心合并组成）、全响应街区治理中心。

（李 澍）

【城市管理】年内，完成院落拆除870平方米，京报馆院内拆除100平方米；拆除西草场胡同3处二层违建、南新华街15号1处二层违建共4190.81平方米。封堵“开墙打洞”23处。留白增绿1060平方米。设置自行车、老年代步车和共享单车停放区共计64处；新施划停车位106个；利用吉祥头条北侧空地建设停车场1处。拆除联通大厦违规广告牌匾1处，拆除非法安装地桩地锁18处。背街小巷整治拆除违建35处139.84平方米。划分10个二级单元街区，完成宣外片区、宣东片区、西琉璃厂片区和梁家园等4个街区片区的划分。完成老旧小区改造、违法建设、绿化景观建设等12个专项规划图，与街道挂图作战工作进行有机结合。利用拆违腾退的空间、院落和街角空间等打造22个微更新节点。利用琉璃巷、西南园、铁鸟等胡同形成1公里慢行系统。为居民进行照明、水管管道、门窗等入户维修458次，解决墙面起裂、贴砖脱落，路面破损下陷等问题119处，清理下水道堵塞口42处。配合相关部门处理涉及拆迁区环境类问题80余起。对宣东1、2、3号楼进行综合整治提升。清理无主垃圾渣土9421处，清理绿地卫生死角1.25万处，发动志愿者800余人次。防汛期间，街道处级领导带班220人次，机关、社区、社会单位值班640人次，辖区各类备勤1800多人次，雨中出动抢险160人次、巡查3200多人次，提前处置隐患185处（次）。开展591次暗河周边巡查工作。完成辖区单位172个用水指标的发放；做好辖区1家区级节水单位创建工作；配合区节水办做好永光东街9号院及宣武门商务酒店西侧2000平方米渗水砖铺设工作。发放各类垃圾分类宣传品1500余份，协调解决日常垃圾分类问题15处。

（李 澍）

【社区建设】年内，招录社区工作者24名和党务专职工作者1名，完成118名社区工作者工资待遇调整，举办社会工作者能力培训班，组织“萤火微光聚风华 椿树社工展风采”系列活动，参加西城区“萤火计划”知识竞赛和展示展演，组织参加16批次市、区两级分层分类培训。完成梁家园社区解危排险修缮工程，规范社区公益金管理，做好“三社联动”项目推进，落实社区减负增效。申报“社区之家”示范点2个，区级资源共享先进单位9个。召开2018年社区代表会，提出意见建议30件，任务分解涉及近20个部门和单位。推进社区协商议事，推广“椿议民情坊”及其“五民”体系理念，开展红线和宣武门外东大街社区两场宣传外展活动。组织梁家园社区安装共用充电桩、琉璃厂西街社区安装太阳能路灯、魏染胡同36号院环境整治项目等多场协商表决会、观摩会。修订完善“椿树街道购买服务项目管理”相关制度、流程与标准，对30个项目进行项目管理，资金总规模700余万元。开展社区社会组织能力培训、讲座、工作坊等14场。

（李 澍）

【社会保障】年内，街道城镇登记失业人员实现就业453人，其中登记失业的困难人员实现就业348人；登记失业率0.97%。发放失业金120余万元，走访服务用人单位135家，回访345次，采集空岗信息800个，组织5次专场招聘会，为90名求职登记失业人员推荐80余个就业岗位，推荐成功20余人。辖区“零就业家庭”保持动态为零。全年新增居民医疗保险参保人532人次，医保报销金额160余万元，新申领社保卡71人，补换卡1552人。组织社会化退休人员活动31次，惠及1800余人。为202名失业人员办理退休手续，公益性组织托底安置4名就业困难人员，劳务派遣新增2人，解除劳务派遣人员11名，为17名协管员办理退休、离职手续。发挥社会救助“兜底线、保民生”的作用，全年累计发放低保金570多万元，医疗救助金104万元。全年累计新参保15户27人，通过信息比对，退出低保86户158人。成立街道“协调劳动关系三方委员会”领导小组，建立《椿树街道协调劳动关系三方委员会工作制度》。受理住房保障业务81户，对465户家庭进行资格复核，完成35户家庭资格变更，对48户家庭进行资格终止，有48户家庭入住保障性住房。街道享受低保家庭255户394人，新增低收入家庭15户27人；办理临时救助44户74人，发放救助金额12.11万元。办理医疗救助552人次115.36余万元。“春雨”大病救助2人2.46万元。办理新生教育救助4人1.8万元。慈善助学救助大学生5人2万元，高中生8人8000元。为40名低保老人发放慈善医疗卡，报销医疗费1.43万元。开展“携手慈善、新春送温暖”活动，为80位困难群众发放慰问金16万元。为8位高龄低保、低收入老人发放生活救助金4800元。发放“爱心卡”救助260户13万元。“春风送暖”收到捐款7.29万元。联合募捐救助18人2.93万元。机关科室、社区慰问749户次共47.36万元。完成退役军人信息采集1082人。为辖区100名65岁以下困难残疾人提供免费健康体检服务。完成1429名残疾人基本需求和服务状况动态更新工作。

（李　澍）

【为老服务】 年内，办理60岁以上老年证191个，80岁老人“北京通”卡121人；高龄津贴累计发放2352人次24.3万元；百岁老人津贴发放44人次8800元；95岁累计医疗报销15人近12.3万元；享受市、区两级失能补贴3381人次；发放90周岁以上无保障老年人医疗保险补助金4500元；“三项为老”服务592人次。为162位老人进行健康评估；为247名老人提供6849人次健康监测服务。向椿树街道国安银柏养老照料中心购买助浴服务项目，为136位高龄、失能、独居、空巢、残疾、失独老人提供793人次助浴服务。维护街道老龄数据系统，户籍人口数更新至1万余人，常住人口数更新至4538人，失能老人信息更新至516人，残疾老人信息更新至732人。建立地区为老服务单位名册，对接为老服务商41家，举办9场为老服务商座谈会，对接解决需求172件。组建由大学生、服务商代表、巡视员组成的47人助老志愿者服务队，组织“爱在椿树 志愿出行”活动，带领志愿者助行地区内老人64人。组织“端午节敬老服务活动”，惠及220余位老人。组织举办10场志愿者、巡视员培训，参与人次174人。组织筹办“椿树街道2018年度为老服务工作表彰大会”，表彰区级孝星7名，优秀为老服务个人11人，优秀为老服务单位11家和优秀社区。

（李　澍）

【社会治安综合治理】 年内，新增4处微型消防岗亭建设，实现7个社区微型消防岗亭全覆盖。在铁门胡同3号楼房安装简易喷淋、烟感报警器等消防设备。为辖区1200户60岁以上老人家庭安装感烟报警器。制作安装112块消防宣传专栏。在和外西里拆迁区、前孙公园文化广场、大沙土园胡同东口、椿树城管执法队车棚等安装4处智能电动自行车充电桩。在琉璃厂西街东口、椿树医院门口，安装2处液压升降挡车桩。推进信访工作，深入社区排查37次，接待109次群众来访，累计排查化解矛盾540余件，成功率99%。开展年度兵役登记工作，走访慰问现役士兵和军烈属。开展防空防灾宣传活动。制作完成“椿树街道安全生产典型案例”教育宣传片。开展4期企业安全生产大培训，520余人完成培训。举办第四届“椿树杯”安全生产知识竞赛，与万豪酒店、西城消防支队联合开展综合应急演练活动，组织地区21家宾馆酒店、物业公司的单位安全生产负责人观摩演练，共200余人参加。有167家企业投保安全责任险。建立由14名专业人员组成的椿树安全生产兼职巡查员队伍。经市安监局审议，街道获得市级安全社区称号。

（李　澍）

【精神文明建设】 年内，开展以“礼让守序、干净整治、文明西城迎冬奥”为主题的创建文明城区推动日活动，2000余位居民参与，发放精神文明宣传材料4000余份。举办“椿风十里 文明有你”为主题的精神文明建设系列活动启动仪式。组织辖区青少年开展“椿苗翰墨文化游”活动。召开街道文明城区创建自评工作部署会。带领居民走进百年老店一得阁，感受体验中华传统文化的魅力。举荐“2018北京榜样”候选人20名；组织干部群众300余人次参观“纪念改革开放40周年大型展览。征集“我与改革开放40周年”征文40篇、“我说中华好传统”主题征文24篇；编辑出版《椿树风采》45期900余篇，推送微信136期366条。

（李　澍）

【党建工作】 年内，深化“两学一做”学习教育常态化制度化建设。基层党建讲习所6次集中授课；发放《西城区深化践行“红墙意识”学习宣传系列材料》和十九大精神学习材料3000余册、《习近平新时代中国特色社会主义思想三十讲》200本。组织观看郑德荣等7人的先进事迹、《为你而歌》（第十六部）、《新时代新担当新作为》等，约1000余名党员群众参与收看、学习和讨论。开展“不忘初心 牢记使命”纪念建党97周年主题系列活动，100余名党员代表重温入党誓词、聆听党课。举办主题宣讲8次，主题党课15次。开展“党群耀京华”实践活动。制定44条《椿树街道2018年基层党建工作重点任务清单》《椿树街道基层党建工作专项督查实施办法》《椿树街道党建指导员考核办法》。加强对各党支部工作手册、“党员E先锋”平台使用和管理的指导检查。制定《椿树街道党员积分管理工作方案》。制作发放《椿树街道党员积分管理手册》1100册。组织7个社区党委、6个机关党支部和17个非公企业党组织开展“三评一考”工作和社区党委书记述职评议考核会。举办两期基层党组织书记、党务工作者培训班。规范党建工作经费使用及管理。做好党费收缴工作。全年发展预备党员3名，预备党员转正4名，组织2名发展对象参加西城区发展对象示范培训班。制定街道“进千门，走万户”实施方案，机关、事业单位共100余名党员干部，联系居民和驻区单位3000余次，征求意见建议涉及公共安全、环境建设、交通秩序、居住环境、民生保障、文化教育等6大类1600余件，已解决1500余件。做实“双报到”工作，有24家辖区党组织到街道工委报到，报到在职党员1114名。深化“组织全覆盖，服务全响应”区域化党建工作模式，成立街道党建工作协调委员会，修订《椿树街道党建工作协调委员会制度》，收集整理22项资源清单、15项需求清单和5项项目清单。慰问建国前老党员、困难党员、一线党务工作者267人次。组织开展共产党员献爱心活动，902人（党员841人，入党积极分子和群众61人）捐款近6.97万元；机关党支部捐助云南困难学生9名1.19万元。完成领导班子年度考核及领导干部个人有关事项年度申报工作。组织14名处级干部参加西城区学习习近平新时代中国特色社会主义思想专题读书班，2名处级干部参加西城区年度处级干部培训班。做好干部任免、职务与职级并行、优秀年轻干部培养等工作；继续做好街道机关、社区工作人员双向挂职锻炼工作；与区委党校联合举办科级干部培训班，培训人员50余人次。

（李 澍）

【特色工作】年内，举办“亮灯祝福 迎春灯谜”第二届琉璃厂灯谜会，原创灯谜800条，近2000名灯谜爱好者参与。举办以“弘扬民族艺术，树立文化自信”为主题的第二届文房四宝艺术节，荣宝斋、一得阁、清秘阁、戴月轩、中国书店、宏宝堂等琉璃厂著名老字号文化企业参与，吸引约4000人次参加。举办主题为“二八芳华承国粹，四十春秋颂改革”第十六届“椿树杯”北京市社区京剧票友大赛，500余人暨21个票房进入决赛，5位京剧表演艺术家担任评委，300余名戏迷观看，网络直播累计观看用户5万余人次。举办主题为第四届“让爱延续‘椿树杯’五人制足球赛”，23支代表队360名运动员参与，球员每射入一球即捐出100元助学金，共募集助学款3.45万元。街道“百姓文化之家”正式启用，举办社区居民迎新春文化秀，开展文艺演出、讲座培训、青少年寒暑假活动等。组织开展非遗进社区、儿童文化周、清明健步走、冰雪季系列活动，参加国民体质测试、全民体育锻炼达标测试、北京市民体质促进项目挑战赛、“我要上市运”篮球、乒乓球、足球、踢毽、跳绳等各类赛事。扎实做好18个社区党组织服务群众项目。创新党建服务品牌，形成党建+文化品牌，努力实现“小街道大文化”，形成四个精品活动，即：琉璃厂文房四宝艺术节、琉璃厂灯谜会、“椿树杯”北京市社区京剧票友大赛和“椿树杯”五人制足球赛。开展“企业党员服务一条街”品牌活动，14家企业42名党员、志愿者为居民提供11类服务达200余人次。

（李 澍）

陶然亭街道

【概况】陶然亭街道位于西城区东南部，东起太平街、虎坊路一线，西至菜市口大街中心线，南至护城河中心线，北至骡马市大街中心线。辖区面积2.14平方公里，有10个社区，街巷48条，18家中央级单位和34家市属单位。街道户籍人口5.7万人，实有人口3.2万人，流动人口0.84万人，年内出生487人。街道工委办事处进行了管理体制改革，设“一委、七办、三中心”。在编在岗人员164人（公务员编制122人，事业编制42人）。全年财政收入23737万元，财政支出22982万元。获“北京市就业创业工作先进集体”“市级综合减灾示范街道”称号。

地址：西城区黑窑厂街22号

邮编：100052

电话：52683713

（占雯燕）

【机构改革】年内，陶然亭街道于11至12月进行大部制改革，调整陶然亭街道工委、办事处主要职责、内设机构及人员编制。陶然亭街道机构改革后综合设置为“一委、七办、三中心”。“一委”即纪律检查工作委员会（监察组），原纪律检查工作委员会（监察科）；“七办”即综合办公室（原工委办公室、办事处办公室、财政科、全响应办公室合并组成）、党群工作办公室（原组织部、宣传部、人大办公室、统战部、总工会、团工委、妇联、人事科、离退休干部科合并组成）、平安建设办公室（原社会管理综合治理委员会办公室、维护稳定工作领导小组办公室、信访办公室、武装部、司法所、安全生产办公室合并组成）、城市管理办公室（原城市管理建设科、陶然亭城管执法队合并组成）、社区建设办公室（原社会建设办公室、卫生健康办公室、文教科合并组成）、民生保障办公室（原民政科、残疾人联合会、劳动和社会保障科、住房保障科合并组成）和地区协调服务办公室（原统计所、地区综合管理办公室合并组成）。“三中心”为街道直属事业单位，即党群服务中心、市民服务中心（原社会保障事务所、社区服务中心合并组成）、全响应街区治理中心。

（占雯燕）

【城市管理】年内，街道实行街巷“准物业”管理，规范完善以黑窑厂西里小区为试点的老旧小区准物业服务，落实“十有十无”“五好一创建”标准，46名街巷长认真履职，引入3家物业单位215名街巷保安，招募548名小巷管家，累计开展34条街巷施工建设，实现地区41条背街小巷全部“十有”达标、10条街巷“九无”达标，其中里仁东街入围北京市“最美街巷”提名。红土店南里小区抗震加固改造工程竣工。落实地区清洁能源改造，新增峰谷电表422块，为199户家庭更新蓄能式电采暖设备262台，完成1406户居民“煤改电”补助发放，无煤化成果进一步巩固。梳理区域14类302处污染源，形成“一图、一表、一报告”。邀请专业机构对辖区大气污染情况开展全面检测，指导建立市级大气监测站点2个。全年累计实施降尘措施260次，检查企业、工地等污染源390余次，限期整改50余次。在西城区各街道PM2.5防控排名中持续保持较好水平。完善街道、社区两级河长制管理体系，建立水环境质量监测点2个，水质考核断面全部达标；街道、社区两级巡河514次，累计1500公里。垃圾分类由居住区推广至36家党政机关和企事业单位、88家餐饮企业。试点大件废弃物定时定点及时清运，全年累计处理建筑垃圾、废弃物1.2万处2100余车。完成新兴里胡同3号院等31处公共卫生间升级改造，规范晋太胡同、新兴里胡同、双柳树胡同等停车秩序和经营秩序。拆除地桩地锁236个、挡车器63个，加强占道经营、店外经营行为治理，立案处罚56起。

（占雯燕）

【疏解整治促提升】年内，拆除违法建设201处，建设面积共6611.13平方米，清理直管公房转租转借16处，封堵“开墙打洞”12处，清理整治群租房20处、直管公房转租转借16处、不规范小餐馆11处、“七小”门店59户，涉及人口变动1018人次。治理中信城小区道路停车乱象，施划停车位400个，新建贾家胡同等3处停车场，新增停车位168个；建设百姓生活服务中心2处，升级改造市场2处，总面积达4200平方米。居民对街道城市环境秩序调查满意度在90%以上。采取“叠图作业、挂图作战、插旗拔旗、手册管理”工作模式，各项任务措施落图落地。积极推进“街道吹哨、部门报到”，建立街道、社区、街巷三级“吹哨”机制，明确14项试点任务及责任分工，形成“街道围着社区、街巷转”“社区、街巷围着问题转”的治理模式。年内，累计吹哨20余次，协调推动壹瓶小区物业纠纷、云南新馆文物腾退、四平园及龙泉百姓服务中心升级改造等难点问题。开展“留白增绿”，利用腾退空间和公共设施间隙打造美好陶然环境，在新兴里支线等25处建设小微绿地805.6平方米。

（占雯燕）

【社区建设】年内，完成社区规模调整，其中，新兴里社区由原新兴里第一社区与第二社区合并而成，壹瓶社区由原新兴里第三社区与部分龙泉社区辖区合并而成，大吉巷社区为原米市社区部分辖区。新招录社工19人，全员分层培训3次，落实社工工资待遇调整，激发社工队伍活力，获得2018年西城区社工知识竞赛第一名。丰富社区协商形式，加强“儒福里42号院”“里仁之家”协商阵地建设，街道新增“社区名人工作室”“书香驿站”“网格议事中心”等协商议事平台，积极搭建微信、QQ等协商平台，丰富协商形式。各社区累计召开各类议事会上千次，协商问题千余件。打造米市社区“五维工作法”，即通过社区党组织、社区居委会、社区服务站、社区社会组织互动，最终形成社区共同的文化。深化“三社联动”模式，推进“陶然亭街道社会组织培育服务中心”和“陶然亭街道活动中心”的管理和运行，制定“1+N+枢纽”社会组织工作法。开展扶老、助残、救孤、济困公益服务项目9个82场次，受益1100余人次。开放停车场、为老就餐、医疗服务等共享资源，打造“公益小屋”，开展“公益市集”，创建“汇陶·享陶”共享品牌，全年开展共享活动60场，受益7000余人次。

（占雯燕）

【社会保障】年内，街道积极开展民生保障工作。截至年底，有低保家庭428户648人，累计发放低保金949.6万元。退养人员报销医药费183人次105.5万元。享受福利养老金381人。发放失业保险金2090人次291.1万元。办理社保卡3557人次。新增城镇居民医疗保险参保857人，报销药费188.3万元。办理丧葬补贴37人18.5万元。发放临时救助金317人次65.29万元，联合募捐自主救助金8人1.9万元，慈善“春雨大病”救助4人7.63万元。低保老人医疗救助项目85人2.89万元。医疗救助周转金使用81人次78.35万元。教育救助4.8万元，贫困大学生救助3.9万元。发放重度精神病人监护人管理补贴107人次18.18万元，残疾人两项补贴11908人次270.27万元。募集衣被等2.2万余件。实现就业631人，失业率0.81%，就业率66%，其中就业困难人员就业512人。住房保障方面，组织12批次315户家庭办理保障选房和入住，完成为畅柳园小区楼道粉刷等9项为民办实事工程。黑窑厂社区养老服务驿站投入使用，北灯养老照料中心实现运营，街道养老院改造工程有序推进，街道老年人活动中心完成适老化改造。新建南华里、龙泉日姓生活服务中心，提升改造太平天和市场、金瀛便民超市，制作发布地区13类111家服务商名录发放群众，满足辖区居民对生活便利的要求。推进“一号一窗一网一次”政务服务改革，分类编印“一窗受理”服务事项办事指南，将98项服务事项统一纳入“一窗”分类受理，减少群众申报材料42%，把28项即办件列入街道“最多跑一次”服务事项。

（占雯燕）

【社会治安综合治理】年内，落实安全维稳工作责任，圆满完成全国“两会”、中非论坛等重大活动安全维稳和服务保障工作；成立由公安、城管、工商、交通、食药等部门共同组成的实体化综合执法中心，确立执法力量派驻、日常值守、信息共享、会商协商等工作机制；完善街道网格化工作管理体系，重新梳理摸清85个网格基础信息及管理情况；有序推进平安社区创建工作，推进治安志愿者统一化、标准化管理，打造由1690名“西城大妈”组成的平安志愿者队伍，形成专群结合、群防群治、共保平安的强大合力，递进性指标完成率达100%，社区可防性案件同比下降27.6%，南华里社区实现零发案，地区治安形势明显好转。平房院区安装防盗门38个；老旧小区购置安装消防灭火器2534个；60岁以上老年人家庭安装独立式烟感报警器3207个；四平园消防站正式投入运行。严格落实安全生产责任，深入企业开展安全生产挂账隐患整改工作，完成全年48处挂账隐患整改任务，完成率100%；督促企业隐患自查自改，开发上线安全风险数据库，15家试点单位入库运行，实现风险隐患整改关口前移；有序推广安全生产责任险，引导281家企业投保；持续推进安全社区建设，将南华里1号楼下地下空间改建为占地1100平方米，集知识普及、技能培训、演练体验、文化传播四大功能为一体的安全宣教体验中心；开展安全生产联合执法检查，全年累计处级领导带队检查21次，夜查46次，出动检查人数1246人次，检查单位374家次，发现并整改一般隐患1251处，下达责令改正通知书215份。严格汛前隐患摸底，确定街道级别风险点位82处，组建陶然亭街道、武警十支队等6支防汛抢险队，成立抢险施工队。年内，街道及各防汛成员单位备勤53次350人次，处置应急突发案件17起，改造低洼院落5处，维修屋顶漏水7处，为1户树压房排险，实现地区平安度汛。推进科技创安工程，建成街道大数据分中心，汇聚地区30类75万条数据，将地区现有260个探头中的136个数字探头影像植入大数据平台，实现监控影像随时调取、随时查看。在充分调研社区居民需求基础上，为24个平房院和楼房的26个单元门安装防盗街门和楼宇对讲系统，受益居民540户。开展“七五”普法工作，组织现有的10支法治宣传队伍，向广大居民开展法律宣传、法律咨询、法律服务、法律知识讲堂等宣传活动。街道全年召开12次矛盾排查会，共调解地区各类纠纷187件，调解成功185件，成功率98.9%。健全领导重大决策社会稳定风险评估机制，完善矛盾纠纷多元化解机制，有效预防和化解社会风险矛盾14起。

（占雯燕）

【精神文明建设】年内，挖掘6名地区各行业先进人物，成立“京华陶然”百姓宣讲团，开展巡讲20余场，讲述陶然地区百姓身边好人好事。着力办好《陶然之窗》报和“京华陶然”微信公众号，在人民网等媒体报道街道工作115篇，公众号读者量较上年增长87%。编辑《红色陶然故事》，汇编《印象陶然》。开展“陶然十个文明”引导行动，组织活动30余场，引导社区组建“文明养犬劝导队”“河湖巡查志愿服务队”。评选第四届“六德陶然娃”，以“信悦团”志愿家庭服务的形式带动家庭践行“六德”。以“最美家庭”评选的形式倡导家庭文明新风，选出94户陶然最美家庭，1户获2018年“首都最美家庭”称号。围绕纪念改革开放40周年，开展故事征集、知识竞赛等活动，展现地区改革发展成果。举办陶然地书文化节，包含名家进社区，居民地书体验、青少年地书比赛、地书邀请赛等五大活动。举办社区合唱比赛、地区运动会，累计吸引800余人次参加。以陶然亭社区教育学校为阵地，新开设舞蹈、摄影、国画、书法等培训班，聘请专业老师组织青少年开展车模制作等活动。成立陶然亭白纸坊地区学区办，统筹协调学区内教育资源，推进社区教育和校外教育工作。推进十五中附属陶然亭幼儿园建设，新增学位180个，结束地区近十年无公立园的历史。

（占雯燕）

【双拥共建】年内，积极开展“双拥在基层活动”，街道共投入双拥工作的经费19万元。年内，街道邀请驻区66117部队领导战士同机关干部、辖区单位、社区居民、中小学生一起开展群众性绿化活动。创建以互办实事为主要内容的双拥共建品牌，慰问共建部队中困难战士，开展公祭、走访慰问、好军嫂评选、征文等形式多样的系列双拥活动。

（占雯燕）

【党建工作】年内，街道发挥党群服务中心和党建讲习所作用，培训党员2400人次。发布“党建引领、聚力陶然、共建家园”十大行动倡议，深入开展基层党组织和在职党员“双报到”工作，“双报到”单位29家，党员2117人。成立街道、社区党建工作协调委员会。推出“错峰停车”等12个区域化党建项目。推进基层党组织规范化建设，用好“一规一表一册一网”。完成社区党组织换届选举和人大代表补选工作。落实八项规定，通过廉政提醒、明察暗访和通报曝光，坚决刹住“四风”问题。加强背街小巷整治等专项监督工作，开展廉政谈话30余次，组织签订党风廉政建设责任书73份，承诺书322份。召开警示教育大会，强化正风肃纪。机关103名党员干部“进千门、走万户”，收集、解决居民关切问题1000多个。制作《党建花开里仁香》微视频，宣传地区基层党组织的先进做法，讲述广大党员发挥先锋引领作用、服务社区奉献社区的故事。围绕“红色传送”这一主题，在地区各基层党组织和广大党员中，组织开展“红色诵读”“红色映像”等活动，打造具有陶然亭特色的党建创新项目品牌。

（占雯燕）

展览路街道

【概况】展览路街道位于西城区西北部，东起西直门南大街、阜成门南、北大街与新街口和金融街街道相接；西至三里河路、动物园西墙与海淀区甘家口街道相邻；南起月坛北街与月坛街道相连；北至南长河、西直门北大街与海淀区北下关街道相望。辖区面积5.87平方公里，有一、二类大街22条，街巷、胡同34条。户籍人口14.68万人，常住人口10.19万余人，流动人口2.2万余人。年内，出生1332人，死亡832人。驻地中央单位468个、市属单位199个、区属单位347个、其他隶属单位6074个。辖区内有大学2所、中学4所、小学7所、幼儿园8所、职业学校1所、培智学校1所、社区教育学校1所、图书馆1所。年财政支出42194.98万元。年内，完成各项疏解整治促提升任务，“官批”市场顺利闭市，实现西城区区域性批发市场疏解全面收官。实施街区整理计划，全街划分为11个街区，德宝新园街区实现精彩亮相。完成街道大部制改革任务，设“一委、七办、四中心”，有工作人员319人，其中公务员211人，纳入规范人员102人，工勤人员6人。

地址：西城区车公庄大街13号
邮编：100044
电话：68314941

（姜 彤）

【机构改革】年内，制定《展览路街道管理体制机制改革实施方案》，按照“职能清晰、权责一致、运转协调、保障有力、依法高效”的原则，街道于2017年8月至2018年11月进行大部制改革，机构改革后综合设置为“一委、七办、四中心”。“一委”即纪律检查工作委员会（监察组），原纪律检查工作委员会（监察科）。“七办”即综合办公室（原工委办公室、办事处办公室、财务科、全响应办公室合并组成）、党群工作办公室（原组织部、宣传部、人大办公室、统战部、总工会、团工委、妇联、人事科、离退休干部科合并组成）、平安建设办公室（原社会管理综合治理委员会办公室、维护稳定工作领导小组办公室、信访办公室、武装部、司法所、安全生产办公室、民防科合并组成）、城市管理办公室（原城市管理办公室、区城管执法监察局展览路第一执法队、区城管执法监察局展览路第二执法队、区城管执法监察局展览路第三执法队合并组成）、社区建设办公室（原社会建设办公室、卫生健康办公室、公共服务科合并组成）、民生保障办公室（原民政科、残疾人联合会、劳动保障科、住房保障科合并组成）和地区协调服务办公室（原统计所、统筹发展办公室合并组成）。“四中心”为街道直属事业单位，即党群服务中心、市民服务中心（原社会保障事务所、社区服务中心合并组成）、全响应街区治理中心和西直门地区综合服务中心。

（姜 彤）

【城市管理】年内，重点拆除新兴东巷11号院周边、车公庄北里、百万庄地区周边、月坛宾馆、天意东侧、三里河东路等区域违法建设。清理主干道和社区内部废旧自行车等障碍物1.2万余件，清运垃圾渣土2.3万余车。清理绿化带2150处，同时完成补修补种补植。新增“留白增绿”、拆除腾退绿化土地15处，面积2905平方米。规范背街小巷确立标准，将原有112条背街小巷中属于单位自管路和社区内部路的部分街巷，通过调整、重命名，整合为100条背街小巷。开展大气污染防治精细化管理工作，在动物园、环科院南侧建立两处粗颗粒物监测点位，在22个社区安装空气质量监测设备；完成第二次全国污染源普查，清查辖区内156处工业源、59处锅炉源；建立完善14类749项污染源台帐；开展施工工地污染防控检查200余次，对地区408家餐饮企业进行现场规范检查。完善垃圾分类全覆盖台账，垃圾分类指导员增至274名，开展宣传活动96场。落实河长制，拆除河湖周边违法建设1700平方米，设置新型厕所1处，整理沿河绿地3200平方米，清理共享单车400余辆、垃圾废弃物5车，规范野游、垂钓、冰上活动300余次，发放河湖安全提示500余张。

（姜 彤）

【社区建设】年内，将“街道吹哨、部门报到”工作机制向社区延伸，成立社区综合治理工作站，辖区22个社区吹哨426次，形成社区综合治理条块联动新路径。建立向居民群众报告制度，线上线下报告1124次，覆盖群众5万余人次。扩大居民参与基层治理渠道，完善社区协商议事工作流程，制定《展览路街道社区协商工作推进方案》。深化民生工作民意立项，征集项目22个，完成立项实施6个。完善“多居一站”试点工作，西外南路服务站办理各项行政服务事项6205人次。试点并推广党建引领社会治理网上云平台——“社区通”，打造适应新时代发展的网上社区。启动社区居委会第十届换届选举工作。完成70名社区工作者和9名党务专职工作者的社会公开招录。针对全体普通社工、社区带头人队伍、社区后备人才和新入职社工四类群体，定制特色培训课程，打造分层次、立体化、个性化的社工培训体系。投入146.63万元租赁新华南社区、德宝社区、南营房社区、万明园社区及朝阳庵书香驿站5处976平方米社区居民活动用房，提升社区服务品质。对社区服务福利类、社区治安民调类、社区医疗计生类等6类286个社会组织进行规范管理。推进展览路街道公共设施志愿者巡视项目。重点孵化培育为老年人、残疾人、困难家庭、社区矫正人员等特定群体服务的社区社会组织；重点扶持新华南社区集邮展、榆西书画社、车公庄社区空竹等10个弘扬特色文化的社区社会组织。被评为首批"北京市全民健身示范街道"。开展"艺术家进社区"活动88场次176小时。开展非物质文化遗产进社区、青少年科普活动、冰雪知识宣讲及冰雪体验活动、参观科普基地、关爱特殊家庭儿童等活动12场，惠及600余人次。审理非京籍适龄儿童信息91名，审核通过87人。举办各类文体活动698场，惠及人群16.5万人次。

（姜　彤）

【社会保障】年内，就业940人，困难劳动力就业718人，登记失业率控制在0.76%以内；实现创业53人，创业带动就业265人，完成指标的106%。建立用人单位户数208家，招聘单位户数建档28家，招聘单位回访84次，完成指标的100%。为803户低保和低收入家庭1228人发放慰问金48.49万元，撤销低保70户112人。特困儿童补贴120人1.44万元。完成医疗救助1173人次，发放医疗救助金168.66万元，补充医疗救助金44.19万元。"一小"新增医疗保险865人。药费报销人员1850人次，报销金额953.11万余元。为35位居民发放丧葬补助金17.5万元，办理丧葬补贴待遇79人，丧葬补助金39.5万元。办理社保卡申领人员1897人次，丢失补办社保卡人员2166人次，补办社保卡1000余张，申领新社保卡151张，发放无业居民社保卡1337张。为258户优抚家庭、低保家庭办理集中供暖补贴37.16万元。办理退休人员自采暖补贴220户。新接收退休人员档案801份，转出29人，管理退休人员档案8000余份。办理异地退休人员生存认定177人次，公益性职工退休25人次。

（姜　彤）

【社会治安综合治理】年内，社区可防性案件同比下降32.14%，12个社区实现零发案，刑事案件发案率同比下降42.72%，治安案件发案率同比下降31.65%。清理群租房98户5300.2平方米，影响居住人口676人；清退地下小旅馆15家，实现"零存量"。在全国"两会"、中非论坛等重点敏感时期，适时启动社会面等级防控，日均发动群防群治力量超过3000人次，确保地区社会面的绝对安全。辖区居民王慧力被评为首都十大最美治安志愿者。全年投资300余万元，安装摄像头232个；铺设防爬刺3676米；为70岁以上独居、孤寡老人安装C级锁817户；为60岁以上老人家庭安装烟感报警器11512个；完成百万庄北街2号院首长住地24小时警务站、交通护栏建设及铁路危改小区"智慧社区"项目试点建设。成立全区首家法治学校，成立法治主题公园、地区法律工作站，在朝阳庵社区和黄瓜园社区成立社区法律服务站，开展法制宣传活动80余次，受教育人数6万余人次。全面摸排重点人，接待处理信访事项192件，预防化解各类矛盾纠纷、民间纠纷、非法集资重大案件及邻里家等不稳定因素655件。劝导1名网上通缉人员投案自首，街道司法所获北京市司法行政系统集体三等功。成立和谐三方委员会，处理讨薪突发事件9次，涉及421人63万余元。打好安全隐患三大专项行动攻坚战，整治完成年度32个安全隐患治理项目、街道上账的13项消防隐患重难点问题。提升火灾防控能力，建设永久性固定消防宣传栏300块，完成百万庄中里小型消防站建设，组建20个区域联防小组。落实安全生产底线，检查生产经营单位2874家次，新投保安全责任险478家。常态化治理巩固西外南路地区整治成果。成功复评国际安全社区。

（姜　彤）

【精神文明建设】年内，组织辖区居民、单位开展"'不忘初心 牢记使命'学习宣传党的十九大精神手书展"活动。4月2日，中央电视台等28家媒体到北营房北街进行"新时代 新气象 新作为"专题采访。以改革开放40周年为主题，组建街道"春天的故事"百姓宣讲团及社区特色宣讲团。邀请全国劳动模范李素丽参加改革开放40周年主题道德讲堂活动。与延庆区张山营镇开展城乡共建活动。打造"领读者讲北京"系列文化活动。推进街道博物馆建设，组建博物馆义务讲解志愿服务队。与西城区文明办、关心下一代工作委员会共同主办"展展杯"西城区首届小学生诗词大会。弘扬德治理念，挖掘辖区各行各业榜样人物、身边好人，开展"力量•展览路"2018年度榜样人物评选活动，征集候选人176名，表彰榜样人物22名；向区文明办举荐榜样人物，其中2人获得2018年度北京榜样提名奖，1人入选中国好人榜10月份候选人，6人入选"西城好人"。

（姜　彤）

【双拥共建】年内，开展双拥共建系列活动，两节、"八一"慰问部队28万元。"八一"期间发放慰问品12.5万元。发放伤残人员抚恤金及护理费322.1万元，24名定补对象生活补贴71.2万元，报销医药费27.3万元。为15名义务兵发放优待金109万元，为14位困难优抚对象发放"爱心献功臣"款项2.52万元。在"两会"、中非论坛期间为担负安保任务的200余名武警战士购买战备粮和洗漱日用品。学雷锋日前后联系驻区部队为困难家庭、残疾人和高龄老人进行理发、义诊等服务性活动。组织驻区部队300余名新兵战士到长城进行爱国主义教育活动；组织辖区军民参加地区双拥征文活动。"八一"前夕举办文艺汇报演出暨最美战士表彰大会、第五届"立功在军营 父母享荣光"活动，表彰"最美战士"15人、"最美家长"30人。帮扶家庭困难官兵60人3万元，为复员老兵购买行李箱200个。联合街道司法所开展"送法律援助维权服务进军营"活动，军人军属100余人次参加活动。

（姜　彤）

【服务民生】年内，新建便民生活服务网点6处，地区生活性服务业网点达到695处。为特困、低保、孤寡、独居、行动不便老年人提供换煤气、上门理发服务312人次。采取"1+2+4"的养老餐桌模式，以就餐、送餐、领餐相结合的方式，解决辖区三无、特困、空巢、独居孤寡等及有需求老人的就餐问题，平均日服务300人次。精神慰藉志愿服务队为地区40位独居、孤寡的高龄老年人志愿服务640人次，获“爱在西城年度公益团队”称号。为65户经济困难老年人家庭进行适老化改造，开展10场为老服务活动，600余人受益。组织应急救护培训17场，960人获得红十字技能证；组织无偿献血活动2次，242人体检合格进行采血，总采血量6.18万毫升。举办健康知识讲座和计生健康大讲堂17场，受益居民1200余人次。开展32次0至3岁婴幼儿公益早教课程，受益家庭350余户。开展“艺心&医心”失独家庭康复重塑计划，投入使用失独老人心理社会动态监测项目。重点节日慰问困难残疾人1794人次，发放58.12万元慰问金及慰问品。开展精神残疾人社区康复服务320人次，智力残疾人“音乐疗法”服务1120人次，视力和听力残疾人辅助器具服务60人次，16岁以下未成年残疾人康复评估和残疾预防筛查服务130人次。对1215名劳动年龄段的持证残疾人进行就业状况调查，组织210人参加职业技能培训。为100名残疾人免费理发，为200名困难残疾人免费体检。代表西城区迎接北京市残联对西城区家庭无障碍验收和检查工作。实施精准帮扶救助，通过临时救助、自主救助、教育救助、紧急医疗垫付、冬季采暖补贴、精神障碍患者监护人看护补贴等形式救助困难群体135户、708人次，发放各类救助金183.75万元。落实散居孤儿救助政策，为5名散居孤儿发放基本生活费10.8万元，走访困境、留守儿童129人，建立儿童之家设立儿童督导员和儿童主任，开展0至6岁困境儿童家庭医生签约项目。

（姜　彤）

【党的建设】年内，通过党课、专题培训、发放学习材料等方式，深入贯彻落实习近平新时代中国特色社会主义思想和党的十九大精神。落实街道党员轮训计划，开展“红色信仰”提升行动专题培训。全面推进党支部规范化建设工作，梳理形成“五抓五强”措施和阜外东社区“2+10”清单。6月8日在西城区委党校展览路街道分校召开市、区领导和西城区各直属党工委参加的西城区街道社区党组织规范化建设工作现场会，在阜外东社区参观党组织规范化建设情况及党建引领下的街区治理成果。召开区域化党建工作协调委员会成立大会暨共建项目发布会，成立街道区域化党建工作协调委员会，构建街道和社区两级联动的“1+22”区域化党建工作协调委员会组织架构，形成“4+22+X”项目清单，组织开展首都建设发展成就双走进、红色运动会、党员形象照等活动。做好基层党组织和在职党员“双报到”工作，以“双提升”社区统一行动日活动为载体，开展志愿活动30余场，涉及地区单位80家、党员1480人次。组织社区“两委”换届工作，开展资格联审和入党过程专项核查，共核查现任“两委”成员及新增“两委”候选人375人，收回核查反馈1124份；严格执行“一请示一批复”程序，22个社区全部一次选举成功；及时组织社区党建工作业务培训，帮助新任班子成员尽快进入角色、履职尽责。9月26日，建成北京市首个市民廉洁文化广场——“红莲广场”，并对外开放。

（姜　彤）

【疏解整治促提升】年内，全面开展拆违撤市、地下空间清理、占道经营整治、腾退空间再利用等专项行动，影响人口5936人次。拆除违法建设408处22481平方米，完成全年计划任务的140.51%；治理“开墙打洞”6处168平方米，实现“开墙打洞”任务动态清零；完成占道经营整治10处、营业执照吊注销整治42处；背街小巷违规经营整治13处；清理群租房105处，完成全年计划任务107.14%；地下小旅馆清理5处，普通地下室清理3处；整治直管公房转租转借14处和直管公房民改企租用房恢复住宅10处，完成全年计划任务116.67%；完成官园批发市场2.4万平方米、1447个摊位、2900余人的疏解任务。9月23日，“官批”市场闭市，实现西城区区域性批发市场疏解全面收官。通过制定规范停车管理、加大硬件设施投入、绿化美化环境等方式，做到规范有证商户防止占道经营、规范无证游商及时劝退清理、规范居民单行单停防止道路拥堵的街面秩序“三规范”，街区品质显著提升。6月6日，市委书记蔡奇带队到百万庄地区就背街小巷环境整治提升进行专项调研，市委常委、秘书长崔述强一同调研。6月9日，街道开展百万庄地区周末清洁日活动，并以此开启为期半年的环境清洁日活动。

（姜　彤）

【街区整理】年内，成立街区整理专项办公室，与城市复兴发展集团、北京建筑大学等单位合作，实施街区整理计划。以辖区六横五纵主要道路为基础，结合环境分级分类管理，在尽量不拆分原有社区的基础上，以居民认同感为原则，突出功能定位和地区特色，将地区划分为以生活居住为主，交通枢纽、文化创意、金融科技、公共休闲为特色的11个街区，率先通过专家评审。按照“一街一策”的原则，以问题和需求为根本，完成七大类内容的数据收集和整理，对标对表《北京城市总体规划（2016年—2035年）》要求，逐项落图落表。发放纸质调查问卷1350份，电子调查问卷230份，召开居民代表座谈会14次，进行街区问卷汇总分析和问题诊断。梳理街区整理项目库46项，完善街道街区设计导则。从街区诊断补充功能入手，通过民生工程民意立项确定26个微更新点位，实现德宝新园街区精彩亮相。

（姜　彤）

月坛街道

【概况】月坛街道位于西城区西部，东起复兴门南、北大街及阜成门南大街西侧，与金融街街道相接；西至三里河路中心线东侧，与海淀区羊坊店街道相邻；南到莲花池东路，与广安门外街道相望；北至月坛北街中心线，与展览路街道比邻。辖区面积4.13平方公里，一、二类主要大街11条，胡同43条。驻区内副部级及以上中央单位22个、大学1所、中学5所、小学6所、医院2所、大型商场10家、体育场馆2个、文化古迹4处、公园4处。有社区居委会26个。户籍人口41777户126356人，常住居民36133户108603人。年内，围绕“四型月坛”（打造人文型月坛、发展数字型月坛、构筑学习型月坛、创建服务型月坛）发展规划及“疏解整治促提升”总体要求，疏解人口3363人，落实10项为民办实事工程，打造“和谐宜居示范区”。

地址：西城区三里河一区5-7
邮编：100045
电话：51813703

（王　佳）

【机构改革】年内，月坛街道于7至12月进行大部制改革，调整月坛街道工委、办事处主要职责、内设机构及人员编制。月坛街道机构改革后综合设置为“一委、七办、三中心”。“一委”即纪律检查工作委员会（监察组），原纪律检查工作委员会（监察科）；“七办”即综合办公室（原街道办公室、财政科、全响应办公室合并组成）、党群工作办公室（原组织部、宣传部、人大办公室、统战部、总工会、团工委、妇联、人事科、离退休干部科合并组成）、平安建设办公室（原社会管理综合治理委员会办公室、维护稳定工作领导小组办公室、信访办公室、武装部、司法所、安全生产办公室、民防办公室合并组成）、城市管理办公室（原城市管理科、城管执法队合并组成）、社区建设办公室（原社会建设办公室、卫生健康办公室合并组成）、民生保障办公室（原民政科、残疾人联合会、劳动保障科、公共服务科合并组成）和地区协调服务办公室（原统计所）。“三中心”为街道直属事业单位，即党群服务中心、市民服务中心（原社会保障事务所、社区服务中心合并组成）、全响应街区治理中心。其中在城市管理办公室下成立月坛街道综合执法中心，积极推进“街道吹哨、部门报道”，建立分级分类综合执法与专群结合共治共管相结合的街道实体综合执法平台，探索形成职能整合、扁平高效、管理规范的运行体制。

（王　佳）

【城市管理】年内，开展背街小巷整治提升、违法建设专项治理、绿化美化等环境建设和节约用水等城市管理多项工作。制作并安装街巷胡同管理公示牌138套552块，公示街巷长姓名等相关信息。制作并悬挂硬质横幅55块、软质横幅220条，在社区宣传栏和街巷内张贴宣传画及致居民一封信千余张。向北京电视台等相关媒体投递各类稿件20余次；成立社区共建理事会和街巷自治理事会2个，签订居民公约26个，组建街巷环境治理文明劝导志愿服务工作站26个，设立138个工作岗，共吸纳志愿者4984人。清理违法小广告1.2万张，整治背街小巷卫生死角及脏乱点29处，联合区房地中心月坛管理所设立街巷物业岗21个。拆除台账内违法建设66处6082.362平方米，拆除账外违法建设35处1872.3平方米，改造街巷绿地近1895平方米；清理乱堆乱放及无主渣土垃圾1000余车次，清运拆违渣土及废弃物品350车次，拆除街巷内私装地锁192个，清理“僵尸车”5台；拆除牌匾30处45块；综合执法中心立案1460件，罚款金额105.8万元；实现26个社区内182个小区的垃圾减量做到垃圾分类全覆盖，共涉及41449户居民。南沙沟小区路、三里河东辅路、三里河南三巷、三里河南四巷等14条街巷通过“十无”达标验收，27条街巷达到“九无”。街道开展垃圾分类宣传活动共计50余场次，志愿者参与人数1.82万人次。

（王　佳）

【社区建设】年内，撤销月坛街道三里河第一社区居民委员会、三里河第二社区居民委员会，设立“三里河社区居民委员会”。街道由27个社区调整为26个。研究制定《月坛街道关于开展“进千门走万户”行动的工作方案》，街道处级领导及其他党员干部共入户走访联系居民及单位2926户，收集各类问题建议1233条，已经解决875条。特制定“社区吹哨，科室报到”“街巷长吹哨，科室报到”收集及处置工作方案。加大对社区公益金使用的指导力度，社区公益金支出206.68万元，公益金支出率达到92%，各社区开展公益活动1500余场，参与居民达到了约15万人次。组织社区300多名社工参加首届“月坛街道社区工作者素质能力技能大赛”；组织15名优秀社工参加首届社区工作者素质能力提升班。

（王　佳）

【社会保障】年内，共接收社会化退休人员591人，办理死亡及转出80人，共管理7123人；整理档案518份；管理社会化退休人员档案7257份；为退休人员自采暖补贴112人9.7万余元；变更医疗机构3175人次，办理社保卡医疗关系变更479人，发放医保存折146个，办理医保相关业务553人次；为退休人员出具相关证明987人次；协助外埠认证354人，其中网上认证83人；为军转干部申请补贴11人。居民医疗保险参保人员共计11746人；办理社保新参增加业务2285人，减少业务1954人，办理个人信息变更业务3416人次，办理社保卡信息同步65人，办理退费15人；办理居民医保人员二次报销药费发放145人；发放社保卡2765张。对低保人员发放两节慰问金687人51万余元。为689户1076名低保人员进行低保调标，补发调标金额12万余元。发放低保人员电价补贴3万余元。全年对低保、特困人员医疗救助累计901人次180万余元。发放特困儿童补助金79人9万余元。为15名无保障老人办理了丧葬费申请，共计发放7万余元。采暖补助受理14户优抚对象2.3万余元，受理291户低保人员38万余元。收集民政一卡通材料1070余人次，发放民政一卡通997张。通过“一二三四，四步联动”的就业措施，新增登记失业人员931人，实现就业859人，城镇登记失业率控制在1.18%；5户“零就业家庭”实现动态清零；空岗信息采集3311条，技能培训213人，创业培训19人。用人单位需求调查54家。有就业意愿就业困难人员80%实现就业。实现创业51人，带动就业230人。26个社区全部达到充分就业社区创建标准。受理廉租房、经济适用房318户及两限房1017户后续的复核、约谈、变更等，保障性住房新申请330户，复核259户，变更登记84户，意向登记508户，选房9次共213户，公租房补贴申请37户。市场租补贴申请47户，终止12户，变更9户。开展临时救助、专项救助，帮扶特困人员319户63.85万余元。

（王　佳）

【社会治安综合治理】年内，坚持“党政同责、一岗双责、齐抓共管”责任制，与地区252家重点单位签订了重点地区烟花爆竹安全管理工作责任明确书。完成年度企业主要负责人及安全管理人员安全生产大培训工作，有629人次参加培训。对“五小企业”“六小场所”等安全隐患加大执法监管力度。检查企业9544家次，发现隐患16593处，整改隐患16593处，下达责令改正通知书2627份。制定党的十九届三中全会、全国“两会”和中非合作论坛北京峰会地区安全生产保障方案；召开辖区物业、长安街沿线、以及驻地及周边200米生产经营单位负责人安全生产工作部署会，排查生产经营单位、企业754家次，下达责令限期整改指令书126份，发现隐患1103项，整改隐患1103项。开展“生命至上 安全发展”为主题的“安全生产月”宣传活动，参与活动1000余人、规模以上企业300余家。投入约17.6万元为木樨地社区224户安装楼宇对讲。投入约53.4万元为月坛南街

18号楼93户安装数码型楼宇对讲。投入约21.2万元对汽北社区白云路西里楼宇对讲系统进行升级改造。投入约13万元为长安街沿线、三里河及其他区域共23栋楼安装52个防盗门、12个防护栏制作《消防安全提示牌》4000余个，安装925个固定消防宣传栏。印制发放各类消防宣传材料1.9万余份，组织消防培训7次，参加人数约2000余人次。白云观小型消防站出警80余次、出动人员920余人次、出动车辆250余辆次。发放禁毒宣传资料4500份、宣传品1200份，发放500张扫黑除恶专项斗争工作通告，提高群众的知晓率。打击医托、号贩子90人次，拘留80人。对观前街12家有照经营商户进行宣传教育和检查，日均出动各类专门力量18人次，拘留假道士5人。完成群租房整治48户115间，拆除违法隔断间20个，清退非京籍人员408人。整治日租房9户。整治老旧小区群租房29户，联合执法行动28次，约谈经纪机构9家，处罚3家，开展督导检查100次，张贴群租房整治通告1336张。接收刑满释放人员20名，接收解除社区矫正人员10名。

（王　佳）

【精神文明建设】年内，评选孝星榜样1人，孝星27人，发放孝星及孝星榜样奖励共计1.7万元。组织理论中心组学习41次。开展百姓宣讲、道德讲堂300余场，直接听众2万余人次；接待媒体近百次，各项工作在中央、市级报纸、电台、电视台被报道合计190余篇次，网络媒体报道2100余次（包含转载）；出版《人文月坛》报51期。向地区党员发放《习近平新时代中国特色社会主义思想三十讲》《党章》字帖等材料8000余本；采取学习座谈、党课、知识竞赛等形式，组织各具特色的学习教育活动。利用月坛南街宣传长廊和社区宣传栏做好精神文明宣传，开展专项宣传10余次；开展“爱心助成长”城乡手拉手捐赠活动，为昌平区燕京小天鹅小学送去价值10余万元的学习用品、体育用品、生活用品等物品，同时，为地区单位参与精神文明建设搭建了平台。制作《人文月坛》文明城区专刊4万份发放至地区居民家中及地区“七小”企业。制作600个文明餐桌标识牌发放至地区餐馆、食堂和单位，将千余张公益宣传海报布置在地区的商场超市、集贸市场，在社区布置社会主义核心价值观宣传展板和横幅。

（王　佳）

【街区整理】坚持把街区整理作为推进城市精细化治理、更好展现品质提升效果的重要途径。参照街道城市体检结果，对区域范围内的街区从人口、建筑、违建、公共交通、停车位、公共服务、园林绿化、市容环境、特色文化9个方面进行诊断。对26个社区体检数据进行梳理，将月坛地区划分为7个街区，每个街区面积控制在0.4至0.8平方公里之间。一是永寿寺街区（宜居生活），面积为0.44平方公里。二是三里河街区（政务活动），面积为0.63平方公里。三是地藏庵街区（教育生活），面积为0.69平方公里。四是月坛街区（康体休闲），面积为0.55平方公里。五是木樨地街区（滨水生活），面积为0.54平方公里。六是真武庙街区（文化生活），面积为0.71平方公里。七是白云观街区（文旅生活），面积为0.57平方公里。年内，永寿寺街区（宜居生活）慢行步道已精彩亮相。为了共享城市治理成果，在月坛西街6号院建立街区展示中心，方便地区居民与街区整理工作“零距离”接触，充分了解规划设计，积极参与建言献策，将街区整理展示中心建设成为发展规划宣教中心和民意征集交流中心。

（王　佳）

【社会服务】年内，整合41项业务在窗口进行“一窗”受理，实现公共服务“一网”办理。办理业务总量为20546件，接待咨询共计5386人次。新建和提升便民服务网点8个，更加精准满足群众需求。其中月坛街道百姓生活服务中心三里河一区1号店，增设维修、美发和清真食品等便民服务设施，形成综合配套的便民服务点，缓解三里河一区社区、三里河社区周边居民“买菜难”问题。9月29日，市委书记蔡奇到百姓生活服务中心调研走访，对工作予以肯定。搭建复合型社区服务体系，建立“无围墙”生活服务信息化平台，开通80556616社区便民服务热线，将地区商场、超市、物业、部委机关、银行等50余家优质服务资源整合，居民不出家门，通过网络、电话实现零距离消费。统筹社区生活服务业站点建设规划，在服务设施不足的区域建设社区生活服务站点4家。与区商务委菜篮子联合会开展爱民月活动，服务商10余家，服务人次300余人。组织“爱在西城”活动3次，小时工服务30人、清华池服务126人。便民理发进社区18次，服务人数共计545人；服务商便民服务进社区1次。向社会组织购买服务，聘请法律专家不定期深入社区，为居民解决矛盾纠纷，共调解案件385件，其中调解中心调解纠纷245件，社区调委会调解纠纷140件。达成书面调解协议217份（经法院确认206件），口头协议168份，共涉及金额104.4万元，调解咨询1000件。打造“法之月坛”服务品牌，协调北京市7家律师事务所共15名律师分别与各社区签订聘用合同，在26个社区设立了法律顾问，实现法律顾问全覆盖。对社区调委会主任和联合调解接待室专职调解员进行10次专项培训。社区法律顾问开展各类法律服务共计1200人次，为社区居民举办法律知识讲座30场，解答法律咨询（含电话咨询）约1500人次，各类法制宣传活动中发放宣传材料4000余份。

（王　佳）

【为老服务】年内，办理60至64周岁养老助残卡5659张，80岁北京通——养老助残卡新增636人，停发补贴571人，享受补贴8743人，发放90周岁及以上无社会养老保障老年人医疗保险补助126人22680元。发放高龄津贴12554人，共计1314400元，其中90至99岁新增329人，减员191人；发放95岁及以上老年人医疗补助58人次，共计133530.16元。无围墙敬老院46号院站、三里河站投入使用，正式运营5家站点（汽北、全总、月坛西街、三里河民族团结、46号院），筹备建立3家站点（三里河一区站、月坛站、三里河二区站），养老服务站点累计服务33403人次，日间照料39人534人次，居家送餐429人6928人次，平安问候3186人20628人次，居家洗澡56人次，理发4374人次，棋牌阅读17549人次，修脚足疗79人次。上报60岁及以上无保障老年人参加免费健康体检人员信息687人，参加体检203人；组织60至64岁老年人参加优惠体检48人。广电总局新302餐厅为22个社区送餐2.7万份，接待就餐老人6.4万人次。在14个社区开展“月坛地区中华传统陶瓷文化科普大讲堂”，共计300人参加；举办剪纸艺术、家庭园艺推广项目，覆盖13个社区，其中剪纸班参与人数240余人。家庭园艺推广班参与人数210余人；开展快乐养老拓展项目525场；建立22个夕阳茶座，为社区老人传递居养知识和自我照料技能，共计活动808次，服务老人500余人1.5万余人次；居养照料知识技能培训23次，服务老人600余人次；心理咨询一对一服务2人，团体辅导课程怀旧辅疗12节，共135人次。在12个社区开展心理知识讲座，参加333人次。在14个社区提供健康促进服务，共计38场558人次。特殊人群入户精神关怀服务50人200人次；经入户评估，52位老人享受入户巡视，2位老人为电话巡视；需要特别帮助的老人服务时间在1至2小时之间；对341名老年人进行能力评估，核对享受失能补贴的老人信息，新增364人，停发204人，享受补贴988人。

（王　佳）

【**文化建设**】年内，与辖区内11所中小学共同组织青少年活动300余场，评选出热心公益、尊老孝亲、诚信自律、互助友爱和节能环保五个方面具有代表性的“社区好少年”1092名；在月坛体育馆举行第七届“白云杯”太极全国邀请赛，邀请台湾高雄的两支代表队参加比赛。举办9场夏日文化广场活动，参与人数约3500人次。举办第十二届“和谐杯”乒乓球比赛，参赛人数400余人。继续开展“穿过幸福时差”系列活动，在地区挖掘“锦旗背后的故事”，出版《穿过幸福时差IX》。

（王　佳）

【**党的建设**】年内，明确基层党建工作4个方面82项重点任务，明确责任单位和时限要求，抓好重点任务督导。按期完成33个机关、“两新”党支部换届，夯实支部工作基础。指导133个党支部完善和改进“一规一表一册一网”的执行和使用。推进“两新”组织“两个覆盖”，坚持定期摸排和随时走访相结合，完成587家非公企业和12家社会组织的情况摸排。10家从业人员100人以上的企业全部建立党组织，12家社会组织实现组织全覆盖。落实基层党组织、在职党员“双报到”工作，104个基层党组织、3700余名在职党员完成报到。为基层党组织配发《习近平谈治国理政》《习近平新时代中国特色社会主义思想三十讲》等各类学习书籍8000余本，组织主题党日活动400余次，40多个党组织利用微信平台，适时推送学习信息，将学习教育范围覆盖到每名党员。街道26个社区紧密结合群众服务需求，共申报党建阵地建设、社区环境与设施建设、为民服务、志愿者队伍建设等项目73个，解决了安装无障碍扶手、公厕改造等一批居民群众迫切需要的民生实事。依据“四型月坛”发展目标，打造“服务型”“人文型”“学习型”“数字型”4个区域化党群服务中心，为区域内党组织搭建起服务地区建设平台、展示党建成果平台、组织党员活动平台。“服务型”党群服务中心设置3大类14个志愿服务项目，成立15支党员志愿服务队，辐射周边5个社区10个驻地单位。部署全面从严治党工作，细化分解2018年党风廉政建设工作任务，开展对学习贯彻党的十九大精神与加强作风建设情况专项自查工作、有关工作作风问题专项治理工作、《身边的警示——违纪案例汇编》警示教育活动及作风建设专项督查检查工作。选派8名党性强、综合素质高、工作经验丰富的优秀社区工作者担任社区纪检专员。年底，街道顺利完成社区党组织换届工作。

（王　佳）

广安门内街道

【**概况**】广安门内街道（简称广内街道）是西城区15个行政区域之一，地处北京中心区西南，位于西城区中部偏西，东至宣武门外大街与椿树街道毗邻，西隔广安门北护城河与广外街道相连，南枕广安门内大街，北依金融街，东西最长处2130米，南北最宽处1200米，面积2.43平方公里，有大街11条，胡同68条。辖区内有中、小学校6所，培智中心学校1所，青少年科技馆1所，幼儿园6所，卫生医疗机构3家。辖区法人单位2399个。社区居委会18个。户籍人口3.17万户9.01万人，常住人口3.10万户8.20万人。街道在职机关行政、事业人员190人（公务员138人，事业编制46人，工勤人员6人）。全年财政收入18715.70万元（其中2018年初结余1101.21万元），支出18500.20万元。广内街道严格落实首都城市战略定位和区委区政府各项工作部署，全面推进疏功能、转方式、治环境、增宜居、惠民生各项工作。街道党建、文化、环境建设等多项工作受到市、区表彰。

地址：西城区感化胡同3号院12号楼
邮编：100053
电话：83172767

（邓　飞）

【**机构改革**】年内，落实市、区关于街道管理体制机制改革要求，结合街道实际制定机构改革方案，构建街道“大部制”工作格局。将街道原有科室整合为“一委、七办、三中心”。“一委”即纪律检查工作委员会（监察组）。“七办”即综合办公室（原工委办公室、办事处办公室、财政科、全响应办公室合并组成）、党群工作办公室（原组织部（社会工作党委办公室）、宣传部（精神文明建设委员会办公室）、人事科、统战部、人大代表工作委员会（政协委员联络工作办公室）、总工会、团工委、妇联、离退休干部科合并组成）、平安建设办公室（原社会治安综合治理委员会办公室（流动人口和出租房屋管理委员会办公室）、维护稳定工作领导小组办公室（防范和处理邪教问题办公室）、信访办公室、人民武装部（民防科）、司法所、安全生产办公室（区安全生产执法监察分队）合并组成）、城市管理办公室（原城市管理科（绿化办公室）、街道城管执法队合并组成）、社区建设办公室（原社会建设办公室、卫生健康办公室合并组成）、民生保障办公室（原民政科、残联、劳动和社会保障科、住房保障科合并组成）和地区协调服务办公室（原统计所、统筹办、地区综合管理办公室合并组成）。“三中心”即党群服务中心、全响应街区治理中心及市民服务中心（原街道社会保障事务所、街道社区服务中心合并组成）。组建综合执法队，从公安、交通、城管、工商、食药各抽调1名执法骨干，实行常驻，开展执法活动，建立完善街道统筹、各执法力量有机协同的常态化综合执法机制。同步调整机关支部设置，依法规范圆满完成机关党委选举，落实处级领导抓好支部建设的党建主体责任。

（邓　飞）

【**社区建设**】年内，制作《广内街道社区自治公约集》，修订《广内街道社区公益金管理办法》，建立《社区绩效考核管理办法》。新招录48名社区工作者。组织社区工作者开展分级分类培训。绘制地区文化地图，开展“胡同记忆·邻里故事”系列活动，收集、挖掘胡同故事、胡同文化。加强“甲骨文”阅读空间（公共图书馆）的日常管理工作，开展阅读推广活动60场，更新图书1000册。开展“快乐三点半”活动，为辖区居民解决幼儿托管难题。打造“一刻钟服务圈”，建设完善槐柏生活便利服务圈、核桃园为老服务圈和康乐健身服务圈。在宣西社区、老墙根社区引进菜车，提升便门西里菜店服务内容，增加上门送菜服务，新增菜店13家。协调辖区社会单位开放内部浴池，向地区老年人提供助浴服务。组织开展第九届“中国广内杯”空竹邀请赛暨2018年空竹文化节，邀请台湾高雄活力健康扯铃发展协会来京交流，持续打造以空竹为媒的京台社区文化交流品牌。举办空竹系列文化活动19场，组织乒乓比赛系列活动19场，开展西城区棋类比赛及博弈杯棋类比赛系列活动19场，举办运动会或健步行等体育赛事活动18场，建设武术健身团队18支，注册社区健身团队72支，新增体育指导员43人，新建室外健身设施2处。

（邓　飞）

【社会保障】年内，坚持做好大病重残、优抚对象、高龄特困老人等各类困难群体的走访慰问工作，全年累计发放慰问金258.73万元。848户1447名低保和低收入群众基本生活得到保障，70名困难家庭的高中生、大学生获得资助，420户住房困难家庭通过配租、配售住进保障房。发放公租房补贴233.3万元，市场租补贴262.8万元。成立街道困难群众救助所，对辖区内特困家庭、重度残疾人和精神病患者等进行摸排和信息采集，实行动态管理、定期巡视、精准救助。年内登记在册的1436名失业人员中1052人实现就业，确保“零就业家庭”动态清零。开展“暖巢”志愿服务行动，组织400余名志愿者与空巢老人签定服务协议书。完成老墙根养老驿站建设，提供助餐、健康咨询、文娱活动、呼叫、日间照料、心理慰藉6项基础服务，以及法律咨询、助浴等延伸项目。与善果、德馨两家养老照料中心合作，对有需求的高龄居家老人开展上门巡视服务5000余次。推行温馨家园“按需上菜”进社区新型服务模式，解决社区残疾人因身体状况无法到温馨家园参加活动的问题。

（邓　飞）

【社会治安综合治理】年内，发动各类群防群治力量参与巡逻值守，平安志愿者共上岗10.8万人次。深入开展“扫黑除恶”专项斗争，对辖区治安重点地区“黑摩的”载客、“号贩子”、“扒窃”等问题开展专项行动进行治理。开展信访条例宣传日活动，聘请专职律师定期开展法律咨询帮助，形成“信访帮助、人民调解、法律援助”三位一体的调处格局。加大对网络借贷不稳定因素的宣传力度，举办防范处置非法集资宣传教育活动，增强广大群众金融风险防范意识，提高识别非法集资能力。启动城市安全隐患治理三年行动，促进地区安全形势持续稳定。对地区36处“三合一”、高风险人员密集居住场所进行彻底清理。建成槐柏树小型消防站并投入使用，为地区平房院、大屋脊、简易楼更换、维修灭火器1000具，更新消防灭火桶1500个，配备灭火粉等消防器具2000个。开展消防通道堵塞治理专项行动，对14处点位施划禁停网格线、加装挡车桩、配置禁停提示牌，打通宣武门西大街22号楼消防通道堵塞点位32处。严厉查处电动车违规拉飞线充电行为，及时消除隐患，选取16处点位，安装充电桩50个，提供充电口118个。开展“安全生产月”系列活动，顺利通过北京市安全社区创建评审。

（邓　飞）

【城市管理】年内，完成广安门北街、核桃园西街、核桃园东街和槐柏树街4条区级达标道路建设。达智桥胡同入选北京“最美街巷”。拆除广内大街北侧、宣外大街25号等162处1.1万平方米违法建设。治理广安胡同等95处“开墙打洞”。清理直管公房转租转借90户250人，清理群租房36处共2000余平方米，彻底关停地区27处地下小旅馆。腾退居民439户1317人。将广内大街北侧原青年餐厅拆违后空地改造建成街边休闲公园。将槐柏树街11号地下人防工程改造成兼具便民仓储和社区文化服务的“智能方”。将长椿街甲2号疏解腾退空间建成街区整理体验馆，累计接待参观交流9000余人次。4月12日，中央政治局委员、北京市委书记蔡奇到广内街道调研，查看善果胡同微更新试点及街区体验馆，了解街区整理情况。9月22日，蔡奇到广阳谷森林公园调研。开展长椿东街、下斜街等街巷停车自治管理，推进宣外大街立体停车库项目建设，推动大成广场停车场错峰共享停车。在平房区安装太阳能路灯283盏、院灯790盏。完成长椿街、西便门内大街等6条大街电力架空线入地和99条街巷胡同通信架空线入地。实现地区垃圾分类工作全覆盖，在胜利三巷和校场头条至五条试点开展二次分拣和垃圾不落地。累计巡河493公里，处理涉河问题22起。推进大气污染防治精细化管理提升工作，对辖区14类污染源摸底排查并动态更新，在宣武艺园、广阳谷公园建设完成2处颗粒物监测站，提升颗粒物监测水平。

（邓　飞）

【精神文明建设】年内，推进社会主义核心价值观落地，组建街道宣讲团1支，社区宣讲团18支，开展60余场百姓宣讲活动。以“改革四十载，开放谱新篇”为主题开展地区道德讲堂70余场。在地区广泛开展“北京榜样”举荐、寒暑假“地区文明小使者”评选、“美德少年”举荐等活动。大力开展“学雷锋”志愿公益服务活动，发动国华商场等辖区单位参与“礼让斑马线”文明交通引导志愿服务活动。开展356场文化惠民活动，42支文艺团队参加，6000余居民受益。举办“创建文明城区，让我们的生活更美好”文明城区创建主题活动，通过文艺汇演、党员便民服务等形式，号召辖区全体居民争做文明西城好市民。建立“城市会客厅”月末通报会制度，积极回应地区群众关切，做好网上网下正面舆论引导，加强与网民的沟通互动，切实推进地区居民对辖区发展规划的认同。持续做好《广内之声》发行工作。制定《“掌上广内”微信公众号推送内容征集管理办法》，全年累计推送文章323篇。继续加强“广内街道文明办”等官方微博平台建设，累计发布各类信息、回复居民提问共计800条。对广内街道的20名具有榜样代表性的老党员进行采访。

（邓　飞）

【双拥共建】年内，开展“送温暖、献爱心”活动，为95户优抚对象发放慰问金10.45万元，为4名义务兵家属发放慰问金0.6万元，联合驻区部队慰问地区50户困难家庭，送去慰问金共计2.5万元。开展困难战士救助和“安心服役好战士”评选表彰活动，在4个驻区部队中救助家庭生活困难战士8人，发放慰问金0.8万元。建军节慰问优抚对象、革命烈士家属和困难退伍军人105人，为他们送去防暑降温茶叶和凉席。邀请10名“好战士”的家属“逛京城、逛广内”。开展文化拥军，为战士购买书籍1000册。组织摄影技术培训班，培养军地两用人才。挂牌成立西城区首个专门为退役军人组织的活动平台——“老兵之家”，近百名老兵成为会员。积极开展“四个意识”“红墙意识”主题教育讲座，不断激发退役军人爱党、爱国热情，增强退役军人幸福感。成立“老兵文体协会”，挖掘宣传老兵先进事例，鼓励老兵不断发扬革命军队优良传统和“传帮带”精神。依托政务服务大厅，设立退役军人事务服务窗口，切实解决退役军人的实际困难。建立退役军人诉求处理、研判机制，畅通退役军人权益诉求渠道。

（邓　飞）

【党建工作】年内，持续推进“两学一做”教育，落实会前学习、理论中心组学习，组织学习30余次。专题学习《监察法》《中国共产党纪律处分条例》等党内重要法规、文件。研究制定街道、社区两级《2018年党建工作重点任务清单》。构建“纵向同轴、横向同心”城市基层党建的组织力建设模型，铸造组织力建设落地基层新驱动。组织各级党组织负责人100余人参加培训班。积极推进党组织、在职党员“双报到”工作，建好街居两级党建协调委员会，接待报到党组织56个、在职党员2410人。结合区域实际，立足民意民需，形成“民有所呼、我有所应”的感知、响应、自治监督、协同、引领五大机制，共“吹哨”461次，解决问题325件。3月21日，中央政治局委员、北京市委书记蔡奇围绕深入学习贯彻习近平新时代中国特色社会主义思想，推进党建引领街乡管理体制机制创新，实现“街乡吹哨、部门报到”主题到广内街道调研。11月23日，蔡奇再次到广内街道核桃园党群服务中心调研。街道城市基层党建工作入选中组部城市基层党建调研理论文集。开展“进千门走万户”活动，党员干部115人走访社会单位及居民5312户。完善以“名书记”、党课、制度为一体的基层党建讲习所运行机制，把处级领导、社区党员引领人纳入讲习所师资队伍，把讲习所办成群众身边的党校。建立“红墙同心”社会公共责任体系，发布《广内街道“红墙同心”社会公共责任体系评价实施办法》，98家社会单位参与地区建设，承担社会责任。建立“红墙同心”工作坊，将其打造成广内地区可展、可看、可学、可用的党建示范教育基地。顺利完成社区“两委”换届工作，对18个社区党组织进行逐一走访，对50余名社区工作者进行岗位调整。

（邓　飞）

牛街街道

【概况】牛街街道位于西城区南部，东起菜市口大街，西至广安门南街，南起南横西街、枣林前街，北至广安门内大街。辖区面积1.44平方公里，社区居委会10个，居住着23个民族。户籍人口18598户53595人，流动人口8329人，少数民族人口1029人。年内，出生462人，死亡463人。驻地中央单位129个，市属单位49个，区属单位125个。辖区内有中学1所、小学2所、国家级宗教院所2所、特殊教育学校1所、幼儿园2所，敬老院2所。街道连续第八次获“首都民族团结进步先进集体”称号。街道被评为“北京市市级安全社区”，牛街街道安全生产检查队获“北京市安全生产专职安全员队伍”称号。

地址：西城区牛街8号

邮编：100053

电话：63533407

（李　楠）

【机构改革】年内，根据《西城区街道各类机构综合设置全面试点工作实施方案》精神，牛街街道于11月至12月进行大部制改革，调整街道工委、办事处主要职责、内设机构及人员编制。机构改革后综合设置为“一委、七办、三中心”。“一委”即纪律检查工作委员会（监察组），原纪律检查工作委员会（监察科）；“七办”即综合办公室（原工委办公室、办事处办公室、财政科合并组成）、党群工作办公室（原组织部、宣传部、人大办公室、统战部、总工会、团工委、妇联、人事科、离退休干部科合并组成）、平安建设办公室（原社会治安综合治理委员会办公室、维护稳定工作领导小组办公室、信访办公室、武装部民防办公室、司法所、安全生产办公室合并组成）、城市管理办公室（原城市管理科、牛街城管执法队合并组成）、社区建设办公室（原社会建设办公室、卫生健康办公室职能合并组成）、民生保障办公室（原民政科、残疾人联合会、劳动保障科、公共服务科、住房保障科合并组成）和地区协调服务办公室（原统计所、地区综合管理办公室合并组成）。“三中心”为街道所属事业单位，即党群服务中心、市民服务中心（原社会保障事务所、社区服务中心合并组成）、全响应街区治理中心。

（李　楠）

【城市管理】年内，街道组建责任规划师团队，初步完成教子胡同、输入胡同街区治理，在23条街巷引入准物业管理。实施西砖胡同平房院落织补，法源寺街区“样板间”亮相2018北京国际设计周。继续加强辖区老旧小区基础设施建设，实施牛街西里二区环境综合整治，改造小区文化广场约800平方米，修复花池，铺装地面，完善公共设施，绿化提升改造约380平方米，种植西府海棠、大叶黄杨、品种月季、萱草等花灌木。新建教子胡同和南线阁两处城市景观口袋公园。南线阁口袋公园占地1760平方米，完成改造景观墙、翻建休闲廊架、花池、铺装地面、安装休闲座椅、新增文化景观标识4处、新增绿化300余平方米，种植元宝枫、大叶黄杨、萱草、品种月季、丁香、紫藤、散竹等花灌木。教子胡同口袋公园占地650余平方米，完成砌筑花池、种植元宝枫、油松、银杏、西府海棠等20余株绿植，花坛边缘安装休闲座椅15延米，安装景观照明灯4盏。拆除牛街东里“危改回迁”遗留房屋约2700平方米，完成柏油路面翻修、步道铺装、砌筑花池墙、新建花园内甬路铺装、设置景观墙、安装休闲座椅、新建铁艺围墙、高压箱变防护，新增绿地750平方米，种植枫树、龙爪槐、大叶黄杨、丁香、元宝枫球、散竹、萱草、月季等乔灌木和花卉。落实人口调控各项措施，规范房屋出租、整治地下空间、拆除违法建设等，推动地区流动人口疏解，共疏解255处，涉及近2.4万平方米1200人，拆除5390平方米违法建设，治理群租房28处，直管公房违规清理整治23处，完成天缘市场升级改造。

（李　楠）

【社区建设】年内，街道指导各社区利用参与型社区分层协商模式，重新修订文明养犬、有序停车、社区文明公约等内容，新增对背街小巷治理、新建广场使用等方面的居规民约，收集10篇经典案例在社区宣传推广，提高社区居民对社区事务的参与度。年内，社区公益金共完成415个项目，申请使用资金近110万元。指导社区从歌、舞、艺、戏、影、阅等六方面开展文化活动，累计举办活动52场次。开展快乐冰雪季活动，举办冰雪体验课、旱地冰蹴球赛、冰雪社会体育指导员培训等系列活动，参与人数300人。筹建"牛街白猿通背拳"小微博物馆。与地区5所教育机构开展特色教育活动，开展校外培训机构专项治理排查。更新街道生活性服务业商户网点台账，升级改造清真牛羊肉市场，增设1处蔬菜销售网点。推动单位开放内部设施，5家单位被评选为年度资源共享先进单位。完成"非北京户籍子女入学"审核，共有68名非京籍儿童进行了网上信息采集。推动社区文化人才发展项目实施，整理形成文化人才数据中心，完成165名地区文化人才的档案台账，建立"牛街牛人坊"微信公众号。公开招考社区工作者、专职党务，共招录15人。

（李　楠）

【社会保障】年内，开展"走千门访万户"活动，全年走访群众1699户，征求意见142条，解决问题101件。建立街—居两级精准救助工作机制，全年支出救助资金650万元，受益群众4000余人次。年内，地区就业率62.03%（指标60%），失业率0.98%（指标1%以内）。为90岁以上老人发放高龄老人津贴43.27万元，办理95岁以上医疗补助26人次，发放金额近3.96万元，发放养老助残券329.16万元。发放失能护理补贴近152万元，为失能老人提供居家上门服务近1.1万次。与地区200位孤寡、空巢或独居老人签订巡视协议，提供服务1209次，牛街西里二区社区养老服务驿站内老年大学活动参与近8032人次。全年各类保障性住房共计入住（选房和配租）家庭141户，其中入住公租房69户，市场租补贴22户，限价房轮候家庭选房8户，经济适用住房选房42户。牛友联盟社区青年汇开展活动170场，参与5300人次。建设书香牛街，扩建街道图书馆，以"晴耕雨读"阅读空间为平台，开展"传承传统文化——非遗项目体验培训班"系列活动32场，参与800多人次。街道早教中心按月开展特色亲子活动，全年接待5690人次，新建档婴幼儿202人，测评336人次，亲子活动3620人次，主题活动6场171人次，新生儿父母培训5场136人次。对内蒙古赤峰喀喇沁旗和青海玉树囊谦实施精准帮扶，援助资金54万元。为192人发放严重精神障碍患者看护管理补贴42.86万元。年内，复核通过一孩生育登记277件，审核通过二孩生育登记122件，受理再生育行政确认4件，办理《独生子女父母光荣证》10件，发放独生子女父母一次性奖励327人；办理流动人口二孩以内生育登记26件。

（李　楠）

【社会治安综合治理】年内，街道加强社会治安联防联控，重点做好中非论坛、民族宗教节日等重要敏感时段的维稳安保工作，启动一级防控10天，二级防控46天，三级防控5天，发动群防群治力量5万余人次参与巡逻执勤。实施科技创安，新增25个前端监控探头，为春风社区42号院、东里二区二号楼、南线阁社区5号院安装楼宇对讲系统。排查矛盾近500次，化解矛盾近300起。受理信访案件367件，回复率100%。开展法治宣传活动75场，获得"西城区法治文艺大赛一等奖""北京市法治文艺大赛三等奖"。接收民情日志5万余条，处置事件5791件，办理"12345"非紧急救助热线案件1416件，办结率100%。开展法律服务活动230场，解答法律咨询885人次，举办法制讲座75次。检查生产经营单位、家庭居民5800余家次，排查整改隐患9600余项。推广安全生产责任险，地区投保企业485家。开展消防车通道专项整治行动，拆除6处占用消防车通道违章建筑，涉及面积470平方米。开展电动自行车消防安全综合治理工作，安装电动自行车充电桩主机13台。为社区、文保单位、老旧平房区和辖区重点企业等单位新配置灭火器1300具，维修检测灭火器1700余具。推广居民家庭烟感报警器安装工作，为辖区居民安装独立式烟感报警器4000个。

（李　楠）

【精神文明建设】全年出版《今日牛街》24期，利用"北京牛街"微信公众号推送微信338篇，央视新闻频道、北京电视台、北京日报等各类新闻媒体共刊登报道牛街新闻154篇次。征集百姓微故事50篇，录制百姓宣讲工作视频5次，制作宣讲视频8部、典型人物视频1部。组建牛街街道百姓宣讲团，走进机关、社区开展"在改革开放的春风里"百姓宣讲活动，受众人群达千余人次。开展"冬日暖阳与爱同行"和"新征程 新美德 改革伴我行"牛娃in（印）社区寒暑假教育实践系列活动。围绕分享身边事、感悟身边情、带动身边人主题开展邻里结文化传承之身边+系列活动。举办"40年·我的小幸福"摄影作品征集及征文，讲述牛街人相亲相爱、民族团结的幸福生活。举办"践行十九大 巾帼展风采"文艺演出，表彰街道"最美家庭""平安家庭""最美女性"30户。

（李　楠）

【统战工作】年内，街道举办"北京牛街民族团结进步创建工作30周年系列活动暨北京牛街城市民族工作交流会"，总结"和合牛街"工作经验，梳理开展民族团结进步创建30年工作成果，邀请全国各省市代表全面交流经验做法，组织参观和合牛街30周年主题成果展、"石榴花开"文艺展演、开放"这里是牛街"30年线上博物馆。开设"牛街往事 重拾记忆"之历史文化大讲堂。举办第二届牛街民族厨艺大赛，17家清真饭店参与，评选出10个获奖单位。开展第五期牛街历史文化口述史采访，整理影像、音频资料时长约20小时。成立楼宇统战工作站，以"处带居、六联系"的形式，对街道850余户民族、宗教、归侨侨眷、港澳台眷属、牛街商会负责人及少数民族困难群众进行了走访慰问。年内，街道共接待海外华人华侨、外省及北京市区县的民族工作者各类参观学习团体30余次，共计2000余人。牛街历史文化展陈室接待社会各界参观25批次1300余人。牛街礼拜寺累计接待国内学习团体、游客18.6万人，国外团体涉及33个国家3.6万人。

（李　楠）

【党建工作】年内，围绕十九大精神和习近平新时代中国特色社会主义思想，举办街道学习成果展。录制"学'习'路上 勇担使命"主题微党课5场。开展地区党员轮训活动，通过线上线下学习，党员学习覆盖率达到100%。规范支部建设，60个支部全面推行"一规一表一册一网"，帮扶慰问生活困难党员和老党员金额达10万元。党建引领"街道吹哨 部门报道"，年内，"三级吹哨"

12次，解决了菜西片拆迁遗留地环境整治、天缘批发市场腾退利用等地区顽疾。调整党建工作协调委员会，发起“三心一推动 四驱五承诺”“双报到”行动倡议，近50家党组织、2000余名党员组成27支服务队，参与背街小巷治理、清洁日等活动。公开选拔正科级干部5人、副科级干部9人、科级非领导职务干部13人，推荐科级优秀年轻干部2人、科级后备干部5人。完成10个社区党组织换届工作。

（李　楠）

白纸坊街道

【概况】白纸坊街道位于西城区南部，东起菜市口南大街与陶然亭街道为邻，西至西护城河与广外街道和丰台区交界，南起南护城河与丰台区相望，北至南横西街、枣林前街与牛街街道接壤。辖区面积3.11平方公里，有主要大街12条、胡同76条，社区居委会19个。户籍35174户101256人，流动人口12578人。驻区单位2773个，其中中央单位56个，市属单位101个，区属单位164个。有成人教育学校2所，中学（含职高）7所，小学4所，幼儿园6所，医院5所。街道设“一委、七办、三中心”，在职机关行政、事业单位人员185人（公务员135人，工勤3人，事业47人）。街道工委下设21个直属党组织，社区党委19个，党支部200个，党员6620人。年预算收入29835.45万元，支出29224.96万元。年内，白纸坊街道获共青团北京市委员会2018年社区青年汇中期专项考核评估“最受青年欢迎的群体活动”优秀奖、西城区2018年有限空间作业大比武优秀组织奖、首届京津冀拔河邀请赛男子组二等奖、第十五届北京市运动会拔河项目女子组三等奖、第十届北京市民族传统体育运动会混合组二等奖及男子组三等奖。

地址：西城区樱桃二条8号

邮编：100054

电话：83512187

（姜耀琨）

【机构改革】年内，按照区委、区政府关于《西城区深化街道管理体制机制改革全面试点工作指导意见》《西城区街道各类机构综合设置全面试点工作实施方案》文件精神和相关工作要求，整合街道33个科室，成立“一委、七办、三中心”。撤销原监察组，成立纪律检查工作委员会；撤销原街道工委、办事处内设机构，街道内设机构综合设置为七个办公室。整合街道工委办公室、办事处办公室、全响应办公室和财政科，成立综合办公室；整合组织部、宣传部、人事科、统战部、人大代表工作委员会、总工会、团工委、妇联和离退休干部科，成立党群工作办公室；整合社会治安综合治理委员会办公室、维护稳定工作领导小组办公室、信访办公室、人民武装部、安全生产办公室和司法所，成立平安建设办公室；整合城市管理科和街道城管执法队，成立城市管理办公室；整合社会建设办公室和卫生健康办公室，成立社区建设办公室；整合民政科、住房保障科、劳动和社会保障科和残联，成立民生保障办公室；整合统计所和地区综合管理办公室，成立地区协调服务办公室，设置党群服务中心、市民服务中心（原社会保障事务所和社区服务中心合并组成）、全响应街区治理中心。

（姜耀琨）

【城市管理】年内，完成九大街区的整体设计和分级规划。在建功南里街区进行试点，开展街区整理，实现年底前精彩亮相；街道53条背街小巷中的23条达到“十有九无”标准，打造10条精品街巷；全年拆除违建101处11758平方米；封堵“开墙打洞”商户51户；新增绿地1700平方米，群众健身场所面积扩大400余平方米；完成覆盖9个社区居民小区的垃圾分类工作。通过“红色党建”引领，助力“绿色生态”，地区PM2.5平均浓度明显改善。年内，全面推行河（湖）长制工作，创新河段长制。通过巡查和治理，有效管控破坏河道沿岸环境和非法排污等违法行为。持续做好棚户区改造相关政策的解释、宣传、沟通工作，配合录制《向前一步》节目，带动征收滞留户有力缩减。年内，同步启动光源里棚户区C1地块和菜园街棚户区E1地块的场地平整项目，两片棚改项目进入征收攻坚收尾和回迁房建设阶段。

（姜耀琨）

【社区建设】年内，突出抓好19个社区班子和社工队伍的管理和服务。加大培训和考核力度，围绕社区自治、社区动员等主题开展多种形式培训，有效提升社工队伍为民服务能力；承接区级社区分层议事试点项目，建立“坊间议事厅”，积极推进社区参与型协商。以“社区事情居民议、居民事情居民定”为宗旨，邀请高校专家团队深入社区指导，召开街道、社区、网格、楼门院四层议事协商会380次，解决环境整治、安全防范、施工扰民、管道改造等问题220件，成功化解右内大街28号院停车费过高、万和世家一期二期围栏、建功北里小区无物业且管理混乱等问题，提高了居民自治水平。年内，发挥地区教育资源优势和纸文化博物馆等科普基地作用，以社区大讲堂、读书会、科技周等多种形式，推进全民素质教育，广泛开展科普惠民系列活动。街道重视邻里和德建设，以家政服务、居家养老服务为重点搭建居民共建互助平台，深化“窗帘约定　坊间守望”志愿服务品牌，获“爱在西城年度公益项目”称号。

（姜耀琨）

【社会保障】年内，精准发力对口扶贫工作，成功与3个地区签订《结对帮扶协议》，完成对接内蒙古喀喇沁旗河南街道扁担沟村灌溉工程续建项目和河南街道干部挂职学习项目。全面落实“应保尽保”政策，全年发放困难救助金1076万元；完成街道城乡劳动力就业各项指标，获西城区“充分就业街道”称号。年内，大力推进社区养老等各项服务。开展“爱在坊间 心暖夕阳”精神关爱项目和“心系银发 请进万家”巡视项目。优化养老服务设施及百姓生活性服务网点配置，新增双槐里社区金泰颐寿轩养老照料中心和建功北里百姓生活服务中心，地区养老服务机构增至5个，百姓生活服务中心增至3个。规范设置便民菜店、菜车31处，满足地区群众生活需求。为地区妇女儿童建设“幸福家园”活动场地400余平方米，全年开展活动52场。开展针对残疾人士特别是智力残疾和精神残疾人士日间康复照料项目，增加更多贴近需求的实际服务。

（姜耀琨）

【社会治安综合治理】年内，加快地区小微消防站建设，建成1座小型消防站、36个微型消防站；强化防暴处突小分队和巡防队建设，地区发案率同比下降35%。全年疏解人口3675人次，清理普通地下空间7处、地下小旅馆1处、违法群租房63处。全年开展“全民国家安全教育宣传周”安全教育活动14场，提升居民群众法治意识和防范意识，通过北京市“安全社区”复评、西城区“无安全生产事故街道”创建工作验收。加大安全隐患排查清除，全年检查单位7600余人次、发现整改隐患2518处。完成征兵任务4名，获西城区征兵工作先进单位。整合发展地区实体化综治中心建设，强化综合执法队作用发挥，形成“大综治”格局。积极发挥“西城大妈”群防群治作用，圆满完成“两会”、中非合作论坛北京峰会等重大活动服务保障任务。群众安全感测评第三季度获得全区第四名。

（姜耀琨）

【精神文明建设】年内，发挥地区精神文明建设宣传栏、社区橱窗、社区报等宣传阵地作用，营造地区良好的舆论氛围。编辑印制发布《坊间人物》书籍1000册，宣扬美好家风、善人善举、小德大道的和谐氛围。发挥新媒体、传统媒体相结合的传播优势，建好“坊间微动力”微信公众平台、办好“精彩白纸坊”微博，发布政策解读、坊间文化、身边好人故事等内容。全年官方微信读者6056人，推送文章220期532篇，累计阅读量17.94余万人次，北京西城等微信平台转载14次。微博读者数612人，发布文章670篇，累计阅读量66万人次，北京西城等微博平台转载103次。以文明城区创建为契机，开展文明城区创建主题推动活动，制作并发放宣传品4万份；向区文明办推荐地区文明商户9家。与驻街单位联合开展“聚力坊间”百姓宣讲、“翰墨丹青颂辉煌——纪念改革开放四十周年”书画摄影展等主题教育活动，强化共驻共建效果；推进道德建设进机关、进社区、进家庭，组织开展“道德讲堂”主题教育活动18场，受众千余人次；以“孝文化”为主题，探索孝老爱亲新模式，打造地区“坊间孝文化”活动品牌，开展工作坊12次，入户走访36次，个案跟进服务54次。围绕学雷锋日、儿童节、党的生日、国庆节等重点时间节点，组织地区青少年开展白纸坊街道“畅想坊间情 放飞中国梦”未成年人思想道德建设系列活动；围绕春节、元宵、清明、端午、七夕、中秋、重阳7个传统节日，组织地区居民开展“我们的节日”系列庆祝活动。

（姜耀琨）

【党的建设】年内，街道领导班子带头，开展“不忘初心、牢记使命”主题教育；开展“一个党员一面旗，党员示范在坊间”实践活动；扎实推进“进千门走万户”工作落实。以“红旗、红墙、红窗”为主题，打造建功南里党群活动服务中心宣传阵地。发挥理论中心组学习龙头作用，全年组织集中学习28次，特邀知名专家教授解读7次，在机关办公区域打造理论学习文化墙、制作十九大精神专题宣传展板，为社区老党员制作《学习十九大精神口袋书》，为地区党员干部发放“红墙意识”学习手册。发挥党建工作协调委员会作用，深化共建共治共享机制，梳理街道资源清单和需求清单，形成项目清单9项。建立“双报到”工作机制，抓好服务对接，共接收基层党组织报到82家，在职党员报到4471名。以打造光源里社区“我的楼层我的家”党建文化阵地为代表，完成30项党组织服务群众项目。按照市、区社区党委换届选举工作部署要求，完成19个社区党委换届工作。

（姜耀琨）

【坊间文体】年内，以打造“坊间”文化品牌为关键，大力发扬地区文体文化。街道坊间书阁是西城区唯一被评为北京市“十佳优读空间”的图书馆，年内，围绕传统节日、主题纪念日等内容，在坊间书阁开展特色主题活动42场，参与居民1224人。依托光源里、右内西街等街道3个市民中心，举办“传统文化冬令营”“精品读书会”“高雅艺术进社区”“非遗进社区”“坊间杯体育赛事”“第八届家庭人口文化节”等活动230余场。扶持非遗项目，建设白纸坊挎鼓展览活动基地，招募志愿者，不断壮大非遗传承队伍。举办“非遗体验齐欢乐 坊间文化品传承”非遗文化周体验活动，参与居民300余人。年内，结合“疏解整治促提升”、北京冬奥会宣传推广工作要求，利用辖区腾退空间，打造冰雪体验中心，年底投入运营。继续开展“坊间杯”系列赛事，在“坊间杯”足球、篮球、乒乓球、冰蹴球赛事基础上，增设棋牌和羽毛球等参与难度低的项目，赛事时间长达26天，搭建对阵平台450余场次，参与年龄涵盖10至80岁，参与人数达1000余人。

（姜耀琨）

广安门外街道

【概况】广安门外街道（简称广外街道）位于西城区西南部，东以西护城河为界；西沿马连道北路、湾子街至太平里，与丰台为邻；南起广安门南滨河路向西沿鸭子桥、广安门火车站专用线莲花河故道与太平里相接，亦与丰台区相连；北以北京西客站、莲花池东路为界，与海淀区毗连。有2条过境河流，莲花河由西向南斜穿地区中央，境内流长2570米；西护城河从地区东侧流过，境内流长2640米。辖区面积5.49平方公里，常住人口19.68万人，35个社区居委会，20个业主委员会。年内，街道新生儿登记1300人，注销户口950人。辖区法人单位7069个，其中，中央、市属单位97个，其他6972个。学校13所，幼儿园8所，公办养老服务机构2所，医院1所，社区卫生服务站9个。街道设33个职能科室，3个事业单位，机关行政、事业人员222人。年内，街道财政拨款收入38558.76万元，财政支出37610.3万元。

地址：西城区广安门车站西街17号11号楼

邮编：100055

电话：63318216

（雷　玥）

【机构改革】年内，根据《北京市机构编制委员会办公室关于开展街道各类机构综合设置和派驻机构属地化管理试点工作的指导意见》和《西城区街道各类机构综合设置全面试点工作实施方案》精神，广外街道于7至12月进行大部制改革，调整广外街道工委、办事处主要职责、内设机构及人员编制。广外街道机构改革后综合设置为“一委、七办、四中心”。“一委”即纪律检查工作委员会（监察组），原纪律检查工作委员会（监察科）；“七办”即综合办公室（原工委办公室、办事处办公室、财务科、全响应办公室合并组成）、党群工作办公室（原组织部、宣传部、人大办公室、统战部、总工会、团工委、妇联、人事科、离退休干部科合并组成）、平安建设办公室（原社会管理综合治理委员会办公室、维护稳定工作领导小组办公室、信访办公室、武装部、司法所、安全生产办公室、民防办公室合并组成）、城市管理办公室（原城市管理建设科、广外城管执法一队、广外城管执法二队、物业指导科物业指导职能合并组成）、社区建设办公室（原社会建设办公室、物业指导科业主委员会职能合并组成）、民生保障办公室（原民政科、残疾人联合会、劳动保障科、公共服务科、住房保障科合并组成）和地区协调服务办公室（原统计所、统筹发展科合并组成）；“四中心”为街道直属事业单位，即党群服务中心、市民服务中心（原社会保障事务所、社区服务中心合并组成）、全响应街区治理中心和马连道街区综合服务中心。

（雷　玥）

【城市管理】年内，广外街道开展灭脏、清障、治污、治乱、缓堵专项整治，清理大件垃圾6297吨；清除废旧非机动车5900余辆、僵尸车6辆，拆除地桩、地锁533个及废弃电线杆120根；清理脏乱点62处，拆除和关停洗车点7处；取缔无照再生资源回收网点6处。加大对施工工地、露天烧烤、餐饮油烟污染的执法力度，组织执法检查57次，日常检查300多次，实施行政处罚507起，发放宣传资料1000余份。拓宽马连道南街半幅路，完成手帕口铁道线平改立工程。完成广外大街、马连道路等5条道路强电入地工程。推进老旧小区改造，完成车站西街13号院、9号院、广南小区等5个老旧小区综合整治。建成2处城市森林公园、1处口袋公园和4处小微绿地，新增绿地3万余平方米，实现留白增绿。树立城市管理精治、共治、法治理念，以“疏整促”为抓手，整治各种痼疾顽症。拆除违法建设23610平方米，完成年度目标任务的131%。治理“开墙打洞”90户，清理地下空间16处，治理群租房等其他任务均提前完成，涉及7495人，完成总体任务目标的141%。推进街区整理，突出功能定位，完成13个街区和1个精彩亮相街区的划分。治理背街小巷，重新梳理73条街巷，明确66名街巷长，建成“十有”街巷55条、“十无”街巷17条，市级达标街巷5条。强化门前三包，引进2家物业公司，实现街巷物业管理全覆盖，街面秩序明显改善。

（雷　玥）

【社区建设】年内，广外街道完善城市基层治理体制，建立“街道吹哨、部门报到”“社区吹哨、街道报到”“社区吹哨、部门报到”的三级工作机制。主动吹响“联合哨”，形成边界线共同治理的有效机制，与丰台区太平桥街道合力破解交界线处2000多平方米违建拆除难题。结合吹哨报到破解停车难、民生工作民意立项、老楼加挂电梯等重点问题。指导社区运用社区协商手段开展工作，先后解决车站西街9号院拆违空地规范停车、车站西街13号院老旧小区整治、马连道东街3号楼院整治后停车自管等多个居民关心的热点难点问题。加大社区硬件和社区工作者队伍建设，推进社区参与型分层协商的制度化、规范化、程序化，不断完善社区议事厅建设。严格落实市区社区规模调整的有关规定，不搞绝对化“一刀切”，社区总数由30个调整为35个，增加了广源社区、茶马南街社区、茶马北街社区、京铁和园社区，小马厂社区拆分成小马厂西社区和小马厂东社区。做好社区两委换届工作，坚持把握新老结合、锻炼队伍、统筹安排的基本原则，加强班子配备，确保工作紧密衔接、高效运转、平稳过渡、群众满意。加强社区公共文化服务体系建设，培育发展社区社会组织。

（雷　玥）

【社会保障】年内，广外街道发挥各类救助政策对民生保障的托底作用，落实社救对象基本生活、医疗、教育、供暖等各类救助政策，及时发放各类社救资金和困难群体慰问资金，走访慰问各类人群11346人（户）、9个共建部队及2家敬老院，各类慰问资金总计384万元。根据救助对象困难及需求，建立健全精准帮扶台账，将政府救助与慈善救助结合，互为补充，确保辖区困难群众基本生活状况得到有效保障和持续改善。推进“众筹1+1春芽助学”活动，开展“共建助学 百人圆梦”定向捐赠助学活动，为辖区困难家庭儿童发放助学金。做好优抚对象日常服务管理，重点帮扶困难优抚对象，开展免费体检、办理民政一卡通优待卡、发放各类生活补贴等。坚持“两节”“八一”建军节期间走访慰问共建部队，开展共建活动。通过政府购买服务形式，指导和监督西城区大林志华爱心服务中心做好无军籍退休职工服务工作。完成退役军人服务管理中心挂牌工作。创新“进门引导、大厅咨询、前台接件、后台处理”的工作方法，推动人力社保“一窗式受理”试点工作，就业创业指标完成103%。新建和改造提升青年湖、红莲菜市场等6个百姓生活服务中心和蔬菜专营店，更好地满足群众生活。组织开展广外地区第四次经济普查，启动年度人口抽样调查，稳步推进实有人口核查。开展“进千门走万户”活动，收集问题1100多条，解决问题近千条。完善向居民群众通报情况制度，通过信息公开、召开会议、《广外生活报》和智慧广外APP等形式，把居民群众关注关心的重点问题、突出问题的解决情况进行通报。年内，街道、社区向居民通报情况1087次。对接河北省张北县二圪楞村等3个贫困地区，投入67万元，打造精准扶贫项目。

（雷　玥）

【社会治安综合治理】年内，广外街道坚持街道统筹、实体运行、专群结合、依法治理的原则，建立执法力量派驻、日常值守、会商协调等工作机制，建设实体化综合执法平台，探索“1+X”模式，成立青年湖片等3个综治中心和27个社区综治分中心。开展联合执法80次，整治违法经营、无照餐饮、店外经营238户次，查处“黑摩的”33辆，整治乱停车1300多辆。做好地区社会面防控工作，加大群防群治力度，完成全国“两会”“两节”“中非论坛”期间的安全维稳和服务保障。坚持人防为主、物防技防为辅做好压发案工作，为1395户居民提供更换锁芯补贴，为高发案社区安装智能门禁、红外探测器等技防设施。推进平安社区建设，制定《广外街道平安社区创建工作评价指标》，开展扫黑除恶专项斗争、文化市场扫黄打非、禁毒、反邪教等工作，完成铁路护路、群租房治理、地下小旅馆清理等任务。严守安全生产底线，履行“党政同责、一岗双责”，落实企业安全生产主体责任，开展隐患排查专项行动。加大对人员密集场所、建筑工地等安全检查与隐患排查的力度，检查11233家单位，消除隐患25278处。注重消防安全，及时消除安全隐患，年内发生火情4起，同比下降56%。完善重大决策信访风险评估机制，坚持处级领导接访、包案制度，做好信访事项、民事矛盾、物业与业委会纠纷等排查化解工作，协调推进解决住房、医疗、教育、救助等群众关心关注的切身利益问题。接待处理群众信访事项959件1256人次，司法调处民事纠纷427件，物业指导行政行为198人。注重舆情收集办理，在媒体舆情监督下工作，让群众身边问题解决渠道更加畅通有效。加强政务服务建设，提升政务服务质量，转办市非紧急救助系统案件5247件，承办3714件，办结率和反馈率100%。

（雷　玥）

【精神文明建设】年内，广外街道开展“在习近平新时代中国特色社会主义思想指引下——新时代新气象新作为”主题宣传活动，弘扬社会主义核心价值观。制作纪念改革开放40周年短片《广外四十年 春色正好》，开展《不忘初心 携梦前行》主题图片展，展示广外地区历史变迁和改革开放成果。打造街道级“不忘初心跟党走，牢记使命勇担当”宣讲团，宣扬“红墙意识”。举办“我为长辈敬杯茶”主题道德讲堂、“向国旗敬礼”活动，加强未成年人思想道德建设。开展“为榜样点赞”活动，挖掘身边好人好事。举办“迎冬奥 戏冰雪 闹元宵”“品民俗过大年”“红莲杯”社区文化体育节、京津冀广场舞邀请赛、拔河比赛、天宁风韵、科普进社区、“老年大学”等特色品牌活动。

（雷　玥）

【功能街区建设】年内，广外街道梳理分析地区经济发展资源信息，建立台账、理清存量，严控低端业态增量。坚持联系企业常态化，加大走访重点企业力度，及时了解企业需求，提升服务效能，巩固税收基础，提高经济效益。按照“升级为导向、‘建关’相结合”原则，合理规划建设便民商业网点，规范、改造、升级商业设施，优化便民商业网点布局、结构和功能。继续开展“两展一节”活动，按照北京市建设世界城市和加快国际商贸中心建设的总体要求，围绕“弘扬茶文化、繁荣茶经济、促进国际化、推动茶发展”理念，推动中国茶业与国际间交流、合作、发展，不断提升马连道茶叶一条街转型升级。

（雷　玥）

【党的建设】年内，广外街道建立街道、社区党建工作协调委员会，完善会议制度和“四个双向机制”。推进党建工作项目化运作，设立文化宣传、为民服务等6类15个党建项目。使用社区党组织服务群众项目经费890余万元，实施环境整治、便民服务等10类52个项。加强干部队伍建设，选派24名社区优秀副职干部挂职锻炼，加大年轻干部和骨干力量的培养力度。建立抓基层党建考核评估机制，推动基层党组织规范化建设，发展党员20人。加强党员教育管理，做实“双报到”工作，156名街道机关党员全部报到，8490名在职党员回社区报到，121个辖区单位党组织到街道报到，开展“清理楼院”等活动。加强“两新”党建工作，“两个覆盖率”稳步提升。加强党建阵地建设，马连道党群活动服务中心开展各类培训、讲座、专题活动235次10706人参加，接待居民来访305次490人。加强党建带团建带群建工作，打造有为工会、暖心工会，推进区域化团建工作，落实西城区妇联改革实施方案，建设“妇女之家”。自觉接受人大代表、政协委员监督，办理区级人大代表建议5件、政协委员提案6件。强化“大统战”服务意识，畅通党外人士反映意见和诉求渠道，处置涉及民生、城建、环境治理等意见、建议31件。搭建平台，调动社会力量参与街道建设、参加公益事业，开展慰问走访、召开座谈会等活动，做好民族宗教工作，营造“以党建带统战，以统战促党建”的统战工作格局。全面推进从严治党，把党的政治建设摆在首位，落实“三个一”和“四个决不允许”要求，严肃党内政治生活，推进“两学一做”学习教育常态化、制度化。逐级签订《党风廉政建设责任书》，制定《责任清单》，规范主体责任全程纪实工作。加强纪检监察队伍建设，配强8名社区纪检专员。对禁止公款购买节礼和公车封存等进行专项检查。对工作纪律、值班等事项进行抽查、巡查130余次。聚焦主业主责，对街道班子成员、科级干部和社区主要负责人谈话67人次；开展两个专项检查工作，处置2名违法违纪党员。开展党风廉政宣传、警示教育等活动，增强纪律教育实效性。召开工委会26次、主任办公会22次，研究党的建设、“三重一大”、城市治理等工作。坚持以习近平新时代中国特色社会主义思想为指导抓好理论学习，中心组集中学习28次。

（雷　玥）

（责任编辑　张　立）

人　物

领导干部

中国共产党北京市西城区第十二届委员会

书　记　卢映川
副书记　王少峰　王　飞
常　委　王　旭　孙　硕　陈　宁（女）　姜立光
　　　　虞宝才　程昌宏　蔺　伟　陈　冲（挂职）
　　　　徐　利

北京市西城区第十六届人民代表大会常务委员会

主　任　杜灵欣
副主任　杜黎彬(回族)　沙秀华（女，回族）　李会增
　　　　田巨德　张宗禹　王建华
　　　　张礼斌
委　员（按姓氏笔画排序）
　　　　王玉甫　皮　强　朱建岳
　　　　朱　博　刘立新　刘海涛
　　　　安亚荣（女）　许云杰　孙　静（女）
　　　　牟善刚　杨维民　张小来
　　　　张晓阳　陈子云（女）　陈玉芳（女）
　　　　陈金富　陈雅欣（女）　陈　燕（女）
　　　　周卫青（女）　郑　实　赵建敏
　　　　赵谊江　胡召海　钟祖荣
　　　　贾中华　翁乃彤（女）　郭启兴
　　　　曹立宏　曹淑琴（女）　蒋远菲
　　　　韩星桥　演　觉
　　　　穆　静（女，回族）　魏建明

北京市西城区人民政府

区　长　王少峰
副区长　孙　硕　姜立光　朱国栋
　　　　李　异　郁　治（女）　刘国周
　　　　贾　蔚（挂职）　缪剑虹　陈　冲（挂职）

中国人民政治协商会议北京市西城区第十四届委员会

主　席　章冬梅（女）
副主席　程　军　姜兆春　王　奇　李建国
　　　　荣　洋　刘学增　张培彤
秘书长　王申恒
常　委（按姓名笔画为序）
　　　　马寅生　马　震　王广发
　　　　王明明（女）　王晓敏（女）　王景兰（女）
　　　　甘力鹰（女）　付建新　白　洁（女）
　　　　向公伟　庄文静（女）　刘井坤
　　　　刘世春　刘　冰（女）　刘克杰
　　　　刘昊扬　刘学俊　刘春春（女）
　　　　刘爱中（女）　关振鹏　安少雄
　　　　纪　丽（女）　杜凤英（女）　李文义
　　　　李占文　李庆保　李征帆
　　　　李海潮　李　硕
　　　　李　新（女）　杨　秋（女）　吴　江（女）
　　　　吴丽光（女）　吴　洁（女）　何悦明
　　　　何绪明　宋甲乐　宋　坪（女）
　　　　张新华　陈光宪　林　耀
　　　　孟至岭　赵友新　赵芙蓉（女）
　　　　赵　玲（女）　赵娇阳（女）　赵蓬欣
　　　　柳　林　施　宏　贾旭辉
　　　　晏　畅　高　忻　郭君瑛（女）
　　　　陶水龙　常卫国　章树德
　　　　程文光　曾小丹（女）　曾加顺
　　　　曾昭日　谢苗荣　蒋晓晖
　　　　靳　真（女）　褚海燕（女）　戴卫红（女）
　　　　魏建新（女）

中共北京市西城区第十二届纪律检查委员会

书　记　虞宝才
副书记　田　迪（女）　段辉建　闫　彬
常　委　侯　逾　郝　明　李雪静
路朝晖　张　艳　高洁琳（挂职）
郭　峰（挂职）

北京市西城区监察委员会

主　任　虞宝才
副主任　田　迪（女）　段辉建　闫　彬
委　员　郝　明　郑　军（专职）
焦长锐　张　艳

中共西城区委员会工作机构主要负责人

办公室主任　吴向阳（9月免）
徐　利（9月任）
常务副主任　郭海龙
组织部部长　孙仕柱（6月免）
程昌宏（6月任）
常务副部长　皮　强
宣传部部长　陈　宁（女）
常务副部长　靳　真（女）
政法委员会书记　王　旭
常务副书记　张晓月（4月任）
精神文明建设委员会
办公室主任　王希福
统战部部长　王　旭
常务副部长　刘　琪
台湾工作办公室（区台湾事务办公室）
主任　赵　玲
研究室主任　庞成立（4月免）
侯丙振（9月任）
老干部局局长　王晓谦（女）
保密委员会办公室主任（区国家保密局局长）
吕燕裙（女）
区直机关工委书记　吴向阳（9月免）
徐　利（9月任）
常务副书记　梁　云（女）
社会工作委员会书记　李　薇（女）
党校校长　王　飞（12月免）
常务副校长　宁　梅（女）
党史工作办公室（地方志编纂委员会办公室）
主任　朱静伟
社会治安综合治理委员会办公室
主任　张宝生
维护稳定工作领导小组办公室
主任　张晓月
流动人口和出租房屋管理委员会办公室
主任　张宝生
处理法轮功问题领导小组办公室（区政府防范和处理邪教问题办公室）主任　李　鲁
机构编制委员会办公室主任　王效农
常务副主任　关山红（女，满族）
新闻中心主任　马　晨（回族，3月免）
李雪梅（女，3月任）

西城区第十六届人大常委会工作机构主要负责人

办公室主任　曹立宏
研究室主任　许云杰
教科文卫体办公室主任　韩星桥
城建环保办公室主任　杨维民
法制办公室主任　张小来
财政经济办公室主任　郭启兴
预算审查办公室　陈　燕（女）
代表联络室主任　孙　静（女）

西城区人民政府工作机构主要负责人

办公室
党组书记、主任　缪剑虹
发展和改革委员会
党组书记、主任　王志忠
科信委
党组书记　刘化杰
主任　杨　秋（女）
财政局
党组书记、局长　聂杰英（女）
人力资源和社会保障局
党组书记　彭随心
局长　王效农
住房和城市建设委员会
党组书记、主任　刘戍东
城市管理委员会
党组书记、主任　宋甲乐
民政局
党组书记、局长　张中喜（3月免）
张　丁（3月任）
审计局
党组书记、局长　涂云国（女）
金融服务办公室
党组书记、主任　卢五星（6月免，组建金融服务局）
北京金融服务局（区金融办）
党组书记、局长（主任）　孙　硕（6月任）
环境保护局
党组书记、局长　李　程（女）

统计局
　　党组书记　　台　峰
　　局　长　　刘爱中（女）
外事侨务办公室
　　党组书记、主任　　杜　慧（女）
信访办公室
　　党组书记、主任　　邢印良
民族宗教事务办公室
　　党组书记　　周兴运
　　主　任　　韩俊田
法制办公室
　　党组书记、主任　　空　缺
民防局（地震局）
　　党组书记　　李向东
　　局　长　　赵友新
安全生产监督管理局
　　党组书记、局长　　李　华
商务委员会
　　党组书记、主任　　袁　利（女）
国有资产管理委员会
　　党委书记　　徐　斌
　　主　任　　佟丽萍（女）
城管执法监察局
　　党组书记、局长　　魏九红
社会建设办公室主任　　李　薇（女）
档案局
　　党组书记、局长　　李茂福
园林绿化局
　　党组书记　　王学海（1月免）
　　　　高俊宏（1月任）
　　局长　　高俊宏
园林市政管理中心
　　党委书记　　肖福来
　　主　任　　高俊宏
环境卫生服务中心
　　党委书记　　姚尚贵
　　主　任　　周兴新
机关事务服务中心
　　党组书记　　张宇山
　　主　任　　胡永顺（3月免）
　　　　张宇山（7月任）
房屋土地经营管理中心（改为企业——北京德源兴业投资管理集团有限公司）
　　党委书记　　于燕萍（4月免）
　　主　任　　郭　月（4月免）
北京德源兴业投资管理集团有限公司
　　党委书记、董事长　　郭　月（4月任）
城市管理监督指挥中心
　　党组书记、主任　　陈国红
产业发展局
　　党组书记、局长　　岑运东
对外联络服务办公室
　　党组书记、主任　　赵　丽（女）
西直门综合交通枢纽地区管理委员会
　　党组书记、常务副主任　　王连杰
政务服务办
　　党组书记、主任　　柴丽敏（女）
西城园
　　工委书记　　岳　立
　　主　任　　司马红（女，12月免）
　　常务副主任　　岳　立
政府投资项目建设中心
　　主任　　刘成东
发展服务中心
　　主任　　岑运东
房屋管理局
　　党组书记、局长　　谭玉梅（女，8月免）
房屋征收中心
　　党组书记、主任　　万长宏
规划西城分局
　　党组书记、局长　　倪　锋
国土资源局西城分局
　　党组书记　　靳　薇
　　局　长　　李　伟
规划和国土资源管理委员会西城分局（4月2日由规划西城分局和国土资源局西城分局合并组成）
　　党组书记、局长　　倪　锋
工商西城分局
　　党组书记、局长　　赵　斌
质量技术监督局
　　党组书记、局长　　张占芳（5月免）
食品药品监督管理局
　　党组书记、局长　　闫学会
烟草专卖局
　　党组书记、局长　　孟庆伟
地税局（7月机构撤销）
　　党组书记　　张亚平
　　局　长　　施　宏
国税局（7月机构撤销）
　　党组书记、局长　　王忠新
税务局（7月机构成立）
　　党委书记、局长　　王忠新（10月任）

政协西城区委员会工作机构主要负责人

秘书长　　王申恒
办公室主任　　贾旭辉
研究室主任　　刘春春（女）
专委会工作一室主任　　李征帆
专委会工作二室主任　　白　洁（女）
专委会工作三室主任　　晏　畅
专委会工作四室主任　　李占文
专委会工作五室主任　　何绪明
专委会工作六室主任　　常卫国

西城区各民主党派、工商联负责人

中国国民党革命委员会北京市西城区委员会
　　主任委员　　王　红（女，满族）
中国民主同盟北京市西城区委员会
　　主任委员　　钟祖荣
中国民主建国会北京市西城区委员会
　　主任委员　　李建国
中国民主促进会北京市西城区委员会
　　主任委员　　张礼斌
中国农工民主党北京市西城区委员会
　　主任委员　　张培彤
中国致公党北京市西城区委员会
　　主任委员　　刘学增
九三学社北京市西城区委员会
　　主任委员　　郑　实
台湾民主自治同盟北京市西城区委员会
　　主任委员　　陈子云（女）
区工商联主席、区总商会会长　　司马红（女）
　　党组书记、副主席　　郭君瑛（驻会，女）

西城区政法、军事系统主要负责人

西城公安分局
　　党委书记、局长　　刘国周
　　政委　　张　毅
人民检察院
　　党组书记、检察长　　李卫国
人民法院
　　党组书记、院长　　蔡慧永
司法局党组书记、局长　　向　前（土家族）
人民武装部部长　　蔺　伟
　　政委　　万晓龙（9月任）
西城消防支队支队长　　李兴华
　　政委　　刘宪文
西城交通支队支队长　　刘保君
　　政委　　姜金辉
武警执勤三支队支队长　　梁黔生
　　政委　　李荣军（1月任）
武警执勤四支队支队长　　史景军（1月任）
　　政委　　樊良柱（1月任）

西城区人民团体主要负责人

总工会
　　党组书记　　王　奇（3月免）
　　　　张中喜（3月任）
　　主　席　　李会增
团区委
　　党组书记、书记　　李健希
妇女联合会
　　党组书记、主席　　李高霞（女）
归国华侨联合会
　　党组书记、主席　　安亚荣（女）
科学技术协会
　　党组书记、常务副主席　　戴卫红（女）
文学艺术界联合会
　　党组书记　　汪帮宏
　　常务副主席　　张云裳（女）
社会科学界联合会
　　党组书记、常务副主席　　张新华
残疾人联合会
　　党组书记　　刘少华
　　理事长　　孙晓临（女，4月免）
　　　　孟红伟（女，4月任）
红十字会
　　党组书记、常务副会长　　王志东

西城区街道工委、办事处主要负责人

德胜街道工委书记　　孙广俊
　　办事处主任　　王中峰
什刹海街道工委书记　　海　峰（回族）
　　办事处主任　　毕军东
西长安街街道工委书记　　陈振海
　　办事处主任　　桑硼飞
大栅栏街道工委书记　　李　婕（女）
　　办事处主任　　苏　昊
天桥街道工委书记　　陈　新
　　办事处主任　　高　翔
新街口街道工委书记　　何焕平
　　办事处主任　　刘　倩（女，回族）
金融街街道工委书记　　许晓红（女）
　　办事处主任　　宫　浩
椿树街道工委书记　　高兴春
　　办事处主任　　孙晓临（女，4月任）
陶然亭街道工委书记　　张　丁（3月免）
　　　　庞成立（4月任）
　　办事处主任　　谢　静（女）
展览路街道工委书记　　魏建明
　　办事处主任　　吴立军
月坛街道工委书记　　王乐斌
　　办事处主任　　孟红伟（女，4月免）
　　　　李健希（4月任）
广安门内街道工委书记　　彭秀颖（女）
　　办事处主任　　史　锋
牛街街道工委书记　　王其志
　　办事处主任　　李丽京（女，回族）
白纸坊街道工委书记　　马光明
　　办事处主任　　周　沫（1月免）
　　　　杜春晓（女，8月任）
广安门外街道工委书记　　王　毅
　　办事处主任　　王书广

功能区建设指挥部主要负责人

和谐宜居示范区建设指挥部
总指挥 姜立光
常务副总指挥 左继元
天桥演艺区建设指挥部
总指挥 徐 利
常务副总指挥 王 丹（女）
大栅栏琉璃厂建设指挥部
总指挥 朱国栋
常务副总指挥 张玉魁
什刹海阜景街建设指挥部
总指挥 徐 利
常务副总指挥 孔 勇
区重大项目建设指挥部
办公室主任 姜立光
党组书记 刘成东
常务副主任 刘成东
区城市环境建设委员会
主 任 姜立光（12月免）
朱国栋（12月任）
常务副主任 宋甲乐
马连道建设指挥部
总指挥 李 异
常务副总指挥 张 东
北展地区建设指挥部
总指挥 孙 硕
常务副总指挥 何立民
区建设指挥部联合党组
书 记 孙仕柱（6月免）
程昌宏（6月任）

西城区文教卫体系统主要负责人

教育工作委员会书记 丁大伟
教育委员会主任 丁大伟（3月免）
赵蓬欣（3月任）
教育督导室主任 赵蓬欣（3月免）
区委卫生计生工委书记 曾加顺
区卫生计生委主任 安学军（满族）
文化委员会
党组书记、主任 孙劲松
旅游委
党组书记、主任 刘 冀
体育局党组书记、局长 包 川
经科大暨社区学院
党委书记、院长 张建国
教育研修学院
党委书记、院长 刘继忠
北京市第四中学
党委书记 王 红（女）
校 长 马景林
北京市第八中学
党委书记、校长 王俊成
北京市第一六一中学
党委书记 曹雪莲（女）
校 长 吴伟东（女）
首医大复兴医院
党委书记、院长 李东霞（女）

西城区国资委系统企业主要负责人

北京金融街投资（集团）有限公司
党委书记、董事长 牛明奇
总经理 刘世春
华远集团有限公司
党委书记 于锦义
董事长、总经理 杜凤超
北京天恒置业集团有限公司
党委书记、董事长 刘海涛
北京华方投资有限公司
董事长 王战荣
总经理 张志强
北京世纪金工投资有限公司
党委书记、董事长、总经理 赵 钢
北京市金工投资管理公司
党委书记、董事长 朱志伟（6月免）
孙 昌（6月任）
总经理 孙 昌
北京华天饮食集团公司
党委书记 张 涛（1月免）
总经理 贾飞跃
北京宣房投资管理公司
党委书记、董事长 任 伟
总经理 刘志刚
天桥盛世投资集团有限责任公司
党委书记、董事长 安朝晖（女）
北京市金正资产投资经营公司
党支部书记、总经理 张 涛（7月免）
程嫣琳（女，7月任）
金源投资管理有限公司
党委书记、总经理 郑全星
董事长 时文生
金座投资管理有限公司
党委书记 张山树
董事长 薛国强
总经理 袁瑞音
北京金象复星医药股份有限公司
党委书记 韩沙非
董事长、总经理 徐 军
菜市口百货股份有限公司
党总支书记、董事长 赵志良
总经理 王春利（女）

北京国华商场有限责任公司
董事长 邹淑珍(女)
总经理 王 祎（女）
党支部书记 张 伟（女）
张一元茶叶有限责任公司
党支部书记、董事长 杨有成
总经理 霍文斌（女）
北京新月联合汽车有限公司
董事长 刘长青
总经理 刘长江
翔达投资管理有限公司
党委书记 孙雅娟（女，8月免）
杨纳新（8月任）
董事长 孙雅娟（女）
总经理 孙雅娟（女）
北京广安控股有限公司
党委书记、董事长 申献国
总经理 张晓阳
北京陶然建筑有限公司
党支部书记、董事长 林玉琇
北京鑫宣市政工程有限公司
党支部书记 张 颖
董事长 张雁林
总经理 刘 毅
北京昊都建筑工程有限公司
总经理 马荣华
北京房开置业股份有限公司
党支部书记 乔 茜（女）
董事长 梅国良
总经理 周 虹（女）
宣兴房地产开发股份有限公司
党总支书记、董事长、总经理 陈海鸥

部分驻区单位主要负责人

北京金泰集团有限公司西城分公司
党委书记、总经理 秦有明
北京首商集团股份有限公司
董事长 傅跃红（女，6月免）
李源光（6月任）
总经理 张跃进
北京王府井百货集团长安商场有限责任公司
总经理 张 林（12月免）
李春晖（女，12月任）
北京汉光百货有限责任公司
董事长 王小雨（女）
国家开发银行股份有限公司北京市分行
行长 徐 明
中国工商银行股份有限公司分行
行长 施 刚
农业银行股份有限公司北京西城支行
行长 柴 援（女）
中国银行股份有限公司北京西城支行
行长 冯 京（女）
中国银行股份有限公司北京宣武支行
行长 马 文（女，2月任）
中国建设银行股份有限公司北京西四支行
行长 林 麟
中国建设银行股份有限公司北京西单支行
行长 管 琳（女）
中国建设银行股份有限公司北京宣武支行
行长 霍中广
交通银行股份有限公司北京市分行
行长 郭 莽（9月免）
刘建军（9月任）
中信银行股份有限公司总行营业部
总经理 朱加麟（7月免）
刘红华（7月任）
中国光大银行股份有限公司北京分行
行长 武 健（9月免）
曲 亮（9月任）
华夏银行股份有限公司北京分行
行长 杨 伟（1月免）
李大营（1月任）
招商银行股份有限公司北京分行
行长 汪建中(4月免)
熊 开(4月任)
中国民生银行股份有限公司北京分行
行长 马 琳（9月免）
杨 毓（9月任）
北京银行股份有限公司
董事长 张东宁
中国证券监督管理委员会北京监管局
局长 王建平
中国人民财产保险有限公司北京西城支公司
总经理 乔明琦
中国人民财产保险有限公司北京宣武支公司
党组书记、总经理 焦继学
中国平安人寿保险股份有限公司北京分公司
总经理 徐敏彬
中国太平洋财产保险股份有限公司北京分公司
总经理 武 博
中国太平洋人寿保险股份有限公司北京分公司
总经理 于 赟
北京市交通执法总队
总队长 黄建军
北京市交通执法总队第二执法大队
大队长 王平海
北京市运输管理局西城管理处
处长 张永安
北京市地铁运营有限公司
党委书记、董事长 谢正光
总经理 徐会杰
北京市西城区邮电局

党委书记、局长　徐　丛（8月免）
　李　勇（8月任）

中国联合网络通信有限公司北京市分公司
党委书记、总经理　霍海峰

北京市燃气集团有限责任公司
党委书记、董事长　李雅兰（女）
总经理　支晓晔

北京市燃气集团有限责任公司第一分公司
党委书记、总经理　华　伟

国网北京市电力公司
党委书记、董事长　李同智
总经理　万志军

北京市电力公司城区供电公司
总经理　孙兴泉（10月免）
　张铁恒（10月任）

北京市自来水集团有限责任公司
党委书记、董事长　刘锁祥
总经理　高踪阳

北京市自来水集团禹通市政工程有限公司
党委书记、董事长　郑少博
总经理　张春海

北京华康欣和建筑工程有限责任公司
董事长　杨玉良
总经理　吴志刚
党委书记　吕玉民

大观园管理委员会
主任　马俊潼

省部级先进集体及先进个人

先进集体

全国文明单位
北京老舍茶馆有限公司

第四批全国学雷锋活动示范点
原北京市西城区地方税务局

全国工人先锋号
北京庆丰餐饮管理有限公司（玉桃园店）

全国五四红旗团支部
北京市自来水集团禹通市政工程有限公司团总支

全国侨联系统先进组织
北京市西城区侨联

全国模范检察院
北京市西城区检察院

全国检察文化建设示范院
北京市西城区检察院

全国检察宣传先进单位
北京市西城区检察院

全国法院知识产权审判工作先进集体
北京市西城区法院民五庭

全国法院家事审判工作先进集体
北京市西城区法院民六庭

全国安全生产监管监察先进单位
北京市西城区安全监管局
北京市西城区安全监管局事故应急科

2016－2017年度全国交通运输行业文明单位
北京市交通执法总队轨道交通执法大队

全国人力资源诚信服务示范机构
北京市西城区人力资源公共服务中心

全国和谐社区建设示范城区
北京市西城区人民政府

北京市思想政治工作优秀单位
原西城区国家税务局第一税务所

首都劳动奖状
北京市西城区展览路街道
北京市西城区人力资源和社会保障局

北京市工人先锋号
北京北展地区建设指挥部
北京建融保洁服务有限公司保洁二组
北京市西城区德胜街道总工会工会服务站
中共北京市西城区纪律检查委员会、西城区监察委员会办案组
北京菜市口百货股份有限公司物流中心

北京市五四红旗团支部
北京市自来水集团禹通市政工程有限公司团总支

北京市三八红旗集体
北京市西城区新街口街道妇联

北京市妇女儿童工作2013-2015年度先进集体
北京市西城区法院未审庭

2015-2016年度北京市未成年人保护工作先进集体
北京市西城区法院未审庭

北京市第十届人民满意的政法单位争创奖
北京市西城区法院立案一庭

北京市法院先进集体
北京市西城区法院民八庭
北京市西城区法院金融街法庭

北京市模范法院
北京市西城区法院

北京市征兵工作先进单位
北京市西城区人民武装部

2017年度“疏解整治促提升”专项行动先进集体
北京市西城区人民检察院
北京市西城区发展和改革委员会
北京市西城区北展指挥部
北京市西城区大栅栏街道

北京市安全生产先进单位
北京市西城区安全监管局
北京西直门综合交通枢纽地区管理委员会检查队

北京市西城区德胜街道
北京市西城区广外街道
北京市自来水集团有限责任公司第三水厂

北京市安全生产专职安全员队伍先进集体

北京市西城区德胜街道

北京市2017年度开展“餐饮服务业专项执法检查”工作先进单位

北京市西城区金融街街道劳动和社会保障科

北京市防汛抗旱先进集体

北京市西城区园林市政管理中心
北京市自来水集团禹通市政工程有限公司

首都全民义务植树先进单位

北京市西城区园林市政管理中心

首都绿化美化先进单位

北京市西城区广内街道
北京市西城区广外街道
北京市自来水集团禹通市政工程有限公司

北京市体育道德风尚奖

北京市西城区体育局

北京市无偿献血工作先进集体

北京市西城区展览路街道社区服务中心

首都民族团结进步奖

北京市第五十六中学
北京市公安局西城分局牛街派出所
北京市西城区民族宗教事务办公室
北京市西城区发展和改革委员会
北京市西城区委牛街街道工作委员会
北京市西城区人民政府德胜街道办事处
北京市西城区月坛街道三里河社区

北京市就业创业工作先进集体

北京市西城区人力资源和社会保障局
北京市西城区残疾人劳动就业服务所
北京市西城区大栅栏社保所
北京市西城区广安门外街道办事处
北京市西城区什刹海街道办事处
北京市西城区陶然亭街道
北京市西城区新街口街道社会保障事务所

北京市充分就业示范街道

北京市西城区广安门外街道社保所

北京市民政工作先进集体

北京市西城区民政局

北京市先进居民委员会

北京市西城区天桥街道永安路社区居委会

先进个人

全国五一劳动奖章

田　丰

全国优秀工会工作者

刘红生

全国青年岗位能手

马　敏

全国法院知识产权审判工作先进个人

李易忱

2016—2017年度全国交通运输行业文明职工标兵

吴楚军

全国绿化奖章

朱延昭

国家“万人计划”领军人才

季　节

2014—2017年度北京市保密工作系统先进个人

马清营　杨　芳

2018首都劳动奖章

尹　峰　尹尧强　刘云军　刘念一　孙向阳
李晓慧　李斐斐　吴伟东　余瑞亮　张　爽
范　宁　周东彪　胡　辛　蒋　厂

北京市优秀共青团干部

张　旋

北京市三八红旗奖章

田美妍　庄文静　曲凤波　李丽娟　张殿宁
郑桂彦　程　乐　谭小颖

北京市第十届人民满意的政法干警争创奖

张文秀　张　爽

北京市法院先进工作者

徐　楠　高　晶　谢凌云

北京市法院先进法官

韩　涛　童　飞　管学雅　程中涛

北京市法院模范法官

张传荣　张　璐　张　达

2017年度“疏解整治促提升”专项行动先进个人

许牧遥　李保林

北京市安全生产先进个人

张　迪　高聪聪

北京市安全生产专职安全员先进个人

李继忠

首都绿化美化先进个人

王世熠　王恩涛　孙　屹　李晓峰　陈　冉
张正旸　赵兴林　高　川　高宝峰　槐静文

北京市防汛抗旱先进个人

陈　亮　焦思强

第一届北京“人道奖”先进个人

王　昉

2016-2017年度首都无偿献血工作先进个人

王　昉　闪　笑　毋娟娟　顾　威

北京市就业创业工作先进个人

王　君　司彦萍　刘卫东

首都民族团结进步奖

靳　真　刘　琪　袁　泉　范文建　孟春燕
穆　静　王　燚　李庆元　徐忠华　高建林
杨丽荣　魏琳香

北京市民政工作先进个人

张中喜　吴绍章　翟世红

首都文明家庭

赵红程

统计资料

说明：

1. 统计资料中“#”表示其中项。
2. “*”表示数据小于等于2。
3. “—”表示数据不详或没有数据。
4. “…”表示因数据不足最小计算单位而省略。
5. 由于2018年为第四次全国经济普查年份，经普数据尚未发布，因此2018年规模以上单位数量、地区生产总值、环境保护、房地产、工业、建筑业、批发和零售业等相关数据为年度初步统计数据，还有部分指标暂无2018年数据。

行政区划与土地面积

表1

地　区	社区居委会(个)	辖区面积(平方公里)
全　区	259	50.7
德胜街道	20	4.14
什刹海街道	22	5.8
西长安街街道	13	4.24
大栅栏街道	9	1.27
天桥街道	8	2.07
新街口街道	21	3.7
金融街街道	19	3.78
椿树街道	7	1.09
陶然亭街道	10	2.14
展览路街道	22	5.87
月坛街道	26	4.13
广安门内街道	18	2.43
牛街街道	10	1.44
白纸坊街道	19	3.11
广安门外街道	35	5.49

（资料来源：北京市西城区民政局）

西城区主要经济社会指标

表2

项　目	单　位	2018年	2017年	2018年比2017年±(%)
人　口				
常住人口	万人	117.9	122.0	-3.4
户籍人口	万人	146.1	144.5	1.1
地区生产总值	亿元	4243.9	3920.7	6.5
第二产业	亿元	372.9	331.3	10.0
第三产业	亿元	3871.0	3589.4	6.1
人均地区生产总值	美元/人	53465	46854	14.1
商　业				
社会消费品零售总额	亿元	1043.2	1013.2	3.0
财　政				
公共财政预算收入	亿元	430.8	422.1	2.1
区级税收	亿元	406.4	395.4	2.8
公共财政预算支出	亿元	429.7	430.8	-0.2
劳　资				
城镇单位在岗职工	人	858624	829438	3.5
城镇单位从业人员工资总额	万元	19499942	17853957	9.2
城镇单位在岗职工工资总额	万元	17789619	16340545	8.9
城镇单位在岗职工年平均工资	元	208822	197007	6.0
西城园				
总收入	亿元	3112.0	2877.2	8.2
工　业				
工业总产值(现价)	亿元	1247.1	1145.7	8.9
建筑业				
建筑业总产值	亿元	692.8	736.1	-5.9
人民生活				
居民人均可支配收入	元	81678	76511	6.8
居民人均消费性支出	元	49642	46668	6.4
恩格尔系数	%	18.0	19.9	下降1.9个百分点
居民消费价格指数(以上年同期价格为100的指数)	%	102.5	101.9	上升0.6个百分点
居民人均住房建筑面积	平方米	21.9	22.1	-0.2
中央、市、区三级税收	亿元	3721.8	4196.1	-11.3
基本单位情况				
法人单位数	个	45851	46235	-0.8
产业活动单位数	个	11214	12707	-11.7
企业基本情况				
资产总计	亿元	1102879.9	1090687.3	1.1
收入合计	亿元	20850.4	21845.1	-4.6
利润总额	亿元	8302.2	7523.3	10.4
对外经济贸易				
“三资”企业实际利用外资额	亿美元	5.2	116.1	-95.5
城市建设及环境保护				
城市绿化覆盖率	%	30.89	30.73	上升0.16个百分点
人均公园绿地面积	平方米/人	4.3	4.1	4.6
可吸入颗粒物(PM10)	微克/立方米	82.0	88.0	-6.8
细颗粒物(PM2.5)年均浓度值	微克/立方米	52.	60	-13.3
降尘量	吨/平方公里·月	8.2	5.8	41.4
垃圾分类收集率	%	-	-	-
就业与社会保障				
城镇登记失业率	%	0.87	0.88	下降0.01个百分点
城镇登记失业人员就业率	%	63.21	64.73	下降1.52个百分点

表 2 续1

项　目	单　位	2018年	2017年	2018年比2017年±(%)
养老保险基金征缴率	%	99.75	99.72	上升0.03个百分点
基本医疗保险基金征缴率	%	99.82	99.81	上升0.01个百分点
失业保险基金征缴率	%	99.80	99.80	持平
工伤保险基金征缴率	%	99.72	99.70	上升0.02个百分点
民　政				
抚恤、补助优抚对象人数	人	1474	1472	0.1
全区老龄人口数	人	410653	391088	5.0
最低生活保障人数	人	12840	17650	-27.3
各种收养性单位个数	个	45	43	4.7
基础教育				
学校个数	个	185	177	4.5
#小学	个	58	58	0.0
初级中学	个	3	3	0.0
高级中学	个	2	2	0.0
在校生数	人	152288	142383	7.0
#小学	人	80679	73753	9.4
初级中学	个	5300	4377	21.1
高级中学	人	1490	1382	7.8
毕业生数	人	29303	29293	0.0
#小学	人	9967	9962	0.1
初级中学	个	1040	1211	-14.1
高级中学	人	406	356	14.0
科　技				
输出技术合同成交项数	个	6659	7105	-6.3
输出技术合同成交总金额	亿元	208.8	299.0	-30.2
吸纳技术合同成交项数	个	4421	5179	-14.6
吸纳技术合同成交总金额	亿元	130.1	129.7	0.3
文　化				
区属公共图书馆	个	23	27	-14.8
总藏量	万册	239.2	283.7	-15.7
#图书	万册	226.6	226.1	0.2
文化馆	个	2	2	0.0
文物保护单位	处	181	181	0.0
#全国重点文物保护单位	处	42	42	0.0
北京市文物保护单位	处	61	61	0.0
卫　生				
卫生机构	个	695	664	4.7
卫生技术人员	人	36902	36216	1.9
#执业医师	人	13121	12795	2.5
注册护士	人	16292	15992	1.9
医疗床位	张	16368	15868	3.2
平均每千常住人口医院床位数	张	13.84	12.96	6.8
平均每千常住人口拥有职业(助理)医师	人	11.13	10.49	6.1
平均每千常住人口拥有注册护士	人	13.82	13.11	5.4
体　育				
运动员	人	4195	3972	5.6
教练员	人	70	78	-10.3
裁判员	人	411	458	-10.3
社会体育指导员	人	1516	8621	-82.4
文明建设情况				
文明机关个数	个	184	184	0.0
文明社区个数	个	93	93	0.0

西城区生产总值

表3

项　目	2018年		2017年	
	绝对值(亿元)	比　重(%)	绝对值(亿元)	比　重(%)
合　计	4243.9	100.0	3920.7	100.0
第二产业	372.9	8.8	331.3	8.4
第三产业	3871.0	91.2	3589.4	91.6
工业	277.0	6.5	250.4	6.4
建筑业	94.6	2.2	80.9	2.1
批发和零售业	281.4	6.6	275.5	7.0
交通运输、仓储和邮政业	96.5	2.3	91.2	2.3
住宿和餐饮业	48.1	1.1	45.5	1.2
信息传输、计算机服务和软件业	164.8	3.9	150.8	3.8
金融业	2034.9	47.9	1807.9	46.1
房地产业	152.9	3.6	148.8	3.8
租赁和商务服务业	283.7	6.7	277.9	7.1
科学研究和技术服务业	247.1	5.8	241.5	6.2
水利、环境和公共设施管理业	19.4	0.5	19.7	0.5
居民服务、修理和其他服务业	15.3	0.4	15.2	0.4
教育	91.4	2.2	90.8	2.3
卫生和社会工作	138.0	3.3	131.4	3.4
文化、体育和娱乐业	104.5	2.5	99.6	2.5
公共管理、社会保障和社会组织	194.3	4.6	193.6	4.9
人均地区生产总值				
按全年平均汇率折合美元(美元)	53465		46854	

全部法人、产业活动单位数

表4

项　目	法人单位	产业活动单位
合　计	45851	11214
按国民经济产业分		
第二产业	508	203
第三产业	25969	6676
按国民经济行业分		
工业	223	121
建筑业	303	89
批发和零售业	7602	1946
交通运输、仓储和邮政业	279	338
住宿和餐饮业	1381	886
信息传输、软件和信息技术服务业	1507	209
金融业	781	948
房地产业	1259	440
租赁和商务服务业	5382	624
科学研究、技术服务业	2688	194
水利、环境和公共设施管理业	138	16
居民服务、修理和其他服务业	941	189
教育	866	50
卫生和社会工作	307	24
文化、体育和娱乐业	1606	71
其他	1214	733

企业基本情况

表 5

项　目	单位数(个)	收入总计(万元)
合　计	45851	208504107.8
按隶属关系分	45851	208504107.8
中央	2546	130029831.3
省(自治区、直辖市)	1607	30765341.5
地(区、市、州、盟)	2025	5619557.2
街道、镇、乡	438	11960.0
其他	39235	42077417.8
按注册类型分	45851	208504107.8
内资	45108	193528949.0
国有	3396	33200081.0
集体	887	739757.1
股份合作	1570	77723.2
联营	39	17194.7
有限责任公司	7752	61155830.4
股份有限公司	272	90775165.1
私营	29720	7091728.6
其它	1472	471468.9
港澳台商投资	340	8927987.0
与港澳台商合资经营	101	645120.3
与港澳台商合作经营	16	115372.9
港澳台商独资	220	8164334.7
港澳台商投资股份有限公司	*	3159.1
其他港澳台投资	*	–
外商投资	403	6047171.8
中外合资经营	127	1980736.4
中外合作经营	14	30627.5
外资企业	251	3907186.1
外商投资股份有限公司	9	128621.8
其他外商投资	*	–
按国民经济行业分	45851	208504107.8
农、林、牧、渔业	8	–
采矿业	0	0.0
制造业	390	1135393.0
电力、燃气及水的生产和供应业	22	11889956.0
建筑业	638	8080603.6
批发和零售业	14057	46176232.7
交通运输、仓储和邮政业	487	2000820.0
住宿和餐饮业	1897	1004154.0
信息传输、计算机服务和软件业	2339	6809866.0
金融业	936	97313529.5
房地产业	1799	3766118.3
租赁和商务服务业	10420	8043991.2
科学研究和技术服务业	4725	12562220.4
水利、环境和公共设施管理业	192	820804.3
居民服务、修理和其他服务业	1532	177975.2
教育	1230	1818665.4
卫生和社会工作	337	4352964.7
文化、体育和娱乐业	2734	2550813.5
公共管理、社会保障和社会组织	2108	0.0
国际组织	0	0.0

企业主要财务指标

表 6 单位:万元

项　目	资产总计	负债总计	利润总额
合　计	11028799379.2	7102288784.6	83022374.7
按隶属关系分	11028799379.2	7102288784.6	83022374.7
中央	9704810582.9	6087833242.5	60739928.4
省(自治区、直辖市)	645196575.8	553404598.2	7469793.8
地(区、市、州、盟)	138831269.1	104395122.3	-18247.0
街道、镇、乡	46043.9	33929.2	1203.5
其他	539914907.5	356621892.4	14829696.0
按注册类型分	11028799379.2	7102288784.6	83022374.7
内资	10843655112.0	7038150861.5	66332971.9
国有	2982900688.4	558038281.8	16848455.4
集体	2389347.2	1747901.6	-12371.3
股份合作	64833.8	48297.7	1466.8
联营	4475.6	5044.5	64.7
有限责任公司	875293089.9	367125080.8	18582255.9
股份有限公司	6970746431.4	6104461456.5	30552712.2
私营	11375736.6	6696316.3	354393.2
其它	880509.1	28482.3	5995.0
港澳台商投资	50095531.2	23418342.4	1221549.1
与港澳台商合资经营	6949845.7	5621897.9	148310.6
与港澳台商合作经营	1361122.9	1116864.8	28572.6
港澳台商独资	41731987.2	16629317.4	1043352.8
港澳台商投资股份有限公司	52575.4	50262.3	1313.1
其他港澳台商投资			
外商投资	135048736.0	40719580.7	15467853.7
中外合资经营	15374798.8	12000420.8	307031.1
中外合作经营	245762.9	247920.0	14600.1
外资企业	100581137.6	18276714.9	15220517.9
外商投资股份有限公司	18847036.7	10194525.0	-74295.4
其他外商投资			
按国民经济行业分	11028799379.2	7102288784.6	83022374.7
农、林、牧、渔业			
采矿业			
制造业	2735101.5	930334.0	55474.6
电力、燃气及水的生产和供应业	28342683.1	14552752.6	430289.2
建筑业	15269873.6	12044175.0	254101.4
批发和零售业	54911110.6	34966250.5	1647726.0
交通运输、仓储和邮政业	6231665.5	2125635.8	25255.6
住宿和餐饮业	1894377.7	1462453.6	70549.8
信息传输、计算机服务和软件业	225480438.6	49927191.0	21874356.7
金融业	10239948857.8	6817838994.3	37978643.8
房地产业	49503244.7	27267987.0	1723359.3
租赁和商务服务业	322644630.9	109495698.9	17522463.9
科学研究和技术服务业	66543278.0	29769322.0	1139502.4
水利、环境和公共设施管理业	983354.8	130851.9	5051.8
居民服务、修理和其他服务业	171177.3	98057.1	2062.3
教育	2976149.5	33701.2	3119.4
卫生和社会工作	4175976.8	220647.2	28705.5
文化、体育和娱乐业	6987458.8	1424732.5	261713.0
公共管理、社会保障和社会组织	0.0	0.0	0.0
国际组织	0.0	0.0	0.0

常住人口

表7

项　目	计量单位	2018年	2017年
合　计	万人	117.9	122.0
常住人口分性别			
男性人口	万人	56.6	59.0
女性人口	万人	61.3	63.0
常住人口分年龄			
0-14岁人口	万人	14.3	14.0
15-64岁人口	万人	83.9	88.7
65岁及以上人口	万人	19.7	19.3
# 60岁及以上人口	万人	29.1	28.7
出生人数	人	8926	12165
出生率	‰	7.44	9.81
死亡人数	人	7932	9362
死亡率	‰	6.61	7.55

（资料来源：常住人口数据由市局反馈所得）

劳动就业基本情况

表8

项　目	计量单位	2018年	2017年
西城区人力资源服务机构数	家	72	80
城镇登记失业率	%	0.87	0.88
期末实有城镇登记失业人数	人	6890	6969
# 女性	人	2521	2548
城镇登记失业人员就业人数	人	13476	13921
# 女性	人	4856	4989
城镇登记失业人员就业率	%	63.21	64.73
# 女性	%	62.91	64.57
城镇登记失业人员参加培训人数	人	4230	3925
就业困难人员就业人数	人	10487	10574
就业困难人员就业率	%	65.96	67.83
职业技能培训人员总量	人	83437	49591
辖区公共职介机构求职登记人数	人	859	662
辖区公共职介机构职业介绍成功人数	人次	333	380
社区岗位安置就业困难人数	人	10524	11110
用人单位招用就业困难人数	人	542	550
最低退休金	元	1714	1714

（资料来源：北京市西城区人力资源和社会保障局）

社会保障基本情况

表9

项　目	计量单位	2018年	2017年
基本养老保险			
参加单位数	个	39238	34585
参加人数	人	1955192	1938252
基金收入	万元	2928582	2655817
基金支出	万元	2271354	2097936
基金征缴率	%	99.75	99.72
基本医疗保险			
参加单位数	个	30633	30075
参加人数	人	2137875	2142125
基金收入	万元	1742364	1586453
基金支出	万元	674667	615059
基金征缴率	%	99.82	99.81
工伤保险			
参加单位数	个	40413	35736
参加人数	人	1427919	1350688
基金收入	万元	39157	35421
基金支出	万元	24686	18606
基金征缴率	%	99.72	99.7
失业保险			
参加单位数	个	39426	34779
参加人数	人	1446468	1419837
基金收入	万元	113236	102447
基金支出	万元	57730	57750
基金征缴率	%	99.8	99.8
生育保险			
参加单位数	个	38960	34309
参加人数	人	1205919	1170489
基金收入	万元	91526	82914
基金支出	万元	104944	112130
基金征缴率	%	99.79	99.77
居民基本医疗养老保险参保人数	万人	24.1	23.26
居民基本医疗保险报销金额	万元	79499	43107

（资料来源：北京市西城区人力资源和社会保障局）

城镇单位年末从业人员平均人数

表10　　单位：人

项　目	年平均人数	在岗职工	劳务派遣人员	其他从业人员
合　计	1043391	851902	90475	101014
农、林、牧、渔业	62	62	0	0
采矿业	0	0	0	0
制造业	11701	9716	1427	558
电力、燃气及水的生产和供应业	58350	49725	8478	147
建筑业	28723	24505	2291	1927
批发和零售业	69184	63905	1937	3342
交通运输、仓储和邮政业	78284	67396	8457	2431
住宿和餐饮业	33583	28513	1320	3750
信息传输、软件和信息技术服务业	42768	39794	1316	1658
金融业	257449	185039	14920	57490
房地产业	63361	49791	7409	6161
租赁和商务服务业	97507	81064	11884	4559
科学研究和技术服务业	69969	56138	6237	7594
水利、环境和公共设施管理业	13135	11088	1667	380
居民服务、修理和其他服务业	29022	28634	79	309
教育	33265	29157	1026	3082
卫生和社会工作	45420	33937	8257	3226
文化、体育和娱乐业	34512	30300	2318	1894
公共管理、社会保障和社会组织	77096	63138	11452	2506

全社会固定资产投资额（2001－2018年）

表11　　单位：亿元

年　份	全社会固定资产投资额		#房地产开发投资额	#建安投资
	绝对量	比上年增长(%)		
2001年	314.6	16.6	133.2	—
2002年	337.6	7.3	186.4	—
2003年	222.8	-34.0	120.0	—
2004年	267.5	20.1	155.5	—
2005年	280.1	4.7	155.5	—
2006年	344.7	23.1	165.7	—
2007年	356.2	3.3	171.3	—
2008年	328.6	-7.7	113.2	—
2009年	235.7	-28.3	97.8	—
2010年	181.7	-22.9	83.8	76.3
2011年	187.3	8.3	101.2	69.3
2012年	198.4	6.0	129.9	66.1
2013年	213.0	7.3	114.8	75.3
2014年	241.2	13.3	153.8	86.1
2015年	246.0	2.0	109.9	71.0
2016年	252.7	2.7	58.9	52.4
2017年	228.7	-9.5	132.9	62.4
2018年	—	-20.4	—	—

房地产开发投资基本情况

表12　　　　单位:万元、平方米、套

项　目	2018年	2017年
投资完成情况		
计划总投资	–	7771425
累计完成投资	–	7162017
本年完成投资	–	1329288
本年完成投资按构成分	–	
建筑工程	–	129841
安装工程	–	89
设备购置	–	0
其他费用	–	1199358
本年完成投资按用途分	–	
住宅	–	448273
办公楼	–	435268
商业营业用	–	93636
其他	–	352111
土地开发情况		
待开发的土地面积	460662	395138
本年购置土地面积	0	38167
商品房销售、出租、待售情况		
商品房期房销售面积	13793	27757
住宅	13040	24760
办公楼	753	2997
商业营业用	0	0
其他	0	0
商品房现房销售面积	13453	9227
住宅	3448	6021
办公楼	0	0
商业营业用	0	0
其他	10005	3206
商品房出租面积	45512	120919
住宅	0	0
办公楼	0	31364
商业营业用	41359	64104
其他	4153	25451
待售面积	183719	376537
住宅	99023	186196
办公楼	10945	12958
商业营业用	47807	113698
其他	25944	63685
竣工房屋住宅套数	110	0

规模以上工业企业基本情况

表13

项　目	单位数(个)	收入合计(万元)	资产总计	负债总计	利润总额
合　计	44	13025349.0	31077784.6	15483086.6	485763.8
按隶属关系分					
中央	11	7572643.7	12362303.3	7873223.9	-66037.3
省(自治区、直辖市)	10	1293019.1	11080149.2	5201076.9	217762.1
地(区、市、州、盟)	2	9394.8	42626.9	40924.7	-564.3
街道、镇、乡	0	—	—	—	—
其他	21	4150291.4	7592705.2	2367861.1	334603.3
按登记注册类型分					
内资	40	9199971.3	25230517.3	13673910.8	173655.9
国有	6	6837483.2	11510447.2	7570440.9	-107708.4
集体	2	29103.6	50445.6	6542.0	-6281.1
股份合作	0	—	—	—	—
联营	0	—	—	—	—
有限责任公司	24	2168945.4	12278668.4	5813717.0	268761.1
股份有限公司	3	141580.3	1323025.9	255013.2	6701.5
私营	5	22858.8	67930.2	28197.7	12182.8
其他	0	—	—	—	—
港澳台商投资	2	3810598.7	5813202.4	1789818.1	314498.1
外商投资	2	14779.0	34064.9	19357.7	-2390.2
按国民经济行业分					
煤炭开采和洗选业	0	—	—	—	—
石油和天然气开采业	0	—	—	—	—
黑色金属矿采选业	0	—	—	—	—
有色金属矿采选业	0	—	—	—	—
非金属矿采选业	0	—	—	—	—
开采辅助活动	0	—	—	—	—
其他采矿业	0	—	—	—	—
农副食品加工业	1	46781.4	38049.9	31309.0	14.3
食品制造业	0	—	—	—	—
酒、饮料和精制茶制造业	0	—	—	—	—
烟草制品业	0	—	—	—	—
纺织业	0	—	—	—	—
纺织服装、服饰业	1	1601.7	3233.8	1410.7	-212.3
皮革、毛皮、羽毛(绒)及其制品和制鞋业	0	—	—	—	—
木材加工和木、竹、藤、棕、草制品业	0	—	—	—	—
家具制造业	0	—	—	—	—
造纸及纸制品业	0	—	—	—	—
印刷业和记录媒介的复制业	9	468129.1	607864.2	139804.4	29216.6
文教、工美、体育和娱乐用品制造业	1	146445.9	168046.6	160581.0	1132.2
石油加工、炼焦和核燃料加工业	0	—	—	—	—
化学原料及化学制品制造业	0	—	—	—	—
医药制造业	0	—	—	—	—
化学纤维制造业	0	—	—	—	—
橡胶和塑料制品业	2	43805.0	66405.0	15276.5	2025.5
非金属矿物制品业	2	122532.7	229708.3	164481.1	9916.1
黑色金属冶炼及压延加工业	0	—	—	—	—
有色金属冶炼及压延加工业	1	120973.9	142012.4	14565.7	1385.6
金属制品业	1	9710.9	1171765.5	237978.3	3886.2

表13续1

项　目	单位数（个）	收入合计（万元）	资产总计	负债总计	利润总额
通用设备制造业	3	31447.4	72176.9	54431.1	–5495.1
专用设备制造业	3	31701.3	70363.5	37768.5	–915.3
汽车制造业	1	1261.7	4108.7	2773.7	–938.0
铁路、船舶、航空航天和其他运输设备制造业	0	—	—	—	—
电气机械及器材制造业	3	22585.8	53613.0	22923.5	1719.8
计算机、通信和其他电子设备制造业	4	82231.0	92177.9	36553.5	13498.7
仪器仪表制造业	2	6185.2	15575.8	10477.0	240.3
其他制造业	0	—	—	—	—
废弃资源综合利用业	0	—	—	—	—
金属制品、机械和设备修理业	0	—	—	—	—
电力、热力的生产和供应业	6	6913057.8	11646675.6	7682440.3	–98123.9
燃气生产和供应业	1	3798630.2	5793258.5	1771936.4	316099.7
水的生产和供应业	3	1178268.0	10902749.0	5098375.9	212313.4

建筑业企业主要生产指标

表14

项　目	建筑业总产值（万元）	建筑工程产值（万元）	劳动生产率（元/人）	竣工产值（万元）	房屋建筑竣工面积（平方米）	年末自有机械设备		
						净值（万元）	总台数（台）	总功率（千瓦）
合　计	6927771.2	6747910.6	547879.4	4125583.1	8510431.0	41978.9	6469.0	249586.0
按隶属关系分								
中央	1190208.7	1107285.2	490362.8	619683.2	2040122.0	2894.1	2649.0	146858.0
省（自治区、直辖市）	3668678.9	3652608.4	660785.1	2678976.3	6427886.0	12556.8	1153.0	45516.0
地（区、市、州、盟）	59143.6	58849.1	255039.2	53101.8	0.0	0.0	0.0	0.0
街道、镇、乡								
其他	2009740.0	1929167.9	453297.5	773821.8	42423.0	26528.0	2667.0	57212.0
按登记注册类型分								
内资	6885955.1	6707292.6	2623139.2	4093413.9	8510431.0	41966.7	6364.0	249507.0
国有	38153.3	38153.3	590608.4	24880.4	0.0	0.0	0.0	0.0
集体	5084.0	4686.7	187601.5	1323.1	0.0	0.6	12.0	55.0
股份合作	22905.0	22004.9	106337.0	10250.1	0.0	1.8	69.0	57.0
有限责任公司	5239226.2	5098294.3	555992.3	3289812.5	7633411.0	29344.4	4584.0	215504.0
股份有限公司	582334.6	582334.6	669966.2	97434.2	0.0	5702.6	189.0	13803.0
私营	998252.0	961818.8	512633.9	669713.6	877020.0	6917.3	1510.0	20088.0
港澳台商投资	29156.0	29156.0	399945.1	29147.8	0.0	9.2	90.0	29.0
外商投资	12660.1	11462.0	506404.0	3021.4	0.0	3.0	15.0	50.0
按国民经济行业分								
房屋建筑业	3916472.6	3899820.5	645920.2	3070919.5	8469894.0	9476.2	2796.0	94524.0
土木工程建筑业	1906410.8	1842478.8	601125.9	386426.5	34421.0	25605.6	1974.0	137969.0
建筑安装业	638031.8	544958.0	348251.6	314063.8	6116.0	6397.4	611.0	12928.0
建筑装饰和其他建筑业	466856.0	460653.3	295890.5	354173.3	0.0	499.7	1088.0	4165.0

服务业财务状况

表15

单位:个、人、亿元

项　目	单位数	从业人员平均人数	资产总计	收入合计	利润总额
合　计	1341	309421	63813.7	3060.4	4163.7
按国民经济行业分					
交通运输、仓储和邮政业	39	41083	623.2	200.1	2.5
铁路运输业	*	1445	21.4	11.6	1.5
道路运输业	18	36104	163.2	132.9	5.3
水上运输业	*	29	3.3	1.7	0.3
航空运输业	*	1298	26.0	21.4	—
装卸搬运和运输代理业	14	760	31.5	25.1	2.2
仓储业	*	41	0.1	0.1	—
邮政业	*	1406	377.6	7.4	-6.8
信息传输、软件和信息技术服务业	125	44959	22500.0	669.9	2187.4
电信、广播电视和卫星传输服务	18	26985	22112.1	476.6	2153.4
互联网和相关服务	24	5833	125.6	66.2	13.8
软件和信息技术服务业	83	12141	262.2	127.2	20.2
房地产业(不包括房地产开发经营)	238	58637	2139.9	242.7	77.5
租赁和商务服务业	418	69495	32003.0	746.1	1752.2
租赁业	9	1456	612.6	67.7	8.7
商务服务业	409	68039	31390.4	678.4	1743.5
科学研究和技术服务业	285	63144	6092.6	994.3	113.9
研究与试验发展	12	2585	129.6	29.4	4.5
专业技术服务业	196	49999	4901.2	877.4	96.5
科技推广和应用服务业	77	10560	1061.8	87.5	12.9
水利、环境和公共设施管理业	17	3092	19.1	19.6	0.5
水利管理业	—	—	—	—	—
生态保护和环境治理业	—	—	—	—	—
公共设施管理业	17	3092	19.1	19.6	0.5
居民服务、修理和其他服务业	33	9630	15.1	16.7	0.2
居民服务业	10	1063	5.7	3.8	0.2
家庭服务	—	—	—	—	—
托儿所服务	—	—	—	—	—
洗染服务	—	—	—	—	—
理发及美容服务	5	344	2.5	1.2	—
洗浴服务	*	469	0.4	0.7	—
保健服务			0.0	0.0	—
婚姻服务	—	—	—	—	—
殡葬服务	—	—	—	—	—
其他居民服务	3	250	2.8	1.8	0.1
机动车、电子产品和日用产品修理业	8	1182	6.6	6.5	-0.1
汽车、摩托车修理与维护	4	1073	5.9	4.6	-0.1
计算机和办公设备维修	3	99	0.6	1.6	—
家用电器修理	*	10	—	—	—
其他日用产品修理业	—	—	—	—	—
其他服务业	15	7385	2.7	6.4	0.1
清洁服务	13	6943	2.1	5.7	—
其他未列明的服务	*	442	0.6	0.7	0.1
教育	7	909	6.2	5.7	0.3
学前教育	—	—	—	—	—
初等教育	—	—	—	—	—

表15续1

项　目	单位数	从业人员平均人数	资产总计	收入合计	利润总额
中等教育	—	—	—	—	—
高等教育	—	—	—	—	—
特殊教育	—	—	—	—	—
技能培训、教育辅助及其他教育	7	909	6.2	5.7	0.3
卫生和社会工作	20	4029	32.2	25.9	2.9
卫生	19	3979	32.1	25.7	2.9
社会工作	*	50	0.1	0.2	—
文化、体育和娱乐业	159	14443	382.4	139.6	26.2
新闻出版业	118	11355	347.1	122.0	22.7
广播、电视、电影和影视录音制造业	14	965	13.6	6.2	-0.5
文化艺术业	19	1768	16.4	9.2	3.9
体育	3	187	0.9	0.5	-0.2
娱乐业	5	168	4.4	1.8	0.2
公共管理、社会保障和社会组织	—	—	—	—	—
中国共产党机关	—	—	—	—	—
国家机构	—	—	—	—	—
人民政协和民主党派	—	—	—	—	—
社会保障	—	—	—	—	—
群众团体、社会团体和其他成员组织	—	—	—	—	—
基层群众自治组织	—	—	—	—	—

批发零售业财务状况

表16　　单位:个、万元、人

项　目	单位个数	资产总计	负债合计	营业收入	利润总额	从事批发和零售业活动的从业人员平均人数
合　计	532	59971342	38945256	49827006	1749244	68185
批发业	377	54253422	35586743	43680841	1468666	24620
零售业	155	5717920	3358513	6146165	280579	43565
按登记注册类型分						
内资	510	56702098	36619880	46900805	1640583	60314
国有	26	6317428	3070334	5300241	240923	2904
集体	8	92404	97889	47613	-2118	239
股份合作	*	4352	3548	5634	9	38
联营	*	3624	3327	14118	42	13
有限责任公司	245	41761981	27706968	29604092	1182338	24299
股份有限公司	17	5868462	4049538	8696459	145212	19539
私营	211	2653847	1688276	3232647	74176	13282
其他						
港澳台商投资	9	436867	252127	509934	8205	4397
外商投资	13	2832377	2073248	2416267	100457	3474

金融业企业基本情况

表17

项　目	单位数（个）	从业人员平均人数（人）	收入合计（万元）	资产总计（万元）	负债总计（万元）	利润总额（万元）
合　计	747	238375	97313530	10239948858	6817838994	37978644
按隶属关系分						
中央	141	107292	72352756	9213550460	5914239008	35150312
省（自治区、直辖市）	69	92076	16245924	543729859	510482141	6000945
市（地、州、盟）	37	6149	322324	115849990	93080271	-853059
县级及以下	—	66	1946	37287	33929	1204
其他	500	32792	8390580	366781262	300003645	-2320758
按注册类型分						
内资	691	232557	94804508	10209987949	6795425020	37228440
国有	28	8502	7536119	2770972054	511336536	2388867
集体	*	—	—	—	—	—
股份合作	*	—	—	—	—	—
联营	—	—	—	—	—	—
有限责任公司	341	26623	12560578	564223751	249957935	5932179
股份有限公司	84	194358	74528980	6872173247	6032947411	29027553
私营	227	2576	128178	2513122	1182754	-120192
其他	9	498	50653	105775	384	33
港澳台商投资	23	2009	840395	9003455	7147377	193939
外商投资	33	3809	1668627	20957454	15266597	556265
按国民经济行业分						
货币金融服务	136	130374	72497621	9534379652	6473176998	33925525
资本市场服务	384	19392	6436746	330051251	62472661	3053777
保险业	140	80883	18081051	163727679	120904907	1158709
其他金融业	87	7726	298112	211790276	161284429	-159367

社会消费品零售总额

表18

单位：万元、%

项　目	2018年	2017年	2018年比2017年±（%）
合　计	10431584	10131598	3.0
一、按限额标准分			
限额以上	7766364	7696011	0.9
限额以下	2665220	2435587	9.4
二、按行业分			
批发业	563000	500538	12.5
零售业	8828171	8648030	2.1
住宿业	170479	165514	3.0
餐饮业	869935	817516	6.4

区地方财政收入

表19 单位:万元

项　目	2018年	2017年
财政收入	4513270	4545758
一般公共预算收入	4308469	4221153
税收收入	4063695	3954287
增值税	1425066	1326256
营业税	9040	16328
企业所得税	1517974	1581425
城市维护建设税	342822	300143
房产税	436402	407814
印花税	150980	217684
城镇土地使用税	9009	9132
土地增值税	138772	60413
车船税	33244	35081
资源税	11	11
环境保护税	375	–
非税收收入	244774	266866
专项收入	169236	158813
行政事业性收费收入	13028	14575
罚没收入	3076	3205
国有资源(资产)有偿使用收入	37293	56848
政府住房基金收入	445	256
其他收入	21696	33169
政府性基金预算收入	160088	276912
国有资本经营预算收入	35306	39541
社会保险基金预算收入	9407	8152

注:最终数据以决算数为准

(资料来源:北京市西城区财政局)

区地方财政支出

表20 单位:万元

项　目	2018年	2017年
财政支出	4827108	4828244
一般公共预算支出	4297074	4307720
一般公共服务支出	298020	250047
国防支出	8288	5492
公共安全支出	234607	217828
教育支出	583305	590134
科学技术支出	33437	32579
文化体育与传媒支出	123538	135827
社会保障和就业支出	628183	621852
医疗卫生与计划生育支出	328225	316554
节能环保支出	25057	44516
城乡社区支出	1740226	1775298
农林水支出	6086	2871
交通运输支出	90	90
资源勘探信息等支出	9875	10215
商业服务业等支出	1337	1680
金融支出	72097	46118
国土海洋气象等支出	55	61
住房保障支出	151706	253622
住房保障支出	2644	2644
住房保障支出	50298	292
政府性基金预算支出	489726	481618
国有资本经营预算支出	31165	30789
社会保险基金预算支出	9143	8117

(资料来源:北京市西城区财政局)

区税费收入情况

表21　　单位：万元

项　目	各项税费收入	营业税	企业所得税	其他
合计	36861978	36163	25869959	10955856
农、林、牧、渔业	3885	–	1257	2628
采矿业	148502	–	139167	9335
制造业	360149	121	158765	201263
电力、热力、燃气及水生产和供应业	1296998	–	531097	765901
建筑业	667909	890	137756	529263
批发和零售业	1204982	3840	460726	740416
交通运输、仓储和邮政业	98190	235	23245	74710
住宿和餐饮业	86839	391	24488	61960
信息传输、软件和信息技术服务业	625614	–	352550	273064
金融业	26777980	24155	21180642	5573183
房地产业	879135	3214	208243	667678
租赁和商务服务业	3314723	2131	2318587	994005
居民服务、修理和其他服务业	433055	20	125179	307856
教育	48976	4	4615	44357
卫生和社会工作	121053	–	11072	109981
文化、体育和娱乐业	253574	–	44600	208974
其他	540414	1162	147970	391282

（资料来源：国家税务总局北京市西城区税务局）

城市园林绿化

表22

项　目	计量单位	2018年	2017年
年末园林绿地面积	公顷	1069.01	1060.83
人均绿地面积	平方米/人	9.07	8.7
绿地率	%	21.16	20.99
年末公园绿地面积	万平方米	506.31	500.53
人均公园绿地面积	平方米/人	4.29	4.1
城市绿化覆盖面积	公顷	1560.77	1552.59
绿化覆盖率	%	30.89	30.73
道路绿地面积	公顷	111.7	110.74
实有树木	万株	217.53	214.37
# 本年新植	万株	3.16	2.1
实有草坪	万平方米	332.7	329.83
# 本年新植	万平方米	2.87	4.64
公园个数	个	27	25
# 市级以上公园	个	5	5

（资料来源：北京市西城区园林局）

城市环境卫生

表23

项　目	计量单位	2018年	2017年
机扫车	台	141	142
垃圾车	台	297	273
真空吸粪车	台	19	20
果皮箱	个	4100	3149
公共、公用厕所	座	1114	1128
# 改建公共厕所	座	487	21
# 新建公共厕所	座	0	1
# 维修公共厕所	座次	212	192
密闭式清洁站	座	74	76
清扫街道数量	条	247	246
城市道路清扫保洁面积	万平方米/日	822.5	814.33
# 机扫面积	万平方米/日	548.3	540.86
# 洒水面积	万平方米/日	522.96	645.95
生活垃圾产生量	万吨	60.96	60.8
生活垃圾清运量	万吨	60.96	60.8
生活垃圾无害化处理量	万吨	60.96	60.8
生活垃圾无害化处理率	%	100%	100%
粪便清运量	万吨	31.86	30.1
粪便无害化处理量	万吨	31.86	30.1
粪便无害化处理率	%	100%	100%
垃圾分类收集率	%	–	–

（资料来源：北京市西城区环卫中心）

城市环境保护

表24

项　目	计量单位	2018年	2017年
水环境			
废水排放总量	万吨	–	–
# 工业废水排放达标量	万吨	140.1	136.1
生活污水排放量	万吨	–	–
工业废水排放达标率	%	100	100
环境污染治理			
环境污染事故次数	次	0	0
环境污染与破坏事故直接经济损失	万元	0	0
环境污染与破坏事故赔罚款总额	万元	0	0
“三同时”完成验收项目环保投资	万元	–	994.0
“三同时”合格执行率	%	–	100
排污费收入总额	万元	105.3	955.0
城市环境			
建成环境噪声达标区面积	平方公里	–	41.6
建成环境噪声达标区覆盖率	%	–	85.1
可吸入颗粒物(PM10)	微克/立方米	82	88
细颗粒物(PM2.5)年均浓度值	微克/立方米	52	60
二氧化硫(SO2)年均浓度值	毫克/立方米	6	9
二氧化氮(NO2)年均浓度值	毫克/立方米	45	49
降尘量	吨/平均公里	8.2	5.8
区域噪声平均值	分贝	53.9	53.9
交通干线噪声平均值	分贝	67.5	67.5

（资料来源：北京市西城区环保局）

基础教育班数、学生数情况

表25

单位：个、人

项 目	班 数	毕业生数	招生数	在校学生数	本市生源
合 计	4540	29303	42706	152288	135481
幼儿园	761	5643	8518	20721	19240
义务教育	3121	17012	28447	112316	97626
小学教育	2309	10531	18328	84963	74208
小学	2182	9967	17334	80679	70939
九年一贯制学校(小学部)	13		175	372	286
十二年一贯制学校(小学部)	114	564	819	3912	2983
初中	812	6481	10119	27353	23418
初级中学	140	1040	1956	5300	4913
九年一贯制学校(初中部)	–	–	–	–	–
十二年一贯制学校(初中部)	54	348	667	1714	1234
完全中学	614	5064	7491	20289	17249
其他学校附设初中班	4	29	5	50	22
高中	612	6574	5697	18836	18383
完全中学	539	5939	4890	16530	16165
高级中学	45	406	500	1490	1429
十二年一贯制学校(高中部)	22	229	195	665	645
其他学校附设高中班	6	–	112	151	144
特殊教育	43	63	38	351	232
工读学校	3	11	6	64	–

（资料来源：北京市西城区教育委员会）

居民物质文化生活基本情况

表26

项 目	计量单位	2018年	2017年
一、收入与消费支出			
居民人均可支配收入	元	81678	76511
居民人均消费性支出	元	49642	46668
二、人均现住房总建筑面积	平方米	21.9	22.1
三、耐用消费品			
每百户拥有彩色电视机	台	120	133
每百户拥有电冰箱	台	101	100
每百户拥有空调器	台	173	175
四、交通、通讯			
每百户拥有家用汽车	辆	42	47
每百户拥有移动电话	部	227	250
五、公用			
管道供水入户	%	100.0	100.0
人均公园绿地面积	平方米	4.3	4.1
六、教育文化娱乐、医疗保健			
居民人均教育文化娱乐	元	5472	5477
居民人均医疗保健	元	3631	2878

附 录

中共西城区委主要文件目录

中共西城区委文件

京西发〔2018〕1号 中共北京市西城区委关于同意成立南北长街历史文化名城保护腾退工程指挥部临时党委的批复

京西发〔2018〕4号 中共北京市西城区委印发《区委常委会2018年工作要点》的通知

京西发〔2018〕5号 中共北京市西城区委员会北京市西城区人民政府印发《关于进一步优化营商环境的实施意见》的通知

京西发〔2018〕6号 中共北京市西城区委北京市西城区人民政府关于印发《西城区发展高精尖产业服务重点企业的若干措施》的通知

京西发〔2018〕9号 中共北京市西城区委员会北京市西城区人民政府印发《关于进一步推进安全生产领域改革发展的实施方案》的通知

京西发〔2018〕10号 中共北京市西城区委关于印发《中共北京市西城区委委员履行职责规定》的通知

京西发〔2018〕11号 中共北京市西城区委关于印发《西城区庆祝改革开放40周年活动实施方案》的通知

京西发〔2018〕12号 中共北京市西城区委关于印发《西城区加强全民国防教育实施方案》的通知

京西发〔2018〕13号 中共北京市西城区委北京市西城区人民政府关于印发《西城区委区政府法律顾问团工作规则》的通知

京西发〔2018〕14号 中共北京市西城区委关于印发《中共北京市西城区委书记、副书记、常委分工》的通知

京西发〔2018〕15号 中共北京市西城区委关于更名调整西城区机构编制委员会的通知

京西发〔2018〕16号 中共北京市西城区委关于中共北京德源兴业投资管理有限公司委员会党组织隶属关系调整的通知

京西发〔2018〕17号 中共北京市西城区委关于建立区政府向区人大常委会报告国有资产管理情况制度的意见

京西发〔2018〕18号 中共北京市西城区委关于着力培养忠诚干净担当的高素质干部队伍的实施意见

京西发〔2018〕19号 中共北京市西城区委关于加强新时代基层党组织建设提升组织力的意见

京西发〔2018〕20号 中共北京市西城区委办公室北京市西城区人民政府办公室关于印发《西城区便利生活与服务提升三年行动计划（2018-2020年）》的通知

京西发〔2018〕22号 中共北京市西城区委关于同意召开政协北京市西城区第十四届委员会第三次会议的批复

京西发〔2018〕23号 中共北京市西城区委关于同意召开北京市西城区第十六届人民代表大会第五次会议的批复

京西发〔2018〕24号 中共北京市西城区委北京市西城区人民政府关于印发《“健康西城2030”规划纲要》的通知

中共西城区委办公室文件

京西办发〔2018〕2号 中共北京市西城区委办公室关于印发《西城区政协2018年协商工作计划》的通知

京西办发〔2018〕3号 中共北京市西城区委办公室印发《中共北京市西城区委关于区委常委班子2017年民主生活会查摆问题整改方案》的通知

京西办发〔2018〕4号 中共北京市西城区委办公室北京市西城区人民政府办公室印发《西城区落实市级党建引领街道管理体制机制创新实现“街道吹哨、部门报到”任务分解工作方案》的通知

京西办发〔2018〕5号 中共北京市西城区委办公室北京市西城区人民政府办公室印发《西城区关于落实“街道吹哨、部门报到”试点工作方案》的通知

京西办发〔2018〕6号 中共北京市西城区委办公室北京市西城区人大常委会办公室北京市西城区人民政府办公室政协北京市西城区委员会办公室关于进一步改进工作作风、力戒形式主义和官僚主义的通知

京西办发〔2018〕7号 中共北京市西城区委办公室北京市西城区人民政府办公室印发《关于进一步深化新形势下离退休干部工作的实施意见》的通知

京西办发〔2018〕8号 中共北京市西城区委办公室北京市西城区人民政府办公室关于印发《北京市西城区离退休干部工作领导责任制》的通知

京西办发〔2018〕9号 中共北京市西城区委办公室关于印发《区委常委、区政府党员副区长指导督促分管联系部

门单位党委（党组）抓党建工作制度》的通知

京西办发〔2018〕10号　中共北京市西城区委办公室关于转发《中共北京市西城区委党的建设工作领导小组2018年工作要点》的通知

京西办发〔2018〕11号　中共北京市西城区委办公室关于印发《2018年西城区政党协商计划》的通知

京西办发〔2018〕13号　中共北京市西城区委办公室关于印发《西城区科协系统深化改革实施方案》的通知

京西办发〔2018〕14号　中共北京市西城区委办公室北京市西城区人民政府办公室关于印发《区委区政府2018年重点工作任务目标分解》的通知

京西办发〔2018〕15号　中共北京市西城区委办公室北京市西城区人民政府印发《西城区关于推进街道实体化综合执法平台建设的实施方案》的通知

京西办发〔2018〕16号　中共北京市西城区委办公室北京市西城区人民政府办公室关于印发《西城区贯彻落实北京市环境保护督察反馈意见整改方案》的通知

京西办发〔2018〕17号　中共北京市西城区委办公室北京市西城区人民政府办公室印发《关于落实街巷长制的实施意见》的通知

京西办发〔2018〕19号　中共北京市西城区委办公室北京市西城区人民政府办公室印发《西城区工作点评机制（试行）》的通知

京西办发〔2018〕20号　中共北京市西城区委办公室印发《西城区关于进一步关心关爱干部的办法》

京西办发〔2018〕21号　中共北京市西城区委办公室北京市西城区人民政府办公室关于印发《中共北京市西城区委德胜街道工作委员会北京市西城区人民政府德胜街道办事处主要职责内设机构和人员编制规定》的通知

京西办发〔2018〕22号　中共北京市西城区委办公室北京市西城区人民政府办公室关于印发《中共北京市西城区委什刹海街道工作委员会北京市西城区人民政府什刹海街道办事处主要职责内设机构和人员编制规定》的通知

京西办发〔2018〕23号　中共北京市西城区委办公室北京市西城区人民政府办公室关于印发《中共北京市西城区委西长安街街道工作委员会北京市西城区人民政府西长安街街道办事处主要职责内设机构和人员编制规定》的通知

京西办发〔2018〕24号　中共北京市西城区委办公室北京市西城区人民政府办公室关于印发《中共北京市西城区委大栅栏街道工作委员会北京市西城区人民政府大栅栏街道办事处主要职责内设机构和人员编制规定》的通知

京西办发〔2018〕25号　中共北京市西城区委办公室北京市西城区人民政府办公室关于印发《中共北京市西城区委天桥街道工作委员会北京市西城区人民政府天桥街道办事处主要职责内设机构和人员编制规定》的通知

京西办发〔2018〕26号　中共北京市西城区委办公室北京市西城区人民政府办公室关于印发《中共北京市西城区委新街口街道工作委员会北京市西城区人民政府新街口街道办事处主要职责内设机构和人员编制规定》的通知

京西办发〔2018〕27号　中共北京市西城区委办公室北京市西城区人民政府办公室关于印发《中共北京市西城区委金融街街道工作委员会北京市西城区人民政府金融街街道办事处主要职责内设机构和人员编制规定》的通知

京西办发〔2018〕28号　中共北京市西城区委办公室北京市西城区人民政府办公室关于印发《中共北京市西城区委椿树街道工作委员会北京市西城区人民政府椿树街道办事处主要职责内设机构和人员编制规定》的通知

京西办发〔2018〕29号　中共北京市西城区委办公室北京市西城区人民政府办公室关于印发《中共北京市西城区委陶然亭街道工作委员会北京市西城区人民政府陶然亭街道办事处主要职责内设机构和人员编制规定》的通知

京西办发〔2018〕30号　中共北京市西城区委办公室北京市西城区人民政府办公室关于印发《中共北京市西城区委展览路街道工作委员会北京市西城区人民政府展览路街道办事处主要职责内设机构和人员编制规定》的通知

京西办发〔2018〕31号　中共北京市西城区委办公室北京市西城区人民政府办公室关于印发《中共北京市西城区委月坛街道工作委员会北京市西城区人民政府月坛街道办事处主要职责内设机构和人员编制规定》的通知

京西办发〔2018〕32号　中共北京市西城区委办公室北京市西城区人民政府办公室关于印发《中共北京市西城区委广安门内街道工作委员会北京市西城区人民政府广安门内街道办事处主要职责内设机构和人员编制规定》的通知

京西办发〔2018〕33号　中共北京市西城区委办公室北京市西城区人民政府办公室关于印发《中共北京市西城区委牛街街道工作委员会北京市西城区人民政府牛街街道办事处主要职责内设机构和人员编制规定》的通知

京西办发〔2018〕34号　中共北京市西城区委办公室北京市西城区人民政府办公室关于印发《中共北京市西城区委白纸坊街道工作委员会北京市西城区人民政府白纸坊街道办事处主要职责内设机构和人员编制规定》的通知

京西办发〔2018〕35号　中共北京市西城区委办公室北京市西城区人民政府办公室关于印发《中共北京市西城区委广安门外街道工作委员会北京市西城区人民政府广安门外街道办事处主要职责内设机构和人员编制规定》的通知

京西办发〔2018〕37号　中共北京市西城区委办公室北京市西城区人民政府办公室印发《关于做好西城区社区“两委”换届选举工作的实施意见》的通知

京西办发〔2018〕39号　中共北京市西城区委办公室关于印发《中共北京市西城区委巡察工作实施细则》的通知

西城区人民政府主要文件目录

西城区人民政府文件

西政发〔2018〕1号　北京市西城区人民政府关于印发北京

市西城区推进学区制工作实施方案的通知

西政发〔2018〕2号　北京市西城区人民政府关于2017年政府绩效管理年终考评情况的通报

西政发〔2018〕3号　北京市西城区人民政府关于北京市西城区房屋土地经营管理中心转企改制有关事项的通知

西政发〔2018〕4号　北京市西城区人民政府关于印发北京市西城区人民政府工作规则的通知

西政发〔2018〕5号　北京市西城区人民政府关于开展第四次全国经济普查的通知

西政发〔2018〕6号　北京市西城区人民政府关于印发西城区服务国家金融管理中心建设推进区域经济高质量发展实施意见的通知

西政发〔2018〕7号　北京市西城区人民政府关于印发北京市西城区政务信息资源管理办法（试行）的通知

西政发〔2018〕8号　北京市西城区人民政府关于公布北京市西城区政府规范性文件清理结果的通知

西政发〔2018〕9号　北京市西城区人民政府关于印发北京市西城区空气重污染应急预案（2018年修订）的通知

西政发〔2018〕10号　北京市西城区人民政府关于印发北京市西城区海绵城市建设规划的通知

西政发〔2018〕11号　北京市西城区人民政府北京金融街服务局关于印发北京金融科技与专业服务创新示范区（西城区域）建设方案的通知

西政发〔2018〕12号　北京市西城区人民政府关于印发《北京市西城区蓝天保卫战三年行动计划》的通知

西行规发〔2018〕1号　北京市西城区人民政府办公室关于印发北京市西城区文化艺术创作扶持专项资金项目管理办法(试行）的通知

西行规发〔2018〕2号　北京市西城区人民政府办公室关于印发北京市西城区推广政府与社会资本合作（PPP）模式实施意见的通知

西行规发〔2018〕3号　北京市西城区人民政府办公室关于印发北京市西城区对计划生育特殊家庭成员开展帮扶工作意见的通知

西行规发〔2018〕4号　北京市西城区人民政府办公室关于印发北京市西城区鼓励和支持企业上市发展办法的通知

西行规发〔2018〕5号　北京市西城区人民政府北京金融街服务局关于印发北京市西城区加快现代金融产业发展若干意见的通知

西行规发〔2018〕6号　北京市西城区人民政府中关村科技园区管理委员会北京金融街服务局印发关于支持北京金融科技与专业服务创新示范区（西城区域）建设若干措施的通知

西城区人民政府办公室文件

西政办发〔2018〕1号　北京市西城区人民政府办公室关于印发北京市西城区第三期学前教育行动计划（2018-2020）的通知

西政办发〔2018〕2号　北京市西城区人民政府办公室关于印发北京市西城区2018年为群众拟办重要实事的通知

西政办发〔2018〕3号　北京市西城区人民政府办公室关于印发北京市西城区蓝天保卫战2018年行动计划的通知

西政办发〔2018〕4号　北京市西城区人民政府办公室关于印发西城区老旧小区综合整治工作方案（2018-2020年）(试行）的通知

西政办发〔2018〕5号　北京市西城区人民政府办公室关于印发北京市西城区土壤污染防治工作方案2018年重点任务分解的通知

西政办发〔2018〕6号　北京市西城区人民政府办公室关于印发北京市西城区2018年政务公开工作要点的通知

西政办发〔2018〕7号　北京市西城区人民政府办公室关于印发北京市西城区缓解交通拥堵第十五阶段（2018年）工作方案的通知

西政办发〔2018〕8号　北京市西城区人民政府办公室关于印发北京市西城区居家和社区养老服务改革试点实施方案的通知

西政办发〔2018〕9号　北京市西城区人民政府办公室关于印发北京市西城区城市安全隐患治理三年行动方案（2018-2020年）的通知

西政办发〔2018〕10号　北京市西城区人民政府办公室关于印发北京市西城区全面加强和改进美育工作实施方案的通知

西政办发〔2018〕11号　北京市西城区人民政府办公室关于印发北京市西城区水污染防治工作方案2018年重点任务分解的通知

西政办发〔2018〕12号　北京市西城区人民政府办公室关于印发北京市西城区社会保险费和非税收入征职责划转交接工作方案的通知

驻区单位

驻区部分中央单位

单位	地址
中国共产党中央委员会	西长安街地区
全国人大常委会	西交民巷23号
国务院	府右街
中国人民政治协商会议全国委员会	太平桥大街23号
中共中央国家机关工作委员会	西安门大街22号
中共中央纪律检查委员会	平安里西大街41号
中共中央办公厅一局	府右街10号
中共中央办公厅警卫局	南长街81号
中共中央办公厅机要交通局	西黄城根北街11号
中共中央办公厅老干部局	大觉胡同50号
中共中央直属机关事务管理局	西黄城根北街9号北门
中共中央统战部	府右街135号
中共中央组织部	西长安街80号
中共中央宣传部	西长安街5号
中共中央政策研究室	府右街8号
中华全国总工会	复兴门外大街10号
中国残疾人联合会	西直门南小街186号
国家信访局	月坛南街8号
国务院办公厅	府右街2号
国务院机关事务管理局	西安门大街22号
国务院法制办公室	平安里西大街33号
国务院侨务办公室	阜成门外大街35号
国务院港澳事务办公室	月坛南街77号
中共中央台湾工作办公室	广安门南街6-1号
国家发展和改革委员会	月坛南街38号
国家民族事务委员会	太平桥大街252号
中华人民共和国财政部	三里河南三巷3号
中华人民共和国国土资源部	阜成门内大街64号
中华人民共和国卫生健康委员会	西直门外南路1号
中华人民共和国教育部	西单大木仓胡同37号
中华人民共和国工业和信息化部	西长安街13号
中华人民共和国监察部	广安门南街甲2号
国务院国有资产监督管理委员会	宣武门西大街26号
中国工程院	冰窖口胡同2号
中国人民银行	成方街32号
国家邮政局	北礼士路甲8号
国家新闻出版广电总局	复兴门外大街2号
国家统计局	月坛南街57号
国家市场监督管理总局	三里河东路8号
国家海洋局	复兴门外大街1号
国家宗教事务局	后海北沿44号

中华人民共和国环境保护部	西直门南小街115号
中华人民共和国水利部	白广路二条2号
国家档案局	丰盛胡同21号
国家食品药品监督管理总局	宣武门西大街28号
中国印钞造币总公司	西直门外大街甲143号
中国兵器工业总公司	三里河路44号
中国石油天然气集团公司	六铺炕街6号
中国核工业集团公司	三里河南三巷1号
国家电网公司	西长安街86号
中国保险监督管理委员会	金融大街15号
中国证券监督管理委员会	金融大街19号富凯大厦
国家粮食和物资储备局	木樨地北里甲11号国宏大厦C座
国家信息中心	三里河路58号
新华通讯社	宣武门西大街57号
中国地质科学院	百万庄大街26号
中国海监总队	复兴门外大街1号
国家烟草专卖局中国烟草总公司	月坛南街55号
中国儿童中心	平安里西大街43号
中央人民广播电台	复兴门外大街2号
中国道教协会	西便门外白云观内
中国佛教协会	阜成门内大街25号
中国天主教爱国会	柳荫街14号
中国伊斯兰教协会	教子胡同70号
中国国际贸易促进委员会	复兴门外大街1号
国务院南水北调工程建设委员会办公室政策及技术研究中心	南线阁街58号
民政部社会福利中心	白广路7号
中央文献研究室	前毛家湾1号
大唐同舟科技有限公司	菜市口大街1号16层1601
国家京剧院	平安里西大街22号
北京鲁迅博物馆	阜成门内大街宫门口二条19号

驻区部分市级单位

北京市教育委员会	前门西大街109号
北京市科学技术委员会	西直门内大街128号406室
北京市司法局	西直门内南小街后广平胡同39号
北京市人力资源和社会保障局	永定门西街5号
北京市交通委员会路政局	广安门内大街317号
北京市交通委交通执法总队	北礼士路22号
北京市农业农村局	裕民中路6号
国家税务总局北京市税务局	车公庄大街10号
北京市知识产权局	德胜门东大街8号2层
北京市民防局	槐柏树街北里8号
北京市文学艺术界联合会	前门西大街95号
北京急救中心	前门西大街103号
北京市自来水集团有限责任公司	宣武门西大街甲121号
北京市燃气集团有限责任公司	西直门南小街22号
北京市地铁运营有限公司	西直门外大街2号
北京市人民政府台湾事务办公室	德胜门东大街8号东联大厦
北京北站	北滨河路1号
北京市青年宫	西直门南小街68号
中国邮政集团公司北京市西城区分公司	南礼士路头条5号

北京同仁堂连锁药店有限责任公司	冠英园西区甲4号2层
北京同仁堂药材有限责任公司	冠英园西区甲4号5层
中国国民党革命委员会北京市委员会	后英房胡同9号
中国民主同盟北京市委员会	后英房胡同9号447
中国民主建国会北京市委员会	后英房胡同9号7层721室
中国民主促进会北京市委员会	后英房胡同9号7层
中国农工民主党北京市委员会	后英房胡同9号
中国致公党北京市委员会	后英房胡同9号6层
九三学社北京市委员会	后英房胡同9号10层1005房间
台湾民主自治同盟北京市委员会	后英房胡同9号827室
北京市归国华侨联合会	后英房胡同9号6层0655
北京市台湾同胞联谊会	后英房胡同9号
北京市党派团体办公楼服务管理中心	后英房胡同9号2层205房间
北京市黄埔军校同学会	后英房胡同9号307
北京市残疾人活动中心	广安门内大街318号

境内金融机构

银行网点

中国工商银行股份有限公司北京市分行

分行营业部营业室	复兴门南大街2号天银大厦B座
长椿街支行	宣武门西大街丙121号
长安支行营业室	宣内大街乙6号
复外支行	复兴门外大街A2号
复内支行	复兴门内大街55号
西单支行	西单北大街129号
灵境支行	灵境胡同42号
中海凯旋支行	广宁伯街2号西区一层101室
和平门内支行	北新华街29号楼
新文化街支行	佟麟阁路75号
甘石桥支行	西单北大街6号
建内大街分理处	北新华街29号楼
新街口支行营业室	西直门内大街143号
西四支行	西四北大街288号
安华桥西支行	北三环中路乙6号伦洋大厦一层
积水潭支行	新街口外大街甲18号
德胜科技园支行	德胜门外大街13号院合生财富广场一层
赵登禹路支行	平安里西大街31号航天金融大厦一层
德外支行	西城区教场口街9号院乙9-8
西直门内支行	葱店胡同2号院1号楼1层
地安门西大街支行	地安门西大街丙28号
爱民里储蓄所	爱民里小区3号楼北侧
棉花胡同储蓄所	棉花胡同52号
柳荫街支行	德内大街176-1号
南礼士路支行营业室	月坛南街1号院1号楼1层

礼士路支行	月坛北街26号恒华国际商务中心一层
阜外大街支行	展览馆路48号
西直门支行	车公庄大街乙1号一层
融城支行	百万庄大街9号院1号楼
西便门支行	西便门外大街4号
百万庄东口支行	百万庄大街16号
车公庄支行	车公庄大街9号院2号楼商业-4
三里河支行	月坛南街34号
真武庙支行	真武庙4条8号院2号楼商业102-1号
月坛支行	南礼士路9号
金融街支行营业室	太平桥大街丰汇园11号楼一层
复兴门支行	金融大街甲29号
白塔寺支行	太平桥大街8号院2号楼
阜成门支行	金融大街4号
金树街支行	金融大街8号
英蓝中心支行	金融大街7号英蓝国际金融中心
地安门支行营业室	德胜门外大街77号（德胜园区）
官园支行	阜成门北大街6-2号
六铺炕支行	德胜门东滨河路1号
鼓楼支行	地安门外大街31号
鼓楼外大街支行	六铺炕一区1号
安德路支行	安德路108号
宣武门支行	宣武门外大街甲1号1层109
菜市口支行	广安门内大街116号
白广路支行	白广路7号中民大厦一层
琉璃厂支行	骡马市大街8号楼一层
陶然亭支行	陶然亭路55号
宣武门支行	宣武门外大街甲1号1层109
右内大街支行	里仁街西口25号楼底商
福地广场支行	菜市口大街1号101
清芷园支行	育新街47号
菜百支行	广安门内大街306号菜百新世纪二层
新华社储蓄所	宣武门西大街57号
广安门支行营业室	广安门外南滨河路3号
樱桃园支行	右安门内大街15号
天宁寺支行	西便门内大街69号
范家胡同支行	西便门内大街69号
马连道支行	广安门外马连道街6号院5号楼底商
朗琴园支行	手帕口南街1号院1号楼1-3号
青年湖支行	鸭子桥路24号（金翔大厦一层）
中环广场支行	枣林前街70号（中环广场大厦）
广外支行	广安门外大街305号八区15、16、17号楼1层105
白纸坊支行	白纸坊西街17号10号楼
中国农业银行股份有限公司北京市分行西城支行	
西城支行营业部	车公庄北街新华里16号院1号楼
展览路支行	展览馆路5号
复兴门支行	复兴门外大街16号39楼101号
月坛大厦支行	月坛北大街2号
金融大街支行	金融大街12号
平安里支行	平安里西大街2号
新街口支行	西直门内大街118号（冠华大厦）
新外支行	新街口外大街8-4号

北三环支行	北三环中路23号
中国银行股份有限公司北京市分行	
三里河支行	月坛南街丙71号
百万庄支行	百万庄大街22号
北太平庄支行	新街口外大街12号
黄寺支行	黄寺大街甲24号
德外支行	德外大街11号一层
西直门支行	西直门南小街国英园1号一层
车公庄支行	车公庄大街9号院2号楼楼一、二层
官园桥支行	平安里西大街28号
丰盛支行	太平桥大街18号丰融国际大厦一层05、06单元
宣武支行	南新华街1号
支行营业部	南新华街1号
宣武门支行	宣武门西大街乙97号
陶然亭支行	白纸坊东街平渊里小区18号底商1-2单元
广安门支行	南线阁街10号1层1-1
庄胜广场支行	宣武门外大街20号一层
复兴门支行	真武庙路头条1-2
天缘公寓支行	广安门南街36号
大成大厦支行	宣武门西大街127号
莲花河支行	广安门外大街178号
西站北支行	莲花池东路106号
中国建设银行股份有限公司北京市分行	
西四支行	阜成门外大街甲26号
展览路支行	北礼士路10号
月坛南街支行	月坛南街18号
车公庄支行	车公庄大街9号院1号楼
百万庄支行	百万庄大街22号院2号楼一层东侧
真武庙支行	真武庙二条4号院真武家园1号楼裙房中部西侧
宣武支行营业部	广安门内大街314号
右安门支行	右安门外大街1号
白纸坊支行	广安门南街24号
广安门支行	广安门外南滨河路7号
里仁街支行	里仁街3—1号一层01号
四平园支行	南横街四平园小区综合楼1号楼
菜市口南街支行	平原里20号楼1-3号
牛街支行	牛街11号108室
开阳里支行	开阳路3号院1号楼1至2层101
陶然亭支行	陶然亭路2号9号楼101号、202号
天宁寺支行	广安门外北滨河路2号
宣武门支行	宣武门外大街26号0101室
南菜园支行	建功西里2号楼一层
西单支行营业部	西单北大街34号
西长安街支行	西长安街17号图书大厦底下1层-1
西直门支行	官园小区国英园7号楼1层
华远街支行	华远街13号置地星座A座1层
德胜支行	德胜门外大街13号合生财富广场1层
新街口西里支行	新街口西里小区3区2号楼1层
交通银行股份有限公司北京市分行	
分行营业部	金融大街33号
金融大街支行	金融大街22号和20号

阜外支行	车公庄大街9号院1号楼
百万庄支行	百万庄大街11号一层
三里河支行	三里河一区五号院8号楼首层
西单支行	西长安街甲17号
宣武支行	广安门内大街319号一二层
西便门支行	宣武门西大街甲129号
北三环中路支行	北三环中路29号院2号楼1层
马甸支行	德胜门外大街5号
德胜门支行	德外关厢地区中交大厦一二层东侧11-14轴房
黄寺大街支行	黄寺大街23号院1号楼1层1010
中信银行股份有限公司总行营业部	
营业结算部	金融大街甲27号投资广场A座
西单支行	复兴门内大街45号院主楼东配楼
广安门支行	广安门外南滨河路1号高新大厦1层
德外支行	德胜门外大街甲10号中轻大厦一1
天桥支行	天桥南大街1号天桥艺术大厦B座1层
中信城支行	菜市口大街甲2号院6号楼
中国光大银行股份有限公司总行营业部	
分行营业部	宣武门内大街1号
宣武支行	广安门外大街1号深圳大厦一层
德胜门支行	黄寺大街23号北广大厦 一层
天宁寺支行	莲花池东路1号
西城支行	车公庄大街甲4号-1
礼士路支行	南礼士路66号建威大厦
三里河支行	月坛南街71号
西直门支行	德宝新园22号德宝饭店一层
长安支行	复兴门外大街6号光大大厦
金融街丰盛支行	太平桥路25号
金融街支行	金融大街28号院盈泰中心2号楼1层
西客站支行	莲花池东路甲5号院白云时代大厦一层
华夏银行股份有限公司北京分行	
和平门支行	前门西大街14号
长安支行	三里河东路5号
平安支行	平安里西大街16号
德外支行	德外大街3号
分行营业部	金融大街11号
车公庄支行	车公庄大街12号核建大厦首层
广外支行	广安门外大街甲397号
北三环支行	北三环中路6号
陶然支行	太平街8号院朱雀门30号
广发银行股份有限公司北京分行	
金融街支行	金融大街16号
黄寺支行	德外大街12号
宣武门支行	宣武门外大街甲1号
西单支行	复兴门内大街45号1号楼西南侧配楼
西直门支行	西直门外大街18号楼金贸大厦一层
招商银行股份有限公司北京分行	
甘家口支行	百万庄大街甲39号
德胜门支行	德胜门外大街81号德胜国际中心C座一层
阜外大街支行	阜外大街22号外经贸大厦
分行营业部	复兴门内大街156号A座一层
金融街中心支行	金融大街16号中国人寿广场西南一层

金融街支行	金融大街35号国际企业大厦C座一层
金融大街支行	金融大街乙9号
陶然亭支行	南纬路39号
宣武门支行	宣武门外大街30号富卓大厦二层
月坛支行	月坛南街1号院3号楼一层
中国民生银行股份有限公司	
民生银行北京分行	复兴门内大街2号
阜成门支行	阜外大街2号万通新世界广场B座
首体支行	西直门外大街甲143号凯旋大厦
金融街支行	金融街33号通泰大厦B座
北太平庄支行	新街口外大街2号金辉科技楼
西单支行	西单北大街107号北京电信综合楼
德胜门支行	德外大街新风街2号天成科技大厦
西二环支行	平安里西大街26号新时代大厦首层101-01
复兴门支行	太平桥大街111号1-2层
长椿街支行	宣武门西大街97号2号楼
新街口支行	新街口北大街3号1层103、104，2层201
北京银行股份有限公司	
总行营业部	金融大街甲17号、乙17号
北京分行	复兴门内大街156号D座、B座
车公庄支行	车公庄大街乙8号
德外支行	德胜门外新风大街2号天成科技大厦A座
西四支行	西单北大街30号
阜成支行	阜外大街2号
复兴支行	月坛南街14号
展览路支行	西直门外南路八号
三里河支行	月坛南街85号
月坛支行	阜外大街27号一层
华安支行	地安门西大街171号
西直门支行	冠英园西区31号楼
燕京支行	复兴门外大街甲19号
金融街支行	金融大街丁26号
官园支行	平安里西大街22号一层、二层
慧园支行	教场口街9号院7号楼及巳9号楼一层
西单支行	复兴门内大街156号（招商国际金融中心B座）
长安街支行	真武庙一号中国职工之家C座首层
西内大街支行	西黄城根北街甲2号
北三环支行	北三环中路6号1幢一层、二层（德胜园区）
马连道支行	马连道南街1号院2号楼
百万庄社区支行	百万庄大街21号院1号楼配套底商1号及2号商铺
白塔寺支行	太平桥大街8号院10号楼1至2层25、26
右安门支行	右安门内大街65号
前门支行	前门西大街正阳市场1号楼
琉璃厂支行	南新华街48号
广安支行	广安门外白菜湾5号楼一层
报国寺支行	广安门内大街甲306-3号
天宁支行	核桃园西街36号
滨河路支行	枣林前街119号
白云支行	广安门外小马厂西里2号
陶然支行	永定门内西街5号
宣武门支行	广安门内大街6号
广源支行	广安门外大街305号院7号楼一层

陶然亭路支行　陶然亭路45号网信鸿玺宾馆一层
永定门支行　天桥南大街1号1座1层01单元
南纬路支行　南纬路35号1层
车公庄大街社区支行　车公庄大街9号院2号楼1层01商业门厅

境内邮政网点

中南海邮政支局　府右街乙27号
大会堂邮政所　人民大会堂内
地安门邮政支局　地安门外大街81号
定阜街邮政所　定阜街6号
什刹海邮政所　烟袋斜街53号
大市口邮政所　安德路79号
北广邮政所　黄寺大街23号
西长安街邮政支局　北新华街29号昌盛大厦
新华社邮政所　宣武门西大街57号
工信部邮政所　西长安街13号
金隅大厦邮政所　宣武门西大街甲129号202室
远洋大厦邮政所　复内大街158号地下1层
明珠大厦邮政所　西单横二条59号明珠大厦内5层
金融大厦邮政所　复兴门内大街156号D座1层
西单邮政支局　西单北大街109号
太平桥邮政所　丰汇园小区17号楼1层
平安大厦邮政所　金融大街23号地下1层
国企大厦邮政所　金融大街35号国企地下2层
通泰大厦邮政所　金融大街33号通泰大厦1层
富凯大厦邮政所　金融街19号地下1层
英蓝国际邮政所　太平桥大街25号
邮政集团邮政所　金融街甲3号金鼎大厦B1层
西四邮政所支局　西四南大街16号
白塔寺邮政所　赵登禹路379号
百万庄邮政支局　百万庄大街18号
马尾沟邮政所　北礼士路62号
南礼士路邮政所　南礼士路38号
西外大街邮政支局　西直门外大街德宝新园甲22号
三里河邮政支局　月坛南街65号
复外大街邮政所　复兴门外南礼士路头条5号
复兴门南大街邮政所　复兴门南大街3号楼
木樨地邮政所　复兴门外大街甲25
国宏大厦邮政所　木樨地北里甲11号国宏大厦C座1层
阜成门邮政支局　阜成门北大街19号
职工之家邮政所　真武庙1号职工之家饭店A座1层
新街口邮政所　西直门内大街32号
平安里邮政所　地安门西大街乙28号
车公庄邮政所　西直门南大街甲18号
永安路邮政支局　永安路173号
天桥邮政所　永安路121号
福长街邮政所　福长街52号

和平门邮政所	前门西大街12号楼
琉璃厂东街邮政所	琉璃厂东街3号
菜市口大街邮政所	菜市口大街6号院6-1
陶然亭邮政所	黑窑厂西里1-16
牛街邮政支局	牛街4号
宣外大街邮政所	宣武门外大街临99号
西便门西里邮政所	西便门西里小区14号楼北侧
里仁街邮政所	里仁街14号
马连道邮政支局	广安门外大街411号
红居街邮政所	红居街10号院3号楼
小马厂营业所	小马厂路1号院1-8号楼
鸭子桥营业所	鸭子桥南里1号楼

境内邮政金融网点

地安门营业所	地安门外大街81号
北广营业所	黄寺大街23号
大市口营业所	安德路79号
府右街支行	府右街乙27号
西长安街营业所	北新华街29号1层
明珠大厦营业所	西单横二条59号
西单营业所	西单北大街109号
太平桥营业所	丰汇园小区19号楼一层
白塔寺营业所	赵登禹路379号
百万庄营业所	百万庄大街18号
马尾沟营业所	北礼士路62号楼
南礼士路营业所	南礼士路38号
复外大街营业所	复外南礼士路头条5号
木樨地营业所	复兴门外大街甲25号
平安里营业所	地安门西大街乙28号
车公庄营业所	西直门南大街甲18号
菜市口大街营业所	菜市口大街6号院6-1
天桥营业所	永安路121号
福长街营业所	福长街52号
和平门营业所	前门西大街12号
琉璃厂东街营业所	琉璃厂东街3号
陶然亭营业所	黑窑场1号楼
里仁街营业所	里仁街14号
宣外大街营业所	宣武门外大街临99号
西便门西里营业所	西便门西里小区14号楼北侧
马连道营业所	广外大街411号
鸭子桥营业所	鸭子桥北里1号楼
小马厂营业所	小马厂路1-8号

学　校

高等院校

北京市行政学院	车公庄大街6号
中央音乐学院	鲍家街43号
中央广播电视大学	复兴门内大街160号
中国人民公安大学	木樨地南里1号
中国道教学院	白云观内
外交学院	展览馆路24号
北京建筑大学	展览馆路1号
北京军地专修学院	新风街7号
公安部高级警官学院	木樨地南里甲1号
北京教育学院	德胜门外黄寺大街什坊街2号
北京联合大学继续教育学院	丰盛胡同13号
北京宣武红旗业余大学	右安门内大街79号
北京广播电视大学宣武分校	菜园街13号
北京市西城经济科学大学	西直门内南草厂街22号

职业高中

北京市外事学校	西直门内南小街永祥胡同3号
北京市西城职业学校	百万庄大街19号
北京市财会学校	西便门内大街69号
北京市实验职业学校	菜园街13号

中　学

北京市第三中学	富国街3号
北京市第四中学	西黄城根北街甲2号
北京市第七中学	安德路69号
北京市第八中学	学院小街2号
北京市第十三中学	柳荫街27号
北京市第十四中学	莲花河南街2号
北京市第十五中学	育新街2号
北京市第三十一中学	西绒线胡同33号
北京市第三十五中学	赵登禹路8号
北京市第三十九中学	西黄城根北街6号
北京市第四十三中学	后孙公园胡同37号
北京市第四十四中学	三里河南横街1号

北京市第五十六中学	文兴街3号
北京市第六十六中学	枣林前街111号
北京市第一五六中学	太平仓胡同16号
北京市第一五九中学	王府仓胡同23号
北京市第一六一中学	大宴乐胡同11号
北京市第二一四中学	月坛北街18号
北京市月坛中学	南礼士路二条1号
北京市徐悲鸿中学	右安门内西街甲10号
北京市鲁迅中学	新文化街45号
北京市铁路第二中学	月坛西街5号
北京教育学院附属中学	新街口四条48号
北京市育才学校	东经路21号
北京市回民学校	广安门内大街225号
北京市西城外国语学校	西直门外南路6号
北京师范大学附属中学分校	太平街西巷4号
北京师范大学第二附属中学西城实验学校	安德路116号
北京市师范大学实验华夏女子中学	红莲中里12号
北京师范大学实验二龙路中学	大木仓胡同39号
北京市宣武外国语实验学校	莲花河胡同4号
北京市第十三中学分校	西绦胡同59号
北京师范大学附属实验中学分校	辟才胡同80号
北京市三帆中学	德胜门外新风街7号
北京师范大学附属中学	南新华街18号
北京师范大学第二附属中学	新街口外大街12号
北京师范大学附属实验中学	二龙路14号
北京师范大学亚太实验学校	昌平区北七家镇曹碾村西北
北京市正泽学校	小市口胡同8号
北京市私立汇才中学	白云观街北里11号
北京市和平门中学（师大附中借用）	南新华街15号
北京市新光中学	黄城根北街6号
北京市什刹海体育运动学校附设初中班（100中）	地安门西大街57号

小　学

北京市西城区育翔小学	马甸南村乙14号
北京市西城区师范学校附属小学	六铺炕北小街3号
北京市三帆中学附属小学	裕中西里29号
北京市西城区五路通小学	什坊街甲6号
北京市西城区黄城根小学	西黄城根北街3号
北京市西城区厂桥小学	地安门西大街167号
北京市西城区鸦儿胡同小学	鸦儿胡同25号
北京市西城区新街口东街小学	新街口东街5号
北京雷锋小学	西绦胡同甲2号
北京市西城区西什库小学	刘兰塑胡同14号
北京市第十三中学附属小学	西煤厂胡同7号
北京市西城区什刹海小学	地安门内大街恭俭胡同41号
北京市西城区自忠小学	府右街丙27号
北京市第一六一中学附属小学	北长街71号
北京市西城区力学小学	力学胡同47号
北京市西城区顺城街第一小学	前门西大街135号

北京第一实验小学	南新华街17号
北京市西城区炭儿胡同小学	炭儿胡同11号
北京市西城区新世纪实验小学	南纬路2号院
北京市西城区香厂路小学	香厂路31号
北京第一实验小学前门分校	和平门外东街甲5号
北京第二实验小学玉桃园分校	西直门内大街玉桃园三区10号
北京市西城区志成小学	新街口东新开胡同20号
北京师范大学京师附小	西四北四条47号
北京第二实验小学	新文化街111号
北京市西城区奋斗小学	闹市口大街月台胡同15号
北京市西城区西单小学	中京畿道1号
北京市西城区宏庙小学	西单北大街宏庙胡同13号
北京市西城区华嘉小学	西廊下胡同34号
北京第二实验小学涭水河分校	涭水河胡同45号旁门
北京市宣武师范学校附属第一小学	右安门内大街26号
北京市西城区白纸坊小学	白广路乙27号
北京市第八中学附属小学	福州馆前街3号
北京市西城区陶然亭小学	龙泉胡同5号
北京市第十五中学附属小学	白纸坊东街27号
北京市西城区实验小学	南菜园35号
北京市西城区阜成门外第一小学	阜成门外大街甲10号
北京市西城区展览路第一小学	百万庄中里7号
北京市西城区进步小学	西外大街榆树馆胡同1号
北京市西城外国语学校附属小学	北礼士路133号
北京建筑大学附属小学	文兴街4号
北京第二实验小学白云路分校	白云路2号
北京市西城区育民小学	真武庙头条8号
北京市西城区中古友谊小学	三里河一区39号
北京市西城区三里河第三小学	三里河三区36号
北京市西城区复兴门外第一小学	复兴门外大街地藏庵23号
北京小学	槐柏树街9号
北京市西城区康乐里小学	储库营康乐里2号
北京小学广内分校	北线阁街2号
北京市宣武回民小学	牛街西里一区5号
北京市西城区登莱小学	登莱胡同29号
北京第二实验小学广外分校	广安门外红居南街2号
北京小学天宁寺分校	天宁寺前街35号
北京小学红山分校	广安门外大街305号院二区12号楼
北京市西城区青年湖小学	鸭子桥北里13号
北京市西城区椿树馆小学	广安门外南街43号
北京市西城区三义里小学	广外三义里5号
北京市西城区红莲小学	红莲中里14号
北京市西城区兴华小学	留学路114号

幼儿园

北京市西城区长安幼儿园	前门西大街139号
北京市北海幼儿园	地安门西大街22号
北京市西城区棉花胡同幼儿园	棉花胡同78号
北京市第六幼儿园	旧鼓楼大街大石桥胡同43号
北京市西城区曙光幼儿园	后广平胡同1号院1号楼

北京市西城区西四北幼儿园	西四北三条11号
北京洁如幼儿园	什坊小街宏英园17号楼
北京市西城区洁民幼儿园	裕中西里小区36号
北京市西城区民族团结幼儿园	新明胡同乙1号
北京市西城区虎坊路幼儿园	虎坊路甲14号
北京市西城区实验幼儿园	南新华街21号
北京市西城区名苑幼儿园	广安门外红居街16号
北京市西城区长椿街幼儿园	西便门东里11号
北京市西城区槐柏幼儿园	槐柏树街南里10号楼
北京市西城区和平门幼儿园	上斜街66号
北京市西城区小百合幼儿园	长椿街甲1号
北京市宣武回民幼儿园	南横西街119号
北京市西城区三教寺幼儿园	里仁街12号
北京市第四幼儿园	广安门外莲花河胡同3号
北京市西城区三义里第一幼儿园	广安门外三义东里9号
北京市西城区三义里第二幼儿园	三义西里7-2号
北京市西城区马连道幼儿园	广安门外红莲中里10号
北京市西城区信和幼儿园	马连道路15号院5号楼
北京市西城区红山幼儿园	广安门外大街305号二区10楼
北京市西城区广安幼儿园	广安门车站西街2号院15号楼
北京市西城区华新幼儿园	西四北四条8号
北京市西城区什刹海街道大拐棒幼儿园	大拐棒胡同15号
北京市西城区新街口街道果子市幼儿园	鼓楼西大街169号
北京市西城区新街口街道高井幼儿园	西直门内大街高井胡同16号
北京市西城区金融街街道新京畿道实验幼儿园	二龙路京畿道小区12号
北京市西城区月坛街道办事处第一幼儿园	三里河北街23号
北京市西城区展览路街道北营幼儿园	北营房西里11号楼西侧
北京市西城区大栅栏西柳树井幼儿园	珠市口西大街111号
北京市西城区大栅栏大安澜营幼儿园	大栅栏大安澜营胡同13号
北京市西城区南菜园幼儿园	菜园街五层公寓楼2号
北京市西城区樱桃园幼儿园	右内大街53号
中共中央组织部机关服务中心幼儿园	西单北大街小酱坊胡同31号
中共中央办公厅警卫局北长街幼儿园	北长街89号
北京市公安局幼儿园	松树街7号
中国儿童中心实验幼儿园	平安里西大街43号
中共中央直属机关事务管理局实验幼儿园	新风街1号院甲2号楼
公安部幼儿园	木樨地北里2号
国家发展和改革委员会三里河幼儿园	三里河一区丙68号
物资机关幼儿园	月坛北街25号院
中国石油天然气集团公司机关服务中心幼儿园	六铺炕三区甲15号
北京市农业局幼儿园	裕中西里甲1号
北京市人民政府机关事务管理办公室幼儿园	广安门内长椿里2号
国家机关事务管理局花园村幼儿园广源分园	广安门外大街305号3区8号楼
机械机关幼儿园	百万庄北街2号
北京印钞有限公司幼儿园	白纸坊街23号
华电（北京）热电有限公司幼儿园	天宁寺东里4号
北京军区空军蓝天宇锋幼儿园	平安里群力胡同17号
中国人民解放军北京卫戍区直属机关幼儿园	厂桥定阜街3号
中国人民解放军解放军报社幼儿园	阜成门外大街34号
北京市西城区幸福泉幼儿园	西直门内大街冠英园西区8号
北京市西城区广电银河艺术幼儿园	育德胡同15号
北京市西城区幸福时光陶然幼儿园	黑窑厂西里甲11号

北京市西城区里仁街幼儿园	宏建北里13号
北京中铁信达经贸有限公司幼儿园	广安门外车站东街甲5号
北京市西城区警娃艺术幼儿园	太平里甲6号
北京市西城区汇佳北欧幼儿园	马连道路80号院北欧印象小区内
北京市西城区宝威幼儿园	白云路4号
北京市西城区蓝色未来幼儿园	小马厂路1号院（西豪逸景3号楼307-309室）
北京市西城区普林斯顿幼儿园	广安门内大街广安胡同康乐里12号
北京市西城区官园幼儿园	西直门南小街甲188号
北京市西城区亲育代幼儿园	北礼士路135号内35号楼
北京市西城区悠米幼儿园	莱市口莲花胡同11号
北京市西城区海思幼儿园	育新街47号清芷园12号楼一层
北京市西城区威廉和玛丽幼儿园	陶然亭路2号院9号楼一层（一瓶小区9D1层）
北京市西城区诺博幼儿园	展览路街道北露园2号
北京市西城区红黄蓝幼儿园	南莱园街乙一号院2号楼3号楼
北京市西城区乐百灵幼儿园	红居街远见名苑C座10-8底商
北京市西城区松树阳光幼儿园	百万庄中里46号
北京市第十五中学附属陶然亭幼儿园	育新街2号
北京市西城区育民五一儿园	真武庙二里五号楼
北京市西城区教育研修学院附属幼儿园	西四北大街83号院
北京市西城区大栅栏幼儿园	小沙土园12号
北京博雅汇英幼儿园有限公司	北手帕巷2号
北京市西城区美仁幼儿园	西便门西里小区5号楼
北京市爱之泉幼儿园有限公司	鸭子桥路1号院5号楼101-3、101-4
北京智慧摇篮幼儿园有限公司	老墙根街101-105号
北京市西城区金色启蒙幼儿园	虎坊桥魏染胡同36号

特殊教育

北京启喑实验学校	西直门内大街东教场胡同5号
北京市西城区培智中心学校	西直门外大街德宝新园23号
北京市西城区育华中学	昌平区沙河镇七里渠南村531号

卫生机构

辖区三级医院

北京大学第一医院	西什库大街8号
北京大学人民医院	西直门南大街11号
中国医学科学院阜外心血管病医院	北礼士路167号
北京积水潭医院	新街口东街31号
首都医科大学附属北京安定医院	德胜门外安康胡同5号
首都医科大学附属北京儿童医院	南礼士路56号
首都医科大学附属北京友谊医院	永安路95号

中国中医科学院广安门医院 北线阁5号
首都医科大学宣武医院 长椿街45号
中国医学科学院北京协和医院 大木仓胡同41号
北京急救中心 前门西大街103号
中国人民解放军第305医院 文津街甲13号
中国人民武装警察部队北京市总队第二医院 月坛北街丁3号
中国人民解放军火箭军总医院 新街口外大街16号

区属卫生机构

首都医科大学附属复兴医院 复兴门外大街甲20号
北京中医药大学附属护国寺医院 棉花胡同83号
北京市宣武中医医院 万明路13号
北京市第二医院 宣武门内大街油坊胡同36号
北京市西城区展览路医院 西直门外大街桃柳园西巷16号
北京市丰盛中医骨伤专科医院 阜成门内大街306号
北京市西城区平安医院 赵登禹路169号
北京市肛肠医院 德胜门外大街16号
北京市西城区广外医院 广安门外三义里甲2号
北京市西城区妇幼保健院 平原里小区19号楼
北京市回民医院 右安门内大街11号
北京市西城区妇幼保健中心 德胜门外大街38号
北京市西城区结核病防治所 油坊胡同52号
北京市西城区精神卫生保健所 赵登禹路32号
北京市西城区疾病预防控制中心 德胜门外大街38号
北京市西城区卫生局卫生监督所 枣林前街2号院
北京市西城区动物卫生监督所 白纸坊西街17号院9号楼底商
北京市西城区椿树社区卫生服务中心 西琉璃厂63、64号
北京市西城区金融街社区卫生服务中心 阜成门内大街306号
北京市西城区广内社区卫生服务中心 校场五条49号
北京市西城区德胜社区卫生服务中心 德胜门外大街34号
北京市西城区新街口社区卫生服务中心 后半壁街19号
北京市西城区大栅栏社区卫生服务中心 煤市街152号
北京市西城区展览路社区卫生服务中心 阜成门外北大街201号
北京市西城区什刹海社区卫生服务中心 正觉夹道甲13号
北京市西城区陶然亭社区卫生服务中心 陶然亭路12号
北京市西城区天桥社区卫生服务中心 北纬路11号
北京市西城区牛街社区卫生服务中心 培育胡同15号
北京市西城区广外社区卫生服务中心 广安门外三义里甲2号
北京市西城区首都医科大学附属复兴医院月坛社区卫生服务中心 复兴门外真武庙六里7号楼
北京市西城区西长安街社区卫生服务中心 油坊胡同52号
北京市西城区白纸坊社区卫生服务中心 新安中里4号
北京市西城区社区卫生服务管理中心 枣林前街2号

律师事务所及公证处

安迪律师事务所 德胜门外大街3号写字楼703室
安朗律师事务所 珠市口西大街120号太丰惠中大厦1201-1205

安新律师事务所	丰盛胡同28号太平洋保险大厦17层
安之律师事务所	广安门外大街248号机械大厦九层911房间
奥肯律师事务所	马连道路6号院6号楼7层708
柏舟律师事务所	广安门外大街168号1幢9层2-1003楼下
邦银律师事务所	二龙路新龙大厦519室
保和律师事务所	广义街5号6层3-609
北智律师事务所	红莲南路28号6-1幢B座419室
博澜律师事务所	西直门外大街18号1单元11层1231号
藏辉律师事务所	车公庄大街9号院5号楼606室
倡信律师事务所	半步桥街48号3层333
成银律师事务所	金融大街9号楼等2幢甲9号10层1001-67室
诚略律师事务所	宣武门外大街10号楼7层723、723A
承山律师事务所	右安门内大街65号11幢右安门商务大厦328室
驰坚律师事务所	新街口西里二区1-2号底商
赐诚律师事务所	广安门外小红庙南里2号1302
道淳律师事务所	华远北街2号通港大厦1001室
道生律师事务所	广安门内338号908
道一律师事务所	德胜门外大街36号楼3层2单元311
德恒律师事务所	金融街19号富凯大厦B座12层
德翔律师事务所	德外大街36号德胜凯旋B座314室
法慈律师事务所	德外大街新风街2号天成科技大厦A座9层930室
法桓律师事务所	黄寺大街23号北广大厦11层1109
风宇文晖律师事务所	白广路 4号钢设总院一层A区115室
港融律师事务所	西直门大街新兴东巷甲15号金泰鑫侨大厦305
高略律师事务所	德胜门外大街36号德胜凯旋大厦B座206室
高思律师事务所	太平街6号9层E-1002室
格理律师事务所	金融街35号A座511
冠领律师事务所	宣武门外大街6号庄胜广场办公楼第一座西翼1316-1318/918/3A11
观贸律师事务所	南礼士路66号1号楼9层910室
观韬中茂律师事务所	金融大街5号新盛大厦B座18层
光夏律师事务所	西直门外大街18号楼5层1单元622
国舜律师事务所	广安门外大街168号朗琴国际大厦B座509
国拓律师事务所	马连道茶贸国际中心4楼
国贤律师事务所	新街口西里二区1-11
国业律师事务所	安德路甲67号4幢2层
和道律师事务所	宣武门外大街6号庄胜广场东翼1025号
何贵富律师事务所	新街口西里一区一号楼底商八号
弘本律师事务所	鸭子桥路41-1号天平写字楼213室
红凯龙律师事务所	马连道南街6号院1号楼5层517
华朝律师事务所	展览馆路甲26号2号楼005室
桓标律师事务所	马连道路25号楼8层818室
佳友律师事务所	马连道南街6号院1号楼11层1104
甲子律师事务所	西直门外大街德宝二期5号地办公、商业及酒店11层1单元1222
杰众律师事务所	南滨河路27号7号楼11层1107
锦钟律师事务所	新兴东巷15号10号楼601单元
京品律师事务所	广安门外大街168号1幢8层2-911
京土律师事务所	茶马北街1号院2号楼4层2单元0522室
久维律师事务所	德胜门外大街18幢735室（德胜园区）
开中律师事务所	阜外大街甲6号中建对外贸易大楼325室
凯基律师事务所	菜市口大街平原里21号楼11层B1202

坤杰律师事务所	德胜门西顺城街46号锦胜华安写字楼东103室
兰普瑞那律师事务所	复兴门内大街45号院3号楼436、441室
理瀚律师事务所	黄寺大街24号院19号楼505
李晓斌律师事务所	宣武门外大街28号富卓大厦B座706室
李晓光律师事务所	新兴东巷15号10号楼203房间
联慧律师事务所	阜成门外大街2号9层B905
隆经律师事务所	西绒线胡同28号楼7层711
美泰律师事务所	宣武门外大街26、28、30号2幢9层28号B0907
鸣静律师事务所	新街口西里1-1、1-2中间
莫少平律师事务所	广安门内大街167号翔达大厦写字楼8层809室
母树峰律师事务所	宣武门外大街20号海格国际大厦A座1305室
纽伦律师事务所	南滨河路27号8号楼一层商1
普庆律师事务所	半步桥街13号乙1-1-2
普纬律师事务所	白纸坊西街3号A座202
启达律师事务所	德胜门外大街11号
千洛航律师事务所	珠市口西大街120号太丰惠中大厦0701-0705室
谦彧律师事务所	广安门外大街168号1幢13层1-1608
乾木文辰律师事务所	核桃园西街36号北方长城光电大厦516室
泉宵律师事务所	珠市口西大街120号太丰惠中大厦506-512
任大农律师事务所	半步桥街13号1楼4门102室
融君律师事务所	广安门外大街248号1号楼2118室
融鹏律师事务所	阜成门外大街2号万通新世界A座1606室
瑞旭律师事务所	珠市口西大街120号太丰惠中大厦12层1219—1221
润文律师事务所	茶马街6号院4号楼1单元301室
善执者律师事务所	新街口西里二区1号楼11-1号
尚淳律师事务所	平安里西大街28号，光大国际中心1号楼15层（电梯楼层18层）1808室
实法律师事务所	黄寺大街26号院4号楼710
邦恒律师事务所	宣武门外大街20号公寓1601/1602
宝鼎律师事务所	太平街6号E-525
宝华德律师事务所	广安门内大街319号广信嘉园c座-13c
宝盛律师事务所	新街口西里三区二号楼11号
北人律师事务所	广安门南街36号天缘公寓B604
本杰律师事务所	北展北街9号D座A501室
博昌律师事务所	新街口西里二区1号楼1-4
博恒律师事务所	黄寺大街23号北广大厦1205室
博金律师事务所	阜外大街1号四川大厦东塔楼1314-1319
才良律师事务所	太平街6号富力摩根中心E座318室
大地律师事务所	华远北街2号通港大厦十层1016-1021号
鼎知律师事务所	北三环中路27号商房大厦6层618室
东方律师事务所	德胜门外大街13号院1号楼合生财富广场5层I户型
法度律师事务所	金融街广宁伯街2号铁通大厦5层
富华邦律师事务所	平原里21号楼4层A505
高默克律师事务所	南礼士路66号1号楼8层803
冠衡律师事务所	金融大街9号楼等2幢甲9号楼10层1001-35
冠英律师事务所	车公庄大街9号五栋大楼C座11层
观澜律师事务所	太平街6号富力摩根中心D—722
国首律师事务所	平原里21号亚泰中心B1017室
国源律师事务所	二七剧场路乙6号楼六层
海创律师事务所	佟麟阁路95号尚座大厦6G
海拓律师事务所	月坛南街59号新华大厦15层1501-09室
海泓达律师事务所	平原里21号亚泰中心A1107室

汉达律师事务所	三里河东路1号楼院2号
汉龙律师事务所	金融大街19号富凯大厦B707号
浩盛律师事务所	新街口西里二区1号楼—1至1层1—1（地上部分）
浩伟律师事务所	南滨河路27号7号楼9层909室
恒源律师事务所	南滨河路27号7号楼15层1516/1517
宏威律师事务所	金融大街15号第[4]层[401-6]单元
华策律师事务所	新街口外大街2号有研大厦B座401号
华鹏律师事务所	车公庄大街9号院五栋大楼B座1单元503室
华堂律师事务所	阜外大街11号国宾酒店写字楼308室
华卫律师事务所	富国街2号富国商务会所1301室
华文通用律师事务所	西直门外大街18号，金贸大厦A座318室
慧学律师事务所	西直门外大街135号北展宾馆松竹院
惠康律师事务所	东京畿道10号办公楼511-513室
汇源律师事务所	南滨河路27号贵都国际中心A座1305
魂鹤律师事务所	北三环中路甲29号华尊大厦B-303
纪凯律师事务所	西直门南小街国英1号商务大厦5层520
嘉律衡律师事务所	西直门外大街110号中糖大厦7层706
嘉源律师事务所	复兴门内大街158号远洋大厦F408
建诚律师事务所	广安门内大街319号广信嘉园C座23A-C
江山律师事务所	珠市口西大街120号1号楼1516-1518室
金石律师事务所	半步桥街13号
金朔律师事务所	马连道南街12号气象宾馆写字间4435/4435B/5538/6633/6633B/6635/6635B/6666室
金台律师事务所	广安门外大街248号机械大厦20层
金颐律师事务所	北三环中路29号华尊大厦二层
京豪律师事务所	新街口西里3区2号楼2-2
京龙律师事务所	车公庄大街6号院2号楼504和507
京泰律师事务所	白纸坊西街20号圣都大厦309室
京通律师事务所	裕民路18号北环中心A座608室
京泽律师事务所	广安门外大街168号朗琴国际大厦A座805室
景运律师事务所	广安门外大街248号机械大厦2113室
聚和律师事务所	鼓楼西大街41号院1号楼209、301室
凯誉律师事务所	阜成门外大街2号15层A1710
莱博律师事务所	新街口外大街2号有研大厦B406室
隆平律师事务所	广安门内大街6号枫桦国际A座2-802
茂源律师事务所	马连道茶马街6号院4号楼1单元1304
铭德律师事务所	新街口外大街2号楼A座311室
乾贞律师事务所	西直门外大街18号金贸中心A座1101
青石律师事务所	莲花池东路甲5号院1号楼白云时代大厦1701.1702
仁杰律师事务所	新街口西里小区二区1号楼地上3/2--2/3　K--C
仁人德赛律师事务所	广安门内大街338号维景国际大酒店写字楼8层812
瑞天律师事务所	莲花池东路甲5号院1号楼15层2单元1507
尚格律师事务所	北展北街华远企业号D座2单元601
绅特律师事务所	南滨河路27号7号楼5层503室（贵都国际中心）
圣大律师事务所	阜成门外大街2号B1701、1702、1703
时代九和律师事务所	宣武门外大街甲1号
世银律师事务所	月坛北街26号1703
首信律师事务所	马甸南村甲18号
泰德律师事务所	月坛南街26号1号楼1021、5051、5053
天理律师事务所	红莲南路57号中国印刷大厦502室
天路律师事务所	裕民路18号北环中心910
天宁律师事务所	西直门南小街国英园小区1　4号楼一层

天元律师事务所	丰盛胡同28号太平洋保险大厦10层
天瀚律师事务所	广内大街甲306号水利综合楼416、418
天铎律师事务所	西直门内南小街国英1号309室
万瑞律师事务所	金融街国际企业大厦B座16层1420号
万森律师事务所	西经路1号宝山商务酒店四层
吴栾赵阎律师事务所	北三环中路27号商房大厦505-508
响宇律师事务所	菜市口大街甲2号院2号楼119（中信沁园底商2-8）
新元律师事务所	金融大街33号通泰大厦C座603室
信格律师事务所	莲花池东路甲5号白云时代大厦东座1208
雄志律师事务所	裕民路18号北环中心A座811室
旭伟律师事务所	莲花池东路106号13层2单元1602
易凯律师事务所	白广路北口德源胡同甲2号（北京德源宾馆301室）
逸峰律师事务所	太平街6号富力摩根中心D座三层D-320
亦德律师事务所	菜市口南大街陶然居A座1005号
义方律师事务所	宣外大街10号庄胜广场中央办公楼北翼9层905单元
英岛律师事务所	白广路4号8幢B区6层615-618
永新智财律师事务所	金融大街27号10层B1007
雨仁律师事务所	月坛北街26号恒华国际商务中心A座422室
昭德律师事务所	德胜门外大街36号楼15层2单元1517
兆亿律师事务所	黄寺大街26号院德胜置业1号楼701室
兆源律师事务所	宣武门西大街甲129号金隅大厦907-910室
正理律师事务所	车公庄大街9号院五栋大楼B1座1103室
智多鑫律师事务所	红居街恒昌花园1号楼201室
中喆律师事务所	广安门外大街168号朗琴国际大厦B座517A
中北律师事务所	月坛北街2号月坛大厦1603室
中高盛律师事务所	广义街5号广益大厦B907
中合律师事务所	南滨河路27号7号楼16层1609室
中里通律师事务所	红莲南路57号二层B区
中满律师事务所	西直门内南小街国英1号6层628
中鹏律师事务所	金融大街19号富凯大厦B座702B室
中实律师事务所	大木仓北一巷一号西单饭店三层
中同律师事务所	北三环中路甲29号华尊大厦A座1701室
中旭律师事务所	茶马北街1号院1号楼3层1单元0303
中轩律师事务所	南滨河路23号立恒名苑3号楼2105室
中盈律师事务所	广安门外大街168号1幢13层1-16B02
中治律师事务所	金融大街28号院2号楼三层
中咨律师事务所	平安里西大街26号新时代大厦6-8层
中尊律师事务所	阜成门外大街2号万通新世界A座2109室
重光律师事务所	广安门内大街338号维景国际大酒店写字楼8层801、802室
铸成律师事务所	北展北街华远企业号A座7、8层
紫光达律师事务所	后广平胡同38号国英大厦10F
泓理律师事务所	白纸坊西街22号都市晴园816室
昊衡律师事务所	马连道南街6号院1号楼华睦大厦14层1419号
淼杰律师事务所	广安门外大街168号1幢2-1212
鑫河律师事务所	太平街6号E座702室
鑫诺律师事务所	宣武门外大街10号庄胜广场中央办公楼北翼9层
首捷律师事务所	红莲南路28号6-1幢A座419
首阳律师事务所	西直门外1号院2号楼8C6
四惠律师事务所	前半壁街66号3号楼211室
松晟律师事务所	南菜园街2号2号楼408室
腾凯律师事务所	茶马街6号院4号楼4层2单元401号

天标律师事务所	裕民路18号1509
统理律师事务所	西什库大街31号院5号楼401
王伦律师事务所	茶马街8号院1号楼14层1407
卫之平律师事务所	阜成门外大街2号万通大厦A1206室
吾犹人律师事务所	手帕口南街朗琴园11号楼1006室
翔越律师事务所	西直门外18号金贸大厦B座702
向量律师事务所	西直门南大街2号12层2门1206
欣国律师事务所	福长街13号1层1-1
星迪律师事务所	金融街19号富凯大厦B座11层1110
轩询律师事务所	广安门南街30号1幢405室
翼赞律师事务所	车公庄大街甲4号物华大厦801室
英弘律师事务所	西直门外大街18号，金贸大厦B座708
永定律师事务所	月坛南街32号银岛商务楼401、408、489室
优肯律师事务所	茶马街6号院4号楼12层2单元1201
优资律师事务所	西直门外大街18号楼17层1单元2002
友融律师事务所	展览馆路甲26号1号楼304室
玉言律师事务所	新街口北大街59号安兴商厦6017室
源西律师事务所	太平街6号5层D-616
云灿律师事务所	西直门铁路危改小区9号楼523室
允阔律师事务所	车公庄大街9号2号楼6层3门602
允元律师事务所	白云观街7号1208室
展翅律师事务所	阜成门外大街2号14层A1602
章科家律师事务所	茶马北街1号院1号楼8层2单元0906
正山律师事务所	广义街5号6层2-610
致诺律师事务所	太平街8号院7号楼3门101室
中简律师事务所	广安门外大街168号朗琴国际B座1115A
中今律师事务所	阜外大街甲9号国宾酒店B座502
中佐律师事务所	广安门外大街168号1幢10至11层1-1106
中臬律师事务所	教场口街9号院甲9号楼二层204
重典律师事务所	新兴东巷15号10号楼204房间
卓仑律师事务所	新街口外大街28号B座2层225号
嵩高律师事务所	西直门外大街18号楼14层1单元1709
骅之韬律师事务所	南滨河路27号7号楼15层1512
曜远律师事务所	宣武门外大街20号海格国际大厦B0709
福建天凯（北京）律师事务所	月坛北街2号2505B单元
广东晟典（北京）律师事务所	白云路1号大厦第10层1001号
贵州贵达（北京）律师事务所	西直门外大街18号A座025室
国浩律师事务所	武定侯街2号泰康国际大厦10层1005
江苏博爱星律师事务所分所	白云路4号
江苏益友天元（北京）律师事务所	金融大街9号楼等2幢甲9号楼10层1001-21
山东鲁宁（北京）律师事务所	南新华街48号318室
山西华炬（北京）律师事务所	金融街号投资广场B座9层
四川元绪（北京）律师事务所	阜成门外大街1号四川大厦东塔楼2408-2413
国立公证处	德胜门外大街12号
中信公证处	阜成门外大街2号万通金融中心4-5层
精诚公证处	骡马市大街14号

文物保护单位及文化设施

全国重点文物保护单位（42处）

名称	时代	地址
北海及团城	明、清	文津街1号
妙应寺白塔	元	阜成门内大街171号
宋庆龄故居	现代	后海北沿46号
恭王府及花园	清	前海西街17号、柳荫街14号
郭沫若故居	现代	前海西街18号
大高玄殿	明	景山西街21号、23号
历代帝王庙	明、清	阜成门内大街131号
南　堂	明、清	前门西大街141号
景　山	明、清	景山西街44号、景山后街11号
白云观	明、清	西便门外白云观
中南海	明、清	西长安街
德胜门箭楼	明、清	北二环中路
北京鲁迅旧居	民国	阜成门内宫门口二条19号
清农事试验场旧址	清	西直门外大街137号
月　坛	明	南礼士路
醇亲王府	清	后海北沿44号、鼓楼西大街154、156号
广济寺	明	阜成门内大街25号
北平图书馆旧址	民国	文津街7号
北京国会旧址	民国	宣武门西大街57号
京师女子师范学堂旧址	民国	新文化街45号
利玛窦和外国传教士墓地	明、清	车公庄大街6号
西什库教堂	清	西什库大街33号
国立蒙藏学校旧址	清	小石虎胡同33号
关岳庙	民国	鼓楼西大街149号
天宁寺塔	辽	天宁寺前街甲3号
牛街礼拜寺	明、清	牛街18号
先农坛	明	东经路21号
法源寺	清	法源寺前街5号
安徽会馆	清	后孙公园17、19、21、23、25、27号
报国寺	清	报国寺前街1号
国民政府财政部印刷局旧址	清	白纸坊街西街23号
大栅栏商业建筑		
瑞蚨祥	民国	大栅栏街5号
谦祥益	民国	珠宝市街5号
劝业场	清	廊房头条17号
祥义号门面	民国	大栅栏街1号
李大钊旧居	民国	文华胡同24号
梅兰芳旧居	现代	护国寺街9号
明北京城城墙遗迹	明	复兴门南大街
克勤郡王府	清	新文化街53号

辅仁大学本部旧址	民国	定阜街1号
盛新中学与佑贞女中旧址	民国	教场胡同2号、教场胡同4号
万松老人塔	元	西四南大街43号旁门
基督教中华圣公会教堂	民国	佟麟阁路85号、石灯胡同甲6号
西交民巷近代银行建筑群	民国	西交民巷17号、23号、50号
大运河（北京市西城区）	元、明	什刹海、玉河故道：地安门外大街（含万宁桥）

北京市文物保护单位（61处）

名称	时代	地址
程砚秋故居	现代	西四北三条39号
齐白石故居	民国	跨车胡同13号
升平署戏楼	清	西长安街1号、大宴乐胡同11号
郑王府	清	大木仓胡同35号
礼王府	清	西黄城根南街7号、9号，颁赏胡同甲19号
庆王府	清	定阜街3号、德胜门内大街甲254号
福佑寺	清	北长街20号
广化寺	元、明	鼓楼西大街鸦儿胡同31号
护国寺金刚殿	元	护国寺西巷
都城隍庙（寝殿）	元、明、清	成方街33号
吕祖阁	清	明光胡同6号、新壁胡同41号
火德真君庙	元、明、清	地安门外大街77号
昭显庙	清	北长街71号
天主教圣母会法文学校	清末	前门西大街137号
西四北三条11号四合院	民国	西四北三条11号
西四北六条23号四合院	民国	西四北六条23号
前公用胡同15号四合院	民国	前公用胡同15号
西四北三条19号四合院	民国	西四北三条19号
西交民巷87号北新华街112号四合院	民国	西交民巷87号
涛贝勒府	清	柳荫街25、27、乙27号
北京水准原点旧址	民国	西安门大街1号　（一部南门）
富国街3号四合院	清	富国街3号
平绥铁路西直门车站旧址	清末	西直门外北滨河路1号
百万庄路8号墓园石刻	清末	阜成门外百万庄路8号
贤良祠	清	地安门西大街103号
旧式铺面房	清末	地安门外大街50、52号
会贤堂	清	前海北沿18号
拈花寺	明	大石桥胡同61号
地安门西大街153号四合院	清	地安门西大街153号
阜成门内大街93号四合院	民国	阜成门内大街93号
雪池冰窖	清	雪池胡同10号
恭俭冰窖	清	恭俭五巷5号
皇城墙遗址（西城区）	明、清	西长安街
长椿寺	明	长椿街9、11号
三圣庵	清	黑窑厂胡同14号
陶然亭慈悲庵	元	陶然亭公园内
湖广会馆	清	虎坊路3、5号
湖南会馆	清	烂漫胡同101、103号
中山会馆	清	珠朝街5号
正乙祠	清	西河沿220号

杨椒山祠	明	达智桥胡同12号及旁门校场三条2号
康有为故居	清	米市胡同43号
朱彝尊故居	清	海柏胡同16号
《京报》馆	民国	魏染胡同30、32号
盐业银行旧址	民国	前门西河沿7号
交通银行旧址	民国	前门西河沿9号
粮食店第十旅馆	清	粮食店街73号
金中都太液池遗址	金	广安门外南街77号
云绘楼清音阁	清	陶然亭公园内
德寿堂药店	民国	珠市口西大街175号
纪晓岚故居	清	珠市口西大街241号
原京华印书局	民国	南新华街177号
醇亲王府（南府）	清	鲍家街43、甲2号
广福观	明	烟袋斜街37号、大石碑胡同6号
清学部遗存	清	教育街1号宣内17号
清稽查内务府御史衙门	清	陟山门街5号
兆惠府第遗存	清	前井胡同3号
中国地质调查所旧址	民国	兵马司胡同15号
张自忠旧居	民国	府右街丙27号
浏阳会馆（谭嗣同故居）	清	北半截胡同41号，南半截胡同6、8号
绍兴会馆	清	南半截胡同7号

西城区级文物保护单位（78处）

名称	时代	地址
三官庙	明	西海北沿29号
净业寺	明	德胜门内西顺城街46号
双　寺	明	双寺胡同11号、西绦胡同2号
普济寺（高庙）	明	西海南沿48号
棍贝子府花园	清	新街口东街31号
德胜桥	明	德胜门内大街
摄政王府马号	清	后海北沿43号
大藏龙华寺	明	后海北沿23号
寿明寺	明	鼓楼西大街79号
小石桥胡同24号宅园（盛园）	清	小石桥胡同24号、后马厂胡同17号
银锭桥	明、清	后海北沿东端
鉴　园	清	小凤翔胡同5号
正觉寺	明	正觉胡同甲9号
魁公府	清	宝产胡同甲23、23、25、27、29号，赵登禹路58、60号，四根柏胡同18号
旌勇祠	清	旌勇里3号
保安寺	元	地安门西大街133、135号
天寿庵	明	龙头井街42号
玉皇阁	元	育强胡同甲22号
翠花街5号四合院	民国	翠花街5号
元大都下水道	元	西四路口
清真普寿寺	明	锦什坊街63号
永佑庙	清	府右街1号、3号
万寿兴隆寺	明	北长街39号
洵贝勒府	清	背阴胡同37号

仪亲王府	清	府右街137号
醇公府	清	西绒线胡同51号
永寿寺	明	三里河前巷1号
马尾沟教堂	民国	车公庄大街6号
陆谟克堂	民国	西直门外大街141号
护国双关帝庙	元、明、清	西四北大街167号、甲167号
阿拉善王府	清	毡子胡同7号
法源清真寺	清	德胜门外大街200号
镶红旗满洲都统衙门	清	新文化街137号
吕祖宫	清	复兴门内北顺城街15号
西四街楼	清	西四北大街255号、阜成门内大街1号
圆广寺大殿	明、清	阜成门外大街7号楼-1号
清端顺长公主墓碑	清	德胜门外冰窖口胡同75号
清乾隆汇通祠诗碑	清	德胜门西大街甲60号汇通祠内
天主教圣母圣衣堂	清、民国	西直门内大街130号
中央医院旧址	民国	阜成门内大街133号
平民中学	民国	西四北二条58号
为宝书局	民国	地安门外大街156号
粤东新馆	清	南横西街13号
沈家本故居	清	金井胡同1号
荀慧生故居	清	山西街甲13号
崇效寺藏经阁	明	崇效胡同9号
宝应寺	明	登莱胡同29号
东南园四合院	清	东南园胡同49号
北师大旧址	近代	南新华街13、15、17号
北师大附小旧址	近代	南新华街18号
林白水故居	近代	骡马市大街9号
萧长华故居	清	西草厂街88号
谭鑫培故居	清	大外廊营1号及旁门
王瑶卿故居	清	培英胡同20号
钱市胡同传统建筑群	清	珠宝市街37、39号，钱市胡同1-8号
前门清真礼拜寺（修缮中）	清	扬威胡同9号、茶儿胡同2号、笤帚胡同甲1号
火神庙	清	琉璃厂东街29号
五道庙	清	铁树斜街143—149号、樱桃斜街96—104号
梨园公会	民国	樱桃斜街65号
裕兴中银号	民国	施家胡同11号
青云阁	民国	大栅栏西街33号
护国观音寺	清	樱桃斜街4、6、8号
泰丰楼饭庄西楼	清	煤市街33号、杨梅竹斜街4号
晋江会馆（林海音故居）	清	南柳巷40、42号
北京东方饭店初期建筑	民国	万明路11号
宜兴会馆	清	校尉营胡同44号
新市区泰安里	民国	天桥仁寿路6—16号
圣安寺	金	南横西街119号
莲花寺	明	永庆胡同37号
商务印书馆	民国	琉璃厂西街36号
永兴庵	明	南柳巷45号
余叔岩故居	清	异地迁移待复建
尚小云故居	清	异地迁移待复建
圣祚隆长寺	明、清	西四北三条3号
什刹海寺	明、清	糖房大院27号
福善寺	清	柳荫街26号、28号

双吉寺	清	双吉胡同3号
陈垣故居	民国	兴华胡同13号

博物馆

中国地质博物馆	西四羊肉胡同15号
中国钱币博物馆	西交民巷17号
中国印钞造币博物馆	西直门外大街凯旋大厦
中国古动物馆	西直门外大街142号
民族文化宫博物馆	复兴门内大街49号
恭王府花园	柳荫街甲14号
首都博物馆	复兴门外大街16号
北京天文馆	西直门外大街138号
白塔寺	阜成门内大街171号
北京古代钱币博物馆	北二环中路德胜门箭楼
北京历代帝王庙管理处	阜成门内大街131号
北京李大钊故居	文华胡同24号
宋庆龄故居	后海北沿46号
北京鲁迅博物馆	阜成门内宫门口二条19号
郭沫若纪念馆	前海西街18号
梅兰芳纪念馆	护国寺街9号
徐悲鸿纪念馆	新街口北大街53号
郭守敬纪念馆	德胜门西大街甲60号
北京红楼文化艺术博物馆	南菜园街12号
北京宣南文化博物馆	长椿街9号
北京戏曲博物馆	虎坊路3号
北京空竹博物馆	报国寺小星胡同9号
古陶文明博物馆	右安门内西街18号（大观园北门）
北京古代建筑博物馆	东经路21号
慈悲庵	太平街19号陶然亭公园内
中国消防博物馆	广安门南街70号
中国佛教图书文物馆	法源寺内

文化广场

德胜街道北滨河公园广场	安德路102号
德胜街道人定湖公园广场	安德路六铺炕15号（黄寺大街南侧）
德胜街道德胜门城楼北侧广场	德胜门
什刹海街道什刹海文化广场	地安门西大街51号荷花市场
什刹海街道雨来散文化广场	西海南岸雨来散文化广场
什刹海街道什刹海野鸭岛南岸广场	羊房胡同乙23号
西长安街街道西单文化广场	西单北大街
大栅栏街道前西小广场	实验小学前门分校西侧
天桥街道市民广场	天桥剧场东门对面
新街口街道官园公园广场	后广平胡同与小后仓胡同交叉口
金融街街道金融街购物中心广场	金城坊街2号金融街购物中心
椿树街道健身广场	香炉营头条大街北侧

椿树街道椿树园文化广场	香炉营头条东段北侧
陶然亭街道文化广场	太平街19号陶然亭公园内
展览路街道朝阳庵文体健身广场	三里河路8号院
展览路街道北展广场（西外文化休闲广场）	展览馆路与西直门外南路交叉口北100米
月坛街道月坛公园半月广场	月坛北街南路
月坛街道碧溪公园小广场	真武庙四条
月坛街道南礼士路公园小广场	南礼士路大街58号
广内街道宣武艺苑东广场	宣武艺苑东广场
牛街街道牛街东里一区文化广场	牛街东里一区牛街社区服务中心西侧
白纸坊街道文化广场	大观园南广场
广外街道荣丰健身广场	荣丰13号楼东侧
广外街道中新家园健身广场	中新家园10号楼前

文化馆

西城区第一文化馆	西直门内大街147号
西城区第二文化馆	福长街四条2号

图书馆

西城区第一图书馆	后广平胡同26号
西城区第二图书馆	教子胡同8号
西城区青少年儿童图书馆	西直门内大街69号
德胜街道图书馆	新明胡同甲1号
什刹海社区教育学校图书馆	刘海胡同11号
西长安街街道图书馆	东斜街51号
西长安街街道和平门图书馆	小六部口36号长安幸福家园
大栅栏街道图书馆	石头胡同9号
大栅栏西河沿民俗图书馆	前门西河沿228号
天桥街道图书馆	北纬路9号
天桥雷锋图书馆	南纬路38号院3-11
新街口街道图书馆	西直门内大街235号
新街口街道福绥境图书馆	宫门口三条乙1号
金融街街道图书馆	太平桥大街107号地下2层
金融街街道丰汇园图书馆	丰汇园小区15号楼
椿树街道图书馆	椿树园7号楼甲3号
陶然亭街道图书馆	黑窑厂街22号
展览路街道图书馆	展览馆路甲18号
展览路社区教育学校图书馆	月坛北街25号
月坛街道图书馆	月坛南街甲49号
广内街道图书馆	下斜街一号东楼二层
广内街道西便门东里图书馆	西便门东里平房1号
牛街街道图书馆	牛街东里18号楼3层
白纸坊街道图书馆	枣林前街16号
广外街道图书馆	中里一区1号
广外街道社区服务分中心分馆	小马厂路1-4号二层

电影院

名称	地址
北京首都华融影院有限责任公司	西单北大街131号9层（局部）、10层、11层
北京青年宫电影城	西直门南小街68号
北京地质礼堂	西四羊肉胡同30号
北京国宾菁英电影放映有限公司	月坛南街24号
北京金融街影院有限责任公司	金融大街18号地下一层
北京市工人俱乐部	虎坊路7号
北京中晟万方影院管理有限公司	月坛南街30号万方西单商场东侧主楼二层、三层（302-311）
北京中晟新华影院管理有限公司	新街口北大街1号1号楼5层5A101
北京市广安门电影院	白广路8号
北京首都华融影院有限责任公司天桥分公司	天桥南大街3号楼
北京耀莱腾龙国际影城管理有限公司马连道电影院分公司	马连道路25号楼新年华生活购物广场5层F510商铺、6层F603商铺
北京科影传媒有限公司（剧空间剧场）	新街口北大街74号
北京保利永兴影城有限公司	廊房头条13号院-1至-2层
北京京禾电影放映有限公司	万博苑7号楼五层F5-12

营业性演出场所

名称	地址
北京音乐厅	北新华街1号
北京湖广会馆大戏楼	虎坊路3号
北京市天桥剧场	北纬路30号
民族文化宫大剧院	复兴门内大街49号
国家大剧院	西长安街2号
中央音乐学院音乐厅	鲍家街43号
北京梅兰芳大剧院	平安里西大街32号
北京传统文化保护基金会（正乙祠戏楼）	前门西河沿街220号
国家京剧院（实验剧场）	平安里西大街22号
北京天艺同歌国际文化艺术有限公司	抄手胡同64号26幢
北京国话剧场	广安门外大街277号
北京市西城区文化馆（首层小剧场）	西直门内大街147号
北京市西城区文化馆（二层多功能剧场）	西直门内大街147号
北京张一元茶叶有限责任公司天桥茶馆	万明路18号院1号楼南侧
北京地质礼堂	西四羊肉胡同30号
北京广德楼娱乐产业有限责任公司	前门大栅栏大街39号
北京儿童科技中心（中国儿童中心官园影剧院）	西直门南小街甲98号
北京展览馆剧场	西外大街135号
解放军歌剧院	德胜门内大街60号
北京市工人俱乐部	虎坊路7号
北京天桥杂技剧场	北纬路东口（天桥市场95号）
德云社剧场	北纬路甲1号
北京首都旅游国际酒店集团有限公司前门梨园剧场	永安路175号
北京大观园戏楼	南菜园街12号（大观园院内）
北京老舍茶馆	前门西大街正阳市场3号楼
北京老舍茶馆新京调食坊	前门西大街正阳市场3号楼
北京青年宫电影城	西直门南小街68号

北京西区剧场管理有限公司	护国寺街85号11幢4F
北京鼓楼西文化有限公司（全总文工团排练场）	小八道湾6号3幢平房
北京京都文化投资管理公司演艺中心	车公庄4号18栋、20栋东侧
北京科影传媒有限公司（剧空间剧场）	新街口北大街74号
北京天桥艺术中心管理有限公司	天桥南大街7号
北京三庆园文化发展有限公司	大栅栏街18号1号楼
微声万象（北京）文化传播有限公司	天桥南大街9号楼地下一层-103单元
北京保利永兴影城有限公司	廊坊头条13号院-1到-2层
北京梦回北平文化发展有限公司	新街口北大街74、76光泽胡同甲1号68幢
中国铁路文工团	二七剧场路15号

A级景区名录

序号	景区名称	单位地址	等级
1	恭王府博物馆	前海西街17号	AAAAA
2	北京海洋馆	西直门外大街137号	AAAA
3	北京动物园	西直门外大街137号	AAAA
4	北海公园	文津街1号	AAAA
5	景山公园	景山西街44号	AAAA
6	什刹海风景区	羊房胡同甲23号	AAAA
7	陶然亭公园	太平街19号	AAAA
8	首都博物馆	复兴门外大街16号	AAAA
9	北京天文馆	西直门外大街138号	AAAA
10	大观园	南菜园街12号	AAA
11	老舍茶馆	前门西大街正阳市场3号楼	AAA
12	湖广会馆大戏楼	虎坊路3号	AAA
13	中国地质博物馆	西四羊肉胡同15号	AAA
14	月坛公园	月坛北街甲6号	AAA
15	北京市古代钱币展览馆	德胜门东大街9号	AAA
16	宣南文化博物馆	长椿街9号	AAA
17	宣武艺园	槐柏树街12号	AAA
18	大栅栏商业街	前门外大栅栏街	AAA
29	宋庆龄故居	后海北沿46号	AAA
20	金中都遗址公园	南滨河路辅路	AAA
21	历代帝王庙	阜成门内大街131号	AA

非物质文化遗产代表性项目名录及传承人

非物质文化遗产代表性项目名录

<table>
<tr><th rowspan="2">序号</th><th rowspan="2">类别</th><th rowspan="2">项目名称</th><th colspan="3">项目级别</th></tr>
<tr><th>国家级</th><th>北京市级</th><th>西城区级</th></tr>
<tr><td>1</td><td rowspan="6">民间文学
（6项）</td><td>北京童谣</td><td>★</td><td>★</td><td>★</td></tr>
<tr><td>2</td><td>北京回族民间故事</td><td></td><td></td><td>★</td></tr>
<tr><td>3</td><td>北京建城传说</td><td></td><td></td><td>★</td></tr>
<tr><td>4</td><td>什刹海的传说</td><td></td><td></td><td>★</td></tr>
<tr><td>5</td><td>北京灯谜</td><td></td><td></td><td>★</td></tr>
<tr><td>6</td><td>京味儿小说语言</td><td></td><td></td><td>★</td></tr>
<tr><td>7</td><td rowspan="10">传统音乐
（10项）</td><td>京都北韵禅乐</td><td></td><td>★</td><td>★</td></tr>
<tr><td>8</td><td>白纸坊挎鼓</td><td></td><td>★</td><td>★</td></tr>
<tr><td>9</td><td>北京道教音乐</td><td></td><td></td><td>★</td></tr>
<tr><td>10</td><td>古代诗词歌曲</td><td></td><td></td><td>★</td></tr>
<tr><td>11</td><td>昆曲工尺谱</td><td></td><td></td><td>★</td></tr>
<tr><td>12</td><td>北京十番乐</td><td></td><td></td><td>★</td></tr>
<tr><td>13</td><td>弦索十三套</td><td></td><td></td><td>★</td></tr>
<tr><td>14</td><td>九嶷派古琴艺术</td><td></td><td></td><td>★</td></tr>
<tr><td>15</td><td>汉乐筝曲</td><td></td><td></td><td>★</td></tr>
<tr><td>16</td><td>三弦演奏</td><td></td><td></td><td>★</td></tr>
<tr><td>17</td><td rowspan="2">传统舞蹈
（2项）</td><td>白纸坊太狮</td><td>★</td><td>★</td><td>★</td></tr>
<tr><td>18</td><td>大栅栏五斗斋高跷秧歌</td><td></td><td>★</td><td>★</td></tr>
<tr><td>19</td><td rowspan="4">传统戏剧
（4项）</td><td>昆曲</td><td>★</td><td>★</td><td>★</td></tr>
<tr><td>20</td><td>河北梆子</td><td>★</td><td>★</td><td>★</td></tr>
<tr><td>21</td><td>北京皮影戏</td><td>★</td><td>★</td><td>★</td></tr>
<tr><td>22</td><td>西城皮影（德顺班）</td><td></td><td></td><td>★</td></tr>
<tr><td>23</td><td rowspan="17">曲艺（17项）</td><td>单弦牌子曲</td><td rowspan="2">★</td><td>★</td><td>★</td></tr>
<tr><td>24</td><td>岔曲</td><td>★</td><td>★</td></tr>
<tr><td>25</td><td>北京评书</td><td>★</td><td>★</td><td>★</td></tr>
<tr><td>26</td><td>相声</td><td>★</td><td>★</td><td>★</td></tr>
<tr><td>27</td><td>京韵大鼓</td><td>★</td><td>★</td><td>★</td></tr>
<tr><td>28</td><td>梅花大鼓</td><td></td><td>★</td><td>★</td></tr>
<tr><td>29</td><td>北京琴书</td><td></td><td>★</td><td>★</td></tr>
<tr><td>30</td><td>联珠快书</td><td></td><td>★</td><td>★</td></tr>
<tr><td>31</td><td>天桥拉洋片</td><td></td><td></td><td>★</td></tr>
<tr><td>32</td><td>天桥双簧</td><td></td><td></td><td>★</td></tr>
<tr><td>33</td><td>评书（北京）</td><td></td><td></td><td>★</td></tr>
<tr><td>34</td><td>铁片大鼓</td><td></td><td></td><td>★</td></tr>
<tr><td>35</td><td>快板</td><td></td><td></td><td>★</td></tr>
<tr><td>36</td><td>河南坠子</td><td></td><td></td><td>★</td></tr>
<tr><td>37</td><td>西河大鼓</td><td></td><td></td><td>★</td></tr>
<tr><td>38</td><td>双簧</td><td></td><td></td><td>★</td></tr>
<tr><td>39</td><td>梅花大鼓</td><td></td><td></td><td>★</td></tr>
</table>

序号	类别	项目名称	项目级别		
			国家级	北京市级	西城区级
40	传统体育、游艺与杂技（32项）	抖空竹	★	★	★
41		天桥中幡	★	★	★
42		天桥摔跤	★	★	★
43		口技	★	★	★
44		八卦掌	★	★	★
45		牛街白猿通背拳	★	★	★
46		祁家通背拳			★
47		六合拳		★	★
48		孙式太极拳		★	★
49		北京鬃人		★	★
50		梅花桩拳（小架）		★	★
51		天桥摔跤（2）			★
52		北京赛活驴			★
53		天桥穆派戏法			★
54		牛街掷子			★
55		三皇炮捶拳			★
56		陈式太极拳			★
57		踢花毽			★
58		天桥盘杠			★
59		七巧板			★
60		古彩戏法（杨小亭）			★
61		形意拳			★
62		少林八法拳			★
63		耍花坛			★
64		爬杆			★
65		陈式太极拳			★
66		戳脚翻子拳			★
67		大悲拳			★
68		清拳			★
69		善扑营掼跤功夫			★
70		踢冰核儿（冰蹴球）			★
71		天桥杂耍			★
72	传统美术（36项）	北京内画鼻烟壶	★	★	★
73		内画鼻烟壶		★	★
74		北京仿古瓷		★	★
75		北京刻瓷		★	★
76		北京砖雕		★	★
77		彩塑京剧脸谱		★	★
78		古建油漆彩绘		★	★
79		京派剪纸（申沛农）			★
80		北京玉雕（一魔）			★
81		裕氏草编			★
82		铜印钮雕刻			★
83		毛猴			★
84		金石篆刻			★
85		脸谱绘制			★
86		面人			★
87		彩蛋绘制			★
88		北京宫廷补绣			★
89		北京彩塑			★
90		面塑			★
91		北派雕钮			★
92		传统灯彩			★
93		绳结艺术			★
94		象牙雕刻			★

<table>
<tr><th rowspan="2">序号</th><th rowspan="2">类别</th><th rowspan="2">项目名称</th><th colspan="3">项目级别</th></tr>
<tr><th>国家级</th><th>北京市级</th><th>西城区级</th></tr>
<tr><td>95</td><td rowspan="13"></td><td>北京绒鸟（绒花）</td><td></td><td></td><td>★</td></tr>
<tr><td>96</td><td>彩砂工艺</td><td></td><td></td><td>★</td></tr>
<tr><td>97</td><td>北京葫芦烙画</td><td></td><td></td><td>★</td></tr>
<tr><td>98</td><td>核雕</td><td></td><td></td><td>★</td></tr>
<tr><td>99</td><td>北京宫廷团扇</td><td></td><td></td><td>★</td></tr>
<tr><td>100</td><td>木版年画</td><td></td><td></td><td>★</td></tr>
<tr><td>101</td><td>京彩珐琅瓷</td><td></td><td></td><td>★</td></tr>
<tr><td>102</td><td>京刻细陶</td><td></td><td></td><td>★</td></tr>
<tr><td>103</td><td>指画</td><td></td><td></td><td>★</td></tr>
<tr><td>104</td><td>斫花葫芦</td><td></td><td></td><td>★</td></tr>
<tr><td>105</td><td>京作核雕</td><td></td><td></td><td>★</td></tr>
<tr><td>106</td><td>京绣</td><td></td><td></td><td>★</td></tr>
<tr><td>107</td><td>满文书法</td><td></td><td></td><td>★</td></tr>
<tr><td>108</td><td rowspan="42">传统技艺（81项）</td><td>北京宫毯织造技艺</td><td>★</td><td>★</td><td>★</td></tr>
<tr><td>109</td><td>木版水印技艺（荣）</td><td>★</td><td>★</td><td>★</td></tr>
<tr><td>110</td><td>古字画装裱修复技艺（荣）</td><td>★</td><td>★</td><td>★</td></tr>
<tr><td>111</td><td>古籍修复技艺（中国书店）</td><td>★</td><td>★</td><td>★</td></tr>
<tr><td>112</td><td>内联升千层底布鞋制作技艺</td><td>★</td><td>★</td><td>★</td></tr>
<tr><td>113</td><td>王致和腐乳酿造技艺</td><td>★</td><td>★</td><td>★</td></tr>
<tr><td>114</td><td>六必居酱菜制作技艺</td><td>★</td><td>★</td><td>★</td></tr>
<tr><td>115</td><td>张一元茉莉花茶制作技艺</td><td>★</td><td>★</td><td>★</td></tr>
<tr><td>116</td><td>鸿宾楼全羊席制作技艺</td><td>★</td><td>★</td><td>★</td></tr>
<tr><td>117</td><td>天福号酱肘子制作技艺</td><td>★</td><td>★</td><td>★</td></tr>
<tr><td>118</td><td>仿膳（清廷御膳）</td><td>★</td><td>★</td><td>★</td></tr>
<tr><td>119</td><td>烤肉季烤羊肉制作技艺</td><td rowspan="2">★</td><td rowspan="2">★</td><td>★</td></tr>
<tr><td>120</td><td>烤肉宛烤羊肉制作技艺</td><td>★</td></tr>
<tr><td>121</td><td>一得阁墨汁制作技艺</td><td>★</td><td>★</td><td>★</td></tr>
<tr><td>122</td><td>传统药香制作技艺</td><td>★</td><td>★</td><td>★</td></tr>
<tr><td>123</td><td>砂锅居全猪席烹制技艺</td><td></td><td>★</td><td>★</td></tr>
<tr><td>124</td><td>护国寺清真小吃制作技艺</td><td></td><td>★</td><td>★</td></tr>
<tr><td>125</td><td>柳泉居京菜制作技艺</td><td></td><td>★</td><td>★</td></tr>
<tr><td>126</td><td>瑞蚨祥中式服装手工制作技艺</td><td></td><td>★</td><td>★</td></tr>
<tr><td>127</td><td>马聚源手工制帽技艺</td><td></td><td>★</td><td>★</td></tr>
<tr><td>128</td><td>戴月轩湖笔制作技艺</td><td></td><td>★</td><td>★</td></tr>
<tr><td>129</td><td>“正兴德”清真茉莉花茶制作工艺</td><td></td><td>★</td><td>★</td></tr>
<tr><td>130</td><td>戏曲盔头制作技艺（李继宗）</td><td></td><td>★</td><td>★</td></tr>
<tr><td>131</td><td>北京风味小吃制作技艺</td><td></td><td>★</td><td>★</td></tr>
<tr><td>132</td><td>宫廷奶制品制作技艺</td><td></td><td>★</td><td>★</td></tr>
<tr><td>133</td><td>小肠陈卤煮火烧制作技艺</td><td></td><td>★</td><td>★</td></tr>
<tr><td>134</td><td>“爆肚冯”爆肚制作技艺</td><td></td><td>★</td><td>★</td></tr>
<tr><td>135</td><td>京胡制作技艺</td><td></td><td rowspan="2">★</td><td>★</td></tr>
<tr><td>136</td><td>洪广源派京胡制作技艺</td><td></td><td>★</td></tr>
<tr><td>137</td><td>北京鸽哨制作技艺</td><td></td><td>★</td><td>★</td></tr>
<tr><td>138</td><td>毛猴制作技艺</td><td></td><td></td><td>★</td></tr>
<tr><td>139</td><td>金属工艺品锻錾工艺</td><td></td><td></td><td>★</td></tr>
<tr><td>140</td><td>绢人制作技艺</td><td></td><td></td><td>★</td></tr>
<tr><td>141</td><td>锦匣制作技艺</td><td></td><td></td><td>★</td></tr>
<tr><td>142</td><td>叭叭鼓制作技艺（张氏）</td><td></td><td></td><td>★</td></tr>
<tr><td>143</td><td>荣宝斋装帧技艺</td><td></td><td></td><td>★</td></tr>
<tr><td>144</td><td>汲古阁拓片制作技艺</td><td></td><td></td><td>★</td></tr>
<tr><td>145</td><td>北京花茶拼配工艺</td><td></td><td></td><td>★</td></tr>
<tr><td>146</td><td>桂香村南味食品制作技艺</td><td></td><td></td><td>★</td></tr>
<tr><td>147</td><td>同和居鲁菜烹制技艺</td><td></td><td></td><td>★</td></tr>
<tr><td>148</td><td>峨嵋酒家川菜烹制技艺</td><td></td><td></td><td>★</td></tr>
<tr><td>149</td><td>曲园酒楼湘菜制作技艺</td><td></td><td></td><td>★</td></tr>
</table>

序号	类别	项目名称	项目级别		
			国家级	北京市级	西城区级
150		丰泽园鲁菜制作技艺			★
151		翰林谭家菜制作技艺			★
152		羊头马白水羊头制作技艺			★
153		马家老铺酱烧牛羊肉制作技艺			★
154		“户部街马记”酱烧牛羊肉制作技艺			★
155		“年糕钱”年糕制作技艺			★
156		天源酱菜制作技艺			★
157		“豆腐脑白”豆腐脑制作技艺			★
158		门框胡同褡裢火烧制作技艺			★
159		大和恒米面加工技艺			★
160		北京雕漆			★
161		金漆镶嵌			★
162		花丝镶嵌			★
163		传拓技艺			★
164		曹氏风筝			★
165		山核桃工艺品制作技艺			★
166		古琴斫制技艺			★
167		古建筑模型扎小样			★
168		北京金漆镶嵌			★
169		手工书画装裱修复技艺			★
170		蜡果制作技艺			★
171		北海公园标本菊传统养殖技法			★
172		金氏风筝扎制技艺			★
173		北京景泰蓝制作技艺			★
174		羯子李白汤羊蝎子制作技艺			★
175		奶酪魏奶酪制作技艺			★
176		砂板糖制作技艺			★
177		北派舞狮道具制作技艺			★
178		聚顺和茯苓夹饼传统制作技艺			★
179		泰丰楼鲁菜制作技艺			★
180		厉家菜制作技艺			★
181		茶汤李茶汤制作技艺			★
182		二胡制作技艺			★
183		筋角弓制作技艺			★
184		宫灯制作技艺			★
185		北京糖画			★
186		北京吹糖人			★
187	传统医药（14项）	宫廷正骨	★	★	★
188		鹤年堂中医药养生文化	★	★	★
189		王氏脊椎疗法	★	★	★
190		清华池修治脚病传统技艺	★	★	★
191		崇厚堂沈氏女科疗法		★	★
192		凤阳门正骨千手大法			★
193		正筋疗法			★
194		北京马应龙眼药制药技艺			★
195		王氏脑中风疗法			★
196		经筋骨推拿疗法			★
197		龟息按摩技法			★
198		“癣药刘”皮癣疗法			★
199		“济安堂”王回回膏药			★
200		锭子药手工制作技艺			★
201	民俗（4项）	厂甸庙会	★	★	★
202		鸿宾楼“老堂经”			★
203		老北京叫卖			★
204		法源寺丁香赏花习俗			★

非物质文化遗产代表性项目名录扩展项目名录

序号	类别	项目名称	项目级别		
			国家级	北京市级	西城区级
1	传统美术（1项）	面塑			★
2	传统技艺（3项）	花丝镶嵌			★
3		北京雕漆			★
4		古琴斫制技艺			★

非物质文化遗产传承人

序号	类别	项目名称	姓名	性别	出生年份	批次			备注
						国	市	区	
1	民间文学	北京建城传说	王作楫	男	1948			三批	
2		北京灯谜	翟鸿起	男	1943			三批	
3	传统舞蹈	白纸坊太狮	王建文	男	1964	三批	一批	一批	
4			杨敬伟	男	1958	四批	三批	二批	
5		大栅栏五斗斋高跷秧歌	张全增	男	1933		二批	一批	去世
6	传统音乐	京都北韵禅乐	朱锡全	男	1926		三批	二批	
7			吴颖超	女	1933			二批	
8			刘爱君	女	1948		四批	三批	
9		古代诗词歌曲	王苏芬	女	1943			三批	
10	传统戏剧	北京皮影戏	路宝刚	男	1964		四批	一批	
11		昆曲	侯少奎	男	1940	二批	国补	一批	
12			杨凤一	女	1964	二批	国补	一批	
13			白士林	男	1938		二批	一批	
14			丛兆桓	男	1931	三批	二批	一批	
15			韩建成	男	1939	三批	二批	一批	
16			王大元	男	1941	四批	三批	二批	
17			马玉森	男	1940		二批	一批	
18			周万江	男	1940		二批	一批	
19			张毓文	女	1946		二批	一批	
20			乔燕和	女	1943		三批	二批	
21			王建平	男	1964			二批	
22			侯宝江	男	1946			二批	
23			刘国庆	男	1943			二批	
24			王德林	男	1943			二批	
25			白晓华	女	1943			二批	
26			张敦义	男	1945			二批	
27			张国泰	男	1943			二批	
28		河北梆子	刘玉玲	女	1947	四批	二批	一批	
29			王凤芝	女	1941		二批	一批	
30			李二娥	女	1947		三批	二批	
31			彭艳琴	女	1956			二批	
32			殷新泉	男	1949			三批	
33		西城皮影（德顺班）	路连达	男	1938			一批	
34	曲艺	北京评书	连丽如	女	1943	三批	二批	一批	
35			贾建国	男	1942			二批	
36		岔曲	张蕴华	女	1948	四批	二批	一批	
37			希婉英	女	1952			一批	
38		岔曲	马　岐	男	1940			一批	
39			马小祥	男	1969			一批	
40		单弦	赵玉明	女	1929		四批	三批	
41			马增蕙	女	1936		四批	三批	

序号	类别	项目名称	姓名	性别	出生年份	批次			备注
						国	市	区	
42		联珠快书	章学楷	男	1936		二批	一批	
43			王玥波	男	1978			二批	
44		北京琴书	王树才	男	1968		三批	一批	
45			刘砚声	男				一批	
46		京韵大鼓	李　想	女	1984			二批	
47			种玉杰	男	1959		四批	三批	
48		相声	张志强	男	1959			二批	
49			康有纯	男	1957			二批	
50		评书（北京）	马　岐	男	1940			三批	
51	传统体育、游艺与杂技	天桥中幡	傅文刚	男	1961	一批	一批	一批	
52			傅文友	男				一批	
53		抖空竹	张国良	男	1955	一批	一批	一批	
54			李连元	男	1946	一批	一批	一批	
55		北京鬃人	白大成	男	1939		一批	一批	
56			白　霖	男	1979			一批	
57		八卦掌	孙志均	男	1933	四批	三批	二批	
58			赵大元	男	1944			二批	
59			王尚智	男	1947			二批	
60			李秀人	女	1953			三批	
61			韩　杰	男	1931			三批	
62			马传旭	男	1934		四批	三批	
63			高继武	男	1942			三批	
64			刘敬儒	男	1936		四批	三批	
65		口技	牛玉亮	男	1938	四批	三批	二批	
66		六合拳	曹凤岐	男	1948		四批	三批	
67		孙式太极拳	孙婉蓉	女	1928		三批	二批	
68			孙宝亨	男	1933			二批	去世
69			孙　恝	男	1970			三批	
70		牛街白猿通背拳	李占华	男	1942		三批	二批	
71			李树成	男	1959			三批	
72			王建华	男	1951			三批	
73			钟宝义	男	1954		四批	三批	
74		祁家通背拳	戴振川	男	1955			二批	
75		五行通背拳	马启华	男	1954			二批	
76		梅花桩拳（小架）	韩建中	男	1942		四批	三批	
77			韩　超	男	1968			三批	
78		三皇炮锤拳	庞连福	男	1955			三批	
79		形意拳	张增记	男	1959.04			三批	
80		少林八法拳	曾皑洁	男	1961			三批	
81		穆派戏法	田学明	男	1964			三批	
82		耍花坛	周仁喜	男	1953			三批	
83		爬杆	于　健	男	1953			三批	
84	传统美术	北京内画鼻烟壶	刘守本	男	1943	三批	一批	一批	
85			杨志刚	男	1963		四批	一批	
86		内画鼻烟壶	姚桂新	女	1954			二批	
87		北京砖雕	张彦	男	1965		四批	二批	
88		彩塑京剧脸谱	佟秀芬	女	1956		四批	二批	
89			林泓魁	男	1983			三批	
90		北京玉雕	苏然	男	1971.3		四批		
91			孟庆东	男	1972.12		四批		
92		北京刻瓷	陈永昌	男				三批	
93		脸谱绘制	郭石刚	男	1980			三批	
94		北京彩塑	张忠强	男	1963			三批	
95		彩蛋绘制	赵　伟	女	1951			三批	
96		毛猴	姜守煜	男	1944			三批	

序号	类别	项目名称	姓名	性别	出生年份	批次			备注
						国	市	区	
97		象牙雕刻	李万顺	男	1944			三批	
98		北京绒鸟	张燕霞	女	1952			三批	
99		彩砂工艺	黄小群	女	1953			三批	
100		传统灯彩	余光亮	男	1962			三批	
101		传拓技艺	马国庆	男	1956			三批	
102		绳结艺术	李　钉	女	1952			三批	
103		北京葫芦烙画	王兆庚	男	1963			三批	
104		核雕	卢晓荣	男	1960			三批	
105	传统技艺	北京宫毯织造技艺	康玉生	男	1933	三批	一批	一批	
106			王国英	女	1967		三批	一批	
107			褚长海	男	1942			一批	
108			高春荣	女	1962			一批	
109		北京仿古瓷	白莉	女	1955		三批	二批	
110			王立	女	1950			二批	
111		泥塑彩绘脸谱	佟秀芬	女	1956			二批	
112		内联升千层底布鞋制作技艺	何凯英	男	1955	三批	一批	一批	
113		马聚源手工制帽技艺	盛秉伦	男	1927		一批	一批	
114		瑞蚨祥中式服装手工制作技艺	邹秋明	女	1953		二批	一批	
115		装裱修复技艺（古籍修复技艺）	王辛敬	男	1958	三批	一批	一批	
116		荣宝斋装裱修复技艺	李淑珍	女	1968		三批	一批	
117		木板水印技艺	崇德福	男	1953	一批	一批	一批	
118			王丽菊	女	1958	一批	一批	一批	
119			高文英	女	1956	三批	二批	一批	
120			赵慧萍	女	1964		二批	一批	
121			刘宝祥	男	1963			二批	
122			肖刚	男		四批	三批	三批	
123		中国书店古籍修复技艺	汪学军	男	1964	四批	二批	一批	
124			刘秋菊					一批	
125		张一元茉莉花茶窨制技艺	王秀兰	女	1955	三批	二批	一批	
126		传统药香制作技艺	李时亮	男	1980		三批	二批	
127			时雅莉	女				二批	
128		戴月轩湖笔制作技艺	王后显	男	1976		四批	二批	
129			陈培新	男	1967			三批	
130		六必居酱菜制作技艺	杨银喜	男	1954	三批	一批	一批	
131			薛洪兰	女	1959			二批	
132		鸿宾楼全羊席制作技艺	佟建国	男	1952		一批	一批	
133			朱长安	男	1960		四批	一批	
134			许仁礼	男	1963			一批	
135		天福号酱肘子制作技艺	冯君堂	男	1960		一批	一批	
136			郭景田	男	1959			一批	
137			王金杠	男	1952			一批	
138			耿　仁	男	1956			一批	
139		北京烤肉制作技艺（烤肉季）	白士清	男	1946		一批	一批	
140			甄德禄	男	1958			一批	
141			杨玉泉	男	1959			二批	
142		北京烤肉制作技艺（烤肉宛）	万春生	男	1962		一批	一批	
143			张振民	男	1968			一批	
144			王芸生	男	1956			二批	
145			宛金廷	男	1963			三批	
146		护国寺清真小吃制作技艺	马国华	男	1952			一批	
147			李秀云	女	1964		四批	一批	
148		砂锅居全猪席制作技艺	刘为永	男	1969			一批	
149			杨树松	男	1954		四批	一批	
150			曹东鹏	男	1978			二批	
151		同和居鲁菜烹制技艺	于晓波	男	1955			一批	
152			武根深	男	1963			一批	

序号	类别	项目名称	姓名	性别	出生年份	批次			备注
						国	市	区	
153		峨眉酒家川菜制作技艺	毛春和	男	1962			一批	
154		柳泉居京菜制作技艺	屈德森	男	1958			二批	
155		宫廷补绣	杜康民	男	1947			一批	
156			孙石芬	女	1948			一批	
157		北京彩塑	双起翔	男	1931			一批	
158			双彦	男	1958			一批	
159		面塑	张宝琳	男	1954			一批	
160			冯慧芸	女	1954			一批	
161		京派剪纸（申沛农）	靳鹤年	男	1944			二批	
162			杨莹莹	女	1954			二批	
163		北派雕钮	韩宝玉	男	1942			一批	
164		戏曲盔头制作技艺	李继宗	男	1938		四批	二批	
165			李　鑫	男	1980			三批	
166		北京玉雕（一魔）	刘春江	男	1958			二批	
167		裕氏草编	裕　庸	男	1939			二批	去世
168		金属工艺品锻錾工艺	孟德仁	男	1943			二批	
169		“正兴德”清真茉莉花茶制作工艺	王会明	女	1966			三批	
170		爆肚冯爆肚制作技艺	冯秋生	男	1952		四批	三批	
171			冯云亭	男	1964			三批	
172		北京鸽哨制作技艺	张宝桐	男	1949		四批	三批	
173		洪广源派京胡制作技艺	许学慈	男	1935		四批	三批	
174		“豆腐脑白”豆腐脑制作技艺	白　华	女	1956			三批	
175		“年糕钱”年糕制作技艺	钱振波	男	1956			三批	
176		羊头马白水羊头制作技艺	马国义	男	1955			三批	
177		“羯子李”白汤羊蝎子制作技艺	李　明	男	1962			三批	
178		奶酪魏奶酪制作技艺	魏　宁	男	1960			三批	
179		曲园酒楼湘菜制作技艺	张景严	男	1962			三批	
180		天源酱菜制作技艺	张启增	男	1962			三批	
181		北京花茶拼配工艺	吕贤军	男	1964			三批	
182		翰林谭家菜制作技艺	刘为平	男	1952			三批	
183		桂香村南味糕点制作技艺	赵　巍	女	1972			三批	
184		砂板糖制作技艺	赵崇和	男	1944			三批	
185		大和恒米面加工工艺	白少川	男	1941			三批	
186		北京雕漆	张效裕	女	1966			三批	
187		金漆镶嵌	武国芬	女	1953			三批	
188		北京金漆镶嵌	胡　昕	女	1957			三批	
189		北京景泰蓝制作技艺	李佩卿	女	1953			三批	
190		手工书画装裱修复技艺	王铁环	男	1962			三批	
191			李世勇	男	1971			三批	
192		蜡果制作技艺	刘秀华	女	1950			三批	
193		汲古阁拓片制作技艺	吴　刚	男	1969			三批	
194		曹氏风筝	刘　宾	男	1977			三批	
195		金氏风筝扎制技艺	王赤峰	男	1950			三批	
196		北派舞狮道具制作技艺	王建文	男	1965			三批	
197		北海公园标本菊传统养殖技艺	刘　展	男	1958			三批	
198		京胡制作技艺	史优生	男				三批	
199		花丝镶嵌	钮永禄	男				三批	
200	传统医药	宫廷正骨	刘　钢	男	1952	三批	二批	一批	
201			吴定寰	男			一批	一批	去世
202			吴　冰	男	1978			二批	
203		王氏脊椎疗法	王兴治	男	1953	四批	三批	二批	
204		鹤年堂中医药养生文化	雷雨霖	男	1926	四批	二批	一批	
205			王国宝	男	1954		三批	二批	
206			雷　松	男	1968			三批	
207		清华池修治脚病传统技艺	任新春	男	1967			三批	

序号	类别	项目名称	姓名	性别	出生年份	批次			备注
						国	市	区	
208			王建生	男	1957		三批	二批	
209		凤阳门正骨千手大法	佟乐康	男	1948			二批	
210		崇厚堂沈氏女科疗法	沈绍功	男	1939		四批	三批	去世
211		王氏脑中风疗法	王兴治	男	1953			三批	
212		马应龙眼药制药技艺	马永福	男	1953			三批	
合计	区级204人、市级80人、国家级29人								

注：吴定寰、张全增、孙宝亨去世；苏然、孟庆东属地管理；马岐为岔曲和评书（北京）两项目传承人。故现有区级传承人为204人

主要宾馆及饭店

序号	饭店名称	星级	饭店地址	电话
1	国宾酒店	五星	阜外大街甲9号	58585588
2	金融街威斯汀大酒店	五星	金融大街乙9号	66068866
3	金融街丽思卡尔顿酒店	五星	金城坊东街1号	66016666
4	金融街洲际酒店	五星	金融街11号	58525888
5	翔达国际商务酒店	四星	广安门内大街169号	83172288
6	港中旅维景国际大酒店	四星	广安门内大街338号	83529999
7	西单美爵酒店	四星	宣武门内大街6号	66036688
8	国宏宾馆	四星	木樨地北里甲11号	63908866
9	中国职工之家	四星	真武庙路1号	68576699
10	前门饭店	四星	永安路175号	63016688
11	深圳大厦	四星	广安门外大街1号	63271188
12	民族饭店	四星	复兴门内大街51号	66014466
13	国谊宾馆	四星	文兴东街1号国谊宾馆	68316611
14	广州大厦	四星	西单横二条甲3号	58559988
15	金都假日饭店	四星	北礼士路98号	68338822
16	国二招宾馆	四星	西直门南大街6号	66186688
17	金台饭店	四星	地安门西大街38号	66529988
18	德宝饭店	四星	德宝新园22号	68318866
29	新大都饭店	四星	车公庄大街21号	68319988
20	金色夏日商务酒店	四星	西便门内大街85号	63012999

街道社区居委会

德胜街道

六铺炕北小街社区　六铺炕二区39号楼一层
六铺炕南小街社区　六铺炕二区32号楼前；六铺炕二区38号楼南平房
安德路南社区　德胜门东滨河路3号至7号
安德路北社区　教场口6号院1号楼1门003室
德外大街东社区　教场口9号院5号楼一层
德外大街西社区　冰窖口胡同73号-4

人定湖西里社区	塔院胡同丙2号
新外大街北社区	新外大街甲4号
德胜里社区	德胜里二区3号楼104号
新明家园社区	新明胡同2号楼一层
新康社区	新康街1号院1—1
新风中直社区	新风南里9号楼前平房；新风街1号院10号楼107
北广社区	双旗杆东里甲7号
马甸社区	马甸南村2号楼2—2
双旗杆社区	双旗杆东里12号楼一1
裕中西里社区	裕中西里34号楼一层北侧
裕中东里社区	裕中西里15楼一层中间
黄寺大街西社区	黄寺大街27号院南侧12、13号
黄寺大街24号社区	人定湖北巷（敬老院北）
阳光丽景社区	黄寺大街23号院3楼东平房

什刹海街道

西四北社区	中毛家湾55号
西什库社区	刘兰塑胡同16号
爱民街社区	爱民二巷1号
大红罗社区	小拐棒胡同18号
西巷社区	护国寺东巷22号
护国寺社区	德内大街251号
前铁社区	德内大街303号
柳荫街社区	柳荫街甲7号
兴华社区	厂桥胡同8号
松树街社区	弘善胡同18号
前海社区	南官房胡同59号, 后小井胡同3号
白米社区	白米斜街10号旁门, 小石碑18号
景山社区	陟山门街21号
米粮库社区	油漆作胡同21号
旧鼓楼社区	旧鼓楼大街145号
双寺社区	西绦胡同甲15号
鼓西社区	鼓西大街128号
后海社区	后海北沿13号东
后海西沿社区	东明胡同16号
西海社区	水车胡同甲9号
苇坑社区	苇坑胡同53号
四环社区	新街口东街22号

西长安街街道

义达里社区	义达里42号
西单北社区	东斜街53号二楼
光明社区	府右街西巷22号
黄南社区	灵境胡同1号楼
府南社区	太仆寺街33号楼5号院
钟声社区	南安里7号
太仆寺街社区	横二条2号303
南北长街社区	南长街62号
北新华街社区	东安福20号
西交民巷社区	东新帘子胡同2号

六部口社区	小六部口36号
和平门社区	西绒线胡同甲8号
未英社区	西绒线26号院2号楼

大栅栏街道

大安澜营社区	大安澜营9号
前门西河沿社区	西河沿224号
大栅栏西街社区	杨梅竹斜街65号
铁树斜街社区	樱桃斜街61号
煤市街东社区	施家胡同28号
延寿街社区	延寿街21号
三井社区	炭儿胡同38号
百顺社区	百顺胡同8、11号
石头社区	培英胡同25号、石头胡同29号

天桥街道

留学路社区	铺陈市胡同35号
香厂路社区	仁民路8号
永安路社区	阡儿路71号
虎坊路社区	永安路丙104号
天桥小区社区	东经路6号院内
禄长街社区	禄长街头条甲2号院3号楼二层
先农坛社区	南纬路2号院内
太平街社区	太平街8号院23号楼旁

新街口街道

西里二区社区	新街口西里一区9号楼西侧底商
西里一区社区	新街口西里一区3号楼西侧底商
西里三区社区	新街口西里三区甲2号楼2层
西里四区社区	新街口西里三区14号楼1层
玉桃园社区	前桃园1号楼院内平房
北草厂社区	东桃园胡同二号楼院内一层
大觉社区	大觉胡同31号
中直社区	西直门南大街12号楼后平房 西直门南大街10号楼105号
半壁街社区	小后仓胡同1号楼西侧平房
南小街社区	国英园7号楼一层7-4
冠英园社区	冠英园西区24号楼4-102
官园社区	育强胡同69号
安平巷社区	白塔寺东夹道胡同8号
富国里社区	玉廊东园5号楼一层底商
北顺社区	青塔胡同43号
宫门口社区	宫门口三条1号（福绥境大楼内）
前公用社区	后帽胡同1号
育德社区	育德胡同7号
西四北六条社区	西四北六条胡同35号
西四北三条社区	赵登禹路140号
西四北头条社区	小绒线胡同18号

金融街街道

砖塔社区	太平桥大街西城晶华底商8-5
大院社区	砖塔胡同53号
宏汇园社区	宏英园13号楼13-5门
教育部社区	大木仓胡同35号
京畿道社区	京畿道小区甲1号
手帕社区	东铁匠胡同甲8号
新文化街社区	新文化街36号
受水河社区	头发胡同45号
新华社社区	佟麟阁路62号
丰盛社区	太平桥大街西城晶华底商8-7
丰融园社区	丰融园小区15号楼底商20号
丰汇园社区	丰汇园13号楼甲1号
二龙路社区	二龙路甲41号
文昌社区	闹市口中街33号
东太平街社区	新文化街127号楼后院平房
温家街社区	东智义胡同3号
民康社区	民康胡同30号院2号楼108室
西太平街社区	鲍家街甲2号
音乐学院社区	鲍家街43号新7楼1门D101

椿树街道

宣武门外东大街社区	宣外东里3号楼5单元对面
琉璃厂西街社区	前孙东夹道4号
香炉营社区	香炉营东巷2号院3-5-103
椿树园社区	椿树园小区4号楼1层
四川营社区	四合上院小区5号楼外侧底商
梁家园社区	前孙公园56号
红线社区	红线胡同21号

陶然亭街道

福州馆社区	福州馆前街4号楼前
粉房琉璃街社区	粉房琉璃街79号
大吉巷社区	果子巷3号院1号楼底商1-1、1-2号
米市社区	菜市口大街甲2号院4-8、4-9号
新兴里社区	南华东街10号
南华里社区	南华里13号楼
黑窑厂社区	黑窑厂西里一号楼平房1号
红土店社区	红土店南里6号楼南侧平房（临时）四平园小区9号楼一层
壹瓶社区	陶然亭路2号壹瓶小区1号楼1门一层东侧
龙泉社区	龙泉胡同甲22号

展览路街道

滨河社区	北滨河路2号院9号楼2层
德宝社区	德宝新园1甲21号楼一层
朝阳庵社区	朝阳庵3号楼前平房
文兴街社区	车公庄中里1号楼下平房

团结社区	西外团结大院7号楼地下室
榆树馆社区	车公庄大街北里甲46号永康写字楼南侧
新华东社区	北礼士路乙56号楼3门地下室
新华里社区	新华里10号院1号楼1门101-102室
车公庄社区	车公庄大街北里36号楼101室
百万庄西社区	百万庄北里西巷3号院1号楼2层
百万庄东社区	百万庄中里甲6号楼东侧平房
三塔社区	展览馆路34号东侧平房
新华南社区	北礼士路135号23号楼北侧平房
黄瓜园社区	阜成门外大街甲41号楼1层甲41-9
露园社区	北露园4号楼楼下平房
北营房西里社区	北营房西里11号楼地下室及南侧平房
北营房东里社区	北营房东里11楼105室、109室
阜外西社区	月坛北街25号楼3楼前车库
洪茂沟社区	月坛北街17号楼院内供暖所煤厂院内平房
阜外东社区	月坛北小街1号院西门
南营房社区	月坛北街5号楼2门103号
万明园社区	万明园小区9号楼一层房屋

月坛街道

南沙沟社区	南沙沟小区18号楼西侧一层
三里河社区	三里河北街5号院西平房
三里河一区社区	三里河一区3号院5号楼半地下一层
社会路社区	月坛南街19号院4号楼一层
月坛社区	南礼士路46号院一层
铁三社区	月坛西街西里16-2-1
三里河二区社区	三里河二区B区6号楼105室
三区一社区	三里河三区40楼4门3号
三区三社区	复外大街23号楼105
铁二一社区	二七剧场路东里新19楼205室
铁二二社区	二七剧场路东里新9楼2门003号
南礼士路社区	南礼士路三条北里14楼3门3号
甲7号院社区	复兴门外大街甲7号11—2—1
复北社区	复兴门北大街11号楼旁
汽南社区	白云路西里28号楼外1层
汽北社区	白云路西里3号楼1门
木樨地社区	木樨地北里平房2号
公安社区	木樨地南里29楼地下室
白云观社区	白云观南里10-11-103
真武庙社区	真武庙五里6栋西配楼
广一社区	真武家园1号楼2单元西侧
广二社区	西便门外大街四号院4号楼2门地下101室
西便门社区	西便门外大街10号院26门2号
复外社区	复兴门外大街6号楼107室
全总社区	真武庙二里甲10-2
铁四社区	西便门外大街7号院11楼2号

广安门内街道

西便门内社区	西便门内大街77号
长西社区	长椿街西里18楼西侧
槐柏树北里社区	槐柏树街11号楼一单元底商
西便门东里社区	西便门东里东平房
西便门西里社区	西便门西里4号楼旁
报国寺社区	胜利一巷28号北
核桃园社区	核桃园东街6号北侧平房
槐柏树南里社区	槐柏树南里8号楼1门地下室
长椿里社区	长椿里8号楼3
上斜街社区	达智桥45号
校场社区	校场小七条15号
宣西社区	宣武门西大街4号楼地下室
三庙社区	长椿街东里24楼前
老墙根社区	老墙根63号
长椿街社区	感化胡同3号院北平房
广安东里社区	宣外大街40号
大街东社区	广内大街223号楼
康乐里社区	康乐里小区一号楼

牛街街道

枫桦社区	西砖胡同2号院8-1
法源寺社区	法源寺西里5号楼2门D01、D3
牛街东里社区	牛街东里一区18号楼1层103号
春风社区	春风小区7号楼旁小寺街6号
牛街西里一区社区	牛街西里一区社区中心广场内
牛街西里二区社区	牛街西里二区6号楼东侧平房
钢院社区	白广路6号院
白广路社区	白广路二条4号院
南线阁社区	南线里4号楼
菜园北里社区	枣林前街147号楼院内

白纸坊街道

平原里北区社区	平原里2号楼一层
平原里南区社区	140中学地下室
双槐里社区	白纸坊东街29号（万寿公园南门东侧）
右北大街社区	右内大街益民大楼一层
樱桃园社区	新安北里1号楼底商
菜园街社区	白纸坊西街17-7-106
崇效寺社区	白纸坊西街17-7-101
建功北里社区	南菜园19-1
建功南里社区	南菜园乙35号
新安中里社区	白纸坊西街20号楼底商-3
新安南里社区	白纸坊西街6号院5号楼3单元002，003
右内后身社区	右内西街丙1号
右内西街社区	右安门内西街1号院3号楼
自新路社区	里仁街3号院地下室
光源里社区	白纸坊东街31号院内

半步桥社区	半步桥街甲48号
万博苑社区	半步桥街60号院60-3
里仁街社区	里仁街六号院北平房
清芷园社区	清芷园小区3号楼B座IJ室

广安门外街道

鸭子桥社区	鸭子桥路47号
青年湖社区	鸭子桥北里14号楼3单元B01
椿树馆社区	车站东街15号院2－1－102
白菜湾社区	广安门外南街59号商业3号
车站东街社区	广外大街6号楼一层(商业银行后面)
手帕口南街社区	广安门铁路住宅小区（京铁和园）G1楼一层
京铁和园社区	广安门铁路住宅小区（京铁和园）G1楼一层
朗琴园社区	手帕口南街1号院11号楼一层
红居街社区	红居街4号楼A1
红居南街社区	红居斜街9号楼一层
车站西街15号院社区	车站西街15号院9号楼西侧平房
车站西街社区	车站西街17号院1号楼南侧平房
乐城社区	红莲南路6号院2号楼0110室
红莲北里社区	红莲北里10号楼南侧
红莲北里服务站社区	马中街甲3号楼底商
茶马北街社区	红莲中里28号楼东侧平房院
红莲中里社区	红莲中里28号楼东侧平房院
茶马南街社区	红莲南里8号
红莲南里社区	红莲南里8号
三义东里社区	马中街甲三号楼楼下东侧
三义里社区	三义里8号楼南侧
马连道中里社区	马中街甲三号楼楼下西侧
马连道社区	马连道路5号院北平房
湾子街社区	马连道路15号院3号楼1层103
依莲轩社区	马连道路6号院1号楼3单元负一层
小马厂西社区	小马厂路1号院1号楼北侧一层
小马厂东社区	小马厂路1号院1号楼北侧一层
手帕口北街社区	广外大街189号（广华轩会所一层）
天宁寺北里社区	天宁寺前街北里5－1－103室
二热社区	天宁寺东里1号
天宁寺南里社区	天宁寺南里12号楼东侧平房
莲花河社区	莲花河胡同2号院1号楼1单元
荣丰社区	广外大街305号8区5号楼1层
广源社区	广外大街305号2区1号楼底商
蝶翠华庭社区	广外大街305号2区1号楼底商
中新佳园社区	马连道茶马街中新佳园二区10号楼一层

索 引

说明：1. 本索引基本按汉语拼音音序排列，汉字打头的主题词按首字的音序音调依次排列，首字相同时，则以第二字排序，以此类推；以阿拉伯数字、英文字母打头的主题词，排在最前面。
2. 主题词后的阿拉伯数字表示该词所在页码，其后的小写英文字母a、b、c表示正文中的栏别（从左至右）。
3. 部分主题词后面有若干个页码或栏别，则表示该词在这些地方均有出现。
4. 人物、统计资料、附录等栏目内容不在标引范围内。

F

G

H

J

K

L

M

N

P

Q

S

T

W

X